Kemper/Kisters-Kölkes/Berenz/Huber

BetrAVG

Kommentar zum Betriebsrentengesetz mit
Insolvenzsicherung und Versorgungsausgleich

Reihe Luchterhand Taschenkommentare
– Arbeitsrecht –
Herausgegeben von Hans-Jürgen Dörner,
Vizepräsident des Bundesarbeitsgerichts a.D.

Kemper/Kisters-Kölkes/Berenz/Huber

BetrAVG

Kommentar zum Betriebsrentengesetz
mit Insolvenzsicherung
und Versorgungsausgleich

von

Dr. jur. Kurt Kemper
Rechtsanwalt in Düsseldorf

Margret Kisters-Kölkes
Rechtsanwältin und Steuerberaterin in Mülheim an der Ruhr

Dr. jur. Claus Berenz
Prokurist und Leiter der Abteilung Recht und Personal des PSVaG in Köln

Dr. jur. Brigitte Huber LL.M.
Rechtsanwältin in München

5., überarbeitete und erweiterte Auflage

Luchterhand Verlag 2013

Zit vorschlag: *Kemper/Kisters-Kölkes/Berenz/Huber* BetrAVG, § ... Rdn. ...

ıbliografische Information der Deutschen Nationalbibliothek

Die Deutsche Nationalbibliothek verzeichnet diese Publikation in der Deutschen Nationalbibliografie; detaillierte bibliografische Daten sind im Internet über http://dnb.d-nb.de abrufbar.

ISBN 978-3-472-08059-6

www.wolterskluwer.de

www.luchterhand-fachverlag.de

Umschlagkonzeption: Martina Busch, Grafikdesign, Homburg Kirrberg

Satz: TypoScript GmbH, München

Druck und Weiterverarbeitung: Skleniarz, Krakau, Polen

Gedruckt auf säurefreiem und alterungsbeständigem Papier

Vorwort zur 5. Auflage

Die 5. Auflage des Kommentars zum Betriebsrentengesetz (BetrAVG) mit Insolvenzsicherung und Versorgungsausgleich erscheint nunmehr unter der Verlagsbezeichnung »Taschenkommentar«. Die früheren Auflagen trugen die Bezeichnungen »Kompaktkommentar« oder »Kurzkommentar«.

Die unterschiedlichen Bezeichnungen sind nur verbaler Art und haben mit der inhaltlichen Gestaltung nichts zu tun. Sie berühren auch nicht das fortdauernde Anliegen der Autoren über alle Auflagen hinweg. Weiterhin ist es das Bestreben der Autoren, einen Mittelweg bei der arbeitsrechtlichen Darstellung der betrieblichen Altersversorgung zwischen »Grundzügen« und »Großkommentaren« zu finden. Das ist offensichtlich mit den früheren Auflagen gelungen, was die Reaktionen aus Rechtsprechung, Fachschrifttum, Beraterkreisen und Verlag zeigen.

In der neuen Auflage werden insbesondere neue Entwicklungen in der Rechtsprechung des Bundesarbeitsgerichts und des Bundesverwaltungsgerichts eingearbeitet, natürlich unter Berücksichtigung des aktuellen einschlägigen Fachschrifttums. Plakativ sind zu nennen:

– Anpassung laufender Versorgungsleistungen gemäß § 16 BetrAVG,
– Auswirkungen des allgemeinen Gleichbehandlungsgesetzes (AGG),
– Insolvenzsicherung.

Naturgemäß kommt dem Versorgungsausgleich der betrieblichen Altersversorgung in der Bewältigung der Alltagsprobleme weiterhin eine wichtige Bedeutung zu.

Wenngleich das Arbeitsrecht der betrieblichen Altersversorgung wie die betriebliche Altersversorgung insgesamt ein schwieriges fakultätsübergreifendes Gebiet ist, wollen die Autoren insbesondere aus ihrer täglichen Berufspraxis weiterhin vorrangig eine Unterstützung für den Praktiker bieten.

Wie in den Vorauflagen sei klarstellend auf Folgendes hingewiesen:

Die Autoren haben sich bemüht, ihre Kommentierungen wechselseitig zu vernetzen. Jeder Autor trägt aber für sich und für seinen Teilbereich die Verantwortung für die Auswahl des Stoffes, die Textfassungen und die fachlichen Wertungen.

Düsseldorf / Mülheim an der Ruhr / Köln / München, im Juni 2012

Kemper / Kisters-Kölkes / Berenz / Huber

Inhaltsverzeichnis

**Gesetz zur Verbesserung der betrieblichen Altersversorgung
(Betriebsrentengesetz – BetrAVG)**

**Erster Teil
Arbeitsrechtliche Vorschriften**

**Erster Abschnitt   Durchführung der betrieblichen Alters-
versorgung**

Zweiter Abschnitt   Auszehrungsverbot

Dritter Abschnitt   Altersgrenze

Vierter Abschnitt   Insolvenzsicherung

Inhaltsverzeichnis

Abkürzungsverzeichnis

a.A.	anderer Ansicht
AAÜG	Anspruchs- und Anwartschaftsüberführungsgesetz
ABA	Arbeitsgemeinschaft für betriebliche Altersversorgung
Abb.	Abbildung
ABG	Allgemeine Bemessungsgrundlage
abl.	ablehnend
ABl.	Amtsblatt
ABlEG	Amtsblatt der Europäischen Gemeinschaften
Abs.	Absatz
Abschn.	Abschnitt
abw.	abweichend
a.E.	am Ende
a.F.	alte Fassung
AG	Amtsgericht
a.G.	auf Gegenseitigkeit
AGG	Allgemeines Gleichbehandlungsgesetz (AGG)
AGB	Allgemeine Geschäftsbedingungen
AIB	Allgemeine Versicherungsbedingungen für die Insolvenzsicherung der betrieblichen Altersversorgung
AktG	Aktiengesetz
ALB	Allgemeine Versicherungsbedingungen für die Lebensversicherung
ALG	Gesetz zur Alterssicherung der Landwirte
allg.	allgemein(e)
Alt.	Alternative
AltEinkG	Alterseinkünftegesetz
AltZertG	Gesetz über die Zertifizierung von Altersvorsorgeverträgen – Altersvorsorgeverträgezertifizierungsgesetz
a.M.	anderer Meinung
amtl.	amtlich
Amtl. Begr.	Amtliche Begründung
Anh.	Anhang
Anl.	Anlage
Anm.	Anmerkung
AnVNG	Angestelltenversicherungs-Neuregelungsgesetz
AO	Abgabenordnung
AP	Arbeitsrechtliche Praxis (Entscheidungssammlung)
ArbG	Arbeitsgericht

Abkürzungsverzeichnis

ArbGG	Arbeitsgerichtsgesetz
ArbN	Arbeitnehmer
ArbNähnl.Pers.	Arbeitnehmerähnliche Personen
ArbPlSchG	Arbeitsplatzschutzgesetz
ArEV	Arbeitsentgelt-Verordnung
arg.	argumentum
Art.	Artikel
ArVNG	Arbeiterrentenversicherungs-Neuregelungsgesetz
aRW	aktueller Rentenwert
AT	außertariflich
ATO	Allgemeine Tarifordnung für Arbeitnehmer des öffentlichen Dienstes
Aufl.	Auflage
AV	Angestelltenversicherung
AVAVG	Gesetz über Arbeitsvermittlung und Arbeitslosenversicherung
AVG	Angestelltenversicherungsgesetz
AVO	Ausführungsverordnung
AVV	Allgemeine Verwaltungsvorschriften
BA	Bundesagentur für Arbeit
BABl.	Bundesarbeitsblatt (Zeitschrift)
BaF	in Bundesanstalt für Finanzdienstleistungsaufsicht
BAG	Bundesarbeitsgericht
BAGE	Amtliche Sammlung der Entscheidungen des Bundesarbeitsgerichts
BAnz.	Bundesanzeiger
BAT	Bundes-Angestelltentarifvertrag
BB	Betriebs-Berater (Zeitschrift)
BBG	Bundesbeamtengesetz
Bd.	Band
BDA	Bundesvereinigung Deutscher Arbeitgeberverbände
BDI	Bundesverband der Deutschen Industrie
BDSG	Bundesdatenschutzgesetz
Begr.	Begründung
Beil.	Beilage
Bek.	Bekanntmachung
Bem.	Bemerkung
ber.	berichtigt
bes.	besonders
Beschl.	Beschluss
betr.	betrifft
BetrAV	Betriebliche Altersversorgung (Zeitschrift)

BetrAVG	Gesetz zur Verbesserung der betrieblichen Altersversorgung (Betriebsrentengesetz – BetrAVG)
BetrVG	Betriebsverfassungsgesetz
BewDV	Durchführungsverordnung zum Bewertungsgesetz
BewG	Bewertungsgesetz
BFH	Bundesfinanzhof
BFHE	Amtliche Sammlung der Entscheidungen des Bundesfinanzhofs
BGB	Bürgerliches Gesetzbuch
BGBl.	Bundesgesetzblatt
BGH	Bundesgerichtshof
BGHZ	Amtliche Sammlung der Entscheidungen des Bundesgerichtshofs in Zivilsachen
Bl.	Blatt
BMF	Bundesminister(ium) der Finanzen
BMI	Bundesminister(ium) des Innern
BMT	Bundes-Manteltarif
BMTV	Bundesmanteltarifvertrag
BPersVG	Bundespersonalvertretungsgesetz
BR-Drucks.	Bundesrats-Drucksache
BRRG	Beamtenrechtsrahmengesetz
BRT	Bundesrahmentarif
BRTV	Bundesrahmentarifvertrag
Bsp.	Beispiel
BStBl.	Bundessteuerblatt
BT	Bundestag
BT-Drucks.	Drucksache des Deutschen Bundestages
Buchst.	Buchstabe
BundesbeamtenG	Bundesbeamtengesetz
BPersVG	Personalvertretungsgesetz des Bundes
BVerfG	Bundesverfassungsgericht
BVerfGE	Amtliche Sammlung der Entscheidungen des Bundesverfassungsgerichts
BVerwG	Bundesverwaltungsgericht
BvS	Bundesanstalt für vereinigungsbedingte Sonderaufgaben
BVG	Bundesversorgungsgesetz
BVV	Beamtenversicherungsverein des deutschen Bank- und Bankiersgewerbes
bzgl.	bezüglich
bzw.	beziehungsweise
ca.	circa

Abkürzungsverzeichnis

DB	Der Betrieb (Zeitschrift)
ders.	derselbe
DEÜV	Datenerfassungs- und Übermittlungsverordnung
DGB	Deutscher Gewerkschaftsbund
dgl.	desgleichen
d.h.	das heißt
dies.	dieselben
Diss.	Dissertation
DLW	Dörner/Luczak/Wildschütz, Handbuch Fachanwalt Arbeitsrecht
Drucks.	Drucksache
EG	Europäische Gemeinschaft
e.G.	eingetragene Genossenschaft
EGBGB	Einführungsgesetz zum Bürgerlichen Gesetzbuch
EGInsO	Einführungsgesetz zur Insolvenzordnung
Einf.	Einführung
EinfG	Einführungsgesetz
EinigungsV	Einigungsvertrag
Einl.	Einleitung
einschl.	einschließlich
EP	Entgeltpunkte
E-RAG 1982	Entwurf eines Gesetzes über die Anpassung der Renten der gesetzlichen Rentenversicherung im Jahr 1982
Erg.	Ergänzung
Erl.	Erlass, Erläuterungen
EStDV	Einkommensteuer-Durchführungsverordnung
EStG	Einkommensteuergesetz
EStR	Einkommensteuer-Richtlinien
etc.	et cetera
EU	Europäische Union
EuGH	Europäischer Gerichtshof
EV	Einigungsvertrag
e.V.	eingetragener Verein
evtl.	eventuell
EzA	Entscheidungssammlung zum Arbeitsrecht (Loseblattausgabe)
f.	folgende
ff.	fortfolgende
FK-InsO	Wimmer (Hrsg.), Frankfurter Kommentar zur Insolvenzordnung
Fn.	Fußnote
FinMin	Finanzminister(ium)
FS	Festschrift

GBl.	Gesetzblatt
GbR	Gesellschaft bürgerlichen Rechts
gem.	gemäß
ggf.	gegebenenfalls
GleiBG	Gleichberechtigungsgesetz
GmbH	Gesellschaft mit beschränkter Haftung
GmbHG	Gesetz betreffend die Gesellschaft mit beschränkter Haftung
GmBl.	Gemeinsames Ministerialblatt
grds.	grundsätzlich
GS	Großer Senat
GVBl.	Gesetz- und Verordnungsblatt
HambGVBl	Hamburgisches Gesetz- und Verordnungsblatt
HambPersVG	Hamburgisches Personalvertretungsgesetz
HBG	Hessisches Beamtengesetz
HGB	Handelsgesetzbuch
h.L.	herrschende Lehre
h.M.	herrschende Meinung
Hrsg.	Herausgeber
IASC	International Accounting Standards Committee
IAR	Internationales Arbeitsrecht
i.d.F.	in der Fassung
i.d.R.	in der Regel
IdW	Institut der Wirtschaftsprüfer e.V.
i.E.	im Einzelnen
i.e.S.	im engeren Sinne
IHK	Industrie- und Handelskammer
insbes.	insbesondere
InsO	Insolvenzordnung
i.S.	im Sinne
i.S.d.	im Sinne des/der
i.S.v.	im Sinne von
i.V.m.	in Verbindung mit
Kap.	Kapitel
KnVNG	Knappschaftsrentenversicherungs- Neuregelungsgesetz
KO	Konkursordnung
krit.	kritisch

Abkürzungsverzeichnis

KSchG	Kündigungsschutzgesetz
KSI	Krisen-, Sanierungs- und Insolvenzberatung (Zeitschrift)
KVdR	Krankenversicherung der Rentner
LAG	Landesarbeitsgericht
LAGE	Entscheidungen der Landesarbeitsgerichte (Loseblattausgabe)
LFZG, LohnFG	Gesetz über die Fortzahlung des Arbeitsentgelts im Krankheitsfalle (Lohnfortzahlungsgesetz)
LG	Landgericht
lit.	Litera, Buchstabe(n)
LPVG, LPersVG	Landespersonalvertretungsgesetz
LS	Leitsatz
LSG	Landessozialgericht
LStDV	Lohnsteuerdurchführungsverordnung
LStR	Lohnsteuer-Richtlinien
max.	maximal
MBG	Mitbestimmungsgesetz
m.E.	meines Erachtens
Min.Bl.	Ministerialblatt
Mio.	Million
m.N.	mit Nachweisen
Mrd.	Milliarde
MTB	Manteltarifvertrag für Arbeiter des Bundes
MTL	Manteltarifvertrag für Arbeiter der Länder
MTV	Manteltarifvertrag
MünchArbR	Münchener Handbuch zum Arbeitsrecht
MünchKomm	Münchener Kommentar
MuSchG	Mutterschutzgesetz
m.w.N.	mit weiteren Nachweisen
m.z.N.	mit zahlreichen Nachweisen
NachhBG	Nachhaftungsbegrenzungsgesetz
Nachw.	Nachweise
NachwG	Nachweisgesetz
n.F.	neue Fassung
NJW	Neue Juristische Wochenschrift (Zeitschrift)
Nr.	Nummer
n.v.	nicht veröffentlicht
NZA	Neue Zeitschrift für Arbeitsrecht (Zeitschrift)

o.g.	oben genannten
OGH	Oberster Gerichtshof
oHG	offene Handelsgesellschaft
OLG	Oberlandesgericht
OVG	Oberverwaltungsgericht
OWiG	Gesetz über Ordnungswidrigkeiten
PersV	Die Personalvertretung (Zeitschrift)
pFV	positive Forderungsverletzung
PK	Pensionskasse
Prot.	Protokoll
PSVaG	Pensions-Sicherungs-Verein auf Gegenseitigkeit
PublG	Publizitätsgesetz
RAG	Reichsarbeitsgericht
rd.	rund
RdA	Recht der Arbeit (Zeitschrift)
RdErl.	Runderlass
RegE	Regierungsentwurf
RG	Reichsgericht
RGBl.	Reichsgesetzblatt
RL	Richtlinie
Rpfleger	Der Deutsche Rechtspfleger (Zeitschrift)
RRG	Rentenreformgesetz
Rspr.	Rechtsprechung
RTV	Rahmentarifvertrag
RückAbzinsV	Rückstellungsabzinsungsverordnung
RÜG	Rentenüberleitungsgesetz
RV	Rentenversicherung
RVO	Reichsversicherungsordnung
Rn.	Randnummer
s.	siehe
S.	Seite
s.a.	siehe auch
SG	Sozialgericht
SGB IV	Sozialgesetzbuch, IV. Buch: Gemeinsame Vorschriften für die Sozialversicherung
SGB VI	Sozialgesetzbuch, VI. Buch: Gesetzliche Rentenversicherung
SGB IX	Sozialgesetzbuch, IX. Buch: Rehabilitation und Teilhabe behinderter Menschen

Abkürzungsverzeichnis

SGG	Sozialgerichtsgesetz
Slg.	Sammlung der Rechtsprechung des Gerichtshofes der Europäischen Gemeinschaft
sog.	so genannt (-e, -er, -es)
SprAuG	Sprecherausschussgesetz
str.	streitig
st.Rspr.	ständige Rechtsprechung
SvEV	Verordnung über die sozialversicherungsrechtliche Beurteilung von Zuwendungen des Arbeitgebers als Arbeitsentgelt – Sozialversicherungsentgeltverordnung
SVG	Soldatenversorgungsgesetz
teilw.	teilweise
TO	Tarifordnung
TOA	Tarifordnung A für Angestellte im Öffentlichen Dienst
TOB	Tarifordnung B für Arbeiter im Öffentlichen Dienst
TV	Tarifvertrag
TVG	Tarifvertragsgesetz
Tz.	Textzahl
TzBfG	Gesetz über Teilzeitarbeit und befristete Arbeitsverträge (Teilzeit- und Befristungsgesetz)
u.	und
u.a.	und andere
UK	Unterstützungskasse
UmwG	Umwandlungsgesetz
unstr.	unstreitig
u.v.	unveröffentlicht
Urt.	Urteil
usw.	und so weiter
u.U.	unter Umständen
v.	von, vom
VAG	Versicherungsaufsichtsgesetz
VAHRG	Gesetz zur Regelung von Härten im Versorgungsausgleich
VBL	Versorgungsanstalt des Bundes und der Länder
Verf.	Verfassung
VersAusglG	Gesetz über den Versorgungsausgleich
VersR	Versicherungsrecht (Zeitschrift)
VG	Verwaltungsgericht
VGH	Verwaltungsgerichtshof

vgl.	vergleiche
VglO	Vergleichsordnung
v.H.	vom Hundert
VO	Verordnung
VOBl.	Verordnungsblatt
Voraufl.	Vorauflage
Vorbem.	Vorbemerkung
VRG	Vorruhestandsgesetz
VVaG	Versicherungsverein auf Gegenseitigkeit
VVG	Versicherungsvertragsgesetz
VVG-E	Entwurf eines Gesetzes zur Reform des Versicherungsvertragsrechts, BT-Drucks. 16/5862 vom 28.6.2007
VwGO	Verwaltungsgerichtsordnung
VwVfG	Verwaltungsverfahrensgesetz
VwZG	Verwaltungszustellungsgesetz
WE	Werteinheiten in der gesetzlichen Rentenversicherung
z.B.	zum Beispiel
ZBR	Zeitschrift für Beamtenrecht
ZGR	Zeitschrift für Unternehmens- und Gesellschaftsrecht
ZHR	Zeitschrift für das gesamte Handels- und Wirtschaftsrecht
Ziff.	Ziffer
ZInsO	Zeitschrift für das gesamte Insolvenzrecht
ZIP	Zeitschrift für Wirtschaftsrecht und Insolvenzpraxis
zit.	zitiert
ZPO	Zivilprozessordnung
z.T.	zum Teil
ZTR	Zeitschrift für Tarif-, Arbeits- und Sozialrecht des öffentlichen Dienstes
zust.	zustimmend
zutr.	zutreffend
z.Zt.	zurzeit, zur Zeit

Literaturverzeichnis

Ahrend/Förster/Rößler Steuerrecht der betrieblichen Altersversorgung, Loseblattausgabe.

Andresen Insolvenzsicherung für Betriebsrenten als politische Aufgabe, BetrAV 2006, 211.

Andresen/Förster/Rößler/Rühmann Arbeitsrecht der betrieblichen Altersversorgung, Loseblattausgabe.

Batz Betriebliche Altersversorgung aus Sicht eines Unternehmens, Festschrift für Kemper 2005, S. 1 ff.

Baumeister Auswirkungen europäischer Entwicklungen auf deutsche Betriebsrentensysteme, BetrAV 2003, 14.

Baumeister/Merten Rente ab 67 – Neue Altersgrenzen in der gesetzlichen und zusätzlichen Altersvorsorge, DB 2007, 1306.

Bepler Die vorgezogene Betriebsrente des vorzeitig Ausgeschiedenen, Festschrift für W. Förster, 2001, S. 237.

Berenz „Sondervermögen" aus Sicht des PSVaG– CTA und rückgedeckte Unterstützungskassen, BetrAV 2010, 322.

ders. Contractual Trust Arrangements (CTA) und die gesetzliche Insolvenzsicherung der betrieblichen Altersversorgung durch den PSVaG, DB 2006, 2125.

ders. Abwicklung von Anwartschaften aufgrund Entgeltumwandlungszusagen über eine rückgedeckte Gruppen-Unterstützungskasse nach Eintritt der Insolvenz des Arbeitgebers, BetrAV 2006, 514.

ders. Übergang des Vermögens einer Unterstützungskasse auf den PSVaG bei Insolvenz des Trägerunternehmens – Systematik des § 9 Abs. 3 BetrAVG, DB 2006, 1006.

ders. Pflichten des Arbeitgebers im Zusammenhang mit der gesetzlichen Insolvenzsicherung der betrieblichen Altersversorgung – Systematik des § 11 BetrAVG, BetrAV 2006, 225.

ders. Abwicklung von Anwartschaften aufgrund Entgeltumwandlungszusagen über eine rückgedeckte Gruppen-Unterstützungskasse nach Eintritt der Insolvenz des Arbeitgebers, BetrAV 2006, 514.

ders. Der Schutz des Pensions-Sicherungs-Vereins vor missbräuchlicher Inanspruchnahme seiner Leistungen: Systematik des § 7 Abs. 5 BetrAVG, Festschrift für Kemper 2005, S. 5 ff.

ders. Betriebliche Altersversorgung – Schutz bei Insolvenz, Arbeit und Arbeitsrecht 2005, 488.

ders. Der Schutz des PSVaG gemäß § 7 Abs. 5 BetrAVG vor missbräuchlicher Inanspruchnahme seiner Leistungen, BetrAV 2005, 518.

ders. Insolvenzsicherung der betrieblichen Altersversorgung: Systematik des Anspruchsübergangs nach § 9 Abs. 2 auf den PSVaG, DB 2004, 1098 = BetrAV 2004, 455.

ders. Gesetzesmaterialien zum Betriebsrentengesetz, hrsg. von der Arbeitsgemeinschaft für betriebliche Altersversorgung, 2003.

ders. Die Berechnung von vorzeitigen Altersversorgungsleistungen bei Insolvenzsicherung durch den PSVaG, DB 2001, 2346 = BetrAV 2001, 749.

ders. Nochmals: Fehlende Unverfallbarkeitsregelung in der Versorgungsordnung, BB 2001, 1093.

ders. Überblick über die neue Insolvenzordnung – Auswirkungen auf die betriebliche Altersversorgung, BetrAV 1999, 149.

ders. Gleichbehandlung und Altersgrenze in der betrieblichen Altersversorgung – Besitzstandsschutz bei Vereinheitlichung auf das bisherige Endalter der Männer, BB 1996, 530.

Berger/Kiefer/Langenbrinck Betriebliche Altersversorgung im öffentlichen Dienst, Kommentar, Loseblattausgabe.

Birk Diskriminierung von Frauen und älteren Arbeitnehmern in der betrieblichen Altersversorgung bei beitragsorientierter Gestaltung, BetrAV 2003, 197.

Birkenbeul Praxisgesichtspunkte für die Sicherung betrieblicher Versorgungszusagen in einer Großinsolvenz, BetrAV 2006, 227.

Blomeyer Der Entgeltumwandlungsanspruch des Arbeitnehmers in individual- und kollektivrechtlicher Sicht, DB 2001, 1413 = BetrAV 2001, 501.

ders. Neue arbeitsrechtliche Rahmenbedingungen für die Betriebsrente, BetrAV 2001, 430.

ders. Direktversicherung und Gehaltsumwandlung, DB 1994, 882.

Blomeyer/Rolfs/Otto Betriebsrentengesetz: BetrAVG, Kommentar, 5. Aufl. 2010.

Blumenstein Neues Abkommen zur Übertragung von Direktversicherungen oder Versicherungen in einer Pensionskasse bei Arbeitgeberwechsel, BetrAV 2006, 252.

ders. Vergleichende Darstellung der beitragsorientierten Leistungszusage und der Beitragszusage mit Mindestleistung, Festschrift für Kemper 2005, S. 25 ff.

ders. Änderung des Gesetzes zur Verbesserung der betrieblichen Altersversorgung im Rahmen des Entwurfes eines Alterseinkünftegesetzes, BetrAV 2004, 236.

Bode Innovative Modelle und aktuelle Tendenzen moderner Versorgungswerke, BetrAV 2001, 1.

ders. Gehaltsumwandlung im Tarifbereich, DB 1997, 1769.

ders. Die organschaftliche Mitbestimmung des Betriebsrates nach § 87 Abs. 1 Nr. 8 BetrVG bei betrieblichen Pensionskassen, Diss., Erlangen/Nürnberg 1977.

Bode/Grabner Anpassung von Betriebsrenten nach § 16 BetrAVG – Rechtsentwicklung, Prüfungsverfahren, Lasten und Finanzierung, Festschrift für Kemper 2005, S. 41 ff.

dies. (Hrsg.) Pensionsfonds und Entgeltumwandlung in der betrieblichen Altersversorgung, 2002, mit Nachtrag 2003.

dies. Auswirkungen des Altersvermögensgesetzes auf die betriebliche Altersversorgung, DStR 2002, 679.

dies. Betriebliche Altersversorgung aus Entgeltumwandlung, DB 2001, 481.

Bode/Grabner/Stein Brutto-Entgeltumwandlung vs. »Riester-Förderung«, DB 2001, 1893.

Bode/Saunders Neue Änderungen im Betriebsrentenrecht, DB 2002, 1378.

Bormann Außerplanmäßige BBG-Erhöhung: Ergänzende Auslegung von Versorgungszusagen mit gespaltener Rentenformel?, BetrAV 2011, 596.

Bremer Insolvenzplan: Fortführung betrieblicher Altersversorgung durch den Arbeitgeber – Praktische Erfahrungen aus Sicht des PSVaG, DB 2011, 875.

ders. Aspekte der Insolvenzsicherung durch den PSVaG im Insolvenzplan, BetrAV 2006, 230.

Bruns Lebenspartner und die betriebliche Altersversorgung, NZA 2009, 596.

Cisch Das Prinzip der Einheit von Versorgungszusagen und die verschiedenen Zusageformen betrieblicher Altersversorgung nach dem Altersvermögensgesetz (AVmG) und dem Hüttenknappschaftlichen Zusatzversicherungs-Neuregelungs-Gesetz (HZvNG), Festschrift für Kemper 2005, S. 61 ff.

ders. Aktuelle Rentenreform – Die arbeitsrechtlichen Konsequenzen, Beilage 3, DB 2005, 12.

Cisch/Hufer Umsetzungs- und Gestaltungsmöglichkeiten nach der Strukturreform des Versorgungsausgleichs, BetrAV 2009, 1368.

Dierkes/Geyer Willkür oder rechtliche Bindungen bei der Berechnung des Ausgleichsbetrages? – Zu den Berechnungsgrundlagen des Ausgleichsbetrages der Mitgliedschaft in den öffentlich-rechtlichen Zusatzversorgungskassen unter besonderer Berücksichtigung der kommunalen Zusatzversorgungskassen in den neuen Bundesländern –, Festschrift für Kemper 2005, S. 75 ff.

Doetsch Differenzierte Gestaltung der betrieblichen Altersversorgung ohne Verletzung des Gleichbehandlungsgrundsatzes, Festschrift für Kemper 2005, S. 91 ff.

ders. Auskunfts- und Informationspflichten von Arbeitgebern und externen Versorgungsträgern bei der betrieblichen Altersversorgung, BetrAV 2003, 48.

Döring/Grau Überkreuz mit der Überkreuzablösung – Kein Vorrang von Betriebsvereinbarungen gegenüber »transformierten« tariflichen Ansprüchen beim Betriebsübergang?, BB 2009, 158.

Döring/Weppler Betriebsrentenanpassung gemäß § 16 BetrAVG nach dem BilMoG, BB 2009, 1403.

Dörner/Luczak/Wildschütz/Baeck/Hoß Handbuch des Fachanwalts Arbeitsrecht, 9. Aufl. 2011 (zitiert: DLW-*Autor*).

Dresp Die regulierte Deregulierung der Pensionskassen, Festschrift für Kemper 2005, S. 111 ff.

ders. Träger der betrieblichen Altersversorgung im Spannungsfeld von Arbeits-, Aufsichts- und Versicherungsrecht – aktuelle Problemkreise, BetrAV 2009, 324.

Drochner/Hill/Uebelhack Betriebsrentenanpassung – eine unendliche Geschichte, Festschrift für Kemper 2005, S. 125 ff.

Engbroks/Heubeck Aktuarielle Aspekte zum Übertragungswert und zum ehezeitbezogenen Ausgleichswert, BetrAV 2009, 16.

Engelstädter Versorgungsbesitzstände nach verschlechternder Neuregelung von Versorgungszusagen, Festschrift für Kemper 2005, S. 143 ff.

Etzel u.a. Gemeinschaftskommentar zum Kündigungsschutzgesetz und zu sonstigen kündigungsschutzrechtlichen Vorschriften (KR), 9. Aufl. 2009.

Eulering/Viefhues Der reformierte Versorgungsausgleich – praktische Umsetzung durch die Familiengerichte, FamRZ 2009, 1368.

Feder Vereinfachungen für den Arbeitgeber bei Meldungen und Beitragszahlungen an den PSVaG, BetrAV 2006, 224.

Feldkamp Die Rolle der Versicherungsmathematik beim PSVaG, BetrAV 2006, 232.

Festschrift für Wolfgang Förster zum 60. Geburtstag Betriebliche Altersversorgung im 21. Jahrhundert: Rechtliche, personalpolitische und finanztechnische Herausforderungen, hrsg. von Andresen/Rößler/Rühmann, 2001.

Feudner Nachholende Rentenanpassung gem. § 16 BetrAVG – Wie weit ist nachzuholen?, DB 2005, 50.

ders. Zur Mitbestimmung bei der Durchführung des Altersvermögensgesetzes (»Riester-Rente«), DB 2001, 2047.

Fitting Betriebsverfassungsgesetz, 26. Aufl. 2012.

Förster Ausgliederung von Pensionsverpflichtungen auf eine Pensionsgesellschaft, BetrAV 2001, 133.

Förster/Cisch Die Änderungen im Betriebsrentengesetz durch das Alterseinkünftegesetz und deren Bedeutung für die Praxis, BB 2004, 2126.

dies. Rechtsprechung des Bundesarbeitsgerichts zur betrieblichen Altersversorgung im Jahr 2004, BB 2005, 773.

Förster/Cisch/Karst Betriebsrentengesetz, Kommentar, 13. Aufl. 2012.

Förster/Meier Betriebswirtschaftlicher Vergleich der Durchführungswege für die betriebliche Altersversorgung, Festschrift für Kemper 2005, S. 153 ff.

Friederici Neue Änderungen im Betriebsrentenrecht, Forum-Familienrecht 2005, 140.

Friedrich/Kovac/Werner Beitragsorientierte Leistungszusage und Beitragszusage mit Mindestleistung – strikt getrennt oder doch eng miteinander verwandt?, BB 2007, 1557.

Gareis Insolvenzrechtliche Regelungen betreffend den PSVaG im Betriebsrentengesetz (BetrAVG), ZInsO 2007, 23 = BetrAV 2007, 219.

Gehrke/Heubeck Gutachten zur künftigen Funktionsfähigkeit der Insolvenzsicherung durch den Pensions-Sicherungs-Verein VVaG, BetrAV 2002, 433.

Goldbach/Obenberger Die betriebliche Altersversorgung nach dem Betriebsrentengesetz, 2., neu bearbeitete Auflage 2008.

Grabner Entgeltumwandlung in der betrieblichen Altersversorgung, BetrAV 2003, 1.

Grabner/Bode Neue BAG-Rechtsprechung zur vorgezogenen betrieblichen Altersrente im Widerspruch zur arbeitsrechtlichen Gleichbehandlung, BB 2001, 2425.

dies. Betriebliche Altersversorgung aus Entgeltumwandlung, DB 2001, 481.

Granetzny Die Informationspflichten von Arbeitgebern gegenüber Arbeitnehmern in der betrieblichen Altersversorgung, 2011.

Groeger Nochmals: Gehaltsumwandlungsversicherungen als betriebliche oder private Altersversorgung, DB 1992, 2086.

Gunkel BDA-Konzept für eine stärker risikoorientierte PSV-Beitragsstruktur, BetrAV 2012, 97.

ders. Bewährtes System vor neuen Herausforderungen, BetrAV 2006, 213.

Hahne Neue Rechtsprechung des Bundesgerichtshofs zum Ausgleich betrieblicher Altersversorgungen, BetrAV 2012, 189.

Hanau Gleichbehandlung geringfügig Beschäftigter beim Entgelt, DB 2005, 946.

ders. Probleme der betrieblichen Altersversorgung in Konzernen, Festschrift für Kemper 2005, S. 165 ff.

Hanau/Arteaga/Rieble/Veit Entgeltumwandlung, 2. Aufl. 2006.

Hanau/Goertz Versorgungsbezüge bei vorzeitigem Ausscheiden aus dem öffentlichen Dienst – zum Beschluss des Bundesverfassungsgerichts vom 15. Juli 1998, ZBR 1999, 361 ff.

Hartsoe Aktueller Stand der Diskussion zur Zillmerung und Anmerkungen dazu, BetrAV 2006, 323.

Heither Gestaltung des Anspruchs eines Arbeitnehmers auf Gehaltsumwandlung (§ 1a BetrAVG) durch Tarifverträge, NZA 2001, 1275.

Henning Die betriebliche Mitbestimmung bei der Entgeltumwandlung, 2003.

Henssler/Willemsen/Kalb Arbeitsrecht Kommentar, 5. Aufl. 2012.

Herrmann Risikoorientierte Beitragsgestaltung der Insolvenzsicherung der betrieblichen Altersversorgung, BetrAV 2012, 1.

Hessling Zillmerung und Verbraucherschutz, BetrAV 2006, 318.

Heubeck/Oster Zur mehrfachen Kürzung bei vorzeitiger Altersrente und bei Besitzständen, BetrAV 2001, 230.

Hey Kommentar zum AGG, 2009.

Hill Das neue Umwandlungsrecht – seine Auswirkungen auf die betriebliche Altersversorgung, BetrAV 1995, 114.

Höfer Betriebliche Altersversorgung – Beibehalten Durchführungsweg, Ausschlussfrist, Verjährung, Verzinsung Beitragsrückstände – Besprechung des Urteils BAG v. 12.6.2007 – 3 AZR 186/06, RdA 2009, 55.

ders. Gesetz zur Verbesserung der betrieblichen Altersversorgung, Kommentar, Loseblattausgabe, Band I: Arbeitsrecht (zit.: BetrAVG).

ders. Gesetz zur Verbesserung der betrieblichen Altersversorgung, Band II: Steuerrecht, Kommentar, Loseblattausgabe (zit.: BetrAVG, Steuerrecht, Rn.).

ders. Das neue Betriebsrentenrecht, Erg.-Bd. zum BetrAVG, 2003.

ders. Neues vom BAG zur Unverfallbarkeit – sind die neuen Rechenregeln für die Bemessung der unverfallbaren Anwartschaft auf »vorzeitige Altersleistungen« sinnvoll?, DB 2001, 2045.

ders. Die Neuregelung des Betriebsrentengesetzes durch das Alterseinkünftegesetz, DB 2004, 1426.

ders. Die Neuregelung des Betriebsrentengesetzes durch das Altersvermögensgesetz, DB 2001, 1146.

ders. Entgeltumwandlungszusagen im novellierten Betriebsrentengesetz, DB 1998, 2266.

Höfer/Meier Tarifvertragliche Altersversorgung und Entgeltumwandlung, BB 1998, 1894.

Höfer/Witt/Kuchem Die Anpassung betrieblicher Versorgungsregelungen an die neuen Altersgrenzen der gesetzlichen Rentenversicherung, BB 2007, 1445.

Hölscher Umsetzung der europäischen Pensionsfondsrichtlinie – das letzte Mosaiksteinchen eines grenzüberschreitenden betrieblichen Altersversorgungssystems?, Festschrift für Kemper 2005, S. 177 ff.

Hoppach Betriebliche Altersversorgung und Zeitkonten – Gegensatz oder sinnvolle Ergänzung?, Festschrift für Kemper 2005, S. 193 ff.

Hoppenrath Die Insolvenzsicherung beim Durchführungsweg Unterstützungskasse, BetrAV 2010, 220.

ders. Das Finanzierungsverfahren für die gesetzliche Insolvenzsicherung der betrieblichen Altersversorgung durch den PSVaG nach 30 Jahren auf dem Prüfstand, Festschrift für Kemper 2005, S. 211 ff.

ders. Die Insolvenzsicherung der betriebliche Altersversorgung nach geltendem Recht, BetrAV 2002, 731.

ders. Pensionsfonds und Insolvenzsicherung, BetrAV 2001, 114.

ders. Ermittlung der Forderung des PSVaG im Konkurs, BetrAV 1982, 7.

Hoppenrath/Berenz Das neue Finanzierungsverfahren des PSVaG, DB 2007, 630 = BetrAV 2007, 215.

Hoppenrath/Wohlleben Möglichkeiten der Insolvenzsicherung, Festschrift für Förster, 2001, S. 285 ff.

Huber Wertgleichheit einer Entgeltumwandlung beim Pensionsfonds, BetrAV 2008, 35.

Huber/Burg Herausforderungen des neuen Versorgungsausgleichs für Betriebsrentensysteme, BB 2009, 2534 ff.

Hügelschäffer Die Tarifeinigung im öffentlichen Dienst zu den Startgutschriften, BetrAV 2011, 613.

Hundt Der PSVaG in seiner vielfältigen Gestalt als Element der sozialen Sicherung – Aufwärtstrend festigen, BetrAV 2006, 209.

Jaeger Zillmerung und Entgeltumwandlung, BetrAV 2006, 517.

ders. Die rückgedeckte Pensionszusage durch Gehaltsumwandlung aus Sicht des Arbeitnehmers, BB 1997, 1474.

Johannsen/Henrich / Holzwarth.: Familienrecht, 5. Aufl. 2010.

Jürgens Riesterförderfähigkeit von Arbeitnehmerbeiträgen an eine Pensionskasse, BetrAV 2002, 788.

Karst/Paulweber Wandel der Unverfallbarkeitssystematik in der betrieblichen Altersversorgung für beitragsorientierte Zusagen mit variablen Überschussanteilen, BetrAV 2005, 524 = BB 2005, 1498.

Kemper Aktuelle Aspekte in der Rechtsprechung des Bundesarbeitsgerichts zur betrieblichen Altersversorgung, Festschrift für Andresen, 2006, S. 463 ff.

ders. Buchbesprechung, BetrAV 2003, 372.

ders. Arbeitsrechtliche Anmerkungen zu den Auswirkungen der Erhöhung der Beitragsbemessungsgrenze in der gesetzlichen Rentenversicherung im Jahr 2003 auf betriebliche Versorgungssysteme, BetrAV 2003, 431.

ders. Einzelfragen zur Mitbestimmung des Betriebsrats bei einer Pensionskasse, Gedenkschrift für Blomeyer, 2003, S. 157 ff.

ders. Entgeltumwandlung und Mitbestimmung, BetrAV 2002, 751.

ders. Entgeltumwandlung und erzwingbare Mitbestimmung, Festschrift für Förster, 2001, S. 207 ff.

ders. Neuordnung der Berufs- und Erwerbsunfähigkeit – Auswirkungen auf die Invalidenrente in der betrieblichen Altersversorgung, BetrAV 1998, 289.

ders. Neue Abfindungs- und Übernahmemöglichkeiten (§§ 3 und 4 BetrAVG) in: Höfer (Hrsg.) Neue Chancen für Betriebsrenten, 1998.

ders. Bericht aus der Arbeit des Fachausschusses Arbeitsrecht, BetrAV 1992, 250.

ders . Zusammentreffen unterschiedlicher Versorgungsregelungen anlässlich eines Betriebsübergangs, BB 1990, 785 = BetrAV 1990, 7.

ders. Die Unverfallbarkeit betrieblicher Versorgungsanwartschaften von Arbeitnehmern, 1977.

Kemper/Hey Folgen einer Gesamtrechtsnachfolge für das Trägerunternehmen einer Unterstützungskasse, BB 2009, 720.

Kemper/Kisters-Kölkes Arbeitsrechtliche Grundzüge der betrieblichen Altersversorgung, 6. Aufl. 2011 (zit.: *Kemper/Kisters-Kölkes* Grundzüge).

dies. Betriebliche Altersversorgung, 2. Aufl. 1999 (zit.: *Kemper/Kisters-Kölkes* Musterverträge)

Kisters-Kölkes Aktuelles aus dem Arbeitsrecht, BetrAV 2011, 451.

dies. Informationspflichten beim Betriebsübergang, Festschrift für Kemper 2005, S. 227 ff.

Klein, R. Die Pensionskasse im Spannungsfeld zwischen Arbeits- und Versicherungsrecht – Die Änderungen des Betriebsrentengesetzes durch das AltEinkG und deren Auswirkungen auf die Pensionskassen –, Festschrift für Kemper 2005, S. 243 ff.

Klemm Sicherung von Ansprüchen und Anwartschaften auf Leistungen der betrieblichen Altersversorgung durch Contractual Trust Agreements (»CTA«) – What's new?, BetrAV 2006, 132.

ders. Abfindung und Übertragung von Versorgungsanwartschaften auf betriebliche Altersvorsorge im Lichte des Altersvermögensgesetzes, NZA 2002, 416.

Koch Begriff der Pensionskasse, BetrAV 2003, 418.

Kollroß/Frank Anmerkungen zum Urteil des LAG München vom 15.3.2007 (4 Sa 1152/06), DB 2007, 1146.

Konzen Kollektivrechtliche Grundlagen und Grenzen der Entgeltumwandlung in der betrieblichen Altersversorgung, Gedenkschrift für Blomeyer, 2003, S. 173 ff.

Kort Bestandssicherung betrieblicher Altersversorgung beim Betriebsübergang, Gedenkschrift für Blomeyer, 2003, S. 199 ff.

Kremhelmer/Cisch Neue Rechtsprechung des Bundesarbeitsgerichts zur Betriebsrente, DB Beilage 3/2005 zu Heft 23, 25.

Küpper P. Rentnerdeputate, Festschrift für Höfer, 2011, S. 127 ff.

ders. Der Rechtsweg bei mittelbaren Versorgungszusagen, Festschrift für Kemper 2005, S. 273 ff.

Küpper St. Aktuelle Tarifpolitik, BetrAV 2002, 9.

ders. Tarifvertragliche Vereinbarungen zur Altervorsorge auf Basis des AVmG, RdA 2002, 379.

Küppers/Louven Outsourcing und Insolvenzsicherung von Pensionsverpflichtungen durch Contractual Trust Arrangements (CTA's), BB 2004, 337.

Lackner Auskunftsansprüche des PSV gegenüber Unterstützungskassen, BB 2009, 2601.

Langenbrinck/Mühlstädt Betriebsrente der Beschäftigten des öffentlichen Dienstes, Einführung, 3. Aufl. 2007.

Langohr-Plato Der betriebsrentenrechtliche Verschaffungsanspruch: die unterschätzte Haftungsnorm, Festschrift für Höfer, 2011, S. 159 ff.

ders. Rechtshandbuch Betriebliche Altersversorgung, 4. Aufl. 2007.

ders. Steuerrechtliche Anforderung an die betriebliche Altersversorgung von Gesellschafter-Geschäftsführern einer GmbH – Eine kritische Analyse aus arbeitsrechtlicher Sicht –, Festschrift für Kemper 2005, S. 283 ff.

Langohr-Plato/Teslau Das Alterseinkünftegesetz und seine arbeitsrechtlichen Konsequenzen für die betriebliche Altersversorgung, NZA 2005, 1297.

dies. Die Beitragszusage mit Mindestleistung, DB 2003, 661.

Meisner Strukturreform des Versorgungsausgleichs: Auswirkungen auf die bAV, PBA 2009, 339.

Menzel/Albert/Schumann/Sieben Betriebliche und private Altersversorgung nach der Rentenreform, 2001.

Merten/Baumeister Der neue Versorgungsausgleich in der betrieblichen Altersversorgung, DB 2009, 957.

Meyer Modifikation von Tarifrecht durch Betriebsvereinbarungen beim Betriebsübergang NZA 2001, 751.

Mittelsten Scheid Die einkommensteuerrechtliche Einordnung der Gegenwertzahlung, BetrAV 2005, 452.

Mühlstädt Portabilität in der Zusatzversorgung des öffentlichen Dienstes im Vergleich zur gesetzlichen Regelung in § 4 BetrAVG, Festschrift für Kemper 2005, S. 303 ff.

Müller-Glöge/Preis/Schmidt Erfurter Kommentar zum Arbeitsrecht, 12. Aufl. 2012.

Murmann Die Bedeutung des PSVaG im Wandel der betrieblichen Altersvorsorge, BetrAV 2006, 210.

Neise Die Mitnahme von unmittelbaren Versorgungszusagen beim Wechsel des Arbeitsgebers – Erfahrungen aus 15 Jahren Portabilität im Konzern –, Festschrift für Kemper 2005, S. 325 ff.

Neufeld Besonderheiten der betrieblichen Altersversorgung bei der übertragenden Sanierung, BB 2008, 2346 ff.

Neumann Invaliditätsversorgung für Gesellschafter-Geschäftsführer, BFH-Urteil vom 28.1.2004 – ein Auslegungsproblem?, Festschrift für Kemper 2005, S. 337 ff.

ders. Einmal betriebliches Ausscheiden – zweimal Betriebsrentenkürzung, Festschrift für W. Förster, 2001, S. 219.

Niehaus Versorgungsausgleich und bAV: Kosten und Kostenersatz, BetrAV 2011, 140.

Niermann/Risthaus Zwei wichtige Verwaltungsanweisungen zu den steuerlichen Änderungen bei der privaten Altersvorsorge sowie der betrieblichen Altersversorgung durch das Alterseinkünftegesetz, DB Beilage Nr. 2/2005 zu Heft 18 v. 6.5.2005.

Passarge Aktuelle Fragen zur Auslagerung von Pensionsverpflichtungen mittels Contractual Trust Agreements, BetrAV 2006, 127.

Paulsdorff Kommentar zur Insolvenzsicherung der betrieblichen Altersversorgung, 2. Aufl. 1999.

Paulsdorff/Wohlleben Die Rechtsstellung des Pensions-Sicherungs-Vereins auf Gegenseitigkeit (PSVaG) nach neuem Insolvenzrecht, Kölner Schrift zur Insolvenzordnung, 2. Aufl. 2000, S. 1655 ff.

Perreng Mitbestimmungsrechte des Betriebsrates bei Entgeltumwandlung, Festschrift für Kemper 2005, S. 347 ff.

Pophal Wie ist die Beitragszusage mit Mindestleistung von der beitragsorientierten Leistungszusage abzugrenzen?, Festschrift für Kemper 2005, S. 355 ff.

ders. Aktuelle Fragen zur rückgedeckten Unterstützungskasse, BetrAV 2003, 412.

Preis Altersdiskriminierung im Betriebsrentenrecht, BetrAV 2010, 515.

Reichel/Heger Betriebliche Altersversorgung, Grundriss, 2003.

Reichenbach Outsourcing von Pensionsverpflichtungen, Festschrift für Kemper 2005, S. 365 ff.

Reichenbach/Cramer Mitbestimmung des Betriebsrats beim Ausgleich betrieblicher Versorgungsanrechte?, BetrAV 2010, 620.

Reinecke Der Begriff der betrieblichen Altersversorgung in der Rechtsprechung des Bundesarbeitsgerichts, BB 2011, 245.

ders. Betriebliche Altersversorgung: Wechsel des Durchführungswegs gegen den Willen des Arbeitnehmers?, DB 2010, 2392.

ders. Arbeitsrechtliche Rahmenbedingungen bei Unterstützungskassenzusagen, BetrAV 2009, 385 = DB 2009, 1182.

ders. Hinweis-, Aufklärungs- und Beratungspflichten im Betriebsrentenrecht nach der Reform des Versicherungsvertragsrechts, RdA 2009, 13.

ders. Neue Rechtsprechung des Bundesarbeitsgerichts zum Betriebsrentenrecht, BetrAV 2008, 241.

ders. Schutz des Arbeitnehmers im Betriebsrentenrecht: Informationspflichten des Arbeitgebers und Kontrolle von Versorgungsvereinbarungen, DB 2006, 555.

ders. Der betriebsrentenrechtliche Verschaffungsanspruch oder der richtige Beklagte im Betriebsrentenrecht, Festschrift für Kemper 2005, S. 383 ff.

ders. Hinweis-, Aufklärungs- und Beratungspflichten im Betriebsrentenrecht, RdA 2005, 129.

ders. Neue Rechtsprechung des Bundesarbeitsgerichts zum Betriebsrentenrecht, BetrAV 2003, 25.

Rieble Die Entgeltumwandlung, BetrAV 2001, 584.

Rieble/Klumpp Naturalleistungszusagen als betriebliche Altersversorgung, Gedenkschrift für Blomeyer, 2003, S. 317 ff.

Riehl Bilanzierung bei Mitgliedern/Beteiligten in Zusatzversorgungskassen, BetrAV 2006, 521.

ders. Voraussetzungen für die Anerkennung von Vermögenswerten als Plan Assets nach US-GAAP und IAS, BetrAV 2002, 636.

Rößler Anpassung betrieblicher Versorgungssysteme an die geänderte Lebensarbeitszeit, BetrAV 2007, 599.

ders. Der triftige Grund in der Besitzstandsschutzrechtsprechung des Ruhegeldsenats des Bundesarbeitsgerichts (Zur Übertragbarkeit der wirtschaftlichen Lage im Sinne des § 16), 2005.

ders. Die Übertragung von Versorgungsanwartschaften und der Irrtum über den Umfang der Anwartschaft, NZA 2005, 745.

Rolfs Die betriebliche Altersversorgung beim Betriebsübergang, BetrAV 2008, 468.

Rürup, B. Zukunft der betrieblichen Altersvorsorge im Lichte der Rentenreformen und des Alterseinkünftegesetzes, Festschrift für Kemper 2005, S. 395 ff.

Sarazin Leistungen der neuen Zusatzversorgung und ihre steuerliche Behandlung, BetrAV 2003, 189.

Sasdrich Die deutsche Insolvenzsicherung hat sich bewährt, BetrAV 2002, 727.

ders. Betriebliche Altersversorgung gestärkt, BetrAV 2001, 403.

Sasdrich/Wirth Betriebliche Altersversorgung gestärkt, BetrAV 2001, 401, BABl. 6–7/2001, 16.

Saunders Emanzipation der Frau im Rahmen der betrieblichen Altersversorgung, Festschrift für Kemper 2005, S. 405 ff.

Schack/Tacke/Thau (Hrsg.) Praktiker-Handbuch zur Umsetzung der betrieblichen Altersversorgung, 2. Aufl. 2005.

Schipp Neue Regeln zur Anpassung von Betriebsrenten im Konzern, DB 2010, 112.

Schleusener/Suckow/Voigt AGG, Kommentar zum Allgemeinen Gleichbehandlungsgesetz, 3. Aufl. 2010.

Schlewing Die Rechtsprechung des Bundesarbeitsgerichts zur AGB-Kontrolle im Betriebsrentenrecht, Festschrift für Höfer, 2011, S. 243 ff.

dies. Fortgeltung oder Nachwirkung gekündigter Betriebsvereinbarungen über Leistungen der betrieblichen Altersversorgung?, NZA 2010, 529.

Schliemann Tarifrecht für die Entgeltumwandlung bei Betriebsrenten, DB 2001, 2554.

Schnitker/Grau Neue Rahmenbedingungen für das Recht der betrieblichen Altersversorgung durch das Alterseinkünftegesetz, NJW 2005, 11.

dies. Mitbestimmungsrechte des Betriebsrats bei der Einführung einer betrieblichen Altersversorgung im Wege der Entgeltumwandlung nach § 1a BetrAVG, BB 2003, 1061.

Schoden BetrAVG – Betriebliche Altersversorgung, Kommentar, Loseblattwerk, 2. Aufl. 2003.

ders. Zur Anwendung der BAG-Entscheidungen (Urteile vom 21.04.2009 – 2 AZR 695/08, 3 AZR 471/07) zu Versorgungsordnungen mit "gespaltener Rentenformel" auf beitragsorientierte Leistungszusagen, Festschrift für Höfer, 2011, S. 259 ff.

ders. Besteht eine Ausgleichspflicht des Arbeitgebers für Nachteile durch § 275c SGB VI in Art. 2 des Beitragssatzsicherungsgesetzes – BSSichG – in Bezug auf die betriebliche Altersversorgung?, BetrAV 2003, 434.

Schulte Vermögensübergang auf den PSVaG nach dem Betriebsrentengesetz – Grundvermögen einer Unterstützungskasse, Rpfleger 2007, 365 = BetrAV 2007, 527.

Schwark/Raulf Beitragszusage mit Mindestleistung bei Direktzusagen in der betrieblichen Altersversorgung?, DB 2003, 940.

Schwind Die Deckungsmittel der betrieblichen Altersversorgung 2008, BetrAV 2010, 383.

ders. Die Deckungsmittel der betrieblichen Altersversorgung in 2006, BetrAV 2008, 401.

Seeger Lohnsteuerpflicht von Umlage- und Gegenwertzahlungen an Zusatzversorgungseinrichtungen?, DB 2005, 1588.

Sievers TzBfG, Kommentar zum Teilzeit- und Befristungsgesetz, 3. Aufl. 2010.

Staier Aktuelle Entwicklungen bei Unterstützungskassenzusagen aus Sicht der gesetzlichen Insolvenzsicherung durch den PSVaG, BetrAV 2006, 220.

Stark Rentnergesellschaften, 2011.

Steinmeyer Arbeitgeberhaftung und Beratungspflichten in der betrieblichen. Altersversorgung, BetrAV 2008, 531.

ders. Das Allgemeine Gleichbehandlungsgesetz und die betriebliche Altersversorgung, ZfA 2007, 27.

ders. Einstandspflicht von Pensionskassen für Arbeitgeberzusagen, BetrAV 2004, 436.

ders. Die Reichweite tariflicher Regelungsmacht nach dem neuen Altersvermögensgesetz, BetrAV 2001, 727.

Stöhr Pensionsverpflichtungen als Funded Plan – Möglichkeiten zur Bilanzverkürzung nach internationalem Handelsrecht, BetrAV 2000, 430.

Teichmann in: Soergel, Bürgerliches Gesetzbuch mit Einführungsgesetz und Nebengesetzen, 11. Aufl. 1978 ff.

Tenbrock Die betriebliche Altersversorgung im Betriebsübergang bei konkurrierenden Versorgungszusagen, 2006.

Teslau Der Einfluss des Versicherungsrechts auf das Arbeitsrecht der betrieblichen Altersversorgung, Festschrift für Kemper 2005, S. 415 ff.

Thüsing Auswirkungen des AGG auf die betriebliche Altersversorgung, BetrAV 2006, 704.

Thüsing/Granetzky Der Wechsel des Durchführungsweges in der betrieblichen Altersversorgung, BetrAV 2009, 485.

Uebelhack Beitragszusagen mit Mindestleistung – Eine neue Zusageform für Betriebsrenten, Gedenkschrift für Blomeyer, 2003, S. 467 ff.

Uhlenbruck, Jan Auskunftspflicht von Gruppen-Unterstützungskassen gegenüber dem PSVaG, BetrAV 2007, 226.

Uhlenbruck, Wilhelm Widerruf von betrieblichen Versorgungszusagen wegen wirtschaftlicher Notlage? Zur Rechtsstellung des PSVaG im außergerichtlichen Vergleich und im Insolvenzplanverfahren, KSI 2006, 121.

Uttlinger/Breier/Kiefer/Hoffmann/Dassau Bundes-Angestelltentarifvertrag, Loseblattausgabe.

Wick Erste Rechtsprechung zum neuen Versorgungsausgleich unter besonderer Berücksichtigung der betrieblichen Altersversorgung, BetrAV 2011, 131;

Willemsen/Döring Der Einfluss des europäischen Rechts auf die Gestaltung der betrieblichen Altersversorgung, BetrAV 2011, 432.

Windel/Hoppenrath Die Insolvenzsicherung der betrieblichen Altersversorgung, Handbuch der betrieblichen Altersversorgung, hrsg. von der Arbeitsgemeinschaft für betriebliche Altersversorgung, Loseblattausgabe.

Wimmer (Hrsg.) FK-InsO, Frankfurter Kommentar zu Insolvenzordnung, 6. Aufl. 2011.

Wohlleben Unterstützungskasse und der PSVaG – Neuere Entwicklungen, BetrAV 2011, 232.

ders. Die Insolvenzsicherung durch den PSVaG nach dem Krisenjahr 2009, BetrAV 2010, 497.

ders. Verfassungsrechtliche Bedenken gegen Beitragsbescheide des PSVaG, BB 2010, 1659.

ders. Die Rechtsstellung des PSVaG vor und in der Unternehmensinsolvenz, BetrAV 2006, 217.

ders. Neuregelungen zur Insolvenzsicherung der Betriebsrenten, DB 1998, 1230.

Ziegler Einstandspflicht von Pensionskassen bei einer Geschlechtsdiskriminierung in der Satzung – Besprechung des BAG-Urteils 3 AZR 550/03 –, Festschrift für Kemper 2005, S. 429 ff.

Zmudzinski Zwangsgeld bei Nichterfüllung der Meldepflicht zur Insolvenzsicherung der betrieblichen Altersversorgung, Anmerkung zum Beschluss des VG Gießen vom 16.01.2009 – 1 N 4613/08.GI, BetrAV 2009, 472.

Gesetz zur Verbesserung der betrieblichen Altersversorgung (Betriebsrentengesetz – BetrAVG)

vom 19. Dezember 1974 (BGBl. I S. 3610),
zuletzt geändert durch Gesetz zur Verbesserung der Rahmenbedingungen
für die Absicherung flexibler Arbeitszeitregelungen und zur Änderung
anderer Gesetze vom 21. Dezember 2008 (BGBl. I S. 2940).

Erster Teil   Arbeitsrechtliche Vorschriften

Erster Abschnitt   Durchführung der betrieblichen Altersversorgung

§ 1   Zusage des Arbeitgebers auf betriebliche Altersversorgung

(1) Werden einem Arbeitnehmer Leistungen der Alters-, Invaliditäts- oder Hinterbliebenenversorgung aus Anlass seines Arbeitsverhältnisses vom Arbeitgeber zugesagt (betriebliche Altersversorgung), gelten die Vorschriften dieses Gesetzes. Die Durchführung der betrieblichen Altersversorgung kann unmittelbar über den Arbeitgeber oder über einen der in § 1b Abs. 2 bis 4 genannten Versorgungsträger erfolgen. Der Arbeitgeber steht für die Erfüllung der von ihm zugesagten Leistungen auch dann ein, wenn die Durchführung nicht unmittelbar über ihn erfolgt.

(2) Betriebliche Altersversorgung liegt auch vor, wenn

1. der Arbeitgeber sich verpflichtet, bestimmte Beiträge in eine Anwartschaft auf Alters-, Invaliditäts- oder Hinterbliebenenversorgung umzuwandeln (beitragsorientierte Leistungszusage),
2. der Arbeitgeber sich verpflichtet, Beiträge zur Finanzierung von Leistungen der betrieblichen Altersversorgung an einen Pensionsfonds, eine Pensionskasse oder eine Direktversicherung zu zahlen und für Leistungen zur Altersversorgung das planmäßig zuzurechnende Versorgungskapital auf der Grundlage der gezahlten Beiträge (Beiträge und die daraus erzielten Erträge), mindestens die Summe der zugesagten Beiträge, soweit sie nicht rechnungsmäßig für einen biometrischen Risikoausgleich verbraucht wurden, hierfür zur Verfügung zu stellen (Beitragszusage mit Mindestleistung),
3. künftige Entgeltansprüche in eine wertgleiche Anwartschaft auf Versorgungsleistungen umgewandelt werden (Entgeltumwandlung) oder
4. der Arbeitnehmer Beiträge aus seinem Arbeitsentgelt zur Finanzierung von Leistungen der betrieblichen Altersversorgung an einen Pensionsfonds, eine Pensionskasse oder eine Direktversicherung leistet und die

Zusage des Arbeitgebers auch die Leistungen aus diesen Beiträgen umfasst; die Regelungen für Entgeltumwandlung sind hierbei entsprechend anzuwenden, soweit die zugesagten Leistungen aus diesen Beiträgen im Wege der Kapitaldeckung finanziert werden.

Kemper

A. Regelungsgegenstand des § 1 Abs. 1 BetrAVG

§ 1 Abs. 1 BetrAVG[1] enthält den gesetzgeberischen Versuch, einige Grundla- 1
gen des Arbeitsrechts der betrieblichen Altersversorgung zu beschreiben, und
zwar

– den Begriff »betriebliche Altersversorgung« verkoppelt mit der »Zusage
  des Arbeitgebers«,
– die »unmittelbare und mittelbare Durchführung« der betrieblichen Altersversorgung und
– die »Einstandspflicht des Arbeitgebers« für die Erfüllung der von ihm
  zugesagten Leistungen auch dann, wenn die Durchführung der betrieblichen Altersversorgung »mittelbar« erfolgt.

Der Gesetzgeber geht im Wesentlichen von dem bisher durch Rechtspre- 2
chung und Schrifttum geschaffenen Rechtszustand aus und bestätigt ihn als
Basis für die im BetrAVG getroffenen Einzelregelungen. Eine umfassende
gesetzliche Regelung des Arbeitsrechts der betrieblichen Altersversorgung
erfolgt nicht und war auch nicht beabsichtigt. Nur so lassen sich einige Formulierungen verstehen. Der »Erste Abschnitt« des BetrAVG behandelt zwar
auch die »Durchführung der betrieblichen Altersversorgung«, aber – wie vor
dem 1.1.2001[2] – im Kern die Unverfallbarkeit dem Grunde und der Höhe
nach verbunden mit Regelungen über Abfindung und Übertragung unverfallbarer Anwartschaften und laufender Leistungen (§§ 3–4 BetrAVG) und
Auskunftsansprüchen (§ 4a BetrAVG), ergänzt um den Anspruch auf
betriebliche Altersversorgung durch Entgeltumwandlung in § 1a BetrAVG.
In § 1 Abs. 2 BetrAVG wird auch nur scheinbar der Begriff betriebliche
Altersversorgung erweitert. Im Grunde genommen handelt es sich um
Beschreibungen von Strukturen, in denen betriebliche Versorgungsleistungen
erbracht werden können (z.B. beitragsorientierte Leistungszusage, Beitragszusage mit Mindestleistung).[3]

---

1 Gesetz zur Verbesserung der betrieblichen Altersversorgung v. 19.12.1974 BGBl. I
  S. 3610 zuletzt geändert durch Art. 4e des Gesetzes zur Verbesserung der Rahmenbedingungen für die Absicherung flexibler Arbeitszeitregelungen und zur Änderung
  anderer Gesetze v. 21.12.2008 BGBl. I S. 2940.
2 Vgl. Fassung des BetrAVG ab 1.1.1999 – Art. 8 des Rentenreformgesetzes 1999 v.
  11.12.1997 BGBl. I S. 2998, 3025, mit Änderung von § 4 BetrAVG durch Art. 15
  Steuerbereinigungsgesetz 1999 v. 22.12.1999 BGBl. I S. 2601, 2618.
3 S. dazu Rdn. 442 ff.

3   § 1 Abs. 1 BetrAVG gibt – einschließlich der Definition des Begriffes betriebliche Altersversorgung – nur einige Hinweise auf der Basis der bisherigen Rechtslage, ohne wesentliche konstitutive Regelungen zu treffen. Dies gilt auch für die erstmals normierte Einstandspflicht des Arbeitgebers bei mittelbaren Versorgungszusagen gem. § 1 Abs. 1 S. 3 BetrAVG.[4]

4   Es erscheint deshalb gerechtfertigt, bei der Kommentierung zu § 1 Abs. 1 BetrAVG ebenfalls auf die nicht ausdrücklich oder an anderer Stelle im BetrAVG geregelten arbeitsrechtlichen Grundlagen der betrieblichen Altersversorgung einzugehen. Dazu gehören auch die Grundsätze der Insolvenzsicherung der betrieblichen Altersversorgung[5] sowie die Behandlung aktueller Gesetze in ihrer Bedeutung für die betriebliche Altersversorgung, also des inzwischen ausdrücklich für auf die betriebliche Altersversorgung anwendbar erklärten[6] AGG[7] und des RV-Altersgrenzenanpassungsgesetzes[8]. Ferner ist das am 1.1.2009 in Kraft getretene »Gesetz zur Förderung der zusätzlichen Altersversorgung und zur Änderung des Dritten Buches Sozialgesetzbuch«[9] zu erwähnen. Wichtig erscheint zudem, steuerliche Hinweise bei den einzelnen Durchführungswegen zu geben, zumal die steuerliche Behandlung der betrieblichen Altersversorgung durch das Alterseinkünftegesetz[10] eine grundlegende Neuordnung erfahren hat.[11]

5   Das BetrAVG ist in den alten Bundesländern am 22.12.1974 in Kraft getreten.[12] Die Anwendbarkeit in den neuen Bundesländern ab dem 1.1.1992 ist

---

4   S. dazu Rdn. 243–253.

5   S. dazu auch §§ 7 ff. einschließlich Kommentierung.

6   BAG 11.12.2007, 3 AZR 249/06, EzA § 2 AGG Nr. 1; s. dazu Rdn. 54; dazu *Hey* AGG § 2 Rn. 30 ff.

7   Allgemeines Gleichbehandlungsgesetz i.d.F. v. 14.8.2006 BGBl. I S. 1897, i.d.F. des Gesetzes zur Änderung des Betriebsrentengesetzes und anderer Gesetze v. 2.12.2006 BGBl. I S. 2742.

8   Gesetz zur Anpassung der Regelaltersgrenze an die demografische Entwicklung und zur Stärkung der Finanzierungsgrundlagen der gesetzlichen Rentenversicherung v. 20.4.2007 BGBl. I S. 554, das am 1.1.2008 in Kraft getreten ist.

9   Gesetz zur Förderung der zusätzlichen Altersvorsorge und zur Änderung des Dritten Buches Sozialgesetzbuch i.d.F. v. 10.12.2007 BGBl. I S. 2838.

10   V. 5.7.2004 BGBl. I S. 1427.

11   BMF-Schreiben v. 31.3.2010, BStBl. I., S. 420 ff. (s. Anh. III).

12   S. dazu § 32.

im Einigungsvertrag[13] geregelt (Anlage I, Kapitel VIII, Sachgebiet A, Abschn. III. Nr. 16 Buchst. a und b des Einigungsvertrags). Nach dieser Regelung finden §§ 1 bis 18 des BetrAVG auf Zusagen über Leistungen der betrieblichen Altersversorgung, die nach dem 31.12.1991 erteilt wurden, Anwendung. Die »Erteilung« setzt die Begründung einer neuen Verpflichtung voraus. Die bloße Erfüllung einer bestehenden Rechtspflicht genügt nicht.[14]

B. Zusage des Arbeitgebers auf betriebliche Altersversorgung

§ 1 Abs. 1 S. 1 BetrAVG bestimmt den **sachlichen Geltungsbereich** des   6
BetrAVG. Nur wenn »betriebliche Altersversorgung« vom Arbeitgeber zugesagt wird, gelten die Vorschriften des BetrAVG, von denen, abgesehen von den in § 17 Abs. 3 BetrAVG für Tarifverträge aufgezeigten Ausnahmen, nicht zuungunsten der Arbeitnehmer abgewichen werden kann.[15]

Für den Begriff betriebliche Altersversorgung[16] sind nach der gesetzlichen   7
Klammerdefinition maßgebend

– die Veranlassung der Zusage des Arbeitgebers durch das Arbeitsverhältnis,
– die Auslösung der Leistung durch ein biologisches Ereignis und
– der Versorgungszweck der Leistung.

Damit wiederholt das Gesetz die Kriterien, welche die BAG-Rechtsprechung   8
seit Langem beschrieben hat.[17] Diese Kriterien sind abschließend. Insbesondere genügt der Versorgungszweck der Leistung. Auf die Form der verspro-

---

13 Vertrag zwischen der Bundesrepublik Deutschland und der Deutschen Demokratischen Republik über die Herstellung der Einheit Deutschlands vom 31. August 1990, BGBl. II S. 889, zuletzt angepasst durch Art. 12 G v. 30.10.2008 BGBl. I S. 2130 i.V.m. Art. 6 Nr. 5 G v. 21.12.2008 BGBl. I S. 294.

14 BAG 29.1.2008, 3 AZR 522/06, EzA § 7 BetrAVG Nr. 73 = DB 2008, 1867; zur betrieblichen Altersversorgung der Deutschen Reichsbahn: BAG 17.1.2012, 3 AZR 805/09.

15 S. dazu § 17 Rdn. 25–34.

16 S. dazu Rdn. 39–74.

17 BAG 8.5.1990, 3 AZR 121/89, EzA § 7 BetrAVG Nr. 35; 3.11.1998, 3 AZR 454/97, EzA § 7 BetrAVG Nr. 56 = DB 1998, 2428; 18.2.2003, 3 AZR 81/02, EzA § 1 BetrAVG Ablösung Nr. 35; zusammenfassend BAG 16.3.2010, 3 AZR 594/09, EzA § 1 BetrAVG Nr. 93 = DB 2010, 1834; dazu *Reinecke* BB 2011, 245.

chenen Leistung (z.B. Kapital oder Rente) kommt es nicht an.[18] Fehlt eines dieser Begriffselemente, handelt es sich möglicherweise um eine andere betriebliche Sozialleistung, z.B. Sterbegeld. Die Schutzbestimmungen des BetrAVG sind aber dann nicht anzuwenden (z.B. Insolvenzschutz).

9   Unerheblich ist, ob der Arbeitgeber die Leistung wegen einer schon erbrachten oder noch zu erbringenden Betriebstreue zusagt.[19]

10   Die Bezeichnung der Leistung als betriebliche Altersversorgung reicht nicht aus, um den Schutz des BetrAVG beanspruchen zu können.[20]

11   Es gibt kein zusätzliches ungeschriebenes Tatbestandsmerkmal, dass die wirtschaftliche Last der betrieblichen Altersversorgung vom Arbeitgeber getragen werden muss.[21] Seit dem 1.1.1999 enthält das BetrAVG den Hinweis, dass betriebliche Altersversorgung auch vorliegt, wenn künftige Entgeltansprüche in eine wertgleiche Anwartschaft auf Versorgungsleistung umgewandelt werden (**Entgeltumwandlung**) – so die Formulierung im heutigen § 1 Abs. 2 Nr. 3 BetrAVG (früher § 1 Abs. 6 BetrAVG). Diese Vorschrift ist lediglich deklaratorisch. Auch Entgeltumwandlungszusagen vor dem 1.1.1999 sind betriebliche Altersversorgung i.S.d. BetrAVG.[22]

12   Unabhängig davon, dass sowohl die arbeitgeber- als auch die arbeitnehmerfinanzierte betriebliche Altersversorgung dem gesetzlichen Begriff der betrieblichen Altersversorgung unterfällt, gibt es im BetrAVG Unterschiede in der rechtlichen Behandlung dieser beiden Arten der betrieblichen Altersversorgung, z.B. bei den Unverfallbarkeitsmodalitäten[23] und dem Insolvenzschutz.[24] Dies gilt auch für rechtliche Wertungen außerhalb des BetrAVG, z.B. bei Mitbestimmungsrechten des Betriebsrats.[25]

---

18 BAG 18.3.2003, 3 AZR 315/02, DB 2004, 1624.
19 BAG 8.5.1990, 3 AZR 121/89, EzA § 7 BetrAVG Nr. 35 = BetrAV 1991, 18 = DB 1990, 2375.
20 LAG Köln 25.1.1983, 7 Sa 1130/83, DB 1984, 1788 und BAG 3.11.1998, 3 AZR 454/97, EzA § 7 BetrAVG Nr. 56; 18.2.2003, 3 AZR 81/02, EzA § 1 BetrAVG Ablösung Nr. 35.
21 BAG 26.6.1991, 3 AZR 641/88, EzA § 1 BetrAVG Nr. 59.
22 S. dazu Rdn. 468–525.
23 S. dazu § 1b Rdn. 12–19.
24 S. dazu § 7 Rdn. 110–118.
25 S. dazu Rdn. 375–441.

Bei Eigenbeiträgen des Arbeitnehmers kann betriebliche Altersversorgung **13** vorliegen, wenn die Zusage des Arbeitgebers auch die Leistungen aus diesen Beiträgen umfasst (**Umfassungszusagen** gem. § 1 Abs. 2 Nr. 4 BetrAVG).[26] Hier wird der Unterschied zwischen der arbeitgeber- und arbeitnehmerfinanzierten betrieblichen Altersversorgung innerhalb einer Versorgungsstruktur besonders deutlich. Trotz der Umfassung durch den Arbeitgeber gelten für die Eigenbeiträge des Arbeitnehmers bei Kapitaldeckung die Regelungen für Entgeltumwandlung.

§ 1 Abs. 2 Nr. 1 und 2 BetrAVG (**beitragsorientierte Leistungszusage** und **14** **Beitragszusage mit Mindestleistung**) erweitern nicht den Begriff der betrieblichen Altersversorgung des § 1 Abs. 1 S. 1 BetrAVG. Es handelt sich um eine gesetzliche Beschreibung von Leistungsplanstrukturen. § 1 Abs. 2 S. 1 BetrAVG hat lediglich deklaratorische Bedeutung. Beitragsorientierte Leistungszusagen sind auch schon vor der Aufnahme in das BetrAVG erteilt worden.[27]

Die Beitragszusage mit Mindestleistung des § 1 Abs. 2 Nr. 2 BetrAVG, die es **15** seit dem 1.1.2002 gibt, ist eine neue gesetzlich zugelassene Leistungsstruktur. Mit Ausnahme der Mindestleistung, d.h. der Summe der zugesagten Beiträge (abzüglich Risikobeiträge), werden keine Leistungen garantiert.[28] Ziel dieser neuen Zusagegestaltung ist die Begrenzung des Finanzierungsrisikos für den Arbeitgeber auf die Summe der (unverzinst) zugesagten Beiträge. Soweit das Finanzierungsrisiko hinsichtlich des Versorgungskapitals über die Mindestleistung hinausgeht, wird es auf den Arbeitnehmer verlagert.[29]

Der Leistungsbegriff des § 1 Abs. 1 S. 1 BetrAVG ist weit auszulegen. Neben **16** Geldleistungen, Nutzungsrechten und Sachleistungen (Deputaten) können auch geldwerte Leistungen und Vergünstigungen, z.B. in Form von im Ruhestand gewährten Personalrabatten, betriebliche Altersversorgung darstel-

---

26 S. dazu Rdn. 526–537.
27 BAG 18.9.2001, AZR 728/00, EzA § 1 BetrAVG Ablösung Nr. 31 = DB 2002, 1114; s. dazu § 1 Rdn. 444–455.
28 S. dazu § 1 Rdn. 458–467.
29 *Kemper/Kisters-Kölkes* Grundzüge Rn. 13 und Rn. 172 ff.

len, da diese grundsätzlich geeignet sind, den Lebensstandard zu verbessern und somit dem Versorgungszweck dienen.[30]

17   Problematisch ist, dass nach der gesetzlichen Formulierung in § 1 Abs. 1 S. 1 BetrAVG die Zusage des Arbeitgebers als Begriffselement für die betriebliche Altersversorgung erscheint. Zutreffend dürfte sein, dass betriebliche Altersversorgung Gegenstand der Zusage ist. Aus diesem Grunde wäre es besser gewesen, insoweit die bis zum 1.1.2001 geltende Fassung des § 1 BetrAVG beizubehalten. Dort stand die Klammerdefinition für den Begriff betriebliche Altersversorgung vor dem Wort »zugesagt«.

I. Grundsatz der Vertragsfreiheit

18   Betriebliche Altersversorgung muss vom Arbeitgeber zugesagt werden. Dies ist nach der Formulierung im BetrAVG die sog. »**Versorgungszusage**« (vgl. z.B. § 1b BetrAVG). Auch in der Rechtsprechung und dem Fachschrifttum wird dieser Begriff durchgängig verwandt.[31]

19   Zu einer Versorgungszusage kann kein Arbeitgeber gezwungen werden. Es gilt der Grundsatz der **Vertragsfreiheit** in der Ausformung der »**Entschlussfreiheit**«.[32]

---

30 BAG 19.2.2008, 3 AZR 61/06, EzA § 1 Betriebliche Übung Nr. 9 (Personalrabatte), das die anderslautende Spezifizierung des Pensions-Sicherungs-Vereins (Merkblatt 300/M 4 unter Ziff. 1.2), wonach lediglich Geldleistungen, Nutzungsrechte und Sachleistungen Leistungen der betrieblichen Altersversorgung sind, für unerheblich hält; BAG 12.12.2007, 3 AZR 476/05, EzA § 1 BetrAVG Nr. 89 (Deputate); Hess. LAG 22.4.1998, 8 Sa 2150/96, NZA-RR 1999, 205 (Krankenversicherungsbeiträge); BAG 10.2.2009, 3 AZR 652/07, n.v. und 3 AZR 653/07, DB 2009, 1303 (Beihilfe in Krankheits-, Geburts- und Todesfällen, insbes. zum Sterbegeld); BAG 16.3.2010, 3 AZR 594/09, EzA § 1 BetrAVG Nr. 93 = DB 2010, 1834; keine betriebliche Altersversorgung sind Anpassungs- und Ausgleichsleistungen im Bergbau: BAG 14.2.2012, 3 AZR 260/10; zu Deputatsregelungen insgesamt *Küpper* FS Höfer, S. 127.

31 *Blomeyer/Rolfs/Otto* Rn. 32 ff. zu § 1; *Höfer* BetrAVG, Rn. 117 ff. zu ART; BAG 25.6.2002, 3 AZR 360/01, EzA § 1 BetrAVG Betriebliche Übung Nr. 3.

32 *Kemper/Kisters-Kölkes* Grundzüge Rn. 6 ff.; Ausnahme: Allgemeinverbindlich erklärte Tarifverträge oder Gesetze, z.B. Hamburgisches Zusatzversorgungsgesetz i.d.F. v. 7.3.1995 (HmbGVBl. 53), zuletzt geändert am 25.1.2011 (HmbGVBl. 43).

Die Entschlussfreiheit beinhaltet auch das Recht des Arbeitgebers, eine **20** betriebliche Altersversorgung wieder abzuschaffen, natürlich unter Wahrung möglicherweise entstandener arbeitsrechtlicher Besitzstände. Gibt es solche nicht, z.b. bei der Schließung eines Versorgungssystems für Neuzugänge[33], ist die Entschlussfreiheit des Arbeitgebers, für diesen Kreis der Versorgungsberechtigten die bisherige betriebliche Altersversorgung abzuschaffen, grundsätzlich gegeben. Das verstößt auch nicht gegen den arbeitsrechtlichen Gleichbehandlungsgrundsatz.[34]

Die Entschlussfreiheit des Arbeitgebers ist eingeschränkt, wenn es sich nicht **21** um eine arbeitgeberfinanzierte, sondern um eine arbeitnehmerfinanzierte betriebliche Altersversorgung durch Entgeltumwandlung gem. § 1a BetrAVG handelt. Bestimmte Arbeitnehmer (§ 17 Abs. 1 S. 3 BetrAVG)[35] können vom Arbeitgeber verlangen, dass von ihren künftigen Entgeltansprüchen Teile durch Entgeltumwandlung für die betriebliche Altersversorgung verwendet werden.[36] Diese Regelung ist verfassungskonform.[37] Gem. § 17 Abs. 3 S. 1 BetrAVG kann jedoch ein Anspruch auf Entgeltumwandlung nach § 1a BetrAVG durch Tarifvertrag ausgeschlossen werden.[38]

Bei der arbeitnehmerfinanzierten betrieblichen Altersversorgung ist die Ent- **22** schlussfreiheit des Arbeitgebers aber dann im Grundsatz unbeschränkt, wenn die Entgeltumwandlung außerhalb des gesetzlichen Rahmens des § 1a BetrAVG erfolgt, z.B. die Höchstgrenzen für den Umwandlungsanspruch überschritten werden oder bei einem Arbeitnehmer keine Sozialversicherungspflicht besteht. Darauf braucht sich der Arbeitgeber nicht einzulassen.

Nach dem Entschluss des Arbeitgebers, eine betriebliche Altersversorgung **23** einzuführen, gilt ebenfalls der Grundsatz der Vertragsfreiheit, dann in der

---

33 S. dazu Rdn. 262–268.
34 S. dazu Rdn. 164–182.
35 S. dazu § 17 Rdn. 18–19.
36 S. dazu § 1a Rdn. 6–9.
37 Die Verpflichtung des Arbeitgebers zur Entgeltumwandlung nach § 1a BetrAVG verstößt weder gegen Art. 12 Abs. 1 GG bzw. Art. 3 Abs. 2 GG noch gegen Art. 141 EG, BAG 12.6.2007, 3 AZR 14/06, EzA § 1a BetrAVG Nr. 2. Die eingelegte Verfassungsbeschwerde wurde nicht zur Entscheidung angenommen, BVerfG 15.11.2007, 1 BvR 2664/07. Die Verpflichtung gilt auch für öffentlichrechtliche Arbeitgeber, EuGH 15.7.2010, C-271/08, BetrAV 2010, 571.
38 Dazu BAG 19.4.2011, 3 AZR 154/09, EzA § 1 BetrAVG Nr. 3 = DB 2011, 2210.

Ausformung der »**Gestaltungsfreiheit**«. So kann der Arbeitgeber – anknüpfend an unterschiedliche Versorgungsinteressen des Arbeitnehmers und dabei an ein Näheverhältnis zwischen dem Arbeitnehmer und den aus der betrieblichen Altersversorgung berechtigten Personen – den Kreis der berechtigten Hinterbliebenen innerhalb der gesetzlichen Möglichkeiten gestalten.[39] Entscheidend ist lediglich, dass dem Arbeitnehmer bezogen auf den gewählten Begünstigtenkreis bei typisierender Betrachtung ein Versorgungsinteresse unterstellt werden kann.

24 Hat der Arbeitgeber sich entschlossen, eine betriebliche Altersversorgung einzuführen, ist die Gestaltungsfreiheit jedoch nicht unbegrenzt. Es setzen arbeitsrechtliche Bindungen ein. So sind z.B. bei der inhaltlichen Ausgestaltung der betrieblichen Altersversorgung die Vorschriften des BetrAVG für die Unverfallbarkeit und die Anpassung oder andere Regelungen als Mindestbedingungen maßgebend. Von den Bestimmungen des BetrAVG kann nur in Ausnahmefällen zuungunsten des Arbeitnehmers abgewichen werden.[40] Natürlich gelten für die betriebliche Altersversorgung auch die allgemeinen arbeitsrechtlichen Vorschriften. Dabei sind Gesetze wie das AGG und das RV-Altersgrenzenanpassungsgesetz von aktueller Bedeutung.[41]

25 Unklarheiten bei der Leistungsplangestaltung gehen zulasten des Arbeitgebers. Es gilt die **Unklarheitenregel** des § 305c Abs. 2 BGB.[42]

26 Wie bei der **Entschlussfreiheit** ist auch bei der **Gestaltungsfreiheit** zwischen **arbeitgeberfinanzierter** und **arbeitnehmerfinanzierter** betrieblicher Altersversorgung zu unterscheiden. Bei einer betrieblichen Altersversorgung durch Entgeltumwandlung hat der Arbeitgeber die gesetzlichen Voraussetzungen

---

39 Die Nichteinbeziehung von Geschwistern in den Hinterbliebenenschutz stellt keinen Verstoß gegen den arbeitsrechtlichen Gleichbehandlungsgrundsatz dar, wenn sich die betriebliche Regelung der Hinterbliebenenversorgung auf das gesetzlich angelegte Versorgungsinteresse des Arbeitnehmers bezieht, vgl. BAG 18.11.2008, 3 AZR 277/07, EzA § 1 BetrAVG Hinterbliebenenversorgung Nr. 13 = DB 2009, 294.

40 Vgl. § 17 Abs. 3 BetrAVG insbes. Satz 3.

41 S. dazu Rdn. 55.

42 BAG 12.6.2007, 3 AZR 83/06, EzA § 16 BetrAVG Nr. 50 = DB 2008, 480; 18.11.2008, 3 AZR 277/07, EzA § 1 BetrAVG Hinterbliebenenversorgung Nr. 13 = DB 2009, 294; zur AGB-Kontrolle des BAG bei betrieblicher Altersversorgung umfassend *Schweling* FS Höfer, S. 243 f.; s.a. Rdn. 186.

des § 1a BetrAVG so lange zu beachten, wie sich die Entgeltumwandlung im Rahmen des § 1a BetrAVG bewegt. Für Entgeltumwandlungen außerhalb von § 1a BetrAVG verbleibt es bei der Gestaltungsfreiheit innerhalb allgemeiner arbeitsrechtlicher Bindungen.

Aus der Fürsorgepflicht des Arbeitgebers ergeben sich Auskunfts- und Hinweispflichten, die auf das Versorgungsverhältnis ausstrahlen.[43] Jedem Arbeitsverhältnis wohnt die vertragliche Nebenpflicht des Arbeitgebers inne, die im Zusammenhang mit dem Arbeitsverhältnis stehenden Interessen des Arbeitnehmers so zu wahren, wie dies unter Berücksichtigung der Interessen und Belange beider Vertragspartner nach Treu und Glauben (§ 242 BGB) verlangt werden kann. Die Schutz- und Rücksichtnahmepflicht des Arbeitgebers gilt auch für die Vermögensinteressen der Versorgungsanwärter und Versorgungsempfänger.[44] Daraus können sich Hinweis- und Informationspflichten des Arbeitgebers auch für die betriebliche Altersversorgung ergeben.[45]   **27**

Die arbeitsrechtlichen Nebenpflichten des Arbeitgebers beschränken sich nicht darauf, den Arbeitnehmern keine falschen oder unvollständigen Auskünfte zu erteilen. Zur Vermeidung von Versorgungsnachteilen für die Versorgungsberechtigten kann der Arbeitgeber sogar verpflichtet sein, von sich aus geeignete Hinweise zu geben.[46] Der Arbeitgeber darf allerdings durch die Informationspflicht nicht überfordert werden.[47] Hinweis- und Aufklärungspflichten beruhen auf den besonderen Umständen des Einzelfalles und sind das Ergebnis einer umfassenden Interessenabwägung.[48] Je komplexer das Versorgungssystem, desto eher kann der Arbeitgeber Versorgungsberechtigte auf die Auskunftserteilung durch mit der Materie vertraute Fachleute verwei-   **28**

---

43 S. dazu auch § 4a Rdn. 74–76 und Rdn. 31.

44 BAG 21.11.2000, 3 AZR 13/00, EzA § 611 BGB Fürsorgepflicht Nr. 61=
DB 2002, 277; 14.1.2009, 3 AZR 71/07, DB 2009, 1360 m.w.N.

45 Umfassende Darstellung der Informationspflichten bei *Granetzny* Die Informationspflichten von Arbeitgebern gegenüber Arbeitnehmern in der betrieblichen Altersversorgung, Berlin 2011.

46 BAG 17.10.2000, 3 AZR 605/99, EzA § 611 BGB Fürsorgepflicht Nr. 59 =
DB 2001, 286; 23.9.2003, 3 AZR 658/02, EzA § 611 BGB 2002 Fürsorgepflicht
Nr. 1.

47 BAG 17.10.2000, 3 AZR 605/99, EzA § 611 BGB Fürsorgepflicht Nr. 59 =
DB 2001, 286.

48 BAG 14.1.2009, 3 AZR 71/07, DB 2009, 1360 m.w.N.

sen.[49] Die Auskunft ist eine Wissenserklärung und schafft keine eigenständige Verpflichtungsgrundlage.[50]

29   Im Fall der Missachtung dieser Grundsätze und bei Erteilung inhaltlich falscher, unvollständiger oder in sonstiger Weise irreführender Auskünfte drohen Schadensersatzansprüche,[51] und zwar unabhängig davon, ob es sich um arbeitgeberfinanzierte oder arbeitnehmerfinanzierte betriebliche Altersversorgung handelt. Bietet ein Arbeitgeber einem Arbeitnehmer etwa eine vergleichende Modellrechnung voraussichtlicher Versorgungsansprüche an, um dessen tarifvertraglich eingeräumte Wahlentscheidung zu unterstützen, aus einer bestehenden Versorgungszusage in ein anderes Versorgungssystem zu wechseln, haftet er für eine etwaige Unrichtigkeit dieser Modellrechnung.[52]

30   Von den Arbeitgeberpflichten zu unterscheiden, sind die aus VAG, VVG und VVG-InfoV resultierenden Verpflichtungen, die die Versorgungsträger aus eigenem Verpflichtungsgrund zu erfüllen haben.[53] Der Arbeitgeber ist seinerseits aber verpflichtet, die wesentlichen, ihm von Versicherer erteilten Informationen an den Versorgungsberechtigten weiterzuleiten.[54]

II. Versorgungsverhältnis

31   Gegenstand der **Versorgungszusage** des Arbeitgebers ist betriebliche Altersversorgung. Durch die Versorgungszusage wird das **Versorgungsverhältnis** begründet. Wenn eine Versorgungszusage erteilt ist, aber noch keine Leistungen gewährt werden, ist eine **Versorgungsanwartschaft** entstanden. Tritt nach Begründung der Versorgungsanwartschaft ein Versorgungsfall ein, ent-

---

49   BAG 14.1.2009, 3 AZR 71/07, DB 2009, 1360 m.w.N.
50   BAG 29.9.2010, 3 AZR 546/08, DB 2011, 247.
51   BAG 21.11.2000, 3 AZR 13/00, EzA § 611 BGB Fürsorgepflicht Nr. 61 = DB 2002, 277; 17.10.2000, 3 AZR 605/99, EzA § 611 BGB Fürsorgepflicht Nr. 59 = DB 2001, 286.
52   BAG 21.11.2000, 3 AZR 13/00, EzA § 611 BGB Fürsorgepflicht Nr. 61 = DB 2002, 277.
53   *Reinecke* RdA 2005, 129; *ders.* DB 2006, 555; *ders.* RdA 2009, 13; vgl. dazu auch § 4a Rdn. 74–102.
54   *Reinecke* RdA 2009, 13.

steht der **Versorgungsanspruch**. Der **Versorgungsanwärter** oder seine Hinterbliebenen werden zum **Versorgungsempfänger**.[55]

Leistungen an die Versorgungsempfänger werden ebenso wie Arbeitsentgelt 32 nach Zeitabschnitten erbracht. Sie werden nach Ablauf der jeweiligen Zeitabschnitte fällig (§ 614 BGB).[56]

Die Versorgungszusage ist ein rechtlicher Vorgang. Versorgungsverpflich- 33 tungen entstehen »nicht von selbst«.[57] Die Versorgungszusage beruht auf dem arbeitsrechtlichen Grundverhältnis zwischen Arbeitgeber und Arbeitnehmer, dem Grundgeschäft (= »Valutageschäft«) für die betriebliche Altersversorgung.[58] Das gilt gleichermaßen für die unmittelbare und mittelbare Durchführung der betrieblichen Altersversorgung gem. § 1 Abs. 1 S. 2 BetrAVG. Diese »Grundverpflichtung« hat der Arbeitgeber zu erfüllen und diese kann er nicht auf andere Versorgungsträger, die mittelbaren Durchführungswege oder z.B. auf eine Bank oder ein Contractual Trust Arrangement (CTA) übertragen.[59] Bei der mittelbaren Durchführung kommt das Deckungsverhältnis hinzu, z.B. bei einer Direktversicherung das Versicherungsverhältnis, das zwischen dem Arbeitgeber und dem Lebensversicherer besteht.

Die Versorgungszusage ist Basis für alle rechtlich relevanten Umstände des 34 Versorgungsverhältnisses. Sie kann alle Durchführungswege der betrieblichen Altersversorgung, sämtliche konkrete Verpflichtungstatbestände (Rechtsbegründungsakte) und unterschiedliche Regelwerke (Leistungspläne) umfassen.

Elemente des durch die Versorgungszusage begründeten Versorgungsverhält- 35 nisses sind unabhängig voneinander
– der Durchführungsweg,
– der Rechtsbegründungsakt und
– der Leistungsplan.

Das bedeutet, dass im Rahmen eines Versorgungsverhältnisses grundsätzlich 36 für jeden Durchführungsweg jeder Rechtsbegründungsakt gewählt und auch

---

55 Vgl. die Wortwahl in § 7 Abs. 1 und 2 BetrAVG.
56 BAG 31.7.2007, 3 AZR 372/06, DB 2008, 1505.
57 *Höfer* BetrAVG, Rn. 207 zu ART.
58 *Blomeyer/Rolfs/Otto* Rn. 268 zu § 1; *Höfer* BetrAVG, Rn. 117 zu ART, dazu auch *Langohr/Plato* FS Höfer, S. 159.
59 Vgl. Gesetzesmaterialien, BT-Drucks. 14/4595, 67.

der Leistungsplan unabhängig vom Durchführungsweg und dem Rechtsbegründungsakt festgelegt werden kann.[60]

37   Die Zusage als solche enthält – unabhängig davon, ob sie inhaltlich näher auf einen Durchführungsweg der betrieblichen Altersversorgung eingeht – zunächst einmal ein schlichtes Versorgungsversprechen ohne Bindung an den Durchführungsweg. Demgegenüber soll nach Auffassung des BAG der Arbeitgeber, sobald er mit der Versorgungszusage einen bestimmten Durchführungsweg vorgegeben hat, an diesen Durchführungsweg gebunden bleiben.[61] Maßgeblich sollen jeweils die Festlegungen sein, die im Verhältnis zwischen Arbeitgeber und Arbeitnehmer getroffen werden. Daher empfiehlt es sich bei der Formulierung einer Versorgungszusage genau darauf zu achten, dass der gewünschte Verpflichtungsumfang des Arbeitgebers nicht überschritten wird, da selbst ein wertneutraler Wechsel des Durchführungswegs aus steuerlichen, rechtlichen oder wirtschaftlichen Erwägungen – je nach Zusage – nur in arbeitsrechtlich zulässiger Weise erfolgen kann.[62]

38   Die Rechtsprechung des BAG geht zu weit. Die Zusage betrieblicher Altersversorgung nach einem Leistungsplan als solche ist von der Zusage eines bestimmten Durchführungswegs abzukoppeln. Ein Anspruch auf die Einhaltung eines bestimmten Durchführungswegs kann sich nur aus den individuellen Einzelumständen ergeben. Da der Arbeitnehmer eine »**Nettozusage**« unter Berücksichtigung der steuerlichen und sonstigen Besonderheiten einzelner Durchführungswege erhält, ist es für seinen Versorgungsanspruch unerheblich, über welchen Durchführungsweg die zugesagten Versorgungsleistungen abgewickelt werden, solange die Leistung gleichbleibend ist, d.h. der Arbeitnehmer im Versorgungsfall die gleiche Leistung bekommt, die ihm ohne Änderung des Durchführungswegs zugeflossen wäre.[63]

---

60 Eine Ausnahme stellt die Beitragszusage mit Mindestleistung dar, die nur bei den Durchführungswegen Pensionsfonds, Pensionskasse und Direktversicherung zulässig ist; dazu Rdn. 458–467.
61 BAG 12.6.2007, 3 AZR 186/06, EzA § 1 BetrAVG Nr. 90; dazu auch *Thüsing/Granetzny* BetrAV 2009, 485; *Reinecke* DB 2010, 2392 verkennt den Begriff »Nettozusage«.
62 S. dazu Rdn. 257–259.
63 S. dazu auch Rdn. 269.

1. Begriff der betrieblichen Altersversorgung

Betriebliche Altersversorgung ist Gegenleistung für die Betriebstreue des Arbeitnehmers.[64] Erst muss der Arbeitnehmer grundsätzlich diese »Vorleistung« erbringen, dann setzen nach Eintritt des Versorgungsfalles die Leistungen des Arbeitgebers ein. Das Austauschverhältnis von Leistung und Gegenleistung ist also zeitlich versetzt, was z.B. für die Auslegung der Anpassungsvorschrift in § 16 BetrAVG von Bedeutung ist.[65]   39

Betriebliche Altersversorgung ist jedoch nicht ausschließlich »aufgeschobener Arbeitslohn«, hat also nicht nur Entgeltcharakter. Die Verknüpfung der betrieblichen Altersversorgung mit der »Betriebstreue« macht deutlich, dass es sich um eine Leistung auch mit Versorgungscharakter handelt. Dieses Spannungsfeld zwischen Entgelt- und Versorgungscharakter wird z.B. deutlich bei Änderungen von Versorgungsanwartschaften oder -ansprüchen. Einerseits sind die Rechtspositionen aus einer Versorgungszusage zu wahren und zu erfüllen, andererseits gibt es bei Pflichtverletzungen des Arbeitnehmers oder wirtschaftlich schwierigen Situationen des Arbeitgebers grds. Veränderungsmöglichkeiten.[66]   40

§ 1 Abs. 1 S. 1 BetrVG fasst die drei Elemente der betrieblichen Altersversorgung in einer Legaldefinition zusammen: Veranlassung durch das Arbeitsverhältnis, biologisches Ereignis als Leistungsvoraussetzung (Alter, Invalidität oder Tod) und den Versorgungszweck der Leistung. Bei Fehlen eines dieser Begriffselemente kann eine andere betriebliche Sozialleistung z.B. Sterbegeld oder Krankheitsbeihilfe[67] vorliegen, die nicht vom Schutzbereich des BetrAVG umfasst ist. **Nur wenn diese drei Elemente erfüllt sind, liegt betriebliche Altersversorgung vor und das BetrAVG findet Anwendung.**   41

---

64 So schon BAG 10.3.1972, 3 AZR 278/71, EzA § 242 BGB Ruhegeld Nr. 11.
65 BAG 28.4.1992, 3 AZR 142/91, EzA § 16 BetrAVG Nr. 22; 28.4.1992, 3 AZR 244/91, EzA § 16 BetrAVG Nr. 23; 23.10.1996, 3 AZR 514/95, EzA § 16 BetrAVG Nr. 31; 25.6.2002, 3 AZR 226/01, EzA BetrAVG § 16 Nr. 40 = DB 2003, 1584.
66 S. dazu Rdn. 254–369.
67 BAG 12.12.2006, 3 AZR 475/05, AiB 2008, 114; 3 AZR 476/05, EzA § 1 BetrAVG Nr. 89 = DB 2007, 2043; 10.2.2009, 3 AZR 652/07, n.v.; 653/07, DB 2009, 1303.

42   Die Art und die Bezeichung der Leistung sind unschädlich.[68] So führt die Bezeichnung einer Leistung als »Ruhegeld« nicht dazu, dass eine Sozialleistung, die nicht betriebliche Altersversorgung ist, in den Schutzbereich des BetrAVG einbezogen wird.

43   Die Gewährung von »Deputaten« an altersbedingt ausgeschiedene Arbeitnehmer kann eine Leistung der betrieblichen Altersversorgung darstellen[69], während Deputate, die im bestehenden Arbeitsverhältnis gewährt werden, keine betriebliche Altersversorgung, sondern Entgelt sind. Auch wenn die Erbringung von Deputaten an altersbedingt ausgeschiedene Arbeitnehmer bzw. deren Hinterbliebene von weiteren Voraussetzungen abhängig gemacht wird, die nicht vom Begriff der betrieblichen Altersversorgung in § 1 Abs. 1 S. 1 BetrAVG erfasst sind (z.B. Bestehen eines eigenen Hausstandes, Wohnsitz innerhalb des Belieferungsgebietes, etc.), sind die Deputate betriebliche Altersversorgung.[70] Anpassungs- und Ausgleichsleistungen im Bergbau sind allerdings keine betriebliche Altersversorgung.[71]

a) Arbeitsverhältnis als Anlass für eine betriebliche Altersversorgung

44   Gem. § 1 Abs. 1 S. 1 BetrAVG muss betriebliche Altersversorgung »**aus Anlass**« eines Arbeitsverhältnisses zugesagt werden. Ein Arbeitsverhältnis beruht i.d.R. auf einem Arbeitsvertrag zwischen Arbeitgeber und Arbeitnehmer. Der Arbeitsvertrag kann vor dem Arbeitsantritt geschlossen werden. Das Arbeitsverhältnis wird durch den Arbeitsvertrag begründet, allerdings erst mit Arbeitsantritt in Vollzug gesetzt.

45   Auch ein Dienstverhältnis gem. § 611 BGB kann Anlass für eine betriebliche Altersversorgung sein.[72]

---

68   BAG 18.3.2003, 3 AZR 315/02, DB 2004, 1624 und 3 AZR 316/02 n.v.; dazu auch Rdn. 10.

69   BAG 12.12.2006, 3 AZR 76/05 EzA § 1 BetrAVG Nr. 89 = DB 2007, 2043 und 19.2.2008, 3 AZR 61/06, EzA § 1 BetrAVG Betriebliche Übung Nr. 9; dazu *Küpper* FS Höfer, S. 127.

70   BAG 16.3.2010, 3 AZR 594/09, AP Nr. 116 zu § 7 BetrAVG; BAG 14.12.2010, 3 AZR 799/08, BetrAV 2011, 106.

71   BAG 14.2.2012, 3 AZR 260/10.

72   Vgl. § 17 Abs. 1 S. 2 BetrAVG; dazu auch BAG 20.4.2004, 3 AZR 297/03, EzA § 17 BetrAVG Nr. 10.

Gem. § 17 Abs. 1 S. 1 BetrAVG sind Arbeitnehmer i.S.d. §§ 1 bis 16 BetrAVG   46
Arbeiter und Angestellte einschließlich der zu ihrer Berufsausbildung Beschäf-
tigten; ein Berufsausbildungsverhältnis steht einem Arbeitsverhältnis gleich.
Das BetrAVG geht von dem im Arbeitsrecht üblichen Begriff des Arbeitneh-
mers aus. Der persönliche Geltungsbereich des BetrAVG wird also in der für
Arbeitnehmerschutzgesetze üblichen Weise beschrieben.[73] In § 17 Abs. 2 S. 2
BetrAVG wird der Schutzbereich der betrieblichen Altersversorgung auf »Nicht-
arbeitnehmer« ausgedehnt.[74]

Für das BetrAVG gilt der allgemeine Arbeitgeberbegriff.[75] Arbeitgeber ist   47
»jeder, der die Dienstleistungen vom Arbeitnehmer kraft Arbeitsvertrages fordern kann«,[76] also z.B. auch eine OHG oder KG als Personengesellschaft. Bei
einer BGB-Gesellschaft ist jeder einzelne Gesellschafter Arbeitgeber. Die
Gesellschafter haften als Gesamtschuldner (§ 426 BGB).

Die Rechtsform des Arbeitgebers ist unerheblich.[77]   48

Betriebliche Altersversorgung muss durch das Arbeitsverhältnis veranlasst   49
sein. Damit wird klargestellt, dass zwischen der Versorgungszusage und dem
Arbeitsverhältnis ein Kausalzusammenhang bestehen muss. Versorgungszusagen, die aus anderen Gründen erteilt werden, z.B. aus verwandtschaftlichen,
ehelichen oder freundschaftlichen oder sonstigen außerbetrieblichen Motiven, sind keine betriebliche Altersversorgung.[78] Es reicht nicht aus, dass die
Tätigkeit (ohne arbeits- oder dienstvertragliche Grundlage) dem Arbeitgeber
wirtschaftlich zugutekommt.[79] Bei Arbeitnehmern, die in einem Konzern
tätig sind, fordert die Rechtsprechung jedenfalls eine Restbeziehung zum
zusagenden Unternehmen. Bei Auslandstätigkeit ist diese Restbeziehung
auch für die Frage der Anwendbarkeit deutschen Rechts wie des Insolvenz-

---

73 *Blomeyer/Rolfs/Otto* Rn. 4 ff. zu § 17 BetrAVG; *Höfer* BetrAVG, Rn. 5517 ff. zu § 17;
    BAG 25.1.2000, 3 AZR 769/98, EzA § 17 BetrAVG Nr. 9 = DB 2001, 2102; s. § 17
    Rdn. 2.
74 S. dazu § 17 Rdn. 3–15.
75 *Blomeyer/Rolfs/Otto* Rn. 37 ff. zu § 1.
76 BAG 9.9.1982, 2 AZR 253/80, AP Nr. 1 zu § 611 BGB Hausmeister = EzA § 23
    KSchG Nr. 5.
77 *Blomeyer/Rolfs/Otto* Rn. 38 zu § 1.
78 *Blomeyer/Rolfs/Otto* Rn. 30 zu § 1.
79 BAG 20.4.2004, 3 AZR 297/03, EzA § 17 BetrAVG Nr. 10; dazu auch *Kemper* FS
    Andresen, S. 463 ff., 472 f.

schutzes von Bedeutung.[80] Sagt ein Unternehmen allen Gesellschaftern und nur ihnen eine Versorgung zu, so spricht das gegen eine Veranlassung durch das Arbeitsverhältnis.[81] Sind bei einer GmbH die Anteile angesichts der Zahl der Gesellschafter in »Streubesitz«, so ist i.d.R. die Versorgungszusage durch das Arbeitsverhältnis veranlasst.[82]

50   Voraussetzung für betriebliche Altersversorgung ist nicht das Schon- oder Noch-Bestehen eines Arbeitsverhältnisses (= Arbeitsvertrag). Das Arbeitsverhältnis muss lediglich der Anlass für die Versorgungszusage sein. Deshalb können Versorgungszusagen vor und nach dem Beginn des Arbeitsverhältnisses erteilt werden, z.B. auch noch im »Rentnerstadium« nach Ausscheiden des Arbeitnehmers aus dem Arbeitsverhältnis oder anlässlich der Beendigung des Arbeitsverhältnisses als Aktiver.

b) Biologisches Ereignis (Alter, Invalidität, Tod)

51   Betriebliche Altersversorgung liegt nur dann vor, wenn sie durch die in § 1 Abs. 1 S. 1 BetrAVG genannten biologischen Ereignisse Alter, Invalidität oder Tod ausgelöst wird. Die betriebliche Altersversorgung knüpft an das gesetzliche Rentenversicherungsrecht an und verlangt die Übernahme bestimmter biometrischer Risiken, bei Altersversorgung **das** »Langlebigkeitsrisiko«, bei Hinterbliebenenversorgung **ein** »Todesfallrisiko«, bei Invaliditätsversorgung **einen Teil** der »Invaliditätsrisiken«.[83] Andere Ereignisse, die zu Arbeitgeberleistungen im Arbeitsverhältnis führen können, z.B. Jubiläen, Heirat, Geburt, Weihnachten oder allgemeines Ausscheiden aus dem Arbeitsverhältnis, erfüllen nicht den Begriff der betrieblichen Altersversorgung.[84]

52   Ein **Alter** bei der betrieblichen Altersversorgung ist nicht jedes Lebensalter. Es muss ein »**Pensionsalter**« sein. Dies ist i.d.R. nur erfüllt, wenn mindes-

---

80   BAG 25.10.1983, 3 AZR 64/87, EzA § 7 BetrAVG Nr. 26 = DB 1989, 278.

81   BAG 19.1.2010, 3 AZR 42/08, EzA § 17 BetrAVG Nr. 11 = DB 2010, 1411.

82   BAG 19.1.2010, 3 AZR 660/09, EzA § 7 BetrAVG Nr. 75 = BetrAV 2010, 177.

83   BAG 10.2.2009, 3 AZR 652/07, n.v. und 653/07 = DB 2009, 1303; 16.3.2010, 3 AZR 594/09, EzA BetrAVG § 1 Nr. 93 = DB 2010, 1834; 14.2.2010, 3 AZR 799/09, BetrAV 2011, 106.

84   S. dazu Aufstellung unter Rdn. 73–74. und BAG 12.12.2006, 3 AZR 475/05, AiB 2008, 114; 12.12.2006, 3 AZR 476/05, EzA § 1 BetrAVG Nr. 89 = DB 2007, 2043.

tens das 60. Lebensjahr vollendet ist. Ausnahmen sind möglich, z.B. bei bestimmten Berufsgruppen.[85]

Steuerlich wird gefordert, dass für Versorgungszusagen, die nach dem 31.12.2011 erteilt werden, an die Stelle des 60. Lebensjahres regelmäßig das 62. Lebensjahr tritt.[86] Dies ist arbeitsrechtlich ohne Belang, da steuerliche Äußerungen nicht den Begriff Alter i.S.d. § 1 Abs. 1 BetrAVG bestimmen können. Fraglich erscheint ebenfalls, ob durch Auffassungen der Finanzverwaltung die steuerliche Anerkennung von betrieblicher Altersversorgung verweigert werden kann, wenn arbeitsrechtlich betriebliche Altersversorgung bejaht wird.[87] **52a**

Eine Leistung, die durch ein Alter vor Vollendung des 60. Lebensjahres ausgelöst worden ist, z.B. ein Übergangsgeld, wird dann betriebliche Altersversorgung, wenn das »normale Pensionsalter«, z.B. 60, erreicht ist.[88] **53**

Die Festlegung eines Pensionsalters ist eine zulässige unterschiedliche Behandlung wegen des Alters gem. § 10 S. 3 Nr. 4 AGG, weil die betriebliche Altersversorgung ein »betriebliches System der sozialen Sicherheit« ist. Die Festlegung differenzierender Altersgrenzen für verschiedene Gruppen von Beschäftigten wird ausdrücklich für zulässig erklärt.[89] Im Übrigen stellt § 2 Abs. 2 S. 2 AGG fest, dass für Betriebsrenten das BetrAVG als lex specialis gilt. Die Frage der Anwendbarkeit des AGG hat das BAG nunmehr ausdrücklich dahin gehend entschieden, dass das AGG auf die betriebliche Altersversorgung anzuwenden ist, soweit das Betriebsrentenrecht keine vorrangigen Sonderregelungen enthält.[90] § 2 Abs. 2 S. 2 AGG enthält keine Bereichsausnahme für die betriebliche Altersversorgung, sondern lediglich **54**

---

85 Dazu Merkblatt des PSVaG 300/M4, das im Internet unter www.psvag.de zur Verfügung steht. BMF-Schreiben v. 31.3.2010, BStBl. I, S. 420 ff., Rn. 249 (s. Anh. III).

86 BMF-Schreiben v. 31.3.2010, BStBl I., S. 420 ff., Rn. 249 (s. Anh. III).

87 S. dazu auch Rdn. 55.

88 Auch mit Insolvenzschutz, s. § 7 Rdn. 13–16.

89 Dazu *Voigt* in Schleusener/Suckow/Voigt, AGG Rn. 34 zu § 10 und *Beitze* in Hey, AGG § 10 Rn. 88 f.

90 BAG 11.12.2007, 3 AZR 249/06, EzA § 2 AGG Nr. 1; 17.4.2012, 3 AZR 481/10; 17.4.2012, 3 AZR 488/10; a.A. ErfK/*Steinmeyer* BetrAVG, Vorbem. Rn. 41a und *Steinmeyer* ZfA 2007, 27; s. dazu *Beitze* in Hey AGG § 2 Rn. 24 ff.

eine Kollisionsregel. Die seit der Mangold-Entscheidung[91] umstrittene Bedeutung des Primärrechts der EU im Zusammenhang mit Altersgrenzen ist inzwischen insoweit geklärt, als dass der Anwendungsbereich des Gemeinschaftsrechts kein Altersdiskriminierungsverbot enthält, dessen Schutz die Gerichte der Mitgliedstaaten zu gewährleisten haben, wenn kein gemeinschaftsrechtlicher Bezug nationaler Rechtsvorschriften besteht.[92]

55 Die Gestaltungsfreiheit beim Pensionsalter wird auch nicht durch das am 1.1.2008 in Kraft getretene RV-Altersgrenzenanpassungsgesetz[93] eingeschränkt. Dieses Gesetz betrifft nur die gesetzliche Rentenversicherung und die möglichen steuerlichen Förderungen, bei denen auf den steuerlichen Begriff der betrieblichen Altersversorgung abzustellen ist. Für Versorgungszusagen, die ab dem 1.1.2012 erteilt werden, fordert die Finanzverwaltung ein Mindestalter von 62 Jahren.[94] Dies führt nicht dazu, dass auch arbeitsrechtlich diese Altersgrenze maßgeblich wird. Ist also bei »Altzusagen« vor dem 1.1.2008 eine feste Altersgrenze 63 oder 65 vereinbart, so gilt diese unverändert weiter. Dasselbe ist der Fall, wenn ab dem 1.1.2008 z.B. eine feste Altersgrenze von 60 Inhalt der Versorgungszusage wird.[95] Jedoch mag es sinnvoll sein, dass Arbeitgeber von ihrer Gestaltungfreiheit in der Weise Gebrauch machen, dass die neue Regelaltersgrenze von 67 auch in betrieblichen Versorgungssystemen Eingang findet, da die betriebliche Altersversorgung üblicherweise der Ergänzung der gesetzlichen Rente dient. Bei Neuzusagen kann z.B. eine dynamische Verweisung auf die jeweils gültige Regelaltersgrenze in der gesetzlichen Rentenversicherung erfolgen. Für die Änderung von Altzusagen sind die allgemeinen Grundsätze zu beachten, die das BAG für die Veränderung von betrieblicher Altersversorgung aufgestellt

---

91 EuGH 22.11.2005, C-144/04, EzA § 14 TzBfG Nr. 21 = DB 2005, 2638.
92 EuGH 22.11.2005, C-144/04, EzA § 14 TzBfG Nr. 21 = DB 2005, 2638 (Mangold); 16.10.2007, C-411/05, EzA Richtlinie 2000/78 EG-Vertrag 1999 Nr. 3 = DB 2007, 2427; Vorlagebeschluss des BAG 27.6.2006, 3 AZR 352 (A), EzA Richtlinie 2000/78 EG-Vertrag 1999, Nr. 2 = DB 2006, 2542; EuGH 23.9.2008, C-427/06, EzA Richtlinie 2000/78 EG-Vertrag 1999 Nr. 7 (Bartsch).
93 Gesetz zur Anpassung der Regelaltersgrenze an die demografische Entwicklung und zur Stärkung der Finanzierungsgrundlagen der gesetzlichen Rentenversicherung v. 20.4.2007, BGBl. I S. 554.
94 BMF-Schreiben v. 31.3.2010, BStBl. I, S. 420 ff., Rn. 249 (s. Anh. III).
95 Dazu i.E. Baumeister/Merten DB 2007, 1306 ff.

hat.[96] Ist Rechtsgrundlage für die bisherige betriebliche Altersversorgung z.B. eine Betriebsvereinbarung, gilt das Ablösungsprinzip. Die ablösende Betriebsvereinbarung muss die »Rente mit 67« in sinnvoller Weise unter Beachtung der Grundsätze der Verhältnismäßigkeit und des Vertrauensschutzes in die Leistungsstruktur der bisherigen Regelung integrieren.[97] Das Bundesarbeitsgericht[98] ist offenbar der Auffassung, bei Altzusagen sei eine Versorgungsordnung, die auf die Vollendung des 65. Lebensjahres abstellt, regelmäßig dahin gehend auszulegen, dass damit auf die Regelaltersgrenze in der gesetzlichen Rentenversicherung Bezug genommen wird. Dies führt aber möglicherweise nur bei Gesamtversorgungszusagen zu sinnvollen Ergebnissen, bei anderen Leistungsplanstrukturen, z.B. Festbetragssystemen jedoch zu ungerechtfertigten Besitzstandskürzungen. Im Übrigen beziehen sich die Ausführungen des Bundesarbeitsgerichts im Wesentlichen auf §2 Abs. 1 BetrAVG.

Weder das BetrAVG noch andere Gesetze definieren den Begriff **Invalidität**. 56 Insoweit besteht Gestaltungsfreiheit, die allerdings dort ihre Grenzen findet, wenn der Versorgungszweck nicht erfüllt ist, z.B. wenn der Arbeitgeber eine kurzfristige Arbeitsunfähigkeit des Arbeitnehmers zum Anlass nimmt, eine lebenslange Rente zu zahlen. Es muss immer ein Teil der Invaliditätsrisiken übernommen werden.[99]

Üblich ist es, in Leistungsplänen[100] Begriffe der gesetzlichen Rentenversiche- 57 rung zu übernehmen, also z.B. mit Invalidität die teilweise oder volle Erwerbsminderung i.S.v. §43 SGB VI zu definieren. Bei versicherungsförmiger betrieblicher Altersversorgung (z.B. Direktversicherungen oder Pensionskassen) wird häufig Invalidität gem. der Definition der Berufsunfähigkeit in den allgemeinen Versicherungsbedingungen vereinbart.

Es kann auch ein unternehmensindividueller Begriff der Invalidität, z.B. die 58 fehlende Fähigkeit, den Arbeitsplatz ordnungsgemäß auszufüllen, gewählt werden, wenn dies nicht dazu führt, dass der Invaliditätsbegriff missbraucht

---

96 S.dazu Rdn. 269–369.
97 Dazu i.E. Rdn. 320.
98 BAG 15.5.2012, 3 AZR 11/10.
99 BAG 10.2.2009. 3 AZR 652/07, n.v. und 653/07, DB 2009, 1303; 16.3.2010, 3 AZR 594/09, EzA BetrAVG §1 Nr. 93 = DB 2010, 1834; 14.2.2010, 3 AZR 799/08, BetrAV 2011, 106.
100 S.dazu Rdn. 183–242.

wird, um die Schutzwirkungen des BetrAVG (z.B. Insolvensicherung) eintreten zu lassen.[101]

59 Der Invaliditätsbegriff führt bei Auslegung von Leistungsplänen für die betriebliche Altersversorgung zu Schwierigkeiten, wenn man sich in der Vergangenheit an die Begriffsbildung der gesetzlichen Rentenversicherung angelehnt hat. Die früheren Begriffe Berufs- und Erwerbsunfähigkeit sind geändert worden. Nunmehr wird zwischen teilweiser und voller Erwerbsminderung unterschieden.[102]

60 *unbelegt*

61 Durch die Gesetzesänderung kann ein Nachweis für die Berufs- oder Erwerbsunfähigkeit nach altem Recht nicht mehr erbracht werden. Das wird aber in den Leistungsplänen üblicherweise gefordert. Dadurch ist eine planwidrige Unvollständigkeit aufgetreten. Es ist eine Regelungslücke entstanden, die so zu schließen ist, dass ein amtsärztliches Attest für den Nachweis der Invalidität i.S.d. früheren Rechts der Berufs- und Erwerbsunfähigkeit notwendig ist.[103] Sagt der Arbeitgeber dem Arbeitnehmer die Zahlung einer Invaliditätsleistung für den Fall der Erwerbsunfähigkeit oder voraussichtlich dauernder Berufsunfähigkeit i.S.d. jeweiligen Sozialversicherungsrechts zu, so ist er auch dann zur Leistung verpflichtet, wenn der Sozialversicherungsträger dem Arbeitnehmer eine lediglich befristete Rente wegen voller Erwerbsminderung nach § 43 Abs. 2 SGB VI bewilligt.[104]

62 Für seit dem 1.1.2008 neu abzuschließende Berufsunfähigkeitsversicherungen enthält § 172 Abs. 2 VVG[105] nunmehr eine eigenständige Definition der Berufsunfähigkeit, die die berufliche Entwicklung des Arbeitnehmers mitberücksichtigt, indem sie auf den zuletzt ausgeübten Beruf abstellt. Dieser Begriff ist auf neu abzuschließende Versicherungsverträge anwendbar, wenn keine

---

101 Zum Begriff Dienstunfähigkeit i.S.d. Leistungsordnung des Bochumer Verbandes BAG 20.4.2010, 3 AZR 553/08, DB 2010, 2176.

102 Gesetz zur Reform der Renten wegen verminderter Erwerbsfähigkeit v. 20.12.2000, BGBl. I S. 1827.

103 BAG 16.3.2010, 3 AZR 594/09, EzA § 1 BetrAVG Nr. 93 = DB 2010, 1834.

104 So Leitsatz BAG 19.1.2011, 3 AZR 83/09, EzA § 1 BetrAVG Invalidität Nr. 4 = DB 2011, 2499; zum Invaliditätsbegriff umfassend auch BAG 28.6.2011, 3 AZR 385/09, EzA § 9 BetrAVG Nr. 9 = BetrAV 2011, 662.

105 Gesetz zur Reform des Versicherungsvertragsrechts vom 23.11.2007, BGBl. I S. 2631.

abweichende Regelung vereinbart war. Er kann wegen des Grundsatzes der Vertragsfreiheit auch für betriebliche Altersversorgung übernommen werden.

§ 1 AGG will Benachteiligungen aus Gründen einer Behinderung verhindern 63
oder beseitigen. Eine unterschiedliche Behandlung wegen Behinderung ist zulässig, wenn nach § 8 AGG eine Rechtfertigung vorliegt.[106] Der Invaliditätsbegriff in der betrieblichen Altersversorgung ist zu unterscheiden von einer Behinderung i.S.v. § 2 Abs. 1 S. 1 SGB IX und in der Regel nicht deckungsgleich. Eine Behinderung kann zur teilweisen oder vollen Erwerbsminderung führen. Im Umkehrschluss setzt aber nicht jede Erwerbsminderung eine Behinderung voraus.[107] Es genügt also, wenn Behinderte grundsätzlich eine Versorgungszusage erhalten und eine Invaliditätsleistung unabhängig von der Behinderung beanspruchen können.[108] Sobald Behinderte aus der betrieblichen Altersversorgung ausgeschlossen oder im Leistungsumfang beeinträchtigt werden, liegt ein Verstoß gegen das AGG vor.

Wird betriebliche Altersversorgung durch **Tod** des Arbeitnehmers ausgelöst, 64
gibt es bei der Feststellung des biologischen Ereignisses Tod keine Schwierigkeiten. Es entstehen jedoch häufig Abgrenzungsfragen zu anderen betrieblichen Sozialleistungen, die ebenfalls durch den Tod ausgelöst werden können, z.B. Sterbegeld und Übergangsgeld an Hinterbliebene. Diese sind keine betriebliche Altersversorgung und unterfallen damit nicht dem Schutzbereich des BetrAVG. In derartigen Fällen ist Abgrenzungskriterium der Versorgungszweck,[109] den z.B. Sterbe- und Übergangsgeld nicht verfolgen.

Bei der Bestimmung des **Hinterbliebenenbegriffs** gilt ebenfalls der Grund- 65
satz der Vertragsfreiheit. Aus arbeitsrechtlichen Gesichtspunkten gibt es kaum Einschränkungen.[110] Üblicherweise werden der überlebende Ehegatte und die Kinder (Halbwaisen, Vollwaisen) begünstigt. Auch Lebenspartner können begünstigt sein. Ob gesetzliche Unterhaltspflichten bestehen, ist unerheblich.

---

106 *Schleusener* in Schleusener/Suckow/Voigt, AGG Rn. 49 ff. zu § 8 und *Beitze* in Hey, AGG § 8 Rn. 32 ff.
107 *Schleusener* in Schleusener/Suckow/Voigt, AGG Rn. 63 zu § 1 und *Beitze* in Hey, AGG § 1 Rn. 44 ff.
108 So auch *Kemper/Kisters-Kölkes* Grundzüge Rn. 32 f.
109 S. dazu Rdn. 70–72.
110 BAG 18.11.2008, 3 AZR 277/07, EzA § 1 BetrAVG Hinterbliebenenversorgung Nr. 13 = DB 2009, 294.

66   Getrennt lebende Ehegatten können als Begünstigte ausgeschlossen werden.[111]

67   Partner einer eingetragenen Lebenspartnerschaft haben dieselben Hinterbliebenenleistungen wie Ehegatten zu erhalten.[112] Ihr Ausschluss von der Hinterbliebenenversorgung stellt eine unmittelbare Benachteiligung des Versorgungsberechtigten wegen der sexuellen Identität dar, wenn überlebenden
Ehegatten eine Hinterbliebenenversorgung zugesagt ist. Denn nach deutschem Recht sind die Lebensverhältnisse von hinterbliebenen Partnern gleichen Geschlechts in einer eingetragenen Lebenspartnerschaft seit dem
1.1.2005 in Bezug auf die Hinterbliebenenversorgung der Situation von hinterbliebenen Ehegatten vergleichbar.[113] Voraussetzung ist, dass am 1.1.2005
ein Arbeits- oder Dienstverhältnis bestand bzw. dass am 1.1.2005 eine Versorgungsleistung bezogen wurde oder eine unverfallbare Anwartschaft
bestand.[114]

68   Auch steuerlich sind Hinterbliebenenleistungen in gewissem Umfang anerkannt.[115] Das hat aber keine arbeitsrechtliche Bedeutung. Arbeitsrechtlich ist
es also möglich, auch Hinterbliebene zu begünstigen, selbst wenn dies steuerlich nicht anerkannt wird. Die fehlende steuerliche Anerkennung führt nicht
zur Einschränkung des arbeitsrechtlichen Begriffs der betrieblichen Altersversorgung.

69   Betriebliche Altersversorgung liegt auch vor, wenn nur **ein** biologisches
Ereignis zu Versorgungsleistungen führt, wenn also z.B. nur Altersleistungen,
aber keine Invaliditäts- oder Hinterbliebenenleistungen zugesagt werden.

---

111   BAG 28.3.1995, 3 AZR 343/94, EzA § 1 BetrAVG Hinterbliebenenversorgung
Nr. 4.

112   BAG 14.1.2009, 3 AZR 20/07, AP Nr. 315 zu Art. 3 GG = DB 2009, 1545.

113   EuGH 1.4.2008, C 267/06, EzA Richtlinie 2000/78 EG-Vertrag 1999 Nr. 4 =
DB 2008, 996; BAG 14.1.2009, 3 AZR 20/07, DB 2009, 1545. Die Angleichung des Rechts der Lebenspartnerschaft an die Ehe erfolgte durch das Gesetz
zur Überarbeitung des Lebenspartnerschaftsrechts v. 15.12.2004, BGBl. I
S. 3396, vgl. auch Rdn. 178.

114   BAG 15.9.2009, 3 AZR 294/09, AP Nr. 317 zu Art. 3 GG.

115   Vgl. dazu i.E. BMF-Schreiben v. 31.3.2010, BStBl. I, S. 420 ff., Rn. 250 (s. Anh.
III), das allerdings den Hinterbliebenenbegriff im steuerlichen Sinne ein-
schränkt.

c) Versorgungszweck

Hat die Arbeitgeberleistung einen anderen Zweck als die Versorgung des 70
Arbeitnehmers im Alter, bei Invalidität und der Hinterbliebenen bei Tod des
Arbeitnehmers zu gewährleisten, liegt keine betriebliche Altersversorgung
vor.[116] Zielt die Leistung z.b. auf Unterstützung bei Arbeitslosigkeit, Krankheit und zur Begleichung von Beerdigungskosten (Sterbegeld)[117] oder zur
befristeten Erleichterung des Übergangs in den Ruhestand (Übergangsgeld),
handelt es sich nicht um betriebliche Altersversorgung. Das BetrAVG ist
dann mit seinen Schutzbestimmungen nicht anwendbar.

Die Form der zugesagten Leistungen hat mit der Erfüllung des Versorgungs- 71
zweckes nichts zu tun. Rentenzahlungen und Kapitalleistungen können in
gleicher Weise Versorgungszwecke erfüllen.[118] Auch Deputate, z.b. Personalrabatte und Sachleistungen sind geeignet, den Versorgungszweck zu erfüllen.[119] Die Höhe der Versorgungsleistung ist nicht entscheidend für den Versorgungszweck, es sei denn, die Leistungen sind so gering, dass ein Versorgungsbeitrag nicht mehr erbracht wird.

Ein Versorgungszweck ist auch dann gegeben, wenn es sich nicht um unmit- 72
telbare Unterstützung für den Lebensunterhalt handelt, sondern z.B. der
Zweck der Leistung darin besteht, dem Hinterbliebenen die Möglichkeit zu
geben, ein Hypothekendarlehen zu tilgen, um nach dem Tod des Ehegatten
keine Finanzierungsaufwendungen mehr für das gemeinsam genutzte Haus
zu haben[120] oder dem überlebenden Ehegatten eine Überlegungsphase zu
verschaffen, wie er in Zukunft sein Leben gestaltet, z.B. in Bezug auf Berufs-
tätigkeit oder Kindererziehung.

---

116 BAG 18.3.2003, 3 AZR 315/02, DB 2004, 1624; 12.12.2006, 3 AZR 475/05,
     FA 2007, 57; 12.12.2006, 3 AZR 476/05, EzA § 1 BetrAVG Nr. 88 = DB 2007,
     2043.
117 BAG 19.9.2006, 1 ABR 58/05, EzA § 77 BetrVG 2001 Nr. 16; 10.2.2009.
     3 AZR 653/07, EzA § 1 BetrAVG Betriebsvereinbarung Nr. 6 = DB 2009, 1303.
118 BAG 18.11.2008, 3 AZR 277/07, EzA § 1 BetrAVG Hinterbliebenenversorgung
     Nr. 13 = DB 2009, 294.
119 BAG 19.2.2008, 3 AZR 61/06, EzA § 1 BetrAVG Betriebliche Übung Nr. 9;
     16.3.2010, 3 AZR 594/09, EzA § 1 BetrAVG Nr. 93 = DB 2010, 1834.
120 Dazu auch *Reichel/Heger* Rn. 117 ff., die die Hinterbliebenenversorgung grds.
     unter dem Aspekt des Versorgungszweckes diskutieren.

d) Abgrenzung zu anderen Arbeitgeberleistungen

73 In der nachfolgenden Aufstellung wird versucht, anhand der gesetzlichen Definition der betrieblichen Altersversorgung einige sonstige Arbeitgeberleistungen danach einzuordnen, ob sie den Begriff der betrieblichen Altersversorgung erfüllen oder nicht.

74 – **Abfindungen aus Anlass einer Kündigung**
       keine betriebliche Altersversorgung[121]
   – **Altersteilzeit**
       keine betriebliche Altersversorgung[122]; werden jedoch wegen Altersteilzeit die Versorgungsleistungen aufgestockt oder erstmals gewährt, handelt es sich insoweit um betriebliche Altersversorgung
   – **Arbeitszeitkonten (Zeitguthaben)**
       keine betriebliche Altersversorgung[123]
   – **Ausgleichsanspruch des Handelsvertreters**
       keine betriebliche Altersversorgung[124], kein Versorgungszweck, nicht durch ein biologisches Ereignis ausgelöst
   – **Deputate**
       können betriebliche Altersversorgung sein[125]; Wenn sie nicht durch ein biologisches Ereignis ausgelöst werden, liegt keine betriebliche Altersversorgung vor.
   – **Gewinnbeteiligungen**
       können betriebliche Altersversorgung sein[126]
   – **Handelsvertreterzusagen**
       betriebliche Altersversorgung[127]
   – **Jubiläumsgelder**
       keine betriebliche Altersversorgung[128]
   – **Kaufpreisrente**
       keine betriebliche Altersversorgung[129]

---

121 *Förster/Cisch/Karst* Rn. 33 zu § 1.
122 *Reichel/Heger* Rn. 128 ff.
123 Dazu *Hoppach* FS Kemper, S. 193 ff. und Rdn. 54; s.a. unter Zeitguthaben.
124 *Blomeyer/Rolfs/Otto* Rn. 54 zu § 1.
125 BAG 16.3.2010, 3 AZR 594/09, AP Nr. 116 zu § 7 BetrAVG.
126 BAG 30.10.1980, 3 AZR 805/79, EzA § 1 BetrAVG Nr. 12.
127 BGH 18.2.1982, I ZR 20/80, DB 1982, 1269.
128 *Höfer* BetrAVG, Rn. 68 ff. zu ART.
129 *Blomeyer/Rolfs/Otto* Rn. 58 zu § 1; *Höfer* BetrAVG, Rn. 108 ff. zu ART.

– **Krankheitsbeihilfen**
keine betriebliche Altersversorgung[130]
– **Krankenversicherungsbeiträge**
können betriebliche Altersversorgung sein[131], wenn es sich um zweckgebundene Gewährung von Geldzuschüssen zu Krankenversicherungsprämien der Betriebsrentner handelt.
– **Notfallleistungen**
keine betriebliche Altersversorgung, kein Versorgungszweck, nicht durch ein biologisches Ereignis ausgelöst[132]
– **Nutzungsrechte (Werkswohnung)**
können betriebliche Altersversorgung sein[133]
– **Rückdeckungsversicherungen**
keine betriebliche Altersversorgung[134]
– **Sterbegelder**
keine betriebliche Altersversorgung[135], kein Versorgungscharakter, stellt lediglich einen Beitrag zu anfallenden Bestattungskosten dar, sofern die Bestattungskosten nicht überschritten werden.
– **Treueprämien**
i.d.R. keine betriebliche Altersversorgung[136]
– **Übergangsgelder (Übergangszuschuss)**
i.d.R. keine betriebliche Altersversorgung, wenn Voraussetzung ist das Ausscheiden »im Einvernehmen mit der Firma«.[137] Andererseits können Übergangsbezüge bei Eintritt in den Ruhestand in einer Versorgungsord-

---

130 BAG 14.6.2005, 3 AZR 301/04, DB 2006, 288; 12.12.2006, 3 AZR 476/05, EzA § 1 BetrAVG Nr. 89 = DB 2007, 2043; 10.2.2009, 3 AZR 653/07, DB 2009, 1303.

131 Hess. LAG 22.4.1998, 8 Sa 2150/96, BetrAV 1999, 101.

132 BAG 25.10.1994, 3 AZR 279/94, EzA § 1 BetrAVG Nr. 68, BB 1995, 573.

133 Dazu *Höfer* BetrAVG, Rn. 45 zu ART.

134 BAG 14.10.1972, 3 AZR 65/72, DB 1972, 2068.

135 BAG 19.9.2006, 1 ABR 58/05, EzA § 77 BetrVG 2001 Nr. 16; 10.2.2009, 3 AZR 653/07, DB 2009, 1303; *Förster/Cisch/Karst* Rn. 36 zu § 1.

136 BAG 27.7.1972, 5 AZR 141/72, EzA § 611 BGB Gratifikation, Prämie Nr. 32; *Blomeyer/Rolfs/Otto* Rn. 66 zu § 1 m.w.N.

137 BAG 26.4.1988, 3 AZR 411/86, EzA § 7 BetrAVG Nr. 25; 3.11.1998, 3 AZR 454/97, EzA § 7 BetrAVG Nr. 56; 28.10.2008, 3 AZR 317/07, BetrAV 2009, 370.

nung betriebliche Altersversorgung sein, wenn durch die vorgesehene Leistung ein im Betriebsrentengesetz angesprochenes Risiko (hier Langlebigkeitsrisiko) teilweise übernommen wird, da dann der Zweck der Zusage die Versorgung im Alter ist.[138]

– **Vermögensbildung**
 keine betriebliche Altersversorgung[139]
– **Vorruhestandsleistungen**
 keine betriebliche Altersversorgung[140]
– **Weihnachtsgeld an Rentner**
 betriebliche Altersversorgung bei Einbringung in ein betriebliches Versorgungssystem[141]
– **Zeitguthaben (Arbeitszeitkonten)**
 können betriebliche Altersversorgung sein[142], z.B. wenn sie **umgewandelt worden** sind.

2. Durchführungswege

75 § 1 Abs. 1 S. 2 BetrAVG stellt fest, dass die Durchführung der betrieblichen Altersversorgung unmittelbar über den Arbeitgeber, aber auch mittelbar über einen Versorgungsträger erfolgen kann. Der Gesetzgeber differenziert damit entsprechend dem üblichen Sprachgebrauch zwischen **unmittelbaren** und **mittelbaren** Versorgungszusagen.

76 Neben der unmittelbaren Versorgungszusage gibt es vier mittelbare Durchführungswege: Direktversicherung, Pensionskasse, Pensionsfonds und Unterstützungskasse (§ 1b Abs. 2–4 BetrAVG). Werden diese Durchführungswege

---

138 BAG 18.3.2003, 3 AZR 315/02, DB 2004, 1624.
139 *Höfer* BetrAVG, Rn. 89 zu ART.
140 *Reichel/Heger* Rn. 128 ff.
141 BAG 19.5.1981, 3 AZR 308/80, EzA § 16 BetrAVG Nr. 11; 18.2.2003, 3 AZR 81/02, EzA § 1 BetrAVG Ablösung Nr. 35; 29.4.2003, 3 AZR 247/02, EzA § 1 BetrAVG Betriebliche Übung Nr. 4; 12.12.2006, 3 AZR 475/05, AiB 2008, 114; 12.12.2006, 3 AZR 57/06, EzA § 1 BetrAVG Betriebliche Übung Nr. 8; 31.7.2007, 3 AZR 189/06, AP Nr. 79 zu § 242 BGB Betriebliche Übung.
142 *Höfer* BetrAVG, Rn. 73 ff. zu ART; *Reichel/Heger* Rn. 134 ff.; zu Zeitkonten und betriebliche Altersversorgung *Hoppach* FS Kemper, S. 193 ff.; s.a. unter Arbeitszeitkonten.

nicht beschritten, ist das BetrAVG nicht einschlägig. Deshalb sind auch Arbeitszeitkonten keine betriebliche Altersversorgung i.S.d. BetrAVG.[143]

Aus Gesichtspunkten des individuellen Arbeitsrechts bestehen kaum Unterschiede zwischen den Durchführungswegen. In allen Durchführungswegen ist der Arbeitgeber in vergleichbarer Weise verpflichtet. Unterschiede ergeben sich im kollektiven Arbeitsrecht (Mitbestimmung des Betriebsrats[144]) und im Wesentlichen aus betriebswirtschaftlich-steuerlicher Sicht.[145]   77

Die **unmittelbare Versorgungszusage**, auch Direktzusage oder Pensionszusage (§ 6a EStG) genannt, wird direkt (unmittelbar) vom Arbeitgeber dem Arbeitnehmer erteilt, die Versorgungsleistungen werden an den ehemaligen Arbeitnehmer oder die Hinterbliebenen nach Eintritt des Versorgungsfalles direkt (unmittelbar) vom Arbeitgeber erbracht. Das Versorgungsverhältnis beschränkt sich auf die Zweierbeziehung zwischen Arbeitgeber und Arbeitnehmer, sowohl beim Verpflichtungs- als auch beim Erfüllungsgeschäft.[146] Der Arbeitgeber ist nicht nur Zusagender, sondern auch Versorgungsträger.   78

Bei einer **mittelbaren Versorgungszusage** wird bei der Begründung des Versorgungsverhältnisses zwischen Arbeitgeber und Arbeitnehmer ein externer rechtlich selbstständiger Versorgungsträger geschaltet. Rechtlich zulässig – wenn es sich um betriebliche Altersversorgung innerhalb des BetrAVG handeln soll – sind nur die in § 1b Abs. 2 bis 4 BetrAVG genannten Versorgungsträger, also bei einer Direktversicherung eine Lebensversicherung und die sog. rechtsfähigen Versorgungseinrichtungen Pensionskasse, Pensionsfonds und Unterstützungskasse.[147] Es entsteht somit eine Dreiecksbeziehung zwischen Arbeitgeber, Arbeitnehmer und Versorgungsträger. Der Versorgungsträger erhält vom Arbeitgeber die Mittel, aus denen bei Eintritt eines Versorgungsfalls Leistungen an die Begünstigten erbracht werden. Bleiben die Leistungen hinter der Zusage zurück, haftet der Arbeitgeber den Begünstigten nach § 1 Abs. 1 S. 3 BetrAVG subsidiär.[148]   79

---

143 Die Anregung, einen sechsten Durchführungsweg zu schaffen, der investmentorientiert ist, hat die Bundesregierung abgelehnt, BT-Drs. 16/6539, S. 12 zu Nrn. 5 und 6.

144 S. dazu Rdn. 375–441.

145 Zum Verbreitungsgrad der Durchführungswege *Schwind* BetrAV 2010, 383.

146 *Blomeyer/Rolfs/Otto* Rn. 202 zu § 1.

147 Zum Rechtsweg bei mittelbaren Versorgungszusagen *Küpper* FS Kemper, S. 273 ff.

148 S. dazu Rdn. 243–252.

80 Der Durchführungsweg ist wie der Rechtsbegründungsakt und der Leistungsplan ein selbstständiges Element des Versorgungsverhältnisses, das heißt, grundsätzlich kann für jeden Durchführungsweg jeder Rechtsbegründungsakt und jeder Leistungsplan gewählt werden.[149] Der Durchführungsweg ist scharf vom Leistungsplan und dem Rechtsbegründungsakt zu trennen als ein weiterer Bestandteil des Versorgungsverhältnisses:

81 ▶ **Beispiel:**

Der Abschluss eines Gruppenlebensversicherungsvertrags bestimmt nur den Durchführungsweg (Direktversicherung) und den Leistungsplan (Allgemeine Versicherungsbedingungen), legt aber den Rechtsbegründungsakt (z.B. Gesamtzusage, Betriebsvereinbarung, Tarifvertrag) nicht fest.

a) **Unmittelbare Versorgungszusage**

82 Eine unmittelbare Versorgungszusage ist dann Durchführungsweg für die betriebliche Altersversorgung, wenn Inhalt des Versorgungsverhältnisses lediglich die **Zweierbeziehung** zwischen Arbeitgeber und Arbeitnehmer ist. In der Regel räumt der Arbeitgeber dem Arbeitnehmer einen Rechtsanspruch auf die zugesagten Leistungen ein.

83

84 Immer wenn bislang in einer Unternehmensbilanz Pensionsrückstellungen gem. §§ 249, 253 Abs. 2 S. 2 HGB oder § 6a EStG ausgewiesen waren/sind, handelt es sich um den Durchführungsweg unmittelbare Versorgungszusage. Dabei ist jedoch zu beachten, dass nach § 246 Abs. 2 S. 2 HGB etwaige Vermögensgegenstände, die dem Zugriff aller übrigen Gläubiger entzogen sind und ausschließlich der Erfüllung von Schulden aus Altersversorgungsverpflichtungen dienen (z.B. Rückdeckungsversicherungen, CTA-Lösungen), mit den Verpflichtungen saldiert werden müssen. Diese Vermögensgegen-

---

149 Ausnahme: Beitragszusage mit Mindestleistung gem. § 1 Abs. 2 Nr. 2 BetrAVG, die nur bei den Durchführungswegen Pensionsfonds, Pensionskasse und Direktversicherung zulässig ist; s. Rdn. 458–467.

stände stellen jedoch selbst keinen Durchführungsweg der betrieblichen Altersversorgung i.S.d. BetrAVG dar.

Im Ertragsteuerrecht können für unmittelbare Versorgungszusagen Pensions- **85** rückstellungen mit dem steuerlichen Wertansatz gem. § 6a EStG gebildet werden. In der Anwartschaftsphase wird die Pensionsrückstellung Gewinn mindernd aufgebaut. Hierdurch entsteht beim Unternehmen ein Innenfinanzierungseffekt. Die Versorgungsleistung selbst ist Betriebsausgabe.

In der Anwartschaftsphase gibt es beim Arbeitnehmer keine steuerlichen Aus- **86** wirkungen. Es findet kein steuerlicher Lohnzufluss statt. Die Zahlung der Versorgungsleistung ist vom Versorgungsempfänger als nachträgliche Einkunft aus nicht selbstständiger Arbeit gem. § 19 Abs. 1 S. 1 Nr. 2 EStG lohnsteuerpflichtig. Der Versorgungsfreibetrag gem. § 19 Abs. 2 S. 1 EStG kann geltend gemacht werden. Dasselbe gilt für den Arbeitnehmerpauschbetrag gem. § 9a S. 1 Nr. 1 EStG. Die Besteuerung findet also nachgelagert statt.[150]

Durch das Alterseinkünftegesetz[151] ist die Besteuerung von Beiträgen und Leis- **87** tungen der gesetzlichen Rentenversicherung grundlegend geändert worden. Die Ertragsanteilbesteuerung wird langfristig abgelöst durch eine nachgelagerte Besteuerung der Sozialversicherungsrenten.[152] Da die gesetzlichen Renten künftig mit einem höheren Besteuerungsanteil in die steuerliche Bemessungsgrundlage einfließen und zudem der Versorgungsfreibetrag – ergänzt um einen Zuschlag zum Versorgungsfreibetrag – sukzessiv abgeschmolzen wird, werden künftig Betriebsrenten in weiter gehendem Umfang einer Besteuerung unterliegen. Die Nettoversorgung sinkt. Der Versorgungsbedarf steigt.[153]

b) Direktversicherung

Wird für die betriebliche Altersversorgung eine Lebensversicherung auf das **88** Leben des Arbeitnehmers durch den Arbeitgeber abgeschlossen und sind der Arbeitnehmer oder seine Hinterbliebenen hinsichtlich der Leistungen des

---

150 Einzelheiten bei *Langohr-Plato* Rn. 94 ff.

151 V. 5.7.2004 BGBl. I S. 1427.

152 Dazu auch BMF-Schreiben v. 24.2.2005 – IV C 3 S 2255–51/05 – BetrAV 2005, 254; dazu auch *Niermann/Risthaus* DB Beilage Nr. 2/2005 zu Heft Nr. 18 v. 6.5.2005.

153 *Kemper/Kisters-Kölkes* Grundzüge Rn. 46.

Versicherers ganz oder teilweise bezugsberechtigt, so handelt es sich nach der Definition in § 1b Abs. 2 BetrAVG um eine Direktversicherung.

89 Bei einer Direktversicherung überlagern sich arbeitsrechtliche und versicherungsrechtliche Beziehungen. Die Grundverpflichtung des Arbeitgebers ergibt sich aus der Zusage auf Direktversicherungsleistungen, dem Valutaverhältnis. Das Deckungsverhältnis besteht zwischen dem Arbeitgeber als Versicherungsnehmer und der Lebensversicherungsgesellschaft aufgrund des abgeschlossenen Versicherungsvertrags. Bezugsberechtigte sind der Arbeitnehmer oder seine Hinterbliebenen.[154]

90 Der Abschluss der Direktversicherung bedarf der Einwilligung des Arbeitnehmers. Dies gilt nicht mehr für Gruppenversicherungen, die ab dem 1.1.2008 abgeschlossen werden. § 150 Abs. 2 S. 1 VVG enthält für Kollektivlebensversicherungen im Bereich der betrieblichen Altersversorgung eine ausdrückliche Ausnahme, indem auf die Einwilligung verzichtet wird. Dies ist nachvollziehbar, weil der mit der Einwilligung verbundene Schutz der versicherten Person bei diesen Verträgen nicht erforderlich ist.[155]

90a Das Bezugsrecht kann widerruflich, eingeschränkt und uneingeschränkt unwiderruflich sein i.S.d. VVG.[156] Das in § 1b Abs. 2 S. 1 BetrAVG genannte Verbot des Widerrufs eines Bezugsrechts ist nur arbeitsrechtlich zu verstehen: Ein arbeitsrechtliches unwiderrufliches Bezugsrecht wegen Erfüllung der Unverfallbarkeitsmöglichkeiten dem Grunde nach führt nicht automatisch zu einem unwiderruflichen versicherungsvertraglichen Bezugsrecht. Das besteht nur, wenn die Voraussetzungen dafür gem. VVG erfüllt sind.

91 Das arbeitsrechtliche Grundverhältnis kann zu einer Einstandspflicht des Arbeitgebers gem. § 1 Abs. 1 S. 3 BetrAVG führen.[157]

---

154 BAG 8.9.1999, 3 AZR 136/98, EzA § 1 BetrAVG Lebensversicherung Nr. 8; zu weiteren Einzelheiten und Abgrenzungen *Blomeyer/Rolfs/Otto* Rn. 163 ff. zu § 1b.

155 Vgl. zur Rechtslage bis zum 31.12.2007: BGH 7.5.1997, IV ZR 35/96, NJW 1997, 2381.

156 Zur Auslegung von Bezugrechtsgestaltungen BAG 16.2.2010, 3 AZR 479/08, FA 2010, 345; 15.6.2010, 3 AZR 334/06, EzA § 1 Lebensversicherung Nr. 9 = DB 2010, 699, insbes. im Insolvenzfall BAG 15.6.2010, 3 AZR 31/07, EzA § 1 BetrAVG Lebensversicherung Nr. 10 = DB 2010, 2678; 17.1.2012, 3 AZR 776/09.

157 S. dazu Rdn. 243–251.

Im Gegensatz zur Direktversicherung ist die **Rückdeckungsversicherung** 92
kein Durchführungsweg der betrieblichen Altersversorgung.[158] Eine Rückdeckungsversicherung ist häufig eine Finanzierungsmaßnahme des Arbeitgebers bei den Durchführungswegen unmittelbare Versorgungszusage und
Unterstützungskasse. Man spricht bei in voller Höhe rückversicherten
Leistungen von einer kongruenten Rückdeckungsversicherung und bei
Rückversicherung von Teilleistungen von einer partiellen Rückdeckungsversicherung. Versicherungsnehmer ist der Arbeitgeber oder die Unterstützungskasse. Bezugsberechtigter bei einer Rückdeckungsversicherung sind
nicht – anders als bei einer Direktversicherung – der Arbeitnehmer oder
seine Hinterbliebenen, sondern der Arbeitgeber selbst oder bei einer Unterstützungskasse die Unterstützungskasse. Räumt der Arbeitgeber dem
Arbeitnehmer das Bezugsrecht ein, wird aus der Rückdeckungsversicherung
eine Direktversicherung. Die Beiträge zu einer Rückdeckungsversicherung
sind Betriebsausgaben. Der Wert der Versicherung ist zu aktivieren. Die
Rückdeckungsversicherung gehört zum Vermögen des Arbeitgebers. Ihr
Wert ist nicht zweckgebunden für betriebliche Altersversorgung. Rückdeckungsversicherungen können zum privatrechtlichen Insolvenzschutz, z.B.
bei Verpfändung, genutzt werden.[159]

93

---

158 BAG 14.10.1972, 3 AZR 65/72, DB 1972, 2068; 17.1.2012, 3 AZR 10/10.
159 Dazu *Kemper/Kisters-Kölkes* Grundzüge Rn. 433.

94 Ertragsteuerlich sind die Beiträge, die der Arbeitgeber bei einer Direktversicherung an das Lebensversicherungsunternehmen zahlt, Betriebsausgaben (§ 4b EStG).[160]

95 Beim Arbeitnehmer findet bei Direktversicherungen, die vor dem 1.1.2005 abgeschlossen worden sind, eine **vorgelagerte Besteuerung** statt. Die Versicherungsbeiträge sind in der Anwartschaftsphase grds. lohnsteuerpflichtig. Über die Anwendung von § 40b EStG, der einen Pauschalsteuersatz von 20 % (zuzüglich Kirchensteuer, Solidaritätszuschlag) vorsieht, kann die Besteuerung gemindert werden. Allerdings können maximal pro Kalenderjahr 1.752,– € (bei Durchschnittsbildung 2.148,– €) pauschal besteuert werden. Die vorgelagerte Besteuerung gem. § 40b EStG ist bei Kapitalversicherungen, die vor dem 1.1.2005 abgeschlossen worden sind, weiter möglich. Bei »alten« Rentendirektversicherungen besteht ein Wahlrecht, auf die »neue« Besteuerung überzugehen.[161]

96 Für Direktversicherungen, die nach dem 31.12.2004 abgeschlossen worden sind oder werden, gilt gem. § 3 Nr. 63 EStG im Rahmen der dort festgelegten Voraussetzungen die Steuerfreiheit der Beiträge, wenn der Beitrag 4 % der Beitragsbemessungsgrenze (West) zuzüglich eines festen Betrages von 1.800,– € nicht übersteigt.[162] Werden die Höchstbeträge überschritten, setzt die individuelle Besteuerung beim Arbeitnehmer ein.

97 Bei Beitragszahlung zu einer Direktversicherung anlässlich der Beendigung des Dienstverhältnisses gilt die Vervielfältigungsregel des § 40b Abs. 2 S. 3 und 4 EStG. Der Höchstbetrag der pauschalierungsfähigen Beiträge von 1.752,– € pro Kalenderjahr darf mit der Anzahl der Dienstjahre im Unternehmen multipliziert werden. Von diesem Gesamtbetrag sind pauschal versteuerte Beiträge, die im Jahr des Ausscheidens und den sechs vorangegangenen Jahren geleistet wurden, abzuziehen.

98 § 3 Nr. 63 S. 4 EStG löst ab dem Jahre 2005 die alte Vervielfältigungsregel des § 40b Abs. 2 S. 3 und 4 EStG ab, wobei die Berechnungsmethode grds. unverändert bleibt. Zwischen diesen beiden Regelungen kann unter

---

160 Dazu i.E.: *Kemper/Kisters-Kölkes* Grundzüge Rn. 64 ff.
161 § 52 Abs. 52b EStG.
162 Dazu i.E. BMF-Schreiben v. 31.3.2010, BStBl. I, S. 420 ff., Rn. 268 f. (s. Anh. III).

bestimmten Voraussetzungen gewählt werden.[163] Für Leistungen aus Direktversicherungen, die über § 3 Nr. 63 EStG steuerfrei finanziert worden sind, gilt die **nachgelagerte Besteuerung**.

c) Pensionskasse

Wird die betriebliche Altersversorgung von einer rechtsfähigen Versorgungs- **99** einrichtung durchgeführt, die dem Arbeitnehmer oder seinen Hinterbliebenen auf ihre Leistungen einen Rechtsanspruch gewährt, handelt es sich gem. § 1b Abs. 3 BetrAVG um eine Pensionskasse. Der Gesetzgeber geht im BetrAVG dabei als selbstverständlich davon aus, dass es sich bei einer Pensionskasse um eine Sonderform eines Lebensversicherungsunternehmens handelt. Die weiteren Einzelheiten zur Definition einer Pensionskasse finden sich in § 118a VAG.

Pensionskassen können in der Rechtsform eines Versicherungsvereins auf **100** Gegenseitigkeit oder einer Aktiengesellschaft geführt werden.[164]

Wie bei einer Direktversicherung überlagern sich bei einer Pensionskasse **101** arbeitsrechtliche und versicherungsrechtliche Beziehungen. Das Valutaverhältnis beinhaltet die Grundverpflichtung des Arbeitgebers. Das Deckungsverhältnis besteht zwischen dem Arbeitgeber und der Pensionskasse. Dem Arbeitnehmer oder seinen Hinterbliebenen werden Rechtsansprüche auf die Leistungen der Pensionskasse eingeräumt.

Das arbeitsrechtliche Grundverhältnis kann zu einer Einstandspflicht des **102** Arbeitgebers gem. § 1 Abs. 1 S. 3 BetrAVG führen.[165]

---

163 Dazu i.E. BMF-Schreiben v. 31.3.2010, BStBl. I, S. 420 ff., Rn. 280, 316 ff. (s. Anh. III).
164 Zum Wesen der Pensionskasse *Dresp* FS Kemper, S. 111 ff.
165 S. dazu Rdn. 243–251.

103

104 Die Zuwendungen des Arbeitgebers an die Pensionskasse sind Betriebsausgaben (§ 4c EStG).[166]

105 Pensionskassenbeiträge sind lohnsteuerlich den Direktversicherungsbeiträgen bis zum 31.12.2001 gleichgestellt gewesen. Es galt der Grundsatz der vorgelagerten Besteuerung. § 40b a.F. EStG war anwendbar.

106 Seit dem 1.1.2002 wurde gem. § 3 Nr. 63 EStG eine begrenzte Lohnsteuerfreiheit gewährt. Beiträge, die der Arbeitgeber an eine Pensionskasse zahlt, sind bis zu 4 % der jeweiligen Beitragsbemessungsgrenze in der gesetzlichen Rentenversicherung (West) einkommensteuerfrei. Dabei sind arbeitgeber- und arbeitnehmerfinanzierte Beiträge zusammenzurechnen. Beiträge, die diese Grenze übersteigen, konnten im Rahmen von § 40b EStG pauschal versteuert werden. Ab dem 1.1.2005 sind Pensionskassen und Direktversicherungen gem. der erweiterten Fassung des § 3 Nr. 63 EStG durch das Alterseinkünftegesetz steuerlich gleichgestellt. § 3 Nr. 63 EStG ist nur auf Pensionskassen anwendbar, die kapitalgedeckt finanziert sind und wenn die zugesagten Alters-, Invaliditäts- oder Hinterbliebenenversorgungsleistungen in Form einer Rente oder über einen Auszahlungsplan erbracht werden.[167]

---

166 Zur steuerlichen Behandlung i.E. *Kemper/Kisters-Kölkes* Grundzüge Rn. 71 f.
167 BMF-Schreiben v. 31.3.2010, BStBl. I, S. 420 ff., Rn. 211 (s. Anh. III).

d) Pensionsfonds

§ 1b Abs. 3 BetrAVG definiert den Pensionsfonds gleichlautend wie eine Pensionskasse. Der Pensionsfonds ist seit dem 1.1.2002 ein neuer Durchführungsweg der betrieblichen Altersversorgung. **107**

Wie bei Direktversicherung und Pensionskasse überlagern sich auch beim Pensionsfonds arbeitsrechtliche Beziehungen und Beziehungen, die versicherungsähnlich sind. Das Valutaverhältnis beinhaltet die Grundverpflichtung des Arbeitgebers. Das Deckungsverhältnis besteht zwischen dem Arbeitgeber und dem Pensionsfonds. **108**

Das arbeitsrechtliche Grundverhältnis kann zu einer Einstandspflicht des Arbeitgebers gem. § 1 Abs. 1 S. 3 BetrAVG führen.[168] **109**

Die Einzelheiten zur Definition des Pensionsfonds enthält § 112 VAG. Der Pensionsfonds ist eine rechtlich selbstständige Versorgungseinrichtung in der Rechtsform einer Aktiengesellschaft oder eines Pensionsfondsvereins auf Gegenseitigkeit. Er erbringt ausschließlich Leistungen der betrieblichen Altersversorgung im Wege des Kapitaldeckungsverfahrens. Im Unterschied zu Direktversicherung und Pensionskasse darf der Pensionsfonds nicht für alle Leistungsfälle eine Beitrags-Leistungsgarantie abgeben (§ 112 Abs. 1 Nr. 2 VAG).[169] Den Arbeitnehmern wird ein Rechtsanspruch auf Leistung gegenüber dem Pensionsfonds eingeräumt (§ 112 Abs. 1 Nr. 3 VAG). Bei der Leistungsform ist der Pensionsfonds beschränkt: er ist verpflichtet, zumindest eine lebenslange Altersrente oder einen Auszahlungsplan vorzusehen (§ 112 Abs. 1 Nr. 4 VAG). Die Pensionspläne können beitrags- und leistungsbezogen sein. Ein Pensionsfonds kann seit der 9. VAG Novelle[170] vorübergehend »untergedeckt« sein, wenn ein Sanierungsplan vereinbart und dieser von der Aufsichtsbehörde (BaFin) genehmigt wird. Die Genehmigung ist zu erteilen, wenn durch den Arbeitgeber die Erfüllung der Nachteilsausgleichspflicht zur vollständigen Bedeckung der Rückstellungen durch Bürgschaft oder Garantie eines geeigneten Kreditinstituts oder in anderer geeigneter Weise sichergestellt ist (§ 115 Abs. 2a S. 3 VAG). **110**

---

168 S. dazu Rdn. 243–251.
169 Dazu *Höfer* BetrAVG, Rn. 1530 ff. zu ART.
170 Gesetz zur Änderung des Versicherungsaufsichtsrechts v. 23.12.2007, BGBl. I 2007, S. 3248.

111 Für den Pensionsfonds gelten im Wesentlichen die auf ein Lebensversicherungsunternehmen anzuwendenden Vorschriften des VAG (§§ 113 ff. VAG).[171] Der Pensionsfonds hat freiere Möglichkeiten bei der Vermögensanlage als Lebensversicherungsunternehmen (Pensionskassen), was höhere Renditechancen und höheres Risiko beinhaltet, sowohl für die Arbeitgeber als auch für die Arbeitnehmer.[172] Das Risiko des Arbeitnehmers wird allerdings begrenzt. Der Arbeitgeber muss sicherstellen, dass die Mindestleistung bei einer Beitragszusage mit Mindestleistung gem. § 1 Abs. 2 Nr. 2 BetrAVG oder die Leistung bei einer Leistungszusage gem. § 1 Abs. 1 S. 3 BetrAVG gewährleistet ist.

112

113 Ertragsteuerlich sind die Beiträge des Arbeitgebers an den Pensionsfonds Betriebsausgaben (§ 4e EStG).[173] Eine Sonderregelung gibt es gem. § 4e Abs. 3 EStG bei der Übertragung von Versorgungsverpflichtungen auf einen Pensionsfonds.

114 Die Beiträge des Arbeitgebers sind im Rahmen des § 3 Nr. 63 EStG – wie bei Pensionskassen und (seit 1.1.2005) bei Direktversicherungen – steuerfrei. Ebenso wie für Direktversicherungen wurde für den Pensionsfonds ab dem 1.1.2005 die Dotierungsmöglichkeit erweitert, indem der Höchstbetrag von 4 % der Beitragsbemessungsgrenze (West) um einen Betrag von jährlich

---

171 Dazu *Reichel/Heger* S. 46 ff. und *Höfer* BetrAVG, Rn. 1514 ff. zu ART.

172 Vgl. § 115 VAG; dazu *Langohr-Plato* Rn. 151 ff.

173 Zur steuerlichen Behandlung i.E. *Kemper/Kisters-Kölkes*, Grundzüge Rn. 78 ff.

1.800,– € aufgestockt werden kann, wenn die Beiträge aufgrund einer Versorgungszusage geleistet wurden, die nach dem 31.12.2004 erteilt wurde. Keine Lohnsteuerpflicht entsteht bei Übertragungen von in der Vergangenheit erdienten Anwartschaften aus unmittelbaren Versorgungszusagen und Unterstützungskassen gegen Zahlung eines Einmalbetrages auf einen Pensionsfonds (§ 3 Nr. 66 EStG). Künftig noch zu erdienende Teile der Anwartschaft können über den Pensionsfonds steuerfrei dann nur im Rahmen des § 3 Nr. 63 EStG finanziert werden.[174]

Unter diesen steuerrechtlichen Rahmenbedingungen besteht die Möglichkeit einer für Arbeitnehmer und Arbeitgeber steuerneutralen Übertragung bestehender Versorgungsverpflichtungen aus unmittelbaren Versorgungszusagen und Unterstützungskassen. Eine steuerneutrale Übertragung ist bei anderen Durchführungswegen nicht möglich. Deshalb kommt der Pensionsfonds in der Praxis häufig bei der Restrukturierung von Versorgungssystemen zum Einsatz.   114a

Die Versorgungsleistungen, die aus lohnsteuerfreien Beiträgen gem. § 3 Nrn. 63 und 66 EStG resultieren, sind vom Arbeitnehmer gem. § 22 Nr. 5 EStG zu versteuern.[175] Sie unterliegen damit der vollen Einkommensbesteuerung (**nachgelagerte Besteuerung**).   115

e) Unterstützungskasse

Wird die betriebliche Altersversorgung von einer rechtsfähigen Versorgungseinrichtung durchgeführt, die auf ihre Leistungen keinen Rechtsanspruch gewährt, so handelt es sich gem. § 1b Abs. 4 BetrAVG um eine Unterstützungskasse.   116

Der formelle Ausschluss des Rechtsanspruchs auf Leistungen der betrieblichen Altersversorgung ist historisch bedingt. Der arbeitsrechtliche Verpflichtungsumfang des Arbeitgebers ist in vergleichbarer Weise verfestigt wie bei rechtsverbindlichen unmittelbaren Versorgungszusagen oder mittelbaren Versorgungszusagen über eine Direktversicherung, eine Pensionskasse oder einen Pensionsfonds. Das BAG hat den Ausschluss des Rechtsanspruchs und den Freiwilligkeitsvorbehalt in Satzungen oder Leistungsrichtlinien von Unter-   117

---

174 BMF-Schreiben v. 31.3.2010, BStBl. I, S. 420 ff., Rn. 340 (s. Anh. III).
175 Dazu § 52 Abs. 34c EStG; § 9a S. 1 Nr. 1 EStG (Arbeitnehmer-Pauschbetrag), § 19 Abs. 2 EStG (Versorgungsfreibeträge).

stützungskassen umgedeutet in ein an sachliche Gründe gebundenes Widerrufsrecht.[176] Arbeitnehmer müssen jedoch aufgrund des Ausschlusses des
Rechtsanspruchs stets mit einer Abänderung der Versorgungsordnung rechnen (dynamische Bezugnahme).[177]

118 Unterstützungskassen haben i.d.R. die Rechtsform eines eingetragenen Vereins oder einer GmbH. Es gibt auch Unterstützungskassen in der Rechtsform einer Stiftung.

119 Wie bei allen mittelbaren Durchführungswegen besteht auch bei einer
Unterstützungskasse eine entsprechende Einstandsverpflichtung des Arbeit-
gebers gem. § 1 Abs. 1 S. 3 BetrAVG.[178] Das BAG[179] sieht bei Arbeitgeber
(Trägerunternehmen) und Unterstützungskasse Gesamtschuldnerschaft. Die
Unterstützungskasse hat einen Anspruch gegen das Trägerunternehmen auf
Vorschuss und Aufwendungsersatz gem. §§ 669, 670 BGB.

120

---

176 BAG 17.11.1992, 3 AZR 76/92, EzA § 1 BetrAVG Unterstützungskasse Nr. 10;
26.8.1997, 3 AZR 235/96, EzA § 1 BetrAVG Ablösung Nr. 17 und 11.12.2001,
3 AZR 512/00, EzA § 1 BetrAVG Ablösung Nr. 33; dazu auch Rdn. 367–369.
177 BAG 16.2.2010, 3 AZR 181/08, EzA § 1 BetrAVG Ablösung Nr. 48 = DB
2010, 1833.
178 S. dazu Rdn. 243–251; zum »richtigen« Beklagten und Rechtsweg bei Unterstützungskasse i.E. *Reinecke* und *Küpper*, jeweils in FS Kemper, S. 383 ff. und 273 ff.
179 BAG 16.2.2010, 3 AZR 216/09, EzA § 1 BetrAVG Gleichbehandlung Nr. 35 =
BetrAV 2010, 178.

Unterstützungskassen können ihr Vermögen, das ihnen vom Arbeitgeber 121
zugewandt worden ist, in Darlehensform beim Arbeitgeber anlegen (reserve-
polsterdotierte Unterstützungskasse).

Weit verbreitet sind Unterstützungskassen, die als Finanzierungsinstrument 122
eine Rückdeckungsversicherung nutzen, die also ihr Vermögen zur Ausfinanzierung der zu erbringenden Versorgungsleistungen verwenden (rückgedeckte
Unterstützungskasse). Wird dadurch der gesamte Verpflichtungsumfang
abgedeckt, handelt es sich um kongruent rückgedeckte Unterstützungskassen. Wird nur ein Teil der Verpflichtungen abgedeckt, bezeichnet man diese
als partiell rückgedeckte Unterstützungskassen.[180]

123

Beim Arbeitgeber sind die Zuwendungen an die Unterstützungskasse 124
Betriebsausgaben (§ 4d EStG).

Beim Arbeitnehmer findet eine **nachgelagerte Besteuerung** statt. Es gelten 125
dieselben Grundsätze wie bei unmittelbaren Versorgungszusagen.[181]

3. Rechtsbegründungsakte

Der Rechtsbegründungsakt ist der Verpflichtungstatbestand für die Begrün- 126
dung des Versorgungsverhältnisses. Der Rechtsbegründungsakt ist vom
Durchführungsweg und vom Leistungsplan zu unterscheiden. Für jeden
Rechtsbegründungsakt können grds. alle Durchführungswege gewählt, ein

---

180 So auch BAG 17.1.2012, 3 AZR 10/10.
181 Dazu vorstehend Rdn. 86–87.

Leistungsplan kann unabhängig vom Rechtsbegründungsakt und Durchführungsweg entwickelt werden.[182]

127 Der Rechtsbegründungsakt ist nicht nur maßgebend für die Begründung der Arbeitgeberverpflichtung, sondern auch rechtliche Basis für deren Änderung oder Aufhebung. Bei den einzelnen Rechtsbegründungsakten gibt es unterschiedliche rechtliche Änderungs- und Aufhebungsmodalitäten.[183]

128 Rechtsbegründungsakte können sein

– individualrechtliche Vereinbarungen (Einzelzusage, Gesamtzusage, vertragliche Einheitsregelung),
– Kollektivverträge (Betriebsvereinbarung, Vereinbarungen nach dem Sprecherausschussgesetz, Tarifvertrag) oder
– Gesetze.

129 Betriebliche Altersversorgung kann auch auf betrieblicher Übung oder dem Grundsatz der Gleichbehandlung beruhen (so deklaratorisch § 1b Abs. 1 S. 4 BetrAVG). Diese Rechtsbegründungsakte haben individualrechtlichen Charakter.[184]

a) Einzelzusage

130 Bei der Einzelzusage beruht die Versorgungsverpflichtung des Arbeitgebers auf einem individuell ausgehandelten Vertrag über den Durchführungsweg und den Inhalt des Leistungsplanes als Bestandteile des Versorgungsverhältnisses. Für das Zustandekommen einer Einzelzusage gelten die allgemeinen Bestimmungen über Angebot und Annahme (§§ 145ff. BGB). Die Annahme durch den Arbeitnehmer kann gem. § 151 S. 1 BGB stillschweigend erfolgen, da betriebliche Altersversorgung ihn i.d.R. begünstigt. Die Einzelzusage wird Bestandteil des Arbeitsvertrages und teilt dessen rechtliches Schicksal.

131 Die Einzelzusage ist bei der Begründung nicht formbedürftig.[185] Das steuer-

---

182 Ausnahme: Beitragszusage mit Mindestleistung gem. § 1 Abs. 2 Nr. 2 BetrAVG.
183 S. dazu Rdn. 254–369.
184 BAG 16.9.1986, GS 1/82, EzA § 77 BetrVG 1972 Nr. 17; 27.7.1988, 5 AZR 244/87, EzA § 242 BGB Gleichbehandlung Nr. 47; dazu Rdn. 157–163 und 164–182.
185 Der Arbeitnehmer hat allerdings nach dem Nachweisgesetz (BGBl. 1995 I S. 946) einen Anspruch auf schriftliche Abfassung der Versorgungszusage (Niederschrift); dazu *Höfer* BetrAVG, Rn. 218 ff. zu ART.

rechtlich in § 6a Abs. 1 Nr. 3 EStG bei unmittelbaren Versorgungszusagen geforderte Schriftformerfordernis ist arbeitsrechtlich irrelevant.[186] Als Bestandteil des Arbeitsvertrages bedarf die Aufhebung oder Kündigung einer Einzelzusage der Schriftform (§ 623 BGB).

Voraussetzung für die Wirksamkeit des Arbeitgeberangebots ist ein Bindungswille. Das bloße Inaussichtstellen oder die Vorankündigung einer Versorgungszusage ist rechtlich nicht bindend. Es genügt aber der objektiv erkennbare Wille des Arbeitgebers, überhaupt eine Versorgungszusage erteilen zu wollen. Dazu gehört nicht ein im Detail ausgearbeiteter Leistungsplan. Es genügt ein »**Blankettangebot**«. Dieses hat der Arbeitgeber nach billigem Ermessen gem. § 315 BGB auszufüllen. Tut er dies nicht oder entspricht die Festlegung nicht den Billigkeitsgrundsätzen, wird die Regelungslücke durch eine gerichtliche Entscheidung geschlossen.[187] Der Arbeitgeber muss bei seiner verbindlichen Festlegung nicht nur die rechtsgeschäftlich verbindlichen Vorgaben berücksichtigen, sondern auch die bei seinem »Blankettangebot« von ihm geweckten Vorstellungen und Erwartungen.[188] Zur Klarstellung sei darauf hingewiesen, dass ein verbindliches Arbeitgeberangebot (auch in der Form eines »Blankettangebots«) noch keine Versorgungszusage darstellt. Hinzukommen muss immer die Annahme des Arbeitgeberangebotes durch den Arbeitnehmer, was aber i.d.R. stillschweigend gem. § 151 BGB erfolgt.   **132**

Rechtlich unverbindlich ist eine interne Willensbildung des Arbeitgebers, z.B. die Billigung einer beabsichtigten Versorgungszusage an einen Arbeitnehmer durch den Aufsichtsrat einer Aktiengesellschaft. Erst wenn der Vorstand als Organ der Aktiengesellschaft eine entsprechende Verpflichtungserklärung gegenüber dem Arbeitnehmer abgegeben hat, liegt ein Angebot vor, das der Arbeitnehmer annehmen kann.[189]   **133**

186 BAG 5.2.1981, 3 AZR 748/79, BB 1981, 1708 = AP Nr. 188 zu § 242 BGB Ruhegehalt.

187 BAG 13.3.1973, 3 AZR 446/74, EzA § 242 BGB Ruhegeld Nr. 41 und 23.11.1978, 3 AZR 708/77, EzA § 242 BGB Ruhegeld Nr. 77 = DB 1979, 364; eine betriebliche Übung kann einer kollektiven Blankettzusage ähneln: BAG 25.6.2002, 3 AZR 360/01, EzA § 1 BetrAVG Betriebliche Übung Nr. 3.

188 BAG 19.11.2002, 3 AZR 406/01, EzA § 1 BetrAVG Nr. 85; 19.7.2005, 3 AZR 472/04, EzA § 1 BetrAVG Betriebliche Übung Nr. 7 = DB 2006, 343.

189 BAG 22.12.2009, 3 AZR 136/08, EzA § 1b BetrAVG Nr. 7 = DB 2010, 1074.

134 Durch eine Jeweiligkeitsklausel kann in einer Einzelzusage, z.B. bei leitenden Angestellten, durch dynamische Verweisung eine allgemeine betriebliche Versorgungsregel (z.B. Betriebsvereinbarung oder Tarifvertrag) zur Anwendung gebracht werden.[190]

b) Gesamtzusage

135 Eine Gesamtzusage ist ein Bündel gleichstrukturierter, nicht notwendigerweise gleichhoher Versorgungszusagen und richtet sich an alle Arbeitnehmer eines Unternehmens oder an nach sachlichen Kriterien abgrenzbare Arbeitnehmergruppen. Das Angebot des Arbeitgebers wird in allgemeiner Form, etwa am »Schwarzen Brett«, durch das Aushängen einer »Versorgungsordnung«, bekannt gemacht. Eine ausdrückliche Annahmeerklärung der begünstigten Arbeitnehmer wird nicht erwartet, sie wird stillschweigend gem. § 151 BGB unterstellt.[191] Akte der inneren Willensbildung bei einem Arbeitgeber, z.B. bei einer GmbH ein Beschluss der Gesellschafterversammlung, reichen nicht aus.[192]

136 Die Versorgungszusagen werden bei einer Gesamtzusage Bestandteile der einzelnen Arbeitsverträge.[193] Den individualrechtlichen Charakter einer Gesamtzusage hat der Große Senat des BAG in seinem Beschluss vom 16.9.1986[194] herausgestellt. Dies gilt unabhängig von dem kollektiven Bezug der zugesagten Leistungen, der i.d.R. für die Arbeitnehmer erkennbar ist. Der kollektive Bezug der Gesamtzusage kann aber dann entscheidend sein, wenn sie später abgelöst oder geändert werden soll.[195]

137 Im Übrigen gelten dieselben Grundsätze wie bei der Begründung einer Einzelzusage.[196]

---

190 BAG 27.6.2006, 3 AZR 255/05, EzA § 1 BetrAVG Ablösung Nr. 45 = DB 2007, 118; 27.6.2006, 3 AZR 212/05, DB 2007, 2491; dazu *Kemper/Kisters-Kölkes* Grundzüge Rn. 98.
191 BAG 18.3.2003, 3 AZR 101/02, EzA § 1 BetrAVG Nr. 39; 31.5.2011, 3 AZR 387/09.
192 BAG 22.12.2009, 3 AZR 136/08, EzA § 1b BetrAVG Nr. 7 = DB 2010, 1074.
193 Zur Auslegung von Gesamtzusagen: BAG 18.5.2010, 3 AZR 373/08, EzA § 310 BGB 2002 Nr. 9; 31.5.2011, 3 AZR 387/09.
194 BAG 16.9.1986, GS 1/82, EzA § 77 BetrVG 1972 Nr. 17.
195 S. dazu Rdn. 344–352.
196 S. dazu Rdn. 130–133.

Kemper

c) Vertragliche Einheitsregelung

Wie bei einer Gesamtzusage handelt es sich auch bei einer vertraglichen Ein-   **138**
heitsregelung um ein Bündel gleichstrukturierter, nicht notwendigerweise
gleichhoher Versorgungszusagen an Gesamtbelegschaften oder objektiv
abgrenzbare Arbeitnehmergruppen. Der allgemein geltenden Regelung gehen
die Arbeitgeberentscheidungen über die Höhe der einzusetzenden Mittel
(Dotierungsrahmen[197]) und über die Verteilungsgrundsätze in einem Leistungsplan voraus.[198] Auch bei einer vertraglichen Einheitsregelung entstehen
vertragliche Ansprüche wie bei einer Gesamtzusage und einer Einzelzusage.[199]
Die Versorgungszusagen werden Bestandteil der einzelnen Arbeitsverträge und
teilen deren rechtliches Schicksal. Auch entsteht ein kollektiver Bezug wie bei
der Gesamtzusage, was bedeutsam ist für etwaige Änderungen, z.B. auch durch
kollektivrechtliche Regelungen, z.B. Betriebsvereinbarungen.[200]

Im Übrigen gelten dieselben Grundsätze wie bei der Begründung einer Ein-   **139**
zelzusage.[201]

Der Unterschied zwischen vertraglicher Einheitsregelung und Gesamtzusage   **140**
ist nicht rechtlicher Natur – in beiden Fällen werden die Versorgungszusagen
Bestandteile der einzelnen Arbeitsverträge –, sondern liegt in den Formalien
des Zusageaktes. Im Gegensatz zur Gesamtzusage werden das Angebot und
die Annahme des »Versorgungsvertrages« bei einer vertraglichen Einheitsregelung ausdrücklich dokumentiert, z.B. durch persönliche Anschreiben, die
vom begünstigten Arbeitnehmer ausdrücklich angenommen werden.

d) Betriebsvereinbarung (und Dienstvereinbarung)

Die Betriebsvereinbarung ist ein Vertrag, der zwischen Arbeitgeber und   **141**
Betriebsrat im Rahmen seiner Zuständigkeit zur Festsetzung von Rechtsnormen über den Inhalt, den Abschluss und die Beendigung von Arbeitsverhältnissen sowie über betriebliche und betriebsverfassungsrechtliche Fragen
schriftlich für einen oder mehrere Betriebe (dann Gesamt- oder Konzernbe-

---

197 S. dazu Rdn. 396.
198 BAG 16.9.1986, GS 1/82, EzA § 77 BetrVG 1972 Nr. 17.
199 Deshalb ist auf die vorstehenden Ausführungen unter Rdn. 130–133 zu verweisen.
200 S. dazu Rdn. 344–352.
201 S. dazu Rdn. 130–133.

triebsvereinbarung) geschlossen wird.[202] Regelungsgegenstand einer Betriebsvereinbarung kann auch betriebliche Altersversorgung sein.

142 Eine Betriebsvereinbarung liegt nur vor, wenn die Voraussetzungen des § 77 Abs. 2 BetrVG formal eingehalten sind. Arbeitgeber und Betriebsrat müssen einen gemeinsamen Beschluss fassen und diesen schriftlich niederlegen. Beide Seiten müssen gemeinsam unterzeichnen. Die Verpflichtung des Arbeitgebers, die Betriebsvereinbarung an geeigneter Stelle im Betrieb auszulegen, hat keine konstitutive Bedeutung, verhindert also nicht die Wirksamkeit einer Betriebsvereinbarung.[203]

143 Betriebsvereinbarungen gelten unmittelbar und zwingend (§ 77 Abs. 4 BetrVG). Sie gestalten unmittelbar das Versorgungsverhältnis. Sie sind nicht Bestandteil des einzelnen Arbeitsvertrages, sondern haben eigenen Rechtsnormcharakter. Sie gelten natürlich nur für Arbeitnehmer, die den Betriebsrat wählen können, also z.B. nicht für leitende Angestellte und ehemalige Arbeitnehmer (Versorgungsempfänger, mit unverfallbarer Anwartschaft ausgeschiedene Versorgungsanwärter)[204], es sei denn es wurde eine Jeweiligkeitsklausel vereinbart, mit der diese Personen dem Arbeitnehmerkreis gleichgestellt werden, der direkt von der Betriebsvereinbarung erfasst wird.[205]

143a Betriebsvereinbarungen sind wie Tarifverträge und Gesetze auszulegen.[206]

---

202 § 77 BetrVG und *Blomeyer/Rolfs/Otto* Rn. 89 ff. zu Anh. § 1.

203 *Blomeyer/Rolfs/Otto* Rn. 94 zu Anh. § 1.

204 BAG 25.10.1988, 3 AZR 483/86, EzA § 77 BetrVG 1972 Nr. 26. In den Entscheidungen BAG 17.8.2004, 3 AZR 318/03, EzA § 2 BetrAVG Nr. 22 = DB 2005, 536, 12.10.2004, 3 AZR 557/03, EzA § 1 Hinterbliebenenversorgung Nr. 11 = DB 2005, 783; 12.12.2006, 3 AZR 476/05, EzA § 1 BetrAVG Nr. 89 = DB 2007, 2043 und 10.2.2009, 3 AZR 653/07, NZA 2009, 796, hat das BAG ausdrücklich offen gelassen, ob an dieser Rechtsprechung festzuhalten ist.

205 BAG 23.9.1997, 3 AZR 529/96, EzA § 1 BetrAVG Ablösung Nr. 14, zur Bedeutung der AGB-Kontrolle von Jeweiligkeitsklauseln gem. §§ 305 ff. BGB, vgl. auch Rdn. 186, bezieht sich die Jeweiligkeitsklausel stattdessen auf eine vom Arbeitgeber oder Dritten einseitig abänderbare Versorgungsregelung müssen die Voraussetzungen und der Umfang zukünftiger Einschnitte um so stärker konkretisiert sein, vgl. *Blomeyer/Rolfs/Otto* Rn. 551 zu Anh. § 1.

206 BAG 31.5.2011, 3 AZR 387/09.

Die Arbeitnehmer können nicht auf Rechte aus einer Betriebsvereinbarung **144** ohne Zustimmung des Betriebsrats verzichten (§ 77 Abs. 4 BetrVG). Sie brauchen auch dem Abschluss einer Betriebsvereinbarung nicht zuzustimmen.

Parteien der Betriebsvereinbarung sind der Arbeitgeber und auf der Beleg- **145** schaftsseite der Betriebsrat. Ist ein **Gesamtbetriebsrat** vorhanden, so ist dieser gem. § 50 BetrVG für die betriebliche Altersversorgung zuständig.[207] Die Zuständigkeit des Gesamtbetriebsrates ist zwingend. Sie kann weder durch Tarifvertrag noch durch Betriebsvereinbarung abbedungen werden. Wird auf betrieblicher Ebene eine freiwillige Betriebsvereinbarung abgeschlossen, um einer betriebsübergreifenden Regelung zu entgehen, ist dies unzulässig. Durch eine solche Handlungsweise können die Betriebsräte nicht die Zuständigkeit des Gesamtbetriebsrates auch für die einzelnen Betriebe unterlaufen.[208] Existiert in einem Konzern ein **Konzernbetriebsrat** (§ 54 BetrVG), so ist dieser zuständig. Es gelten dieselben Abgrenzungskriterien wie bei einem Gesamtbetriebsrat.[209]

Besteht ein Tarifvertrag über betriebliche Altersversorgung, kann eine **146** Betriebsvereinbarung nicht geschlossen werden (§ 77 Abs. 3 BetrVG). Dies gilt auch, wenn betriebliche Altersversorgung »üblicherweise« durch Tarifvertrag geregelt wird. Dies ist in bestimmten Tarifbereichen bei der betrieblichen Altersversorgung durch Entgeltumwandlung der Fall, da eine Vielzahl von Tarifverträgen über arbeitnehmerfinanzierte betriebliche Altersversorgung abgeschlossen worden ist.[210]

Soweit Betriebsvereinbarungen betriebliche Altersversorgung regeln, die über **147** die tarifvertraglich begründeten Versorgungszusagen hinausgehen, ist Raum für eine Betriebsvereinbarung ohne die Sperrwirkung des § 77 Abs. 3 BetrVG.

---

207 BAG 8.12.1981, 3 ABR 53/80, EzA § 242 BGB Ruhegeld Nr. 96. Verzicht auf eine vorhersehbare und bestimmbare Gestaltung durch dynamische Blankettverweisung ist nicht zulässig, BAG 22.8.2006, 3 AZR 319/05, EzA § 77 BetrVG 2001 Nr. 17 = DB 2007, 639.

208 BAG 21.1.2003, 3 ABR 26/02, EzA § 50 BetrVG 2001 Nr. 2 = DB 2003, 2131.

209 BAG 29.1.2008, 3 AZR 42/06, EzA § 87 BetrVG 2001 Betriebliche Lohngestaltung Nr. 14 = DB 2008, 1980.

210 *Küpper* BetrAV 2002, 9 und RdA 2002, 379, zur Sperrwirkung des § 77 Abs. 3 BetrVG i.E. *Blomeyer/Rolfs/Otto* Rn. 95 zu Anh. § 1.

148   Betriebliche Altersversorgung kann – in öffentlich-rechtlichen Einrichtungen, z.B. Rundfunkanstalten – auch Gegenstand einer **Dienstvereinbarung** zwischen Personalrat und Arbeitgeber sein. Insoweit gelten ähnliche Bedingungen wie bei Betriebsvereinbarungen. Um eine einheitliche Regelung der Ruhestandsleistungen zu gewährleisten, können auch hier Jeweiligkeitsklauseln Anwendung finden.[211]

e) Sprecherausschussgesetz

149   Bei leitenden Angestellten gem. § 5 BetrVG, die nicht vom Betriebsrat vertreten werden, können als Rechtsbegründungsakte für eine betriebliche Altersversorgung Vereinbarungen nach § 28 Abs. 2 SprAuG[212] gewählt werden.[213] Nur derartige Vereinbarungen mit unmittelbarer und zwingender Wirkung haben ebenso wie Betriebsvereinbarungen eigenen Normcharakter. Die Versorgungszusagen werden also nicht Bestandteile der einzelnen Arbeitsverträge. Richtlinien nach § 28 Abs. 1 SprAuG reichen nicht aus, weil sie keine normativen Wirkungen haben.[214] Gleiches gilt für Vereinbarungen in Form der für Sprecherausschüsse umstrittenen Regelungsabrede.[215]

f) Tarifvertrag

150   Durch einen schriftlichen Vertrag zwischen einer Gewerkschaft und einem oder mehreren Arbeitgebern oder einem Arbeitgeberverband können Rechtsnormen zur Regelung von Arbeits- und Wirtschaftsbedingungen festgesetzt werden. Das sind entweder Firmen- oder Verbandstarifverträge. Inhalt von Tarifverträgen kann auch betriebliche Altersversorgung sein.

151   Das Zustandekommen richtet sich nach § 1 Abs. 2 TVG. Es ist eine schriftliche Vereinbarung erforderlich. Die Vertragsparteien müssen tariffähig sein.

---

211   BAG 23.9.1997, 3 AZR 529/96, EzA § 1 BetrVG Ablösung Nr. 14 = DB 1998, 318.

212   Gesetz über Sprecherausschüsse der leitenden Angestellten – Sprecherausschussgesetz vom 20.12.1988, BGBl. I S. 2312, zuletzt geändert durch Art. 222 der Verordnung vom 31.10.2006, BGBl. I S. 2407.

213   Dazu i.E. *Blomeyer/Rolfs/Otto* Rn. 113 ff. zu Anh. § 1 und *Höfer* BetrAVG, Rn. 269 ff. zu ART.

214   *Blomeyer/Rolfs/Otto* Rn. 116 zu Anh. § 1; *Höfer* BetrAVG, Rn. 271 zu ART.

215   ErfK/*Oetker* SprAuG, § 28 Rn. 2 m.w.N.

Der Tarifvertrag hat normative Wirkung (§ 4 Abs. 2 und 4 TVG). Er wird 152
nicht zum Inhalt der einzelnen Arbeitsverträge. Die Regelungen eines Tarifvertrages gelten unmittelbar und zwingend für tarifgebundene Arbeitgeber
(Mitglieder eines Arbeitgeberverbandes) und tarifgebundene Arbeitnehmer
(Gewerkschaftsmitglieder). Wenn zwischen nicht tarifgebundenen Arbeitgebern und Arbeitnehmern arbeitsvertraglich, z.B. durch Bezugnahme und
Verweisung auf den jeweiligen Tarifvertrag, die Geltung eines Tarifvertrages
vereinbart wird, handelt es sich nicht um den Rechtsbegründungsakt Tarifvertrag, sondern um eine vertragliche Einheitsregelung.

Es gibt Verbandstarifverträge zwischen Gewerkschaften und Arbeitgeberverbän- 153
den, aber auch Haustarifverträge für einzelne Arbeitgeber oder Konzerne.[216]

Auch durch eine Allgemeinverbindlicherklärung nach § 5 TVG kann eine 154
Bindung an den Tarifvertrag entstehen. Eine Allgemeinverbindlicherklärung
bewirkt, dass auch nicht tarifgebundene Arbeitgeber den Tarifvertrag gegen
sich gelten lassen müssen. Voraussetzung hierfür ist, dass die tarifgebundenen
Arbeitgeber weniger als 50 % der unter den Tarifvertrag fallenden Arbeitnehmer beschäftigen und die Allgemeinverbindlicherklärung im öffentlichen
Interesse geboten erscheint. Zuständig für die Allgemeinverbindlicherklärung
ist das Bundesministerium für Arbeit und Soziales.

Durch Individualvereinbarung kann von Tarifverträgen zugunsten des 155
Arbeitnehmers abgewichen werden (Günstigkeitsprinzip § 4 Abs. 3 TVG).
Im Verhältnis zur Betriebsvereinbarung gilt das Günstigkeitsprinzip nicht,
wenn die Sperrwirkung des § 77 Abs. 3 BetrVG eingreift.[217] Im Betriebsren-
tengesetz sind einige Bestimmungen tarifdispositiv (§ 17 Abs. 3 S. 1
BetrAVG).[218] § 17 Abs. 5 BetrAVG enthält einen Tarifvorrang.[219]

Blankettzusagen[220] auf Leistungen der betrieblichen Altersversorgung in 156
Tarifverträgen sind praktisch nicht möglich. Die Arbeitsgerichte wären
zudem nicht befugt, ein solches Blankett anstelle der Tarifvertragsparteien
nach § 315 Abs. 3 BGB auszufüllen.[221]

---

216 Zur Tarifkonkurrenz i.E. *Blomeyer/Rolfs/Otto* Rn. 124 zu Anh. § 1.
217 I.E. *Blomeyer/Rolfs/Otto* Rn. 129 zu Anh. § 1.
218 S. dazu i.E. § 17 Rdn. 25–34.
219 S. dazu i.E. § 17 Rdn. 42–45.
220 S. dazu Rdn. 132.
221 BAG 19.12.2000, 3 AZR 213/00, EzA § 1 BetrAVG Nr. 76.

g) Gesetz

156a Ausnahmsweise kann eine betriebliche Altersversorgung auch durch ein Gesetz begründet werden.[222]

h) Betriebliche Übung

157 Ein Anspruch auf betriebliche Altersversorgung kann sich aufgrund einer betrieblichen Übung ergeben (so deklaratorisch § 1b Abs. 1 S. 4 BetrAVG).[223]

158 Unter einer betrieblichen Übung ist ein gleichförmiges und wiederholtes Verhalten des Arbeitgebers zu verstehen, aus dem die Arbeitnehmer schließen können, ihnen solle eine Leistung oder Vergünstigung auf Dauer eingeräumt werden.[224] Nach herrschender Auffassung stellt die betriebliche Übung eine Willenserklärung des Arbeitgebers dar, die von dem Arbeitnehmern konkludent angenommen wird, ohne dass es darauf ankommt, ob der Arbeitgeber einen Verpflichtungswillen hatte. Maßgebend ist vielmehr, ob die Arbeitnehmer aus dem Erklärungsverhalten des Arbeitgebers unter Berücksichtigung von Treu und Glauben sowie aller Begleitumstände auf einen Bindungswillen des Arbeitgebers schließen durften und das entsprechende Angebot stillschweigend annehmen konnten.[225]

---

222 Z.B. für die Arbeiter und Angestellten der Stadt Hamburg: Hamburgisches Zusatzversorgungsgesetz i.d.F. v. 7.3.1995 (HmbGVBl. 53), zuletzt geändert am 25.1.2011 (HmbGVBl. 43).

223 BAG 19.7.2005, 3 AZR 472/04, EzA BetrAVG § 1 Betriebliche Übung Nr. 7; 12.12.2006, 3 AZR 57/06, EzA § 1 BetrAVG Betriebliche Übung Nr. 8 = DB 2007, 2435.

224 BAG 29.4.2003, 3 AZR 247/02, EzA § 1 BetrAVG Betriebliche Übung Nr. 4; 12.12.2006, 3 AZR 57/06, EzA § 1 BetrAVG Betriebliche Übung Nr. 8 = DB 2007, 2435; 19.2.2008, 3 AZR 61/06, EzA § 1 BetrAVG Betriebliche Übung Nr. 9; 19.8.2008, 3 AZR 194/07, EzA § 1 BetrAVG Gleichbehandlung Nr. 32 = DB 2009, 463.

225 BAG 22.1.2002, 3 AZR 454/00, und 21.1.1997, 1 AZR 572/96, EzA BGB § 242 Betriebliche Übung Nr. 36 und § 77 BetrVG 1972 Nr. 57; 17.11.1998, 1 AZR 147/98, EzA § 242 BGB Gleichbehandlung Nr. 79; 25.6.2002, 3 AZR 360/01, EzA § 1 BetrAVG Betriebliche Übung Nr. 3 = DB 2003, 1004; 29.4.2003, 3 AZR 247/02, EzA § 1 BetrAVG Betriebliche Übung Nr. 4; 19.7.2005, 3 AZR 472/04, EzA § 1 BetrAVG Betriebliche Übung Nr. 7; 31.7.2007, 3 AZR 189/06, AP Nr. 79 zu § 242 BGB Betriebliche Übung.

Bei einer betrieblichen Übung wird die betriebliche Altersversorgung Bestand- 159
teil der einzelnen Arbeitsverträge wie bei einer Einzelzusage, Gesamtzusage oder
vertraglichen Einheitsregelung und teilt deren rechtliches Schicksal.

Wird ohne Vorbehalt und unabhängig vom Leistungsplan jahrelang ein 160
Rentnerweihnachtsgeld gezahlt, wird eine Versorgungsanwartschaft erwor-
ben, und zwar ab Diensteintritt und nicht erst bei oder nach Eintritt des
Versorgungsfalls.[226]

Dasselbe gilt, wenn allen Arbeitnehmern innerhalb bestimmter Fristen über- 161
einstimmend Versorgungszusagen erteilt werden.[227]

Bei entsprechendem Vorbehalt entsteht keine betriebliche Übung. Das ist 162
der Fall, wenn z.B. eine Weihnachtsgratifikation für Betriebsrentner nur auf
das jeweilige Kalenderjahr bezogen gewährt wird.[228]

Eine betriebliche Übung entsteht nicht, wenn der Arbeitgeber durch sein 163
Verhalten lediglich einer ohnehin bestehenden Verpflichtung nachkommen
will.[229]

i) Gleichbehandlung und Gleichberechtigung

Der Verpflichtung aus einer Versorgungszusage stehen Versorgungsverpflich- 164
tungen gleich, die auf dem **Grundsatz der Gleichbehandlung** beruhen (so
deklaratorisch § 1b Abs. 1 S. 4 BetrAVG). Die Verpflichtung ist Bestandteil
des Arbeitsvertrages und teilt dessen rechtliches Schicksal.[230] Da neben dem
BetrAVG das AGG gilt, kann auch aus diesem ein Anspruch abgeleitet werden, wenn z.B. Behinderte von der betrieblichen Altersversorgung ausgeschlossen sind.[231]

Die Verletzung des Gleichbehandlungsgrundsatzes setzt voraus, dass ein- 165
zelne Arbeitnehmer oder Gruppen von Arbeitnehmern ohne sachlichen

---

226 BAG 16.2.2010, 3 AZR 118/08, EzA § 1 BetrAVG Betriebliche Übung Nr. 10.

227 BAG 29.10.1985, 3 AZR 462/83, EzA § 242 BGB Betriebliche Übung Nr. 17.

228 BAG 16.4.1997, 10 AZR 705/96, EzA § 242 BGB Betriebliche Übung Nr. 39.

229 BAG 22.1.2002, 3 AZR 454/00, EzA § 77 BetrVG Ruhestand Nr. 2; ausführlich
      zur Gestaltung der betrieblichen Altersversorgung ohne Verletzung des Gleichbe-
      handlungsgrundsatzes *Doetsch* FS Kemper, S. 91 ff.

230 Dazu ausführlich *Langohr-Plato* Rn. 1332 ff.

231 BAG 11.12.2007, 3 AZR 249/06, BetrAV 2008, 108 = DB 2008, 766, vgl.
      Beitze in Hey, AGG § 2 Rn. 24 ff.

Grund von begünstigenden Regelungen ausgeschlossen oder schlechtergestellt werden.[232]

166 Wird der Gleichbehandlungsgrundsatz verletzt, führt dies nicht zur Nichtig-
keit der bestehenden Versorgungsregelungen. Vielmehr ist die ohne sachlichen Grund benachteiligte Arbeitnehmergruppe so zu behandeln wie die
begünstigten Arbeitnehmer (»Gleichbehandlung nach oben«).[233] Allgemein
verstoßen Regelungen in der betrieblichen Altersversorgung gegen den
Gleichbehandlungsgrundsatz, wenn sie nach Abstammung, Herkunft, Religion, politischer Betätigung oder Einstellung differenzieren (§ 75 BetrVG).
Dasselbe gilt bei Unterscheidung mit oder ohne Gewerkschaftsbezug (Art. 9
Abs. 3 S. 2 GG).

167 Will der Arbeitgeber im Einzelfall bestimmte Mitglieder einer grundsätzlich
begünstigten Gruppe von Leistungen der betrieblichen Altersversorgung aus-
nehmen, so muss er in einer allgemeinen Ordnung die Voraussetzungen festlegen, nach denen sich die Entscheidung richten soll. Dabei müssen die
Voraussetzungen nach sachgerechten und objektiven Merkmalen bestimmt
und abgestuft werden. Nur in diesem Rahmen steht dem Arbeitgeber in der
Auswahl der Bedingungen ein Ermessensspielraum offen.[234] Danach darf der
Arbeitgeber Leistungen der betrieblichen Altersversorgung beispielsweise
davon abhängig machen, dass in den einzelnen Betrieben eine Betriebsvereinbarung über Regelungen zur flexibleren Gestaltung der Arbeitszeit
zustande kommt.[235] Auch das Stichtagsprinzip ist ein zulässiger Differenzierungsgrund. So ist z.B. eine Schließung der BAV für Neuzugänge jederzeit
möglich.[236] Dasselbe gilt bei Unterscheidung nach Betriebsübergängen gem.
§ 613a BGB oder Umwandlungen (Verschmelzungen).[237]

---

232 BAG 27.7.1988, 5 AZR 244/87, EzA § 242 BGB Gleichbehandlung Nr. 47 =
DB 1988, 2519; 29.9.2004, 5 AZR 43/04, EzA § 242 BGB 2002 Gleichbe-
handlung Nr. 4; 25.5.2004, 3 AZR 15/03, n.v.; 15.7.2008, 3 AZR 61/07, NZA-
RR 2009, 323; vgl. auch Orientierungssatz zu BAG 19.3.2002, 3 AZR 229/01.

233 BAG 9.12.1997, 3 AZR 661/96, EzA § 1 BetrAVG Nr. 16 = DB 1998, 1823;
16.2.2010, 3 AZR 216/09, EzA § 1 BetrAVG Gleichbehandlung Nr. 35 =
BetrAV 2010, 178.

234 BAG 19.8.2008, 3 AZR 194/07, EzA § 1 BetrAVG Gleichbehandlung Nr. 32 =
DB 2009, 463.

235 BAG 18.9.2007, 3 AZR 639/06, EzA § 1 BetrAVG Gleichbehandlung Nr. 30.

236 Dazu i.E. *Kemper/Kisters-Kölkes* Grundzüge Rn. 618 m.w.N.

237 Weitere Nachweise bei *Blomeyer/Rolfs/Otto* Rn. 81 zu Anh. § 1.

Gerechtfertigt ist auch eine Differenzierung nach dem Versorgungsbedarf **168** sowie danach, ob sich der Arbeitnehmer anteilig mit eigenen Mitteln an der Finanzierung der betrieblichen Altersversorgung beteiligt. Wer nicht selbst erkannt hat, dass Eigenvorsorge notwendig ist, verzichtet sachlich gerechtfertigt auf eine Anschub- oder Ergänzungsfinanzierung durch den Arbeitgeber.[238] Auf jeden Fall ist es zulässig, entsprechende Verpflichtungen zur Eigenbeteiligung an betrieblicher Altersversorgung bei Einstellung in den Arbeitsvertrag aufzunehmen.[239]

Der geltend gemachte Differenzierungsgrund muss nicht in der Versorgungs- **169** ordnung genannt sein. Ob eine Verletzung des Gleichbehandlungsgrundsatzes vorliegt, richtet sich ausschließlich danach, ob die Ungleichbehandlung in der Sache gerechtfertigt ist.[240] Allerdings darf der geltend gemachte Differenzierungsgrund nicht im Widerspruch zur Versorgungsordnung stehen.

Für den Bereich der betrieblichen Altersversorgung haben sich besondere Prob- **170** lemkreise in Bezug auf den Gleichbehandlungs- und Gleichberechtigungsgrundsatz herausgebildet, z.B. in Bezug auf Männer und Frauen, Ehe- und eingetragene Lebenspartner,[241] Vollzeit- und Teilzeitkräfte, Arbeiter und Angestellte, Außen- und Innendienstler, Polier und kaufmännische Angestellte[242] sowie sog. Auslandskräfte.[243] Auch können Arbeitnehmer, die einer Flexibilisierung ihrer Arbeitszeit zugestimmt haben, eine höhere BAV erhalten.[244]

Bei Männern und Frauen gelten der Gleichbehandlungsgrundsatz und der **171** Grundsatz der Gleichberechtigung der Geschlechter (gem. Art. 3 Abs. 2 und 3 GG). Dabei ist zwischen unmittelbarer und mittelbarer Diskriminie-

---

238 Ebenso *Langohr-Plato* Rn. 1427 ff. und *Doetsch* FS Kemper, S. 91 ff., 100; a.A. *Blomeyer/Rolfs/Otto* Rn. 82 zu Anh. § 1.

239 So ausdrücklich *Blomeyer/Rolfs/Otto* Rn. 82 zu Anh. § 1.

240 BAG 21.8.2007, 3 AZR 269/06, EzA § 1 BetrAVG Gleichbehandlung Nr. 29 = DB 2008, 710; 30.11.2010, 3 AZR 754/08, EzA § 16 BetrAVG Nr. 57.

241 BAG 14.1.2009, 3 AZR 20/07, EzA § 2 AGG Nr. 2 = DB 2009, 1545; 15.9.2009, 3 AZR 194/09, EzA § 2 AGG Nr. 5; 15.9.2009, 3 AZR 797/08, EzA § 2 AGG Nr. 4 = DB 2010, 231.

242 BAG 19.3.2002, 3 AZR 229/01, n.v.

243 BAG 21.8.2007, 3 AZR 269/06, EzA § 1 BetrAVG Gleichbehandlung Nr. 29 = DB 2008, 710.

244 BAG 18.9.2007, 3 AZR 639/06, EzA § 1 BetrAVG Gleichbehandlung Nr. 30 = DB 2008, 823.

rung zu unterscheiden. Eine unmittelbare Diskriminierung liegt vor, wenn erkennbar zwischen den Geschlechtern unterschieden wird, z.B. Witwen-, aber keine Witwerversorgung. Mittelbar ist die Diskriminierung z.B., wenn mehr Frauen als Männer durch eine Regelung benachteiligt werden, z.B. bei Teilzeitarbeit, die – zumindest bis zum Ende des vorherigen Jahrhunderts – überwiegend Frauenarbeit war.[245] Eine Diskriminierung kann auch durch einen mittelbaren Durchführungsweg bewirkt werden, z.B. wenn ein Leistungsplan einer Pensionskasse Männer gegenüber Frauen benachteiligt[246] oder wenn bei der Kalkulation einer Direktversicherung zwischen Männern und Frauen unterschieden wird.[247] Das gilt in Bezug auf sog. Unisextarife aber nur, wenn das Urteil des EuGH auch in der betrieblichen Altersversorgung anwendbar ist, woran begründete Zweifel bestehen.[248] Jedenfalls soll dies nur für (Versicherungs-) Verträge gelten, die nach dem 21.12.2012 abgeschlossen werden.

172 **Männer und Frauen** dürfen in Leistungsplänen nicht unterschiedlich behandelt werden. So ist es unzulässig, dass bei Zusage einer Witwenleistung eine Witwerleistung nicht erbracht werden soll.[249] Eine Entgeltdiskriminierung wegen des Geschlechts liegt auch dann vor, wenn eine Witwerleistung nur gezahlt werden soll, wenn die Arbeitnehmerin den Unterhalt überwiegend bestritten hat. Die Bestimmung ist wegen Verstoßes gegen das Lohngleichheitsgebot in Art. 157 AEUV (früher Art. 141 EG) nicht anzuwenden.[250] Mangels Existenz einer Übergangsregel bei der Gleichbehandlung in der Hinterbliebenenversorgung sind Arbeitnehmerinnen und Arbeitnehmer

245 Dazu i.E. *Höfer* BetrAVG, Rn. 777 ff. zu ART und *Saunders* FS Kemper, S. 405 ff.
246 Dazu BAG 7.9.2004, 3 AZR 550/03, BetrAV 2005, 201.
247 EuGH 1.3.2011, C-236/09, EzA Richtlinie 2004/113 EG-Vertrag 1999 Nr. 1.
248 Dazu und zu weiteren Einzelheiten Mitteilung der EU-Kommission v. 22.12.2011, BetrAV 2012, 78, *Kisters-Kölkes* BetrAV 2011, 451 und *Willemsen/Döring* BetrAV 2011, 432 m.w.N.
249 BAG 5.9.1989, 3 AZR 575/88, EzA Art. 3 GG Nr. 25.; 7.9.2004, § AZR 550/03, EzA Art. 141 EGV Nr. 16 = DB 2005, 507.
250 BAG 11.12.2007, 3 AZR 249/03, EzA § 1 BetrAVG Gleichbehandlung Nr. 31 = DB 2008, 766.

rückwirkend gleichzustellen. Keine Übergangsfrist gilt, wenn nur eine Witwenversorgung und keine Witwerversorgung zugesagt wurde.[251]

Das Lohngleichheitsgebot von Mann und Frau des Art. 157 AEUV (früher   173
Art. 141 EG) gilt auch bei unterschiedlichen Altersgrenzenregelungen für
Männer und Frauen. Diese sind unwirksam. Es liegt – ungeachtet einer
möglichen Rechtfertigung nach Art. 3 Abs. 2 GG – z.B. eine unmittelbare
Diskriminierung von Männern vor, wenn Frauen mit Vollendung des
60. Lebensjahres, Männer jedoch erst mit Vollendung des 63. Lebensjahres
eine betriebliche Altersleistung beanspruchen können.[252] Gleiches gilt für die
unterschiedliche Festlegung versicherungsmathematischer Abschläge für
Männer und Frauen im Fall vorgezogener Inanspruchnahme der Altersrente.[253]

Dies gilt bei unterschiedlichen Altersgrenzen oder versicherungsmathemati-   174
schen Abschlägen allerdings nur für Leistungen für nach dem **17.5.1990**
(Datum der sog. Barber-Entscheidung des EuGH[254]) zurückgelegte Beschäftigungszeiten.[255] Für Beschäftigungszeiten davor wird weder gegen
Art. 157 AEUV (früher Art. 141 EG) noch gegen Art. 3 Abs. 2 GG verstoßen: Nach Art. 3 Abs. 2 GG dürfen die bisher noch für Frauen bestehenden
Nachteile in der beruflichen Entwicklung durch die Festsetzung eines früheren Rentenalters ausgeglichen werden.[256]

Auf die Rechtsprechung des EuGH und des BAG hat der Gesetzgeber rea-   175
giert. Er stellt über § 30a BetrAVG die Männer fiktiv den Frauen bei vorzei-

---

251 BAG 5.9.1989, 3 AZR 575/88, EzA Art. 3 GG Nr. 25.
252 EuGH 17.5.1990, Rs. C-262/88, EzA Art. 119 EG-Vertrag Nr. 4 (Barber); dazu
     auch BAG 7.9.2004, 3 AZR 550/03, EzA Art. 141 EG-Vertrag 1999 Nr. 16.
253 BAG 23.9.2003, 3 AZR 304/02, EzA § 1 BetrAVG Gleichberechtigung Nr. 13 =
     DB 2004, 2645;19.8. 2008, 3 AZR 530/06, NZA 2009, 785.
254 EuGH 17.5.1990, Rs. C-262/88, EzA Art. 119 EG-Vertrag Nr. 4 (Barber).
255 BAG 19.8.2008, 3 AZR 530/06, NZA 2009, 785. Dies gilt auch für schwerbe-
     hinderte Arbeitnehmer: BAG 23.5.2000, 3 AZR 228/99, EzA § 1
     BetrAVG Gleichbehandlung Nr. 20.
256 BAG 18.3.1997, 3 AZR 759/95, EzA Art. 3 GG Nr. 61; 3.6.1997, 3 AZR 910/
     95, EzA Art. 119 EG-Vertrag Nr. 45; 19.8. 2008, 3 AZR 530/06,
     NZA 2009, 785.

tigen Altersleistungen in der betrieblichen Altersversorgung gleich, soweit Versorgungsleistungen nach dem 17.5.1990 erdient wurden.[257]

176 *unbelegt*

177 Nach der Rechtsprechung des EuGH[258] ist auch eine Pensionskasse verpflichtet, den Grundsatz des gleichen Entgelts für Männer und Frauen gem. Art. 157 AEUV (früher Art. 141 EG) unmittelbar anzuwenden, selbst wenn die entsprechenden Zuwendungen des Arbeitgebers als Trägerunternehmen nicht geleistet worden sind oder versicherungsrechtlich bei der Pensionskasse dafür die Voraussetzungen nicht bestehen. Dem benachteiligten Arbeitnehmer steht also sowohl gegenüber dem Arbeitgeber als auch gegenüber der Pensionskasse ein Erfüllungsanspruch zu.[259] Dies führt im Außenverhältnis zur gemeinsamen Haftung des Trägerunternehmens und der Pensionskasse gegenüber dem begünstigten Arbeitnehmer, aber nur aufgrund europäischer Rechtsgrundsätze.[260] Der EuGH[261] hat angedeutet, dass es Sache der nationalen Gesetzgebers ist, die Widersprüchlichkeiten, die auch das BAG[262] gesehen hat, im nationalen Rechtskreis zu lösen. Dies führt dazu, dass im »Innenverhältnis« die Pensionskasse in einem solchen Fall nicht endgültig die entsprechenden Verpflichtungen übernehmen muss, sondern gem. § 1 Abs. 1 S. 3 BetrAVG das Trägerunternehmen bzw. der Arbeitgeber. Der Arbeitgeber steht bei mittelbarer Durchführung der betrieblichen Altersversorgung letztlich für die Erfüllung der von ihm zugesagten Leistungen ein. Dies ist der Fall, wenn eine Pensionskasse in derartigen Fällen vom Arbeitnehmer unmittelbar in Anspruch genommen wird und der Arbeitgeber keine entsprechenden Zuwendungen an die Pensionskasse geleistet hat.[263] Die Verhältnisse

---

257 S. dazu Kommentierung zu § 30a.

258 EuGH 9.10.2001, Rs. C-379/99, EzA Art. 141 EG-Vertrag 1999 Nr. 7.

259 BAG 19.11.2002, 3 AZR 631/97, EzA Art. 141 EG-Vertrag 1999 Nr. 11; 7.9.2004, 3 AZR 550/03, BetrAV 2005, 201. Das BAG lässt offen, ob der »mittelbare Versorgungsträger« (Pensionskasse) letztlich die »Zahllast« zu tragen hat. Dem benachteiligten Arbeitnehmer steht es frei, ob er gegen den Arbeitgeber oder – so im konkreten Fall (BAG 19.11.2002) – gegen die Pensionskasse vorgeht; dazu auch BAG 23.3.2004, 3 AZR 279/03, AP Nr. 28 zu BetrAVG § 1 Berechnung; s.a. Rn. 201–209a.

260 Zum »richtigen« Beklagten in diesen Fällen *Reinecke* FS Kemper, S. 383 ff.

261 EuGH 9.10.2001, Rs. C-379/99, EzA Art. 141 EG-Vertrag 1999 Nr. 7.

262 BAG 23.3.1999, 3 AZR 631/97 (A), EzA Art. 119 EWG-Vertrag Nr. 58.

263 *Steinmeyer* BetrAV 2004, 436.

Kemper

dürften identisch sein wie beim Durchführungsweg Unterstützungskasse. Hier besteht gegen das Trägerunternehmen ein Anspruch auf Vorschuss- und Aufwendungsersatz gem. §§ 669, 670 BGB.[264]

Eingetragene Lebenspartner sind Ehepartnern gleichzustellen, da sie sich im 178 Hinblick auf die Hinterbliebenenversorgung in einer vergleichbaren Situation befinden.[265] Voraussetzung ist, dass am 1.1.2005, dem Zeitpunkt der Gleichstellung von Ehe und Lebenspartnerschaft hinsichtlich der Altersversorgung durch Einführung des § 20 Lebenspartnerschaftsgesetz – LPartG[266], zwischen dem Versorgungsberechtigten und dem Versorgungsschuldner noch ein Rechtsverhältnis bestand. Dies erfordert das Bestehen eines Arbeitsverhältnisses. Es reicht aber aus, wenn der Arbeitnehmer mit Betriebsrentenansprüchen bzw. unverfallbaren Anwartschaften ausgeschieden ist.[267]

Ein Verstoß gegen den Gleichbehandlungsgrundsatz liegt vor, wenn **teilzeitbe-** 179 **schäftigte Arbeitnehmer** nicht entsprechend ihrem Beschäftigungsgrad eine Teilversorgung erhalten (vgl. auch § 4 TzBfG).[268] Der Arbeitgeber kann eine den Verwaltungsaufwand reduzierende Gruppenbildung vornehmen, z.B. eine Unterteilung in vollzeitig, halbzeitig und unterhalbzeitig Beschäftigte.[269]

Bei Gesamtversorgungssystemen können geringfügig Beschäftigte (Rechtszu- 180 stand vor dem 1.4.1999!) von einer arbeitgeberfinanzierten betrieblichen Altersversorgung ausgeschlossen werden.[270] Für Versorgungssysteme, die nicht in Abhängigkeit von der gesetzlichen Rentenversicherung ausgestaltet

264 BAG 16.2.2010, 3 AZR 216/09, EzA § 1 BetrAVG Gleichbehandlung Nr. 35.

265 EuGH 1.4.008, C 267/06, EzA Richtlinie 2000/78 EG-Vertrag 1999 Nr. 4 = DB 2008, 996; BAG 14.1.2009, 3 AZR 20/07, DB 2009, 1545; vgl. auch Rdn. 67.

266 § 20 wurde durch Art. 1 des Gesetzes zur Überarbeitung des Lebenspartnerschaftsrechts vom 15.12.2004, BGBl. I S. 3396 in das LPartG eingefügt.

267 Das BAG hat diese Frage zunächst ausdrücklich offen gelassen: BAG 14.1.2009, 3 AZR 20/07, DB 2009, 1545, EzA § 2 AGG Nr. 2, dann aber bejaht: BAG 15.9.2009 – 3 AZR 294/09, EzA § 2 AGG Nr. 5.

268 BAG 13.12.1994, 3 AZR 367/94, EzA § 1 BetrAVG Gleichbehandlung Nr. 5.

269 BAG 5.10.1993, 3 AZR 695/92, EzA Art. 119 EWG-Vertrag Nr. 14.

270 BAG 22.2.2000, 3 AZR 845/98, EzA § 1 BetrAVG Gleichbehandlung Nr. 16; s.a. *Hanau* DB 2005, 946. zu dem Spezialproblem der Gleichbehandlung geringfügig Beschäftigter beim Entgelt.

sind, liegen keine höchstrichterlichen Entscheidungen vor.[271] Bei Altersteilzeit ist zu prüfen, ob die Auslegung der Versorgungsregelung ergibt, dass die für Teilzeitkräfte konkrete Sonderregelung auch bei Altersteilzeit Anwendung findet. Ist dies nicht der Fall, gilt die Regelung bei Vollzeitbeschäftigung.[272] Üblicherweise wird aber ohnehin bei Altersteilzeit eine spezielle Regelung für die betriebliche Altersversorgung getroffen.

181 **Arbeiter und Angestellte** dürfen für Dienstzeiten ab dem **1.7.1993** in der betrieblichen Altersversorgung nicht unterschiedlich behandelt werden.[273]

182 Bei **Außen- und Innendienstlern** ist eine unterschiedliche Behandlung bei der betrieblichen Altersversorgung denkbar.[274] Es kommt darauf an, ob es dafür sachliche Gründe gibt, z.B. den Wunsch des Arbeitgebers, Außendienstler in besonderer Weise an das Unternehmen zu binden, weil diese Mitarbeiter zeit- und kostenaufwendig geschult werden müssen und der

---

271 Zu weiteren Einzelheiten zum Gleichbehandlungsgrundsatz und betrieblicher Altersversorgung *Langohr-Plato* Rn. 1332 ff. und *Doetsch* FS Kemper, S. 91 ff.

272 BAG 17.4.2012, 3 AZR 280/10.

273 BAG 23.4.2002, 3 AZR 268/01, EzA § 1 BetrAVG Gleichbehandlung Nr. 24; 10.12.2002, 3 AZR 3/02, EzA § 1 BetrAVG Gleichbehandlung Nr. 26 = DB 2003, 2018; nach Auffassung des BAG kann nur in seltenen Ausnahmefällen die statusbezogene Kennzeichnung als Kürzel eine dahinterstehende sachlich gerechtfertigte Unterscheidung sein, die Versorgungsordnung darf dem angegebenen dahinterstehenden Differenzierungsgrund nicht widersprechen. Auch unterschiedliche Steigerungsraten zur Berechnung der Betriebsrente für Arbeiter und Angestellte wegen des unterschiedlichen Niveaus der gesetzlichen Renten bzw. der größeren Versorgungslücke der Gehaltsempfänger bei der gesetzlichen Rente im Verhältnis zum zuletzt bezogenen Einkommen können grds. sachlich gerechtfertigt sein, wobei die schlichte Unterscheidung zwischen Arbeiter und Angestellter dabei aber kein ausreichendes Unterscheidungskriterium sein soll: BAG 16.2.2010, 3 AZR 216/09, EzA § 1 BetrAVG Gleichbehandlung Nr. 35; zur Gleichbehandlung von Arbeitern und Angestellten bei einem Tarifvertrag BAG 22.12.2009, 3 AZR 895/07, EzA § 1 BetrAVG Gleichbehandlung Nr. 34 = DB 2010, 2816.

274 BAG 17.2.1998, 3 AZR 783/96, EzA § 1 BetrAVG Gleichbehandlung Nr. 14 und 9.12.1997, 3 AZR 661/96, EzA § 1 BetrAVG Gleichbehandlung Nr. 16; 20.7.2004, 3 AZR 316/03 und 552/03, n.v.

gesamte Unternehmenserfolg im Wesentlichen von den Außendienstlern abhängig ist.[275]

4. Leistungsplan

Der Leistungsplan bestimmt die konkreten Rechte und Pflichten von Arbeitgeber und Arbeitnehmer im Versorgungsverhältnis.   **183**

Der Leistungsplan ist wie der Rechtsbegründungsakt und der Durchführungsweg ein selbstständiges Element des Versorgungsverhältnisses. Grundsätzlich kann jeder Leistungsplan in jedem Durchführungsweg und in jedem Rechtsbegründungsakt verwirklicht werden.[276]   **184**

Bei der inhaltlichen Gestaltung des Leistungsplans gilt der Grundsatz der Vertragsfreiheit in der Ausformung der Gestaltungsfreiheit.[277] Zusätzlich sind Mitbestimmungsrechte des Betriebsrates zu beachten.[278]   **185**

Sind die einzelnen Elemente des Leistungsplans nicht eindeutig gestaltet, sondern ergeben sich Auslegungszweifel, so gehen diese zulasten desjenigen, der die Formulierungskompetenz gehabt hat (**Unklarheitenregel**).[279] Das ist üblicherweise der Arbeitgeber. Von Bedeutung sind ebenfalls §§ 305c Abs. 2 und § 310 Abs. 3 Nr. 2 BGB, die auch bei einer Versorgungsregelung ein-   **186**

---

275 Zu weiteren Einzelheiten zum Gleichbehandlungsgrundsatz *Höfer* BetrAVG, Rn. 657 ff. zu ART, *Blomeyer/Rolfs/Otto* Rn. 36 ff. zu Anh. § 1 und *Doetsch* FS Kemper, S. 91 ff.
276 Ausnahmen: Ein Pensionsfonds kann nur lebenslange Altersrente gewähren, allerdings sind auch Auszahlungspläne möglich, die eine Teilkapitalisierung bis zu bestimmten Grenzen möglich machen, § 112 Abs. 1 Nr. 4 VAG i.V.m. § 1 Abs. 1 Nr. 4 Altersvorsorgeverträge-Zertifizierungsgesetz; dazu auch *Kemper/Kisters-Kölkes* Grundzüge Rn. 169; die Beitragszusage mit Mindestleistung gem. § 1 Abs. 2 Nr. 2 BetrAVG ist nur bei den Durchführungswegen Pensionsfonds, Pensionskasse und Direktversicherung zulässig, s. Rdn. 458–467.
277 S. dazu Rdn. 18–26.
278 S. dazu Rdn. 375–441.
279 BAG 27.1.1998, 3 AZR 444/96, EzA § 1 BetrAVG Unterstützungskasse Nr. 11; 12.6.2007, 3 AZR 83/06, EzA § 16 BetrAVG Nr. 50; 2.7.2009, 3 AZR 501/07, n.v.

schlägig sind.[280] Dies gilt zumindest dann, wenn es sich um individuell aus-
gehandelte Versorgungszusagen handelt, z.B. bei den Rechtsbegründungsakten Gesamtzusage und vertragliche Einheitsregelung. Etwas anderes gilt möglicherweise bei Betriebsvereinbarung, Tarifvertrag und Richtlinien gem. § 28
Abs. 2 S. 1 SprAuG, bei denen die Unklarheitenregelung des § 305c Abs. 2
BGB wegen § 310 Abs. 4 S. 1 BGB nicht gilt. Hier dürfte die »allgemeine«
Unklarheitenregelung Anwendung finden. Das hat die Rechtsprechung[281]
aber offen gelassen.[282]

187 Die Unklarheitenregel kommt aber erst dann zum Zuge, wenn nach Aus-
schöpfung aller in Betracht kommender Auslegungsmethoden ein nicht
behebbarer Zweifel bleibt.[283]

a) Teilnahmeberechtigung

188 Die Teilnahmeberechtigung umschreibt den persönlichen Geltungsbereich
des Versorgungsverhältnisses, also die konkret begünstigten Mitarbeiter, die
versorgungsberechtigten Arbeitnehmer oder sonstige von der Versorgungsregelung erfasste Personen (§ 17 Abs. 1 S. 2 BetrAVG).

189 Ein Hinweis darauf, dass sowohl männliche als auch weibliche Beschäftigte
gemeint sind, ist nicht notwendig. Es kann bei der Formulierung auch nur
die »übliche« männliche Form gewählt werden. Dies stellt keine Diskriminierung der weiblichen Beschäftigten dar.[284]

190 Bei der Bestimmung der Teilnahmeberechtigung hat der Arbeitgeber grundsätzlich – natürlich unter Beachtung der entsprechenden erzwingbaren Mitbestimmungsrechte des Betriebsrats[285] – im Rahmen der Vertragsfreiheit

---

280 Dazu BAG 23.9.2003, 3 AZR 551/02, EzA § 305c BGB 2002 Nr. 1;
     12.6.2007, 3 AZR 83/06, EzA § 16 BetrAVG Nr. 53; 18.5.2010, 3 AZR 373/
     08, EzA § 310 BGB 2002 Nr. 9.
281 BAG 22.1.2002, 3 AZR 554/00, EzA § 77 BetrVG 1972 Ruhestand Nr. 2.
282 Dazu i.E. *Blomeyer/Rolfs/Otto* Rn. 258 ff. zu Anh. § 1.
283 BAG 22.1.2002, 3 AZR 554/00, EzA § 77 BetrVG 1972 Ruhestand Nr. 2;
     16.4.1997, 3 AZR 28/96, EzA Art. 3 GG Nr. 65 und 19.12.2000, 3 AZR 174/
     00, EzA § 1 BetrAVG Wartezeit Nr. 1.
284 BAG 11.11.1986, 3 ABR 74/85, EzA § 1 BetrAVG Gleichberechtigung Nr. 2 =
     DB 1987, 994.
285 S. dazu Rdn. 375–441.

Gestaltungsfreiheit, jedoch muss immer der Gleichbehandlungs- und Gleichberechtigungsgrundsatz beachtet werden.[286]

b) Leistungssystem

In der betrieblichen Altersversorgung gibt es eine Vielzahl unterschiedlicher Leistungssysteme. Üblich ist es, sowohl eine Dienstzeit- als auch eine Entgeltkomponente vorzusehen. Wer länger arbeitet und/oder mehr verdient, erhält höhere Versorgungsleistungen. Das ist keine Diskriminierung wegen Alters nach dem AGG. Bei einer dienstzeitabhängigen Ausgestaltung kann die Teilzeitbeschäftigung entsprechend dem Teilzeitgrad berücksichtigt werden.[287]   191

Die Leistungsplanstruktur eines Versorgungssystems kann innerhalb des Betriebsrentenrechts von einer **Leistungszusage** bis an den Grenzbereich einer reinen **Beitragszusage** reichen. Außerhalb des Schutzbereiches des Betriebsrentengesetzes sind aufgrund der Vertragsfreiheit auch reine Beitragszusagen denkbar,[288] z.B. wenn nur Beitragszahlungen an eine Lebensversicherungsgesellschaft oder eine Pensionskasse zugesagt werden. Im Zweifel handelt es sich in diesen Fällen jedoch um beitragsorientierte Leistungszusagen, für die das BetrAVG gilt.   192

Bei der **Leistungszusage** steht im Vordergrund die dem Arbeitnehmer durch den Arbeitgeber zugesagte Leistung im Versorgungsfall, während eine reine **Beitragszusage** aus dem Aufwand resultiert, den der Arbeitgeber für die Finanzierung der Versorgungsleistung aufbringt, ohne die Gewähr dafür zu übernehmen, dass aus dem Aufwand (= Beitrag) im Versorgungsfall eine bestimmte Versorgungsleistung gezahlt werden kann. Bei einer reinen Beitragszusage hat der Arbeitgeber seine arbeitsrechtliche Verpflichtung erfüllt, wenn er den Beitrag erbracht hat. Ob und in welcher Höhe aus dem Beitrag eine Leistung wird, liegt in der Risikosphäre des Arbeitnehmers.   193

---

286 S. dazu i.E. Rdn. 157–163 und Rdn. 164–182.
287 BAG 3.11.1998, 3 AZR 432/97, EzA § 3 TVG Auslegung Nr. 31; 24.7.2001, 3 AZR 567/00, EzA § 6 BetrAVG Nr. 25 = DB 2002, 588.
288 BAG 7.9.2004, 3 AZR 550/03, EzA Art. 141 EGV Nr. 16 = BetrAV 2005, 201; 13.11.2007, 3 AZR 635/06, AP Nr. 49 zu § 1 BetrAVG.

194   Reine Beitragszusagen kennt das Arbeitsrecht der betrieblichen Altersversorgung **innerhalb** des Betriebsrentengesetzes nicht.[289] Es bleibt immer die auf die Leistung bezogene Einstandspflicht des Arbeitgebers gem. § 1 Abs. 1 S. 3 BetrAVG.[290]

195   Es gibt aber Leistungsplanstrukturen, die sich in Richtung einer Beitragszusage bewegen, z.B. die beitragsorientierte Leistungszusage (§ 1 Abs. 2 Nr. 1 BetrAVG) einschließlich der Entgeltumwandlungszusage gem. § 1 Abs. 2 Nr. 3 BetrAVG und die Beitragszusage mit Mindestleistung (§ 1 Abs. 2 Nr. 2 BetrAVG). Auch Umfassungszusagen gem. § 1 Abs. 2 Nr. 4 BetrAVG sind in Bezug auf die Eigenbeiträge der Arbeitnehmer keine reinen Beitragszusagen.[291]

196   Eine Annäherung an eine reine Beitragszusage ist auch möglich, wenn sich die Leistung z.B. an einer »Versicherung« orientiert, für die der Arbeitgeber Beiträge aufbringt, z.B. bei einer kongruent rückgedeckten Unterstützungskasse, Direktversicherung, Pensionskasse oder einem Pensionsfonds. Rechtlich ist aber auch bei derartiger Gestaltung des Leistungsplans die Verpflichtung des Arbeitgebers nicht auf die Erfüllung der »Beitragszahlungspflicht« beschränkt.[292]

197   Unabhängig von Leistungszusage und Beitragszusage reicht das Spektrum der Leistungsplanstrukturen von **Festbetragssystemen** (z.B. 10,– € pro Dienstjahr) über **dynamische Systeme** (z.B. 0,5 % vom rentenfähigen Arbeitseinkommen pro Dienstjahr) zu **Gesamtversorgungssystemen** (z.B. 70 % des Bruttoeinkommens abzüglich der Sozialversicherungsrente).

198   Verbreitet sind dynamische Systeme mit **gespaltener Leistungsformel**, bei denen Entgeltbestandteile bis zur Beitragsbemessungsgrenze anders bewertet werden als Entgeltbestandteile oberhalb der Beitragsbemessungsgrenze. I.d.R. sehen entsprechend ausgestaltete Versorgungsordnungen für Entgeltbestandteile oberhalb der Beitragsbemessungsgrenze höhere Leistungen der betrieblichen Altersversorgung vor und tragen damit dem unterschiedlichen Versor-

---

289   S. dazu Rdn. 192 und BAG 5.9.2004, 3 AZR 550/03, BetrAV 2005, 201; dazu auch *Reichel/Heger* S. 54.

290   S. dazu Rdn. 243–251.

291   S. dazu i.E. Rdn. 528. und *Blumenstein* FS Kemper, S. 25 ff. sowie *Pophal* FS Kemper, S. 355 ff.

292   Z.B. bei Insolvenz des Versorgungsträgers, dazu Rdn. 243–251; dazu auch *Blomeyer/Rolfs/Otto* Rn. 268 ff. zu § 1.

gungsbedarf Rechnung, der dadurch entsteht, dass das Arbeitsentgelt oberhalb dieser Grenze nicht zu einem Anspruch auf eine höhere gesetzliche Rente führt.[293] Es existieren auch Leistungsstrukturen, bei denen nur Einkommensbestandteile oberhalb der Beitragsbemessungsgrenze berücksichtigt werden. Seit der außerplanmäßigen Erhöhung der Beitragsbemessungsgrenze in 2003 war aufgrund der damit verbundenen nachteiligen Auswirkungen für Versorgungsempfänger offen, ob und unter welchen rechtlichen Gesichtspunkten solche Versorgungsordnungen anzupassen oder ob die außerplanmäßige Erhöhung ebenso wie die normalen turnusmäßigen Anhebungen hinzunehmen sind.[294] Das BAG hat nunmehr entschieden, dass lückenhaft gewordene Versorgungsordnungen dahin gehend ergänzt werden, dass sich die Betriebsrente ohne Berücksichtigung der außerordentlichen Anhebung der Beitragsbemessungsgrenze berechnet, aber der Betrag in Abzug zu bringen ist, um den sich die gesetzliche Rente infolge höherer Beitragszahlungen erhöht hat.[295] Ob man diese BAG-Rechtsprechung auf reine Leistungszusagen beschränken kann oder auch bei anderen Leistungsstrukturen (z.B. beitragsorientierte Leistungszusagen) anwenden muss, ist offen. Auf jeden Fall ist immer das anzurechnen, was der Arbeitgeber »erbracht« hat, also auch die Zahlungen für die außerordentliche Erhöhung der Beitragsbemessungsgrundlage in das System der gesetzlichen Rente.

Arbeiten Versorgungsberechtigte sowohl unter Geltung der Beitragsbemessungsgrenze Ost als auch der Beitragsbemessungsgrenze West, ist eine Versorgungsordnung mit gespaltener Rentenformel ergänzend dahin auszulegen, dass bei Anwendung der Rentenformel statt nur einer Beitragsbemessungsgrenze ein nach zeitlichen Anteilen der Anwendung der unterschiedlichen Beitragsbemessungsgrenzen gewichteter Mittelwert zwischen beiden Beitrags- **199**

---

293 BAG 21.4.2009, 3 AZR 640/07, BetrAV 2009, 559; 21.4.2009, 3 AZR 695/08, BetrAV 2009, 267. Das Problem dürfte sich insbesondere bei Altsystemen, die zum Zeitpunkt der Leistungsplangestaltung nur von einer einheitlichen Beitragsbemessungsgrenze ausgehen konnten, oder bei Arbeitgebern stellen, die ihre Betriebstätigkeit erst nach erfolgter Leistungsplangestaltung in den Geltungsbereich beider Beitragsbemessungsgrenzen ausgedehnt haben.

294 Vgl. *Kemper*, BetrAV 2003, 431; *Schoden* BetrAV 2003, 434.

295 BAG 21.4.2009, 3 AZR 695/08, BetrAV 2009, 267; 17.1.2012, 3 AZR 135/10; a.A. LAG Hessen 5.10.2011, 8 Sa 523/11, Revision unter 3 AZR 941/11 behandelt dies als Störung der Geschäftsgrundlage; *Bormann* BetrAV 2011, 596; *Schoden* FS Höfer, S. 259.

bemessungsgrenzen West und Ost zugrunde zu legen ist.[296] Es gilt dasselbe wie beim Wechsel von Vollzeit- und Teilzeitbeschäftigung.[297]

200 Verbreitet sind auch sog. Pläne mit persönlicher Verdienstrelation (**Renten-eckwertsysteme**) als Festbetragssystem (z.B. der Festbetrag pro Dienstjahr richtet sich nach einem bestimmten Normeinkommen z.B. einem Tarifgehalt × zugeordnetem Eckwert; der individuelle Festbetrag wird dann aus dem Verhältnis des individuellen Arbeitseinkommens zu dem »Normeinkommen« bestimmt).

201 ▶ Beispiel:

Persönliche Verdienstrelation:	individueller rentenfähiger Arbeitsverdienst
	einheitlicher Vergleichsverdienst
Vergleichsverdienst:	1.300 €
Individueller rentenfähiger Arbeitsverdienst:	1.500 €
vordefinierte Altersrente:	300 €
persönliche Altersrente:	$\frac{1.500\ €}{1.300\ €} \times 300\ € = 346,15\ €$

202 Üblich sind auch sog. **Bausteinmodelle**, bei denen die Leistungsbemessung bei dynamischer Planstruktur sich nicht nach dem Endgehalt bei Eintritt des Versorgungsfalles, sondern nach dem Lebensdurchschnittseinkommen (wie in der gesetzlichen Rentenversicherung) richtet (z.B. 0,5 % vom rentenfähi-gen Arbeitseinkommen im Monat Juli eines jeden Dienstjahres).

203 ▶ Beispiel:

0,5 % × rentenfähiger Arbeitsverdienst im Monat Juli des jeweiligen Jahres

	rentenfähiger Arbeitsverdienst	Baustein	Erdiente Summe
01	1.000 €	5,00 €	5,00 €
02	1.030 €	5,15 €	10,15 €

---

296 BAG 21.4.2009, 3 AZR 640/07, BetrAV 2009, 559.
297 BAG 24.7.2001, 3 AZR 567/00, AP Nr. 27 zu § 6 BetrAVG = DB 2002, 997.

	rentenfähiger Arbeitsverdienst	Baustein	Erdiente Summe
03	1.061 €	5,30 €	15,45 €
04	1.093 €	5,46 €	20,91 €
05	1.126 €	5,63 €	26,54 €
:			
35	2.732 €	13,66 €	302,31 €
36	2.814 €	14,07 €	316,38 €
37	2.898 €	14,49 €	330,87 €
38	2.985 €	14,93 €	345,80 €
39	3.075 €	15,37 €	361,17 €
40	3.167 €	15,84 €	377,01 €

Besondere Leistungsplanstrukturen enthalten die beitragsorientierte Leistungszusage, die Beitragszusage mit Mindestleistung und die Umfassungszusage gem. § 1 Abs. 2 BetrAVG.[298] **204**

c) Leistungsform

Die Gestaltungsfreiheit als Ausfluss der Vertragsfreiheit gilt auch bei den Leistungsformen. **205**

Versorgungsleistungen können im Spektrum von **lebenslänglich laufenden Renten** bis zu **Einmalbeträgen** zugesagt werden. Alle Zwischenformen sind denkbar, z.B. ratenweise Auszahlung eines Kapitals, Zeitrenten, abgekürzte Leibrenten. Dies gilt im Grundsatz für alle Durchführungswege der betrieblichen Altersversorgung. **206**

Sollen bei Direktversicherung, Pensionskasse und Pensionsfonds die steuerlichen Rahmenbedingungen des § 3 Nr. 63 EStG genutzt werden, ist die **207**

---

298 S. dazu Rdn. 442–467 und 528; s.a. *Blumenstein* FS Kemper, S. 25 ff. und *Pophal* FS Kemper, S. 355 ff.

Gestaltungsfreiheit eingeschränkt. Es muss eine lebenslange Rente gezahlt werden. Auch ist ein Auszahlungsplan denkbar. Eine Teilkapitalisierung ist zulässig.[299]

208 Als Leistungsform sind Geldleistungen üblich. Betriebliche Altersversorgung liegt aber auch vor, wenn Sachleistungen, z.B. Deputate[300] oder sonstige Vergünstigungen[301] erbracht werden. Ob eine Deputatleistung jedoch eine Leistung der betrieblichen Altersversorgung darstellt, muss anhand der gegebenen Zusage oder des bestehenden Tarifvertrages im Einzelfall entschieden werden.[302]

209 Die Einordnung von Sachleistungen als betriebliche Altersversorgung hat erhebliche Konsequenzen für die Eingriffsmöglichkeiten in bestehende Ansprüche. Soweit Deputate an aktive Arbeitnehmer bis zum Eintritt in das Rentenalter gezahlt werden, handelt es sich um Entgeltbestandteile, in die nach den für den jeweiligen Rechtsbegründungsakt geltenden allgemeinen Regeln eingegriffen werden kann. Davon zu unterscheiden sind die den aktiven Arbeitnehmern zeitgleich bereits im aktiven Stadium gegebenen Zusagen auf den Erhalt von Deputatleistungen im Versorgungsfall sowie die Deputate an Betriebsrentner, Hinterbliebene und unverfallbar ausgeschiedene Arbeitnehmer. Diese unterfallen den besonderen Regeln für Eingriffe in Versorgungsanwartschaften und laufende betriebliche Altersversorgungsleistungen.[303]

210 Auf Probleme stößt auch die spätere Umwandlung von Deputatsleistungen in Geldleistungen. Offen ist insoweit, ob dabei zukünftige, insbesondere für Energieleistungen zu erwartende, Preiserhöhungen weiterzugeben sind. Hier ist eine Übertragung des Maßstabs für die Mindestanpassung nach § 16 Abs. 3 Nr. 1 BetrAVG (Mindestanpassung von 1 %)[304] denkbar. Arbeitgeber

---

299 Dazu i.E. *Kemper/Kisters-Kölkes* Grundzüge Rn. 176 f.; für den Pensionsfonds i.E. wird verwiesen auf § 112 VAG, für die Pensionskasse auf § 118a VAG.

300 BAG 2.12.1986, 3 AZR 123/86, EzA § 611 BGB Fürsorgepflicht Nr. 46; 16.3.2010, 3 AZR 594/09, EzA § 1 BetrAVG Nr. 93 = DB 2010, 1834; 14.12.2010, 3 AZR 799/08, BetrAV 2011, 106; dazu *Küpper* FS Höfer, S. 127.

301 Zum Personalrabatt BAG 19.2.2008, 3 AZR 61/06, EzA § 1 BetrAVG Betriebliche Übung Nr. 9.

302 BAG 12.12.2006, 3 AZR 475/05, AiB 2008,114;12.12.2006, 3 AZR 476/05, EzA § 1 BetrAVG Nr. 89 = DB 2007, 2043.

303 BAG 12.12.2006, 3 AZR 475/05, AiB 2008, 114; 12.12.2006, 3 AZR 476/05, EzA § 1 BetrAVG Nr. 89 = DB 2007, 2043; s. dazu Rdn. 254–369.

304 S. dazu § 16 Rdn. 98–100.

die ihren Versorgungsberechtigten Deputats- und andere Sachleistungen gewähren, werden diese und alternative Überlegungen (wie z.B. Fremdeinkauf) immer dann anstellen müssen, wenn sie die Eigenproduktion von Deputatsleistungen aufgrund von Änderungen des Unternehmenszwecks, Ausgliederung oder Veräußerung von Betriebsteilen etc. einstellen und daher zur Erbringung der zugesagten Sachleistung nicht mehr ohne Weiteres in der Lage sind.

d) Bemessungsgrößen (Dienstzeit, versorgungsfähiges Einkommen)

Die wichtigsten Bemessungsgrößen für Versorgungsleistungen sind die versorgungsfähige Dienstzeit und das versorgungsfähige Einkommen. Auch bei diesen Leistungsplanelementen gilt der Grundsatz der Vertragsfreiheit in der Ausformung der Gestaltungsfreiheit, natürlich unter Beachtung des Gleichbehandlungsgrundsatzes.[305]   211

Bei Formulierungen dieser Leistungsplanelemente muss besondere Sorgfalt walten, da auch hier die Unklarheitenregelung gilt.   212

Es ist nicht erforderlich, die gesamte Betriebszugehörigkeit oder das gesamte Einkommen als versorgungsfähig zu erklären.   213

Bei der **versorgungsfähigen Dienstzeit** können Ausbildungs-, Ruhens- oder Probezeiten ausgenommen werden. Die Berücksichtigung von Zeiten einer abgeschlossenen Fachhochschul- oder Hochschulausbildung kann an Bedingungen geknüpft werden.[306] Bestritten ist, ob es nach AGG zulässig ist, die rentenfähigen Dienstjahre zu begrenzen, z.B. auf 30 Jahre.[307]   214

Es ist möglich, nur die Dienstzeit für versorgungsfähig zu erklären, die ab einem bestimmten Stichtag, z.B. nach einem Betriebsübergang gem. § 613a BGB oder nach Erwerb einer bestimmten Funktion, im Unternehmen verbracht wurde.   215

---

305 Einzelheiten hierzu *Höfer* BetrAVG, Rn. 921 ff. zu ART.
306 LAG Hamm 15.4.2008, 4 Sa 1638/07, n.v.
307 Zur Anrechnung von Vordienstzeiten, insbesondere für die gesetzliche Unverfallbarkeit dem Grunde nach BAG 25.4.2006, 3 AZR 78/05, EzA § 2 BetrAVG Nr. 27; zum AGG-Problem *Blomeyer/Rolfs/Otto* Rn. 46 zu Anh. § 1 m.w.N., *Höfer* BetrAVG, Rn. 805.25 zu ART; dazu auch BAG 19.7.2011, 3 AZR 434/09, NZA 2012, 155.

216 Beim **versorgungsfähigen Einkommen** können nicht regelmäßig gewährte Einkommensteile ausgenommen werden, z.B. Weihnachtsgeld, Urlaubsgeld[308], Überstundenzuschläge, Tantiemen und Ähnliches.[309]

217 Fehlt eine genaue, nicht auslegungsfähige Definition des versorgungsfähigen Einkommens, wird z.B. das »Bruttoentgelt« für versorgungsfähig erklärt, ergibt sich eine Vielzahl von Auslegungszweifeln:

– Der Begriff Bruttoentgelt beinhaltet nicht notwendigerweise alle Bruttobezüge.[310]
– Unter dem Begriff »Tariflohn« sind normalerweise nicht tarifliche Vergütungszuschläge für Mehr-, Nacht-, Sonn- und Feiertagsarbeit sowie Gratifikationen und vermögenswirksame Leistungen zu verstehen.[311]
– Das Bruttogehalt umfasst nicht den Arbeitgeberanteil zur gesetzlichen Kranken- und Rentenversicherung und auch nicht den Arbeitgeberzuschuss zu einer »befreienden Lebensversicherung«.[312]
– Der Einkommensvorteil aus der Privatnutzung eines Dienstwagens kann zum versorgungsfähigen Einkommen zählen. Stellt die Versorgungsordnung hinsichtlich des zu berücksichtigenden ruhegeldfähigen Einkom-

---

308 Zum tariflichen Urlaubsgeld und tariflichen Sonderzahlungen i.E. BAG 24.1.2006, 3 AZR 479/04, EzA BetrAVG § 1 Nr. 86.
309 Zur Auslegung des Begriffs »rentenfähiger Arbeitsverdienst« BAG 15.2.2005, 3 AZR 237/04, EzA § 4 TVG Metallindustrie Nr. 131 und 18.10.2005, 3 AZR 48/05, EzA § 1 BetrAVG Nr. 86.
310 BAG 14.8.1990, 3 AZR 321/89, EzA § 1 BetrAVG Nr. 58 = DB 1991, 343; 18.10.2005, 3 AZR 48/05, DB 2006 224. Zur Ruhegeldfähigkeit einer Flugzulage LAG München 8.11.2006, 9 Sa 272/06, n.v.; BAG 19.4.2011, 3 AZR 272/09, unterscheidet zwischen ruhegeldfähigem Bruttogehalt und Tarifgehalt; zum »pensionsfähigen Diensteinkommen«: BAG 19.1.2011, 3 AZR 6/09.
311 LAG Hamm 6.4.1982, 6 Sa 412/81, DB 1982, 1523; BAG 24.1.2006, 3 AZR 479/04, DB 2006, 1120; vgl. zu tariflichen Zulagen auch BAG 27.3.2007, 3 AZR 60/06, AP Nr. 57 zu § 2 BetrAVG.
312 Dazu und weitere Einzelheiten zum versorgungsfähigen Einkommen *Höfer* BetrAVG, Rn. 933 ff. zu ART und *Blomeyer/Rolfs/Otto* Rn. 220 zu Anh. § 1.

mens aber ausdrücklich auf das so genannte »(Brutto-)monatsgehalt« oder »Grundgehalt« ab, so werden nur Geldleistungen erfasst.[313]
– Vergütungen für Rufbereitschaften sind i.d.R. keine versorgungsfähigen Bezüge.[314]

Im Übrigen kommt es bei der Bestimmung des versorgungsfähigen Einkommens immer auf die Interpretation der konkreten Formulierungen an.[315]

e) Allgemeine Leistungsvoraussetzungen

Allgemeine Leistungsvoraussetzungen sind Bestimmungen in Leistungsplänen, nach denen ein Teil der Belegschaft nicht oder erst ab einem bestimmten Zeitpunkt begünstigt werden soll. **218**

Zulässig sind **Höchstaufnahmealter**.[316] Sie führen dazu, dass Mitarbeiter, die bei Dienstbeginn das Höchstalter überschritten haben, keine Versorgungszusage erhalten. **219**

Dem steht das AGG nicht entgegen. § 10 S. 3 Nr. 4 AGG lässt eine unterschiedliche Behandlung wegen des Alters dann zu, wenn die Klausel objektiv und angemessen und durch ein legitimes Ziel gerechtfertigt ist. Das ist der Fall, da ein System der betrieblichen Altersversorgung mit dem Höchstaufnahmealter abgesichert wird.[317] **220**

Stellungsbezogene Kriterien können im Rahmen des Gleichbehandlungs- und Gleichberechtigungsgrundsatzes den Kreis der Teilnahmeberechtigten eines Versorgungssystems bestimmen. Differenzierungsgründe sind z.B. Versorgungsbedarf oder Bindungsabsicht an ein Unternehmen.[318] **221**

---

313   BAG 21.8.2001, 3 AZR 746/00, EzA § 1 BetrAVG Nr. 78 = DB 2002, 851; Hess. LAG 8.9.2004, 8 Sa 2110/03, n.v.; 12.11.2008, 8 Sa 188/08, BetrAV 2009, 475; LAG Rheinland-Pfalz 7.12.2006, 11 Sa 629/06, n.v.; LAG Köln 9.02.2006, 10 Sa 1027/05, n.v.
314   BAG 18.11.2003, 3 AZR 628/02, n.v.
315   Vgl. z.B. BAG 20.10.2010, 3 AZR 683/08, AP Nr. 9 zu § 1 BetrAVG Auslegung.
316   BAG 14.1.1986, 3 AZR 456/84, EzA § 1 BetrAVG Nr. 40.
317   Dazu auch *Kemper/Kisters-Kölkes* Grundzüge Rn. 189 f.; *Blomeyer/Rolfs/Otto* Rn. 46 zu Anh. § 1.
318   BAG 17.2.1998, 3 AZR 783/96, EzA § 1 BetrAVG Gleichbehandlung Nr. 14 und 19.3.2002, 3 AZR 229/01, n.v.

222   Vor Erreichen der Stellung, z.B. der Erteilung der Prokura, oder eines bestimmten Tätigkeitsbereiches im Unternehmen besteht keine Versorgungszusage.[319]

223   Leistungspläne können **Wartezeiten** vorsehen. Diese bedeuten zur Risikobegrenzung eine Leistungsausschlussphase. Während der Wartezeit können bei Eintritt eines Versorgungsfalles keine Leistungen beansprucht werden, obwohl die Versorgungszusage besteht. Deshalb beziehen sich Wartezeiten nur auf den Ausschluss von vorzeitigen Leistungsfällen bei Invalidität oder Tod. Bei einer reinen Altersrente läuft die Wartezeit immer bis zum Eintritt des Versorgungsfalls.

224   Die Dauer einer Wartezeit kann unabhängig von Unverfallbarkeitsfristen bestimmt werden (§ 1b Abs. 1 S. 5 BetrAVG).[320] Der Arbeitgeber kann die Dauer der Wartezeit festlegen, solange er sich dabei nicht in Widerspruch zu höherrangigem Recht setzt.[321] So ist eine Wartezeit von zwanzig Jahren rechtlich nicht zu beanstanden.[322]

225   Wartezeiten können rechtlich wie ein Höchstaufnahmealter wirken, wenn sie spätestens bis zur Vollendung des 65. Lebensjahres erfüllt sein müssen und z.B. 10 Jahre betragen. Dies bedeutet im Ergebnis ein Höchstaufnahmealter von 55 Jahren.[323]

226   Etwas anderes gilt, wenn nach dem Leistungsplan die Wartezeit noch nach Vollendung des 65. Lebensjahres abgeleistet werden kann.[324]

227   Sog. Mindestalter- und/oder Mindestdienstzeitbestimmungen (Vorschaltzeiten)[325] sind in leistungsausschließende Wartezeiten umzudeuten.[326]

---

319   S. dazu § 1b Rdn. 60–63.
320   S. dazu § 1b Rdn. 111–113.
321   BAG 24.2.2004, 3 AZR 5/03, EzA § 1b BetrAVG Nr. 2.
322   BAG 9.3.1982, 3 AZR 389/79, EzA § 1 BetrAVG Nr. 18.
323   BAG 7.7.1977, 3 AZR 570/76, EzA § 1 BetrAVG Nr. 1.
324   BAG 7.7.1977, 3 AZR 422/76, EzA § 1 BetrAVG Nr. 2.
325   BAG 24.2.2004, 3 AZR 5/03, EzA § 1b BetrAVG Nr. 2; s. dazu auch § 1b Rdn. 52–59.
326   BAG 7.7.1977, 3 AZR 572/76, EzA § 1 BetrAVG Wartezeit Nr. 3; 24.2.2004, 3 AZR 5/03, EzA § 1b BetrAVG Nr. 2.

f) Spezielle Leistungsvoraussetzungen

Die speziellen Leistungsvoraussetzungen beziehen sich auf die einzelnen Leis- **228** tungsarten, also die Alters-, Invaliditäts- und Todesfallleistung.

Bei der **Altersleistung** sind übliche Leistungsvoraussetzungen die Vollen- **229** dung eines Pensionsalters und das Ausscheiden aus dem Arbeitsverhältnis bzw. Erwerbsleben.[327] Ein Pensionsalter kann frühestens die Vollendung des 60. Lebensjahres sein. Eine Ausnahme gilt bei bestimmten Berufsgruppen, z.B. bei Piloten, für die ein früheres Pensionsalter, z.B. die Vollendung des 55. Lebensjahres, vereinbart werden kann. Das AGG ist wegen § 10 S. 3 Nr. 4 nicht einschlägig. Dazu auch Bundesarbeitsgericht 17.4.2012, 3 AZR 481/10.

Mit der sukzessiven Anhebung der Regelaltersgrenze von 65 auf 67 in der **230** gesetzlichen Rentenversicherung durch das RV-Altersgrenzenanpassungsgesetz[328] steigt das Mindestalter für die ungekürzte Inanspruchnahme einer gesetzlichen Altersrente. Die Regelung hat keinen Einfluss auf den Rentenbeginn in der betrieblichen Altersversorgung, es sei denn, der Arbeitgeber hat in seiner Versorgungszusage ausdrücklich auf die jeweils in der gesetzlichen Rentenversicherung geltende Regelaltersgrenze Bezug genommen. Eine Anpassung bereits zuvor erteilter Zusagen ohne eine solche Bezugnahme ist daher nur unter Berücksichtigung der für die Veränderung von Versorgungszusagen maßgeblichen Regeln möglich.[329]

Bei den **vorzeitigen Altersleistungen** wird i.d.R. an die Inanspruchnahme **231** einer Altersrente aus der gesetzlichen Rentenversicherung vor Vollendung des 65. bzw. nunmehr des 67. Lebensjahres und an das Ausscheiden aus dem Arbeitsverhältnis bzw. aus dem Erwerbsleben angeknüpft.[330]

Es bestehen keine Bedenken, vorzeitige Altersleistungen auch ohne die **232** Voraussetzungen des § 6 BetrAVG zuzusagen, z.B. bei Arbeitnehmern, die

---

327 Die Beendigung des Arbeitsverhältnisses muss nicht mit dem Zahlungsbeginn der Leistung übereinstimmen BAG 15.6.2004, 3 AZR 403/03, EzA § 4 TVG Bundespost Nr. 16 = DB 2005, 292.

328 Gesetz zur Anpassung der Regelaltersgrenze an die demografische Entwicklung und zur Stärkung der Finanzierungsgrundlagen der gesetzlichen Rentenversicherung v. 20.4.2007, BGBl. I S. 554.

329 S. hierzu Rdn. 254–369.

330 S. dazu § 6 Rdn. 1 ff.

über berufsständische Versorgungswerke versorgt werden (angestellte Rechtsanwälte, Ärzte, Apotheker u.Ä.).

233 Bei einer **Invaliditätsleistung** sind üblicherweise die im Rahmen der Gestaltungsfreiheit definierte Invalidität und die Beendigung des Arbeitsverhältnisses Leistungsvoraussetzungen.[331] Tritt die Invalidität während der Wartezeit ein, entsteht kein Anspruch auf Invaliditätsleistung, möglicherweise kann ein Anspruch auf Altersleistung entstehen, wenn bei Beendigung des Arbeitsverhältnisses eine gesetzlich unverfallbare Anwartschaft entstanden war.[332] Es ist zulässig, eine Invaliditätsleistung nur zu gewähren, wenn das Arbeitsverhältnis beendet wird.[333]

234 Eine betriebliche Versorgungsordnung kann vorsehen, dass eine Invaliditätsleistung nur geschuldet wird, wenn die Invalidität nach Vollendung eines bestimmten Mindestalters (z.B. 50. Lebensjahr) eintritt.[334]

235 Die Invalidität wird häufig entsprechend den Regelungen in der gesetzlichen Rentenversicherung definiert.[335]

236 Die **Todesfallleistung**[336] (Witwen-, Witwer-, Waisenleistung) wird durch den Tod des Versorgungsanwärters oder des Versorgungsempfängers ausgelöst.

237 Bei Todesfallleistungen sind die begünstigten Hinterbliebenen (z.B. überlebender Ehegatte, Kind des Verstorbenen) zu bestimmen. Es besteht grundsätzlich Vertragsfreiheit in Form von Gestaltungsfreiheit, wobei sich der Arbeitgeber aber an den unterschiedlichen Versorgungsinteressen des Arbeitnehmers zu orientieren hat.[337] Es kann ein Ehegatte namentlich benannt werden oder allgemein von der Witwe/dem Witwer die Rede sein. Es kann auch vorgesehen sein, dass nur der Ehegatte begünstigt ist, mit dem der ver-

---

331 Vgl. BAG 5.6.1984, 3 AZR 376/82, EzA § 242 BGB Ruhegeld Nr. 108; 15.10.1985, 3 AZR 93/84, EzA § 1 BetrAVG Nr. 35; 14.1.1986, 3 AZR 473/84, EzA § 1 BetrAVG Nr. 36.

332 BAG 18.3.1986, 3 AZR 641/84, EzA BetrAVG § 1 Nr. 41; dazu krit. *Höfer* BetrAVG Rn. 2952 zu § 1b.

333 BAG 9.1.1990, 3 AZR 319/88, EzA § 1 BetrAVG Nr. 54.

334 BAG 20.10.1987, 3 AZR 208/86, EzA § 1 BetrAVG Nr. 50.

335 S. dazu Rdn. 56–69.

336 Dazu i.E. *Langohr-Plato* Rn. 39 ff.

337 BAG 18.11.2008, 3 AZR 277/07, EzA § 1 BetrVG Hinterbliebenenversorgung Nr. 13 = DB 2009, 294.

storbene Arbeitnehmer während seines Beschäftigungsverhältnisses verheiratet war. Wird in einem solchen Fall die Ehe erst nach dem Ausscheiden geschlossen, werden keine Hinterbliebenenleistungen fällig.[338] Auch Lebensgefährten/Lebenspartner können begünstigt sein, wenn dies in der Versorgungszusage vorgesehen ist. Es besteht aber keine Verpflichtung des Arbeitgebers zum Einbezug von Lebensgefährten in ein Versorgungsversprechen. Partner einer eingetragenen Lebenspartnerschaft sind jedoch – wenn eine Witwen-/Witwerversorgung vorgesehen ist – ebenso wie Ehegatten zu versorgen.[339]

Das Risiko bei Hinterbliebenenleistungen für den Arbeitgeber kann im Leistungsplan begrenzt werden durch Spätehenklauseln[340], Ehedauerklauseln[341] und Altersdifferenzklauseln.[342] Ob eine gleichermaßen für männliche wie weibliche Versorgungsberechtigte anwendbare »Hauptnährerklausel« zuläs- **238**

---

338 BAG 19.12.2000, 3 AZR 186/00, EzA § 1 BetrAVG Hinterbliebenenversorgung Nr. 9; 20.4.2010, 3 AZR 509/08, EzA § 1 BetrAVG Hinterbliebenenversorgung Nr. 14 = DB 2010, 2000; das ist kein Verstoß gegen das AGG.

339 EuGH 1.4.2008, C 267/06, EzA Richtlinie 2000/78 EG-Vertrag 1999 Nr 4 = DB 2008, 996; BAG 14.1.2009, 3 AZR 20/07, EzA § 2 AGG Nr. 2 = DB 2009, 1545; 15.9.2009, 3 AZR 294/09, EzA § 2 AGG Nr. 5 und 3 AZR 797/08, EzA § 2 AGG Nr. 4 = DB 2010, 231.

340 BAG 20.4.2010, 3 AZR 509/08, EzA § 1 BetrAVG Hinterbliebenenversorgung Nr. 14 = DB 2010, 2000.

341 BAG 11.8.1987, 3 AZR 6/86, EzA § 1 BetrAVG Hinterbliebenenversorgung Nr. 2.

342 BAG 18.7.1972, 3 AZR 472/71, EzA § 242 BGB Ruhegeld Nr. 17 = DB 1972, 1372; 26.8.1997, 3 AZR 235/96, EzA § 1 BetrAVG Ablösung Nr. 17. Das BAG hat mit Beschluss vom 27.6.2006, 3 AZR 352/05 (A), EzA EGV 1999 Richtlinie 2000/78 Nr. 2 = DB 2006, 2524, dem EuGH die Frage vorgelegt, ob eine Altersdifferenzklausel gegen Primärrecht der EU verstößt und wenn ja, ob ein Rechtfertigungsgrund in der Risikobegrenzung für den Arbeitgeber gegeben sein kann. Der EuGH hat die Eröffnung des Anwendungsbereichs für ein primärrechtliches Verbot der Diskriminierung aus Gründen des Alters verneint, weil es vor Ablauf der Umsetzungsfrist der Richtlinie 2000/78/EG an einem gemeinschaftsrechtlichen Bezug der diskriminierenden Handlung fehlte. Infolgedessen hatte der EuGH die weiter gehenden Fragen zur Altersdiskriminierung unbeantwortet gelassen: EuGH 23.9.2008, C-427/06, EzA Richtlinie 2000/78 EG-Vertrag 1999 Nr. 7 = BetrAV 2008, 406; zu einem möglichen Verstoß gegen AGG: *Preis* BetrAV 2010, 515.

sig ist, ist offen.[343] Wird aber männlichen Arbeitnehmern eine BAV einschließlich einer unbedingten Witwenversorgung gewährt, während weiblichen Arbeitnehmern zugleich eine Witwerversorgung zugesagt wird, die unter der Bedingung steht, dass die Ehefrau den überwiegenden Teil des Unterhalts bestritten hat, so liegt eine unmittelbare Geschlechtsdiskriminierung bei der Entlohnung vor.[344] Ein Verstoß gegen den Gleichheitsgrundsatz ist auch dann gegeben, wenn eine Versorgungsordnung bestimmt, dass zwar ein Arbeitseinkommen des Hinterbliebenen, das beim Versorgungsschuldner erzielt wird, die Hinterbliebenenrente mindert, ein Einkommen aus einer Tätigkeit für einen anderen Arbeitgeber aber unberücksichtigt bleibt.[345]

239   Bei Witwenversorgung ist eine Mindestaltersklausel zulässig.[346] Dasselbe gilt für Witwerversorgung.

240   Waisenleistungen sind üblicherweise zeitlich begrenzte Leistungen, die nur bis zur Vollendung des 18. oder 21. Lebensjahres gewährt werden. Bei längeren Bezugszeiten wird die Gewährung der Waisenleistung häufig an die Dauer einer Berufsausbildung geknüpft.

241   Ein Ausschluss nichtehelicher Kinder von Waisenrenten ist gem. Art. 6 Abs. 5 GG unwirksam.

242   Ein Entfallen der Waisenrente bei Heirat der Waise verstößt gegen Art. 6 GG.[347]

242a   Problematisch ist, wenn Eltern oder Erben begünstigt sind.[348]

---

343 BAG 26.9.2000, 3 AZR 387/99, EzA § 1 BetrAVG Hinterbliebenenversorgung Nr. 8. Insoweit kommt ein Verstoß gegen das Verbot der mittelbaren Geschlechterdiskriminierung in Betracht.

344 BAG 11.12.2007, 3 AZR 249/06, EzA § 1 BetrAVG Gleichbehandlung Nr. 31 = DB 2008, 766.

345 BAG 19.7.2011, 3 AZR 398/09, BB 2012, 188.

346 BAG 19.2.2002, 3 AZR 99/01, EzA § 1 BetrAVG Hinterbliebenenversorgung Nr. 10 = DB 2000, 2075.

347 So LAG Hamm 20.5.1980, DB 1980, 1550.

348 BAG 19.1.2010, 3 AZR 42/08, EzA § 17 Nr. 11 = DB 2010, 1411; 19.1.2010, 3 AZR 660/09, EzA § 7 BetrAVG Nr. 75.

5. Gesamtrechtsnachfolge und Betriebsübergang

Betriebliche Altersversorgung wirft bei Gesamtrechtsnachfolge und Betriebs- 242b
übergängen gem. § 613a BGB besondere Probleme auf. Dazu wird auf die
Ausführungen zu § 1b Rdn. 74 ff. verwiesen.

C. Einstandspflicht des Arbeitgebers

Bei mittelbaren Versorgungszusagen, also Direktversicherung, Pensionskasse, 243
Pensionsfonds und Unterstützungskasse, hat der Arbeitgeber gem. § 1 Abs. 1
S. 3 BetrAVG für die Erfüllung der von ihm zugesagten Leistungen »einzustehen«. Der Gesetzgeber geht damit von einer »generellen Erfüllungspflicht«
des Arbeitgebers aus, der die betriebliche Altersversorgung zugesagt hat. In
diesem Zusammenhang wird auch vom Verschaffungsanspruch[349] oder von
der Subsidiärhaftung des Arbeitgebers gesprochen. Durch die Subsidiärhaftung soll Gesamtschuldnerschaft zwischen Arbeitgeber und Versorgungsträger entstehen.[350] Dabei kann der Arbeitgeber jedenfalls zur Effektuierung
von Diskriminierungsverboten aufgrund EU-Recht auch unmittelbar neben
einer Pensionskasse in Anspruch genommen werden.[351] Der Arbeitgeber
(Trägerunternehmen) muss der Pensionskasse in einem solchen Fall zusätzliche Zuwendungen zukommen lassen. Dasselbe gilt auch für konzernüber-
greifende Unterstützungskassen. Auch zwischen Unterstützungskasse und
Arbeitgeber soll nach Auffassung des BAG[352] Gesamtschuldnerschaft gem.
§ 421 BGB bestehen. Die Unterstützungskasse hat einen Vorschuss- und
Aufwendungsersatzanspruch gem. §§ 669, 670 BGB. Das kann nur schwie-

---

349   BAG 29.8.2000, 3 AZR 201/00, EzA § 1 BetrAVG Zusatzversorgung Nr. 12;
      18.9.2001, 3 AZR 689/00, EzA § 613a BGB Nr. 205. Der Verschaffungsan-
      spruch ergibt sich heute aus § 1 Abs. 1 S. 3 BetrAVG: BAG 7.9.2004, 3 AZR
      550/03, EzA EG-Vertrag 1999 Art. 141 Nr. 16 = BetrAV 2005, 201; vgl. auch
      BAG 7.3.1995, 3 AZR 282/94, EzA § 1 BetrAVG Gleichbehandlung Nr. 9 =
      DB 1995, 2020; BAG 16.3.2010, 3 AZR 744/08, DB 2011, 248; zum Ver-
      schaffungsanspruch i.E. *Reinecke* FS Kemper, S. 383 ff.; *Langohr-Plato* FS Höfer,
      S. 159 ff.
350   BAG 11.12.2007, 3 AZR 249/06, EzA § 2 AGG Nr. 1 = DB 2008, 766.
351   BAG 7.9.2004, 3 AZR 550/03, EzA Art. 141 EG-Vertrag 1999 Nr. 16; dazu
      auch *Blomeyer/Rolfs/Otto* Rn. 272 zu § 1; zur Rechtslage bei Unterstützungskas-
      sen: *Reinecke* BetrAV 2009, 385 = DB 2009, 1182.
352   BAG 16.2.2010, 3 AZR 216/09, EzA § 1 BetrAVG Gleichbehandlung Nr. 35 =
      BetrAV 2010, 178.

rig mit der Subsidiärhaftung gem. § 1 Abs. 1 S. 3 BetrAVG in Einklang gebracht werden. Gesamtschuldnerschaft und Subsidiärhaftung sind zu unterscheiden. Tritt ein Fall der Subsidiärhaftung auf, ist der Arbeitgeber allein verpflichtet, weil z.B. die Unterstützungskasse nicht leistungsfähig ist.

244 Die Einstandspflicht besteht bei allen Leistungsplanstrukturen, also z.B. gleichermaßen bei »normalen« Leistungszusagen und bei beitragsorientierten Leistungszusagen, bei Beitragszusagen mit Mindestleistung und auch bei Umfassungszusagen gem. § 1 Abs. 2 Nr. 4 BetrAVG. Trotz Eigenbeiträgen des Arbeitnehmers bei derartigen Umfassungszusagen erstreckt sich die Arbeitgeberverpflichtung auch auf die Leistungen aus den Arbeitnehmerbeiträgen.[353] Aus dieser Bestimmung kann kein Anspruch des Arbeitnehmers auf Festhalten an einem einmal gewählten Durchführungsweg abgeleitet werden.[354]

245 Die gesetzliche Regelung in § 1 Abs. 1 S. 3 BetrAVG dokumentiert die bisherige Rechtslage.[355] Auch bei mittelbaren Versorgungszusagen beruhen die Rechte des Arbeitnehmers gegenüber dem Arbeitgeber auf dem arbeitsrechtlichen Grundverhältnis. Das bedeutet: Bleiben die Leistungen des externen Versorgungsträgers hinter den zugesagten Leistungen zurück, z.B. weil nicht oder nicht in ausreichendem Umfang Versicherungsbeiträge in eine Direktversicherung gezahlt wurden, richten sich die Ansprüche unmittelbar gegen den Arbeitgeber.[356] In Sonderfällen soll es auch möglich sein, dass die Einstandspflicht nicht den Arbeitgeber, sondern den mittelbaren Versorgungsträger (z.B. Konzernpensionskasse) trifft.[357] Das widerspricht § 1 Abs. 1 S. 3 BetrAVG und ist im Übrigen auch nicht mit dem Versicherungsprinzip vereinbar. Eine Pensionskasse kann nur »einstehen«, wenn der Arbeitgeber die entsprechenden Deckungsmittel zur Verfügung gestellt hat, nicht schon

---

353 S. dazu i.E. Rdn. 528.

354 *Höfer* RdA 2009, 55; anders möglicherweise BAG 27.6.2007, 3 AZR 186/06, EzA § 1 BetrAVG Nr. 90, wonach der Arbeitgeber gezwungen sein soll, die betriebliche Altersversorgung tatsächlich entsprechend dem zugesagten Durchführungsweg zu gestalten; s. dazu auch Rdn. 257 ff. und *Thüsing/Granetzny* BetrAV 2009, 485.

355 BAG 7.9.2004, 3 AZR 550/03, EzA Art 141 EGV Nr. 16 = BetrAV 2005, 201; dazu *Ziegler* FS Kemper, S. 429 ff.

356 BAG 17.11.1992, 3 AZR 51/92, EzA § 7 BetrAVG Nr. 45; dazu *Reinecke* FS Kemper, S. 383 ff.

357 BAG 23.3.2004, 3 AZR 279/03, AP Nr. 28 zu BetrAVG § 1 Berechnung.

dann, wenn dies möglicherweise der Fall sein sollte, weil eine Einbindung der Pensionskasse in einen Konzern besteht.[358]

Das Entsprechende gilt, wenn eine Unterstützungskasse mangels Zuwendungen des Arbeitgebers nicht in der Lage ist, die Leistungen, die im Leistungsplan oder in der Satzung vorgesehen sind, zu erbringen.[359]   246

Der Arbeitgeber hat auch dann einzustehen, wenn eine Nachversicherung des Arbeitnehmers aufgrund der Satzungsbestimmungen nicht möglich ist[360] oder wegen eines Betriebsübergangs die Möglichkeit entfällt, den zugesagten Durchführungsweg (hier die VBL) einzuhalten.[361]   246a

Der Arbeitgeber hat also auch bei mittelbarer Durchführung der betrieblichen Altersversorgung das Versorgungsrisiko. Jede mittelbare Versorgungszusage beinhaltet eine unmittelbare Leistungspflicht des Arbeitgebers, die aber erst dann auflebt, wenn der externe Versorgungsträger die Leistungen aus der mittelbaren Versorgungszusage nicht erfüllt.   247

Dies ist unstreitig, wenn der externe Versorgungsträger aus Gründen, die der Arbeitgeber zu vertreten hat, nicht in der Lage ist, die Versorgungsleistungen zu erbringen, z.B. weil der Arbeitgeber keine Zuwendungen oder Versicherungsprämien erbracht hat.[362]   248

Problematisch ist die Einstandspflicht des Arbeitgebers, wenn es dem Versorgungsträger nicht möglich ist, die vom Arbeitgeber schon finanzierten Leistungen zu erbringen, weil er sich in einer schlechten wirtschaftlichen Lage befindet. Dies kann eintreten, wenn z.B. eine Pensionskasse insolvent wird, was theoretisch möglich ist, oder aus einer Direktversicherung mit versiche-   249

---

358 *Dresp* BetrAV 2009, 324.
359 BAG 17.5.1973, 3 AZR 381/72, EzA § 242 BGB Ruhegeld Nr. 23; 25.1.2000, 3 AZR 908/98, EzA § 1 BetrAVG Unterstützungskasse Nr. 1; *Reinecke* BetrAV 2009, 385 meint, die Unterstützungskasse habe einen Anspruch auf angemessene Dotierung; dazu auch BAG 16.2.2010, 3 AZR 216/09, EzA § 1 BetrAVG Gleichbehandlung Nr. 35 = BetrAV 2010, 178.
360 BAG 16.3.2010, 3 AZR 744/08, DB 2010, 248.
361 BAG 15.2.2011, 3 AZR 54/09, EzA § 3 TVG Bezugnahme auf Tarifvertrag Nr. 52.
362 S. für eine Pensionskasse zum Spezialproblem des Art. 141 EG-Vertrag auch Rdn. 177 und BAG 7.9.2004, 3 AZR 550/03, EzA Art. 141 EGV Nr. 16 = BetrAV 2005, 201.

rungsvertraglich unwiderruflichem Bezugsrecht deshalb keine Leistungen erbracht werden, weil die Lebensversicherungsgesellschaft insolvent wird. Diese Fälle sind aber weitgehend theoretisch (vgl. Sicherungsfonds gem. § 124 VAG).

250 Das Problem entsteht immer dann, wenn die gesetzliche Insolvenzsicherung der §§ 7 ff. BetrAVG nicht eintritt. Bei Pensionskassen und Direktversicherungen mit versicherungsvertraglich unwiderruflichem Bezugsrecht handelt es sich um nicht durch den PSVaG geschützte Gestaltungen der betrieblichen Altersversorgung.[363] Der Gesetzgeber hat trotz des theoretischen Insolvenzrisikos einer Pensionskasse und einer Lebensversicherungsgesellschaft das Bedürfnis für einen gesetzlichen Insolvenzschutz durch den PSVaG nicht gesehen und sich damit begnügt, die staatliche Aufsicht als Mindestform des Insolvenzschutzes anzusehen.[364] Deshalb wird darüber nachgedacht, die gesetzliche Insolvenzsicherung insoweit weiter zu entwickeln.[365]

251 Erstreckt man die Einstandspflicht des Arbeitgebers gem. § 1 Abs. 1 S. 3 BetrAVG auch auf die Insolvenz des Versorgungsträgers,[366] haftet der Arbeitgeber auch für das »Versicherungsrisiko«, das er nicht beeinflussen kann.[367] Andererseits ist es aus der Sicht der betroffenen Versorgungsberechtigten unerheblich, aus welchem Grunde die Versorgungsleistungen nicht erbracht werden können. So muss ein Arbeitgeber unstreitig auch dann bei einer unmittelbaren Versorgungszusage die Leistungen erbringen, wenn er durch Bildung eines Sondervermögens bei einer Bank eine interne Ausfinanzierung vorgenommen hat, diese jedoch ausfällt, weil das bei der Bank angesammelte Aktien- oder Fondsvermögen wegen Kursverfalls nicht ausreicht, die Leistungen zu erfüllen, oder die Bank insolvent wird, was theoretisch trotz der Finanzaufsicht möglich ist.

252 Eine vergleichbare Problematik ergibt sich, wenn Sanierungsmaßnahmen bei einer Pensionskasse dazu führen, dass die sog. »Garantierente« – nach den Versicherungsbedingungen in zulässiger Weise! – unterschritten wird. Eine

---

363 S. dazu § 7 Rdn. 23.
364 Vgl. dazu *Sasdrich* BetrAV 2002, 727 ff., s. aber § 124 VAG.
365 Vgl. z.B. Kommentar von *Herrmann* BetrAV 2012, 1 und *Gunkel* BetrAV 2012, 97.
366 So BAG 12.6.2007, 3 AZR 14/06, EzA § 1a BetrAVG Nr. 2 = DB 2007, 2722.
367 So *Kemper/Kisters-Kölkes* Grundzüge Rn. 52 ff.; so auch *Blomeyer/Rolfs/Otto* Rn. 271 zu § 1.

Einstandspflicht des Arbeitgebers ist in derartigen Fällen gegeben, wenn Inhalt der Versorgungszusage die »Garantierente« und nicht »die Leistung der Pensionskasse nach den Versicherungsbedingungen« ist. Das ist eine Frage der Auslegung der Arbeitgeberzusage. Im Zweifel gelten in diesen Fällen die »Versicherungsbedingungen«, da der Arbeitgeber mit der Anmeldung des Arbeitnehmers bei der Pensionskasse die Versicherungsbedingungen in der jeweiligen Fassung zum arbeitsrechtlichen Inhalt seiner Versorgungszusage gemacht hat. Das Bundesarbeitsgericht[368] stellt zwar zutreffend fest, dass sich der Arbeitgeber nach § 17 Abs. 3 BetrAVG von der Einstandspflicht nicht befreien kann. Die Einstandspflicht folgt aber dem arbeitsrechtlichen Verpflichtungsumfang. Wenn also arbeitsrechtlich wirksam vereinbart wurde, z.B. durch ausdrückliche Bezugnahme auf das satzungsgemäße Recht der Pensionskasse, Fehlbeträge durch Herabsetzung ihrer Leistungen auszugleichen, muss dies auch für § 1 Abs. 1 S. 3 BetrAVG gelten. Ob eine allgemeine dynamische Inbezugnahme der Satzung arbeitsrechtlich ausreicht, mag dahinstehen.

Der Arbeitgeber kann sein Haftungsrisiko selbst durch die Wahl eines durch den PSVaG abgesicherten Versorgungsträgers begrenzen. Diese Risikobegrenzungsmöglichkeit hat das BAG als gewichtiges Argument für die Verfassungsmäßigkeit des Anspruchs auf Entgeltumwandlung angesehen.[369] Die Möglichkeit, mitbestimmungsfrei über den Durchführungsweg zu bestimmen, eröffnet dem Arbeitgeber gleichermaßen in der arbeitgeberfinanzierten BAV eine selbstbestimmte Begrenzungsmöglichkeit des Haftungsrisikos. Dies rechtfertigt die Annahme einer subsidiären Einstandspflicht für das Erfüllungsrisiko. Zumal die Einstandspflicht z.B. über die Beitragszusage mit Mindestleistung und/oder die Zusage einer reinen Altersleistung noch weiter eingeschränkt werden kann.[370] Dies setzt allerdings voraus, dass keine Bindung des Arbeitgebers an den Durchführungsweg besteht.[371] **253**

---

368 BAG 19.6.2012, 3 AZR 408/10, Pressemitteilung 44/12.
369 BAG 12.6.2007, 3 AZR 14/06, EzA § 1a BetrAVG Nr. 2 = DB 2007, 2722.
370 BAG 12.6.2007, 3 AZR 14/06, EzA § 1a BetrAVG Nr. 2 = DB 2007, 2722.
371 Deshalb problematisch: BAG 12.6.2007, 3 AZR 186/06, EzA § 1 BetrAVG Nr. 90. Dazu s. Rdn. 37.

D. Änderung des Versorgungsverhältnisses

254 Das auf einer Versorgungszusage beruhende ursprüngliche Versorgungsverhältnis kann auf mehrfache Weise Änderungen erfahren. Diese können
– den Durchführungsweg,
– den Rechtsbegründungsakt und
– den Leistungsplan
betreffen.

255 Die Änderungen können verbunden sein bei bestehenden Versorgungsverhältnissen mit Verbesserungen oder Verschlechterungen von Versorgungsanwartschaften bzw. Versorgungsansprüchen der Versorgungsberechtigten. Wenn sich die Änderungen nur auf noch nicht begründete Versorgungsverhältnisse beziehen, spricht man von Schließung oder Änderung eines Versorgungssystems für Neuzugänge.

256 Die rechtlichen Änderungsmöglichkeiten richten sich im Grundsatz nach dem Rechtsbegründungsakt des zu ändernden Versorgungssystems. Darüber hinaus sind die Grundsätze von der Störung der Geschäftsgrundlage (§ 313 BGB) anwendbar. Denkbar ist auch eine Änderung aufgrund eines vorbehaltenen Widerrufs.

I. Änderung des Durchführungsweges

257 Soll lediglich ein Wechsel des Durchführungsweges vorgenommen werden **ohne Änderung** oder **mit Verbesserung des Leistungsplanes**, richtet sich das Änderungsinstrumentarium nach dem gewählten Rechtsbegründungsakt.[372] Dabei wird unter »ohne Änderung« verstanden, dass die Änderung des Leistungsplans unter der Beachtung des Nettoprinzips erfolgt, der Versorgungsberechtigte also auch unter Beachtung steuerlicher und sozialversicherungsrechtlicher Aspekte keine Einbußen hat.[373]

258 In der Regel ergibt sich eine Zustimmungspflicht des Versorgungsberechtigten bei individualrechtlichen Rechtsbegründungsakten, des Betriebsrats oder des Tarifpartners bei Betriebsvereinbarungen und Tarifverträgen, soweit die Änderung im überwiegenden Interesse des Arbeitgebers liegt und das Interesse des Arbeitnehmers bzw. des Betriebsrats oder des Tarifpartners

---

372 S. dazu Rdn. 126–182.
373 *Reinecke* verkennt insoweit den Begriff Nettozusage, DB 2010, 2392.

(Gewerkschaft) nicht beeinträchtigt wird. Der Partner des Arbeitgebers bei dem jeweils gewählten Rechtsbegründungsakt wird sich zudem i.d.R. mit einer solchen Änderung einverstanden erklären.[374] Im Übrigen unterliegt der Wechsel des Durchführungsweges und auch des speziellen Versorgungsträgers (z.B. die konkrete Versicherungsgesellschaft) der Entscheidungsfreiheit des Arbeitgebers.[375] Es bestehen auch keine erzwingbaren Mitbestimmungsrechte des Betriebsrates.[376]

Wird durch die Änderung des Durchführungsweges die Rechtsqualität des **259**
Versorgungsverhältnisses verändert, soll also anstelle der mit Rechtsanspruch versehenen Durchführungswege unmittelbare Versorgungszusage, Pensionskasse/Pensionsfonds und Direktversicherung eine Unterstützungskasse treten, die ihre Leistungen formal ohne Rechtsanspruch gewährt (§ 1b Abs. 4 BetrAVG), so ist die Einverständniserklärung des Versorgungsberechtigten notwendig, da sich formal die rechtliche Qualität der Versorgungszusage ändert.[377] Die Verpflichtung zur Einverständniserklärung ergibt sich aber möglicherweise aus der arbeitsrechtlichen Einstandspflicht des Arbeitgebers gem. § 1 Abs. 1 S. 3 BetrAVG für die über die Unterstützungskasse zugesagten Versorgungsleistungen. Der Arbeitnehmer erhält eine »Nettozusage«. Daher ist es für den Anspruch des Arbeitnehmers unerheblich, über welchen Durchführungsweg die zugesagten Versorgungsleistungen abgewickelt werden, solange die Leistung gleichbleibend ist, d.h. der Arbeitnehmer im Versorgungsfall das bekommt, was ihm ohne Änderung des Durchführungswegs zugeflossen wäre. Es kommt deshalb nicht darauf an, ob und in welchem Umfang steuerliche und sozialversicherungsrechtliche Unterschiede bei den einzelnen Durchführungswegen bestehen.[378]

374   Dazu *Höfer* BetrAVG, Rn. 1297 ff. zu ART.
375   BAG 16.2.1993, 3 ABR 29/92, EzA § 87 BetrAVG 1972 Betriebliche Lohngestaltung Nr. 41; 29.7.2003, 3 ABR 34/02, EzA § 87 BetrVG 2001 Betriebliche Lohngestaltung Nr. 2; enger, d.h. für Anspruch auf Einhaltung eines Durchführungswegs 12.6.2007, 3 AZR 186/06, EzA § 1 BetrAVG Nr. 90 = DB 2008, 2034.
376   BAG 29.7.2003, 3 ABR 34/02, EzA § 87 BetrVG 2001 Betriebliche Lohngestaltung Nr. 2.
377   Z.B. wegen einseitiger Widerrufsmöglichkeiten, s. dazu Rdn. 367.
378   A.A. wohl BAG 12.6.2007, 3 AZR 186/06, EzA § 1 BetrAVG Nr. 90 = DB 2008, 2034.

259a   Die Rechtsprechung des BAG[379] führt nur scheinbar zu anderen Wertungen. I.d.R. ist nämlich bei Versorgungszusagen ein konkreter Durchführungsweg nicht vereinbart. Ist dies der Fall, muss natürlich bei einer Änderung des Durchführungsweges das Einverständnis des Versorgungsberechtigten eingeholt werden. Die Einverständniserklärung wird vom Arbeitnehmer aber geschuldet, wenn der Leistungsplan »netto« erhalten bleibt. Ist dies nicht der Fall, so liegt arbeitsrechtlich eine Änderung des Leistungsplans vor.[380] Dabei muss man sich darüber klar sein, dass bei Transformation eines individuellen Rechtsbegründungsaktes (z.B. einer Gesamtzusage) in eine Betriebsvereinbarung erhebliche arbeitsrechtliche Unterschiede bei künftigen Änderungen eines Leistungsplans bestehen.[381]

II. Änderung des Rechtsbegründungsaktes

260   Soll der Rechtsbegründungsakt ausgetauscht werden, z.B. von einer Gesamtzusage zu einer Betriebsvereinbarung gewechselt werden, gilt in Bezug auf Änderungen **ohne Verschlechterung** des Leistungsplans bzw. bei **Verbesserungen** des Leistungsplans ein identisches Änderungsschema wie bei dem Wechsel des Durchführungsweges.

261   Bei individualrechtlichen Rechtsbegründungsakten, z.B. Gesamtzusage, vertragliche Einheitsregelung oder betriebliche Übung, die in einen Kollektivvertrag (Betriebsvereinbarung) »umgeformt« werden sollen, ist jedoch eine ausdrückliche Zustimmung des Versorgungsberechtigten nicht notwendig. Nach der Rechtsprechung des BAG kann eine Gesamtzusage, vertragliche Einheitsregelung oder eine betriebliche Übung durch eine Betriebsvereinbarung »umstrukturiert« werden.[382]

III. Schließung eines Versorgungssystems für Neuzugänge

262   Es ist grundsätzlich ohne Verstoß gegen den arbeitsrechtlichen Gleichbehandlungsgrundsatz möglich, ein Versorgungssystem für Neuzugänge zu

---

379   BAG 12.6.2007, 3 AZR 186/06, EzA § 1 BetrAVG Nr. 90 = DB 2008, 2034.
380   Dazu Rdn. 269 ff.
381   Dazu Rdn. 264 ff.
382   S. dazu i.E. Rdn. 344–354.

schließen oder zu ändern.[383] Mitbestimmungsrechte des Betriebsrates bestehen nicht.[384] Das rechtliche Instrumentarium richtet sich nach dem gewählten Rechtsbegründungsakt.

Schließungen von Versorgungssystemen sind nur bei einheitlichen Regelwerken für die betriebliche Altersversorgung von Gesamtbelegschaften oder von größeren Mitarbeitergruppen denkbar, also nur dann, wenn für das Versorgungsverhältnis als Rechtsbegründungsakt eine Gesamtzusage, vertragliche Einheitsregelung, betriebliche Übung, der Grundsatz der Gleichbehandlung (Gleichberechtigung) oder eine Betriebsvereinbarung/Tarifvertrag gewählt worden ist. 263

1. Individualrechtliche Rechtsbegründungsakte

Die Schließung eines Versorgungswerkes bei den individualrechtlichen Rechtsbegründungsakten geschieht dadurch, dass den neu eintretenden Mitarbeitern ab einem bestimmten Stichtag keine Versorgungszusagen mehr oder andere Versorgungszusagen erteilt werden und dies ausdrücklich in den Arbeitsverträgen mit den Neuzugängen dokumentiert ist. Bei einer Gesamtzusage ist auch ein entsprechender Aushang am schwarzen Brett möglich. Mitbestimmungsrechte des Betriebsrats sind bei einer Schließung nicht zu beachten, wohl aber bei Änderungen für Neuzugänge.[385] 264

Das Entsprechende gilt bei der Beendigung einer betrieblichen Übung, aber auch beim Grundsatz der Gleichbehandlung (Gleichberechtigung), da nach dem Stichtagsprinzip kein Verstoß anzunehmen ist, wenn Neuzugänge keine Versorgungszusage erhalten.[386] 265

2. Kollektivrechtliche Rechtsbegründungsakte

Bei Betriebsvereinbarungen und Tarifverträgen müssen neue Betriebsvereinbarungen und Tarifverträge über die Schließung des Versorgungssystems 266

---

383 BAG 8.12.1977, 3 AZR 530/76, EzA § 242 BGB Ruhegeld Nr. 68 und 11.9.1980, 3 AZR 606/78, EzA § 242 BGB Ruhegeld Nr. 94; dazu auch die Grundsätze zusammenfassend BAG 15.2.2011, 3 AZR 35/09, EzA § 1 BetrAVG Betriebsvereinbarung Nr. 9 = DB 2011, 1928.
384 S. dazu Rdn. 392.
385 S. dazu Rdn. 375–441.
386 S. dazu Rdn. 166. Zur Änderung einer betrieblichen Übung s. BAG 18.3.2009, 10 AZR 281/08, DB 2009, 1186.

geschlossen oder entsprechende Kündigungen ausgesprochen werden. Die nach dem Abschluss der neuen Betriebsvereinbarungen oder Tarifverträge oder dem Ablauf der Kündigungsfrist eintretenden Neuzugänge fallen dann nicht mehr unter den persönlichen Geltungsbereich dieser Kollektivverträge, unabhängig von der Nachwirkung eines Tarifvertrages gem. § 4 Abs. 5 TVG. Die Nachwirkungsphase erfasst keine Neuzugänge nach Auslaufen eines Tarifvertrages.[387]

267   Bei einer beendeten Betriebsvereinbarung entfällt die Nachwirkung für Neuzugänge schon aufgrund § 77 Abs. 6 BetrVG, weil es sich bei der Gesamtdotierung einer betrieblichen Altersversorgung nicht um einen erzwingbaren Tatbestand handelt, der Gegenstand des Spruches einer Einigungsstelle sein kann.[388] Durch die Schließung des Versorgungssystems nach Ablauf der Kündigungsfrist wird der Dotierungsrahmen mitbestimmungsfrei herabgesetzt. Die Frage nach einer Neu- oder Umverteilung der Mittel stellt sich dabei nicht.

268   Bei Vereinbarungen nach dem Sprecherausschussgesetz (§ 28 Abs. 2) gelten die gleichen Voraussetzungen wie bei einer Betriebsvereinbarung.[389] Eine Nachwirkung wie gem. § 77 Abs. 6 BetrVG bei Betriebsvereinbarungen enthält § 28 SprAuG jedoch nicht.

IV. Änderung des Leistungsplans

269   **Verbesserungen des Leistungsplans** sind im Rahmen eines Durchführungswegs und/oder eines Rechtsbegründungsakts unschwer möglich. Die Regelungsinstrumente sind dieselben wie bei Begründung der Versorgungszusage und richten sich nach dem gewählten Rechtsbegründungsakt.

270   Bei der **Verschlechterung des Leistungsplans** richten sich die rechtlichen Änderungsmöglichkeiten ebenfalls nach dem gewählten Rechtsbegründungsakt. Dabei gilt im Grundsatz sowohl bei kollektivrechtlichen als auch bei individualrechtlichen Rechtsbegründungsakten das **Ablösungsprinzip**: die alte Regelung kann durch eine neue abgelöst werden, selbst wenn diese für

---

387   BAG 17.8.1999, 3 AZR 55/98, EzA § 1 BetrVG Betriebsvereinbarung Nr. 2.
388   S. dazu Rdn. 375–441.
389   Dazu *Blomeyer/Rolfs/Otto* Rn. 119 zu Anh. § 1.

die Versorgungsberechtigten zu Nachteilen bei den bisherigen Versorgungsverhältnissen führt.[390]

Zusätzlich sind Mitbestimmungsrechte des Betriebsrats zu beachten.[391]   271

1. Betriebsvereinbarung

Eine Betriebsvereinbarung über betriebliche Altersversorgung kann grund-   272
sätzlich nach dem Ablösungsprinzip verändert werden durch eine neue
Betriebsvereinbarung.

Die Regelungsmacht der Betriebspartner ist jedoch begrenzt, zum einen   273
durch die Vertretungskompetenz des Betriebsrats, zum anderen unterliegt die
neue Betriebsvereinbarung einer Rechts- oder Billigkeitskontrolle.

a) Umstrukturierende oder verschlechternde Betriebsvereinbarung

Die neue ablösende Betriebsvereinbarung kann Verschlechterungen nur für   274
einzelne begünstigte Arbeitnehmer enthalten. Die bisher bereitgestellten Versorgungsmittel (Dotierungsrahmen[392]) werden also nicht verringert, sondern
nur umverteilt: ein Teil der Versorgungsberechtigten wird schlechter, ein
anderer besser gestellt als bisher (kollektives Günstigkeitsprinzip). In einem
solchen Fall spricht man von einer ablösenden **umstrukturierenden** Betriebsvereinbarung.

Wird der Dotierungsrahmen verkleinert, sollen also im Prinzip alle bisher   275
begünstigten Versorgungsberechtigten oder ein Teil von ihnen weniger
betriebliche Altersversorgung erhalten als bisher, spricht man von einer ablösenden **verschlechternden** Betriebsvereinbarung.

Die Unterscheidung zwischen umstrukturierenden und verschlechternden   276
Betriebsvereinbarungen ist z.B. von Bedeutung bei den Mitbestimmungsrechten des Betriebsrats und bei der Zuständigkeit einer Einigungsstelle.[393]

---

390 BAG 16.9.1986, GS 1/82, EzA § 77 BetrVG 1972 Nr. 17; 22.5.1990, 3 AZR
      128/89, EzA § 1 BetrAVG Ablösung Nr. 2; 17.6.2003, 3 ABR 43/02, EzA § 1
      BetrAVG Ablösung Nr. 40; 21.4.2009, 3 AZR 674/07, n.v. mit Hinweisen zum
      Vertrauensschutzgedanken.
391 S. dazu Rdn. 375–441.
392 S. dazu Rdn. 392.
393 S. dazu Rdn. 375–441.

b) **Vertretungskompetenz des Betriebsrats**

277   Eine neue ablösende Betriebsvereinbarung kann nur die Versorgungsberechtigten erfassen, die betriebsverfassungsrechtlich von dem Betriebsrat vertreten werden können, der Abschlusspartner der neuen Betriebsvereinbarung ist. Das bedeutet, dass grds. schon ausgeschiedene Arbeitnehmer, seien sie Rentner oder Inhaber von aufrechterhaltenen Anwartschaften, von der ablösenden neuen Betriebsvereinbarung nicht erfasst werden.[394] Das Entsprechende gilt für leitende Angestellte gem. § 5 BetrVG.

278   Eine Ausnahme besteht, wenn in den Arbeitsverträgen mit diesem Personenkreis **Jeweiligkeitsklauseln** enthalten bzw. enthalten gewesen sind, die auf die Geltung der alten Betriebsvereinbarung in der jeweils gültigen Fassung verwiesen haben. Eine solche Jeweiligkeitsklausel gilt nämlich auch über das Ende des Arbeitsverhältnisses hinaus. Insoweit handelt es sich um eine dynamische Verweisung auf die allgemeine betriebliche Versorgungsregelung in Form einer Betriebsvereinbarung.[395] Bei einer derartigen Jeweiligkeitsklausel entstehen keine Probleme der AGB-Kontrolle, auch hinsichtlich § 308 Nr. 4 BGB und § 307 Abs. 1 S. 2 BGB. Die Verweisung bewirkt lediglich eine Gleichstellung mit den von der Betriebsvereinbarung erfassten Arbeitnehmern,[396] die nicht ausdrücklich erklärt werden muss, sondern sich aus dem Inhalt der Vereinbarung ergeben kann.[397]

279   Offen ist die Frage, ob eine ablösende Betriebsvereinbarung auch dann Rentner und mit aufrechterhaltener Anwartschaft schon ausgeschiedene Mitarbeiter (keine leitenden Angestellten) erfassen kann, wenn in den früheren Arbeitsverträgen keine Jeweiligkeitsklausel in Bezug auf Betriebsvereinbarungen enthalten gewesen ist. Zurzeit geht die herrschende Auffassung in der

---

394   Dazu BAG 17.8.2004, 3 AZR 318/03, BB 2005, 720; 12.10.2004, 3 AZR 557/03, EzA § 1 BetrAVG Hinterbliebenenversorgung Nr. 11, BetrAV 2005, 297; 10.2.2009, 3 AZR 653/07, DB 2009, 1303.

395   Vgl. i.E. *Kemper/Kisters-Kölkes* Grundzüge Rn. 135; s. BAG 25.10.1988, 3 AZR 483/86, EzA § 77 BetrVG 1972 Nr. 26; 18.4.1989, 3 AZR 688/87, EzA § 77 BetrVG 1972 Nr. 28; 23.9.1997, 3 AZR 529/96, EzA § 1 BetrAVG Ablösung Nr. 14. Zum Verhältnis Jeweiligkeitsklausel und Veränderungssperre gem. § 2 Abs. 5 BetrAVG BAG 17.8.2004, 3 AZR 318/03, EzA § 2 BetrAVG Nr. 22 = BB 2005, 720.

396   Dazu i.E. *Blomeyer/Rolfs/Otto* Rn. 549 ff zu Anh. 1.

397   BAG 10.2.2009, 3 AZR 653/07, DB 2009, 1303.

Rechtsprechung dahin, dass dann eine entsprechende Vertretungskompetenz des Betriebsrats fehlt. Es mehren sich aber die Stimmen, die auch in diesen Fällen eine Regelungskompetenz bejahen, weil eine Betriebsvereinbarung über betriebliche Altersversorgung immer nur Auswirkungen in dem Zeitraum entwickelt, wenn der begünstigte Mitarbeiter sein Arbeitsverhältnis beendet hat und somit nicht mehr vom Betriebsrat vertreten werden kann. Man argumentiert deshalb, die Jeweiligkeitsklausel sei bei Betriebsvereinbarungen über betriebliche Altersversorgung immer stillschweigend vereinbart.[398]

c) Drei-Stufen-Theorie (Rechts- oder Billigkeitskontrolle)

Eine ablösende umstrukturierende oder verschlechternde Betriebsvereinbarung unterliegt einer arbeitsgerichtlichen Rechts- oder Billigkeitskontrolle. Dies lässt sich damit begründen, dass die Bestandsinteressen der nach der alten Regelung begünstigten Arbeitnehmer abzuwägen sind mit den Änderungsinteressen der Betriebspartner. Hierbei gelten die Grundsätze der Verhältnismäßigkeit und des Vertrauensschutzes. Je dringender die Änderungsinteressen auf Unternehmensseite sind, desto tiefer dürfen die Einschnitte in den bisherigen Leistungsplan sein. In diesem Zusammenhang hat das BAG ein Prüfungsschema entwickelt, das den »**Besitzstand**« der alten Regelung in maximal drei Stufen aufteilt und jeder Stufe Eingriffsgründe zuordnet.[399] **280**

Neben diese abstrakte Kontrolle kann eine konkrete Kontrollmöglichkeit für jeden einzelnen Versorgungsberechtigten auf Betroffenheit als Härtefall treten.[400] Die abstrakte und konkrete Kontrolle kann durch den einzelnen **281**

---

398 Dazu BAG 12.10.2004, 3 AZR 557/03, EzA § 1 BetrAVG Hinterbliebenenversorgung Nr. 11 = BetrAV 2005, 297; 10.2.2009, 3 AZR 653/07, EzA § 1 BetrAVG Betriebsvereinbarung Nr. 6 = DB 2009, 1303; das BAG hat diese Fragen im Urteil vom 14.12.2010, 3 AZR 799/08, BetrAV 2011, 106 erneut offen gelassen.

399 So grundlegend BAG 17.4.1985, 3 AZR 72/83, EzA § 1 BetrAVG Unterstützungskasse Nr. 2; 11.9.1990, 3 AZR 380/89, EzA § 1 BetrAVG Ablösung Nr. 3; 17.11.1992, 3 AZR 76/92, EzA § 1 BetrAVG Unterstützungskasse Nr. 10; bestätigend BAG 11.12.2001, 3 AZR 512/00, EzA § 1 BetrAVG Ablösung Nr. 33, 11.12.2001, 3 AZR 128/01, EzA § 1 BetrAVG Ablösung Nr. 32 und 10.9.2002, 3 AZR 635/01, EzA § 1 BetrAVG Ablösung Nr. 34 m. Anm. *Schumann*; zusammenfassend: BAG 21.4.2009, 3 AZR 674/07, DB 2009, 2386.

400 BAG 17.3.1987, 3 AZR 64/84, EzA § 1 BetrAVG Nr. 48.

betroffenen Versorgungsberechtigten im Klagewege bei den Arbeitsgerichten herbeigeführt werden, und zwar im Urteilsverfahren, auch noch, wenn das Arbeitsverhältnis beendet ist, also z.B. bei oder nach Eintritt des Versorgungsfalls.

282   Die Drei-Stufen-Theorie hat keinen monolithischen Charakter, sondern kann nur als Orientierungsmaßstab für Arbeitgeber und Betriebsrat angesehen werden, weil Prüfungsgrundlage die allgemeinen Grundsätze der Verhältnismäßigkeit und des Vertrauensschutzes sind. Dies erklärt Modifizierungen des BAG in Bezug auf die Drei-Stufen-Theorie in jüngster Zeit.[401]

283   Ausgangspunkt für die Rechts- oder Billigkeitskontrolle der neuen ablösenden Betriebsvereinbarung ist der **totale Besitzstand** der alten Regelung, also eine »fiktive« Fortgeltung des bisherigen Leistungsplans. Zu diesem Besitzstand gehört also nicht nur die bis zum Änderungszeitpunkt »erdiente«, sondern auch die bei Fortgeltung der alten Regelung nach dem Änderungszeitpunkt »erdienbare« Versorgung.

284   Die **erste Besitzstandsstufe** ist der am Änderungsstichtag gem. § 2 BetrAVG erdiente Teilbetrag, mit Beachtung des Festschreibungseffektes der Bemessungsgrundlagen gem. § 2 Abs. 5 BetrAVG.[402]

285   Die erste Besitzstandsstufe ist so zu ermitteln, als ob der Arbeitnehmer am Änderungsstichtag ausgeschieden wäre, unabhängig davon, ob er zu diesem Zeitpunkt die Unverfallbarkeitsmodalitäten des § 1b Abs. 1 BetrAVG erfüllt hat. Auch wenn der Arbeitnehmer nach dem alten Leistungsplan erst zwei Jahre im Änderungszeitpunkt begünstigt ist, hat er einen »erdienten« Teilbetrag.

286   Der Teilbetrag ist nach dem Quotierungsprinzip gem. § 2 Abs. 1 BetrAVG zu ermitteln, soweit dieses Prinzip für die Unverfallbarkeit der Höhe nach maßgebend ist.[403]

---

401   BAG 11.12.2001, 3 AZR 512/00, EzA § 1 BetrAVG Ablösung Nr. 33, 3 AZR 128/01, EzA § 1 BetrAVG Ablösung Nr. 32 und 10.9.2002, 3 AZR 635/01, EzA § 1 BetrAVG Ablösung Nr. 34 = DB 2003, 1525 m. Anm. *Schumann*; 21.4.2009, 3 AZR 674/07, DB 2009, 2386.

402   S. dazu § 2 Rdn. 169–180.

403   S. dazu § 2 Rdn. 19–90.

▶ **Beispiel:**   287

Die Altersleistung beträgt für die ersten zehn versorgungsfähigen Jahre 200,– € (Sockelbetrag) und steigt für jedes zusätzliche Jahr um 5,– €. Der Arbeitnehmer ist im Alter von 25 Jahren in das Unternehmen eingetreten. Pensionsalter ist das Alter 65. Die Änderung erfolgt, als der Arbeitnehmer 35 Jahre alt ist.
Erste Besitzstandstufe: 10/40 × (200 € + 30 × 5 €)[404]

Bei **beitragsorientierten Leistungszusagen** (§ 1 Abs. 2 Nr. 1 BetrAVG) und   288
Beitragszusagen mit Mindestleistung (§ 1 Abs. 1 Nr. 2 BetrAVG) gelten zur Ermittlung der ersten Besitzstandsstufe die Sonderregelungen in § 2 Abs. 5a BetrAVG und in § 2 Abs. 5b BetrAVG.[405]

Bei unmittelbaren Versorgungszusagen, Unterstützungskassenzusagen und   289
Pensionsfondszusagen mit der Leistungsstruktur einer beitragsorientierten Leistungszusage bedeutet dies also, dass zur ersten Besitzstandsstufe der erdiente Besitzstand zählt, der bis zum Änderungsstichtag aus den zugeteilten Beiträgen finanziert wurde.

Das Entsprechende gilt für Beitragszusagen mit Mindestleistung bei den   290
Durchführungswegen Pensionskasse, Pensionsfonds und Direktversicherung. Zur ersten Besitzstandsstufe gehört in diesen Fällen immer das planmäßig zuzurechnende Versorgungskapital, das sich aus den bis zum Änderungsstichtag geleisteten Beiträgen (Beiträge und die daraus bis zum Eintritt des Versorgungsfalles erzielten Erträge) ergibt.

Bei dynamischen Leistungsplanstrukturen (z.B. bei einer endgehaltsabhängi-   291
gen Leistungszusage) ist nicht nur das Quotierungsprinzip des § 2 Abs. 1 BetrAVG maßgebend, sondern auch die Festschreibung der Bemessungsgrundlagen im Änderungszeitpunkt gem. § 2 Abs. 5 BetrAVG. Damit ergibt sich auch bei dynamischen Leistungsplanstrukturen für die erste Besitzstandsstufe immer ein Festbetrag.

Die **zweite Besitzstandsstufe** (»erdiente Dynamik«, »prozentualer Besitz-   292
stand«) gibt es nur bei dynamischen Leistungsplanstrukturen. Sie erfasst den

---

404 Es wird also immer »durchquotiert«. Im Beispielsfall sind also nicht etwa 200 €
der ersten Besitzstandsstufe zuzuordnen, BAG 25.5.2004, 3 AZR 145/03, EzA
§ 2 BetrAVG Nr. 21.
405 S. dazu § 2 Rdn. 186–197.

bis zum Änderungsstichtag erdienten Besitzstand unter Berücksichtigung der Dynamik bis zum Eintritt des Versorgungsfalles.

293 ▶ **Beispiel:**

Sieht der Leistungsplan einen jährlichen Steigerungsprozentsatz von 0,4 % des versorgungsfähigen Arbeitseinkommens vor und sind im Änderungszeitpunkt 12 Dienstjahre abgeleistet, so beträgt der erdiente dynamische Besitzstandteil der zweiten Stufe 4,8 % des versorgungsfähigen Arbeitseinkommens bei Eintritt des Versorgungsfalls und nicht wie bei der ersten Besitzstandsstufe des maßgebenden Einkommens im Änderungsstichtag entsprechend § 2 Abs. 5 BetrAVG.

294 Auch hier wird wie bei der ersten Besitzstandsstufe bei nicht gleichmäßig steigenden Leistungsplanstrukturen (z.B. Sockelbetrag 5 % zuzüglich Steigerungsbetrag 0,2 % des maßgebenden Einkommens) nach der Quotierungsmethode des § 2 Abs. 1 S. 1 BetrAVG verfahren, also »durchquotiert«.[406]

295 Diese Definition der erdienten Dynamik für die zweite Besitzstandsstufe ist nur dann richtig, wenn die dynamische Versorgungszusage für die Zukunft gänzlich aufgehoben wird, nach dem Änderungszeitpunkt keine Anwartschaftssteigerung mehr erfolgt, der sich aus § 2 Abs. 1 BetrAVG ergebende und entsprechend § 2 Abs. 5 BetrAVG errechnete Versorgungsbesitzstand – die erste Besitzstandsstufe zuzüglich darauf entfallender Dynamik – aufrechterhalten wird. Anders verhält es sich aber, wenn zwar in den Faktor »Endgehalt« – auch für die vor dem Änderungszeitpunkt liegende Zeit – verschlechternd eingegriffen, aber zugleich die Möglichkeit eröffnet wird, nach veränderten Berechnungsmaßstäben für die Zukunft weitere dienstzeitabhängige Zuwächse zu erwerben. In einem solchen Fall kann erst beim Ausscheiden aus dem Arbeitsverhältnis festgestellt werden, ob mit der ablösenden Neuregelung in die vom begünstigten Arbeitnehmer erdiente Dynamik eingegriffen worden ist.[407]

---

406 S. dazu vorstehendes Beispiel zur ersten Besitzstandsstufe; bestätigt durch BAG 25.5.2004, 3 AZR 145/03, EzA § 2 BetrAVG Nr. 21.

407 So z.B. BAG 11.12.2001, 3 AZR 128/01, EzA § 1 BetrAVG Ablösung Nr. 32 und 10.9.2002, 3 AZR 635/01, EzA § 1 BetrAVG Ablösung Nr. 34 = DB 2003, 1525 m. Anm. *Schumann*; vgl. dazu z.B. *Kemper/Kisters-Kölkes* Grundzüge Rn. 637.

Das BAG ist der Auffassung, Besitzstandswahrung bedeute nicht, dass der 296
Arbeitnehmer Anspruch darauf hat, den dynamisch bis zum Ausscheiden
fortgeschriebenen Besitzstand im Änderungszeitpunkt erhalten zu bekommen
und zusätzlich Zuwächse nach der Neuregelung zu erwerben. Der
Besitzstand aus einer erdienten Dynamik ist bereits dann aufrechterhalten,
wenn der begünstigte Arbeitnehmer **im Versorgungsfall** zumindest den
Betrag oder den Rentenwert erhält, den er zum Änderungsstichtag bei Aufrechterhaltung
der bisherigen Dynamik der dienstzeitunabhängigen Bemessungsfaktoren
erreicht hatte. Dies ist Ausdruck des Vertrauensschutzes.
Verbleibt dem Arbeitnehmer in jedem Fall das, worauf er zum Änderungszeitpunkt
vertrauen durfte, verletzt eine verschlechternde Neuordnung schützenswertes
Vertrauen nicht.

▶ **Beispiel:** 297

Der Arbeitnehmer ist mit dem 25. Lebensjahr in das Unternehmen eingetreten.
Feste Altersgrenze ist das 65. Lebensjahr. Die Neuordnung sieht
vor, dass bei einer dynamischen Leistungsplanstruktur (0,5 % des versorgungsfähigen
Einkommens pro Dienstjahr) die erste Besitzstandstufe
gewahrt bleibt, und zwar €-fest:
Bei einem versorgungsfähigen Einkommen im Änderungszeitpunkt von
2.000,– € monatlich nach 15 Dienstjahren bei 40 möglichen Dienstjahren
sind das also:
400 € × 15/40 = 150 € (§ 2 Abs. 1 und 5 BetrAVG)
Für künftige Dienstjahre sollen nach der Neuordnung 10,– € pro Dienstjahr
als Steigerungsbetrag gewährt werden.
Es ist dann **im Versorgungsfall** festzustellen, ob in die bis zum Änderungszeitpunkt
erdiente Dynamik eingegriffen worden ist. Dabei ist die
Summe der künftigen Steigerungsbeträge von 10,– € pro Dienstjahr als
»Dynamik« der im Änderungszeitpunkt erdienten 150,– € zu werten.

Gegen eine solche Regelung bestehen keine Bedenken wegen Verstoßes 298
gegen den arbeitsrechtlichen Gleichbehandlungsgrundsatz.[408]

Prozessual ist in derartigen Fällen eine etwa beeinträchtigte erdiente Dyna- 299
misierung des bis zum Abänderungszeitpunktes erdienten Besitzstandes als

---

408 BAG 11.12.2001, 3 AZR 128/01, EzA § 1 BetrAVG Ablösung Nr. 32
     und 10.9.2002, 3 AZR 635/01, EzA § 1 BetrAVG Ablösung Nr. 34 =
     DB 2003, 1525 m. Anm. *Schumann*; 15.7.2008, 3 AZR 669/06, FA 2009, 216.

Mindestanspruch anzuerkennen. Dem Begünstigten muss im Ergebnis als Betriebsrente zumindest das Produkt aus dem bis zum Ablösestichtag erdienten Prozentsatz und dem tatsächlichen Endgehalt bei Ausscheiden zuerkannt werden.

300 Dasselbe gilt für die Höhe der »unverfallbaren Anwartschaft nach einer verschlechternden Neuordnung«.[409] Grundsätzlich gilt auch nach einer Neuordnung das Quotierungsprinzip gem. § 2 Abs. 1 BetrAVG. Es ist aber sodann zu prüfen, ob der so ermittelte Betrag hinter der garantierten Mindestrente zurückbleibt. Ist dies der Fall, muss die garantierte Mindestrente gezahlt werden.[410]

301 Die **dritte Besitzstandsstufe** bezieht sich auf die noch erdienbaren Versorgungsteilbeträge, die in der Zeit nach dem Änderungsstichtag erworben werden können (Steigerungsbeträge).

302 Den einzelnen Besitzstandsstufen sind Eingriffsgründe von unterschiedlicher Intensität zugeordnet. Für Eingriffe in die erste Besitzstandsstufe müssen **zwingende Gründe** vorliegen. Das BAG hatte dies angenommen für eine **wirtschaftliche Notlage**.[411]

303 Dies ist heute nicht mehr so, nachdem der Insolvenzsicherungsfall der wirtschaftlichen Notlage in § 7 BetrAVG mit Wirkung vom 1.1.1999 ersatzlos gestrichen worden ist.[412] Stellt eine wirtschaftliche Notlage einen zwingenden Grund dar, könnte der Arbeitgeber z.B. schon insolvenzgeschützte Rechtspositionen ersatzlos entziehen, ohne dass der Versorgungsberechtigte durch eine Eintrittspflicht des PSVaG geschützt wäre. Ab 1.1.1999 ist deshalb eine wirtschaftliche Notlage kein zwingender Änderungsgrund mehr.[413] Dem steht

---

409 So *Förster/Cisch* BB 2005, 773.

410 BAG 16.12.2003, 3 AZR 39/03, EzA § 1 BetrAVG Ablösung Nr. 41; dazu auch *Förster/Cisch* BB 2005, 773, *Kemper/Kisters-Kölkes* Grundzüge Rn. 680 f. und *Engelstädter* FS Kemper, S. 143 ff.

411 BAG 6.12.1979, 3 AZR 274/78, EzA § 7 BetrAVG Nr. 4 und 20.1.1987, 3 AZR 313/85, EzA § 7 BetrAVG Nr. 23.

412 Art. 91 des Einführungsgesetzes zur Insolvenzordnung vom 5.10.1994, BGBl. I S. 2911, 2947.

413 BAG 17.6.2003, 3 AZR 396/02, EzA § 7 BetrAVG Nr. 69; 31.7.2007, 3 AZR 373/06, EzA § 7 BetrAVG Nr. 72 = DB 2007, 2849 und 31.7.2007, 3 AZR 372/06, DB 2008, 1505; s. dazu auch die Begründung des Gesetzesentwurfs der Bundesregierung, BT-Drucks. 12/3803, S. 109 f. sowie § 7 Rdn. 22.

der Grundsatz des Vertrauensschutzes nicht entgegen.[414] In derartigen Fällen besteht für den Arbeitgeber die Möglichkeit, im Rahmen eines außergerichtlichen Vergleichs unter Beteiligung des PSVaG eine Lösung herbeizuführen (§ 7 Abs. 1 S. 3 Nr. 3 BetrAVG). Der Arbeitgeber kann bei einer wirtschaftlichen Notlage aber auch nach § 18 InsO einen Insolvenzantrag wegen drohender Zahlungsunfähigkeit stellen und damit zu einem Zeitpunkt, in dem er noch handlungsfähig ist. Ggf. kann ein Insolvenzplan vereinbart werden, der das Unternehmen wieder auf eine wirtschaftlich tragfähige Basis stellt.

Zwingende Gründe sind anzunehmen, wenn die bestehende Versorgungsregelung zu einer **absoluten** oder auch nur **planwidrigen Überversorgung** führt. Dann liegt eine Störung der Geschäftsgrundlage vor (§ 313 BGB).[415] **304**

Von einer absoluten Überversorgung spricht man, wenn die Versorgung aus der gesetzlichen Rentenversicherung und der betrieblichen Altersversorgung höher ist als das Nettoeinkommen in der Aktivitätszeit oder bei vergleichbaren Aktiven (»Nettoversorgungsgrad« über 100). **305**

Unter planwidriger Überversorgung versteht man eine Situation, bei der das ursprünglich angestrebte Versorgungsziel deshalb verfehlt wird, weil sich externe Verhältnisse (Steuer- und Abgabelast der aktiven Arbeitnehmer) seit Installierung des alten Versorgungssystems wesentlich geändert haben. Dies ist z.B. bei Gesamtversorgungssystemen anzutreffen, bei denen die Höhe der betrieblichen Altersversorgung unter Berücksichtigung der Sozialversicherungsrente ermittelt wird, z.B. eine Gesamtversorgung von 70 % des letzten Bruttoeinkommens zugesagt ist.[416] **306**

Enthält ein Leistungsplan eine Bruttogesamtversorgungsobergrenze, nach der die Betriebsrente niedriger ist als das Nettoeinkommen vergleichbarer Arbeitnehmer, tritt eine Störung der Geschäftsgrundlage jedenfalls dann ein, wenn **307**

---

414 BAG 31.7.2007, 3 AZR 373/06, EzA § 7 BetrAVG Nr. 72.
415 BAG 24.1.2006, 3 AZR 583/04, DB 2006, 1621; 17.1.2012, 3 AZR 555/09.
416 BAG 23.10.1990, 3 AZR 260/89, EzA § 1 BetrAVG Ablösung Nr. 4;
     9.4.1991, 3 AZR 598/89, EzA § 1 BetrAVG Nr. 5; 28.7.1998, 3 AZR 100/98,
     EzA § 1 BetrAVG Ablösung Nr. 18; 23.9.1997, 3 ABR 85/96, EzA § 77 BetrVG
     1972 Nr. 60; zur »Störung der Geschäftsgrundlage« auch BAG 11.12.2001,
     3 AZR 512/00, EzA § 1 BetrAVG Ablösung Nr. 33.

dieses Nettoeinkommen durch spätere tatsächliche und rechtliche Änderungen überschritten wird.[417]

308   Der Arbeitgeber, der ein Gesamtversorgungssystem eingeführt hat, kann Anpassung wegen Störung der Geschäftsgrundlage erst verlangen, wenn der bei Schaffung des Versorgungssystems zugrunde gelegte Dotierungsrahmen aufgrund von Änderungen bei den steuerlichen und abgabenrechtlichen Verhältnissen zum Anpassungsstichtag um mehr als 50 % überschritten wird.[418]

309   Für Eingriffe in die zweite Besitzstandsstufe sind **triftige Gründe** erforderlich. Diese sind dann gegeben, wenn der Arbeitgeber eine Anpassung der laufenden Leistungen gem. § 16 Abs. 1 BetrAVG wegen einer schlechten wirtschaftlichen Lage verweigern kann.[419] Ein triftiger Grund, der einen Eingriff in die erdiente Dynamik rechtfertigen kann, liegt damit vor, wenn ein unveränderter Fortbestand des Versorgungswerks langfristig zu einer Substanzgefährdung des Versorgungsschuldners führen würde. Dies ist dann der Fall, wenn die Kosten des bisherigen Versorgungswerks nicht mehr aus den Unternehmenserträgen und etwaigen Wertzuwächsen des Unternehmensvermögens erwirtschaftet werden können, sodass eine die Entwicklung des Unternehmens beeinträchtigende Substanzaufzehrung droht.[420]

310   Bei steuerbefreiten Berufsverbänden in der Rechtsform eines nicht eingetragenen oder eingetragenen Vereins (z.B. Gewerkschaften und Unternehmerverbände), die nicht am Markt zu Gewinnerzielung tätig sind, gelten Beson-

---

417   BAG 13.11.2007, 3 AZR 455/06, EzA § 1 BetrAVG Geschäftsgrundlage Nr. 3 = DB 2008, 994.

418   BAG 19.2.2008, 3 AZR 290/06, EzA § 1 BetrAVG Geschäftsgrundlage Nr. 4 = DB 2008, 1387 und 19.2.2008, 3 AZR 743/06, BB 2008, 441 = BetrAV 2008, 214; s.a. Rdn. 351.

419   BAG 23.4.1985, 3 AZR 156/83, EzA § 16 BetrAVG Nr. 16; 17.4.1985, 3 AZR 72/83, EzA § 1 BetrAVG Unterstützungskasse Nr. 2; 11.5.1999, 3 AZR 380/98, EzA § 1 BetrAVG Ablösung Nr. 20; 11.12.2001, 3 AZR 512/00, EzA § 1 BetrAVG Ablösung Nr. 33; einschränkend: *Rößler* Der triftige Grund in der Bestandsrechtsprechung des BAG – Zur Übertragung der wirtschaftlichen Lage i.S.d. § 16 BetrAVG – Frankfurt 2005, passim; hierzu auch Kommentierung zu § 16 BetrAVG.

420   So BAG 11.12.2001, 3 AZR 128/01, EzA § 1 BetrAVG Ablösung Nr. 32; 10.9.2002, 3 AZR 635/01, EzA § 1 BetrAVG Ablösung Nr. 34 = DB 2003, 1525 m. Anm. *Schumann*; 13.12.2005, 3 AZR 217/05, EzA Art. 9 GG Nr. 86 = RdA 2007, 182 ff. m. Anm. *Steinmeyer*.

derheiten. Hier kommt es nicht in erster Linie auf die Vermögenssituation und deren Entwicklung an, sondern auf die künftige Entwicklung des Beitragseinkommens einerseits und der Versorgungsverbindlichkeiten andererseits.[421]

Dabei sind die sog. ungedeckten Verpflichtungen auch bei nicht rechtsfähigen, nicht bilanzierungspflichtigen Idealvereinen nach handelsrechtlichen Bestimmungen zu ermitteln, unabhängig davon, ob ein handels- oder steuerrechtlicher Passivierungszwang besteht. **311**

Eine zutreffende Abbildung der wirtschaftlichen Lage nach bilanzrechtlichen Regeln kann einem Versorgungsschuldner auch nicht deshalb versagt werden, weil dieser hierauf in der Vergangenheit unter Außerachtlassung wirtschaftlicher Vernunft verzichtet und so die wahre Vermögenslage objektiv falsch dargestellt hat. An einer solchen Verhaltensweise, die Gläubiger und Arbeitsplätze gefährdet, kann niemand von Rechts wegen festgehalten werden.[422] Kaufmännisches Fehlverhalten hindert also nicht die Eingriffsmöglichkeit seitens des Arbeitgebers.[423] **312**

Dies gilt auch, wenn eine Unterstützungskassenversorgung reduziert werden soll. Bei Unterstützungskassen entstehen schon aus steuerlichen Gesichtspunkten i.d.R. Kassenvermögen, die nicht den vollen Gegenwert der Versorgungsverbindlichkeiten erreichen, sodass das hinter der Unterstützungskasse stehende Trägerunternehmen regelmäßig selbst für die Deckung eines Teils der künftigen Versorgungsverbindlichkeiten sorgen muss.[424] **313**

Anhaltspunkte für das Vorliegen triftiger Gründe liegen auch in einem erheblichen Personalabbau, insbesondere bei Arbeitnehmer- oder Arbeitgeberorganisationen, die keinen Gewinn anstreben. Insoweit ist ein erheblicher Personalabbau ein starkes Indiz für wirtschaftliche Schwierigkeiten. Das Personal ist auch Substanz eines Unternehmens. Das Entsprechende gilt bei signifikanten Beitragsrückgängen und rückläufigen Mitgliederzahlen.[425] **314**

Indizwirkung für das Vorliegen triftiger Gründe und auch sonstiger Änderungsgründe hat eine Betriebsvereinbarung, die verdeutlicht, dass bei dem **315**

---

421 BAG 13.12.2005, 3 AZR 217/05, EzA § 16 BetrAVG Nr. 44 = DB 2006, 1687.
422 BAG 11.12.2001, 3 AZR 512/00, EzA § 1 BetrAVG Ablösung Nr. 33.
423 BAG 18.9.2001, 3 AZR 728/00, EzA § 1 BetrAVG Ablösung Nr. 31.
424 BAG 11.12.2001, 3 AZR 512/00, EzA § 1 BetrAVG Ablösung Nr. 33.
425 BAG 13.12.2005, 3 AZR 217/05, EzA § 16 BetrAVG Nr. 44 = DB 2006, 1687.

Unternehmen Änderungsgründe vorliegen.[426] Eine derartige Betriebsvereinbarung ist eine freiwillige Betriebsvereinbarung, da die Herabsetzung des Dotierungsrahmens mitbestimmungsfrei durch den Arbeitgeber bewirkt werden kann.[427] Ist eine derartige, die Änderungsgründe bestätigende Betriebsvereinbarung geschlossen worden, so ist bei der Prüfung der Klage eines betroffenen Versorgungsberechtigten nur noch eine individuelle (konkrete) Rechts- oder Billigkeitskontrolle vorzunehmen.[428]

316 Auch nichtwirtschaftliche Gründe können triftige Eingriffsgründe sein,[429] z.B. »Umverteilung« bei den Leistungsarten von Alters- auf Invaliditätsleistungen.

317 Auf der dritten Eingriffsstufe, bei Eingriffen in noch nicht erdiente Zuwachsraten, reichen **sachlich-proportionale Gründe**. Solche Eingriffe dürfen nicht willkürlich sein. Sie müssen nachvollziehbar erkennen lassen, welche Umstände und Erwägungen zur Änderung der Versorgungszusage Anlass gegeben haben. Das Vertrauen der Arbeitnehmer in den Fortbestand der bisherigen Regelung darf nicht über Gebühr beeinträchtigt werden.[430]

318 Sachlich-proportionale Eingriffsgründe liegen z.B. vor:
– wenn sich unterschiedliche Versorgungssysteme in einem Unternehmen herausgebildet haben und diese nunmehr harmonisiert werden sollen[431]; das soll auch gelten bei einer Harmonisierung, die deshalb notwendig wird, weil anlässlich eines Betriebsübergangs gem. § 613a Abs. 1 S. 3 BGB unterschiedliche Versorgungssysteme entstanden sind.[432] Das ist zumin-

426 BAG 11.12.2001, 3 AZR 128/01, EzA § 1 BetrAVG Ablösung Nr. 32 und 10.9.2002, 3 AZR 635/01, EzA § 1 BetrAVG Ablösung Nr. 34 = DB 2003, 1525 m. Anm. *Schumann*.
427 S. dazu Rdn. 392.
428 S. dazu Rdn. 281.
429 BAG 11.9.1990, 3 AZR 380/89, EzA § 1 BetrAVG Ablösung Nr. 3; 7.7.1992, 3 AZR 522/91, EzA § 1 BetrAVG Ablösung Nr. 9.
430 BAG 11.12.2001, 3 AZR 128/01, EzA § 1 BetrAVG Ablösung Nr. 32 und 10.9.2002, 3 AZR 635/01, EzA § 1 BetrAVG Ablösung Nr. 34 = DB 2003, 1525 m. Anm. *Schumann*.
431 BAG 8.12.1981, 3 ABR 53/80, EzA § 242 BGB Ruhegeld Nr. 96.
432 BAG 29.7.2003, 3 AZR 630/02, EzA § 1 BetrAVG Ablösung Nr. 42; s. dazu auch *Kemper/Kisters-Kölkes* Grundzüge Rn. 731 ff.

dest dann zu überdenken, wenn die Neuordnung in unmittelbarem zeitlichen Zusammenhang mit dem Betriebsübergang steht.[433]

– wenn eine wirtschaftlich ungünstige Entwicklung des Unternehmens absehbar ist, ohne dass eine wirtschaftliche Schieflage im Sinne von § 16 BetrAVG entsprechend den Verhältnissen bei triftigen Gründen vorliegen muss[434],

– wenn »Modernisierungen« der alten betrieblichen Altersversorgung wegen möglicher Verstöße gegen den Gleichbehandlungsgrundsatz oder den Gleichberechtigungsgrundsatz oder wegen veränderter Sozialversicherungsverhältnisse notwendig erscheinen[435].

Ob die Öffnung eines für den Neuzugang geschlossenen Versorgungssystems **319** ein sachlich-proportionaler Eingriffsgrund in bestehende Versorgungsanwartschaften ist,[436] erscheint fraglich. Dann müsste logischerweise auch der Verzicht auf eine Schließung ein Eingriffsgrund sein. In derartigen Fällen dürfte es generell um eine Änderung aus wirtschaftlichen Gründen gehen, also um eine Verkleinerung des Dotierungsrahmens mit neuen Verteilungsgrundsätzen. Andererseits ist sozial- und personalpolitisch nicht hinnehmbar, wenn ein steigender Anteil der Mitarbeiter, der im Wesentlichen die Anpassungslasten durch Erträge des Unternehmens mit erwirtschaftet, deshalb unversorgt bleibt, weil die bisher Begünstigten versorgt sind.

Das RV-Altersgrenzenanpassungsgesetz[437] strahlt auch auf die betriebliche **320** Altersversorgung aus, wenngleich dadurch die Gestaltungsfreiheit bei Leistungsplänen insgesamt und beim Pensionsalter im Besonderen nicht eingeschränkt wird.[438] Daraus ist aber kein sachlich-proportionaler Änderungsgrund für Leistungspläne herzuleiten, die noch die alte Regelaltersgrenze in der gesetzlichen Rentenversicherung enthalten. Die Begründung dafür liegt darin, dass durch die Heraufsetzung der Altersgrenzen in der gesetzlichen Rentenversicherung und die Übertragung der neuen Regelaltersgrenzen auf

---

433 Dazu *Kemper* BB 1990, 785.

434 BAG 11.5.1999, 3 AZR 21/98, EzA § 1 BetrAVG Ablösung Nr. 20; 18.9.2001, 3 AZR 728/00, EzA § 1 BetrAVG Ablösung Nr. 31.

435 BAG 22.4.1986, 3 AZR 496/83, EzA § 1 BetrAVG Unterstützungskasse Nr. 3; dazu auch *Langohr-Plato* Rn. 1440 ff.

436 So wohl BAG 8.12.1981, 3 ABR 53/80, EzA BGB § 242 Nr. 96 Ruhegeld; 17.6.2003, 3 AZR 43/02, EzA § 1 BetrAVG Ablösung Nr. 40.

437 Vom 20.4.2007 BGBl. I S. 554 ff. Art. 12, 568; s. dazu auch § 2 Rdn. 29–35.

438 S. dazu Rdn. 55; dazu auch *Rolfs* BetrAV 2007, 599.

die betriebliche Altersversorgung ein Entlastungseffekt für den Arbeitgeber eintreten kann, der naturgemäß nicht als Anlass für eine Reduzierung des Dotierungsrahmens herangezogen werden kann. Die Arbeitnehmer würden im Verhältnis zu ihrer bisherigen Zusage lediglich Einbußen erleiden. Daher kann eine neue ablösende Betriebsvereinbarung i.d.R. nicht die bloße Heraufsetzung der bisherigen festen Altersgrenze von 65 auf 67 vorsehen. Die Anpassung durch ablösende Betriebsvereinbarung muss sich unter Beachtung der Grundsätze der Verhältnismäßigkeit und des Vertrauensschutzes an den jeweiligen Verhältnissen, insbesondere der Leistungsstruktur der bestehenden Regelung, orientieren. Dabei ist eine sinnvolle Verknüpfung der bisherigen Leistungsvoraussetzungen mit der neuen Regelaltersgrenze, indem beispielsweise die Dienstzeiten, die über das 65. Lebensjahr hinaus verbracht werden, leistungssteigernd berücksichtigt werden, elementar. Etwas anderes kann u.U. für dienstzeitunabhängige Festbetragssysteme oder Leistungsstrukturen mit einer maximalen Anzahl rentensteigernder Dienstjahre gelten. Das Bundesarbeitsgericht[439] sieht das zumindest bei Gesamtversorgungssystemen offensichtlich anders; dazu auch Rdn. 55.

321 Eine Ausnahme gilt natürlich, wenn in dem Leistungsplan des ursprünglichen Systems auf die jeweiligen gesetzlichen Regelaltersgrenzen als Pensionsalter in Form einer dynamischen Jeweiligkeitsklausel Bezug genommen wird.[440]

322 *unbelegt*

323 Die Drei-Stufen-Theorie als Maßstab für eine Rechts- oder Billigkeitskontrolle ist für Eingriffe in Versorgungsanwartschaften entwickelt worden. Bei **Beziehern von Versorgungsleistungen** (Rentnern) sind ebenfalls Eingriffe möglich, z.B. in Bezug auf vereinbarte Spannen- und Wertsicherungsklauseln, zumindest wenn in dem Arbeitsvertrag vereinbart wurde, dass die Betriebsvereinbarungen »in der jeweils gültigen Fassung« maßgebend sein sollen.[441] Darunter fällt z.B. die Veränderung einer volldynamischen Leistungsplanstruktur, wenn einsichtige Gründe bestehen, zu einer Garantiedynamik in Anlehnung (nicht in Anwendung!) von § 16 Abs. 3 Nr. 1 BetrAVG

---

439 BAG 15.5.2012, 3 AZR 11/10.
440 Dazu *Höfer/Witt/Kuchem* BB 2007, 1445.
441 BAG 25.10.1988, 3 AZR 483/86, EzA § 77 BetrVG 1972 Nr. 26; 18.4.1989, 3 AZR 688/87, EzA § 77 BetrVG 1972 Nr. 28; s. dazu auch Rdn. 277–279.

in Zukunft überzugehen. Ähnlich stellt sich auch der Übergang von günstigeren Anpassungsregelungen auf die Anpassungsvarianten gem. § 16 Abs. 1 und Abs. 3 BetrAVG dar. Eingriffe in Versorgungsregelungen hinsichtlich laufender Leistungen bedürfen tragfähiger Gründe. I.d.R. können nur noch geringfügige Verschlechterungen gerechtfertigt sein. Dazu bedarf es sachlich nachvollziehbarer, Willkür ausschließender Gründe. Ein mehr als geringfügiger Eingriff bedarf darüber hinausgehender Gründe.[442] Im Rentnerstadium darf es in keinem Fall zu Umstrukturierungen oder Verwirklichung von veränderten Gerechtigkeitsvorstellungen kommen.[443]

d) Kündigung

Eine Betriebsvereinbarung über betriebliche Altersversorgung kann von den **324** Betriebspartnern – soweit nichts anderes vereinbart ist – mit einer Frist von drei Monaten gekündigt werden (§ 77 Abs. 5 BetrVG). Eine Nachwirkung gem. § 77 Abs. 6 BetrVG tritt nicht ein. Die Herabsetzung des Dotierungsrahmens ist mitbestimmungsfrei. Dafür ist eine Einigungsstelle nicht zuständig.[444] Offen ist, ob eine Nachwirkung angenommen werden kann, wenn der Arbeitgeber mit der Kündigung nur eine Kürzung des Dotierungsrahmens mit verändertem Leistungsplan erreichen will.[445]

Die Kündigung ist eine einseitig empfangsbedürftige Willenserklärung, **325** bedarf keiner Begründung und unterliegt keiner inhaltlichen Kontrolle.[446]

Die Kündigung einer Betriebsvereinbarung über betriebliche Altersversor- **326** gung bewirkt zunächst die Schließung des Versorgungswerkes für künftig eintretende Mitarbeiter.[447]

---

442 BAG 28.6.2011, 3 AZR 282/09, EzA § 16 BetrAVG Nr. 59 = DB 2011, 2923.
443 BAG 12.10.2004, 3 AZR 557/03, EzA § 1 BetrAVG Hinterbliebenenversorgung Nr. 11 = BetrAV 2005, 297; 13.11.2007, 3 AZR 455/06, EzA § 1 BetrAVG Geschäftsgrundlage Nr. 3 = DB 2008, 994; 29.1.2008, 3 AZR 42/06, EzA § 87 BetrVG 2001 Betriebliche Lohngestaltung Nr. 14.
444 S. dazu i.E. Rdn. 375–441.
445 Dazu BAG 18.9.2001, 3 AZR 728/00, EzA § 1 BetrAVG Ablösung Nr. 31 = NZA 2002, 1164 und *Blomeyer/Rolfs/Otto* Rn. 594 zu Anh. § 1.
446 BAG 17.8.2004, 3 AZR 189/03, EzA § 1 BetrAVG Betriebsvereinbarung Nr. 5.
447 S. dazu Rdn. 266–267; auch BAG 15.2.2011, 3 AZR 35/09, EzA § 1 BetrAVG Betriebsvereinbarung Nr. 9 = DB 2011, 1928.

327 Kündigungswirkungen treten auch für die von der gekündigten Betriebsvereinbarung begünstigten Arbeitnehmer ein. Das BAG unterscheidet zwischen der Kündbarkeit einer Betriebsvereinbarung und den Rechtsfolgen einer Kündigung. Die aufgrund der gekündigten Betriebsvereinbarung erworbenen Besitzstände der betroffenen Arbeitnehmer werden kraft Gesetzes nach den Grundsätzen der Verhältnismäßigkeit und des Vertrauensschutzes geschützt. Damit tritt faktisch eine besondere Art der »Nachwirkung« der gekündigten Betriebsvereinbarung ein.[448]

328 Die aufgrund der gekündigten Betriebsvereinbarung erworbenen Besitzstände können in derselben Weise verändert werden, wie dies im Rahmen der Drei-Stufen-Theorie bei einer ablösenden neuen Betriebsvereinbarung der Fall ist. Durch die Kündigung kann der Arbeitgeber also nicht mehr erreichen, als der Abschluss einer ablösenden Betriebsvereinbarung bewirken könnte. Allerdings kann der Arbeitgeber bei einer Kündigung einer Betriebsvereinbarung die Änderungswirkung einseitig erreichen, ohne den Betriebsrat einzuschalten. Dabei sind natürlich die erzwingbaren Mitbestimmungsrechte des Betriebsrates bei den Verteilungsgrundsätzen auf dem abgesenkten Dotierungsniveau zu beachten.[449]

329 Soweit hiernach die Wirkungen der Kündigung einer Betriebsvereinbarung über betriebliche Altersversorgung beschränkt sind, bleibt die Betriebsvereinbarung als Rechtsgrundlage erhalten. Die nach der Kündigung der Betriebsvereinbarung verbleibenden Rechtspositionen genießen unverändert den Schutz des § 77 BetrVG. Für die Teile der Versorgungsbesitzstände, die unangetastet bleiben, ist weiterhin die gekündigte Betriebsvereinbarung maßgebend und Rechtsbegründungsakt.[450]

---

448 BAG 15.2.2011, 3 AZR 35/09, EzA § 1 BetrAVG Betriebsvereinbarung Nr. 9 = DB 2011, 1928 zusammenfassend und m.w.N.
449 S. dazu Rdn. 396.
450 BAG 11.5.1999, 3 AZR 21/98, EzA § 1 BetrAVG Betriebsvereinbarung Nr. 1; 17.8.1999, 3 ABR 55/98, EzA § 1 BetrAVG Betriebsvereinbarung Nr. 2; 21.8.2002, 3 ABR 44/00, EzA § 1 BetrAVG Betriebsvereinbarung Nr. 4; 17.8.2004, 3 AZR 189/03, EzA § 1 BetrAVG Betriebsvereinbarung Nr. 5; 25.5.2004, 3 AZR 145/03, EzA § 2 BetrAVG Nr. 21; zu den Kündigungswirkungen einer Betriebsvereinbarung über betriebliche Altersversorgung auch BAG 19.9.2006, 1 ABR 58/05, EzA § 77 BetrVG 2001 Nr. 16 = NZA 2007, 1128; 15.2.2011, 3 AZR 35/09, EzA § 1 BetrAVG Betriebsvereinbarung Nr. 9 = DB 2011, 1928.

Der Betriebsrat hat das Recht, in einem arbeitsgerichtlichen Beschlussverfahren 330
klären zu lassen, welche Wirkungen mit der Kündigung der Betriebsvereinbarung eingetreten sind. Wurden mit der Kündigung Eingriffe in Besitzstände vorgenommen, wird in diesem Verfahren für alle betroffenen Arbeitnehmer geklärt, ob Gründe vorlagen, wie gewichtig diese Gründe waren und welche Besitzstandstufe von der Kündigung betroffen ist. Der Arbeitgeber hat die Darlegungs- und Beweislast.[451] Unabhängig davon verbleibt dem einzelnen betroffenen Arbeitnehmer die Klagemöglichkeit im Urteilsverfahren.[452]

2. Tarifvertrag

Tarifverträge können grundsätzlich gekündigt werden, unabhängig von der 331
Nachwirkung gem. § 4 Abs. 5 TVG, oder durch einen neuen Tarifvertrag abgeändert werden. Für das Verhältnis des späteren zum früheren Tarifvertrag gilt das Ablösungsprinzip. Versorgungstarifverträge können auch zum Nachteil der Versorgungsberechtigten geändert werden.[453]

Tritt ein Tarifvertrag, der dynamisch auf die jeweils geltende Fassung eines 332
anderen Tarifvertrags verweist, in das Stadium der Nachwirkung nach § 4 Abs. 5 TVG ein, so endet diese Dynamik. Aus der dynamischen Verweisung wird eine statische mit der Folge, dass der in Bezug genommene Tarifvertrag genauso wie der Bezug nehmende lediglich in der Fassung weiter gilt, wie er bei seinem Ablauf galt.[454]

Im Gegensatz zu den Verhältnissen bei ablösenden Betriebsvereinbarungen[455] 333
findet bei der Änderung von Tarifverträgen eine arbeitsgerichtliche Rechts- oder Billigkeitskontrolle nicht statt. Bei Änderung eines Versorgungstarifvertrages bezieht sich die gerichtliche Überprüfung nur auf Verstöße gegen das Grundgesetz, gegen zwingendes Gesetzesrecht, gegen die guten Sitten und

---

451 BAG 17.8.1999, 3 AZR 55/98, EzA § 1 BetrAVG Betriebsvereinbarung Nr. 2 = DB 2000, 774.
452 S. dazu Rdn. 281.
453 BAG 24.8.1993, 3 AZR 313/93, EzA § 1 BetrAVG Ablösung Nr. 10; 27.2.2007, 3 AZR 734/05, EzA Art. 9 GG Nr. 90 = DB 2007, 1763.
454 BAG 29.1.2008, 3 AZR 426/06, AP Nr. 49 zu § 4 TVG Nachwirkung = DB 2008, 2434.
455 S. dazu Rdn. 272–330.

gegen tragende Grundsätze des Arbeitsrechts.[456] Anders als bei den Betriebspartnern erstreckt sich die Regelungsbefugnis der Tarifvertragsparteien nicht nur auf aktive Arbeitsverhältnisse, sondern auch auf Ruhestandsverhältnisse.[457] Das gilt auch für mit unverfallbarer Anwartschaft ausgeschiedene ehemalige Arbeitnehmer.[458]

334   Offen ist, in welchem Umfang ein Besitzstandsschutz von Versorgungsanwartschaften und Versorgungsansprüchen zu den tragenden Grundsätzen des Arbeitsrechts gehört.

335   Ein neuer Versorgungstarifvertrag verstößt zumindest dann nicht gegen tragende Grundsätze des Arbeitsrechts, wenn die »Drei-Stufen-Theorie«, die das BAG für ablösende Betriebsvereinbarungen entwickelt hat, beachtet wird. Andererseits darf die »Drei-Stufen-Theorie« nicht »unbesehen« bei Tarifverträgen angewandt werden, ihre Maßstäbe können lediglich als Anhaltspunkt dienen.[459] Tarifverträge sind in Bezug auf Änderungen der betrieblichen Altersversorgung sehr flexibel.[460] Die Kontrolldichte durch die Rechtsprechung ist bei Tarifverträgen erheblich geringer als bei Betriebsvereinbarungen. Dies ist mit der Koalitionsfreiheit gem. Art. 9 Abs. 3 GG begründbar.

336   Das BAG hat den Abbau einer Überversorgung durch Tarifvertrag für zulässig gehalten, und zwar derart, dass Lohnerhöhungen der aktiven Arbeitnehmer so lange nicht zur Anpassung einer dynamischen Rente führen, bis der

---

456   BAG 14.12.1982, 3 AZR 251/80, EzA § 242 BGB Ruhegeld Nr. 100 und 24.8.1993, 3 AZR 313/93, EzA § 1 BetrAVG Ablösung Nr. 10; zur Grundrechtsbindung eines Tarifvertrages BAG 12.10.2004, 3 AZR 571/03, EzA Art. 3 GG Nr. 102; 28.7.2005, 3 AZR 14/05, EzA § 1 BetrAVG Ablösung Nr. 44 = DB 2006, 166.

457   BAG 27.2.2007, 3 AZR 734/05, EzA Art. 9 GG Nr. 90 = DB 2007, 1763.

458   BAG 13.12.2005, 3 AZR 478/04, DB 2006, 1013 = BetrAV 2006, 487.

459   BAG 28.7.2005, 3 AZR 14/05, EzA § 1 BetrAVG Ablösung Nr. 44; in neueren Urteilen wendet sich das BAG ausdrücklich auch gegen die Anwendung der Grundgedanken der Drei-Stufen-Theorie auf tarifvertragliche Eingriffe in Versorgungsanwartschaften 27.2.2007, 3 AZR 734/05, EzA Art. 9 GG Nr. 90 = DB 2007, 1763; 17.6.2008, 3 AZR 409/06, DB 2008, 2314; a.A. *Blomeyer/Rolfs/Otto* Rn. 610 f. zu Anh. § 1.

460   Dazu *Reinecke* BetrAV 2008, 241.

Betrag der nettolohnbezogenen Obergrenze erreicht ist.[461] Nicht beanstandet wurde auch eine Regelung über das Abschmelzen der Versorgungsleistungen im öffentlichen Dienst durch Einführung einer nettolohnbezogenen Versorgungsobergrenze.[462] Das Entsprechende gilt für die Neuregelung bei der Zusatzversorgung im öffentlichen Dienst.[463]

Es gibt keinen Eigentumsschutz gem. Art. 14 GG für tarifvertraglich erworbene Versorgungsanwartschaften und Versorgungsansprüche.[464]   **337**

Die »erdiente Anwartschaftsdynamik« und die künftigen Zuwachsraten stehen unter dem Vorbehalt der Änderung des Tarifvertrages. Dies gilt im Zweifel auch, wenn der Versorgungsfall bereits eingetreten ist. Ein Tarifvertrag über eine betriebliche Altersversorgung kann also durch einen neuen Tarifvertrag zu Änderungen bei den Versorgungsempfängern führen.[465]   **338**

Tariflich geregelte Versorgungsansprüche können bei einem Betriebsübergang nicht durch eine beim Erwerber bestehende, die betriebliche Altersversorgung regelnde Betriebsvereinbarung abgelöst werden (**sog. Über-Kreuz-Ablösung**).[466] Dies gilt jedenfalls außerhalb des Bereichs der erzwingbaren   **339**

---

461 BAG 24.8.1993, 3 AZR 313/93, EzA § 1 BetrAVG Ablösung Nr. 10 = DB 1994, 891; auch die Reduzierung einer tariflich vereinbarten Rente im öffentlichen Dienst ist bei planmäßiger Überversorgung zulässig BAG 25.5.2004, 3 AZR 23/03, DB 2005, 1801.

462 BAG 24.4.1990, 3 AZR 259/88, EzA § 1 BetrAVG Zusatzversorgung Nr. 3 = DB 1990, 2171.

463 BAG 19.11.2002, 3 AZR 167/02, EzA § 1 BetrVG Ablösung Nr. 38 = DB 2003, 2131 und 25.2.2004, 3 AZR 123/03, DB 2005, 1801; OLG Karlsruhe 22.9.2005, 12 U 99/04, ZTR 2005, 586 und 7.12.2006, 12 U 91/05, ZTR 2007, 317; BGH 14.11.2007, IV ZR 74/06, BetrAV 2008, 203.

464 So *Blomeyer/Rolfs/Otto* Rn. 609 zu Anh. § 1, *Hügelschäffer* BetrAV 2011, 613 zum neuesten Stand der Tarifeinigung im öffentlichen Dienst.

465 BAG 24.8.1993, 3 AZR 313/93, EzA § 1 BetrAVG Ablösung Nr. 10; 27.2.2007, 3 AZR 734/05, EzA Art. 9 GG Nr. 90 = DB 2007, 1763; das gilt auch für mit unverfallbarer Anwartschaft ausgeschiedene ehemalige Arbeitnehmer: BAG 13.12.2005, 3 AZR 478/04, BetrAV 2006, 487 = DB 2006, 1013.

466 BAG 6.11.2007, 1 AZR 862/06, EzA § 613a BGB 2002 Nr. 83 = DB 2008, 935; 13.11.2007, 3 AZR 191/06, EzA § 613a BGB 2002 Nr. 87 = DB 2008, 1506; a.A. *Döring/Grau* BB 2009, 158; HWK/*Willemsen/Müller-Bonanni* § 613a BGB Rn. 269; *Meyer* NZA 2001, 751; KR-*Pfeiffer* § 613a BGB Rn. 172. Zum Betriebsübergang vgl. § 1b Rdn. 81–107.

Mitbestimmung und auch dann, wenn mangels Sperrwirkung eines Tarifvertrags nicht schon § 77 Abs. 3 S. 1 BetrVG einer solchen Ablösung entgegensteht.[467]

3. Individualrechtliche Rechtsbegründungsakte

340 Bei den individualrechtlichen Rechtsbegründungsakten gilt im Grundsatz auch das Ablösungsprinzip. Die Versorgungszusagen sind Bestandteil der einzelnen Arbeitsverträge geworden und teilen deren rechtliches Schicksal.

a) Einzelzusage

341 Eine Einzelzusage kann geändert werden durch Abänderungsvertrag oder Änderungskündigung.[468]

342 Ein Abänderungsvertrag während eines bestehenden Arbeitsverhältnisses ist nur wirksam, wenn der Begünstigte ausdrücklich zugestimmt hat. Das Schweigen auf einen entsprechenden Antrag des Arbeitgebers gilt als Ablehnung.[469] Ein Widerspruch ist nicht notwendig.[470]

343 Eine Änderungskündigung unterliegt den Kündigungsschutzvorschriften gem. §§ 1 und 2 KSchG. Dies führt dazu, dass i.d.R. eine sozial gerechtfertigte Kündigung nicht vorliegt. Personen- und verhaltensbedingte Gründe entfallen.[471] Denkbar sind möglicherweise betriebsbedingte Gründe.

b) Gesamtzusage/vertragliche Einheitsregelung

344 Bei Gesamtzusagen und vertraglichen Einheitsregelungen werden die Versorgungszusagen wie bei einer Einzelzusage Bestandteil der Einzelarbeitsverträge

---

467 Da die betriebliche Altersversorgung teilmitbestimmt ist, der Betriebsrat im Wesentlichen nur Einfluss auf die Gestaltung des Leistungsplans und die Heranziehung der Arbeitnehmer zu Beiträgen hat, fehlt es für den Regelungsgegenstand der betrieblichen Altersversorgung an der erforderlichen Kongruenz des Umfangs der »erzwingbaren« Mitbestimmung, BAG 13.11.2007, 3 AZR 191/06, EzA § 613a BGB 2002 Nr. 87 = DB 2008, 1506.

468 BAG 14.8.1990, 3 AZR 301/89, EzA § 17 BetrAVG Nr. 5 = DB 1991, 501; 3.7.1990, 3 AZR 382/88, EzA § 611 BGB Aufhebungsvertrag Nr. 7.

469 *Höfer* BetrAVG, Rn. 318 ff. zu ART m.w.N.

470 BAG 28.6.2011, 3 AZR 448/09.

471 *Höfer* BetrAVG, Rn. 362 ff. zu ART m.w.N.

und können im Prinzip durch Änderungsvertrag und Änderungskündigung modifiziert werden. Es liegt auf der Hand, dass bei einer Vielzahl gleichstrukturierter Versorgungszusagen diese Änderungsmodalitäten kaum zu einem einheitlichen neuen Regelwerk führen.[472]

In Ausnahmefällen ist es möglich, trotz des Ablösungsprinzips, das sich 345 immer auf identische arbeitsrechtliche Rechtsquellen bezieht, und ohne Verstoß gegen das Günstigkeitsprinzip Gesamtzusagen und vertragliche Einheitsregelungen durch eine ablösende Betriebsvereinbarung zu verändern.[473]

Das gilt zum einen für eine **Umstrukturierung** des Versorgungssystems unter 346 Wahrung des ursprünglichen Dotierungsrahmens. Kollektiv gesehen wird also das Günstigkeitsprinzip eingehalten. Auch bei einer derartigen Umstrukturierung einer Gesamtzusage/vertraglichen Einheitsregelung unterliegt die ablösende Betriebsvereinbarung einer Rechts- oder Billigkeitskontrolle entsprechend der »Drei-Stufen-Theorie«.[474]

Ist in der Gesamtzusage oder vertraglichen Einheitsregelung ein **Vorbehalt** 347 **der Betriebsvereinbarungsoffenheit**[475] enthalten, kann ebenfalls eine Ablösung durch eine Betriebsvereinbarung erfolgen, auch wenn es sich um nachteilige Regelungen für alle Versorgungsberechtigten handelt. Auch eine derartige Betriebsvereinbarung unterliegt der Rechts- oder Billigkeitskontrolle entsprechend der »Drei-Stufen-Theorie«.[476]

Der Vorbehalt der Betriebsvereinbarungsoffenheit braucht nicht schriftlich 348 oder ausdrücklich in den Gesamtzusagen und vertraglichen Einheitsregelungen fixiert zu sein, es genügt, wenn sich Anhaltspunkte hierfür aus dem

---

472 BAG 16.9.1986, GS 1/82, EzA § 77 BetrVG 1972 Nr. 17.

473 Dazu BAG 17.6.2003, 3 ABR 43/02, BetrAV 2004, 794 = RdA 2004, 305 m. Anm. *Däubler*; BAG 17.6.2008, 3 AZR 553/06, AP Nr. 55 zu § 133 BGB; 21.4.2009, 3 AZR 674/07, DB 2009, 2386.

474 S. dazu Rdn. 280–323; BAG 24.1.2006, 3 AZR 483/04, EzA § 1 BetrAVG Ablösung Nr. 46.

475 Muster dazu bei *Kemper/Kisters-Kölkes* Musterverträge, S. 13 f. und 34 ff.; dazu m.w.N. *Blomeyer/Rolfs/Otto* Rn. 566 zu Anh. § 1.

476 BAG 24.1.2006, 3 AZR 483/04, EzA § 1 BetrAVG Ablösung Nr. 46; 21.4.2009, AZR 674/07, DB 2009, 2386; s. dazu Rdn. 280–323.

Regelwerk oder sonstigen Umständen ergeben.[477] Maßgeblich ist dabei, ob für den Arbeitnehmer erkennbar ist, dass die Leistung in der Zukunft Abänderungen durch Betriebsvereinbarung zugänglich sein soll.[478]

349   So hat das BAG bei Gewährung von Jubiläumsleistungen durch Gesamtzusagen den Vorbehalt der Betriebsvereinbarungsoffenheit anerkannt, wenn der Begünstigte aus den Umständen erkennen konnte, dass diese Sozialleistung nur unter dem Vorbehalt der Ausübung des Mitbestimmungsrechts des Betriebsrates gewährt werden sollte.[479] Weiteres Indiz für eine stillschweigende Betriebsvereinbarungsoffenheit ist, wenn Nachträge zu Gesamtzusagen durch Betriebsvereinbarungen erfolgt sind.[480] Eine Gesamtzusage, die anlässlich eines Betriebsübergangs gem. § 613a Abs. 1 S. 2 BGB aus einer Betriebsvereinbarung beim Veräußerer entstanden ist, ist beim Erwerber betriebsvereinbarungsoffen.[481]

350   Unabhängig davon ist es möglich, Gesamtzusagen und vertragliche Einheitsregelungen überzuleiten in Betriebsvereinbarungen, wenn z.B. redaktionelle Überarbeitungen des Leistungsplanes vorgenommen werden und das Ergebnis eine Betriebsvereinbarung ist. Insoweit handelt es sich um eine Umstrukturierung, die nach dem kollektiven Günstigkeitsprinzip durch eine ablösende Betriebsvereinbarung zulässig ist. Für diese neue umstrukturierende Betriebsvereinbarung gilt dann wieder das Ablösungsprinzip wie bei »normalen« Betriebsvereinbarungen, durch die betriebliche Altersversorgung begründet worden ist.

351   Eine Gesamtzusage/vertragliche Einheitsregelung kann auch dann durch eine Betriebsvereinbarung verändert werden, wenn die Geschäftsgrundlage der bisherigen betrieblichen Altersversorgung entfallen oder erschüttert ist, nach dem

---

477   BAG 16.9.1986, GS 1/82, EzA § 77 BetrVG 1972 Nr. 17; 17.6.2008, 3 AZR 553/06, AP Nr. 55 zu § 133 BGB; 21.4.2009, 3 AZR 674/07, DB 2009, 2386; 15.2.2011, 3 AZR 35/09, EzA § 1 BetrAVG Betriebsvereinbarung Nr. 9 = DB 2011, 1928.

478   BAG 10.12.2002, 3 AZR 92/02, EzA § 1 BetrAVG Ablösung Nr. 37.

479   BAG 3.11.1987, 8 AZR 316/81, EzA § 77 BetrVG 1972 Nr. 20.

480   *Höfer* BetrAVG, Rn. 353 zu ART m.w.N.

481   BAG 14.8.2001, 1 AZR 619/00, EzA § 87 BetrVG 1972 Betriebliche Lohngestaltung Nr. 73; 29.7.2003, 3 AZR 630/02, EzA § 1 BetrAVG Ablösung Nr. 42; 28.6.2005, 1 AZR 213/04, EzA § 77 BetrVG 2001 Nr. 12 = NZA 2005, 1431; dazu auch *Kemper/Kisters-Kölkes* Grundzüge Rn. 670.

Wortlaut des § 313 BGB also eine »**Störung der Geschäftsgrundlage**« vorliegt. Eine solche Störung der Geschäftsgrundlage kommt unter den Gesichtspunkten der Zweckverfehlung oder der Äquivalenzstörung in Betracht. Bei Gesamtversorgungszusagen, die hinsichtlich der anrechenbaren Sozialversicherungsrente von der Entwicklung der Sozialgesetzgebung abhängen, kann eine Anpassung wegen Äquivalenzstörung jedoch nur verlangt werden, wenn der ursprüngliche bei Schaffung des Versorgungssystems zugrunde gelegte Dotierungsrahmen aufgrund von Änderungen der Rechtslage (z.B. des Steuer- oder Sozialversicherungsrechts) zum Anpassungsstichtag um mehr als 50 % überschritten wird.[482] In diesem Fall hat der Arbeitgeber ein einseitiges Widerrufsrecht, das zu einer Anpassung des Leistungsplanes führen kann. Da bei diesem Anpassungsrecht Mitbestimmungsrechte des Betriebsrats gewahrt werden müssen, sieht der Große Senat des BAG auch eine Betriebsvereinbarung als geeignetes Ablösungsinstrument.[483]

Unabhängig von den vorstehend geschilderten Einschränkungen sind Ablösungen von Gesamtzusagen und vertraglichen Einheitsregelungen durch Betriebsvereinbarungen rechtlich zulässig gewesen, soweit sie vor dem 31.12.1982 vorgenommen worden sind.[484] Auch derartige Betriebsvereinbarungen unterliegen der Rechts- oder Billigkeitskontrolle nach der »Drei-Stufen-Theorie«.[485] **352**

Grundsätzlich sind bei Änderungen von Gesamtzusagen/vertraglichen Einheitsregelungen Mitbestimmungsrechte des Betriebsrats zu beachten.[486] **353**

---

482 BAG 19.2.2008, 3 AZR 290/06, EzA § 1 BetrAVG Geschäftsgrundlage Nr. 4 = DB 2008, 1387. Die Höhe der Überschreitung ist unternehmensbezogen anhand eines Barwertvergleichs zu bestimmen.

483 BAG 16.9.1986, GS 1/82, EzA § 77 BetrVG 1972 Nr. 17; 10.12.2002, 3 AZR 92/02, EzA § 1 BetrAVG Ablösung Nr. 37.

484 So BAG 20.11.1990, 3 AZR 573/89, EzA § 77 BetrVG 1972 Nr. 38 und LAG Hamm 17.12.2002, 6 Sa 727/01, n.v.

485 BAG 17.11.1992, 3 AZR 76/92, EzA § 1 BetrAVG Unterstützungskasse Nr. 10; 10.9.2002, 3 AZR 635/01, EzA § 1 BetrAVG Ablösung Nr. 34, 14.6.2005, 3 AZR 185/04, EzA § 3 BetrAVG Nr. 10.

486 BAG 29.1.2008, 3 AZR 42/06, EzA § 87 BetrVG 2001 Betriebliche Lohngestaltung Nr. 14 = DB 2008, 1980; s. dazu Rdn. 390–424.

c) Betriebliche Übung/Gleichbehandlung

354   Bei betrieblicher Altersversorgung, die auf einer betrieblichen Übung oder dem Verstoß gegen den Gleichbehandlungsgrundsatz beruht, gelten im Grundsatz dieselben Änderungsmöglichkeiten wie bei den Rechtsbegründungsakten Gesamtzusage und vertragliche Einheitsregelung, also Abänderungsvertrag oder Änderungskündigung.[487]

355   Eine betriebliche Übung kann nach der Rechtsprechung des BAG[488] seit Inkrafttreten des Gesetzes zur Modernisierung des Schuldrechts[489] am 1. Januar 2002 nicht mehr durch eine sog. gegenläufige betriebliche Übung geändert werden.

d) Sprecherausschussgesetz

356   Für die Änderung von betrieblicher Altersversorgung, die auf dem Sprecherausschussgesetz beruht, gelten die gleichen Voraussetzungen wie für eine Betriebsvereinbarung, wenn es sich um eine Vereinbarung gem. § 28 Abs. 2 S. 1 SprAuG handelt.[490]

4. Widerrufsmöglichkeiten

357   Unter bestimmten Voraussetzungen kann ein Leistungsplan durch einen einseitigen Akt des Arbeitgebers, einen sog. Widerruf, zum Nachteil der Versorgungsberechtigten verändert werden. Man unterscheidet:

– die steuerunschädlichen Widerrufsvorbehalte mit Einschluss des Treupflichtvorbehaltes,
– den besonderen Freiwilligkeitsvorbehalt beim Durchführungsweg Unterstützungskasse,
– Widerrufsvorbehalte bei Deputats- und Sachleistungen, die unter der Voraussetzung der Fortsetzung der Eigenproduktion dieser Leistungen gewährt werden und

---

487   BAG 18.3.2003, 3 AZR 101/02, EzA § 1 BetrAVG Ablösung Nr. 39.
488   BAG 18.3.2009, 10 AZR 281/09, DB 2009, 1186; 16.2.2010, 3 AZR 118/08, EzA § 1 BetrAVG Betriebliche Übung Nr. 10 = DB 2010, 1947.
489   Gesetz zur Modernisierung des Schuldrechts vom 26.11.2001, BGBl. I S. 3138.
490   So *Höfer* BetrAVG, Rn. 2358 zu ART; zweifelnd *Blomeyer/Rolfs/Otto* Rn. 574 zu Anh. § 1.

– die Herabsetzung von Vorstandsruhegehältern bei Verschlechterung der wirtschaftlichen Lage gem. § 87 AktG nach dessen Änderung durch das VorstAG.[491]

a) Steuerunschädliche Widerrufsvorbehalte

In R6a Abs. 3f der Einkommensteuer-Richtlinien sind Widerrufsvorbehalte formuliert. Sie werden als steuerunschädlich bezeichnet, weil sie der Bildung von Pensionsrückstellungen gem. § 6a EStG für entsprechend formulierte Leistungspläne bei unmittelbaren Versorgungszusagen nicht entgegenstehen. Nach ihrem Wortlaut lassen diese steuerunschädlichen Widerrufsvorbehalte die Kürzung und Einstellung von zugesagten Versorgungsleistungen zu, wenn sich nachhaltige Veränderungen der wirtschaftlichen, sozialversicherungs- und rechtlichen Verhältnisse, insbesondere der steuerrechtlichen Verhältnisse, beim Arbeitgeber seit Erteilung der Versorgungszusage ergeben haben.   **358**

Die von der Finanzverwaltung vorgegebenen Formulierungen haben arbeitsrechtlich keine konstitutive Wirkung, sondern lediglich deklaratorische Bedeutung. Sie sollen nur die Rechtsgrundsätze der Störung der Geschäftsgrundlage (§ 313 BGB) umschreiben und gelten also materiell auch dann, wenn sie im Leistungsplan nicht ausdrücklich enthalten sind.[492] An die geänderten zivilrechtlichen Rahmenbedingungen sind sie bis heute nicht angepasst worden.   **359**

b) Treupflichtvorbehalt

Nach seinem Wortlaut lässt der Treupflichtvorbehalt Widerrufsmöglichkeiten des Arbeitgebers zu, wenn der Versorgungsberechtigte in grober Weise gegen Treu und Glauben verstoßen hat oder Handlungen begeht, die zu einer fristlosen Entlassung berechtigen würden.   **360**

Diese Formulierung ist ebenfalls nicht konstitutiv, sondern deklaratorisch. Auch wenn dieser Treupflichtvorbehalt in Leistungsplänen nicht ausdrücklich aufgenommen worden ist, können Treupflichtverletzungen zu einem Widerruf führen.   **361**

---

491 Gesetz zur Angemessenheit der Vorstandsvergütung vom 31.7.2009, BGBl. I S. 2509.
492 BAG 17.6.2003, 3 AZR 396/02, EzA § 7 BetrAVG Nr. 69.

362   Es ist jedoch zu beachten, dass nicht jeder Grund für eine fristlose Entlassung den Widerruf einer Versorgungsanwartschaft oder eines Versorgungsanspruchs rechtfertigt. Es muss sich immer um eine besonders verwerfliche schwerwiegende Treupflichtverletzung handeln.[493]

363   Der Arbeitnehmer darf die Unverfallbarkeit durch seine Treupflichtverletzungen nicht erschlichen haben.[494] Dabei reicht jede Treupflichtverletzung aus, die eine fristlose Entlassung rechtfertigen kann. Insoweit braucht es sich nicht um eine »besonders verwerfliche schwerwiegende« Treupflichtverletzung zu handeln. Es geht ja nur darum, ob die Unverfallbarkeitsmodalitäten bei der fiktiven Beendigung des Arbeitsverhältnisses erfüllt gewesen wären.

364   ▶   **Beispiel:**

Der Arbeitnehmer beginnt im 8. Dienstjahr (bei Erteilung der Versorgungszusage zu Beginn des Arbeitsverhältnisses im Jahr 1990) mit Unterschlagungen. Diese werden erst im 12. Dienstjahr entdeckt.
Die Anwartschaft kann widerrufen werden und entfällt. Hätte nämlich der Arbeitgeber im 8. Dienstjahr die Unterschlagungen schon entdeckt, hätte er das Arbeitsverhältnis fristlos im Jahr 1998 kündigen können. Dann wäre die Anwartschaft verfallen (§ 30f BetrAVG i.V.m. § 1 BetrAVG a.F.).

365   Zeitanteilig kann die Anwartschaft erhalten bleiben, wenn ohne Pflichtverletzung die Unverfallbarkeit erreicht ist.[495]

366   ▶   **Beispiel:**

Wie vorstehendes Beispiel. Der Arbeitnehmer beginnt im 12. Dienstjahr mit den Unterschlagungen, die erst im 16. Dienstjahr entdeckt werden. Die für 12 Dienstjahre ermittelte unverfallbare Anwartschaft bleibt trotz Widerrufs erhalten, wenn es sich nicht um eine besonders gravierende Treupflichtverletzung bei den Unterschlagungen gehandelt hat.

---

493   BAG 8.2.1983, 3 AZR 463/80, EzA § 1 BetrAVG Rechtsmissbrauch Nr. 1; i.E. *Blomeyer/Rolfs/Otto* Rn. 527 ff. zu Anh. § 1.

494   BAG 11.5.1982, 3 AZR 1239/79, EzA § 1 BetrAVG Nr. 23.

495   BAG 8.5.1990, 3 AZR 152/88, EzA § 1 BetrAVG Rechtsmissbrauch Nr. 3.

c) Freiwilligkeitsvorbehalt bei Unterstützungskassen

Gem. § 1b Abs. 4 BetrAVG gewähren Unterstützungskassen auf ihre Leistun-   367
gen keinen Rechtsanspruch. Aus diesem Grunde enthalten die Leistungspläne und Satzungen/Gesellschaftsverträge dieses Durchführungsweges den
Vorbehalt der Freiwilligkeit der Leistungen und des Ausschlusses des Rechtsanspruches. Diese Klauseln hat das BAG umgedeutet in ein an ausreichende
sachliche Gründe gebundenes Widerrufsrecht und im Ergebnis die Leistungen und Leistungserwartungen bei Unterstützungskassen in Richtung eines
»Quasi-Rechtsanspruchs« arbeitsrechtlich verfestigt.[496]

Unabhängig davon besteht aufgrund dieses Freiwilligkeitsvorbehaltes in Sat-   368
zungen oder Leistungsrichtlinien von Unterstützungskassen im Verhältnis zu
rechtsverbindlichen Versorgungszusagen in den Durchführungswegen unmittelbare Versorgungszusage, Direktversicherung, Pensionskasse und Pensionsfonds ein wesentlicher Unterschied. Der Freiwilligkeitsvorbehalt gibt bei
Unterstützungskassen dem Arbeitgeber unter bestimmten Voraussetzungen[497]
ein einseitiges Widerrufsrecht für den Leistungsplan entsprechend den
Grundsätzen der »Drei-Stufen-Theorie«[498], während der Arbeitgeber bei mit
Rechtsanspruch versehenen Versorgungszusagen darauf angewiesen ist, dass
Änderungsinstrumentarium einverständlich mit dem Partner des Versorgungsvertrages, dem Tarifpartner oder dem Betriebspartner, zu nutzen, wenn
man einmal von dem einseitigen Kündigungsrecht bei Betriebsvereinbarung
und Tarifvertrag absieht.

Wird z.B. bei dem Durchführungsweg unmittelbare Versorgungszusage eine   369
rechtsverbindliche Gesamtzusage als Rechtsbegründungsakt gewählt, so
kommen als Änderungsmöglichkeiten nur infrage ein Abänderungsvertrag,
eine Änderungskündigung und in Ausnahmefällen eine ablösende Betriebsvereinbarung.[499] Wird dagegen bei einer Gesamtzusage als Durchführungs-

---

496 BAG 17.11.1992, 3 AZR 76/92, EzA § 1 BetrAVG Unterstützungskasse Nr. 10;
      26.8.1997, 3 AZR 235/96, EzA § 1 BetrAVG Ablösung Nr. 17. Zum Widerruf
      von Leistungen einer Unterstützungskasse in Übergangsfällen BAG 18.11.2008,
      3 AZR 417/07, EzA § 7 BetrAVG Nr. 74 = DB 2009, 1079.
497 Dazu BAG 11.12.2001, 3 AZR 512/00, EzA § 1 BetrAVG Ablösung Nr. 33;
      11.12.2001, 3 AZR 128/01, EzA § 1 BetrAVG Ablösung Nr. 32.
498 BAG 11.12.2001, 3 AZR 512/00, EzA § 1 BetrAVG Ablösung Nr. 33; s. dazu
      auch Rdn. 280–323.
499 S. dazu Rdn. 344–352.

weg eine Unterstützungskasse gewählt, so bewirken der Freiwilligkeitsvorbehalt und der Ausschluss des Rechtsanspruches, dass der Arbeitgeber einseitig sein Widerrufsrecht im Rahmen der Drei-Stufen-Theorie ausüben kann, ohne eine Einigung mit den Versorgungsberechtigten oder dem Betriebsrat über die Absenkung des Versorgungsniveaus herbeiführen zu müssen. Diese einseitigen Handlungsmöglichkeiten gibt es sonst nur bei den Rechtsbegründungsakten Betriebsvereinbarung und Tarifvertrag wegen des arbeitgeberseitigen Kündigungsrechts. Unabhängig davon sind natürlich auch bei einem Widerruf von Unterstützungskassenzusagen die entsprechenden Mitbestimmungsrechte des Betriebsrates in Bezug auf die neuen Verteilungsgrundsätze auf dem abgesenkten Versorgungsniveau zu beachten.[500] Wird also in einer Gesamtzusage als Durchführungsweg eine Unterstützungskasse gewählt, so bedeutet dies, dass sich der Arbeitgeber den Widerruf der Gesamtzusage vorbehalten hat.[501] Werden Satzung und Richtlinien einer Unterstützungskasse – ausdrücklich oder stillschweigend – in Bezug genommen, so müssen die Arbeitnehmer stets mit einer Abänderung der Versorgungsordnung rechnen. Es liegt eine dynamische Bezugnahme auf die Versorgungsrichtlinien einer Unterstützungskasse vor. Es handelt sich nicht um eine überraschende Klausel i.S.v. § 305c Abs. 1 BGB. Diese Klausel ist wirksam und kein Verstoß gegen das Transparenzgebot des § 307 Abs. 1 S. 2 BGB.[502]

d) Widerrufsvorbehalte bei Deputats- und Sachleistungen für den Fall des Wegfalls der Eigenproduktion

370 Die Gewährung von Deputatsleistungen und Personalrabatten kann unter dem vertraglichen Vorbehalt stehen, dass der Versorgungsverpflichtete die Eigenproduktion und/oder den Vertrieb der entsprechenden Waren und

---

500 BAG 11.12.2001, 3 AZR 512/00, EzA § 1 BetrAVG Ablösung Nr. 33; auch schon BAG 17.4.1985, 3 AZR 72/83, EzA § 1 BetrAVG Unterstützungskasse Nr. 2; s. dazu auch Rdn. 375–441.

501 BAG 15.2.2011, 3 AZR 35/09, EzA § 1 BetrAVG Betriebsvereinbarung Nr. 9 = DB 2011, 1928.

502 So BAG 16.2.2010, 3 AZR 181/08, EzA § 1 BetrAVG Ablösung Nr. 48 = DB 2010, 1833.

Kemper

Leistungen selbst fortführt.[503] Der Anspruch auf Verschaffung der Leistung fällt ersatzlos weg, wenn diese Waren und Leistungen z.B. infolge eines Betriebsübergangs[504] nicht mehr vom Arbeitgeber produziert oder vertrieben werden (z.B. Elektrizitätsnetzbetreiber, die keine Erzeugungstätigkeiten ausüben und sich nicht als Energielieferanten betätigen dürfen). Dabei finden die Grundsätze der Störung der Geschäftsgrundlage Anwendung. Voraussetzung ist, dass die Auslegung der Zusage den Vorbehalt hinreichend deutlich zu erkennen gibt und der Versorgungsverpflichtete sich nicht mit seinem Verhalten dazu in Widerspruch setzt.[505]

e) Herabsetzung von Vorstandsruhegehältern bei Verschlechterung der wirtschaftlichen Lage

§ 87 Abs. 2 AktG in der Fassung des VorstAG[506] schafft die Möglichkeit, 371 Ruhegehälter eines Vorstandsmitglieds innerhalb von drei Jahren nach dem Ausscheiden aus der Gesellschaft herabzusetzen. Die Verminderung kann auch dauerhaft gelten, wenn dies verhältnismäßig ist. Voraussetzung ist, dass sich die Lage der Gesellschaft nach der »Festsetzung« so verschlechtert, dass eine Weitergewährung der Bezüge für die Gesellschaft unbillig wäre.

Diese Vorschrift wirft erhebliche Zweifelsfragen auf. Das VorstAG berück- 372 sichtigt in wenig erkennbarer Weise den besonderen Charakter einer betrieblichen Altersversorgung. Unter den Voraussetzungen des § 17 Abs. 1 S. 2 BetrAVG gelten die Vorschriften des BetrAVG auch für Vorstandsmitglieder. Des Weiteren sind Eingriffe in die laufenden Ruhegeldzahlungen nach der Rechtsprechung des BAG und des BGH in nur sehr beschränktem Maße möglich.

Ein eklatanter Widerspruch ergibt sich bei der Insolvenzsicherung im Rah- 373 men der § 7ff. BetrAVG. Ruhegehälter sind bis zu einer Höchstgrenze vom

---

503 Im Hinblick auf Personalrabatte: BAG 7.9.2004, 9 AZR 631/03, EzA § 611 BGB 2002 Personalrabatt Nr. 1; 13.12.2006, 10 AZR 792/05, EzA § 611 BGB 2002 Personalrabatt Nr. 2; 19.2.2008, 3 AZR 61/06, EzA § 1 BetrAVG Betriebliche Übung Nr. 9.

504 S. zum Betriebsübergang allgemein § 1b Rdn. 81–107.

505 BAG 19.2.2008, 3 AZR 61/06, EzA § 1 BetrAVG Betriebliche Übung Nr. 9, dazu i.E. *Küpper* FS Höfer, S. 127.

506 Gesetz zur Angemessenheit der Vorstandsvergütung vom 31.7.2009, BGBl. I S. 2509.

Dreifachen der Bezugsgröße gemäß § 18 SGB IV (EUR 7.875 monatlich im Jahr 2012) insolvenzgeschützt. Wenn es möglich ist, Herabsetzungen nach § 87 Abs. 2 S. 2 AktG durchzuführen und dabei die Ruhegehälter unter die insolvenzgeschützte Grenze herabgesetzt werden, ergibt sich folgendes paradoxe Ergebnis: Verschlechtert sich die Lage der Gesellschaft nicht nur, sondern tritt eine Insolvenz ein, sind die Ansprüche bis zur vorstehend genannten Höchstgrenze geschützt. Fraglich erscheint auch, ob eine Herabsetzung befristet erfolgen kann.

374   Man sollte sich zudem fragen, ob dieses Herabsetzungsrecht für die betriebliche Altersversorgung schon deshalb problematisch ist, da eine Reaktionsmöglichkeit eines bereits ausgeschiedenen Vorstandsmitglieds nicht mehr besteht. Das Sonderkündigungsrecht nach § 87 Abs. 2 S. 4 AktG geht bei einem bereits ausgeschiedenen Vorstand ins Leere.

E. Erzwingbare Mitbestimmung des Betriebsrats bei der betrieblichen Altersversorgung

375   Betriebliche Altersversorgung ist die bedeutendste und »teuerste« betriebliche Sozialleistung und sollte deshalb gemeinsam von den Betriebspartnern (Betriebsrat, Arbeitgeber) und den Sozialpartnern (Gewerkschaften, Arbeitgeberverbände) getragen werden. Andererseits ist betriebliche Altersversorgung eine freiwillige Leistung, soweit sie arbeitgeberfinanziert ist. Deshalb können alle Aspekte der betrieblichen Altersversorgung zwischen Betriebsrat und Arbeitgeber nur auf freiwilliger Basis geregelt werden. Nur in begrenztem Umfang bestehen erzwingbare Mitbestimmungsrechte des Betriebsrats.

376   Gesetzliche Grundlage für die erzwingbare Mitbestimmung des Betriebsrats bei der betrieblichen Altersversorgung sind die Nrn. 8 und 10 von § 87 BetrVG einschließlich des Einleitungssatzes. Der Betriebsrat kann nicht auf seine Mitbestimmungsrechte verzichten.[507]

377   Der Betriebsrat hat, soweit eine gesetzliche oder tarifliche Regelung nicht besteht, mitzubestimmen bei Form, Ausgestaltung und Verwaltung von Sozialeinrichtungen, deren Wirkungsbereich auf den Betrieb, das Unternehmen oder den Konzern beschränkt ist (§ 87 Abs. 1 Nr. 8 BetrVG) und bei Fragen der betrieblichen Lohngestaltung, insbesondere bei der Aufstellung von Ent-

---

507   BAG 29.1.2008, 3 AZR 42/06, EzA § 87 BetrVG 2001 Betriebliche Lohngestaltung Nr. 14 = DB 2008, 1980.

lohnungsgrundsätzen und der Einführung und Anwendung von neuen Ent-
lohnungsmethoden sowie deren Änderung (§ 87 Abs. 1 Nr. 10 BetrVG).
Nr. 10 des § 87 Abs. 1 BetrVG ist bei den Sozialeinrichtungen Pensionskasse,
Pensionsfonds und Unterstützungskasse Auffangtatbestand zu Nr. 8.[508]

Betriebliche Altersversorgung ist Soziallohn und unterfällt deshalb § 87   378
Abs. 1 Nr. 10 BetrVG. Insoweit geht es um erzwingbare Mitbestimmungsrechte des Betriebsrats.

Freiwillige Betriebsvereinbarungen über betriebliche Altersversorgung sind   379
immer möglich (§ 88 BetrVG, insbesondere Nr. 2).[509]

Wird als Rechtsbegründungsakt für eine betriebliche Altersversorgung eine   380
Betriebsvereinbarung gewählt, so handelt es sich um eine teilmitbestimmte
Betriebsvereinbarung.[510] Die erzwingbaren Mitbestimmungsrechte des
Betriebsrates sind also bei diesem Rechtsbegründungsakt bei der Leistungs-
plangestaltung immer gewahrt. Hinzukommt die freiwillige Festlegung des
Dotierungsrahmens.

Die erzwingbaren Mitbestimmungsrechte des Betriebsrats bei der betriebli-   381
chen Altersversorgung sind unterschiedlich bei einer arbeitgeber- und arbeitnehmerfinanzierten betrieblichen Altersversorgung. Dies gilt nicht, wenn
freiwillige Betriebsvereinbarungen geschlossen werden, was sowohl bei der
arbeitgeberfinanzierten als auch bei der arbeitnehmerfinanzierten betrieblichen Altersversorgung möglich und empfehlenswert ist.[511]

I. Arbeitgeberfinanzierte betriebliche Altersversorgung

1. Sperrwirkung des Einleitungssatzes von § 87 Abs. 1 BetrVG

Mitbestimmungsrechte des Betriebsrats entfallen, soweit eine gesetzliche oder   382
tarifliche Regelung besteht (Einleitungssatz von § 87 Abs. 1 BetrVG).

Die Sperrwirkung in Bezug auf eine vorrangige gesetzliche oder tarifvertragli-   383
che Regelung setzt verbindliche Regelungen voraus. Bei Vorliegen einer
gesetzlichen oder tariflichen Regelung wird unterstellt, dass damit dem

---

508 *Blomeyer/Rolfs/Otto* Rn. 854 zu Anh. § 1 z.B. für die Pensionskasse.
509 *Blomeyer/Rolfs/Otto* Rn. 404 zu Anh. § 1.
510 BAG 11.5.1999, 3 AZR 21/98, EzA § 1 BetrAVG Betriebsvereinbarung Nr. 1
     und 17.8.1999, 3 AZR 55/98, EzA § 1 BetrAVG Betriebsvereinbarung Nr. 2.
511 So auch *Perreng* FS Kemper, S. 347 ff.

Schutzbedürfnis der Arbeitnehmer, das die Grundlage der Mitbestimmung darstellt, bereits ausreichend Rechnung getragen ist.

384 Entscheidend ist, ob die gesetzliche bzw. tarifliche Bestimmung einen zwingenden Mindestschutz gewährt und sie auch inhaltlich eine ausreichende Regelung enthält. Für das Mitbestimmungsrecht ist unbeachtlich, ob das Gesetz eine günstigere Regelung durch die Betriebspartner zulässt, wie das z.B. nach § 17 Abs. 3 S. 3 BetrAVG der Fall ist.[512]

385 Die Sperrwirkung bezieht sich auf sämtliche einseitig zwingende Schutzbestimmungen für die Arbeitnehmer im BetrAVG, z.B. die Unverfallbarkeitsmodalitäten dem Grunde und der Höhe nach, die Insolvenzsicherung, nicht jedoch auf die Anpassungsvorschrift des § 16 BetrAVG, da Versorgungsempfänger nach der herrschenden Auffassung nicht vom Betriebsrat vertreten werden können.[513]

386 Keine Mitbestimmungssperre tritt ein, wenn das BetrAVG Regelungslücken enthält, z.B. in Bezug auf die Ermittlung der Höhe vorzeitiger Altersleistungen gem. § 6 BetrAVG.[514]

387 Im Übrigen ist immer da Raum für erzwingbare Mitbestimmungsrechte des Betriebsrats, wenn für Arbeitnehmer günstigere Regelungen als im BetrAVG enthalten geschaffen werden, z.B. bei einer vertraglichen Unverfallbarkeit, die günstigere Modalitäten aufweist als die gesetzliche.

388 Bei einem Tarifvertrag geht die Sperrwirkung nur so weit die tarifliche Regelung reicht. Günstigere Regelungen als im Tarifvertrag können ebenfalls Mitbestimmungsrechte des Betriebsrats begründen.[515] Die Sperrwirkung eines Tarifvertrags besteht nicht, wenn eine Tariföffnungsklausel eine betriebliche Regelung ausdrücklich erlaubt.[516]

389 Wenn Öffnungsklauseln für Betriebsvereinbarungen gem. § 77 Abs. 3 BetrVG in Tarifverträgen enthalten sind, geht es um die Ausfüllung der Tarifverträge, nicht um erzwingbare Mitbestimmungsrechte des Betriebsrats.

---

512 *Blomeyer/Rolfs/Otto* Rn. 398 ff. zu Anh. § 1.
513 *Blomeyer/Rolfs/Otto* Rn. 399 zu Anh. § 1; *Höfer* BetrAVG, Rn. 1018 ff. zu ART.
514 S. dazu i.E. § 6 Rdn. 53–81.
515 *Blomeyer/Rolfs/Otto* Rn. 401 f. zu Anh. § 1; zu Auskunftsrechten des Betriebsrats in derartigen Fällen BAG 19.3.1981, 3 ABR 38/80, AP Nr. 14 zu § 80 BetrVG 1972 m. Anm. *Kemper/Küpper* EzA § 80 BetrVG 1972 Nr. 18.
516 *Blomeyer/Rolfs/Otto* Rn. 401 zu Anh. § 1.

2. Mitbestimmung bei unmittelbaren Versorgungszusagen und Direktversicherungen

Unmittelbare Versorgungszusagen und Direktversicherungen sind keine Sozialeinrichtungen gem. § 87 Abs. 1 Nr. 8 BetrVG. Sie sind nur im Rahmen der Nr. 10 dieser Vorschrift mitbestimmungspflichtig, weil es bei der betrieblichen Altersversorgung um Fragen der betrieblichen Lohngestaltung geht.   **390**

Betriebliche Altersversorgung ist, wenn sie arbeitgeberfinanziert ist, in vollem Umfang eine freiwillige betriebliche Sozialleistung. Deshalb unterscheidet die Rechtsprechung bei der arbeitgeberfinanzierten betrieblichen Altersversorgung mitbestimmungsfreie und mitbestimmungspflichtige Räume. Nur Teilbereiche der betrieblichen Altersversorgung unterliegen der erzwingbaren Mitbestimmung. Dies gilt für alle Durchführungswege gleichermaßen.[517] Die Änderung bestehender Versorgungszusagen löst unabhängig von der rechtlichen Grundlage ein Mitbestimmungsrecht nach § 87 Abs. 1 Nr. 10 BetrVG aus.[518]   **391**

a) Mitbestimmungsfreie Räume

Bei der arbeitgeberfinanzierten betrieblichen Altersversorgung gibt es nach der gefestigten Rechtsprechung des BAG[519] folgende mitbestimmungsfreie Räume: **392**

– Mitbestimmungsfrei ist die **Einführung** oder **Abschaffung** einer betrieblichen Altersversorgung. Dabei müssen natürlich die individualrechtlichen Besitzstände gewahrt werden. Gibt es keine individualrechtlichen Besitzstände, z.B. bei Schließung eines Versorgungssystems für Neuzugänge[520], gibt es keine Mitbestimmungsrechte des Betriebsrats.
– Mitbestimmungsfrei ist nur die Grundentscheidung über die Einführung oder Abschaffung einer betrieblichen Altersversorgung. Hat der Arbeitge-

---

517 Zu den Einzelheiten für die Durchführungswege Pensionskasse, Pensionsfonds und Unterstützungskasse s. Rdn. 397–417.
518 BAG 29.1.2008, 3 AZR 42/06, EzA § 87 BetrVG 2001 Betriebliche Lohngestaltung Nr. 14 = DB 2008, 1980.
519 Dazu die grundlegenden BAG-Beschlüsse v. 12.6.1975, 3 AZR 13/74, 137/73 und 66/74, EzA § 87 BetrVG 1972 Lohn- und Arbeitsentgelt Nr. 3, AP Nrn. 1–3 zu § 87 BetrVG 1972 Altersversorgung; bestätigt in BAG 11.12.2001, 3 AZR 512/00, EzA § 1 BetrAVG Ablösung Nr. 33.
520 S. dazu Rdn. 262–268.

ber z.B. einen Entschluss zur Einführung einer betrieblichen Altersversorgung gefasst, kann er diesen nicht mehr einseitig zurücknehmen, wenn es über mitbestimmungspflichtige Einzelheiten (z.B. den Leistungsplan) mit dem Betriebsrat keine Einigung gibt. Hier muss notfalls ein Einigungsstellenspruch herbeigeführt werden. Das Entsprechende gilt, wenn ein Versorgungssystem für Neuzugänge nicht abgeschafft werden soll, sondern lediglich eine Herabsetzung des Dotierungsrahmens geplant ist.

– Mitbestimmungsfrei ist die **Wahl des Durchführungsweges** (einschließlich der Wahl des konkreten Versorgungsträgers, z.B. bei einer Direktversicherung die konkrete Lebensversicherungsgesellschaft).[521] Dies gilt auch für einen **Wechsel** des Durchführungsweges.[522] Auch hier müssen möglicherweise individualrechtliche Besitzstände gewahrt bleiben. Das bedeutet, dass häufig mit der mitbestimmungsfreien Änderung des Durchführungswegs inhaltliche Änderungen des Leistungsplanes verbunden sind, weil im neuen Durchführungsweg der bisherige Leistungsplan nicht 1:1 abgebildet werden kann. Insoweit muss eine Änderung des Leistungsplanes erfolgen und das dafür zulässige arbeitsrechtliche Instrumentarium angewandt werden.[523] Bleibt aber bei einem Wechsel des Durchführungsweges die bisherige Versorgungszusage »netto« erhalten, so gibt es kein Mitbestimmungsrecht. Möglicherweise ist jedoch individualrechtlich eine Einverständniserklärung des Versorgungsberechtigten notwendig.[524]

– Mitbestimmungsfrei ist die **Auswahl des Begünstigtenkreises** für eine betriebliche Altersversorgung. Dabei muss selbstverständlich der Gleichbehandlungsgrundsatz[525] gewahrt werden, der aber keinen kollektivrechtlichen, sondern individualrechtlichen Charakter hat.

– Mitbestimmungsfrei ist die gesamte Höhe der Mittel, die der Arbeitgeber für eine betriebliche Altersversorgung bereitstellen will, der sog. **Dotierungsrahmen.**

---

521 BAG 29.7.2003, 3 ABR 34/02, EzA § 87 BetrVG 2001 Betriebliche Lohngestaltung Nr. 2.

522 *Höfer* BetrAVG, Rn. 1058 zu ART, der zu Recht darauf hinweist, dass faktisch bei Wechsel des Durchführungsweges ein Mitbestimmungsrecht besteht, weil sich üblicherweise auch der Leistungsplan ändert. Das ist aber mitbestimmungspflichtig.

523 Dazu Rdn. 269–369.

524 Dazu BAG 27.6.2007, 3 AZR 186/06, EzA § 1 BetrAVG Nr. 90 = DB 2008, 2034; dazu Rdn. 257 ff.

525 S. dazu Rdn. 164–182.

– Der Dotierungsrahmen eines betrieblichen Versorgungssystems ist keine feststehende Größe, sondern hängt von vielen unternehmensinternen und -externen Umständen ab, z.B. der Fluktuation der Mitarbeiter, der Schrumpfung der Belegschaft, der Entgeltsteigerung. Ferner können Änderungen von Gesetzen, z.B. die Verkürzung der Unverfallbarkeitsfristen seit dem 1.1.2001 in § 1b BetrAVG, oder die Rechtsprechung, z.B. zur Anpassung laufender Versorgungsleistungen gem. § 16 BetrAVG, die Höhe des Gesamtaufwandes für die betriebliche Altersversorgung verändern.

unbelegt   393

Üblicherweise wird der Dotierungsrahmen nach versicherungsmathemati- 394 schen Grundsätzen ermittelt.[526] Dabei ist eine Vielzahl von Prämissen zu berücksichtigen. Ob diese Prämissen in Bezug auf die tatsächliche Entwicklung der Versorgungslasten im Einzelnen oder insgesamt zutreffend festgelegt werden, ist für die Frage der Bestimmung des Dotierungsrahmens in Bezug auf Mitbestimmungsrechte des Betriebsrats häufig unerheblich. Es reicht aus, wenn sich Arbeitgeber und Betriebsrat auf bestimmte Berechnungsprämissen verständigen. Unter identischen Prämissen ist dann die mitbestimmungsrechtlich relevante Frage zu beantworten, ob ein Dotierungsrahmen überschritten oder verringert wird oder gleich bleibt.

Die Reduzierung des Dotierungsrahmens ist grundsätzlich mitbestimmungs- 395 frei. Auf dem abgesenkten Niveau setzt aber die erzwingbare Mitbestimmung bei der Leistungsplangestaltung ein. Nur wenn bei Kürzung oder Einstellung von Versorgungsleistungen aus tatsächlichen und rechtlichen Gründen kein Verteilungsspielraum für die reduzierten Versorgungsmittel bleibt, ein abweichender Leistungsplan also nicht aufgestellt werden kann, sind derartige Eingriffe mitbestimmungsfrei. Das ist z.B. der Fall, wenn eine Reduzierung entsprechend der Drei-Stufen-Theorie[527] erfolgt und sowohl sachlich-proportionale als auch triftige Eingriffsgründe vorliegen und nur die erste Besitzstandsstufe erhalten bleiben kann.[528]

---

526 *Blomeyer/Rolfs/Otto* Rn. 409 ff. zu Anh. § 1; *Höfer* BetrAVG, Rn. 1039 ff. zu ART.
527 S. dazu Rdn. 280–323.
528 BAG 9.12.2008, 3 AZR 384/07 DB 2009, 1548 und 3 AZR 385/07, n.v.; dazu auch *Schlewing* NZA 2010, 529.

b) Mitbestimmungspflichtige Räume

396 Zum mitbestimmungspflichtigen Bereich gehören:

- umfassende **Informationsrechte** des Betriebsrats über die betriebliche Altersversorgung;
- ein **Initiativrecht** des Betriebsrats in Fragen der betrieblichen Altersversorgung. Dies stößt naturgemäß an Grenzen, wenn die Initiative des Betriebsrats auf eine Ausweitung des Dotierungsrahmens gerichtet ist. Dies kann der Betriebsrat nicht verlangen. Der Betriebsrat muss in einem solchen Fall Vorschläge unterbreiten, welche Reduzierungen bei anderen Leistungsplanelementen vorgenommen werden sollen;[529]
- Kernbereich der erzwingbaren Mitbestimmung bei der arbeitgeberfinanzierten betrieblichen Altersversorgung sind die Verteilungsgrundsätze der vom Arbeitgeber zur Verfügung gestellten gesamten Versorgungsmittel, also die **Leistungsplangestaltung,**[530] soweit der vom Arbeitgeber vorgegebene Dotierungsrahmen eingehalten wird. Es geht um die **Verteilungsgerechtigkeit** des vom Arbeitgeber bestimmten Gesamtaufwandes für die betriebliche Altersversorgung.[531]

3. Mitbestimmung bei Pensionskassen, Pensionsfonds und Unterstützungskassen

397 Pensionskassen, Pensionsfonds und Unterstützungskassen sind **Sozialeinrichtungen** gem. § 87 Abs. 1 Nr. 8 BetrVG. Der Betriebsrat hat bei Form, Ausgestaltung und Verwaltung mitzubestimmen.

398 Eine Sozialeinrichtung ist eine abgesonderte Vermögensmasse, die sozialen Zwecken dient und einer eigenen Organisation bedarf.[532] Dies ist unstreitig bei den rechtlich selbstständigen Versorgungsträgern Pensionskasse, Pensi-

---

529 BAG 12.6.1975, 3 AZR 13/74, EzA § 87 BetrVG 1972 Lohn- und Arbeitsentgelt Nr. 2.

530 Dazu BAG 29.7.2004, 3 ABR 34/02, EzA § 87 BetrVG 2001 Betriebliche Lohngestaltung Nr. 2.

531 BAG 11.12.2001, 3 AZR 512/00, EzA § 1 BetrAVG Ablösung Nr. 33; 21.1.2003, 3 AZR 30/02, EzA § 3 BetrAVG Nr. 9.

532 BAG 12.6.1975, 3 ABR 13/74, EzA § 87 BetrVG 1972 Lohn- und Arbeitsentgelt Nr. 2; 9.12.1980, 1 ABR 80/77, EzA § 87 BetrVG 1972 Betriebliche Lohngestaltung Nr. 1; BAG 18.11.2008, 3 AZR 417/07, EzA § 7 BetrAVG Nr. 74 = DB 2009, 1079.

onsfonds und Unterstützungskasse. Ob bei Treuhandlösungen (Contractual Trust Arrangements-CTA)[533] ein zweckgebundenes Sondervermögen im Sinne einer Sozialeinrichtung gem. § 87 Abs. 1 Nr. 8 BetrAVG vorliegen kann, dürfte sich nur bei Kenntnis der konkreten rechtlichen Ausgestaltung der Treuhandlösung entscheiden lassen. In der Regel fehlt es bei diesen CTA-Modellen an Rechten der versorgungsberechtigten Arbeitnehmer gegenüber dem CTA – zumindest vor einem »Sicherungsfall« –, sodass kein Raum für eine erzwingbare Mitbestimmung des Betriebsrates bei Einrichtung und Verwaltung eines CTA besteht.[534]

Unmittelbare Versorgungszusagen ohne und mit Rückdeckungsversicherungen erfüllen ebenso wie Direktversicherungen nicht das Kriterium der Sozialeinrichtung. Pensionsrückstellungen sind Bilanzposten und keine abgesonderte Vermögensmasse. Die Rückdeckungsversicherung ist nicht zweckgebunden für die Erfüllung von unmittelbaren Versorgungszusagen. Das in einer Direktversicherung angesammelte Kapital liegt nicht beim Arbeitgeber, sondern bei der Lebensversicherungsgesellschaft.[535]   **399**

Pensionskassen, Pensionsfonds und Unterstützungskassen unterfallen allerdings nur dann § 87 Abs. 1 Nr. 8 BetrVG, wenn sie sich in ihrem Wirkungsbereich auf den Betrieb, das Unternehmen oder den Konzern beschränken, es sich also z.B. um Konzernpensionskassen, Konzernpensionsfonds oder Konzernunterstützungskassen handelt.   **400**

Überbetriebliche Pensionskassen, Pensionsfonds und Unterstützungskassen unterfallen nicht unmittelbar der erzwingbaren Mitbestimmung der Betriebsräte der einzelnen Trägerunternehmen. Es ist nur möglich, dass die Betriebsräte der einzelnen nicht miteinander verbundenen Trägerunternehmen mittelbar Einfluss auf die Willensbildung dieser überbetrieblichen Einrichtungen nehmen können.[536]   **401**

---

533 Dazu *Höfer* BetrAVG, Rn. 4599 ff. zu § 7.
534 So auch *Höfer* BetrAVG, Rn. 1142 zu ART; zum Outsourcing von Pensionsverpflichtungen *Reichenbach* FS Kemper, S. 365 ff.; *Klemm* BetrAV 2006, 132; *Passarge* BetrAV 2006, 127.
535 BAG 18.3.1976, 3 ABR 32/75, EzA § 87 BetrVG 1972 Lohn- und Arbeitsentgelt Nr. 5 = AP Nr. 4 zu § 77 BetrVG 1972 Altersversorgung.
536 BAG 22.4.1986, 3 AZR 100/83, EzA § 87 BetrVG 1972 Altersversorgung Nr. 1 und 9.5.1989, 3 AZR 439/88, EzA § 87 BetrVG 1972 Altersversorgung Nr. 3.

402   Handelt es sich um eine mitbestimmungspflichtige Pensionskasse, Pensionsfonds oder Unterstützungskasse entspricht die Mitbestimmung bei der **Ausgestaltung**, das ist der Leistungsplan, derjenigen gem. § 87 Abs. 1 Nr. 10 BetrVG bei unmittelbaren Versorgungszusagen und Direktversicherungen.[537] § 87 Abs. 1 Nr. 10 BetrVG stellt insoweit einen Auffangtatbestand zu § 87 Abs. 1 Nr. 8 BetrVG dar.[538]

403   Hinzu kommt die Mitbestimmung bei der **Form** und **Verwaltung** der Pensionskasse, des Pensionsfonds und der Unterstützungskasse.

404   Unter Form wird zunächst die Rechtsform verstanden. Insoweit ist die Mitbestimmung aus der Sicht des Betriebsrats im Wesentlichen inhaltsleer, da die Rechtsformen dieser Versorgungsträger abschließend vorgeschrieben sind und arbeitsrechtlich keine Bedeutung haben.

405   Zur Form der Sozialeinrichtung gehört aber auch die **Organisationsform** der Mitbestimmung.[539]

406   Es gibt bei Sozialeinrichtungen zwei Organisationsformen, die **zweistufige** und die **organschaftliche Form**.

407   Die **zweistufige** Form entspricht der Betriebsverfassung. Das Mitbestimmungsrecht des Betriebsrats besteht nicht gegenüber der Sozialeinrichtung, sondern gegenüber dem Arbeitgeber. Deshalb muss der Betriebsrat Mitbestimmungsrechte bei einer Pensionskasse, einem Pensionsfonds oder einer Unterstützungskasse zunächst in einer ersten Stufe gegenüber dem Arbeitgeber (Trägerunternehmen) reklamieren und eine Regelungsabrede[540] oder eine Betriebsvereinbarung herbeiführen und notfalls einen Spruch der Einigungsstelle erwirken. In einer zweiten Stufe hat der Arbeitgeber die Inhalte der Absprache mit dem Betriebsrat in die Sozialeinrichtung zu transformieren. Er hat die von ihm beherrschten Organe der Sozialeinrichtung anzuweisen, die mit dem Betriebsrat vereinbarten Regelungen in der Sozialeinrichtung umzusetzen.

408   Bei der **organschaftlichen** Form einigen sich Arbeitgeber und Betriebsrat darauf, die Organe der Sozialeinrichtung paritätisch zu besetzen. Dies setzt

---

537   S. dazu Rdn. 396.
538   So auch *Blomeyer/Rolfs/Otto* Rn. 854 zu Anh. § 1 für die Pensionskasse.
539   Dazu *Kemper* Gedenkschrift für Blomeyer, S. 157, 161 ff.
540   BAG 27.8.1996, 3 ABR 38/95, n.v.

voraus, dass die Sozialeinrichtung in den maßgebenden Organen nach Satzung oder Gesellschaftsvertrag paritätisch besetzt wird. Wird z.B. eine Unterstützungskasse in der Rechtsform eines eingetragenen Vereins geführt, muss der Vorstand aus einer gleichen Anzahl von Arbeitgeber- und Arbeitnehmervertretern bestehen. Bei Pensionskassen und Pensionsfonds führt dies zu Schwierigkeiten, weil Betriebsräte häufig nicht die Anforderungen der Finanzaufsicht für die Qualifikation von Organmitgliedern erfüllen.[541]

Solange die organschaftliche Lösung praktiziert wird, sind Arbeitgeber und **409** Betriebsrat an sie gebunden.[542]

Ob die zweistufige oder organschaftliche Organisationsform der Mitbestim- **410** mung gewählt wird, kann Gegenstand eines Spruches der Einigungsstelle sein.[543]

Unter **Verwaltung** einer Sozialeinrichtung können verstanden werden: **411**
– die Organisation der Sozialeinrichtung,
– die Aufstellung der Grundsätze für die Geschäftsführung,
– die Überwachung der Einhaltung der Satzungsbestimmungen,
– die Prüfung der Pensionsanträge und die Entscheidung hierüber und
– die Entscheidung über Streitfragen aus Anlass von Beschwerden.

Der wesentliche Bereich der Verwaltung besteht in der **Vermögensverwal- 412 tung**.[544] Bei einer Unterstützungskasse geht es z.B. um die Frage, ob eine reservegepolsterte oder eine rückdeckungsversicherte Finanzierung erfolgt (bei betrieblichen Unterstützungskassen!), aber auch um konkrete Anlageentscheidungen, z.B. Darlehn beim Trägerunternehmen, Festgeld, Aktien, Anleihen etc. und um Wechsel der ursprünglichen Anlageentscheidung, nicht nur grds., sondern auch im Einzelfall. Handelt es sich bei der Sozialeinrichtung um eine Pensionskasse oder einen Pensionsfonds, sind jedoch Arbeitgeber und Betriebsrat nicht frei, über die Anlage der Vermögensmittel der mittelbaren Versorgungsträger zu entscheiden. Es müssen die einschlägi-

---

541 Dazu *Bode* Die organschaftliche Mitbestimmung des Betriebsrates nach § 87 Abs. 1 Nr. 8 BetrVG bei betrieblichen Pensionskassen, S. 152 ff.
542 BAG 13.7.1978, 3 ABR 108/77, EzA § 87 BetrVG 1972 Sozialeinrichtung Nr. 9.
543 BAG 13.7.1978, 3 ABR 108/77, EzA § 87 BetrVG 1972 Sozialeinrichtung Nr. 9 = DB 1978, 2129; dazu *Kemper* Gedenkschrift für Blomeyer, S. 157, 161.
544 *Höfer* BetrAVG, Rn. 1115 ff. zu ART und *Bode* a.a.O., S. 52 ff. m.w.N.

gen versicherungsaufsichtsrechtlichen Bestimmungen beachtet werden. Das Mitbestimmungsrecht des Betriebsrats tritt insoweit hinter das Versicherungsrecht zurück, weil ja auch der Arbeitgeber daran gebunden ist.

413 Alle Vermögensanlagen, die den aufsichtsrechtlichen Bestimmungen widersprechen, können demnach nicht im Rahmen der erzwingbaren oder auch freiwilligen Mitbestimmung durchgesetzt werden. Es sind immer die Anlagevorschriften bei Pensionskassen und Pensionsfonds zu beachten.[545]

414 Eine weitere Beschränkung der Entscheidungsfreiheit von Arbeitgeber und Betriebsrat bei der Vermögensanlage einer Pensionskasse oder eines Pensionsfonds und damit auch des erzwingbaren Mitbestimmungsrechts des Betriebsrats ergibt sich daraus, dass nach § 7a VAG die Vorstände von Versicherungsunternehmen[546] zuverlässig und fachlich geeignet sein müssen. Diese Qualifikationserfordernisse des Vorstandes dienen dem Schutz der Versicherten. Es soll die Gefahr verringert werden, dass vom Vorstand Fehlentscheidungen getroffen werden. Das Versicherungsaufsichtsgesetz geht also von einer Entscheidungskompetenz des Vorstandes zum Wohle des Versicherten aus. Aus diesem Grunde lässt es sich mit den Grundsätzen des Versicherungsaufsichtsrechts nicht vereinbaren, wenn außenstehende Stellen, z.B. Arbeitgeber und Betriebsrat, unmittelbar Einfluss auf das Tagesgeschäft des Vorstandes nehmen können. Der Vorstand muss in der Lage sein, selbstständige Anlageentscheidungen zu treffen.

415 Damit ist der Begriff der Verwaltung gem. § 87 Abs. 1 Nr. 8 BetrVG bei Pensionskassen und Pensionsfonds insoweit einzuschränken, als nicht jede einzelne Verwaltungsmaßnahme und Vermögensanlage mitbestimmungspflichtig ist.

416 Andererseits darf die Mitbestimmung des Betriebsrats bei der Verwaltung, insbesondere der Vermögensanlage, nicht »ausgehebelt« werden. Handelt es sich um die Grundsatzfrage, wie groß der Anteil des Vermögens sein soll, der im Rahmen der aufsichtsrechtlichen Bestimmungen in Aktien oder sonstigen Wertpapieren angelegt werden soll, dürfte ein Mitbestimmungsrecht einzuräumen sein.

---

545 *Kemper* Gedenkschrift für Blomeyer, S. 157, 164 ff.
546 Der Pensionsfonds ist kein Versicherungsunternehmen. Dennoch ist über § 113 VAG § 7a VAG anwendbar.

Ein Mitbestimmungsrecht des Betriebsrats bei der **Besetzung des Vorstandes** 417
einer Pensionskasse oder Pensionsfonds ist im Rahmen der zweistufigen
Organisationsform nicht denkbar. Bei der Besetzung des Vorstandes geht es
weder um die Ausgestaltung noch um die Verwaltung einer Pensionskasse
oder eines Pensionsfonds, sondern um die Bestimmung eines Handlungsor-
gans der Sozialeinrichtung selbst. Diese Kompetenz hat ausschließlich der
Arbeitgeber, weil die zweistufige Organisationsform der Mitbestimmung bei
der Sozialeinrichtung denklogisch voraussetzt, dass der Arbeitgeber in der
Lage ist, mitbestimmungspflichtige Tatbestände in »seiner« Sozialeinrichtung
umzusetzen. Dies setzt voraus, dass er entsprechende Weisungen dem Vorstand einer Pensionskasse oder eines Pensionsfonds – natürlich im Rahmen
des Versicherungsaufsichtsrechts – geben kann.[547]

4. Zuständigkeiten

Existiert ein **Gesamtbetriebsrat**, sind nicht die einzelnen Betriebsräte für 418
Fragen der betrieblichen Altersversorgung zuständig, sondern der Gesamtbetriebsrat (§ 50 Abs. 1 S. 1 BetrVG). Für Fragen der betrieblichen Altersversorgung gibt es die Notwendigkeit einer unternehmenseinheitlichen Regelung.[548]

Die Zuständigkeit des Gesamtbetriebsrats kann weder durch Tarifvertrag 419
noch durch Betriebsvereinbarung abbedungen werden. Eine freiwillige
Betriebsvereinbarung, die einer betriebsübergreifenden Regelung vorgreift,
geht ins Leere, sie entfaltet keine Sperrwirkung.[549]

Erhält ein **Konzernbetriebsrat** von Gesamtbetriebsräten die Regelungskom- 420
petenz für Fragen der betrieblichen Altersversorgung übertragen, so ist er für
eine konzerneinheitliche betriebliche Altersversorgung zuständig.[550] Im Übrigen ist die originäre Zuständigkeit des Konzernbetriebsrats nach denselben

---

547 Zu weiteren Einzelfragen bei den Mitbestimmungsrechten des Betriebsrats bei
einer Pensionskasse *Kemper* Gedenkschrift für Blomeyer, S. 157 ff.
548 BAG 8.12.1981, 3 ABR 53/80, EzA § 242 BGB Ruhegeld Nr. 96 =
DB 1982, 46; 21.1.2003, 3 ABR 26/02, EzA § 50 BetrVG 2001 Nr. 2;
9.12.2003, 1 ABR 49/02, EzA § 50 BetrVG 2001 Nr. 3.
549 BAG 21.1.2003, 3 ABR 26/02, EzA § 50 BetrVG 2001 Nr. 2.
550 BAG 19.3.1981, 3 ABR 38/80, AP Nr. 14 zu § 80 BetrVG 1972 m. Anm. *Kem-
per/Küpper* EzA § 80 BetrVG 1972 Nr. 18; dazu auch *Hanau* FS Kemper,
S. 165 ff.

Kriterien zu bestimmen wie die Zuständigkeit des Gesamtbetriebsrats. Zwingende Erfordernisse für eine konzerneinheitliche Regelung genügen. Mit dem Begriff des »Nichtregelnkönnens« (§ 58 Abs. 1 BetrVG) ist sowohl die objektive als auch die subjektive Unmöglichkeit gemeint.[551]

5. Verletzung des Mitbestimmungsrechts

421   Der Betriebsrat kann die Verletzung des Mitbestimmungsrechts im Beschlussverfahren vor den Arbeitsgerichten geltend machen.[552]

422   Die Verletzung des Mitbestimmungsrechts des Betriebsrats hat die Unwirksamkeit der einseitig vom Arbeitgeber getroffenen Maßnahme zur Folge. Die Beachtung des Mitbestimmungsrechts des Betriebsrats ist Wirksamkeitsvoraussetzung für jede mitbestimmungspflichtige Maßnahme.[553] Diese Unwirksamkeit kann sich zum Nachteil der Arbeitnehmer auswirken. Eine unter Verletzung des Mitbestimmungsrechts einseitig vom Arbeitgeber vorgenommene Verbesserung der bestehenden Versorgungszusage kann unwirksam sein. Die Versorgungsanwartschaften der betroffenen Arbeitnehmer bleiben so bestehen, wie sie ohne die einseitige Maßnahme des Arbeitgebers zuvor bestanden haben. Die Verletzung von Mitbestimmungsrechten des Betriebsrats führt nicht dazu, dass sich individualrechtliche Ansprüche ergeben, die noch nicht bestanden haben.[554]

423   Eine Verletzung des Mitbestimmungsrechts kann sich auch auf Betriebsrentner auswirken. Die Unwirksamkeit der Maßnahme gilt wegen § 139 BGB nämlich auch gegenüber den Betriebsrentnern. Damit ist nicht entschieden, dass die Betriebspartner auch für Betriebsrentner und ausgeschiedene Anwärter eine Regelungskompetenz haben.[555]

424   Das BAG hat jedoch entschieden, dass es dem Arbeitgeber aus Gründen des Vertrauensschutzes unter Umständen verwehrt sein kann, sich auf die

---

551 BAG 24.1.2006, 3 AZR 483/04, EzA § 1 BetrAVG Ablösung Nr. 46; zur Abgrenzung der Zuständigkeiten von Gesamtbetriebsrat und Konzernbetriebsrat vgl. BAG 29.1.2008, 3 AZR 42/06, EzA § 87 BetrVG 2001 Betriebliche Lohngestaltung Nr. 14 = DB 2008, 1980.
552 BAG 5.3.1994, 1 ABR 34/93, EzA § 23 BetrVG 1972 Nr. 36.
553 BAG 19.7.2005, 3 AZR 472/04, EzA § 1 BetrAVG Betriebliche Übung Nr. 7; dazu auch *Höfer* BetrAVG, Rn. 1152 ff. zu ART.
554 BAG 19.7.2005, 3 AZR 472/04, EzA BetrAVG § 1 Betriebliche Übung Nr. 7.
555 BAG 18.11.2008, 3 AZR 417/07, EzA § 7 BetrAVG Nr. 74 = DB 2009, 1079.

Unwirksamkeit zu berufen. Dies soll aber nur insoweit gelten, wenn der Arbeitnehmer auf der Grundlage der unwirksamen Vertragsregelung bereits Vorkehrungen getroffen hat, die nicht mehr rückgängig gemacht werden können.[556]

II. Arbeitnehmerfinanzierte betriebliche Altersversorgung

Bei der arbeitnehmerfinanzierten betrieblichen Altersversorgung ist in Bezug auf die erzwingbaren Mitbestimmungsrechte des Betriebsrats zu unterscheiden, ob es sich um eine Entgeltumwandlung gem. § 1 Abs. 2 Nr. 3 BetrAVG innerhalb des § 1a BetrAVG oder außerhalb dieser Bestimmung handelt.[557] 425

1. Entgeltumwandlung außerhalb § 1a BetrAVG

Bei einer Entgeltumwandlung gem. § 1 Abs. 2 Nr. 3 BetrAVG außerhalb der gesetzlichen Regelung des § 1a BetrAVG gelten im Grundsatz vergleichbare Abgrenzungen von mitbestimmungsfreien und mitbestimmungspflichtigen Räumen, wie sie bei der arbeitgeberfinanzierten betrieblichen Altersversorgung bestehen. 426

Der Arbeitgeber entscheidet mitbestimmungsfrei, ob er sich auf eine derartige Entgeltumwandlung einlässt, in welchem Durchführungsweg dies geschehen soll, welcher Personenkreis davon Gebrauch machen darf und in welchem Umfang er Entgeltumwandlungen zulässt. 427

Grundsätzlich ist der Betriebsrat über derartige Entgeltumwandlungen zu informieren. Der Betriebsrat hat auch ein Initiativrecht gegenüber dem Arbeitgeber, derartige Entgeltumwandlungen anzuregen. 428

Entscheidend ist, dass es bei der arbeitnehmerfinanzierten betrieblichen Altersversorgung keinen vom Arbeitgeber gesetzten Dotierungsrahmen gibt. Die bei der arbeitgeberfinanzierten betrieblichen Altersversorgung sinnvolle erzwingbare Mitbestimmung bei den Verteilungsgrundsätzen der vom Arbeitgeber bereitgestellten Versorgungsmittel geht ins Leere. Der Gesichts- 429

---

556 BAG 4.5.1982, 3 AZR 1202/79, EzA § 87 BetrVG Lohn- und Arbeitsentgelt Nr. 13, dazu auch *Höfer* BetrAVG, Rn. 1154 ff. zu ART.

557 Dazu i.E. *Kemper* BetrAV 2002, 751 ff.; *Henning* passim; *Konzen* Gedenkschrift für Blomeyer, S. 173, 192 f.; *Schnitker/Grau* BB 2003, 1061; dazu auch *Perreng* FS Kemper, S. 347 ff.; *Förster/Cisch/Karst* Rn. 188 ff. zu § 1; *Hanau/Arteaga/Rieble/Veit* Entgeltumwandlung, A Rn. 425 ff.

punkt der Verteilungsgerechtigkeit hat bei der Entgeltumwandlung keine Bedeutung. Die Mittel, die für die betriebliche Altersversorgung eingesetzt werden, werden vom Versorgungsberechtigten selbst aufgebracht und sind ausschließlich für seine eigene betriebliche Altersversorgung zu verwenden. Eine andere »Verteilung« ist nicht denkbar.[558]

430 Es gibt auch keine Mitbestimmung bei der sog. Leistungsplangestaltung der Entgeltumwandlung, also z.B. bei der Frage, unter welchen Prämissen die vom Arbeitnehmer bereitgestellten Entgeltbestandteile in betriebliche Altersversorgung »wertgleich« umgewandelt werden.[559] Die abweichende Auffassung übersieht, dass es sich um eine Rechtsfrage handelt, ob künftige Entgeltansprüche in eine wertgleiche Anwartschaft auf Versorgungsleistungen im Sinne von § 1 Abs. 2 Nr. 3 BetrAVG umgewandelt werden. »Wertgleich« ist ein Rechtsbegriff, der möglicherweise auszulegen ist. Das hat mit Mitbestimmung nichts zu tun. Es geht nicht um die Verteilungsgerechtigkeit. Es spielt auch keine Rolle, dass der Arbeitnehmer sich grundsätzlich frei entscheiden kann, ob er das Entgeltumwandlungsangebot zu den vom Arbeitgeber mit dem Betriebsrat ausgehandelten Konditionen nutzt oder nicht.[560] Es geht lediglich um die Frage, ob die vom Arbeitgeber einseitig gesetzten Konditionen dem Wertgleichheitsgebot des § 1 Abs. 2 Nr. 3 BetrAVG entsprechen oder nicht. An dieser Rechtsfrage ändert sich auch nichts dadurch, dass der Betriebsrat an der Arbeitgeberentscheidung mitwirkt. Dies ist nicht Ausfluss der erzwingbaren Mitbestimmung, die sich auf Verteilungsgerechtigkeit und nicht auf die Ausfüllung des Begriffes Wertgleichheit bezieht. Auch aus diesem Grunde geht es nicht um mitbestimmungsrelevante Fragen der Entgeltauszahlung gem. § 87 Abs. 1 Nr. 4 BetrVG.[561]

---

558 Dazu i.E. *Kemper* FS Förster, S. 207, 213; a.A. *Perreng* FS Kemper, S. 347, 350 ff.
559 So aber *Schumann* in Albert/Schumann/Sieben/Menzel Rn. 449 und ihm folgend *Höfer* BetrAVG, Rn. 1094 ff. zu ART.
560 So aber *Höfer* BetrAVG, Rn. 1095 zu ART.
561 *Fitting* § 87 Rn. 468 f. bestätigt, dass die wichtigsten Entscheidungen im Rahmen des § 1a BetrAVG durch Gesetz oder Tarifvertrag vorgegeben sind. Warum eine Mitbestimmung »hinsichtlich einer solchen kollektiven Entscheidung« nach § 87 Abs. 1 Nr. 4 BetrVG in Betracht kommen soll, wird nicht begründet. Die einseitige Vorgabe des Durchführungsweges hat mit der Rechtsfrage der Wertgleichheit gem. § 1 Abs. 2 Nr. 3 BetrAVG nichts zu tun; wie hier auch *Hanau/Arteaga/Rieble/Veit* Entgeltumwandlung A Rn. 430.

2. Entgeltumwandlung innerhalb § 1a BetrAVG

Bei einer betrieblichen Altersversorgung durch Entgeltumwandlung gem. § 1a BetrAVG sind wegen der Sperrwirkung des Einleitungssatzes von § 87 Abs. 1 BetrVG die erzwingbaren Mitbestimmungsrechte des Betriebsrats praktisch ausgeschlossen. Die entscheidenden Gestaltungsrechte haben der einzelne Arbeitnehmer, der konkrete Arbeitgeber und die Tarifvertragsparteien.[562]   431

Besteht ein Tarifvertrag über eine Entgeltumwandlung nach § 1a BetrAVG, so sind dessen Regeln maßgebend. Mitbestimmungsrechte des Betriebsrats entfallen gem. § 77 Abs. 3 BetrVG. Wenn Öffnungsklauseln für Betriebsvereinbarungen gem. § 77 Abs. 3 BetrVG vorhanden sind, geht es nicht um erzwingbare Mitbestimmungsrechte des Betriebsrats, sondern um die Ausfüllung des Tarifvertrages.   432

Wird die Entgeltumwandlung nach § 1a BetrAVG nicht durch einen Tarifvertrag geregelt, greifen wesentliche Mitbestimmungssperren gem. § 87 Abs. 1 Einleitungssatz BetrVG wegen der gesetzlichen Regelung der Entgeltumwandlung.[563]   433

§ 1a BetrAVG beschränkt sowohl die mitbestimmungsfreien Räume des Arbeitgebers als auch die mitbestimmungspflichtigen Räume des Betriebsrats.   434

Der Arbeitgeber hat keine Entscheidungsfreiheit, wenn der einzelne Arbeitnehmer den Anspruch gem. § 1a BetrAVG geltend macht.   435

§ 1a BetrAVG bestimmt auch im Einzelnen die Art und Weise der Durchführung des Anspruchs. Der Arbeitgeber kann zum Teil einseitig den Durchführungsweg der betrieblichen Altersversorgung bei der Entgeltumwandlung bestimmen. Folglich ergeben sich insoweit keine Rechte des Betriebsrats. Selbst wenn man unter Vereinbarung gem. § 1a Abs. 1 S. 2 BetrAVG eine Betriebsvereinbarung versteht[564], handelt es sich nicht um eine erzwingbare Betriebsvereinbarung. Wenn der Arbeitgeber einseitig die Durchführung des   436

---

562 So auch *Förster/Cisch/Karst* Rn. 188f zu § 1; *Henning* Die betriebliche Mitbestimmung bei der Entgeltumwandlung, S. 134 ff., insbes. S. 163, versucht einige mitbestimmungsfähige »Randbereiche« aufzuzeigen; dazu auch *Kemper* BetrAV 2003, 372 und *Hanau/Arteaga/Rieble/Veit* A Rn. 434 ff.

563 Dazu *Kemper* BetrAV 2002, 751.

564 So *Berenz* Gesetzesmaterialien BetrAVG § 1a, S. 65.

Anspruchs bestimmen kann, zählt dazu zwangsläufig auch die Auswahl des Versorgungsträgers gem. § 1a Abs. 1 S. 3 BetrAVG einschließlich z.B. des konkreten Versorgungsträgers und dessen konkreter Leistungsplanstruktur (z.B. Beitragszusage mit Mindestleistung). Das ist naturgemäß keine mitbestimmungsrelevante Frage der Entgeltauszahlung gem. § 87 Abs. 1 Nr. 4 BetrVG.[565] Auch § 87 Abs. 1 Nr. 11 BetrVG ist nicht einschlägig.[566]

437   Der Arbeitgeber kann bei der Entgeltumwandlung nach § 1a BetrAVG den anspruchsberechtigten Personenkreis nicht bestimmen, da ein individual-rechtlicher Anspruch des einzelnen Arbeitnehmers besteht, wenn dieser die Voraussetzungen des § 17 Abs. 1 S. 3 BetrAVG erfüllt. Auch hier ist der Betriebsrat nicht einzuschalten.

438   Naturgemäß gibt es auch bei der Entgeltumwandlung nach § 1a BetrAVG keinen vom Arbeitgeber mitbestimmungsfrei zu bestimmenden Dotierungsrahmen. § 1a BetrAVG bestimmt im Einzelnen, in welchem Umfang ein Arbeitnehmer seine künftigen Entgeltansprüche in betriebliche Altersversorgung umwandeln kann.

439   In Bezug auf die mitbestimmungspflichtigen Räume ist der Arbeitgeber verpflichtet, den Betriebsrat über die Rahmenbedingungen einer Entgeltumwandlung nach § 1a BetrAVG zu informieren.

440   Ein Initiativrecht des Betriebsrats bei der Entgeltumwandlung nach § 1a BetrAVG besteht nicht, da es allein in der Entscheidung des einzelnen Arbeitnehmers liegt, ob er von dem gesetzlichen Anspruch Gebrauch macht oder nicht.

441   Letztlich gibt es auch bei der Entgeltumwandlung gem. § 1a BetrAVG keinen vom Arbeitgeber gesetzten Gesamtdotierungsrahmen. Der Gesichtspunkt der Verteilungsgerechtigkeit hat keine Bedeutung. Ob das Wertgleichheitsgebot des § 1 Abs. 2 Nr. 3 BetrAVG eingehalten ist, ist eine Rechtsfrage, die nicht der Mitbestimmung unterliegt.[567] Unabhängig davon ist es natürlich sinnvoll, bei Entgeltumwandlungen den Betriebsrat »freiwillig« einzu-

---

565   A.A. wohl *Fitting* § 87 Rn. 469 ohne erkennbare Begründung; s. dazu auch Rdn. 430; wie hier auch *Hanau/Arteaga/Riebe/Veit* Entgeltumwandlung A Rn. 430.

566   *Hanau/Arteaga/Riebe/Veit* Entgeltumwandlung A Rn. 430; *Perreng* FS Kemper, S. 347.

567   S. dazu auch vorstehend Rdn. 426–430.

schalten. Dies kann zu höheren Beteiligungsquoten bei den berechtigten, nicht aber verpflichteten Arbeitnehmern führen, was sozialpolitisch erforderlich ist.

F. Regelungsgegenstand des § 1 Abs. 2 BetrAVG

Die Regelung des § 1 Abs. 2 BetrAVG ist das Ergebnis umfangreicher und teilweise kontroverser Diskussionen über Wesen und Natur der betrieblichen Altersversorgung, die zu einer ersten Aufnahme der beitragsorientierten Leistungszusage sowie der Entgeltumwandlung durch das Rentenreformgesetz 1999[568] führten. Durch das Altervermögensgesetz (AVmG)[569] wurde weiterhin die Beitragszusage mit Mindestleistung als Form der betrieblichen Altersversorgung im BetrAVG verankert. Mit dem Hüttenknappschaftlichen Zusatzversicherungs-Neuregelungs-Gesetz (HZvNG)[570] wurde schließlich zum 1.7.2002 eine gesonderte Regelung für die sog. Eigenbeiträge und deren Einordnung in das Recht der betrieblichen Altersversorgung getroffen. **442**

§ 1 Abs. 2 BetrAVG stellt keine einheitliche, homogene Regelung dar, sondern gibt Antworten des Gesetzgebers auf Grundsatzfragen zur betrieblichen Altersversorgung. Dies zeigt sich daran, dass die Nrn. 1 und 2 Gestaltungsformen einer Versorgungszusage behandeln, während die Nrn. 3 und 4 sich damit befassen, unter welchen Bedingungen Leistungen, welche aus einer Umwandlung von Entgeltansprüchen oder aus Eigenbeiträgen finanziert werden, als Leistungen der betrieblichen Altersversorgung anzusehen sind. **443**

G. Die beitragsorientierte Leistungszusage, § 1 Abs. 2 Nr. 1 BetrAVG

Die beitragsorientierte Leistungszusage hat sich aus der Leistungszusage entwickelt, welche als traditionelle Zusageform in § 1 Abs. 1 BetrAVG geregelt ist. Bei einer derartigen einfachen Leistungszusage wird für den Arbeitneh- **444**

---

568 Gesetz zur Reform der gesetzlichen Rentenversicherung (Rentenreformgesetz 1999) v. 16.12.1997, Art. 8, BGBl. I S. 2998.

569 Gesetz zur Reform der gesetzlichen Rentenversicherung und zur Förderung eines kapitalgedeckten Altersvorsorgevermögens (Altersvermögensgesetz – AVmG) v. 26.6.2001, Art. 9, BGBl. I S. 1310.

570 Gesetz zur Einführung einer kapitalgedeckten Hüttenknappschaftlichen Zusatzversicherung und zur Änderung anderer Gesetze (Hüttenknappschaftliches Zusatzversicherungs-Neuregelung-Gesetz – HZvNG) v. 21.6.2002, Art. 3, BGBl. I S. 2167.

mer eine Leistung nach bestimmten Formeln ohne Berücksichtigung des hierfür erforderlichen Versorgungsaufwands definiert:

445 ▶ **Beispiel:**

Ein Versorgungswerk enthält eine Regelung, wonach die Höhe der Altersrente für jedes Dienstjahr 0,25 % des zuletzt bezogenen versorgungsfähigen Einkommens bis zur Beitragsbemessungsgrenze und 1 % des zuletzt bezogenen versorgungsfähigen Einkommens oberhalb der Beitragsbemessungsgrenze beträgt (klassische endgehaltsbezogene Leistungszusage mit gespaltener Rentenformel).

Bei einem solchen Versorgungssystem ergibt sich der Versorgungsaufwand des Arbeitgebers aus den zur Finanzierung der definierten Leistung nötigen Aufwendungen.

446 Im Laufe der Jahre stellte sich ein verstärktes Bedürfnis der Unternehmen nach mehr Kostentransparenz in der betrieblichen Altersversorgung ein. Dies führte dazu, dass der Wirkungszusammenhang zwischen der Leistung und dem Versorgungsaufwand umgekehrt wurde. An die Stelle der definierten Leistung, die den Aufwand bzw. den Beitrag bestimmte, trat der vom Arbeitgeber definierte Beitrag, aus dem die Leistung zu ermitteln ist. Bei einer beitragsorientierten Versorgungsgestaltung steht mithin der **Versorgungsaufwand (Beitrag)** im Vordergrund, den der Arbeitgeber für die Altersversorgung einsetzen will, und weniger die Leistung, welche hieraus finanziert wird.[571]

447 Diese besondere Versorgungsgestaltung wurde bereits lange vor Inkrafttreten des Rentenreformgesetzes 1999 entwickelt und zunehmend praktiziert. Sie stellt heute die maßgebende Gestaltungsform für eine Vielzahl von Versorgungsregelungen dar. In der konkreten Ausgestaltung sagt der Arbeitgeber zumeist einen bestimmten Prozentsatz des Einkommens als Versorgungsaufwand zu. Dieser kann in Abhängigkeit von bestimmten Bemessungsgrößen, wie beispielsweise der Beitragsbemessungsgrenze in der gesetzlichen Rentenversicherung, gestaffelt sein.

---

571 *Bode/Grabner* S. 25; *Hanau/Arteaga/Rieble/Veit* Teil B Rn. 506 ff.; vgl. i.E. auch Rdn. 191 f.

▶ **Beispiel:**   448

Das Versorgungswerk sieht vor, dass für jedes versorgungsfähige Dienst-jahr ein Versorgungsaufwand im Umfang von 2 % des im jeweiligen Dienstjahr bezogenen versorgungsfähigen Einkommens bis zur Beitrags-bemessungsgrenze und im Umfang von 16 % des im jeweiligen Dienst-jahr bezogenen versorgungsfähigen Einkommens oberhalb der Beitragsbe-messungsgrenze für betriebliche Versorgungsleistungen erbracht wird.

Im Hinblick auf die Leistungsermittlung gibt es im Wesentlichen zwei alter-   449
native Berechnungsmethoden.

Bei Anwendung des sog. **Versicherungsprinzips** werden aus dem jeweiligen   450
Versorgungsaufwand sofort im Zeitpunkt der Einbringung durch Anwen-dung eines alters- und ggf. geschlechtsabhängigen Umrechnungsfaktors versi-cherungsmathematisch gleichwertige Renten- oder auch Kapitalbausteine ermittelt. In die Umrechnungsfaktoren sind u.a. der zugrunde gelegte Zinssatz, die ggf. garantierte bzw. erwartete Rentenanpassung und die Sterbe- und Invalidisierungswahrscheinlichkeiten eingearbeitet. Die Versor-gungsleistung ergibt sich aus der Summe der bis zum Eintritt des Versor-gungsfalls insgesamt erworbenen Bausteine.

Alternativ ist es nach dem sog. **Sparprinzip** möglich, den jeweiligen Versor-   451
gungsaufwand auf einem betriebsinternen Versorgungskonto, i.d.R. unter Anwendung eines Mindestzinses, anzusammeln, welches für jeden Mitarbei-ter (real oder fiktiv) geführt wird. Erst bei Eintritt des Versorgungsfalles wird aus dem auf diesem Konto befindlichen Versorgungskapital die maßgebliche Versorgungsleistung abgeleitet, indem das angesammelte Kapital unmittelbar ausgekehrt oder versicherungsmathematisch – unter Anwendung einer Umrechnungstabelle – eine Rente ermittelt wird.[572]

---

572 Vgl. *Bode/Grabner* S. 111 f., 163 f.; *Gerstenberg* BetrAV 1994, 120.

452

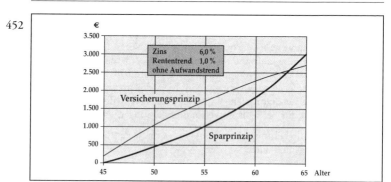

Abb.: Vergleich des Versicherungsprinzips mit dem Sparprinzip – Verlauf einer Jahresrentenanwartschaft

453 Die Grafik zeigt den Beispielsfall eines Mitarbeiters, dem im Alter 45 eine Versorgungszusage erteilt wird und für den der Arbeitgeber einen anfänglichen Versorgungsaufwand von 1.000,– € p.a. erbringt. Für den Aufwand wird unterstellt, dass er sich über den Zeitablauf nicht verändert. Die unterschiedlichen Verlaufskurven zeigen den grundsätzlichen Unterschied zwischen Versicherungsprinzip und Sparprinzip. Beim Versicherungsprinzip wird das Risiko vorzeitig eintretender Versorgungsfälle durch die sofortige Bildung von Renten- bzw. Kapitalbausteinen (und die damit verbundene Abführung fiktiver Risikoprämien) stärker abgesichert als beim Sparprinzip. Im Gegenzug fällt die Höhe der Altersleistung beim Versicherungsprinzip geringer aus, da die höhere vorzeitige Risikoversorgung die Altersrente bzw. das Alterskapital ermäßigt. Das Sparprinzip hingegen unterstellt, dass bei vorzeitig eintretenden Versorgungsfällen nur das jeweils angesammelte Versorgungskapital für die Versorgungsleistung verwendet wird. Eine Versicherung vorzeitig eintretender Risiken erfolgt mithin nicht, sodass die Altersleistung relativ umfangreicher ausfällt.

454 Die beitragsorientierte Leistungszusage ist **keine reine Beitragszusage.** Eine solche würde dann vorliegen, wenn die Verpflichtung des Arbeitgebers gegenüber dem Arbeitnehmer sich allein darauf beschränken würde, einen festgelegten Beitrag an einen Versorgungsträger zu entrichten und er für die

spätere Versorgungsleistung nicht einzustehen hätte. Eine derartige Form der betrieblichen Altersversorgung kennt das deutsche Recht nicht.[573]

Die beitragsorientierte Leistungszusage enthält daher das Versprechen, eine 455 (in Abhängigkeit vom zugesagten Beitrag) definierte Versorgungsleistung zu erbringen. Daher wird sie im internationalen Vergleich trotz der Beitragsorientierung, welche u.a. in der durch das AVmG geschaffenen Regelung des § 2 Abs. 5a BetrAVG reflektiert wird, als eine sog. »defined benefit« – Gestaltung beurteilt.[574]

▶ **Beispiel:**   456

Nachfolgend wird – in Mehrjahresschritten – der Verlauf einer beitragsorientierten Versorgungszusage dargestellt, welche am Sparprinzip ausgerichtet ist. Zur Vereinfachung wird ein gleich bleibender jährlicher Beitrag von 1.000,– € unterstellt, der sich in der Anwartschaftsphase mit 4 % p.a. verzinst. Der Versorgungsberechtigte nimmt die Rentenleistung mit Vollendung des regulären Pensionsalters 65 in Anspruch. Zur Ermittlung des Umrechnungsfaktors für die Rentenleistung im Alter 65 wird erneut eine Verzinsung während der Rentenbezugsphase von 4 %, eine Hinterbliebenrentenanwartschaft im Umfang von 60 % und eine garantierte Mindestanpassung der laufenden Rentenleistung von 1 % jährlich unterstellt. Es wird der Umrechnungsfaktor für einen männlichen Mitarbeiter verwendet.

Alter (zu Beginn des Jahres)	Versorgungsaufwand	Stand Versorgungskonto zum Ende des Jahres
35	1.000	1.000
36	1.000	2.040
40	1.000	6.634

---

573 S. dazu auch Rdn. 193 ff., 379. Das BAG sieht die reine Beitragszusage als rechtlich zulässig an, ordnet sie aber dem Bereich vermögensbildender Maßnahmen, nicht der betrieblichen Altersversorgung zu BAG 13.11.2007, 3 AZR 635/06, n.v., zu beziehen unter www.bundesarbeitsgericht.de bzw. www.lexetius.com; BAG 7.9.2004, 3 AZR 550/03, EzA Art. 141 EG-Vertrag 1999 Nr. 16 = *BAGE 112, 1.*

574 *Blomeyer* BetrAV 2001, 430.

Alter (zu Beginn des Jahres)	Versorgungsaufwand	Stand Versorgungskonto zum Ende des Jahres
41	1.000	7.899
45	1.000	13.487
46	1.000	15.026
50	1.000	21.825
51	1.000	23.698
55	1.000	31.970
56	1.000	34.249
60	1.000	44.313
61	1.000	47.086
64	1.000	56.087
65	0	58.330

457 Die Höhe der Altersrente im Alter 65 ergibt sich aus der Multiplikation des aufgelaufenen Betrages mit dem versicherungsmathematischen Umrechnungsfaktor:

$$58.330,- € × 6,38 \% = 3.721,- € \text{ (Jahresrente)}$$

H. Die Beitragszusage mit Mindestleistung, § 1 Abs. 2 Nr. 2 BetrAVG

458 Von Gesetzes wegen ist die Beitragszusage mit Mindestleistung nicht für alle fünf Durchführungswege der betrieblichen Altersversorgung eröffnet. Vielmehr kann dieser Zusagetypus nur im Durchführungsweg der Pensionskasse, der Direktversicherung oder des Pensionsfonds gewählt werden.[575] Die Beitragszusage mit Mindestleistung stellt in mehrfacher Hinsicht eine Kompromisslösung des Gesetzgebers dar. So ist sie als eine Form der betrieblichen Altersversorgung zu sehen, welche sich am Kapitalmarkt orientiert, indem sie

---

575 Eine abw. Ansicht vertritt *Höfer* BetrAVG, Rn. 2538 ff. zu § 1; vgl. hierzu nachfolgend unter Rdn. 466 ff.

Chancen und Risiken des Kapitalmarkts in besonderer Weise für die betriebliche Altersversorgung zulässt.[576]

Entscheidet sich der Arbeitgeber dafür, eine Beitragszusage mit Mindestleistung gem. § 1 Abs. 2 Nr. 2 BetrAVG zu erteilen, so wird während der Aktivitätsphase des Mitarbeiters ein Versorgungskapital aus Beiträgen des Arbeitgebers oder des Arbeitnehmers für die Altersversorgung des Mitarbeiters bei einer Pensionskasse, einer Direktversicherung oder einem Pensionsfonds aufgebaut. Die Höhe dieses Versorgungskapitals ist nicht nur von den Beiträgen abhängig, sondern auch von den Erträgen, welche auf das jeweilige Kapital bis zum Eintritt des Versorgungsfalles erwirtschaftet werden. Mithin ist die Versorgungsleistung vor Eintritt des Versorgungsfalles nicht endgültig festgelegt.[577]   **459**

Konzeptionell trägt der Mitarbeiter im Rahmen der Beitragszusage mit Mindestleistung das Anlagerisiko. Dieses Risiko ist jedoch begrenzt, da der Arbeitnehmer in jedem Fall die sog. Mindestleistung erwarten kann. Diese Mindestleistung besteht in der Summe der Beiträge, welche der Arbeitgeber dem Mitarbeiter zugesagt hat. Hiervon abzuziehen sind ggf. Risikoprämien, mit denen vorzeitige Versorgungsfälle abgedeckt werden, wie beispielsweise eine Erwerbsminderungsleistung bzw. eine Hinterbliebenenleistung bei vorzeitigem Tod.   **460**

▶ **Beispiel:**   **461**

Der Arbeitgeber erteilt eine Beitragszusage mit Mindestleistung, welche einen Beitrag für jedes anrechnungsfähige Dienstjahr im Umfang von 1 % des jeweiligen versorgungsfähigen Einkommens vorsieht. Der 32-jährige Mitarbeiter hat im Jahr 2009 ein Jahreseinkommen von 40.000,– €, sodass dies einen jährlichen Beitrag im Umfang von 400,– € an den Pensionsfonds ergibt. Über einen Zeitraum von 35 Jahren, bis zum Eintritt in den Ruhestand im Alter 67, würde der Mitarbeiter vom Arbeitgeber eine Summe von insgesamt 14.000,– € erhalten. Dies stellt grundsätzlich die Mindestleistung dar. Zieht der Arbeitgeber jedoch von dem jährlichen Beitrag eine Prämie ab, um damit vorzeitige Versorgungsfälle abzudecken, beispielsweise im Umfang von jährlich 50,– €, so verbleibt als Mindest-

---

576 *Blomeyer* BetrAV 2001, 430; *Bode/Grabner* DStR 2002, 679; *Höfer* DB 2001, 1146; *Sasdrich/Wirth* BetrAV 2001, 401; *Schwark/Raulf* DB 2003, 940.
577 Ebenso *Kemper/Kisters-Kölkes* Grundzüge Rn. 134 f.

versorgungsleistung für den Mitarbeiter ein Betrag in Höhe von 12.250,– € (14.000,– € abzgl. 35 × 50,– €). Erwirtschaftet demgegenüber die jeweilige Versorgungseinrichtung eine durchschnittliche Verzinsung des jährlich eingebrachten Sparbeitrags von 6 % p.a., so ergibt sich für den Mitarbeiter ein Versorgungskapital im Alter 65 im Umfang von ca. 39.000,– €.

462   Aus dem Versorgungskapital, das im Rahmen der Mindestleistung bei Eintritt des Versorgungsfalles vorhanden ist, können auch laufende Rentenleistungen finanziert werden. Die Ermittlung der jeweiligen Rentenleistung erfolgt nach ähnlichen Grundsätzen wie im Rahmen einer beitragsorientierten Leistungszusage bei Vorliegen des Sparprinzips durch Anwendung eines versicherungsmathematisch ermittelten Verrentungsfaktors auf das jeweils vorhandene Versorgungskapital.[578]

463   Die Tatsache, dass der Gesetzgeber auch im Rahmen der Beitragszusage eine Mindestleistung vorgesehen hat, lässt darauf schließen, dass der Arbeitnehmer das Anlagerisiko nicht vollständig tragen soll. Eine reine Beitragszusage ist daher im deutschen Rechtsraum als Form der betrieblichen Altersversorgung nicht möglich,[579] sondern im Zweifelsfall in eine Beitragszusage mit Mindestleistung oder eine beitragsorientierte Leistungszusage umzudeuten.[580]

464   Nach Sinn und Zweck des Gesetzes müsste die Beitragszusage mit Mindestleistung auch für Versorgungszusagen eröffnet sein, welche die Zahlung von Arbeitnehmerbeiträgen gem. § 1 Abs. 2 Nr. 4 BetrAVG vorsehen.[581]

465   Bisher ist noch nicht geklärt, ob die Rentenleistung, welche sich aus dem Versorgungskapital einer Beitragszusage mit Mindestleistung ergibt, in ihrer Höhe umfassend zu garantieren ist. Es lässt sich vertreten, dass zumindest derjenige Teil der Rentenleistung, der auf das Mindestkapital entfällt, zu garantieren ist, während der Teil der Rente, der sich aus dem die Mindestleistung überschreitenden Versorgungskapital ergibt, auch Schwankungen in Abhängigkeit von den Erträgen des Kapitalmarkts unterworfen sein kann.

---

578 *Sasdrich/Wirth* BetrAV 2001, 401; vgl. hierzu Rdn. 450.

579 Vgl. Rdn. 3.

580 *Blomeyer/Rolfs/Otto* BetrAVG § 1 Rn. 89 für die Umdeutung in eine Beitragszusage mit Mindestleistung; BAG 13.11.2007, 3 AZR 635/06, n.v., zu beziehen unter www.bundesarbeitsgericht.de, für die Umdeutung in eine beitragsorientierte Leistungszusage.

581 Vgl. hierzu nachfolgend Rdn. 526 ff.

Hierfür spricht, dass Leistungen aus einer Beitragszusage mit Mindestleistung gem. § 16 Abs. 3 Nr. 3 BetrAVG nicht anzupassen sind. Dies gilt gem. § 16 Abs. 3 Nr. 3 Hs. 2 BetrAVG sogar dann, wenn eine Beitragszusage mit Mindestleistung aus einer Entgeltumwandlung herrührt. Mithin hat der Gesetzgeber von einem Anpassungsmodus der klassischen Art abgesehen und es stattdessen vorgezogen, die Erhöhung von Leistungen aus einer Beitragszusage mit Mindestleistung weiterhin von der Erwirtschaftung von Erträgen aus dem Kapitalmarkt abhängig zu machen.[582]

Teile der Literatur sehen die Beitragszusage mit Mindestleistung als Unterfall **466** der beitragsorientierten Leistungszusage an. Man beruft sich auf die Gesetzesbegründung, welche auf die Mindestleistung als wesentliches Schutzelement für den Arbeitnehmer abstellt.[583] Gestützt auf den Gesetzeswortlaut des § 2 Abs. 5b BetrAVG wird ferner argumentiert, dass die Beitragszusage mit Mindestleistung nicht nur für versicherungsförmige (kapitalgedeckte) Durchführungswege zulässig sei, sondern auch im Rahmen einer unmittelbaren Versorgungszusage oder der Zusage über eine Unterstützungskasse gewählt werden könne.[584] Dem ist nicht zuzustimmen. So ist die Beitragszusage mit Mindestleistung eine typische Versorgungsgestaltung für ein Versorgungskonzept, welches näher am Kapitalmarkt orientiert ist. Die hierfür erforderliche Auslagerung von Vermögensmitteln und deren Anlage am Kapitalmarkt ist charakteristisch für die der Versicherungsaufsicht unterstehenden Durchführungswege Pensionskasse, Direktversicherung oder Pensionsfonds. Demgegenüber ist bei einer Direktzusage oder einer Unterstützungskassenzusage eine Versicherungsaufsicht gerade nicht gegeben. Des Weiteren ist in den Gesetzesmaterialien festgehalten, dass die Beitragszusage mit Mindestleistung nicht allen Durchführungswegen zugänglich ist.[585]

In der Praxis existieren allerdings Zusagegestaltungen insbesondere bei **467** Direktzusagen, bei denen eine beitragsorientierte Leistungszusage im Ergebnis die Gestaltungsform einer Beitragszusage mit Mindestleistung weitgehend nachbildet. In der Regel werden hierbei die im Rahmen der beitragsorientierten Leistungszusage erbrachten Beiträge als Mindestkapital garantiert und zusätzliche Erträge, welche über spezielle Anlageinstrumente (beispiels-

---

582 *Sasdrich/Wirth* BetrAV 2001, 401; *Blomeyer* BetrAV 2001, 430.
583 *Langohr-Plato/Teslau* DB 2003, 662; *Höfer* BetrAVG, Rn. 2528 zu § 1.
584 *Höfer* BetrAVG, Rn. 2538 ff. zu § 1.
585 *Berenz* Gesetzesmaterialien BetrAVG, § 1, S. 56; *Schwark/Raulf* DB 2003, 940.

weise durch Anlage der Beiträge am Kapitalmarkt) erzielt werden, als zusätzliche Leistungen gewährt.[586] Diese Zusagegestaltung wirft einige rechtliche Fragen wie das Gebot einer Mindestverzinsung,[587] die Zuschreibung von Kapitalerträgen auch nach dem Ausscheiden aus dem Unternehmen und andere Fragen auf, die bisher noch nicht richterlich geklärt sind.

I. Die Entgeltumwandlung, § 1 Abs. 2 Nr. 3 BetrAVG

468   Die Entgeltumwandlung ist keine Gestaltungsform und kein Zusagetypus der betrieblichen Altersversorgung, sondern eine besondere Art der Finanzierung, an welche der Gesetzgeber einige spezielle gesetzliche Regelungen geknüpft hat. Bei der Entgeltumwandlung einigen sich der Arbeitgeber und der Arbeitnehmer darauf, künftige Entgeltansprüche nicht bar zu vergüten, sondern in eine Anwartschaft auf Leistungen der betrieblichen Altersversorgung umzuwandeln bzw. einzutauschen. Die Entgeltumwandlung kann in besonderer Weise einen bestehenden Bedarf abdecken, nämlich

- die individuelle Besteuerung und Verbeitragung von Teilen der Barvergütung von der aktiven Tätigkeitsphase auf die Rentenbezugsphase verlagern, sowie
- bestehende Versorgungslücken schließen.

469   Nachdem die Entgeltumwandlung seit den 80er Jahren des vorigen Jahrhunderts kontinuierlich an Bedeutung zunahm und auf breiter Ebene diskutiert wurde,[588] nahm der Gesetzgeber sie als besondere Erscheinungsform der betrieblichen Altersversorgung mit dem Rentenreformgesetz 1999 ausdrücklich in das Gesetz auf.[589]

470   Zuvor hatte das Bundesarbeitsgericht bereits die Entgeltumwandlung ausdrücklich als betriebliche Altersversorgung anerkannt und die gegenteiligen Äußerungen des PSVaG, welcher Versorgungsleistungen aus Entgeltum-

---

586   Vgl. *Bode/Grabner* S. 163; *Bode* BetrAV 2001, 1.
587   Für eine Mindestverzinsung sprechen sich *Schwark/Raulf* DB 2003, 940 aus; ablehnend dagegen *Karst/Paulweber* BB 2005, 1499.
588   Beispielhaft *Blomeyer* DB 1994, 882; *Bode* DB 1997, 1769; *Bode/Grabner* DB 2001, 481; *Bode* DB 1997, 1769; *Groeger* DB 1992, 2086; *Jaeger* BB 1997, 1474; *Höfer* DB 1998, 2266.
589   § 1 Abs. 5 BetrAVG (a.F.).

wandlung als Spar- bzw. Gutschriftenmodell außerhalb der betrieblichen Altersversorgung ansah, ausdrücklich abgelehnt.[590]

Im Zuge des AVmG wurde die gesetzliche Regelung zur Entgeltumwandlung   471 nicht inhaltlich abgeändert, jedoch systematisch umgestellt und in § 1 Abs. 2 Nr. 3 BetrAVG eingeordnet.

In der heutigen Praxis wird die Entgeltumwandlung in jedem Durchfüh-   472 rungsweg praktiziert. Die Wahl des jeweiligen Durchführungsweges ist hierbei von vielfältigen Motiven geprägt. In Betracht kommen u.a.:
– eine konkrete tarifvertragliche Festlegung (insbesondere im Hinblick auf den Anspruch auf Entgeltumwandlung gem. § 1a BetrAVG);
– die lohnsteuerliche Behandlung des Versorgungsaufwands aus Entgeltumwandlung während der Aktivitätsphase und der Leistungen aus Entgeltumwandlung in der Rentenbezugsphase;
– die sozialversicherungsrechtliche Behandlung des Versorgungsaufwands aus Entgeltumwandlung während der Aktivitätsphase und der Leistungen aus Entgeltumwandlung in der Rentenbezugsphase;
– die Finanzierung der aus der Entgeltumwandlung fließenden Versorgungsleistungen (betriebsinterne Finanzierung über Pensionsrückstellungen oder Auslagerung der Vermögenswerte an eine Unterstützungskasse, Pensionskasse, Direktversicherung oder einen Pensionsfonds);
– die Insolvenzsicherung des jeweiligen Durchführungsweges;
– der Verwaltungsaufwand im Zusammenhang mit dem jeweiligen Durchführungsweg;
– die Frage der Riesterförderung (nur im Durchführungsweg der Pensionskasse, der Direktversicherung oder des Pensionsfonds).

I. Inhalt der Entgeltumwandlung

Damit eine Entgeltumwandlung der Natur der Sache nach vorliegen kann,   473 ist stets zu prüfen, ob sie überhaupt die Umwandlung vertraglich bereits vereinbarter Entgeltbestandteile betrifft oder ob der Versorgungsaufwand im Vorfeld einer arbeitsvertraglichen Absprache anstelle einer Barvergütung zugesagt wird. Ist Letzteres der Fall, so entsteht die betriebliche Altersversorgung sozusagen **originär** und es liegt keine Entgeltumwandlung im Sinne des Gesetzes vor.

---

590 Vgl. BAG 26.6.1990, 3 AZR 641/88, EzA § 1 BetrAVG Nr. 59 = DB 1990, 2475.

474 Wird eine neue Vereinbarung über die Umwandlung von Entgeltansprüchen in Leistungen der betrieblichen Altersversorgung demgegenüber erst später während eines bereits bestehenden Arbeitsverhältnisses für künftige Ansprüche geschlossen, dann wird ein Teil der bislang bar erfolgten Vergütung durch eine andere Vergütungsform, nämlich eine Anwartschaft auf betriebliche Altersversorgung, ausgetauscht. Die betriebliche Altersversorgung entsteht dann **abgeleitet** aus einer Entgeltumwandlung.[591]

475 Die Entgeltumwandlung setzt sich im Wesentlichen aus zwei Vertragsbestandteilen zusammen.[592] Dies sind:
   – eine **Vereinbarung zur Entgeltumwandlung**, in welcher eine Herabsetzung der Barvergütung künftig fälliger Entgeltansprüche vereinbart wird, und
   – eine **Versorgungszusage** auf Leistungen der betrieblichen Altersversorgung.

476 Im Regelfall werden die vorgenannten Vertragsbestandteile miteinander verbunden und bedingen sich gegenseitig.

477 **Arbeitsrechtlich** ist zu beachten, dass die Herabsetzung der Entgeltansprüche regelmäßig allein für die betriebliche Altersversorgung gelten soll. Andere Sozialleistungen, wie beispielsweise Jubiläumsleistungen etc., werden i.d.R. weiterhin nach dem Stand der Barvergütung bemessen, der vor der Vereinbarung zur Entgeltumwandlung bestand. Aus diesem Grunde wird für den Mitarbeiter vielfach ein sog. **Schattengehalt** fortgeführt, welches ausschlaggebend für die Bemessung sonstiger Sozialleistungen des Arbeitgebers oder künftiger Gehaltssteigerungen ist.[593]

478 Aus **steuerlichen Gründen** (Zuflussprinzip!) ist die Vereinbarung zur Entgeltumwandlung abzuschließen, bevor die jeweiligen Entgeltansprüche zur Zahlung fällig werden.[594]

---

591 *Grabner* BetrAV 2003, 1.
592 *Blomeyer* BetrAV 2001, 430.
593 Zur steuerlichen Unbedenklichkeit einer solchen Schattengehaltsregelung vgl. BMF-Schreiben v. 31.3.2010, BStBl. I, S. 420 ff., Rn. 257 (s. Anh. III) sowie nachfolgend Rdn. 513 ff.
594 Vgl. hierzu nachfolgend Rdn. 513 ff.

II. Gestaltungsvarianten der Entgeltumwandlung

In der praktischen Umsetzung der Entgeltumwandlung bestehen einige **479**
Gestaltungsvarianten, deren wesentliche Aspekte in der nachfolgenden Grafik aufgezeigt sind.

480

Abb.: Gestaltungsvarianten der Entgeltumwandlung

1. Herabsetzung der Barbezüge

Wie die vorstehende Grafik zeigt, kann der Arbeitnehmer grundsätzlich Ent- **481**
geltansprüche jeder Art umwandeln. Hierzu zählen Teile der Regelvergütung
oder variable Bezüge ebenso wie einmalige oder wiederkehrende Sonderzahlungen. Auch künftige vermögenswirksame Leistungen können Gegenstand
einer Entgeltumwandlung sein.[595] Der Verzicht auf zukünftige Urlaubsansprüche ist, soweit die Umwandlung nicht den gesetzlichen oder tariflichen
Mindesturlaub betrifft, ebenfalls möglich. Wertguthaben aus der Ansammlung nicht vergüteter Arbeitszeiten auf sog. Zeitwertkonten (vgl. § 7 Abs. 1a
SGB IV) können unter Beachtung bestimmter steuerlicher Anforderungen in

---

595   Vgl. beispielhaft den seit 1.10.2006 geltenden Tarifvertrag Altersvorsorgewirksame Leistungen (TV AVWL) für die Metall- und Elektroindustrie; im November 2008 hat die IG Metall einen neuen Tarifvertrag Altersvorsorge aus vermögenswirksamen Leistungen für die Holz und Kunststoff verarbeitende Industrie abgeschlossen.

eine Anwartschaft auf betriebliche Altersversorgung umgewandelt werden.[596] Mit dem sog. Flexi II-Gesetz[597] wurde allerdings die sozialversicherungsfreie Einbringung von Wertguthaben für die betriebliche Altersversorgung gem. § 23b Abs. 3a SGB IV für nach dem 13. November 2008 geschlossene Vereinbarungen nunmehr ausgeschlossen.

482   Im Rahmen der Entgeltumwandlungsvereinbarung kann dem Arbeitnehmer grundsätzlich die Wahl eingeräumt werden, ob ein Verzicht auf die Barvergütung von Entgeltansprüchen dauerhaft, über einige Umwandlungsperioden oder einmalig erfolgen soll. Allerdings ist zu beachten, dass eine flexible Umwandlung u.U. bei den unterschiedlichen Durchführungswegen steuerlich beschränkt ist.[598]

483   Schließlich kann der Arbeitnehmer dynamisch oder statisch Teile seines Einkommens umwandeln. Eine **dynamische** Umwandlung liegt beispielsweise dann vor, wenn der Arbeitnehmer eine Reduzierung von 50 % seiner jährlichen Sonderzahlung vereinbart, welche variabel sein kann. Eine **statische** Entgeltumwandlung ist gegeben, wenn ein fester Betrag, beispielsweise jährlich 4.000,– €, umgewandelt wird.

484   Sofern Entgeltansprüche **tariflich geregelt** sind, liegt es gem. § 17 Abs. 5 BetrAVG allein in der Kompetenz der Tarifvertragsparteien, derartige Ansprüche einer Entgeltumwandlung zugänglich zu machen.[599]

---

596   *Hanau/Arteaga/Rieble/Veit* Teil A Rn. 69 ff.; BMF-Schreiben v. 17.6.2009, Lohn-/ einkommensteuerliche Behandlung sowie Voraussetzungen für die steuerliche Anerkennung von Zeitwertmodellen, IV C 5 – S 2332/07/0004, BStBl. I 2009, 1286, Ziff. III.

597   Gesetz zur Verbesserung der Rahmenbedingungen für die Absicherung flexibler Arbeitszeitregelungen und zur Änderung anderer Gesetze v. 21.12.2008, BGBl. I S. 2940.

598   So setzt beispielsweise der Betriebsausgabenabzug von Beiträgen an eine kongruent rückgedeckte Unterstützungskasse voraus, dass die Beiträge (aus Entgeltumwandlung) laufend entrichtet werden und entweder gleich bleiben oder steigen (§ 4d Abs. 1 Satz 1 Nr. 1c EStG); vgl. BMF-Schreiben v. 31.1.2002 – IV A 6 – S 2144c – 9/01, DB 2002, 294.

599   Vgl. hierzu auch § 17 Rdn. 42 ff.

2. Versicherungstechnisch wertgleiche Umwandlung

Gemäß § 1 Abs. 2 Nr. 3 BetrAVG setzt Entgeltumwandlung als betriebliche 485
Altersversorgung voraus, dass im Austausch für die Herabsetzung der Barbe-
züge eine wertgleiche Versorgungszusage erteilt wird. Bisher ist noch nicht
abschließend geklärt, wann und unter welchen Umständen eine Wertgleichheit anzunehmen ist. Das Bundesfinanzministerium hat mit Schreiben vom
31.3.2010[600] für die lohnsteuerliche Anerkennung einer Entgeltumwandlungsvereinbarung festgestellt, dass diese eine versicherungsmathematisch
wertgleiche Umrechnung des aus der Entgeltumwandlungsvereinbarung fließenden Versorgungsaufwands nicht voraussetzt.

Diese (lohnsteuerlich relevante) Feststellung bedeutet jedoch nicht, dass Ent- 486
geltumwandlung ohne versicherungsmathematische Methoden erfolgen könnte
bzw. müsste. Die Anwendung versicherungsmathematischer Grundsätze und
Regeln ist stets erforderlich, um betriebliche Versorgungsleistungen aus dem
Versorgungsaufwand einer Entgeltumwandlung ermitteln zu können.[601]

Die Versicherungsmathematik spielt bei der Festlegung der Verrentungsfak- 487
toren zur Umrechnung in Versorgungsleistungen eine entscheidende Rolle.
Zu diesem Zweck sind in der im Gegenzug für die Entgeltumwandlung zu
erteilenden Versorgungszusage die wesentlichen Parameter der Versorgung
festzulegen. Hierzu zählt die exakte Zusageform, in der Praxis wohl zumeist
eine beitragsorientierte Leistungszusage oder eine Beitragszusage mit Mindestleistung.

Des Weiteren müssen Festlegungen zum Pensionsalter, zum Rechnungszins, 488
zur Rentenanpassung und zu sonstigen biometrischen Rechnungsgrundlagen
(beispielsweise Invalidisierungswahrscheinlichkeiten) getroffen werden.

Eine noch nicht endgültig geklärte Problematik stellt die Frage dar, ob der 489
Arbeitgeber im Rahmen einer Entgeltumwandlung eine **Mindestverzinsung**
des Versorgungsaufwandes gewähren muss, welcher über die Entgeltumwandlung in das Versorgungssystem fließt. Diese Frage sollte für die jeweiligen Durchführungsformen der Altersversorgung einheitlich behandelt werden. Einige Auffassungen tendieren dazu, eine Wertgleichheit nur dann zu

---

600 BMF-Schreiben v. 31.3.2010 BMF-Schreiben v. 31.3.2010, BStBl. I, S. 420 ff.,
     Rn. 255 (s. Anh. III).
601 Vgl. *Hanau/Arteaga/Rieble/Veit* Teil A Rn. 100 ff.; *Schack/Tacke/Thau* S. 342 ff.

bestätigen, wenn eine Mindestverzinsung zugesagt wurde.[602] Dies ist jedoch sachlich zumindest nach der heutigen Gesetzeslage nicht mehr zutreffend.

490   In der Literatur wird teilweise vertreten, dass ein bestimmter Mindestzins in Anlehnung an die Wertentwicklung festverzinslicher Wertpapiere, an einen durchschnittlichen Kapitalmarktzins oder an den für die Lebensversicherung jeweils maßgeblichen Höchstgarantiezins zu gewähren sei.[603] Die Vertreter dieser Auffassung gründen diese auf Billigkeitserwägungen, was sachlich nicht zufriedenstellt. Die Konzeption der Beitragszusage mit Mindestleistung lässt vielmehr den Rückschluss zu, dass auch für die anderen Zusagetypen, insbesondere für die beitragsorientierte Leistungszusage keine gesetzliche Verpflichtung zur Gewährung eines Mindestzinses besteht, selbst wenn eine Entgeltumwandlung vorliegt. Im Rahmen der Beitragszusage mit Mindestleistung hat der Arbeitgeber nur dafür einzustehen, dass bei Eintritt des Versorgungsfalles ein Mindestversorgungskapital im Umfang der nominell zugesagten Beiträge abzüglich eines biometrischen Risikoausgleichs zur Verfügung steht. Die Gewähr eines Mindestzinses auf diese zugesagten Beiträge wird nicht gefordert. Diese Grundsätze sollten auch bei der (beitragsorientierten) Leistungszusage ausschlaggebend sein, da der Gesetzgeber keinen Wettbewerb zwischen den Zusageformen beabsichtigt.[604] Allerdings muss der Arbeitgeber den Mitarbeiter über die jeweiligen Chancen und Risiken umfassend aufklären, um seiner arbeitsvertraglichen Fürsorgepflicht zu genügen.[605]

491   Ferner stellt sich die Frage, ob der Arbeitgeber **Verwaltungskosten**, die im Zusammenhang mit der Administration und Abwicklung einer Versorgung aus Entgeltumwandlung entstehen und die im Einzelfall auch sachlich begründbar und angemessen sind, von dem Versorgungsaufwand aus einer Entgeltumwandlung abziehen kann oder ob er hierfür selbst einstehen muss. Eine Minderung des Aufwands ist als zulässig anzusehen, da der Arbeitgeber aus der Entgeltumwandlung heraus keine zusätzlichen Kosten tragen soll. Im Bereich der versicherungsförmigen Durchführungswege Pensionskasse, Pensionsfonds oder Direktversicherung sind Verwaltungskosten in der Praxis

---

602   *Höfer/Meier* BB 1998, 1894, welche eine sachlich nicht begründbare Verzinsung von 5,5 % verlangten, um eine Wertgleichheit herzustellen.
603   *Höfer* BetrAVG Rn. 2568 zu § 1; *Hanau/Arteaga/Rieble/Veit* Teil A Rn. 513 ff. krit. hierzu *Friedrich/Kovac/Werner* BB 2007, 1557; *Huber* BetrAV 2008, 35.
604   Vgl. *Huber* BetrAV 2008, 35; *Hanau/Arteaga/Rieble/Veit* Teil A Rn. 114.
605   Vgl. *Huber* BetrAV 2008, 36; *Reinecke* RdA 2005, 142; BetrAV 2005, 625.

regelmäßig im jeweiligen Tarif berücksichtigt. Auch bei einer unmittelbaren Versorgungszusage oder im Bereich einer Unterstützungskasse besteht kein sachliches Argument, dem Arbeitgeber Verwaltungsaufwand aus der Entgeltumwandlung anzulasten.

Besonderheiten sind im Hinblick auf die Verwaltungskosten insoweit zu **492** beachten, als es sich um **einmalige Abschlusskosten bei den versicherungsförmigen Durchführungswegen** handelt, die im sog. **Zillmerungsverfahren** bei den Versicherungstarifen berücksichtigt werden. Unter gezillmerten Tarifen versteht man dabei solche Tarife, bei denen mit den eingezahlten Beiträgen zunächst sämtliche Abschlusskosten vollständig getilgt werden, bevor die Beiträge erst danach zum Aufbau eines Deckungskapitals für die Altersversorgung führen.[606]

Nachdem die Verwendung von gezillmerten Verträgen im Zusammenhang **493** mit der Entgeltumwandlung bereits in den letzten Jahren – allerdings in ganz anderem Kontext, nämlich der Frage des Bestehens einer Aufklärungspflicht des Arbeitgebers bzw. des Vorliegens transparenter Versicherungsbedingungen – Gegenstand der Rechtsprechung[607] war, hat das LAG München mit Urteil vom 15.3.2007[608] ausdrücklich entschieden, dass gezillmerte Lebensversicherungstarife im Rahmen der Entgeltumwandlung unzulässig seien, da es sich **nicht** um eine gem. § 1 Abs. 2 Nr. 3 BetrAVG erforderliche Umwandlung in eine **wertgleiche Anwartschaft** handele. Da die Revision zum Bundesarbeitsgericht zurückgenommen wurde, ist das Urteil zwar rechtskräftig. Jedoch wurde es in der Literatur[609] kritisiert und mehrere Arbeitsgerichte[610], darunter eine Schwesterkammer des LAG München[611] distanzierten sich von seiner Argumentation. Zuletzt hat das LAG Köln in einer Entscheidung vom 13.8.2008 einen Zillmerungstarif für rechtswirksam erklärt.[612]

---

606 Vgl. *Jaeger* BetrAV 2006, 517; *Hessling* BetrAV 2006, 318.
607 ArbG Stuttgart 17.1.2005, 19 Ca 3152/04, BetrAV 2005, 692; LG Stuttgart 22.3.2005, 20 O 541/04, BetrAV 2005, 792; vgl. auch *Hartsoe* BetrAV 2006, 323 m.w.N.
608 LAG München 15.3.2007, 4 Sa 1152/06, DB 2007, 1143.
609 Vgl. *Kollroß/Frank* DB 2007, 1146.
610 ArbG Siegburg 27.2.2008, 2 Ca 2831/07; ArbG Elmshorn 5.8.2008, 3 Ca 1824/07.
611 LAG München 11.7.2007, 10 Sa 12/07, NZA 2008, 362.
612 LAG Köln 13.8.2008, 7 Sa 454/08, DB 2009, 237 m.Anm. *Neumann*.

494 Das BAG hat hierzu am 15.9.2009 erstmals Stellung genommen. Nach Auffassung des Ruhegeldsenats gebe es Anhaltspunkte dafür, dass bei einer Entgeltumwandlung die Verwendung (voll) gezillmerter Versicherungsverträge
nicht gegen das Wertgleichheitsgebot des § 1 Abs. 2 Nr. 3 BetrAVG verstoße,
jedoch eine unangemessene Benachteiligung gem. § 307 BGB darstelle.
Angemessen könne es sein, die Abschluss- und Vertriebskosten auf fünf Jahre
zu verteilen. Eine derartige Verteilung schreibt auch § 1 Abs. 1 Nr. 8 Alt-
ZertG vor. Soweit die vorgesehene Verrechnung der Abschluss- und Vertriebskosten einer Rechtskontrolle nicht standhalte, führe dies nicht zur
Unwirksamkeit der Entgeltumwandlungsvereinbarung, sondern zu einer
höheren betrieblichen Altersversorgung.[613]

495 Im Gegenzug zu den unter den obigen Einschränkungen abziehbaren Verwaltungskosten sind dem Arbeitnehmer sämtliche Erträge und Überschüsse,
welche in der jeweiligen Versorgungsgestaltung mit dem aus der Entgeltumwandlung fließenden Versorgungsaufwand erzielt werden und nicht zur
Abdeckung von Verwaltungskosten benötigt werden, leistungserhöhend zu
gewähren.

3. Gewährung von Versorgungsbezügen

496 Abgesehen von der Festlegung der versicherungsmathematischen Parameter
zur Umrechnung des Versorgungsaufwandes in eine wertgleiche Versorgungsleistung können im Rahmen der Entgeltumwandlung als Leistungsform
Renten- oder Kapitalleistungen, als Leistungsart Alters-, Invaliden- und/oder
Hinterbliebenenleistungen zugesagt werden, wobei jedoch der Risikocharak-
ter betrieblicher Altersversorgung beachtet werden muss.

III. Arbeitsrechtliche Rahmenbedingungen der Entgeltumwandlung

497 Die besondere Eigenart der Entgeltumwandlung, welche auf einer Reduzierung der Barvergütung von Entgeltansprüchen beruht, hat bereits vor
der Verankerung ausdrücklicher gesetzlicher Regelungen das Bundesarbeitsgericht dazu veranlasst, dem Arbeitgeber die Pflicht aufzuerlegen, Versorgungsrechte aus entsprechenden Vereinbarungen vertraglich sofort
unverfallbar zu stellen.[614] Mit dem AVmG wurde die Entgeltumwandlung

---

613 BAG 15.9.2009, 3 AZR 17/09, vgl. www. Bundesarbeitsgericht.de.
614 BAG 8.6.1993, 3 AZR 670/92, EzA § 1 BetrAVG Lebensversicherung
Nr. 4 = DB 1993, 2538.

sodann in mehrfacher Beziehung besonderen gesetzlichen Schutzbestimmungen unterworfen.

1. Sonderregelungen des § 1b Abs. 5 BetrAVG

Zu den speziellen Bestimmungen für die Entgeltumwandlungsversorgung[615] **498** zählen:

- die sofortige gesetzliche Unverfallbarkeit gem. § 1b Abs. 5 S. 1 Hs. 1 BetrAVG;
- die Pflicht, bei Durchführung über eine Direktversicherung, eine Pensionskasse oder einen Pensionsfonds anfallende Überschussanteile nur zur Verbesserung der Leistung zu verwenden, § 1b Abs. 5 S. 1 Hs. 2 Nr. 1 BetrAVG;
- die Einräumung des Rechtes, bei Durchführung über eine Direktversicherung, eine Pensionskasse oder einen Pensionsfonds die Versicherung oder Versorgung mit eigenen Beiträgen nach Ausscheiden aus dem Arbeitsverhältnis fortzusetzen, § 1b Abs. 5 S. 1 Hs. 2 Nr. 2 BetrAVG;
- der Ausschluss des Rechtes, die Versorgung aus Entgeltumwandlung bei Durchführung über eine Direktversicherung, eine Pensionskasse oder einen Pensionsfonds zu verpfänden, abzutreten oder zu beleihen, § 1b Abs. 5 S. 1 Hs. 2 Nr. 3 BetrAVG;
- die Einräumung eines unwiderruflichen Bezugsrechtes bei Durchführung der Entgeltumwandlung über eine Direktversicherung, § 1b Abs. 5 S. 2 BetrAVG.[616]

2. Ermittlung der unverfallbaren Versorgungsanwartschaft

Im Hinblick auf die Höhe einer unverfallbaren Versorgungsanwartschaft aus **499** Entgeltumwandlung hat der Gesetzgeber in § 2 Abs. 5a BetrAVG eine Sonderregelung vorgesehen, wonach bei den Durchführungswegen Direktzusage, Unterstützungskasse und Pensionsfonds anstelle der zeitlich-ratierlichen Versorgungsanwartschaft die bis zum Zeitpunkt des Ausscheidens erreichte Anwartschaft auf Versorgungsleistungen aus den bis zu diesem Zeitpunkt

---

615 Zu den früheren (durch das Alterseinkünftegesetz aufgehobenen) Besonderheiten im Hinblick auf die Abfindung und die Übertragung von Versorgungsanwartschaften aus Entgeltumwandlung vgl. 2. Aufl. § 1 Rn. 422 ff.

616 Vgl. dazu § 1b Rdn. 120 ff.

umgewandelten Entgeltbestandteilen aufrechtzuerhalten ist.[617] Diese Regelung gilt gem. § 30g Abs. 1 BetrAVG nur für Zusagen, welche ab dem 1.1.2001 erteilt worden sind bzw. erteilt werden. Für zuvor erteilte Versorgungszusagen kann die Anwendung des § 2 Abs. 5a BetrAVG einvernehmlich zwischen Arbeitgeber und Arbeitnehmer vereinbart werden. Ansonsten gelten die Regelungen des § 2 Abs. 1 BetrAVG zur zeitratierlichen Anwartschaftsberechnung bzw. – soweit einschlägig – die Regelungen des § 2 Abs. 2 und 3 BetrAVG zur versicherungsvertraglichen Lösung.[618]

3. Anpassung von laufenden Rentenleistungen aus einer Entgeltumwandlung

500 Sofern eine Entgeltumwandlung nicht über eine Beitragszusage mit Mindestleistung abgewickelt wird, besteht gem. § 16 Abs. 5 Alternative 1, Abs. 3 Nr. 1 i.V.m. § 30c Abs. 3 BetrAVG für ab dem 1.1.2001 erteilte Entgeltumwandlungszusagen die Verpflichtung, mindestens eine **garantierte Anpassung** im Umfang von 1 % p.a. vorzunehmen. Im Rahmen der Durchführung über eine Pensionskasse oder eine Direktversicherung sind sämtliche Überschussanteile gem. § 16 Abs. 5 Alternative 2, Abs. 3 Nr. 2 BetrAVG ab Rentenbeginn zur Erhöhung der laufenden Leistungen zu verwenden, wobei zur Berechnung der garantierten Leistung der jeweils nach § 65 Abs. 1 Nr. 1a VAG festgesetzte Höchstzinssatz zur Berechnung der Deckungsrückstellung nicht überschritten werden darf.[619]

---

617 Vgl. zur Ermittlung einer unverfallbaren Versorgungsanwartschaft § 2 Rdn. 181 ff.

618 Vgl. i.E. § 2 Rdn. 19 f., 120 f.; für Pensionskassen, deren Leistungen durch Beiträge der Arbeitnehmer und Arbeitgeber gemeinsam finanziert und die als beitragsorientierte Leistungszusage oder als Leistungszusage durchgeführt werden, steht die versicherungsvertragliche Lösung aufgrund der gewählten Leistungsfinanzierung nicht zur Verfügung; daher gilt für diese Pensionskassen ebenfalls § 2 Abs. 5a BetrAVG, vgl. § 30e Abs. 2 BetrAVG.

619 Vgl. dazu § 16 Rdn. 111; diese Voraussetzung ist auch dann erfüllt, wenn zwar der nach § 65 Abs. 1 Nr. 1a VAG festgesetzte Zinssatz zur Berechnung der Deckungsrückstellung überschritten wird, dieser höhere Zinssatz jedoch seinerseits auf einem aufsichtsbehördlich genehmigten Technischen Geschäftsplan beruht.

4. Insolvenzschutz für Versorgungsrechte aus Entgeltumwandlung

Seit dem 1.7.2002 gilt sowohl für arbeitgeberfinanzierte Zusagen als auch für **501** Entgeltumwandlungszusagen eine einheitliche **Höchstgrenze** des gesetzlichen Insolvenzschutzes.[620] Nach § 7 Abs. 3 S. 1 BetrAVG sind die Leistungen der gesetzlichen Insolvenzsicherung auf das Dreifache der im Zeitpunkt der ersten Fälligkeit maßgebenden monatlichen Bezugsgröße gem. § 18 SGB IV begrenzt.[621]

Zu beachten ist jedoch, dass der PSVaG Versorgungsrechte aus Entgeltum- **502** wandlungszusagen und Erhöhungen von Entgeltumwandlungszusagen gem. § 7 Abs. 5 S. 3 BetrAVG grds. erst dann schützt, wenn ein Zeitraum von mindestens 2 Jahren ab Erteilung bzw. Erhöhung der Versorgungszusage bis zum Eintritt der Insolvenz vergangen ist. Dies gilt gem. § 7 Abs. 5 S. 3 Nr. 1 BetrAVG nicht für Versorgungszusagen, welche ab dem 1.1.2002 erteilt worden sind, soweit Versorgungsrechte durch Beiträge im Umfang von bis zu 4 % der Beitragsbemessungsgrenze in der allgemeinen Rentenversicherung finanziert worden sind. Insoweit besteht sofortiger gesetzlicher Insolvenzschutz.[622]

IV. Übergangsregelungen – Abgrenzung zwischen Alt- und Neuzusage

1. Übergangsregelungen

Die Tatsache, dass die Entgeltumwandlung vor dem 1.1.1999 überhaupt **503** nicht gesetzlich normiert war, bevor erste gesetzliche Regelungen durch das RRG 1999 und detaillierte Bestimmungen durch das AVmG in das BetrAVG eingefügt wurden, hat dazu geführt, dass eine Vielzahl von **Übergangsbestimmungen** im Rahmen der Entgeltumwandlung zu beachten ist. Diese differenzieren danach, wann eine Versorgungszusage aus Entgeltumwandlung jeweils erteilt wurde.

Stichtage sind hier der 1.1.1999, der 1.1.2001, der 1.1.2002 sowie der **504** 1.1.2005.

---

620 Vgl. hierzu § 7 Rdn. 127.
621 Zu den früheren Sonderregelungen zur Höchstgrenze des gesetzlichen Insolvenzschutzes bei Entgeltumwandlung vgl. 2. Aufl. § 1 Rn. 501 ff.
622 Vgl. hierzu im Detail § 7 Rdn. 168 ff.

Übergangsregelungen des BetrAVG im Rahmen der Entgeltumwandlung

Versorgungs-zusage erteilt	Vor dem 1.1.1999	Ab dem 1.1.1999	Ab dem 1.1.2001	Ab dem 1.1.2002	Ab dem 1.1.2005
Gesetzliche Unverfallbarkeit	Allgemeine Unverfallbarkeitsfristen, § 1b BetrAVG i.V.m. § 30f BetrAVG; – Mindestalter 35 Jahre und 10 Jahre Bestand der Zusage oder 3 Jahre Bestand der Zusage und 12 Jahre Betriebszugehörigkeit alternativ (gerechnet ab 1.1.2001) – Mindestalter 30 Jahre und Bestand der Zusage 5 Jahre	Sofortige gesetzliche Unverfallbarkeit ab Erteilung der Zusage[623]			
Höhe der unverfallbaren Anwartschaft	Ermittlung gem. § 2 Abs. 1 BetrAVG: Zeitratierliche Berechnung für alle Durchführungswege bei Vereinbarung zwischen Arbeitgeber und Arbeitnehmer in den Durchführungswegen Direktzusage und Unterstützungskasse auch bis zum Ausscheiden erreichte Anwartschaft (§ 30g Abs. 1 S. 2 BetrAVG)		Ermittlung gem. § 2 Abs. 5a BetrAVG bei Direktzusagen, Unterstützungskassen und (ab. 1.1.2002) Pensionsfonds: Die bis zum Ausscheiden erreichte Anwartschaft aus den bis dahin umgewandelten Entgeltbestandteilen (ausnahmsweise auch anwendbar für Pensionskassen, § 30e Abs. 2 S. 2 BetrAVG)		
				Bei Beitragszusagen mit Mindestleistung gilt § 2 Abs. 5b BetrAVG: Planmäßig zurechnendes Versorgungskapital auf der Grundlage der bis zum Ausscheiden geleisteten Beiträge (Beiträge und die bis	

623 Die Herabsetzung des Mindestalters von 30 Jahren auf 25 Jahren ab dem 1.1.2009 hat auf die sofortige gesetzliche Unverfallbarkeit von Entgeltumwandlungszusagen keinen Einfluss.

Huber

Versorgungszusage erteilt	Vor dem 1.1.1999	Ab dem 1.1.1999	Ab dem 1.1.2001	Ab dem 1.1.2002	Ab dem 1.1.2005
				zum Eintritt des Versorgungsfalls erzielten Erträge), mindestens die Summe der bis dahin zugesagten Beiträge, soweit sie nicht rechnungsmäßig für einen biometrischen Risikoausgleich verbraucht wurden	
	alternativ versicherungsvertragliche Lösung gem. § 2 Abs. 2 bzw. 3 BetrAVG für Direktversicherungen und Pensionskassen				
Abfindung bei Beendigung des Arbeitsverhältnisses/ Übertragung einer gesetzlich unverfallbaren Anwartschaft	Abfindung gem. § 3 BetrAVG: Keine Sonderregelung für Entgeltumwandlung				
	Übertragung im Rahmen der generellen Regelungen des § 4 BetrAVG möglich				
Rentenanpassung	§ 16 Abs. 1 BetrAVG: Anpassungsüberprüfung und -entscheidung im Drei-Jahres-Turnus. Anpassungsmaßstab: Anstieg des Verbraucherpreisindexes oder der Nettolöhne vergleichbarer Arbeitnehmer	§ 16 Abs. 1 und 2 BetrAVG: Verpflichtung entfällt bei Erteilung einer Anpassungsgarantie von 1 % p.a. gem. § 16 Abs. 3 Nr. 1 BetrAVG	Verpflichtung gem. § 16 Abs. 5 BetrAVG d.h. mindestens Anpassungsgarantie von 1 % gem. § 16 Abs. 3 Nr. 1 BetrAVG bzw. bei Direktversicherung oder Pensionskasse Verwendung sämtlicher ab Rentenbeginn anfallender Überschüsse zur Erhöhung der laufenden Leistungen		

Versorgungs-zusage erteilt	Vor dem 1.1.1999	Ab dem 1.1.1999	Ab dem 1.1.2001	Ab dem 1.1.2002	Ab dem 1.1.2005
				§ 16 Abs. 3 Nr. 3 BetrAVG: Beitragszusage mit Mindestleistung ist nicht anzupassen	
	Verpflichtung entfällt nach § 16 Abs. 3 Nr. 2 BetrAVG bei Direktversicherung und Pensionskasse bei Verwendung sämtlicher seit Rentenbeginn auf den Rentenerbestand anfallenden Überschüsse zur Erhöhung der laufenden Leistungen, wenn der durch § 65 VAG festgesetzte Höchstzinssatz zur Berechnung der Deckungsrückstellung eingehalten wird.				
Insolvenz-schutz dem Grunde nach	Rechtsprechung: Bei Erfüllung der allgemeinen Unverfallbarkeitsfristen Insolvenzschutz wie für sonstige Zusagen		Trotz sofortiger gesetzlicher Unverfallbarkeit besteht Insolvenzschutz grundsätzlich erst nach Ablauf von zwei Jahren ab Zusageerteilung, § 7 Abs. 5 Satz 3 BetrAVG		
				Ausnahme: Sofortiger Insolvenzschutz, soweit durch Beiträge bis zu 4 % der Beitragsbemessungsgrenze in der allgemeinen Rentenversicherung (West bzw. Ost) finanziert	
Insolvenz-schutz der Höhe nach	Beachtung der allgemeinen Höchstgrenzen gem. § 7 Abs. 3 BetrAVG				

Huber

Die Abgrenzung im Hinblick auf die Erteilung der jeweiligen Entgeltum- 505
wandlungszusage vor oder nach einem bestimmten Stichtag kann hierbei im
Einzelfall Probleme bereiten.

2. Grundsätze zur Abgrenzung einer Alt- von einer Neuzusage

Grundsätzlich gelten die mit dem AVmG eingeführten Änderungen des 506
Betriebsrentengesetzes nur für Versorgungszusagen, welche ab dem 1.1.2001
oder dem 1.1.2002 »neu« erteilt wurden. Die Abgrenzung von sog. Alt- und
Neuzusagen bezieht sich also im Rahmen der Entgeltumwandlungszusagen
i.d.R. auf den Stichtag 1.1.2001. Allerdings hat der Gesetzgeber eine klare
Festlegung, wann eine Neuzusage anzunehmen ist, nicht getroffen.

So stellt die arbeitsrechtliche Übergangsvorschrift des § 30f BetrAVG auf den 507
Zeitpunkt der Erteilung der Versorgungszusage ab, während sich die steuerrechtliche Übergangsvorschrift in § 52 Abs. 16b EStG z.T. auf den Zeitpunkt
der Vereinbarung der Entgeltumwandlung bezieht.

Das Bundesarbeitsgericht hat bisher das Prinzip der »**Einheit der Versor-** 508
gungszusage« vertreten, wonach eine neue Zusage insbesondere dann nicht
erteilt werde, wenn zwischen der bisherigen und der neuen Zusage ein sachlicher Zusammenhang bestünde. Jedoch könne ein Arbeitnehmer durchaus
über mehrere Versorgungszusagen des Arbeitgebers verfügen.[624]

Die Finanzverwaltung nimmt demgegenüber zuletzt mit BMF-Schreiben 509
vom 31.3.2010 eine detaillierte Abgrenzung zwischen Alt- und Neuzusagen
vor, welche insbesondere für die Anwendbarkeit der Bestimmungen des § 3
Nr. 63 EStG bzw. § 40b EStG in der Fassung vom 31.12.2004 von Bedeutung ist.[625]

Besonders problematisch sind die Fälle, in denen Zusagen aus Entgeltum- 510
wandlung bestehen, die vor einem bestimmten Stichtag erteilt wurden, und
bei denen später (nach diesem Stichtag) die Umwandlungsvereinbarung dem
Betrage nach erhöht oder verlängert wird.

---

624 Vgl. BAG 12.2.1981, 3 AZR 163/80, EzA § 1 BetrAVG Nr. 13, DB 1981, 1622;
     28.4.1992, 3 AZR 354/91, BetrAV 1992, 229.
625 BMF-Schreiben v. 31.3.2010, BStBl. I, S. 420 ff., Rn. 306 f. (s. Anh. III).

3. Problematische Fallgruppen

511 Als mögliche Problemsachverhalte kommen – bezogen auf den Stichtag 1.1.2002 – folgende Konstellationen in Betracht:

1	**Dauerhafte Ent-geltumwandlung**	Erhöhung des jährlichen Umwandlungsbetrages ab dem 1.1.2002		
2	**Zeitlich befristete Entgeltumwandlung**	Erhöhung des jährlichen Umwandlungsbetrages ab dem 1.1.2002 vor Ablauf der Befristung	oder	Verlängerung des Umwandlungszeitraums ab dem 1.1.2002
3	**Wiederholte einmalige Entgeltumwandlung**	Änderung des Umwandlungsbetrages bei erneuter Umwandlung	oder	Verlängerung des Umwandlungszeitraums ab dem 1.1.2002

512 Der Fall unter (1) stellt in Anlehnung an die vorhandene Rechtsprechung des BAG[626] zur Unverfallbarkeit relativ eindeutig eine Altzusage dar; bei den Fällen unter (2) und unter (3) ist eine eindeutige Zuordnung hingegen nicht möglich.[627]

V. Einige steuerliche Aspekte der Entgeltumwandlung

1. Steuerliche Anerkennung einer Entgeltumwandlungsvereinbarung

513 Ein tragendes Motiv der Entgeltumwandlung ist die Vermeidung lohnsteuerlichen Zuflusses während der aktiven Beschäftigungszeit. Mit der rechtzeitigen Herabsetzung der Barvergütung entfällt der Zufluss des von der Umwandlung betroffenen Entgeltes gem. § 19 Abs. 1 EStG. Vielmehr wird ein der Reduzierung der Barvergütung entsprechender Versorgungsaufwand in die Finanzierung betrieblicher Versorgungsleistungen für den Arbeitnehmer eingebracht, deren Besteuerung ab Eintritt in den Ruhestand erfolgt.

---

626 Vgl. BAG 12.2.1981, 3 AZR 163/80, EzA § 1 BetrAVG Nr. 13 = DB 1981, 1622.
627 *Schack/Tacke/Thau* S. 336 ff.

Damit eine Entgeltumwandlung steuerlich anerkannt wird, sind spezielle 514
Anforderungen zu beachten, welche das Bundesfinanzministerium in einigen
Schreiben konkretisiert hat. Erhebliche Bedeutung kommt hierbei dem
Schreiben des Bundesfinanzministeriums vom 31.3.2010 zur steuerlichen
Förderung der privaten Altersvorsorge und betrieblichen Altersversorgung
zu.[628]

Hiernach wird eine Vereinbarung zur Herabsetzung von Arbeitslohn steuer- 515
lich anerkannt, wenn die Vereinbarung bereits erdiente, aber noch nicht fällig gewordene Entgeltanteile umfasst (Fälligkeitsprinzip). Dies gilt selbst
dann, wenn eine Sonder- bzw. Einmalzahlung einen Zeitraum von mehr als
einem Jahr betrifft.[629]

Abgesehen hiervon kann der bisherige ungekürzte Arbeitslohn weiterhin 516
Bemessungsgrundlage für künftige Erhöhungen des Arbeitslohns oder andere
Arbeitgeberleistungen sein (sog. Schattengehaltsregelung).

Für die steuerliche Anerkennung als betriebliche Altersversorgung sind fol- 517
gende Anforderungen maßgebend:[630]
- als Mindestaltersgrenze sollte grundsätzlich die Vollendung des
  62. Lebensjahres vorgesehen werden. Ausnahmen sind dort zulässig, wo
  eine niedrigere Altersgrenze betriebsüblich ist (bspw. Piloten); für Versorgungszusagen, die vor dem 31. Dezember 2011 erteilt wurden, wird als
  früheste Altersgrenze das 60. Lebensjahr zugelassen;
- im Rahmen der Hinterbliebenenversorgung ist zu beachten, dass grundsätzlich nur die Witwe/der Witwer und die Kinder[631] berücksichtigt werden dürfen. Darüber hinaus sind aber auch Lebensgefährten als Versorgungsberechtigte zulässig.

---

628 BMF-Schreiben v. 31.3.2010, BStBl. I, S. 420 ff. (s. Anh. III).
629 BMF-Schreiben v. 31.3.2010, BStBl. I, S. 420 ff., Rn. 256 (s. Anh. III).
630 BMF-Schreiben v. 31.3.2010, BStBl. I, S. 420 ff., Rn. 249 (s. Anh. III); vgl. zur
     Anhebung der Altersgrenzen auch BMF-Schreiben v. 6.3.2012, Anhebung der
     Altersgrenzen; Erhöhungen im Bereich Versicherungen i.S.d. § 20 Abs. 1
     Nr. 6 EStG, Altersvorsorgeverträge, Basisrentenverträge, betriebliche Altersver-
     sorgung, IV C 3 – S 2220/11/10002 IV C 1 – S 2252/07/0001.
631 Als versorgungsberechtigte Waisen kommen nur Kinder i.S.d. § 32 Abs. 3 und 4
     S. 1 Nr. 1 bis 3 EStG in Betracht (vgl. BMF-Schreiben v. 31.3.2010, BStBl. I,
     S. 420 ff., Rn. 250 [s. Anh. III]).

518   Der **Begriff des Lebensgefährten** umfasst gem. dem BMF-Schreiben vom 31.3.2010[632] zum einen die nach dem Lebenspartnerschaftsgesetz[633] eingetragenen (gleichgeschlechtlichen) Lebenspartner. Zum anderen werden auch die sonstigen nicht eingetragenen gleichgeschlechtlichen und die nicht ehelichen verschieden geschlechtlichen Partner erfasst, wenn sie in eheähnlicher Gemeinschaft mit dem Mitarbeiter leben und die Voraussetzungen des BMF-Schreibens vom 25.7.2002 erfüllt sind.[634]

519   Danach reicht es regelmäßig aus, wenn
   – der versorgungsberechtigte Partner namentlich mit Anschrift und Geburtsdatum in der schriftlichen Vereinbarung gegenüber dem Arbeitgeber benannt wird,
   – der benannte Partner schriftlich die Kenntnisnahme der in Aussicht gestellten Versorgungsleistungen bestätigt und
   – eine Versicherung erfolgt, dass eine gemeinsame Haushaltsführung besteht.

520   Eine Vererbung von Anwartschaften ist generell nicht zulässig, wobei für Direktversicherungen gewisse Ausnahmen bestehen.[635]

2. Steuerliche Förderung gem. § 10a, Abschnitt XI EStG

521   Eine besondere Förderung der Entgeltumwandlung hat der Gesetzgeber im Altersvermögensgesetz über die Einführung der sog. Riester-Förderung vorgesehen. Diese in § 10a, Abschnitt XI EStG enthaltene steuerliche Förderung ist sehr komplex und kommt insbesondere den in der gesetzlichen Rentenversicherung pflichtversicherten Personen zu.

522   Im Rahmen der betrieblichen Altersversorgung hat der Gesetzgeber die Durchführungswege Pensionsfonds, Pensionskasse und Direktversicherung für eine derartige steuerliche Förderung privilegiert. Der einschlägige § 82 Abs. 2 EStG sieht vor, dass zu den förderungsfähigen Altersvorsorgebeiträgen auch die aus dem individuell versteuerten Arbeitslohn des Arbeitnehmers geleisteten Zahlungen an einen Pensionsfonds, eine Pensionskasse oder eine

---

632   BMF-Schreiben v. 31.3.2010, BStBl. I, S. 420 ff., Rn. 250 (s. Anh. III).
633   Gesetz zur Überarbeitung des Lebenspartnerschaftsrechts vom 15.12.2004, BGBl. I 2004 S. 3396.
634   BMF-Schreiben v. 25.7.2002 – IV A 6 – S 2176–28/02 – DB 2002, 1690.
635   BMF-Schreiben v. 31.3.2010, BStBl. I, S. 420 ff., Rn. 251 (s. Anh. III).

Direktversicherung gehören, wenn diese Einrichtungen für den Zulageberechtigten eine Altersversorgungsleistung in Form einer Rente oder eines Auszahlungsplans i.S.d. § 1 Abs. 1 S. 1 Nr. 4 AltZertG gewährleisten und die Beiträge dem Aufbau einer kapitalgedeckten betrieblichen Altersversorgung dienen.[636] Mithin erfolgt in diesen Fällen eine vorgelagerte Besteuerung und Verbeitragung der Entgeltumwandlungsbeträge.[637]

VI. Sozialversicherungsrechtliche Aspekte

Hinsichtlich der Beitragspflicht zur Sozialversicherung für Leistungen der   523
betrieblichen Altersversorgung aus Entgeltumwandlung ist zwischen der
Anwartschafts- und der Leistungsphase zu unterscheiden.

1. Anwartschaftsphase

Das Gesetz zur Förderung der zusätzlichen Altersvorsorge und zur Änderung   524
des Dritten Buches Sozialgesetzbuch[638] hat die Beitragspflicht der betrieblichen Altersversorgung aus Entgeltumwandlung in der Anwartschaftsphase ab
2009 aufgehoben. Nach Art. 1 bis 3 des Gesetzes wird die ursprünglich nur
bis 2008 geltende grundsätzliche Beitragsfreiheit beibehalten.

Durchführungsweg	
Direktzusage/ Unterstützungskasse	beitragsfrei bis zu 4 % der BBG (§ 115 SGB IV)
Direktversicherung	– im Rahmen des § 40b EStG und bei Umwandlung aus einer Sonderzahlung beitragsfrei (§ 1 Abs. 1 S. 1 Nr. 4 SvEV) **für Altverträge** – beitragsfrei bis 4 % der BBG (§ 1 Abs. 1 S. 1 Nr. 9 SvEV) für **Neuverträge** **ab 1.1.2005** unabhängig davon, ob eine Einmalzahlung oder eine laufende Entgeltumwandlung vorliegt

---

636 Zur bis zum Alterseinkünftegesetz bestehenden Unklarheit, ob Pensionskassen,
     Pensionsfonds oder Direktversicherungen im Zuge des § 82 Abs. 2 EStG stets
     eine betriebliche Altersversorgung gewähren müssen, vgl. 2. Aufl. § 1 Rn. 445.
637 Vgl. hierzu § 1a Rdn. 50 ff.; BMF-Schreiben v. 31.3.2010, BStBl. I, S. 420 ff.,
     Rn. 291 (s. Anh. III).
638 BGBl. I 2007, S. 2838.

Pensionskasse	– bis zu 4 % der BBG beitragsfrei (§ 1 Abs. 1 S. 1 Nr. 9 SvEV), darüber hinausgehende Zuwendungen beitragsfrei, soweit Pauschalbesteuerung nach § 40b EStG und Umwandlung von Sonderzahlung (§ 1 Abs. 1 S. 1 Nr. 4 SvEV) **für Altverträge** – beitragsfrei bis 4 % der BBG (§ 1 Abs. 1 S. 1 Nr. 9 SvEV) für **Neuverträge ab 1.1.2005**; SV-Pflicht für Aufstockungsbetrag nach § 3 Nr. 63 S. 3 EStG
Pensionsfonds	beitragsfrei bis zu 4 % der BBG (§ 1 Abs. 1 S. 1 Nr. 9 SvEV)

2. Leistungsbezugsphase

525 In der Leistungsbezugsphase gibt es keine sozialversicherungsrechtlichen Unterschiede zur reinen arbeitgeberfinanzierten betrieblichen Altersversorgung.

J. Beiträge des Arbeitnehmers aus seinem Arbeitsentgelt, § 1 Abs. 2 Nr. 4 BetrAVG

I. Hintergrund der gesetzlichen Neuregelung

526 Im Zuge der Einführung der steuerlichen Förderung nach § 10a, Abschnitt XI EStG durch das Altersvermögensgesetz war weiterhin die Frage offen, ob sog. Eigenbeiträge der Arbeitnehmer steuerlich gem. § 82 Abs. 2 EStG gefördert werden konnten. Eigenbeiträge sind insbesondere bei betrieblichen Pensionskassen weit verbreitet. Traditionell werden sie aufgrund einer arbeitsvertraglichen Verpflichtung auf Nettobasis aus dem versteuerten und verbeitragten Einkommen des Arbeitnehmers vom Arbeitgeber an die Pensionskasse abgeführt. Diese Beiträge und die daraus resultierenden Leistungen wurden grundsätzlich eher als eine besondere Form der privaten Altersversorgung betrachtet. Der Arbeitnehmer konnte hierdurch seine Altersversorgung verbessern und gleichzeitig kostengünstig den externen Versorgungsträger, den der Arbeitgeber nutzte, für diese zusätzlichen Versorgungsleistungen verwenden. Die Leistungen aus derartigen Beiträgen wurden ferner nicht immer nach den Regeln des Betriebsrentengesetzes behandelt, bspw. nicht gem. § 16

BetrAVG angepasst, da eine klare Zuordnung zur betrieblichen Altersversorgung nicht bestand.

Im Rahmen der Riester-Förderung wurde diese unklare Situation hinsichtlich der Zuordnung von Leistungen aus derartigen Arbeitnehmerbeiträgen zur betrieblichen Altersversorgung offensichtlich. Der Gesetzgeber hat diese Frage im Zuge des HZvNG mit der Regelung des § 1 Abs. 2 Nr. 4 BetrAVG dahin gehend gelöst, dass Beiträge, welche der Arbeitnehmer aus seinem versteuerten und verbeitragten Einkommen an eine Pensionskasse, einen Pensionsfonds oder eine Direktversicherung zahlt, zu Leistungen der betrieblichen Altersversorgung führen, wenn der Arbeitgeber sich dazu entschließt, eine sog. Umfassungszusage zu erteilen. Tut der Arbeitgeber dies nicht, sind entsprechende Beiträge keine betriebliche Altersversorgung und daher nicht gem. § 82 Abs. 2 EStG förderungsfähig.[639] 527

II. Umfassungszusage

Bisher ist noch nicht eindeutig geklärt, unter welchen Umständen eine Umfassungszusage erfolgt. Sofern der Arbeitgeber sich klar dazu bekennt, Leistungen aus Eigenbeiträgen des Mitarbeiters, welche dieser in einen versicherungsförmigen Durchführungsweg (Pensionskasse, Pensionsfonds, Direktversicherung) einzahlt, als Leistungen der betrieblichen Altersvorsorge zu umfassen, wie dies einige Unternehmen erklärt haben, bestehen keine Interpretationsschwierigkeiten. Solche treten vornehmlich dann auf, wenn eine eindeutige Erklärung des Arbeitgebers nicht vorliegt, sodass aus sonstigen Umständen ermittelt werden muss, ob eine Umfassungszusage gem. § 1 Abs. 2 Nr. 4 BetrAVG vorliegt oder nicht. Hier sollte der Arbeitgeber jeweils abwägen, ob er durch eine ausdrückliche Erklärung gegebenenfalls klare Verhältnisse schaffen sollte. 528

III. Anwendung der Regelungen zur Entgeltumwandlung auf die Versorgungsleistungen aus Eigenbeiträgen

Als Konsequenz einer Umfassungszusage werden die Leistungen, welche aus Eigenbeiträgen finanziert werden, gem. § 1 Abs. 2 Nr. 4 2. Hs. BetrAVG nicht nur wie Leistungen der betrieblichen Altersversorgung behandelt, sondern darüber hinaus wie Versorgungsleistungen aus Entgeltumwandlung. Dies bedeutet, dass die Sonderregelungen, welche im Bereich der Entgeltum- 529

---

639 So auch *Jürgens* BetrAV 2002, 788.

wandlung maßgeblich sind (sofortige gesetzliche Unverfallbarkeit, Möglichkeit zur Fortführung der Versorgung bzw. Versicherung mit eigenen Beiträgen etc.[640]), auch auf Versorgungsleistungen aus Eigenbeiträgen angewandt werden.[641]

530   Dies gilt allerdings nur, soweit die zugesagten Leistungen im Wege der **Kapitaldeckung** finanziert werden. Diese besondere gesetzliche Abgrenzung dient dazu, im Bereich des öffentlichen Dienstes die Beiträge, welche an die Zusatzversorgungskassen im sog. Umlageverfahren geleistet werden, aus dem Bereich der Riester-Förderung auszunehmen.[642]

IV. Übergangsbestimmungen und Sonderregelungen zur Versorgung aus Eigenbeiträgen

531   Des Weiteren enthält § 30e BetrAVG spezielle Übergangs- und Sonderregelungen für Versorgungsleistungen aus Eigenbeiträgen.

532   Grundsätzlich stellen Leistungen aus derartigen Versorgungszusagen betriebliche Altersversorgung dar, wenn diese ab dem **1.7.2002** erteilt werden.

533   Die Bestimmungen zur **Entgeltumwandlung** gelten gem. § 30e Abs. 1 BetrAVG nur für solche umfasste Versorgungszusagen, welche ab dem **1.1.2003** erteilt werden.

534   § 30e Abs. 2 BetrAVG sieht zusätzliche Spezialbestimmungen für besondere Arten von **Pensionskassen** vor, welche traditionell die Leistungen aus Eigenbeiträgen und Leistungen aus Arbeitgeberbeiträgen in einem einheitlichen Tarif bündeln, mithin die Leistungen gemeinsam finanzieren. Derartige Pensionskassen sind verwaltungstechnisch nicht darauf eingerichtet, für die Eigenbeiträge eine gesonderte Erfassung und Finanzierung in einem eigenen Tarif einzurichten. Hier gelten die Sonderregelungen des § 30e Abs. 2 BetrAVG, wenn die Versorgungszusage als (beitragsorientierte) Leistungszusage konzipiert ist.

535   In derartigen Fällen ist das Recht auf eine Fortführung der Versorgung mit eigenen Beiträgen gem. § 1b Abs. 5 Satz 1 Hs. 2 Nr. 2 BetrAVG ebenso aus-

---

640   Vgl. hierzu Rdn. 497 ff.
641   Vgl. hierzu allerdings die Übergangsregelung in § 30e Abs. 1 BetrAVG sowie nachfolgend Rdn. 533.
642   *Bode/Saunders* DB 2002, 1378.

geschlossen wie die Pflicht zur gesonderten Überschussverwendung gem. § 1b Abs. 5 S. 1 Hs. 2 Nr. 1 BetrAVG.

Da den betreffenden Pensionskassen aufgrund der gewählten Leistungsfinan- 536
zierung die ansonsten für Pensionskassen mögliche Ermittlung gesetzlich
unverfallbarer Anwartschaften anhand der versicherungsvertraglichen Lösung
nicht zur Verfügung steht, hat der Gesetzgeber im Zuge des Alterseinkünftegesetzes auch für diese Pensionskassen die Bestimmung der unverfallbaren
Versorgungsrechte gem. § 2 Abs. 5a BetrAVG zugelassen.

Auch im Bereich der Rentenanpassung hat der Gesetzgeber die tatsächlichen 537
Notwendigkeiten akzeptiert, indem er die Kassen von der für die Entgeltumwandlung geltenden gesonderten Leistungsanpassung durch Überschusszu-
weisung gem. § 16 Abs. 5 BetrAVG befreit hat.

§ 1a   Anspruch auf betriebliche Altersversorgung durch Entgelt- umwandlung

(1) [1]Der Arbeitnehmer kann vom Arbeitgeber verlangen, dass von seinen
künftigen Entgeltansprüchen bis zu 4 vom Hundert der jeweiligen Beitragsbemessungsgrenze in der allgemeinen Rentenversicherung durch Entgeltumwandlung für seine betriebliche Altersversorgung verwendet werden.
[2]Die Durchführung des Anspruchs des Arbeitnehmers wird durch Vereinbarung geregelt. [3]Ist der Arbeitgeber zu einer Durchführung über einen
Pensionsfonds oder eine Pensionskasse (§ 1b Abs. 3) bereit, ist die betriebliche Altersversorgung dort durchzuführen; andernfalls kann der Arbeitnehmer verlangen, dass der Arbeitgeber für ihn eine Direktversicherung (§ 1b
Abs. 2) abschließt. [4]Soweit der Anspruch geltend gemacht wird, muss der
Arbeitnehmer jährlich einen Betrag in Höhe von mindestens einem Hun-
dertsechzigstel der Bezugsgröße nach § 18 Abs. 1 des Vierten Buches Sozialgesetzbuch für seine betriebliche Altersversorgung verwenden. [5]Soweit
der Arbeitnehmer Teile seines regelmäßigen Entgelts für betriebliche
Altersversorgung verwendet, kann der Arbeitgeber verlangen, dass während
eines laufenden Kalenderjahres gleich bleibende monatliche Beträge verwendet werden.

(2) Soweit eine durch Entgeltumwandlung finanzierte betriebliche Altersversorgung besteht, ist der Anspruch des Arbeitnehmers auf Entgeltumwandlung ausgeschlossen.

(3) Soweit der Arbeitnehmer einen Anspruch auf Entgeltumwandlung für betriebliche Altersversorgung nach Abs. 1 hat, kann er verlangen, dass die Voraussetzungen für eine Förderung nach den §§ 10a, 82 Abs. 2 des Einkommensteuergesetzes erfüllt werden, wenn die betriebliche Altersversorgung über einen Pensionsfonds, eine Pensionskasse oder eine Direktversicherung durchgeführt wird.

(4) Falls der Arbeitnehmer bei fortbestehendem Arbeitsverhältnis kein Entgelt erhält, hat er das Recht, die Versicherung oder Versorgung mit eigenen Beiträgen fortzusetzen. Der Arbeitgeber steht auch für die Leistungen aus diesen Beiträgen ein. Die Regelungen über Entgeltumwandlung gelten entsprechend.

A. Rechtslage bis zum 31.12.2001

Bis einschließlich 31.12.2001 konnte der Arbeitgeber frei darüber entschei- 1
den, ob und ggf. in welcher Form und Höhe er in seinem Unternehmen eine
betriebliche Altersversorgung einführt bzw. anbietet. Dieser Grundsatz war
hinsichtlich des »Ob« der betrieblichen Altersversorgung ausnahmsweise in
den Fällen durchbrochen, in denen der Arbeitgeber tarifgebunden war und
ein Tarifvertrag den Arbeitgeber zur Gewährung von Leistungen der betrieblichen Altersversorgung verpflichtete. Eine weitere – allerdings sehr seltene –
Einschränkung des Grundsatzes der Freiwilligkeit bestand, wenn die Gewährung der betrieblichen Altersversorgung gesetzlich vorgeschrieben war (vgl.
z.B. Zusatzversorgung der deutschen Kulturorchester und der deutschen
Bühnen).

Ausgehend von dieser **Entscheidungsfreiheit des Arbeitgebers** bestand nach 2
dem bis Ende 2001 geltenden Recht **kein individualrechtlicher Anspruch
des Arbeitnehmers** gegenüber dem Arbeitgeber auf Entgeltumwandlung
zugunsten von betrieblicher Altersversorgung. Dementsprechend bedurfte es
bis zum genannten Zeitpunkt zur Durchführung einer Entgeltumwandlung
nicht nur der Bereitschaft des Arbeitnehmers, auf Teile seines Barlohns
zugunsten der Einräumung von betrieblichen Versorgungsrechten zu verzichten; vielmehr musste der Arbeitgeber mit dem beabsichtigten Vorgehen
ebenfalls einverstanden sein und seinerseits eine entsprechende Versorgungszusage erteilen.

B. Rechtslage ab dem 1.1.2002

Die mit Wirkung zum 1.1.2002 neu eingeführte Vorschrift des § 1a 3
BetrAVG,[1] wonach grds. jedem in der gesetzlichen Rentenversicherung
pflichtversicherten Arbeitnehmer ein **Anspruch auf Entgeltumwandlung
von jährlich bis zu 4 % der jeweiligen Beitragsbemessungsgrenze in der allgemeinen Rentenversicherung (BBG)** zusteht, schränkt die bis zum
31.12.2001 bestehende grds. Entscheidungs- und Vertragsfreiheit nunmehr
wesentlich ein. Eine Verletzung von Grundrechtspositionen des Arbeitgebers
ist damit jedoch nicht verbunden.[2]

---

1 Vgl. Art. 35 Abs. 1 des Altersvermögensgesetzes v. 26.6.2001 BGBl. I S. 1310 ff.
2 BAG 12.6.2007, 3 AZR 14/06, EzA § 1a BetrAVG Nr. 2 = DB 2007, 2722.

4   Der betreffende Arbeitnehmer ist zur Umwandlung von bestimmten Vergü-
tungsansprüchen in betriebliche Versorgungsrechte berechtigt. Entgegen
einer ursprünglich vom Gesetzgeber angedachten Variante (»Obligatorium«
ggf. mit Möglichkeit zum »Opting-Out«) ist er hierzu aber nicht verpflichtet.
Der betreffende Arbeitnehmer kann vielmehr eigenverantwortlich zum Aufbau einer betrieblichen Altersversorgung beitragen und damit die auf lange
Sicht bereits absehbaren Lücken in der gesetzlichen Rentenversicherung zu
schließen versuchen. Dies entspricht auch der Intention des Gesetzgebers,
wonach über den Rechtsanspruch auf Entgeltumwandlung das mit dem
Inkrafttreten des Altersvermögensgesetzes beschlossene Absenken des Leis-
tungsniveaus in der gesetzlichen Rentenversicherung zumindest teilweise
kompensiert werden soll.

C. Anspruch auf betriebliche Altersversorgung durch Entgeltumwandlung

5   Nach § 1a Abs. 1 S. 1 BetrAVG kann **jeder in der gesetzlichen Rentenversicherung pflichtversicherte Arbeitnehmer** von seinem Arbeitgeber verlangen,
dass bis zu 4 % der jeweiligen BBG von seinen künftigen Entgeltansprüchen
durch Entgeltumwandlung für seine betriebliche Altersversorgung verwendet
werden.

I. Anspruchsberechtigter Personenkreis

6   Der Rechtsanspruch auf Entgeltumwandlung steht gem. § 17 Abs. 1
S. 3 BetrAVG den unter den persönlichen Geltungsbereich des Betriebsrentengesetzes fallenden Personen zu, sofern sie aufgrund ihrer Beschäftigung
bei einem Arbeitgeber, gegen den sich der Anspruch auf Entgeltumwandlung
richten würde, in der gesetzlichen Rentenversicherung pflichtversichert sind.
Nach der Legaldefinition der gesetzlichen Rentenversicherung in § 125
Abs. 1 SGB VI werden hiervon sowohl die allgemeine Rentenversicherung als
auch die knappschaftliche Rentenversicherung erfasst.

7   Diese Einschränkung auf die in der gesetzlichen Rentenversicherung Pflicht-
versicherten ist konsequent, denn der Rechtsanspruch auf Entgeltumwand-
lung stellt neben der staatlichen Förderung der privaten, kapitalgedeckten
Eigenvorsorge eine flankierende Maßnahme zur Kompensation der relativen
Leistungsabsenkung in der gesetzlichen Rentenversicherung durch das
Altersvermögensgesetz dar.

8   Weitergehende Beschränkungen sieht das Gesetz in persönlicher Hinsicht
nicht vor, sodass Arbeitnehmer und Nicht-Arbeitnehmer i.S.d. § 17 Abs. 1

S. 1 und 2 BetrAVG anspruchsberechtigt sind, und zwar unabhängig davon, ob sie beispielsweise **voll- oder teilzeitbeschäftigt** sind, bzw. ob ein lediglich **befristetes Arbeitsverhältnis** besteht. Der Anspruch steht nach § 17 Abs. 1 S. 1 Hs. 2 BetrAVG auch den zu ihrer **Berufsausbildung** beschäftigten Arbeitnehmern zu. **Geringfügig Beschäftigte**, die von der Möglichkeit des Verzichts auf die Versicherungsfreiheit in der gesetzlichen Rentenversicherung durch eine entsprechende schriftliche Erklärung gegenüber ihrem Arbeitgeber Gebrauch gemacht haben,[3] sind in der gesetzlichen Rentenversicherung pflichtversichert und somit ebenfalls anspruchsberechtigt.

Mit der o.g. Einschränkung geht einher, dass den nicht der Sozialversicherungspflicht in der gesetzlichen Rentenversicherung unterliegenden Beschäftigten kein gesetzlicher Anspruch auf Entgeltumwandlung zusteht. Damit sind insbesondere in der gesetzlichen Rentenversicherung freiwillig Versicherte sowie Arbeitnehmer, die einem berufsständischen Versorgungswerk angehören (Ärzte, Architekten, Steuerberater, Rechtsanwälte etc.), vom gesetzlichen Anspruch auf Entgeltumwandlung ausgeschlossen. An einer freiwilligen Vereinbarung einer Entgeltumwandlung sind die Vertragsparteien jedoch nicht gehindert.   **9**

II. Anspruchsverpflichteter Arbeitgeber

Der Anspruch des Arbeitnehmers richtet sich gegen jeden Arbeitgeber, mit dem ein zur Sozialversicherungspflicht in der gesetzlichen Rentenversicherung führendes Beschäftigungsverhältnis besteht, vgl. § 17 Abs. 1 S. 3 BetrAVG.   **10**

Die Anspruchsverpflichtung besteht dabei **unabhängig von** der **Rechtsform.** Die **Größe** des Arbeitgebers sowie die **Anzahl der beschäftigten Arbeitnehmer** sind ebenso unerheblich. Ist der Arbeitgeber in einen Konzern eingebunden, so richtet sich der Anspruch gegen das Unternehmen, bei dem der Arbeitnehmer beschäftigt ist, nicht gegen die Konzernmutter.[4]   **11**

---

3 Vgl. § 5 Abs. 2 S. 2 SGB VI.
4 Vgl. *Kemper/Kisters-Kölkes* Grundzüge, Rn. 422 f.

III. Anspruchsinhalt und Anspruchshöhe

1. Anspruchsinhalt

12 Der Arbeitnehmer kann von seinem Arbeitgeber den **Abschluss einer Vereinbarung über Entgeltumwandlung** verlangen.

13 Nach Ansicht des Bundesarbeitsgerichts zerfällt die Entgeltumwandlung in zwei Bestandteile:[5]

– Zum einen wird für einen bestimmten Teil des Entgeltanspruchs des Arbeitnehmers mit Wirkung für die Zukunft ein Erlassvertrag gem. § 397 BGB geschlossen. Der bisherige Anspruch des Arbeitnehmers auf Entgelt geht insoweit vollständig unter.

– Zum anderen erfolgt für den untergegangenen Teilanspruch eine Schuldersetzung durch die Erteilung einer Versorgungszusage.

14 Im Hinblick auf die **Ausgestaltung** der zu erteilenden betrieblichen Versorgungszusage ist der Arbeitgeber grds. **frei**.[6] In Betracht kommen insbesondere beitragsorientierte Leistungszusagen als auch Beitragszusagen mit Mindestleistung. Letzteres kann aus § 16 Abs. 3 Nr. 3 BetrAVG entnommen werden, aus dem sich ergibt, dass bei einer Beitragszusage mit Mindestleistung eine Verpflichtung zur Anpassungsprüfung und -entscheidung selbst dann nicht besteht, wenn die betriebliche Altersversorgung auf Entgeltumwandlung beruht. Auch die Voraussetzungen für den Bezug der Leistungen sowie über Art und Umfang der zu gewährenden Versorgungsleistungen können vom Arbeitgeber einseitig festgelegt werden. Bei der Ausgestaltung der Versorgungszusage muss der Arbeitgeber allerdings das Gebot der Wertgleichheit beachten.[7]

15 **Gegenstand der Entgeltumwandlung** können grds. künftige, laufende Lohn- und Gehaltsansprüche jeder Art sowie künftige Ansprüche auf einmalige Entgeltzahlungen sein. Auch Sachbezüge[8] oder künftige vermögenswirksame Leistungen können grundsätzlich Gegenstand der Entgeltumwandlung sein.[9]

---

5 BAG 26.6.1990, 3 AZR 641/88, EzA § 1 BetrAVG Nr. 59 = DB 1990, 2475.
6 Vgl. aber die Ausführungen zur Mitbestimmung des Betriebsrates unter Rdn. 64–68.
7 Vgl. hierzu i.E. § 1 Rdn. 485 f.
8 *Rieble* BetrAV 2001, S. 584 (586).
9 Vgl. beispielhaft den seit 1.10.2006 geltenden Tarifvertrag Altersvorsorgewirksame Leistungen (TV AVWL) für die Metall- und Elektroindustrie; im November 2008 hat die IG Metall einen neuen Tarifvertrag Altersvorsorge aus vermögenswirksamen Leistungen für die Holz und Kunststoff verarbeitende Industrie abgeschlossen; vgl. ferner i.E. § 1 Rdn. 481.

2. Anspruchshöhe

Der Höhe nach ist der Anspruch auf Entgeltumwandlung gem. § 1a Abs. 1   **16**
S. 1 BetrAVG **unabhängig vom individuellen Einkommen** des Anspruchsberechtigten auf einen **Höchstbetrag von jährlich 4 % der jeweiligen BBG**
begrenzt, auch für knappschaftlich versicherte Arbeitnehmer.

Hierbei ist nicht völlig geklärt, ob die für die alten Bundesländer geltende   **17**
BBG (West) oder die für die neuen Bundesländer geltende BBG (Ost)
Anwendung finden soll. Die BBG (West) ist in § 159 SGB VI geregelt, die
BBG (Ost) in § 228a SGB VI. Da die Vorschrift des § 1a BetrAVG keine
ausdrückliche Regelung trifft, ließe sich mithin grds. annehmen, dass beide
Beitragsbemessungsgrenzen Anwendung finden sollen. Ein solches Ergebnis
wäre allerdings nicht sachgerecht und ist vom Gesetzgeber wohl auch nicht
gewollt. Im Übrigen steht es im Gegensatz zu der Regelung des § 1a Abs. 1
Satz 4 BetrAVG, welche vorsieht, dass der Mindestumwandlungsbetrag für
den Arbeitnehmer 1/160 der Bezugsgröße nach § 18 Abs. 1 SGB IV betragen
muss. § 18 Abs. 1 SGB IV enthält jedoch die Bezugsgröße (West), welche für
die alten Bundesländer gilt. Angesichts dieses Widerspruchs liegt die
Annahme nahe, dass der Gesetzgeber tatsächlich auf die BBG (West) abstellen wollte.[10] Dies wird auch dadurch gestützt, dass im Referentenentwurf
zum HZvNG eine Klarstellung erfolgen sollte, indem die Beitragsbemessungsgrenze durch den Zusatz »nach § 159 SGB IV« als BBG (West) der
alten Bundesländer festgeschrieben worden wäre. Diese Regelung wurde
jedoch nicht Gesetz.

Unter Anwendung der **BBG (West)** beträgt der maximale jährliche Entgelt-   **18**
umwandlungsbetrag nach § 1a Abs. 1 BetrAVG im Jahr 2012 2.688,– €.

Selbstverständlich steht es den Vertragsparteien offen, Vergütungsbestand-   **19**
teile in einer Höhe von mehr als 4 % der jeweils maßgeblichen Beitragsbemessungsgrenze umzuwandeln. Dies ergibt sich zum einen bereits aus dem
Gesetzeswortlaut, welcher dem Arbeitnehmer lediglich in der genannten
Höhe einen einseitig durchsetzbaren Anspruch zusteht. Zum anderen
ergibt sich aus dem Charakter des Betriebsrentengesetzes als Arbeitnehmer-

---

10 Vgl. *Sasdrich/Wirth* BABl. 6–7/2001, S. 16; *Höfer* BetrAVG, Rn. 2623 zu § 1a;
   Blomeyer/Rolfs/Otto, § 1a Rn. 22; a.A. *PSVaG* Merkblatt 300/M12, Ziff. 3.1.2, der
   nach der jeweils für die betreffende Person maßgeblichen Beitragsbemessungsgrenze unterscheidet.

schutzgesetz, dass lediglich die im Zusammenhang mit betrieblichen Versorgungsversprechen stehenden Mindestanforderungen geregelt werden.

20   Bei dem **Höchstbetrag von 4 %** der BBG handelt es sich um einen **Jahresbetrag**. Die Anspruchshöhe ist daher unabhängig davon, ob der Anspruchsberechtigte während des gesamten Kalenderjahres beim Anspruchsverpflichteten beschäftigt war oder nicht. Eine zeitanteilige Kürzung des Höchstbetrages bei unterjährigem Beginn oder Ende des Arbeitsverhältnisses lässt sich dem Gesetzeswortlaut nicht entnehmen. Diese Auffassung wird auch von der Finanzverwaltung – allerdings im Zusammenhang mit der Vorschrift des § 3 Nr. 63 EStG – geteilt.[11] Dies bedeutet, dass der Höchstbetrag unterjährig erneut in Anspruch genommen werden kann, auch wenn der Arbeitnehmer ihn in einem vorangegangenen Dienstverhältnis bereits ausgeschöpft hat.

21   Gemäß § 1a Abs. 1 S. 4 BetrAVG muss ein Arbeitnehmer, sofern er seinen Anspruch auf Entgeltumwandlung geltend macht, einen **Mindestbetrag** von **jährlich 1/160stel der Bezugsgröße nach § 18 Abs. 1 SGB IV** für den Aufbau von betrieblichen Versorgungsanwartschaften verwenden. Im Jahr 2009 beträgt dieser Mindestbetrag 189 €. Die genannte Bestimmung soll den Aufbau sinnvoller Anwartschaften gewährleisten und zugleich dem Entstehen von Kleinstrenten vorbeugen.[12]

22   Des Weiteren kann der Arbeitgeber nach § 1a Abs. 1 S. 5 BetrAVG verlangen, dass im Fall der **Umwandlung von Teilen der regelmäßigen Monatsvergütung** während des laufenden Kalenderjahres **stets gleich bleibende monatliche Beträge** umgewandelt werden. Die genannte Vorschrift soll den Arbeitgeber vor unnötigem Verwaltungsaufwand schützen, der ihm entstünde, wenn während des Kalenderjahres ständig wechselnde Entgeltumwandlungsbeträge festgelegt werden könnten. Selbstverständlich muss sich der Arbeitgeber nicht auf die ihn schützende Bestimmung berufen und kann für die den Anspruch auf Entgeltumwandlung geltend machenden Arbeitnehmer auch flexible Umwandlungsmodalitäten zulassen.

IV. Durchführung des Anspruchs auf Entgeltumwandlung

23   Nach § 1a Abs. 1 S. 2 BetrAVG wird die Durchführung des Anspruchs des Arbeitnehmers durch Vereinbarung geregelt.

---

11   BMF-Schreiben v. 31.3.2010, BStBl. I, S. 420 ff., Rn. 268 (s. Anh. III).
12   *Berenz* Gesetzesmaterialien BetrAVG § 1a, S. 65.

Dabei kommen sowohl **Vereinbarungen auf individualrechtlicher Ebene** 24
zwischen Arbeitgeber und Arbeitnehmer als **auch kollektivrechtliche Vereinbarungen** – d.h. Betriebsvereinbarungen oder Tarifverträge – in Betracht,
um die näheren Einzelheiten, wie beispielsweise einen bestimmten Durchführungsweg für die betriebliche Altersversorgung oder auch die umzuwan-
delnden Entgeltansprüche festzulegen.[13]

Im Fall von kollektivrechtlich geregelten Vorgaben sind die tarifgebundenen 25
Arbeitsvertragsparteien und bei Vorliegen einer Betriebsvereinbarung der
Arbeitgeber und alle Belegschaftsmitglieder gebunden.[14] Sofern daher durch
Betriebsvereinbarung sämtliche unter den Geltungsbereich des Betriebsver-
fassungsgesetzes fallenden Arbeitnehmer hinsichtlich ihres Anspruchs auf
Entgeltumwandlung auf einen einheitlichen Durchführungsweg verwiesen
werden, besteht ein Mitspracherecht des einzelnen Arbeitnehmers nicht
mehr, insbesondere kann der Arbeitnehmer nicht verlangen, dass die betriebliche Altersversorgung für ihn auf einem anderen Durchführungsweg umgesetzt wird.[15]

Als **mögliche Durchführungswege** bei Abschluss einer kollektivrechtlichen 26
Regelung können **alle fünf Finanzierungsformen der betrieblichen Altersversorgung** (Direktzusage, Unterstützungskasse, Pensionskasse, Pensionsfonds, Direktversicherung) in Betracht gezogen werden.

Sofern keine kollektivrechtliche Vereinbarung getroffen wird, kommt ledig- 27
lich eine einzelvertragliche Regelung in Betracht, welche gem. § 2 Abs. 1 S. 2
Nr. 6 NachwG der Schriftform bedarf.

Grundsätzlich können sich der Arbeitgeber und der Arbeitnehmer ebenfalls 28
für jeden der fünf zur Verfügung stehenden Durchführungswege der betrieblichen Altersversorgung frei entscheiden. Das Gesetz enthält jedoch eine
gewisse **Abstufung** bzw. Privilegierung der versicherungsförmigen Durchführungswege gegenüber einer Durchführung über eine Direktzusage oder eine
Unterstützungskasse:

---

13 Vgl. *Sasdrich* BetrAV 2001, 403.
14 So auch *Ahrend/Förster/Rühmann* 10. Aufl., § 1a Rn. 15; *Albert/Schumann/Sieben/
Menzel* Rn. 325.
15 Vgl. die abw. Auffassung hierzu unter Rdn. 46–49.

– Der Arbeitnehmer ist nicht verpflichtet, ein Angebot des Arbeitgebers auf unmittelbare Versorgung (Direktzusage) oder auf Unterstützungskassenversorgung anzunehmen.

– Wenn eine individualrechtliche Vereinbarung nicht zustande kommt, hat der Arbeitgeber nach § 1a Abs. 1 S. 3 Hs. 1 BetrAVG das seinerseits Erforderliche im Rahmen des Anspruchs auf Entgeltumwandlung getan, wenn er entweder den Durchführungsweg der Pensionskasse oder denjenigen des Pensionsfonds anbietet. Nimmt der Arbeitnehmer ein entsprechendes Angebot des Arbeitgebers nicht an, so wird eine Entgeltumwandlung nicht durchgeführt.

– Sofern der Arbeitgeber überhaupt kein Angebot zur Durchführung der Entgeltumwandlung unterbreitet, verbleibt dem Arbeitnehmer gem. § 1a Abs. 1 S. 3 Hs. 2 BetrAVG als Auffanglösung die Umsetzung der Entgeltumwandlung über eine Direktversicherung. Hierzu ist der Arbeitgeber gesetzlich verpflichtet.

29 Aus dieser abgestuften gesetzlichen Regelung ergibt sich, dass seitens des anspruchsverpflichteten Arbeitgebers die Wahl eines versicherungsförmigen Durchführungsweges, nämlich des Pensionsfonds, der Pensionskasse oder einer Direktversicherung, auch einseitig durchgesetzt werden kann. Somit kann dem Arbeitgeber gegen seinen Willen ein insolvenzsicherungspflichtiger Durchführungsweg nicht aufgezwungen werden, weil er sich für die Durchführungswege Pensionskasse und Direktversicherung entscheiden kann.

30 Die konkrete Wahl des jeweiligen externen Versorgungsträgers trifft dabei, wie sich aus der Gesetzesbegründung ergibt, der Arbeitgeber. Ein gesetzliches Recht, dass der Arbeitnehmer im Fall des § 1a Abs. 1 S. 3 BetrAVG nicht nur die Durchführung der Altersversorgung über eine Direktversicherung verlangen, sondern auch den Versicherungsträger auswählen darf, findet sich also nicht.[16] Hierdurch soll Verwaltungsaufwand des Arbeitgebers vermieden werden, welcher sich ergäbe, wenn mit einer Vielzahl von externen Versorgungsträgern unterschiedlich zu behandelnde Verträge bestünden.

---

16 BAG 19.7.2005, 3 AZR 502/04 (A), EzA § 1a BetrAVG Nr. 1 = DB 2005, 2252. Nach BAG 29.7.2003, 3 ABR 34/02, EzA § 87 BetrVG 2001 Betriebliche Lohngestaltung Nr. 2 = DB 2004, 883 ist die konkrete Auswahl eines bestimmten Versorgungsträgers auch nicht mitbestimmungspflichtig.

Aus der Regelung des § 1a BetrAVG ergibt sich mithin folgendes **Prüfungs-** 31
schema:

Besteht eine Pflichtversicherung   → Nein →   kein
   in der gesetzlichen Renten-   Anspruch
      versicherung?

                ↓
               Ja
                ↓

Besteht bereits eine durch Entgelt-   → Ja →   kein
   umwandlung in Höhe von 4 %   Anspruch
   der BBG finanzierte (bzw. vom
   Abeitgeber angebotene) Alters-
      versorgung

                ↓
          Nein/teilweise
                ↓

(Ggf. teilweiser) Anspruch auf
Entgeltumwandlung bis zu 4 % der
          BBG
                ↓

Abschluss einer Vereinbarung über   → Ja →   Anspruch
   die Umsetzung des Anspruchs auf   gem. Verein-
      Entgeltumwandlung?   barung

                ↓
              Nein
                ↓

Ist der Arbeitgeber zu einer   → Nein →   Anspruch
   Durchführung über Pensionskasse   auf Direkt-
      oder Pensionsfonds beireit?   versicherung

                ↓
               Ja
                ↓

Pensionsfonds oder Pensionskasse

Abb.: Prüfungsschema zum Anspruch auf Entgeltumwandlung

D. Anspruchsbegrenzungen

32 Der Anspruch des Arbeitnehmers auf Entgeltumwandlung besteht nicht
uneingeschränkt; er unterliegt vielmehr gewissen generellen Ausschlusstatbe-
ständen und kann darüber hinaus auch hinsichtlich der Höhe beschränkt
sein.

I. Ausschluss wegen Tarifvorrangs

33 Mit der im Zuge des Altersvermögensgesetzes neu geschaffenen Regelung des
§ 17 Abs. 5 BetrAVG wurde die vor der Gesetzesänderung bestehende Rechtsun-
sicherheit, ob die Umwandlung tarifvertraglich geregelter Entgeltansprüche
nach dem Tarifvertragsgesetz generell untersagt oder aber – unter Verweis auf
das Günstigkeitsprinzip des § 4 Abs. 3 TVG – zulässig ist, beseitigt.[17]

34 Nach der neuen Vorschrift können **tarifvertragliche Entgeltansprüche** nur
dann Gegenstand einer Entgeltumwandlung sein, **soweit** dies **durch Tarifvertrag unmittelbar geregelt** wird oder über eine **Öffnungsklausel** zugelassen
ist.

35 Auf Tarifvertrag beruhende Entgeltansprüche liegen regelmäßig nur dann
vor, wenn sowohl der Arbeitgeber – als Mitglied des vertragschließenden
Arbeitgeberverbandes oder als Vertragspartner eines Haustarifvertrages – als
auch der Arbeitnehmer tarifgebunden sind. Aufseiten des Arbeitnehmers
besteht eine Tarifbindung nur, wenn der Arbeitnehmer Mitglied in einer
Gewerkschaft ist. Dies bedeutet, dass in Fällen, in denen im Hinblick auf die
Vergütung lediglich im Rahmen einer individualrechtlichen Vereinbarung
auf tarifvertragliche Regelungen Bezug genommen wird, der Tarifvorrang
mangels Tarifbindung nicht einschlägig ist. Wenn jedoch der Arbeitgeber
und der Arbeitnehmer die Geltung der einschlägigen tariflichen Regelung
vereinbart haben, kann der Tarifausschluss greifen. Erforderlich ist hierfür,
dass die Vertragsparteien sich auf den Tarifvertrag beziehen, der bei einer
unterstellten Tarifbindung räumlich, zeitlich, fachlich und persönlich
anwendbar wäre.[18]

---

17 *Höfer* BetrAVG, Rn. 5673 zu § 17.
18 BAG 19.4.2011, 3 AZR 154/09, EzA § 1a BetrAVG Nr. 3 = NZA 2011, 982. Im
entschiedenen Fall hatte das BAG den Tarifausschluss wegen fehlender persönlicher Anwendbarkeit des in Bezug genommenen Tarifvertrages verneint.

Ein tarifgebundener Arbeitnehmer kann daher seinen Entgeltumwandlungs- 36
anspruch nicht durchsetzen, wenn er ausschließlich Tarifeinkommen bezieht
und eine entsprechende Öffnungsklausel im Tarifvertrag fehlt. Bezieht der
tarifgebundene Arbeitnehmer dagegen neben seinem tariflichen Entgelt auch
noch **über- oder außertarifliches Entgelt**, so kann er insoweit von seinem
Anspruch auf Entgeltumwandlung Gebrauch machen, ohne dass die Einschränkungen des § 17 Abs. 5 BetrAVG zu berücksichtigen sind.

Für einen **nicht tarifgebundenen Arbeitnehmer** ist der **Tarifvorbehalt** dage- 37
gen **ohne Belang**. Er kann seinen Anspruch auf Entgeltumwandlung grds.
auch dann verwirklichen, wenn sein Arbeitgeber tarifgebunden ist, sofern
keine einschlägige Inbezugnahme der Tarifregelung vorliegt. Dies kann in
Unternehmen, in denen die Löhne und Gehälter grds. nach Tarifvertrag
bemessen werden, dazu führen, dass Arbeitnehmer, die nicht Gewerkschaftsmitglieder sind, ihren Anspruch auf Entgeltumwandlung gegenüber dem
Arbeitgeber geltend machen können, während gewerkschaftlich organisierten
Arbeitnehmern dieses Recht bei fehlender Tariföffnungsklausel verwehrt ist.
Hierin liegt kein Verstoß gegen den arbeitsrechtlichen Gleichbehandlungs-
grundsatz.

Nach **§ 30h BetrAVG** gilt die Neuregelung in § 17 Abs. 5 BetrAVG nur in 38
den Fällen, in denen die Entgeltumwandlung auf einer Zusage beruht, die
nach dem 29.6.2001 erteilt wurde. Dies bedeutet, dass für bis zum genannten Zeitpunkt erteilte Entgeltumwandlungszusagen das bis dahin geltende
Recht maßgeblich bleibt.

II. Tarifdispositivität des Anspruchs auf Entgeltumwandlung

Gemäß **§ 17 Abs. 3 S. 1 BetrAVG** kann nach wie vor von den meisten Vor- 39
schriften des Betriebsrentegesetzes **durch Tarifvertrag abgewichen** werden.
Im Zuge der Einführung des gesetzlichen Anspruchs auf Entgeltumwandlung wurde auch der abschließende Katalog der tarifdispositiven Vorschriften
um die den Entgeltumwandlungsanspruch regelnde Vorschrift des § 1a
BetrAVG erweitert.

Daher ist jeweils vorab zu prüfen, ob hinsichtlich des Entgeltumwandlungs- 40
anspruchs eine einschlägige Tarifvertragsregelung vorliegt, welche von der
gesetzlichen Regelung des § 1a BetrAVG abweichende Bestimmungen enthält, denn diese Regelungen gehen der gesetzlichen Anspruchsgrundlage vor.
So kann von den Tarifvertragsparteien beispielsweise der Entgeltumwand-

lungsanspruch selbst teilweise oder vollständig ausgeschlossen werden.[19] Daneben können auch weitere, vom Gesetz abweichende Bestimmungen vorgesehen sein, welche die Umsetzung des Umwandlungsanspruches betreffen. Insoweit kommt z.B. die Festlegung eines staatlich nicht geförderten Durchführungswegs oder aber die Festlegung eines versicherungsförmigen Durchführungswegs unter Ausschluss des Rechtsanspruchs auf riesterförderungsfähige Ausgestaltung der betrieblichen Altersversorgung gem. § 1a Abs. 3 BetrAVG[20] in Betracht.

III. Ausschluss durch bereits bestehende Entgeltumwandlung

41 Gemäß § 1a Abs. 2 BetrAVG ist der **Anspruch** auf Entgeltumwandlung auch **insoweit ausgeschlossen**, **als bereits** eine durch **Entgeltumwandlung** finanzierte betriebliche Altersversorgung für den Arbeitnehmer **besteht**. Der Gesetzgeber wollte damit diejenigen Unternehmen, welche bereits Versorgungssysteme aus Entgeltumwandlung betreiben, vor einer zusätzlichen Inanspruchnahme schützen.

42 Fraglich ist, wann dieser Ausschlusstatbestand anzunehmen ist. Nach Sinn und Zweck der Gesetzesregelung bietet es sich an, den neuen gesetzlichen Anspruch auf Entgeltumwandlung insoweit zu verneinen, als für den Arbeitnehmer schon vor dem 1.1.2002 ein Rechtsanspruch auf Umwandlung von Arbeitsentgelt in Höhe von bis zu 4 % der jeweils maßgeblichen Beitragsbemessungsgrenze begründet wurde und dieser Anspruch über den 1.1.2002 hinaus fortbesteht. Unternehmen sollen damit nicht gezwungen werden, zusätzlich zu einem bereits etablierten System ein weiteres Versorgungssystem einzurichten. Allerdings muss das jeweilige System auch die anspruchsberechtigten Mitarbeiter mit einschließen.[21] Mithin würde es ausreichen, wenn ein Versorgungssystem beim Arbeitgeber eingerichtet ist, welches eine durch Entgeltumwandlung finanzierte betriebliche Altersversorgung im gesetzlich geregelten Umfang ermöglicht.[22]

43 Dass der Arbeitnehmer von einem derartigen Anspruch auch im Einzelfall Gebrauch gemacht hat, sollte nicht als zusätzliches Kriterium gefordert werden, da die individuelle Nutzung des Anspruchs nicht vom Arbeitgeber vor-

---

19 *Schliemann* DB 2001, 2554; eingrenzend hierzu § 17 Rn. 24 f.
20 S. dazu Rdn. 45 f.
21 Vgl. *Goldbach/Obenberger* Betriebsrentengesetz 2008, Rn. 474.
22 Vgl. auch *Kemper/Kisters-Kölkes* Grundzüge, Rn. 479 ff.

gegeben werden kann. Zwar wird eine derartige individuelle Betrachtung teilweise unter Hinweis auf den Wortlaut der Vorschrift (»soweit«) vorgenommen,[23] letztlich handelt es sich hierbei jedoch nur um eine Klarstellung, dass der Arbeitnehmer bei bereits vorhandener geringerer Umwandlungsmöglichkeit (z.B. weil nur 1 % des Grundgehaltes in das bestehende System eingebracht werden kann) die Auffüllung einer etwaigen bis zur Obergrenze von 4 % der BBG bestehenden Differenz durch Abschluss einer Direktversicherung verlangen kann.[24]

Die anspruchsausschließende Wirkung des § 1a Abs. 2 BetrAVG kommt **44** auch dann zum Tragen, wenn von einer Zusage des Arbeitgebers umfasste Eigenbeitragszusagen vorliegen, die nach § 1 Abs. 2 Nr. 4 Hs. 2 i.V.m. § 30e Abs. 1 BetrAVG wie Entgeltumwandlungszusagen zu behandeln sind.[25]

E. Anspruch des Arbeitnehmers auf staatliche Förderung

I. Anspruch nur bei Umsetzung der Entgeltumwandlung über versicherungsförmige Durchführungswege

Sofern für die Umsetzung der Entgeltumwandlung die Wahl auf einen **versi-** **45** **cherungsförmigen Durchführungsweg** gefallen ist, kann der Arbeitnehmer vom Arbeitgeber gem. **§ 1a Abs. 3 BetrAVG** verlangen, dass dieser die **Voraussetzungen für die sog. Riester-Förderung** schafft. Der Arbeitgeber muss daher in diesem Fall auf entsprechendes Verlangen des Arbeitnehmers dafür Sorge tragen, dass die Entgeltumwandlung – nach Abzug von Lohnsteuern und Sozialabgaben – aus Netto-Beträgen und nicht wie sonst üblich aus Brutto-Beträgen erfolgt.

Teile der Literatur[26] vertreten in diesem Zusammenhang die Auffassung, **46** auch bei einer durch Betriebsvereinbarung geregelten Durchführung der Entgeltumwandlung zugunsten einer Direktzusage könne sich der Mitarbeiter im Hinblick auf § 1a Abs. 3 BetrAVG für einen anderen, nach § 10a, Abschnitt XI EStG förderfähigen Durchführungsweg entscheiden.

---

23 *Blomeyer/Rolfs/Otto* § 1a Rn. 8.
24 Vgl. *Kemper/Kisters-Kölkes* Grundzüge Rn. 485.
25 *Höfer* BetrAVG, Rn. 2647 zu § 1a.
26 Vgl. *Ahrend/Förster/Rühmann* 10. Aufl., § 1 Rn. 166; *Blomeyer* DB 2001, 1413 sowie *Blomeyer/Rolfs/Otto* § 1a Rn. 60f (der diese Ansicht in der Vorauflage zwischenzeitlich aufgegeben hatte).

47   Diese Ansicht verkennt jedoch, dass dieses Gestaltungsrecht des Mitarbeiters nach dem eindeutigen Wortlaut des § 1a Abs. 3 BetrAVG gerade voraussetzt, dass die betriebliche Altersversorgung über einen Pensionsfonds, eine Pensionskasse oder eine Direktversicherung durchgeführt wird.[27] Nur wenn diese Bedingung erfüllt ist, besteht somit auch ein Recht des Mitarbeiters auf förderfähige Ausgestaltung der betrieblichen Altersversorgung. Hätte der Gesetzgeber einen Anspruch auf förderfähigen Bezügeaustausch etablieren wollen, hätte es näher gelegen, von der expliziten Formulierung der Bedingung – nämlich dass die betriebliche Altersversorgung über einen Pensionsfonds, eine Pensionskasse oder eine Direktversicherung durchgeführt wird – abzusehen. Da dies nicht geschehen ist, kann nicht von einem unbedingten Anspruch auf förderfähig ausgestaltete Entgeltumwandlung ausgegangen werden.

48   Darüber hinaus werden auch die Durchführungswege der Direktzusage und der Unterstützungskasse seit jeher staatlich insoweit gefördert, als der in der Anwartschaftsphase erbrachte Versorgungsaufwand beim versorgungsberechtigten Mitarbeiter keinen lohnsteuerbaren Zufluss auslöst und erst die ab Eintritt des Versorgungsfalles gewährten betrieblichen Versorgungsleistungen der Lohnbesteuerung unterliegen. Ebenso wie bspw. die für Beiträge an die versicherungsförmigen Versorgungsträger nach § 3 Nr. 63 EStG vorgesehene Lohnsteuerfreiheit in der Anwartschaftsphase als Teil der staatlichen Förderung verstanden werden darf, so muss Gleiches auch für die bei Direktzusagen und Unterstützungskassen a priori gegebene nachgelagerte Besteuerung gelten. Die Annahme eines Anspruches auf Entgeltumwandlung in einem versicherungsförmigen Durchführungsweg kann somit nicht damit begründet werden, dass im Fall der Direktzusage oder der Unterstützungskasse dem Mitarbeiter die aus einer staatlichen Förderung resultierenden Vorteile entgingen. Vielmehr bestehen auch bei einem Bezügeaustausch auf Basis einer Direktzusage bzw. Unterstützungskasse lohnsteuerbezogene Vorteile, die es im Hinblick auf die staatliche Förderung der kapitalgedeckten Altersvorsorge zu berücksichtigen gilt.

49   Schließlich folgt auch aus § 1a Abs. 2 BetrAVG mittelbar, dass durch Kollektivvereinbarung die Direktzusage als Durchführungsweg und damit der Ausschluss der Riester-Förderung festgeschrieben werden kann. Soweit nämlich eine durch Entgeltumwandlung finanzierte betriebliche Altersversorgung

---

27   Vgl. hierzu § 1a Abs. 3 (letzter Teilsatz) BetrAVG.

besteht, ist nach der genannten Vorschrift der Anspruch des Arbeitnehmers auf Entgeltumwandlung ausgeschlossen. Da der Gesetzgeber dabei jedoch nicht weiter danach differenziert, auf welchem Durchführungsweg die betriebliche Altersversorgung umgesetzt wurde, bedeutet dies im Umkehrschluss, dass insbesondere auch ein durch unmittelbare Versorgungszusagen umgesetzter Bezügeaustausch für ein Entfallen des Anspruches auf Entgeltumwandlung nach § 1a Abs. 2 BetrAVG qualifiziert.

II. Steuerliche Förderung nach § 10a Abschnitt XI EStG

Soweit dem Arbeitnehmer ein Anspruch auf Entgeltumwandlung nach § 1a **50** Abs. 1 BetrAVG zusteht und eine Durchführung über einen versicherungsförmigen Durchführungsweg vereinbart wird, besteht für den Arbeitnehmer zusätzlich ein Anspruch gegen den Arbeitgeber, die Voraussetzungen für die mit dem Altersvermögensgesetz eingeführte staatliche Förderung der kapitalgedeckten Altersversorgung, welche durch eine kombinierte Zulagen- und Sonderausgabenregelung die Einbußen in der gesetzlichen Rentenversicherung kompensieren soll, zu schaffen.

Die **Voraussetzungen für** die Gewährung der **staatlichen Förderung** sind in **51** § 82 Abs. 2 EStG normiert. Danach müssen sog. **Altersvorsorgebeiträge** zum Aufbau einer kapitalgedeckten betrieblichen Altersversorgung an den externen betrieblichen Versorgungsträger (Pensionskasse, Pensionsfonds, Direktversicherung) gezahlt werden. Zudem müssen die Leistungsrichtlinien der betrieblichen Versorgungsträger eine Auszahlung der zugesagten Altersversorgungsleistung in Form einer **Rente** oder eines **Auszahlungsplans** i.S.v. § 1 Abs. 1 Nr. 4 AltZertG vorsehen. Eine Zertifizierung nach Maßgabe von § 5 AltZertG ist dagegen anders als bei Altersvorsorgeverträgen im Rahmen der privaten Vorsorge (vgl. § 82 Abs. 1 EStG) nicht erforderlich.

Nach § 1 Abs. 1 Nr. 4 AltZertG liegt eine Rente oder ein Auszahlungsplan **52** auch dann noch vor, wenn bis zu 30 % des zu Beginn der Auszahlungsphase zur Verfügung stehenden Kapitals außerhalb der monatlichen Leistungen ausgezahlt werden. Die zu Beginn der Auszahlungsphase zu treffende Entscheidung und Entnahme des Teilkapitalbetrags aus dem Vertrag führt zur Besteuerung nach § 22 Nr. 5 S. 1 EStG. Auch steht der Förderung nach Ansicht des BMF allein die Möglichkeit, anstelle dieser Auszahlungsformen eine Einmalkapitalauszahlung (100 % des zu Beginn der Auszahlungsphase zur Verfügung stehenden Kapitals) zu wählen, noch nicht entgegen.[28]

53   Entscheidet sich der Arbeitnehmer für eine Einmalkapitalauszahlung, so sind von diesem Zeitpunkt an die Voraussetzungen des § 10a und Abschnitt XI EStG nicht mehr erfüllt und die Beitragsleistungen können nicht mehr gefördert werden. Erfolgt die Ausübung des Wahlrechtes jedoch innerhalb des letzten Jahres vor dem altersbedingten Ausscheiden aus dem Erwerbsleben, so wird es aus Vereinfachungsgründen von der Finanzverwaltung nicht beanstandet, wenn die Beitragsleistungen weiterhin nach § 10a und Abschnitt XI EStG gefördert werden. Bei Auszahlung des Einmalkapitalbetrags handelt es sich um eine schädliche Verwendung i.S.d. § 93 EStG, soweit sie auf steuerlich gefördertem Altersvorsorgevermögen beruht, mit der Folge, dass die auf das ausgezahlte geförderte Altersvorsorgevermögen gewährten Steuervorteile (Zulagen, Sonderausgabenabzug) zurückzuzahlen sind.

54   Als **Altersvorsorgebeiträge** gelten die Umwandlungsbeträge, wenn sie – anders als bei der klassischen Entgeltumwandlung – aus dem Nettolohn, also nach Abzug von Steuern und ggf. anfallenden Sozialabgaben, entrichtet werden. Dies gilt auch, soweit der Arbeitnehmer trotz eines weiter bestehenden Arbeitsverhältnisses keinen Anspruch auf Arbeitslohn mehr hat und anstelle der Beiträge aus einer Entgeltumwandlung die Beiträge gem. § 1a Abs. 4 BetrAVG selbst erbringt. Altersvorsorgebeiträge i.S.d. § 82 Abs. 2 EStG sind ferner auch die Beiträge des ehemaligen Arbeitnehmers, die dieser im Fall einer zunächst ganz oder teilweise durch Entgeltumwandlung und durch Eigenbeiträge finanzierten und nach § 3 Nr. 63 oder § 10a Abschnitt XI EStG geförderten betrieblichen Altersversorgung nach der Beendigung des Arbeitsverhältnisses nach Maßgabe des § 1b Abs. 5 S. 1 Hs. 2 Nr. 2 BetrAVG selbst erbringt.[29] Voraussetzung für die Förderung durch Sonderausgabenabzug nach § 10a EStG und Zulage nach Abschnitt XI EStG ist in diesen Fällen, dass der Steuerpflichtige zum begünstigten Personenkreis gehört.[30]

---

28   BMF-Schreiben v. 31.3.2010, BStBl. I, S. 420 ff., Rn. 272 (s. Anh. III).
29   BMF-Schreiben v. 31.3.2010, BStBl. I, S. 420 ff., Rn. 293 (s. Anh. III).
30   BMF-Schreiben v. 31.3.2010, BStBl. I, S. 420 ff., Rn. 294 (s. Anh. III).

Der Altersvorsorgebeitrag wird durch den Staat – von der sog. Zentralen 55
Zulagenstelle für Altersvermögen – in Form eines Sonderausgabenvorteils
bzw. einer Zulage steuerlich gefördert (§§ 10a, 79 bis 99 EStG). Die steuerliche Förderung ergibt sich dabei aus dem Günstigkeitsvergleich der beiden
Förderungsinstrumente.[31]

F. Fortsetzung der Versicherung oder Versorgung mit eigenen Beiträgen

I. Anspruchsinhalt

Mit dem Alterseinkünftegesetz hat der Gesetzgeber eine Sonderbestimmung 56
in § 1a Abs. 4 BetrAVG aufgenommen, nach der dem Arbeitnehmer das
Recht eingeräumt wird, die Versicherung oder Versorgung mit eigenen Beiträgen fortzusetzen, wenn er aufgrund eines fortbestehenden, ruhenden
Arbeitsverhältnisses kein Entgelt erhält. Das Ruhen des Arbeitsverhältnisses
entsteht regelmäßig kraft Gesetzes oder kraft ausdrücklicher oder stillschwei-
gender Vereinbarung zwischen Arbeitgeber und Arbeitnehmer (z.B. wegen
Wehrdienst, Elternzeit, Langzeiterkrankung oder der Entsendung eines
Arbeitnehmers ins Ausland). Obwohl die Hauptpflichten des Arbeitsverhältnisses ruhen, soll weiterhin sichergestellt werden, dass die bislang aufgebaute
Altersversorgung lückenlos fortgeführt werden kann.

Arbeitnehmer, deren Arbeitsverhältnis ruht, können ab dem Inkrafttreten der 57
Vorschrift zum 1.1.2005 von ihrem Recht auf Fortsetzung der Versicherung
oder Versorgung Gebrauch machen und dementsprechend auch ab diesem
Zeitpunkt Beiträge entrichten. Dies dürfte mangels entsprechender Über-
gangsregelung auch für Arbeitnehmer gelten, bei denen das Ruhen des
Arbeitsverhältnisses bereits vor dem 1.1.2005 begonnen hatte, sofern bereits
im aktiven Stadium ein Anspruch auf Entgeltumwandlung i.S.v. § 1a
BetrAVG bestanden hatte und von diesem Recht auch vor Beginn der
Ruhensphase Gebrauch gemacht wurde.

---

31 Vgl. zu den Details der Riesterförderung Bundesministerium für Arbeit und
   Soziales, Zusätzliche Altersvorsorge, Broschüre Stand Januar 2012, als Download
   verfügbar unter www.bmas.de, sowie die grundsätzlichen Erläuterungen in der
   3. Auflage, § 1a Rn. 50 bis 54.

II. Einschränkungen

58   Aus der Formulierung des Gesetzes geht nicht zwingend hervor, dass ein
Recht des Arbeitnehmers auf Fortsetzung der Altersversorgung mit eigenen
Beiträgen nur bei bestimmten Durchführungswegen und nur bei arbeitnehmerfinanzierten Systemen zulässig wäre. Ausweislich der Gesetzesbegründung[32] ist die Regelung jedoch nur für externe Durchführungswege und
damit nicht für Direktzusagen maßgeblich.[33] Teilweise wird in diesem
Zusammenhang unter Hinweis auf die Systematik des Gesetzes sowie auf die
Ausgestaltung des Anspruchs auf Fortsetzung der Versicherung oder Versorgung nach Ausscheiden i.S.v. § 1b Abs. 5 S. 1 Hs. 2 Nr. 2 BetrAVG vertreten,
auch die Unterstützungskassenzusage sei vom Anwendungsbereich des § 1a
Abs. 4 BetrAVG ausgeschlossen.[34] Einer derartigen Auslegung der Vorschrift
steht allerdings zunächst die klare Fassung der Gesetzesmaterialien entgegen.

59   Auch stehen die Regelungen zur Steuerfreiheit der Unterstützungskasse nach
§ 3 Nr. 1 KStDV einer »Beitragsleistung« des Arbeitnehmers nicht zwingend
entgegen, da nach dem Wortlaut der Vorschrift lediglich eine Verpflichtung
der Leistungsempfänger zu laufenden Beiträgen oder zu sonstigen Zuschüssen steuerschädlich wäre.[35] Freiwillige Zuwendungen der Leistungsempfänger
an die Unterstützungskasse sowie Zuwendungen aufgrund einer Entgeltumwandlung sind dagegen nach allgemeiner Ansicht zulässig.[36] Dabei wären
selbst Zuwendungen, zu denen der Arbeitnehmer im Verhältnis zu einem
Dritten, wie beispielsweise dem Arbeitgeber, verpflichtet ist, im Verhältnis
zur Unterstützungskasse als freiwillige Zuwendungen zu qualifizieren.

60   Gleichwohl wird man zu einer Fortsetzung der Versorgung durch Beiträge
des Arbeitnehmers i.S.v. § 1a Abs. 4 BetrAVG im Rahmen einer Unterstützungskassenzusage weder aus Arbeitgeber- noch aus Arbeitnehmersicht raten
können. So ist letztlich weder die Struktur der sog. rückgedeckten Unterstützungskasse, bei der die vom Arbeitgeber vereinnahmten Beiträge von der
Unterstützungskasse zur Finanzierung der Altersversorgung in eine Versiche-

---

32   BT-Drucks. 15/2150, S. 52.

33   *Goldbach/Obenberger* Betriebsrentengesetz 2005, Rn. 479.

34   Vgl. *Förster/Cisch* BB 2004, 2126, 2133; *Höfer* BetrAVG, Rn. 2668.13 f. zu § 1a.

35   A.A. *Höfer* BetrAVG, Rn. 2668.14 zu § 1a; zur Steuerschädlichkeit der Entgeltumwandlung bei bereits zugeflossenem Arbeitsentgelt vgl. auch OFD Münster
Verfügung v. 3.9.1998 – S 2723 – 13 St – 31, DB 1998, 1940.

36   *Höfer* BetrAVG, Steuerrecht Rn. 2161.

rung eingebracht werden, und noch weniger die Struktur einer klassischen polsterfinanzierten Unterstützungskasse auf die Umsetzung dieses Anspruchs ausgerichtet. Aus Arbeitnehmersicht spricht ferner vor allem die steuerliche Belastung sowohl der Beiträge, die vollumfänglich aus seinem Nettovermögen zu erbringen wären, als auch die spätere Vollbesteuerung der Leistungen als nicht selbstständige Einkünfte i.S.v. § 19 EStG gegen eine Inanspruchnahme dieses Rechts, welches mithin bei der Unterstützungskasse wohl nur als theoretische Möglichkeit zu bewerten ist.

Aus der Gesetzesbegründung geht ferner hervor, dass das Beitragsfortset- **61**
zungsrecht nur für Entgeltumwandlungszusagen und Zusagen, die aus Eigenbeiträgen des Arbeitnehmers i.S.d. § 1 Abs. 2 Nr. 4 BetrAVG finanziert werden, gelten soll.[37] Ein Anspruch auf Fortsetzung einer bisher allein vom Arbeitgeber finanzierten Altersversorgung besteht daher während des Ruhens des Arbeitsverhältnisses nicht.[38] Ebenso wenig ist der Arbeitgeber verpflichtet, im Rahmen sog. »matching contribution«-Systeme seine Beitragsleistungen weiter zu erbringen.

Fraglich ist, ob die Beiträge während des Ruhens des Arbeitsverhältnisses ver- **62**
ändert werden können, oder ob eine »Fortsetzung« der Versicherung oder Versorgung ein Abweichen von der ursprünglichen Beitragshöhe ausschließt. In Anlehnung an die Entscheidungsfreiheit des Arbeitnehmers bei der Geltendmachung des Entgeltumwandlungsanspruchs selbst dürfte Ersteres wohl grundsätzlich in den durch § 1a Abs. 1 BetrAVG gesetzten Grenzen zulässig sein. Es ist allerdings durch Auslegung der jeweiligen Zusage zu klären, ob bei Versorgungsregelungen mit dynamisch ausgestalteter Beitragsbemessung oder grundsätzlich fest vereinbarten Umwandlungsbeträgen die Beiträge auch während des Ruhens des Arbeitsverhältnisses einer Veränderung unterliegen können.

III. Rechtsfolgen

Wegen des engen Bezugs zum bestehenden Beschäftigungsverhältnis sieht die **63**
Gesetzesbegründung eine Einstandspflicht des Arbeitgebers nach § 1 Abs. 1 S. 3 BetrAVG auch für den aus eigenen Beiträgen des Arbeitnehmers während der Ruhensphase finanzierten Versorgungsteil vor.[39] Insoweit gelten die Sonder-

---

37 BT-Drucks. 15/2150, S. 52.
38 Vgl. hierzu auch die Kritik von *Höfer* BetrAVG, Rn. 2668.11 f. zu § 1a.
39 BT-Drucks. 15/2150, S. 52.

regelungen zur Entgeltumwandlung, z.B. hinsichtlich der sofortigen Unverfallbarkeit (§ 1b Abs. 5 BetrAVG), des sofortigen Insolvenzschutzes (§ 7 Abs. 2 BetrAVG) sowie der Rentenanpassung (§ 16 Abs. 5 BetrAVG) entsprechend.

G. Mitbestimmung des Betriebsrats

64 Ein Mitbestimmungsrecht des Betriebsrats im Zusammenhang mit den Fragen der betrieblichen Altersversorgung kann sich grds. aus § 87 Abs. 1 Nr. 8 bzw. Nr. 10 BetrVG ergeben.[40] Insoweit ist einerseits zwischen der arbeitgeberfinanzierten und der durch Entgeltumwandlung finanzierten betrieblichen Altersversorgung zu unterscheiden und muss andererseits im Rahmen der zuletzt genannten Fallgruppe danach differenziert werden, ob eine Entgeltumwandlung innerhalb des Rahmens des § 1a BetrAVG oder außerhalb dieser Bestimmung vorliegt.[41]

65 Bei einer den Anspruch nach § 1a BetrAVG umsetzenden Entgeltumwandlung besteht **praktisch keine erzwingbare Mitbestimmung**, da insoweit die Sperrwirkung des Einleitungssatzes in § 87 Abs. 1 BetrVG (»soweit eine gesetzliche oder tarifliche Regelung nicht besteht«) ein Gestaltungsrecht des Betriebsrats verhindert.

66 Soweit eine von § 1a BetrAVG abweichende tarifvertragliche Regelung besteht, sind allein diese Bestimmungen bei der Umsetzung der Entgeltumwandlung maßgeblich und kommt eine Mitbestimmung des Betriebsrats aufgrund der Vorschrift des § 77 Abs. 3 BetrVG nicht in Betracht. Aber auch dann, wenn der Tarifvertrag eine Öffnungsklausel zugunsten einer kollektivrechtlichen Regelung auf Basis einer Betriebsvereinbarung enthält, steht dem Betriebsrat kein erzwingbares Mitbestimmungsrecht zu, weil es dann lediglich um die Ausfüllung der tariflichen Regelungen geht.

67 Sofern kein Tarifvertrag zur Durchführung des Anspruchs auf Entgeltumwandlung besteht, gibt das Gesetz mit der in § 1a BetrAVG enthaltenen Regelung zur Umsetzung der Entgeltumwandlung so wesentliche Schranken

---

40 Vgl. § 1 Rdn. 375 f.
41 Vgl. § 1 Rdn. 425 f.

für die infrage stehenden Mitbestimmungsrechte vor, dass von einer erzwingbaren Mitbestimmung des Betriebsrats keine Rede mehr sein kann.[42]

Die vorstehenden Ausführungen betreffen lediglich die Mitbestimmung des Betriebsrates i.S. einer Mitentscheidung. Die **Initiativ- und Informationsrechte des Betriebsrates bestehen dagegen** auch im Rahmen des Anspruchs auf Entgeltumwandlung nach § 1a BetrAVG. 68

§ 1b Unverfallbarkeit und Durchführung der betrieblichen Altersversorgung

(1) [1]Einem Arbeitnehmer, dem Leistungen aus der betrieblichen Altersversorgung zugesagt worden sind, bleibt die Anwartschaft erhalten, wenn das Arbeitsverhältnis vor Eintritt des Versorgungsfalls, jedoch nach Vollendung des 25. [2]Lebensjahres endet und die Versorgungszusage zu diesem Zeitpunkt mindestens fünf Jahre bestanden hat (unverfallbare Anwartschaft). [3]Ein Arbeitnehmer behält seine Anwartschaft auch dann, wenn er aufgrund einer Vorruhestandsregelung ausscheidet und ohne das vorherige Ausscheiden die Wartezeit und die sonstigen Voraussetzungen für den Bezug von Leistungen der betrieblichen Altersversorgung hätte erfüllen können. [4]Eine Änderung der Versorgungszusage oder ihre Übernahme durch eine andere Person unterbricht nicht den Ablauf der Fristen nach Satz 1. [5]Der Verpflichtung aus einer Versorgungszusage stehen Versorgungsverpflichtungen gleich, die auf betrieblicher Übung oder dem Grundsatz der Gleichbehandlung beruhen Der Ablauf einer vorgesehenen Wartezeit wird durch die Beendigung des Arbeitsverhältnisses nach Erfüllung der Voraussetzungen der Sätze 1 und 2 nicht berührt. [6]Wechselt ein Arbeitnehmer vom Geltungsbereich dieses Gesetzes in einen anderen Mitgliedstaat der Europäischen Union, bleibt die Anwartschaft in gleichem Umfange wie für Personen erhalten, die auch nach Beendigung eines Arbeitsverhältnisses innerhalb des Geltungsbereichs dieses Gesetzes verbleiben.

(2) [1]Wird für die betriebliche Altersversorgung eine Lebensversicherung auf das Leben des Arbeitnehmers durch den Arbeitgeber abgeschlossen und sind der Arbeitnehmer oder seine Hinterbliebenen hinsichtlich der Leis-

---

42 So auch *Blomeyer* BetrAV 2001, 501 = DB 2001, 1413; *Feudner* Zur Mitbestimmung bei der Durchführung des Altersvermögensgesetzes (»Riester-Rente«), DB 2001, 2047.

tungen des Versicherers ganz oder teilweise bezugsberechtigt (Direktversicherung), so ist der Arbeitgeber verpflichtet, wegen Beendigung des Arbeitsverhältnisses nach Erfüllung der in Absatz 1 Satz 1 und 2 genannten Voraussetzungen das Bezugsrecht nicht mehr zu widerrufen. [2]Eine Vereinbarung, nach der das Bezugsrecht durch die Beendigung des Arbeitsverhältnisses nach Erfüllung der in den Absatz 1 Satz 1 und 2 genannten Voraussetzungen auflösend bedingt ist, ist unwirksam. [3]Hat der Arbeitgeber die Ansprüche aus dem Versicherungsvertrag abgetreten oder beliehen, so ist er verpflichtet, den Arbeitnehmer, dessen Arbeitsverhältnis nach Erfüllung der in Absatz 1 Satz 1 und 2 genannten Voraussetzungen geendet hat, bei Eintritt des Versicherungsfalles so zu stellen, als ob die Abtretung oder Beleihung nicht erfolgt wäre. [4]Als Zeitpunkt der Erteilung der Versorgungszusage im Sinne des Absatzes 1 gilt der Versicherungsbeginn, frühestens jedoch der Beginn der Betriebszugehörigkeit.

(3) Wird die betriebliche Altersversorgung von einer rechtsfähigen Versorgungseinrichtung durchgeführt, die dem Arbeitnehmer oder seinen Hinterbliebenen auf ihre Leistungen einen Rechtsanspruch gewährt (Pensionskasse und Pensionsfonds), so gilt Absatz 1 entsprechend. Als Zeitpunkt der Erteilung der Versorgungszusage im Sinne des Absatz 1 gilt der Versicherungsbeginn, frühestens jedoch der Beginn der Betriebszugehörigkeit.

(4) [1]Wird die betriebliche Altersversorgung von einer rechtsfähigen Versorgungseinrichtung durchgeführt, die auf ihre Leistungen keinen Rechtsanspruch gewährt (Unterstützungskasse), so sind die nach Erfüllung der in Absatz 1 Satz 1 und 2 genannten Voraussetzungen und vor Eintritt des Versorgungsfalles aus dem Unternehmen ausgeschiedenen Arbeitnehmer und ihre Hinterbliebenen den bis zum Eintritt des Versorgungsfalles dem Unternehmen angehörenden Arbeitnehmern und deren Hinterbliebenen gleichgestellt. [2]Die Versorgungszusage gilt in dem Zeitpunkt als erteilt im Sinne des Absatz 1, von dem an der Arbeitnehmer zum Kreis der Begünstigten der Unterstützungskasse gehört.

(5) [1]Soweit betriebliche Altersversorgung durch Entgeltumwandlung erfolgt, behält der Arbeitnehmer seine Anwartschaft, wenn sein Arbeitsverhältnis vor Eintritt des Versorgungsfalles endet; in den Fällen der Absätze 2 und 3

1. dürfen die Überschussanteile nur zur Verbesserung der Leistung verwendet,

2. muss dem ausgeschiedenen Arbeitnehmer das Recht zur Fortsetzung der Versicherung oder Versorgung mit eigenen Beiträgen eingeräumt und
3. muss das Recht zur Verpfändung, Abtretung oder Beleihung durch den Arbeitgeber ausgeschlossen werden.

²Im Falle einer Direktversicherung ist dem Arbeitnehmer darüber hinaus mit Beginn der Entgeltumwandlung ein unwiderrufliches Bezugsrecht einzuräumen.

A. Regelungsgehalt

1 § 1b BetrAVG regelt getrennt nach den einzelnen Durchführungswegen die gesetzlichen Unverfallbarkeitsmodalitäten, die **Unverfallbarkeit dem Grunde nach**. Die Übergangsregelung in § 30f BetrAVG differenziert die Unverfallbarkeitsmodalitäten nach dem Zeitpunkt der Erteilung der Versorgungszusage.[1]

2 § 1b BetrAVG beschreibt zudem die Versorgungsträger bei mittelbaren Versorgungszusagen (Direktversicherung, Pensionskasse, Pensionsfonds und Unterstützungskasse) in gesetzlichen Klammerdefinitionen.[2]

3 § 1b Abs. 1 S. 4 BetrAVG stellt deklaratorisch fest, dass betriebliche Altersversorgung auch auf den Rechtsbegründungsakten einer betrieblichen Übung und dem Grundsatz der Gleichbehandlung beruhen kann.[3]

I. Begriff Unverfallbarkeit

4 Unverfallbarkeit umschreibt die Frage nach dem Schicksal einer betrieblichen Versorgungszusage in der Anwartschaftsphase, wenn der Anlass hierfür, nämlich die arbeitsrechtliche Beziehung zwischen Zusagendem und Begüns-

---

1 S. dazu i.E. Rdn. 13 ff.
2 S. dazu Kommentierung zu den Durchführungswegen der betrieblichen Altersversorgung bei § 1 Rdn. 75–125.
3 S. dazu Kommentierung zu den Rechtsbegründungsakten der betrieblichen Altersversorgung bei § 1 Rdn. 126–182, insbes. Rdn. 157–182.

tigtem, nicht bis zum Eintritt eines Versorgungsfalles Bestand gehabt hat, sondern vorzeitig weggefallen ist. Grundsätzlich würde der Wegfall des Arbeitsverhältnisses auch zum Wegfall der Versorgungsanwartschaft führen, wenn dies im Leistungsplan so bestimmt ist. Dem sollen die Regelungen zur Unverfallbarkeit zugunsten der Arbeitnehmer entgegenwirken. Aus der Verknüpfung der Unverfallbarkeitsphase mit dem Bestehen oder Nichtbestehen eines Arbeits- oder Dienstverhältnisses[4] folgt auch zwangsläufig, dass Unverfallbarkeitsfragen nach dem Eintritt des Versorgungsfalls nicht auftreten. Eine Versorgungsleistung ist nach Eintritt des Versorgungsfalles »immer unverfallbar«, unabhängig davon, dass unter bestimmten Voraussetzungen, z.B. aufgrund eines einseitigen Widerrufs, eine Einstellung oder Kürzung der Zahlungen rechtlich möglich ist.[5]

Die Unverfallbarkeit einer Versorgungsanwartschaft führt bei Beendigung 5 des Arbeitsverhältnisses nicht zu einem Versorgungsanspruch, sondern nur zur **Aufrechterhaltung der Anwartschaft**, allerdings der Höhe nach gekürzt.[6] Ein Versorgungsanspruch entsteht bei Ausscheiden nach Erfüllung der Unverfallbarkeitsmodalitäten erst, wenn nach Beendigung des Arbeitsverhältnisses ein Versorgungsfall eintritt.[7]

II. Gesetzliche und vertragliche Unverfallbarkeit

§ 1b BetrAVG regelt die **gesetzliche** Unverfallbarkeit.[8] Die gesetzlichen 6 Unverfallbarkeitsmodalitäten gelten unabhängig davon, ob sie im Leistungsplan erwähnt worden sind oder nicht. Sie sind für den Arbeitgeber einseitig zwingend und begrenzen die Gestaltungsfreiheit bei Leistungsplänen. Fehlt

---

4   § 17 Abs. 1 S. 2 BetrAVG.

5   *Kemper* Die Unverfallbarkeit betrieblicher Versorgungsanwartschaften von Arbeitnehmern, S. 23; zu den Widerrufsmöglichkeiten s. § 1 Rdn. 357–369. »Verfallbare« Anwartschaften können grundsätzlich im Rahmen einer Kündigungsschutzabfindung nach §§ 9, 10 KSchG berücksichtigt werden. Daneben besteht aber kein Schadensersatzanspruch gem. § 628 Abs. 2 BGB, so BAG 12.6.2003, 8 AZR 341/02, EzA § 628 BGB 2002 Nr. 1; dazu auch *Kemper* RdA 2004, 310, BetrAV 2005, 302.

6   Dazu i.E. Kommentierung zu § 2 BetrAVG.

7   Zur Bedeutung einer Wartezeit im Leistungsplan s. § 1 Rdn. 218–227; zum Verhältnis von Unverfallbarkeitsmodalitäten und Wartezeit § 1b Abs. 1 S. 5 BetrAVG und dazu Rdn. 111 ff.; s.a. BAG 24.2.2004, 3 AZR 5/03, EzA § 1b BetrAVG Nr. 2.

8   Zur richterrechtlichen Unverfallbarkeit vgl. 4. Auflage § 1b Rdn. 9 ff.

eine Unverfallbarkeitsklausel in der Versorgungszusage, ist i.d.R. zugunsten des Arbeitgebers anzunehmen, dass die gesetzlichen Unverfallbarkeitsmodalitäten gelten sollen.[9]

7   Von den Unverfallbarkeitsmodalitäten des § 1b BetrAVG kann nicht zuungunsten des Arbeitnehmers abgewichen werden, auch nicht durch Tarifvertrag (§ 17 Abs. 3 BetrAVG). Das ist anders bei der Unverfallbarkeit der Höhe nach gem. § 2 BetrAVG. Diese Vorschrift ist tarifdispositiv (§ 17 Abs. 3 S. 1 BetrAVG).

8   Sind günstigere als die gesetzlichen Unverfallbarkeitsmodalitäten vorgesehen – was aufgrund der Gestaltungsfreiheit bei Leistungsplänen möglich ist – handelt es sich um eine **vertragliche** Unverfallbarkeit.[10] Ob günstigere Unverfallbarkeitsmodalitäten vereinbart sind, richtet sich nach den allgemeinen Auslegungsregeln für Leistungspläne. Die Darlegungs- und Beweislast dafür hat der begünstigte Versorgungsberechtigte. Im Zweifel sind nur die gesetzlichen Regelungen maßgebend.[11]

9, 10   *unbelegt*

11   Im Gegensatz zur gesetzlichen Unverfallbarkeit ist die vertragliche Unverfallbarkeit bis zum Eintritt des Versorgungsfalls nicht durch den PSVaG insolvenzgeschützt (§ 7 Abs. 2 BetrAVG).[12]

III. Arbeitgeber- und arbeitnehmerfinanzierte betriebliche Altersversorgung

12   Bei der gesetzlichen Unverfallbarkeit ist zu unterscheiden zwischen der **arbeitgeber-** und der **arbeitnehmerfinanzierten** betrieblichen Altersversorgung.

13   Bei der **arbeitgeberfinanzierten** betrieblichen Altersversorgung gelten die Unverfallbarkeitsmodalitäten des § 1b Abs. 1 BetrAVG mit der Übergangsregelung des § 30f BetrAVG.

---

9   *Blomeyer/Rolfs/Otto* Rn. 98 zu § 1b; *Höfer* BetrAVG, Rn. 2674 zu § 1b, m.w.N.
10   Zur Auslegung einer Versorgungszusage im Sinne einer vertraglichen Unverfallbarkeit – BAG 2.7.2009, 3 AZR 501/07.
11   BAG 11.12.2001, 3 AZR 334/00, EzA § 1 BetrAVG Nr. 80; dazu auch *Höfer* BetrAVG, Rn. 2688 ff. zu § 1b.
12   S. dazu § 7 Rdn. 72 ff.

Für Versorgungszusagen, die nach dem 31.12.2008 erteilt worden sind oder 14
erteilt werden, muss die Versorgungszusage mindestens fünf Jahre Bestand
gehabt haben und bei Beendigung des Arbeitsverhältnisses mindestens das
25. Lebensjahr vollendet sein (§ 1b Abs. 1 BetrAVG).

Für Versorgungszusagen, die vor dem 1.1.2009 und nach dem 31.12.2000 15
erteilt worden sind, muss die Versorgungszusage mindestens fünf Jahre
Bestand gehabt haben und bei Beendigung des Arbeitsverhältnisses mindestens das 30. Lebensjahr vollendet sein. Um die Arbeitnehmer im Einzelfall
auch von dem auf 25 abgesenkten Mindestalter profitieren zu lassen, bleibt
die Anwartschaft auch dann erhalten, wenn die Zusage ab dem
1. Januar 2009 fünf Jahre bestanden hat und bei Beendigung des Arbeitsverhältnisses das 25. Lebensjahr vollendet ist (§ 30f Abs. 2 BetrAVG). Das
bedeutet, bei Beendigung des Arbeitsverhältnisses zwischen dem 1.1.2009
und dem 30.12.2013 gilt das Mindestalter 30, bei Beendigung des Arbeitsverhältnisses am 31.12.2013[13] oder danach gilt für diese Versorgungszusagen
das Mindestalter 25.

Für Versorgungszusagen, die vor dem 1.1.2001 erteilt worden sind, galten 16
die »uralten« Unverfallbarkeitsmodalitäten: Mindestalter 35, mindestens
10jähriger Bestand der Versorgungszusage oder mindestens 3jähriger Bestand
der Versorgungszusage und mindestens 12jährige Betriebszugehörigkeit.[14]
Entsprechend der Übergangsregelung blieben und bleiben diese Anwartschaften auch dann erhalten, wenn die Zusage ab dem 1. Januar 2000 fünf
Jahre bestanden hatte und bei Beendigung des Arbeitsverhältnisses das
30. Lebensjahr vollendet war (§ 30f Abs. 1 BetrAVG). Das bedeutete für die

---

13 Entsprechend BAG 14.1.2009, 3 AZR 529/07, FA 2009, 118; 26.5.2009, 3 AZR
    816/07, EzA § 1b BetrAVG Nr. 6 = DB 2010, 287.

14 Handelt es sich um die Unverfallbarkeitsmodalität »mindestens 12jährige
    Betriebszugehörigkeit«, die bis zum 30.12.2005 gegolten hat, ist bei der gesetzli-
    chen Unverfallbarkeit in »Uraltzusagen« noch die sog. »Heranreichungsrechtspre-
    chung« zu beachten. BAG 15.6.2010, 3 AZR 31/07, EzA § 1 BetrAVG Lebens-
    versicherung Nr. 10 = DB 2010, 2498. Bei der Berechnung der gesetzlichen
    Unverfallbarkeit ist bei der Dauer der Betriebszugehörigkeit grds. zwar auf jedes
    Arbeitsverhältnis für sich abzustellen. Eine Ausnahme gilt bei zugesagter Anrech-
    nung von Dienstzeiten bei einem früheren Arbeitgeber und wenn die Betriebszu-
    gehörigkeit von einer Versorgungszusage begleitet war. Die Heranreichungsrecht-
    sprechung ist aber im Wesentlichen bei der Unverfallbarkeit der Höhe nach zu
    beachten, s. dazu Kommentierung zu § 2.

am 1.1.2001 aktiven Arbeitnehmer mit »Uraltzusagen«, die bis zum 30.12.2005 ausgeschieden sind, dass es bei den vor dem 1.1.2001 geltenden gesetzlichen Unverfallbarkeitsmodalitäten geblieben ist. Beim Ausscheiden dieser Arbeitnehmer am 31.12.2005 und danach galten die Unverfallbarkeitsmodalitäten in der bis zum 31.12.2008 gültigen Fassung des § 1b BetrAVG (§ 30f Abs. 1 BetrAVG).[15]

16a Eine noch weiter gehende Herabsetzung der Unverfallbarkeitsmodalitäten wird von der EU angestrebt.[16]

17 Handelt es sich um **Entgeltumwandlungszusagen** gem. § 1 Abs. 2 Nr. 3 BetrAVG, gilt als gesetzliche Unverfallbarkeitsmodalität die sofortige Unverfallbarkeit gem. § 1b Abs. 5 BetrAVG, wenn diese Versorgungszusagen nach dem 31.12.2000 erteilt worden sind (§ 30f Abs. 1 S. 2 BetrAVG). Dasselbe gilt bei **Umfassungszusagen** gem. § 1 Abs. 2 Nr. 4 BetrAVG, wenn sie nach dem 31.12.2002 erteilt worden sind (§ 30e BetrAVG).

18 Für Entgeltumwandlungszusagen, die vor dem 1.1.2001 erteilt worden sind, galt die sofortige gesetzliche Unverfallbarkeit zunächst nicht. Sie fallen aber auch unter die Übergangsregelung des § 30f Abs. 1 BetrAVG.[17]

19 Hinzu kommt eine besondere Unverfallbarkeitsmodalität bei Ausscheiden aufgrund einer **Vorruhestandsregelung** (§ 1b Abs. 1 S. 2 BetrAVG).[18]

B. Die gesetzlichen Unverfallbarkeitsmodalitäten bei der arbeitgeberfinanzierten betrieblichen Altersversorgung

I. Beendigung des Arbeitsverhältnisses

20 Unter Arbeitsverhältnis ist das Rechtsverhältnis zu verstehen, das zwischen dem einzelnen Arbeitnehmer und dem Arbeitgeber aufgrund des Arbeitsvertrages besteht. Das Arbeitsverhältnis endet stets mit der Beendigung des Arbeitsvertrages.[19] »Arbeitsverhältnisse« können auch Rechtsverhältnisse zwischen Unternehmen und Personen sein, die für ein Unternehmen tätig sind

---

15 BAG 14.1.2009, 3 AZR 529/07, FA 2009, 118; 26.5.2009, 3 AZR 816/07, EzA § 1b BetrAVG Nr. 6 = DB 2010, 287.

16 Dazu Portabilitätsrichtlinienentwurf BetrAV 2005, 776, der bisher gescheitert ist, BetrAV 2007, 368.

17 Vgl. i.E. Rdn. 117 ff.

18 S. dazu Rdn. 109 ff.

19 *Blomeyer/Rolfs/Otto* Rn. 74 ff. zu § 1b; *Höfer* BetrAVG, Rn. 2937 ff. zu § 1b.

(§ 17 Abs. 1 S. 2 BetrAVG[20]), z.B. aufgrund von Dienstverträgen als Geschäftsführer einer GmbH oder als Vorstand einer Aktiengesellschaft, aufgrund von Beratungsverträgen als Freiberufler.[21]

Als Beendigungsgründe kommen alle Formen der Vertragsbeendigung in 21 Betracht, also Aufhebungsvertrag, Kündigung, Zeitablauf bei zulässiger Befristung, Tod des Arbeitnehmers. Der Grund für die Beendigung des Arbeitsverhältnisses ist unerheblich. Bei einer fristlosen Beendigung, bei einer fristlosen Kündigung oder bei besonders schweren Treuepflichtverletzungen kann sich das Problem des Widerrufs der Versorgungsanwartschaft stellen.[22]

Maßgebend ist der Zeitpunkt, zu dem das Arbeitsverhältnis endet bzw. die 22 Beendigung vorgesehen ist, nicht der Zeitpunkt des Abschlusses eines Aufhebungsvertrages oder der Zeitpunkt der Kündigungserklärung.

Bei einem Betriebsübergang nach § 613a BGB endet das Arbeitsverhältnis 23 nicht.[23] Dasselbe gilt **betriebsrentenrechtlich**, wenn das Arbeitsverhältnis zu einem Dienstverhältnis wird, z.B. weil der Arbeitnehmer in die Geschäftsführung berufen wird. Dies gilt unabhängig davon, dass in einem solchen Fall das Arbeitsverhältnis endet.[24] Begründung hierfür ist § 17 Abs. 1 S. 2 BetrAVG.

Eine Beendigung des Arbeitsverhältnisses tritt auch nicht ein, wenn das 24 Arbeitsverhältnis ruht, z.B. bei einer Elternzeit.[25] Das Arbeitsverhältnis wird aber i.d.R. beendet, wenn eine Vorruhestandsregelung getroffen wird. Dasselbe gilt bei Inanspruchnahme der Leistungen aus der gesetzlichen Rentenversicherung.[26]

Unverfallbarkeitsfragen treten nicht auf, wenn ein Arbeitnehmer die Unver- 25 fallbarkeitsmodalitäten während eines bestehenden Arbeitsverhältnisses erfüllt hat und ohne Beendigung des Arbeitsverhältnisses die Versorgungsan-

---

20 S. dazu § 17 Rdn. 3 ff.
21 Dazu BAG 20.4.2004, 3 AZR 297/03, EzA § 17 BetrAVG Nr. 10.
22 S. dazu § 1 Rdn. 357–369.
23 S. dazu Rdn. 81–107.
24 BAG 19.7.2007, 6 AZR 774/06, DB 2007, 2093.
25 S. dazu § 2 Rdn. 68.
26 Zu den Rechtsfolgen bei Inanspruchnahme der vorzeitigen Altersleistungen aus der gesetzlichen Rentenversicherung s. § 6 Rdn. 6 ff.

wartschaft verändert, abgefunden oder von einem anderen Rechtssubjekt übernommen werden soll.[27]

II. Vollendung des Mindestalters von 25

26 Es gilt die bürgerlich-rechtliche Altersbestimmung des § 187 Abs. 2 S. 2 BGB. Nicht maßgebend ist eine versicherungstechnische Altersbestimmung.

27 ▶ Beispiel:

Wer z.B. am 1.1.1989 geboren ist, hat am 31.12. um 24.00 Uhr des Jahres 2013 das 25. Lebensjahr vollendet, sodass bei einem Ausscheiden zu diesem Zeitpunkt die Anwartschaft aufrechtzuerhalten ist, wenn auch die andere Unverfallbarkeitsvoraussetzung (mindestens 5 Jahre Bestandsdauer der Versorgungszusage) erfüllt ist. Für den Zeitraum bis zum 30.12.2013 gilt noch das Mindestalter 30 (§ 30f Abs. 2 BetrAVG).

28 Das Mindestalter 25 oder 30 (bis 30.12.2013) bedeutet keine mittelbare Diskriminierung von Frauen und keinen Verstoß gegen das Grundgesetz und den EU-Vertrag (Art. 157 AEUV).[28] Auch ist keine Verletzung des AGG gegeben.[29]

29 Scheidet ein Arbeitnehmer wenige Wochen oder Tage vor der Vollendung des maßgeblichen Lebensalters aus, verfällt die Versorgungsanwartschaft ersatzlos. Der Arbeitgeber muss über die Konsequenzen der Nichterfüllung der Unverfallbarkeitsvoraussetzungen nicht aufklären.[30] Wenn der Arbeitnehmer aber den Arbeitgeber fragt, muss die Auskunft richtig sein.[31]

---

27 S. hierzu Kommentierung zu §§ 3 und 4.

28 So für das frühere Mindestalter 35: BAG 18.10.2005, 3 AZR 506/04, EzA Art. 141 EG-Vertrag 1999 Nr. 19. Das gilt erst recht für die jetzigen Mindestalter 25 oder 30.

29 Dazu *Beitze* in Hey, AGG § 10 Rn. 85 ff.

30 BAG 3.7.1990, 3 AZR 382/89, EzA § 611 BGB Aufhebungsvertrag Nr. 7 und 22.2.2000, 3 AZR 4/99, EzA § 1 BetrAVG Nr. 72; BAG 17.10.2000, 3 AZR 605/99, EzA § 611 BGB Fürsorgepflicht Nr. 59 = AP Nr. 116 zu BGB § 611 Fürsorgepflicht und 11.12.2001, 3 AZR 329/00, EzA § 611 BGB Fürsorgepflicht Nr. 62.

31 *Reinecke* RdA 2005, 219 und DB 2006, 555.

III. Bestandsdauer der Versorgungszusage

Die Versorgungszusage muss mindestens fünf Jahre bestanden haben. Die **30** Frist muss immer gem. §§ 187ff. BGB voll erfüllt sein. Ein auch nur geringes Unterschreiten führt zur Verfallbarkeit der Anwartschaft.[32]

Den Fristbeginn bezeichnet das BetrAVG als Zeitpunkt der Erteilung der Versor- **31** gungszusage (vgl. § 1b Abs. 2 S. 4, Abs. 3 S. 2 und Abs. 4 S. 2 BetrAVG).

1. Ende der Bestandsdauer der Versorgungszusage

Die Bestandsdauer der Versorgungszusage endet üblicherweise mit dem **32** rechtlichen Ende des Arbeitsverhältnisses.

Für den Zusagebestand kommt es darauf an, dass das Arbeitsverhältnis nicht **33** unterbrochen wurde.[33] Jede auch nur kurzfristige Unterbrechung führt dazu, dass die Frist nicht erfüllt ist, sondern von Neuem beginnt. Die Grundsätze über die Zusammenrechnung bei einem inneren sachlichen Zusammenhang der Arbeitsverhältnisse können nicht herangezogen werden.[34] Die Unverfallbar- keitsmodalitäten müssen grds. im Letzten, dem neuen Arbeitsverhältnis erfüllt sein.[35] Ob diese Grundsätze auch für Saisonarbeitnehmer gelten, ist fraglich.[36]

Die Bestandsdauer der Versorgungszusage endet – auch ohne Beendigung **34** des Arbeitsverhältnisses –, wenn die Arbeitgeberverpflichtung entfallen ist, z.B. durch eine Aufhebung des Versorgungsverhältnisses während eines beste- henden Arbeitsverhältnisses gegen Zahlung einer Abfindung, was nicht gegen § 3 BetrAVG verstößt.[37]

2. Zeitpunkt der Erteilung der Versorgungszusage

Eine Versorgungszusage ist dann erteilt, wenn die Arbeitgeberverpflichtung **35** gegenüber den Begünstigten erstmals entstanden ist. Das richtet sich nach dem gewählten Rechtsbegründungsakt.[38]

---

32 BAG 7.8.1975, 3 AZR 12/75, EzA § 242 BGB Ruhegeld Nr. 44; 29.3.1983, 3 AZR 26/81, EzA § 1 BetrAVG Nr. 26; 22.2.2000, 3 AZR 4/99, EzA § 1 BetrAVG Nr. 72 = DB 2001, 2203.
33 BAG 22.2.2000, 3 AZR 4/99, EzA § 1 BetrAVG Nr. 72.
34 BAG 22.2.2000, 3 AZR 4/99, EzA § 1 BetrAVG Nr. 72.
35 So schon BAG 19.7.1993, 3 AZR 397/81, DB 1983, 2255.
36 Offen gelassen: BAG 20.2.2001, 3 AZR 407/99, EzA § 1 BetrAVG Nr. 74.
37 Dazu s. Kommentierung zu § 3 Rdn. 29 ff.
38 S. dazu § 1 Rdn. 126–182.

36 Allgemein wird angenommen, dass frühester Zusagezeitpunkt der Beginn der Betriebszugehörigkeit ist, selbst wenn die Versorgungsregelung vor Beginn des Arbeitsverhältnisses erfolgt.[39]

a) Einzelzusage

37 Eine Einzelzusage ist erteilt, wenn der Versorgungsvertrag zustande gekommen ist. Dieses richtet sich nach allgemeinem Vertragsrecht. Das gilt auch für eine **Blankettzusage**.[40] Bei einer Blankettzusage ist die Versorgungszusage also schon erteilt, obwohl die Einzelheiten des Leistungsplanes noch nicht feststehen. Ein Versorgungsvertrag (und damit eine Versorgungszusage) ist jedoch noch nicht zustande gekommen, wenn der Arbeitgeber lediglich ein Angebot gem. § 145 BGB abgegeben hat, das der Arbeitnehmer innerhalb einer bestimmten Zeit annehmen kann oder nicht. Dann ist die Versorgungszusage erst erteilt, wenn das Angebot angenommen wird.

38 Wird ein fiktiver Zusagezeitpunkt vereinbart, ist dies für die gesetzlichen Unverfallbarkeitsmodalitäten bedeutungslos. Der Zusagezeitpunkt kann also in Bezug auf die gesetzlichen Unverfallbarkeitsmodalitäten nicht rückdatiert werden. In einem solchen Fall handelt es sich um eine jederzeit mögliche vertragliche Verbesserung der Unverfallbarkeitsmodalitäten.[41] Das ist eine Frage der Auslegung der getroffenen Vereinbarungen. Die gesetzlichen Zusagezeitpunkte sind nicht disponibel, schon aus Gründen des damit verbundenen Insolvenzschutzes.[42]

39 Bei Vordatierungen kann es sich um eine den Zusagezeitpunkt nicht berührende Vorschaltzeit handeln.[43]

b) Gesamtzusagen/vertragliche Einheitsregelungen

40 Gesamtzusagen und vertragliche Einheitsregelungen werden i.d.R. schon lange in einem Unternehmen praktiziert. In diesem Fall stimmen Zusagezeit-

---

39 BAG 21.1.2003, 3 AZR 121/02, EzA § 1b BetrAVG Nr. 1; *Blomeyer/Rolfs/Otto* Rn. 58 zu § 1b; *Höfer* BetrAVG, Rn. 2718 ff. zu § 1b.
40 S. dazu § 1 Rdn. 130–133.
41 So auch *Höfer* BetrAVG, Rn. 2717 zu § 1b.
42 BAG 21.1.2003, 3 AZR 121/02, EzA § 1b BetrAVG Nr. 1; zur Auslegung einer Versorgungszusage i.S. einer vertraglichen Unverfallbarkeit BAG 2.7.2009, 3 AZR 501/07, DB 2009, 1939.
43 S. dazu nachfolgend Rdn. 52 f.

Kemper

punkt und rechtlicher Beginn des Arbeitsverhältnisses überein, wenn die Gesamtbelegschaft begünstigt ist.[44]

Bei neu eingeführten Versorgungssystemen gilt der Zeitpunkt als Zusagezeit- 41 punkt, in dem die Arbeitgeberverpflichtung entstanden ist, bei einer Gesamtzusage z.B. der Aushang am »Schwarzen Brett« oder bei einer vertraglichen Einheitsregelung die Übergabe der Versorgungsordnung.[45]

Wird die Zusage an das Erreichen einer bestimmten Stellung im Unterneh- 42 men geknüpft, z.B. bei Erreichen einer bestimmten Hierarchiestufe, so ist Zusage erst bei Erreichen des Status erteilt.[46]

Soll die Zusage erst nach Ablauf einer bestimmten Dienstzeit und/oder nach 43 Vollendung eines Mindestalters erteilt werden, ist der Zusagezeitpunkt »vorverlegt« (Vorschaltzeiten).[47]

c) Betriebliche Übung/Gleichbehandlung

Bei einer betrieblichen Altersversorgung, die auf einer betrieblichen Übung 44 oder dem Grundsatz der Gleichbehandlung beruht (deklaratorischer Hinweis auf Rechtsbegründungsakte dieser Art in § 1b Abs. 1 S. 4 BetrAVG), ist die Zusage dann erteilt, wenn die betriebliche Übung entstanden ist und sich für den konkreten Arbeitnehmer auswirkt oder wenn ein Verstoß gegen den Gleichbehandlungsgrundsatz vorliegt, der einen willkürlich ausgeschlossenen Arbeitnehmer betrifft.[48] Besteht bei dem Arbeitgeber eine betriebliche Übung, so gilt für Neueintritte als Zusagezeitpunkt der rechtliche Beginn des Arbeitsverhältnisses.

---

44 *Blomeyer/Rolfs/Otto* Rn. 29 zu § 1b; BAG 20.2.2001, 3 AZR 671/99, DB 2004, 1568; 10.12.2002, 3 AZR 92/02, EzA § 1 BetrAVG Ablösung Nr. 37 = DB 2004, 1566.

45 S. dazu § 1 Rdn. 135 f. und 138 f.

46 BAG 20.4.1982, 3 AZR 1118/79, EzA § 1 BetrAVG Nr. 20; 17.2.1998, 3 AZR 783/96, EzA § 1 BetrAVG Gleichbehandlung Nr. 14; 28.7.1992, 3 AZR 173/92, EzA § 1 BetrAVG Gleichbehandlung Nr. 2; s. dazu nachfolgend Rdn. 60 ff.

47 S. dazu nachfolgend Rdn. 52 ff.

48 Dazu *Höfer* BetrAVG, Rn. 2767 ff. zu § 1b m.w.N. und *Blomeyer/Rolfs/Otto* Rn. 30 ff.

45   Eine Versorgungszusage durch betriebliche Übung kann inhaltlich einer kollektiven Blankettzusage[49] ähneln, was auch für den Zeitpunkt der Erteilung der Versorgungszusage maßgebend ist. Schon vor Ausfüllung einer derartigen betrieblichen Übung gem. § 315 BGB durch den Arbeitgeber ist die Versorgungszusage erteilt.[50]

d) Betriebsvereinbarung

46   Zeitpunkt der Erteilung der Versorgungszusage bei einer Betriebsvereinbarung ist der Zeitpunkt, in dem die formellen Voraussetzungen des § 77 Abs. 2 BetrVG (mit Ausnahme des Aushangs am »Schwarzen Brett«) kumulativ erfüllt sind, wenn also erstmals eine Betriebsvereinbarung für die betriebliche Altersversorgung abgeschlossen wird.[51]

47   Besteht bei Eintritt eines Arbeitnehmers in ein Unternehmen bereits eine Betriebsvereinbarung und wird der Arbeitnehmer von ihr erfasst, hat er i.d.R. ab rechtlichem Beginn des Arbeitsverhältnisses eine Versorgungszusage.[52]

e) Sprecherausschussvereinbarung

48   Bei Vereinbarungen gem. § 28 Abs. 2 SprAuG ist die Versorgungszusage erteilt, wenn die Unterschriften der Vereinbarung geleistet werden.[53] Richtlinien gem. § 28 Abs. 1 SprAuG haben keine normativen Wirkungen, begründen also unmittelbar keine Versorgungszusagen.[54]

49   Bestehen bei Eintritt eines leitenden Angestellten in das Unternehmen gem. § 28 Abs. 2 SprAuG Vereinbarungen, ist Zusagezeitpunkt i.d.R. der rechtliche Beginn des Arbeitsverhältnisses, wenn alle leitenden Angestellten begünstigt sind.

---

49   S. dazu § 1 Rdn. 130–133.
50   BAG 25.6.2002, 3 AZR 360/01, EzA § 1 BetrAVG Betriebliche Übung Nr. 3.
51   S. dazu § 1 Rdn. 141–147.
52   *Blomeyer/Rolfs/Otto* Rn. 40 zu § 1b.
53   *Blomeyer/Rolfs/Otto* Rn. 41 zu § 1b.
54   *Blomeyer/Rolfs/Otto*, Anh. zu § 1 BetrAVG, Rn. 113 ff.

f) Tarifvertrag

Bei einem Tarifvertrag ist die Versorgungszusage erteilt, wenn er zustande 50
gekommen und der Arbeitnehmer von seinem persönlichen Geltungsbereich
erfasst ist.[55] Dies gilt auch, wenn im Tarifvertrag »Vorschaltzeiten«[56] vorgesehen sind.[57]

Bei Allgemeinverbindlicherklärungen (§ 5 TVG) ist der Tag der öffentlichen 51
Bekanntmachung gem. § 5 Abs. 7 TVG der maßgebende Zusagezeitpunkt,
wenn das Arbeitsverhältnis bereits besteht, sonst der Beginn des Arbeitsverhältnisses.[58]

g) Gesetz

Beruht die betriebliche Altersversorgung auf einem Gesetz, ist die Versor- 51a
gungszusage erteilt, wenn der Arbeitnehmer vom persönlichen Geltungsbereich des Gesetzes erfasst ist.

3. Vorschaltzeiten

In Leistungsplänen wird als Leistungsvoraussetzung häufig vorgesehen, dass 52
eine Aufnahme in das Versorgungssystem erst erfolgen soll, wenn eine **Mindestdienstzeit** abgeleistet und/oder ein **Mindestalter** erreicht ist. Derartige
Vorschaltzeiten können grundsätzlich bei allen Rechtsbegründungsakten
vorgesehen werden.[59]

Nach feststehender Rechtsprechung des BAG führen derartige Regelungen 53
nicht zum Hinausschieben des Zeitpunktes der Erteilung der Versorgungszusage. Eine »**Zusage auf eine Zusage**« wird als Versorgungszusage i.S.d. § 1b
BetrAVG behandelt, weil das Erstarken einer Anwartschaft zum Vollrecht
nur noch vom Fortbestand des Arbeitsverhältnisses und vom Eintritt des
Versorgungsfalles abhängt.[60] Auf die Länge der Vorschaltzeit kommt es nicht

---

55 S. dazu i.E. *Blomeyer/Rolfs/Otto* Rn. 42 ff. zu § 1b.
56 S. dazu Rdn. 52 ff.
57 A.A. *Blomeyer/Rolfs/Otto* Rn. 43 zu § 1b; wie hier *Höfer* BetrAVG, Rn. 2784 zu
    § 1b.
58 *Höfer* BetrAVG, Rn. 2783 zu § 1b.
59 Zu den denkbaren Unterschieden bei den Durchführungswegen s. Rdn. 57f.
60 So grundlegend BAG 7.7.1977, 3 AZR 572/76, EzA § 1 BetrAVG Wartezeit
    Nr. 3; bestätigt durch BAG 24.2.2004, 3 AZR 5/03, EzA § 1b BetrAVG Nr. 2.

an. Dies gilt auch dann, wenn eine arbeitsvertragliche Probezeit innerhalb eines unbefristeten Arbeitsverhältnisses als Vorschaltzeit festgelegt ist.[61] Bei Befristung eines Arbeitsverhältnisses handelt es sich nicht um Vorschaltzeiten, sondern um ein statusbezogenes Kriterium.[62] Werden nur Arbeitnehmer mit unbefristeten Arbeitsverhältnissen begünstigt, ist bei einem »vorgeschalteten« befristeten Arbeitsverhältnis die Versorgungszusage erst erteilt, wenn aus dem befristeten ein unbefristetes Arbeitsverhältnis geworden ist.[63]

54 ▶ **Beispiel:**

Sollen Arbeitnehmer nach den Bestimmungen im Leistungsplan erst ab Vollendung des 30. Lebensjahres (Mindestalter) in ein Versorgungssystem aufgenommen werden, so hat ein Arbeitnehmer, der mit 25 Jahren in das Arbeitsverhältnis eintritt, sofort eine Versorgungszusage. Nach dem Grundsatz der Gestaltungsfreiheit kann jedoch für die versorgungsfähige Dienstzeit (Leistungshöhe) und die Erfüllung der Wartezeit erst die Zeit ab Vollendung des 30. Lebensjahres zählen.

55 Vorschaltzeiten sind in leistungsausschließende Wartezeiten umzudeuten.[64] Wartezeiten sind ein Element des Leistungsplanes und setzen den Bestand einer Versorgungszusage voraus.

56 Im Gegensatz zu einem Mindestalter kann ein **Höchstaufnahmealter** dazu führen, dass eine Versorgungszusage überhaupt nicht erteilt wird. Das ist zulässig.[65]

57 ▶ **Beispiel:**

Es ist möglich, durch ein Höchstaufnahmealter von z.B. 45 Jahren alle Mitarbeiter ab dieser Altersstufe aus einem Versorgungssystem auszuschließen, selbst wenn diese bis zum Pensionsalter von z.B. 65 Jahren noch 20 Jahre Betriebstreue erbringen können. Unzulässig ist es dagegen

---

61 BAG 24.2.2004, 3 AZR 5/03, EzA § 1b BetrAVG Nr. 2.
62 S. dazu Rdn. 60 ff.
63 Dazu *Kemper* FS Andresen, S. 463, 470.
64 BAG 24.2.2004, 3 AZR 5/03, EzA § 1b BetrAVG Nr. 2; s. dazu auch § 1 Rdn. 218–227.
65 BAG 7.7.1977, 3 AZR 570/76, EzA § 1 BetrAVG Nr. 1; dazu auch *Höfer* BetrAVG, Rn. 822 zu ART und *Blomeyer/Rolfs/Otto* Rn. 168 zu Anh. § 1 jeweils m.w.N. Zur Bedeutung des AGG bei einem Höchstaufnahmealter s. § 1 Rdn. 220.

vorzusehen, dass ein Mitarbeiter, der mit 25 Jahren in dasselbe Unternehmen eintritt, die Versorgungszusage erst nach Ableistung einer Mindestdienstzeit von z.B. 10 Jahren und/oder nach Vollendung eines Mindestalters von z.B. 30 Jahren erhält.[66]

Vorschaltzeiten beeinträchtigen den Zusagezeitpunkt unstreitig nicht bei den **58** Durchführungswegen unmittelbare Versorgungszusage[67] und Unterstützungskasse.[68]

Problematisch ist, ob dies auch bei den Durchführungswegen Direktversicherung, Pensionskasse und Pensionsfonds gilt. Bei diesen Durchführungswegen **59** wird in § 1b Abs. 2 S. 4 und Abs. 3 S. 2 BetrAVG für den Zeitpunkt der Zusageerteilung auf den Versicherungsbeginn (frühestens auf den Beginn der Betriebszugehörigkeit) abgestellt. Folglich kann der Versicherungsbeginn nach dem Eintritt in das Arbeitsverhältnis liegen.[69]

4. Statusbezogene Kriterien

Ist die Versorgungszusage an das Erreichen einer bestimmten **Stellung** (z.B. **60** Abteilungsleiter, Meister) im Unternehmen geknüpft, ist die Zusage erst bei Erreichen des Status erteilt. Derartige statusbezogene Kriterien können grundsätzlich bei allen Rechtsbegründungsakten vorgesehen werden.

Voraussetzung ist, dass dem Arbeitgeber bis zum Erreichen des Status ein Entscheidungsspielraum bleibt, ob er die Versorgungszusage erteilt oder nicht.[70] **61** Fehlt der Entscheidungsspielraum, gelten dieselben Grundsätze wie bei den Vorschaltzeiten,[71] z.B. wenn die Versorgungsregelung nur Prokuristen begünstigen soll und sich der Arbeitgeber verpflichtet hat, nach zweijähriger Betriebszugehörigkeit Prokura zu erteilen. Zeitpunkt der Erteilung der Versorgungszusage ist in einem solchen Fall der Beginn des Arbeitsverhältnisses.[72]

---

66 Zur AGG-Problematik s. § 1 Rdn. 220.
67 BAG 7.7.1977, 3 AZR 572/76, EzA § 1 BetrAVG Nr. 3.
68 BAG 13.7.1978, 3 AZR 278/77, EzA § 1 BetrAVG Nr. 4.
69 S. dazu Rdn. 130–134.
70 BAG 17.2.1998, 3 AZR 783/96, EzA § 1 BetrAVG Gleichbehandlung Nr. 14; 28.7.1992, 3 AZR 173/92, EzA § 1 BetrAVG Gleichbehandlung Nr. 2; 20.4.1982, 3 AZR 1118/79, EzA § 1 BetrAVG Nr. 20; dazu auch *Blomeyer/Rolfs/Otto* Rn. 51 ff. zu § 1b.
71 S. dazu Rdn. 52 ff.
72 BAG 20.4.1982, 3 AZR 1118/79, EzA § 1 BetrAVG Nr. 20.

62 Dasselbe gilt bei einer Blankettzusage.[73] Der Arbeitgeber hat keinen Entscheidungsspielraum.[74]

63 Es sind alle statusbezogenen Abgrenzungen in Bezug auf den Kreis der Versorgungsberechtigten möglich, die nach dem Gleichbehandlungs- oder Gleichberechtigungsgrundsatz[75] oder nach dem AGG zulässig sind.

5. Inkrafttretensbestimmungen

64 Insbesondere bei den Rechtsbegründungsakten Betriebsvereinbarung und Tarifvertrag kommt es vor, dass vereinbart wird, diese Regelungen erst zu einem künftigen Zeitpunkt oder rückwirkend Inkrafttreten zu lassen. Diese Bestimmungen sind wie Vorschaltzeiten auszulegen und haben keinen Einfluss auf den gesetzlichen Zusagezeitpunkt. Zusagezeitpunkt ist der Abschlusszeitpunkt der Betriebsvereinbarung oder des Tarifvertrages.[76]

65 Ist ein Inkrafttreten der Regelung erst für die Zukunft vorgesehen, handelt es sich insoweit um leistungsausschließende Wartezeiten.[77] Soll die Regelung rückwirkend Inkrafttreten, ist im Zweifel der Zusagezeitpunkt vertraglich vorverlegt, allerdings nur im Sinne einer vertraglichen Unverfallbarkeit.[78] Ansonsten wäre der Insolvenzschutz disponibel.

66 Derartige Inkrafttretensbestimmungen können sich aber auf die Leistungshöhe (versorgungsfähige Dienstzeit) und/oder auf die Erfüllung einer Wartezeit auswirken. Dies ist im Regelfall auch damit gemeint.

6. Zusagezeitpunkt und Änderung der Versorgungszusage

67 Eine Änderung der Versorgungszusage unterbricht nicht den Ablauf der Fristen für den Zusagebestand (§ 1b Abs. 1 S. 3 BetrAVG).

---

73 S. dazu § 1 Rdn. 130–133.
74 BAG 23.11.1978, 3 AZR 708/77, EzA § 242 BGB Ruhegeld Nr. 77.
75 S. dazu § 1 Rdn. 164–182.
76 Dazu m.w.N. und zu § 1b teilw. krit. *Höfer* BetrAVG, Rn. 2776 ff. zu § 1b und *Blomeyer/Rolfs/Otto* Rn. 35 ff. zu § 1b.
77 S. dazu § 1 Rdn. 223–227.
78 So auch BAG 6.3.1984, 3 AZR 82/82, EzA § 1 BetrAVG Nr. 31; das BAG spricht von »Auslegungsregel«, nicht vom »gesetzlichen« Zusagezeitpunkt.

Das BetrAVG geht – zumindest für die Bestimmung der Unverfallbarkeits- 68
modalitäten – vom Grundsatz der **Einheit der Versorgungszusage** aus.[79] Bei
einer Änderung der Versorgungszusage gibt es i.d.R. keine zwei Zusagezeitpunkte, maßgebend bleibt der erste Zeitpunkt der Erteilung einer Versorgungszusage, unabhängig davon, in welcher Weise die Änderungen der Versorgungszusage geschehen, also unabhängig vom Rechtsbegründungsakt und
dem Durchführungsweg. Es kann sich dabei um Veränderungen (Erhöhungen oder Reduzierungen) im selben Rechtsbegründungsakt und in verschiedenen Rechtsbegründungsakten, im selben Durchführungsweg und in verschiedenen Durchführungswegen handeln.

Es können auch Versorgungszusagen ausgetauscht werden. 69

▶ **Beispiel:** 70

Die ursprüngliche Versorgungszusage beruht auf einer Unterstützungskasse. Diese wird abgelöst durch eine unmittelbare Versorgungszusage
(Austausch des Durchführungsweges!) **Oder:** Die ursprüngliche Versorgungszusage beruht auf einer Gesamtzusage. Diese wird durch eine
Betriebsvereinbarung abgelöst (Austausch des Rechtsbegründungsaktes!).

Greift der Grundsatz der Einheit der Versorgungszusage, so handelt es sich 71
trotz Änderung der Versorgungszusage nicht um eine Neuzusage, sondern
die geänderte Zusage bleibt eine Altzusage. Dieser Unterschied ist für viele
Bestimmungen des BetrAVG von Bedeutung, nicht nur bei der Übergangsvorschrift in § 30f BetrAVG, sondern auch bei der Anwendung der Über-
gangsregeln in §§ 30b ff. BetrAVG, z.B. zum Insolvenzschutz bei Entgeltumwandlung gem. § 7 Abs. 3 BetrAVG und bei der Anpassungsprüfungspflicht
gem. § 16 BetrAVG. Ob der Grundsatz der Einheit der Versorgungszusage
bei der Abgrenzung von Alt- und Neuzusagen in allen Rechtsgebieten der
betrieblichen Altersversorgung gilt, ist offen. Es erscheint durchaus sinnvoll,
bei der Anpassungsbestimmung des § 16 BetrAVG oder im Steuerrecht
andere Abgrenzungskriterien aufzustellen als bei der Unverfallbarkeit.[80]

---

79 *Höfer* BetrAVG, Rn. 2785 zu § 1b; BAG 12.2.1981, 3 AZR 163/80, EzA § 1
BetrAVG Nr. 13; 28.4.1981, 3 AZR 184/80, EzA § 1 BetrAVG Nr. 22; nach *Blo-
meyer/Rolfs/Otto* Rn. 114 ff. zu § 1b handelt es sich beim Prinzip der »Einheit der
Versorgung« lediglich um eine Auslegungsregel.
80 Dazu *Kemper* FS Andresen, S. 463, 470 ff.; s.a. BMF-Schreiben v. 31.3.2010,
BStBl. I, S. 420 ff., Rn. 306 ff. (s. Anh. III).

72 Eine Ausnahme vom Grundsatz der Einheit der Versorgungszusage ist dann anzunehmen, wenn die verschiedenen Versorgungszusagen nicht in einem sachlichen Zusammenhang stehen.[81] Dies ist z.B. der Fall, wenn eine arbeitgeberfinanzierte betriebliche Altersversorgung auf eine arbeitnehmerfinanzierte betriebliche Altersversorgung trifft. Hier laufen für jede Versorgungszusage eigenständige Unverfallbarkeitsfristen.[82] Umstritten ist dies für den Fall eines Karrieresprungs, wenn z.B. mit der Vorstandsbestellung eines ehemaligen leitenden Angestellten einer Aktiengesellschaft eine Erhöhungszusage von erheblichem Umfang erteilt wird.[83] Vertretbar erscheint auch, bei Ablösung einer reinen Leistungszusage durch eine beitragsorientierte Leistungszusage oder eine Beitragszusage mit Minderleistung ab Änderungszeitpunkt von eigenständigen Unverfallbarkeitsfristen auszugehen, weil die Unverfallbarkeit der Höhe nach unterschiedlich gesetzlich gestaltet ist.[84]

73 Ob Versorgungszusagen ersichtlich in keinem inneren Zusammenhang zueinanderstehen, richtet sich nach objektiven Kriterien. Es reicht nicht aus, lediglich in die Versorgungszusage einen Hinweis aufzunehmen, dass die »neue« Versorgungszusage in keinem unmittelbaren sachlichen oder rechtlichen Zusammenhang zu etwa schon bestehenden oder künftigen Versorgungszusagen steht.[85] Würde man dieser Auffassung folgen, wäre der Grundsatz der Einheit der Versorgungszusage der Gestaltungsfreiheit der Parteien des Versorgungsverhältnisses unterworfen und die gesetzlichen Unverfallbarkeitsmodalitäten – einschließlich der Insolvenzsicherung – in gewissem Rahmen gestaltbar.

7. Zusagezeitpunkt und Übernahme der Versorgungszusage durch eine andere Person, Gesamtrechtsnachfolge und Betriebsübergang

74 Die Übernahme der Versorgungszusage durch eine andere Person unterbricht nicht die Bestandsdauer der Versorgungszusage (§ 1b Abs. 1 S. 3 BetrAVG).

---

81 So BAG 28.4.1992, 3 AZR 354/91, BetrAV 1992, 229; dazu *Cisch* FS Kemper, S. 61 ff.
82 *Kemper* BetrAV 1992, 250; *Höfer* BetrAVG, Rn. 2795 zu § 1b.
83 Dazu *Hanau* Gedenkschrift für Blomeyer, S. 114 ff. und *Blomeyer/Rolfs/Otto* Rn. 126 zu § 1b.
84 S. dazu die Kommentierung von § 2 BetrAVG.
85 So aber *Langohr-Plato* Rn. 336; dazu auch *Höfer* BetrAVG, Rn. 2795 ff. zu § 1b.

Kemper

Unter Übernahme ist i.d.R. ein Arbeitgeberwechsel zu verstehen. Dieser 75
kann bewirkt werden durch eine Gesamtrechtsnachfolge, einen Betriebsübergang gem. § 613a BGB oder durch eine Schuldübernahme bei einem dreisei-
tigen Vertrag zwischen dem bisherigen und dem neuen Arbeitgeber und dem
Arbeitnehmer. Eine derartige Schuldübernahme richtet sich nach § 415
BGB. Bei einer Schuldübernahme sind die Sonderbestimmungen des § 4
BetrAVG zu beachten.[86]

§ 1b Abs. 1 S. 3 BetrAVG und § 4 BetrAVG betreffen nur die rechtsge- 76
schäftliche Schuld- und Vertragsübernahme[87] und beziehen sich nicht auf
Fälle der Gesamtrechtsnachfolge oder des Betriebsübergangs gem. § 613a
BGB, weil hier die Auswechslung des Versorgungsschuldners kraft Gesetzes
geschieht und damit die Unverfallbarkeitsfrist ohnehin nicht unterbrochen
wird.[88] Trotzdem sollen die Fälle der Gesamtrechtsnachfolge und des
Betriebsübergangs als Einzelrechtsnachfolge gem. § 613a BGB in Bezug auf
die Auswirkungen auf die Unverfallbarkeitsmodalitäten und darüber
hinaus dargestellt werden, da diese in der Praxis oft als Unterfälle von § 4
BetrAVG begriffen werden.[89]

unbelegt   77

a) Gesamtrechtsnachfolge

Von Gesamtrechtsnachfolge spricht man, wenn alle Rechte und Pflichten 78
eines Rechtsträgers durch **einen** Rechtsakt auf einen neuen Rechtsträger
übergehen. Eine Gesamtrechtsnachfolge geschieht bei Erbfolge (§§ 1922ff.
BGB) oder bei Umwandlungen gem. dem handelsrechtlichen Umwandlungsgesetz, z.B. bei Verschmelzungen und Spaltungen.

Bei einer Gesamtrechtsnachfolge gehen grundsätzlich alle Arbeitsverhältnisse 79
und Versorgungsverhältnisse auf den neuen Rechtsträger über, also bei der
betrieblichen Altersversorgung die Versorgungsanwartschaften von aktiven
und ehemaligen Arbeitnehmern und auch die Versorgungsansprüche ehemaliger Arbeitnehmer und ihrer Hinterbliebenen. Bei einer Abspaltung oder
Aufspaltung muss im Spaltungsvertrag geregelt werden, welche Versorgungs-

---

86 Dazu s. Kommentierung zu § 4.
87 *Kemper/Kisters-Kölkes* Grundzüge Rn. 258.
88 *Kemper/Kisters-Kölkes* Grundzüge Rn. 731 ff.
89 Dazu auch *Reichenbach* FS Kemper, S. 365 ff.

verhältnisse von inaktiven ehemaligen Arbeitnehmern übergehen.[90] Bei Gesamtrechtsnachfolgen nach dem Umwandlungsgesetz ist gem. § 324 UmwG, § 613a BGB mit seinen Abs. 1 und 4 bis 6 zu beachten.

80 *unbelegt*

b) Betriebsübergang

81 § 613a BGB regelt den Gesamtkomplex des Schicksals von Arbeitsverhältnissen beim Übergang eines Betriebs oder Betriebsteils (Betriebsübergang) von einem bisherigen Inhaber (Veräußerer) auf einen neuen Inhaber (Erwerber). Sinn der Vorschrift ist es, die Gesamtheit der Arbeitsverhältnisse zu erhalten, die an den Betriebsmitteln »hängen«, wenn diese vom Veräußerer auf den Erwerber übergehen. Auch der Verschaffungsanspruch gem. § 1 Abs. 1 S. 3 BetrAVG geht über.[91]

82 Gemäß § 613a Abs. 5 BGB müssen der bisherige Arbeitgeber oder der neue Inhaber die von einem Übergang betroffenen Arbeitnehmer vor dem Übergang in Textform unterrichten, u.a. über die rechtlichen, wirtschaftlichen und sozialen Folgen des Übergangs und die hinsichtlich der Arbeitnehmer in Aussicht genommenen Maßnahmen. Zum Inhalt dieser Unterrichtungspflicht gehören nach der Rechtsprechung des BAG[92] nicht Informationen über die Auswirkungen des Betriebsübergangs auf die betriebliche Altersversorgung.[93] Das BAG meint, dass die Voraussetzungen des § 613a Abs. 5 BGB nicht vorliegen. Ansprüche aus betrieblicher Altersversorgung seien keine

---

90 Dazu BAG 22.2.2005, 3 AZR 499/03 (A), EzA § 126 UmwG Nr. 1; der Spaltungsplan ist nicht von einer Zustimmung des Versorgungsberechtigten und/oder des Pensions-Sicherungs-Vereins abhängig. Die registerrechtlichen Fragen (vgl. LG Hamburg 8.12.2005, 417 T 16/05, BetrAV 2006, 98) und die Haftungsprobleme beim übertragenden Rechtsträger sind mittlerweile gesetzlich gelöst durch das zweite Gesetz zur Änderung des Umwandlungsgesetzes v. 19.4.2007 (BGBl. I S. 542), das am 25.4.2007 in Kraft getreten ist; dazu i.E. *Düwell* FA 2007, 204 ff.; dazu auch BAG 11.3.2008, 3 AZR 358/06, EzA § 4 BetrAVG Nr. 7; umfassende Darstellung bei *Stark* Rentnergesellschaften.

91 BAG 15.2.2011, 3 AZR 54/09, EzA § 3 TVG Bezugnahme auf Tarifvertrag Nr. 52 = NZA 2011, 928.

92 BAG 22.5.2007, 3 AZR 357/06, FA 2007, 217 = DB 2008, 192; zu einem Ausnahmefall: BAG 22.5.2007, 3 AZR 834/05, EzA § 2 BetrAVG Nr. 29 = DB 2008, 191.

93 S. dazu i.E. *Kisters-Kölkes* FS Kemper, S. 227.

Folge des Übergangs, da sie bis zum Zeitpunkt des Übergangs ohne Rücksicht auf diesen entstanden seien. Ebenso wenig seien sie hinsichtlich der Arbeitnehmer in Aussicht genommene Maßnahmen, da sie unabhängig vom Handeln des Veräußerers oder des Erwerbers bestehen würden.

§ 613a Abs. 6 BGB bestimmt, dass der Arbeitnehmer dem Übergang des   83
Arbeitsverhältnisses innerhalb eines Monats nach Zugang der Unterrichtung gem. Abs. 5 schriftlich widersprechen kann, und zwar gegenüber dem bisherigen Arbeitgeber oder dem neuen Inhaber.

unbelegt   84

Der Betriebsübergang betrifft nur die Rechte und Pflichten aus den im Zeit-   85
punkt des Übergangs bestehenden Arbeitsverhältnissen. Dazu gehört auch das Versorgungsverhältnis. Es handelt sich im Gegensatz zur Gesamtrechtsnachfolge um eine Einzelrechtsnachfolge. Durch § 613a BGB wird der Erwerber verpflichtet, alle bestehenden Arbeitsverhältnisse, die dem Betrieb oder Betriebsteil beim Veräußerer zugeordnet waren, zu übernehmen. Der Erwerber kann keine Auswahl treffen, also z.B. nur Arbeitnehmer übernehmen, die er für besonders qualifiziert und leistungsfähig hält. Es handelt sich insoweit um ein Arbeitnehmerschutzgesetz.[94]

Zu den Rechten und Pflichten aus dem Arbeitsverhältnis gehört auch die bei   86
dem Veräußerer verbrachte Betriebszugehörigkeit.[95] Das gilt auch für Beschäftigungszeiten in der ehemaligen DDR.[96]

▶ **Beispiel (alte Unverfallbarkeitsmodalitäten):**   87

Hat der Arbeitnehmer bei dem Veräußerer bis zum Betriebsübergang, ohne im Besitz einer Versorgungszusage zu sein, eine Betriebszugehörigkeit von neun Jahren abgeleistet und erteilt der Erwerber ab dem Zeitpunkt des Betriebsübergangs erstmals eine Versorgungszusage, so ist diese nach den »alten« Unverfallbarkeitsmodalitäten bei Beendigung des Arbeitsverhältnisses vor dem 1.1.2006 gesetzlich unverfallbar, wenn der Arbeitnehmer drei Jahre nach dem Betriebsübergang ausscheidet.

---

94 S. dazu auch § 7 Rdn. 83 ff. unter besonderer Berücksichtigung der Insolvenzsicherung.
95 BAG 8.2.1983, 3 AZR 229/81, EzA § 613a BGB Nr. 37; das gilt natürlich nur bei den alten Unverfallbarkeitsmodalitäten gem. § 30f BetrAVG und – wie bisher – bei der Unverfallbarkeit der Höhe nach gem. § 2 BetrAVG; s. dazu § 2 Rdn. 68.
96 BAG 19.12.2000, 3 AZR 451/99, EzA § 613a BGB Nr. 197.

88 Gemäß § 613a BGB gehen die **Versorgungsverhältnisse der aktiven Arbeitnehmer** über. Zu den Rechten und Pflichten aus bestehenden Versorgungsverhältnissen zählen also nur die Versorgungsanwartschaften der aktiven Arbeitnehmer, unabhängig davon, ob sie sich in der Verfallbarkeitsphase befinden oder ob im Übergangszeitpunkt die Unverfallbarkeitsmodalitäten schon erfüllt sind.[97]

89 Die Versorgungsanwartschaften gehen in vollem Umfang über, also sowohl hinsichtlich des vor dem Übergangszeitpunkt erdienten Teils als auch hinsichtlich der zukünftig erdienbaren Steigerungsbeträge.

90 Bei mittelbaren Versorgungszusagen (Direktversicherung, Unterstützungskasse, Pensionskasse, Pensionsfonds) des Veräußerers ist der Erwerber nicht verpflichtet, diese Durchführungswege beizubehalten. Bei einer Unterstützungskasse (beim Veräußerer) kann der Erwerber die Versorgungsleistungen also auch durch eine unmittelbare Versorgungszusage erbringen. Die Unterstützungskasse des Veräußerers muss nicht (kann aber!) auf den Erwerber übertragen werden.[98]

91 § 613a BGB erfasst nicht die vor dem Betriebsübergang als Versorgungsempfänger oder mit aufrechterhaltener Anwartschaft beim Veräußerer **ausgeschiedenen Arbeitnehmer.**[99]

92 Wird die betriebliche Altersversorgung über einen Pensionsfonds, eine Pensionskasse oder eine Unterstützungskasse durchgeführt, wird der Erwerber nicht gem. § 613a BGB ohne weiteres Trägerunternehmen. Dazu bedarf es einer Abrede mit dem Versorgungsträger selbst. Der Erwerber hat aber – wenn dies nicht geschieht – die bisher mittelbaren Versorgungszusagen unmittelbar fortzuführen.[100]

---

97 BAG 24.3.1977, 3 AZR 649/76, EzA § 613a BGB Nr. 12.
98 BAG 13.3.1979, 3 AZR 859/77, EzA § 613a BGB Nr. 22; 15.2.2011, 3 AZR 54/09, EzA § 3 TVG Bezugnahme auf Tarifvertrag Nr. 52.
99 BAG 24.3.1987, 3 AZR 384/85, EzA § 25 HGB Nr. 1; 18.3.2003, 3 AZR 313/02, EzA § 7 BetrAVG Nr. 68 betr. einen technischen Rentner; 23.3.2004, 3 AZR 151/03, EzA § 613a BGB 2002 Nr. 22 mit Hinweis auf Haftung nach Firmenübernahme gem. § 26 HGB.
100 BAG 15.3.1979, 3 AZR 859/77, EzA § 613a BGB Nr. 22; zur Problematik der Trägerunternehmenseigenschaft bei Abspaltung i.E. *Kemper/Hey* BB 2009, 720.

§ 613a BGB gilt nicht für Geschäftsführer einer GmbH oder für sonst tätige   93
Organpersonen, da es sich insoweit nicht um Arbeitsverhältnisse, sondern
um Dienstverhältnisse nach dem BGB handelt. In diesem Fall muss eine einzelvertragliche Übernahme des Dienstverhältnisses – und damit auch der
erteilten Versorgungszusage – zwischen dem Veräußerer und dem Erwerber
mit Zustimmung der Organperson vereinbart werden.

Es liegt **kein Verstoß gegen den arbeitsrechtlichen Gleichbehandlungs-**   94
grundsatz vor, wenn die vom Erwerber übernommenen Arbeitnehmer in
Bezug auf die betriebliche Altersversorgung anders behandelt werden als die
schon beim Erwerber vorhandenen Arbeitnehmer. Kommt es z.B. erstmals
anlässlich eines Betriebsübergangs zu Versorgungsverpflichtungen des Erwerbers, können die bisher unversorgten Arbeitnehmer des Erwerbers daraus
keine Rechte herleiten.[101]

Erteilt der Erwerber den übernommenen Arbeitnehmern eine Versorgungs-   95
zusage, so braucht er die Betriebszugehörigkeit vor dem Betriebsübergang
nicht für versorgungsfähig zu erklären.[102] Das Entsprechende gilt bei einer
Wartezeit.

Anlässlich des Betriebsübergangs muss aber eindeutig geklärt werden, was bei   95a
der betrieblichen Altersversorgung der übergehenden Arbeitnehmer gelten
soll. Werden keine eindeutigen Regeln getroffen, dürfte der Erwerber verpflichtet sein, seine möglicherweise »bessere« betriebliche Altersversorgung
diesem Personenkreis – zumindest ab Betriebsübergang – zu gewähren, da
die Arbeitnehmer nunmehr zu den Arbeitnehmern des Erwerbers gehören.

§ 613a BGB gilt grundsätzlich auch bei Veräußerungen eines Betriebs oder   96
Betriebsteils während des Insolvenzverfahrens durch den Insolvenzverwalter.
Der PSVaG tritt jedoch für gesetzlich unverfallbare Anwartschaften, die bis
zur Insolvenz erdient wurden, ein.[103]

Der Erwerber muss nur für das nach der Insolvenz zu Erdienende, die   97
Anwartschaftssteigerung, aufkommen. Dies ist jedoch im Wesentlichen theoretisch, da der Insolvenzverwalter bei Eröffnung des Insolvenzverfahrens

---

101 BAG 25.8.1976, 5 AZR 788/75, EzA § 242 BGB Gleichbehandlung Nr. 11.
102 BAG 30.8.1979, 3 AZR 58/78, EzA § 613a BGB Nr. 23; 24.7.2001, 3 AZR
     660/00, EzA § 613a BGB Nr. 204.
103 BAG 11.2.1992, 3 AZR 117/91, EzA § 613a BGB Nr. 97; s. dazu auch § 7
     Rdn. 83 ff.

i.d.R. die gesamte betriebliche Altersversorgung, soweit sie nicht durch den PSVaG zu übernehmen ist, wegen Störung der Geschäftsgrundlage (§ 313 BGB) widerrufen[104] und mit den weiter tätigen Arbeitnehmern neue Arbeitsverträge abschließen wird.

98   Ist die betriebliche Altersversorgung beim Veräußerer durch Rechtsnormen eines Tarifvertrags oder einer Betriebsvereinbarung geregelt, so wechselt der Rechtsbegründungsakt beim neuen Inhaber (Erwerber). Die betriebliche Altersversorgung wird Inhalt des Arbeitsverhältnisses zwischen dem neuen Inhaber und dem übergegangenen Arbeitnehmer und darf nicht vor Ablauf eines Jahres nach dem Zeitpunkt des Übergangs zum Nachteil des Arbeitnehmers geändert werden (§ 613a Abs. 1 S. 2 BGB). Es findet also eine Transformation einer kollektivvertraglichen Rechtsbegründung in eine individualrechtliche Rechtsgrundlage statt. Man kann die Aussage vertreten, dass in einem solchen Fall die Betriebsvereinbarung des Veräußerers als Rechtsbegründungsakt abgelöst wird durch eine Gesamtzusage oder vertragliche Einheitsregelung beim Erwerber.

99   Es ist möglich, die gem. § 613a Abs. 1 S. 2 BGB entstandenen Rechtsbegründungsakte (Gesamtzusage oder vertragliche Einheitsregelung) durch eine nachfolgende Betriebsvereinbarung beim Erwerber zu ändern. Wird eine Betriebsvereinbarung des Veräußerers im Zuge eines Betriebsübergangs nach § 613a Abs. 1 S. 2 BGB zum – individualrechtlichen – Inhalt des Arbeitsverhältnisses, ist sie vor einer Ablösung durch eine – spätere – Betriebsvereinbarung nicht in größerem Umfang geschützt, als wenn sie kollektivrechtlich weiter gelten würde. Dies bedeutet, dass es sich um eine »betriebsvereinbarungsoffene« individualrechtliche Versorgungszusage handelt, also eine Änderung mittels einer Betriebsvereinbarung zulässig ist. Der Arbeitnehmer, der unter dem Geltungsbereich einer Betriebsvereinbarung eine Anwartschaft auf betriebliche Altersversorgung erworben hat, musste immer mit einer kollektivvertraglichen Änderung rechnen. Daran ändert sich durch die »Transformation« nichts. Im Verhältnis zu der neuen Betriebsvereinbarung gilt damit nicht das Günstigkeits-, sondern das Ablösungsprinzip.[105] Im Sinne der Ent-

---

104   S. dazu § 1 Rdn. 357–369.
105   BAG 14.8.2001, 1 AZR 619/00, EzA § 613a BGB Nr. 200; s. dazu auch § 1 Rdn. 347 f.; BAG 29.7.2003, 3 AZR 630/02, EzA BetrAVG § 1 Ablösung Nr. 42; 28.6.2005, 1 AZR 213/04, EzA § 77 BetrVG 2001 Nr. 12 = NZA 2005, 1431.

scheidung des Großen Senats[106] ist die transformierte Versorgungszusage also betriebsvereinbarungsoffen. Widersprüchlich erscheint, dass in derartigen Fällen auch die einjährige Veränderungssperre des § 613a Abs. 2 S. 2 BGB gelten soll.[107]

Eine Transformation einer Betriebsvereinbarung in Individualrecht gem. **100** § 613a Abs. 1 S. 2 BGB findet nicht statt, wenn bei dem Betriebsübergang die »**Betriebsidentität**« gewahrt bleibt. In einem solchen Fall bleibt das Betriebsratsmandat, das beim Veräußerer bestanden hat, auch beim Erwerber bestehen, sodass Rechtsbegründungsakt für die auf den Erwerber übergehende betriebliche Altersversorgung die Betriebsvereinbarung bleibt.[108] Bleibt die Identität des Betriebes erhalten und damit auch die Betriebsvereinbarung zur BAV, kann diese ohne Sperrfrist durch eine nachfolgende Betriebsvereinbarung abgeändert werden. Es gelten die allgemeinen Grundsätze zur Änderung von Versorgungszusagen.

Auch Gesamtbetriebsvereinbarungen können als solche erhalten bleiben, **101** wenn mehrere Betriebe übergehen und der Erwerber bisher keinen eigenen Betrieb hatte. Wird allerdings nur ein Betrieb übernommen, bleiben die Gesamtbetriebsvereinbarungen bestehen.[109]

Naturgemäß kommt es bei einem Betriebsübergang häufig zum **Zusammen-** **102** **treffen unterschiedlicher Versorgungsregelungen.** Es kann eine Gesamtzusage beim Veräußerer auf eine Gesamtzusage beim Erwerber treffen. Es ist möglich, dass beim Veräußerer eine Gesamtzusage und beim Erwerber eine Betriebsvereinbarung über betriebliche Altersversorgung besteht. Denkbar ist auch eine Betriebsvereinbarung als Rechtsbegründungsakt beim Veräußerer, die auf eine Gesamtzusage beim Erwerber trifft. Letztlich können sowohl beim Veräußerer als auch beim Erwerber als Rechtsbegründungsakte eine Betriebsvereinbarung gewählt sein. Zusätzlich ist es möglich, dass die betriebliche Altersversorgung beim Erwerber »besser« oder »schlechter« ist als beim Veräußerer.

---

106 BAG 16.9.1986, GS 1/82, EzA § 77 BetrVG 1972 Nr. 17.

107 So wohl *Blomeyer/Rolfs/Otto* Rn. 319 zu Anh. § 1.

108 BAG 27.7.1994, 7 ABR 37/93, EzA § 613a BGB Nr. 123; zur Fortgeltung von Gesamtbetriebsvereinbarungen nach Betriebsübergang BAG 18.9.2002, 1 ABR 54/01, EzA § 613a BGB 2002. Zu der Problematik der Betriebsidentität m.w.N. *Höfer* BetrAVG, Rn. 1223 ff. zu ART.

109 BAG 18.9.2002, 1 ABR 54/01, EzA § 613a BGB 2002 Nr. 5 = DB 2003, 1281.

103 Die dadurch entstehenden unterschiedlichen Versorgungssysteme beim Erwerber sind unter dem Aspekt des Gleichbehandlungsgrundsatzes nicht zu beanstanden. Es liegt ein sachlicher Differenzierungsgrund vor.[110]

104 **Besonderheiten** ergeben sich, wenn die Rechte und Pflichten bei dem Erwerber schon durch Rechtsnormen eines anderen Tarifvertrags oder durch eine andere Betriebsvereinbarung geregelt werden, wenn also z.B. eine Betriebsvereinbarung über betriebliche Altersversorgung des Veräußerers auf eine Betriebsvereinbarung des Erwerbers trifft.[111] Gem. § 613a Abs. 1 S. 3 BGB findet bei dieser Konstellation eine Transformation der betrieblichen Altersversorgung des Veräußerers in individuelle arbeitsvertragliche Regelungen beim Erwerber nicht statt. Auch wird die Betriebsvereinbarung des Veräußerers nicht fortgeführt (Ausnahme: Betriebsidentität!). Treffen Betriebsvereinbarungen über betriebliche Altersversorgung beim Erwerber und beim Veräußerer aufeinander, gilt die Betriebsvereinbarung des Erwerbers, allerdings mit der Maßgabe, dass bis zum Übergangzeitpunkt die Regelung des Veräußerers im Rahmen der Besitzstandwahrung maßgebend bleibt. Die Betriebsvereinbarung des Veräußerers wird »verdrängt«. Der bis zum Betriebsübergang erdiente Versorgungsbesitzstand ist aber aufrechtzuerhalten. Dies bedeutet nicht, dass der bis zum Betriebsübergang erdiente Besitzstand vom Erwerber zusätzlich zu der bei ihm erdienten Altersversorgung geschuldet wäre. Die gebotene Besitzstandswahrung führt grundsätzlich nur insoweit zu einem erhöhten Versorgungsanspruch, wie die Ansprüche aus der Betriebsvereinbarung des Erwerbers im Versorgungsfall hinter dem zurückbleiben, was bis zum Betriebsübergang nach der bis dahin geltenden Betriebsvereinbarung erdient wäre.[112]

105 Das BAG musste sich bisher nur mit der Wahrung des Besitzstandes bei einer Kollision von Betriebsvereinbarungen auseinandersetzen, wenn die beim Erwerber vorhandene betriebliche Altersversorgung günstiger ist als die beim Veräußerer vorhandene, wenn also der erdiente Besitzstand beim Erwerber voll erhalten bleibt. Offen ist, wie der Besitzstand zu bestimmen ist, wenn die betriebliche Altersversorgung des Erwerbers wesentlich schlech-

---

110 BAG 25.8.1976, 5 AZR 788/75, EzA § 613a BGB Nr. 8.
111 Dazu m.w.N. *Blomeyer/Rolfs/Otto* Rn. 317 ff. zu Anh. § 1; *Höfer* BetrAVG, Rn. 1257 ff. zu ART.
112 BAG 24.7.2001, 3 AZR 660/00, EzA § 613a BGB Nr. 204; krit. dazu *Höfer* BetrAVG, Rn. 1261 ff. zu ART; *Blomeyer/Rolfs/Otto* Rn. 322 zu Anh. § 1.

ter ist als die des Veräußerers.[113] Ohne Zweifel ist der bis zum Betriebsübergang nach § 2 BetrAVG bemessene Besitzstand auch in diesem Fall vom Erwerber zu gewähren. Offen ist, wie die vom Veräußerer zugesagten zukünftigen Steigerungen zu behandeln sind.

▶ **Beispiel:**   **106**

Betriebliche Altersversorgung

beim Veräußerer: 200,– € Altersrente

Betriebliche Altersversorgung

beim Erwerber: 1,– € je Dienstjahr Altersrente

Erhält der Arbeitnehmer, der 20 von 40 Dienstjahren abgeleistet hat, 100,– €   **107** zuzüglich 1,– € je Dienstjahr, obwohl ihm eigentlich rechnerisch 5,– € je Dienstjahr zugesagt waren? Entscheidend ist, wie die Kollision gelöst wird. Es geht nicht an, dass allein durch die Verdrängungsregel des § 613a Abs. 1 S. 3 BGB in den zukünftig erdienbaren Besitzstand der Arbeitnehmer eingegriffen werden kann. Denn dies würde zur Folge haben, dass durch entsprechende Gestaltungen die Rechtsprechung des BAG zur Wahrung von Besitzständen nach den Grundsätzen der Verhältnismäßigkeit und des Vertrauensschutzes[114] umgangen werden könnte. Bei bestimmten Fallkonstellationen wäre das »Ordnungsprinzip« des § 613a Abs. 1 S. 3 BGB ein Reduzierungsinstrument für die betriebliche Altersversorgung ohne Rechts- oder Billigkeitskontrolle.[115] Die »Lösung« dieser Problematik ist nur dann möglich, wenn man § 613a Abs. 1 S. 3 BGB nur dann anwendet, wenn der Betriebsübergang mindestens zum Erhalt der Versorgungsanwartschaften beim Veräußerer in vollem Umfang,

---

113   Dazu auch *Kemper* BB 1990, 785 ff.; *Kort* Gedenkschrift für Blomeyer, S. 199 ff.; *Höfer* BetrAVG, Rn. 1261 ff. zu ART, insbes. Rn. 1264 mit einem »Lösungsvorschlag«, der aber auch zu erheblichen Nachteilen für die übernommenen Mitarbeiter führen kann; ausführlich dazu *Tenbrock* Die betriebliche Altersversorgung im Betriebsübergang bei konkurrierenden Versorgungszusagen, Frankfurt am Main 2006, passim, insb. S. 294 ff.

114   S. dazu § 1 Rdn. 269 ff.

115   Das wäre nur anders, wenn man die Angemessenheit des durch die Ablösung erfolgten Eingriffs durch die garantierte Aufrechterhaltung des beim Veräußerer erdienten Besitzstands als gewährleistet ansieht. So *Blomeyer/Rolfs/Otto* Rn. 323 zu Anh. § 1. Das wäre aber eine Fiktion, die in einer Vielzahl von Fallkonstellationen zu untragbaren Ergebnissen führen würde; dazu das Beispiel Rdn. 106 f.

auch für die Zeit nach dem Betriebsübergang, führt. Entsprechend dürfte § 613a BGB in diesen Kollisionsfällen nicht »automatisch« zu einer Anwartschaftserhöhung führen. § 613a BGB ist kein rechtliches Änderungsinstrument für erteilte Versorgungszusagen, sondern will nur die bei Betriebsübergang bestehenden Versorgungspositionen bewahren, so als ob der Arbeitgeber nicht gewechselt wäre. Kommt es bei einem Betriebsübergang zu einem Zusammentreffen von Betriebsvereinbarungen mit unterschiedlichen Versorgungsniveaus, so kann im Betriebsübergang selbst kein sachlich proportionaler Änderungsgrund zulasten der übergehenden Arbeitsverhältnisse in Bezug auf die betriebliche Altersversorgung gesehen werden. Der Harmonisierungsbedarf ist in diesen Fällen nur eine gesetzliche Folge. § 613a Abs. 1 S. 3 BGB ist kein automatisches rechtliches Änderungsinstrument für eine Verschlechterung der betrieblichen Altersversorgung. Es muss zumindest eine Rechts- oder Billigkeitskontrolle entsprechend der »Dreistufentheorie« gefordert werden. Anderenfalls eröffnete § 613a Abs. 1 S. 3 BGB für Steigerungsbeträge der Versorgungsanwartschaften nach dem Betriebsübergang unangemessene Reduzierungsmöglichkeiten.[116]

IV. Bestandsdauer der Betriebszugehörigkeit (mindestens 12 Jahre)

108 Die Dauer der Betriebszugehörigkeit hat für die Unverfallbarkeit dem Grunde nach heute keine Bedeutung mehr. § 30f Abs. 1 BetrAVG ist gegenstandslos. Insoweit kann auf die Ausführungen in der 3. Auflage und zu § 2 BetrAVG[117] verwiesen werden.

V. Vorruhestandsregelung

109 § 1b Abs. 1 S. 2 BetrAVG enthält eine besondere Unverfallbarkeitsmodalität, wenn ein Arbeitnehmer aufgrund einer Vorruhestandsregelung ausscheidet. Voraussetzung ist, dass der Arbeitnehmer ohne eine solche Regelung die Wartezeit bis zur festen Altersgrenze und die sonstigen Leistungsvoraussetzungen des Leistungsplanes hätte erfüllen können. Die Voraussetzung für die Aufrechterhaltung der Anwartschaft nach den anderen gesetzlichen Unverfallbarkeitsmodalitäten im Ausscheidezeitpunkt ist nicht erforderlich. Es

---

116 So auch *Tenbrock* Die betriebliche Altersversorgung im Betriebsübergang bei konkurrierenden Versorgungszusagen, Frankfurt am Main, 2006, S. 294 ff.; dazu auch *Kemper* FS Andresen, S. 463.
117 S. § 2 Rdn. 62 ff.

genügt also, wenn der Arbeitnehmer bis zum Erreichen der festen Altersgrenze die Fünf-Jahresfrist zuzüglich der Wartezeit und die sonstigen Leistungsvoraussetzungen hätte erfüllen können.[118]

Unter Vorruhestandsregelung ist jede Art einer vertraglichen Vereinbarung **110** zwischen Arbeitgeber und Arbeitnehmer zu verstehen. Das BetrAVG stellt nicht auf besondere gesetzliche Regelungen über den Vorruhestand, z.B. das sog. Vorruhestandsgesetz,[119] ab. Dies wird dadurch bestätigt, dass der Gesetzgeber auch nach Veränderung der sonstigen gesetzlichen Unverfallbarkeitsmodalitäten in § 1b BetrAVG die Unverfallbarkeitsmodalität beim Vorruhestand bestehen gelassen hat.[120]

VI. Wartezeit und Unverfallbarkeitsmodalitäten

Gemäß § 1b Abs. 1 S. 5 BetrAVG wird der Ablauf einer vorgesehenen Warte- **111** zeit durch die Beendigung des Arbeitsverhältnisses nach Erfüllung einer Unverfallbarkeitsmodalität nicht berührt.

Die Wartezeit ist als Leistungsplanelement von den gesetzlichen Unverfall- **112** barkeitsmodalitäten zu unterscheiden.[121] Die Wartezeit ist eine Leistungsausschlussphase in Form einer Anspruchsvoraussetzung. Die Versorgungszusage besteht auch während des Laufs der Wartezeit.

Die Wartezeit ist im Rahmen der Gestaltungsfreiheit unabhängig von den **113** gesetzlichen Unverfallbarkeitsmodalitäten regelbar. Wartezeiten können also durchaus länger sein als die Unverfallbarkeitsfristen.

---

118 BAG 28.3.1995, 3 AZR 496/94, EzA § 1 BetrAVG Nr. 70.
119 Außer Kraft getreten für Fälle ab 1.1.1989; § 14 VRG v. 13.4.1984 BGBl. I S. 601.
120 I.E. *Höfer* Rn. 2698 ff. zu § 1b; dazu aber einschränkend BAG 28.3.1995, 3 AZR 496/94, EzA § 1 BetrAVG Nr. 70 = DB 1995, 1867. Das LAG Köln ist der Auffassung, dass nur Regelungen gemeint sind, die sich im Rahmen des inzwischen außer Kraft getretenen Vorruhestandsgesetzes bewegen; Urteil v. 11.11.2005, 11 Sa 787/05, rechtskräftig; dazu i.S.d. hier vertretenen Auffassung auch *Blomeyer/Rolfs/Otto* Rn. 109 zu § 1b.
121 S. dazu § 1 Rdn. 135–227 und Rdn. 53 ff.; zur Invaliditätsleistung § 1 Rdn. 233.

114 ▶ **Beispiele:**

Es ist eine Wartezeit von zehn Jahren vorgesehen. Ein Arbeitnehmer ist am 1.1.2001 eingetreten und hat eine Versorgungszusage erhalten, die eine Alters-, Invaliditäts- und Todesfallleistung vorsieht. Er wird durch einen Verkehrsunfall am 2.9.2004 invalide. Es ist keine Versorgungsleistung zu zahlen. Wird infolge der Invalidität vor dem 31.12.2005 das Arbeitsverhältnis beendet, ist keine unverfallbare Anwartschaft aufrechtzuerhalten.

Geschieht der Unfall am 2.9.2005, ist ebenfalls keine Versorgungsleistung zu zahlen, wenn Anspruchsvoraussetzung allein der Eintritt der Invalidität ist. Wird dieses Arbeitsverhältnis nach dem 30.12.2005 beendet, entsteht eine unverfallbare Anwartschaft, vorausgesetzt, der Arbeitnehmer ist 30 Jahre alt. Aus dieser unverfallbaren Anwartschaft kann eine Alters- oder Hinterbliebenenleistung entstehen, wenn der Versorgungsfall nach dem 31.12.2010 eintritt (z.B. Tod, Invalidität nur, wenn andere Ursache).

VII. Wechsel in einen anderen Mitgliedstaat der Europäischen Union

115 § 1b Abs. 1 S. 6 BetrAVG bestimmt, dass bei einem Wechsel des Arbeitnehmers von Deutschland in einen anderen Mitgliedstaat der Europäischen Union die Anwartschaft im gleichen Umfange wie für Personen erhalten bleibt, die auch nach Beendigung eines Arbeitsverhältnisses innerhalb Deutschlands verbleiben.

116 Diese Vorschrift hat rein deklaratorischen Charakter und beschreibt, was ohnehin auch vor Einfügung dieses Satzes in das BetrAVG gegolten hat.[122] Offiziell soll diese Regelung der Umsetzung der Richtlinie 98/49/EG des Rats vom 29.6.1998 zur Wahrung ergänzender Rentenansprüche von Arbeitnehmern und Selbstständigen, die innerhalb der Europäischen Gemeinschaft zu- und abwandern, dienen.[123]

---

122 So zu Recht *Höfer* BetrAVG, Rn. 2979 zu § 1b.
123 *Förster/Cisch/Karst* Rn. 26 zu § 1b.

C. Die gesetzlichen Unverfallbarkeitsmodalitäten bei der arbeitnehmerfinanzierten betrieblichen Altersversorgung

I. Sofortige Unverfallbarkeit

Gem. § 1b Abs. 5 BetrAVG gilt bei betrieblicher Altersversorgung, die vom **117** Arbeitnehmer finanziert wird, die **sofortige** gesetzliche Unverfallbarkeit, also ohne Mindestalter oder Mindestzusagedauer. Deshalb sind derartige Versorgungszusagen bei einem 20-jährigen gesetzlich unverfallbar, wenn eine Entgeltumwandlung z.B. im Rahmen des § 1a BetrAVG erfolgt. Dies gilt auch für Umfassungszusagen ab 1.1.2003 (§§ 1 Abs. 2 Nr. 4, 30e BetrAVG.

Für **Altzusagen**, die vor dem 1.1.2001 erteilt worden sind, galt die sofortige **118** gesetzliche Unverfallbarkeit bei betrieblicher Altersversorgung durch Entgeltumwandlung nicht. Dies ergibt sich aus § 30f Abs. 1 S. 2 BetrAVG, in dem es heißt:

»§ 1b Abs. 5 findet für Anwartschaften aus diesen Zusagen keine Anwendung.«

Da diese Zusagen auch unter die Übergangsregelung des § 30f Abs. 1 S. 1 BetrAVG fallen, ist diese Vorschrift heute gegenstandslos. Bei Beendigung des Arbeitsverhältnisses mit Ablauf des 31.12.2005 und danach sind die Entgeltumwandlungszusagen sofort unverfallbar.[124] Die Vollendung eines Mindestalters wird nicht gefordert, sodass z.B. einem Auszubildenden, der im Alter von 18 Jahren die Entgeltumwandlung durchführt, bei seinem Ausscheiden mit Vollendung des 19. Lebensjahres die Anwartschaft aufrechtzuerhalten ist.

Zum gesetzlichen Insolvenzschutz der sofortigen gesetzlichen Unverfallbar- **119** keit bei der arbeitnehmerfinanzierten betrieblichen Altersversorgung ist auf § 7 Abs. 5 S. 3 BetrAVG zu verweisen.[125]

II. Sonderbedingungen bei Direktversicherung, Pensionskasse und Pensionsfonds

Im 2. Hs. des 1. Satzes und im Satz 2 des § 1b Abs. 5 BetrAVG sind einige **120** Sonderbestimmungen in Bezug auf die Unverfallbarkeit bei Entgeltumwand-

---

124 BAG 14.1.2009, 3 AZR 529/07, FA 2009, 118.
125 S. dazu § 7 Rdn. 159 ff.

lungszusagen enthalten, die über eine Direktversicherung, Pensionskasse oder einen Pensionsfonds abgewickelt werden. Im Wesentlichen geht es um:
– die Verwendung der Überschussanteile,
– das Recht zur Fortsetzung der Versicherung oder Versorgung durch den ausgeschiedenen Arbeitnehmer mit eigenen Beiträgen,
– den Ausschluss des Rechts zur Verpfändung, Abtretung oder Beleihung durch den Arbeitgeber und
– die Einräumung eines unwiderruflichen Bezugsrechts bei Direktversicherungen.[126]

121   Dies sind selbstverständliche Schutzmaßnahmen für den ausgeschiedenen Arbeitnehmer, die im Wesentlichen der versicherungsförmigen Lösung bei der Höhe einer unverfallbaren Anwartschaft gem. § 2 Abs. 2 und 3 BetrAVG entsprechen.[127]

122   Eine Besonderheit ergibt sich insoweit, dass die versicherungsförmige Lösung für die Unverfallbarkeit der Höhe nach gem. § 2 Abs. 3a BetrAVG für den Pensionsfonds nicht gilt, gem. § 1b Abs. 5 BetrAVG aber auch bei einer Entgeltumwandlungszusage über einen Pensionsfonds dem Arbeitnehmer das Recht eingeräumt wird, eine Pensionsfondsversorgung mit eigenen Beiträgen fortzusetzen.[128]

123   Bei einer Entgeltumwandlungsdirektversicherung ist dem Arbeitnehmer mit Beginn der Entgeltumwandlung ein unwiderrufliches Bezugsrecht einzuräumen.[129] Dabei handelt es sich um ein unwiderrufliches Bezugsrecht i.S.d. Versicherungsvertragsgesetzes, nicht nur um eine arbeitsvertragliche Abrede zwischen Arbeitgeber und Arbeitnehmer.[130]

124   Durch ein solches versicherungsvertraglich unwiderrufliches Bezugsrecht gem. § 159 Abs. 3 VVG wird zudem eine umfassende Insolvenzsicherung zugunsten des Arbeitnehmers herbeigeführt, was erklärt, dass auch in der Vergangenheit i.d.R. bei allen Direktversicherungen, die von Arbeitnehmern

---

126   Bei Pensionskassen und Pensionsfonds ist ein unwiderrufliches Bezugsrecht nur theoretisch oder gar nicht denkbar: so zu Recht *Höfer* BetrAVG, Rn. 3059 ff. zu § 1b.
127   S. dazu § 2 Rdn. 120 ff., 154 ff.
128   Dazu i.E. *Höfer* BetrAVG, Rn. 3051 ff. zu § 1b; s.a. § 2 Rn. 147 ff.
129   Allgemein zum unwiderruflichen Bezugsrecht bei Direktversicherungen nachfolgend Rdn. 126–129.
130   So zu Recht *Höfer* BetrAVG, Rn. 3059 zu § 1b.

finanziert waren, ein solches unwiderrufliches Bezugsrecht eingeräumt wurde.

D. Besonderheiten bei mittelbaren Versorgungszusagen

In Bezug auf die Abwicklung der Unverfallbarkeitsmodalitäten dem Grunde   125
nach enthalten die Abs. 2 bis 4 von § 1b BetrAVG einige Regelungen, die auf
die Besonderheiten der Durchführungswege Direktversicherung, Pensionskasse, Pensionsfonds und Unterstützungskasse abstellen, und zwar unabhängig davon, ob es sich um eine arbeitgeber- oder arbeitnehmerfinanzierte
betriebliche Altersversorgung handelt.

I. Direktversicherung

1. Unwiderrufliches Bezugsrecht

Bei einer Direktversicherung ist der Arbeitgeber gem. § 1b Abs. 2   126
S. 1 BetrAVG verpflichtet, nach Erfüllung der Unverfallbarkeitsmodalitäten
wegen Beendigung des Arbeitsverhältnisses das Bezugsrecht nicht mehr zu
widerrufen, selbst wenn es sich um ein versicherungsrechtlich noch widerrufliches Bezugsrecht handelt. Diese Verpflichtung ist eine arbeitsvertragliche
Verpflichtung und hat nicht die Rechtsqualität eines unwiderruflichen
Bezugsrechts i.S.d. Versicherungsvertragsgesetzes.[131]

Erklärt der Arbeitgeber unabhängig davon den Widerruf des Bezugsrechts, so   127
ist dieser Widerruf der Versicherungsgesellschaft gegenüber wirksam, wenn
nicht ausdrücklich ein versicherungsvertraglich unwiderrufliches Bezugsrecht
bestellt worden ist. Der Arbeitgeber macht sich dann möglicherweise schadensersatzpflichtig.

§ 1b Abs. 2 S. 2 BetrAVG verbietet auch eine Vereinbarung, durch die das   128
Bezugsrecht nach Erfüllung der Unverfallbarkeitsmodalitäten und nach
Beendigung des Arbeitsverhältnisses auflösend bedingt ist.

---

131 Das ist anders bei einer Entgeltumwandlungsdirektversicherung, dazu vorstehend Rdn. 120–124; § 1b Abs. 5 S. 2 BetrAVG spricht von der »Einräumung
eines unwiderruflichen Bezugsrechts« (= § 159 Abs. 3 VVG), § 1b Abs. 2
S. 1 BetrAVG dagegen »nur« von der »Verpflichtung, das Bezugsrecht nicht mehr
zu widerrufen« (= arbeitsrechtliche Verpflichtung).

129   Im Fall der Abtretung oder Beleihung der Ansprüche aus dem Versicherungsvertrag muss der Arbeitgeber den mit unverfallbarer Anwartschaft ausgeschiedenen Arbeitnehmer so stellen, als ob die Abtretung oder Beleihung
nicht erfolgt wäre, allerdings nicht schon im Zeitpunkt der Beendigung des
Arbeitsverhältnisses, sondern erst bei Eintritt des Versicherungsfalles (z.B. bei
Tod oder im Erlebensfall bei Erreichen des Endalters).[132]

2. Zeitpunkt der Erteilung der Versorgungszusage

130   Für Direktversicherungen wird in § 1b Abs. 2 S. 4 BetrAVG bestimmt, dass
als Zeitpunkt der Erteilung der Versorgungszusage der Versicherungsbeginn,
frühestens jedoch der Beginn der Betriebszugehörigkeit gilt. Bei wörtlicher
Auslegung kann diese Bestimmung zu Konflikten mit der Vorschaltzeiten-
problematik führen.[133]

131 ▶ **Beispiel:**

Ein Arbeitgeber erteilt eine Versorgungszusage im Durchführungsweg der
Direktversicherung mit der Vereinbarung, dass die Direktversicherung
erst fünf Jahre nach Beginn des Arbeitsverhältnisses abgeschlossen werden
soll. Wertet man eine solche Zusage auf eine Zusage schon als Versorgungszusage, ist Zusagezeitpunkt aufgrund der Vorschaltzeitenrechtsprechung der Beginn des Arbeitsverhältnisses. Stellt man auf § 1b Abs. 2
S. 4 BetrAVG ab, ist Zusagezeitpunkt erst der Versicherungsbeginn fünf
Jahre nach Beginn des Arbeitsverhältnisses.

132   Dieses Problem ist nur zu lösen, wenn man einerseits die Vorschaltzeitenrechtsprechung auf alle Durchführungswege der betrieblichen Altersversorgung, also nicht nur auf unmittelbare Versorgungszusagen und Unterstützungskassen, sondern auch auf Direktversicherungen, Pensionskassen und
Pensionsfonds im Prinzip anwendet.[134] Andererseits erscheint es nicht
gerechtfertigt, der gesetzlichen Bestimmung, dass als Zeitpunkt der Erteilung
der Versorgungszusage der Versicherungsbeginn gilt, keine Bedeutung beizu-
messen.

---

132   Zu den Einzelheiten hierzu *Höfer* BetrAVG, Rn. 3001 ff. zu § 1b.
133   S. dazu Rdn. 52–59.
134   Vgl. zu den ähnlichen Regelungen bei Pensionskasse und Pensionsfonds § 1b
Abs. 3 S. 2 BetrAVG und Rdn. 135; dazu *Kemper/Kisters-Kölkes* Grundzüge
Rn. 249.

Sinn und Zweck dieser gesetzlichen Sondervorschrift in § 1b Abs. 2 **133**
S. 4 BetrAVG ist es, z.b. bei arbeitgeberfinanzierten Direktversicherungen zu
einem einheitlichen Stichtag alle neu eintretenden Arbeitnehmer zu versichern, damit bei einem Ausscheiden kurz nach Arbeitsbeginn, z.B. in der
Probezeit, keine Rückabwicklung des Versicherungsvertrages erforderlich
wird.[135] Aufgrund der besonderen Bestimmung eines Zusagezeitpunktes in
§ 1b Abs. 2 S. 4 BetrAVG für Direktversicherungen erscheint eine Verschie-
bung des Zusagezeitpunktes trotz der Vorschaltzeitenrechtsprechung zumindest denkbar, wenn damit keine sachwidrige Verlegung des Zusagezeitpunktes vorgenommen wird. Eine derartige sachwidrige Verlegung könnte z.B.
angenommen werden, wenn durch Verlagerung des Versicherungsabschlusses
in die Zukunft die Unverfallbarkeitsmodalitäten seitens des Arbeitgebers
unterlaufen werden. Das ist immer dann anzunehmen, wenn keine versicherungstechnischen Abwicklungsprobleme zu dem Auseinanderfallen des
Beginns des Arbeitsverhältnisses und des Versicherungsbeginns geführt
haben.

Wenn der Versicherungsbeginn weniger als ein Jahr später liegt als der **134**
Beginn des Arbeitsverhältnisses (Beginn der Betriebszugehörigkeit), dürfte
man unterstellen können, dass die versicherungstechnischen Besonderheiten
maßgebend gewesen sind. In einem solchen Fall muss § 1 Abs. 2
S. 4 BetrAVG gelten. Bei größeren Abweichungen dürfte die Vorschaltzeitenrechtsprechung die gesetzliche Vorschrift »verdrängen«.[136] Dabei können Probleme bei der versicherungsförmigen Lösung der Unverfallbarkeit der Höhe
nach auftreten.[137]

II. Pensionskasse und Pensionsfonds

§ 1b Abs. 3 S. 2 BetrAVG bestimmt für die Durchführungswege Pensions- **135**
kasse und Pensionsfonds, dass als Zeitpunkt der Erteilung der Versorgungszusage der Versicherungsbeginn, frühestens jedoch der Beginn der Betriebszugehörigkeit gilt. Zur Problematik dieser Bestimmung in Bezug auf die

---

135 *Höfer* BetrAVG, Rn. 3009 ff. zu § 1b.
136 Dazu BAG 19.4.1983, 3 AZR 24/81, EzA § 1 BetrAVG Lebensversicherung
Nr. 1 zu einer Vorschaltzeit von 10 Jahren bei einer Direktversicherung, die als
unzulässig angesehen wurde, und auch *Kemper/Kisters-Kölkes* Grundzüge
Rn. 249.
137 S. dazu § 2 Rdn. 120 ff.

Vorschaltzeitenrechtsprechung wird auf die Ausführungen zur Direktversicherung verwiesen.[138]

III. Unterstützungskasse

136   Bei der Unterstützungskasse verwirklicht § 1b Abs. 4 BetrAVG die Unverfallbarkeit mit einer Gleichstellung des ausgeschiedenen Arbeitnehmers und seinen Hinterbliebenen mit den betriebstreuen Arbeitnehmern und deren Hinterbliebenen. Dies wird gerechtfertigt dadurch, dass eine Unterstützungskasse auf ihre Leistungen formal keinen Rechtsanspruch gewährt.[139] Insoweit ergeben sich aber in Bezug auf die Unverfallbarkeit keine Unterschiede zu den Verhältnissen der unmittelbaren Versorgungszusagen.

137   Das Entsprechende gilt in Bezug auf den Zeitpunkt der Erteilung der Versorgungszusage, der in § 1b Abs. 4 S. 2 BetrAVG definiert wird als der Zeitpunkt, von dem an der Arbeitnehmer zum Kreis der Begünstigten der Unterstützungskasse gehört. Für Unterstützungskassen gilt uneingeschränkt die Vorschaltzeitenrechtsprechung.[140]

§ 2   Höhe der unverfallbaren Anwartschaft

(1) [1]Bei Eintritt des Versorgungsfalles wegen Erreichens der Altersgrenze, wegen Invalidität oder Tod haben ein vorher ausgeschiedener Arbeitnehmer, dessen Anwartschaft nach § 1b fortbesteht, und seine Hinterbliebenen einen Anspruch mindestens in Höhe des Teiles der ohne das vorherige Ausscheiden zustehenden Leistung, der dem Verhältnis der Dauer der Betriebszugehörigkeit zu der Zeit vom Beginn der Betriebszugehörigkeit bis zum Erreichen der Regelaltersgrenze in der gesetzlichen Rentenversicherung entspricht; an die Stelle des Erreichens der Regelaltersgrenze tritt ein früherer Zeitpunkt, wenn dieser in der Versorgungsregelung als feste Altersgrenze vorgesehen ist, spätestens der Zeitpunkt, in dem der Arbeitnehmer ausscheidet und gleichzeitig eine Altersrente aus der gesetzlichen Rentenversicherung für besonders langjährig Versicherte in Anspruch nimmt. [2]Der Mindestanspruch auf Leistungen wegen Invalidität oder Tod vor Erreichen der Altersgrenze ist jedoch nicht höher als der Betrag, den der

---

138   Vorstehend unter Rdn. 130–134.
139   S. dazu § 1 Rdn. 116–108.
140   BAG 13.7.1978, 3 AZR 278/77, EzA § 1 BetrAVG Nr. 4.

Arbeitnehmer oder seine Hinterbliebenen erhalten hätten, wenn im Zeitpunkt des Ausscheidens der Versorgungsfall eingetreten wäre und die sonstigen Leistungsvoraussetzungen erfüllt gewesen wären.

(2) [1]Ist bei einer Direktversicherung der Arbeitnehmer nach Erfüllung der Voraussetzungen des § 1b Abs. 1 und 5 vor Eintritt des Versorgungsfalles ausgeschieden, so gilt Abs. 1 mit der Maßgabe, daß sich der vom Arbeitgeber zu finanzierende Teilanspruch nach Abs. 1, soweit er über die von dem Versicherer nach dem Versicherungsvertrag auf Grund der Beiträge des Arbeitgebers zu erbringende Versicherungsleistung hinausgeht, gegen den Arbeitgeber richtet. [2]An die Stelle der Ansprüche nach Satz 1 tritt auf Verlangen des Arbeitgebers die von dem Versicherer auf Grund des Versicherungsvertrages zu erbringende Versicherungsleistung, wenn

1. spätestens nach 3 Monaten seit dem Ausscheiden des Arbeitnehmers das Bezugsrecht unwiderruflich ist und eine Abtretung oder Beleihung des Rechts aus dem Versicherungsvertrag durch den Arbeitgeber und Beitragsrückstände nicht vorhanden sind,
2. vom Beginn der Versicherung, frühestens jedoch vom Beginn der Betriebszugehörigkeit an, nach dem Versicherungsvertrag die Überschußanteile nur zur Verbesserung der Versicherungsleistung zu verwenden sind und
3. der ausgeschiedene Arbeitnehmer nach dem Versicherungsvertrag das Recht zur Fortsetzung der Versicherung mit eigenen Beiträgen hat.

[3]Der Arbeitgeber kann sein Verlangen nach Satz 2 nur innerhalb von 3 Monaten seit dem Ausscheiden des Arbeitnehmers diesem und dem Versicherer mitteilen. [4]Der ausgeschiedene Arbeitnehmer darf die Ansprüche aus dem Versicherungsvertrag in Höhe des durch Beitragszahlungen des Arbeitgebers gebildeten geschäftsplanmäßigen Deckungskapitals oder, soweit die Berechnung des Deckungskapitals nicht zum Geschäftsplan gehört, das nach § 169 Abs. 3 und 4 des Versicherungsvertragsgesetzes berechneten Wertes weder abtreten noch beleihen. [5]In dieser Höhe darf der Rückkaufswert auf Grund einer Kündigung des Versicherungsvertrags nicht in Anspruch genommen werden; im Falle einer Kündigung wird die Versicherung in eine prämienfreie Versicherung umgewandelt. [6]§ 169 Abs. 1 des Versicherungsvertragsgesetzes findet insoweit keine Anwendung. [7]Eine Abfindung des Anspruchs nach § 3 ist weiterhin möglich.

(3) [1]Für Pensionskassen gilt Absatz 1 mit der Maßgabe, daß sich der vom Arbeitgeber zu finanzierende Teilanspruch nach Absatz 1, soweit er über

die von der Pensionskasse nach dem aufsichtsbehördlich genehmigten Geschäftsplan oder, soweit eine aufsichtsbehördliche Genehmigung nicht vorgeschrieben ist, nach den allgemeinen Versicherungsbedingungen und den fachlichen Geschäftsunterlagen im Sinne des § 5 Abs. 3 Nr. 2 Halbsatz 2 des Versicherungsaufsichtsgesetzes (Geschäftsunterlagen) auf Grund der Beiträge des Arbeitgebers zu erbringende Leistung hinausgeht, gegen den Arbeitgeber richtet. [2]An die Stelle der Ansprüche nach Satz 1 tritt auf Verlangen des Arbeitgebers die von der Pensionskasse auf Grund des Geschäftsplanes oder der Geschäftsunterlagen zu erbringende Leistung, wenn nach dem aufsichtsbehördlich genehmigten Geschäftsplan oder den Geschäftsunterlagen

1. vom Beginn der Versicherung, frühestens jedoch vom Beginn der Betriebszugehörigkeit an, Überschußanteile, die auf Grund des Finanzierungsverfahrens regelmäßig entstehen, nur zur Verbesserung der Versicherungsleistung zu verwenden sind oder die Steigerung der Versorgungsanwartschaften des Arbeitnehmers der Entwicklung seines Arbeitsentgeltes, soweit es unter den jeweiligen Beitragsbemessungsgrenzen der gesetzlichen Rentenversicherungen liegt, entspricht und
2. der ausgeschiedene Arbeitnehmer das Recht zur Fortsetzung der Versicherung mit eigenen Beiträgen hat.

[3]Absatz 2 Satz 3 bis 7 gilt entsprechend.

(3a) Für Pensionsfonds gilt Absatz 1 mit der Maßgabe, dass sich der vom Arbeitgeber zu finanzierende Teilanspruch, soweit er über die vom Pensionsfonds auf der Grundlage der nach dem geltenden Pensionsplan im Sinne des § 112 Abs. 1 Satz 2 in Verbindung mit § 113 Abs. 2 Nr. 5 des Versicherungsaufsichtsgesetzes berechnete Deckungsrückstellung hinausgeht, gegen den Arbeitgeber richtet.

(4) Eine Unterstützungskasse hat bei Eintritt des Versorgungsfalles einem vorzeitig ausgeschiedenen Arbeitnehmer, der nach § 1b Abs. 4 gleichgestellt ist, und seinen Hinterbliebenen mindestens den nach Absatz 1 berechneten Teil der Versorgung zu gewähren.

(5) [1]Bei der Berechnung des Teilanspruchs nach Absatz 1 bleiben Veränderungen der Versorgungsregelung und der Bemessungsgrundlagen für die Leistung der betrieblichen Altersversorgung, soweit sie nach dem Ausscheiden des Arbeitnehmers eintreten, außer Betracht; dies gilt auch für die Bemessungsgrundlagen anderer Versorgungsbezüge, die bei der Berech-

nung der Leistung der betrieblichen Altersversorgung zu berücksichtigen sind. [2]Ist eine Rente der gesetzlichen Rentenversicherung zu berücksichtigen, so kann das bei der Berechnung von Pensionsrückstellungen allgemein zulässige Verfahren zugrunde gelegt werden, wenn nicht der ausgeschiedene Arbeitnehmer die Anzahl der im Zeitpunkt des Ausscheidens erreichten Entgeltpunkte nachweist; bei Pensionskassen sind der aufsichtsbehördlich genehmigte Geschäftsplan oder die Geschäftsunterlagen maßgebend. [3]Versorgungsanwartschaften, die der Arbeitnehmer nach seinem Ausscheiden erwirbt, dürfen zu keiner Kürzung des Teilanspruchs nach Absatz 1 führen. [4]Bei Pensionsfonds sind der Pensionsplan und die sonstigen Geschäftsunterlagen maßgebend.

(5a) Bei einer unverfallbaren Anwartschaft aus Entgeltumwandlung tritt an die Stelle der Ansprüche nach Absatz 1, 3a oder 4 die vom Zeitpunkt der Zusage auf betriebliche Altersversorgung bis zum Ausscheiden des Arbeitnehmers erreichte Anwartschaft auf Leistungen aus den bis dahin umgewandelten Entgeltbestandteilen; dies gilt entsprechend für eine unverfallbare Anwartschaft aus Beiträgen im Rahmen einer beitragsorientierten Leistungszusage.

(5b) An die Stelle der Ansprüche nach den Absätzen 2, 3, 3a und 5a tritt bei einer Beitragszusage mit Mindestleistung das dem Arbeitnehmer planmäßig zuzurechnende Versorgungskapital auf der Grundlage der bis zu seinem Ausscheiden geleisteten Beiträge (Beiträge und die bis zum Eintritt des Versorgungsfalls erzielten Erträge), mindestens die Summe der bis dahin zugesagten Beiträge, soweit sie nicht rechnungsmäßig für einen biometrischen Risikoausgleich verbraucht wurden.

§ 30g   [Übergangsregelung zu § 2 Abs. 5a]

(1) [1]§ 2 Abs. 5a gilt nur für Anwartschaften, die auf Zusagen beruhen, die nach dem 31. Dezember 2000 erteilt worden sind. [2]Im Einvernehmen zwischen Arbeitgeber und Arbeitnehmer kann § 2 Abs. 5a auch auf Anwartschaften angewendet werden, die auf Zusagen beruhen, die vor dem 1. Januar 2001 erteilt worden sind.

(2) ...

A. Allgemeines

I. Quotierungsverfahren

1 § 2 BetrAVG regelt die Höhe der unverfallbaren Anwartschaft, wenn ein Arbeitnehmer vor Eintritt eines Versorgungsfalles mit einer gesetzlich unverfallbaren Anwartschaft[1] aus dem Arbeitsverhältnis ausgeschieden ist. Der **Teilleistungsgedanke** beruht auf dem Urteil vom 10.3.1972.[2] Das mit Wirkung ab dem 22.12.1974 in § 2 BetrAVG aufgenommene Quotierungsverfahren hat seine Grundlage in dieser Entscheidung, in der bereits ausgeführt wurde, dass sich der Anspruch des Arbeitnehmers auf die erdiente Anwartschaft darauf richte, »den Teil der für das 65. Lebensjahr versprochenen Versorgung zu erhalten, der nach dem Verhältnis der tatsächlich zurückgelegten Betriebszugehörigkeit zu der für den Erwerb des Vollrechts erforderlichen Betriebszugehörigkeit erdient wurde«.[3]

2 *unbelegt*

3 Es kommt bei dem Quotierungsverfahren nicht darauf an, wann die Versorgungszusage erteilt wurde. Der Arbeitnehmer bekommt auch nicht nur von der zugesagten **Altersleistung** den während des Arbeitsverhältnisses erdienten Teil, sondern – wenn zugesagt – auch den Teil der **Invaliditäts- oder Hinterbliebenenleistung**.[4] Dieses Berechnungsverfahren kann grds. in **allen Durchführungswegen** angewandt werden. Man spricht bei der Beschreibung des Teilleistungsgedankens auch vom m-n-tel-Verfahren, der pro-rata-temporis-Methode oder der (zeit)ratierlichen Berechnung.

4 In der ursprünglichen Gesetzesfassung war nur für die Direktversicherung und die Pensionskasse in Form der »versicherungsförmigen Lösung« (vgl. § 4 Abs. 3; früher vielfach versicherungsvertragliche Lösung genannt) ein alternatives Berechnungsverfahren vorgesehen. Zwischenzeitlich gibt es weitere Berechnungsverfahren für die betriebliche Altersversorgung aus Entgeltumwandlung, die beitragsorientierte Leistungszusage und die Beitragszusage mit Mindestleistung.

---

1 Hierzu i.E. § 1b.
2 BAG 10.3.1972, 3 AZR 278/71, EzA § 242 BGB Ruhegeld Nr. 11 = BAGE 24, 177 = DB 1972, 1486.
3 Hierzu auch *Berenz* Gesetzesmaterialien, BetrAVG Allg. Begr., S. 609 f.
4 BAG 20.11.2001, 3 AZR 550/00, EzA § 1 BetrAVG Invalidität Nr. 3 = DB 2002, 1510.

unbelegt   5

II. Versicherungsförmige Lösung

Für die versicherungsförmigen Durchführungswege **Direktversicherung** und 6
Pensionskasse ist als Alternative zum Quotierungsverfahren in § 2 Abs. 2
S. 2ff. und § 2 Abs. 3 S. 2ff. BetrAVG die sog. versicherungsförmige Lösung
vorgesehen. Diese verweist den mit einer unverfallbaren Anwartschaft ausgeschiedenen Arbeitnehmer auf den **Wert der abgeschlossenen Versicherung**,
der höher, aber auch geringer sein kann als der Wert, der sich nach dem
Quotierungsverfahren ergibt. Insbesondere in den Fällen, in denen erst
geraume Zeit nach Beginn des Arbeitsverhältnisses eine solche Versicherung
abgeschlossen wird, reicht der in der Versicherung enthaltene Wert nicht aus,
um die Leistung in der Höhe zu erbringen, die dem quotierten Wert der
Versicherungsleistung entsprechen würde. Denn in den vorhergehenden Jahren des bestehenden Arbeitsverhältnisses wurde die Versicherung nicht finanziert.

Um den Abschluss von Direktversicherungen zugunsten der Arbeitnehmer 7
zu fördern, hatte sich der Gesetzgeber dazu entschlossen, diese **besonderen
Unverfallbarkeitsregeln** der Höhe nach für Direktversicherungen und Pensionskassen zu schaffen.[5] Letztlich steht es in der Entscheidungsfreiheit des
Arbeitgebers, welches Berechnungsverfahren zur Anwendung kommt.

Statt von der versicherungsförmigen Lösung wird zum Teil auch von der ver- 8
sicherungsförmigen Erhaltung der Versorgungsanwartschaft gesprochen.[6]
Der Gesetzgeber hat in § 4 Abs. 3 S. 2 BetrAVG den Begriff »versicherungsförmige Lösung« eingeführt. Deshalb wird dieser Begriff statt des Begriffes
»versicherungsvertragliche Lösung« verwendet. Der zum Teil in der Literatur
verwendete Begriff des »Ersatzverfahrens« ist unzutreffend, da der Gesetzgeber das Quotierungsverfahren und die versicherungsförmige Lösung alternativ für diese beiden Durchführungswege zur Verfügung stellt und nicht als
Ersatz für das Quotierungsverfahren.

---

5 *Berenz* Gesetzesmaterialien BetrAVG § 2, S. 101 f.
6 BAG 29.7.1986, 3 AZR 15/85, EzA § 2 BetrAVG Nr. 9 = BAGE 52, 287 =
DB 1987, 743.

9   Für die Wahl der versicherungsförmigen Lösung müssen bestimmte Voraussetzungen erfüllt sein. Sie ist an sog. **soziale Auflagen** gebunden.[7]

10 Bei Direktversicherungen und Pensionskassen ist in der Praxis der Regelfall die Anwendung der versicherungsförmigen Lösung. Dies gilt insbesondere auch für die betriebliche Altersversorgung aus Entgeltumwandlung. Die versicherungsförmige Lösung gibt es nicht für die rückgedeckte Unterstützungskasse und auch nicht beim Pensionsfonds.

III. Zusätzliche Unverfallbarkeitsregeln ab dem 1.1.2001

11 Der Gesetzgeber hat § 2 BetrAVG seit dem 1.1.2001 um Abs. 5a und seit dem 1.1.2002 um Abs. 5b für Neuzusagen ergänzt. Es wurden damit besondere Unverfallbarkeitsregeln für die betriebliche Altersversorgung geschaffen, die mittels einer **Entgeltumwandlung** finanziert wird.[8] Entsprechendes gilt für die **beitragsorientierte Leistungszusage**[9] und für die **Beitragszusage mit Mindestleistung**.[10]

12 Für den Pensionsfonds gilt nach § 2 Abs. 3a BetrAVG auch das Quotierungsprinzip, wenn eine Leistungszusage erteilt wurde oder erteilt wird. Für die beitragsorientierte Leistungszusage und für die Beitragszusage mit Mindestleistung sind auch beim Pensionsfonds die für diese Zusagegestaltungen neu geschaffenen Berechnungsregeln anzuwenden.

13 Bei den Durchführungswegen unmittelbare Versorgungszusage, Unterstützungskasse und bei Leistungen aus einem Pensionsfonds wird der Arbeitnehmer bei der betrieblichen Altersversorgung aus **Entgeltumwandlung** auf die **bis zum Ausscheiden erreichte Anwartschaft** verwiesen, die sich aus den bis dahin umgewandelten Entgeltbestandteilen ergibt. Allerdings ist diese Regelung nur anwendbar auf Versorgungszusagen, die seit dem **1.1.2001** erteilt wurden und erteilt werden.[11] Für eine betriebliche Altersversorgung aus Entgeltumwandlung, die vor diesem Stichtag zugesagt wurde, gilt das Quotie-

---

7   Hierzu i.E. Rdn. 131 ff.
8   S. dazu Rdn. 181 ff.
9   S. dazu Rdn. 186 ff.
10 S. dazu Rdn. 189 ff.
11 § 30g BetrAVG; Pensionsfonds ab 1.1.2002.

rungsverfahren, es sei denn, dass Arbeitgeber und Arbeitnehmer die Anwendung der neuen Regelung nachträglich einzelvertraglich vereinbart haben.[12]

Bei einer **beitragsorientierten Leistungszusage**[13] wird in den vorgenannten   14
drei Durchführungswegen der Arbeitnehmer ebenfalls auf die bis zum Ausscheiden erreichte Anwartschaft verwiesen, unabhängig davon, ob eine arbeitgeberfinanzierte betriebliche Altersversorgung vorliegt oder die betriebliche Altersversorgung aus einer Entgeltumwandlung resultiert. Diese Regelung ist ebenfalls nur anwendbar auf Versorgungszusagen, die **seit dem 1.1.2001** erteilt wurden bzw. erteilt werden. Auch für eine beitragsorientierte Leistungszusage, die vor dem 1.1.2001 erteilt wurde, gilt, dass einzelvertraglich die Anwendung von Abs. 5a vereinbart werden kann (§ 30g).

Für die Durchführungswege **Pensionskasse** und **Direktversicherung** bedurfte   15
es bei der beitragsorientierten Leistungszusage keiner entsprechenden neuen gesetzlichen Regelung, da bei diesen beiden Durchführungswegen die versicherungsförmige Lösung zur Anwendung kommen kann, die den Arbeitnehmer auf das verweist, was mit den gezahlten Beiträgen bis zum vorzeitigen Ausscheiden finanziert wurde. Entsprechendes gilt für die durch Entgeltumwandlung finanzierte betriebliche Altersversorgung, bei der aufgrund der Vorgaben in § 1b Abs. 5 BetrAVG für alle ab dem 1.1.2001 erteilten Zusagen die Voraussetzungen für die Erfüllung der sozialen Auflagen gegeben sein müssen.

Bei der **Beitragszusage mit Mindestleistung**[14] wird die betriebliche Altersver-   16
sorgung extern finanziert. Die Beiträge werden für den Arbeitnehmer angelegt. Die aus den angelegten Mitteln resultierende Leistung erhält der ausgeschiedene Arbeitnehmer bei Eintritt des Versorgungsfalles.[15]

IV. Übersicht über die anzuwendenden Vorschriften

Für die arbeitgeberfinanzierte betriebliche Altersversorgung ergibt sich fol-   17
gende Übersicht:

---

12 S. dazu Rdn. 185.
13 Hierzu i.E. § 1 Rdn. 444 ff.
14 Hierzu i.E. § 1 Rdn. 458 ff.
15 S. dazu Rdn. 189 ff.; hierzu auch *Blumenstein* FS Kemper, S. 25; *Pophal* FS Kemper, S. 355.

	Leistungszusage	beitragsorientierte Leistungszusage	Beitragszusage mit Mindestleistung
unmittelbare Versorgungs- zusage	§ 2 Abs. 1 BetrAVG: Quotierungsverfahren	Zusage vor dem 1.1.2001 erteilt: § 2 Abs. 1 BetrAVG: Quotierungsverfahren Zusage ab dem 1.1.2001 erteilt: § 2 Abs. 5a BetrAVG: erreichte Anwart- schaft	nicht möglich
Unterstüt- zungskasse	§ 2 Abs. 4 BetrAVG: Quotierungsverfahren	Zusage vor dem 1.1.2001 erteilt: § 2 Abs. 4 BetrAVG: Quotierungsverfahren Zusage ab dem 1.1.2001 erteilt: § 2 Abs. 5a BetrAVG: erreichte Anwart- schaft	nicht möglich
Direktversi- cherung	§ 2 Abs. 2 BetrAVG: a) Satz 1: Quotie- rungsverfahren b) Satz 2ff.: versiche- rungsförmige Lösung	versicherungsförmige Lösung	ab 1.1.2002: § 2 Abs. 5b BetrAVG: zuzurechnendes Versorgungskapital, Mindestleistung
Pensionskasse	§ 2 Abs. 3 BetrAVG: a) Satz 1: Quotie- rungsverfahren b) Satz 2ff.: versiche- rungsförmige Lösung	versicherungsförmige Lösung	ab 1.1.2002: § 2 Abs. 5b BetrAVG: zuzurechnendes Versorgungskapital, Mindestleistung
Pensions- fonds	Zusage ab dem 1.1.2002 erteilt: § 2 Abs. 3a BetrAVG: Quotierungsverfahren	Zusage ab dem 1.1.2002 erteilt: § 2 Abs. 5a BetrAVG: erreichte Anwart- schaft	ab 1.1.2002: § 2 Abs. 5b BetrAVG: zuzurechnendes Versorgungskapital, Mindestleistung

Für die betriebliche Altersversorgung aus **Entgeltumwandlung** ergibt sich   18
folgende Übersicht:

	Leistungszusage	beitragsorientierte Leistungszusage	Beitragszusage mit Mindestleistung
unmittelbare Versorgungszusage	Zusage vor dem 1.1.2001 erteilt: § 2 BetrAVG: Quotierungsverfahren Zusage ab dem 1.1.2001 erteilt: § 2 Abs. 5a BetrAVG: erreichte Anwartschaft	Zusage vor dem 1.1.2001 erteilt: § 2 Abs. 1 BetrAVG: Quotierungsverfahren Zusage ab dem 1.1.2001 erteilt: § 2 Abs. 5a BetrAVG: erreichte Anwartschaft	nicht möglich
Unterstützungskasse	Zusage vor dem 1.1.2001 erteilt: § 2 Abs. 4 BetrAVG: Quotierungsverfahren Zusage ab dem 1.1.2001 erteilt: § 2 Abs. 5a BetrAVG: erreichte Anwartschaft	Zusage vor dem 1.1.2001 erteilt: § 2 Abs. 4 BetrAVG: Quotierungsverfahren Zusage ab dem 1.1.2001 erteilt: § 2 Abs. 5a BetrAVG: erreichte Anwartschaft	nicht möglich
Direktversicherung	§ 2 Abs. 2 BetrAVG: a) Satz 1: Quotierungsverfahren b) Satz 2ff.: versicherungsförmige Lösung	versicherungsförmige Lösung	ab 1.1.2002: § 2 Abs. 5b BetrAV: zuzurechnendes Versorgungskapital, Mindestleistung
Pensionskasse	§ 2 Abs. 3 BetrAVG: a) Satz 1: Quotierungsverfahren b) Satz 2ff.: versicherungsförmige Lösung	versicherungsförmige Lösung	ab 1.1.2002: § 2 Abs. 5b BetrAVG: zuzurechnendes Versorgungskapital, Mindestleistung
Pensionsfonds	ab 1.1.2002: § 2 Abs. 5a BetrAVG: erreichte Anwartschaft	ab 1.1.2002: § 2 Abs. 5a BetrAVG: erreichte Anwartschaft	ab 1.1.2002: § 2 Abs. 5b BetrAVG: zuzurechnendes Versorgungskapital, Mindestleistung

B. Quotierungsverfahren gem. § 2 Abs. 1 S. 1 BetrAVG

I. Zwingende Anwendung

19   Nach dem Quotierungsverfahren bemisst sich grds. die Leistung, wenn ein Arbeitnehmer mit einer **gesetzlich unverfallbaren Anwartschaft** vor Eintritt des Versorgungsfalles aus dem Arbeitsverhältnis ausgeschieden ist. Dieses Verfahren ist zwingend bei einer **unmittelbaren Versorgungszusage** anzuwenden, wenn Abs. 5a BetrAVG nicht anzuwenden ist. Es gilt immer für die Leistungszusage. Für beitragsorientierte Leistungszusagen, die vor dem 1.1.2001 erteilt wurden, ist grds. ebenfalls das Quotierungsverfahren anzuwenden.[16]

20   Zum **Nachteil** des Arbeitnehmers kann von dieser gesetzlichen Berechnungsregel **nicht abgewichen** werden. Es kann jedoch vertraglich vereinbart werden, dass für den Arbeitnehmer eine **günstigere Berechnungsmethode** zur Anwendung kommt oder auf eine Kürzung vollständig verzichtet wird. Eine solche Besserstellung muss deutlich zum Ausdruck gebracht werden.[17] Die Darlegungs- und Beweislast für ein günstigeres, vertraglich vereinbartes Berechnungsverfahren trägt der Arbeitnehmer.[18] Wird irrtümlich oder bewusst auf eine ratierliche Berechnung verzichtet, wirkt dies nicht gegen den PSVaG.[19]

21   In der Versorgungszusage muss nicht ausdrücklich auf die gesetzliche Regelung hingewiesen werden, wobei es jedoch üblich ist, auf die Unverfallbarkeitsregeln zu verweisen. Wird jedoch eine Versorgungszusage so formuliert, dass gegenüber dem Betriebsrentengesetz außergewöhnlich weitreichende Abweichungen vorgenommen werden, sind unmissverständliche Kürzungsvorbehalte in die Zusage aufzunehmen.[20]

---

16   Ausnahme: Arbeitgeber und Arbeitnehmer einigen sich auf die Anwendung von § 2 Abs. 5a BetrAVG, s. Rdn. 185.

17   BAG 4.10.1994, 3 AZR 215/94, EzA § 2 BetrAVG Nr. 14 = AP Nr. 22 zu § 2 BetrAVG; 21.8.2001, 3 AZR 649/00, EzA § 2 BetrAVG Nr. 17 = DB 2002, 644.

18   BAG 12.3.1985, 3 AZR 450/82, EzA § 2 BetrAVG Nr. 6 = DB 1985, 1948.

19   BAG 17.6.2003, 3 AZR 462/02, EzA § 2 BetrAVG Nr. 20 = DB 2004, 608.

20   BAG 21.8.2001, 3 AZR 649/00, EzA § 2 BetrAVG Nr. 17 = DB 2002, 644; 21.8.1990, 3 AZR 422/89, EzA § 6 BetrAVG Nr. 16 = DB 1991, 1632.

Wird aus einer unverfallbaren Anwartschaft nach § 2 Abs. 1 BetrAVG die 22
Versorgungsleistung ermittelt, die dem Arbeitnehmer bei Eintritt des Versorgungsfalles zusteht, sind hierfür **zwei Rechenschritte** erforderlich.

In einem ersten Schritt ist die **Versorgungsleistung nach den Versorgungsregeln** 23
zu berechnen, die dem Arbeitnehmer zugesagt worden sind und die auf
den Ausscheidezeitpunkt festgeschrieben wurden. Es wird dabei unterstellt,
dass der ehemalige Arbeitnehmer **bis zum Eintritt des Versorgungsfalles** im
Unternehmen verblieben wäre. Bei einer dienstzeitabhängigen Versorgungszusage werden folglich, soweit in der Versorgungsregelung vorgesehen, die
bis zum Eintritt des Versorgungsfalles abgeleisteten Dienstjahre berücksichtigt (zur vorzeitigen Altersleistung aus unverfallbarer Anwartschaft vgl. § 6
Rdn. 82 ff.).

Diese Versorgungsleistung, die sich bei unterstellter Betriebstreue ergeben 24
hätte, wird in einem zweiten Schritt im Verhältnis der tatsächlich abgeleisteten Betriebszugehörigkeit zur bis zur festen Altersgrenze/Regelaltersgrenze
möglichen Betriebszugehörigkeit gekürzt.

Dieses Berechnungsverfahren wird nicht nur bei der **Altersleistung** ange- 25
wandt, sondern auch bei **Invaliditäts- und Todesfallleistungen**, wobei die
Unverfallbarkeitsquote zum Ausscheidezeitpunkt anzuwenden ist, also keine
neue Quote auf den Zeitpunkt des Eintritts des Versorgungsfalles zu ermitteln ist. Denn die mögliche Betriebszugehörigkeitsdauer ist nach dem eindeutigen Wortlaut des Gesetzes auf die Altersgrenze zu berechnen, nicht auf
den vorzeitigen Versorgungsfall.

II. Versorgungsanspruch bei Eintritt des Versorgungsfalles

Der Versorgungsfall wird im Gesetz nicht definiert. Es handelt sich dabei um 26
den Zeitpunkt, in dem der Arbeitnehmer die **Anspruchsvoraussetzungen** für
den Bezug einer betrieblichen Leistung nach Maßgabe der ihm erteilten Versorgungszusage erfüllt. Welche Voraussetzungen im konkreten Einzelfall
erfüllt sein müssen, muss sich aus der Versorgungszusage ergeben, die der
Arbeitgeber dem Arbeitnehmer erteilt hat.

Als Versorgungsfälle werden in § 2 Abs. 1 S. 1 BetrAVG das **Erreichen der** 27
Altersgrenze (nicht die Inanspruchnahme einer vorzeitigen Altersleistung[21]),

---

21 Vgl. hierzu § 6 Rdn. 82 ff.

der Eintritt der Invalidität und der Tod genannt.[22] Voraussetzung ist, dass dem Arbeitnehmer derartige Versorgungsleistungen auch tatsächlich zugesagt wurden.

1. Erreichen der Altersgrenze

28 Das Gesetz selbst gibt keine Altersgrenze vor. Üblicherweise werden Altersleistungen zugesagt, die **frühestens ab Erreichen des 60. Lebensjahres** zu einer Versorgungsleistung führen. Für Versorgungszusagen, die ab dem 1.1.2012 erteilt werden, verlangt die Finanzverwaltung für die steuerliche Anerkennung ein Mindestalter von 62 Jahren.[23]

a) Altersgrenze 65 und Regelaltersgrenze

29 Es ist die Altersgrenze maßgeblich, die in der Versorgungszusage vorgegeben ist. Stellt die Versorgungsregelung auf eine Altersgrenze von 65 ab und ist die Versorgungsregelung vor dem 1.1.2008[24] geschaffen worden, erhöht sich die Altersgrenze automatisch auf die Regelaltersgrenze, die für den einzelnen Arbeitnehmer in der gesetzlichen Rentenversicherung maßgeblich ist.[25] Dies gilt nicht nur für das Quotierungsverfahren, sondern auch für die Bemessung der zugesagten Leistungen, wobei offen ist, ob dies auch für individuelle Zusagen gilt.

30 *unbelegt*

31 Die Anhebung der Regelaltersgrenze in der gesetzlichen Rentenversicherung kann der nachfolgenden Tabelle entnommen werden.

---

22 S. dazu § 1 Rdn. 228 ff.
23 Vgl. zu den steuerlichen Rahmenbedingungen die Ausführungen im BMF-Schreiben v. 31.3.2010, BStBl. I, S. 420 ff., Rn. 249 (s. Anh. III); zur Abgrenzung der Altersleistung von anderen Arbeitgeberleistungen vgl. § 1 Rdn. 73 ff.
24 BAG 15.5.2012, 3 AZR 11/10, EzA-SD 2012, Nr. 13, 10.
25 BAG 15.5.2012, 3 AZR 11/10, EzA-SD 2012, Nr. 13, 10.

Kisters-Kölkes

Versicherte Geburtenjahr	Anhebung um Monate	auf Alter	
		Jahr	Monat
1947	1	65	1
1948	2	65	2
1949	3	65	3
1950	4	65	4
1951	5	65	5
1952	6	65	6
1953	7	65	7
1954	8	65	8
1955	9	65	9
1956	10	65	10
1957	11	65	11
1958	12	66	0
1959	14	66	2
1960	16	66	4
1961	18	66	6
1962	20	66	8
1963	22	66	10

Ist in der Versorgungszusage eine feste Altersgrenze von z.B. 60 oder 63 Jahren vorgesehen, bleibt diese Altersgrenze maßgeblich, da nach dem Wortlaut des Gesetzes eine günstigere Altersgrenze als die neue Regelaltersgrenze zur Anwendung kommt, wenn diese in der Versorgungszusage vorgesehen ist. 32

Für neu in das Unternehmen eintretende Arbeitnehmer bleibt es bei der in der Versorgungszusage vorgesehenen Altersgrenze. Ist mit Wirkung ab dem 1.1.2008 die Altersgrenze von 65 nicht auf die Regelaltersgrenze angehoben worden, stellt sich die Frage, ob auch für neu eingetretene Arbeitnehmer automatisch eine Anhebung auf die Regelaltersgrenze erfolgt ist. Hierzu hat 33 sich das BAG[26] nicht geäußert. Für Versorgungszusagen, die ab Bekanntwerden der Entscheidung weiterhin eine Altersgrenze von 65 Jahren vorsehen, wird man unterstellen müssen, dass der Arbeitgeber bewusst an dieser günstigeren Altersgrenze festgehalten hat.

34   Die Anhebung der Regelaltersgrenze in der gesetzlichen Rentenversicherung soll sich nach dem Willen des Gesetzgebers nicht bei besonders langjährig Versicherten auswirken, d.h. bei solchen Versicherten, die im Ausscheidezeitpunkt mindestens 45 Versicherungsjahre abgeleistet haben. Für diesen Personenkreis ist § 2 Abs. 1 um eine Regelung ergänzt worden, nach der immer dann, wenn der Arbeitnehmer ausscheidet und **gleichzeitig** eine Altersrente für besonders langjährig Versicherte in Anspruch nimmt, keine Quotierung vorzunehmen ist. Diese Regelung ist nicht anzuwenden, wenn ein Arbeitnehmer vorzeitig ausscheidet. In diesem Fall ist bei Anwendung des Quotierungsverfahrens auf die Altersgrenze abzustellen, die in der Versorgungszusage vorgesehen ist. Die Regelung für besonders langjährig Versicherte greift nur dann, wenn auch gleichzeitig mit dem Ausscheiden die Altersrente in Anspruch genommen wird.[27] Damit ist die praktische Bedeutung dieser Regelung stark eingeschränkt.

35   Da neue Versorgungszusagen vielfach als beitragsorientierte Leistungszusagen erteilt werden, kommt in diesen Fällen der Anhebung der Regelaltersgrenze keine Bedeutung zu, da es bei dieser Zusageart nicht auf die Altersgrenze bei der Berechnung der unverfallbaren Anwartschaft ankommt. Für die Leistungshöhe kann die Entscheidung des BAG[28] allerdings Bedeutung haben.

b) Altersgrenze zwischen 60 und 67

36   Dem Arbeitgeber steht es frei, bei Erteilung einer Zusage eine feste Altersgrenze zwischen dem 60. und 67. Lebensjahr zu wählen, z.B. das 62. Lebensjahr.[29] Ist eine solche Regelung in der Versorgungszusage vorgesehen, ist die Versorgungsleistung auf dieses Alter zu berechnen und bei dem Quotierungsverfahren auf diese Altersgrenze abzustellen. Die Altersgrenze wird durch die

---

26 BAG 15.5.2012, 3 AZR 11/10, EzA-SD 2012, Nr. 13, 10.
27 *Baumeister/Merten* DB 2007, 1306.
28 BAG 15.5.2012, 3 AZR 11/10, EzA-SD 2012, Nr. 13, 10.
29 Vgl. z.B. § 36 SGB VI. Zu beachten ist, dass die Finanzverwaltung Versorgungszusagen, die ab dem 1.1.2012 erteilt werden, nur noch dann anerkennen will, wenn frühestens ab dem Alter 62 Altersleistungen vorgesehen sind.

Versorgungszusage vorgegeben. Sie ist unabhängig davon maßgeblich, ob der Arbeitnehmer nach Erreichen der Altersgrenze weiterarbeiten kann. Sie kann nach Erreichen einer unverfallbaren Anwartschaft anlässlich des Ausscheidens nicht mehr angehoben oder herabgesetzt werden.[30]

c) Altersgrenze unter 60

Nur ausnahmsweise kann eine Altersleistung i.S.d. BetrAVG ausgelöst werden, wenn dem Arbeitnehmer z.B. ab Vollendung des 55. Lebensjahres Altersleistungen zugesagt wurden. Dies kann bei besonderen Berufsgruppen der Fall sein.[31] Ist ausnahmsweise eine Altersleistung vor Alter 60 zugesagt, ist auf diese Altersgrenze bei der Quotierung abzustellen. **37**

Zur »Altersleistung« vor Alter 60 in Form von Übergangsgeldern wird auf § 1 Rdn. 73 ff. verwiesen. **38**

Zur Möglichkeit, in Tarifverträgen von § 2 BetrAVG abzuweichen, siehe die Ausführungen in § 17 Rdn. 25. **39**

d) Unterschiedliche Altersgrenzen für Männer und Frauen

Es verstößt gegen Art. 157 AEUV und gegen Art. 3 GG, wenn für Männer und Frauen unterschiedliche feste Altersgrenzen in einer Versorgungsregelung vorgegeben werden. Dies gilt uneingeschränkt für alle Versorgungszusagen, die ab dem 18.5.1990 erteilt wurden und erteilt werden. Denn am 17.5.1990 hat der Europäische Gerichtshof entschieden, dass eine Differenzierung den Grundsatz verletzt, wonach gleiches Entgelt für gleiche Arbeit zu zahlen ist.[32] Zwischenzeitlich verbietet auch § 1 AGG Diskriminierungen wegen des Geschlechts. Das AGG ist auch bei der betrieblichen Altersversorgung anzuwenden.[33] Auch Art. 23 der Charta der Grundrechte der Europäischen Union verlangt die Gleichbehandlung von Männern und Frauen. **40**

Für Versorgungszusagen, die **vor dem 18.5.1990** erteilt wurden, ist bei der Unverfallbarkeitsquote für die Arbeitnehmer, für die unterschiedliche feste **41**

---

30 BAG 17.9.2008, 3 AZR 865/06, EzA § 1 BetrAVG Nr. 91 = BB 2009, 840.

31 Zur steuerlichen Behandlung: BMF-Schreiben v. 31.3.2010, BStBl. I, S. 420 ff., Rn. 249 (s. Anh. III).

32 EuGH 17.5.1990, C-262/88, EzA Art. 119 EWG-Vertrag Nr. 4, DB 1990, 1824; hierzu auch § 1 Rdn. 173 ff.

33 BAG 11.12.2007, 3 AZR 249/06, EzA § 2 AGG Nr. 1, DB 2008, 766.

Altersgrenzen galten, zwischen der sog. **Vor-Barber-Zeit** und der **Nach-Bar-ber-Zeit** zu unterscheiden. Die Zeit der Betriebszugehörigkeit, die vor dem 18.5.1990 abgeleistet wurde, ist die Vor-Barber-Zeit. Die Zeit, die nach diesem Stichtag abgeleistet wurde, ist die Nach-Barber-Zeit.

42   In der Vor-Barber-Zeit konnten für Männer und Frauen unterschiedliche feste Altersgrenzen verwendet werden. Folglich ist bei der Unverfallbarkeitsquote für diesen Zeitraum auf die Altersgrenze abzustellen, die in der Zusage jeweils für Männer und Frauen vorgesehen war. Die Altersgrenze von 65 Jahren in der Vor-Barber-Zeit gilt auch für Arbeitnehmer, die schwerbehindert sind.[34]

43   In der Nach-Barber-Zeit ist eine Differenzierung zwischen Männern und Frauen nicht mehr zulässig. Folglich ist die günstigere Altersgrenze der Frauen auch bei der Quotierung der Anwartschaft eines Mannes anzuwenden.[35] Ist für Männer eine Altersgrenze von 65 Jahren und für Frauen eine solche von 60 Jahren vorgesehen, ist bei einem **Mann**, der mit einer unverfallbaren Anwartschaft ab dem 18.5.1990 ausgeschieden ist oder ausscheidet, für die Beschäftigungszeiten vor dem 18.5.1990 von einer möglichen Betriebszugehörigkeit bis zum 65. Lebensjahr auszugehen. Für die Zeit ab dem 18.5.1990 ist für die mögliche Betriebszugehörigkeit auf das Alter 60 abzustellen, also auf das Rentenzugangsalter der Frauen. Bei Arbeitnehmerinnen ist keine Differenzierung vorzunehmen. Für sie ist die feste Altersgrenze maßgeblich, die in der Versorgungszusage vorgegeben ist, also in dem genannten Beispiel das Alter 60.[36] Durch die nach Zeiträumen zu differenzierende Altersgrenze entstehen zwei Rentenstammrechte, die nicht nur bei der Unverfallbarkeitsquote voneinander abweichen, sondern auch – bei vorzeitigen Altersleistungen – bei der Anwendung versicherungsmathematischer Abschläge.[37]

---

34 BAG 23.5.2000, 3 AZR 228/99, EzA § 1 BetrAVG Gleichbehandlung Nr. 20, DB 2001, 767.
35 BAG 22.1.2002, 3 AZR 554/00, EzA § 77 BetrVG 1972 Ruhestand Nr. 2, DB 2002, 1896; 3.6.1997, 3 AZR 910/95, EzA Art. 119 EWG-Vertrag Nr. 45, DB 1997, 1778.
36 BAG 22.1.2002, 3 AZR 554/00, EzA § 77 BetrVG 1972 Ruhestand Nr. 2, DB 2002, 1896; 3.6.1997, 3 AZR 910/95, EzA Art. 119 EWG-Vertrag Nr. 45, DB 1997, 1778.
37 BAG 17.9.2008, 3 AZR 1061/06, EzA § 2 BetrAVG Nr. 31 = DB 2009, 296; 29.4.2008, 3 AZR 266/06, EzA § 2 BetrAVG Nr. 30 = BB 2009, 224.

Soweit heute noch unterschiedliche Altersgrenzen mit Wirkung für die   44
Zukunft angepasst werden sollen, wird auf die Ausführungen zur Änderung
von Versorgungszusagen unter Wahrung von Besitzständen verwiesen.[38] Das
BAG hat sich mit der wirksamen Anhebung der Altersgrenzen (wenn die
Altersgrenze der Männer angehoben wird, muss gleichzeitig auch die Altersgrenze der Frauen angehoben werden) noch nicht auseinandergesetzt. In seiner Entscheidung vom 29.4.2008[39] hat das Gericht offen gelassen, ob eine
Anhebung der Altersgrenze zulässig ist und wenn ja, wie diese umzusetzen
ist. Bei unterstellter Zulässigkeit würde sich für Männer ein drittes Rentenstammrecht ergeben, für Frauen ein zweites Rentenstammrecht, welches sich
jeweils auf die Zeit nach der Änderung beziehen würde.

Die Differenzierung zwischen der Vor-Barber-Zeit und der Nach-Barber-Zeit   45
ist nicht mehr in den Fällen vorzunehmen, in denen in einem betrieblichen
Regelwerk noch heute unterschiedliche feste Altersgrenzen für Männer und
Frauen vorgesehen sind, wenn ein Arbeitnehmer erstmals nach dem
17.5.1990 ein Arbeitsverhältnis begründet hat. In diesem Fall ist für alle
Arbeitnehmer, die ab dem 18.5.1990 eingetreten sind oder eine Versorgungszusage erhalten haben, ausschließlich die günstigere Altersgrenze der Frauen
anzuwenden.

Für externe Versorgungsträger gelten die vorstehenden Aussagen entspre-   46
chend. Auch eine Pensionskasse muss für Männer und Frauen eine einheitliche feste Altersgrenze für die Zeit ab dem 18.5.1990 vorsehen.

Unterschiedliche feste Altersgrenzen müssen bei einer Unternehmensbewer-   47
tung (Due-Diligence-Prüfung) berücksichtigt werden. Auch bei der Bewertung nach § 253 HGB sind sie zu beachten.

2. Invalidität

Ist eine Invaliditätsleistung vorgesehen und sind für deren Bezug die   48
Anspruchsvoraussetzungen erfüllt, erhält auch der Arbeitnehmer, der vor
Eintritt des Versorgungsfalles aus dem Arbeitsverhältnis ausgeschieden ist,
aus der unverfallbaren Anwartschaft eine Invaliditätsleistung. Auch in diesem
Fall ist in einem ersten Schritt die Leistung nach Maßgabe der Versorgungs-

---

38   S. dazu § 1 Rdn. 280 ff.; *Saunders* FS Kemper, S. 410 m.w.N.; auch LAG Frankfurt
     14.6.1995, 8 Sa 1016/94.
39   BAG 29.4.2008, 3 AZR 266/06, EzA § 2 BetrAVG Nr. 30 = BB 2009, 224.

zusage zu ermitteln, die ihm ohne dass vorherige Ausscheiden zugestanden hätte. Die für den »betriebstreuen« Arbeitnehmer ermittelte Invaliditätsleistung ist dann im Verhältnis der tatsächlichen zur möglichen Dauer der Betriebszugehörigkeit zu kürzen.

49 Der **Begriff** der Invalidität wird in § 2 Abs. 1 S. 1 BetrAVG nicht definiert.[40] Es sind die Regeln aus der Versorgungszusage anzuwenden. Entsprechendes gilt für die Bedeutung einer Wartezeit im Zusammenhang mit einer Invaliditätsleistung.[41]

50 Bei der Berechnung einer betrieblichen Invaliditätsleistung aus einer unverfallbaren Anwartschaft kann es bei einer Versorgungszusage, die dienstzeitabhängig ist, zu einer zweifachen Kürzung kommen. Diese ergibt sich zum einen, weil nur die bis zum Eintritt des Versorgungsfalles abgeleisteten Dienstjahre berücksichtigt werden. Zum anderen ergibt sich eine Kürzung, weil die Versorgungsleistung auf das Lebensalter 65 bzw. die Regelaltersgrenze[42] ratierlich gekürzt wird. Eine solche Minderung ist zulässig.[43]

3. Tod

51 Das Quotierungsverfahren gilt auch, wenn eine Leistung durch Tod ausgelöst wird, nachdem zuvor der Arbeitnehmer mit einer gesetzlich unverfallbaren Anwartschaft ausgeschieden war. In diesem Fall stehen den versorgungsberechtigten Hinterbliebenen die Leistungen zu, die sich aus der Versorgungszusage ergeben. § 2 Abs. 1 S. 2 BetrAVG spricht insoweit von den Hinterbliebenen des Arbeitnehmers, der mit einer unverfallbaren Anwartschaft ausgeschieden ist.

52 Auch für die Hinterbliebenenleistung gilt, dass in einem ersten Schritt die Leistung zu ermitteln ist, die an die Hinterbliebenen zu zahlen gewesen wäre, wenn der Arbeitnehmer als aktiver Mitarbeiter verstorben wäre. Die sich so ergebende Leistung ist dann nach dem Quotierungsverfahren zu kürzen. Verstirbt ein im Unternehmen tätiger Arbeitnehmer, liegt kein vorzeiti-

---

40 Zu den möglichen Gestaltungen wird auf § 1 Rdn. 233 ff. verwiesen.
41 Hierzu § 1 Rdn. 223 ff.
42 Oder frühere vertragliche Altersgrenze oder ggf. auch eine spätere Altersgrenze.
43 BAG 21.8.2001, 3 AZR 649/00, EzA § 2 BetrAVG Nr. 17 = DB 2002, 644; 15.2.2005, 3 AZR 298/04, VersR 2006, 530; 18.11.2003, 3 AZR 517/02, EzA § 6 BetrAVG Nr. 26 = DB 2004, 1375; 7.9.2004, 3 AZR 524/03, EzA § 6 BetrAVG Nr. 27 = DB 2005, 839.

Kisters-Kölkes

ges Ausscheiden vor. Der Aktiventod löst die zugesagte Hinterbliebenenleistung aus. Es tritt der Versorgungsfall ein. Beim Tod des aktiven Arbeitnehmers erhalten die Hinterbliebenen die nach dem Leistungsplan zugesagten Leistungen. Eine Kürzung nach § 2 BetrAVG ist nicht vorzunehmen.

4. Vorzeitige Altersleistung

Anders als die Versorgungsfälle Alter, Invalidität und Tod ist die Inanspruch- **53** nahme einer **vorzeitigen Altersleistung aus einer gesetzlich unverfallbaren Anwartschaft** in § 2 Abs. 1 S. 1 BetrAVG nicht **angesprochen**. Hieraus leitet das BAG[44] in nunmehr ständiger Rechtsprechung ab, dass die fehlende Betriebstreue zwischen dem vorgezogenen Ruhestand und der in der Versorgungszusage festgelegten festen Altersgrenze bzw. die Regelaltersgrenze grds. nicht dreifach mindernd berücksichtigt werden darf.

Diese Rechtsprechung des BAG ist von Bedeutung bei der Ermittlung der **54** Leistung, die dem ausgeschiedenen Arbeitnehmer bei unterstellter Betriebstreue zugestanden hätte. Sie führt dazu, dass bei dienstzeitabhängigen Leistungszusagen die Dienstjahre bis zur festen Altersgrenze/Regelaltersgrenze hochzurechnen sind und nicht nur die Dienstjahre zählen, die bis zum Eintritt des Versorgungsfalles abgeleistet worden wären. Im Extremfall bedeutet dies, dass fünf Jahre/sieben Jahre zusätzlich bei der Ermittlung der vorzeitigen Altersleistung anzusetzen sind. Der Arbeitnehmer bekommt mithin eine höhere Leistung, als er sie erhalten würde, wenn nur die Dienstjahre berücksichtigt werden, die bis zur Inanspruchnahme der vorzeitigen Altersleistung anzusetzen sind.

▶ **Beispiel:** 55

Ein Arbeitnehmer, geboren am 21.11.1946, war vom 1.10.1989 bis zum 31.10.2003 bei einer Firma beschäftigt. Für jedes volle anrechenbare Dienstjahr sind je 17,70 € zugesagt worden. Seit dem 1.12.2006 bezieht er vorgezogene gesetzliche Altersrente und verlangt von der Firma die Zahlung der Betriebsrente. Für die vorzeitige Altersleistung ist vorgese-

---

44 BAG 23.1.2001, 3 AZR 164/00, EzA § 6 BetrAVG Nr. 23 = DB 2001, 1887; 24.7.2001, 3 AZR 567/00, EzA § 6 BetrAVG Nr. 25 = DB 2002, 588; 28.5.2002, 3 AZR 358/01, FA 2002, 437 = AP Nr. 29 zu § 6 BetrAVG; 7.9.2004, 3 AZR 524/03, EzA § 6 BetrAVG Nr. 27 = DB 2005, 839; 12.12.2006, 3 AZR 716/05, EzA § 1 BetrAVG Nr. 88 = DB 2007, 2546.

hen, dass sie für jeden Monat der Inanspruchnahme vor der Vollendung des 65. Lebensjahres um 0,3 % gekürzt wird. Die vorzeitige Altersrente aus der gesetzlich unverfallbaren Anwartschaft ist wie folgt zu berechnen:

22 volle Jahre (1.10.1989–21.11.2011) × 17,70 € = 389,40 €
(und nicht 17 Jahre vom 1.10.1989–30.11.2006)

Dieser Betrag wird für 60 Monate × 0,3 % = 18 % = 70,09 € auf 319,31 € gekürzt. Diese Leistung wird mit der Unverfallbarkeitsquote gekürzt, d.h. auf 63,77 % (169 tatsächliche Monate zu 265 erreichbaren Monaten). Es ist eine Rente in Höhe von 203,62 € zu zahlen.[45]

56 Beim Ausscheiden eines aktiven Arbeitnehmers unter Inanspruchnahme der vorzeitigen Altersleistung gelangt § 2 Abs. 1 BetrAVG nicht zur Anwendung. Folglich werden bei der Leistungsbemessung nur die Jahre bis zur Inanspruchnahme der vorzeitigen Leistung berücksichtigt, wenn dies so in der Versorgungszusage vorgesehen ist. Ob dadurch eine Benachteiligung betriebstreuer Arbeitnehmer entsteht, ist ungeklärt.

57 In **Tarifverträgen** kann von dieser Berechnungsregel abgewichen werden, weil die Tarifvertragsparteien nach § 17 Abs. 3 S. 1 BetrAVG das Recht haben, von § 2 BetrAVG abweichende Berechnungsregeln vorzusehen.[46]

III. Vorzeitiges Ausscheiden

58 Wird das Arbeitsverhältnis beendet, bevor der Versorgungsfall eingetreten ist, liegt ein vorzeitiges Ausscheiden vor. Zur Beendigung des Arbeitsverhältnisses und zum Ausscheiden mit einer gesetzlich unverfallbaren Anwartschaft wird auf § 1b Rdn. 4 f. und 20 ff. verwiesen.

IV. Ohne das vorherige Ausscheiden zustehende Leistung

59 Für den **ersten Berechnungsschritt** ist die Leistung zu ermitteln, die dem Arbeitnehmer zugestanden hätte, wenn er **bis zum Eintritt des Versorgungsfalles** im Unternehmen verblieben wäre.

60 Diese Leistung richtet sich nach der Versorgungszusage, dem Leistungsplan und den dort niedergelegten Rechenregeln. Insoweit kommt es darauf an, ob ein Festbetragssystem, eine bezüge- und dienstzeitabhängige Versorgungszu-

---

45   So BAG 24.7.2001, 3 AZR 567/00, EzA § 6 BetrAVG Nr. 25 = DB 2002, 588.
46   BAG 24.7.2001, 3 AZR 681/00, EzA § 2 BetrAVG Nr. 18 = DB 2002, 590.

sage oder z.B. eine Gesamtversorgungszusage[47] erteilt wurde. Aus der Zusage ergibt sich auch, ob ein Kapital oder eine Rente zu berechnen ist.

Hinsichtlich der Bemessungsgrundlagen ist § 2 Abs. 5 BetrAVG zu berück- **61** sichtigen.[48] Dies bedeutet, dass für den Arbeitnehmer, der mit einer gesetzlich unverfallbaren Anwartschaft aus dem Arbeitsverhältnis ausscheidet, die Bemessungsgrundlagen und Versorgungsregelungen auf den Ausscheidezeitpunkt festgeschrieben werden. Dieser Festschreibeeffekt ergibt sich auch für versicherungsmathematische Abschläge.[49] Sieht eine Versorgungszusage vor, dass der Teilzeitgrad über die letzten 120 Monate zu berechnen ist, gilt diese Regel nicht für Fälle der Altersteilzeit.[50] War der Arbeitnehmer vor dem Ausscheiden vollzeit- und später teilzeitbeschäftigt, ist der Teilzeitgrad auf die tatsächliche Dauer der Betriebszugehörigkeit zu berechnen und nicht fiktiv bis zur Altersgrenze fortzuschreiben.[51] Der Festschreibeeffekt ist auch zu beachten, wenn ein Arbeitnehmer zeitweise in den alten und zeitweise in den neuen Bundesländern tätig war und die Höhe der Leistung von der Beitragsbemessungsgrenze in der gesetzlichen Rentenversicherung abhängig ist.[52]

V. Teilanspruch

Der mit unverfallbarer Anwartschaft ausgeschiedene Arbeitnehmer bekommt **62** den Teil der ihm zugesagten Leistung, der dem Verhältnis der tatsächlichen zur möglichen Betriebszugehörigkeit entspricht.

1. Quotierungsverfahren

Beim Quotierungsverfahren werden die tatsächliche und die mögliche **63** Betriebszugehörigkeit berücksichtigt. In diesem Verhältnis wird die zugesagte Leistung, die ohne dass vorherige Ausscheiden dem Arbeitnehmer zugestanden hätte, gekürzt.

---

47 S. dazu § 1 Rdn. 197.

48 S. dazu Rdn. 119a ff.

49 BAG 17.8.2004, 3 AZR 318/03, EzA § 2 BetrAVG Nr. 22 = DB 2005, 563.

50 BAG 17.4.2012, 3 AZR 280/10.

51 BAG 24.7.2001, 3 AZR 567/00, EzA § 6 BetrAVG Nr. 25 = DB 2002, 588.

52 BAG 21.4.2009, 3 AZR 640/07, BetrAV 2009, 559 = BAGE 130, 202 = DB 2009, 2499.

a) Beginn der Betriebszugehörigkeit

64 Die Betriebszugehörigkeit beginnt grds. mit dem rechtlichen Beginn des Arbeitsverhältnisses. War dem Arbeitsverhältnis ein Berufsausbildungsverhältnis unmittelbar, d.h. ohne Unterbrechung der Betriebszugehörigkeit, vorgeschaltet, ist die gesamte Betriebszugehörigkeit einschließlich der Zeit der Berufsausbildung zu berücksichtigen, auch wenn während der Ausbildungszeit noch keine Versorgungszusage bestand.[53]

65 Bei einem Betriebsübergang i.S.v. § 613a BGB oder § 324 UmwG wird die beim Vorarbeitgeber abgeleistete Dauer der Betriebszugehörigkeit sowohl bei der tatsächlichen als auch bei der möglichen Betriebszugehörigkeitsdauer mitberücksichtigt, auch wenn die Zusage erst vom neuen Arbeitgeber erteilt wird.[54]

b) Ende der Betriebszugehörigkeit

66 Das Ende der Betriebszugehörigkeit ist das Ende des Arbeitsverhältnisses. Auf den Grund, weshalb das Arbeitsverhältnis beendet wurde, kommt es nicht an. Lediglich bei einer Beendigung des Arbeitsverhältnisses durch Tod ist § 2 BetrAVG nicht zu berücksichtigen, da in diesem Fall kein Ausscheiden mit unverfallbarer Anwartschaft vorliegt. Das Ausscheiden erfolgt mit Eintritt des Versorgungsfalles, nicht vor Eintritt des Versorgungsfalles. Es ist folglich in diesem Fall auch nicht zu prüfen, ob die Unverfallbarkeitsvoraussetzungen erfüllt sind. Es wird lediglich geprüft, ob eine Hinterbliebenenleistung zugesagt ist und ob hierfür die Anspruchsvoraussetzungen erfüllt sind.

c) Tatsächliche Betriebszugehörigkeit

67 Die tatsächliche Betriebszugehörigkeit ist die Zeit, in der das Arbeitsverhältnis bestanden hat. Es kommt ausschließlich auf den **rechtlichen Bestand** des Arbeitsverhältnisses an. Problematisch ist die Betriebszugehörigkeitsdauer bei Saisonarbeitnehmern, die rechtlich ihr Arbeitsverhältnis beenden, aber Jahr

---

53 BAG 19.11.2002, 3 AZR 167/02, EzA § 1 BetrAVG Nr. 38 Ablösung Nr. 38 = DB 2003, 2131.

54 Hierzu BAG 8.2.1983, 3 AZR 229/81, EzA § 613a BGB Nr. 37 = DB 1984, 301; für Beschäftigungszeiten in der ehemaligen DDR: BAG 19.12.2000, 3 AZR 451/99, EzA § 613a BGB Nr. 197 = DB 2001, 2407; 19.4.2005, 3 AZR 4698/04, EzA § 1b BetrAVG Nr. 3 = DB 2005, 1748.

Kisters-Kölkes

für Jahr wieder eingestellt werden. Das BAG hat bisher die Frage offen gelassen, wie diese Arbeitnehmergruppe zu behandeln ist. In der Literatur wird die Auffassung vertreten, es könne eine durchgehende Betriebszugehörigkeit angenommen werden.[55] Dies wirft allerdings die Frage auf, ob nicht eine Verletzung des Gleichbehandlungsgrundsatzes vorliegt, weil damit auch Zeiten berücksichtigt würden, in denen kein Arbeitsverhältnis bestand. Deshalb wird man im Einzelfall wohl prüfen müssen, ob trotz formalrechtlicher Beendigung nicht ein arbeitsrechtliches Restverhältnis zum Arbeitgeber fortbestanden hat, indem z.B. ein Wiedereinstellungsanspruch garantiert wird, der dann auch immer wieder umgesetzt wird.

Bei einem ruhenden Arbeitsverhältnis (Krankheit, Mutterschutz, Elternzeit **68** u.Ä.) besteht das Arbeitsverhältnis fort. Dies bedeutet, dass auch diese Zeiten bei der Betriebszugehörigkeit uneingeschränkt zu berücksichtigen sind.[56]

Zur Betriebszugehörigkeit gehören auch zwingend solche Vordienstzeiten, **69** die kraft Gesetzes anzurechnen sind, wie z.B. gem. § 12 ArbPlSchG die abgeleistete Zeit des Grundwehr-/Zivildienstes. Allerdings ist in diesem Zusammenhang zu berücksichtigen, dass alleine die Ableistung des Grundwehrdienstes nicht ausreicht, um eine Anrechnung vorzunehmen. Vielmehr muss zwischen der Beendigung des Grundwehrdienstes und dem Arbeitsverhältnis ein Zusammenhang bestehen. Dies setzt voraus, dass ein zwischen Wehrdienst und Eintritt in das Arbeitsverhältnis abgeleistetes Studium in der Regelstudienzeit abgeschlossen wurde.[57] Soweit kraft Gesetzes nur teilweise Vordienstzeiten anzurechnen sind, wirkt sich die Anrechnung nur in dem vorgegebenen Umfang aus.

d) Mögliche Betriebszugehörigkeit

Die mögliche Betriebszugehörigkeit ist die Zeit vom Beginn des Arbeitsver- **70** hältnisses – ggf. unter Berücksichtigung einer Ausbildungszeit oder einer Vordienstzeit –[58] bis zur festen Altersgrenze/Regelaltersgrenze.[59] Auch bei der

---

55 *Höfer* BetrAVG, Rn. 2920 ff. zu § 2.

56 BAG 15.2.1994, 3 AZR 708/93, EzA § 1 BetrAVG Gleichberechtigung Nr. 9, DB 1994, 1479.

57 BAG 19.8.2008, 3 AZR 1063/06, EzA § 6 ArbPlSchG Nr. 7 = DB 2009, 240.

58 BAG 19.11.2002, 3 AZR 167/02, EzA § 1 BetrAVG Ablösung Nr. 38 = DB 2003, 2131.

59 BAG 15.2.2005, 3 AZR 298/04, VersR 2006, 530.

möglichen Betriebszugehörigkeit sind Zeiten des ruhenden Arbeitsverhältnisses zu berücksichtigen.

e) Berechnung nach Monaten oder Tagen

71 Die Dauer der tatsächlichen und die Dauer der möglichen Betriebszugehörigkeit ist nach Monaten oder Tagen zu berechnen. Eine Berechnung nach Jahren ist nicht zulässig.[60] Restmonate mit mehr als 15 Kalendertagen sind aufzurunden.[61]

72 In der Praxis ist es üblich, bei der tatsächlichen Betriebszugehörigkeit angefangene Monate und bei der möglichen Betriebszugehörigkeit nur vollendete Monate zu berücksichtigen. Bei dieser Vorgehensweise wird der Arbeitnehmer etwas günstiger gestellt, als er stehen würde, wenn man nur angefangene Monate zählt.[62]

73 ▶ **Berechnungsbeispiel:**

Ein Arbeitnehmer, geboren am 21.11.1952, war vom 15.10.1995 bis zum 31.10.2009 bei einem Unternehmen beschäftigt. Es ist eine feste Altersgrenze von 65 Jahren vorgesehen.
Das Arbeitsverhältnis hat 169 angefangene Monate bestanden und bei der möglichen Betriebszugehörigkeit wären 271[63] vollendete Monate möglich gewesen. Die Unverfallbarkeitsquote beträgt mithin 62,36 %.

f) Unverfallbarkeitsquote

74 Die anlässlich des Ausscheidens aus der tatsächlichen und der möglichen Betriebszugehörigkeitsdauer ermittelte Unverfallbarkeitsquote ist auf die dem Arbeitnehmer zugesagte Altersleistung anzuwenden. Diese Quote bleibt auch maßgeblich, wenn später aus der unverfallbaren Anwartschaft eine Invaliditäts- oder Hinterbliebenenleistung zu berechnen ist oder eine vorzeitige Altersleistung abgerufen wird.[64]

---

60 BAG 4.10.1994, 3 AZR 215/94, EzA § 2 BetrAVG Nr. 14 = BB 1995, 881.
61 BAG 20.11.2001, 3 AZR 550/00, EzA § 1 BetrAVG Invalidität Nr. 3 = DB 2002, 1510.
62 *Höfer* BetrAVG, Rn. 3120 ff. zu § 2.
63 Regelaltersgrenze 65 Jahre und 6 Monate.
64 BAG 21.8.2001, 3 AZR 649/00, EzA § 2 BetrAVG Nr. 17 = DB 2002, 644.

2. Berechnungsbeispiele

a) Formel

Das Quotierungsverfahren kann bei jedem Leistungsplan[65] angewandt wer- 75
den. Ohne Bedeutung ist, ob es sich um eine Renten- oder Kapitalzusage
handelt.

Die allgemeine Formel lautet: 76
$$V \times m/n$$
V = Versorgungsleistung nach Leistungsplan (fiktive volle Versorgungsleistung ohne das vorherige Ausscheiden)
m = tatsächliche Dauer der Betriebszugehörigkeit
n = bis zur festen Altersgrenze/Regelaltersgrenze mögliche Dauer der
Betriebszugehörigkeit

---

b) Festbetragssysteme

Ein Festbetragssystem kann einen festen Betrag als Monatsrente (100 € als 77
Altersrente) oder als Kapitalleistung (10.000 € Alterskapital) vorsehen. Die
Höhe der Leistung kann auch in Abhängigkeit von der Dienstzeit ermittelt
werden.

▶ **Beispiel:** 78

Je angefangenem Dienstjahr sind 10 € zugesagt als monatliche Alters-
rente. Der am 10.3.1971 geborene Arbeitnehmer ist am 1.4.2000 in das
Arbeitsverhältnis eingetreten und zum 31.12.2011 ausgeschieden. Die
Regelaltersgrenze ist das 67. Lebensjahr.

38 × 10 € = 380 € sind als Altersrente bei unterstellter Betriebstreue bis
zum 67. Lebensjahr zu zahlen.

Die tatsächliche Betriebszugehörigkeit beträgt 141 Monate, die bis zur
Altersgrenze mögliche Betriebszugehörigkeit 455 Monate. Der Unverfall-
barkeitsfaktor beträgt 30,99 %. Es sind 117,76 € aufrechtzuerhalten.

Entsprechend ist bei einer Kapitalzusage zu rechnen. 79

---

65 Zu den Besonderheiten bei der beitragsorientierten Leistungszusage s. Rdn. 186 ff.
und der Beitragszusage mit Mindestleistung Rdn. 189 ff.

80 ▶ **Beispiel:**

Zugesagt sind 1.000 € je Dienstjahr.
38 × 1.000 € = 38.000 €
38.000 € × 30,99 % = 11.776,20 €.

c) **Dynamische Systeme**

81 Wird einem Arbeitnehmer eine gehaltsabhängige Versorgungszusage erteilt, ist ebenfalls das Quotierungsverfahren anzuwenden.

82 ▶ **Beispiel:**

Zugesagt sind 0,5 % der letzten Bezüge. Diese betragen im Ausscheidezeitpunkt 3.000 €.

38 × 0,5 % × 3.000 € = 570 €
570 € × 30,99 % = 176,64 €.

Dieses rentenfähige Einkommen wird auf den Zeitpunkt des Ausscheidens festgeschrieben.[66]

83 Bei einer Kapitalzusage wird entsprechend gerechnet.

84 ▶ **Beispiel:**

0,5 % der Jahresbezüge je Dienstjahr sind zugesagt. Der Jahresverdienst beträgt 39.000 €.

38 × 0,5 % × 39.000 € = 7.410 €
7.410 € × 30,99 % = 2.296,40 €.

3. **Vordienstzeiten**

85 Zu gesetzlichen anzurechnenden Vordienstzeiten vgl. Rdn. 69.

86 Da ein Arbeitnehmer jederzeit besser gestellt werden kann als dies das Gesetz vorgibt, kann der Arbeitgeber auch »Dienstzeiten schenken«, indem er Vordienstzeiten anrechnet. Die angerechneten Zeiten sind bei der Quotierung zu berücksichtigen, wenn dies nicht ausdrücklich ausgeschlossen ist.

---

66 Vgl. Rdn. 119a ff.

Vielfach wird bei einem Arbeitgeberwechsel im Konzern eine Anrechnung 87 vorgenommen. Der Arbeitnehmer soll nicht benachteiligt werden, wenn er zwischen Konzerngesellschaften wechselt. Zur Übertragung einer Anwartschaft beim Arbeitgeberwechsel vgl. auch § 4 BetrAVG.

4. Nachdienstzeiten

Sagt ein Arbeitgeber dem Arbeitnehmer zu, der mit einer gesetzlich unver- 88 fallbaren Anwartschaft aus dem Arbeitsverhältnis ausscheidet, dass die nach dem Ausscheiden fiktiv ableistbaren Dienstzeiten bei der betrieblichen Altersversorgung zu berücksichtigen sind, spricht man von der Anrechnung von Nachdienstzeiten.[67]

Die vertragliche Anrechnung von Nachdienstzeiten hat zum Ziel, dass der 89 Arbeitnehmer so gestellt wird, als sei er nicht vorzeitig ausgeschieden. Damit führt die Anrechnung dieser Zeiten dazu, dass auf vertraglicher Basis keine Quotierung gem. § 2 Abs. 1 BetrAVG vorzunehmen ist. Dies wirkt sich i.d.R. nicht zulasten des PSVaG aus.[68]

5. Vollzeit- und Teilzeitbeschäftigung

Ohne Bedeutung ist bei der Berechnung gem. § 2 Abs. 1 BetrAVG, ob das 90 Arbeitsverhältnis in Vollzeit oder in Teilzeit abgeleistet wurde. Die Differenzierung zwischen Vollzeit- und Teilzeitarbeit ist nur bei der Höhe der Versorgungsleistungen zu berücksichtigen.[69]

6. Altersdiskriminierung

Gegen das Quotierungsverfahren ist eingewandt worden, es wirke altersdis- 90a kriminierend, weil jüngere Arbeitnehmer eine ungünstigere Quote hinnehmen müssten als Arbeitnehmer, die erst im späteren Alter eingestellt würden. Wer mit 25 Jahren eintrete und eine Altersgrenze von 65 Jahren habe, erhalte nach 10 Jahren eine Quote von 10/40. Wer dagegen mit 45 eintrete und mit 55 Jahren ausscheide erhalte für die gleiche Betriebszugehörigkeit eine Quote von 10/20. Dadurch würden jüngere Arbeitnehmer diskriminiert.

---

67 BAG 10.3.1992, 3 AZR 140/91, EzA § 7 BetrAVG Nr. 43 = DB 1992, 2251.
68 BAG 30.5.2006, 3 AZR 205/05, EzA § 2 BetrAVG Nr. 26 = DB 2007, 1987.
69 S. dazu § 1 Rdn. 179.

90b Dies sieht das BAG in seinen Urteilen vom 19.7.2011[70] anders. Es liege keine Diskriminierung vor, weil eine etwa – je nach Leistungsplan – erfolgende mittelbare Diskriminierung durch das Allgemeininteresse an einer Verbreitung der betrieblichen Altersversorgung gerechtfertigt sei. Das Teilleistungsprinzip, auf dem das Quotierungsverfahren beruhe, habe von Anfang an die betriebliche Altersversorgung geprägt.

C. Mindestanspruch

91 In § 2 Abs. 1 S. 2 BetrAVG ist ein Mindestanspruch geregelt. Die Formulierung dieser Regelung ist misslungen. Denn der Gesetzgeber will eine Begrenzung der Versorgungsbezüge auf den Betrag anordnen, der gezahlt worden wäre, wenn der **Versorgungsfall im Zeitpunkt des Ausscheidens** mit unverfallbarer Anwartschaft **eingetreten** wäre. Diese Beschränkung der Ansprüche gilt nur für die Versorgungsfälle Invalidität und Tod.

92 Der Regelung in § 2 Abs. 2 S. 2 BetrAVG kommt keine große praktische Bedeutung zu. Sie kommt nur zur Anwendung, wenn der Leistungsplan ungewöhnlich gestaltet ist. Bei der Anwendung dieser Ausnahmeregelung ist keine Quotierung vorzunehmen.[71]

D. Anwendung des Quotierungsverfahrens

93 Das Quotierungsverfahren kann bei allen fünf Durchführungswegen der betrieblichen Altersversorgung von Bedeutung sein.

I. Unmittelbare Versorgungszusage

94 Das Quotierungsverfahren wurde für die unmittelbare Versorgungszusage geschaffen.

1. Leistungszusage

95 Bei Inkrafttreten des Betriebsrentengesetzes gab es nur Leistungszusagen.[72] Die dem Arbeitnehmer vom Arbeitgeber zugesagte Leistung wird nach den gesetzlichen Bestimmungen bei einem vorzeitigen Ausscheiden zeitanteilig mit dem Quotierungsverfahren berechnet.

---

70 BAG 19.7.2011, 3 AZR 571/09; 19.7.2011, 3 AZR 434/09, NZA 2012, 135.
71 Beispiele bei *Höfer* BetrAVG, Rn. 3138 ff. zu § 2.
72 S. dazu § 1 Rdn. 191 ff.

2. Beitragsorientierte Leistungszusage

Bei einer beitragsorientierten Leistungszusage[73] ist für Versorgungszusagen, 96
die **ab dem 1.1.2001** erteilt wurden und erteilt werden, ausschließlich § 2
Abs. 5a BetrAVG anzuwenden, weil diese Vorschrift **an die Stelle** von Abs. 1
tritt.[74] Für Versorgungszusagen, die **vor diesem Stichtag** erteilt wurden, gilt
das Quotierungsverfahren gem. § 2 Abs. 1 BetrAVG. Nach § 30g Abs. 1
S. 2 BetrAVG kann § 2 Abs. 5a BetrAVG auch auf Versorgungszusagen angewendet werden, die vor dem 1.1.2001 erteilt worden sind, wenn sich Arbeitgeber und Arbeitnehmer darauf einigen, dass diese Vorschrift anzuwenden
ist. Es muss im Einzelfall eine einvernehmliche Erklärung herbeigeführt
werden zwischen Arbeitgeber und Arbeitnehmer. Mittels einer Betriebsvereinbarung, insbesondere einer abändernden Betriebsvereinbarung, kann eine
solche Anwendung nicht herbeigeführt werden. Dies ergibt sich aus dem
Wortlaut des Gesetzes.

Es ist Sinn und Zweck dieser gesetzlichen Regelung, für beitragsorientierte 97
Leistungszusagen ein »gerechteres« Berechnungsverfahren zu schaffen. Insoweit ist § 2 Abs. 5a BetrAVG lex specialis im Verhältnis zu § 2 Abs. 1
BetrAVG. Die gerechtere Berechnung ist insbes. von Bedeutung, wenn eine
beitragsorientierte Leistungszusage durch Entgeltumwandlung finanziert
wurde. Bei der früheren Rechtslage konnten Deckungslücken entstehen, die
zulasten der Arbeitgeber gingen.[75]

Für beitragsorientierte Leistungszusagen, die **vor dem 1.1.2001** erteilt wur- 98
den, ist im Einzelfall zu prüfen, ob eine Vereinbarung i.S.v. § 30g Abs. 1
S. 2 BetrAVG sinnvoll ist.

▶ **Beispiel:** 99

Ein Arbeitnehmer ist mit 25 Jahren in das Unternehmen eingetreten und
erhält im Alter von 35 Jahren eine Versorgungszusage mit einem Jahresbeitrag von 1.000 €. Bei Erteilung der Versorgungszusage wird davon
ausgegangen, dass ab dem 35. Lebensjahr für insgesamt 30 Jahre[76] jährlich

---

73 S. dazu § 1 Rdn. 444 ff.
74 *Blumenstein* FS Kemper, S. 34 f.
75 Hierzu i.E. Beispiel *Höfer* BetrAVG, Rn. 3480 f. zu § 2.
76 Die Auswirkungen der Entscheidung des BAG vom 15.5.2012 (3 AZR 11/10,
   EzA-SD 2012, Nr. 13, 10) werden nicht berücksichtigt, da die Transformationstabelle nicht an diese Entscheidung angepasst ist.

1.000 € aufgewendet werden. Geht man von der Transformationstabelle aus, die in § 1 Rdn. 456 wiedergegeben wurde, würde sich für diesen Arbeitnehmer eine Bemessungsgrundlage in Höhe von 58.330 € ergeben. Wenn dieser Arbeitnehmer im Alter von 38 Jahren aus dem Unternehmen ausscheidet, ergibt sich für die unverfallbare Anwartschaft eine Bemessungsgrundlage in Höhe von 18.957,25 €. Nach der neuen gesetzlichen Regelung wären 4.247 € die Bemessungsgrundlage, auf die der Umrechnungsfaktor anzuwenden ist.

100 In dem vorstehenden Beispiel wäre bei Anwendung des Quotierungsverfahrens – vereinfacht mit 13/40 eine Altersrente in Höhe von monatlich 100,78 € aufrechtzuerhalten, bei Anwendung von Abs. 5a 22,58 € Monatsrente. Dies spricht deutlich dafür, die Anwendung von Abs. 5a nicht nachträglich zu vereinbaren.

3. Entgeltumwandlung

101 Die betriebliche Altersversorgung nach Entgeltumwandlung hat eine eigene Unverfallbarkeitsregelung der Höhe nach, wenn die Zusage ab dem 1.1.2001 erteilt wurde bzw. erteilt wird. Diese ist in § 2 Abs. 5a BetrAVG enthalten. Danach ist dem Arbeitnehmer, der vor Eintritt des Versorgungsfalles aus dem Unternehmen ausscheidet, die Anwartschaft aufrechtzuerhalten, die bis zum Ausscheiden finanziert wurde.

102 Wurde die Versorgungszusage aus Entgeltumwandlung vor dem 1.1.2001 erteilt, galt und gilt für diese Versorgungszusage das Quotierungsverfahren gem. § 2 Abs. 1 BetrAVG i.V.m. § 30g BetrAVG.

103 Für diese Altzusagen entsteht ein **Gleichwertigkeitsproblem**, wenn mit der Entgeltumwandlung erst begonnen wurde, nachdem das Arbeitsverhältnis bereits geraume Zeit bestanden hat und die Versorgungszusage so gestaltet wurde, dass bei einem unterstellten laufenden Verzicht für die Zukunft die Leistung zugesagt wurde, die sich ergibt, wenn der Arbeitnehmer bis zum Erreichen der Altersgrenze regelmäßig auf Entgelt verzichtet hätte. Hierzu wird auf Rdn. 98 f. verwiesen.

Kisters-Kölkes

II. Direktversicherung

Das Quotierungsverfahren ist auch anzuwenden, wenn die betriebliche 104
Altersversorgung über eine Direktversicherung[77] umgesetzt wird, wenn eine
Leistungszusage erteilt wurde.[78] Dies ergibt sich aus § 2 Abs. 2 S. 1 BetrAVG.
Wie bei einer unmittelbaren Versorgungszusage ist die dem Arbeitnehmer
über den Lebensversicherungsvertrag zugesagte Versorgungsleistung im Verhältnis der tatsächlich im Unternehmen abgeleisteten Dienstzeit zu der bis
zum Erlebensfall Alter möglichen Dienstzeit zu quotieren.

In einem zweiten Schritt ist dann zu prüfen, welche Versicherungsleistung 105
sich aus dem Versicherungsvertrag, der zum Ausscheidezeitpunkt beitragsfrei
gestellt wurde, ergibt. Ist die Leistung aus dem Versicherungsvertrag höher
als der Betrag, der mittels des Quotierungsverfahrens berechnet wurde,
bekommt der Arbeitnehmer den quotierten Betrag. Der darüber hinausgehende Betrag aus dem Versicherungsvertrag steht dem Arbeitgeber zu, wenn
der Arbeitgeber dem Arbeitnehmer nicht von Anfang an die Leistung zugesagt hatte, die sich aus dem Versicherungsvertrag im Zeitpunkt des Ausscheidens ergibt. Ist dagegen die Leistung aus dem Versicherungsvertrag geringer
als der durch das Quotierungsverfahren ermittelte Anspruch, richtet sich der
Differenzanspruch unmittelbar gegen den Arbeitgeber. In einem solchen
Fall hat der Arbeitnehmer bei Eintritt des Versicherungsfalles (Versorgungsfalles) zwei Zahlstellen:
– zum einen erhält er die Leistung aus dem Versicherungsvertrag, aufgrund
  des dem Arbeitnehmer eingeräumten Bezugsrechts unmittelbar vom Versicherer,
– zum anderen erhält er eine unmittelbare Leistung in Höhe der Differenz
  vom Arbeitgeber.

▶ **Beispiel:** 106

Einem Arbeitnehmer ist ein Kapital für den Erlebensfall in Höhe von
70.000 € zugesagt. Aus dem anlässlich des Ausscheidens beitragsfrei
gestellten Versicherungsvertrag zahlt das Lebensversicherungsunternehmen 33.000 €. Der Arbeitnehmer ist nach der Hälfte der möglichen
Dienstzeit ausgeschieden. Ihm stehen folglich 35.000 € zu. Der Arbeitgeber hat unmittelbar 2.000 € zu zahlen.

---

77 S. dazu § 1 Rdn. 88 ff.
78 Zur Beitragszusage mit Mindestleistung vgl. Rdn. 189 ff.

107 Die Höhe der Leistung aus der beitragsfreien Direktversicherung ergibt sich aus dem bis zum Ausscheiden gebildeten Kapital der Direktversicherung.

108 Wie die **Überschussanteile im Rahmen der Quotierung** zu berücksichtigen sind, ergibt sich aus den getroffenen Vereinbarungen. Sieht die Versorgungszusage vor, dass dem Arbeitnehmer nur die Garantieleistung zusteht, bleiben die Überschussanteile unberücksichtigt. Sind dagegen dem Arbeitnehmer neben der Garantieleistung auch die Überschussanteile zugesagt, ist beim Quotierungsverfahren eine Berechnung vorzunehmen, bei der die Überschussanteile nicht berücksichtigt werden. Sie stehen dem Arbeitnehmer ungekürzt zu, soweit sie während der Dauer des Arbeitsverhältnisses durch das Versicherungsunternehmen zugeteilt wurden. Die Überschussanteile, die in der Zeit nach der Beendigung des Arbeitsverhältnisses dem Versicherungsvertrag zugewiesen werden, kann der ausgeschiedene Arbeitnehmer nicht beanspruchen.[79] Das BAG geht davon aus, dass insoweit eine Regelungslücke durch Auslegung zu schließen ist, weil § 2 BetrAVG die Behandlung der Überschussanteile beim Quotierungsverfahren nicht regelt.

108a Wie die Entscheidung des BAG vom 16.2.2010[80] zeigt, liegt es bei einer arbeitgeberfinanzierten Altersversorgung ausschließlich in der Hand des Arbeitgebers zu bestimmen, wem die Überschüsse zustehen.

109 Bei der Direktversicherung wird vielfach in der Praxis statt des Quotierungsverfahrens (arbeitsvertragliche Lösung) die **sog. versicherungsförmige Lösung** gewählt. Hierzu wird nachfolgend auf Rdn. 120 ff. verwiesen.

110 Direktversicherungen sind vielfach als beitragsorientierte Leistungszusagen ausgestaltet. Auf diese wird dann in aller Regel die versicherungsförmige Lösung angewandt. Sind hierfür die Voraussetzungen nicht erfüllt, ist das Quotierungsverfahren anzuwenden. In Abs. 5a ist die Direktversicherung nicht genannt, weil wirtschaftlich betrachtet der bis zum Ausscheiden finanzierte Wert dem Wert entspricht, der sich aus der versicherungsförmigen Lösung ergibt.

---

79 BAG 29.7.1986, 3 AZR 15/85, EzA § 2 BetrAVG Nr. 9 = DB 1987, 743.
80 BAG 16.2.2010, 3 AZR 479/08, BB 2010, 1916 = FA 2010, 345.

III. Pensionskasse

Das Quotierungsverfahren kann auch bei Pensionskassen nach § 2 Abs. 3 S. 1 **111** BetrAVG angewandt werden, wenn eine Leistungszusage verwendet wird.[81] Der vorstehend bei der Direktversicherung dargestellte vom Arbeitgeber auszugleichende Differenzanspruch im Rahmen der arbeitsvertraglichen Lösung ergibt sich, indem das nach dem aufsichtsbehördlich genehmigten Geschäftsplan oder, soweit ein solcher nicht vorgeschrieben ist, nach den allgemeinen Versicherungsbedingungen und den fachlichen Geschäftsunterlagen i.S.d. § 5 Abs. 3 Nr. 2 Hs. 2 VAG (Geschäftsunterlagen) ermittelte **Deckungskapital** dem quotierten Anspruch gegenübergestellt. Ist dieses Deckungskapital geringer als die Leistung, die nach dem Quotierungsverfahren ermittelt wurde, richtet sich der **Differenzanspruch** gegen den Arbeitgeber.

Soweit Überschussanteile dem Arbeitnehmer »gutgeschrieben« wurden, **112** müssten die vorstehenden Überlegungen des BAG zur Überschussverwendung auch bei der Pensionskasse gelten. Rechtsprechung hierzu existiert nicht.

Auch bei der Pensionskasse ist es üblich, statt der arbeitsvertraglichen Lösung **113** die versicherungsförmige Lösung anzuwenden, wenn ein Arbeitnehmer mit einer gesetzlich unverfallbaren Anwartschaft ausscheidet.

IV. Pensionsfonds

Für den Pensionsfonds wurde mit Wirkung **ab dem 1.1.2002** in § 2 Abs. 3a **114** BetrAVG eine neue, eigenständige Regelung zur Ermittlung der unverfallbaren Anwartschaft der Höhe nach geschaffen, wenn eine Leistungszusage verwendet wird.[82] Danach gilt auch für den Pensionsfonds das **Quotierungsverfahren**. Dabei richtet sich ein **Differenzanspruch** gegen den Arbeitgeber. Der Differenzanspruch ergibt sich, indem die vom Pensionsfonds auf der Grundlage der nach dem geltenden Pensionsplan i.S.d. § 112 Abs. 1 S. 2 i.V.m. § 113 Abs. 2 Nr. 5 VAG berechnete Deckungsrückstellung dem quotierten Anspruch gegenübergestellt wird. Geht der quotierte Anspruch über die berechnete Deckungsrückstellung hinaus, muss der Arbeitgeber unmittelbar für die Differenz einstehen.

---

81 Zu einer Beitragszusage mit Mindestleistung vgl. Rdn. 189 ff.
82 Zur Beitragszusage mit Mindestleistung vgl. Rdn. 189 ff.; zur beitragorientierten Leistungszusage vgl. Rdn. 186 ff.

115 Beim Pensionsfonds besteht bei einer Leistungszusage nicht die Möglichkeit, von der versicherungsförmigen Lösung Gebrauch zu machen, weil der Gesetzgeber – anders als bei der Direktversicherung und bei der Pensionskasse – diese Berechnungsweise nicht in § 2 Abs. 3a BetrAVG aufgenommen hat.

116 Soweit mithin beim Pensionsfonds eine Leistungszusage als Pensionsplan vorgesehen ist, ist zwingend die arbeitsvertragliche Berechnungsweise in Form des Quotierungsverfahrens anzuwenden.

V. Unterstützungskasse

117 Wird einem mit unverfallbarer Anwartschaft ausgeschiedenen Arbeitnehmer die Leistung aufrechterhalten, die ihm über eine Unterstützungskasse zugesagt worden ist, richtet sich die Höhe der unverfallbaren Anwartschaft nach § 2 Abs. 4 BetrAVG. Es ist bei der Leistungszusage das **Quotierungsverfahren** anzuwenden. Dies ergibt sich aus dem Verweis auf Abs. 1 in § 2 Abs. 4 BetrAVG.

118 Bei der rückgedeckten Unterstützungskasse besteht **nicht** die Möglichkeit, von der **versicherungsförmigen Lösung** Gebrauch zu machen, da eine solche nicht im Gesetz vorgesehen ist. Die Leistung wird in der Praxis vielfach auf die Leistungen aus der Rückdeckungsversicherung beschränkt. Soweit es sich bei der Gestaltung um eine beitragsorientierte Leistungszusage handelt, bestehen bei dieser Gestaltung keine Bedenken. Bei einer Leistungszusage kann nicht einfach auf die versicherte Leistung verwiesen werden.

119 Zur beitragsorientierten Leistungszusage vgl. Rdn. 186ff.

E. Festschreibeeffekt

I. Festschreibung der Versorgungsregelungen und der Bemessungsgrundlagen

119a Wird nach § 2 Abs. 1 BetrAVG das Quotierungsverfahren angewandt, sind nach § 2 Abs. 5 BetrAVG alle Veränderungen, die nach dem Ausscheiden des Arbeitnehmers eintreten, nicht zu berücksichtigen (Veränderungssperre). Die Versorgungsanwartschaft wird in dem Zustand eingefroren, der im Ausscheidezeitpunkt maßgeblich ist. Dies gilt gleichermaßen für die Versorgungsregelungen wie auch für die Bemessungsgrundlagen. Sie bezieht sich auf sämtliche Versorgungsregelungen und erfasst den gesamten Leistungsinhalt der Versorgungszusage einschließlich vorgesehener versicherungsmathematischer

Abschläge[83] und dem im Ausscheidezeitpunkt zu ermittelnden Beschäftigungsgrad[84] und gilt auch für die der Berechnung zugrunde zu legende Vergütung.[85] Da Abs. 5 nur auf Abs. 1 verweist, ist fraglich, ob auch in den anderen Durchführungswegen dieser Festschreibeeffekt eintritt. Lediglich für den Pensionsfonds ist in § 2 Abs. 5 S. 3 BetrAVG geregelt worden, dass der Pensionsplan und die sonstigen Geschäftsunterlagen im Ausscheidezeitpunkt maßgebend sind. Man wird aus dem Sinn und Zweck der Regelung aber ableiten müssen, dass der Festschreibeeffekt immer bei einem vorzeitigen Ausscheiden unabhängig vom Durchführungsweg eintritt, wenn eine Leistungszusage verwendet wurde. Offen ist, ob der Festschreibeeffekt auch bei einer beitragsorientierten Leistungszusage und einer Beitragszusage mit Mindestleistung eintritt. Der Wortlaut des Gesetzes würde dagegen sprechen. Die Praxis erfordert eine solche Festschreibung. Es kann nicht sein, dass bei einer beitragsorientierten Leistungszusage, die sich z.B. an einer Tabelle ausrichtet, diese Tabelle nach dem Ausscheiden nicht maßgeblich bleiben soll[86] oder nach dem Ausscheiden des Arbeitnehmers bei einer Beitragszusage mit Mindestleistung das Anlagekonzept geändert wird.

119b Eine **Veränderung der Versorgungsregelung** liegt vor, wenn nach dem Ausscheiden des Arbeitnehmers die betriebliche Altersversorgung im Unternehmen des Arbeitgebers verbessert oder verschlechtert wird. Unabhängig davon, ob solche Veränderungen zulässig sind, sind sie bei dem ausgeschiedenen Arbeitnehmer nicht zu berücksichtigen. Ist der Arbeitnehmer aus dem Arbeitsverhältnis ausgeschieden und nach einer Änderung erneut eingetreten, ist die geänderte Versorgungsregelung für die neue Zusage maßgeblich.[87]

119c Dies gilt gleichermaßen auch für die **Bemessungsgrundlagen**, mit denen die Versorgungsanwartschaft berechnet wird. Besondere Bedeutung hat diese Regelung im Zusammenhang mit gehaltsabhängigen Versorgungszusagen.[88] Die Bezüge, auf die in der Versorgungsregelung abgestellt wird, werden auf den Ausscheidezeitpunkt festgeschrieben. Es findet keinerlei Dynamisierung statt. § 16 BetrAVG ist nicht entsprechend anzuwenden. Welche Bezüge bei

---

83 BAG 17.8.2004, 3 AZR 318/03, EzA § 2 BetrAVG Nr. 22 = DB 2005, 563.
84 BAG 24.7.2001, 3 AZR 567/00, EzA § 6 BetrAVG Nr. 25 = BAGE 98, 212 = DB 2002, 588.
85 BAG 15.2.2005, 3 AZR 298/04, VersR 2006, 530.
86 Hierzu auch *Kaarst/Paulweber* BetrAV 2005, 524.
87 BAG 5.6.1984, 3 AZR 54/82.
88 S. dazu § 1 Rdn. 197.

einem Folgearbeitgeber verdient wurden, ist ebenfalls ohne Bedeutung.[89] Damit werden Versorgungsanwartschaften umso mehr entwertet, je früher der Arbeitnehmer mit einer unverfallbaren Anwartschaft ausgeschieden ist, denn auch bei einem Anstieg der Verbraucherpreise[90] bleiben sie auf dem Niveau stehen, dass im Ausscheidezeitpunkt maßgeblich war.

119d ▶ **Beispiel:**

Ein Arbeitnehmer hat eine gehaltsabhängige Versorgungszusage. Ihm stehen je Dienstjahr 0,5 % seiner letzten Bezüge zu. Dies sind im Ausscheidezeitpunkt 2.000 €. Er ist mit 25 Jahren eingetreten und mit 45 Jahren ausgetreten. Die feste Altersgrenze ist 65. Ihm stehen

40 × 0,5 % × 2.000 € = 400 €
400 € × 20/40 = 200 €

zu. Wenn in den 20 Jahren bis zum Erreichen der Altersgrenze die Bezüge noch aufgrund von Tariferhöhungen auf 2.700 € gestiegen wären, ist dies ohne Bedeutung. Wenn aufgrund der Inflation eine Entwertung um 30 % in den zukünftigen 20 Jahren nach dem Ausscheiden eingetreten ist, ist dies ebenfalls ohne Bedeutung.

119e Der Festschreibeeffekt ist auch zu beachten, wenn vor dem Ausscheiden mit einer unverfallbaren Anwartschaft ein Wechsel von einer **Vollzeitbeschäftigung** zu einer **Teilzeitbeschäftigung** stattgefunden hat. Entscheidend ist dann der durchschnittliche Beschäftigungsgrad während des gesamten Arbeitsverhältnisses. Für die Zeit nach dem Ausscheiden darf nicht ein Beschäftigungsgrad fingiert werden.[91] Bei einer Versorgungszusage, die von der Beitragsbemessungsgrenze abhängig ist, ist die jeweils maßgebliche zu berücksichtigen, wenn ein Arbeitnehmer zwischen den alten und den neuen Bundesländern gewechselt ist.[92]

---

89 BAG 12.11.1991, 3 AZR 520/90, EzA § 2 BetrAVG Nr. 12 = DB 1992, 638.
90 S. dazu § 16 Rdn. 40 ff.
91 BAG 24.7.2001, 3 AZR 567/00, EzA § 6 BetrAVG Nr. 5 = DB 2002, 588.
92 BAG 21.4.2009, 3 AZR 640/07, BetrAV 2009, 559 = BAGE 130, 202 = DB 2009, 2499.

Kisters-Kölkes

II. Andere Versorgungsbezüge

Ist bei der Berechnung der Versorgungsanwartschaft die Höhe anderer Versorgungsbezüge von Bedeutung, werden auch diese auf den Ausscheidezeitpunkt festgeschrieben. Zu den anderen Versorgungsbezügen gehören z.B. Renten aus der gesetzlichen Rentenversicherung.[93]   119f

Bei einer Gesamtversorgungszusage ist die Höhe der **gesetzlichen Rente** von Bedeutung. Um die Höhe der gesetzlichen Rente, die zu berücksichtigen ist, zu bestimmen, kann nach § 2 Abs. 5 Satz 2 BetrAVG das sog. **Näherungsverfahren** angewandt werden, welches bei der Berechnung von Pensionsrückstellungen zulässig ist.[94] Weder der Arbeitgeber noch der Arbeitnehmer können gegen den Willen des anderen Vertragspartners dieses Näherungsverfahren durchsetzen. Der Arbeitnehmer hat vielmehr das Recht, die Berechnung der gesetzlichen Rente mit seinen **individuellen Daten** zu verlangen. Wenn der Arbeitnehmer die Anzahl der im Zeitpunkt seines Ausscheidens erreichten sozialversicherungsrechtlichen Entgeltpunkte dem Arbeitgeber nachweist, kann der Arbeitgeber das Näherungsverfahren nicht anwenden. Nur dann, wenn der Arbeitnehmer untätig bleibt, d.h. dass er den Nachweis seiner individuellen Daten nicht erbringt, steht dem Arbeitgeber ein Wahlrecht zu. Er kann die individuelle Berechnung wählen. Er kann aber auch auf das Näherungsverfahren zurückgreifen. Wählt der Arbeitgeber die individuelle Berechnung, ist der Arbeitnehmer verpflichtet, dem Arbeitgeber auf eigene Kosten die benötigten sozialversicherungsrechtlichen Unterlagen zu beschaffen. Kommt der Arbeitnehmer dieser Verpflichtung nicht nach, kann der Arbeitgeber die Auskunft nach § 4a BetrAVG verweigern.[95]   119g

Es sind die sozialversicherungsrechtlichen Bezugsgrößen (z.B. Beitragsbemessungsgrenze) im Ausscheidezeitpunkt anzuwenden. Spätere Veränderungen bleiben unberücksichtigt, selbst wenn sie sich im Ausscheidezeitpunkt bereits abzeichnen.[96]   119h

---

93 BAG 12.11.1991, 3 AZR 520/90, EzA § 2 BetrAVG Nr. 12 = DB 1992, 638.
94 BMF-Schreiben v. 5.5.2008, IV B 2–S 2176/07/0003, BetrAV 2008, 374.
95 BAG 9.12.1997, 3 AZR 695/96, EzA § 2 BetrAVG Nr. 15 = DB 1998, 2331; 20.11.2001, 3 AZR 550/00, EzA § 1 BetrAVG Invalidität Nr. 3 = DB 2002, 1510.
96 BAG 20.11.2001, 3 AZR 550/00, EzA § 1 BetrAVG Invalidität Nr. 3 = DB 2002, 1510.

119i Sowohl die Anwendung des Näherungsverfahrens als auch die individuelle Berechnung der anzurechnenden Sozialversicherungsrente sind aufwendig und kompliziert.[97] Da Gesamtversorgungssysteme eine abnehmende Bedeutung haben, wird auf die Details des Berechnungsverfahrens nicht eingegangen.

III. Pensionskassen

119j Bei Pensionskassen sind die aufsichtsbehördlich genehmigten Geschäftspläne oder Geschäftsunterlagen im Ausscheidezeitpunkt maßgebend.

IV. Pensionsfonds

119k Für den Pensionsfonds ist auf den Pensionsplan und die sonstigen Geschäfts-unterlagen im Ausscheidezeitpunkt abzustellen.

V. Anderweitige Versorgungsanwartschaften

119l § 2 Abs. 5 S. 4 BetrAVG gibt zwingend vor, dass die Versorgungsanwartschaf-ten, die dem Arbeitnehmer vom Arbeitgeber aufrechtzuerhalten sind, nicht um solche Anwartschaften gekürzt werden dürfen, die der Arbeitnehmer nach seinem Ausscheiden bei einem anderen Arbeitgeber erwirbt. Anders ist dies bei Versorgungsanwartschaften, die bei einem Vorarbeitgeber erdient wurden. Diese dürfen bei der Erteilung einer Versorgungszusage in den Grenzen des § 5 Abs. 2 BetrAVG berücksichtigt werden.[98]

F. Versicherungsförmige Lösung bei Direktversicherungen

I. Wahlrecht des Arbeitgebers

120 Bei einer Direktversicherung hat der Arbeitgeber ein **Wahlrecht**. Er kann zwischen der arbeitsvertraglichen Lösung (Quotierungsverfahren) und der versicherungsförmigen Lösung wählen, wenn bestimmte Voraussetzungen erfüllt sind. Dies gilt sowohl für die arbeitgeberfinanzierte bAV als auch für die durch Entgeltumwandlung finanzierte. Da nach § 1b Abs. 5 BetrAVG immer die Voraussetzungen erfüllt sein müssen, die auch für die versiche-rungsförmige Lösung gelten, wird in der Praxis diese angewandt.

---

97 Hierzu i.E. *Höfer* BetrAVG, Rn. 3373 ff. zu § 2.
98 BAG 20.11.1990, 3 AZR 31/90, EzA § 5 BetrAVG Nr. 24 = DB 1991, 1837.

Die versicherungsförmige Lösung ist in aller Regel dem Quotierungsverfahren dann vorzuziehen, wenn nicht bereits mit Beginn des Arbeitsverhältnisses die Direktversicherung abgeschlossen wird, weil dann Finanzierungsbeiträge fehlen und damit eine Deckungslücke entstehen kann, die vom Arbeitgeber bei der arbeitsvertraglichen Lösung zu schließen wäre. **121**

II. Rechtliche Grundlagen

Die versicherungsförmige Lösung ergibt sich aus § 2 Abs. 2 S. 2ff. BetrAVG. **122** Danach tritt an die Stelle des Quotierungsverfahrens auf Verlangen des Arbeitgebers die Leistung, die sich aus dem beitragsfrei gestellten Direktversicherungsvertrag ergibt, wenn der Arbeitgeber die sog. **sozialen Auflagen** erfüllt und der Versicherungsvertrag in besonderer Form ausgestaltet ist.

Bei Anwendung der versicherungsförmigen Lösung gibt es bei einer arbeitgeberfinanzierten Direktversicherung keinen Auffüllanspruch, der sich gegen den Arbeitgeber richten kann, wenn die zugesagte Leistung mit der versicherten Leistung deckungsgleich ist. Dies bedeutet für die Praxis, dass auf den Arbeitgeber keine Ansprüche zukommen können, die ihn zur Auffüllung der Leistung aus eigenen Mitteln zwingen (§ 1 Abs. 1 S. 3 BetrAVG).[99] **123**

Eine Einstandspflicht aus dem arbeitsrechtlichen Grundverhältnis bei der **124** Wahl der versicherungsförmigen Lösung kann sich ergeben, wenn der arbeitsrechtliche Gleichbehandlungs- oder Gleichberechtigungsgrundsatz verletzt wurde.[100] Hat der Arbeitgeber für einen Arbeiter eine Direktversicherung erst nach 5-jähriger Betriebszugehörigkeit abgeschlossen, für einen zum gleichen Zeitpunkt eingestellten Angestellten aber bereits nach zwei Jahren, ist der Gleichbehandlungsgrundsatz verletzt. Dem Arbeiter fehlen drei Finanzierungsjahre. Der Arbeitgeber hat ihn so zu stellen, als sei bereits nach zweijähriger Betriebszugehörigkeit die Direktversicherung abgeschlossen worden. Auch Schadensersatzansprüche, die ein Arbeitnehmer gegen seinen ehemaligen Arbeitgeber hat, gehen nicht unter, wenn von der versicherungsförmigen Lösung Gebrauch gemacht wird.

---

99 Damit ist keine vollständige Enthaftung gemeint, wenn die versicherungsförmige Lösung umgesetzt wurde (so aber *Langohr-Plato* Rechtshandbuch, Rn. 445). Stimmen die arbeitsrechtliche Verpflichtung und der Versicherungsumfang nicht überein, richtet sich die nicht durch die Versicherungsleistung abgedeckte Leistung unmittelbar gegen den Arbeitgeber.

100 A.A. wohl *Teslau* FS Kemper, S. 418 ff.

125 Bei einer Direktversicherung, die durch Entgeltumwandlung finanziert wurde, ist das Auffüllrisiko von der Verpflichtung des Arbeitgebers aus dem arbeitsrechtlichen Grundverhältnis, dem Arbeitnehmer eine wertgleiche betriebliche Altersversorgung zu verschaffen, zu unterscheiden. Der Versicherer kann nur die Leistung aus dem Versicherungsvertrag erbringen. Dies bedeutet, dass der Arbeitgeber, der seiner arbeitsrechtlichen Verpflichtung aus § 1 Abs. 2 Nr. 3 BetrAVG nicht oder nicht ausreichend nachgekommen ist, zwar auch die versicherungsförmige Lösung wählen kann, er aber selbst für die Differenz einzustehen hat, die sich ergeben würde, wenn er dem Arbeitnehmer eine wertgleiche Direktversicherung verschafft hätte. Zur Wertgleichheit vgl. § 1 Rdn. 485 ff.

126 Derartige Verpflichtungen aus dem arbeitsrechtlichen Grundverhältnis bestehen unabhängig davon, ob bei der versicherungsförmigen Lösung der Arbeitnehmer nach dem Ausscheiden zum Versicherungsnehmer wurde oder nicht. Denn mit der Abtretung der Rechte aus dem Versicherungsvertrag wird nur die versicherungsrechtliche Ebene, nicht die arbeitsrechtliche Ebene tangiert. Deshalb ist die vielfach in der Praxis vorzufindende Aussage unzutreffend, dass bei Anwendung der versicherungsförmigen Lösung keine Haftungsrisiken für den Arbeitgeber bestehen, er allein mit der Übertragung der Versicherungsnehmereigenschaft von allen Verpflichtungen gegenüber dem ehemaligen Arbeitnehmer frei wird. Diese Aussage ist nur richtig, wenn das Valuta- und das Deckungsverhältnis identisch sind. Weicht das arbeitsrechtliche Verpflichtungsvolumen vom Deckungsverhältnis ab, besteht eine Einstandspflicht des Arbeitgebers.

1. Verlangen des Arbeitgebers

127 Nach § 2 Abs. 2 S. 2 BetrAVG setzt die Anwendung der versicherungsförmigen Lösung das **Verlangen des Arbeitgebers** voraus. Der Arbeitgeber muss von sich aus tätig werden. Es genügt nicht, dass ihm im Versicherungsvertrag bzw. in der Versorgungszusage die Möglichkeit vorbehalten ist, von der versicherungsförmigen Lösung Gebrauch zu machen. Dies gilt auch für eine Direktversicherung, die durch Entgeltumwandlung finanziert wird. Hat aber der Arbeitgeber im Versicherungsvertrag vorbehaltlos von Anfang an erklärt, dass er bei einem vorzeitigen Ausscheiden von der versicherungsförmigen Lösung Gebrauch machen wird, reicht dies nach der hier vertretenen Auffassung aus. Ein explizites Verlangen im Ausscheidezeitpunkt ist dann nicht erforderlich, weil der Arbeitnehmer von Anfang an weiß, welche Rechtsfolgen beim Ausscheiden eintreten. Da jedoch noch nicht gerichtlich geklärt ist,

ob eine vorbehaltlose Erklärung im Versicherungsvertrag ausreichend ist, ist eine anlässlich des Ausscheidens wiederholte Erklärung empfehlenswert.

Nach § 2 Abs. 2 S. 3 BetrAVG kann der Arbeitgeber sein Verlangen nur **128** innerhalb von **drei Monaten seit dem Ausscheiden** des Arbeitnehmers aus dem Arbeitsverhältnis diesem und dem Versicherer mitteilen. Es empfiehlt sich eine schriftliche Mitteilung. Die fristgemäß abgegebene Erklärung des Arbeitgebers ist jeweils eine einseitige, empfangsbedürftige, nicht zustimmungspflichtige Erklärung.

Die Frist ist gem. §§ 187ff. BGB zu berechnen. Ist die Drei-Monats-Frist **129** abgelaufen, kann der Arbeitgeber nicht mehr von der versicherungsförmigen Lösung Gebrauch machen.

Die Erklärung, die **gegenüber dem Arbeitnehmer und dem Versicherer** **130** abzugeben ist, muss diesen auch innerhalb der Drei-Monats-Frist zugehen. Geht sie nur einem der beiden fristgemäß zu, ist es nicht möglich, die versicherungsförmige Lösung anzuwenden.

2. Erste soziale Auflage

Nach § 2 Abs. 2 S. 2 BetrAVG kann der Arbeitnehmer nur auf die versiche- **131** rungsförmige Lösung verwiesen werden, wenn spätestens drei Monate nach dem Ausscheiden des Arbeitnehmers mit einer gesetzlich unverfallbaren Anwartschaft das **Bezugsrecht unwiderruflich** ist und eine **Beleihung** oder **Abtretung** der Rechte aus dem Versicherungsvertrag nicht vorhanden sind. Sind beim Ausscheiden **Beitragsrückstände** vorhanden, sind diese innerhalb der Drei-Monats-Frist auszugleichen.

a) Unwiderrufliches Bezugsrecht

Das Bezugsrecht aus dem Versicherungsvertrag muss unwiderruflich gestellt **132** werden. Mit dem unwiderruflichen Bezugsrecht (§ 159 VVG) erhält der Arbeitnehmer die versicherungsrechtliche und nicht nur die arbeitsrechtliche Position, bei Eintritt des Versicherungsfalles die versicherte Leistung zu verlangen. Würde ihm nur ein widerrufliches Bezugsrecht oder ein Bezugsrecht unter Vorbehalt zustehen, wäre nicht gewährleistet, dass ihm auch tatsächlich die Leistungen aus dem Versicherungsvertrag zugutekommen, weil z.B. bei einer Insolvenz des Arbeitgebers der Insolvenzverwalter das Bezugsrecht widerrufen müsste.[101]

133   In der Praxis wird vielfach dem Arbeitnehmer bereits bei Abschluss des Direktversicherungsvertrages im Versicherungsvertrag ein unwiderrufliches Bezugsrecht unter Vorbehalt eingeräumt. Dabei tritt die Unwiderruflichkeit unter der Bedingung ein, dass die Unverfallbarkeitsvoraussetzungen – unabhängig von einem vorzeitigen Ausscheiden – dem Grunde nach gem. § 1b Abs. 2 BetrAVG erfüllt werden.[102] Bei einer solchen Gestaltung wandelt sich automatisch das widerrufliche Bezugsrecht in ein unwiderrufliches Bezugsrecht bei Erfüllung der Unverfallbarkeitsfristen vor Ausscheiden aus dem Arbeitsverhältnis, sodass diese Voraussetzung für die Wahl der versicherungsförmigen Lösung ebenfalls automatisch erfüllt wird. Für eine Direktversicherung, die durch Entgeltumwandlung finanziert wird, muss ab Beginn der Entgeltumwandlung immer ein unwiderrufliches Bezugsrecht bestehen (§ 1b Abs. 5 S. 2 BetrAVG), wenn die Zusage ab dem 1.1.2001 erteilt wurde. Damit wird diese Voraussetzung der versicherungsförmigen Lösung automatisch bei einem vorzeitigen Ausscheiden erfüllt.

133a   Ist dem Arbeitnehmer ein bedingt widerrufliches Bezugsrecht zugesagt und tritt die Insolvenz ein, bevor das Bezugsrecht unwiderruflich wurde, ist es dem Insolvenzverwalter verwehrt, das Bezugsrecht zu widerrufen und den Rückkaufwert zur Masse zu ziehen, wenn nach der Insolvenz ein Betriebsübergang erfolgt und das Arbeitsverhältnis fortgeführt wird. Eine Auslegung unter Berücksichtigung der betriebsrentenrechtlichen Wertungen ergebe, dass kein Widerruf erfolgen dürfe, da der Arbeitnehmer in dem fortgeführten Arbeitsverhältnis die Unverfallbarkeit noch erreichen könne.[103]

133b   Hat ein Arbeitnehmer mehrfach den Arbeitgeber gewechselt und die für ihn abgeschlossene Direktversicherung mitgenommen, die dann vom Folgearbeitgeber fortgeführt wurde, reicht es aus, wenn in einem Arbeitsverhältnis

---

101   BAG 8.6.1999, 3 AZR 136/98, EzA § 1 BetrAVG Lebensversicherung Nr. 8 = DB 1999, 2069.

102   S. dazu § 1b Rdn. 126 ff.

103   BAG 15.6.2010, 3 AZR 334/06, EzA § 1 BetrAVG Lebensversicherung Nr 9 = DB 2010, 2814.

die Unverfallbarkeit erfüllt wurde. Die späteren Zuwächse sind dann von der Unverfallbarkeit erfasst.[104]

b) Abtretung

Besteht ein unwiderrufliches Bezugsrecht, wurde aber eine Abtretung[105] vorgenommen, ist diese innerhalb der Drei-Monats-Frist rückgängig zu machen. Denn die Abtretung stellt eine Verfügung über den Versicherungsvertrag dar. Der Arbeitnehmer wäre benachteiligt, würde es bei der Abtretung bleiben, weil derjenige, zu dessen Gunsten die Abtretung vorgenommen wurde, sich insoweit aus dem Versicherungsvertrag befriedigen könnte, wie die Abtretung reicht. **134**

Der Gesetzgeber spricht von dem Rückgängigmachen der Abtretung. Gemeint ist, dass eine vom Arbeitgeber vorgenommene **Sicherungsabtretung** rückabgewickelt wird, also derjenige, zu dessen Gunsten die Abtretung erfolgte, auf seine Sicherungsrechte verzichtet. Bei einer betrieblichen Altersversorgung aus Entgeltumwandlung ist eine Abtretung arbeitsrechtlich unzulässig (§ 1b Abs. 5 S. 1 BetrAVG), wenn die Zusage ab dem 1.1.2001 erteilt wurde. **135**

c) Beleihung

Eine Beleihung der Direktversicherung liegt vor, wenn der Arbeitgeber von der Versicherungsgesellschaft ein Darlehn in Anspruch genommen hat, also eine Vorauszahlung auf die erst später fällig werdende Versicherungsleistung. **136**

Dieses Darlehn ist zurückzuzahlen und damit die Beleihung aufzuheben. **137**

Bei einer betrieblichen Altersversorgung aus Entgeltumwandlung ist arbeitsrechtlich eine Beleihung unzulässig (§ 1b Abs. 5 S. 1 BetrAVG), wenn die Zusage ab dem 1.1.2001 erteilt wurde. **138**

---

104 BAG 15.6.2010, 3 AZR 31/07, EzA § 1 BetrAVG Lebensversicherung Nr 10 = DB 2010, 2678.
105 Vgl. auch § 4b S. 2 EStG und BFH 28.2.2002, IV R 26/00, BStBl. II S. 358 = DB 2002, 975; 14.6.1984; I R 172/80, n.v.

d) Beitragsrückstände

139   Die Regelung, nach der Beitragsrückstände innerhalb der Drei-Monats-Frist auszugleichen sind, ist vor dem Hintergrund zu sehen, dass bei einer Direktversicherung mit unwiderruflichem Bezugsrecht kein gesetzlicher Insolvenzschutz besteht. Folglich müssen Beitragsrückstände ausgeglichen werden. Denn fehlende Beiträge vermindern den Wert der beitragsfreien Versicherung.[106]

140   Scheidet der Arbeitnehmer aus dem Arbeitsverhältnis aus und wurde die Direktversicherung über Jahresprämien finanziert, richtet sich die Frage nach den Beitragsrückständen nach der Fälligkeit der Versicherungsprämie. Bereits fällige, aber noch nicht gezahlte Jahresprämien sind zu zahlen, auch wenn sie Zeiten nach dem Ausscheiden umfassen.[107]

e) Verpfändung

141   Auch wenn die Verpfändung[108] einer Direktversicherung nur in § 1b Abs. 5 BetrAVG bei der Entgeltumwandlung angesprochen wird, geht doch die herrschende Meinung in der Literatur davon aus, dass bei Wahl der versicherungsförmigen Lösung auch eine Verpfändung rückgängig zu machen ist, auch wenn diese im Wortlaut des Gesetzes nicht angesprochen wird. Sie sei in den Normzweck einzubeziehen.[109] Folglich ist auch eine Verpfändung rückgängig zu machen.

3. Zweite soziale Auflage

142   Die versicherungsförmige Lösung kann vom Arbeitgeber nur gewählt werden, wenn vom Beginn der Versicherung an, frühestens jedoch vom Beginn der Betriebszugehörigkeit an, alle Überschussanteile nur zur Verbesserung der Versicherungsleistung verwendet werden. Dies bedeutet, dass alle Überschussanteile dem Arbeitnehmer zustehen müssen, die auf die Anwartschaftszeit entfallen. Für die Zeit ab Leistungsbeginn ist § 16 BetrAVG maßgeblich. Wurde die Direktversicherung durch Entgeltumwandlung finanziert, ist § 1b

---

106   BAG 17.11.1992, 3 AZR 51/92, EzA § 7 BetrAVG Nr. 45 = DB 1993, 986.

107   *Andresen/Förster/Rößler/Rühmann* Teil 10 B Rn. 912; *Höfer* BetrAVG, Rn. 3229 zu § 2.

108   Zur Pfändung bei Unterhaltsansprüchen OLG Stuttgart 8.6.2000, 7 U 13/00, VersR 2001, 619 = NJW-RR 2001, 150.

109   *Höfer* BetrAVG, Rn. 3001 zu § 1b und Rn. 3259 zu § 2.

Abs. 5 BetrAVG zu beachten. In diesem Fall stehen dem Arbeitnehmer immer die Überschussanteile zu. Umstritten ist, ob dies auch für die Zeit ab Rentenbeginn gilt. Während z.T. in der Literatur[110] die Auffassung vertreten wird, es sei zwingend immer § 16 Abs. 3 Nr. 2 BetrAVG anzuwenden, spricht der Wortlaut des Gesetzes von einem »oder«. Entsprechend wird in der Gesetzesbegründung zu § 16 Abs. 5 BetrAVG von der alternativen Anwendung gesprochen.[111]

Die Entscheidung, ob der Arbeitgeber die versicherungsförmige Lösung einsetzen will oder nicht, ist erst nach dem Ausscheiden des Arbeitnehmers aus dem Arbeitsverhältnis binnen drei Monaten zu treffen. Dennoch muss der Arbeitgeber bereits bei Abschluss des Direktversicherungsvertrages eine Vorentscheidung treffen. Will er bei einer arbeitgeberfinanzierten betrieblichen Altersversorgung eine Versicherungsgestaltung, bei der ihm die Überschussanteile zustehen[112] (z.B. Beitragsverrechnung), kann er später die versicherungsförmige Lösung nicht wählen. Denn in diesem Fall werden die Überschussanteile nicht dem Versicherungsvertrag gutgeschrieben. Bei einer betrieblichen Altersversorgung aus Entgeltumwandlung müssen dem Arbeitnehmer die Überschussanteile zustehen (§ 1b Abs. 5). **143**

4. Dritte soziale Auflage

Nach dem Versicherungsvertrag muss der ausgeschiedene Arbeitnehmer das Recht haben, die Versicherung mit **eigenen Beiträgen** fortzusetzen. Damit wird der Arbeitnehmer in die Lage versetzt, nicht nur die Leistungen aus einer beitragsfreien Direktversicherung zu erhalten, sondern die volle Versicherungsleistung einschließlich aller Überschussanteile, wenn er die Beiträge weiterzahlt. Mit der Fortführung der Versicherung wird aus der Direktversicherung nicht eine private Lebensversicherung, auch dann nicht, wenn der Arbeitnehmer Versicherungsnehmer wird. Es bleibt vielmehr eine Direktversicherung, die später von einem neuen Arbeitgeber »fortgeführt« werden kann.[113] Dass sich der Rechtscharakter durch Beitragszahlung durch den **144**

---

110 *Blomeyer/Rolfs/Otto* BetrAVG, § 16 Rn. 336.

111 BT-Drucks. 14/4595, S. 70.

112 BAG 16.2.2010, 3 AZR 479/08, BB 2010, 1916 = FA 2010, 345.

113 *Teslau* FS Kemper, S. 419 ff., insbes. auch zu den steuerlichen Konsequenzen für Altzusagen; auch BMF-Schreiben v. 31.3.2010, 31.3.2010, BStBl. I, S. 420 ff., Rn. 313 ff. (s. Anh. III).

Arbeitnehmer nicht ändert, ergibt sich auch aus § 1a Abs. 4 BetrAVG. Nichts anderes kann für den ehemaligen Arbeitnehmer gelten, der zur Erhaltung des Versicherungsschutzes eine Direktversicherung fortführt.

145 Für den Arbeitgeber ist es ohne Bedeutung, ob der Arbeitnehmer nach dem Ausscheiden den Versicherungsvertrag fortführt oder beitragsfrei stellt. Für den Arbeitnehmer hat die Fortführung der Versicherung den Vorteil, dass das günstigere Alter bei Versicherungsbeginn erhalten bleibt und keine neuen Abschlusskosten anfallen. Die Fortführungsmöglichkeit mit eigenen Beiträgen muss immer bei einer Direktversicherung gegeben sein, die durch Entgeltumwandlung finanziert wird (§ 1b Abs. 5 S. 1 BetrAVG).

146 Eine Frist, ab wann der Arbeitnehmer nach dem Ausscheiden das Recht haben muss, die Versicherung mit eigenen Beiträgen fortzusetzen, wird im Gesetz nicht vorgegeben. Da nach dem Versicherungsvertrag die Beitragszahlung durch den Arbeitnehmer ermöglicht werden muss, richtet es sich nach diesem Vertrag, ab wann der Arbeitnehmer die Versicherung mit eigenen Beiträgen fortsetzen kann.

147 In der Praxis findet man häufig die Aussage, dass mit der Einräumung des Beitragszahlungsrechts verbunden sei, dass der ausgeschiedene Arbeitnehmer auch Versicherungsnehmer werden müsse. Diese Aussage ist unzutreffend. Der Arbeitnehmer kann Versicherungsnehmer werden, er muss aber nicht Versicherungsnehmer werden. Dass er Versicherungsnehmer werden kann, ergibt sich aus den gesetzlich normierten Verfügungsverboten. Wie nachfolgend dargestellt kann er den Versicherungsvertrag zwar kündigen, nicht aber den Rückkaufwert erhalten. Da eine Kündigung des Versicherungsvertrages nur vom Versicherungsnehmer ausgesprochen werden kann, geht der Gesetzgeber unausgesprochen davon aus, dass der Arbeitnehmer nach dem Ausscheiden Versicherungsnehmer werden kann. Er muss aber für die Umsetzung der versicherungsförmigen Lösung nicht Versicherungsnehmer werden.[114]

147a Wird der Arbeitnehmer Versicherungsnehmer und führt er die Direktversicherung mit eigenen Beiträgen fort, hat dies für ihn bei einer Kapitalzusage i.S.v. § 40b EStG a.F. den Vorteil, dass der selbst finanzierte Teil der Versor-

---

114 *Höfer* BetrAVG, Rn. 3246 ff. zu § 2.

gungsleistung nicht beitragspflichtig ist. Dies gilt nicht, wenn er nicht Versicherungsnehmer wird.[115]

5. Keine Auszahlung des Rückkaufswertes

Nach § 2 Abs. 2 S. 4ff. BetrAVG sind die Verfügungsmöglichkeiten des ausgeschiedenen Arbeitnehmers hinsichtlich des Versicherungsvertrages eingeschränkt. Er kann den Versicherungsvertrag zwar **kündigen**, er kann aber nicht den Rückkaufswert in Anspruch nehmen, soweit dieser durch Beiträge des Arbeitgebers und/oder durch Entgeltumwandlung finanziert wurde. Dies bedeutet, dass eine **Auszahlung** des Rückkaufswertes an den Arbeitnehmer bis zur Fälligkeit der Versicherungsleistung **ausgeschlossen** ist. Würde eine solche Auszahlung des Rückkaufswertes vorgenommen, wäre § 2 BetrAVG verletzt. Die Maßnahme wäre nach § 17 Abs. 3 S. 3 BetrAVG unwirksam. 148

Die Verfügungsmöglichkeiten des Arbeitnehmers sind aber auch anderweitig eingeschränkt. Er kann das Deckungskapital weder **abtreten** noch **beleihen**. 149

Hintergrund für diese Auflagen ist, dass dem Arbeitnehmer die Leistungen aus dem Versicherungsvertrag erst bei Eintritt des Versorgungsfalles in voller Höhe zufließen sollen. 150

6. Rechtsfolgen bei der Verletzung der gesetzlichen Vorgaben

Verlangt der Arbeitgeber nicht oder nicht rechtzeitig die versicherungsförmige Lösung, kommt das Quotierungsverfahren zur Anwendung. Hat der Arbeitgeber zwar sein Verlangen ausgeübt, erfüllt er aber nicht die sozialen Auflagen, kommt ebenfalls das Quotierungsverfahren zur Anwendung. Dies gilt auch dann, wenn nur eine Auflage nicht oder nicht rechtzeitig erfüllt wird. 151

Werden die Verfügungsverbote nach § 2 Abs. 2 S. 4 bis 6 BetrAVG nicht eingehalten, verstoßen vorgenommene Verfügungen gegen ein gesetzliches Verbot. Sie sind gem. § 134 BGB nichtig. Wird z.B. der Rückkaufswert vom Versicherer ausgezahlt, wäre der Arbeitgeber nicht von seiner arbeitsvertraglichen Verpflichtung frei. Er müsste bei Eintritt des Versicherungsfalles den Arbeitnehmer so stellen, als habe keine Auszahlung stattgefunden. Ob er sich 152

---

115 BVerfG 6.9.2010, 1 BvR 739/08, VersR 2011, 416; 28.9.2010, 1 BvR1660/08, DB 2010, 2343; BSG 30.3.2011, B 12 KR 16/10 R, DB 2011, 2328; 30.3.2011, B 12 KR 24/09 R, DB 2012, 527.

beim Versicherer schadlos halten kann, ist keine Frage des Arbeitsrechts. Von seinem ehemaligen Arbeitnehmer kann er allenfalls gem. §§ 812ff. BGB die Rückzahlung des Rückkaufswertes wegen ungerechtfertigter Bereicherung verlangen, wenn noch eine Bereicherung vorliegen sollte.

7. Abfindung

153 Mit dem Gesetz zur Verbesserung der Rahmenbedingungen für die Absicherung flexibler Arbeitszeitregelungen und zur Änderung anderer Gesetze[116] wurde ein Satz 7 angefügt. Danach kann auch nach Wahl der versicherungsförmigen Lösung noch eine Abfindung vorgenommen werden, wenn die Voraussetzungen nach § 3 BetrAVG erfüllt sind, also eine Minianwartschaft aufrechtzuerhalten ist. Dies gilt unabhängig davon, ob es sich um eine arbeitgeberfinanzierte Direktversicherung handelt oder um eine solche aus Entgeltumwandlung. Diese Abfindungsmöglichkeit kann aber von dem Versicherer nur genutzt werden, wenn er vom Arbeitgeber entsprechend bevollmächtigt wurde, da nach § 3 nur der Arbeitgeber ein Abfindungsrecht hat, nicht der Versorgungsträger. Da es nach Ausscheiden mit unverfallbarer Anwartschaft dem Arbeitgeber gleichgültig ist, was mit der Anwartschaft geschieht, insbesondere ob dem Versicherer bei Fortführung Verwaltungskosten entstehen, sollte bereits bei Abschluss einer Direktversicherung eine solche Vollmacht vorsorglich eingeholt werden.

G. Versicherungsförmige Lösung bei der Pensionskasse

I. Rechtliche Grundlagen

154 An die Stelle des Quotierungsverfahrens kann auch bei der Pensionskasse die versicherungsförmige Lösung treten. Die Anwendung dieser Vorschrift setzt voraus, dass soziale Auflagen erfüllt werden. Diese sind nicht identisch mit den sozialen Auflagen bei einer Direktversicherung.

1. Unwiderrufliches Bezugsrecht, Abtretung, Beleihung, Beitragsrückstände

155 Während bei einer Direktversicherung dem Arbeitnehmer mit der Beendigung des Arbeitsverhältnisses ein **unwiderrufliches Bezugsrecht** eingeräumt werden muss, wird diese Voraussetzung für die versicherungsförmige Lösung

---

116 BGBl. I 2008, S. 2940.

bei der Pensionskasse nicht verlangt. Dies gilt ebenso für die **Abtretung** und **Beleihung** des Versicherungsvertrages. Es wird auch nicht gefordert, dass **Beitragsrückstände** im Zusammenhang mit dem Ausscheiden ausgeglichen werden. Wird allerdings über eine Pensionskasse eine betriebliche Altersversorgung aus Entgeltumwandlung abgewickelt, ist auch bei diesem Durchführungsweg eine Verfügung durch den Arbeitgeber gem. § 1b Abs. 5 BetrAVG ausgeschlossen. Angesprochen sind dort die Verpfändung, Beleihung und Abtretung, nicht Beitragsrückstände. Anders als bei der Direktversicherung ist bei einer Entgeltumwandlung über eine Pensionskasse dem Arbeitnehmer nicht bei Beginn der Entgeltumwandlung ein unwiderrufliches Bezugsrecht zu bestellen.[117]

Derartige Auflagen waren in der Vergangenheit bei einer Pensionskasse vielfach deshalb nicht erforderlich, weil die Pensionskassen in der Rechtsform des Versicherungsvereins auf Gegenseitigkeit geführt wurden.[118] Diese rechtliche Gestaltung führte dazu, dass die Arbeitnehmer nicht nur versicherte Personen waren, sondern i.d.R. gleichzeitig auch Mitglied des Versicherungsvereins. Folglich konnte gegen ihren Willen der Arbeitgeber nicht über den Versicherungsvertrag verfügen. **156**

Die Pensionskassen, die in jüngerer Zeit gegründet wurden, haben vielfach die Rechtsform der Aktiengesellschaft (sog. Wettbewerbspensionskassen). Dies hat zur Konsequenz, dass ausschließlich der Arbeitgeber Versicherungsnehmer wird, nicht aber der Arbeitnehmer. Der Arbeitnehmer ist lediglich versicherte Person. Damit hätte es nahe gelegen, bei der Pensionskasse ebenso wie bei der Direktversicherung das unwiderrufliche Bezugsrecht und das Abtretungs- und Beleihungsverbot in § 2 Abs. 3 S. 3ff. BetrAVG auch für die Pensionskasse aufzunehmen. Wenn eine solche soziale Auflage deshalb bei Pensionskassen als entbehrlich angesehen wird, weil eine wirtschaftliche Nutzung nur nach den strengen aufsichtsbehördlichen Richtlinien zur Vermögensanlage möglich ist, dann steht dies in Widerspruch zu § 1b Abs. 5 Nr. 3 BetrAVG, in dem der Gesetzgeber selbst angeordnet hat, dass bei einer betrieblichen Altersversorgung, die durch Entgeltumwandlung finanziert wird, auch bei einer Pensionskassenzusage das Recht zur Verpfändung, Abtretung und Beleihung durch den Arbeitgeber ausgeschlossen werden **157**

---

117 S. dazu § 1 Rdn. 100.
118 Zum Verhältnis der Mitgliedschaft zum unwiderruflichen Bezugsrecht: BAG 14.12.1999, 3 AZR 675/98, EzA § 4 BetrAVG Nr. 5 = DB 2000, 1719.

muss. Würde es solche Verfügungsmöglichkeiten nicht geben, wäre die gesetzliche Regelung obsolet. Es ist folglich eine **Regelungslücke** entstanden.

158 Solange der Gesetzgeber diese Regelungslücke nicht ausfüllt, sind vom Arbeitgeber diese sozialen Auflagen nicht zu erfüllen, wenn bei einer arbeitgeberfinanzierten Pensionskassenzusage von der versicherungsförmigen Lösung Gebrauch gemacht wird. Es sind aber die speziell für Pensionskassen geltenden und in § 2 Abs. 3 Sätze 2 und 3 genannten Auflagen zu erfüllen.

159 Damit können im Fall einer Insolvenz des Arbeitgebers Probleme entstehen, wenn der Insolvenzverwalter bei einer arbeitgeberfinanzierten betrieblichen Altersversorgung das Widerrufsrecht ausüben sollte. Deshalb sollte, auch wenn dies der Gesetzgeber – noch – nicht fordert, dem Arbeitnehmer immer ein unwiderrufliches Bezugsrecht ausdrücklich eingeräumt werden, wenn die Unverfallbarkeitsfristen erfüllt sind. Das Ausscheiden aus dem Arbeitsverhältnis ist nicht Voraussetzung für das unwiderrufliche Bezugsrecht.

2. Überschussanteile

160 Ebenso wie bei der Direktversicherung sind auch bei der Pensionskasse, soll die versicherungsförmige Lösung gewählt werden, alle **Überschussanteile** vom Versicherungsbeginn an zur **Erhöhung der Leistung** zu verwenden. Dabei handelt es sich um die Überschussanteile, die aufgrund des Finanzierungsverfahrens regelmäßig entstehen. Alternativ ist die Steigerung der Versorgungsanwartschaften des Arbeitnehmers zur Erhöhung der Leistung einzusetzen, die der Entwicklung seines Arbeitsentgeltes, soweit es unter den jeweiligen Beitragsbemessungsgrenzen der gesetzlichen Rentenversicherungen liegt, entspricht. Diese alternative Berechnungsweise kommt dann zur Anwendung, wenn bei der Pensionskasse keine Überschüsse entstehen.[119]

161 Die Alternative, die auf die Dynamisierung der Bezüge des Arbeitnehmers abstellt, dürfte zukünftig in der Praxis bei der Entgeltumwandlung keine Bedeutung mehr haben, da die Pensionskassen über § 1b Abs. 5 Nr. 1 BetrAVG gezwungen worden sind, für die Entgeltumwandlung ein System zu schaffen, bei dem alle Überschussanteile nur zur Verbesserung der Leistung verwendet werden. Zumindest bei Neuzusagen, die über eine Pensionskasse abgewickelt werden, dürften damit auch für arbeitgeberfinanzierte

---

119 *Höfer* BetrAVG, Rn. 3299 ff. zu § 2.

Leistungen Systeme zur Verfügung stehen, die ausschließlich die Überschussbeteiligung berücksichtigen.

3. Fortsetzung der Versicherung

Der Arbeitnehmer muss auch bei einer Pensionskasse die Möglichkeit haben, **162** die Versicherung mit **eigenen Beiträgen** fortzuführen. Die Satzungen der Pensionskassen räumen diese Möglichkeit in aller Regel ein.

Eine solche Fortführung der Pensionskassenversorgung durch eigene Beiträge **163** erhält dem Arbeitnehmer den Versicherungsschutz.

4. Verfügungsverbote

Hinsichtlich der Verfügungsbeschränkungen verweist § 2 Abs. 3 S. 3 **164** BetrAVG auf die Regelungen, die für Direktversicherungen gelten. Dies bedeutet, dass auch bei einer Pensionskassenzusage der Arbeitnehmer nach dem Ausscheiden nicht über den **Rückkaufswert** verfügen kann. Er kann ihn weder **beleihen** noch **abtreten**. Bei einer **Kündigung** des Versicherungsvertrages kann der Rückkaufswert nicht in Anspruch genommen werden. Die Versicherung ist beitragsfrei fortzuführen.

5. Abfindung

Auch für Pensionskassenzusagen wurde ausdrücklich geregelt, dass im Rah- **165** men von § 3 BetrAVG Abfindungen möglich sind. Hierzu wird auf Rdn. 153 verwiesen, soweit es sich um Wettbewerbspensionskassen handelt. Für Firmen- oder Konzernpensionskassen wird es möglich sein, auch erst anlässlich des Ausscheidens des Arbeitnehmers eine Vollmacht einzuholen, da letztlich die Verwaltungskosten auf das oder die Trägerunternehmen durchschlagen könnten. Bei Gruppenpensionskassen wird man in Abhängigkeit von der Dichte zum Arbeitgeber vorgehen müssen.

6. Rechtsfolgen

Zu den Rechtsfolgen bei der Verletzung der Verfügungsverbote wird auf **166** Rdn. 151 f. verwiesen.

II. Verlangen des Arbeitgebers

Auch bei der Pensionskasse muss der Arbeitgeber das Verlangen ausüben. **167** Hierzu wird auf Rdn. 127 ff. verwiesen.

H. Pensionsfonds und rückgedeckte Unterstützungskasse

168 Beim Pensionsfonds und bei der rückgedeckten Unterstützungskasse kommt nur das Quotierungsverfahren gem. § 2 Abs. 3a oder § 2 Abs. 4 BetrAVG bei der Leistungszusage zur Anwendung. Eine versicherungsförmige Lösung ist nicht für diese beiden Durchführungswege im Gesetz vorgesehen und kann auch nicht vereinbart werden. Wird dem Arbeitnehmer von der Unterstützungskasse die Versicherung mitgegeben, ist dies eine Abfindung, die nur in den Grenzen von § 3 BetrAVG zulässig ist und auch nur mit Vollmacht des Arbeitgebers vorgenommen werden kann. Für einen Pensionsfonds gilt dies entsprechend.

169–180 *unbelegt*

J. Entgeltumwandlung

181 Für eine betriebliche Altersversorgung aus Entgeltumwandlung wurde § 2 BetrAVG um einen Abs. 5a ergänzt. Diese Vorschrift ist nur anzuwenden auf Versorgungszusagen, die **ab dem 1.1.2001** erteilt wurden und erteilt werden.[120]

182 Diese Regelung ist anzuwenden bei Versorgungsanwartschaften, die auf einer **unmittelbaren Versorgungszusage** beruhen, sie ist aber auch anzuwenden auf Versorgungsanwartschaften, die von einem **Pensionsfonds** oder von einer **Unterstützungskasse** zu erfüllen sind. Keine Bedeutung hat diese Regelung für die **Direktversicherung** und für die Pensionskasse. In diesen Durchführungswegen steht die versicherungsförmige Lösung zur Verfügung.[121]

183 Bei einer betrieblichen Altersversorgung aus Entgeltumwandlung ist dem ausgeschiedenen Arbeitnehmer der Teil der Anwartschaft aufrechtzuerhalten, der sich aus den bis zum Ausscheiden des Arbeitnehmers umgewandelten Entgeltbestandteilen ergibt. Dies bedeutet, dass nur die wirtschaftlich vom Arbeitnehmer finanzierte Anwartschaft aufrechterhalten bleibt. Das Gesetz spricht von der »erreichten Anwartschaft«. Was konkret mit der erreichten Anwartschaft gemeint ist, wird im Gesetz nicht definiert.

184 *unbelegt*

---

120   § 30g BetrAVG.
121   S. dazu Rdn. 120 ff.

Für Versorgungszusagen, die vor dem 1.1.2001 erteilt wurden, kann § 2 **185** Abs. 5a BetrAVG angewandt werden, wenn dies zwischen dem Arbeitgeber und dem Arbeitnehmer ausdrücklich vereinbart wird. Es ist eine individuelle Vereinbarung zu treffen (§ 30g Abs. 1 BetrAVG).

K. Beitragsorientierte Leistungszusage

In § 2 Abs. 5a 2. Hs. BetrAVG ist auch eine Unverfallbarkeitsregelung der **186** Höhe nach enthalten, wenn die betriebliche Altersversorgung über eine beitragsorientierte Leistungszusage abgewickelt wird. In diesem Fall soll die Regelung, die für die Entgeltumwandlung geschaffen wurde, entsprechend gelten. Danach ist in den Durchführungswegen Direktzusage, Unterstützungskasse und Pensionsfonds die Anwartschaft aufrechtzuerhalten, die aus den bis zum Ausscheiden zugeteilten Beiträgen »erreicht« wurde. Diese Formulierung ist unklar. Sie lässt nicht erkennen, wie die Anwartschaft konkret zu ermitteln ist. Man wird auf den Leistungsplan abstellen müssen, der für die unmittelbare Versorgungszusage, die Unterstützungskasse oder dem Pensionsfonds maßgeblich war. Sieht dieser eine Umrechnung der Beiträge mittels einer Transformationstabelle vor, sind dem Arbeitnehmer die Leistungen aufrechtzuerhalten, die ihm während des Arbeitsverhältnisses zugeteilt wurden. Ergibt sich die Höhe der Leistung aus einer Rückdeckungsversicherung, ist der Wert der beitragsfreien Rückdeckungsversicherung maßgeblich.

Auch für die beitragsorientierte Leistungszusage gilt, dass die Neuregelung **187** nur anzuwenden ist auf Versorgungszusagen, die nach dem 31.12.2000 erteilt worden sind und erteilt werden. Für Versorgungszusagen, die vor dem 1.1.2001 erteilt wurden, gilt das Quotierungsverfahren.

Für eine beitragsorientierte Leistungszusage, die im Durchführungsweg der **188** Direktversicherung oder der Pensionskasse abgewickelt wird, war es nicht erforderlich, eine besondere Regelung zu schaffen. Denn sowohl bei der Entgeltumwandlung als auch bei der beitragsorientierten Leistungszusage kann über die versicherungsförmige Lösung dasselbe Ergebnis erzielt werden, wie dies später für die anderen Durchführungswege geschaffen wurde.[122]

---

122 *Blumenstein* FS Kemper, S. 35.

L. Beitragszusage mit Mindestleistung

189 Die Beitragszusage mit Mindestleistung wurde erst mit Wirkung ab dem 1.1.2002 in das Betriebsrentengesetz eingefügt. Folglich ist die Regelung, die für diese Zusageart in § 2 Abs. 5b BetrAVG geschaffen wurde, nur auf **Zusagen** anzuwenden, die **ab diesem Stichtag** erteilt wurden.[123]

190 Diese neu geschaffene Regelung verdrängt bei der **Direktversicherung** sowohl die arbeitsvertragliche als auch die versicherungsförmige Lösung. Sie tritt an die Stelle des Abs. 2. Damit gibt es bei der Beitragszusage mit Mindestleistung nur ein einziges Berechnungsverfahren.[124] Dies wirft die Frage auf, ob dennoch die Versicherungsnehmerstellung wie bei der versicherungsförmigen Lösung auf den Arbeitnehmer übertragen werden kann. Hierfür sprechen praktische Gründe, weil dann z.B. die Korrespondenz unmittelbar mit dem Arbeitnehmer geführt werden kann, der ja bei der Entgeltumwandlung sogar das Recht hat, die Versicherung mit eigenen Beiträgen fortzuführen (§ 1b Abs. 5 BetrAVG). Die Problematik[125] besteht darin, dass in Abs. 5b nicht ausdrücklich geregelt ist, dass bei Kündigung durch den Arbeitnehmer die Versicherung beitragsfrei zu stellen ist. Damit hat der Arbeitnehmer als Versicherungsnehmer das Recht zur Kündigung. Dieses Recht würde einer Abfindung gleichkommen, die der Arbeitnehmer aber arbeitsrechtlich nicht verlangen oder ausüben kann. Damit würde bei einer Direktversicherung ein Wertungswiderspruch entstehen. Deshalb wäre es zu begrüßen, wenn eine entsprechende Ergänzung des Gesetzes erfolgen würde.

191 Dies gilt entsprechend für die **Pensionskasse.** Hier werden die Regelungen nach Abs. 3 BetrAVG verdrängt.

192 Für den **Pensionsfonds** tritt bei der Beitragszusage mit Mindestleistung die Regelung in § 2 Abs. 5b BetrAVG an die Stelle des Quotierungsverfahrens gem. § 2 Abs. 3a BetrAVG.

193 § 2 Abs. 5b BetrAVG ist nicht anzuwenden auf **unmittelbare Versorgungszusagen** und auf **Unterstützungskassenzusagen.** Dies ergibt sich aus dem eindeutigen Wortlaut des Gesetzes in § 1 Abs. 2 Nr. 2 BetrAVG, wonach die

---

123 Ebenso *Höfer* BetrAVG, Rn. 3507 zu § 2.
124 *Blumenstein* FS Kemper, S. 37; *Pophal* FS Kemper, S. 363.
125 Zweifelnd *Langohr-Plato* Rechtshandbuch, Rn. 467 ff.

Beitragszusage mit Mindestleistung überhaupt nur für die versicherungsförmigen Durchführungswege geschaffen wurde.[126]

Soweit in der Literatur[127] die Auffassung vertreten wird, dass durch den Verweis in § 2 Abs. 5b BetrAVG auf Abs. 5a auch die **unmittelbare Versorgungszusage** und die **Unterstützungskasse** in den Anwendungsbereich einbezogen wird, kann diese Argumentation nicht überzeugen. Zwar wird in § 2 Abs. 5a BetrAVG auch auf Abs. 1 und Abs. 4 Bezug genommen, in denen die unmittelbare Versorgungszusage und die Unterstützungskassenzusage geregelt sind. Regelungsgehalt des § 2 Abs. 5a BetrAVG ist aber die Höhe der unverfallbaren Anwartschaften aus **Entgeltumwandlung** und aus einer **beitragsorientierten Leistungszusage, nicht** der **Durchführungsweg**. Indem in § 2 Abs. 5b BetrAVG auf Abs. 5a verwiesen wird, kann sich dies denklogisch nur auf die Entgeltumwandlung beziehen, denn wenn eine Beitragszusage mit Mindestleistung vorliegt, kann nicht gleichzeitig eine beitragsorientierte Leistungszusage vorliegen. | 194

Die Anwendung von § 2 Abs. 5b BetrAVG führt dazu, dass dem mit unverfallbarer Anwartschaft ausgeschiedenen Arbeitnehmer bei Eintritt des Versorgungsfalles das ihm planmäßig zuzurechnende Versorgungskapital auf der Grundlage der bis zu seinem Ausscheiden geleisteten Beiträge zusteht. Dies sind die Beiträge und die bis zum Eintritt des Versorgungsfalles aus diesen Beiträgen erzielten Erträge. Mindestens muss der ehemalige Arbeitnehmer aber die Summe der bis zu seinem Ausscheiden zugesagten Beiträge erhalten, soweit sie nicht rechnungsmäßig für einen biometrischen Risikoausgleich verbraucht wurden. | 195

▶ **Beispiel:** | 196

Einem Arbeitnehmer sind jährliche Beiträge in Höhe von 1.000 € zugesagt. Er ist bei Zusageerteilung 35 Jahre alt. Er scheidet im Alter von 45 Jahren mit einer unverfallbaren Anwartschaft aus.

Die Mindestleistung beträgt 10.000 € abzüglich etwaiger Beiträge, soweit sie für einen biometrischen Risikoausgleich verbraucht wurden.

---

126 *Doetsch* FS Höfer (S. 15 ff.) spricht sich für eine Anlehnung bei unmittelbaren Zusagen aus.
127 *Höfer* BetrAVG, Rn. 3499 zu § 2; dagegen *Huber* § 1 Rdn. 458, 466 f.; *Schwark/Raulf* DB 2003, 940; *Uebelhack* in: Gedenkschrift für Blomeyer, S. 467; *Blumenstein* FS Kemper, S. 32 f.

197 Bei den erzielten Erträgen handelt es sich um alle Wertsteigerungen, die bis zum Ausscheiden und auch nach dem Ausscheiden auf die angelegten Beiträge entfallen. Umstritten ist, ob und in welchem Umfang Kosten abzuziehen sind.[128]

M. Organpersonen

198 Für Organpersonen ist § 2 BetrAVG dispositiv.[129] Es kann folglich vereinbart werden, dass nur der Teil der Anwartschaft aufrechterhalten bleibt, der in der Organzeit erdient wurde. Dies ist von besonderer Bedeutung bei gehaltsabhängigen Zusagen, wenn mit der Bestellung zum Organ eine deutliche Erhöhung der Bezüge verbunden ist.

§ 3   Abfindung

(1) Unverfallbare Anwartschaften im Falle der Beendigung des Arbeitsverhältnisses und laufende Leistungen dürfen nur unter den Voraussetzungen der folgenden Absätze abgefunden werden.

(2) [1]Der Arbeitgeber kann eine Anwartschaft ohne Zustimmung des Arbeitnehmers abfinden, wenn der Monatsbetrag der aus der Anwartschaft resultierenden laufenden Leistung bei Erreichen der vorgesehenen Altersgrenze 1 vom Hundert, bei Kapitalleistungen zwölf Zehntel der monatlichen Bezugsgröße nach § 18 des Vierten Buches Sozialgesetzbuch nicht übersteigen würde. [2]Dies gilt entsprechend für die Abfindung einer laufenden Leistung. [3]Die Abfindung ist unzulässig, wenn der Arbeitnehmer von seinem Recht auf Übertragung der Anwartschaft Gebrauch macht.

(3) Die Anwartschaft ist auf Verlangen des Arbeitnehmers abzufinden, wenn die Beiträge zur gesetzlichen Rentenversicherung erstattet worden sind.

(4) Der Teil der Anwartschaft, der während eines Insolvenzverfahrens erdient worden ist, kann ohne Zustimmung des Arbeitnehmers abgefunden werden, wenn die Betriebstätigkeit vollständig eingestellt und das Unternehmen liquidiert wird.

---

128 *Höfer* BetrAVG, Rn. 3501 ff. zu § 2; *Kemper/Kisters-Kölkes* Grundzüge, Rn. 172 f.; *Reichel/Heger* Rn. 226.

129 BAG 21.4.2009, 3 AZR 285/07, EzA-SD 2009 Nr. 21 S. 9 = DB 2010, 2004.

Kisters-Kölkes

(5) Für die Berechnung des Abfindungsbetrages gilt § 4 Abs. 5 entsprechend.

(6) Die Abfindung ist gesondert auszuweisen und einmalig zu zahlen.

A. Allgemeines

I. Gesetzliche Neuregelung

1 Mit Wirkung ab dem 1.1.2005 hat der Gesetzgeber durch das Alterseinkünftegesetz[1] die Abfindungsmöglichkeiten neu gestaltet und im Vergleich zur bisher geltenden Rechtslage weiter eingeschränkt. Der Anwendungsbereich der Vorschrift wurde erweitert. Während bisher § 3 des Betriebsrentengesetzes (BetrAVG) nur für **Anwärter** galt, die mit einer gesetzlich unverfallbaren Anwartschaft aus dem Arbeitsverhältnis ausgeschieden waren, gilt künftig die eingeschränkte Abfindungsmöglichkeit auch für **Versorgungsempfänger.**

---

1 Gesetz zur Neuordnung der einkommensteuerrechtlichen Behandlung von Altersvorsorgeaufwendungen und Altersbezügen (Alterseinkünftegesetz – AltEinkG) v. 5.7.2004 BGBl. I S. 1427 ff.

Damit können laufende Leistungen, soweit der Rentenbeginn nach dem 31.12.2004 liegt, künftig nur noch in den Grenzen des § 3 BetrAVG abgefunden werden.

Waren bisher Versorgungsanwartschaften i.d.R. bis zu einem Grenzwert von   2
4 % der Bezugsgröße gem. § 18 SGB IV abfindbar, sind seit dem 1.1.2005 nur noch Abfindungen möglich, wenn der Wert der Altersanwartschaft bei einer Rentenzusage **1 % der Bezugsgröße** nicht übersteigt. Bei Kapitalleistungen beträgt die Obergrenze 12/10 der monatlichen Bezugsgröße. Die Obergrenze von 1 % gilt auch für Versorgungsempfänger mit einem Rentenbeginn nach dem 31.12.2004.[2]

Mit den eingeschränkten Abfindungsmöglichkeiten verfolgt der Gesetzgeber   3
das Ziel, Anwartschaften und laufende Leistungen zu erhalten. Er begründet dies mit der zunehmenden Bedeutung von Betriebsrenten für die Alterssicherung der Beschäftigten. Deshalb sollen unverfallbare Anwartschaften bis zum Rentenbeginn und laufende Betriebsrenten bis zum Lebensende erhalten bleiben. Eine vorzeitige Verwertung in Form einer Einmalzahlung widerspreche dem Versorgungszweck.[3] Eine Einmalzahlung soll nicht in den Konsum fließen.

Dieser Erhalt von Anwartschaften und laufenden Leistungen ist vor dem   4
Hintergrund zu sehen, dass die Versorgung von Rentnern und künftigen Rentnern durch die Leistungen der gesetzlichen Rentenversicherung nicht mehr ausreichend sichergestellt wird bzw. sichergestellt werden kann. Die Absenkung des Versorgungsniveaus in der gesetzlichen Rentenversicherung führt dazu, dass die Versorgungsempfänger immer mehr auf ergänzende Leistungen angewiesen sind, sollen soziale Transferleistungen verhindert werden. So wie private Lebensversicherungen seit dem 1.1.2005 nur noch steuerlich gefördert werden, wenn sie eine lebenslängliche Rente vorsehen, wird in der betrieblichen Altersversorgung u.a. mittels eines Abfindungsverbotes die lebenslängliche Versorgung in den Vordergrund gestellt. Die Einschränkung der Abfindungsmöglichkeiten ist im Gesamtkontext mit anderen gesetzgeberischen Maßnahmen zu sehen. Hierzu gehört u.a. auch, dass die steuerliche Förderung für Zusagen ab dem 1.1.2005 für Direktversicherungszusagen,

---

2 Vgl. § 30g BetrAVG.
3 BT-Drucks. 15/2150, S. 52.

Pensionskassenzusagen und Pensionsfondszusagen auf Rentenzusagen beschränkt wird, die allerdings ein Kapitalwahlrecht vorsehen können.[4]

5   Da nur in beschränktem Umfang Abfindungsmöglichkeiten bestehen, ergibt sich ein weitreichendes **Abfindungsverbot**. Wird eine Abfindung vorgenommen, ohne dass die Voraussetzungen von § 3 BetrAVG erfüllt sind, ist die Abfindung unwirksam, weil sie gegen ein gesetzliches Verbot verstößt (§ 134 BGB). Der Arbeitgeber, der eine Abfindungszahlung vorgenommen hat, wird nicht von seiner Leistungspflicht befreit. Bei einem Versorgungsanwärter muss er bei Eintritt des Versorgungsfalles die zugesagten Leistungen erbringen. Bei einem Versorgungsempfänger besteht die Verpflichtung zur Zahlung einer Rente fort.

6   Mit dem Abfindungsverbot wird die Vertragsfreiheit eingeschränkt.

II. Regelung bis zum 31.12.2004

7   Hierzu wird auf die Vorauflage verwiesen.

8   Die früher geltenden Regelungen sind für zukünftig vorzunehmende Abfindungen nicht mehr von Bedeutung. Für Abfindungen, die ab dem 1.1.2005 vorgenommen wurden oder künftig vorgenommen werden, gilt der neu gefasste § 3 BetrAVG. Die bis zum 31.12.2004 geltende Fassung des Gesetzes ist folglich nur von Bedeutung, wenn im Nachhinein geprüft werden soll, ob eine vor dem 1.1.2005 erfolgte Abfindung zulässig war oder nicht.

9   Ohne Bedeutung ist, zu welchem Zeitpunkt der Arbeitnehmer aus dem Arbeitsverhältnis ausgeschieden ist. Auch für Arbeitnehmer, deren Arbeitsverhältnis vor dem 1.1.2005 endete, gilt § 3 BetrAVG in der jetzigen Fassung, wenn nach dem 31.12.2004 eine Abfindung vorgenommen werden soll. § 3 BetrAVG in der bis zum 31.12.2004 geltenden Fassung war also nur maßgeblich, wenn die Abfindung vor dem 1.1.2005 erfolgte.

10 Auch § 3 in der bis zum 31.12.1998 geltenden Fassung hat seine Bedeutung verloren.

---

4   § 3 Nr. 63 EStG n.F. i.V.m. BMF-Schreiben v. 31.3.2010, BStBl. I, S. 420 ff., Rn. 272 (s. Anh. III).

III. Alle Durchführungswege

§ 3 BetrAVG gilt für alle fünf Durchführungswege der betrieblichen Alters- 11
versorgung. Ausnahmen bestehen nicht. Die Finanzierung der betrieblichen
Altersversorgung ist ohne Bedeutung. Das Abfindungsverbot gilt somit gleichermaßen für eine arbeitgeberfinanzierte betriebliche Altersversorgung, eine
Altersversorgung nach Entgeltumwandlung oder für mischfinanzierte Systeme. Zu messen ist die 1 %-Grenze bei Anwärtern an der aufrechtzuerhaltenden Anwartschaft. Ist sowohl der arbeitgeberfinanzierte Teil als auch der
durch Entgeltumwandlung finanzierte Teil gesetzlich unverfallbar, sind beide
Teile zusammenzurechnen. Entsprechendes gilt, wenn Versorgungsanwartschaften in verschiedenen Durchführungswegen erteilt wurden oder wenn
eine Renten- und Kapitalzusage vorliegt.

Auch wenn der Gesetzgeber in der Neufassung des Gesetzes auf den Verweis 12
auf § 1b Abs. 1–3 (§ 3 Abs. 1 S. 1 BetrAVG a.F.) und auf § 2 Abs. 4 (§ 3 Abs. 1
S. 6 BetrAVG a.F.) verzichtet hat, ergibt sich dies aus dem Sinn und Zweck
des Gesetzes.

B. Anwendungsbereich

I. Schutz von ausgeschiedenen Anwärtern

1. Gesetzliche Unverfallbarkeit

Bestandteil der gesetzlichen Definition der betrieblichen Altersversorgung ist 13
die Erfüllung eines Versorgungszwecks. Folglich sollen die Versorgungsleistungen, die dem Arbeitnehmer zugesagt worden sind, ihm auch erst zu
einem Zeitpunkt zufließen, zu dem er die Voraussetzungen erfüllt, um die
Versorgungsleistungen zu beziehen.

§ 3 Abs. 1 BetrAVG bestimmt, dass gesetzlich unverfallbare Anwartschaften im 14
Fall der Beendigung des Arbeitsverhältnisses nur unter den Voraussetzungen
der folgenden Absätze abgefunden werden dürfen. Soweit die Voraussetzungen
nicht vorliegen, besteht folglich ein Abfindungsverbot. Das Abfindungsverbot
bzw. die eingeschränkte Abfindungsmöglichkeit entsteht in dem Zeitpunkt, in
dem das Arbeitsverhältnis beendet wird. Es wirkt so lange fort, bis der Versorgungsfall eintritt, bis mit anderen Worten aus dem Versorgungsanwärter ein
Versorgungsempfänger wird. Ohne Bedeutung ist dabei, wie lange der Zeitraum zwischen der **Beendigung des Arbeitsverhältnisses** und dem Eintritt des
Versorgungsfalles ist. Ohne Bedeutung ist auch, ob eine Rente, Leistungen aus
einem Auszahlungsplan oder ein Kapital zugesagt wurde.

15 Wird aus einer Versorgungsanwartschaft ein Versorgungsanspruch, entsteht bei einer laufenden Leistung ein neues Abfindungsverbot, wenn der Anspruch auf die laufende Leistung nach dem 31.12.2004 entsteht oder entstanden ist. Hierzu wird auf die Ausführungen in Rdn. 20 ff. verwiesen.

16 Auch wenn § 3 BetrAVG erst mit der Beendigung des Arbeitsverhältnisses zur Anwendung kommt, ist diese Vorschrift bereits zu beachten, wenn die **Beendigung** eines Arbeitsverhältnisses **bevorsteht**. Sie erlangt Bedeutung, wenn im Zusammenhang mit der Beendigung des Arbeitsverhältnisses eine Abfindung vorgenommen wird.[5] Besteht zwischen einer Abfindungszahlung im aktiven Arbeitsverhältnis und der Beendigung des Arbeitsverhältnisses ein **zeitlicher und sachlicher Zusammenhang**, ist eine Abfindung nur unter den Voraussetzungen des § 3 BetrAVG zulässig.[6] Wird eine Abfindung vorgenommen, die diese Voraussetzungen nicht erfüllt, wird die Abfindung mit dem Ausscheiden aus dem Arbeitsverhältnis unwirksam.

17 Ist der Arbeitnehmer mit einer gesetzlich unverfallbaren Anwartschaft aus dem Arbeitsverhältnis ausgeschieden, ist ohne Bedeutung, nach welcher gesetzlichen Regelung die Unverfallbarkeit eingetreten ist.[7]

2. Vertragliche Unverfallbarkeit

18 § 3 BetrAVG ist nicht anzuwenden auf Versorgungsanwärter, deren Versorgungsanwartschaft anlässlich des Ausscheidens vertraglich aufrechterhalten wurde.[8] Ihre Versorgungsanwartschaften können ungeachtet der gesetzlichen Bestimmungen jederzeit – in aller Regel einvernehmlich –[9] abgefunden werden. Soweit in der erteilten Versorgungszusage hierfür Regelungen – z.B. auch für die Höhe einer Abfindungszahlung – vorgesehen sind, sind diese zu berücksichtigen.

19 Zur vertraglich unverfallbaren Anwartschaft wird auf die Ausführungen in § 1b Rdn. 6 ff. verwiesen. Vertraglich unverfallbare Anwartschaften sind uneingeschränkt abfindbar, weil sie nicht durch das Betriebsrentengesetz geschützt sind.

---

5 BAG 11.12.2001, 3 AZR 334/00, EzA § 1 BetrAVG Nr. 80 = DB 2002, 2335.
6 BT-Drucks. 15/2150, S. 52.
7 Vgl. § 1b Rdn. 4 ff.
8 BT-Drucks. 15/2150, S. 52.
9 Zum Abfindungsvorbehalt aus steuerlicher Sicht vgl. BMF-Schreiben v. 6.4.2005 – IV B 2 – S 2176–10/05.

Kisters-Kölkes

II. Schutz von Versorgungsempfängern

1. Erfasster Personenkreis

Versorgungsempfänger sind solche Personen, bei denen der Versorgungsfall 20
eingetreten ist, die folglich bereits einen Anspruch auf die zugesagten Versorgungsleistungen erworben haben, auch wenn dieser ruht (technische Rentner). Während bis zum 31.12.2004 bei Versorgungsempfängern eine uneingeschränkte Abfindungsmöglichkeit bestand, werden mit Wirkung ab dem 1.1.2005 Versorgungsempfänger in den persönlichen Geltungsbereich des § 3 BetrAVG einbezogen. Dies bedeutet, dass ab diesem Stichtag nur noch in den Grenzen des § 3 BetrAVG eine Abfindungsmöglichkeit besteht.

Aus Gründen des Vertrauensschutzes werden Versorgungsempfänger von 21
dem Anwendungsbereich des § 3 BetrAVG ausgenommen, deren **Versorgungsanspruch vor dem 1.1.2005 entstanden** ist. In § 30g Abs. 2 BetrAVG heißt es zwar, dass die Vorschrift keine Anwendung findet auf laufende Leistungen, die vor dem 1.1.2005 »erstmals gezahlt worden sind«. Es kann aber nicht auf den Zeitpunkt der faktischen Zahlung ankommen. Entscheidend muss sein, wann erstmals die Voraussetzungen für die Entstehung des Anspruchs erfüllt waren. Dies bedeutet, dass das Abfindungsverbot in den Fällen nicht greift, bei denen die Zahlung einer laufenden Rente z.B. in 2005 aufgenommen wurde, der Anspruch aber bereits z.B. zum 1.7.2004 entstanden ist.[10] Auf den Grund, warum es erst zu einer Auszahlung in 2005 kommt, kann es nicht ankommen. Damit ist ohne Bedeutung, ob der Arbeitnehmer in der Lage war, vor dem 1.1.2005 seinen Anspruch geltend zu machen. Wurde z.B. durch den gesetzlichen Rentenversicherungsträger rückwirkend eine Rente wegen Erwerbsminderung auf einen Zeitpunkt vor dem 1.1.2005 anerkannt, greift § 3 BetrAVG nicht ein, wenn die betriebliche Invaliditätsrente auch rückwirkend zu zahlen ist. Offen ist, wie der Begriff »erstmalige Zahlung« oder »Anspruchentstehung« zu interpretieren ist, wenn Renten auf Zeit gewährt werden. Geht nach Ablauf der Zeit der Anspruch unter und wird erneut eine Rente zuerkannt,[11] ggf. wieder zeitlich befristet, könnte das Abfindungsverbot greifen, wenn z.B. von 2004 bis 2006 eine befristete Invalidenrente gezahlt wurde und in 2006 erneut befristet ein Anspruch zuerkannt wurde. Da der Arbeitgeber das Risiko der Unwirksamkeit einer Abfindung trägt, muss dieses Risiko bedacht werden.

---

10 *Blomeyer/Rolfs/Otto* § 3 Rn. 36.
11 LSG Berlin-Brandenburg 13.2.2007, L 12 RJ 13/04.

22 Ist dem Versorgungsempfänger eine **Kapitalleistung** zugesagt, wird diese vereinbarungsgemäß bei Eintritt des Versorgungsfalles ausgezahlt. Die Auszahlung des Kapitals stellt keine Abfindung dar, weil originär diese Auszahlungsform zugesagt war. Eine Abfindung liegt auch nicht vor, wenn ein Arbeitnehmer von dem ihm eingeräumten Recht Gebrauch macht, statt einer Rente ein Kapital zu wählen (Kapitaloption).[12] Mit der Ausübung des Rechts geht die Rentenzusage unter und es besteht nur noch das Recht, das Kapital zu verlangen.[13] Wird ein Kapital in Raten ausgezahlt, liegt keine laufende Leistung vor, auch dann nicht, wenn die Ratenzahlung über 5 oder 10 Jahre gestreckt wird. Wenn zu solchen Auszahlungen zu § 16 BetrAVG die Auffassung vertreten wird,[14] es sei eine Anpassung vorzunehmen, ist der Zweck der Regelung zu berücksichtigen. § 16 BetrAVG will die Kaufkraftstabilität erhalten. Ein solcher Zweck wird bei der Anwendung von § 3 BetrAVG nicht verfolgt. Wird allerdings vor Auszahlung des Kapitals dem Anwärter das Recht eingeräumt, eine Verrentung zu wählen oder behält sich das Unternehmen vor, ab einer bestimmten Größenordnung des Kapitals selbst die Verrentung zu wählen, ist nach der Ausübung des Wahlrechts § 3 BetrAVG anzuwenden.

23 Ruhte am 1.1.2005 der Anspruch auf Auszahlung einer Rente, ist dies ohne Bedeutung, weil der Anspruch auf die zugesagte betriebliche Versorgungsleistung bereits vor dem 1.1.2005 entstanden war.[15] Das **Ruhen** einer Versorgungsleistung ist üblicherweise vorgesehen, um ein Zusammentreffen von Aktivenbezügen mit einer Versorgungsleistung zu verhindern.

24 Entsprechendes gilt für einen »technischen Rentner«, wenn dessen Rentenbeginn vor dem 1.1.2005 lag. Von einem **technischen Rentner** spricht man dann, wenn ein Arbeitnehmer aus dem Erwerbsleben ausgeschieden ist, tatsächlich aber noch nicht die betriebliche Altersversorgung bezieht. Ein solcher Fall tritt ein, wenn ein Arbeitnehmer aus der gesetzlichen Rentenversicherung eine vorzeitige Altersrente bezieht. Mit der Zuerkennung und dem Bezug der gesetzlichen Rente erfolgt das Ausscheiden aus dem Erwerbsleben. Damit tritt der Versorgungsfall nach § 6 BetrAVG ein. Die nach dieser Vor-

---

12 *Langohr-Plato/Teslau* NZA 2004, 1300; *Förster/Cisch* BB 2004, 2132; *Andresen/Förster/Rößler/Rühmann* Teil 10 D Rn. 50; *Blomeyer/Rolfs/Otto* § 3 Rn. 36.
13 BMF-Schreiben v. 31.3.2010, BStBl. I, S. 420 ff., Rn. 272 (s. Anh. III).
14 *Höfer* BetrAVG, Rn. 5120 ff. zu § 16.
15 A.A. *Blomeyer/Rolfs/Otto* § 3 Rn. 36.

Kisters-Kölkes

schrift bestehende Möglichkeit, den Versorgungsanspruch erst später fällig zu stellen, ändert an dem Ausscheiden aus dem Erwerbsleben nichts. Betriebsrentenrechtlich besteht dann kein Anwartschaftsverhältnis mehr, sondern ein Versorgungsverhältnis. Ohne Bedeutung ist, ob sich an das frühere Arbeitsverhältnis ein geringfügiges Beschäftigungsverhältnis im Rahmen der sozialversicherungsrechtlichen Hinzuverdienstmöglichkeiten anschließt.[16]

Das Abfindungsverbot besteht auch, wenn Auszahlungen über einen **Auszahlungsplan** vorgenommen werden. Auch bei diesen Raten bzw. Renten handelt es sich um laufende Leistungen i.S.d. Gesetzes, denn anders als in § 16 Abs. 6 BetrAVG sind die Zahlungen aus einem Auszahlungsplan nicht vom Anwendungsbereich ausdrücklich ausgenommen worden. **25**

Tritt der Versorgungsfall nach dem 31.12.2004 ein, ist eine Abfindung nur in den Grenzen des § 3 BetrAVG zulässig. Dies bedeutet, dass nur Mini-Renten abfindbar sind. Renten, die die vorgegebene Obergrenze überschreiten, sind nicht abfindbar, auch nicht teilweise. Die Obergrenze liegt bei 1 % der Bezugsgröße gem. § 18 SGB IV. Dies bedeutet im Jahr 2012, dass nur Renten bis zu einem Betrag von 26,25 € (alte Bundesländer; € 22,40 neue Bundesländer) monatlich abfindbar sind. Wird der Grenzbetrag überschritten, ist eine Abfindungszahlung, auch wenn sie im Einvernehmen mit dem Versorgungsempfänger erfolgt, unwirksam, weil sie gegen das gesetzliche Verbot verstößt. **26**

2. Zeitraum

Das Abfindungsverbot entsteht mit dem Rentenbeginn und endet i.d.R. mit dem Tod des Versorgungsempfängers oder mit Ablauf der Frist, für die eine Rente als Zeitrente gezahlt wird.[17] **27**

3. Wechsel der Rentenart

Wird im Anschluss an eine Alters- oder Invaliditätsleistung eine Hinterbliebenenrente gezahlt, ist offen, ob hinsichtlich der **Hinterbliebenenleistung** ein ursprünglich bei der Alters- oder Invaliditätsleistung bestehendes Abfindungsverbot fortwirkt oder nicht. Es müsste für jede eigenständige Leistungsart nach der hier vertretenen Auffassung eigenständig geprüft werden, **28**

---

16 BAG 18.3.2003, 3 AZR 313/02, EzA § 7 BetrAVG Nr. 68 = NZA 2004, 848.
17 BAG 18.3.2003, 3 AZR 313/02, EzA § 7 BetrAVG Nr. 68 = NZA 2004, 848.

ob die Obergrenze eingreift. War also z.B. an den ehemaligen Arbeitnehmer eine Altersrente in Höhe von 30 € monatlich zu zahlen, verstirbt dieser Rentner und hat seine Witwe einen Anspruch auf 60 % dieses Betrages, müsste diese Rente abfindbar sein, da sie die 1 %-Grenze nicht übersteigt. Diese Auffassung kollidiert nicht mit dem Sinn und Zweck des Gesetzes, denn eine Hinterbliebenenleistung muss nicht lebenslänglich gezahlt werden. Die Zahlung einer Witwen-/Witwerrente wird üblicherweise eingestellt, wenn sich die Witwe/der Witwer wieder verheiratet.[18] Soweit es um Waisenleistungen geht, ist eine zeitliche Befristung immer vorgegeben, weil überhaupt nur Kinder begünstigt sein können, die bestimmte Voraussetzungen erfüllen.[19]

III. Abfindungen in bestehenden Arbeitsverhältnissen

29 Auf Arbeitnehmer, die im Zeitpunkt einer Abfindung in einem Arbeitsverhältnis stehen, ist § 3 BetrAVG nicht anzuwenden.[20]

30 Das Abfindungsverbot greift auch nicht, wenn bei einem fortbestehenden Arbeitsverhältnis eine Umgestaltung der Versorgung vorgenommen wird. Denn § 3 BetrAVG will nicht eine »Versteinerung« der einmal eingegangenen Versorgungsverpflichtungen erzwingen. Eine Umgestaltung ist folglich möglich, wenn sich die Parteien (Arbeitnehmer/Arbeitgeber; Betriebsrat/Arbeitgeber)[21] hierauf verständigen.[22] Sie können, solange die Beendigung des Arbeitsverhältnisses nicht ansteht, Versorgungsanwartschaften einschränken, aufheben und abfinden, ggf. aber nur mit Zustimmung des Betriebsrats. Wird eine Rentenzusage in eine Kapitelzusage abgeändert, fällt dies nicht in den Anwendungsbereich von § 3 BetrAVG.[23]

---

18 BAG 16.4.1997, 3 AZR 28/96, EzA § 1 BetrAVG Hinterbliebenenversorgung Nr. 5 = DB 1997, 107 = BB 1997, 1903.

19 S. dazu § 1 Rdn. 240.

20 BAG 21.3.2000, 3 AZR 127/99, EzA § 3 BetrAVG Nr. 6 = DB 2001, 2611 = BB 2001, 1536; BT-Drucks. 15/2150, S. 52; zur Befreiung von der Versorgungsschuld *Reichenbach* FS Kemper, S. 366.

21 Zur Änderung s. § 1 Rdn. 269 ff.

22 BAG 11.12.2001, 3 AZR 334/00, EzA § 1 BetrAVG Nr. 80 = DB 2002, 2335; 20.11.2001, 3 AZR 28/01, EzA § 3 BetrAVG Nr. 8 = DB 2002, 2333; 14.8.1990, 3 AZR 301/89, EzA § 17 BetrAVG Nr. 5 = BAGE 65, 341 = DB 1991, 501.

23 Vgl. hierzu aber BAG 15.5.2012, 3 AZR 11/10, EzA-SD 2012, Nr. 13, 10.

Kisters-Kölkes

Besteht das Arbeitsverhältnis noch, soll dieses aber demnächst beendet wer- 31
den, greift dagegen das Abfindungsverbot des § 3 BetrAVG, wenn im Beendigungszeitpunkt die gesetzlichen Unverfallbarkeitsvoraussetzungen erfüllt
sein werden. Dies gilt unabhängig davon, ob der Arbeitnehmer bei Abschluss
einer Abfindungsvereinbarung von der bevorstehenden Beendigung des
Arbeitsverhältnisses Kenntnis hat oder nicht. Entscheidend ist ein sachlicher
und zeitlicher Zusammenhang zwischen Abfindung und Ausscheiden.[24]

Werden Sozialpläne abgeschlossen, die – ggf. unter bestimmten Vorausset- 32
zungen – die Beendigung von Arbeitsverhältnissen vorsehen, ist das Abfindungsverbot des § 3 BetrAVG bei Anwartschaften zu beachten, die im
Ausscheidezeitpunkt unverfallbar sein werden. Für Anwartschaften, die im
Beendigungszeitpunkt nicht gesetzlich unverfallbar sein werden, ist in § 113
Abs. 1 Nr. 5 BetrVG vorgesehen, dass diese verfallenden Anwartschaften bei
der Ermittlung der Abfindungshöhe berücksichtigt werden sollten.

IV. Abfindungen von Versorgungsanwartschaften anlässlich eines Betriebs-
übergangs

Geht das Arbeitsverhältnis eines Arbeitnehmers gem. § 613a BGB mit allen 33
Rechten und Pflichten auf den Betriebserwerber über, besteht das Arbeitsverhältnis fort. Es wird kraft Gesetzes fortgesetzt.[25] Das BAG hat offen gelassen,
ob § 3 BetrAVG bei einem Betriebsübergang anzuwenden ist oder nicht.
Denn eine Abfindung der Versorgungsanwartschaften, die im Zusammenhang mit einem Betriebsübergang vorgenommen wird, verstößt gegen den
Schutzzweck des § 613a Abs. 1 S. 1 BGB und ist bereits aus diesem Grunde
nichtig. Dies gilt auch, wenn der Arbeitnehmer durch einen Erlassvertrag zu
einem Verzicht (Teilverzicht) auf seine Versorgungsanwartschaft veranlasst
werden soll. Dies gilt sowohl für im Übergangszeitpunkt **verfallbare** wie auch
für **unverfallbare Versorgungsanwartschaften**.[26] Damit geht der Schutz bei
einem Betriebsübergang über § 613a BGB weiter als bei einer Anwendung
des § 3 BetrAVG.

---

24 *Blomeyer/Rolfs/Otto* § 3 Rn. 23.
25 S. dazu § 1b Rdn. 74 ff.
26 BAG 12.5.1992, 3 AZR 247/91, EzA § 613a BGB Nr. 104 = BAGE 70, 209 =
    DB 1992, 2038; 29.10.1985, 3 AZR 485/83, EzA § 613a BGB Nr. 52 =
    BAGE 50, 62 = DB 1986, 1779; 14.5.1991, 3 AZR 212/90.

34   Ohne Bedeutung ist bei § 613a BGB, auf welche Art und Weise die Arbeitnehmer zur Einschränkung ihrer Versorgungsanwartschaften veranlasst werden. Sowohl eine Abrede zwischen dem Veräußerer und dem Erwerber des Betriebes als auch eine Vereinbarung zwischen dem Veräußerer und dem Arbeitnehmer, die den Erwerber von »Altlasten« befreien soll, sind unzulässig. Auch Eigenkündigungen der Arbeitnehmer oder Aufhebungsverträge stellen Umgehungen von § 613a BGB dar und sind unwirksam.[27]

V. Verrechnung künftiger Rentenansprüche mit einer Abfindung

35   Es wird auf die Ausführungen in der 3. Auflage (Rn. 42 f.) verwiesen.

C. Gestaltungsformen

I. Abfindung, Teilabfindung, Verzicht

36   In § 3 Abs. 6 BetrAVG ist geregelt, dass die Abfindung einmalig zu zahlen ist. Mit der Zahlung eines Abfindungsbetrages, soweit dies zulässig ist, erlischt das Schuldverhältnis. Es besteht keine Anwartschaft mehr. Handelt es sich um einen aktiven Arbeitnehmer, mit dem eine Abfindung vereinbart wird, wird gleichzeitig das Versorgungsverhältnis aufgehoben.[28] Entsprechendes gilt für einen Versorgungsempfänger, wenn der Leistungsbeginn vor dem 1.1.2005 lag.

37   Ein **Verzicht** auf eine Versorgungsanwartschaft liegt dagegen vor, wenn der Arbeitnehmer über einen Erlassvertrag dazu veranlasst wird, ohne Zahlung einer Gegenleistung auf seine Versorgungsrechte gänzlich zu verzichten.[29] Eine **Teilabfindung/ein Teilerlass** liegt vor, wenn nicht die gesamte Anwartschaft oder der gesamte Anspruch, sondern nur ein Teil desselben abgefunden wird, also z.B. nur eine Hinterbliebenenanwartschaft. Ein Teilverzicht liegt auch vor, wenn die Höhe der zugesagten Steigerung einer Versorgungsanwartschaft einvernehmlich zurückgenommen wird.[30] Solche Teilabfindungen sind bei aktiven Arbeitnehmern[31] und bei Versorgungsempfängern zuläs-

---

27   BAG 28.4.1987, 3 AZR 75/86, EzA § 613a BGB Nr. 67 = BAGE 55, 228 = NZA 1988, 198.

28   S. dazu § 1 Rdn. 31 ff.

29   BAG 14.8.1990, 3 AZR 301/89, EzA § 17 BetrAVG Nr. 5 = DB 1991, 501.

30   Unter Wahrung der Mitbestimmungsrechte des Betriebsrates, BAG 21.1.2003, 3 AZR 30/02, EzA § 3 BetrAVG Nr. 9 = DB 2003, 2130.

31   Zu den Grenzen der Eingriffsmöglichkeiten, vgl. auch § 1 Rdn. 280 ff.

sig, deren Rentenbeginn vor dem 1.1.2005 liegt. Sie sind nicht zulässig bei Anwärtern, die mit einer gesetzlich unverfallbaren Anwartschaft ausgeschieden sind, wenn bei der Höhe der Altersanwartschaft die gesetzlichen Grenzen überschritten sind. Sie sind ebenfalls nicht zulässig bei Versorgungsempfängern, wenn die gezahlte Rente die Grenze des § 3 BetrAVG übersteigt.

Ein Erlassvertrag ist von einem **Tatsachenvergleich** abzugrenzen. Streiten sich Arbeitgeber und Arbeitnehmer bzw. Versorgungsempfänger darüber, ob überhaupt ein Versorgungsanspruch besteht und einigen sie sich in einem gerichtlichen Vergleich darauf, dass statt einer Versorgungsleistung eine Abfindung/Teilabfindung gezahlt wird, ist § 3 BetrAVG nicht verletzt, wenn im Ergebnis eine Klärung des Rechtsgrundes unterbleibt.[32] **38**

II. Umgestaltung

Keine Abfindung i.S.v. § 3 BetrAVG liegt vor, wenn eine bestehende Versorgungszusage in der Form umgestaltet wird, dass eine gleichwertige, **inhaltlich veränderte Zusage** erteilt wird. Es erfolgt in diesem Fall weder eine Zahlung vor Eintritt eines Versorgungsfalles noch ein entschädigungsloser Verzicht auf Versorgungsrechte. So ist es zulässig, anlässlich der Beendigung des Arbeitsverhältnisses eine Invaliditätsversorgung durch eine höhere Altersversorgung zu ersetzen.[33] Ob eine Abfindung oder eine inhaltliche Veränderung vorliegt, ist durch Auslegung der getroffenen Vereinbarung zu ermitteln. **39**

III. Versorgungsausgleich

Wird anlässlich der Scheidung eines Versorgungsanwärters oder eines Versorgungsempfängers vom Familiengericht eine interne oder externe Teilung zugunsten des ausgleichsberechtigten Ehegatten vorgenommen, ist dies keine Abfindung/Teilabfindung i.S.v. § 3 BetrAVG. Dem ausgleichsberechtigten Ehegatten wird vielmehr eine Teilhabe an der betrieblichen Altersversorgung eingeräumt, die während der Ehezeit erworben wurde. Der Versorgungszweck bleibt unverändert erhalten. **39a**

---

32 BAG 23.8.1994, 3 AZR 825/93, EzA § 3 BetrAVG Nr. 4 = DB 1995, 52; 18.12.1984, 3 AZR 125/84, EzA § 17 BetrAVG Nr. 2 = BAGE 47, 355 = DB 1985, 1949; so auch OLG Frankfurt 22.2.2007, 16 U 197/06, BetrAV 2007, 283 zur heutigen Rechtslage.

33 BAG 20.11.2001, 3 AZR 28/01, EzA § 3 BetrAVG Nr. 8 = DB 2002, 2333.

D. Bestehende Abfindungsmöglichkeiten

I. Abfindungsvereinbarung

40 In der bis zum 31.12.2004 geltenden Fassung des § 3 BetrAVG wurde zwischen dem einseitigen Abfindungsverlangen und der Abfindungsvereinbarung, die zwischen dem Arbeitgeber und dem Arbeitnehmer zu schließen war, differenziert. Diese Unterscheidung wurde für Abfindungen ab dem 1.1.2005 aufgegeben. Nach § 3 Abs. 2 hat ausschließlich der ehemalige Arbeitgeber das Recht, einseitig eine Abfindung vorzunehmen. Dies gilt gleichermaßen für Versorgungsanwärter wie auch für Versorgungsempfänger.

41 Die einzige Ausnahme zu diesem Abfindungsrecht ergibt sich aus § 3 Abs. 3 BetrAVG. Während nach dem bisher geltenden Recht solche Versorgungsanwärter, die die **Beiträge zur gesetzlichen Rentenversicherung erstattet** erhalten hatten, einvernehmlich mit ihrem Arbeitgeber eine Abfindung vereinbaren konnten, haben sie nach der jetzt geltenden Gesetzesfassung ein **einseitiges Abfindungsrecht**. Sie können vom Arbeitgeber eine Abfindung verlangen. Wegen der Einzelheiten hierzu wird auf Rdn. 71 f. verwiesen.

42 Damit kommen Abfindungsvereinbarungen nur noch bei aktiven Arbeitnehmern, mit vertraglich unverfallbarer Anwartschaft ausgeschiedenen Arbeitnehmern und bei Versorgungsempfängern mit einem Rentenbeginn vor dem 1.1.2005 in Betracht, für die § 3 BetrAVG nicht gilt.

II. Einseitiges Abfindungsrecht des Arbeitgebers

43 Der Arbeitgeber hat ein einseitiges Abfindungsrecht nach § 3 Abs. 2 BetrAVG, »wenn der Monatsbetrag der aus der Anwartschaft resultierenden laufenden Leistung bei Erreichen der vorgesehenen Altersgrenze 1 vom Hundert, bei Kapitalleistungen 12/10 der monatlichen Bezugsgröße nach § 18 SGB IV« nicht übersteigen würde. Ein Zustimmungserfordernis des Anwärters ist ausdrücklich ausgeschlossen. Der externe Versorgungsträger hat kein Abfindungsrecht. Will dieser abfinden, ist eine Vollmacht des Arbeitgebers erforderlich. Diese kann pauschal z.B. in einem Gruppenversicherungsvertrag eingeräumt werden. Sie ist nicht einzelfallbezogen einzuholen.

44 Der Arbeitgeber hat auch ein einseitiges Abfindungsrecht, wenn die laufende Versorgungsleistung die vorgenannte 1 %-Grenze nicht übersteigt.

45 Darüber hinaus besteht ein einseitiges Abfindungsrecht für die Anwartschaft, die während eines Insolvenzverfahrens erdient worden ist. Voraussetzung ist,

dass die Betriebstätigkeit vollständig eingestellt und das Unternehmen liquidiert wird.[34]

Besteht ein Abfindungsrecht, muss eine entsprechende Erklärung gegenüber dem Arbeitnehmer/Versorgungsempfänger abgegeben werden. Formvorschriften bestehen nicht. Es genügt, wenn die Erklärung mündlich erfolgt. Aus Beweisgründen ist eine schriftliche Erklärung anzuraten. Da einseitig ein Recht ausgeübt wird, sollte auch der Zugang der Erklärung nachweisbar sein. **46**

Soweit ein Abfindungsrecht besteht, kann es jederzeit ausgeübt werden, also beim Ausscheiden, aber auch nach dem Ausscheiden. Zwischen dem Ausscheiden und der Abfindung kann ein längerer Zeitraum liegen. **47**

1. Bei Erreichen der Altersgrenze maßgeblicher Monatsbetrag

Bei einem Versorgungsanwärter, der mit einer gesetzlich unverfallbaren Anwartschaft ausgeschieden ist, ist nach § 2 BetrAVG der Betrag zu ermitteln, der ihm als **Altersleistung** aufrechtzuerhalten ist. Dabei ist auf die Leistung abzustellen, die ihm bei Erreichen der festen Altersgrenze/Regelaltersgrenze[35] zusteht. Unerheblich ist, ob es sich um eine Rentenleistung oder eine Kapitalleistung oder um eine Leistung aus einem Auszahlungsplan handelt. **48**

Wurde die betriebliche Altersversorgung über **mehrere Durchführungswege** abgewickelt, ist auf den Gesamtwert der aufrechterhaltenen Altersanwartschaften abzustellen. Es kann also nicht für jeden Durchführungsweg § 3 BetrAVG einzeln angewandt werden. Dies gilt auch, wenn nebeneinander Zusagen in einem Durchführungsweg erteilt wurden. Für jede Altersversorgung bei einem Arbeitgeber ist immer nur einmalig auf die 1 %-Grenze abzustellen. Dies gilt auch, wenn Renten- und Kapitalzusagen kombiniert wurden. Es ist dann anteilig die jeweilige Grenze anzuwenden. **49**

Der Betrag, auf den es ankommt, ist bei einem Versorgungsanwärter der Betrag, der ihm gem. § 2 Abs. 6 BetrAVG (bis zum 31.12.2004) oder gem. § 4a Abs. 1 Nr. 1 BetrAVG mitgeteilt wurde. **50**

Übersteigt dieser Wert die 1 %-Grenze des § 3 Abs. 2 BetrAVG, ist eine Abfindung nicht zulässig. **51**

---

34 BAG 22.12.2009, 3 AZR 814/07, EzA § 3 BetrAVG Nr 12 = DB 2010, 1018.
35 BAG 15.5.2012, 3 AZR 11/10, EzA-SD 2012, Nr. 13, 10.

52 In den Fällen, in denen unterschiedliche feste Altersgrenzen für Männer und Frauen verwendet werden, ist auf den Betrag abzustellen, der insgesamt im Fall der Altersleistung dem männlichen Arbeitnehmer zusteht, auch wenn zwischen der Vor- und der Nach-Barber-Zeit differenziert wurde.[36]

2. Leistungszusage, beitragsorientierte Leistungszusage

53 Bei einer unmittelbaren Leistungszusage ergibt sich die Höhe der aufrechtzuerhaltenden Versorgungsanwartschaft aus der gem. § 2 Abs. 1 BetrAVG quotierten Leistung. Bei einer beitragsorientierten Leistungszusage, die nach dem 31.12.2000 erteilt wurde, ergibt sich die Höhe aus § 2 Abs. 5a BetrAVG. Bei Anwendung der versicherungsförmigen Lösung bei der Direktversicherung oder bei der Pensionskasse ist auf den Wert der beitragsfreien Versicherung abzustellen. Für beitragsorientierte Leistungszusagen, die vor dem 1.1.2001 erteilt wurden, kommt das Quotierungsverfahren gem. § 2 Abs. 1 BetrAVG zur Anwendung, wenn keine Vereinbarung i.S.v. § 30g Abs. 1 BetrAVG vorliegt. Dies gilt über § 2 Abs. 4 BetrAVG entsprechend für die Unterstützungskasse.

54 Für die betriebliche Altersversorgung aus Entgeltumwandlung ist der Zusagezeitpunkt entscheidend. Für Zusagen vor dem 1.1.2002 ist das Quotierungsverfahren anzuwenden, für später erteilte Zusagen § 2 Abs. 5a BetrAVG.

3. Beitragszusage mit Mindestleistung

55 Seit dem 1.1.2002 kann in den Durchführungswegen Direktversicherung, Pensionskasse und Pensionsfonds die Beitragszusage mit Mindestleistung verwendet werden. Diese Zusagegestaltung unterscheidet sich von der herkömmlichen Leistungszusage, weil die Leistung nicht bereits in der Anwartschaftszeit bestimmt oder bestimmbar ist. Die Leistungshöhe wird erst bei Erreichen der Altersgrenze aus dem dann vorhandenen Kapital ermittelt.

56 Der Gesetzgeber hat es versäumt, für die neu geschaffene Beitragszusage mit Mindestleistung eine eigenständige Berechnungsvorschrift in § 3 BetrAVG aufzunehmen. Damit ist die Frage unbeantwortet, wie bei dieser Zusagegestaltung der bei Erreichen der vorgesehenen Altersgrenze maßgebliche Monatsbetrag der laufenden Versorgungsleistung bestimmt werden soll bzw. bestimmt werden kann.

---

36 S. dazu § 6 Rdn. 40 ff.

Die Höhe der aufrechtzuerhaltenden Anwartschaft richtet sich nach § 2 57
Abs. 5b BetrAVG. Danach kann in der Anwartschaftszeit zwar die Mindestleistung und die Höhe der Altersleistung aus der Mindestleistung bestimmt
werden, nicht aber die tatsächliche Leistung bei Erreichen der festen Altersgrenze, weil weder im Ausscheidezeitpunkt noch in einem späteren Zeitpunkt bis zum Eintritt des Versorgungsfalles Alter die Höhe des Zahlbetrages
ermittelt werden kann, weil keiner die Wertentwicklung der Kapitalanlage
vorhersehen kann.

Solange nicht geklärt ist, wie bei einer Beitragszusage mit Mindestleistung 58
»der Monatsbetrag der aus der Anwartschaft resultierenden laufenden Leistung bei Erreichen der vorgesehenen Altersgrenze« zu ermitteln ist, sollte auf
jedwede Abfindungszahlung verzichtet werden.

4. 1 % der monatlichen Bezugsgröße

Die monatliche Bezugsgröße ergibt sich aus § 18 SGV IV. Im Jahr 2012 59
beträgt sie 26,25 € (West) bzw. 22,40 € (Ost) für eine Rentenzusage in der
Form der Leistungszusage oder beitragsorientierten Leistungszusage.[37] Die
monatliche Bezugsgröße wird jährlich neu festgesetzt.

Seit 2001 hat sich die monatliche Bezugsgröße wie folgt entwickelt: 60

Bezugsgröße nach § 18 SGB IV (alte Bundesländer und West-Berlin)		
Jahr	**monatlich**	**1 %**
2001	2.290,59 €	22,90 €
2002	2.345,00 €	23,45 €
2003	2.380,00 €	23,80 €
2004	2.415,00 €	24,15 €
2005	2.415,00 €	24,15 €
2006	2.450,00 €	24,50 €
2007	2.450,00 €	24,50 €

---

37 Für die einheitliche Anwendung der Bezugsgröße West *Blomeyer/Rolfs/Otto* § 3
   Rn. 48.

2008	2.485,00 €	24,85 €
2009	2.520,00 €	25,20 €
2010	2.555,00 €	25,55 €
2011	2.555,00 €	25,55 €
2012	2.625,00 €	26,25 €

Bezugsgröße nach § 18 SGB IV (Neue Bundesländer und Ost-Berlin)		
Jahr	**monatlich**	**1 %**
2001	1.932,68 €	19,32 €
2002	1.960,00 €	19,60 €
2003	1.995,00 €	19,95 €
2004	2.030,00 €	20,30 €
2005	2.030,00 €	20,30 €
2006	2.065,00 €	20,65 €
2007	2.100,00 €	21,00 €
2008	2.100,00 €	21,00 €
2009	2.135,00 €	21,35 €
2010	2.170,00 €	21,70 €
2011	2.170,00 €	21,70 €
2012	2.240,00 €	22,40 €

61 Es ist auf die monatliche Bezugsgröße abzustellen, die in dem Zeitpunkt gilt, in dem der Arbeitgeber von seinem Abfindungsrecht Gebrauch macht. Welche Bezugsgröße im Zeitpunkt des Ausscheidens maßgeblich war, ist ohne Bedeutung. Dies bedeutet, dass bei einer Versorgungsanwartschaft, die im Zeitpunkt des Ausscheidens die Bezugsgröße noch überstieg, später eine Abfindungszahlung zulässig werden kann, wenn im Laufe der Zeit die Bezugsgröße angestiegen ist und den Betrag übersteigt, der anlässlich des Ausscheidens nach § 2 Abs. 5 BetrAVG eingefroren wurde. Denn in § 3 Abs. 2 S. 1 BetrAVG wird nur dieser Zeitpunkt und in § 3 Abs. 5 i.V.m. § 4

Abs. 5 BetrAVG der Abfindungswert im Zeitpunkt der Abfindungszahlung fixiert und vorgegeben, nicht dagegen der Zeitpunkt, der für das Überschreiten der 1 %-Grenze maßgeblich ist.

5. Bezugsgröße bei einer Kapitalzusage

Für Kapitalzusagen, die in der Form von Leistungszusagen oder beitragsori- 62 entierten Leistungszusagen erteilt werden, beträgt die Obergrenze für die Abfindungsmöglichkeit 12/10 der monatlichen Bezugsgröße gem. § 18 SGB IV. Dies sind im Jahr 2012 3.150 € West und 2.688 € Ost. Folglich können Anwartschaften auf ein Alterskapital bis zu diesen Beträgen abgefunden werden.

Die Obergrenze hat sich in der Vergangenheit wie folgt entwickelt: 63

Bezugsgröße nach § 18 SGB IV (Alte Bundesländer und West-Berlin)		
Jahr	monatlich	12/10
2001	2.290,59 €	2.748,70 €
2002	2.345,00 €	2.814,00 €
2003	2.380,00 €	2.856,00 €
2004	2.415,00 €	2.898,00 €
2005	2.415,00 €	2.898,00 €
2006	2.450,00 €	2.940,00 €
2007	2.450,00 €	2.940,00 €
2008	2.485,00 €	2.982,00 €
2009	2.520,00 €	3.024,00 €
2010	2.555,00 €	3.066,00 €
2011	2.555,00 €	3.066,00 €
2012	2.625,00 €	3.150,00 €

Bezugsgröße nach § 18 SGB IV (Neue Bundesländer und Ost-Berlin)		
Jahr	monatlich	12/10
2001	1.932,68 €	2.319,21 €
2002	1.960,00 €	2.352,00 €
2003	1.995,00 €	2.394,00 €
2004	2.030,00 €	2.436,00 €
2005	2.030,00 €	2.436,00 €
2006	2.065,00 €	2.478,00 €
2007	2.100,00 €	2.520,00 €
2008	2.100,00 €	2.520,00 €
2009	2.135,00 €	2.562,00 €
2010	2.170,00 €	2.604,00 €
2011	2.170,00 €	2.604,00 €
2012	2.240,00 €	2.688,00 €

6. Ausweis in einem Betrag

64 Nach § 3 Abs. 6 BetrAVG ist die Abfindung gesondert auszuweisen und einmalig zu zahlen. Werden anlässlich des Ausscheidens aus verschiedenen Rechtsgründen (z.B. Verlust des Arbeitsplatzes) weitere Abfindungsbeträge vereinbart, muss die Abfindung nach § 3 BetrAVG von diesen Beträgen getrennt ausgewiesen werden, damit der Arbeitnehmer die Reichweite dieser Erklärung erkennt.

7. Abfindung und versicherungsförmige Lösung

65 Nachdem der Gesetzgeber § 2 Abs. 2 BetrAVG um einen Satz 7 ergänzt hat, mit dem auch nach Ausübung der versicherungsförmigen Lösung im Rahmen des § 3 ein Abfindungsrecht besteht, hat der Arbeitgeber ein einseitiges Abfindungsrecht, nicht der Versicherer. Will dieser zur Verwaltungskostenersparnis das Abfindungsrecht ausüben, benötigt er hierzu eine Vollmacht des Arbeitgebers. Entsprechendes gilt für Pensionskassenzusagen.

III. Ausschluss des Abfindungsrechts beim Mitnahmeanspruch

Nach § 3 Abs. 2 S. 3 BetrAVG ist die Abfindung einer gesetzlich unverfallba- **66** ren Anwartschaft unzulässig, wenn der ausgeschiedene Arbeitnehmer von seinem **Recht auf Übertragung** der Anwartschaft auf einen neuen Arbeitgeber Gebrauch gemacht hat. Dies bedeutet, dass der Arbeitgeber sein Abfindungsrecht so lange nicht geltend machen kann, wie der Arbeitnehmer nach § 4 Abs. 3 BetrAVG die Möglichkeit hat, seinen Mitnahmeanspruch geltend zu machen. Da sich der Arbeitnehmer innerhalb eines Jahres seit seinem Ausscheiden dazu entscheiden muss, ob er das Mitnahmerecht ausübt oder nicht, kann frühestens ein Jahr nach dem Ausscheiden mit einer gesetzlich unverfallbaren Anwartschaft eine Abfindung vorgenommen werden.[38] In den Fällen, in denen der ausgeschiedene Arbeitnehmer vor Ablauf der Jahresfrist unmissverständlich erklärt hat, dass er seinen Mitnahmeanspruch nicht geltend macht, sollte dennoch von einer Abfindungszahlung binnen der Jahresfrist Abstand genommen werden, da der Arbeitnehmer nicht auf sein Mitnahmerecht verzichten kann (§ 17 Abs. 3 S. 3 BetrAVG). Er kann mit anderen Worten trotz einer solchen Erklärung noch gegen Ende der Frist seine Entscheidung widerrufen. Dies hätte zur Konsequenz, dass die Abfindungszahlung unzulässig wird. Der Arbeitgeber, der schon eine Auszahlung des Abfindungsbetrages vorgenommen hätte, könnte wohl nur nach den Grundsätzen der ungerechtfertigten Bereicherung gem. §§ 812 ff. BGB eine Rückzahlung geltend machen. Dies wird häufig daran scheitern, dass der ehemalige Arbeitnehmer nicht mehr bereichert ist.

Nach § 4 Abs. 3 BetrAVG hat das Recht auf Übertragung nur ein Arbeitneh- **67** mer, der in den Durchführungswegen Pensionskasse, Pensionsfonds oder Direktversicherung ab dem 1.1.2005 eine Versorgungszusage erhalten hat (§ 30b BetrAVG). Zudem darf der Übertragungswert die Jahres-Beitragsbemessungsgrenze in der allgemeinen Rentenversicherung nicht übersteigen.

Dies bedeutet, dass in den Durchführungswegen unmittelbare Versorgungs- **68** zusage und Unterstützungskassenzusage das Abfindungsrecht gem. § 3 BetrAVG nicht ausgeschlossen ist, weil in diesen Durchführungswegen kein Mitnahmeanspruch nach § 4 Abs. 3 BetrAVG besteht. In diesen beiden

---

38 A.A. *Blomeyer/Rolfs/Otto* § 3 Rn. 61, die von einer sofortigen Abfindungsmöglichkeit ausgehen und meinen, damit könne dem Übertragungsanspruch des Arbeitnehmers die Grundlage entzogen werden. Dies dürfte dem Wortlaut, aber auch dem Sinn und Zweck des Gesetzes widersprechen.

Durchführungswegen kann deshalb auch bereits vor Ablauf eines Jahres eine Abfindung in den Grenzen von § 3 BetrAVG vorgenommen werden.

69, 70   *unbelegt*

IV. Abfindungsrecht des Arbeitnehmers

1. Gesetzliche Neuregelung

71   Arbeitnehmer, die mit einer gesetzlich unverfallbaren Anwartschaft aus dem Arbeitsverhältnis ausgeschieden sind und denen die **Beiträge zur gesetzlichen Rentenversicherung erstattet** worden sind, haben unabhängig von der Höhe der aufrechtzuerhaltenden Anwartschaft ein Abfindungsrecht. Während nach der bis zum 31.12.2004 geltenden Rechtslage diese ehemaligen Arbeitnehmer nur im Einvernehmen mit dem Arbeitgeber eine Abfindungszahlung bewirken konnten, hat ihnen der Gesetzgeber über § 3 Abs. 3 BetrAVG das Recht eingeräumt, vom Arbeitgeber eine Abfindung zu verlangen. Damit entscheidet ausschließlich der Arbeitnehmer, ob er dieses Recht ausübt. Der Arbeitgeber, dem die Erstattung der Beiträge zur gesetzlichen Rentenversicherung nachgewiesen wird, kann folglich nicht verhindern, dass bei ihm der Abfindungsanspruch geltend gemacht wird. Wird der Nachweis nicht erbracht, besteht kein Abfindungsrecht.

72   Da der Gesetzgeber für dieses Abfindungsrecht **keine Übergangsregelung** geschaffen hat, sind nicht nur Arbeitgeber diesem Abfindungsanspruch ausgesetzt, bei denen künftig Arbeitnehmer mit einer gesetzlich unverfallbaren Anwartschaft ausscheiden, sondern es sind auch solche Arbeitgeber betroffen, bei denen in der Vergangenheit ein Arbeitnehmer ausgeschieden ist. Dies bedeutet, dass selbst Arbeitnehmer den Abfindungsanspruch geltend machen können, die vor Jahren mit einer gesetzlich unverfallbaren Anwartschaft ausgeschieden sind, wenn ihnen die Beiträge zur gesetzlichen Rentenversicherung erstattet worden sind. Soweit Arbeitgeber in der Vergangenheit diesen ehemaligen Arbeitnehmern eine Abfindung verweigert haben, können sie sich diesem Begehren nicht mehr widersetzen. Zu beachten ist allerdings, dass nur der Anwärter und nicht der Versorgungsempfänger ein solches Abfindungsrecht hat. Ist aus einer Anwartschaft zwischenzeitlich ein Versorgungsanspruch entstanden, ist damit § 3 Abs. 3 BetrAVG nicht mehr anwendbar. Dies bedeutet, dass heute in vielen Fällen kein Abfindungsrecht mehr besteht, weil z.B. bei einem Ausscheiden in 1985 der Arbeitnehmer für die gesetzliche Unverfallbarkeit das Mindestalter von 35 Jahren erfüllen musste. Ist er mit 40 Jahren ausgeschieden, hat er bereits 2005 das Rentenalter erreicht.

Kisters-Kölkes

2. Erstattung von Beiträgen der gesetzlichen Rentenversicherung

Durch das Gesetz zur Förderung der Rückkehrbereitschaft von Ausländern[39] 73
wurde die Möglichkeit geschaffen, unabhängig von der Höhe der Versorgungsanwartschaft eine gesetzlich unverfallbare Anwartschaft – damals
einvernehmlich – abzufinden, wenn die Beiträge zur gesetzlichen Rentenversicherung erstattet worden sind. Damit sollten Arbeitnehmer mit ausländischer Staatszugehörigkeit, die in ihre Heimatländer zurückkehren wollten,
eine Kapitalisierungsmöglichkeit erhalten für ihre aus den eigenen Beiträgen
finanzierten Anwartschaften aus der gesetzlichen Rentenversicherung und
ihren betrieblichen Versorgungsanwartschaften.

V. Keine Abfindung bei Liquidation

Soll ein Unternehmen außerhalb eines Insolvenzverfahrens liquidiert werden, 74
gibt es keine besonderen Abfindungsmöglichkeiten. Damit sind auch in
dieser Situation nur in den Grenzen des § 3 BetrAVG Abfindungen zulässig.
Wird die 1 %-Grenze überschritten, scheidet eine Abfindung aus.

Der Gesetzgeber hat mit Wirkung ab dem 1.1.1999 für die Aufgabe des 75
Geschäftsbetriebes mit anschließender Liquidation in § 4 Abs. 4 BetrAVG die
Möglichkeit geschaffen, auf vereinfachte Art und Weise eine schuldbefrei-
ende Übernahme durch einen externen Versorgungsträger (Pensionskasse,
Lebensversicherungsunternehmen, nicht Pensionsfonds) vorzunehmen. Der
als Gegenleistung zu zahlende Einmalbeitrag ist höher als ein Abfindungsbetrag. Dies muss das Unternehmen in Kauf nehmen, wenn es sich von den
Verpflichtungen befreien will. Um die steuerliche Belastung einzuschränken,
wurde der Einmalbeitrag gem. § 3 Nr. 65 EStG lohnsteuerfrei gestellt mit der
Konsequenz, dass erst bei Auszahlung der Versorgungsleistung diese nachgelagert zu versteuern ist.

VI. Abfindung in der Insolvenz

Der Teil der Versorgungsanwartschaft, der **bis zur Eröffnung des Insolvenz-** 76
verfahrens erdient wurde, wird durch den PSVaG gesichert, wenn die
Voraussetzungen hierfür erfüllt sind.[40] Ist im Zeitpunkt der Eröffnung des
Insolvenzverfahrens das Arbeitsverhältnis bereits beendet und der Arbeitneh-

---

39 V. 28.11.1983 BGBl. I S. 1377.
40 S. dazu § 7 Rdn. 71 ff.

mer mit einer gesetzlich unverfallbaren Anwartschaft ausgeschieden, wird ausschließlich durch den PSVaG der gesetzliche Insolvenzschutz gewährleistet. § 3 Abs. 1 S. 4 BetrAVG ist nicht anwendbar.

77 Diese Vorschrift ist folglich nur von Bedeutung für die Arbeitnehmer, die **nach Eröffnung des Insolvenzverfahrens ihr Arbeitsverhältnis fortsetzen.** Bei diesen Arbeitnehmern ist zwischen dem Teil der Versorgungsanwartschaft, der vor der Eröffnung des Insolvenzverfahrens erdient wurde, und dem Teil der Versorgungsanwartschaft, der nach der Eröffnung des Insolvenzverfahrens (Insolvenzstichtag) erdient wurde, zu differenzieren. Der erste Teil wird durch den PSVaG gesichert. Für den Teil der Versorgungsanwartschaft, der nach dem Insolvenzstichtag erdient wird, sieht § 3 BetrAVG eine besondere Abfindungsmöglichkeit vor, um die Liquidation eines Unternehmens im Insolvenzverfahren zu erleichtern.[41] **Ohne die Zustimmung** des Arbeitnehmers kann der Teil abgefunden werden, der während des Insolvenzverfahrens erdient wurde, und zwar unabhängig von der Höhe der Anwartschaft.[42]

78 § 3 Abs. 1 S. 4 BetrAVG korrespondiert mit der Regelung in § 8 Abs. 2 BetrAVG.[43]

VII. Abfindung bei Versorgungsempfängern

1. Laufende Leistungen

79 Der Arbeitgeber hat bei laufenden Leistungen, für die der Anspruch nach dem 31.12.2004 entstanden ist, ein einseitiges Abfindungsrecht. Dies ergibt sich aus § 3 Abs. 2 S. 2 BetrAVG, wonach die Regelung des Satzes 1 entsprechend für eine Abfindung einer laufenden Leistung gilt. Dies bedeutet, dass der Arbeitgeber ohne Zustimmung des Versorgungsempfängers eine Abfindung vornehmen kann, wenn der Monatsbetrag der laufenden Leistung im Abfindungszeitpunkt 1 vom Hundert der Bezugsgröße nach § 18 SGB IV nicht übersteigt.

80 Insoweit ist Satz 1 in gewisser Weise zu modifizieren. Es kommt nicht darauf an, welche Leistung bei Erreichen der vorgesehenen Altersgrenze zu zahlen war, sondern es kann nach dem Sinn und Zweck des Gesetzes nur darauf

---

41 *Berenz* Gesetzesmaterialien BetrAVG § 3, S. 150.
42 BAG 22.12.2009, 3 AZR 814/07, EzA § 3 BetrAVG Nr. 12 = DB 2010, 1018.
43 S. dazu § 8 Rdn. 19 ff.

ankommen, wie hoch die Leistung ist, die der Versorgungsempfänger tatsächlich bezieht. Es kommt auch nicht darauf an, ob eine Altersleistung bezogen wird. In Satz 1 wird deshalb auf die Altersleistung abgestellt, weil dies der einzige Zeitpunkt in der Anwartschaftszeit ist, auf den eine Versorgungsleistung immer berechnet werden kann. Vorzeitige Leistungen sind bei Anwärtern i.d.R. nicht bestimmbar. Diese Besonderheit bei Anwärtern kann bei Versorgungsempfängern unberücksichtigt bleiben. Folglich ist in den Grenzen des § 3 Abs. 2 S. 1 BetrAVG auch eine Invaliditäts-, Witwen-/Witwer- und auch eine Waisenleistung abfindbar. Auch die Altersleistung fällt unter den Anwendungsbereich des Gesetzes.

Die 1 %-Grenze ist im Zeitpunkt der Abfindung zu bestimmen. Übersteigt **81** die laufende Leistung den Grenzwert, besteht ein Abfindungsverbot. Dies gilt auch dann, wenn von einem Arbeitgeber oder dessen Versorgungsträger mehrere Renten an einen Versorgungsempfänger gezahlt werden. Diese sind zusammenzurechnen. Maßgeblich ist auch nicht die Ausgangsrente ohne zwischenzeitlich vorgenommene Anpassungen, sondern die tatsächlich gezahlte Rente.

Die in § 3 Abs. 2 S. 1 BetrAVG enthaltene Regelung, die sich auf Kapitalzu- **82** sagen bezieht, ist bei Versorgungsempfängern ohne Bedeutung. Kapitalleistungen fallen nicht unter den Anwendungsbereich des § 3 BetrAVG.

2. Abfindung in der Insolvenz

Die besondere Regelung für Abfindungszahlungen während eines Insolvenz- **83** verfahrens gilt nicht für Versorgungsempfänger. Sie ist nur auf Anwärter anzuwenden. Zum gesetzlichen Insolvenzschutz von Versorgungsempfängern wird auf die Ausführungen in § 7 verwiesen.

3. Keine Abfindung bei Liquidation

Auch für Versorgungsempfänger gibt es keine besondere Regelung für den **84** Fall, dass ein Unternehmen liquidiert wird. Auch bei einer Liquidation ist eine Abfindung von laufenden Leistungen nur in den Grenzen von § 3 BetrAVG möglich. Übersteigt die laufende Leistung die 1 %-Grenze, kommt folglich nur eine schuldbefreiende Übernahme nach § 4 Abs. 4 BetrAVG in

Betracht, da diese Vorschrift auch laufende Leistungen der betrieblichen Altersversorgung umfasst.[44]

4. Abfindungsvereinbarungen

85 Für laufende Leistungen, bei denen der Rentenbeginn vor dem 1.1.2005 liegt, kommen Abfindungsvereinbarungen in Betracht, da für diese § 3 BetrAVG nicht gilt. Die Vereinbarung setzt eine übereinstimmende Willenserklärung zwischen dem Arbeitgeber und dem Versorgungsempfänger voraus. Die Zustimmung der Hinterbliebenen ist nicht erforderlich, da sie nur durch einen Vertrag zugunsten Dritter hinsichtlich der Hinterbliebenenleistung begünstigt und nicht selbst Vertragspartner sind.[45] Es kann jede laufende Leistung unabhängig von ihrer Höhe abgefunden werden. Bei einer Abfindungsvereinbarung sollte darauf geachtet werden, dass der Versorgungsempfänger am Fälligkeitsstichtag noch leben muss, weil ansonsten die vereinbarte Abfindung in den Nachlass fallen würde. Stirbt der Versorgungsempfänger, nachdem ihm ein Abfindungsangebot unterbreitet wurde, bevor er dieses angenommen hat, können seine Erben dieses nicht mehr annehmen, weil hierfür die Geschäftsgrundlage entfallen ist.[46] Es kann dann den Hinterbliebenen kein neues Angebot bezogen auf ihre Leistungen unterbreitet werden (Ausnahme: im Rahmen der 1 %-Grenze), weil der Zahlungsbeginn für diese Renten immer nach dem 31.12.2004 liegt und damit das Abfindungsverbot greift.

86 Da die Auszahlung eines Abfindungsbetrages an den Versorgungsempfänger bei diesem einen lohnsteuerlichen Zufluss auslöst, ist in der Praxis festzustellen, dass Abfindungsvereinbarungen mit Versorgungsempfängern nur dann realisierbar sind, wenn entweder der Arbeitgeber die zusätzliche Steuerbelastung trägt oder aber der ehemalige Arbeitnehmer seine Lebenserwartung als gering einschätzt.

87 Von einer einvernehmlichen Abfindung ist ein Vorbehalt zu unterscheiden, den der Arbeitgeber in die Versorgungszusage aufgenommen hat. Solche Vorbehalte verlieren wegen Verstoßes gegen § 3 Abs. 1 S. 2 BetrAVG ihre Wir-

---

44 A.A. *Andresen/Förster/Rößler/Rühmann* (Teil 10 D Rn. 76), die möglicherweise neben der Anwendung von § 4 Abs. 4 BetrAVG eine Übertragung gem. § 4 BetrAVG auf einen anderen Schuldner für möglich halten.

45 BAG 21.11.2000, 3 AZR 91/00, EzA § 1 BetrAVG Nr. 26 = DB 2001, 2455.

46 A.A. *Andresen/Förster/Rößler/Rühmann* Teil 10 D Rn. 267.

kung, wenn ein Versorgungsempfänger nach dem 31.12.2004 die Versorgungsleistung auslöst. Soweit der Versorgungsanspruch vor dem 1.1.2005 entstanden ist, behält der Vorbehalt seine Bedeutung. Der Arbeitgeber kann einseitig eine Abfindung vornehmen. Damit wird bei diesen laufenden Leistungen eine Abfindung möglich, ohne dass der Versorgungsempfänger seine Zustimmung erteilen muss.

Abfindungsvorbehalte bei Versorgungsempfängern können jedoch steuerliche **88** Probleme aufwerfen. Dabei kommt es auf die Formulierung des Vorbehalts an. Der BFH wertet einen Vorbehalt als steuerschädlich, wenn der Abfindungsbetrag, den der Arbeitgeber zahlen will, geringer ist als der Barwert der Verpflichtung. Dies hat er zumindest für einen Abfindungsvorbehalt bei einem Versorgungsanwärter entschieden.[47] Der BMF hatte zwischenzeitlich mit Schreiben vom 6.4.2005 gefordert, dass Versorgungszusagen, die einen Abfindungsvorbehalt haben, bis zum 31.12.2005 an die steuerlichen Anforderungen angepasst wurden.[48]

VIII. Besonderheiten bei einzelnen Durchführungswegen

1. Unmittelbare Versorgungszusagen

Es ergeben sich keine Besonderheiten zu dem Vorstehenden.   **89**

2. Unterstützungskasse

§ 3 BetrAVG ist uneingeschränkt auf Unterstützungskassenzusagen anzuwen-   **90** den. Auf die Art und Weise, wie die Unterstützungskasse finanziert wird, kommt es nicht an. Insbesondere ist es bei rückgedeckten Unterstützungskassen nicht zulässig, beim Ausscheiden des Arbeitnehmers mit einer gesetzlich unverfallbaren Anwartschaft auf den Arbeitnehmer die von der Unterstützungskasse abgeschlossene Rückdeckungsversicherung zu übertragen. Eine solche Abtretung von Versicherungsansprüchen ist nur in den Grenzen des § 3 BetrAVG möglich,[49] wenn der Arbeitgeber – und nicht die Unterstützungskasse – von seinem Abfindungsrecht Gebrauch macht. Der Unterstützungskasse steht kein Abfindungsrecht zu. Nimmt sie eine Abfindung in den

---

47 BFH 10.11.1998, I R 49/97, BFHE 187, 474 = DB 1999, 617 = BB 1998, 581; 28.4.2010, I R 78/08, BB 2010, 2167 = BetrAV 2010, 583.

48 IV B 2 – S. 2176 – 10/05, BStBl. I 2005, S. 619.

49 *Pophal* BetrAV 2003, 412.

Grenzen des § 3 BetrAVG vor, ohne dass der Arbeitgeber dies veranlasst hat, ist der Arbeitgeber von seiner Verpflichtung nicht frei geworden,[50] es sei denn, die Unterstützungskasse hatte eine entsprechende Vollmacht des Arbeitgebers. Diese kann sie sich z.B. im Beitrittsvertrag, mit dem der Arbeitgeber zum Trägerunternehmen wird, generell für alle zulässigen Abfindungsfälle erteilen lassen.

91 Bei der 1%-Grenze bzw. der Obergrenze von 10/12 der Bezugsgröße kommt es nicht auf den Wert der Rückdeckungsversicherung an, sondern auf den Wert der Altersanwartschaft bzw. des Versorgungsanspruchs.

3. Direktversicherung

92 Zur Abfindung bei Wahl der versicherungsförmigen Lösung vgl. § 2 Rdn. 153.

93 Soweit Direktversicherungen als Rentenversicherungen mit Kapitalwahlrecht ab dem 1.1.2005 abgeschlossen werden, ist zu beachten, dass für laufende Leistungen aus diesen Direktversicherungen immer das Abfindungsverbot des § 3 Abs. 2 S. 2 BetrAVG gilt. Ist der Anspruch auf eine laufende Leistung entstanden, kann folglich nur im Rahmen der 1%-Grenze eine Abfindung vorgenommen werden. Dieses Abfindungsrecht ist von der Kapitaloption zu unterscheiden. Mit der Kapitaloption wird dem Arbeitnehmer das Recht eingeräumt, vor Fälligwerden der Versicherungsleistung statt einer Rentenzahlung eine einmalige Kapitalauszahlung zu wählen. Dieses Wahlrecht des Arbeitnehmers ist hinsichtlich der Altersleistung auszuüben, bevor die Altersgrenze nach Maßgabe des Versicherungsvertrages erreicht wird. Macht der Versorgungsanwärter von diesem Kapitalwahlrecht Gebrauch, entsteht zu keinem Zeitpunkt ein Anspruch auf eine laufende Leistung, sodass das Abfindungsverbot des § 3 BetrAVG nicht greifen kann.

94 Da eine Kapitaloption bei diesen Versicherungen auch ausgeübt werden kann, wenn eine Hinterbliebenenleistung versichert ist, ist hinsichtlich des Optionsrechts wie folgt zu differenzieren:

– Hat der versorgungsberechtigte Hinterbliebene ein solches Optionsrecht und übt er dieses innerhalb der ihm gesetzten Fristen aus, entsteht kein Anspruch auf eine laufende Leistung. Eine Kollision mit dem Abfindungsverbot des § 3 BetrAVG kann nicht eintreten.

---

50 A.A. wohl *Blomeyer/Rolfs/Otto* § 3 Rn. 66.

– Wird die Option nicht oder nicht rechtzeitig ausgeübt, entsteht der Anspruch auf die laufende Leistung und es greift das Abfindungsverbot des § 3 BetrAVG.

Mit einer Abfindung der besonderen Art musste sich das BAG in einem Urteil vom 19.1.2010 auseinandersetzen. Der Arbeitgeber hatte den Direktversicherungsvertrag gekündigt und den Rückkaufswert erhalten. Anschließend wurde er insolvent. Der Arbeitnehmer verlangte vom PSVaG gesetzlichen Insolvenzschutz. Da im Zeitpunkt der Auszahlung des Rückkaufwertes bereits eine unverfallbare Anwartschaft bestand, dies der Versicherer aber nicht beachtet hatte, ist er gegenüber dem Arbeitnehmer nicht von seiner Leistungspflicht freigeworden. Er muss bei Eintritt des Versicherungsfalles die Versicherungsleistung erbringen. Gesetzlicher Insolvenzschutz besteht nicht.[51] **94a**

4. Pensionskasse

Bei einer Pensionskasse gelten im Wesentlichen dieselben Ausführungen wie bei einer Direktversicherung.[52] **95**

Sehen die Versicherungsbedingungen einer Pensionskasse vor, dass ein Teil des bei Eintritts des Versorgungsfalles vorhandenen Kapitals kapitalisiert wird (maximal 30 % des vorhandenen Kapitals), erstreckt sich nach dem diesseitigen Verständnis des § 3 BetrAVG das Abfindungsverbot nur auf den verrenteten Teil des vorhandenen Kapitals. Hinsichtlich des Betrages, der über die Teilkapitalisierung ausgezahlt wird, entsteht überhaupt kein Anspruch auf eine laufende Leistung, sodass dieser Betrag bei Anwendung der 1 %-Grenze nicht zu berücksichtigen ist. **96**

5. Pensionsfonds

Die Abfindung richtet sich nach den allgemeinen Grundsätzen. Sie ist nur in den Grenzen von § 3 BetrAVG zulässig. **97**

---

51 BAG 19.1.2010, 3 AZR 660/09, EzA § 7 BetrAVG Nr 75 = BB 2010, 243.
52 Zur Abfindung durch die Pensionskasse *Klein* FS Kemper, S. 258.

E. Konsequenzen des Verstoßes gegen das Abfindungsverbot

I. Nichtigkeit

98   Ist gesetzwidrig eine Abfindung vorgenommen worden, ist die Maßnahme nichtig (§ 134 BGB). Die Verpflichtung des Arbeitgebers, die zugesagten Versorgungsleistungen zu erbringen, ist nicht untergegangen.

99   Dabei ist ohne Bedeutung, ob der Arbeitgeber oder der externe Versorgungsträger das Abfindungsverbot missachtet hat. Der Arbeitgeber muss für ein Fehlverhalten seines Erfüllungsgehilfen einstehen.

II. Rückzahlung des Abfindungsbetrages

100   Der Arbeitnehmer, der eine Abfindung zu Unrecht erhalten hat, ist nach den Grundsätzen der ungerechtfertigten Bereicherung verpflichtet, den Abfindungsbetrag an den Arbeitgeber zurückzuzahlen. § 817 Abs. 2 BGB schließt den Rückzahlungsanspruch nicht aus. Diese Vorschrift gilt für alle Bereicherungsansprüche, die auf einer rechtsgrundlosen Leistung beruhen. Es genügt, dass nur der Arbeitgeber als Leistender gegen ein gesetzliches Verbot verstoßen hat. Der Anwendungsbereich des § 817 Abs. 2 BGB wird jedoch durch den Schutzzweck des gesetzlichen Verbots begrenzt. Das betriebsrentenrechtliche Abfindungsverbot verlangt nicht, dass ein Arbeitnehmer den Versorgungsanspruch, der nicht untergegangen ist, zusätzlich zur Abfindung behält.[53] Ein Bereicherungsanspruch besteht aber nur dann, wenn beim Arbeitnehmer noch eine Bereicherung vorliegt.

III. Zu geringe Abfindung

101   Die Höhe der Abfindung ist in § 3 Abs. 5 BetrAVG vorgegeben. Wird gegen diese Vorschrift verstoßen und ein geringerer Abfindungsbetrag gezahlt, ist die Abfindung insgesamt unwirksam. Dies ergibt sich aus § 17 Abs. 3 S. 3 BetrAVG.

---

53   BAG 17.10.2000, 3 AZR 7/00, EzA § 3 BetrAVG Nr. 7 = DB 2001, 2201; a.A. *Andresen/Förster/Rößler/Rühmann* Teil 10 D Rn. 382; *Blomeyer/Rolfs/Otto* § 3 Rn. 43.

F. Höhe der Abfindung

Maßgeblich ist nach § 3 Abs. 5 BetrAVG ausschließlich der Übertragungs- 102
wert, der in § 4 Abs. 5 BetrAVG definiert wird. Diese Berechnungsregel gilt
gleichermaßen für gesetzlich unverfallbar ausgeschiedene Anwärter wie auch
für Versorgungsempfänger. Hierzu wird auf die Ausführungen in § 4
Rdn. 106 ff. verwiesen.

G. Tarifverträge

Nach § 17 Abs. 3 S. 1 BetrAVG kann in Tarifverträgen von § 3 BetrAVG 103
abgewichen werden. Dies bedeutet, dass die Tarifvertragsparteien die Abfindungsmöglichkeiten einschränken, aber auch erweitern können.

Besteht ausnahmsweise ein Tarifvertrag, in dem Abfindungsregelungen ent- 104
halten sind, muss anhand dieses Tarifvertrages geprüft werden, ob und
inwieweit eine Abfindung dem Grunde und der Höhe nach zulässig ist.
Anhand der tarifvertraglichen Regelung ist dann auch zu prüfen, ob gegen
ein Abfindungsverbot verstoßen worden ist.

H. Besonderheiten bei Betriebsvereinbarungen

Beruht die betriebliche Altersversorgung auf einer Betriebsvereinbarung, 105
kommt ein Verzicht bzw. Abfindung nur dann in Betracht, wenn im Einzelfall bei einem einzelnen Arbeitnehmer auf die Rechte aus der Betriebsvereinbarung gänzlich oder zum Teil verzichtet wird und dem einzelnen Arbeitnehmer hierfür eine Abfindung gezahlt werden soll. Eine solche Abfindung/ein
solcher Verzicht ist nur mit **Zustimmung des Betriebsrates** möglich (§ 77
Abs. 4 BetrVG). Der Betriebsrat kann seine Zustimmung zum Verzicht
formlos erteilen. Dabei muss er aber unmissverständlich zum Ausdruck bringen, dass er mit der Abfindung/dem Verzicht einverstanden ist. Es genügt
nicht, dass der Betriebsrat sich aus der Angelegenheit heraushalten will und
er lediglich eine neutrale Haltung einnimmt.[54]

Für die Zustimmung gelten die §§ 182 ff. BGB. Sie kann vorab als Einwilli- 106
gung (§ 182 BGB) oder nachträglich als Genehmigung (§ 184 BGB) erteilt
werden. Sie kann mündlich oder stillschweigend erklärt werden. Die Erklärung muss lediglich eindeutig und nachweisbar sein.

---

54 BAG 3.6.1997, 3 AZR 25/96, EzA § 77 BetrVG 1972 Nr. 59 = DB 1998, 267.

107 Fehlt die Zustimmung des Betriebsrates, ist die Maßnahme unwirksam. Der Arbeitgeber wird nicht von seinen Leistungspflichten frei.

J. Abfindungsvorbehalte

108 Abfindungsvorbehalte haben weitgehend ihre Bedeutung verloren. Es wird deshalb auf die Vorauflagen verwiesen.

K. Steuerliche Folgen einer Abfindung

109 Bei einer unmittelbaren Versorgungszusage und bei einer Zusage auf Unterstützungskassenleistungen werden die ausgezahlten Versorgungsleistungen gem. § 19 EStG versteuert, und zwar zu dem Zeitpunkt, in dem die Auszahlung (Zufluss gem. § 11 EStG) erfolgt. Der Abfindungsbetrag erhöht das zu versteuernde Einkommen. Da es sich bei dem Abfindungsbetrag um eine einmalige Zahlung für eine mehrjährige Tätigkeit handelt, muss die steuerliche Progression durch die Anwendung von § 34 EStG gemindert werden.[55] Bei einer Abfindung in einem versicherungsförmigen Durchführungsweg hängt es von der Besteuerung in der Anwartschaftsphase ab, wie der ausgezahlte Kapitalbetrag zu versteuern ist. Würden die Beiträge pauschal versteuert oder voll aus versteuertem Einkommen gezahlt, ist der ausgezahlte Betrag steuerfrei. Es werden lediglich die Zinsen nach § 20 Abs. 1 Nr. 6 EStG versteuert. Waren die Beiträge steuerfrei, ist der Auszahlbetrag voll gem. § 22 Nr. 5 EStG zu versteuern. § 34 EStG ist nicht anwendbar.[56]

110 Auch wenn Sozialversicherungsabgaben nicht zum Steuerrecht gehören, ist ein Hinweis auf § 229 SGB V erlaubt. Dort ist geregelt, dass laufende Renten krankenversicherungspflichtig sind. Wird eine laufende Rente abgefunden, bleibt sie sozialversicherungspflichtig für 120 Monate. Die Beitragspflicht besteht für maximal 10 Jahre. Entsprechendes gilt für die gesetzliche Pflegeversicherung.

L. Organpersonen

111 Für Organpersonen ist § 3 BetrAVG dispositiv. Es kann mit ihnen abweichend von den genannten Grenzen eine Abfindung vereinbart werden.[57]

---

55 Bei unmittelbaren Zusagen, Unterstützungskassenzusagen.
56 BMF-Schreiben v. 31.3.2010, BStBl. I, S. 420 ff., Rn. 330 (s. Anh. III).
57 BAG 21.4.2009, 3 AZR 285/07, EzA-SD 2009 Nr. 21 S. 9 = DB 2010, 2004.

Kisters-Kölkes

§ 4 Übertragung

(1) Unverfallbare Anwartschaften und laufende Leistungen dürfen nur unter den Voraussetzungen der folgenden Absätze übertragen werden.

(2) Nach Beendigung des Arbeitsverhältnisses kann im Einvernehmen des ehemaligen mit dem neuen Arbeitgeber sowie dem Arbeitnehmer

1. die Zusage vom neuen Arbeitgeber übernommen werden oder
2. der Wert der vom Arbeitnehmer erworbenen unverfallbaren Anwartschaft auf betriebliche Altersversorgung (Übertragungswert) auf den neuen Arbeitgeber übertragen werden, wenn dieser eine wertgleiche Zusage erteilt; für die neue Anwartschaft gelten die Regelungen über Entgeltumwandlung entsprechend.

(3) ¹Der Arbeitnehmer kann innerhalb eines Jahres nach Beendigung des Arbeitsverhältnisses von seinem ehemaligen Arbeitgeber verlangen, dass der Übertragungswert auf den neuen Arbeitgeber übertragen wird, wenn

1. die betriebliche Altersversorgung über einen Pensionsfonds, eine Pensionskasse oder eine Direktversicherung durchgeführt worden ist und
2. der Übertragungswert die Beitragsbemessungsgrenze in der allgemeinen Rentenversicherung nicht übersteigt.

²Der Anspruch richtet sich gegen den Versorgungsträger, wenn der ehemalige Arbeitgeber die versicherungsförmige Lösung nach § 2 Abs. 2 oder 3 gewählt hat oder soweit der Arbeitnehmer die Versicherung oder Versorgung mit eigenen Beiträgen fortgeführt hat. ³Der neue Arbeitgeber ist verpflichtet, eine dem Übertragungswert wertgleiche Zusage zu erteilen und über einen Pensionsfonds, eine Pensionskasse oder eine Direktversicherung durchzuführen. ⁴Für die neue Anwartschaft gelten die Regelungen über Entgeltumwandlung entsprechend.

(4) ¹Wird die Betriebstätigkeit eingestellt und das Unternehmen liquidiert, kann eine Zusage von einer Pensionskasse oder einem Unternehmen der Lebensversicherung ohne Zustimmung des Arbeitnehmers oder Versorgungsempfängers übernommen werden, wenn sichergestellt ist, dass die Überschussanteile ab Rentenbeginn entsprechend § 16 Abs. 3 Nr. 2 verwendet werden. ²§ 2 Abs. 2 Satz 4 bis 6 gilt entsprechend.

(5) ¹Der Übertragungswert entspricht bei einer unmittelbar über den Arbeitgeber oder über eine Unterstützungskasse durchgeführten betrieblichen Altersversorgung dem Barwert der nach § 2 bemessenen künftigen

Versorgungsleistung im Zeitpunkt der Übertragung; bei der Berechnung des Barwerts sind die Rechnungsgrundlagen sowie die anerkannten Regeln der Versicherungsmathematik maßgebend. [2]Soweit die betriebliche Altersversorgung über einen Pensionsfonds, eine Pensionskasse oder eine Direktversicherung durchgeführt worden ist, entspricht der Übertragungswert dem gebildeten Kapital im Zeitpunkt der Übertragung.

(6) Mit der vollständigen Übertragung des Übertragungswerts erlischt die Zusage des ehemaligen Arbeitgebers.

A. Gesetzliche Neuregelung

I. Portabilität

Mit dem Alterseinkünftegesetz[1] hat der Gesetzgeber die **Portabilität** erworbe-   1
ner Versorgungsanwartschaften bei einem Arbeitgeberwechsel verbessern
wollen. Dem einzelnen Arbeitnehmer soll mit dem sogen. Mitnahmeanspruch die Möglichkeit eröffnet werden, bei einem Arbeitgeberwechsel seine
betriebliche Altersversorgung zum neuen Arbeitgeber mitzunehmen. Geän-

---

1 Gesetz zur Neuordnung der einkommensteuerrechtlichen Behandlung von Altersvorsorgeaufwendungen und Altersbezügen (Alterseinkünftegesetz – AltEinkG)
v. 5.7.2004 BGBl. I S. 1427.

derte wirtschaftliche Rahmenbedingungen, die daraus resultierenden Erwerbsbiografien sowie den notwendigen Ausbau der zusätzlichen betrieblichen Altersversorgung führt der Gesetzgeber als Gründe für die Schaffung des Mitnahmeanspruchs an. Dieser ist in § 4 Abs. 3 BetrAVG geregelt.

2 In § 4 Abs. 1 BetrAVG wird der **persönliche Geltungsbereich** dieser Norm festgelegt. Die Regeln zur Übertragung gelten für unverfallbare Anwartschaften und laufende Leistungen. Diese dürfen nur unter den Voraussetzungen des § 4 BetrAVG übertragen werden. Für gesetzlich unverfallbare Anwartschaften gab es schon immer in § 4 BetrAVG a.F. Einschränkungen zur Übernahme mit befreiender Wirkung. Laufende Leistungen wurden nicht im Gesetz angesprochen. Dennoch wurden sie nach der Rechtsprechung des BAG in analoger Anwendung von § 4 BetrAVG erfasst.[2] Insoweit ist die Erweiterung des persönlichen Geltungsbereiches keine Neuregelung im eigentlichen Sinne.

3 In § 4 Abs. 2 BetrAVG werden zwei unterschiedliche Fälle der **einvernehmlichen Übertragung** geregelt, wobei der Begriff der Übertragung der Oberbegriff ist.[3] Er umfasst die Übertragung mit Übertragungswert und die schuldbefreiende Übernahme einer Versorgungszusage.

4 Wie im bisher geltenden Recht ist in § 4 Abs. 4 BetrAVG die schuldbefreiende Übertragung einer Versorgungszusage auf eine Pensionskasse oder auf ein Unternehmen der Lebensversicherung vorgesehen, wenn die Betriebstätigkeit eingestellt und das Unternehmen liquidiert wird. Diese Regelung war bisher in § 4 Abs. 3 BetrAVG zu finden.

5 Nur soweit § 4 BetrAVG Übertragungen zulässt, sind diese auch gestaltbar. Im Übrigen ist § 4 BetrAVG eine Verbotsnorm.[4] § 4 BetrAVG ist lex specialis im Verhältnis zu § 415 BGB.[5]

6 § 4 Abs. 5 BetrAVG regelt die Höhe des **Übertragungswertes**. Er wird definiert als der Barwert bei einer unmittelbaren Versorgungszusage und einer

---

2 BAG 26.6.1980, 3 AZR 156/79, EzA § 4 BetrAVG Nr. 1 = DB 1980, 1641; 17.3.1987, 3 AZR 605/85, EzA § 4 BetrAVG Nr. 3 = DB 1988, 122.

3 BT-Drucks. 15/2150, S. 53.

4 *Langohr-Plato/Teslau* NZA 2004, 1301; *Förster/Cisch* BB 2004, 2126; *Langohr-Plato* Rechtshandbuch, Rn. 524.

5 BAG 24.02.2011, 6 AZR 626/09, EzA § 611 BGB 2002 Aufhebungsvertrag Nr 8 = DB 2011, 1456.

Kisters-Kölkes

Unterstützungskassenzusage oder dem gebildeten Kapital bei den versicherungsförmigen Durchführungswegen.[6]

In § 4 Abs. 6 BetrAVG wird angeordnet, dass mit der vollständigen Übertragung des Übertragungswertes die Zusage des ehemaligen Arbeitgebers erlischt. Diese Vorschrift hat nur Bedeutung für die Übertragung nach § 4 Abs. 2 Nr. 2 BetrAVG und für den Mitnahmeanspruch nach Abs. 3, nicht für die Übernahme der Zusage nach Abs. 2 Nr. 1.   7

§ 4 BetrAVG gilt für **alle Durchführungswege** der betrieblichen Altersversorgung. Ohne Bedeutung ist, ob die betriebliche Altersversorgung durch den Arbeitgeber oder ob sie durch eine Entgeltumwandlung finanziert wurde. Ohne Bedeutung ist auch, wann eine gesetzlich unverfallbare Anwartschaft entstanden ist und wann der Versorgungsfall eingetreten ist. Damit werden gleichermaßen Zusagen erfasst, die vor oder nach dem Inkrafttreten der Neuregelung erteilt wurden. Eine Einschränkung gibt es aber für den **Mitnahmeanspruch** gem. § 4 Abs. 3 BetrAVG. Er besteht nur für eine Versorgungszusage in den versicherungsförmigen Durchführungswegen, wenn die Zusage nach dem 31.12.2004 erteilt wurde oder erteilt wird (§ 30b BetrAVG).   8

II. Keine Anwendung beim Betriebsübergang

Weil § 4 BetrAVG nur den Wechsel eines einzelnen Arbeitnehmers von seinem alten Arbeitgeber zu einem neuen Arbeitgeber regelt, ist diese Vorschrift nicht anzuwenden bei einem Betriebsübergang nach § 613a BGB.[7] Entsprechendes gilt für den Übergang eines Arbeitsverhältnisses im Rahmen von § 324 UmwG. In diesen Fällen wird das Arbeitsverhältnis nicht beendet. Es wird vielmehr mit dem neuen Arbeitgeber fortgesetzt. Folglich kann § 4 BetrAVG nicht zur Anwendung kommen. § 4 BetrAVG ist auch nicht anwendbar, wenn über § 324 UmwG eine Rentnergesellschaft ausgegliedert wird.[8]   9

---

6   Direktversicherung, Pensionskasse, Pensionsfonds.
7   BT-Drucks. 15/2150, S. 53.
8   BAG 11.3.2008, 3 AZR 358/06, EzA § 4 BetrAVG Nr. 7 = DB 2008, 2369.

III. Keine Anwendung beim Wechsel des Durchführungsweges

10   § 4 BetrAVG ist auch nicht anzuwenden bei einem Wechsel des Durchführungsweges.[9] Der Wechsel des Durchführungsweges hat mit einem Wechsel des Arbeitgebers nichts zu tun. Beim Wechsel des Durchführungsweges[10] bleibt der Arbeitgeber aus dem Versorgungsverhältnis, das er selbst begründet hat, verpflichtet. Er schaltet lediglich einen externen Versorgungsträger ein, um nicht mehr selbst aus einer unmittelbaren Versorgungszusage die Leistungen erbringen zu müssen.

B. Übernahme der Zusage

11   Bei der einvernehmlichen Übertragung nach § 4 Abs. 2 BetrAVG ist zwischen der einvernehmlichen **Übernahme einer Versorgungszusage** und der Zahlung eines **Übertragungswertes** unter gleichzeitiger Erteilung einer **neuen Versorgungszusage** zu unterscheiden. Mit der letztgenannten neu geschaffenen Übertragungsmöglichkeit kann bei einem Arbeitgeberwechsel der Wert der vom Arbeitnehmer beim alten Arbeitgeber erworbenen unverfallbaren Anwartschaft in einen Kapitalbetrag umgerechnet und dieser auf den neuen Arbeitgeber übertragen werden. Dies erleichtert die »Portabilität« (zur einvernehmlichen Übertragung mit Übertragungswert vgl. Rdn. 42 ff.).

12   Obwohl in § 4 Abs. 1 BetrAVG der Anwendungsbereich der Norm auf laufende Leistungen erstreckt wird, kommt eine einvernehmliche Übertragung nach § 4 Abs. 2 BetrAVG bei **laufenden Leistungen** schon deshalb nicht in Betracht, weil Versorgungsempfänger in aller Regel keinen neuen Arbeitgeber haben.[11] Bleiben Versorgungsempfänger nach Eintritt des Versorgungsfalles in einem geringfügigen Beschäftigungsverhältnis tätig, wird der »Arbeitnehmer« von der Rechtsprechung so behandelt, als sei er aus dem Erwerbsleben ausgeschieden.[12]

13   Folglich ist Abs. 2 nur anzuwenden, wenn ein Arbeitnehmer mit einer **gesetzlich unverfallbaren Anwartschaft** beim ehemaligen Arbeitgeber ausgeschieden ist. Nur dieser Arbeitnehmer kann bei einem neuen Arbeitgeber ein Arbeitsverhältnis begründen. Der neue Arbeitgeber ist erst dann in der Lage,

---

9   BT-Drucks. 15/2150, S. 53.
10   *Reichenbach* FS Kemper, S. 370 ff.
11   *Reichenbach* FS Kemper, S. 367.
12   BAG 18.3.2003, 3 AZR 313/02, EzA § 7 BetrAVG Nr. 68 = NZA 2004, 848.

die gesetzlich unverfallbare Anwartschaft vom Vorarbeitgeber zu übernehmen, wenn das Arbeitsverhältnis mit dem Arbeitnehmer rechtlich entstanden ist. Erst dann kann die Übertragung erfolgen. Erst dann kann der ehemalige Arbeitgeber von den Verpflichtungen aus der unverfallbaren Anwartschaft frei werden. Dies bedeutet, dass eine Übernahme der Zusage ein bereits beendetes Arbeitsverhältnis voraussetzt. Das Arbeitsverhältnis zum neuen Arbeitgeber muss im Übernahmezeitpunkt noch bestehen.[13]

I. Einvernehmen

Mit dem Einvernehmen, das zwischen dem ehemaligen Arbeitgeber, dem 14 neuen Arbeitgeber und dem Arbeitnehmer bestehen muss, ist ein Vertrag gemeint, der zwischen den drei beteiligten Parteien abgeschlossen wird. Entscheidend ist, dass übereinstimmende Willenserklärungen vorliegen.

Das Gesetz gibt nicht vor, dass der Vertrag schriftlich zu fixieren ist. Er kann 15 folglich auch mündlich abgeschlossen werden.[14] Aus Beweisgründen ist eine schriftliche Vereinbarung empfehlenswert, die alle drei Beteiligten unterzeichnen.

II. Fortführung der Zusage

Eine befreiende Übernahme der beim alten Arbeitgeber erteilten Ver- 16 sorgungszusage setzt voraus, dass das von dem alten Arbeitgeber erteilte Versorgungsversprechen in vollem Umfang und unverändert vom neuen Arbeitgeber übernommen wird. Der neue Arbeitgeber verpflichtet sich, die bestehende Zusage nicht nur zu übernehmen, sondern auch fortzuführen.[15] Damit hat er die Versorgungszusage so zu erfüllen, wie sie vom ehemaligen Arbeitgeber erteilt worden ist. Für den Arbeitnehmer ändert sich nichts an seiner Versorgungssituation. Es wird lediglich der Schuldner ausgetauscht. Weil sich in vollem Umfang[16] der neue Arbeitgeber verpflichtet, die zugesagten Leistungen zu erbringen, wird mit der Schuldübernahme der ehemalige Arbeitgeber von allen Leistungspflichten freigestellt.

---

13 BAG 24.2.2011, 6 AZR 626/09, § 611 BGB 2002 Aufhebungsvertrag Nr. 8.
14 BAG 24.2.2011, 6 AZR 626/09, § 611 BGB 2002 Aufhebungsvertrag Nr. 8.
15 A.A. *Förster/Cisch* BB 2004, 2127; *Höfer* BetrAVG, Rn. 3686.15 ff. zu § 4.
16 Zum Irrtum beim Verpflichtungsumfang *Rolfs* NZA 2005, 745.

17 Es ist üblich, dass für die befreiende Schuldübernahme vom ehemaligen Arbeitgeber an den neuen Arbeitgeber eine Zahlung erbracht wird. Diese Gegenleistung ist aber nicht Wirksamkeitsvoraussetzung für die befreiende Schuldübernahme. Auch dann, wenn keine Gegenleistung erbracht wird, ist im Verhältnis zum Arbeitnehmer ausschließlich der neue Arbeitgeber zur Leistung verpflichtet.[17]

18 Anders als in § 4 BetrAVG a.F. wird mit der Formulierung klargestellt, dass die Zusage zu übernehmen ist, nicht nur die Verpflichtung, bei Eintritt des Versorgungsfalles Versorgungsleistungen aus einer unverfallbaren Anwartschaft zu gewähren.[18] Auch wenn in der Gesetzesbegründung ausgeführt wird, in § 4 Abs. 2 Nr. 2 BetrAVG werde das bisher geltende Recht fortgeführt, muss dies infrage gestellt werden. Denn § 4 BetrAVG a.F. regelte die Übernahme von Leistungen aus einer Anwartschaft gem. § 2 BetrAVG, also aus der gesetzlich unverfallbaren Anwartschaft. Folglich konnte nach diesseitigem Verständnis auch nur die festgeschriebene Anwartschaft übernommen werden, ohne dass die Zusage fortgeführt werden musste. Dies dürfte aufgrund der Neufassung künftig nicht mehr möglich sein.[19] Von der Übernahme der Zusage ist die Frage zu unterscheiden, ob vor oder nach der Übernahme eine Änderung des Zusageinhalts möglich ist.[20] Eine Veränderung ist nach den allgemein geltenden Regeln zulässig, wenn der betroffene ehemalige Arbeitnehmer hierzu sein Einverständnis erteilt. In einem fortgeführten Arbeitsverhältnis hätten auch die Änderungsmöglichkeiten bestanden. Die Veränderungssperre des § 2 Abs. 5 BetrAVG steht dem nicht entgegen, denn es geht nicht darum, den Arbeitnehmer vor aufgedrängten Änderungen zu schützen. Er behält seine Zusage und dokumentiert durch sein Einverständnis, dass die geänderte Zusage auf den neuen Arbeitgeber übertragen wird. Wird eine Abänderung erst beim neuen Arbeitgeber vorgenommen, steht dem § 4 BetrAVG nicht entgegen. Die Übernahme der Zusage ist erfolgt. Die übernommene Zusage kann wie jede andere Zusage nach den allgemein geltenden Regeln abgeändert werden.

---

17 *Cisch* DB, Beil. 3/2005, 13; *Förster/Cisch* BB 2004, 2129; a.A. *Rolfs* NZA 2005, 745.
18 S. hierzu 2. Aufl., § 4 Rn. 4 ff.
19 A.A. *Förster/Cisch* BB 2004, 2127; *Bode/Obenberger* Rn. 271.
20 Hierzu auch *Förster/Cisch* BB 2004, 2126.

Kisters-Kölkes

Zum gesetzlichen Insolvenzschutz in den ersten beiden Jahren nach Über-   19
nahme vgl. § 7 Rdn. 173 ff.[21]

III. Alle Durchführungswege

§ 4 Abs. 2 Nr. 1 BetrAVG kommt in allen Durchführungswegen zur Anwen-   20
dung. Wurde beim ehemaligen Arbeitgeber die betriebliche Altersversorgung
über einen externen Versorgungsträger abgewickelt, ist an der einvernehmlichen Übernahme der Zusage nur der ehemalige Arbeitgeber beteiligt, nicht
der externe Versorgungsträger. Entsprechendes gilt, wenn der neue Arbeitgeber nach Übernahme der Zusage diese über einen externen Versorgungsträger erfüllen lassen will. Auch beim neuen Arbeitgeber ist der externe Versorgungsträger an dem eigentlichen Übernahmeakt nicht beteiligt.

1. Unmittelbare Versorgungszusage

Hatte der ehemalige Arbeitgeber dem Arbeitnehmer eine unmittelbare Ver-   21
sorgungszusage erteilt, geht diese Verpflichtung auf den neuen Arbeitgeber
aufgrund der Übernahmevereinbarung über, unabhängig davon, ob dieser
anschließend einen externen Versorgungsträger mit der Umsetzung beauftragt. Schaltet dieser einen externen Versorgungsträger ein,[22] ist die Übernahme der Zusage mit einem Wechsel des Durchführungsweges in diesem
konkreten Einzelfall verbunden. Der externe Versorgungsträger muss inhaltlich die Zusage fortführen.[23]

Mit der schuldbefreienden Übernahme der Zusage durch den neuen Arbeit-   22
geber wird der ehemalige Arbeitgeber von seinen Leistungspflichten frei.
Eine in der **Handelsbilanz** gebildete Rückstellung ist gem. § 249 Abs. 3
HGB aufzulösen. Auch in der **Steuerbilanz** wird die gem. § 6a EStG gebildete Pensionsrückstellung aufgelöst. Es entsteht beim ehemaligen Arbeitgeber ein Ertrag, der möglicherweise dadurch kompensiert wird, dass dieser an
den neuen Arbeitgeber einen »Übernahmepreis« zahlt.

Beim neuen Arbeitgeber entsteht mit der Zahlung eines »Übernahmepreises«   23
eine Betriebseinnahme, die dadurch kompensiert werden kann, dass gem.

---

21 *Berenz* FS Kemper, S. 21.
22 *Langohr-Plato* Rechtshandbuch, Rn. 526.
23 *Schnitker/Grau* NJW 2005, 11; a.A. *Cisch* DB Beil. 3/2005, 13; *Langohr-Plato/
    Teslau* NZA 2004, 1301.

§ 249 HGB in der Handelsbilanz und gem. § 6a EStG in der Steuerbilanz eine Pensionsrückstellung gebildet wird.[24] Wird anschließend der Durchführungsweg gewechselt, wird die Rückstellung wieder aufgelöst.

2. Unterstützungskassenzusage

24 Hatte der ehemalige Arbeitgeber dem Arbeitnehmer mittels einer Unterstützungskasse eine betriebliche Altersversorgung zugesagt, kann durch den neuen Arbeitgeber diese Zusage übernommen werden, indem er eine unmittelbare Versorgungszusage erteilt oder indem er Trägerunternehmen derselben Unterstützungskasse wird. Dies ist i.d.R. nur bei Gruppenunterstützungskassen möglich. Der Arbeitnehmer scheidet dann aus dem Kreis der Begünstigten des ehemaligen Arbeitgebers aus und wird in den Kreis der Begünstigten des neuen Arbeitgebers aufgenommen. Ist ein solches vereinfachtes Verfahren nicht möglich, weil der neue Arbeitgeber nicht Trägerunternehmen der bisher zuständigen Unterstützungskasse werden kann oder werden will, sollte sich der ehemalige Arbeitgeber vor Abschluss der Übernahmevereinbarung mit seiner Unterstützungskasse in Verbindung setzen, um abzuklären, ob er das für diesen ehemaligen Arbeitnehmer angesammelte Vermögen ausgezahlt bekommt. Dem könnten steuerrechtliche Restriktionen, die die Unterstützungskasse zu beachten hat, entgegenstehen.

25 Es werden aber nicht nur »Werte« umgebucht, sondern entscheidend ist, dass die Zusage durch den neuen Arbeitgeber übernommen wird. Geht die arbeitsrechtliche Verpflichtung des ehemaligen Arbeitgebers über das Deckungsverhältnis, welches über die Unterstützungskasse besteht, hinaus, richtet sich mit der Übernahme der Zusage ein etwaiger Auffüllanspruch gegen den neuen Arbeitgeber. Dieser kann sich z.B. aus einer Verletzung des Gleichbehandlungs- oder Gleichberechtigungsgrundsatzes ergeben. Möglicherweise hat aber auch der ehemalige Arbeitgeber aus dem arbeitsrechtlichen Grundverhältnis bei der Entgeltumwandlung seine Verpflichtung zur Verschaffung einer wertgleichen Versorgungsanwartschaft nicht erfüllt.

3. Direktversicherung

26 Hat der ehemalige Arbeitgeber dem Arbeitnehmer mittels einer Direktversicherung Leistungen der betrieblichen Altersversorgung zugesagt, kann beim neuen Arbeitgeber diese Direktversicherungszusage nach befreiender Über-

---

24 Vgl. hierzu auch R 6a (13) EStR.

nahme fortgeführt werden. Dabei ist mit Übernahme der Zusage die Übernahme des arbeitsrechtlichen Grundverhältnisses wie auch die Übernahme des Versicherungsverhältnisses gemeint. Ergeben sich aus dem arbeitsrechtlichen Grundverhältnis Verpflichtungen, die nicht durch das Versicherungsverhältnis abgedeckt sind, muss der neue Arbeitgeber auch hierfür einstehen.[25] Solche Einstandspflichten können sich aus der Verletzung des Gleichbehandlungs- oder Gleichberechtigungsgrundsatzes ergeben. Eine über das Versicherungsverhältnis hinausgehende Einstandspflicht ist bei einer betrieblichen Altersversorgung aus Entgeltumwandlung auch dann möglich, wenn der ehemalige Arbeitgeber dem Arbeitnehmer keine wertgleiche betriebliche Altersversorgung gem. § 1 Abs. 2 Nr. 3 BetrAVG verschafft hat. Diese Verpflichtung aus dem arbeitsrechtlichen Grundverhältnis übernimmt der neue Arbeitgeber mit der Übernahme der Zusage, d.h., er muss für eventuelle Defizite unmittelbar eintreten.

Die Übernahme der Zusage erfolgt, indem der neue Arbeitgeber Versicherungsnehmer der Direktversicherung wird und zusätzlich in das arbeitsrechtliche Grundverhältnis einsteigt. Diese Übernahme der Zusage ist von einer schlichten Fortführung einer bestehenden Direktversicherung zu unterscheiden. Diese liegt dann vor, wenn sich der neue Arbeitgeber lediglich verpflichtet, ab einem Stichtag (z.B. Beginn des Arbeitsverhältnisses, nach Ablauf der Probezeit) Beiträge an den Versicherer zu zahlen und lediglich mit Wirkung für die Zukunft im Rahmen der arbeitsrechtlichen Vereinbarung Versicherungsnehmer wird (auf versicherungsrechtlicher Ebene wird er in vollem Umfang Versicherungsnehmer, da das Versicherungsverhältnis als solches nicht gespalten wird). Häufig hat dann der ehemalige Arbeitgeber von der versicherungsförmigen Lösung Gebrauch gemacht, die Versicherungsnehmerstellung auf den ehemaligen Arbeitnehmer übertragen und dieser hat ggf. die Versicherung für einen Übergangszeitraum mit eigenen Beiträgen fortgeführt. Diese Vorgehensweise liegt im Interesse des Arbeitnehmers, weil dadurch vermieden wird, dass die Versicherung beitragsfrei gestellt und eine neue Versicherung beim neuen Arbeitgeber abzuschließen ist. Der bestehende Versicherungsschutz bleibt erhalten. Der Arbeitnehmer kann z.B. auch weiterhin § 40b EStG a.F. nutzen.[26] Eine solche Vorgehensweise fällt nicht unter § 4 Abs. 2 Nr. 1 BetrAVG, zum einen, weil der ehemalige Arbeitgeber an dem Vorgang nicht beteiligt ist, aber auch, weil der neue Arbeitge- 27

---

25 *Rolfs* NZA 2005, 745, kommt zu einer gesamtschuldnerischen Haftung.
26 BMF-Schreiben v. 31.3.2010, BStBl. I, S. 420 ff., Rn. 313 ff. (s. Anh. III).

ber eine bestehende Direktversicherung nicht einschließlich des arbeitsrechtlichen Grundverhältnisses übernehmen will. Es wird lediglich der schon
bestehende Versicherungsvertrag genutzt, um einen Neuabschluss zu vermeiden und dem Arbeitnehmer nicht nur die steuerliche Förderung zu erhalten,
sondern auch einen besseren Garantiezins, den schon bestehenden Schutz bei
Berufsunfähigkeit etc.

28 Unabhängig davon, ob der neue Arbeitgeber die Zusage übernimmt oder
lediglich mit Wirkung für die Zukunft Versicherungsnehmer wird, kann der
Versicherer nicht verlangen, dass mit der Vertragsübernahme der Inhalt des
Versicherungsvertrages abgeändert wird. Bereits mit Abschluss des Versicherungsvertrages beim ehemaligen Arbeitgeber wird ein möglicher Wechsel in
der Stellung des Versicherungsnehmers vorprogrammiert, sodass der Versicherer bei Vertragsübernahme seine Zustimmung nicht nach freiem Belieben
von einer Vertragsänderung abhängig machen kann. Der Versicherer kann
seine Zustimmung nur versagen, wenn sie in erheblichem Umfang seine
eigenen Interessen beeinträchtigen würde. Eine solche Beeinträchtigung liegt
nicht vor, wenn vor dem 1.1.2002 eine fondsgebundene Lebensversicherung
abgeschlossen wurde und der Versicherungsnehmerwechsel nach dem
31.12.2001 erfolgte. In diesem Fall kann der Versicherer nicht verlangen,
dass der neue Arbeitgeber anerkennt, dass eine Beitragszusage mit Mindestleistung vorliegt.[27]

29 Das zwischen den Versicherungsgesellschaften abgeschlossene Übertragungsabkommen[28] lässt offen, welche Art einer Übertragung dem Versichererwech-
sel zugrunde liegt. Die Art der Übertragung/Übernahme ist auf arbeitsrechtlicher Grundlage zu vereinbaren.

4. Pensionskasse

30 Die Ausführungen zur Direktversicherung gelten entsprechend. Allerdings ist
eine Übernahme der Versicherung unter Fortführung der Zusage in der
Regel nur dann möglich, wenn der neue Arbeitgeber Trägerunternehmen
derselben Pensionskasse ist oder wird.

---

27 OLG Karlsruhe 17.2.2006, 12 U 246/05, NZA-RR 2006, 318 = NJW-RR 2006,
817.
28 www.GDV.de. Hierzu auch *Blumenstein* BetrAV 2006, 252.

Deckungslücken, für die der neue Arbeitgeber einstehen muss, können sich 31
aus der Verletzung des Gleichberechtigungsgrundsatzes ergeben. Enthält z.B.
eine Pensionskassensatzung eine geschlechtsdiskriminierende Regelung, richtet sich der Anspruch auf Gleichbehandlung mit der nicht diskriminierten
Personengruppe unmittelbar gegen die Pensionskasse, aber auch gegen den
Arbeitgeber.[29] Auch für die Pensionskasse gilt, dass der neue Arbeitgeber
nicht zwingend die bestehende Zusage übernehmen muss, er auch die Möglichkeit hat, die bestehende Versicherung aus Praktikabilitätsgründen zu nutzen. Soweit Pensionskassen dem Übertragungsabkommen beigetreten sind,
kann auch dieses angewandt werden.

5. Pensionsfonds

Auch dann, wenn der ehemalige Arbeitgeber die betriebliche Altersversor- 32
gung über einen Pensionsfonds abgewickelt hat, kommt eine befreiende
Übernahme der Zusage in Betracht. Der neue Arbeitgeber kann die zugesagten Leistungen unmittelbar übernehmen, er kann aber auch Trägerunternehmen des Pensionsfonds werden. Im Übrigen gelten die Ausführungen zur
Direktversicherung entsprechend, wobei der Begriff Versicherung durch den
Begriff Vorsorgung zu ersetzen ist. Da zwischenzeitlich das Übertragungsabkommen für Pensionsfonds erweitert wurde, kann auch diese Form der
Übertragung genutzt werden.

IV. Alle Zusagearten

In § 4 Abs. 2 Nr. 1 BetrAVG wird nicht nach Zusagearten differenziert. Folg- 33
lich ist diese Vorschrift auf alle Zusagearten anzuwenden.

1. Leistungszusage

Hatte der ehemalige Arbeitgeber oder Versorgungsträger dem Arbeitnehmer 34
eine Leistungszusage erteilt, wird diese vom neuen Arbeitgeber übernommen.

---

29 BAG 7.9.2004, 3 AZR 550/03, EzA Art. 141 EG-Vertrag 1999 Nr. 16 = DB
2005, 507.

2. Beitragsorientierte Leistungszusage

35 Die vom ehemaligen Arbeitgeber dem Arbeitnehmer erteilte beitragsorientierte Leistungszusage wird vom neuen Arbeitgeber ebenfalls übernommen. Ergibt sich der Wert der Leistungen unmittelbar aus einer Fondsanlage oder aus einer Rückdeckungsversicherung, müssen auch die Versorgungsmittel übertragen werden, damit der neue Arbeitgeber in der Lage ist, uneingeschränkt das Leistungsversprechen zu erfüllen.

3. Beitragszusage mit Mindestleistung

36 Auch eine Beitragszusage mit Mindestleistung kann mit befreiender Wirkung durch den neuen Arbeitgeber vom ehemaligen Arbeitgeber übernommen werden. Da die Beitragszusage mit Mindestleistung nur in den externen Durchführungswegen Pensionskasse, Direktversicherung und Pensionsfonds umgesetzt werden kann, muss er Versicherungsnehmer oder Trägerunternehmen werden.

V. Auswirkungen beim Arbeitnehmer

37 Die Übernahme der Zusage durch den neuen Arbeitgeber hat keinerlei Einfluss auf das Versorgungsverhältnis. Die Unverfallbarkeitsfristen laufen durch (§ 1b Abs. 1 S. 5 BetrAVG: Übernahme durch eine andere Person). An der Versorgungshöhe ändert sich nichts. Auch Wartezeiten sind so zu behandeln, als habe keine Übernahme stattgefunden.[30]

VI. Zeitlicher Geltungsbereich

38 Eine Übernahme nach § 4 Abs. 2 Nr. 1 BetrAVG ist ohne zeitliche Einschränkung möglich. So kann nach dieser Vorschrift auch eine gesetzlich unverfallbare Anwartschaft übernommen werden, die vor dem 1.1.2005 entstanden ist. Diese Vorschrift ist auch anzuwenden bei Arbeitnehmern, die nach dem 31.12.2004 mit einer gesetzlich unverfallbaren Anwartschaft bei einem Arbeitgeber ausscheiden.

39 Ohne Bedeutung ist auch, welcher Zeitraum zwischen dem Ausscheiden beim ehemaligen Arbeitgeber und der Begründung eines Arbeitsverhältnisses beim neuen Arbeitgeber liegt. Eine Übernahme der Zusage ist auch möglich, wenn zwischenzeitlich ein anderes Arbeitsverhältnis begründet wurde. Ent-

---

30 Zu den steuerlichen Folgen s. Rdn. 40 f.

scheidend ist alleine, dass im Zeitpunkt der Übernahme ein Arbeitsverhältnis beim neuen Arbeitgeber besteht.

VII. Keine steuerliche Flankierung

In § 3 Nr. 55 EStG ist geregelt, in welchem Umfang die arbeitsrechtliche Portabilität steuerlich flankiert wird. Da diese Vorschrift nur in den Fällen des § 4 Abs. 2 Nr. 2 und Abs. 3 BetrAVG zur Anwendung kommt, ist für die einvernehmliche Übernahme der Zusage keine steuerliche Flankierung gegeben. **40**

Das BMF geht davon aus, dass eine steuerliche Flankierung nicht erforderlich ist, weil die Übernahme der Zusage – unabhängig vom Durchführungsweg – kein steuerlich relevanter Vorgang ist, weil ein Schuldnerwechsel stattfindet.[31] **41**

C. Übertragungswert und Neuzusage

Mit § 4 Abs. 2 Nr. 2 BetrAVG hat der Gesetzgeber mit Wirkung ab dem 1.1.2005 eine **neue Übertragungsmöglichkeit** geschaffen. Diese entspricht praktischen Bedürfnissen.[32] Der Vorteil besteht darin, dass der neue Arbeitgeber nicht die Zusage des alten Arbeitgebers übernimmt, sondern er den Übertragungswert in das bei ihm bestehende Versorgungssystem einbringen kann, sodass er nicht aus unterschiedlichen Zusageinhalten verpflichtet ist. **42**

Übertragen werden können nach dieser Vorschrift **unverfallbare Anwartschaften** aus **allen Durchführungswegen**, unabhängig davon, ob die Anwartschaft vor oder nach dem 1.1.2005 gesetzlich unverfallbar wurde, wie sie finanziert (arbeitgeberfinanziert, Entgeltumwandlung, mischfinanziert) wurde und ob zwischenzeitlich zu einem anderen Arbeitgeber ein Arbeitsverhältnis bestanden hat. **43**

Die Übertragung setzt ein **Einvernehmen** zwischen dem ehemaligen Arbeitgeber, dem neuen Arbeitgeber und dem Arbeitnehmer voraus. Hierzu wird auf Rdn. 14 f. verwiesen. Das Einvernehmen erstreckt sich auf die Zahlung des Übertragungswertes und die Erteilung einer neuen Zusage mit der Folge **44**

---

31 BMF-Schreiben v. 31.3.2010, BStBl. I, S. 420 ff., Rn. 282 (s. Anh. III); zum Abkommen zur Übertragung von Direktversicherungen *Niermann/Risthaus* DB Beil. 2/2005, 66.

32 BT-Drucks. 15/2150, S. 53; *Neise* FS Kemper, S. 334.

der Enthaftung des ehemaligen Arbeitgebers gem. § 4 Abs. 6 BetrAVG.[33] Eine einvernehmliche Übertragung ohne Zahlung eines Übertragungswertes ist nach dem eindeutigen Wortlaut des Gesetzes ausgeschlossen.[34]

I. Wert der erworbenen Anwartschaft

45 Beim ehemaligen Arbeitgeber ist der Wert der vom Arbeitnehmer **erworbenen unverfallbaren Anwartschaft** zu ermitteln. Bei dem Wert handelt es sich um einen bezifferbaren Kapitalbetrag, der **Übertragungswert** genannt wird. Nach der Gesetzesbegründung bedarf es einer Umrechnung in einen bezifferbaren Betrag nicht, wenn sich der dem Arbeitnehmer zustehende Kapitalbetrag ohne Weiteres aus einem Kapitalkonto ergibt.[35]

46 Die Höhe des Übertragungswertes wird in § 4 Abs. 5 BetrAVG vorgegeben. Wegen der Einzelheiten wird auf Rdn. 106 ff. verwiesen.

II. Wertgleiche Zusage des neuen Arbeitgebers

47 Der Übertragungswert, der an den neuen Arbeitgeber gezahlt wird, muss von diesem dazu verwendet werden, dem Arbeitnehmer eine **wertgleiche Zusage** zu erteilen. Aus der Begründung des Gesetzes ergibt sich, dass die Wertgleichheit am Übertragungswert zu messen ist. Der neue Arbeitgeber habe dem Arbeitnehmer eine dem Übertragungswert wertgleiche Zusage zu geben.[36] Damit wird an eine solche Zusage der gleiche Maßstab angelegt, wie bei einer Zusage aus Entgeltumwandlung.[37]

48 Die Zusage, die der neue Arbeitgeber erteilt, begründet eine **neue Anwartschaft**. Es findet, anders als bei der Übernahme der Zusage, kein Schuldnerwechsel statt.[38] Es handelt sich um eine Neuzusage. Diese neue Zusage kann als Leistungszusage, beitragsorientierte Leistungszusage und auch als Beitragszusage mit Mindestleistung (bei Direktversicherung, Pensionskasse, Pensionsfonds) ausgestaltet sein. Es kann auch ein Wechsel des Durchführungs-

---

33 Zur aufschiebenden Bedingung hinsichtlich der Zahlung des Übertragungswertes *Schnitker/Grau* NJW 2005, 11; zum Irrtum bzgl. des Übertragungswertes *Rolfs* NZA 2005, 745.
34 A.A. *Höfer* DB 2004, 1427.
35 BT-Drucks. 15/2150, S. 53.
36 BT-Drucks. 15/2150, S. 53.
37 § 1 Abs. 2 Nr. 3 BetrAVG, hierzu auch § 1 Rdn. 485 ff.
38 *Reichel/Volk* DB 2005, 887; a.A. *Höfer* DB 2004, 1427.

weges vorgenommen werden. Die alte Zusage des ehemaligen Arbeitgebers ist nicht nachzubilden. Sie verliert ihre Identität.[39] Vor nachteiligen Veränderungen im Zusageinhalt bzw. im Durchführungsweg ist der Arbeitnehmer geschützt, weil er der Übertragung zustimmen muss. Zudem muss der neue Arbeitgeber für die Wertgleichheit einstehen. Die Wertgleichheit stellt auf die Gesamtheit der Leistungen ab.[40] Auf diese Neuzusage sind die Regelungen über Entgeltumwandlung entsprechend anzuwenden. Dies bedeutet, dass die Leistungen aus dieser Zusage sofort kraft Gesetzes unverfallbar sind und dass bei einer versicherungsförmigen Umsetzung die Voraussetzungen nach § 1b Abs. 5 BetrAVG erfüllt werden müssen. Auch ist nach § 16 Abs. 5 BetrAVG die Anpassung zu regeln.

Wird beim neuen Arbeitgeber ein externer Versorgungsträger mit der Umsetzung der wertgleichen Zusage beauftragt, kann nach der Begründung des Gesetzes der Übertragungswert vom Versorgungsträger des alten auf den Versorgungsträger des neuen Arbeitgebers unmittelbar überwiesen werden.[41] Bei den versicherungsförmigen Durchführungswegen sollte im Einzelnen geprüft werden, ob die Auflösung eines bestehenden Vertrages und der Abschluss eines neuen Vertrages wirklich für den Arbeitnehmer günstig ist. In aller Regel dürfte die in Rdn. 27 angesprochene Fortführung des bestehenden Vertrages die bessere Lösung sein. **49**

Der gesetzliche Insolvenzschutz richtet sich nach § 7 Abs. 5 S. 3 Nr. 2 BetrAVG. Dies bedeutet, dass in den ersten beiden Jahren nach Übertragung Insolvenzschutz nur insoweit besteht, wie der Übertragungswert die Beitragsbemessungsgrenze in der allgemeinen Rentenversicherung nicht übersteigt. Wurde ein höherer Betrag als Übertragungswert gem. § 4 Abs. 5 BetrAVG gezahlt, kann diesbezüglich in den ersten beiden Jahren nur ein vertraglicher Insolvenzschutz herbeigeführt werden.[42] **50**

III. Erlöschen der Zusage

Der Übertragungswert wird an den neuen Arbeitgeber gezahlt. Mit der vollständigen Übertragung des Übertragungswertes erlischt gem. § 4 Abs. 6 **51**

---

39 *Reichel/Volk* DB 2005, 887; *Langohr-Plato/Teslau* NZA 2004, 1354; *Förster/Cisch* BB 2004, 2127; *Höfer* DB 2004, 1427.

40 *Förster/Cisch* BB 2004, 2130.

41 BT-Drucks. 15/2150, S. 53.

42 BT-Drucks. 15/2150, S. 54; § 7 Rn. 174 ff.

BetrAVG die Zusage des ehemaligen Arbeitgebers. Dieser wird von allen Leistungspflichten frei.[43] Wird der Übertragungswert nicht oder nicht vollständig gezahlt, wird der ehemalige Arbeitgeber nicht frei.[44]

IV. Steuerliche Flankierung

1. Versicherungsförmige Durchführungswege

52 Wird eine einvernehmliche Übertragung gem. § 4 Abs. 2 Nr. 2 BetrAVG vorgenommen, wird die Auszahlung des Übertragungswertes nach § 3 Nr. 55 EStG lohnsteuerfrei gestellt. Es findet in Höhe des Übertragungswertes gem. § 4 Abs. 5 BetrAVG kein steuerlicher Zufluss statt. Voraussetzung ist, dass die neue Zusage beim neuen Arbeitgeber ebenfalls in den Durchführungswegen Direktversicherung, Pensionskasse oder Pensionsfonds umgesetzt wird. Es ist nicht erforderlich, dass beide Arbeitgeber denselben Durchführungsweg gewählt haben.[45]

53 Eine Übertragung des Übertragungswertes in die Durchführungswege unmittelbare Versorgungszusage oder Unterstützungskasse wird nicht steuerfrei gestellt. »Überkreuzübertragungen« sind steuerlich nicht gefördert.

54 Die nach Eintritt des Versorgungsfalls ausgezahlten Versorgungsleistungen werden in voller Höhe gem. § 22 Nr. 5 EStG beim Versorgungsempfänger besteuert.

2. Unterstützungskasse

55 Der Betrag (Übertragungswert gem. § 4 Abs. 5 BetrAVG), der bei einer einvernehmlichen Übertragung von einer Unterstützungskasse oder vom Arbeitgeber an eine Unterstützungskasse gezahlt wird, ist ebenfalls gem. § 3 Nr. 55 EStG lohnsteuerfrei. Ein Zufluss (§ 11 EStG) findet beim Arbeitnehmer nicht statt.

56 Die späteren Auszahlungen der Versorgungsleistungen werden in voller Höhe gem. § 19 EStG durch den Versorgungsempfänger versteuert.

---

43 Zur Frage, wann eine vollständige Übertragung des Übertragungswertes vorliegt, auch *Rolfs* NZA 2005, 745.
44 A.A. entgegen dem klaren Wortlaut des Gesetzes *Höfer* DB 2004, 1426.
45 BMF-Schreiben v. 31.3.2010, BStBl. I, S. 420 ff., Rn. 282 ff. (s. Anh. III).

3. Unmittelbare Versorgungszusage

Wird eine unmittelbare Versorgungszusage des alten Arbeitgebers gem. § 4 **57**
Abs. 2 Nr. 2 BetrAVG in eine Neuzusage beim neuen Arbeitgeber überführt,
ist der Übertragungswert gem. § 4 Abs. 5 BetrAVG gem. § 3 Abs. 55 EStG
lohnsteuerfrei. Zu beachten ist aber, dass an eine Unterstützungskasse keine
Einmalbeiträge gezahlt werden können (§ 4d EStG). Die Steuerfreiheit
besteht auch dann, wenn eine Unterstützungskassenzusage in eine Direktzusage überführt wird.

Die späteren Auszahlungen im Versorgungsfall werden gem. § 19 EStG voll **58**
vom Versorgungsempfänger versteuert.

D. Mitnahmeanspruch (Portabilität)

In § 4 Abs. 3 BetrAVG wurde ein neuer Mitnahmeanspruch[46] für die Arbeit- **59**
nehmer geschaffen. Diese Vorschrift gibt dem Arbeitnehmer ein **Recht auf
Übertragung**. Dies ist die eigentliche »Portabilität«, weil der Arbeitnehmer
einseitig ein Verlangen ausüben kann. Der Arbeitgeber kann diesen Mitnahmeanspruch nicht verhindern oder beeinflussen. Die Entscheidungsfreiheit
liegt ausschließlich beim Arbeitnehmer.[47]

Jede Vereinbarung, egal ob sie mit dem ehemaligen oder mit dem neuen **60**
Arbeitgeber getroffen wird, die den Arbeitnehmer in seinen Mitnahmemög-
lichkeiten einschränken würde, wäre unwirksam, da zum Nachteil des
Arbeitnehmers nicht von den gesetzlichen Bestimmungen abgewichen werden darf (§ 17 Abs. 3 S. 3 BetrAVG).

I. Neuzusagen

Nach § 30b BetrAVG ist § 4 Abs. 3 BetrAVG nur auf Zusagen anzuwenden, **61**
die nach dem 31.12.2004 erteilt wurden oder erteilt werden. Damit besteht
kein Mitnahmeanspruch für solche Versorgungszusagen, die vor dem
1.1.2005 erteilt worden sind.

Für vor dem 1.1.2005 erteilte Versorgungszusagen besteht auch dann kein **62**
Mitnahmeanspruch, wenn die betriebliche Altersversorgung durch Entgeltumwandlung finanziert wurde. Es kommt nur eine einvernehmliche Übertragung in Betracht.

---

46 *Rürup* FS Kemper, S. 403.
47 A.A. *Schnitker/Grau* NJW 2005, 12.

II. Unverfallbare Anwartschaft

63 Nur Arbeitnehmer, die mit einer **gesetzlich unverfallbaren Anwartschaft** beim ehemaligen Arbeitgeber ausscheiden, haben einen Mitnahmeanspruch. Dies bedeutet, dass bei einer betrieblichen Altersversorgung, die aus Entgeltumwandlung finanziert wurde, bereits im Jahr 2005 ein Mitnahmeanspruch entstehen konnte, da diese Versorgungsanwartschaften sofort gesetzlich unverfallbar sind.

64 *unbelegt*

65 Bei vertraglich unverfallbaren Anwartschaften besteht folglich kein Mitnahmerecht.

66 Ohne Bedeutung ist, welche Zusageart der unverfallbaren Anwartschaft zugrunde liegt. Es kann eine Leistungszusage, eine beitragsorientierte Leistungszusage und eine Beitragszusage mit Mindestleistung mitgenommen werden.

67 Die Höhe der unverfallbaren Leistung und damit des Mitnahmeanspruchs richtet sich nach § 2 BetrAVG, wobei bei der beitragsorientierten Leistungszusage und bei der Zusage aus Entgeltumwandlung immer § 2 Abs. 5a BetrAVG zur Anwendung kommt.

III. Durchführungswege

68 Ein Mitnahmeanspruch besteht nur dann, wenn die betriebliche Altersversorgung beim ehemaligen Arbeitgeber in den Durchführungswegen **Pensionsfonds, Pensionskasse** oder **Direktversicherung** durchgeführt worden ist.[48] Ohne Bedeutung ist, ob der Versorgungszusage eine Entgeltumwandlung zugrunde liegt oder ob der Arbeitgeber die betriebliche Altersversorgung finanziert hat.

69 Kein Mitnahmeanspruch besteht in den Durchführungswegen **Direktzusage** und **Unterstützungskassenzusage**. Auch wenn in diesen beiden Durchführungswegen die betriebliche Altersversorgung über Entgeltumwandlung finanziert wurde, kann der Arbeitnehmer sie beim Arbeitgeberwechsel nicht mitnehmen. Ausweislich der Gesetzbegründung sind diese beiden Durchführungswege von dem Mitnahmeanspruch ausgeschlossen, weil die Unternehmen nicht gezwungen werden sollen, die im Unternehmen gebundenen

---

48 Zur Kombination von Durchführungswegen *Klein* FS Kemper, S. 263 f.

Rückstellungen beim Ausscheiden der Arbeitnehmer vorzeitig zu kapitalisieren. Auch wenn diese Begründung nur auf die Direktzusage zutrifft, hat der Gesetzgeber auch die Unterstützungskassenzusagen von der Portabilität ausgeschlossen, weil z.B. bei einer reservepolsterfinanzierten Unterstützungskasse in der Kasse kein Kapital vorhanden ist, was übertragen werden könnte. Folglich müsste der ehemalige Arbeitgeber für die Liquidität eintreten. Dies soll vermieden werden. Folglich kann in diesen beiden Durchführungswegen nur im Einvernehmen nach § 4 Abs. 2 Nr. 1 oder Nr. 2 BetrAVG eine Portabilität herbeigeführt werden.

IV. Übertragungswert und Beitragsbemessungsgrenze

Ein Mitnahmeanspruch besteht nur dann, wenn der Übertragungswert die 70 Beitragsbemessungsgrenze in der **allgemeinen Rentenversicherung** nicht übersteigt.[49] Damit ist die Beitragsbemessungsgrenze gemeint, die im Jahr der Übertragung maßgeblich ist. Gemeint ist die Jahresbeitragsbemessungsgrenze.

Ausweislich der Gesetzesbegründung soll nicht zwischen der Beitragsbemes- 71 sungsgrenze West und der Beitragsbemessungsgrenze Ost unterschieden werden.[50] Dies wird im Wortlaut des Gesetzes allerdings nicht zum Ausdruck gebracht.[51]

Übersteigt der Übertragungswert die Beitragsbemessungsgrenze, besteht 72 überhaupt kein Mitnahmeanspruch.[52] Es gilt das »Alles-oder-Nichts-Prinzip«. Ein Mitnahmeanspruch, der teilweise geltend gemacht würde, würde dem Grundgedanken der Portabilität widersprechen, da es Sinn und Zweck des Gesetzes ist, Anwartschaften zu bündeln. Würde ein Teilanspruch beim ehemaligen Arbeitgeber bestehen bleiben, würde dieses Ziel nicht erreicht.

V. Jahresfrist

Der Mitnahmeanspruch kann nur innerhalb einer Einjahresfrist nach dem 73 Ausscheiden aus dem Arbeitsverhältnis beim ehemaligen Arbeitgeber geltend

---

49 Zum Überforderungsschutz *Cisch* DB Beil. 3/2005, 15; *Förster/Cisch* BB 2004, 2128.
50 BT-Drucks. 15/2150, S. 53.
51 Nur Beitragsbemessungsgrenze West: *Langohr-Plato/Teslau* NZA 2004, 1354.
52 BT-Drucks. 15/2150, S. 53.

gemacht werden. Die Frist wird nach dem § 187 ff. BGB berechnet. Fristbeginn ist der Tag nach dem Ausscheiden aus dem Arbeitsverhältnis. Zu berücksichtigen ist, dass der Arbeitnehmer die Frist voll ausschöpfen kann und der Arbeitgeber in den Grenzen des § 3 BetrAVG ein Abfindungsrecht nur hat, wenn der Arbeitnehmer seinen Mitnahmeanspruch nicht geltend macht.

74 Die Frist ist auf den Tag genau einzuhalten, und zwar unabhängig davon, ob der Arbeitnehmer einen neuen Arbeitgeber gefunden hat.[53] Wird das Recht auf Übertragung des Übertragungswertes verspätet geltend gemacht, besteht kein Mitnahmeanspruch. Nach Fristablauf kommt nur eine einvernehmliche Übertragung nach § 4 Abs. 2 Nr. 1 oder Nr. 2 BetrAVG in Betracht. Auch hat der Arbeitgeber nach Fristablauf das Recht zur Abfindung, wenn nach § 3 BetrAVG eine solche zulässig ist.

VI. Verlangen

75 Der Arbeitnehmer muss den Mitnahmeanspruch durch eine **ausdrückliche Erklärung** geltend machen. Er muss aktiv tätig werden, in dem er die Mitnahme vom ehemaligen Arbeitgeber verlangt. Die Ausübung des Rechts führt dazu, dass der ehemalige Arbeitgeber verpflichtet ist, den gem. § 4 Abs. 5 BetrAVG ermittelten Übertragungswert an den neuen Arbeitgeber oder dessen Versorgungsträger zu zahlen. Mit der vollständigen Übertragung des Übertragungswertes erlischt dann die Zusage des ehemaligen Arbeitgebers (§ 4 Abs. 6 BetrAVG). Er wird von seinen Leistungspflichten frei. Wird der Übertragungswert nicht oder nicht vollständig gezahlt, wird der ehemalige Arbeitgeber nicht frei.

76 Das Verlangen ist an keine Form gebunden. Eine mündliche Erklärung reicht aus. Aus Beweisgründen sollte eine schriftliche Erklärung abgegeben und auch dokumentiert werden, dass dieses Schriftstück beim ehemaligen Arbeitgeber eingegangen ist.

77 Hat der ehemalige Arbeitgeber in den Durchführungswegen **Direktversicherung** oder **Pensionskasse** von seinem Recht Gebrauch gemacht, den ehemaligen Arbeitnehmer auf die **versicherungsförmige Lösung** zu verweisen, richtet sich der Anspruch auf Auszahlung des Übertragungswertes unmittelbar gegen den Versorgungsträger des ehemaligen Arbeitgebers. Dabei kann der

---

53 *Schnitker/Grau* NJW 2005, 12.

Gesetzbegründung nicht gefolgt werden, dass der Mitnahmeanspruch ins Leere liefe, wenn der ehemalige Arbeitgeber von der versicherungsförmigen Lösung Gebrauch gemacht habe. Es wird verkannt, dass beim Verweis auf die versicherungsförmige Lösung nicht notwendigerweise der Arbeitnehmer Versicherungsnehmer werden muss und mit der versicherungsförmigen Lösung das arbeitsrechtliche Grundverhältnis nicht untergeht. Es entspricht aber praktischen Bedürfnissen, dem Arbeitnehmer gegenüber dem Versorgungsträger unmittelbar das Recht einzuräumen, die Auszahlung des Übertragungswertes zu verlangen, damit dieser nicht den »Umweg« über den ehemaligen Arbeitgeber gehen muss.

Ein unmittelbarer Anspruch gegenüber dem Versorgungsträger besteht auch **78** dann, wenn der Arbeitnehmer nach dem Ausscheiden aus dem Arbeitsverhältnis die Versicherung oder Versorgung **mit eigenen Beiträgen** fortgeführt hat. Da eine Fortführung der Versicherung oder Versorgung in allen drei versicherungsförmigen Durchführungswegen möglich ist, richtet sich dieser Anspruch nicht nur gegen eine Pensionskasse oder ein Lebensversicherungsunternehmen, sondern auch gegen den Pensionsfonds.

Macht der Arbeitnehmer von seinem Mitnahmerecht Gebrauch, ist ein **79** Abfindungsrecht des Arbeitgebers ausgeschlossen (§ 3 Abs. 2 BetrAVG).

VII. Verpflichtung des neuen Arbeitgebers

Nach § 4 Abs. 3 S. 3 BetrAVG ist der neue Arbeitgeber verpflichtet, dem **80** Arbeitnehmer eine **neue Versorgungszusage** zu erteilen. Diese Versorgungszusage muss in den Durchführungswegen **Pensionsfonds, Pensionskasse** oder **Direktversicherung** umgesetzt werden. Eine Direktzusage oder eine Unterstützungskassenzusage ist ausgeschlossen.

Der neue Arbeitgeber bestimmt den Durchführungsweg und den Inhalt der **81** Versorgungszusage.[54] Er kann eine Leistungszusage, beitragsorientierte Leistungszusage oder auch eine Beitragszusage mit Mindestleistung vorgeben. Die einzige gesetzliche Vorgabe, die er beachten muss, ist die Wertgleichheit.

Damit werden solche Arbeitgeber, die ihre betriebliche Altersversorgung über **82** eine Direktzusage oder Unterstützungskassenzusage bisher abgewickelt haben, vom Gesetzgeber gezwungen, einen weiteren versicherungsförmigen

---

54 *Cisch* DB Beil. 3/2005, 15; *Schnitker/Grau* NJW 2005, 12; *Reichel/Volk* DB 2005, 888; *Langohr-Plato/Teslau* NZA 2004, 1355.

Durchführungsweg dann zur Verfügung zu stellen, wenn der erste neue Arbeitnehmer seinen Mitnahmeanspruch geltend macht. Da dieser nicht abbedungen werden kann, kann sich der neue Arbeitgeber der Umsetzung eines weiteren Durchführungsweges nicht entziehen.

83   Die neue Versorgungszusage muss dem Übertragungswert gem. § 4 Abs. 5 BetrAVG entsprechen. Sie muss **wertgleich** sein.[55] Wann eine wertgleiche Versorgungszusage vorliegt, werden die Gerichte zu entscheiden haben.

84   Für die neue Versorgungszusage gelten die Regelungen über die **Entgeltumwandlung** entsprechend. Die neue Zusage ist sofort kraft Gesetzes unverfallbar. Dem Arbeitnehmer ist ein unwiderrufliches Bezugsrecht oder ein Rechtsanspruch einzuräumen. Alle Überschussanteile oder Erträge sind zur Erhöhung der Leistung zu verwenden. Verfügungsmöglichkeiten durch den Arbeitgeber sind ausgeschlossen (§ 1b Abs. 5 BetrAVG). Für die Anpassung ist § 16 Abs. 5 BetrAVG zu beachten.

85   Der gesetzliche **Insolvenzschutz** richtet sich nach § 7 Abs. 5 S. 3 Nr. 2 BetrAVG. Dies bedeutet, dass in den ersten beiden Jahren nach Übertragung Insolvenzschutz nur insoweit besteht, wie der Übertragungswert die Beitragsbemessungsgrenze in der allgemeinen Rentenversicherung nicht übersteigt. Wurde ein höherer Betrag als Übertragungswert gem. § 4 Abs. 5 BetrAVG gezahlt, kann diesbezüglich in den ersten beiden Jahren nur ein vertraglicher Insolvenzschutz herbeigeführt werden.[56]

VIII. Steuerliche Flankierung

86   Nach § 3 Nr. 55 EStG ist die Auszahlung des Übertragungswertes steuerfrei, der an eine Pensionskasse, einen Pensionsfonds oder an ein Lebensversicherungsunternehmen gezahlt wird.

87   Die späteren Zahlungen nach Eintritt des Versorgungsfalles werden so behandelt, als habe keine Übertragung stattgefunden. Es bleibt bei der Besteuerung nach § 22 Nr. 5 EStG. Die Auszahlungen sind nachgelagert in voller Höhe zu versteuern.

---

55 Hierzu auch § 1 Rdn. 485 ff.
56 BT-Drucks. 15/2150, S. 54; § 7 Rdn. 174 ff.

E. Einstellung der Betriebstätigkeit und Liquidation

I. Zeitlicher Geltungsbereich

Mit Wirkung ab dem 1.1.1999 war in § 4 Abs. 3 BetrAVG a.F. eine beson- **88** dere Regelung aufgenommen worden, die es ermöglichte, anlässlich des Einstellens der Betriebstätigkeit und anschließender Liquidation des Unternehmens auf vereinfachtem Wege eine Übertragung vorzunehmen. Diese Übertragungsmöglichkeit ist beibehalten worden und in § 4 Abs. 4 BetrAVG enthalten. Der Gesetzgeber geht davon aus, dass Abs. 3 a.F. und Abs. 4 n.F. identisch sind. Für diese Möglichkeit der Übertragung bestehe weiterhin ein praktisches Bedürfnis.[57]

§ 4 Abs. 4 BetrAVG ist auf alle Übertragungen anzuwenden, die ab dem **89** 1.1.2005 anlässlich einer Liquidation erfolgen. Die Vorschrift gilt für alle Durchführungswege.

II. Einstellen der Betriebstätigkeit und Liquidation

Ein Einstellen der Betriebstätigkeit liegt vor, wenn der Arbeitgeber seine bisheri- **90** gen gewerblichen oder freiberuflichen Aktivitäten nicht mehr fortsetzt. Der Grund, warum die Betriebstätigkeit eingestellt wird, ist ohne Bedeutung.

Die Einstellung der Betriebstätigkeit führt dazu, dass die aktiven Arbeitneh- **91** mer, die noch in einem Arbeitsverhältnis stehen, aus dem Unternehmen ausscheiden.

Es richtet sich nach der Rechtsform des Unternehmens, wie die Liquidation **92** durchzuführen ist. In jedem Fall werden die laufenden Geschäfte des Unternehmens beendet, die Forderungen eingezogen, das Vermögen veräußert und die Gläubiger befriedigt. Um die Liquidation abschließen zu können, muss das Unternehmen auch von seinen Versorgungsverpflichtungen freigestellt werden. Dies bedeutet, dass laufende Leistungen abgefunden (Rentenbeginn vor 1.1.2005 = uneingeschränkte Abfindungsmöglichkeit; Rentenbeginn nach 31.12.2004 = § 3 BetrAVG, § 30g Abs. 2 BetrAVG) oder auf einen anderen Schuldner mit befreiender Wirkung übertragen werden können, um

---

57 BT-Drucks. 15/2150, S. 53.

eine Liquidation abschließen zu können.[58] Gesetzlich unverfallbare Anwartschaften müssen in einem solchen Fall (Ausnahme § 3 BetrAVG) mit befreiender Wirkung auf einen anderen Schuldner übertragen werden, da sonst
eine Liquidation nicht möglich wäre. Die Übertragungsmöglichkeiten werden durch § 4 Abs. 4 BetrAVG gesetzlich vorgegeben.

III. Übernahme der Zusage

93   In § 4 Abs. 4 BetrAVG wird geregelt, dass die Zusage nur von einer Pensionskasse oder einem Unternehmen der Lebensversicherung übernommen werden kann. Da in § 4 Abs. 2 Nr. 1 BetrAVG die Übernahme der Zusage bei
einem gesetzlich unverfallbaren Anspruch für einen ausgeschiedenen Arbeitnehmer geregelt wird, ist die Übernahme der Zusage die Übernahme der
bestehenden Versorgungsverpflichtung. Insoweit unterscheidet sich § 4 Abs. 4
BetrAVG n.F. von der gesetzlichen Regelung in § 4 Abs. 3 BetrAVG a.F.
Nach der bis zum 31.12.2004 geltenden Fassung war nicht die Übernahme
der Zusage vorgegeben, sondern es wurde die Verpflichtung übernommen,
bei Eintritt des Versorgungsfalles Versorgungsleistungen zu gewähren. Mit
der Vorgabe, die Zusage übernehmen zu müssen, wird nunmehr deutlich,
warum der Versorgungsempfänger bzw. der Versorgungsanwärter dem Über-
nahmevorgang nicht zustimmen muss. Auf dessen Einverständnis kann nur
deshalb verzichtet werden, weil sich für ihn nichts ändert, denn die bestehende Zusage wird übernommen.

94   Ob eine Übernahme der Zusage nach vorheriger inhaltlicher Veränderungen
im Rahmen des Übernahmevorgangs noch möglich ist, wenn der Versorgungsempfänger oder Anwärter hierzu sein Einverständnis erteilt, ist offen.[59]
Insoweit unterscheidet sich das Vorgehen anlässlich einer Liquidation von
der einvernehmlichen Übernahme einer Zusage. Nach dem Wortlaut des
Gesetzes ist das Einvernehmen des ehemaligen Arbeitnehmers nicht erforderlich. Folglich kann der ehemalige Arbeitgeber nur von seiner Verpflichtung
frei werden, wenn zum Nachteil des Arbeitnehmers keine Änderungen vor-

---

58 *Langohr-Plato* will den Liquidations- bzw. Einstellungsbeschluss ausreichen lassen
(Rechtshandbuch Rn. 570). Ähnlich *Andresen/Förster/Rößler/Rühmann* Teil 14 A
Rn. 384. Es stellt sich dann aber die Frage, ob eine Rückabwicklung vorzunehmen
ist, wenn die Liquidation nicht umgesetzt wird. Zudem stellt sich die Frage, ab
wann die Finanzverwaltung die Anwendung des § 3 Nr. 65 EStG zulässt.
59 *Cisch* (DB 2005, 13) verneint dies.

genommen werden. Es ist jedenfalls unzulässig, den Arbeitnehmer auf eine wertgleiche Versorgung zu verweisen. Im Einvernehmen mit dem ehemaligen Arbeitnehmer/Versorgungsempfänger müssten Änderungen möglich sein.

IV. Übernahmeberechtigte Versorgungsträger

Übernahmeberechtigt ist – wie auch schon in der vorhergehenden Fassung des **95** Gesetzes – **nur** eine **Pensionskasse** oder ein **Lebensversicherungsunternehmen**. Die Übernahme erfolgt nicht als Versorgungsträger i.S.v. § 1 Abs. 1 S. 2 BetrAVG, sondern weil mit der Übernahme der ehemalige Arbeitgeber von allen Leistungspflichten frei wird, muss originärer Versorgungsschuldner die Pensionskasse[60] oder das Lebensversicherungsunternehmen werden. Deshalb muss der Kreis der Übernahmeberechtigten auf diese beiden Institutionen beschränkt sein, da sie als Versicherungsunternehmen der Versicherungsaufsicht unterstehen und in ihren Kapitalanlagemöglichkeiten eingeschränkt sind. Zudem ist der ehemalige Arbeitnehmer vor der Insolvenz des Versicherers geschützt, weil jedes Lebensversicherungsunternehmen dem Sicherungsfonds beitreten muss (§ 124 VAG). Für Pensionskassen gilt diese Pflicht nicht. Sie können, müssen aber nicht beitreten. Wählt der Liquidator eine Pensionskasse aus, die nicht dem Sicherungsfonds beigetreten ist, könnte er schadensersatzpflichtig werden, wenn die Pensionskasse insolvent werden würde.

Die Auslagerung von Versorgungsverpflichtungen auf einen externen Versor- **96** gungsträger ohne originäre Schuldübernahme würde eine Liquidation nicht ermöglichen, weil der ehemalige Arbeitgeber auf unbeschränkte Zeit Trägerunternehmen bleiben und Beiträge an den PSVaG zahlen müsste.

Die befreiende Übernahme erfolgt durch einen Vertrag, der mit der Pensi- **97** onskasse oder dem Lebensversicherungsunternehmen und dem ehemaligen Arbeitgeber abgeschlossen wird.

V. Ausgestaltung der Zusage

Ab Rentenbeginn müssen alle Überschussanteile gem. § 16 Abs. 3 **98** Nr. 2 BetrAVG zur Erhöhung der Leistung verwendet werden. Dadurch wird sichergestellt, dass die laufenden Leistungen nach Eintritt des Versorgungsfalles über die Überschussbeteiligung angepasst werden. Wegen der Einzelheiten wird auf § 16 Rdn. 101 ff. verwiesen.

---

60 *Klein* FS Kemper, S. 269.

99 Darüber hinaus gilt § 2 Abs. 2 S. 4 bis 6 BetrAVG entsprechend. Danach darf der ausgeschiedene Arbeitnehmer die Ansprüche aus dem Versicherungsvertrag weder abtreten noch beleihen. Er darf auch den Rückkaufswert aufgrund einer Kündigung des Vertrages nicht in Anspruch nehmen. Auch wenn in diesen Vorschriften vom Arbeitnehmer die Rede ist, gilt dies entsprechend für einen Versorgungsempfänger, wenn dessen Versorgungsverpflichtung übernommen wurde.

100 Die Verfügungsbeschränkungen führen dazu, dass die vom ehemaligen Arbeitgeber zugesagten Leistungen auch so von der Pensionskasse bzw. vom Lebensversicherungsunternehmen ausgezahlt werden, als wenn der ehemalige Arbeitgeber nicht liquidiert worden wäre.

VI. Keine Zustimmung

101 Die Übernahme der Versorgungszusage erfolgt ohne Zustimmung des Versorgungsempfängers oder des Versorgungsanwärters. Auf die Zustimmung wird deshalb verzichtet, weil sich nach der befreienden Schuldübernahme weder für den Versorgungsempfänger noch für den Versorgungsanwärter etwas ändert. Der Lebensversicherer oder die Pensionskasse hat ihn so zu behandeln, wie der ehemalige Arbeitgeber ihn hätte behandeln müssen, mit der Ausnahme, dass sich die Anpassung von laufenden Leistungen ausschließlich nach § 16 Abs. 3 Nr. 2 BetrAVG richtet.

102 Es war umstritten, ob nach § 159 VVG a.F. eine Einwilligung einzuholen ist, weil auf das Leben des Versorgungsempfängers oder des Anwärters ein Versicherungsvertrag abgeschlossen wird.[61] Nach der hier vertretenen Auffassung ist § 150 Abs. 2 VVG n.F. zu beachten. Die Einwilligung ist vor Abschluss der Versicherung einzuholen. § 4 Abs. 4 BetrAVG ist nicht lex specialis im Verhältnis zu § 150 VVG. Denn diese Vorschrift regelt nur die arbeitsrechtliche Seite, nicht die versicherungsrechtliche. Wird anlässlich der Liquidation eine Kollektivlebensversicherung abgeschlossen, ist keine Einwilligung erforderlich.

VII. Steuerliche Flankierung

103 Für die Übernahme der Zusage muss an die Pensionskasse oder an das Lebensversicherungsunternehmen ein Einmalbeitrag gezahlt werden, der

---

61 *Reinecke* RdA 2005, 140.

auch die zukünftig entstehenden Verwaltungskosten umfasst. Es ist nicht ausreichend, allein einen Übertragungswert gem. § 4 Abs. 5 BetrAVG zu ermitteln. In § 4 Abs. 4 BetrAVG wird nicht auf den Übertragungswert verwiesen. Wegen des Wortlauts des Gesetzes ist die z.T. in der Literatur vertretene Auffassung, auch bei der Liquidation sei auf den Übertragungswert abzustellen, zu verwerfen. Denn dann müssten die betroffenen ehemaligen Arbeitnehmer Leistungskürzungen hinnehmen. Dies widerspricht dem Sinn und Zweck des Gesetzes.

Nach § 3 Nr. 65 EStG wird dieser Betrag lohnsteuerfrei gestellt. Die späteren **104** Auszahlungen werden gem. § 19 EStG besteuert. Die Pensionskasse oder das Lebensversicherungsunternehmen hat die Steuer wie der Arbeitgeber einzuhalten.

VIII. Ausgliederung einer Rentnergesellschaft

Mit Urteil vom 11.3.2008[62] hat das BAG entschieden, dass die Ausgründung **105** einer Rentnergesellschaft arbeitsrechtlich möglich und ohne Zustimmung des ehemaligen Arbeitnehmers oder des PSVaG zulässig ist. Die Gesellschaft muss nach dem Vorsichtsprinzip mit Kapital ausgestattet werden (hierzu i.E. § 16 Rdn. 88). Die Schaffung einer Rentnergesellschaft ist keine Alternative zur Liquidationsversicherung, weil diese Gesellschaft ihrerseits Gesellschafter haben muss. Dies ist i.d.R. die ausgründende Gesellschaft. Deshalb wäre ihre Liquidation nicht möglich.

F. Übertragungswert

Bei einer Übertragung nach § 4 Abs. 2 Nr. 2 BetrAVG oder einer Übertra- **106** gung nach § 4 Abs. 3 BetrAVG ist der Übertragungswert von Bedeutung, der in Abs. 5 der Vorschrift definiert wird. Dabei wird nach Durchführungswegen differenziert.

I. Übertragungswert bei einer unmittelbaren Versorgungszusage

Der Übertragungswert ist bei einer unmittelbaren Versorgungszusage nur **107** von Bedeutung bei einer Übertragung nach § 4 Abs. 2 Nr. 2, nicht Nr. 1 BetrAVG.

---

62 BAG 11.3.2008, 3 AZR 358/06, EzA § 4 BetrAVG Nr. 7 = DB 2008, 2369.

108 Der Übertragungswert ist **der Barwert** der nach § 2 BetrAVG bemessenen künftigen Versorgungsleistung **im Zeitpunkt der Übertragung**.

109 Bei dem Arbeitnehmer, der beim ehemaligen Arbeitgeber mit einer gesetzlich unverfallbaren Anwartschaft ausgeschieden ist, ist damit bei einer Leistungszusage die gem. § 2 Abs. 1 BetrAVG quotierte Anwartschaft die Maßgröße, nach der sich der Barwert richtet. Für Versorgungszusagen, die vor dem 1.1.2001 erteilt worden sind, ist dies auch die Maßgröße, wenn eine beitragsorientierte Leistungszusage erteilt wurde oder aber die betriebliche Altersversorgung durch Entgeltumwandlung finanziert wurde. Wurde die beitragsorientierte Leistungszusage nach dem 31.12.2000 erteilt, ergibt sich der Wert der aufrechtzuerhaltenen Anwartschaft aus § 2 Abs. 5a BetrAVG.

110 Aus der Gesetzesbegründung[63] ergibt sich, dass der Barwert **nicht** aus der **gebildeten Pensionsrückstellung** abgeleitet werden darf. Ausdrücklich wird der Teilwert gem. § 6a EStG angesprochen.

111 Nach § 4 Abs. 5 S. 1 Hs. 2 sind bei der Berechnung des Barwerts die **Rechnungsgrundlagen** sowie die **anerkannten Regeln der Versicherungsmathematik** maßgebend. Anders als in § 3 Abs. 2 BetrAVG a.F., der Vorbild für die Definition des Übertragungswertes gewesen sein soll,[64] ist von dem »bei der jeweiligen Form der betrieblichen Altersversorgung vorgeschriebenen Rechnungszinsfuß« nicht mehr die Rede. Dies wirft die Frage auf, wie bei einer unmittelbaren Versorgungszusage der Barwert zu ermitteln ist. Dass dabei biometrische Risiken zu berücksichtigen sind, ergibt sich aus den anerkannten Regeln der Versicherungsmathematik.

112 Zu § 3 Abs. 2 BetrAVG a.F. wurde in der Literatur einhellig die Auffassung vertreten, dass bei einer unmittelbaren Versorgungszusage ein Zinsfuß von 6 % zu verwenden ist. Dies ist der Zinsfuß, den § 6a EStG für die steuerliche Bewertung der Pensionsrückstellungen vorgibt. An dieser Auffassung wird z.T. in der Literatur festgehalten mit der aus dem Wortlaut des Gesetzes nicht ableitbaren Begründung, dass der Gesetzgeber auf § 3 Abs. 2 BetrAVG a.F. in der Gesetzesbegründung verweist. Dabei wird allerdings übersehen, dass der Zins von 6 % in § 3 Abs. 2 BetrAVG nicht genannt

---

63 BT-Drucks. 15/2150, S. 54.
64 BT-Drucks. 15/2150, S. 53.

wurde,[65] also im Ergebnis offen war, ob die Rechtsprechung diesen steuerlichen Zins akzeptiert hätte.

Da der Übertragungswert nur bei einer einvernehmlichen Übertragung nach § 4 Abs. 2 Nr. 2 BetrAVG von Bedeutung ist, musste der Gesetzgeber nicht regeln, welcher Zinsfuß zu verwenden ist. Wird der Übertragungswert seitens des ehemaligen Arbeitgebers mit einem Zinsfuß gerechnet, der vom Arbeitnehmer nicht akzeptiert wird, ist der Arbeitnehmer schließlich nicht verpflichtet, sein Einverständnis zur Übertragung zu erteilen. Eine Übertragung kommt dann nicht zustande. Die unverfallbare Anwartschaft verbleibt beim ehemaligen Arbeitgeber. Hat der ehemalige Arbeitgeber aufgrund der befreienden Wirkung nach § 4 Abs. 6 BetrAVG ein ureigenes Interesse daran, dass die gesetzlich unverfallbare Anwartschaft auf den neuen Arbeitgeber übergeht, muss er sich bei der Verwendung des Rechnungszinsfußes im Zweifel kompromissbereit geben. Letztlich wird es Verhandlungssache sein, mit welchem Zinsfuß der Übertragungswert berechnet wird.[66] Einen Anhaltspunkt kann die handelsrechtliche Bewertung nach § 253 HGB in der Fassung des BilMoG geben, denn der Gesetzgeber geht davon aus, dass eine Berechnung der handelsrechtlichen Verpflichtung mit einem Marktzins richtiger ist.   **113**

Für Übertragungswertermittlungen ab dem 21.12.2012 stellt sich die Frage, ob Unisex-Berechnungsgrundlagen anzuwenden sind. Da diese Frage durch die Rechtsprechung noch nicht geklärt ist, jedoch Art. 23 der Charta der Grundrechte der Europäischen Union[67] die Gleichbehandlung von Männern und Frauen verlangt, sollten vorsorglich Unisex-Berechnungsgrundlagen jedenfalls dann angewendet werden, wenn in einer vor dem 21.12.2012 erteilten Versorgungszusage keine Berechnungsmodalitäten vorgegeben wurden. Bei Versorgungszusagen, die ab dem 21.12.2012 erteilt werden, dürften trotz der Ausnahmeregelung in Art. 9 Abs. 1 Buchst. h) der Richtlinie 2006/54/EG[68] Unisex-Berechnungsgrundlagen zu verwenden sein, da ein Vertrauensschutz für neue Zusagen nicht sichergestellt ist.   **113a**

---

65 *Förster/Cisch* BB 2004, 2129.
66 *Langohr-Plato/Teslau* NZA 2004, 1355; *Reichel/Volk* DB 2005, 889; *Schnitker/Grau* NJW 2005, 13.
67 Amtsblatt der Europäischen Union vom 14.12.2007.
68 Amtsblatt der Europäischen Union vom 26.7.2006.

114   Weil § 3 Abs. 5 BetrAVG auf § 4 Abs. 5 BetrAVG verweist, wenn durch den Arbeitgeber aufgedrängt eine Abfindung vorgenommen wird, kann insoweit nicht auf ein Verhandlungsergebnis abgestellt werden. In diesem Fall kann nur der handelsrechtliche Barwert maßgeblich sein.

II. Übertragungswert bei Unterstützungskassenzusagen

115   Nach § 4 Abs. 5 S. 1 BetrAVG ist auch bei einer Unterstützungskassenzusage auf den Barwert abzustellen. Auch hier gelten die Rechnungsgrundlagen sowie die anerkannten Regeln der Versicherungsmathematik. Maßgröße ist der Wert der unverfallbaren Anwartschaft nach § 2 BetrAVG. Auf die Ausführungen in Rdn. 109 ff. kann insoweit verwiesen werden.

116   Da auch bei Unterstützungskassenzusagen der Übertragungswert nur eine Bedeutung bei einer Übertragung nach § 4 Abs. 2 Nr. 2 BetrAVG hat, ist auch bei einer Unterstützungskassenzusage letztlich der maßgebliche Zinsfuß Verhandlungssache. Hierzu kann auf die Ausführungen in Rdn. 113 f. verwiesen werden.

117   Bei einer Unterstützungskassenzusage ist es jedenfalls nicht zulässig, den Arbeitnehmer auf das Reservepolster zu verweisen.[69]

118   Hinsichtlich einer aufgedrängten **Abfindung** wird auf Rdn. 114 verwiesen.[70]

III. Übertragungswert bei einer Direktversicherung, einer Pensionskasse oder einem Pensionsfonds

119   Bei einer Direktversicherung, einer Pensionskasse und einem Pensionsfonds hat der Übertragungswert Bedeutung bei einer Übertragung nach § 4 Abs. 2 Nr. 2 und § 4 Abs. 3 BetrAVG.

120   Der Übertragungswert wird definiert als das **gebildete Kapital** im Zeitpunkt der Übertragung. Bei dem Begriff »gebildetes Kapital« handelt es sich um einen unbestimmten Rechtsbegriff, der auslegungsbedürftig ist. Anders als in § 3 Abs. 2 BetrAVG a.F. werden die Begriffe »geschäftsplanmäßiges Deckungskapital«, »Zeitwert gem. § 176 Abs. 3 des Gesetzes über den Versicherungsvertrag«, »Geschäftsplan« oder »Geschäftsunterlagen« nicht genannt.

---

69   BT-Drucks. 15/2150, S. 54.
70   Nach der hier vertretenen Auffassung kann, wie es bisher in der Literatur vertreten wurde, auch nicht der Zins von 5,5 % zur Anwendung kommen.

Der Verweis auf das »gebildete Kapital« soll gleichermaßen **versicherungsför-** 121
mig durchgeführte Verträge wie auch **fondsgebundene** oder sog. **Hybridver-**
träge umfassen. Da die vorgenannten Begriffe durch die versicherungsförmige Umsetzung geprägt waren, hat der Gesetzgeber den Begriff gebildetes
Kapital verwendet. Aus der Gesetzesbegründung ergibt sich aber, dass die
bisherigen Wertungen nicht aufgegeben wurden. Der Gesetzgeber geht
davon aus, dass bei fondsgebundenen und sog. Hybridverträgen der **anteilige**
Wert der für den Arbeitnehmer erworbenen Fondsanteile der Übertragungswert sein kann. Bei versicherungsförmig durchgeführten Verträgen sei vom
Zeitwert der Versicherung einschließlich der Überschuss- und Schlussüberschussanteile ohne Abzüge auszugehen. Die Berechnung des Zeitwertes
richte sich nach § 176 Abs. 3 des Versicherungsvertragsgesetzes (VVG).
Anders als beim Rückkaufwert seien bei der Ermittlung des gebildeten Kapitals Abzüge nach § 176 Abs. 4 VVG nicht zulässig.[71]

Das Bundesministerium für Gesundheit und soziale Sicherung hat sich in 122
einem Schreiben vom 14.12.2004[72] für die **Pensionskasse** und für die
Direktversicherung wie folgt geäußert: »Soweit die betriebliche Altersver-
gung über eine Pensionskasse oder eine Direktversicherung durchgeführt
worden ist, ergibt sich das gebildete Kapital aus dem zum Zeitpunkt der
Übertragung vorhandenen **Deckungskapital** für die **ohne Abzüge** ermittelte
Anwartschaft des Arbeitnehmers zuzüglich des Guthabens aus der **verzinsli-**
chen Ansammlung und dem Anteil am **Schlussüberschuss**. Soweit die
Berechnung des Deckungskapitals nicht zum Geschäftsplan gehört, entspricht das gebildete Kapital dem **Zeitwert** der Versicherung einschließlich
der Überschuss- und Schlussüberschussanteile gem. § 176 Abs. 3 VVG ohne
Abzüge. **Ohne Abzüge** »bedeutet«, dass folgende Positionen nicht abgezogen
werden dürfen:
– ein Ausgleich für die risikomäßige Verschlechterung des Versicherungsbe-
  standes,
– die mit der Stornierung und Übertragung verbundenen Verwaltungskosten,
– die noch nicht getilgten Abschlusskosten (wobei im Wege Zillmerung
  gedeckte Abschlusskosten als bereits getilgt gelten).«

Dieser Wertung wird in der Literatur widersprochen. So wird z.B. ausge- 123
führt, dass es Sinn und Zweck des Gesetzes sei, die Interessen der betriebs-

---

71 BT-Drucks. 15/2150, S. 54.
72 416–52107, BetrAV 2005, 64.

treuen Arbeitnehmer mit den Interessen derjenigen Arbeitnehmer in Einklang zu bringen bzw. gegeneinander abzuwägen, die ihren Anspruch auf Übertragung geltend machen.[73] Auch wird ausgeführt, dass bei der Ermittlung des Zeitwerts die Kapitalmarktsituation und das Sterblichkeitsrisiko berücksichtigt werden müsse. Es sei auf den Rückkaufswert abzustellen, ein Abzug für Stornokosten sei gestattet. Zudem könnten Bearbeitungsgebühren erhoben werden. Kritisiert wird, dass die mit der Übertragung verbundenen Kosten grundlos dem verbleibenden Versicherungsbestand angelastet würden, würde man der in Rdn. 122 geäußerten Auffassung folgen.[74] Da der Arbeitnehmer die Übertragung verlange, müsse er als Verursacher der vorzeitigen Auflösung die negativen Folgen tragen.[75]

124 Für Versicherungen, die ab dem 1.1.2008 abgeschlossen werden, richtet sich das gebildete Kapital nach § 169 Abs. 3 und 4 VVG. Dabei wird idR bei Versicherungen, die die ab dem 21.12.2012 abgeschlossen wurden, von einem Unisex-Tarif auszugehen sein.

125 Für den **Pensionsfonds** wird in dem Schreiben des Bundesministeriums für Gesundheit und soziale Sicherung vom 14.12.2004[76] ausgeführt:[77] »Soweit die betriebliche Altersversorgung über einen Pensionsfonds durchgeführt worden ist und ein **individuelles Konto** für den Arbeitnehmer geführt wird, ist das gebildete Kapital das auf diesem Konto **vorhandene Kapital**, mindestens aber der **Barwert** der vom Pensionsfonds gegebenenfalls garantierten Leistung. Bei nicht vorhandenem individuellen Konto ist das gebildete Kapital der **Barwert** der vom Pensionsfonds gegebenenfalls garantierten Leistung; im Übrigen sind die Regelungen des Pensionsplans zu berücksichtigen. Darin können z.B. Regelungen getroffen werden, wonach das gebildete Kapital der Anteil des einzelnen Arbeitnehmers am gesamten für die Versorgungsanwärter gebildeten Kapital ist, der dem Verhältnis des Barwerts seiner unverfallbaren Anwartschaft an der Summe der Barwerte aller Anwartschaften entspricht. Auch beim Pensionsfonds gilt, dass Abzüge nicht vorgenommen werden dürfen.«

---

73 *Langohr-Plato* Rechtshandbuch, Rn. 561.
74 *Reichel/Volk* DB 2005, 890.
75 *Langohr-Plato/Teslau* NZA 2004, 1356.
76 S. dazu Rdn. 122.
77 Hervorhebungen durch die Kommentatorin.

In der Literatur wird für den Pensionsfonds dieselbe, vorstehende Kritik 126
geäußert.

G. Erlöschen der Zusage

Auf das in § 4 Abs. 6 BetrAVG angeordnete Erlöschen der Zusage des ehema- 127
ligen Arbeitgebers wurde bereits in Rdn. 51 und Rdn. 75 eingegangen.

H. Organpersonen

§ 4 ist für Organpersonen dispositiv.[78] Für die Übertragung nach Arbeitgeber- 128
wechsel gibt es keine Gestaltungsmöglichkeiten, weil der neue Arbeitgeber
mitwirken muss. Für den Mitnahmeanspruch käme ein Ausschluss in
Betracht. Dies würde sich nachteilig auswirken, weil der alte Arbeitgeber nicht
von seiner Leistungspflicht frei würde. Für die Liquidation kann abweichend
von § 3 BetrAVG eine Abfindungsmöglichkeit vereinbart werden.

§ 4a   Auskunftsanspruch

(1) Der Arbeitgeber oder der Versorgungsträger hat dem Arbeitnehmer bei
einem berechtigten Interesse auf dessen Verlangen schriftlich mitzuteilen,

1. in welcher Höhe aus der bisher erworbenen unverfallbaren Anwartschaft bei Erreichen der in der Versorgungsregelung vorgesehenen
   Altersgrenze ein Anspruch auf Altersversorgung besteht und
2. wie hoch bei einer Übertragung der Anwartschaft nach § 4 Abs. 3 der
   Übertragungswert ist.

(2) Der neue Arbeitgeber oder der Versorgungsträger hat dem Arbeitnehmer auf dessen Verlangen schriftlich mitzuteilen, in welcher Höhe aus dem
Übertragungswert ein Anspruch auf Altersversorgung und ob eine Invalidi-
täts- oder Hinterbliebenenversorgung bestehen würde.

---

78 BAG 21.4.2009, 3 AZR 285/07, DB 2010, 2004 = FA 2009, 389.

A. Regelungsbereich

In § 2 Abs. 6 BetrAVG war seit Inkrafttreten des Betriebsrentengesetzes gere- 1
gelt, dass dem Arbeitnehmer, der mit einer gesetzlich unverfallbaren Anwartschaft aus dem Arbeitsverhältnis ausgeschieden ist, vom ehemaligen Arbeitgeber oder dessen Versorgungsträger darüber Auskunft zu erteilen war, ob
und wenn ja in welcher Höhe eine unverfallbare Anwartschaft auf eine
Altersleistung (Rente oder Kapital) aufrechtzuerhalten ist.

unbelegt 2

Mit dem Alterseinkünftegesetz[1] wurden in § 4a BetrAVG erweiterte Aus- 3
kunftspflichten geschaffen. Diese bestehen unabhängig vom Durchführungsweg und von der Finanzierung der betrieblichen Altersversorgung.

Nicht nur der mit gesetzlich unverfallbarer Anwartschaft **ausgeschiedene** 4
ehemalige Arbeitnehmer ist zu informieren, sondern auch Arbeitnehmer, die
noch **im Arbeitsverhältnis** stehen, die aber bei einem vorzeitigen Ausscheiden die Unverfallbarkeitsvoraussetzungen erfüllen würden.

---

1 Gesetz zur Neuordnung der einkommensteuerrechtlichen Behandlung von Altersvorsorgeaufwendungen und Altersbezügen (Alterseinkünftegesetz – AltEinkG)
v. 5.7.2004 BGBl. I S. 1427 ff.

5   Der ausgeschiedene wie auch der im Unternehmen verbliebene Arbeitnehmer muss allerdings den **Auskunftsanspruch geltend machen**. Er muss die
Auskunft verlangen.

6   Wegen des in § 4 Abs. 3 BetrAVG neu geschaffenen **Mitnahmeanspruchs** ist
der Auskunftsanspruch auch dahin gehend erweitert worden, dass die unverfallbar ausgeschiedenen oder ausscheidenden Arbeitnehmer vom (ehemaligen) Arbeitgeber oder dessen Versorgungsträger Auskunft darüber verlangen
können, wie hoch der **Übertragungswert** ist.

7   Auch gegenüber dem **neuen Arbeitgeber** wurde ein Auskunftsanspruch
geschaffen. Dieser hat Auskunft darüber zu erteilen, in welcher Höhe aus
dem Übertragungswert ein Anspruch auf Altersversorgung entsteht und ob
eine Invaliditäts- oder Hinterbliebenenversorgung bestehen würde.

8   Auch wenn die Auskunftspflichten erweitert wurden, sind sie noch nicht so
ausgestaltet, dass die Arbeitnehmer ausreichend mit Informationen versorgt
werden. Es ist nicht einzusehen, warum die Arbeitnehmer, die noch nicht die
gesetzlichen Unverfallbarkeitsvoraussetzungen erfüllen, keinen Auskunftsanspruch erhalten. Gerade für diesen Personenkreis wäre es wichtig, eine Ent-
scheidungsgrundlage z.B. für eine Entgeltumwandlung zu erhalten.

9   Für alle Arbeitnehmer ist ohne Zweifel die betriebliche **Alters**versorgung von
besonderer Bedeutung. Für eine **Vorsorgeplanung** sind aber auch **Invalidi-
täts-** und **Hinterbliebenenleistungen** wichtig, sodass es zumindest wün-
schenswert wäre, wenn den Arbeitnehmern stichtagsbezogen mitgeteilt werden müsste, wie hoch im Fall des Eintritts der Invalidität oder im Fall des
Todes aus der erteilten Versorgungszusage die zu erbringenden Leistungen
wären.[2] Dass es in diesen Fällen zu einer Auskunft »Null« kommen könnte,
wäre hinzunehmen, wenn z.B. Wartezeiten noch nicht erfüllt sind.

10 Der Gesetzgeber hat davon abgesehen, solche erweiterten Auskunftspflichten
vorzugeben. Dies hätte den Verwaltungsaufwand bei den Arbeitgebern und
externen Versorgungsträgern und damit die Kosten erhöht. Für die Weiter-
entwicklung und Ausweitung der betrieblichen Altersversorgung wären
Mehrkosten kontraproduktiv. Folglich ist die Beschränkung des Gesetzgebers
nachvollziehbar.

---

2   *Reichel/Volk* DB 2005, 891.

B. Auskunftspflicht

I. Auskunftsberechtigter Personenkreis

1. Anwärter

Zum Begriff des Anwärters vgl. § 1 Rdn. 31.   **11**

a) Aktive Anwärter

Aktive Anwärter sind die Arbeitnehmer, die in einem Arbeitsverhältnis zum   **12**
Arbeitgeber stehen. Sie haben einen Auskunftsanspruch, wenn sie – unterstellt, sie würden aus dem Arbeitsverhältnis ausscheiden[3] – die gesetzlichen
Unverfallbarkeitsvoraussetzungen erfüllt hätten. Dieses fiktive Vorliegen der
Unverfallbarkeit bezieht sich auf den Zeitpunkt des Auskunftsbegehrens.

Danach hat jeder Arbeitnehmer, der eine Entgeltumwandlung gemacht hat,   **13**
sofort einen Auskunftsanspruch.[4] Ohne Bedeutung ist, wann die Entgeltumwandlung vorgenommen wurde.

Der Arbeitnehmer, der »nur« eine arbeitgeberfinanzierte betriebliche Alters-   **14**
versorgung hat, hat einen Auskunftsanspruch frühestens nach 5-jährigem
Zusagebestand.[5]

b) Ausgeschiedene Anwärter

Ist das Arbeitsverhältnis beendet und ist der Arbeitnehmer mit einer kraft   **15**
Gesetzes unverfallbaren Anwartschaft aus dem Arbeitsverhältnis ausgeschieden, hat er einen Auskunftsanspruch. Kein Auskunftsanspruch besteht, wenn
ein Arbeitnehmer mit einer vertraglich unverfallbaren Anwartschaft ausgeschieden ist.

2. Versorgungsempfänger

Versorgungsempfänger haben keinen Auskunftsanspruch. Folglich kann ein   **16**
ehemaliger Arbeitnehmer, der eine Invaliditätsleistung bezieht, keine Auskunft zur Alters- oder Hinterbliebenenversorgung verlangen.

---

3 *Langohr-Plato* Rechtshandbuch, Rn. 642.
4 S. dazu § 1b Rdn. 117 ff.
5 S. dazu § 1b Rdn. 30 ff.

II. Auskunftsverpflichtete

1. Arbeitgeber

17 Der Arbeitgeber, bei dem der Arbeitnehmer in einem Arbeitsverhältnis steht, ist zur Auskunft verpflichtet. Gehört das Unternehmen zu einem Konzern, richtet sich die Auskunftsverpflichtung nur gegen das Unternehmen, bei dem der Arbeitnehmer tatsächlich beschäftigt ist.

2. Ehemaliger Arbeitgeber

18 Ist ein Arbeitnehmer mit einer gesetzlich unverfallbaren Anwartschaft aus dem Arbeitsverhältnis ausgeschieden, richtet sich der Auskunftsanspruch gegen den ehemaligen Arbeitgeber. Gehört dieses Unternehmen zu einem Konzern, ist ausschließlich der ehemalige Arbeitgeber zur Auskunft verpflichtet.

3. Neuer Arbeitgeber

19 Damit der Arbeitnehmer von seinem **Mitnahmeanspruch** Gebrauch machen kann, hat der Gesetzgeber auch eine Auskunftsverpflichtung für einen neuen Arbeitgeber geschaffen. Da nach dem Wortlaut des Gesetzes der »neue Arbeitgeber« verpflichtet ist, setzt die Auskunftspflicht erst ein, wenn das Arbeitsverhältnis rechtlich entstanden ist. Wurde vor dem rechtlichen Beginn des Arbeitsverhältnisses ein Arbeitsvertrag abgeschlossen, besteht noch kein Auskunftsanspruch, weil der »neue Arbeitgeber« erst ein potenzieller neuer Arbeitgeber ist.[6]

20 Wegen der Einjahresfrist, innerhalb derer der Mitnahmeanspruch geltend gemacht werden muss, können in den Fällen Probleme entstehen, in denen sich das neue Arbeitsverhältnis nicht unmittelbar an das alte Arbeitsverhältnis anschließt. In diesen Fällen sollte auch ein potenzieller Arbeitgeber bereit sein, schon Auskunft zu erteilen, auch wenn er hierzu noch nicht verpflichtet ist.

4. Versorgungsträger des Arbeitgebers

21 Der Auskunftsanspruch, der sich gegen den alten oder gegen den neuen Arbeitgeber richtet, kann **alternativ**[7] **auch gegenüber dem Versorgungsträger**

---

6 *Langohr-Plato/Teslau* NZA 2004, 1357.
7 A.A. *Höfer* BetrAVG, Rn. 3818 ff. zu § 4a.

des (ehemaligen oder neuen) Arbeitgebers geltend gemacht werden. Versorgungsträger sind der Lebensversicherer, bei dem eine Direktversicherung abgeschlossen ist oder abgeschlossen werden würde, eine Pensionskasse, dessen Trägerunternehmen der Arbeitgeber ist, ein Pensionsfonds, der für den Arbeitgeber die betriebliche Altersversorgung abwickelt oder eine Unterstützungskasse.

Nach dem Wortlaut des Gesetzes kann sich der Arbeitnehmer bzw. ehemalige Arbeitnehmer unmittelbar an den Versorgungsträger wenden. Dieser ist dann auch zur Auskunft verpflichtet. Vielfach wird ein Versorgungsträger aber nur nach Rücksprache mit dem Arbeitgeber überhaupt eine Auskunft erteilen können, z.B. weil er nicht weiß, ob neben der bei ihm bestehenden betrieblichen Altersversorgung weitere Versorgungsanwartschaften begründet wurden. Aus diesem Grund, aber auch um Haftungsansprüche zu vermeiden, sollte jeder Versorgungsträger, der um Auskunft gebeten wird, eine Auskunft nur nach Rücksprache mit dem Arbeitgeber erteilen. **22**

Wird die betriebliche Altersversorgung eines Arbeitgebers bei mehreren Versorgungsträgern abgewickelt, besteht ein Auskunftsanspruch gegenüber jedem einzelnen Versorgungsträger. **23**

III. Verlangen des Anwärters

1. Erklärungshandlung

Der Arbeitnehmer muss die Auskunft **verlangen**, d.h. er muss tätig werden. Er kann die Auskunft mündlich begehren, aber auch schriftlich. **24**

Erklärt sich der Arbeitgeber bereit, von sich aus eine Auskunft zu erteilen, ist ein Verlangen des Arbeitnehmers nur dann erforderlich, wenn er außerhalb des Rhythmus einer freiwilligen Auskunft des Arbeitgebers eine Auskunft benötigt. Sieht eine Versorgungsregelung vor, dass der Arbeitgeber zur Auskunft z.B. im Jahresrhythmus verpflichtet ist, wird es in aller Regel nicht erforderlich sein, während zweier Auskunftstermine eine Auskunft zu verlangen. **25**

2. Keine Frist

Der Arbeitnehmer ist bei Ausübung seines Verlangens an keine Frist gebunden. Er muss allerdings die Unverfallbarkeitsvoraussetzungen (bei aktiven Arbeitnehmern ohne das Ausscheiden) erfüllen. **26**

27   Für die Auskunftserteilung ist nicht vorgegeben, innerhalb welcher Frist sie zu erfolgen hat. Man wird eine Auskunft innerhalb angemessener Frist erwarten können. Wird der Arbeitgeber oder sonstige Versorgungsträger nicht tätig, kann der (ehemalige) Arbeitnehmer Auskunftsklage vor dem Arbeitsgericht erheben.[8]

3. Keine Form

28   Für das **Auskunftsbegehren** ist keine Form vorgeschrieben. Zur Schriftform der Auskunft nachfolgend Rdn. 32 ff.

4. Berechtigtes Interesse

29   Einen Auskunftsanspruch hat der Arbeitnehmer bzw. ehemalige Arbeitnehmer nur bei einem berechtigten Interesse. Dieser unbestimmte Rechtsbegriff ist auslegungsbedürftig. Die Gesetzesbegründung[9] gibt eine Auslegungshilfe, in dem dort als Beispiel genannt wird, dass der Arbeitnehmer beabsichtigt, **ergänzende Eigenvorsorge** zu betreiben.[10] Da sich derartige Absichten in der privaten Sphäre des Arbeitnehmers abspielen, kann ein Arbeitnehmer eigentlich immer einen Auskunftsanspruch begründen.

30   Steht der Arbeitnehmer in einem Arbeitsverhältnis, stellt sich die Frage, ob ein berechtigtes Interesse auch vorliegt, wenn der Arbeitgeber in regelmäßigen, nicht zu langen Abständen von sich aus eine Auskunft erteilt oder aber aufgrund des Versorgungsversprechens sich zur Auskunftserteilung verpflichtet hat. In diesen Fällen ist der Arbeitnehmer in der Lage, aufgrund der ihm schon erteilten Auskunft seine Versorgungsplanung vorzunehmen. Übt er zwischen zwei Auskunftsterminen seinen Anspruch aus, wird von ihm eine entsprechende Begründung zu fordern sein.[11]

31   Ein Arbeitnehmer, der mit einer gesetzlich unverfallbaren Anwartschaft aus dem Arbeitsverhältnis ausgeschieden ist, hat immer ein berechtigtes Interesse, zum einen, weil von der Höhe der unverfallbaren Leistungen abhängig ist, wie er seine künftige Versorgungsplanung ausrichten muss, zum anderen aber auch, weil er ggf. seinen Mitnahmeanspruch geltend machen will und

---

8   *Steinmeyer* BetrAV 2008, 531.
9   BT-Drucks. 15/2150, S. 54.
10   Weitere Beispiele bei *Cisch* DB Beil. 3/2005, 17.
11   *Langohr-Plato* Rechtshandbuch Rn. 645; *Blumenstein* BetrAV 2004, 239.

Kisters-Kölkes

zudem möglichst zeitnah zum Ausscheiden geklärt werden kann, ob alle maßgeblichen Bemessungsgrundlagen zutreffend angewandt wurden. Diese sind dann noch leichter zu klären als bei Eintritt des Versorgungsfalles, der erst viele Jahre später erfolgen kann.

IV. Schriftform

Die Auskunft ist schriftlich zu erteilen. Damit ist die Schriftform nach § 126 BGB gemeint. Die elektronische Form nach § 126a BGB wie auch die Textform nach § 126b BGB scheidet aus. **32**

Die schriftliche Auskunft ist auf den einzelnen Arbeitnehmer bezogen zu erteilen, muss also eindeutig erkennen lassen, dass mit den Daten dieses Arbeitnehmers, der die Auskunft verlangt, die Berechnungen und Angaben erfolgt sind. **33**

Die Auskunft soll dem Arbeitnehmer **Klarheit über die Höhe** der zu erwartenden betrieblichen Versorgungsleistung bzw. über den Übertragungswert oder die Leistung aus dem Übertragungswert verschaffen. Sie muss so ausgestaltet sein, dass der (ehemalige) Arbeitnehmer sie überprüfen kann. Die Bemessungsgrundlagen und der Rechenweg sind so genau zu bezeichnen, dass der Arbeitnehmer die Berechnung nachvollziehen kann.[12] **34**

Sinn und Zweck der Auskunft ist es nicht, einen Streit über den Inhalt des Versorgungsanspruchs zu beseitigen. Bestehen insoweit Meinungsverschiedenheiten über die Berechnungsgrundlagen, soll die Möglichkeit bestehen, diese vor Eintritt des Versorgungsfalles durch das Arbeitsgericht klären zu lassen.[13] Deshalb kann der Arbeitgeber so lange von den Berechnungsgrundlagen ausgehen, die er für richtig hält. Erst wenn rechtskräftig festgestellt wurde, dass andere Berechnungsgrundlagen maßgeblich sind, sind diese zugrunde zu legen. Entsprechendes gilt, wenn sich die Parteien auf die Berechnungsgrundlagen geeinigt haben.[14] **35**

Die Auskunft ist mit großer Sorgfalt zu erteilen, unabhängig davon, wer sie erteilt.[15] **35a**

---

12 BAG 9.12.1997, 3 AZR 695/96, EzA § 2 BetrAVG Nr. 15 = DB 1998, 2331.
13 BAG 9.12.1997, 3 AZR 695/96, EzA § 2 BetrAVG Nr. 15 = DB 1998, 2331.
14 BAG 23.8.2011, 3 AZR 669/09, DB 2012, 527 = FA 2012, 56.
15 *Reinecke* RdA 2005, 135.

36 Gibt es mehrere Versorgungszusagen oder gibt es Versorgungszusagen in mehreren Durchführungswegen, ist jeweils eine gesonderte Auskunft zu erteilen. In der schriftlichen Auskunft des (ggf. ehemaligen) Arbeitgebers sind die Auskünfte zu bündeln.

C. Umfang der Auskunft

37 Die Auskunftspflicht erfasst alle **Durchführungswege** und alle Zusagearten, soweit es um die Auskunft zur Höhe der erdienten Altersanwartschaft geht. Hinsichtlich des **Mitnahmeanspruchs** besteht eine Auskunftsverpflichtung nur in den Durchführungswegen **Direktversicherung, Pensionskasse** und **Pensionsfonds.** Bei einer unmittelbaren Versorgungszusage und bei einer Unterstützungskassenzusage besteht ein solches Auskunftsrecht – eine solche Auskunftspflicht – nicht, weil es in diesen Durchführungswegen keinen Mitnahmeanspruch gibt.

I. Höhe der Altersanwartschaft

38 Nach § 4a Abs. 1 Nr. 1 BetrAVG ist dem (ehemaligen) Arbeitnehmer mitzuteilen, »in welcher Höhe aus der **bisher erworbenen unverfallbaren Anwartschaft** bei Erreichen der in der Versorgungsregelung vorgesehenen Altersgrenze ein Anspruch auf Altersversorgung besteht. Die Auskunftsverpflichtung erfasst folglich nur die **Altersleistung,** nicht die vorzeitige Altersleistung, auch nicht die Invaliditäts- oder Hinterbliebenenleistung(en).[16]

1. Leistungszusage

39 Zur Leistungszusage wird auf § 1 Rdn. 183 ff. verwiesen.

a) Altersleistung

40 Mit der Altersleistung ist die Leistung gemeint, die der Arbeitnehmer bei Vollendung der in der Versorgungszusage vorgesehenen festen Altersgrenze/ Regelaltersgrenze (vgl. § 2 Abs. 1 BetrAVG) verlangen kann, gerechnet mit den Bemessungsgrundlagen zum Zeitpunkt der Auskunftserteilung.[17] Es ist von der Altersleistung auszugehen, die maßgeblich wäre, würde der Arbeitnehmer zum Berechnungsstichtag mit einer unverfallbaren Anwartschaft aus-

---

16 Hierzu auch *Klein* FS Kemper, S. 269.
17 *Förster/Cisch* BB 2004, 2131.

scheiden. Ist er schon mit einer gesetzlich unverfallbaren Anwartschaft ausgeschieden, ist auf den Ausscheidezeitpunkt zu rechnen. § 2 Abs. 5 BetrAVG ist – bei aktiven Arbeitnehmern entsprechend – anzuwenden.

Ohne Bedeutung ist, wie die Altersleistung finanziert wurde (arbeitgeberfinanziert, Entgeltumwandlung, mischfinanziert). 41

b) Erreichbare Leistung

Auch wenn in § 4a Abs. 1 Nr. 1 BetrAVG von der »bisher erworbenen unverfallbaren Anwartschaft« die Rede ist, kommt der Arbeitgeber/Versorgungsträger nicht umhin, in einem ersten Schritt die Leistung zu ermitteln, die sich nach dem maßgeblichen Leistungsplan ohne ein vorheriges – bei aktiven Arbeitnehmern fiktives – Ausscheiden ergibt. Dies bedeutet, dass die Altersleistung mit den Bemessungsgrundlagen zum Stichtag auf die feste Altersgrenze/Regelaltersgrenze hochzurechnen ist. 42

Es kann nur empfohlen werden, diesen erreichbaren Wert auch in der Auskunft auszuweisen. Denn nur wenn dieser Rechengang dargestellt wird, ist erkennbar, ob z.B. bei einem dienstzeitabhängigen Leistungsversprechen alle zu berücksichtigenden Dienstjahre angesetzt wurden. 43

c) Bisher erworbene Anwartschaft

Mit der erworbenen Anwartschaft ist bei einer Leistungszusage die nach § 2 Abs. 1 BetrAVG quotierte Leistung gemeint.[18] Die erreichbare Leistung wird dabei im Verhältnis der tatsächlichen zur möglichen Betriebszugehörigkeitsdauer quotiert. Wegen der Einzelheiten wird auf die Ausführungen bei § 2 verwiesen. Bei Unterstützungskassenzusagen und bei Pensionsfondszusagen ist entsprechend zu verfahren (§ 2 Abs. 4 und § 2 Abs. 3a BetrAVG). 44

In den Durchführungswegen **Direktversicherung** und **Pensionskasse** ist nach § 2 Abs. 2 S. 1 und § 2 Abs. 3 S. 1 BetrAVG auch das Quotierungsverfahren grundsätzlich anzuwenden. Wird der Arbeitnehmer bereits in der Versorgungszusage auf die Anwendung der versicherungsförmigen Lösung verwiesen, ist ihm der Wert aus dem Versicherungsvertrag darzustellen und zwar nicht der garantierte Wert im Pensionsalter (ggf. noch erhöht um mögliche Überschussanteile),[19] sondern der Wert aus einer beitragsfrei gestellten Versi- 45

---

18 *Reinecke* RdA 2005, 131 (Fn. 31).
19 *Höfer* BetrAVG, Rn. 3837 zu § 4a.

cherung im Auskunftszeitpunkt. Denn es ist nicht die erdienbare Leistung mitzuteilen, sondern die »erworbene Anwartschaft«, also das, was bei einem vorzeitigen Ausscheiden mitgenommen wird. Ob in den Fällen, in denen der Arbeitgeber erst noch entscheiden muss, ob er von der versicherungsförmigen Lösung Gebrauch machen will oder nicht, eine alternative Darstellung erfolgen muss, wird die Rechtsprechung klären müssen. Da es um die Versorgungsplanung des Arbeitnehmers geht, dürfte sich aus dem Sinn und Zweck der Regelung ableiten lassen, dass jedenfalls der geringere Wert auszuweisen ist.

46 Wurde die betriebliche Altersversorgung durch **Entgeltumwandlung** finanziert und die Zusage nach dem 31.12.2000 erteilt, richtet sich die Höhe der Altersleistung nach § 2 Abs. 5a Hs. 1 BetrAVG (hierzu nachfolgend Rdn. 49 ff.). In diesem Fall entfällt der Rechenschritt, der auf die erreichbare Leistung abstellt.

2. Beitragsorientierte Leistungszusage

47 Zur beitragsorientierten Leistungszusage wird auf die Ausführungen in § 1 Rdn. 444 ff. verwiesen.

a) Altersleistung

48 Es ist alleine die Höhe der Altersleistung – z.B. nach Maßgabe der im Leistungsplan vorgesehenen Transformationstabelle – darzustellen.

b) Erworbene Anwartschaft

49 Bei der beitragsorientierten Leistungszusage ist nach dem Zusagezeitpunkt zu unterscheiden. Wurde die Zusage vor dem 1.1.2001 erteilt, kommt das Quotierungsverfahren zur Anwendung (§ 30g Abs. 1 BetrAVG). Insoweit kann auf die Ausführungen zur Leistungszusage verwiesen werden (Rdn. 40 ff.). Ohne Bedeutung ist, ob eine arbeitgeber- oder arbeitnehmerfinanzierte betriebliche Altersversorgung vorliegt.

50 Für Versorgungszusagen, die nach dem 31.12.2000 erteilt wurden und erteilt werden, ist § 2 Abs. 5a BetrAVG anzuwenden. Die »erworbene« Anwartschaft ist die im Zeitpunkt der Auskunftserteilung (aktive Arbeitnehmer) bzw. im Zeitpunkt des Ausscheidens »erreichte« Anwartschaft. Wird die Anwartschaft aus einer Transformationstabelle abgeleitet, ergibt sich die Höhe der erreichten Anwartschaft aus der Summe der Bausteine, die bis zum Auskunftszeit-

punkt/Ausscheidezeitpunkt angesammelt wurden. Bei einem Sparplan ist entsprechend zu verfahren, wobei es problematisch werden kann, wenn eine variable Verzinsung zugesagt wurde. In diesem Fall dürften nach dem Sinn und Zweck der Vorschrift nur die garantierten und zugewiesenen Zinsen berücksichtigt werden, wobei eine Verweisung auf das mögliche Zinspotenzial möglich, aber mit entsprechenden Vorbehalten versehen sein sollte. Dies gilt entsprechend auch für Versorgungszusagen, die nach dem 31.12.2000 durch Entgeltumwandlung finanziert wurden bzw. werden.

Richtet sich die Höhe der Leistung nach einer Fondsanlage, die über eine **51** Transformationstabelle mit einer garantierten Leistung verknüpft ist, ist die Leistung aus der Transformationstabelle mitzuteilen, gleichzeitig aber auch der Wert der Altersleistung aus der Fondsanlage zum Zeitpunkt der Auskunftserteilung, allerdings versehen mit dem Vorbehalt, dass die Entwicklung bis zum Erreichen der Altersgrenze nicht absehbar ist.

Wird die Höhe der Altersleistung bei einer beitragsorientierten Leistungszu- **52** sage aus einer Rückdeckungsversicherung abgeleitet, ist, wie bei einem Ausscheiden mit Unverfallbarkeit, der Wert der (fiktiv) beitragsfrei gestellten Rückdeckungsversicherung mitzuteilen.

3. Beitragszusage mit Mindestleistung

Zur Ausgestaltung der Beitragszusage mit Mindestleistung wird auf die Aus- **53** führungen in § 1 Rdn. 458 ff. verwiesen.

a) Altersleistung

Da die Altersleistung aus dem bei Erreichen der Altersgrenze vorhandenen **54** Kapital erst bei **Eintritt des Versorgungsfalles** bestimmt werden kann, stellt sich bei dieser Art der Zusagegestaltung das Problem, dass zu einem Zeitpunkt vor dem Eintritt des Versorgungsfalles die mögliche Höhe einer Altersleistung nicht bestimmt werden kann. Maßgröße kann allenfalls die Mindestleistung sein.

b) Bisher erworbene Anwartschaft

Für die Beitragszusage mit Mindestleistung richtet sich die (bei aktiven **55** Arbeitnehmern fiktiv) aufrechtzuerhaltende Anwartschaft in den Durchführungswegen Direktversicherung, Pensionskasse und Pensionsfonds nach § 2 Abs. 5b BetrAVG. Es ist das dem Arbeitnehmer planmäßig zuzurechnende

Versorgungskapital auf der Grundlage der bis zu seinem (fiktiven) Ausscheiden geleisteten Beiträge (zuzüglich die bis zum Eintritt des Versorgungsfalls erzielten Erträge), mindestens die Summe der bis zum (fiktiven) Ausscheiden zugesagten Beiträge abzüglich etwaiger Risikoanteile mitzuteilen. Welche Altersleistung aus einer Kapitalanlage inkl. der Erträge erzielt werden kann, ist nicht prognostizierbar. Folglich müsste es genügen, die aus der (garantierten) Mindestleistung zu erwartende Altersleistung bei Auskunftserteilung abzuleiten. Die Mindestleistung ist dabei in eine **Rentenleistung umzurechnen** mit den Faktoren, die zum Auskunftszeitpunkt maßgeblich sind. Da vielfach bei Eintritt des Versorgungsfalles andere Umrechnungsmodalitäten gelten werden, tritt der unbefriedigende Zustand ein, dass die zum Auskunftszeitpunkt ermittelte Leistung höher sein wird als die später tatsächlich gezahlte Leistung, berücksichtigt man nur die bis zum Umrechnungszeitpunkt gezahlten Beiträge. Dies dürfte darauf zurückzuführen sein, dass die biometrischen Umrechnungsmodalitäten sich im Zeitablauf wegen der Langlebigkeit verändert haben.

56 Auf eine Umrechnung in eine Rentenleistung wird man nicht verzichten können. Denn es geht um die Versorgungsplanung des Arbeitnehmers. Ihm würde eine solche nicht ermöglicht, wenn er nur die Summe der Beiträge, ggf. unter Abzug von Risikoanteilen mitgeteilt bekommen würde. Kein Arbeitnehmer kann selbst ein solches »Kapital« in eine lebenslängliche Leistung umrechnen. Also muss dies durch den (ehemaligen) Arbeitgeber bzw. dessen Versorgungsträger vorgenommen werden, ggf. verbunden mit dem Hinweis auf die im Leistungsplan vorhandene Klausel, nach der die biometrischen Grundlagen verwendet werden, die erst bei Eintritt des Versorgungsfalles maßgeblich sind.

57 Für den Pensionsfonds gibt es keine Abweichung von dieser Grundregel.[20]

II. Höhe des Übertragungswertes

1. Mitnahmeanspruch

58 Das Auskunftsrecht nach § 4a Abs. 1 S. 1 Nr. 2 BetrAVG besteht nur in den Fällen, in denen der Arbeitnehmer nach § 4 Abs. 3 BetrAVG einen Mitnahmeanspruch hat. Dies setzt eine Zusage voraus, die ab dem 1.1.2005 erteilt

---

20 A.A. *Höfer* BetrAVG, Rn. 3837 zu § 4a.

wurde.[21] Zudem sind nur die Durchführungswege Direktversicherung, Pensionskasse und Pensionsfonds betroffen. Ohne Bedeutung ist die Finanzierungsform.

Da der Mitnahmeanspruch auch davon abhängig ist, dass die Beitragsbemes- **59** sungsgrenze in der allgemeinen Rentenversicherung nicht überschritten wird, stellt sich die Frage, ob ein Auskunftsanspruch auch dann besteht, wenn die Beitragsbemessungsgrenze überschritten wird. Diese Frage wird man bejahen müssen, denn erst dann, wenn der Arbeitnehmer die Auskunft verlangt, wird der Übertragungswert berechnet. Erst wenn dieser berechnet ist, kann festgestellt werden, ob die Beitragsbemessungsgrenze überschritten ist oder nicht, mit anderen Worten kann der Arbeitnehmer erst dann wissen, ob er überhaupt einen Mitnahmeanspruch hat oder nicht.

Keinen Auskunftsanspruch hat ein Arbeitnehmer, bei dem nach § 4 Abs. 2 **60** Nr. 2 BetrAVG eine einvernehmliche Übertragung mit Übertragungswert vorgenommen wird. Der Arbeitnehmer wird einer solchen Übertragung nur dann zustimmen, wenn er eine Auskunft zum Übertragungswert erhalten hat. Dabei handelt es sich um eine freiwillige Auskunft, die der Arbeitgeber schon im eigenen Interesse erteilen sollte, wenn er an einer Übertragung auf den neuen Arbeitgeber interessiert ist. Das eigene Interesse kann darin liegen, dass bei einer einvernehmlichen Übertragung der alte Arbeitgeber von seinen Leistungspflichten aus der erteilten Versorgungszusage frei wird (§ 4 Abs. 6 BetrAVG).

2. Übertragungswert

Der Übertragungswert gem. § 4 Abs. 5 BetrAVG ist dem Arbeitnehmer in **61** einem Betrag mitzuteilen, wenn nur eine versicherungsförmige Versorgung besteht. Bestehen mehrere Versicherungen oder Versorgungen in mehreren Durchführungswegen, ist für jeden Durchführungsweg der Übertragungswert gesondert zu ermitteln und mitzuteilen.

III. Leistung aus dem Übertragungswert

Nach § 4a Abs. 2 BetrAVG hat der **neue Arbeitgeber** bei der Ausübung des **62** Mitnahmerechtes[22] gem. § 4 Abs. 3 BetrAVG Auskunft darüber zu erteilen,

---

21 § 30b BetrAVG.
22 *Langohr-Plato/Teslau* NZA 2004, 1357.

welche Leistungen sich aus dem Übertragungswert in seinem Versorgungssystem ergeben. Hierfür muss der neue Arbeitgeber vom Arbeitnehmer den Übertragungswert mitgeteilt bekommen, den sein Vorarbeitgeber oder dessen Versorgungsträger ihm genannt hat.

1. Altersleistung

63 Der externe Versorgungsträger des Arbeitgebers hat diesem mitzuteilen, welche Altersleistung aus dem als Übertragungswert einzuzahlenden Einmalbeitrag finanziert werden kann. Der neue Arbeitgeber oder dessen Versorgungsträger teilt dann diesen bezifferten Betrag dem Arbeitnehmer mit.

64 Bei der Beitragszusage mit Mindestleistung wird man eine Umrechnung in eine Rentenleistung fordern müssen.[23]

2. Invaliditätsleistung

65 Auch über die Invaliditätsleistung ist vom neuen Arbeitgeber oder dessen Versorgungsträger Auskunft zu erteilen. Diese Leistung ist aber nicht zu beziffern.[24] Es ist lediglich mitzuteilen, ob es eine Invaliditätsleistung gibt. Damit hat der Arbeitnehmer nur ein eingeschränktes Informationsrecht, was aus der Sicht des Arbeitnehmers zu bedauern ist, aus Kostengründen aber nachvollziehbar ist.

66 Offen ist, ob die Voraussetzungen für die Invaliditätsleistung geschildert werden müssen. Offen ist auch, ob eine generelle Aussage ausreicht oder ob sie bezogen auf den konkreten Einzelfall erteilt werden muss. Es müsste ausreichen, die allgemeinen Leistungsvoraussetzungen zu schildern, da bei der Invaliditätsleistung niemand wissen kann, ob und wenn ja wann eine Invalidität eine Leistung auslösen würde.

3. Hinterbliebenenleistung

67 Die Ausführungen in Rdn. 65 f. gelten auch für die Hinterbliebenenleistungen. Demnach hat der Arbeitgeber oder der Versorgungsträger nicht im Einzelfall zu prüfen, ob Hinterbliebenenleistungen ausgelöst werden können. Es

---

23 S. dazu Rdn. 55 f.
24 *Höfer* BetrAVG, Rn. 3845 zu § 4a; *Langohr-Plato/Teslau* NZA 2004, 1357; *Höfer* DB 2004, 1429.

reicht die Mitteilung, ob es eine Hinterbliebenenleistung gibt und wenn ja, an welche Voraussetzungen sie gebunden ist.

D. Richtige Auskunft

I. Wissenserklärung

Bei der Auskunft nach § 4a BetrAVG handelt es sich um eine reine Wissens- **68** erklärung, nicht um ein abstraktes oder deklaratorisches Schuldanerkenntnis.[25] Dies bedeutet, dass die Auskunft keine neue Rechtsgrundlage schafft, sondern vielmehr nur das mitteilt, was der schon erteilten Versorgungszusage als Verpflichtung zu entnehmen ist. Wurde eine unrichtige Auskunft erteilt, muss sie korrigiert werden.[26] Bei komplexen Versorgungsgestaltungen ist der Arbeitgeber manchmal gar nicht in der Lage, selbst Auskunft zu erteilen. In diesen Fällen kann er den Arbeitnehmer an den Versorgungsträger verweisen. Er muss den Arbeitnehmer dann aber in die Lage versetzen, dass er dort die richtigen Fragen stellt bzw. die richtigen Berechnungen anfordert.[27]

II. Richtig und vollständig

Die Auskunft muss richtig und vollständig sein.[28] Erteilt der Arbeitgeber **69** nicht selbst die Auskunft, sondern sein Versorgungsträger, wird dieser als Erfüllungsgehilfe des Arbeitgebers tätig. Nach § 278 BGB haftet der Arbeitgeber für eine unrichtige Auskunft des Versorgungsträgers, wenn dieser fahrlässig gehandelt hat.[29]

III. Schadensersatz

Hat der Arbeitgeber dem Arbeitnehmer eine unrichtige oder unvollständige **70** Auskunft erteilt, macht er sich schadensersatzpflichtig.[30] Es muss ein schuldhaftes Verhalten vorliegen. Es genügt Fahrlässigkeit. Kein schuldhaftes Ver-

---

25 BAG 17.6.2003, 3 AZR 462/02, EzA § 2 BetrAVG Nr. 20 = DB 2004, 608; 9.12.1997, 3 AZR 695/96, EzA § 2 BetrAVG Nr. 15 = DB 1998, 2331.

26 BAG 21.3.2000, 3 AZR 102/99, n.v.; 9.12.1997, 3 AZR 695/96, EzA § 2 BetrAVG Nr. 15 = DB 1998, 2331.

27 BAG 14.1.2009, 3 AZR 71/07, DB 2009, 1360 = FA 2009, 388.

28 BAG 23.9.2003, 3 AZR 658/02, EzA § 611 BGB 2002 Fürsorgepflicht Nr. 1.

29 BAG 21.11.2000, 3 AZR 13/00, EzA § 611 BGB Fürsorgepflicht Nr. 61 = DB 2002, 227; *Reinecke* RdA 2005, 141.

30 BAG 21.3.2000, 3 AZR 102/99, n.v.

halten liegt vor, wenn der Arbeitgeber eine unverfallbare Anwartschaft auf das Alter 65 berechnet hat, für den Arbeitnehmer aber aufgrund der Entscheidung des BAG vom 15.5.2012[31] die Regelaltersgrenze anzuwenden ist. Deshalb kann der Arbeitgeber seine Auskunft an diese Entscheidung anpassen. Ob er sich schadensersatzpflichtig macht, wenn er keine Korrektur vornimmt, wird einzelfallbezogen zu prüfen sein.

71 Ein Schadensersatzanspruch des Arbeitnehmers besteht dann, wenn der Arbeitnehmer im Vertrauen auf die Richtigkeit der Auskunft eine Versorgungsdisposition getroffen oder unterlassen hat. Insoweit ist der Arbeitnehmer darlegungs- und beweispflichtig.[32]

72 Für die Ermittlung der Höhe des Schadens kommt es auf die Umstände des Einzelfalls an.[33] Hat der Arbeitgeber z.B. durch Modellrechnungen den Arbeitnehmer zur Ausübung eines Wahlrechts veranlasst und trifft der Arbeitnehmer aufgrund falscher Berechnungen die für ihn ungünstige Entscheidung, muss der Arbeitgeber ihn so stellen, wie er gestanden hätte, wenn die Auskunft richtig gewesen wäre.[34] So muss z.B. der Arbeitgeber dem Arbeitnehmer Schadensersatz leisten, dem er eine zu hohe Invaliditätsleistung mitgeteilt hat, wenn es der Arbeitnehmer daraufhin unterlässt, eine private Versicherung abzuschließen.[35]

73 Es gelten die allgemeinen Regeln zu den Anspruchsgrundlagen und zur Darlegungs- und Beweislast.[36]

E. Auskunftspflichten aus anderen Normen

I. Fürsorgepflicht

74 Grundsätzlich ist auch in einem Arbeitsverhältnis jeder Vertragspartner, also auch der Arbeitnehmer, selbst für die Wahrnehmung seiner eigenen Interessen verantwortlich. Der Arbeitgeber ist nicht ohne Weiteres verpflichtet, einen Arbeitnehmer unaufgefordert über Auswirkungen zu unterrichten, die

---

31 BAG 15.5.2012, 3 AZR 11/10, EzA-SD 2012, Nr. 13, 10.
32 BAG 8.11.1983, 3 AZR 511/81, EzA § 2 BetrAVG Nr. 4 = DB 1984, 836.
33 ArbG Stuttgart 17.1.2005, 19 Ca 3152/04, BetrAV 2005, 692.
34 BAG 21.11.2000, 3 AZR 13/00, EzA § 611 BGB Fürsorgepflicht Nr. 61 = DB 2002, 227.
35 LAG Frankfurt 22.8.2001, 8 Sa 146/00, EzASD 2002, Nr. 4, 23 = BB 2002, 416.
36 *Reinecke* RdA 2005, 143 f.

sich für ihn zur betrieblichen Altersversorgung ergeben. Hinweise und Aufklärungspflichten beruhen auf den besonderen Umständen des Einzelfalles und sind das Ergebnis einer umfassenden Interessenabwägung.[37] Derartige Nebenpflichten aus § 241 Abs. 2 BGB (früher § 242 BGB) können vor allem dadurch entstehen, dass der Arbeitgeber einen Vertrauenstatbestand oder durch sein früheres Verhalten eine Gefahrenquelle geschaffen hat. Je größer das vom Arbeitgeber beim Arbeitnehmer erweckte Vertrauen ist, desto eher treffen den Arbeitgeber Informationspflichten und desto weitreichender sind sie. Entsprechendes gilt, je größer, atypischer und schwerer erkennbar die betriebsrentenrechtlichen Gefahren für den Arbeitnehmer sind.

Grundsätzlich kann davon ausgegangen werden, dass der Arbeitnehmer 75 gesetzliche Vorschriften zu kennen hat. Sind allerdings Vorschriften – wie § 1a Abs. 4 BetrAVG oder § 212 VVG – erst vor Kurzem in Kraft getreten, kann der Versorgungsträger zu einem Hinweis – ggf. über den Arbeitgeber – verpflichtet sein. Dies soll auch für schon länger bestehende Regelungen gelten, wenn über sie der Arbeitnehmer die Möglichkeit eingeräumt erhält, die Versicherung oder Versorgung mit eigenen Beiträgen fortzuführen. Auf dieses Recht sei hinzuweisen.[38] Daraus lässt sich aber nicht ableiten, dass der Arbeitgeber oder Versorgungsträger über andere gesetzliche Bestimmungen informieren muss.

Die Pflicht zur Rücksichtnahme kann zur Folge haben, dass der Arbeitgeber 75a den Arbeitnehmer bei Vertragsverhandlungen eine wirtschaftliche Bedrängnis offenbaren muss, z.B. wenn der Arbeitnehmer mit dem Arbeitgeber wegen der Übernahme der Zusage gem. § 4 Abs. 2 Nr. 1 BetrAVG Gespräche führt. Hat allerdings der zu einem neuen – später insolvent gewordenen – Arbeitgeber gewechselte Arbeitnehmer selbst die Initiative für die Übertragung ergriffen, kann der alte Arbeitgeber es dem Arbeitnehmer selbst überlassen, sich über die Folgen und Risiken zu informieren.[39]

---

37 BAG 23.9.2003, 3 AZR 658/02, EzA § 611 BGB 2002 Fürsorgepflicht Nr. 1; 11.12.2001, 3 AZR 339/00, EzA § 611 BGB Fürsorgepflicht Nr. 6 = DB 2002, 2387; 14.1.2009, 3 AZR 71/07, DB 2009, 1360; hierzu auch *Steinmeyer* BetrAV 2008, 531, *Doetsch* BetrAV 2008, 21.

38 *Reinecke* RdA 2005, 132; *Doetsch* BetrAV 2003, 50.

39 BAG 24.2.2011, 6 AZR 626/09, EzA § 611 BGB Aufhebungsvertrag Nr. 8 = DB 2011, 1546.

76 Insbesondere ist der Arbeitgeber nicht zur Beratung verpflichtet. Er muss auch nicht über die Zweckmäßigkeit unterschiedlicher Gestaltungsmöglichkeiten belehren.[40] Die Auswahl obliegt dem Arbeitnehmer. Auch müssen keine Modellrechnungen erstellt werden. Wenn allerdings solche Berechnungen vorgelegt werden, müssen sie richtig sein, insbesondere wenn der Arbeitgeber den Arbeitnehmer zu einer Entscheidung bewegen will.[41] Ob der Arbeitgeber bei einer betrieblichen Altersversorgung aus Entgeltumwandlung verpflichtet ist, bei einer Einräumung von Wahlrechten dem Arbeitnehmer die Vor- und Nachteile der jeweiligen Gestaltung zu schildern, ist ungeklärt.[42] Jedenfalls hat der Arbeitgeber seine Nebenpflichten aus dem Arbeitsverhältnis bei einer betrieblichen Altersversorgung aus Entgeltumwandlung erfüllt, wenn er die vom Versicherer erhaltenen Informationen an den Arbeitnehmer weitergeleitet hat. Die versicherungsrechtlichen Tarife habe der Arbeitgeber nicht zu erläutern. Der Versicherer habe in seinen Unterlagen die Zillmerung und ihre Folgen ausreichend deutlich erläutert, wenn er unter der Überschrift »Garantiewerte« darauf hinweise, dass für die Beratungen bei Abschluss der Versicherung und die Einrichtung des Versicherungsvertrages Kosten entstünden, die aus den ersten Beiträgen bestritten würden. Nur der verbleibende Teil des Beitrags stehe für die Bildung der beitragsfreien Leistungen und des Rückkaufwertes zur Verfügung. Zudem sei dem Vertrag eine Liste beigefügt gewesen, aus der sich die garantierte beitragsfreie Altersrente und die garantierten Rückkaufswerte vom Beginn der Versicherung bis zum Ablauf der Versicherung ergebe. Zudem sei unter dem Stichwort »beitragsfreie Versicherung« darauf hingewiesen worden, dass die Beitragsfreistellung mit Nachteilen verbunden sei. In der Anfangszeit sei wegen der Verrechnung von Abschlusskosten keine beitragsfreie Rente vorhanden. Auch später stehe nicht unbedingt ein Betrag in Höhe der Summe der eingezahlten Beiträge zur Verfügung. Entsprechende Hinweise seien bei den Kündigungsregeln zu finden.[43]

---

40 BAG 18.12.1984, 3 AZR 168/82, AP Nr. 3 zu § 1 BetrAVG Zusatzversorgungskassen; 13.12.1988, 3 AZR 322/87, BB 1989, 5122 = NZA 1989, 512; 3.7.1990, 3 AZR 28/89.

41 BAG 21.11.2000, 3 AZR 13/00, EzA § 611 BGB Fürsorgepflicht Nr. 61 = DB 2002, 227.

42 Bejahend *Reinecke* RdA 2009, 13, *Steinmeyer* BetrAV 2008, 531, *Doetsch* BetrAV 2008, 21.

43 BAG 15.9.2009, 3 AZR 17/09, DB 2010, 61 = BetrAV 2009, 671.

II. Nachweisgesetz

Nach § 2 des Nachweisgesetzes (NachwG) ist der Arbeitgeber verpflichtet, 77
dem Arbeitnehmer spätestens 4 Wochen nach seiner Einstellung Auskunft
darüber zu erteilen, welche Regelungen zum Entgelt für ihn gelten und welche Betriebsvereinbarungen auf dieses Arbeitsverhältnis anzuwenden sind.
Zum Entgelt gehört auch die betriebliche Altersversorgung. Ist diese in einer
Betriebsvereinbarung geregelt, genügt es, den Arbeitnehmer auf diese
Betriebsvereinbarung zu verweisen. Die Aushändigung der maßgeblichen
Regelungen in Papierform ist ratsam. Ein Verweis auf das Intranet reicht
nicht aus.[44]

Die Auskunft nach dem Nachweisgesetz hat nichts mit der Auskunft nach 78
§ 4a BetrAVG zu tun. Sie soll den Arbeitnehmer über seine Rechte bei
Beginn des Arbeitsverhältnisses aufklären, nicht aber seine Versorgungsanwartschaft beziffern.

Einen Auskunftsanspruch nach § 4a BetrAVG hat der Arbeitnehmer erst, 79
wenn er eine gesetzlich unverfallbare Anwartschaft erreicht hätte. Dies ist bei
der Einstellung nicht der Fall.

III. § 10a VAG

In § 10a Abs. 1 S. 3 VAG i.V.m. der Anlage D ist geregelt, dass der Versiche- 80
rer (Lebensversicherungsunternehmen und Pensionskasse, nach § 113 Abs. 2
Nr. 4 VAG gilt dies entsprechend für den Pensionsfonds) zu bestimmten
Auskünften von sich aus verpflichtet ist. Er hat den Versorgungsanwärter
und den Versorgungsempfänger, wenn sie nicht Versicherungsnehmer sind,
bei **Beginn des Versicherungsverhältnisses ausführlich** und **aussagekräftig**
über Name, Anschrift, Rechtsform und Sitz des Versicherungsunternehmens
zu unterrichten. Wird der Vertrag mit einer Niederlassung abgeschlossen,
bezieht sich die Informationspflicht auf die Niederlassung. Darüber hinaus
ist über die Vertragsbedingungen und Tarifbestimmungen, soweit sie für das
Versorgungsverhältnis gelten, zu informieren und eine Aussage dazu zu
machen, dass deutsches Recht anzuwenden ist. Vor Versicherungsbeginn
muss auch über die Laufzeit informiert werden. Darüber hinaus sind allgemeine Angaben über die für die gewählte Versorgungsart geltenden Steuer-
regelungen zu machen, wobei auch hierfür gilt, dass die Informationen aus-

---

44 *Doetsch* BetrAV 2003, 49; *ders.* BetrAV 2008, 21.

führlich und aussagekräftig sein müssen. Diese Vorschrift ist in ihrem Anwendungsbereich weiter gehend als § 4a BetrAVG, weil es nicht darauf ankommt, ob eine Unverfallbarkeit besteht.

81 Während der Laufzeit des Versorgungsverhältnisses, also während der **Anwartschaftszeit** und in der **Versorgungsphase**, müssen unaufgefordert Änderungen von Namen, Anschrift, Rechtsform und Sitz mitgeteilt werden. Zudem ist **jährlich**, erstmals mit Beginn des Versorgungsverhältnisses, die **voraussichtliche Höhe** der den Versorgungsanwärtern **zustehenden Leistungen** mitzuteilen. Diese Auskunft weicht von § 4a BetrAVG ab, weil nicht die erreichte Leistung mitzuteilen ist, sondern die erreichbare Leistung. Damit ist grundsätzlich die Garantieleistung inklusiv der zugeteilten Überschussanteile gemeint. Bei der **Beitragszusage mit Mindestleistung** ist jährlich über die Anlagemöglichkeiten und die Struktur des Anlageportfolios zu unterrichten und es ist über das Risikopotenzial und die Kosten der Vermögensverwaltung und sonstige mit der Anlage verbundenen Kosten zu informieren, soweit der Versorgungsanwärter das Anlagerisiko trägt.[45]

82 Die Informationspflicht geht sogar so weit, dass auch schriftlich darüber zu informieren ist, ob und wie der Versicherer ethische, soziale und ökologische Belange bei der Verwendung der eingezahlten Beiträge berücksichtigt.

83 Auf Anfrage erhalten Anwärter und Versorgungsempfänger vom Versicherer den Jahresabschluss und den Lagebericht des vorhergegangenen Geschäftsjahrs.

84 Diese Informationspflichten sind vom Versicherer zu erfüllen. Der Arbeitgeber hat mit diesen Pflichten nichts zu tun. Insbesondere haftet er nicht für die Richtigkeit und Vollständigkeit.

85 Wesentlich ist, dass diese Informationspflichten schon **vorvertraglich** einsetzen, während der Laufzeit **regelmäßig** zu erfüllen sind und – anders als bei § 4a BetrAVG – nicht nur auf Verlangen bestehen, sondern von sich aus durch den Versorgungsträger ausgeübt werden müssen. Es kommt auch nicht darauf an, ob eine gesetzlich oder fiktiv gesetzlich unverfallbare Anwartschaft besteht. Auch der verfallbare Anwärter ist zu informieren.[46]

---

45 S. dazu § 1 Rdn. 458 ff.
46 *Reinecke* RdA 2005, 132; *Hölscher* FS Kemper, S. 190.

IV. VVG

Mit Wirkung ab dem 1.1.2008 werden diese schon bestehenden Auskunfts- **86** pflichten der Versicherer über § 6 und § 7 VVG und die hierzu ergangene Rechtsverordnung[47] (VVG-InfoV) erweitert.

§ 6 VVG sieht eine Beratungspflicht vor. Vor Abschluss eines Versicherungs- **87** vertrages muss der Versicherer (Pensionskasse, Lebensversicherungsunternehmen bei der Direktversicherung und bei der Rückdeckungsversicherung) den Versicherungsnehmer (Arbeitgeber) dazu beraten, welche Umsetzungsform für eine betriebliche Altersversorgung bei diesem Versicherer in Betracht kommt. Dabei ist der potenzielle Versicherungsnehmer nach seinen Wünschen und Bedürfnissen zu befragen und entsprechend zu beraten. Zu berücksichtigen ist die Schwierigkeit, die angebotene Versicherung zu beurteilen, und die Verständnissituation des Versicherungsnehmers. Dabei wird man bei der betrieblichen Altersversorgung fast immer davon ausgehen müssen, dass umfangreiche Nachfragepflichten bestehen, weil die Arbeitgeber in der Regel die Komplexität einer Altersversorgung nicht durchschauen.[48] Schließlich kommen 5 Durchführungswege, 3 Zusagearten und unterschiedlichste Leistungskombinationen in Betracht. Von eingeschränkten Beratungspflichten kann vielleicht bei solchen Unternehmen ausgegangen werden, die eine eigene Abteilung für die betriebliche Altersversorgung haben, oder die bereits von einem (fachkundigen) Berater betreut werden. Auch bei gezielten Nachfragen nach einem bestimmten Produkt durch den Arbeitgeber wird man annehmen können, dass er sich bereits zuvor kundig gemacht hat.

Die Nachfragepflicht erstreckt sich auf das Risikoprofil des Arbeitgebers (z.B. **88** haftungsarme Gestaltung),[49] auf die Art der Finanzierung einer betrieblichen Altersversorgung (Arbeitgeberfinanzierung oder Entgeltumwandlung), auf das Leistungsspektrum (nur Altersleistung, oder auch Hinterbliebenen- und/oder Invaliditätsleistung) und auf die Leistungsart (Kapital, Rente, Rente mit Kapitalwahlrecht, Leibrente, Zeitrente usw.).[50] Auch muss nach der Zusageart gefragt werden, insbesondere bei der Beitragszusage mit Mindestleistung nach dem gewünschten Finanzierungsverfahren (reine Fondsanlage oder Hybridpro-

---

47 BGBl. 2007 I, S. 3004.
48 *Reinecke* RdA 2009, 13, *Steinmeyer* BetrAV 2008, 531, *Doetsch* BetrAV 2008, 21.
49 Hierzu auch BAG 12.6.2007, 3 AZR 14/06, EzA § 1a BetrAVG Nr. 2 = DB 2007, 2722.
50 Hierzu *Reinecke* RdA 2009, 13.

dukt). Erst wenn diese Fragen geklärt sind, kann der Versicherer beurteilen, ob er eine geeignete Versicherung anbieten kann und welche von verschiedenen Lösungen für dieses Unternehmen in Betracht kommen können.

89   Die Beratungspflicht besteht nicht nur vor Abschluss eines Versicherungsvertrages, sondern nach § 6 Abs. 4 VVG auch während der Dauer eines Versicherungsvertrages. Dies bedeutet, dass der Versicherer von sich aus auf den Arbeitgeber zugehen muss, wenn er einen Anlass für eine Nachfrage und Beratung erkennt. Dies kann z.B. der Fall sein, wenn der Arbeitgeber vor Abschluss des Vertrages deutlich gemacht hat, dass er eine vollständig ausfinanzierte Versorgung wünscht, wegen der Verringerung der Überschussbeteiligung aber ein Nachfinanzierungsbedarf entstanden ist.

90   Verletzt der Versicherer seine Beratungspflicht, macht er sich schadensersatzpflichtig (§ 6 Abs. 5 VVG).

91   Da das VVG nur bei Versicherungen Anwendung findet, stellt sich die Frage, ob Beratungspflichten auch für den Pensionsfonds gelten, der kein Versicherungsunternehmen ist. Der Gesetzgeber hat in § 113 VAG ausdrücklich geregelt, welche Vorschriften auch für den Pensionsfonds gelten. So ist er auskunftspflichtig nach § 10a VAG. Eine Anwendung von § 6 VVG wurde ihm aber nicht vorgegeben, sodass man wohl davon ausgehen muss, dass der Gesetzgeber keine Notwendigkeit sah, derartige Beratungspflichten für diesen Durchführungsweg vorzugeben.

92   Bei rückgedeckten Unterstützungskassen geht die Beratungspflicht des Versicherers nicht selten ins Leere, weil der Rückdeckungsversicherer nicht selten auch »Betreiber« der Gruppenunterstützungskasse ist. Er müsste sich dann im Prinzip selbst beraten, weil Versicherungsnehmer seine »eigene« Unterstützungskasse ist. Der Arbeitgeber als Trägerunternehmen ist nicht Versicherungsnehmer und wäre folglich nicht zu beraten, obwohl er nach § 1 Abs. 1 S. 2 und 3 BetrAVG einstandspflichtig ist. Diese besondere Situation ist offenbar vom Gesetzgeber nicht bedacht worden. Deshalb stellt sich die Frage, ob § 6 VVG analog anzuwenden ist. Dies wird man verneinen müssen, schon deshalb, weil in der Praxis der Versicherer keinen unmittelbaren Kontakt zum Arbeitgeber als Trägerunternehmen hat. Diesen Kontakt hat nur die Unterstützungskasse. Da diese aber in einem Auftragsverhältnis zum Arbeitgeber steht, sobald dieser Trägerunternehmen wird, wird man vorvertraglich von ihr Beratungspflichten analog § 6 VVG verlangen müssen, denn ein Arbeitgeber ist nicht weniger beratungsbedürftig, wenn er seine betriebliche Altersversorgung über eine Unterstützungskasse abwickeln will oder abwickelt.

Von der Beratungspflicht sind gem. § 211 VVG ausdrücklich regulierte Pen- **93**
sionskassen ausgenommen.

Bei der betrieblichen Altersversorgung aus Entgeltumwandlung ist auch der **94**
Arbeitgeber und nicht der Arbeitnehmer zu beraten. Der Arbeitgeber muss
entscheiden, welchen Durchführungsweg er vorgibt, ob es nur eine Altersleistung oder auch eine Invaliditäts- und/oder Hinterbliebenenleistung gibt[51]
und welche Zusageart genommen werden soll. Erst wenn der Arbeitgeber zu
diesen grundlegenden Fragen beraten wurde und er sich für eine Durchführung der Entgeltumwandlung bei diesem Versicherer entschieden hat und
hierfür die Konditionen vorgegeben hat, kann es zu Kontakten zwischen
dem umwandlungswilligen Arbeitnehmer und dem Versicherer kommen.
Nach den Vorgaben des Arbeitgebers ist dann der Arbeitnehmer zu beraten.
Ist dem Arbeitgeber dies alles zu kompliziert und aufwendig und lässt er deshalb ohne Vorgaben den Versicherer unmittelbar mit dem Arbeitnehmer
kommunizieren, hat der Versicherer den Arbeitnehmer i.S.v. § 6 VVG zu
beraten.[52]

Nach § 7 VVG muss der Versicherer dem Versicherungsnehmer (Arbeitge- **95**
ber) rechtzeitig vor Abgabe von dessen Vertragserklärung die Vertragsbestim-
mungen einschließlich der Allgemeinen Versicherungsbedingungen aushän-
digen. Auch wenn § 7 VVG nicht so deutlich wie § 10a VAG davon spricht,
dass die Vertragsbedingungen zu übergeben sind, »soweit sie für das Vertragsverhältnis gelten«, muss doch davon ausgegangen werden, dass die »richtigen« Vertragsbedingungen gemeint sind, weil sonst der Sinn und Zweck der
Vorschrift, den Arbeitgeber als Versicherungsnehmer zu informieren, ins
Leere gehen würde. Die Informationen, die der Arbeitgeber vom Versicherer
erhält, müssen so gestaltet sein, dass dieser sie an den Arbeitnehmer weiterge-
ben kann. Da der Versicherer nach § 10a VAG sowieso den Arbeitnehmer
über »das« Vertragsverhältnis unterrichten muss, müssen die Vertragsbestim-
mungen und die Allgemeinen Versicherungsbedingungen identisch sein.

Nach § 7 Abs. 2 VVG ist der Arbeitgeber aber auch i.S.d. VVG-InfoV[53] zu **96**
informieren. Dies bedeutet, dass ihm z.B. die Höhe der Kosten für die Ver-
mittlung und den Abschluss des Vertrages, die Rückkaufwerte, der Mindest-
versicherungsbetrag für eine prämienfreie Versicherung, eine Modellrech-

---

51 BAG 12.6.2007, 3 AZR 14/06, EzA § 1a BetrAVG Nr. 2 = DB 2007, 2722.
52 Hierzu insbesondere *Reinecke* RdA 2009, 13.
53 BGBl. I 2007, S. 3004.

nung und weitere Angaben auszuhändigen sind. Da der Arbeitgeber nicht Verbraucher i.S.v. § 13 BGB ist, wenn er z.B. sein Unternehmen als GmbH oder AG betreibt, ist ihm kein Produktinformationsblatt gem. § 4 VVG-InfoV zur Verfügung zu stellen, auch wenn dies für die betriebliche Altersversorgung vernünftig wäre. Damit hat der Arbeitgeber auch nicht die Möglichkeit, in kurzer, übersichtlicher und verständlicher Form über die wesentlichen Vertragsbestandteile unterrichtet zu werden und diese Informationen an den Arbeitnehmer weiterzugeben. Um ein gesetzgeberisches Versehen handelt es sich insoweit nicht, weil die Einschränkung, dass nur »Verbraucher«, d.h. natürliche Personen, das Produktinformationsblatt erhalten müssen, in einer Entwurfsfassung der Verordnung nicht vorgesehen war. Ob man dennoch von den Versicherern fordern kann oder gar fordern muss,[54] dass sie den Arbeitgebern und damit mittelbar auch den Arbeitnehmern zumindest bei einer betrieblichen Altersversorgung aus Entgeltumwandlung ein solches Produktinformationsblatt zur Verfügung stellen müssen, werden die Gerichte zu entscheiden haben. Jedenfalls wäre es sinnvoll, dem Arbeitgeber auch ohne rechtliche Verpflichtung diese Informationen zur Verfügung zu stellen, damit dieser sie an den Arbeitnehmer weiterleiten kann. Ein Arbeitgeber ist bei einer betrieblichen Altersversorgung aus Entgeltumwandlung sicherlich auch gut beraten, wenn er dieses Informationsblatt beim Versicherer anfordert. Er kann dieses dann ungeprüft an den Arbeitnehmer weiterleiten. Er kann sich darauf beschränken, die Informationen des Versicherers weiterzuleiten, die alle Informationen gem. § 7 Abs. 2 VVG, das Produktinformationsblatt und die Angaben enthalten müssen, die das BAG mit Urteil vom 15.9.2009[55] hervorgehoben hat.

97   Die Informationen, die der Arbeitgeber vom Versicherer erhält und an den Arbeitnehmer weiterleitet oder die Informationen, die der Versicherer unmittelbar dem Arbeitnehmer gibt, können Schadensersatzansprüche des Arbeitnehmers gegenüber dem Versicherer begründen, denn es kann bei einer betrieblichen Altersversorgung aus Entgeltumwandlung zu einem vorvertraglichen Vertragsverhältnis mit Schutzwirkung zugunsten des Arbeitnehmers kommen.[56] Deshalb muss es auch im Interesse des Versicherers liegen, richtige Informationen zu geben.

---

54 So ausdrücklich *Reinecke* RdA 2009, 13.
55 BAG 15.9.2009, 3 AZR 17/09, DB 2010, 61 = BetrAV 2009, 671.
56 *Reinecke* RdA 2009, 13; ähnlich *Steinmeyer* BetrAV 2008, 531.

V. Auskunft bei Kündigung der Versicherung

Mit § 166 Abs. 4 VVG hat der Gesetzgeber eine neue Informationspflicht für 98
den Fall geschaffen, dass der Arbeitgeber die Beiträge nicht oder nicht fristgemäß an den Versicherer zahlt. Danach hat der Versicherer den Arbeitnehmer darüber zu informieren, dass er den Vertrag kündigen will, damit dieser
die Möglichkeit erhält, die Versicherung mit eigenen Beiträgen fortzuführen.
Diese Informationspflicht ist unmittelbar gegenüber dem Arbeitnehmer zu
erfüllen. Sie kann nicht über den Arbeitgeber geleitet werden. Mit der Information muss dem Arbeitnehmer eine Zahlungsfrist von mindestens 2 Monaten eingeräumt werden.

VI. Auskunft bei Scheidung

Zu den Auskunftspflichten im Scheidungsverfahren wird auf den Anhang I 99
verwiesen.

VII. Betriebsvereinbarung/Tarifvertrag

Auskunftspflichten können sich auch aus einer Betriebsvereinbarung oder 100
einem Tarifvertrag ergeben. Soweit diese über die Regelung in § 4a BetrAVG
hinausgehen, liegt eine Besserstellung des Arbeitnehmers vor, die bei der
Umsetzung des Auskunftsrechts entsprechend zu berücksichtigen ist.

Bleiben die Regelungen der Betriebsvereinbarung hinter den Auskunfts- 101
pflichten nach § 4a BetrAVG zurück, kommen die gesetzlichen Regelungen
zur Anwendung. Dies ergibt sich aus § 17 Abs. 3 S. 3 BetrAVG. In Tarifverträgen kann von § 4a BetrAVG abgewichen werden (§ 17 Abs. 3 S. 3). Verlangt der Tarifvertrag bestimmte Informationen, die der Arbeitgeber nicht
oder nicht richtig bzw. nicht vollständig erteilt, können Schadensersatzansprüche bestehen.[57] Natürlich muss der neue Arbeitgeber die Auskunft nach
§ 4a BetrAVG erteilen.[58]

VIII. § 613a BGB

Auch die Informationen, die gem. § 613a Abs. 5 BGB bei einem Betriebs- 102
übergang zu erteilen sind, stehen in keinem Zusammenhang mit § 4a

---

57 *Reinecke* RdA 2005, 141.
58 *Rolfs* BetrAV 2008, 468.

BetrAVG.[59] Das BAG hat entschieden, dass der übergegangene Arbeitnehmer nur ausnahmsweise einen Anspruch gegenüber dem ehemaligen Arbeitgeber auf Auskunft darüber hat, wie hoch die bis zum Betriebsübergang erdiente Anwartschaft ist.[60]

F. Abgrenzung von Auskunft und Beratung

103   Insbesondere im Zusammenhang mit dem Anspruch auf Entgeltumwandlung wird diskutiert, ob den Arbeitgeber Auskunfts- und Beratungspflichten treffen.

I. Auskunft

104   Die Auskunftspflichten sind in § 4a BetrAVG geregelt. Im Einzelfall können darüber hinausgehende Auskunftspflichten aus anderen Normen oder auch aus der Fürsorgepflicht abgeleitet werden. Dabei kommt es aber auf die Umstände des konkreten Einzelfalles an. Eine allgemeine, über die in § 4a BetrAVG hinausgehende Auskunfts- und Informationspflicht hat der Gesetzgeber gerade nicht normiert.[61]

105   Eine generelle Auskunftspflicht des Arbeitgebers über den Inhalt des Betriebsrentengesetzes oder die Anwendung von dessen Normen besteht nicht. Die Rechtsprechung geht davon aus, dass die Arbeitnehmer die gesetzlichen Vorschriften kennen müssen. Hätte der Gesetzgeber für den Anspruch auf Entgeltumwandlung oder über die fehlende Vererbbarkeit[62] Informationspflichten[63] besonderer Art schaffen wollen, hätte eine gesetzliche Regelung in § 1a BetrAVG oder § 4a BetrAVG aufgenommen werden müssen. Dies ist nicht geschehen. Auf Nachfrage können allerdings Informationspflichten entstehen.[64]

106   Abgesehen von einer Informationspflicht ist es für die Wahrnehmung des Anspruchs auf Entgeltumwandlung von Nutzen, wenn der Arbeitnehmer aufgrund freier Entscheidung über die im Betrieb bestehenden Möglichkei-

---

59 Hierzu *Kisters-Kölkes* FS Kemper, S. 227.
60 BAG 22.5.2007, 3 AZR 357/06, FA 2007, 217 = DB 2008, 192; 22.5.2007, 3 AZR 834/05, EzA § 2 BetrAVG Nr. 29 = DB 2008, 191.
61 *Langohr-Plato/Teslau* NZA 2004, 1358.
62 *Müller/Straßburger* BetrAV 2004, 240.
63 Verneinend *Reinecke* RdA 2005, 141.
64 *Hanau/Arteaga/Rieble/Veit* Entgeltumwandlung Rn. 155.

ten zur Umsetzung des Anspruchs auf Entgeltumwandlung informiert wird. Dies kann mit den vom Arbeitgeber zu treffenden Entscheidungen zum Durchführungsweg und Versorgungsträger verbunden werden.

II. Beratung

Sind schon die Auskunftspflichten beschränkt, ist erst recht ein Recht auf **107** Beratung ausgeschlossen.[65] Dabei soll unter Beratung verstanden werden, dass individuelle Umstände berücksichtigt und Ratschläge erteilt werden. Es ist nicht Aufgabe des Arbeitgebers, den Arbeitnehmer hinsichtlich seiner Vorsorgeplanung zu beraten. Dem Arbeitnehmer wird ja gerade der Auskunftsanspruch gegeben, damit er sich seinerseits um seine Versorgung kümmern kann.

Führt der Arbeitgeber auf freiwilliger Basis eine Beratung durch oder lässt er **108** diese durchführen, stellt sich die Frage, ob er damit einen Haftungstatbestand auslöst. Insoweit kommt es auf die Umstände des Einzelfalles an. Dass der Arbeitgeber sich schadensersatzpflichtig machen kann, ist nicht ausgeschlossen.[66]

III. Entgeltumwandlung

Da der Gesetzgeber in § 4a BetrAVG nicht zwischen arbeitgeber- und arbeit- **109** nehmerfinanzierten Altersversorgung unterscheidet, kann aus dieser Vorschrift auch nicht abgeleitet werden, dass den Arbeitgeber bei der Entgeltumwandlung besondere Auskunfts- oder Beratungspflichten treffen.[67]

Ohne Zweifel ist es richtig, dass informierte Arbeitnehmer eher dazu bereit **110** sind, eine Entgeltumwandlung vorzunehmen. Damit würde die betriebliche Altersversorgung gefördert. Aus dem Fürsorgeprinzip aber abzuleiten, dass den Arbeitgeber eine Informations- und/oder Beratungspflicht trifft, geht über den Wortlaut des § 4a BetrAVG hinaus.

---

65 *Doetsch* BetrAV 2003, 50.
66 *Reinecke* RdA 2005, 143.
67 *Reinecke* RdA 2005, 141.

Zweiter Abschnitt Auszehrungsverbot

§ 5 Auszehrung und Anrechnung

(1) Die bei Eintritt des Versorgungsfalles festgesetzten Leistungen der betrieblichen Altersversorgung dürfen nicht mehr dadurch gemindert oder entzogen werden, daß Beträge, um die sich andere Versorgungsbezüge nach diesem Zeitpunkt durch Anpassung an die wirtschaftliche Entwicklung erhöhen, angerechnet oder bei der Begrenzung der Gesamtversorgung auf einen Höchstbetrag berücksichtigt werden.

(2) [1]Leistungen der betrieblichen Altersversorgung dürfen durch Anrechnung oder Berücksichtigung anderer Versorgungsbezüge, soweit sie auf eigenen Beiträgen des Versorgungsempfängers beruhen, nicht gekürzt werden. [2]Dies gilt nicht für Renten aus den gesetzlichen Rentenversicherungen, soweit sie auf Pflichtbeiträgen beruhen, sowie für sonstige Versorgungsbezüge, die mindestens zur Hälfte auf Beiträgen oder Zuschüssen des Arbeitgebers beruhen.

A. Allgemeines

1 § 5 BetrAVG ist seit Inkrafttreten des BetrAVG[1] im Gesetz enthalten. Sein Regelungsgehalt erklärt sich im Wesentlichen vor dem Hintergrund, dass in 1974 noch viele Gesamtversorgungszusagen[2] erteilt waren.

2 In Abs. 1 ist ein Auszehrungsverbot und in Abs. 2 ein Anrechnungsverbot enthalten. Abs. 1 ist nach Eintritt des Versorgungsfalles zu berücksichtigen, Abs. 2 bei Eintritt des Versorgungsfalles. Die Bedeutung dieser Vorschrift ist in den vergangenen Jahren stark zurückgegangen, da vielfach Gesamtversorgungszusagen abgeschafft wurden, wenn und soweit dies rechtlich möglich war. Diese Verbote sind heute im Wesentlichen nur noch von Bedeutung bei Höchstbegrenzungsklauseln.[3]

3 Die Vorschrift hat ihren Anwendungsbereich bei und nach Eintritt des Versorgungsfalles, also in der Versorgungsphase und zwar i.d.R. nur bei Rentenzusagen, nicht bei Kapitalzusagen. Renten könnten im Laufe der Zeit durch Anrechnung anderer Versorgungsleistungen ausgezehrt werden. Dies ist bei Kapitalzusagen nicht möglich, zumindest dann nicht, wenn sie in einem Betrag ausgezahlt werden.[4] Bei Kapitalleistungen kann folglich i.d.R. nur das Anrechnungsverbot nach Abs. 2 Bedeutung erlangen.

4 In der Anwartschaftszeit ergibt sich u.U. ein Anrechnungs- oder Auszehrungsverbot aus dem Gleichbehandlungsgrundsatz und aus Vertrauensschutzgesichtspunkten.[5] Eine Versorgungszusage, die in der Anwartschaftszeit so konzipiert ist, dass bei Eintritt des Versorgungsfalles überhaupt keine Leistungen zu zahlen sind, ist rechtsmissbräuchlich.[6]

5 ▶ **Beispiel:**

Einem Arbeitnehmer wird eine Versorgungszusage erteilt, die auf einen Festbetrag von 1.000 € lautet. Auf diesen Betrag soll die bei Eintritt des Versorgungsfalles zu zahlende Sozialversicherungsrente angerechnet werden. Die Sozialversicherungsrente beläuft sich auf 1.050 €.

---

1 22.12.1974.
2 S. dazu § 1 Rdn. 197.
3 S. dazu § 6 Rdn. 78 f.
4 Überhaupt keine Anwendung bei Kapitalleistungen: *Blomeyer/Rolfs/Otto* § 5 Rn. 22.
5 A.A. *Langohr-Plato* Rechtshandbuch, Rn. 669.
6 BAG 18.12.1975, 3 AZR 58/75, EzA § 242 BGB Ruhegeld Nr. 48 = DB 1976, 1015.

Wird in einem Festbetragssystem eine Versorgungsleistung zugesagt und soll 6
die zugesagte Leistung um die Sozialversicherungsrente gekürzt werden, ist
die Zusage nicht zu beanstanden, wenn die Festbeträge der Dynamik der
Sozialversicherung folgend angepasst werden. Geschieht dies nicht, und
kommt es deshalb zu einer Auszehrung der Anwartschaft, ist dies unbillig.

Scheidet ein Arbeitnehmer mit einer gesetzlich unverfallbaren Anwartschaft 7
aus dem Arbeitsverhältnis aus, ist § 2 Abs. 5 S. 4 BetrAVG zu beachten.
Danach dürfen Versorgungsanwartschaften, die der Arbeitnehmer nach seinem Ausscheiden bei einem anderen Arbeitgeber erwirbt, nicht zu einer Kürzung der unverfallbaren Anwartschaft (Teilanspruch) führen.[7] Das BAG
führt hierzu aus, dass dies auch für eine Höchstbegrenzungsklausel gelte.[8]

Nach § 17 Abs. 1 S. 1 BetrAVG können Tarifverträge von § 5 BetrAVG 8
abweichen.[9] Die anrechenbaren Leistungen müssen klar und eindeutig
beschrieben sein. Dies ist bisher – soweit ersichtlich – nicht geschehen.

B. Auszehrungsverbot

Laufende Betriebsrenten dürfen nicht dadurch ausgezehrt werden, dass 9
andere Versorgungsbezüge, die an die wirtschaftliche Entwicklung angepasst
wurden, bei der Leistungsbemessung berücksichtigt werden. Dies gilt gleichermaßen für eine Minderung der gezahlten Rente als auch für einen vollständigen Entzug der Rente.

I. Festgesetzte Leistungen

Bei Eintritt des Versorgungsfalles werden nach Maßgabe des Leistungsplanes 10
die Versorgungsleistungen festgesetzt. Dieser Betrag darf später nicht mehr
unterschritten werden. Es ist folglich eine Versorgungszusage unzulässig, die
z.B. die jeweilige Sozialversicherungsrente auf den einmal ermittelten und
festgeschriebenen Rentenausgangsbetrag anrechnet.

---

7 S. dazu § 2 Rdn. 180.
8 BAG 20.3.1984, 3 AZR 22/82, EzA § 242 BGB Ruhegeld Nr. 104 = DB 1984,
   1995.
9 S. dazu § 17 Rdn. 25.

11 ▶ **Beispiel:**

Zugesagt sind 75 % der letzten Bezüge. Diese betragen bei Eintritt des Versorgungsfalles 2.000 €. Auf den sich so ergebenden Betrag von 1.500 € wird die Sozialversicherungsrente angerechnet. Diese beläuft sich bei Rentenbeginn auf 1.100 €, d.h. es ist eine Betriebsrente in Höhe von 400 € zu zahlen.

Soll im Folgejahr die nunmehr auf 1.180 € erhöhte Sozialversicherungsrente auf den Ausgangsbetrag von 1.500 € angerechnet werden, also der Rentenzahlbetrag auf 320 € vermindert werden, verstößt dies gegen § 5 Abs. 1 BetrAVG und ist unzulässig. Denn im Laufe der Jahre würde mit jeder Anhebung der gesetzlichen Rente der vom Arbeitgeber zu zahlende Betrag immer geringer. Der Versorgungsempfänger würde immer nur eine Versorgung, die sich aus der betrieblichen und der gesetzlichen Rente zusammensetzt, in Höhe von 1.500 € erhalten.[10]

II. Andere Versorgungsbezüge

12 Andere Versorgungsbezüge sind Versorgungszahlungen, die von einem Dritten geleistet werden, z.B. von einem ehemaligen Arbeitgeber des Arbeitnehmers oder dessen Versorgungseinrichtung oder von einem in- oder ausländischen Sozialversicherungsträger. Auch die Bezüge aus einem berufsständischen Versorgungswerk stellen andere Bezüge dar.

13 Werden solche Zahlungen an die wirtschaftliche Entwicklung angepasst, darf dies nicht über eine Anrechnungsklausel zu einer Verminderung der vom Arbeitgeber zu zahlenden Rente führen.

14 Nicht angerechnet werden darf gem. § 2 Abs. 5 S. 4 BetrAVG eine gesetzlich unverfallbare Anwartschaft, die ein Arbeitnehmer bei einem Folgearbeitgeber erworben hat. Diese Anwartschaft hat mit der Zusage des Arbeitgebers nichts zu tun.

III. Wirtschaftliche Entwicklung

15 Eine Anpassung an die wirtschaftliche Entwicklung liegt vor, wenn z.B. eine Anpassung nach § 16 BetrAVG vorgenommen wird, eine Anpassung aufgrund einer Anpassungsgarantie erfolgt oder – wie in der gesetzlichen Rentenversicherung – eine gesetzliche Anhebung der laufenden Renten vorgenommen wird.

---

10 BAG 13.7.1978, 3 AZR 873/77, EzA § 5 BetrAVG Nr. 2 = DB 1978, 2274.

Eine Anpassung an die wirtschaftliche Entwicklung liegt auch vor, wenn z.B. **16** bei jeder Tariflohnerhöhung die laufenden Renten neu berechnet werden, indem bei einer Gesamtversorgungszusage die Bemessungsgrundlage Gehalt um die Tarifsteigerung angepasst und hierauf die tatsächliche, i.d.R. erhöhte Sozialversicherungsrente angerechnet wird. Bei einer solchen Anpassung und Anrechnung liegt ein Verstoß gegen § 5 BetrAVG vor, wenn der Ausgangsbetrag der ursprünglich ermittelten Betriebsrente bei Rentenbeginn unterschritten wird. Eine auch nur kurzfristige Unterschreitung ist nicht zulässig.[11]

Keine Anpassung an die wirtschaftliche Entwicklung liegt vor, wenn z.B. **17** eine Direktversicherung um Überschussanteile erhöht wird. Dies ist eine vertragsgemäße Anpassung, also gerade keine Anpassung an die wirtschaftliche Entwicklung.

C. Anrechnungsverbot

Das in § 5 Abs. 2 BetrAVG enthaltene Anrechnungsverbot hat zur Folge, dass **18** anderweitige Versorgungsleistungen auf die zugesagte betriebliche Versorgungsleistung nur in den Grenzen von Abs. 2 angerechnet werden können. Damit enthält diese Vorschrift eine Einschränkung der Vertragsfreiheit.

I. Rechtsgrundlage

Jede Anrechnung bedarf einer klaren und eindeutigen Rechtsgrundlage.[12] **19** Die anrechenbaren Leistungen müssen klar und eindeutig beschrieben sein. Nur dann, wenn eine solche Anrechnungsregel vertraglich vereinbart ist, ist überhaupt zu prüfen, ob die Voraussetzungen nach § 5 Abs. 2 BetrAVG erfüllt sind.

II. Eigene Beiträge des Arbeitnehmers

Eine Versorgung ist durch eigene Beiträge des Arbeitnehmers finanziert, **20** wenn dieser die finanzielle Last getragen hat. Eine Versorgung, die ausschließlich durch Beiträge des Arbeitnehmers finanziert wurde, darf gar nicht angerechnet werden. Auch wenn nach dem Wortlaut des Gesetzes von »Beiträgen« des Arbeitnehmers die Rede ist, muss nicht zwingend eine Beitrags-

---

11 BAG 13.7.1978, 3 AZR 873/77, EzA § 5 BetrAVG Nr. 2 = DB 1978, 2274.
12 BAG 5.9.1989, 3 AZR 654/87, DB 1990, 1143 = NZA 1990, 269; 16.8.1988, 3 AZR 183/87, EzA § 5 BetrAVG Nr. 21 = DB 1989, 279.

leistung an einen Versorgungsträger erfolgt sein. Nach dem Sinn und Zweck der Vorschrift muss das Anrechnungsverbot auch ohne eine Beitragsleistung i.e.S. gelten, also auch solche Versorgungsleistungen erfassen, die wirtschaftlich betrachtet vom Arbeitnehmer finanziert wurden, ohne dass es zu einer Beitragszahlung durch den Arbeitnehmer gekommen ist. Damit sind insbesondere Anrechnungen von Versorgungsleistungen ausgeschlossen, die durch Entgeltumwandlung finanziert wurden. Entsprechendes gilt für eine vom Arbeitnehmer betriebene Eigenvorsorge.

21 Eigenvorsorge liegt vor, wenn der Arbeitnehmer im privaten Bereich oder durch Zahlung von Beiträgen aus versteuertem und verbeitragtem Einkommen die Versorgungsleistung oder einen Teil der Leistung finanziert hat z.B. durch Zahlung von Beiträgen an eine Pensionskasse. Diese Leistungen aus Eigenbeiträgen werden ausschließlich der privaten Vorsorge zugerechnet.

22 Mit der neu geschaffenen Regelung in § 1 Abs. 2 Nr. 4 BetrAVG wird eine Vermischung von privater Eigenvorsorge und einer betrieblichen Altersversorgung vorgenommen. Liegt eine vom Arbeitgeber erteilte Umfassungszusage vor, handelt es sich um betriebliche Altersversorgung. Eine Anrechnung der Leistungen aus einer Umfassungszusage ist ebenso wenig möglich wie die Anrechnung von Leistungen, die durch Eigenvorsorge finanziert wurden.

III. Anrechnung

23 Anrechenbar sind Leistungen aus der gesetzlichen Rentenversicherung, soweit sie auf Pflichtbeiträgen beruhen.[13] Anrechenbar ist nicht nur der Teil der Rente, der durch Arbeitgeberbeiträge finanziert wurde, sondern auch der Teil der Rente, den der Arbeitnehmer durch eigene Beiträge finanziert hat. Die gesamte, von Arbeitgebern, also auch Vor- oder Nacharbeitgebern finanzierte gesetzliche Rente ist anrechenbar. Anrechenbar sind auch Leistungen aus der gesetzlichen Unfallversicherung. Diese werden ausschließlich durch Arbeitgeber finanziert. Allerdings ist der Teil der Rente, der Schadensersatzansprüche abdeckt, herauszurechnen.[14]

24 Es ist die gesamte Rente anrechenbar, die entweder ausschließlich durch den Arbeitgeber finanziert wurde oder die zumindest zur Hälfte vom Arbeitgeber finanziert wurde. Wurde die Rente gekürzt, z.B. aufgrund der Durchführung

---

13 Zur Abgrenzung i.E. *Blomeyer/Rolfs/Otto* § 5 Rn. 80 ff.
14 BAG 6.6.1989, 3 AZR 668/87, EzA § 5 BetrAVG Nr. 22 = DB 1990, 435.

eines Versorgungsausgleichs, ist von der Rente auszugehen, die dem Arbeitnehmer zugestanden hätte, wenn infolge des Versorgungsausgleichs weder eine Minderung noch eine Erhöhung der gesetzlichen Rente vorgenommen worden wäre.[15] Anrechenbar ist die Bruttorente, auch wenn der Versorgungsempfänger Kranken- und Pflegeversicherungsbeiträge zu tragen hat.[16]

Auch Leistungen aus gesetzlichen Versorgungssystemen, die im Ausland **25** finanziert wurden, sind anrechenbar. Voraussetzung ist allerdings auch hier, dass die Rente mindestens zur Hälfte durch Arbeitgeberbeiträge finanziert wurde. Eine angemessene sachgerechte Pauschalierung kann in Betracht kommen, wenn es auf die individuelle Rentenbiografie nicht ankommt.[17]

Solche Leistungen, die der Arbeitnehmer selbst finanziert hat, sind nicht **26** anrechenbar. Hierzu gehören z.B. Versorgungsleistungen, die auf einer Entgeltumwandlung beruhen. Alle anderen Versorgungsbezüge sind anrechenbar. Dies gilt auch für eine Witwenrente, die neben einer Altersrente bezogen wird. Allerdings ist nicht die gesamte Rente anrechenbar, weil ein angemessener Teil verbleiben müsse. Anrechenbar seien 80 % der Versorgungsleistung.[18] Wird eine Anrechnung vorgenommen, ist der Gleichbehandlungsgrundsatz zu berücksichtigen.

Sachgebundene Leistungen aus Versicherungen (z.B. Krankenversicherung, **27** Pflegeversicherung) sind ebenfalls nicht anrechenbar, weil es sich nicht um Versorgungsbezüge handelt. Der Leistungszweck, der mit diesen Leistungen verbunden ist, würde nicht erreicht. Nicht zu den sachgebundenen Leistungen gehört der Ausgleichsanspruch des Handelsvertreters. Der Ausgleichsanspruch kann an die Stelle einer arbeitgeberfinanzierten betrieblichen Altersversorgung treten.[19]

---

15 BAG 20.3.2001, 3 AZR 264/00, EzA § 5 BetrAVG Nr. 31 = DB 2001, 2355.

16 BAG 14.12.1999, 3 AZR 742/98, EzA § 1 BetrAVG Invalidität Nr. 2 = DB 2001, 823.

17 BAG 24.4.1990, 3 AZR 309/88, EzA § 5 BetrAVG Nr. 23 = DB 1990, 2172; 7.11.1984, 3 AZR 436/81, EzA § 5 BetrAVG Nr. 13 = DB 1985, 2698; 29.7.2003, 3 AZR 630/02, EzA § 1 BetrAVG Ablösung Nr. 42.

18 BAG 18.5.2010, 3 AZR 80/08, EzA § 5 BetrAVG Nr. 34, DB 2010, 2400; 18.5.2010, 3 AZR 97/08, EzA § 5 BetrAVG Nr. 35 = BetrAV 2010, 696.

19 BGH 21.5.2003, VIII ZR 57/02, DB 2003, 68.

IV. Kombination von Durchführungswegen

28 Eine Kombination von Durchführungswegen ist ohne Weiteres möglich. Werden mehrere Durchführungswege miteinander kombiniert und werden die Leistungen unter Berücksichtigung dieser Durchführungswege bemessen, geht es im eigentlichen Sinne nicht um eine Anrechnung »anderer« Versorgungsbezüge, sondern um die Bemessung der vom Arbeitgeber zugesagten Leistungen, die aus verschiedenen Quellen finanziert werden.

29 ▶ **Beispiel:**

Der Arbeitgeber sagt dem Arbeitnehmer über eine unmittelbare Versorgungszusage eine Versorgungsleistung von 500 € monatlich zu, die teilweise über eine Unterstützungskasse mitfinanziert wird. Aus der Unterstützungskassenzusage ergibt sich eine Versorgungsleistung in Höhe von 200 € monatlich. Diese Leistungen aus der Unterstützungskasse vermindern den Anspruch aus der unmittelbaren Versorgungszusage. Folglich werden von der Unterstützungskasse 200 € und aus der unmittelbaren Versorgungszusage 300 € gezahlt. Die »Gesamtleistung« des Arbeitgebers beläuft sich damit auf 500 €.

30 Sieht eine betriebliche Altersversorgung des Arbeitgebers vor, dass die Versorgungsleistungen zum Teil unmittelbar erbracht werden, zum Teil aber auch über eine Direktversicherung finanziert werden, kann die Leistung aus der Direktversicherung auf die Leistung aus der unmittelbaren Versorgungszusage angerechnet werden. Dabei ist es zulässig, nicht den tatsächlich von der Direktversicherung gezahlten Betrag zu berücksichtigen, sondern den Betrag, der sich aus einer Verrentung des Deckungskapitals der Direktversicherung mit dem Teilwertfaktor gem. § 6a EStG ergibt.[20]

---

20 BAG 23.3.1999, 3 AZR 654/97, n.v.

Kisters-Kölkes

Dritter Abschnitt Altersgrenze

§ 6   Vorzeitige Altersleistung

[1]Einem Arbeitnehmer, der die Altersrente aus der gesetzlichen Rentenversicherung als Vollrente in Anspruch nimmt, sind auf sein Verlangen nach Erfüllung der Wartezeit und sonstiger Leistungsvoraussetzungen Leistungen der betrieblichen Altersversorgung zu gewähren. [2]Fällt die Altersrente aus der gesetzlichen Rentenversicherung wieder weg oder wird sie auf einen Teilbetrag beschränkt, so können auch die Leistungen der betrieblichen Altersversorgung eingestellt werden. [3]Der ausgeschiedene Arbeitnehmer ist verpflichtet, die Aufnahme oder Ausübung einer Beschäftigung oder Erwerbstätigkeit, die zu einem Wegfall oder zu einer Beschränkung der Altersrente aus der gesetzlichen Rentenversicherung führt, dem Arbeitgeber oder sonstigen Versorgungsträger unverzüglich anzuzeigen.

A. Allgemeines

1   § 6 BetrAVG verfolgt das Ziel, einem Arbeitnehmer, der aus der **gesetzlichen Rentenversicherung** eine **vorzeitige Altersrente** bezieht, auch den Bezug der betrieblichen Altersleistung zum gleichen Zeitpunkt zu ermöglichen. Dieser Gleichlauf von gesetzlicher Rente und betrieblicher Altersversorgung ist seit Inkrafttreten des Betriebsrentengesetzes vorgegeben. Der Anspruch besteht gleichermaßen bei einer arbeitgeberfinanzierten betrieblichen Altersversorgung und bei einer betrieblichen Altersversorgung aus Entgeltumwandlung.

2   In § 6 BetrAVG wird nur geregelt, unter welchen Voraussetzungen ein Arbeitnehmer vorzeitig betriebliche Altersleistungen beziehen kann, der bei fortgesetztem Arbeitsverhältnis ein endgültiges Ruhegeld hätte beziehen können.[1] Nicht gesetzlich geregelt ist die Höhe der vorzeitigen Leistungen. Die Maßstäbe, die bei der **Bemessung der Leistung** anzusetzen sind, sind im Wesentlichen von der Rechtsprechung entwickelt worden.[2]

3   Vorzeitige Altersleistung bedeutet, dass eine Altersleistung vor Erreichen der **festen Altersgrenze/Regelaltersgrenze**[3] in Anspruch genommen wird.[4] Des-

---

1   BAG 28.2.1989, 3 AZR 470/87, EzA § 6 BetrAVG Nr. 12 = DB 1989, 1579.
2   Vgl. Rdn. 53 ff.
3   Vgl. hierzu BAG 15.5.2012, 3 AZR 11/10, EzA-SD 2012, Nr. 13, 10.
4   BAG 17.9.2008, 3 AZR 1061/06, EzA § 2 BetrAVG Nr. 31 = DB 2009, 296.

halb hat diese Vorschrift nur Bedeutung für betriebliche Versorgungswerke, die eine feste Altersgrenze von mehr als 60 Jahren vorsehen.[5] Da in der gesetzlichen Rentenversicherung frühestens ab dem Alter 60 (künftig 62) eine vorzeitige Altersleistung abgerufen werden kann, ist diese Vorschrift für solche Versorgungszusagen ohne Bedeutung, die eine feste Altersgrenze von 60 Jahren vorsehen.[6]

Für die Inanspruchnahme vorzeitiger Altersleistungen nach § 6 BetrAVG ist es ohne Bedeutung, ob ein **Kapital** oder eine **Rente** vom Arbeitgeber zugesagt wurde. Die überwiegende Bedeutung dieser Vorschrift ergibt sich jedoch für Rentenleistungen. 4

Da der Gesetzgeber für die **Beitragszusage mit Mindestleistung** keine gesonderte Regelung geschaffen hat, muss davon ausgegangen werden, dass auch bei dieser Zusageform eine vorzeitige Altersleistung zu zahlen ist, wenn aus der gesetzlichen Rentenversicherung eine vorzeitige Altersrente bezogen wird. Allerdings ist bei dieser Zusageart zu berücksichtigen, dass die Leistung aus dem angesammelten Kapital ermittelt wird, dass im Zeitpunkt des »Verlangens« vorhanden ist, also insbes. die Beiträge fehlen, die noch bis zur festen Altersgrenze/Regelaltersgrenze zu zahlen gewesen wären.[7] Daraus ergibt sich bereits eine Kürzung, sodass weitere Kürzungen, z.B. durch versicherungsmathematische Abschläge, nicht zulässig sein dürften, zumal das vorhandene Kapital mit den Verrentungsfaktoren verrentet wird, die bei Eintritt des Versorgungsfalles maßgeblich sind. Damit wird die Bezugsdauer ausreichend berücksichtigt.[8] 5

---

5 Zur festen Altersgrenze s. § 1 Rdn. 52; zur Anhebung der Regelaltersgrenze in der gesetzlichen Rentenversicherung s.a. § 2 Rdn. 29 ff.

6 Zum Verweis in einer Versorgungszusage auf die Regelungen in der gesetzlichen Rentenversicherung, als für Frauen ein Rentenbezug mit einem Alter von 60 Jahren möglich war: BAG 21.8.1990, 3 AZR 422/89, EzA § 6 BetrAVG Nr. 16 = DB 1991, 1632; 25.10.1988, 3 AZR 598/86, EzA § 2 BetrAVG Nr. 10 = DB 1989, 634.

7 So wohl auch *Blumenstein* FS Kemper, S. 34.

8 *Langohr-Plato* Rechtshandbuch, Rn. 700 ff.; *Langohr-Plato/Teslau* DB 2003, 664.

B. Voraussetzungen für die Inanspruchnahme

I. Inanspruchnahme der gesetzlichen Rente

6 Nur der Arbeitnehmer, der die **Altersrente aus der gesetzlichen Rentenversicherung**[9] vor Vollendung des 65. Lebensjahres/vor Erreichen der Regelaltersgrenze als Vollrente in Anspruch nimmt, kann vom Arbeitgeber auch vorzeitig eine betriebliche Altersleistung verlangen. Entscheidend ist, dass aus der gesetzlichen Rentenversicherung eine vorzeitige Altersrente bezogen werden muss. Den Anspruch haben Arbeitnehmer und arbeitnehmerähnliche Personen,[10] die tatsächlich aus der gesetzlichen Rentenversicherung eine Altersrente beziehen.[11] Von dieser Vorschrift kann auch bei Organpersonen nicht abgewichen werden.[12] Es muss sich dabei um eine Vollrente nach § 42 SGB VI handeln. Wird nur eine Teilrente in Anspruch genommen, besteht der Anspruch nicht. Aus dem Bescheid des zuständigen Sozialversicherungsträgers ergibt sich, welche Rente gezahlt wird.

7 Gemeint ist eine Rente aus der **deutschen Sozialversicherung**.[13] Dies erschließt sich aus dem Umstand, dass von der Vollrente die Rede ist. Insoweit handelt es sich um eine Besonderheit des deutschen Sozialversicherungsrechts. Arbeitnehmer, die nicht in der gesetzlichen Rentenversicherung versichert sind, haben keinen Anspruch auf eine vorzeitige Altersleistung nach § 6 BetrAVG.[14] Dies gilt insbesondere für Arbeitnehmer, die in einem **berufsständischen Versorgungswerk** versichert sind.[15]

8 Bei Arbeitnehmern, die nach Beendigung des Arbeitsverhältnisses nach Erfüllung der gesetzlichen Unverfallbarkeitsvoraussetzungen in ihr Heimat-

---

9 Wer eine Invalidenrente aus der gesetzlichen Rentenversicherung bezieht, erfüllt nicht die Voraussetzungen.

10 S. dazu § 17 Rdn. 3.

11 In der Literatur (*Blomeyer/Rolfs/Otto* § 6 Rn. 44 ff. m.w.N.) wird die Auffassung vertreten, dass eine tatsächliche Zahlung der Altersrente nicht erforderlich ist.

12 BAG 21.4.2009, 3 AZR 285/07, EzA-SD 2009 Nr. 21 S. 9.

13 *Blomeyer/Rolfs/Otto* § 6 Rn. 20.

14 Zur befreienden Lebensversicherung vgl. LAG Rheinland-Pfalz 24.7.1990, 3 Sa 254/90, NZA 1991, 939; zu befreienden Lebensversicherungen ist zu beachten, dass diese heute in der Praxis keine Bedeutung mehr haben dürften, weil die Arbeitnehmer, die solche Versicherungen noch abschließen konnten, heute bereits in den Ruhestand gegangen sind. Deshalb wird hierauf nicht mehr eingegangen.

15 *Langohr-Plato* Rechtshandbuch, Rn. 695; *Höfer* BetrAVG, Rn. 4135 zu § 6.

land zurückgekehrt sind und aus einem **ausländischen Sozialversicherungs-system** eine vorzeitige Altersleistung beziehen oder eine reguläre Altersleistung, die vor Vollendung des 65. Lebensjahres einsetzt, stellt sich die Frage, ob auch sie einen Anspruch nach § 6 BetrAVG haben.[16] Zu dieser Frage liegt bisher keine Rechtsprechung vor. Es ist aber nicht ausgeschlossen, dass zumindest solche Arbeitnehmer, die im EU-Ausland ihre Altersrente beziehen, den Arbeitnehmern gleichzustellen sind, die aus einem deutschen Sozialversicherungssystem eine vorzeitige Altersrente beziehen. Dies könnte der Grundsatz der Freizügigkeit, aber auch der arbeitsrechtliche Gleichbehandlungsgrundsatz gebieten. Sollte ein solcher Anspruch bestehen, müsste für den im Ausland lebenden Arbeitnehmer geprüft werden, ob er nach deutschem Recht eine vorzeitige Altersrente beziehen könnte. Auf die Voraussetzungen, die für eine Altersrente oder vorzeitige Altersrente in dem Sozialversicherungssystem im Ausland gelten, kommt es dagegen nicht an.[17]

Es genügt nicht, dass nur die Voraussetzungen für den Bezug einer solchen **9** Rente erfüllt sind. Den Bezug der gesetzlichen Rente kann sich der Arbeitgeber durch die Vorlage des Rentenversicherungsbescheides nachweisen lassen.

Der Arbeitnehmer scheidet mit Zuerkennung und Bezug der vorgezogenen **10** gesetzlichen Rente bereits aus dem Erwerbsleben aus. Damit tritt der Versorgungsfall gem. § 6 BetrAVG ein. Der Versorgungsanwärter wird zum Versorgungsempfänger, auch wenn er noch in einem geringfügigen Beschäftigungsverhältnis tätig bleibt. Daran ändert sich auch nichts, wenn der Arbeitnehmer über sein Verlangen den Versorgungsanspruch erst zu einem späteren Zeitpunkt fällig stellt.[18]

II. Altersrenten aus der gesetzlichen Rentenversicherung

In der gesetzlichen Rentenversicherung kann die **Regelaltersrente** ab Vollen- **11** dung des 65. Lebensjahres in Anspruch genommen werden (§ 35 SGB VI), wobei zu berücksichtigen ist, dass die Regelaltersgrenze ab 2012 stufenweise angehoben wird.

Die Möglichkeit, eine **vorzeitige Altersrente** zu beziehen, haben nach § 36 **12** SGB VI **langjährig Versicherte**, wenn sie das 62. Lebensjahr vollendet und

---

16 Einen Anspruch verneinend: *Höfer* BetrAVG, Rn. 4092 zu § 6.
17 *Andresen/Förster/Rößler/Rühmann* Teil 9 A Rn. 458.
18 BAG 18.3.2003, 3 AZR 313/02, EzA § 7 BetrAVG Nr. 68 = NZA 2004, 848.

die Wartezeit von 35 Jahren erfüllt haben. Diese Regelung gilt für alle Versicherten, die ab dem 1.1.1952 geboren worden sind. Für Versicherte, die vor dem 1.1.1952 geboren worden sind, gibt es auch die Möglichkeit, eine Altersrente wegen **Arbeitslosigkeit** oder nach **Altersteilzeitarbeit** oder eine Altersrente für **Frauen** zu beziehen. Die **Übergangsregelung** für die Altersrente wegen Arbeitslosigkeit ist in § 237 SGB VI und die Übergangsregelung für die Altersrente für Frauen ist in § 237a SGB VI enthalten. Dies bedeutet, dass die besondere Altersrente für Frauen und für Arbeitslose für die Geburtsjahrgänge ab 1952 abgeschafft ist.

13   Mit dem RV-Altersgrenzenanpassungsgesetz[19] werden die Altersgrenzen auch bei den vorzeitigen Altersrenten (für langjährig Versicherte, Schwerbehinderte) sukzessive angehoben, was zu dem Ergebnis führen wird, dass zukünftig solche Leistungen erst später abgerufen werden. Auch kann, weil die Abschläge in der gesetzlichen Rentenversicherung mit der Anhebung der Altersgrenze steigen, die Bereitschaft eingeschränkt werden, überhaupt eine vorzeitige Altersrente in Anspruch zu nehmen. Hierdurch werden die Arbeitgeber langfristig entlastet.

14   Nach § 37 SGB VI können derzeit noch **schwerbehinderte Menschen**, die das 63. Lebensjahr vollendet haben, ebenfalls eine vorzeitige Altersrente erhalten. Voraussetzung ist die Erfüllung einer 35-jährigen Wartezeit. Werden versicherungsmathematische Abschläge beim Bezug der gesetzlichen Rente in Kauf genommen, kann eine vorzeitige Inanspruchnahme bereits ab Vollendung des 60. Lebensjahres erfolgen. Auch diese Altersgrenzen werden mit dem RV-Altersgrenzenanpassungsgesetz angehoben. Für die Geburtsjahrgänge ab 1952 wird stufenweise die Altersgrenze von 63 auf das Alter 65 angehoben. Dies gilt auch für eine vorzeitige Inanspruchnahme (von 60 auf 62). Für die Geburtsjahrgänge ab 1964 ist die Altersgrenze 62 maßgeblich, die einen Abschlag von 10,8 % auslösen würde.

15   Die Möglichkeit, eine Altersrente ab Vollendung des 60. Lebensjahres zu beanspruchen, haben auch noch Versicherte, die **langjährig unter Tage** beschäftigt waren, wenn sie eine Wartezeit von 25 Jahren erfüllt haben. Dies ergibt sich aus § 40 SGB VI. Auch für diese Rentenart gilt, dass die Altersgrenze auf das Alter 62 angehoben wird. Dies gilt für Geburtsjahrgänge ab 1952.

---

19 BGBl. I 2007, S. 554.

Nach dem Willen des Gesetzgebers soll die Gruppe der **besonders langjährig** 16
Versicherten in der gesetzlichen Rentenversicherung geschont werden. Wer
45 Versicherungsjahre im Alter 65 aufweist (§ 38 SGB VI), soll von diesem
Zeitpunkt an eine ungekürzte gesetzliche Rente erhalten. Diese Sonderregelung wird z.T. als verfassungswidrig angesehen, weil sie Frauen benachteiligt,
die in aller Regel aufgrund ihrer Erwerbsbiografie keine 45 Versicherungsjahre erreichen können.

III. Erfüllen der Wartezeit

Den Anspruch auf eine vorzeitige betriebliche Altersleistung haben nur die 17
Arbeitnehmer, die die in der Versorgungszusage vorgesehene Wartezeit erfüllt
haben.[20] Ist die Wartezeit noch nicht erfüllt, besteht frühestens ein Anspruch
ab Erfüllung der Wartezeit. Kann der Arbeitnehmer die in der Zusage vorgesehene Wartezeit nicht erfüllen, steht ihm auch kein Anspruch auf eine vorzeitige betriebliche Altersleistung zu.

Hat ein Arbeitnehmer, der aus der gesetzlichen Rentenversicherung eine vor- 18
zeitige Altersrente bezieht, im Zeitpunkt des Ausscheidens die **Wartezeit**
noch **nicht erfüllt**, kann der ehemalige Arbeitnehmer auch noch **nach dem**
Ausscheiden aus dem Erwerbsleben die Wartezeit **erfüllen**, wenn er aufgrund
der Dienstjahre die Möglichkeit hätte, das für die feste Altersleistung vorgesehene Ruhegeld zu erhalten. Die vorzeitige Altersleistung steht ihm dann ab
dem Zeitpunkt zu, ab dem er die Wartezeit erfüllt. Es kommt in einem solchen Fall nicht darauf an, ob im Zeitpunkt des Ausscheidens die gesetzlichen
Unverfallbarkeitsvoraussetzungen erfüllt waren. Das Ausscheiden aus dem
Erwerbsleben unter Bezug der gesetzlichen Rente ist ein Ausscheiden aufgrund eines Versorgungsfalles, also kein vorzeitiges Ausscheiden.[21]

▶ **Beispiel:** 19

Ein Arbeitnehmer war vom 1.3.1991 bis zum 31.12.2001 bei einem
Unternehmen beschäftigt. Ihm wurde eine Versorgungszusage erteilt,
nach der ihm ab Vollendung des 65. Lebensjahres eine Altersrente gezahlt
werden soll, wenn er mindestens zwölf Beschäftigungsjahre zurückgelegt
hat. Ab dem 1.1.2002 bezieht er eine vorzeitige Altersrente aus der
gesetzlichen Rentenversicherung. Vom 1.3.2003 kann der Arbeitnehmer
die vorzeitige betriebliche Rente verlangen.

---

20 BAG 28.2.1989, 3 AZR 470/87, EzA § 6 BetrAVG Nr. 12 = DB 1989, 1579.
21 BAG 28.2.1989, 3 AZR 470/87, EzA § 6 BetrAVG Nr. 12 = DB 1989, 1579.

IV. Erfüllen der sonstigen Leistungsvoraussetzungen

20 Gemeint sind die Leistungsvoraussetzungen, die in der Versorgungszusage aufgeführt sind. Bei der vorzeitigen Altersleistung ist vielfach Voraussetzung, dass das **Arbeitsverhältnis beendet** oder gar der Arbeitnehmer aus dem Erwerbsleben ausgeschieden ist.[22] Diese Voraussetzung muss aber auch für den vorzeitigen Bezug einer gesetzlichen Rente erfüllt sein.

21 Ist vor der Inanspruchnahme der vorzeitigen betrieblichen Altersleistung der Arbeitnehmer bereits mit einer gesetzlich **unverfallbaren Anwartschaft** ausgeschieden gewesen, kann er aus der unverfallbaren Anwartschaft eine vorzeitige Altersleistung abrufen, wenn er die Voraussetzung des § 6 BetrAVG erfüllt.[23]

V. Verlangen des Arbeitnehmers

1. Form, Frist

22 Der Arbeitnehmer muss die vorzeitige Altersleistung vom Arbeitgeber verlangen. Er muss tätig werden, wobei dieses Verlangen konkludent durch die Vorlage des Rentenbescheides aus der gesetzlichen Rentenversicherung ausgeübt werden kann. Damit gibt er zu erkennen, dass er das betriebliche Ruhegeld begehrt.

23 Das **Verlangen** ist an **keine Form** und grds. auch an **keine Frist** gebunden.[24] Es ist insbesondere **keine Schriftform** erforderlich. Der Arbeitnehmer muss jedoch die Unterlagen beibringen, die der Arbeitgeber benötigt, um die Anspruchsvoraussetzungen prüfen zu können. Ist in einer Versorgungszusage die Schriftform vorgegeben, ist dieses Erschwernis unbeachtlich, da insoweit eine Abweichung i.S.v. § 17 Abs. 3 S. 3 BetrAVG vorliegt. Zulässig ist es aber, in der Versorgungszusage vorzusehen, dass frühestens Versorgungszahlungen ab dem Zeitpunkt geleistet werden, ab dem das Verlangen ausgeübt wird. Dies kann auch in der Form formuliert sein, dass erst ab Antragstellung Zahlungen erfolgen.[25]

---

22 Für die Beendigung des Arbeitsverhältnisses ist § 41 SGB VI zu beachten.
23 Zur Altersrente aus unverfallbarer Anwartschaft vgl. Rdn. 82 ff.
24 BGH 9.6.1980, II ZR 255/78, EzA § 17 BetrAVG Nr. 1 = DB 1980, 1588.
25 BAG 18.2.2003, 3 AZR 264/02, EzA § 1 BetrAVG Nr. 83 = NZA 2003, 1055.

2. Zuständiger Versorgungsträger

Bei einer **unmittelbaren Versorgungszusage** muss der Arbeitnehmer das Verlangen gegenüber dem Arbeitgeber ausüben. Wird die betriebliche Altersversorgung über einen **externen Versorgungsträger** abgewickelt, kann der Arbeitnehmer das Verlangen gegenüber dem externen Versorgungsträger geltend machen.[26] Er kann sich aber auch unmittelbar an den Arbeitgeber wenden, der dann dafür Sorge tragen muss, dass der externe Versorgungsträger Kenntnis von dem Verlangen nimmt.[27]

24

3. Verspätetes Verlangen

Besondere Fragestellungen ergeben sich, wenn ein mit unverfallbarer Anwartschaft ausgeschiedener ehemaliger Arbeitnehmer erst **nach Vollendung des 65. Lebensjahres** auf den ehemaligen Arbeitgeber zukommt, einen Rentenbescheid eines Sozialversicherungsträgers vorlegt und sich aus diesem Rentenbescheid ergibt, dass er bereits seit einiger Zeit eine vorzeitige Altersrente aus der gesetzlichen Rentenversicherung erhält. Ob in diesem Fall das Recht, das Verlangen nach § 6 BetrAVG auszuüben, mit Vollendung des 65. Lebensjahres erloschen ist, ist ungeklärt. Im Gesetz fehlt eine Regelung, die klarstellt, dass das Verlangen nur bis zur Vollendung des 65. Lebensjahres ausgeübt werden kann. Dies ergibt sich eigentlich aus dem Sinn und Zweck der Regelung. Denn wer sein Verlangen nicht vor Vollendung des 65. Lebensjahres ausgeübt hat, begehrt keine vorzeitige Altersleistung, wenn er sich nach diesem Zeitpunkt beim ehemaligen Arbeitgeber wegen des Bezugs einer Altersleistung meldet.

25

▶ **Beispiel:**

Ein Arbeitnehmer, geboren am 15.3.1944, war vom 1.1.1987 bis zum 31.12.2000 bei einem Unternehmen tätig und hatte eine Versorgungszusage erhalten, die ab Vollendung des 65. Lebensjahres eine Altersrente vorsieht. Er ist mit einer gesetzlich unverfallbaren Anwartschaft ausgeschieden. Im März 2012 meldet er sich bei seinem ehemaligen Arbeitgeber und legt einen Rentenbescheid der gesetzlichen Rentenversicherung vor, aus dem sich ergibt, dass er seit dem 1.4.2007 eine vorzeitige Altersrente bezieht.

26

---

26 *Blomeyer/Rolfs/Otto* § 6 Rn. 65.
27 A.A. *Höfer* BetrAVG, Rn. 4156 ff. zu § 6, der die Auffassung vertritt, der Arbeitnehmer müsse sich immer an den externen Versorgungsträger wenden.

27 In der **Praxis** wird vielfach in den Fällen, in denen sich ein Arbeitnehmer erst nach Vollendung des 65. Lebensjahres meldet, auch eine vorzeitige betriebliche Altersleistung erbracht. Dies vermeidet den Streit um die Zulässigkeit des Verlangens. Wird aus der gesetzlichen Rentenversicherung die vorzeitige Altersleistung für einen Zeitraum gezahlt, für den die Einrede der Verjährung keine Bedeutung hat, wird vielfach auf den Beginn der gesetzlichen Altersrente abgestellt, auf diesen Zeitpunkt die vorzeitige Altersleistung aus der unverfallbaren Anwartschaft ermittelt und dem Arbeitnehmer der sich so ergebende Betrag nachgezahlt.

28 Sind dagegen zum Zeitpunkt des Beginns der Altersrente aus der gesetzlichen Rentenversicherung und dem Verlangen des Arbeitnehmers einzelne Rentenraten bereits verjährt, wird in der Praxis vielfach auf den Zeitpunkt die betriebliche Altersleistung ermittelt, zu dem noch keine Verjährung eingetreten ist. Dies liegt im Interesse des Arbeitnehmers, weil ihm dann vielfach höhere Leistungen zustehen.

29 ▶ **Beispiel:**

Seit dem 1.4.2007 ist die Voraussetzung für den Bezug einer vorzeitigen betrieblichen Altersrente erfüllt. Die für 2007 zu leistenden Zahlungen sind nach §§ 196, 201 BGB mit Ablauf des 31.12.2010 verjährt, wenn sich der ehemalige Arbeitgeber auf die Verjährung beruft. Gleiches gilt für die Leistungen, die für 2008 zu zahlen waren, wenn sie nicht vor dem 1.1.2012 gerichtlich geltend gemacht wurden. Es ist deshalb aus der Sicht des Versorgungsempfängers ungünstig, von einem Rentenbeginn am 1.4.2007 auszugehen, wenn z.B. versicherungsmathematische Abschläge vorzunehmen sind. Die für 2009, 2010 und 2011 zu zahlenden Renten sind im März 2012 noch nicht verjährt. Deswegen wäre es in dem genannten Beispiel günstiger, man würde von einem Rentenbeginn zum 1.1.2009 ausgehen und auf diesen Zeitpunkt die vorzeitige Altersrente berechnen.[28]

C. Wegfall der gesetzlichen Rente

I. Überschreiten der Hinzuverdienstgrenzen

30 Nach § 6 S. 2 BetrAVG können die betrieblichen Altersleistungen eingestellt werden, wenn die Altersrente aus der gesetzlichen Rentenversicherung wieder

---

28 Zur Verjährung s. § 18a Rdn. 3 ff.

wegfällt. Die gesetzliche Rente entfällt, wenn ein Einkommen bezogen wird, das die **Hinzuverdienstgrenze** (§ 34 SGB VI) übersteigt.

Der Arbeitgeber kann die Zahlung einstellen, er muss dies aber nicht tun. 31
Verzichtet er darauf, die Rentenzahlung einzustellen, hat er den arbeitsrechtlichen Gleichbehandlungsgrundsatz zu berücksichtigen.

Wird zu einem späteren Zeitpunkt die Hinzuverdienstgrenze wieder unter- 32
schritten und nimmt deshalb der gesetzliche Rentenversicherungsträger die Zahlung der vorzeitigen Altersrente wieder auf, hat der Arbeitgeber/Versorgungsträger die Zahlung auch wieder aufzunehmen. Es ist die Rente zu zahlen, auf die er vor dem Wegfall einen Anspruch hatte.[29] War zwischenzeitlich nach § 16 BetrAVG eine Anpassung vorzunehmen, ist die entsprechend erhöhte vorzeitige betriebliche Altersleistung zu zahlen. Spätestens ab Vollendung des 65. Lebensjahres ist die Rentenzahlung wieder aufzunehmen.

Der Wegfall der gesetzlichen Rente hat nur Auswirkungen bei einer betriebli- 33
chen Rentenzusage, **nicht** bei einer zugesagten **Kapitalleistung**.[30] Ist diese in einem Betrag bereits als vorzeitige Altersleistung ausgezahlt worden, kann der Wegfall der gesetzlichen Rente keine Bedeutung mehr haben. Wurde dagegen das Kapital als Rate ausgezahlt, richtet es nach den in der Versorgungszusage enthaltenen Regelungen, ob die Auszahlung noch ausstehender Raten für den Zeitraum aufgeschoben wird, in dem die vorzeitige gesetzliche Rente nicht mehr gezahlt wird.

II. Bezug einer Teilrente

Die vorstehenden Ausführungen gelten entsprechend, wenn aus einer Voll- 34
rente eine **Teilrente** (§ 42 SGB VI) wird. Es ist in diesem Fall keine Teilrente aus der betrieblichen Versorgungszusage zu zahlen. Vielmehr entfällt der Anspruch für den Zeitraum, in dem aus der gesetzlichen Rentenversicherung nur eine Teilrente gezahlt wird.

Für die Teilrente gelten besondere Hinzuverdienstgrenzen (§ 34 Abs. 3 35
Nr. 2 SGB VI). Dies kann für den Arbeitnehmer ein Anlass sein, statt der Vollrente eine Teilrente in Anspruch zu nehmen. Die Praxis zeigt allerdings, dass der Teilrente keine wesentliche Bedeutung zukommt.

---

29 *Höfer* BetrAVG, Rn. 4163 ff. zu § 6; a.A. *Andresen/Förster/Rößler/Rühmann*
    Teil 9 A Rn. 630 ff.
30 *Andresen/Förster/Rößler/Rühmann* Teil 9 A Rn. 617; *Höfer* BetrAVG, Rn. 4173 ff.
    zu § 6.

III. Informationspflichten des Arbeitnehmers

36   Nach § 6 S. 3 BetrAVG ist der ausgeschiedene Arbeitnehmer verpflichtet, die **Aufnahme oder Ausübung einer Erwerbstätigkeit** dem Arbeitgeber oder dem sonstigen Versorgungsträger unverzüglich anzuzeigen. Dies gilt für den Fall, dass die Rente aus der gesetzlichen Rentenversicherung entfällt oder auf eine Teilrente reduziert wird.

37   Für die **Anzeige** ist keine Form vorgesehen. Es empfiehlt sich aber aus Nachweisgründen die Schriftform.

38   Die Anzeige hat **unverzüglich** zu erfolgen. Dies bedeutet, dass der Arbeitnehmer ohne schuldhafte Verzögerung den Arbeitgeber oder den externen Versorgungsträger zu informieren hat. Wird die Anzeige verspätet vorgenommen, erfolgt die Zahlung einer vorzeitigen betrieblichen Altersleistung ohne Rechtsgrund. Der Arbeitgeber oder der Versorgungsträger hat dann das Recht, die ohne Rechtsgrund erbrachten Leistungen zurückzufordern.[31] Auf die Einrede der Entreicherung kann sich der ehemalige Arbeitnehmer nicht berufen. Dies gilt auch dann, wenn in der Versorgungszusage keine ausdrückliche Regelung enthalten ist, nach der zu Unrecht geleistete Zahlungen zurückzuzahlen sind.

39   Der **Rückzahlungsanspruch** besteht auch dann, wenn der Arbeitnehmer nicht bei Bezug einer vorzeitigen Altersleistung vom Arbeitgeber oder vom sonstigen Versorgungsträger darauf hingewiesen wurde, dass der Anspruch nach § 6 BetrAVG wieder entfallen kann, wenn die gesetzliche Rente wegfällt oder auf eine Teilrente beschränkt wird. Es bestehen insoweit keine Informationspflichten[32] des Arbeitgebers oder des Versorgungsträgers.

D.   Unterschiedliche feste Altersgrenzen bei Männern und Frauen

I.   Hintergrund

40   In der Vergangenheit gab es nicht selten betriebliche Versorgungsregelungen, die unterschiedliche feste Altersgrenzen für Männer und Frauen vorsahen. Vielfach konnten **Frauen** bereits ab **Vollendung des 60. Lebensjahres**, **Männer** aber erst ab **Vollendung des 65. Lebensjahres** eine betriebliche Altersleistung erhalten.

---

31   Zu den Rechtsgrundlagen i.E.: *Höfer* BetrAVG, Rn. 4187 ff. zu § 6.
32   A.A. *Höfer* BetrAVG, Rn. 4188 zu § 6.

Die unterschiedlichen festen Altersgrenzen für Männer und Frauen waren 41
darauf zurückzuführen, dass in der **gesetzlichen Rentenversicherung** Frauen
bereits ab Vollendung des 60. Lebensjahres eine gesetzliche Rente beziehen
konnten. Männer konnten in aller Regel frühestens ab Vollendung des
63. Lebensjahres aus der gesetzlichen Rentenversicherung eine vorzeitige
Altersrente beanspruchen. Diese unterschiedlichen Regelungen zur Inanspruchnahme einer gesetzlichen Rente waren verfassungsrechtlich zulässig.[33]
Allerdings war der Gesetzgeber aufgefordert worden, eine Angleichung der
Altersgrenzen vorzunehmen, um dem sich wandelnden Erwerbsverhalten der
Frauen Rechnung zu tragen. Dies ist mit dem Rentenreformgesetz 1992[34]
geschehen. Ab dem 1.1.2012 gibt es nur noch **einheitliche Voraussetzungen**
für Männer und Frauen beim Bezug einer vorzeitigen gesetzlichen Altersrente.

II. Entscheidung des EuGH

Der **Europäische Gerichtshof** hat unter dem 17.5.1990[35] entschieden, dass 42
unterschiedliche feste Altersgrenzen gegen Art. 119 des EWG-Vertrages
(heute Art. 157 AEUV) verstoßen und deshalb rechtswidrig sind. Aus Vertrauensschutzgesichtspunkten differenziert der EuGH zwischen der sog. **Vor-
Barber-Zeit** und der sog. **Nach-Barber-Zeit.** Die Vor-Barber-Zeit ist die
Zeit, in der das Beschäftigungsverhältnis des einzelnen Arbeitnehmers vor
dem 18.5.1990 bestanden hat. Die Nach-Barber-Zeit ist die Zeit, in der das
Beschäftigungsverhältnis ab dem 18.5.1990 bestanden hat. Diese Differenzierung ist nur von Bedeutung für männliche Arbeitnehmer. Für Arbeitnehmerinnen ist die feste Altersgrenze maßgeblich, die in der Versorgungszusage
vorgegeben ist.

Für die Vor-Barber-Zeit ist bei der Ermittlung der Leistungen, die der 43
Arbeitgeber zu erbringen hat, die Altersgrenze zugrunde zu legen, die für
Männer maßgeblich ist. Für den Teil der betrieblichen Versorgungsleistung,
der in der Nach-Barber-Zeit erdient wird, richtet sich die Altersgrenze nach
derselben Regelung wie sie für Frauen anzuwenden ist. Haben Frauen ab
Vollendung des 60. Lebensjahres eine ungekürzte betriebliche Altersleistung

---

33 BVerfG 28.1.1987, 1 BvR 455/82, BVerfGE 74, 163.
34 Gesetz zur Reform der gesetzlichen Rentenversicherung (Rentenreformgesetz
    1992 – RRG 1992) v. 18.12.1989, BGBl. I S. 2261.
35 EuGH 17.5.1990, C-262/88, EzA § 119 EWG-Vertrag Nr. 4; 14.12.1993, C
    110/91, EzA Art. 119 EWG-Vertrag Nr. 16; hierzu auch *Berenz* BB 1996, 530.

zu bekommen, ist auch bei den Arbeitnehmern eine Altersgrenze von 60 Jahren maßgeblich. Der Gesetzgeber hat diese Rechtsprechung zum Anlass genommen, § 30a BetrAVG zu schaffen.

III. Rechtsprechung des BAG

44 Das BAG hat im Anschluss an die Entscheidung des EuGH festgestellt, dass Versorgungszusagen mit einem unterschiedlichen Zugangsalter für Männer und Frauen nicht gegen Art. 3 Abs. 2 GG verstoßen. Die Nachteile in der beruflichen Entwicklung, die durch die Festsetzung eines früheren Rentenalters in der gesetzlichen Rentenversicherung ausgeglichen wurden, rechtfertigen es über Art. 3 Abs. 2 GG, für die Vor-Barber-Zeit auch nach deutschem Verfassungsrecht unterschiedliche Altersgrenzen in der betrieblichen Altersversorgung zu berücksichtigen.[36]

45 Die Differenzierung zwischen der Vor-Barber-Zeit und der Nach-Barber-Zeit hat Auswirkungen auf die gesetzliche Unverfallbarkeitsquote[37] und auf die Höhe der vorzeitigen Altersrente.[38] Für den Arbeitnehmer, der vor dem 17.5.1990 in das Unternehmen mit unterschiedlichen Altersgrenzen eingetreten ist, entstehen zwei Rentenstämme. Für die Vor-Barber-Zeit gibt es einen Rentenstamm mit einer Altersgrenze von 65 Jahren und etwa vorgesehenen Abschlägen. Für die Zeit ab dem 18.5.1990 gibt es den zweiten Rentenstamm mit der für Frauen vorgesehenen Altersgrenze und i.d.R. ohne versicherungsmathematische Abschläge oder sonstige Kürzungen.[39]

46 Diese Grundsätze sind auch zu berücksichtigen, wenn der Arbeitnehmer, der eine vorzeitige Altersrente begehrt, schwerbehindert ist.[40] Der Arbeitgeber ist nicht verpflichtet, die Regelung der gesetzlichen Rentenversicherung in sein Versorgungswerk zu übernehmen. Die Besserstellung von Frauen und der Schutz von Schwerbehinderten gehören anderen rechtlichen Ordnungsbereichen an.

---

36 BAG 18.3.1997, 3 AZR 759/95, EzA Art. 3 GG Nr. 61 = DB 1997, 1475; 3.6.1997, 3 AZR 910/95, EzA Art. 119 EWG-Vertrag Nr. 45 = DB 1997, 1778.
37 S. dazu § 2 Rdn. 40 ff.
38 S. Rdn. 61 ff.
39 BAG 29.4.2008, 3 AZR 266/06, EzA § 2 BetrAVG Nr. 30 = BB 2009, 224.
40 BAG 23.5.2000, 3 AZR 228/99, EzA § 1 BetrAVG Gleichbehandlung Nr. 20 = DB 2001, 767; 23.9.2003, 3 AZR 304/02, EzA § 1 BetrAVG Gleichberechtigung Nr. 13 = DB 2004, 2645.

Kisters-Kölkes

Den Grundsatz des gleichen Entgelts für Männer und Frauen haben auch 47
die externen Versorgungsträger zu berücksichtigen, sodass auch sie aus
Art. 157 AEUV verpflichtet sind, für Männer und Frauen ein einheitliches
Rentenzugangsalter vorzusehen. Eine Pensionskasse, die bei Männern für die
Inanspruchnahme einer vorzeitigen Altersleistung Abschläge vornahm,
Frauen bei einer Inanspruchnahme von Altersleistungen nach der Vollen-
dung des 60. Lebensjahres Zuschläge gewährte, verstieß mit diesen Versiche-
rungsbedingungen gegen Art. 157 AEUV. Für diese allein an die
Geschlechtszugehörigkeit anknüpfende Ungleichbehandlung gebe es keinen
Rechtfertigungsgrund. Folglich muss die Pensionskasse Männer und Frauen
bei den Versorgungsleistungen gleichbehandeln.[41]

Soweit ein Arbeitnehmer bei einem externen Versorgungsträger, insbes. einer 48
Pensionskasse, Eigenbeiträge geleistet hat, werden die Leistungen hieraus
nicht vom Diskriminierungsverbot des Art. 157 AEUV erfasst. Es handelt
sich insoweit nicht um Leistungen der betrieblichen Altersversorgung.[42]

Eine unterschiedliche Behandlung von Männern und Frauen verbietet zwi- 49
schenzeitlich auch § 1 AGG und Art. 23 der Europäischen Grundrechte-
charta.

IV. Angleichung der Altersgrenzen

Nach wie vor ist durch die Rechtsprechung nicht geklärt, ob und wenn ja 50
wie für Männer und Frauen die Altersgrenzen angehoben werden können.

▶ **Beispiel:** 51

In einer Versorgungsordnung aus dem Jahr 1980 ist für Männer eine feste
Altersgrenze von 65, für Frauen eine solche von 60 Jahren vorgesehen.
Aufgrund der Rechtsprechung haben Männer und Frauen ab dem
18.05.1990 eine einheitliche Altersgrenze von 60 Jahren. Die sich daraus
ergebende Mehrbelastung will das Unternehmen nicht tragen und hebt
deshalb im Einvernehmen mit dem Betriebsrat zum 01.07.1995 die
Altersgrenze für Männer und Frauen auf das 65. Lebensjahr an.

---

41 BAG 7.9.2004, 3 AZR 550/03, EzA Art. 141 EG-Vertrag 1999 Nr. 16 = DB
   2005, 507 und 3 AZR 551/03.
42 BAG 7.9.2004, 3 AZR 550/03, EzA Art. 141 EG-Vertrag 1999 Nr. 16 = DB
   2005, 507.

52 Das BAG musste bisher nicht entscheiden, ob eine solche Heraufsetzung der
Altersgrenze wirksam vereinbart werden kann. In der Entscheidung vom
29.4.2008[43] ist dies ausdrücklich offengeblieben. Werden die Altersgrenzen
angehoben, sind jedenfalls die Besitzstände für die jeweiligen Zeiträume zu
berücksichtigen. Dies bedeutet, dass ein Mann drei Rentenstämme hätte und
eine Frau zwei Rentenstämme. Eine Anhebung, die den Besitzstand nicht
berücksichtigt, dürfte dem Grundsatz des Vertrauensschutzes nicht genügen,
aber auch nicht verhältnismäßig sein. Hat ein Unternehmen bis heute keine
Anhebung der Altersgrenzen vorgenommen, dürfte eine solche auch nicht
mehr zulässig sein. Denn schließlich hat das Unternehmen auf die vor rd.
20 Jahren ergangene Rechtsprechung nicht reagiert. Damit wurde für die
begünstigten Arbeitnehmer ein Vertrauensschutz geschaffen. Für die Arbeitgeber wirkt sich dies künftig auch nicht mehr wesentlich finanziell aus, weil
die Personenkreise, die ab 60 eine Leistung aus der gesetzlichen Rentenversicherung beziehen können, immer weniger werden. Wer nur aus der betrieblichen Versorgung eine Leistung bekommen könnte, aber nicht aus der gesetzlichen Rentenversicherung, muss weiterarbeiten und ist damit wegen der
fehlenden Beendigung des Arbeitsverhältnisses auch von dem Bezug der
betrieblichen Leistung ausgeschlossen.

E. Höhe der vorzeitigen Altersleistung

I. Gestaltungsfreiheit

53 Da der Gesetzgeber selbst nicht regelt, in welcher Höhe eine vorzeitige
betriebliche Altersleistung zu zahlen ist, ist es primär Aufgabe des Arbeitgebers oder des externen Versorgungsträgers, in der Versorgungszusage festzulegen, wie die vorzeitige Altersleistung zu berechnen ist. Dabei sind die **Mitbestimmungsrechte des Betriebsrates** zu beachten.[44] Eine Auslegung der Versorgungsregelung ergibt, ob eine Kürzung vorgenommen werden soll und
wenn ja in welcher Höhe.

54 Die Leistungshöhe ist jedoch **nicht** nach **freiem Belieben** festsetzbar. Es ist
nicht nur der arbeitsrechtliche **Gleichbehandlungsgrundsatz** zu berücksichtigen, sondern auch das **Äquivalenzprinzip**.

---

43 BAG 29.4.2008, 3 AZR 266/06, EzA § 2 BetrAVG Nr. 30 = BB 2009, 224.
44 BAG 26.9.2000, 3 AZR 570/99, DB 2000, 2075; 26.3.1985, 3 AZR 236/83,
EzA § 6 BetrAVG Nr. 9 = DB 1985, 2617.

II. Verzicht auf Kürzung

Will der Arbeitgeber die vorzeitige Altersleistung in derselben Höhe zahlen wie   55
die Altersleistung, die er ab Vollendung der festen Altersgrenze zugesagt hat,
muss er den Verzicht auf eine Kürzung klar und eindeutig zum Ausdruck bringen. Ein Verzicht auf eine Kürzung wegen des vorzeitigen Bezuges einer Altersleistung kann sich aber auch aus einer **betrieblichen Übung** ergeben.[45]

Ein solcher Verzicht ist absolut **unüblich**. Er entspricht auch nicht dem all-   56
gemeinen **Gerechtigkeitsempfinden**, da nicht eingesehen wird, dass derjenige, der z.B. fünf Jahre früher eine Leistung erhält, dieselbe Leistung
bekommt wie der Arbeitnehmer, der noch fünf Jahre seine Leistung erdient.
Eine solche Berechnung kommt daher nur ausnahmsweise in Betracht.

Stellt der Arbeitgeber bei der Rentenberechnung auf die im Zeitpunkt des   57
Ausscheidens tatsächlich bis dahin erdiente Rente ab, liegt darin ein Verzicht
auf versicherungsmathematische Abschläge bzw. ein Verzicht auf eine zeitratierliche Kürzung.[46]

III. Kürzungsmöglichkeiten

1. Nach Leistungsplan erdiente Leistung

In der Praxis werden im Wesentlichen drei Formen der Kürzung bei vorzeiti-   58
gen betrieblichen Altersleistungen angewandt. Unabhängig davon, nach welcher Methode eine Kürzung vorgenommen wird, muss diese Berechnungsregel billigenswert sein. Die Inanspruchnahme einer vorzeitigen Altersleistung
kann kostenneutral ausgestaltet werden. Es ist aber nicht zulässig, eine
Berechnungsregel zu wählen, die zu einer Wertungsungleichheit führt. Dies
würde gegen § 6 BetrAVG verstoßen und wäre gem. § 134 BGB nichtig.[47]

Hat der Arbeitgeber eine Versorgungszusage erteilt, die sich nach der Anzahl   59
der bis zum Eintritt des Versorgungsfalles abgeleisteten Dienstjahre richtet,
kann die vorzeitige Altersleistung in der Form bestimmt werden, dass die bis
zur Inanspruchnahme der vorzeitigen Altersleistung im Unternehmen **abgeleisteten Dienstjahre** für die Leistungshöhe zählen.[48]

---

45 BAG 16.3.1993, 3 AZR 350/95, n.v.
46 BAG 29.7.1997, 3 AZR 114/96, EzA § 6 BetrAVG Nr. 19 = NZA 1998, 544.
47 BAG 28.5.2002, 3 AZR 358/01, BAGE 101, 163.
48 BAG 29.7.1997, 3 AZR 114/96, EzA § 6 BetrAVG Nr. 19 = NZA 1998, 544.

60   Ob das BAG an dieser Rechtsprechung festhalten kann, nachdem es für die Arbeitnehmer, die mit einer gesetzlich unverfallbaren Anwartschaft aus dem Arbeitsverhältnis ausgeschieden sind, eine Hochrechnung der Dienstjahre auf das 65. Lebensjahr fordert,[49] ist offen.

2. Versicherungsmathematische Abschläge

61   Nachdem versicherungsmathematische Abschläge zunächst durch die Rechtsprechung nicht anerkannt worden sind, ist es heute üblich, die vorzeitige Altersleistung mit **versicherungsmathematischen Abschlägen** zu berechnen. Versicherungsmathematische Abschläge berücksichtigen die kürzere Dienstzeit des Versorgungsempfängers, die höhere Lebenserwartung und damit die längere Bezugsdauer und die Zinslast aufgrund der vorzeitigen Zahlung.[50] Zu berücksichtigen ist aber auch, dass der Arbeitgeber früher verpflichtet ist, nach § 16 BetrAVG eine Anpassungsprüfung vorzunehmen, ggf. ist auch eine Anpassungsgarantie früher zu erfüllen.[51] Wenn mit der Anhebung der Altersgrenzen für vorzeitige Altersleistungen in der gesetzlichen Rentenversicherung auch der Bezugszeitpunkt für eine betriebliche Leistung hinausgeschoben wird, ist zu prüfen, ob die schon bestehenden versicherungsmathematischen Abschläge weiterhin dem Gebot der Äquivalenz entsprechen.

62   Versicherungsmathematische Abschläge werden in aller Regel für jeden Monat vorgenommen, um den die vorzeitige Altersrente **vor Erreichen der festen Altersgrenze/Regelaltersgrenze**[52] in Anspruch genommen wird. Bei einer **Kapitalleistung** kann ebenfalls eine Kürzung vorgenommen werden. Allerdings sind versicherungsmathematische Abschläge in diesem Fall nach anderen Kriterien zu bemessen als bei einer Rentenleistung. Scheidet ein Arbeitnehmer vorzeitig mit einer gesetzlich unverfallbaren Anwartschaft aus dem Arbeitsverhältnis aus, werden versicherungsmathematische Abschläge von der Veränderungssperre gem. § 2 Abs. 5 BetrAVG erfasst.[53]

63   In welcher **Höhe** versicherungsmathematische Abschläge zulässig sind, ist offen. Nicht zu beanstanden ist ein versicherungsmathematischer Abschlag, wenn dieser 0,3 % für jeden Vorgriffsmonat beträgt. Versicherungsmathema-

---

49   S. Rdn. 82 ff.
50   BAG 29.4.2008, 3 AZR 266/06, EzA § 2 BetrAVG Nr. 30 = BB 2009, 224.
51   BAG 23.1.2001, 3 AZR 164/00, EzA § 6 BetrAVG Nr. 23 = DB 2001, 1887.
52   Vgl. hierzu BAG 15.5.2012, 3 AZR 11/10, EzA-SD 2012, Nr. 13, 10.
53   BAG 17.8.2004, 3 AZR 318/03, EzA § 2 BetrAVG Nr. 22 = DB 2005, 563.

Kisters-Kölkes

tische Abschläge in Höhe von 0,3 % sind auch in der gesetzlichen Rentenversicherung vorgesehen. Diese Abschläge sind aus versicherungsmathematischer Sicht nicht äquivalent, weil sie den Arbeitnehmer begünstigen. Die geringen Abschläge in der gesetzlichen Rentenversicherung sind ausschließlich sozialpolitisch gewollt. Wendet ein Arbeitgeber nur derartige, geringfügige versicherungsmathematische Abschläge an, müssen auch ihm sozialpolitische Motive unterstellt werden.

In der Praxis sind häufig versicherungsmathematische Abschläge von **0,4 %** **64** **bis 0,6 %** für jeden Vorgriffsmonat vorgesehen. Abschläge in dieser Höhe sind nicht zu beanstanden, zumindest dann nicht, wenn der Arbeitnehmer nicht benachteiligt wird.[54] Jedenfalls ist nach der ständigen Rechtsprechung des BAG derzeit ein Abschlag bis zur Höhe von 0,5 % pro Monat der vorgezogenen Inanspruchnahme zulässig, wobei in jüngeren Entscheidungen angedeutet wird, dass 0,5 % an der oberen Grenze liegen.[55] Höhere versicherungsmathematische Abschläge sind im Einzelfall zu prüfen und zu rechtfertigen. Allerdings werden versicherungsmathematische Abschläge in einer Höhe von 1,07 % von der Rechtsprechung nicht anerkannt. Sie sind übermäßig.[56]

In welcher Höhe versicherungsmathematische Abschläge **adäquat** sind, richtet sich nach der konkreten Ausgestaltung der Versorgungszusage. Die **65** Ermittlung der adäquaten Höhe eines versicherungsmathematischen Abschlags kann durch versicherungsmathematische Gutachter vorgenommen werden.

Ist in einer Versorgungszusage ein versicherungsmathematischer Abschlag **66** vorgegeben, kann dieser nicht geändert werden, wenn generell die **Lebenserwartung** der Bevölkerung steigt. Denn die Lebenserwartung wurde bei der Festlegung des versicherungsmathematischen Abschlags bereits berücksichtigt. Wurden hierbei veraltete Sterbetafeln angewandt, kann dies nicht zulasten der Arbeitnehmer gehen. Es ist Aufgabe des versicherungsmathemati-

54 BAG 24.7.2001, 3 AZR 567/00, EzA § 6 BetrAVG Nr. 25 = DB 2002, 588;
    29.4.2008, 3 AZR 266/06, EzA § 2 BetrAVG Nr. 30 = BB 2009, 224.
55 BAG 28.5.2002, 3 AZR 358/01, BAGE 101, 163; 23.9.2003, 3 AZR 304/02,
    EzA § 1 BetrAVG Gleichberechtigung Nr. 13 = DB 2004, 2645; 23.3.2004,
    3 AZR 279/03, AP Nr. 28 zu § 1 BetrAVG Berechnung; 29.4.2008, 3 AZR 266/
    06, EzA § 2 BetrAVG Nr. 30 = BetrAV 2009, 75.
56 BAG 28.5.2002, 3 AZR 358/01, BAGE 101, 163.

schen Sachverständigen, bei Festlegung des versicherungsmathematischen Abschlags geeignete Sterbetafeln anzuwenden. Dies müssen nicht die Sterbetafeln sein, die für die Berechnung der Pensionsrückstellungen gem. § 6a EStG verwandt werden. Das Risiko, dass sich die Lebenserwartung verändert, ist bei jeder Rentenzusage gegeben. Wer die Risiken der Langlebigkeit ausschließen will, kann statt einer Rente ein Kapital zusagen.

67 ▶ **Beispiel:**

Es ist eine Altersleistung ab Vollendung des 65. Lebensjahres in Höhe von 250 € vorgesehen. Für jeden Monat des vorzeitigen Bezuges wird ein versicherungsmathematischer Abschlag in Höhe von 0,5 % vorgenommen. Wird die Rente ab der Vollendung des 60. Lebensjahres gezahlt, ist sie um 60 Monate × 0,5 % = 30 %, d.h. um 75 € zu kürzen. Gezahlt werden folglich 175 €.

68 Werden versicherungsmathematische Abschläge verwendet, müssen diese für Männer und Frauen gleich hoch sein. Lediglich in der Zeit vor dem 17.5.1990 war es zulässig, zwischen Männern und Frauen zu differenzieren.[57]

68a Ist in einer Versorgungsregelung lediglich bestimmt, dass eine »versicherungsmathematische Herabsetzung« vorgenommen wird, ohne dass deren Höhe bestimmt wird, kann eine Kürzung mit 0,5 % je Vorgriffsmonat vorgenommen werden, jedenfalls dann, wenn sich das Versorgungsversprechen an eine größere Zahl von Arbeitnehmern richtet.[58]

69 Ist nach Eintritt einer **Insolvenz** eine vorzeitige Altersleistung vom PSVaG zu zahlen, sind die in der Versorgungszusage vorgegebenen Kürzungsregelungen anzuwenden. Ist keine solche vorgesehen, kann der PSVaG eine Kürzung um 0,5 % für jeden vorgezogenen Monat vornehmen. Dies entspricht den allgemeinen Versicherungsbedingungen für die Insolvenzsicherung.[59]

70 Wird die betriebliche Altersversorgung durch **Entgeltumwandlung** finanziert, ist zu beachten, dass auch die dem Arbeitnehmer zugesagte vorzeitige Altersleistung dem Gebot der Wertgleichheit[60] entsprechen muss.

---

57 BAG 23.9.2003, 3 AZR 304/02, EzA § 1 BetrAVG Gleichberechtigung Nr. 13 = DB 2004, 2645.
58 BAG 29.9.2010, 3 AZR 557/08, EzA § 6 BetrAVG Nr. 29, BetrAV 2011, 287.
59 BAG 20.4.1982, 3 AZR 1137/79, EzA § 6 BetrAVG Nr. 5 = DB 1982, 1830.
60 S. dazu § 1 Rdn. 485 ff.

3. Unechter versicherungsmathematischer Abschlag

Diesen Begriff hat das BAG mit seiner Entscheidung vom 23.1.2001 71
geprägt.[61] Dabei handelt es sich um eine zeitratierliche Kürzung unter entsprechender Anwendung von § 2 BetrAVG.

Der **unechte versicherungsmathematische Abschlag** wurde früher umschrieben 72
mit der Anwendung des Quotierungsverfahrens analog § 2 BetrAVG.
Bereits mit seiner Entscheidung vom 1.6.1978[62] hat das BAG dessen Anwendung in den Fällen anerkannt, in denen die Versorgungsregelung eine Lücke
enthielt, wenn es an einer ausdrücklichen Kürzungsregel in der Versorgungszusage fehlte. Mit einer solchen Mindestkürzung muss der Arbeitnehmer
rechnen.[63]

Auch wenn seit Inkrafttreten des § 6 BetrAVG inzwischen mehr als 30 Jahre 73
vergangen sind, ist diese Lückenfüllung noch immer von Bedeutung. Es handelt sich um eine **Auslegungsregel**, die im Fall einer lückenhaften Versorgungszusage anzuwenden ist. Eine eigene billigenswerte Regelung in der
Versorgungszusage hat demgegenüber immer Vorrang.[64] Obwohl der Gesetzgeber weiß, dass § 6 BetrAVG lückenhaft ist, weil die Höhe der Leistung
nicht geregelt ist, werden keine gesetzlichen Vorgaben gemacht, wie die
jüngste Änderung des § 6 BetrAVG[65] zeigt. Dies ist nachvollziehbar, ist doch
die Gestaltungsfreiheit[66] wichtig für die Verbreitung der betrieblichen Altersversorgung. Deshalb müssen auch die von der Rechtsprechung vor Jahren
und Jahrzehnten entwickelten Auslegungsgrundsätze weiterhin Bestand
haben, auch für Versorgungszusagen, die lange Zeit nach Inkrafttreten des
Gesetzes erteilt wurden. Das BAG[67] scheint danach differenzieren zu wollen,
ob die Versorgungsregelung aus einer Zeit vor Inkrafttreten des BetrAVG
stammt.

---

61 BAG 23.1.2001, 3 AZR 164/00, EzA § 6 BetrAVG Nr. 23 = DB 2001, 1887;
    24.7.2001, 3 AZR 567/00, EzA § 6 BetrAVG Nr. 25 = DB 2002, 588.
62 BAG 1.6.1978, 3 AZR 216/77, EzA § 6 BetrAVG Nr. 1 = DB 1978, 1232, 1793.
63 *Langohr-Plato* Rechtshandbuch Rn. 708.
64 BAG 20.3.2001, 3 AZR 229/00, EzA § 6 BetrAVG Nr. 22 = BetrAV 2002, 407.
65 RV-Altersgrenzenanpassungsgesetz BGBl. I 2007, S. 554.
66 § 1 Rdn. 23 ff.
67 BAG 15.11.2011, 3 AZR 778/09.

4. Gleichbehandlungsgrundsatz

74 Bei der Berechnung einer vorzeitigen Altersleistung ist der **Gleichbehandlungsgrundsatz** zu berücksichtigen. Es kann folglich nicht beliebig zwischen
einer versicherungsmathematischen Kürzung oder einer zeitanteiligen Kürzung gewechselt werden.

75 Allerdings wird der Gleichbehandlungsgrundsatz nicht verletzt, wenn eine
Versorgungszusage mit einer Obergrenze arbeitet und diese Obergrenze zu
keinen Steigerungen mehr führt, wenn zwischen dem 60. und dem
65. Lebensjahr Dienstjahre abgeleistet werden.[68]

76 ▶ **Beispiel:**

Die zugesagte Altersrente beträgt 1 % des rentenfähigen Arbeitsverdienstes
je Dienstjahr, maximal 25 %. Diese 25 % sind im Alter 60 erreicht.
Bei einer solchen Berechnungsweise wirkt sich die fehlende Betriebstreue
zwischen der vorgezogenen Inanspruchnahme und dem Erreichen der
Altersgrenze regelmäßig bereits dadurch anspruchsmindernd aus, dass dieser Zeitraum nicht zu weiteren Steigerungen führt. Für eine zusätzliche
zeitratierliche Kürzung besteht kein Anlass.

77 Die Arbeitnehmer, die vorgezogen in den gesetzlichen Ruhestand gehen und
in diesem Zeitpunkt insgesamt 25 % erreicht haben, können ohne Verletzung des Gleichbehandlungsgrundsatzes dieselbe Rente wie die Arbeitnehmer erhalten, die bis zur Vollendung des 65. Lebensjahres im Betrieb bleiben.
Eine solche Begünstigung besonders lange Zeit betriebstreuer Arbeitnehmer
ist personalwirtschaftlich begründet. Der Arbeitgeber ist nicht verpflichtet,
vorzeitig aus dem Betrieb ausgeschiedene Arbeitnehmer gleichzubehandeln.[69]

IV. Gesamtversorgungssysteme und Limitierungsklauseln

78 Gesamtversorgungssysteme sind nicht mehr sehr weit verbreitet. Die kom-
plexe Berechnung einer adäquaten vorzeitigen Altersleistung bei einem
Gesamtversorgungssystem wird deshalb nicht vertieft.[70]

---

68 Zur Berücksichtigung von maximal 30 Jahren: BAG 15.5.2012, 3 AZR 11/10,
EzA-SD 2012, Nr. 13, 10.

69 BAG 23.1.2001, 3 AZR 562/99, EzA § 6 BetrAVG Nr. 24 = DB 2002, 1168.

70 Vgl. hierzu *Höfer* BetrAVG, Rn. 4253 zu § 6.

Mit Urteil vom 21.3.2006[71] ist die Auslegungsregel ausdrücklich aufgegeben   **79**
worden, nach der die fiktive Vollrente nach Erreichen der festen Altersgrenze
zunächst unabhängig von der Höchstbegrenzungsklausel zu berechnen ist.[72]
Das Gericht geht nunmehr davon aus, dass Höchstbegrenzungsklauseln
nicht nur dazu dienen, einer Überversorgung entgegenzuwirken. Höchstbegrenzungsklauseln könnten eine Aussage darüber treffen, welche Höchstrente
angemessen sein soll. Folglich sei die Limitierungsklausel bei der Ermittlung
der Vollrente anzuwenden.

V. Direktversicherung

Wurde eine Direktversicherung abgeschlossen und erfüllt der Arbeitnehmer   **80**
die Voraussetzungen nach § 6 BetrAVG, hat er gegenüber dem Arbeitgeber
einen Verschaffungsanspruch. Er hat keinen unmittelbaren Anspruch gegenüber dem Versicherer, weil § 6 BetrAVG keinen Versicherungsfall auslöst.
Der Arbeitgeber als Versicherungsnehmer muss durch Kündigung den Versicherungsvertrag beenden, damit anschließend der Versicherer die Auszahlung
an den Arbeitnehmer vornehmen kann.[73]

Um Nachteile für den Arbeitnehmer in einem solchen Fall der vorzeitigen   **81**
Kündigung des Versicherungsvertrages zu vermeiden, hat das Bundesauf-
sichtsamt für das Versicherungswesen (heute die BaFin) empfohlen, in diesen
Fällen auf Stornoabzüge zu verzichten und den Schlussüberschussanteil zu
gewähren.[74]

F. Unverfallbare Anwartschaften

I. Ausscheiden mit unverfallbarer Anwartschaft

Auch dem Arbeitnehmer, der vor Eintritt des Versorgungsfalles das Arbeits-   **82**
verhältnis beendet hat und im Beendigungszeitpunkt die gesetzlichen Unver-
fallbarkeitsbedingungen erfüllte, steht eine vorzeitige Altersleistung aus der
unverfallbaren Anwartschaft zu, wenn er aus der gesetzlichen Rentenversi-

---

71 BAG 21.3.2006, 3 AZR 374/05, EzA § 2 BetrAVG Nr. 24 = DB 2006, 2354.
72 BAG 24.6.1986, 3 AZR 630/84, EzA § 6 BetrAVG Nr. 10 (LS) = DB 1987, 691;
    8.5.1990, 3 AZR 341/88, EzA § 6 BetrAVG Nr. 14 = DB 1991, 284.
73 BAG 28.3.1995, 3 AZR 373/94, EzA § 1 BetrAVG Lebensversicherung Nr. 6 =
    DB 1995, 2174.
74 VerBAV 1979, 356; hierzu auch *Andresen/Förster/Rößler/Rühmann* Teil 9 A
    Rn. 422.

cherung eine vorzeitige Altersleistung bezieht. Dies gilt auch dann, wenn in der betrieblichen Versorgungszusage eine vorzeitige Altersleistung nicht geregelt ist. Denn insoweit ist § 6 BetrAVG anzuwenden.

II. Höhe der vorzeitigen Altersleistung

83   Die vorzeitige Altersleistung ist nach dem Leistungsplan zu bemessen, der für den ausgeschiedenen Arbeitnehmer maßgeblich war. Dabei sind die versicherungsmathematischen Abschläge anzuwenden, die im Ausscheidezeitpunkt vorgegeben waren.[75] Weil in § 2 Abs. 1 BetrAVG nur die bei Erreichen der festen Altersgrenze erreichte Altersleistung aufgeführt ist, nicht aber die Inanspruchnahme einer vorzeitigen Altersleistung erwähnt wird, ist es bei einer dienstzeitabhängigen Versorgungszusage nicht zulässig, nur die Dienstjahre zu berücksichtigen, die bis zur Inanspruchnahme der vorzeitigen Altersleistung abgeleistet wurden. Vielmehr sind die Dienstjahre bis zum Erreichen der festen Altersgrenze hoch zu rechnen. Die sich so ergebende Altersleistung kann um versicherungsmathematische Abschläge gekürzt werden. Es ist aber auch ein unechter versicherungsmathematischer Abschlag möglich, wenn keine versicherungsmathematischen Abschläge vorgesehen sind.

84   Die sich so ergebende Leistung für den betriebstreuen Mitarbeiter ist dann mit der Unverfallbarkeitsquote zu kürzen, die anlässlich des vorzeitigen Ausscheidens ermittelt wurde.

85 ▶ **Beispiel:**[76]
Ein Arbeitnehmer, geboren am 21.11.1936, war vom 1.10.1979 bis zum 31.10.1993 bei einem Unternehmen beschäftigt. Die ihm für die Vollendung des 65. Lebensjahres zugesagte Altersrente belief sich für jedes abgeleistete Dienstjahr auf 9,05 € (17,70 DM). Für jeden Monat der vorzeitigen Inanspruchnahme war ein versicherungsmathematischer Abschlag von 0,3 % vorgesehen. Seit dem 1.12.1996 bezieht dieser Arbeitnehmer aus der gesetzlichen Rentenversicherung eine vorgezogene Altersrente.

---

75 BAG 17.8.2004, 3 AZR 318/03, EzA § 2 BetrAVG Nr. 22 = DB 2005, 563.
76 Beispiel aus BAG 24.7.2001, 3 AZR 567/00, EzA § 6 BetrAVG Nr. 25 = DB 2002, 672.

Die betriebliche Altersrente ist wie folgt zu berechnen:

22 Beschäftigungsjahre × 9,05 € (17,70 DM) = 199,10 € (389,40 DM)

60 Monate × 0,3 % = 18 %

18 % von 199,10 € (389,40 DM) = 35,84 € (70,09 DM)

$$199,10 \ €$$
$$./. \ 35,84 \ €$$
$$163,26 \ €$$

$$163,26 \ € \times \frac{169 \text{ tatsächliche Monate}}{256 \text{ mögliche Monate}} = 104,12 \ €$$

Es ist nicht zulässig, nur 17 Jahre bei der Berechnung der Dienstjahre zu berücksichtigen.

Diese Berechnungsweise, die stark kritisiert worden ist,[77] beruht auf der nunmehr ständigen Rechtsprechung des BAG.[78] Dieser Rechtsprechung liegt die Überlegung zugrunde, dass es bei einem vorzeitig ausgeschiedenen Arbeitnehmer nicht zulässig ist, wegen des vorzeitigen Ausscheidens eine **dreifache Kürzung** vorzunehmen. Würde man nur die Dienstjahre zählen, die **bis zur Inanspruchnahme** der vorzeitigen Altersleistung abgeleistet wurden, würde darin eine **erste Kürzung** liegen. Würde diese Leistung um **versicherungsmathematische Abschläge** für jeden Vorgriffsmonat reduziert, läge eine **zweite Kürzung** vor. Würde diese verminderte Leistung um die **Unverfallbarkeitsquote** gekürzt, würde sich eine dritte Kürzung ergeben. Die **dritte Kürzung**, die von Gesetzes wegen durch § 2 BetrAVG vorgegeben ist, ist eine Kürzung wegen des vorzeitigen Ausscheidens. Der Arbeitnehmer, der mit unverfallbarer Anwartschaft ausgeschieden ist, hat nicht die volle, von ihm erwartete Betriebstreue erbracht. Die erste und zweite Kürzung berücksichtigen den

86

77 *Bepler* FS für Förster, S. 237; *Neumann* FS für Förster, S. 219; kritisch *Berenz* BetrAV 2001, 749; *Höfer* DB 2001, 2045; *Grabner/Bode* BB 2001, 2425; *Heubeck/Oster* BetrAV 2001, 230.
78 BAG 24.7.2001, 3 AZR 567/00, EzA § 6 BetrAVG Nr. 25 = DB 2002, 588; 23.1.2001, 3 AZR 164/00, EzA § 6 BetrAVG Nr. 23 = DB 2001, 1887; 18.11.2003, 3 AZR 517/02, EzA § 6 BetrAVG Nr. 26 = DB 2004, 1375; 23.3.2004, 3 AZR 279/03, NZA 2005, 375; 7.9.2004, 3 AZR 524/03, EzA § 6 BetrAVG Nr. 27 = DB 2005, 839; 12.12.2006, 3 AZR 716/05, EzA § 1 BetrAVG Nr. 88.

längeren Rentenbezug. Zwar ist es zulässig, aus diesem Grund eine Kürzung vorzunehmen. Jedoch darf die vorzeitige Inanspruchnahme nicht zu einer doppelten Kürzung führen. Deshalb sind zwar versicherungsmathematische Abschläge zulässig, nicht aber eine Berücksichtigung nur der bis zur vorzeitigen Inanspruchnahme abgeleisteten Dienstjahre. Die versicherungsmathematischen Abschläge sind so zu bemessen, dass sie äquivalent sind.

87   Auch eine **Pensionskasse** hat grds. eine dreifache Kürzung zu unterlassen. Sie können zwar nur Leistungen erbringen, die satzungsgemäß vorgesehen sind und die dem Versicherungsprinzip entsprechen und die durch die Beiträge finanziert wurden. Hat aber der externe Versorgungsträger in seinen Versorgungsbedingungen zum Ausdruck gebracht, dass er die betriebsrentenrechtlichen Versorgungsleistungen erbringen will, dann sind die von der Rechtsprechung entwickelten Grundsätze anzuwenden, zumindest dann, wenn es sich um eine Konzernpensionskasse handelt. In einer solchen Konzernpensionskasse könne davon ausgegangen werden, dass erkannte Defizite ohne großen Aufwand beseitigt werden könnten.[79] Ob dies auch für Pensionskassen gilt, die für eine Vielzahl voneinander unabhängiger Unternehmen die Altersversorgung abwickeln, ist offen.

88   Die Berechnung der vorzeitigen Altersrente aus einer unverfallbaren Anwartschaft unterscheidet sich von der Berechnung der Invalidenrente aus unverfallbarer Anwartschaft. In diesem Fall zählen nur die bis zum Eintritt des Versorgungsfalles abgeleisteten Dienstjahre, wenn dies so in der Versorgungszusage geregelt ist.[80]

III. Gesetzliche Neuregelung

89   Es war vorgesehen, § 2 BetrAVG zu ergänzen, in dem auch auf die vorzeitige Altersleistung Bezug genommen werden sollte. Damit sollte eine Korrektur der Rechtsprechung des BAG herbeigeführt werden. Diese Ergänzung des Gesetzes ist unterblieben. Das BAG geht deshalb davon aus, dass damit der Gesetzgeber diese Rechtsprechung bestätigt hat. Trotz der in der Literatur geübten Kritik sei deshalb die Beibehaltung dieser Rechtsprechung geboten.[81]

---

79   BAG 23.3.2004, 3 AZR 279/03, NZA 2005, 375.
80   BAG 21.8.2001, 3 AZR 649/00, EzA § 2 BetrAVG Nr. 17 = DB 2002, 644.
81   BAG 12.12.2006, 3 AZR 716/05, EzA § 1 BetrAVG Nr. 88 = DB 2007, 2546.

Vierter Abschnitt Insolvenzsicherung

§ 7 Umfang des Versicherungsschutzes

(1) [1]Versorgungsempfänger, deren Ansprüche aus einer unmittelbaren Versorgungszusage des Arbeitgebers nicht erfüllt werden, weil über das Vermögen des Arbeitgebers oder über seinen Nachlaß das Insolvenzverfahren eröffnet worden ist, und ihre Hinterbliebenen haben gegen den Träger der Insolvenzsicherung einen Anspruch in Höhe der Leistung, die der Arbeitgeber aufgrund der Versorgungszusage zu erbringen hätte, wenn das Insolvenzverfahren nicht eröffnet worden wäre. [2]Satz 1 gilt entsprechend,

1. wenn Leistungen aus einer Direktversicherung aufgrund der in § 1b Abs. 2 Satz 3 genannten Tatbestände nicht gezahlt werden und der Arbeitgeber seiner Verpflichtung nach § 1b Abs. 2 Satz 3 wegen der Eröffnung des Insolvenzverfahrens nicht nachkommt,
2. wenn eine Unterstützungskasse oder ein Pensionsfonds die nach ihrer Versorgungsregelung vorgesehene Versorgung nicht erbringt, weil über das Vermögen oder den Nachlass eines Arbeitgebers, der der Unterstützungskasse oder dem Pensionsfonds Zuwendungen leistet (Trägerunternehmen), das Insolvenzverfahren eröffnet worden ist.

[3]§ 14 des Versicherungsvertragsgesetzes findet entsprechende Anwendung. [4]Der Eröffnung des Insolvenzverfahrens stehen bei der Anwendung der Sätze 1 bis 3 gleich

1. die Abweisung des Antrags auf Eröffnung des Insolvenzverfahrens mangels Masse,
2. der außergerichtliche Vergleich (Stundungs-, Quoten- oder Liquidationsvergleich) des Arbeitgebers mit seinen Gläubigern zur Abwendung eines Insolvenzverfahrens, wenn ihm der Träger der Insolvenzsicherung zustimmt,
3. die vollständige Beendigung der Betriebstätigkeit im Geltungsbereich dieses Gesetzes, wenn ein Antrag auf Eröffnung des Insolvenzverfahrens nicht gestellt worden ist und ein Insolvenzverfahren offensichtlich mangels Masse nicht in Betracht kommt.

(1a) [1]Der Anspruch gegen den Träger der Insolvenzsicherung entsteht mit dem Beginn des Kalendermonats, der auf den Eintritt des Sicherungsfalles folgt. [2]Der Anspruch endet mit Ablauf des Sterbemonats des Begünstigten, soweit in der Versorgungszusage des Arbeitgebers nicht etwas anderes bestimmt ist. [3]In den Fällen des Absatzes 1 Satz 1 und 4 Nr. 1 und 3 umfaßt der Anspruch auch rückständige Versorgungsleistungen, soweit diese bis zu zwölf Monaten vor Entstehen der Leistungspflicht des Trägers der Insolvenzsicherung entstanden sind.

(2) [1]Personen, die bei Eröffnung des Insolvenzverfahrens oder bei Eintritt der nach Abs. 1 Satz 4 gleichstehenden Voraussetzungen (Sicherungsfall) eine nach § 1b unverfallbare Versorgungsanwartschaft haben, und ihre Hinterbliebenen haben bei Eintritt des Versorgungsfalls einen Anspruch gegen den Träger der Insolvenzversicherung, wenn die Anwartschaft beruht,

1. auf einer unmittelbaren Versorgungszusage des Arbeitgebers oder
2. auf einer Direktversicherung und der Arbeitnehmer hinsichtlich der Leistungen des Versicherers widerruflich bezugsberechtigt ist oder die Leistungen aufgrund der in § 1b Abs. 2 Satz 3 genannten Tatbestände nicht gezahlt werden und der Arbeitgeber seiner Verpflichtung aus § 1b Abs. 2 Satz 3 wegen der Eröffnung des Insolvenzverfahrens nicht nachkommt.

[2]Satz 1 gilt entsprechend für Personen, die zum Kreis der Begünstigten einer Unterstützungskasse oder eines Pensionsfonds gehören, wenn der Sicherungsfall bei einem Trägerunternehmen eingetreten ist. [3]Die Höhe des Anspruchs richtet sich nach der Höhe der Leistungen gemäß § 2 Abs. 1, 2 Satz 2 und Abs. 5, bei Unterstützungskassen nach dem Teil der nach der Versorgungsregelung vorgesehenen Versorgung, der dem Verhältnis der Dauer der Betriebszugehörigkeit zu der Zeit vom Beginn der Betriebszugehörigkeit bis zum Erreichen der in der Versorgungsregelung vorgesehenen festen Altersgrenze entspricht, es sei denn, § 2 Abs. 5a ist anwendbar. [4]Für die Berechnung der Höhe des Anspruchs nach Satz 3 wird die Betriebszugehörigkeit bis zum Eintritt des Sicherungsfalles berücksichtigt. [5]Bei Pensionsfonds mit Leistungszusagen gelten für die Höhe des Anspruchs die Bestimmungen für unmittelbare Versorgungszusagen entsprechend, bei Beitragszusagen mit Mindestleistung gilt für die Höhe des Anspruchs § 2 Abs. 5b.

(3) [1]Ein Anspruch auf laufende Leistungen gegen den Träger der Insolvenzsicherung beträgt im Monat höchstens das Dreifache der im Zeitpunkt der ersten Fälligkeit maßgebenden monatlichen Bezugsgröße gemäß § 18 des

Vierten Buches Sozialgesetzbuch. [2]Satz 1 gilt entsprechend bei einem Anspruch auf Kapitalleistungen mit der Maßgabe, daß zehn vom Hundert der Leistung als Jahresbetrag einer laufenden Leistung anzusetzen sind.

(4) [1]Ein Anspruch auf Leistungen gegen den Träger der Insolvenzsicherung vermindert sich in dem Umfang, in dem der Arbeitgeber oder sonstige Träger der Versorgung die Leistungen der betrieblichen Altersversorgung erbringt. [2]Wird im Insolvenzverfahren ein Insolvenzplan bestätigt, vermindert sich der Anspruch auf Leistungen gegen den Träger der Insolvenzsicherung insoweit, als nach dem Insolvenzplan der Arbeitgeber oder sonstige Träger der Versorgung einen Teil der Leistungen selbst zu erbringen hat. [3]Sieht der Insolvenzplan vor, daß der Arbeitgeber oder sonstige Träger der Versorgung die Leistungen der betrieblichen Altersversorgung von einem bestimmten Zeitpunkt an selbst zu erbringen hat, entfällt der Anspruch auf Leistungen gegen den Träger der Insolvenzsicherung von diesem Zeitpunkt an. [4]Die Sätze 2 und 3 sind für den außergerichtlichen Vergleich nach Absatz 1 Satz 4 Nr. 2 entsprechend anzuwenden. [5]Im Insolvenzplan soll vorgesehen werden, daß bei einer nachhaltigen Besserung der wirtschaftlichen Lage des Arbeitgebers die vom Träger der Insolvenzsicherung zu erbringenden Leistungen ganz oder zum Teil vom Arbeitgeber oder sonstigen Träger der Versorgung wieder übernommen werden.

(5) [1]Ein Anspruch gegen den Träger der Insolvenzsicherung besteht nicht, soweit nach den Umständen des Falles die Annahme gerechtfertigt ist, daß es der alleinige oder überwiegende Zweck der Versorgungszusage oder ihre Verbesserung oder der für die Direktversicherung in § 1b Abs. 2 Satz 3 genannten Tatbestände gewesen ist, den Träger der Insolvenzsicherung in Anspruch zu nehmen. [2]Diese Annahme ist insbesondere dann gerechtfertigt, wenn bei Erteilung oder Verbesserung der Versorgungszusage wegen der wirtschaftlichen Lage des Arbeitgebers zu erwarten war, daß die Zusage nicht erfüllt werde. [3]Ein Anspruch auf Leistungen gegen den Träger der Insolvenzsicherung besteht bei Zusagen und Verbesserungen von Zusagen, die in den beiden letzten Jahren vor dem Eintritt des Sicherungsfalles erfolgt sind, nur

1. für ab 1.1.2002 gegebene Zusagen, soweit bei Entgeltumwandlung Beträge von bis zu 4 vom Hundert der Beitragsbemessungsgrenze in der allgemeinen Rentenversicherung für eine betriebliche Altersversorgung verwendet werden oder

2. für im Rahmen von Übertragungen gegebene Zusagen, soweit der Übertragungswert die Beitragsbemessungsgrenze in der allgemeinen Rentenversicherung nicht übersteigt.

(6) Ist der Sicherungsfall durch kriegerische Ereignisse, innere Unruhen, Naturkatastrophen oder Kernenergie verursacht worden, kann der Träger der Insolvenzsicherung mit Zustimmung der Bundesanstalt für Finanzdienstleistungsaufsicht die Leistungen nach billigem Ermessen abweichend von den Absätzen 1 bis 5 festsetzen.

A. Allgemeines

1   Die gesetzliche Insolvenzsicherung der betrieblichen Altersversorgung durch den PSVaG ist eine **Ausfallsicherung.** Sie dient der Sicherstellung der Ansprüche der Versorgungsberechtigten bei **Insolvenz des Arbeitgebers.** Gesichert werden im Rahmen der gesetzlichen Vorschriften die bei Eintritt der Insolvenz **laufenden Versorgungsleistungen** (Renten), **Kapitalzusagen** sowie **gesetzlich unverfallbare Anwartschaften.**[1] Dies gilt auch dann, wenn dem Versorgungsberechtigten weitergehende – private – Sicherungsrechte eingeräumt wurden (z.B. die Verpfändung einer Rückdeckungsversicherung), die seinen Anspruch auf betriebliche Altersversorgung im Fall der Insolvenz des Arbeitgebers sichern.[2] Er kann die Leistung jedoch nur einmal fordern. Grundlage der Ansprüche der Versorgungsberechtigten nach Grund und Höhe ist allein die jeweilige Versorgungsregelung des insolventen Arbeitgebers. Zentrale Vorschrift zur **Leistungserbringung** durch den PSVaG ist § 7 **BetrAVG.**

2   Arbeitgeber ist diejenige juristische oder natürliche Person, mit welcher der Arbeitsvertrag geschlossen ist; dies gilt auch in einem Konzern. Der Konzern ist kein Rechtssubjekt, das eine eigene Rechtsfähigkeit aufweist und kann deshalb nicht Arbeitgeber sein. Entscheidend für die Eintrittspflicht des PSVaG ist immer die Insolvenz des konkreten Arbeitgebers des Versorgungsberechtigten.[3]

---

1   Allgemein zur Insolvenzsicherung der betrieblichen Altersversorgung vgl. Merkblatt 300/M 3 des PSVaG, das im Internet unter www.psvag.de zur Verfügung steht. Zu Praxisgesichtspunkten für die Sicherung betrieblicher Versorgungszusagen in einer Großinsolvenz, *Birkenbeul* BetrAV 2006, 227.
2   VerwG Düsseldorf 6.12.2005, 16 K 180/04, rkr., BetrAV 2006, 297 zur Verpfändung der Rückdeckungsversicherung bei einer Gruppenunterstützungskasse; *Andresen/Förster/Rößler/Rühmann* Teil 13 A, Rn. 411; *Blomeyer/Rolfs/Otto* Rn. 54 ff. zu § 7; *Höfer* BetrAVG, Rn. 4397 ff. zu § 7; zur Insolvenzsicherungspflicht vgl. § 10 Rdn. 3.
3   *Paulsdorff* Rn. 141 zu § 7.

Der PSVaG ist nicht Rechtsnachfolger des insolventen Arbeitgebers bezogen **3** auf die betriebliche Altersversorgung, sondern Schuldner einer Ausfallhaftung.[4] Die Versorgungsberechtigten haben einen **gesetzlichen Anspruch** (gesetzliches Schuldverhältnis) aufgrund der Insolvenz des Arbeitgebers **gegen den PSVaG**.[5] Ihre Ansprüche gegenüber dem Arbeitgeber gehen grds. auf den PSVaG über.[6]

Der PSVaG hat auch dann einzustehen, wenn der Arbeitgeber in der Vergangenheit trotz bestehender Insolvenzsicherungspflicht **keine Beiträge gezahlt** hat. Andererseits besteht keine Einstandspflicht des PSVaG, wenn vom Arbeitgeber Beiträge gezahlt worden sind, der geltend gemachte Anspruch aber nach den Regeln des BetrAVG nicht sicherungsfähig ist.[7]

B. Versorgungsempfänger bei Eintritt des Sicherungsfalls (§ 7 Abs. 1 BetrAVG)

I. Versorgungsempfänger

1. Insolvenzgeschützte Leistungen

Arbeitnehmer, die bei Eintritt eines Sicherungsfalls i.S.d. § 7 Abs. 1 BetrAVG **5** alle Voraussetzungen für den Bezug einer Leistung der betrieblichen Altersversorgung erfüllt haben und Leistungen beziehen, sind **Versorgungsempfänger** und haben Insolvenzschutz nach Maßgabe des § 7 Abs. 1 BetrAVG. Der Versorgungsempfänger genießt Insolvenzschutz unabhängig davon, ob er bis zum Eintritt des Versorgungsfalls eine gesetzlich unverfallbare Anwartschaft erworben hatte.[8]

Regelmäßig setzen die laufenden Leistungen des Arbeitgebers nach Erreichen **6** der in der Versorgungszusage bestimmten Altersgrenze und dem Ausscheiden des Arbeitnehmers aus dem Arbeitsverhältnis ein (**Altersrente**). Vor Errei-

---

4 BAG 23.3.1999, 3 AZR 625/97, EzA § 7 BetrAVG Nr. 58 = DB 1999, 2015.
5 *Blomeyer/Rolfs/Otto* Rn. 9 zu § 7.
6 Vgl. i.E. § 9 Rdn. 10–19 und *Berenz* DB 2004, 1098.
7 BGH 16.1.1981, II ZR 140/80, ZIP 1981, 892; BAG 19.1.2010, 3 AZR 409/09, für angestellte Gesellschafter mit geringer Beteiligung; *Andresen/Förster/Rößler/Rühmann* Teil 13 A, Rn. 10; *Langohr-Plato* Rn. 841f.; *Paulsdorff* Rn. 14 zu § 7; *DLW-Dörner* Kap. 3 Rn. 3971 ff.; vgl. i.E. dazu § 7 Rdn. 13.
8 *Blomeyer/Rolfs/Otto* Rn. 25 zu § 7; *Höfer* BetrAVG, Rn. 4329 zu § 7; *Langohr-Plato* Rn. 738.

chen der Altersgrenze kann der Versorgungsfall der **Invalidität** in Betracht kommen. Dies gilt auch, falls die Voraussetzungen für den Bezug einer **Invalidenrente** der gesetzlichen Rentenversicherung nach dem Eintritt des Sicherungsfalls für ein zeitlich davor liegendes **Datum** festgestellt werden.[9] Auch die danach gezahlte Rente ist eine laufende Leistung i.S.d. § 7 BetrAVG, wenn die Versorgungszusage Invaliditätsleistungen vorsieht.

7 Darüber hinaus kann der Versorgungsberechtigte die **vorzeitige Altersrente** nach § 6 BetrAVG geltend machen. Dabei muss der Versorgungsberechtigte neben dem Vorliegen der Voraussetzungen des § 6 BetrAVG[10] die vorzeitige Altersleistung auch vom Arbeitgeber verlangen. Wird diese vor dem Eintritt des Sicherungsfalls verlangt, wird er vom PSVaG als Versorgungsempfänger nach § 7 Abs. 1 BetrAVG eingeordnet. Wird das Verlangen nach dem Eintritt des Sicherungsfalls geltend gemacht, ist der Versorgungsberechtigte – bei gegebener gesetzlicher Unverfallbarkeit – als Anwärter nach § 7 Abs. 2 BetrAVG zu behandeln.[11]

8 Zu den Versorgungsempfängern gehören auch diejenigen Arbeitnehmer, die zwar alle Voraussetzungen für den Leistungsbezug erfüllt haben, aber noch keine Leistungen beziehen, weil sie z.B. beim Arbeitgeber über die in der Versorgungsordnung vorgesehene Altersgrenze hinaus noch weiter arbeiten (sog. **technische Rentner**).[12] Bei Eintritt eines Sicherungsfalls werden diese demnach wie Versorgungsempfänger nach § 7 Abs. 1 BetrAVG eingeordnet und nicht als Anwärter mit einer ratierlichen Berechnung des Anspruchs gem. § 7 Abs. 2 BetrAVG.

9 Laufende Leistungen sind auch dann insolvenzgeschützt, wenn die Versorgungszusage erst bei Eintritt des Versorgungsfalls erteilt wurde, also keine Anwartschaftsphase vorausgegangen ist.[13]

---

9   BAG 26.1.1999, 3 AZR 464/97, EzA § 7 BetrAVG Nr. 59 = DB 1999, 1563.
10 Vgl. § 6 Rdn. 10.
11 BGH 4.5.1981, II ZR 100/80, AP Nr. 9 zu § 1 BetrAVG Wartezeit; *Andresen/ Förster/Rößler/Rühmann* Teil 13 A, Rn. 527; *Höfer* BetrAVG, Rn. 4327 zu § 7.
12 BAG 18.3.2003, 3 AZR 313/02, EzA § 7 BetrAVG Nr. 68 (kein § 613a BGB bei technischem Rentner) = BB 2004, 269; 26.1.1999, 3 AZR 464/97, EzA § 7 BetrAVG Nr. 59.
13 BAG 8.5.1990, 3 AZR 121/89, EzA § 7 BetrAVG Nr. 35 = DB 1990, 2375. Zu beachten ist hier die Vorschrift zum Schutz des PSVaG vor missbräuchlicher Inanspruchnahme seiner Leistungen nach § 7 Abs. 5 S. 3 BetrAVG, vgl. Rdn. 152–179.

Ausdrücklich unter Insolvenzschutz stehen auch die Leistungen an **Hinter-** 10
bliebene, wenn die Versorgungszusage Hinterbliebenenleistungen vorsieht
(§ 7 Abs. 1 S. 1 BetrAVG). Der Arbeitgeber kann das Risiko begrenzen, Hinterbliebenenleistungen zu gewähren durch Spätehe-, Ehedauer- oder Altersdifferenzklauseln.[14] Der Versorgungsanspruch der Hinterbliebenen beruht
auf dem Rentenstammrecht des Arbeitnehmers; er teilt das Schicksal der
Hauptrente (akzessorisch).[15] Das gilt auch für den gesetzlichen Insolvenzschutz. Nur wenn und soweit Ansprüche aus der Versorgungszusage insolvenzgeschützt sind, besteht auch für die daraus abgeleitete Hinterbliebenenversorgung Insolvenzschutz.[16]

2. Ausnahmen

a) Betriebliche Altersversorgung im Sinne des BetrAVG

Eine vom Arbeitgeber versprochene Leistung ist nur dann nach § 7 BetrAVG 11
insolvenzgesichert, wenn es sich um **betriebliche Altersversorgung** i.S.d.
Betriebsrentengesetzes handelt.[17] Ob dies der Fall ist, richtet sich danach, ob
die in § 1 Abs. 1 S. 1 BetrAVG abschließend aufgezählten Voraussetzungen
erfüllt sind.[18] Es kommt nicht darauf an, wie eine vom Arbeitgeber in Aussicht gestellte Leistung bezeichnet worden ist.

Der von der gesetzlichen Insolvenzsicherung **erfasste Personenkreis** (Arbeit- 12
nehmer) sowie die **erfassten Arbeitgeber** ergeben sich aus § 17 BetrAVG.[19]

---

14 S. dazu § 1 Rdn. 238–242.
15 *Blomeyer/Rolfs/Otto* Rn. 28 zu § 7.
16 BAG 12.6.1990, 3 AZR 524/88, EzA § 322 ZPO Nr. 8 = DB 1990, 2271; *Paulsdorff* § 7 Rn. 45.
17 Zu Arbeitsverhältnissen mit Auslandsberührung vgl. Merkblatt 300/M 7 des
PSVaG und zur Insolvenzsicherung der betrieblichen Altersversorgung in den
neuen Bundesländern (Zusagen ab 1992) das Merkblatt 210/M 20, die im Internet unter www.psvag.de zur Verfügung stehen.
18 BAG 3.11.1998, 3 AZR 454/97, EzA § 7 BetrAVG Nr. 56, DB 1998, 2428; vgl.
allgemein § 1 Rdn. 43, 73–74 zur Einordnung von z.B. Deputaten als betriebliche
Altersversorgung. Zur Insolvenzsicherung in den neuen Bundesländern vgl. Merkblatt 210/M 20 des PSVaG, das im Internet unter www.psvag.de zur Verfügung
steht.
19 Zu den Auswirkungen eines Wechsels vom Arbeitnehmer- in den Unternehmer-
Status auf die Insolvenzsicherung vgl. § 11 Rdn. 25 und das Merkblatt 300/M 2
des PSVaG, das im Internet unter www.psvag.de zur Verfügung steht.

b) Übergangsgeld

13 In einer Versorgungsregelung kann die feste Altersgrenze auch auf einen frü-
    heren Zeitpunkt als die Regelaltersgrenze für den Bezug der gesetzlichen
    Rentenversicherung (Vollendung des 65. Lebensjahres) festgelegt werden.[20]
    Sofern diese Grenze nicht vor der Vollendung des 60. Lebensjahres liegt,
    kann Insolvenzschutz bestehen, sofern in der Versorgungsordnung das frü-
    here Endalter vorgesehen ist.[21] Rentenleistungen ab dieser Altersgrenze sind
    laufende Leistungen i.S.d. § 7 Abs. 1 BetrAVG.

14 Beendet der Arbeitnehmer vor Eintritt des Versorgungsfalls das Arbeitsver-
    hältnis, so kann in diesem Zusammenhang eine feste Altersgrenze nicht mit
    Wirkung für die Insolvenzsicherung herabgesetzt werden. Die feste Alters-
    grenze legt nämlich den Zeitpunkt fest, bis zu dem der Arbeitnehmer
    betriebstreu sein soll. Dies ist jedoch aufgrund der vorzeitigen Beendigung
    des Arbeitsverhältnisses nicht mehr möglich.[22] Ebenso wenig können aus
    Anlass der Beendigung des Arbeitsverhältnisses getroffene Vereinbarungen
    dahin ausgelegt werden, dass die feste Altersgrenze heraufgesetzt wird oder
    nunmehr das 65. Lebensjahr bzw. die gesetzliche Regelaltersgrenze maßge-
    bend sein soll.[23]

15 Wenn die Altersgrenze auf einen Zeitpunkt vor Vollendung des 60. Lebens-
    jahres festgelegt wird, handelt es sich in der Regel um **nicht insolvenzge-
    schütztes Übergangsgeld**.[24] Sie sind auch dann nicht betriebliche Altersver-
    sorgung i.S.d. Betriebsrentengesetzes, wenn sie sich der Höhe nach an einer
    in Aussicht gestellten Betriebsrente orientieren.[25] Eine Ausnahme gilt nur
    dann, wenn sachliche, im Beschäftigungsverhältnis liegende Gründe für eine

---

20 Hierher gehört nicht der Fall des vorzeitigen Altersrentenbezugs nach § 6
    BetrAVG.
21 BGH 3.2.1986, II ZR 54/85, ZIP 1986, 523.
22 BAG 14.12.1999, 3 AZR 684/98, EzA § 7 BetrAVG Nr. 63 = DB 2000, 2536;
    20.11.2001, 3 AZR 28/01, EzA § 3 BetrAVG Nr. 8 = DB 2002, 2333.
23 BAG 17.9.2008, 3 AZR 865/06, EzA § 1 BetrAVG Nr. 91 = ZIP 2009, 237.
24 BAG 24.6.1986, 3 AZR 645/84, EzA § 7 BetrAVG Nr. 20 = DB 1987, 587;
    10.3.1992, 3 AZR 153/91, EzA § 1 BetrAVG Lebensversicherung Nr. 3 =
    DB 1993, 490; 28.1.1986, 3 AZR 312/84, EzA § 59 KO Nr. 14 = DB 1987, 52.
25 BAG 26.4.1988, 3 AZR 411/86, EzA § 7 BetrAVG Nr. 25 = DB 1988, 1019.

Altersgrenze vor Vollendung des 60. Lebensjahres gegeben sind (z.B. bei Bergleuten oder Piloten).[26]

Wird bei Insolvenzeintritt Übergangsgeld bezogen, so besteht Insolvenz- 16 schutz nur in Höhe einer unverfallbaren Anwartschaft i.S.d. § 7 Abs. 2 BetrAVG, wenn die gesetzlichen Unverfallbarkeitsvoraussetzungen zum Zeit- punkt des Ausscheidens erfüllt waren.

c) Gestaltungsrechte

Vereinbarungen zwischen Arbeitgeber und Versorgungsberechtigtem wirken 17 sich auf die Eintrittspflicht des PSVaG aus.

Hat der Versorgungsberechtigte wirksam auf seine betriebliche Altersversor- 18 gung **verzichtet** (§ 397 BGB), entfällt die Eintrittspflicht des PSVaG. In die- sem Fall hätte der Arbeitgeber auch nicht leisten müssen, wenn er solvent geblieben wäre.[27]

Ist dem Arbeitnehmer in einem früheren Prozess mit dem Arbeitgeber der 19 Versorgungsanspruch **rechtskräftig aberkannt** worden, so gilt dies auch für den PSVaG, der wie der Arbeitgeber zur Leistung nicht verpflichtet ist.[28]

Auch Regelungen über Grund und Höhe der betrieblichen Altersversorgung 20 zwischen Arbeitgeber und Arbeitnehmer in einem **gerichtlichen Vergleich** sind wirksam und binden auch den PSVaG.[29] Dies gilt auch für einen **Teiler- lassvertrag** in einem fortbestehenden Arbeitsverhältnis.[30]

Arbeitnehmer des ursprünglich die betriebliche Altersversorgung zusagenden 21 Arbeitgebers, die auf den **Rechtsnachfolger** übergegangen sind, werden dort vom Insolvenzschutz erfasst, wenn die Rechtsnachfolge wirksam ist. Sofern die Rechtsnachfolge unwirksam ist, kommt insoweit ein Insolvenzschutz die- ser Arbeitnehmer beim Rechtsnachfolger nicht in Betracht; Insolvenzschutz besteht weiterhin beim früheren Arbeitgeber.[31] Eine wirksame Rechtsnach-

---

26 Weiterführend: Merkblatt 300/M 4 des PSVaG, das im Internet unter www.psvag.de zur Verfügung steht.

27 *Paulsdorff* Rn. 75 zu § 7.

28 BAG 23.3.1999, 3 AZR 625/97, EzA § 7 BetrAVG Nr. 58 = DB 1999, 2015.

29 BAG 18.12.1984, 3 AZR 125/84, EzA § 17 BetrAVG Nr. 2 = DB 1985, 1949.

30 BAG 14.8.1990, 3 AZR 301/89, EzA § 17 BetrAVG Nr. 5 = DB 1991, 501.

31 BAG 28.2.1989, 3 AZR 29/88, EzA § 613a BGB Nr. 84 = DB 1989, 1679; *Blo- meyer/Rolfs/Otto* Rn. 80 zu § 7; *Paulsdorff* Rn. 139 zu § 7.

folge kommt nach § 4 BetrAVG (Einzelrechtsnachfolge)[32] sowie als **(parti-elle) Gesamtrechtsnachfolge etwa nach dem UmwG**[33] **in Betracht. Ein Betriebsübergang nach § 613a BGB** (Einzelrechtsnachfolge) wirkt sich nur auf die zum Zeitpunkt des Übergangs aktiven Arbeitnehmer aus.[34]

22 Nach der Rechtsprechung des BAG besteht seit der Streichung des Sicherungsfalls der wirtschaftlichen Notlage (§ 7 Abs. 1 S. 3 Nr. 5 BetrAVG in der bis 31.12.1998 gültigen Fassung) durch das EGInsO das von der Rechtsprechung aus den Grundsätzen über den Wegfall der Geschäftsgrundlage entwickelte Recht zum Widerruf insolvenzgeschützter betrieblicher Versorgungsrechte wegen wirtschaftlicher Notlage nicht mehr. Ein solches Recht kann auch nicht auf die in einer Versorgungsordnung aufgenommenen steuerunschädlichen Vorbehalte gestützt werden. Diese Vorbehalte wirken nur deklaratorisch; sie begründen kein eigenständiges Recht zum Widerruf der betrieblichen Versorgungsansprüche- und Anwartschaften.[35] Gegen den Wegfall der Möglichkeit, die Versorgungszusage wegen wirtschaftlicher Notlage zu widerrufen, bestehen weder verfassungsrechtliche Bedenken, noch ist das Gebot des Vertrauensschutzes verletzt.[36]

II. Erfasste Durchführungswege

23 Insolvenzschutz besteht bei den Durchführungswegen der betrieblichen Altersversorgung, bei denen im Fall der Insolvenz des Arbeitgebers die Erfüllung der Ansprüche der Versorgungsberechtigten gefährdet ist.[37] Dazu gehört nach § 7 BetrAVG die

---

32 Vgl. i.E. § 4.

33 Vgl. i.E. § 4 Rdn. 9.

34 Vgl. Rdn. 83–90.

35 BAG 18.11.2008, 3 AZR 417/07, DB 2009, 1079; 31.7.2007, 3 AZR 373/06, EzA § 7 BetrAVG Nr. 72 = ZIP 2007, 2326; 17.6.2003, 3 AZR 396/02, EzA § 7 BetrAVG Nr. 69 = DB 2004, 324; BGH 13.7.2006, IX ZR 90/05, DB 2006, 1951, 1952f.; i.E. *Höfer* BetrAVG, Rn. 4381 ff. zu § 7; Zum Widerruf der betrieblichen Versorgungsansprüche nach neuer Rechtslage, *Uhlenbruck* KSI 2006, 121.

36 BAG 31.7.2007, 3 AZR 272/06, DB 2008, 1505.

37 Zur Abgrenzung zwischen insolvenzsicherungspflichtiger betrieblicher Altersversorgung und nicht erfassten sonstigen betrieblichen Versorgungsleistungen vgl. § 10 Rdn. 2–5. Zu den einzelnen Durchführungswegen vgl. § 1 Abs. 1 und § 1b Abs. 2–4 BetrAVG.

– Unmittelbare Versorgungszusage (§ 7 Abs. 1 S. 1 BetrAVG),
– Zusage über eine Direktversicherung, wenn ein widerrufliches Bezugsrecht eingeräumt ist oder bei unwiderruflichem Bezugsrecht die Ansprüche aus dem Versicherungsvertrag abgetreten, verpfändet[38] oder beliehen sind (§ 7 Abs. 1 S. 2 Nr. 1 BetrAVG).[39] Zu **beachten** ist, dass bei **ab 2001** über eine **Direktversicherung neu erteilte Entgeltumwandlungszusagen** nach § 1b Abs. 5 BetrAVG dem Arbeitnehmer von Beginn an ein unwiderrufliches Bezugsrecht eingeräumt und das Recht zur Verpfändung, Abtretung oder Beleihung durch den Arbeitgeber ausgeschlossen werden muss. In diesen Fällen besteht demnach keine Insolvenzsicherungspflicht und damit auch kein Insolvenzschutz.
– Zusage über eine Unterstützungskasse[40] (§ 7 Abs. 1 S. 2 Nr. 2 BetrAVG),
– Zusage über einen Pensionsfonds[41] (§ 7 Abs. 1 S. 2 Nr. 3 BetrAVG).

---

38 Die Verpfändung ist im Gesetz nicht ausdrücklich erwähnt, ist aber vom Normzweck her mit einzubeziehen. *Blomeyer/Rolfs/Otto* Rn. 60 zu § 7.

39 Nicht insolvenzgeschützt sind Auswirkungen auf die Direktversicherung, weil der Arbeitgeber die Beiträge an den Versicherer nicht vertragsgemäß entrichtet hat. Den Fall der Beschädigung einer Direktversicherung durch Prämienrückstände führt das Gesetz nicht als versichertes Risiko auf. BAG 17.11.1992, 3 AZR 51/92, EzA § 7 BetrAVG Nr. 45; *Langohr-Plato* Rn. 730f. m.w.N.

40 Zur Abwicklung von Entgeltumwandlungszusagen bei rückgedeckter Gruppenunterstützungskasse, *Berenz* BetrAV 2006, 514, *ders.* BetrAV 2010, 322; vgl. Merkblatt 110/M 8 des PSVaG, das im Internet unter www.psvag.de zur Verfügung steht. Allgemein zur Insolvenzsicherung bei Unterstützungskassen, *Hoppenrath* BetrAV 2010, 220 sowie zu neueren Entwicklungen, *Wohlleben* BetrAV 2011, 232.

41 Vgl. zu Pensionsfonds Merkblatt 300/M 14 des PSVaG, das im Internet unter www.psvag.de zur Verfügung steht.

24

Durchführungswege der betrieblichen Altersversorgung	
Insolvenzsicherung durch den PSVaG Die Ansprüche der Versorgungsberechtigten sind durch eine Insolvenz des Arbeitgebers gefährdet	**Keine Insolvenzsicherung durch den PSVaG** Nach Ansicht des Gesetzgebers sind die Ansprüche der Versorgungsberechtigten durch eine Insolvenz des Arbeitgebers nicht gefährdet
– **unmittelbare Versorgungszusage** (§ 1 Abs. 1 iVm § 7 Abs. 1, 2 BetrAVG) – **Direktversicherung** Soweit ein widerrufliches Bezugsrecht besteht oder bei unwiderruflichem Bezugsrecht die Ansprüche abgetreten, verpfändet oder beliehen sind – Ausnahmefall (§ 1b Abs. 2 iVm § 7 Abs. 1, 2 BetrAVG) – **Unterstützungskasse** (§ 1b Abs. 4 iVm § 7 Abs. 1, 2 BetrAVG) – **Pensionsfonds** (§ 1b Abs. 3 iVm § 7 Abs. 1, 2 BetrAVG)	– **Direktversicherung** Soweit ein unwiderrufliches Bezugsrecht besteht und die Ansprüche nicht abgetreten, verpfändet oder beliehen sind – Regelfall (§ 1b Abs. 2 BetrAVG) – **Pensionskasse** (§ 1b Abs. 3 BetrAVG)

III. Sicherungsfall

1. Grundsatz

25 Die die Eintrittspflicht des PSVaG auslösenden Sicherungsfälle sind **abschließend** in § 7 Abs. 1 S. 1 und S. 4 Nr. 1 bis 3 BetrAVG **aufgeführt**. Abzustellen ist dabei immer auf den Eintritt des Sicherungsfalls beim Arbeitgeber,[42] nicht beim externen Versorgungsträger (Unterstützungskasse, Pensionsfonds). Dies

---

42 Zum Begriff des Arbeitgebers vgl. § 17 Rdn. 5–17.

gilt auch, wenn die Unterstützungskasse selbst über ausreichendes Vermögen zur Leistungserbringung verfügt.[43]

Ein Sicherungsfall mit der Folge der Eintrittpflicht für den PSVaG kann 26 auch bei einer inländischen Niederlassung eines **ausländischen Arbeitgebers** vorliegen, wenn die Niederlassung nach § 102 EGInsO insolvenzfähig ist.[44]

Gesetzliche Änderungen im Hinblick auf die Sicherungsfälle des § 7 BetrAVG 27 ergaben sich mit der Einführung der Insolvenzordnung im Einführungsgesetz zur Insolvenzordnung[45] (EGInsO), in Kraft getreten am 1.1.1999.[46]

Ein **(Teil-) Widerruf** der Versorgungszusage durch den Arbeitgeber aufgrund 28 einer **schlechten wirtschaftlichen Situation des Arbeitgebers** ist arbeitsrechtlich **unwirksam**.[47] Bis zum Eintritt eines Sicherungsfalls bleibt der Arbeitgeber zur Zahlung der betrieblichen Altersversorgung verpflichtet.

Die **Liquidation** eines Unternehmens stellt keinen Sicherungsfall für den 29 PSVaG dar. Im Rahmen der Liquidation sind die Ansprüche der Versorgungsberechtigten wie die der anderen Gläubiger zu befriedigen.[48]

2. Gerichtlicher Sicherungsfall

Gerichtliche Sicherungsfälle sind die **Eröffnung des Insolvenzverfahrens** 30 sowie die **Abweisung des Antrags auf Eröffnung des Insolvenzverfahrens mangels Masse.** Erforderlich ist ein Insolvenzantrag eines Gläubigers oder des Schuldners (§ 13 InsO). Rechtgrundlage ist die **Insolvenzordnung**[49] (InsO); mit ihr wurden die bis dahin geltende Konkursordnung[50] (KO), die

---

43 Vgl. § 9 Rdn. 26.
44 BAG 12.2.1991, 3 AZR 30/90, EzA § 9 BetrAVG Nr. 4 (zu § 238 KO) = DB 1991, 1735.
45 Vom 5.10.1994 BGBl. S. 2911, 2947. Zum Überblick über die Systematik der Insolvenzordnung und die Auswirkungen auf die betriebliche Altersversorgung, *Berenz* BetrAV 1999, 149, Zur Rechtsstellung des PSVaG vor und in der Unternehmensinsolvenz, *Wohlleben* BetrAV 2006, 217.
46 Übergangsbestimmung enthält § 31 BetrAVG.
47 BAG 17.6.2002, 3 AZR 396/02, EzA § 7 BetrAVG Nr. 69 = DB 2004, 324; vgl. i.E. § 7 Rdn. 22.
48 Vgl. Merkblatt 300/M 8 des PSVaG, das im Internet unter www.psvag.de zur Verfügung steht.
49 Vom 5.10.1994 BGBl. I S. 2866 (InsO) bzw. S. 2911 (EGInsO).
50 Vom 10.2.1877 RGBl. S. 351.

Vergleichsordnung[51] (VerglO) sowie die für die neuen Länder geltende Gesamtvollstreckungsordnung[52] (GesVO) abgelöst.

a) Eröffnung des Insolvenzverfahrens (§ 7 Abs. 1 S. 1 BetrAVG)

31 Die Eröffnung des Insolvenzverfahrens setzt voraus, dass ein **Eröffnungs-grund** – drohende Zahlungsunfähigkeit, Zahlungsunfähigkeit oder Über-schuldung (§ 16 InsO) – gegeben ist.

32 Eröffnet wird das Insolvenzverfahren durch den **Eröffnungsbeschluss** des Insolvenzgerichts (§ 27 InsO). Dieser enthält Name und Gewerbe des Schuldners, nennt den Insolvenzverwalter sowie Tag und Stunde der Eröff-nung des Insolvenzverfahrens.

33 Die **Eintrittspflicht des PSVaG** ist an das **Datum der Eröffnung** des Insol-venzverfahrens geknüpft (Eintritt des Sicherungsfalls, § 7 Abs. 1 S. 1 letzter Hs. i.V.m. Abs. 1a BetrAVG); vorher bestehen keine Rechtspflichten des PSVaG zur Zahlung von Leistungen.

b) Abweisung mangels Masse (§ 7 Abs. 1 S. 4 Nr. 1 BetrAVG)

34 Das Insolvenzgericht weist den Antrag auf Eröffnung des Insolvenzverfahrens ab, wenn das Vermögen des Schuldners – also des Arbeitgebers – voraussicht-lich nicht ausreichen wird, um die Kosten des Verfahrens zu decken (§ 26 Abs. 1 S. 1 InsO).

35 Die **Eintrittspflicht des PSVaG** ist an das **Datum des Abweisungsbeschlus-ses** des Insolvenzgerichts geknüpft (Eintritt des Sicherungsfalls, § 7 Abs. 1 S. 3 Nr. 1 i.V.m. Abs. 1a BetrAVG); vorher bestehen keine Rechtspflichten des PSVaG zur Zahlung von Leistungen.

---

51 Vom 26.2.1935 RGBl. I S. 321.
52 Vom 23.5.1991 BGBl. I S. 1191.

3. Außergerichtlicher Sicherungsfall

a) Außergerichtlicher Vergleich (§ 7 Abs. 1 S. 4 Nr. 2 BetrAVG)

Der außergerichtliche Vergleich des Arbeitgebers mit seinen Gläubigern zur 37 Abwendung eines Insolvenzverfahrens ist ein Sicherungsfall i.S.d. § 7 BetrAVG, wenn der **PSVaG dem Vergleich zustimmt.**[53] In Betracht kommt ein Stundungs-, Quoten- oder Liquidationsvergleich (§ 7 Abs. 1 S. 4 Nr. 2 BetrAVG). Durch das Zustimmungserfordernis wird verhindert, dass ein Versorgungsberechtigter dem Vergleich zustimmt und dadurch zulasten des PSVaG dessen Einstandspflicht auslöst.[54]

Der Vergleich muss ausgewogen sein, darf also nicht im Wesentlichen zulas- 38 ten der Pensionäre gehen.[55] Von den Anspruchsberechtigten aus betrieblicher Altersversorgung und damit vom PSVaG dürfen **keine Sonderopfer** zur besseren Befriedigung anderer Gläubiger verlangt werden. Alle Gläubiger, die

---

53 Vgl. Merkblatt 110/M 1 des PSVaG, das im Internet unter www.psvag.de zur Verfügung steht. Zur Rechtsstellung des PSVaG im außergerichtlichen Vergleich, *Uhlenbruck* KSI 2006, 121.

54 *Andresen/Förster/Rößler/Rühmann* Teil 13 A, Rn. 72; *Blomeyer/Rolfs/Otto* Rn. 102 zu § 7.

55 BAG 30.10.1984, 3 AZR 236/82, EzA § 242 Betriebliche Übung Nr. 14 = DB 1985, 1747.

Anteilseigner und ggf. auch die aktive Belegschaft sollen angemessen zur Erhaltung des Unternehmens beitragen, was eine gleichmäßige Verteilung der Lasten voraussetzt.[56]

39   Soll das Unternehmen **fortgeführt** werden, so muss der Arbeitgeber in seinem Antrag auf Zustimmung zum außergerichtlichen Vergleich **substantiiert darlegen**, dass Art und Ausmaß der geplanten Maßnahmen in Form einer Stundung, Kürzung oder Einstellung laufender Leistungen zur Fortführung des Betriebs unumgänglich notwendig sind und dass **realistische Erfolgsaussichten** auf Vermeidung des wirtschaftlichen Zusammenbruchs und auf Wiederherstellung der Ertragskraft (**Sanierung**) bestehen. Daher muss der Arbeitgeber einen wirtschaftlichen Sanierungsplan ausarbeiten, der deutlich macht, wie eine dauerhafte Überwindung der Krise erreicht werden kann, und nach vernünftiger Beurteilung einer dafür sachkundigen Stelle Erfolg erwarten lässt.[57]

40   Sofern der PSVaG einem außergerichtlichen Fortführungsvergleich zustimmt, endet nicht ohne Weiteres das Versorgungsverhältnis zwischen Versorgungsberechtigtem und Arbeitgeber. Es bleibt in dem Umfang bestehen, in dem der PSVaG die betriebliche Altersversorgung nicht übernimmt. Diesen Teil der Versorgung können die Versorgungsberechtigten weiterhin vom Arbeitgeber verlangen.[58]

41   Der PSVaG ist weder verpflichtet, dem außergerichtlichen Vergleich zuzustimmen,[59] noch besteht ein Rechtsanspruch auf Zustimmung.[60] Erfolgt keine Zustimmung, bestehen die Versorgungsansprüche der Begünstigten unverändert gegenüber dem Arbeitgeber.[61] Werden ihre Ansprüche von diesem nicht erfüllt, so können die Versorgungsberechtigten den PSVaG zur

---

56 BAG 24.4.2001, 3 AZR 402/00, EzA § 7 BetrAVG Nr. 64 = DB 2001, 1787.

57 Vgl. i.E. hierzu BAG 24.4.2001, 3 AZR 402/00, EzA § 7 BetrAVG Nr. 64 = DB 2001, 1787.

58 BAG 9.11.1999, 3 AZR 361/98, EzA § 7 BetrAVG Nr. 62 = DB 2001, 932.

59 *Blomeyer/Rolfs/Otto* Rn. 103 ff. zu § 7; *Bode/Obenberger* Rn. 436; *Höfer* BetrAVG, Rn. 4356 zu § 7.

60 ArbG Köln 3.12.2004, 12 Ca 5950/04, rkr., n.v.; *Blomeyer/Rolfs/Otto* Rn. 105 zu § 7; *Höfer* BetrAVG, Rn. 4359, 4361 zu § 7; *Langohr-Plato* Rn. 721; *Paulsdorff* Rn. 253 zu § 7; a.A. *Diller* ZIP 1997, 765.

61 BGH 12.12.1991, IX ZR 178/91, ZIP 1992, 191; *Höfer* BetrAVG, Rn. 4352 zu § 7; *Paulsdorff* Rn. 253 zu § 7.

Leistung verpflichten, in dem sie einen Insolvenzantrag[62] stellen und das Insolvenzverfahren vom zuständigen Gericht eröffnet oder die Eröffnung mangels Masse abgewiesen wird. Dabei ist zu beachten, dass der PSVaG nur begrenzt für vor Eintritt des Sicherungsfalls nicht gezahlte Rentenleistungen eintritt, § 7 Abs. 1a BetrAVG.[63]

Die **Eintrittspflicht des PSVaG** ergibt sich aus dem in der Zustimmungser- **42** klärung zum Vergleich festgelegten Datum (Eintritt des Sicherungsfalls), vorher bestehen keine Rechtspflichten des PSVaG zur Zahlung von Leistungen.[64] Die Vorschrift des § 9 Abs. 4 S. 2 BetrAVG findet entsprechende Anwendung.[65]

b) Vollständige Beendigung der Betriebstätigkeit (§ 7 Abs. 1 S. 4 Nr. 3 BetrAVG)

Ein Sicherungsfall liegt auch vor bei vollständiger Beendigung der Betriebstä- **43** tigkeit im Geltungsbereich des BetrAVG, wenn ein Antrag auf Eröffnung eines Insolvenzverfahrens nicht gestellt worden ist **und** ein Insolvenzverfahren offensichtlich mangels Masse nicht in Betracht kommt. Es handelt sich um einen **Auffangtatbestand** für Fälle, in denen der Arbeitgeber infolge Zahlungsunfähigkeit seine Zahlungen einstellt und keine Anstalt macht, ein förmliches Insolvenzverfahren einzuleiten.[66] Die **Zahlungsunfähigkeit** des Arbeitgebers ist zwar kein im Gesetz ausdrücklich genanntes Merkmal, aber dennoch **Grundvoraussetzung der Eintrittspflicht des PSVaG.**[67] Eine bloße **Zahlungsunwilligkeit reicht nicht aus.**[68]

---

62 Dem PSVaG selbst hat der Gesetzgeber kein besonderes Recht zur Beantragung eines Insolvenzverfahrens eingeräumt (*Pausldorff/Wohlleben* S. 1655, 1657). Der Arbeitgeber kann jedoch bereits bei drohender und nicht – wie früher – erst bei eingetretener Zahlungsunfähigkeit ein gerichtliches Insolvenzverfahren einleiten, § 18 InsO.

63 Vgl. Rdn. 66–67.

64 BAG 14.12.1993, 3 AZR 618/93, EzA § 7 BetrAVG Nr. 47; *Langohr-Plato* Rn. 721; *Paulsdorff* Rn. 18 zu § 7.

65 Vgl. § 9 Rdn. 36.

66 *Blomeyer/Rolfs/Otto* Rn. 109 zu § 7; *Paulsdorff* Rn. 160 zu § 7.

67 BAG 20.11.1984, 3 AZR 444/82, EzA § 7 BetrAVG Nr. 15.

68 *Andresen/Förster/Rößler/Rühmann* Teil 13 A, Rn. 86.

44 **Vollständige Beendigung der Betriebstätigkeit** bedeutet Einstellung des mit dem Betrieb verfolgten arbeitstechnischen und unternehmerischen Zwecks unter Auflösung der organisatorischen Einheit des Unternehmens.[69]

45 Ein Insolvenzverfahren kommt offensichtlich mangels Masse nicht in Betracht, wenn zwar die Voraussetzungen für die Stellung eines Insolvenzantrages an sich gegeben sind (Insolvenzfähigkeit und -grund), die Konsequenz einer Abweisung mangels Masse durch das Insolvenzgericht jedoch offensichtlich ist. Das Merkmal der offensichtlichen Masselosigkeit ist eine anspruchsbegründende Tatsache.[70]

46 Der Sicherungsfall wird ausgelöst, wenn **objektiv eine Masselosigkeit** vorliegt (Eintritt des Sicherungsfalls). Entscheidend ist die Sicht eines entsprechend unterrichteten, unvoreingenommenen Betrachters. Nach der Rechtsprechung des BAG kommt es zwar nicht darauf an, über welche Kenntnisse der Betriebsrentner oder der PSVaG verfügen.[71] In der Praxis bedarf die Feststellung des Sicherungsfalls allerdings einer plausiblen Darlegung der Masselosigkeit.

IV. Höhe der Leistung

1. Grundsatz

47 Versorgungsempfänger haben **grds.** einen Anspruch in Höhe der Leistung, die der **Arbeitgeber** aufgrund der Versorgungszusage **zu erbringen hätte**, wenn das Insolvenzverfahren nicht eröffnet worden wäre (§ 7 Abs. 1 S. 1 BetrAVG).[72] Gesichert ist damit der Anspruch auf laufende Leistungen oder eine Kapitalleistung, die sich aus der Versorgungszusage ergibt. Die

---

69 BAG 20.11.1984, 3 AZR 444/82, EzA § 7 BetrAVG Nr. 15, DB 1985, 1479.
70 BAG 9.12.1997, 3 AZR 429/96, EzA § 7 BetrAVG Nr. 55, DB 1998, 1570.
71 BAG 9.12.1997, 3 AZR 429/96, EzA § 7 BetrAVG Nr. 55, DB 1998, 1570.
72 Zur Anrechnung von Vordienstzeiten für die Höhe der insolvenzgeschützten Leistungen vgl. § 11 Rdn. 21–24. Zum Wechsel von Arbeitnehmer- zum Unternehmer-Status vgl. § 11 Rdn. 25.
    Zu den Auswirkungen eines Betriebsübergangs auf die Eintrittspflicht des PSVaG vgl. Rdn. 83–90.
    Zur Höhe der insolvenzgeschützten Leistung bei einer Beitragszusage mit Mindestleistung (Mindestleistungsrente), beitragsorientierten Leistungszusage sowie einer Entgeltumwandlungszusage vgl. Merkblatt 300/M 14 des PSVaG, das im Internet unter www.psvag.de zur Verfügung steht.

Höchstgrenze der insolvenzgeschützten Leistungen des PSVaG ergibt sich aus § 7 Abs. 3 BetrAVG.[73]

Insolvenzschutz besteht bei einer **Beitragszusage mit Mindestleitung** bei 48 Ansprüchen von Versorgungsempfängern grundsätzlich in Höhe der **Mindestleistungsrente**. Diese ergibt sich aus der Verrentung der Summe der bis zum Eintritt des Versorgungsfalls oder vorherigen Austritts zugesagten Beiträge, soweit sie nicht rechnungsmäßig für einen biometrischen Risikoausgleich verbraucht wurden, § 7 Abs. 1 S. 2 Nr. 2 i.V.m. § 1 Abs. 2 Nr. 2 BetrAVG.[74] Die Verrentungsgrundsätze ergeben sich aus der Versorgungsregelung. Der Teil der Rente, der über den so errechneten Betrag hinausgeht wird vom PSVaG nicht nach den Regelungen des § 7 Abs. 1 BetrAVG gesichert. Für diesen Teil ergibt sich die Behandlung aus Besonderheiten über den Pensionsfonds, bei denen in der Praxis für die gesetzliche Insolvensicherung die Beitragszusage mit Mindestleistung der relevante Durchführungsweg ist. Das Vermögen des Pensionsfonds geht grds. nach § 9 Abs. 3a iVm § 9 Abs. 3 BetrAVG auf den PSVaG über, der seinerseits den Vermögensteil, der seine Eintrittspflicht für die insolvenzgeschützte Mindestleistung übersteigt, zur Erhöhung der laufenden Leistungen und der unverfallbaren Anwartschaften zu verwenden hat.[75]

Sofern in der Versorgungszusage die **Anrechnung anderer Versorgungsleis-** 49 **tungen** oder sonstiger Bezüge vorgesehen ist, ist dies auch für den PSVaG bindend.[76]

Ob der Versorgungsempfänger zu dem von der gesetzlichen Insolvenzsiche- 50 rung **erfassten Personenkreis** gehört und der **insolvente Arbeitgeber vom BetrAVG** erfasst wird, ergibt sich aus § 17 BetrAVG.

Zu einer Anpassung der Versorgungsleistung nach **§ 16 BetrAVG** ist der 51 PSVaG nicht verpflichtet.[77] Im Insolvenzfall muss der PSVaG eine Anpassungsverpflichtung des Arbeitgebers bei bereits laufenden Versorgungsleis-

---

73 Vgl. Rdn. 127–142.
74 Vgl. Merkblatt 300/M 14 des PSVaG, das unter www.psvag.de zur Verfügung steht.
75 Vgl. § 9 Rdn. 23–32, 33 f.
76 *Höfer* BetrAVG, Rn. 4450 zu § 7.
77 BAG 22.3.1983, 3 AZR 574/81, EzA § 16 BetrAVG Nr. 14 = DB 1983, 780; 5.10.1993, 3 AZR 698/92, EzA § 16 BetrAVG Nr. 25 = DB 1994, 687; vgl. § 16 Rdn. 20–23.

tungen nur dann übernehmen, wenn sich – unabhängig von § 16 Abs. 1 BetrAVG – der künftige Anspruch auf Anpassung dem Grunde und der Höhe nach bereits aus der Versorgungszusage ergibt.[78] Der Arbeitgeber muss demnach eine **dynamische Rente** zugesagt haben, indem der er sich verpflichtet hat, den Versorgungsanspruch nach bestimmten Kriterien (feststehende Bemessungsfaktoren) unabhängig von BetrAVG anzupassen. Dann muss auch der PSVaG hierfür einstehen und seine Leistungen entsprechend dieser Zusage erhöhen.[79] Folglich ist auch die 1%-ige Erhöhung der laufenden Leistungen nach § 16 Abs. 3 Nr. 1 BetrAVG insolvenzgesichert.

52 Hat der Arbeitgeber die Versorgungsordnung unter Beachtung der rechtlichen Möglichkeiten[80] geändert, so richtet sich regelmäßig auch die Eintrittspflicht des PSVaG danach. Dies gilt auch für Einschränkungen der Leistungshöhe. Die Darlegungs- und Beweislast für ausreichende Eingriffsgründe des Arbeitgebers in die Versorgungsordnung trifft den PSVaG.[81]

53 Ansprüche des Versorgungsberechtigten gegenüber dem PSVaG auf eine Erstattung von **Zinsen oder Kosten** bestehen nicht. Das BetrAVG sieht eine Kostenerstattung nicht vor.[82] Unberührt davon bleibt die gesetzliche Verpflichtung zur Erstattung von Prozesskosten aus Rechtsstreiten mit dem PSVaG.

2. Fälligkeit

54 Es ist zwischen der **regelmäßigen Fälligkeit** der laufenden Leistung und dem Zeitpunkt der **ersten Fälligkeit** der Leistungen des PSVaG zu unterscheiden.

55 Die **regelmäßige Fälligkeit der laufenden Leistung** richtet sich nach der in der Versorgungsordnung vorgesehenen Fälligkeit der Zahlung. In der Regel werden Betriebsrenten am Ende des Monats für diesen Monat gezahlt (nachträglich).

---

78 BAG 26.1.1999, 3 AZR 464/97, EzA § 7 BetrAVG Nr. 59 = DB 1999, 1563; 8.6.1999, 3 AZR 39/98, EzA § 7 BetrAVG Nr. 60 = DB 1999, 2071.
79 Hierzu gehören auch Versorgungszusagen nach den Richtlinien des Essener Verbandes: BAG 15.2.1994, 3 AZR 705/93, EzA § 7 BetrAVG Nr. 48 = NZA 1994, 943.
80 Zu den Eingriffsmöglichkeiten vgl. § 1 Rdn. 254–371.
81 BAG 21.11.2000, 3 AZR 91/00, EzA § 1 BetrAVG Ablösung Nr. 26 = DB 2000, 2435.
82 *Blomeyer/Rolfs/Otto* Rn. 197 zu § 7.

Die **erstmalige Fälligkeit der Leistungen des PSVaG** richtet sich nach § 14 56
VVG (§ 7 Abs. 1 S. 3 BetrAVG). Geldleistungen sind danach mit Beendigung
der zur Feststellung des Versicherungsfalls und des Umfangs der Leistungen
des Versicherers nötigen Erhebungen (Anspruchsprüfung durch den PSVaG)
fällig (§ 14 Abs. 1 VVG), also mit dem Zeitpunkt der Erteilung des Leistungsbescheids durch den PSVaG gegenüber dem Versorgungsberechtigten.
Der Bezug auf diese Vorschrift ist konsequent, denn der PSVaG muss nach
Eintritt eines Sicherungsfalls zunächst die zur Leistungsfeststellung erforderlichen Unterlagen und Auskünfte einholen und prüfen. Dem entsprechen
die Auskunfts- und Mitteilungspflichten des Insolvenzverwalters im Insolvenzverfahren als Schnittstelle zwischen Versorgungsberechtigten und PSVaG
(§ 11 Abs. 3 BetrAVG). Die Möglichkeit des Versorgungsberechtigten,
Abschlagszahlungen in Höhe eines unstreitigen Teils zu verlangen, richten
sich nach § 14 Abs. 2 VVG.

Verzugszinsen fallen nicht an, solange die Fälligkeit nach § 14 Abs. 1 VVG 57
nicht eingetreten ist und der Versorgungsberechtigte nicht nachgewiesen hat,
dass Erhebungen des PSVaG zur Zahlung von Versorgungsleistungen nicht
mehr erforderlich sind.[83]

Mit Eintritt der Fälligkeit nach § 14 VVG hat der PSVaG sowohl die rück- 58
ständigen Leistungen zu zahlen als auch die Zahlung der laufenden Leistungen aufzunehmen.

Bei der **Fälligkeit einer Invalidenrente** sind Besonderheiten im Zusammen- 59
hang mit Entgeltersatzleistungen zu beachten, falls die Voraussetzungen für
den Bezug der Invalidenrente der gesetzlichen Rentenversicherung nach dem
Eintritt des Sicherungsfalls für ein zeitlich davor liegendes Datum festgestellt
werden.[84] Der Anspruch auf Leistung einer Invalidenrente durch den PSVaG
ist so lange nicht fällig, wie der Versorgungsberechtigte **Entgeltersatzleistungen** erhält, die während eines bestehenden Arbeitsverhältnisses gezahlt werden und der parallele Bezug von Entgeltersatzleistung und betrieblicher
Rente durch die Versorgungsordnung ausgeschlossen ist. Entgeltersatzleistungen sind Entgeltfortzahlung im Krankheitsfall, Krankengeld der Krankenkasse, Übergangsgeld des Rentenversicherungsträgers sowie Insolvenzgeld.[85]

---

83 *Höfer* BetrAVG, Rn. 4311 zu § 7.
84 Vgl. Rdn. 6.
85 Nicht zu den Entgeltersatzleistungen gehört das Arbeitslosengeld, BAG
    26.1.1999, 3 AZR 464/97, EzA § 7 BetrAVG Nr. 59 = DB 1999, 1563.

Die Fälligkeit und damit der Beginn der Leistungen des PSVaG setzt erst ein, wenn die Zahlung der Entgeltersatzleistung aufhört.

60 Sofern der gesetzliche Rentenversicherungsträger den Beginn der Zahlung seiner **Invalidenrente** auf einen in der **Vergangenheit liegenden Zeitpunkt festlegt**, werden für diesen Zeitraum gezahlte Entgeltersatzansprüche – z.B. Krankengeld der Krankenkasse – zwischen den Sozialversicherungsträgern erstattet.[86] Im Ergebnis hat der Versorgungsberechtigte dann ab diesem Zeitpunkt keine Entgeltersatzleistung erhalten, sondern Invalidenrente. In diesem Fall beginnt die Leistungspflicht des PSVaG grundsätzlich zu dem Zeitpunkt, ab dem die Invalidenrente der gesetzlichen Rentenversicherung gezahlt wird, frühestens jedoch unter Beachtung von § 7 Abs. 1a BetrAVG.

61 Je nach Fallgestaltung kann der Zahlungsbeginn auch hinausgeschoben sein. Das BAG hat festgestellt, dass der Betriebsrentenanspruch wegen Erwerbsunfähigkeit ruht, solange der Versorgungsberechtigte Krankengeld erhält. Dabei ist es unerheblich, dass der Rentenversicherungsträger die von ihm rückwirkend bewilligte Erwerbsunfähigkeitsrente mit dem für denselben Zeitraum gezahlten Krankengeld verrechnet. Da dem Versorgungsberechtigten nach § 50 Abs. 1 S. 2 SGB V auch der überschießende Betrag des Krankengeldes verbleibt, fehlt insoweit der Versorgungsbedarf (im entschiedenen Fall überstieg der verbliebene Betrag die betriebliche Erwerbsminderungsrente). Wirtschaftlich betrachtet möchte das BAG dem Versorgungsberechtigten im Ergebnis nicht mehr zukommen lassen als die Summe aus der Erwerbsminderungsrente der Rentenversicherung und der betrieblichen Erwerbsminderungsrente; sofern das gezahlte Krankengeld diesen Betrag erreicht oder übersteigt ist für den betroffenen Zeitraum folglich keine betriebliche Erwerbsminderungsrente zu zahlen.[87] Diese Berechnungsgrundsätze finden auch auf den PSVaG Anwendung.

V. Entstehung und Ende des Anspruchs (§ 7 Abs. 1a BetrAVG)

1. Entstehung und Ende

62 Der **Anspruch** des Versorgungsempfängers gegen den PSVaG **entsteht** mit dem Beginn des Kalendermonats, der auf den Eintritt des Sicherungsfalls

---

86 BAG 26.1.1999, 3 AZR 464/97, EzA § 7 BetrAVG Nr. 59 = DB 1999, 1563.
87 BAG 17.10.2000, 3 AZR 359/99, EzA § 242 BGB Nr. 113 Ruhegeld = DB 2001, 392.

folgt (§ 7 Abs. 1a S. 1 BetrAVG). Diese Vorschrift entspricht dem Charakter der Betriebsrente als Monatsleistung.[88] Wenn das Insolvenzverfahren z.B. am 16.4 eines Jahres eröffnet wird, entsteht der Anspruch gegen den PSVaG erst am 1.5. des Jahres.

Soweit vom Arbeitgeber oder sonstigen Versorgungsträger schon vor dem **63** Entstehen des Anspruchs gegen den PSVaG Leistungen erbracht worden sind, sind die entsprechenden Zahlungsverpflichtungen durch Erfüllung (§ 362 BGB) erloschen (§ 7 Abs. 4 BetrAVG). Der PSVaG wird in diesem Umfang schon dem Grunde nach nicht eintrittspflichtig.[89]

Der **Anspruch endet** mit Ablauf des Sterbemonats des Begünstigten, soweit **64** in der Versorgungszusage des Arbeitgebers nicht etwas anderes bestimmt ist (§ 7 Abs. 1a S. 2 BetrAVG).

Die **Verjährung der Leistungen** auf betriebliche Altersversorgung ist in § 18a **65** BetrAVG geregelt. Diese Vorschrift gilt auch für die gesetzliche Insolvenzsicherung.

2. Rückständige Versorgungsleistungen

Aufgrund von § 7 Abs. 1a S. 3 BetrAVG haben die Versorgungsberechtigten **66** bei den Sicherungsfällen
- Eröffnung des Insolvenzverfahrens,
- Abweisung des Antrags auf Eröffnung eines Insolvenzverfahrens mangels Masse,
- vollständige Beendigung der Betriebstätigkeit im Geltungsbereich des BetrAVG, wenn ein Antrag auf Eröffnung eines Insolvenzverfahrens nicht gestellt worden ist und ein Insolvenzverfahren offensichtlich mangels Masse nicht in Betracht kommt

zusätzlich einen **Anspruch auf Versorgungsleistungen**, die vom Arbeitgeber **vor Eintritt eines der genannten Sicherungsfälle nicht gezahlt worden sind.** Auf den Sicherungsfall des außergerichtlichen Vergleichs erstreckt sich diese gesetzliche Regelung ausdrücklich nicht, da hier der Leistungsbeginn in der Zustimmungserklärung des PSVaG festgelegt wird.[90]

---

88 *Blomeyer/Rolfs/Otto* Rn. 189 zu § 7.
89 *Höfer* BetrAVG, Rn. 4520 zu § 7.
90 *Paulsdorff* Rn. 18 und 26 zu § 7.

67 Der Anspruch auf rückständige Versorgungsleistungen reicht **maximal bis zu zwölf Monaten vor Entstehen der Leistungspflicht** des PSVaG (§ 7 Abs. 1a S. 3 BetrAVG).[91] Hier ist zu beachten, dass die Leistungspflicht mit Beginn des Kalendermonats entsteht, der auf den Eintritt des Sicherungsfalls folgt (§ 7 Abs. 1a S. 1 BetrAVG).

68 ▶ **Beispiel:**

Das Insolvenzverfahren ist am 16.4.2012 eröffnet worden. Der Arbeitgeber hat seit Januar 2011 keine Versorgungsleistungen mehr erbracht. Der Anspruch der Versorgungsberechtigten entsteht am 1.5.2012 (§ 7 Abs. 1a S. 1 BetrAVG). Rückständige Versorgungsleistungen werden demnach für zwölf Monate vor Entstehung der Leistungspflicht erbracht, also ab 1.5.2011 (§ 7 Abs. 1a S. 3 BetrAVG).

VI. Rechtsweg

69 Für Klagen der Versorgungsberechtigten und ihrer Hinterbliebenen gegen den PSVaG auf Leistungen der gesetzlichen Insolvenzsicherung (dem Grunde und der Höhe nach) ist i.d.R. der Rechtsweg vor die **Arbeitsgerichte** eröffnet (§ 2 Abs. 1 Nr. 5 ArbGG, § 17 ZPO). Örtlich zuständig ist ausschließlich das Arbeitsgericht Köln.[92]

70 Für Rechtsstreitigkeiten der Nicht-Arbeitnehmer (§ 17 BetrAVG, z.B. Organmitglieder juristischer Personen) sind die **ordentlichen** Gerichte (i.d.R. das Landgericht) – örtlich ausschließlich Köln – zuständig.

C. Unverfallbare Anwartschaften (§ 7 Abs. 2 BetrAVG)

I. Grundsatz

71 Arbeitnehmer, die bei Eintritt eines Sicherungsfalls nach § 7 Abs. 1 BetrAVG eine **gesetzlich unverfallbare Anwartschaft** haben, erfahren **Insolvenzschutz** durch den PSVaG nach § 7 Abs. 2 BetrAVG. Sie erhalten beim künftigen

---

91 Die Verlängerung der Frist von sechs auf zwölf Monate erfolgte durch das Gesetz zur Verbesserung der Rahmenbedingungen für die Absicherung flexibler Arbeitszeitregelungen und zur Änderung anderer Gesetze vom 21.12.2008, BGBl. I S. 2940 (2947) und ist am 1.1.2009 in Kraft getreten.

92 BAG 22.11.1983, 5 AS 19/89, DB 1984, 300: Bei allen speziellen Fragen der Insolvenzsicherung ist es zweckmäßig, die Klagen bei dem für den PSVaG zuständigen Arbeitsgericht Köln zu konzentrieren.

Eintritt des Versorgungsfalls (Alter oder Invalidität) vom PSVaG Leistungen der betrieblichen Altersversorgung, soweit diese Versorgungsfälle von der Zusage erfasst werden. Ausdrücklich unter Insolvenzschutz stehen auch die Leistungen an die Hinterbliebenen der unmittelbar Versorgungsberechtigten, soweit die Versorgungszusage Hinterbliebenenleistungen vorsieht (§ 7 Abs. 2 S. 1 BetrAVG).[93]

II. Gesetzliche Unverfallbarkeit

Ausschließlich gesetzlich unverfallbare Anwartschaften unterliegen dem Insolvenzschutz und zwar sowohl diejenigen der zum Zeitpunkt des Eintritts des Sicherungsfalls noch im Unternehmen beschäftigten Arbeitnehmer als auch der mit einer gesetzlich unverfallbaren Anwartschaft vorher ausgeschiedenen Versorgungsberechtigten.[94] Hierbei gelten für Entgeltumwandlungszusagen Besonderheiten.[95] 72

Vertragliche Unverfallbarkeitsvereinbarungen zwischen Arbeitgeber und Arbeitnehmer haben keinen Einfluss auf die gesetzliche Insolvenzsicherung. Die gesetzliche Insolvenzsicherung steht **nicht zur Disposition der Parteien** des Versorgungsvertrages.[96] 73

Vereinbarungen zwischen Arbeitgeber und Versorgungsberechtigten wirken sich auf die Eintrittspflicht des PSVaG aus.[97] 74

Die Anrechnung von **Vordienstzeiten** kann sich auf die gesetzliche Unverfallbarkeit auswirken.[98] 75

Ebenso wirkt sich ein **Wechsel vom Arbeitnehmer- zum Unternehmerstatus** auf die gesetzliche Unverfallbarkeit der Anwartschaft aus.[99] 76

---

93 Vgl. weiterführend Rdn. 10.
94 Zu den Voraussetzungen der gesetzlichen Unverfallbarkeit vgl. § 1b und § 30f BetrAVG und das Merkblatt 300/M 12 des PSVaG, das im Internet unter www.psvag.de zur Verfügung steht. Zur vorzeitigen Altersleistung nach § 6 BetrAVG vgl. Rdn. 7.
95 Vgl. § 10 Rdn. 104–115.
96 BAG 14.12.1999, 3 AZR 684/98, EzA § 7 BetrAVG Nr. 63 = DB 2000, 2536; *Berenz* BB 2001, 1093.
97 Vgl. Rdn. 17–22.
98 Vgl. § 11 Rdn. 21–24.
99 Vgl. § 11 Rdn. 25.

77   Ist dem Arbeitnehmer in einem früheren Prozess mit dem Arbeitgeber der Versorgungsanspruch rechtskräftig aberkannt worden, so gilt dies auch für den PSVaG, der wie der Arbeitgeber zur Leistung nicht verpflichtet ist.[100]

1.   Betriebliche Altersversorgung im Sinne des BetrAVG

78   Eine vom Arbeitgeber versprochene Leistung ist nur dann nach § 7 BetrAVG insolvenzgesichert, wenn es sich um **betriebliche Altersversorgung i.S.d. Betriebsrentengesetzes** handelt.[101] Ob dies der Fall ist, richtet sich danach, ob die in § 1 Abs. 1 S. 1 BetrAVG abschließend aufgezählten Voraussetzungen erfüllt sind.[102] Es kommt nicht darauf an, wie eine vom Arbeitgeber in Aussicht gestellte Leistung bezeichnet worden ist.

79   Der von der gesetzlichen Insolvenzsicherung **erfasste Personenkreis** (Arbeitnehmer) sowie die **erfassten Arbeitgeber** ergeben sich aus § 17 BetrAVG.

2.   Übergangsgeld

80   In einer Versorgungsregelung kann die feste Altersgrenze auch auf einen früheren Zeitpunkt als die Regelaltersgrenze für den Bezug der gesetzlichen Rentenversicherung (Erreichen der Regelaltersgrenze) festgelegt werden.[103] Sofern diese Grenze nicht vor der Vollendung des 60. Lebensjahres liegt, ist sie im Rahmen des Insolvenzschutzes gem. § 7 Abs. 2 BetrAVG zu beachten, sofern in der Versorgungsordnung das frühere Endalter vorgesehen ist.[104]

81   Beendet der Arbeitnehmer vor Eintritt des Versorgungsfalls das Arbeitsverhältnis, so kann in diesem Zusammenhang eine feste Altersgrenze nicht mit Wirkung für die Insolvenzsicherung herabgesetzt werden. Die feste Altersgrenze legt nämlich den Zeitpunkt fest, bis zu dem der Arbeitnehmer betriebstreu sein soll. Dies ist jedoch aufgrund der vorzeitigen Beendigung

---

100   BAG 23.3.1999, 3 AZR 625/97, EzA § 7 BetrAVG Nr. 58 = DB 1999, 2015.

101   Zu Arbeitsverhältnissen mit Auslandsberührung vgl. Merkblatt 300/M 7 des PSVaG und zur Insolvenzsicherung der betrieblichen Altersversorgung in den neuen Bundesländern (Zusagen ab 1992) das Merkblatt 210/M 20, die im Internet unter www.psvag.de zur Verfügung stehen.

102   BAG 3.11.1998, 3 AZR 454/97, EzA § 7 BetrAVG Nr. 56 = DB 1998, 2428; vgl. allg. § 1 Rdn. 39–74 und zum Insolvenzschutz § 11 Rdn. 16.

103   Hierher gehört nicht der Fall des vorzeitigen Altersrentenbezugs nach § 6 BetrAVG.

104   BGH 3.2.1986, II ZR 54/85, ZIP 1986, 523.

des Arbeitsverhältnisses nicht mehr möglich.[105] Ebenso wenig können aus Anlass der Beendigung des Arbeitsverhältnisses getroffene Vereinbarungen dahin ausgelegt werden, dass die feste Altersgrenze heraufgesetzt wird oder nunmehr das 65. Lebensjahr bzw. die gesetzliche Regelaltersgrenze maßgebend sein soll.[106]

Hat der Arbeitgeber auch für den Fall, dass der Dienstvertrag gekündigt bzw. **82** nicht verlängert wird, ein Ruhegeld vor Vollendung des 60. Lebensjahres zugesagt (**Übergangsgeld**) und bezieht der Versorgungsberechtigte am Stichtag des Eintritts des Sicherungsfalls noch keine Leistungen, besteht **Insolvenzschutz nur**, wenn der Versorgungsberechtigte die gesetzlichen **Unverfallbarkeitsvoraussetzungen** erfüllt. Wird dem Begünstigten wegen Eintritts der Insolvenz gekündigt, so kann zwar mit Ablauf der Kündigungsfrist der Versorgungsfall laut Zusage eintreten, jedoch bleibt dies ohne Auswirkung auf die Insolvenzsicherung durch den PSVaG. Die Höhe der insolvenzgeschützten Leistung ist nach § 7 Abs. 2 BetrAVG ratierlich zu errechnen, abgestellt auf den Zeitpunkt der Insolvenz und auf die feste Altersgrenze laut Versorgungszusage.[107]

3. Betriebsübergang nach § 613a BGB

Geht ein Betrieb oder Betriebsteil durch Rechtsgeschäft auf einen anderen **83** Inhaber über, so tritt dieser gem. § 613a Abs. 1 S. 1 BGB in die Rechte und Pflichten aus den im Zeitpunkt des Übergangs bestehenden Arbeitsverhältnissen ein (Einzelrechtsnachfolge). Zu den Rechten und Pflichten aus einem Arbeitsverhältnis gehören auch Anwartschaften auf eine betriebliche Altersversorgung.

§ 613a BGB regelt nur den **Übergang der Ansprüche der zum Zeitpunkt** **84** **des Betriebsübergangs aktiven Arbeitnehmer.** Die Ansprüche der vor dem Betriebsübergang mit einer unverfallbaren Anwartschaft ausgeschiedenen

---

105 BAG 17.9.2008, 3 AZR 865/06, EzA § 1 BetrAVG Nr. 91 = ZIP 2009, 237; 14.12.1999, 3 AZR 684/98, EzA § 7 BetrAVG Nr. 63 = DB 2000, 2536; 20.11.2001, 3 AZR 28/01, EzA § 3 BetrAVG Nr. 8 = DB 2002, 2333.
106 BAG 17.9.2008, 3 AZR 865/06, EzA § 1 BetrAVG Nr. 91 = ZIP 2009, 237.
107 Vgl. Rdn. 13–16. Weiterführend: Merkblatt 300/M 4 des PSVaG, das unter www.psvag.de zur Verfügung steht.

Arbeitnehmer sowie die der Bezieher laufender Leistungen richten sich weiterhin gegen den Betriebsveräußerer.[108]

85 ▶ **Beispiel:**

Betriebsveräußerer wird nach dem Betriebsübergang insolvent

86 Wird der **Betriebserwerber insolvent**, tritt der PSVaG nur für die nach § 613a BGB übergegangenen Ansprüche nach den gesetzlichen Vorschriften ein.

87 Wird der **Betriebsveräußerer insolvent**, bezieht sich die Eintrittspflicht des PSVaG nur auf die laufenden Leistungen und die unverfallbaren Anwartschaften, die vom Betriebsübergang nicht erfasst worden sind.

88 Wird der **Betrieb** jedoch **im Rahmen eines Insolvenzverfahrens veräußert**, ist § 613a BGB nicht anwendbar, soweit diese Vorschrift die Haftung des Betriebserwerbers für schon entstandene Ansprüche der aktiven Arbeitnehmer vorsieht. Insoweit haben die Verteilungsgrundsätze des Insolvenzverfah

---

108 Zur Behandlung der technischen Rentner beim Betriebsübergang vgl. Rdn. 8.

rens Vorrang.[109] Das bedeutet für die betriebliche Altersversorgung, dass der Erwerber zwar in die Versorgungsanwartschaften der begünstigten aktiven Arbeitnehmer eintritt, dass er aber im Versorgungsfall nur die nach Eröffnung des Insolvenzverfahrens[110] erdiente Versorgungsleistung schuldet. Für die beim insolventen Veräußerer bis zum Insolvenzfall erdienten unverfallbaren Anwartschaften haftet der **PSVaG**.[111]

Die Ansprüche der Arbeitnehmer, die im Zeitraum nach Eröffnung des **88a** Insolvenzverfahrens und vor dem Betriebsübergang
– den Eintritt des Versorgungsfalls erleben,
– mit einer unverfallbaren Anwartschaft ausgeschieden sind,
– vom Betriebsübergang nicht erfasst werden oder
– dem Betriebsübergang wirksam widersprochen haben,
richten sich weiterhin gegen den insolventen Veräußerer (Insolvenzverwalter) und nicht gegen den Betriebserwerber oder den PSVaG.[112]

Maßgeblicher Zeitpunkt für diese Haftungsbegrenzung des Betriebserwer- **89** bers und die Eintrittpflicht des PSVaG ist die Eröffnung des Insolvenzverfahrens. Wird der Betrieb vorher auf einen nicht insolventen Erwerber übertragen, so treten die Rechtsfolgen des § 613a BGB ohne eine Haftungsbegrenzung ein. Der Erwerber und nicht der PSVaG haftet dann auch für die beim Betriebsveräußerer erdienten Anwartschaften der aktiven Arbeitnehmer.[113] Das gilt auch in den Fällen der Übernahme eines schon insolvenzreifen Betriebs[114] und der Ablehnung der Insolvenzeröffnung mangels einer ausreichenden Masse.[115]

---

109 Die unter Geltung der Konkursordnung entwickelten Grundsätze zur Modifizierung einer Haftung nach § 613a BGB sind auch im Rahmen der Insolvenzordnung anzuwenden. BAG 20.6.2002, 8 AZR 459/01, EzA § 613a BGB Nr. 211 = DB 2003, 100.
110 BAG 19.5.2005, 3 AZR 649/03, EzA § 613a BGB Nr. 33; *Neuenfeld* BB 2008, 2346 (2349).
111 BAG 19.5.2005, 3 AZR 649/03, EzA § 613a BGB Nr. 33; 23.7.1991, 3 AZR 366/90, EzA § 613a BGB Nr. 94 = DB 1992, 96.
112 BAG 22.12.2009, 3 AZR 814/07, EzA § 3 BetrAVG Nr. 12 = DB 2010, 1018.
113 BAG 23.7.1991, 3 AZR 366/90, EzA § 613a BGB Nr. 94 = DB 1992, 96.
114 BAG 15.11.1978, 3 AZR 199/77, EzA § 613a BGB Nr. 21.
115 BAG 20.11.1984, 3 AZR 584/83, EzA § 613a BGB Nr. 41 = DB 1985, 1135.

90 ▶ **Beispiel:**

Betriebsveräußerer wird vor dem Betriebsübergang insolvent

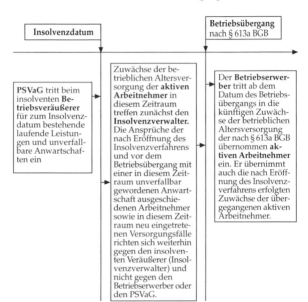

III. Erfasste Durchführungswege

91 Insolvenzschutz besteht nach § 7 Abs. 2 S. 1 i.V.m. Abs. 1 BetrAVG bei den Durchführungswegen der betrieblichen Altersversorgung, bei denen im Fall der Insolvenz des Arbeitgebers die Erfüllung der Ansprüche der Versorgungsberechtigten gefährdet ist.[116]

---

116 Vgl. Rdn. 23–24; Zur Abwicklung von Anwartschaften aufgrund Entgeltumwandlungszusagen über eine rückgedeckte Gruppenunterstützungskasse nach Eintritt der Insolvenz des Arbeitgebers, *Berenz* BetrAV 2006, 514, *ders.* BetrAV 2010, 322.

IV. Sicherungsfall

Die eine Eintrittpflicht des PSVaG auslösenden Sicherungsfälle sind 92 abschließend in § 7 Abs. 1 S. 1 und S. 4 Nr. 1 bis 3 BetrAVG aufgeführt.[117]

V. Berechnung der Leistungen

1. Grundsatz

Die Berechnung der Höhe der vom PSVaG bei Eintritt des Versorgungsfalls 93 zu erbringenden Versorgungsleistung ist in § 7 Abs. 2 S. 3 bis 5 BetrAVG detailliert geregelt. Sie **differenziert** zum einen nach den insolvenzgeschützten **Durchführungswegen** (unmittelbare Versorgungszusage, Direktversicherung, Unterstützungskasse, Pensionsfonds) und zum anderen nach der **Art der Zusage** (Arbeitgeberfinanzierung, Entgeltumwandlungszusage, Beitragszusage mit Mindestleistung, beitragsorientierte Leistungszusage).

Der PSVaG ist an die **gesetzlich vorgeschriebenen Berechnungsmodalitäten** 94 gebunden. Eine in der Versorgungszusage bestimmte »günstigere« Berechnung der Anwartschaft findet im Verhältnis Arbeitgeber zu Versorgungsberechtigten Anwendung, diese gilt aber nicht für den PSVaG.[118] Dies gilt ebenso für Vereinbarungen in einem Aufhebungsvertrag.[119] Die Berechnungsgrundsätze des § 7 Abs. 2 i.V.m. § 2 Abs. 1, Abs. 2 Satz 2 und Abs. 5 BetrAVG stehen nicht zur Disposition der Vertrags-, Betriebs- und Tarifpartner.[120]

Gemeinsam gilt für alle Konstellationen die **Veränderungssperre** des § 7 95 Abs. 2 S. 3 BetrAVG i.V.m. § 2 Abs. 5 BetrAVG. Danach bleiben Veränderungen der Versorgungsregelung und der Bemessungsgrundlagen für die Leistung der betrieblichen Altersversorgung außer Betracht, soweit sie nach Eintritt des Sicherungsfalls eintreten; dies gilt auch für die Bemessungs-

---

117 Vgl. Rdn. 25–46.
118 BAG 25.4.2006, 3 AZR 78/05, EzA § 2 BetrAVG Nr. 27; 17.6.2003, 3 AZR 462/02, EzA § 2 BetrAVG Nr. 20; 12.3.1991, 3 AZR 63/90, EzA § 7 BetrAVG Nr. 41 = DB 1991, 2552; *Blomeyer/Rolfs/Otto* Rn. 219 zu § 7; *Höfer* BetrAVG, Rn. 4465 zu § 7.
119 BAG 9.11.1999, 3 AZR 361/98, EzA § 7 BetrAVG Nr. 62 = DB 2001, 932.
120 BAG 25.4.2006, 3 AZR 78/05, EzA § 2 BetrAVG Nr. 27 (ein Studium unterbricht i.d.R. das Arbeitsverhältnis).

grundlagen anderer Versorgungsbezüge, die bei der Berechnung der Leistung der betrieblichen Altersversorgung zu berücksichtigen sind.[121]

96   Hat der Arbeitgeber die Versorgungsordnung unter Beachtung der rechtlichen Möglichkeiten[122] geändert, so richtet sich auch die Eintrittspflicht des PSVaG danach. Dies gilt auch für Einschränkungen der Leistungshöhe.

97   Die vertragliche Anrechnung von **Vordienstzeiten** kann sich auf die Höhe der insolvenzgeschützten Leistungen und deren Berechnung auswirken.[123]

98   Ebenso kann sich die Anrechnung von **Nachdienstzeiten** unter bestimmten Bedingungen auf die Höhe der insolvenzgeschützten Leistungen auswirken.[124] Dies gilt zumindest dann, wenn der Arbeitnehmer vorzeitig aus dem Arbeitsverhältnis ausscheidet, um mit Vollendung des 60. Lebensjahres die vorgezogene Altersrente in der gesetzlichen Rentenversicherung in Anspruch nehmen zu können, und der Arbeitgeber die Zeit vom vorzeitigen Ausscheiden bis zur Vollendung des 60. Lebensjahres als versorgungssteigernde Dienstzeit anerkennt.[125]

99   Ebenso wirkt sich ein **Wechsel von Arbeitnehmer- zum Unternehmer-Status** auf die Höhe der Anwartschaft aus, da als Ausgangsbasis der weiteren Berechnung der Anwartschaft nur Betriebszugehörigkeitszeiten zählen, die als Arbeitnehmer zurückgelegt worden sind, nicht jedoch Zeiten eigener unternehmerischer Tätigkeit.[126]

100 Eine vertraglich versprochene Anpassung der Rentenanwartschaft nach **variablen** Bezugsgrößen (**Dynamik**), die bei einem **Rentenempfänger** zum Zeitpunkt des Eintritts des Sicherungsfalls insolvenzgesichert ist,[127] ist bei einem Versorgungsberechtigten mit einer **unverfallbaren Anwartschaft** nicht insolvenzgesichert. Sein Anspruch richtet sich gem. § 7 Abs. 2 S. 3 nach § 2 Abs. 1, Abs. 2 und Abs. 5 BetrAVG. Damit sind Veränderungen der Bemessungsgrundlagen für die Berechnung des Betriebsrentenanspruchs, die nach dem

---

121 BAG 22.11.1994, 3 AZR 767/93, EzA § 7 BetrAVG Nr. 50 = DB 1995, 582.
122 Zu den Eingriffsmöglichkeiten vgl. § 1 Rdn. 254–369.
123 Vgl. § 11 Rdn. 21–24.
124 Sofern nicht einer der Fälle des Versicherungsmissbrauchs i.S.d. § 7 Abs. 5 BetrAVG vorliegt.
125 BAG 10.3.1992, 3 AZR 140/91, EzA § 7 BetrAVG Nr. 43 = DB 1992, 2251.
126 Vgl. § 11 Rdn. 25.
127 Vgl. Rdn. 47–60.

Insolvenzfall eintreten, für die Berechnung des Anspruchs gegen den PSVaG unerheblich. Die Veränderungssperre des § 2 Abs. 5 BetrAVG wirkt im Rahmen des Insolvenzschutzes nach § 7 Abs. 2 BetrAVG nicht nur bis zum Eintritt des Versorgungsfalls. Auch Veränderungen der Bemessungsgrundlagen nach Eintritt des Versorgungsfalls sind für die Berechnung des Teilanspruchs gegenüber dem PSVaG unbeachtlich.[128] **Anders** ist dies bei einer Anpassung aufgrund einer **fixen Bezugsgröße** (z.B. 1 % p.a.). Diese Anpassung wird bei unverfallbaren Anwartschaften nach Eintritt des Versorgungsfalls vom PSVaG bei seinen Leistungen berücksichtigt.

Eine Besonderheit gilt bei der Berechnung der unverfallbaren Anwartschaft, **101** wenn die Versorgungszusage aufgrund einer einschränkenden Neuordnung vor Eintritt des Sicherungsfalls verschlechtert worden ist. Der zum Umstellungszeitpunkt **erdiente Besitzstand** ist vom PSVaG zu sichern und darf nicht unterschritten werden. Dies ist eine Ausnahme von den Berechnungsgrundsätzen des § 7 Abs. 2 S. 3 BetrAVG, eine zeitratierliche Kürzung nach § 2 Abs. 1 BetrAVG erfolgt insoweit nicht.[129]

Soweit der Arbeitnehmer vor Eintritt des Sicherungsfalls mit einer unverfall- **102** baren Anwartschaft ausgeschieden ist und nach Insolvenz vorzeitige Altersleistung nach § 6 BetrAVG geltend macht, ist Ausgangsbasis der Berechnung der Leistungshöhe § 2 Abs. 1 BetrAVG.[130]

Ansprüche des Versorgungsberechtigten auf eine Erstattung von **Zinsen oder** **103** **Kosten** gegenüber dem PSVaG bestehen nicht. Das BetrAVG sieht eine Kostenerstattung nicht vor.[131] Unberührt davon bleibt die gesetzliche Verpflichtung zur Erstattung von Prozesskosten aus Rechtsstreits mit dem PSVaG.

2. Arbeitgeberfinanzierte Leistungszusage

Arbeitgeberfinanzierte Leistungszusagen können über alle insolvenzgeschütz- **104** ten Durchführungswege (unmittelbare Versorgungszusage, Direktversicherung, Unterstützungskasse, Pensionsfonds) erteilt werden (§§ 7 Abs. 2, 1 Abs. 1, 1b Abs. 2 bis 4 BetrAVG).

---

128 BAG 22.11.1994, 3 AZR 767/93, EzA § 7 BetrAVG Nr. 50 = DB 1995, 582.
129 BAG 21.3.2000, 3 AZR 93/99, EzA § 6 BetrAVG Nr. 21 = DB 2001, 206;
     22.9.1987, 3 AZR 662/85, EzA § 1 BetrAVG Ablösung Nr. 1 = DB 1988, 291.
130 Vgl. ausführlich dazu *Berenz* DB 2001, 2346; s.a. § 2 Rdn. 53–57.
131 *Blomeyer/Rolfs/Otto* Rn. 197 zu § 7.

a) Unmittelbare Versorgungszusage

105 Es wird eine **ratierliche Berechnung** entsprechend dem Verhältnis der tatsächlich erreichten zu der bis zur Regelaltersgrenze in der gesetzlichen Rentenversicherung oder einem früheren nach der Versorgungsordnung bestimmten Endalter erreichbaren Betriebszugehörigkeit vorgenommen (§ 7 Abs. 2 S. 3 BetrAVG i.V.m. § 2 Abs. 1 BetrAVG).[132] Für die Berechnung der Höhe des Anspruchs wird die Betriebszugehörigkeit bis zum Eintritt des Sicherungsfalles – also einschließlich des Tags des Eintritts des Sicherungsfalls – berücksichtigt (§ 7 Abs. 2 S. 4 BetrAVG); bei Austritt aus dem Betrieb mit einer unverfallbaren Anwartschaft vor Eintritt des Sicherungsfalls wird die Betriebszugehörigkeit bis zum Betriebsaustritt herangezogen.

b) Direktversicherung

106 Die Höhe des Anspruchs richtet sich nach § 7 Abs. 2 S. 3 BetrAVG i.V.m. § 2 Abs. 2 S. 2 BetrAVG. Danach tritt an die Stelle der ratierlichen Berechnung nach § 2 Abs. 1 BetrAVG die von dem Versicherer aufgrund des Versicherungsvertrages zu erbringende Versicherungsleistung (sog. **versicherungsvertragliche Lösung**).[133] Der PSVaG stellt danach die Leistungen aus den bis zur Insolvenz gezahlten Beiträgen sicher, die der Versicherer aufgrund des Versicherungsvertrages zu erbringen hätte, wenn der Sicherungsfall nicht eingetreten wäre. Seine Einstandspflicht beschränkt sich auf den Ausgleich des Fehlbetrags der Direktversicherung.[134] Für die Berechnung der Höhe des Anspruchs wird die Betriebszugehörigkeit bis zum Eintritt des Sicherungsfalles – also einschließlich des Tags des Eintritts des Sicherungsfalls – berücksichtigt (§ 7 Abs. 2 S. 4 BetrAVG); bei Austritt aus dem Betrieb mit einer unverfallbaren Anwartschaft vor Eintritt des Sicherungsfalls wird die Betriebszugehörigkeit bis zum Betriebsaustritt herangezogen.

---

132   Vgl. i.E. § 2 Rdn. 63–74. Diese Berechnung kann dazu führen, dass Arbeitnehmer, die in jüngerem Alter ein Arbeitsverhältnis begonnen haben, bei gleicher Betriebszugehörigkeit eine geringere Versorgungsanwartschaft haben als Arbeitnehmer, die es mit höherem Alter begonnen haben. Darin liegt kein Verstoß gegen das unionsrechtliche Verbot der Altersdiskriminierung: BAG 19.7.2011, 3 AZR 434/09, BetrAV 2012, 168 = FA 2012, 56.

133   Vgl. zur versicherungsvertraglichen Lösung § 2 Rdn. 120–152.

134   *Blomeyer/Rolfs/Otto* Rn. 225 zu § 7; *Höfer* BetrAVG, Rn. 4478 zu § 7; *Paulsdorff* Rn. 377 ff. zu § 7.

Der PSVaG hat nach § 8 Abs. 2 S. 3 BetrAVG die Möglichkeit, beschädigte **107**
Direktversicherungen durch eine Abfindungszahlung zu »heilen«.[135]

c) Unterstützungskasse

Die Höhe der Versorgung richtet sich nach dem Teil der nach der Versor- **108**
gungsregelung vorgesehenen Versorgung, der dem Verhältnis der Dauer der
Betriebszugehörigkeit zu der Zeit vom Beginn der Betriebszugehörigkeit bis
zum Erreichen der in der Versorgungsregelung vorgesehenen festen Altersgrenze entspricht (§ 7 Abs. 2 S. 3 BetrAVG). Es findet demnach die **ratierliche Berechnung** wie bei arbeitgeberfinanzierten unmittelbaren Versorgungszusagen Anwendung.[136] Für die Berechnung der Höhe des Anspruchs wird
die Betriebszugehörigkeit bis zum Eintritt des Sicherungsfalls – also einschließlich des Tags des Eintritts des Sicherungsfalls – berücksichtigt (§ 7
Abs. 2 S. 4 BetrAVG); bei Austritt aus dem Betrieb mit einer unverfallbaren
Anwartschaft vor Eintritt des Sicherungsfalls wird die Betriebszugehörigkeit
bis zum Betriebsaustritt herangezogen.

d) Pensionsfonds

Es wird eine ratierliche Berechnung wie bei unmittelbaren Versorgungszusa- **109**
gen vorgenommen (§ 7 Abs. 2 S. 5 und S. 3 BetrAVG i.V.m. § 2 Abs. 1
BetrAVG).[137] Für die Berechnung der Höhe des Anspruchs wird die
Betriebszugehörigkeit bis zum Eintritt des Sicherungsfalls – also einschließ-
lich des Tags des Eintritts des Sicherungsfalls – berücksichtigt (§ 7 Abs. 2
S. 5 i.V.m. S. 3 und S. 4 BetrAVG); bei Austritt aus dem Betrieb mit einer
unverfallbaren Anwartschaft vor Eintritt des Sicherungsfalls wird die
Betriebszugehörigkeit bis zum Betriebsaustritt herangezogen.

3. Leistungszusage aus Entgeltumwandlung

Eine Leistungszusage aufgrund Entgeltumwandlung kann über alle insolvenzge- **110**
schützten Durchführungswege (unmittelbare Versorgungszusage, Direktversicherung, Unterstützungskasse, Pensionsfonds) erteilt werden (§ 7 Abs. 2 i.V.m.
§ 1 Abs. 2 Nr. 3 BetrAVG).[138]

---

135 Vgl. § 8 Rdn. 25–27.
136 Vgl. Rdn. 105.
137 Vgl. Rdn. 105.
138 Vgl. § 1 Rdn. 468–525.

a) Unmittelbare Versorgungszusagen

111 Bei der Berechnung der unverfallbaren Anwartschaft ist zu differenzieren zwischen Entgeltumwandlungszusagen vor und ab 2001.

112 Bei einer **Entgeltumwandlungszusage vor 2001** gilt die ratierliche Berechnung nach § 2 Abs. 1 BetrAVG wie bei arbeitgeberfinanzierten unmittelbaren Versorgungszusagen (§ 7 Abs. 2 S. 3 i.V.m. § 30g S. 1 BetrAVG).[139] Nach § 30g Abs. 1 Satz 2 BetrAVG kann auch eine andere Berechnung in Betracht kommen.[140]

113 Für **Entgeltumwandlungszusagen ab 2001** gilt § 7 Abs. 2 S. 3 BetrAVG i.V.m. § 2 Abs. 5a BetrAVG (§ 30g Abs. 1 S. 1 BetrAVG). Danach bemisst sich die Anwartschaft aus der vom Zeitpunkt der Zusage auf betriebliche Altersversorgung bis zum Eintritt des Sicherungsfalls erreichten Anwartschaft auf Leistungen aus den bis dahin umgewandelten Entgeltbestandteilen.[141] Für die Berechnung der Höhe des Anspruchs wird die Betriebszugehörigkeit bis zum Eintritt des Sicherungsfalls – also einschließlich des Tags des Eintritts des Sicherungsfalls – berücksichtigt (§ 7 Abs. 2 S. 4 BetrAVG); bei Austritt aus dem Betrieb mit einer unverfallbaren Anwartschaft vor Eintritt des Sicherungsfalls wird die Betriebszugehörigkeit bis zum Betriebsaustritt herangezogen. Im **Einvernehmen** zwischen Arbeitgeber und Arbeitnehmer kann diese Anwartschaftsberechnung **auch für vor 2001 erteilte Entgeltumwandlungszusagen** angewendet werden (§ 30g Abs. 1 S. 2 BetrAVG). Dies gilt dann auch für den gesetzlichen Insolvenzschutz.

b) Direktversicherung

114 Die Berechnung der insolvenzgeschützten Leistung einer Leistungszusage aufgrund einer **vor 2001 erteilten Entgeltumwandlungszusage** erfolgt entsprechend der Berechnung bei einer arbeitgeberfinanzierten Direktversicherung (§ 7 Abs. 2 S. 3 i.V.m. § 2 Abs. 2 S. 2 i.V.m. § 30g Abs. 1 S. 1 BetrAVG).[142] Nach § 30g Abs. 1 Satz 2 BetrAVG kann auch eine andere Berechnung in Betracht kommen.[143]

---

139 Vgl. Rdn. 105.
140 Vgl. Rdn. 113.
141 Vgl. i.E. § 2 Rdn. 13, 181–185.
142 Vgl. Rdn. 106 f.
143 Vgl. Rdn. 115.

Für **Entgeltumwandlungszusagen ab 2001** gilt § 7 Abs. 2 S. 3 BetrAVG 115
i.V.m. § 2 Abs. 5a BetrAVG (§ 30g Abs. 1 S. 1 BetrAVG). Danach bemisst
sich die Anwartschaft aus der vom Zeitpunkt der Zusage auf betriebliche
Altersversorgung bis zum Eintritt des Sicherungsfalls erreichten Anwartschaft
auf Leistungen aus den bis dahin umgewandelten Entgeltbestandteilen. Für
die Berechnung der Höhe des Anspruchs wird die Betriebszugehörigkeit bis
zum Eintritt des Sicherungsfalls – also einschließlich des Tags des Eintritts
des Sicherungsfalls – berücksichtigt (§ 7 Abs. 2 S. 4 BetrAVG); bei Austritt
aus dem Betrieb mit einer unverfallbaren Anwartschaft vor Eintritt des
Sicherungsfalls wird die Betriebszugehörigkeit bis zum Betriebsaustritt herangezogen. Diese Anwartschaftsberechnung kann im **Einvernehmen** zwischen
Arbeitgeber und Arbeitnehmer **auch für vor 2001 erteilte Entgeltumwandlungszusagen** angewendet werden (§ 30g Abs. 1 S. 2 BetrAVG). Dies gilt
dann auch für den gesetzlichen Insolvenzschutz.

c) Unterstützungskasse

Die Berechnung erfolgt für **Entgeltumwandlungszusagen vor 2001** wie bei 116
einer arbeitgeberfinanzierten Zusage (§§ 7 Abs. 2 S. 3, 2 Abs. 5a, 30g
S. 1 BetrAVG).[144] Nach § 30g Abs. 1 Satz 2 BetrAVG kann auch eine andere
Berechnung in Betracht kommen.[145]

Für **Entgeltumwandlungszusagen ab 2001** gilt § 7 Abs. 2 S. 3 BetrAVG 117
i.V.m. § 2 Abs. 5a BetrAVG (§ 30g Abs. 1 S. 1 BetrAVG). Danach bemisst
sich die Anwartschaft aus der vom Zeitpunkt der Zusage auf betriebliche
Altersversorgung bis zum Eintritt des Sicherungsfalls erreichten Anwartschaft
auf Leistungen aus den bis dahin umgewandelten Entgeltbestandteilen.[146]
Für die Berechnung der Höhe des Anspruchs wird die Betriebszugehörigkeit
bis zum Eintritt des Sicherungsfalls – also einschließlich des Tags des Eintritts des Sicherungsfalls – berücksichtigt (§ 7 Abs. 2 S. 4 BetrAVG); bei Austritt aus dem Betrieb mit einer unverfallbaren Anwartschaft vor Eintritt des
Sicherungsfalls wird die Betriebszugehörigkeit bis zum Betriebsaustritt heran-

---

144 Vgl. Rdn. 108.
145 Vgl. Rdn. 117.
146 Zur Abwicklung von Entgeltumwandlungszusagen bei rückgedeckter Gruppen-
     unterstützungskasse: *Berenz* BetrAV 2006, 514, *ders.* BetrAV 2010, 322. Vgl.
     Merkblatt 110/M 8 des PSVaG, das im Internet unter www.psvag.de zur Verfü-
     gung steht.

gezogen. Diese Anwartschaftsberechnung kann im **Einvernehmen** zwischen Arbeitgeber und Arbeitnehmer **auch für vor 2001 erteilte Entgeltumwandlungszusagen** angewendet werden (§ 30g Abs. 1 S. 2 BetrAVG). Dies gilt dann auch für den gesetzlichen Insolvenzschutz.

d) Pensionsfonds

118 Die Berechnung erfolgt **ausschließlich nach § 2 Abs. 5a BetrAVG** (vgl. § 7 Abs. 2 S. 3 BetrAVG).[147] Danach bemisst sich die Anwartschaft aus der vom Zeitpunkt der Zusage auf betriebliche Altersversorgung bis zum Eintritt des Sicherungsfalls erreichten Anwartschaft auf Leistungen aus den bis dahin umgewandelten Entgeltbestandteilen. Für die Berechnung der Höhe des Anspruchs wird die Betriebszugehörigkeit bis zum Eintritt des Sicherungsfalls – also einschließlich des Tags des Eintritts des Sicherungsfalls – berücksichtigt (§ 7 Abs. 2 S. 4 BetrAVG); bei Austritt aus dem Betrieb mit einer unverfallbaren Anwartschaft vor Eintritt des Sicherungsfalls wird die Betriebszugehörigkeit bis zum Betriebsaustritt herangezogen.

4. Beitragsorientierte Leistungszusagen

119 Beitragsorientierte Leistungszusagen können über alle insolvenzgeschützten Durchführungswege (unmittelbare Versorgungszusage, Direktversicherung, Unterstützungskasse, Pensionsfonds) und sowohl arbeitgeberfinanziert als auch aufgrund Entgeltumwandlung erteilt werden (§§ 7 Abs. 2, 1 Abs. 2 Nr. 1 BetrAVG).[148]

120 Bei der Berechnung der insolvenzgeschützten Anwartschaft ist für die Anwendung von § 2 Abs. 1 BetrAVG oder § 2 Abs. 5a BetrAVG zu **differenzieren nach Zusagen ab 2001 und vor 2001** wie bei der Berechnung einer Leistungszusage aus Entgeltumwandlung.[149]

5. Beitragszusage mit Mindestleistung

121 Beitragszusagen mit Mindestleistung können über zwei insolvenzgeschützte Durchführungswege (Direktversicherung, Pensionsfonds) und sowohl arbeit-

---

147 Entgeltumwandlungszusagen über Pensionsfonds sind erst ab 2002 möglich, da der Durchführungsweg über Pensionsfonds erst ab 2002 zur Verfügung steht.
148 Vgl. i.E. § 1 Rdn. 444–455.
149 Vgl. Rdn. 110–118.

geberfinanziert als auch aufgrund Entgeltumwandlung erteilt werden (§§ 7 Abs. 2, 1 Abs. 2 Nr. 2 BetrAVG).[150] Für die gesetzliche Insolvenzsicherung relevant ist in der Praxis nur der ab 2002 zur Verfügung stehende Durchführungsweg über **Pensionsfonds**, Direktversicherungen sind nur in wenigen Fällen insolvenzsicherungspflichtig.[151]

Die Berechnung der Höhe der insolvenzgeschützten Anwartschaft erfolgt **122** nach § 2 Abs. 5b BetrAVG, auf den § 7 Abs. 2 S. 5 BetrAVG Bezug nimmt. Danach richtet sich die Anwartschaft nach dem planmäßig zuzurechnenden Versorgungskapital auf der Grundlage der bis zum Eintritt des Sicherungsfalls geleisteten Beiträge, mindestens der Summe der bis dahin zugesagten Beiträge, soweit sie nicht rechnungsmäßig für einen biometrischen Risikoausgleich verbraucht wurden (Mindestkapital). Eine Sicherung durch den PSVaG setzt voraus, dass § 8 Abs. 1a BetrAVG keine Anwendung findet.[152]

Der Teil der Anwartschaft, der über den so errechneten Betrag hinausgeht **122a** wird vom PSVaG nicht nach den Regelungen des § 7 Abs. 2 BetrAVG gesichert. Für diesen Teil ergibt sich die Behandlung aus Besonderheiten über den Pensionsfonds, der in der Praxis für die gesetzliche Insolvenzsicherung bei denen Beitragszusage mit Mindestleistung der relevante Durchführungsweg ist. Das Vermögen des Pensionsfonds geht grds. nach § 9 Abs. 3a iVm § 9 Abs. 3 BetrAVG auf den PSVaG über, der seinerseits den Vermögensteil, der seine Eintrittspflicht die insolvenzgeschützte Mindestleistung übersteigt, zur Erhöhung der laufenden Leistungen und der unverfallbaren Anwartschaften zu verwenden hat.[153]

Für die Berechnung der Höhe des Anspruchs wird die Betriebszugehörigkeit **123** bis zum Eintritt des Sicherungsfalls – also einschließlich des Tags des Eintritts des Sicherungsfalls – berücksichtigt; bei Austritt aus dem Betrieb mit einer unverfallbaren Anwartschaft vor Eintritt des Sicherungsfalls wird die Betriebszugehörigkeit bis zum Betriebsaustritt herangezogen.

---

150 Vgl. i.E. § 1 Rdn. 458–467.

151 Vgl. Rdn. 23.

152 Vgl. Merkblatt 300/M 14 des PSVaG, das im Internet unter www.psvag.de zur Verfügung steht. Zur Möglichkeit des Pensionsfonds, nach Insolvenz des Trägerunternehmens künftig selbst die Leistungen zu erbringen vgl. § 8 Abs. 1a BetrAVG.

153 Vgl. Rn 33-34 und 23-32 zu § 9 BetrAVG.

Berechnung der Höhe der unverfallbaren Anwartschaft durch den PSVaG

	Arbeitgeberfinanzierte Zusage	Leistungszusage – Entgeltumwandlungszusagen und beitragsorientierte Leistungszusage (arbeitgeberfinanziert und Entgeltumwandlung)		Beitragszusage mit Mindestleistung (ab 2002) arbeitgeberfinanzierte Zusage und Entgeltumwandlung
		Zusage vor 2001	Zusage ab 2001	
unmittelbare Versorgungszusage	**Ratierliche Berechnung** nach § 2 Abs. 1 BetrAVG (Verhältnis der tatsächlichen Dauer der Betriebszugehörigkeit bis zum Eintritt des Sicherungsfalls oder dem vorherigen Ausscheiden aus dem Betrieb zu der nach der Versorgungsordnung und der dort bestimmten festen Altersgrenze erreichbaren Betriebszugehörigkeit).	Wie bei einer arbeitgeberfinanzierten unmittelbaren Leistungszusage.	**Tatsächlich erreichte Anwartschaft** nach § 2 Abs. 5a BetrAVG (vom Zeitpunkt der Zusage bis zum Eintritt des Sicherungsfalls oder dem vorherigen Ausscheiden aus dem Betrieb erreichte Anwartschaft auf Leistungen aus den bis dahin umgewandelten Entgeltbestandteilen).	Durchführungsweg nicht vorgesehen.
Direktversicherung	**Versicherungsvertragliche Lösung** nach § 2 Abs. 2 Satz 2 BetrAVG (vom Versicherer aufgrund des Versicherungsvertrages zu erbringende Versicherungsleistung).	Wie bei einer arbeitgeberfinanzierten Leistungszusage über eine Direktversicherung.	Wie bei einer unmittelbaren Versorgungszusage ab 2001.	**Mindestleistungsrente** nach § 2 Abs. 5b BetrAVG (Summe der bis zum Sicherungsfall oder dem vorherigen Ausscheiden aus dem Betrieb zugesagten Beiträge, soweit sie nicht rechnungsmäßig für einen biometrischen Risikoausgleich verbraucht wurden), sofern der Arbeitgeber keine weiter gehende Zusage erteilt hat.

	Arbeitgeberfinanzierte Zusage	Leistungszusage Entgeltumwandlungszusagen und beitragsorientierte Leistungszusage (arbeitgeberfinanziert und Entgeltumwandlung)		Beitragszusage mit Mindestleistung (ab 2002) arbeitgeberfinanzierte Zusage und Entgeltumwandlung
		Zusage vor 2001	Zusage ab 2001	
Unterstützungskasse	**Ratierliche Berechnung** nach § 7 Abs. 2 Satz 3 BetrAVG (Verhältnis der tatsächlichen Dauer der Betriebszugehörigkeit bis zum Eintritt des Sicherungsfalls oder dem vorherigen Ausscheiden aus dem Betrieb zu der nach der Versorgungsordnung und der dort bestimmten festen Altersgrenze erreichbaren Betriebszugehörigkeit).	Wie bei einer arbeitgeberfinanzierten Leistungszusage über eine Unterstützungskasse.	Wie bei einer unmittelbaren Versorgungszusage ab 2001.	Durchführungsweg nicht vorgesehen.
Pensionsfonds	**Ratierliche Berechnung** nach § 2 Abs. 1 BetrAVG (Verhältnis der tatsächlichen Dauer der Betriebszugehörigkeit bis zum Eintritt des Sicherungsfalls oder dem vorherigen Ausscheiden aus dem Betrieb zu der nach der Versorgungsordnung und der dort bestimmten festen Altersgrenze erreichbaren Betriebszugehörigkeit).	Durchführungsweg vor 2002 nicht vorgesehen.	Die Berechnung der Anwartschaft erfolgt wie bei einer unmittelbaren Versorgungszusage ab 2001. Der Durchführungsweg Pensionsfonds steht erst ab 2002 zur Verfügung.	Wie bei Beitragszusage mit Mindestleistung über Direktversicherungen.

VI. Beginn und Ende der Leistungen

125   Der Beginn der Leistungen des PSVaG bei einer insolvenzgesicherten unver-
fallbaren Anwartschaft ist orientiert am **Eintritt des Versorgungsfalls** beim
Anwärter. Teilt der Versorgungsberechtigte diesen dem PSVaG nicht binnen
einen Jahres mit, droht unter Umständen die Verjährung von einzelnen
Monatsraten.[154] Das Ende der Leistungen richtet sich nach § 7 Abs. 1a
BetrAVG.[155]

VII. Rechtsweg

126   Der Rechtsweg für Klagen der Anwärter oder ihrer Hinterbliebenen gegen
den PSVaG entspricht dem Rechtsweg bei Klagen von Versorgungsempfängern gegen den PSVaG.[156]

D. Höchstgrenzen der insolvenzgeschützten Leistungen (§ 7 Abs. 3 BetrAVG)

I. Allgemeines

127   Durch das Rentenreformgesetz 1999[157] wurde die Höchstgrenze der monatlichen Leistungen der gesetzlichen Insolvensicherung vom Dreifachen der
Beitragsbemessungsgrenze in der Rentenversicherung der Arbeiter und Angestellten auf das Dreifache der Bezugsgröße gem. § 18 SGB IV – im Ergebnis
ungefähr auf die Hälfte – reduziert. Gleichzeitig wurde Satz 3 des § 7 Abs. 3
BetrAVG neu eingefügt mit einer speziellen Höchstgrenze für Entgeltumwandlungszusagen.[158] Diese spezielle Höchstgrenze wurde durch das Altersvermögensgesetz[159] für ab 2002 erteilte Entgeltumwandlungszusagen bis 4 %

---

154   Vgl. § 9 Rdn. 4.

155   Vgl. Rdn. 62–65.

156   Vgl. Rdn. 69 f.

157   Gesetz zur Reform der gesetzlichen Rentenversicherung (Rentenreformgesetz
1999 – RRG 1999) v. 16.12.1997 BGBl. I S. 2998, 3025.

158   § 7 Abs. 3 S. 3 BetrAVG lautete: Im Fall einer Entgeltumwandlung (§ 1 Abs. 2)
treten anstelle der Höchstgrenzen drei Zehntel der monatlichen Bezugsgröße
gem. § 18 des Vierten Buches Sozialgesetzbuch, wenn nicht eine nach Barwert
oder Deckungskapital mindestens gleichwertige, vom Arbeitgeber finanzierte
betriebliche Altersversorgung besteht.

159   Gesetz zur Reform der gesetzlichen Rentenversicherung und zur Förderung eines
kapitalgedeckten Altersvorsorgevermögens (Altersvermögensgesetz – AVmG)
v. 26.6.2001 BGBl. I S. 1983, 2010.

der Beitragsbemessungsgrenze in der Rentenversicherung der Arbeiter und Angestellten weiter differenziert (§ 7 Abs. 3 S. 4 BetrAVG).[160] Durch das Hüttenknappschaftliche Zusatzversicherungs-Neuregelungs-Gesetz[161] wurden in § 7 Abs. 3 die Sätze 3 und 4 BetrAVG – die speziellen Regelungen der Höchstgrenzen bei Entgeltumwandlungszusagen – mit Wirkung ab 1.7.2002 gestrichen. Damit gilt **ab 1.7.2002 wieder eine einheitliche Höchstgrenze** der insolvenzgeschützten Leistungen für arbeitgeberfinanzierte Zusagen wie für Entgeltumwandlungszusagen.

II. Höchstgrenze

Die Leistungen der gesetzliche Insolvenzsicherung sind begrenzt auf das **Dreifache der im Zeitpunkt der ersten Fälligkeit maßgebenden monatlichen Bezugsgröße gem. § 18 des Vierten Buches Sozialgesetzbuch** (§ 7 Abs. 3 S. 1 BetrAVG).[162] 2012 beträgt die monatliche Höchstgrenze in den alten Ländern 7.875 € und in den neuen Ländern 6.720 €.   **128**

Beim **Versorgungsausgleich** ergibt sich die **Höchstgrenze** aus der Summe der beiden Einzelleistungen.[163] Andernfalls käme es bei einer isolierten Betrachtung jeweils der einzelnen Leistung zu einer ungerechtfertigten Bevorzugung im Fall einer Scheidung.   **128a**

Die **Differenzierung** zwischen den **alten und neuen Ländern** ergibt sich u.a. aus dem Verweis in § 7 Abs. 3 S. 1 BetrAVG auf die monatliche Bezugsgröße gem. § 18 SGB IV.[164] Die monatliche Bezugsgröße für die alten Länder ergibt sich aus § 18 Abs. 1 SGB IV und die für die neuen Länder aus § 18 Abs. 2 SGB IV.   **129**

---

160 § 7 Abs. 3 S. 4 BetrAVG lautete: Satz 3 findet keine Anwendung auf die nach § 1b Abs. 5 unverfallbaren Anwartschaften, soweit sie auf einer Entgeltumwandlung in Höhe der Beträge nach § 1a Abs. 1 beruhen.

161 Gesetz zur Einführung einer kapitalgedeckten Hüttenknappschaftlichen Zusatzversicherung und zur Änderung anderer Gesetze (Hüttenknappschaftliches-Zusatzversicherungs-Neuregelungs-Gesetz-HZvNG) v. 21.6.2002 BGBl. I S. 2167, 2178.

162 Vgl. Merkblatt 300/M 13 des PSVaG, das im Internet unter www.psvag.de zur Verfügung steht.

163 Vgl. Anh. I Rdn. 51.

164 BAG 21.4.2009, 3 AZR 640/07, DB 2009, 2499. *Höfer* BetrAVG, Rn. 4518 zu § 7; a.A. *Blomeyer/Rolfs/Otto* Rn. 256 zu § 7.

130   Die Höchstgrenze nach § 7 Abs. 3 S. 1 BetrAVG gilt für Leistungen der betrieblichen Altersversorgung des insolventen (früheren) Arbeitgebers. Dabei ist unbeachtlich, ob der Versorgungsbegünstigte aus einer oder mehreren Versorgungszusagen eines Arbeitgebers (arbeitgeberfinanziert oder Entgeltumwandlung) begünstigt ist. In der **Summe der unterschiedlichen Versorgungszusagen** eines Arbeitgebers besteht Insolvenzschutz **bis zur Höchstgrenze** (absolute Grenze des § 7 Abs. 3 S. 1 BetrAVG). Anders ist dies, wenn der Versorgungsberechtigte eine originäre Versorgungsleistung als Arbeitnehmer und zusätzlich eine abgeleitete Leistung (z.B. Hinterbliebenenleistung) vom selben Arbeitgeber erhält. In dieser Fallkonstellation wird die Grenze des § 7 Abs. 3 BetrAVG an der jeweiligen Leistung gemessen und nicht an der Höhe der addierten Leistungen.

131   Ein Versorgungsbegünstigter kann mehrere Ansprüche aus unterschiedlichen Insolvenzen gegenüber dem PSVaG erwerben, wenn er nacheinander bei unterschiedlichen Arbeitgebern tätig war und diese insolvent geworden sind. Hier gilt die Höchstgrenze nach § 7 Abs. 3 S. 1 BetrAVG jeweils auf einen Arbeitgeber bezogen.[165] Anknüpfungspunkt des § 7 BetrAVG ist der **Eintritt des Sicherungsfalls beim konkreten (früheren) Arbeitgeber** des Versorgungsbegünstigten.

132   Die **Höchstgrenze von Kapitalleistungen** ist durch eine Umrechnung auf Basis der monatlichen Höchstleistungen zu ermitteln. Dabei sind zehn vom Hundert der Kapitalleistung als Jahresbetrag einer laufenden Leistung anzusetzen (§ 7 Abs. 3 S. 2 BetrAVG). Daraus ergibt sich das **120 fache** des maximalen monatlichen Leistung (2012 alte Länder: 7.875 € × 120 = 945.000 €, neue Länder: 6.720 € × 120 = 806.400 €).

133

Höchstgrenzen der insolvenzgeschützten Leistungen				
	Alte Länder		Neue Länder	
	mtl. Leistung	Kapitalleistung	mtl. Leistung	Kapitalleistung
2009	7.560,00 €	907.200,00 €	6.405,00 €	768.600,00 €
2010	7.665,00 €	919.800,00 €	6.510,00 €	781.200,00 €
2011	7.665,00 €	919.800,00 €	6.720,00 €	806.400,00 €
2012	7.875,00 €	945.000,00 €	6.720,00 €	806.400,00 €

---

165   A.A. *Langohr-Plato* Rn. 768.

III. Berechnungsstichtag

Das Datum für die Ermittlung der Höchstgrenze ist der **Zeitpunkt der ers-** 134
ten Fälligkeit (§ 7 Abs. 3 S. 1 BetrAVG) und nicht das Datum, an dem der
Anspruch entsteht. Der Anspruch entsteht mit dem Beginn des Kalendermo-
nats, der auf den Eintritt des Sicherungsfalls folgt (§ 7 Abs. 1a BetrAVG).
Demgegenüber richtet sich die erstmalige Fälligkeit der Leistungen des
PSVaG nach § 14 VVG (§ 7 Abs. 1 S. 3 BetrAVG). Geldleistungen sind
danach mit Beendigung der zur Feststellung des Versicherungsfalls und des
Umfangs der Leistungen des Versicherers nötigen Erhebungen fällig (§ 14
Abs. 1 VVG),[166] also dem Zeitpunkt der Erteilung des Leistungsbescheids
durch den PSVaG gegenüber dem Versorgungsberechtigten.

Das bedeutet für die **Empfänger laufender Leistungen** zum Zeitpunkt des 135
Eintritts des Sicherungsfalls, dass ein Anstieg der Bezugsgröße des § 18
SGB IV zwischen der Entstehung des Anspruchs und seiner ersten Fälligkeit
dem Rentner zugutekommt.[167] Mit dem Eintritt der ersten Fälligkeit steht
die monatliche Versorgungsleistung des PSVaG regelmäßig auch für die
Zukunft fest, die Höchstgrenze greift nur bei der erstmaligen Festsetzung der
Leistungen.[168]

Eine **Anpassung** kommt i.d.R. nicht in Betracht.[169] Sofern der PSVaG aus- 136
nahmsweise zur Dynamisierung verpflichtet ist, erfolgt diese ausgehend von
der durch die Höchstgrenze gekappten Leistung. Diese Erhöhungen reichen
dann ggf. jeweils bis zu der dann geltenden Höchstgrenze (Kappung).[170]

Bei einer **unverfallbaren Anwartschaft** erfolgt die Berechnung der Höchst- 137
leistung ebenfalls zum Zeitpunkt der ersten Fälligkeit der Versorgungsleistung. Dies ist frühestens der Zeitpunkt des Eintritts des Versorgungsfalls,
nicht der Eintritt des Sicherungsfalls. Ausschlaggebend für die Höchstgrenze
der insolvenzgeschützten Leistung ist dann das Dreifache der Bezugsgröße
nach § 18 SGB IV zu diesem Zeitpunkt.[171]

---

166 Vgl. Rdn. 54–61.
167 *Blomeyer/Rolfs/Otto* Rn. 254 zu § 7; *Höfer* BetrAVG, Rn. 4313 zu § 7; *Paulsdorff*
     Rn. 406 zu § 7.
168 *Blomeyer/Rolfs/Otto* Rn. 263 zu § 7.
169 Vgl. Rdn. 47–53.
170 BGH 21.3.1983, II ZR 174/82, DB 1983, 1261.
171 *Höfer* BetrAVG, Rn. 4514 zu § 7.

IV. Hinterbliebenenrenten

138 Der Versorgungsanspruch der Hinterbliebenen beruht auf dem Rentenstammrecht des Arbeitnehmers; er teilt das Schicksal der Hauptrente. Das gilt auch für den gesetzlichen Insolvenzschutz. Daraus folgt, dass sich auch die Höhe der Hinterbliebenenleistung nach der Höhe der Versorgungsleistung an den unmittelbar Berechtigten richtet, sie ist akzessorisch. Nur wenn und soweit ein Anspruch oder eine Anwartschaft insolvenzgeschützt ist, hat der PSVaG für daraus abgeleitete Ansprüche oder Anwartschaften auf Hinterbliebenenversorgung einzustehen.[172]

139 Wenn die Leistung des PSVaG an den versorgungsberechtigten Arbeitnehmer bereits nach § 7 Abs. 3 BetrAVG in der Höhe begrenzt war, ergibt sich die Höhe der Hinterbliebenenrente folgerichtig aus dem begrenzten Betrag.[173] Dabei kann es an sich keine Rolle spielen, ob der unmittelbar Versorgungsberechtigte bereits eigene Leistungen der gesetzlichen Insolvenzsicherung bezogen hat oder ob er schon vor der Insolvenz verstorben ist und bereits Hinterbliebenenleistungen gezahlt wurden. Andernfalls erhielte ein Hinterbliebener ggf. eine relativ höhere Rentenzahlung aus der gesetzlichen Insolvenzsicherung als der verstorbene unmittelbar Versorgungsberechtigte. Dies ist mit dem Sinn und Zweck des § 7 Abs. 3 BetrAVG nicht vereinbar.[174] Der Prozentsatz der Hinterbliebenenrente von der Hauptrente richtet sich nach der Versorgungszusage, § 7 Abs. 3 BetrAVG betrifft nur die Höhe der sich danach ergebenden Rente.

140 Dieser Auffassung hat sich der BGH für den Fall nicht angeschlossen, dass der unmittelbar Versorgungsberechtigte vor Eintritt der Insolvenz verstirbt. Dann bemisst sich die Höhe der insolvenzgeschützten Leistung an die Witwe nach der gem. § 7 Abs. 1 BetrAVG ermittelten Leistung an den unmittelbar Versorgungsberechtigten. An dem sich daraus ableitenden Witwenrentenanspruch ist dann die Höchstgrenze nach § 7 Abs. 3 BetrAVG zu messen. Der

---

172 BAG 12.6.1990, 3 AZR 524/88, EzA § 322 ZPO Nr. 8 = DB 1990, 2271; *Paulsdorff* Rn. 406 zu § 7.

173 *Paulsdorff* Rn. 407 zu § 7; a.A. *Blomeyer/Rolfs/Otto* Rn. 268 zu § 7; *Höfer* BetrAVG, Rn. 4509f. zu § 7.

174 *Paulsdorff* Rn. 407 zu § 7.

Berenz

BGH begründet seine Entscheidung mit dem Wortlaut des Gesetzes, auf die o.g. Argumente der Akzessorietät geht er nicht ein.[175]

Der BGH hat weiterhin festgestellt, dass die als Prozentsatz der Rente des Hauptberechtigten definierte Hinterbliebenenrente auch dann aus dem ungekürzten Versorgungsanspruch zu berechnen ist, wenn bereits der Hauptberechtigte eine nach § 7 Abs. 3 BetrAVG gekürzte Rente vom PSVaG bezogen hat. Der Versorgungsanspruch einer Hinterbliebenen ist demnach entsprechend der Versorgungszusage des Arbeitgebers zu berechnen und erst dann an der Höchstgrenze des § 7 Abs. 3 BetrAVG zu messen.[176] **141**

Der Versorgungsanspruch eines Hinterbliebenen ist also nach § 7 Abs. 1 S. 1 BetrAVG entsprechend der **Versorgungszusage des Arbeitgebers** zu berechnen und nicht nach der Höchstgrenze in § 7 Abs. 3 S. 1 BetrAVG. Erst der **Anspruch auf laufende Leistungen** gegen den PSVaG wird nach § 7 Abs. 3 S. 1 BetrAVG auf höchstens das Dreifache der im Zeitpunkt der **ersten Fälligkeit** maßgeblichen Bezugsgröße nach § 18 SGB IV **begrenzt**. **142**

E. Minderung der Leistung (§ 7 Abs. 4 BetrAVG)

I. Grundsatz

Der **PSVaG** soll bei Eintritt eines Sicherungsfalls (§ 7 Abs. 1 BetrAVG) **nicht stärker belastet** werden **als erforderlich**. Daher regelt § 7 Abs. 4 BetrAVG, dass sich der Anspruch der Versorgungsberechtigten gegen den PSVaG in dem Umfang vermindert, in dem der Arbeitgeber oder sonstige Versorgungsträger die Leistungen der betrieblichen Altersversorgung erbringen.[177] **143**

---

175 BGH 11.10.2004, II ZR 403/02 und II ZR 369/02, DB 2005, 344 = BB 2004, 2639 = ZIP 2004, 2297.

176 BGH Hinweisbeschluss 20.10.2008, II ZR 240/07, ZIP 2009, 144.

177 Zum Übergang von Rechten der Versorgungsberechtigten auf den PSVaG, die zur Verminderung des Schadens beim PSVaG führen, vgl. § 9 Rdn. 10–22. Zur Leistung betrieblicher Altersversorgung durch den Arbeitgeber oder sonstigen Versorgungsberechtigten vor dem Entstehen des Anspruchs gegenüber dem PSVaG vgl. Rdn. 62–65.

II. Leistungsträger

1. Arbeitgeber

144 Ob der insolvente Arbeitgeber nach Eintritt des Sicherungsfalls noch Leistungen der betrieblichen Altersversorgung erbringen kann, die den PSVaG entlasten, ist abhängig von der Art des Sicherungsfalls. Bei einem gerichtlichen Insolvenzverfahren, das zur **Abwicklung des insolventen Unternehmens** (Gemeinschuldner) führt, kommen künftige Leistungen des Gemeinschuldners an die Versorgungsberechtigten in der Regel nicht in Betracht.

145 Anders ist dies, wenn im Rahmen eines Insolvenzverfahrens das **Fortbestehen des insolventen Unternehmens** gesichert ist und im Insolvenzplan (§§ 217 ff. InsO)[178] eine entsprechende Regelung vorgesehen ist. Diesen Gedanken hat der Gesetzgeber in § 7 Abs. 4 S. 2 und 3 BetrAVG aufgenommen. Danach vermindert sich der Anspruch gegen den PSVaG nach der Bestätigung des Insolvenzplans insoweit, als nach dem Insolvenzplan der Arbeitgeber einen Teil der Leistungen selbst zu erbringen hat (§ 7 Abs. 4 S. 2 BetrAVG). Sieht der Insolvenzplan vor, dass der Arbeitgeber die Leistungen der betrieblichen Altersversorgung von einem bestimmten Zeitpunkt an selbst zu erbringen hat, entfällt der Anspruch auf Leistungen gegen den PSVaG von diesem Zeitpunkt an (§ 7 Abs. 4 S. 3 BetrAVG). Dabei soll im Insolvenzplan vorgesehen sein, dass bei einer nachhaltigen Besserung der wirtschaftlichen Lage des Arbeitgebers die vom PSVaG zu erbringenden Leistungen ganz oder zum Teil vom Arbeitgeber wieder übernommen werden (sog. **Besserungsklausel**, § 7 Abs. 4 S. 5 BetrAVG).[179]

146 Der Arbeitgeber ist bei einem **außergerichtlichen Vergleich** mit dem PSVaG nach der darin getroffenen Vereinbarung regelmäßig auch künftig zur Leistung verpflichtet. Dies mindert die Eintrittspflicht des PSVaG entsprechend. Meist wird in einem außergerichtlichen Vergleich auch eine sog. Besserungsmöglichkeit **vereinbart**, nach der der PSVaG i.d.R. bei einer Besserung der wirtschaftlichen Lage des Arbeitgebers zu seiner Entlastung eine Geldzahlung bekommt.

---

178 Zu den Besonderheiten der Insolvenzsicherung im Insolvenzplan vgl. *Bremer* BetrAV 2006, 230; *Paulsdorff/Wohlleben* S. 1665 ff.
179 *Gareis* ZInsO 2007, 23; *Flitsch/Chardon* DZWIR 2004, 485. Zu praktischen Erfahrungen des PSVaG mit Insolvenzplänen: *Bremer* DB 2011, 875; *Wohlleben* FS Wellensiek S. 691 ff.

2. Sonstige Versorgungsträger[180]

Zahlungen einer **Direktversicherung** vermindern den Anspruch des Versor- 147
gungsberechtigten gegen den PSVaG.[181] Eine Anrechnung erfolgt, wenn es
sich um eine »beschädigte« Direktversicherung handelt oder eine anderweitige Anrechnung in der Versorgungszusage ausdrücklich vorgesehen ist.
Keine Anrechnung erfolgt dann, wenn der Versorgungsberechtigte aus zwei
Versorgungszusagen Leistungen erhält (unmittelbare Zusage und Direktversicherung) und eine Anrechnungsbestimmung nicht vorliegt.

Unterstützungskassen kommen als sonstige Versorgungsträger nach § 7 148
Abs. 4 S. 1 BetrAVG nicht in Betracht, da ihr – ggf. anteiliges – Vermögen
nach § 9 Abs. 3 BetrAVG mit dem Eintritt des Sicherungsfalls auf den
PSVaG übergeht.

Pensionsfonds können als sonstige Träger der Versorgung in Betracht kom- 149
men, wenn sie die betriebliche Altersversorgung nach Eintritt des Sicherungsfalls beim Trägerunternehmen selbst weiterführen (§ 8 Abs. 1a
BetrAVG).

Leistungen aus einer an den Versorgungsberechtigten **verpfändeten Rückde-** 150
ckungsversicherung (oder sonstigem privaten Sicherungsmittel wie z.B. ein
Pfandrecht des Versorgungsberechtigten oder ein eigenes Forderungsrecht im
Zusammenhang mit einem sog. Contractual Trust Arrangement – CTA-
Modell) kommen als Leistung eines sonstigen Versorgungsträgers nicht in
Betracht. Diese Ansprüche gehen nach § 9 Abs. 2 S. 1 BetrAVG auf den
PSVaG über, der seinerseits an den Versorgungsberechtigten die gesetzlich
geschuldeten Leistungen zu erbringen hat.[182] Dabei kann der PSVaG den
Versorgungsberechtigten nicht auf sein Sicherungsmittel verweisen und sich
dadurch seiner gesetzlich zugewiesenen Aufgabe entziehen.[183]

Sofern die **Rückdeckungsversicherung zugunsten des Versorgungsberechtig-** 151
ten freigegeben wird – vom Arbeitgeber oder Insolvenzverwalter – und der
Versorgungsberechtigte Leistungen hieraus erhält, ist dies eine seinen

---

180 Hierher gehört nicht der Fall eines Schuldbeitritts, vgl. § 9 Rdn. 15.
181 Der PSVaG kann »beschädigte« Direktversicherungen »heilen« mit dem Ergebnis, dass der Versorgungsberechtigte Leistungen nur noch aus der Direktversicherung erhält, vgl. § 8 Rdn. 25–27.
182 Vgl. § 9 Rdn. 10–17; zur Systematik i.E. *Berenz* DB 2004, 1098.
183 BGH 9.2.1981, II ZR 171/79, ZIP 1981, 898; vgl. § 9 Rdn. 10.

Anspruch gegenüber dem PSVaG mindernde Leistung eines sonstigen Versorgungsträgers i.S.d. § 7 Abs. 4 S. 1 BetrAVG.[184] Entsprechendes muss dann folgerichtig für Leistungen aus einem sog. Contractual Trust Arrangement (CTA-Modellen) gelten.

F. Schutz des PSVaG vor Missbrauch (§ 7 Abs. 5 BetrAVG)

I. Grundsatz

152 § 7 Abs. 5 BetrAVG ist die notwendige Vorschrift zum **Schutz der zu Zwangsbeiträgen verpflichteten Mitglieder des PSVaG vor dem Missbrauch** der gesetzlichen Insolvenzsicherung.[185] Ein Arbeitgeber könnte angesichts einer drohenden Insolvenz seinen Arbeitnehmern als letzte Wohltat noch Versorgungszusagen erteilen oder bestehende Versorgungszusagen erhöhen, obwohl klar ist, dass der PSVaG die Versorgungsleistungen letztlich erbringen muss. **Ausgenommen** sind **planmäßige Verbesserungen**, die in der Versorgungsordnung vorgesehen sind.[186]

153 Die Vorschrift des § 7 Abs. 5 BetrAVG differenziert zwischen drei unterschiedlichen Tatbeständen, deren Erfüllung einen Anspruch gegenüber dem PSVaG nicht entstehen lassen. Sämtliche Ausschlustatbestände setzen voraus, dass die Versorgungszusage im Hinblick auf den gesetzlichen Insolvenzschutz erstmals erteilt oder bei bestehender Zusage verbessert worden ist.[187]

II. § 7 Abs. 5 S. 1 BetrAVG

154 Ein Anspruch gegen den PSVaG besteht nicht, soweit nach den Umständen des Falles die Annahme gerechtfertigt ist, dass es der alleinige oder überwiegende Zweck der Versorgungszusage oder ihrer Verbesserung oder der Beleihung, Abtretung oder Verpfändung einer Direktversicherung gewesen ist, den PSVaG in Anspruch zu nehmen (§ 7 Abs. 5 S. 1 BetrAVG). Eine Verbesserung der Zusage wird durch jede Maßnahme erwirkt, die den Versorgungs-

---

184   BGH 28.9.1981, II ZR 181/80, AP Nr. 12 zu § 7 BetrAVG; *Blomeyer/Rolfs/Otto* Rn. 272 zu § 7.

185   Ausführlich zur Systematik des § 7 Abs. 5 S. 3 BetrAVG, *Berenz* FS Kemper, S. 5 ff.; *ders.* BetrAV 2005, 518.

186   BAG 26.4.1994, 3 AZR 981/93, EzA § 16 BetrAVG Nr. 27 = DB 1994, 1831; vgl. § 7 Rdn. 166.

187   BAG 26.4.1994, 3 AZR 981/93, EzA § 16 BetrAVG Nr. 27 = DB 1994, 1831.

berechtigten gegenüber der ursprünglichen vertraglichen Ausgestaltung der Versorgungszusage hinsichtlich des Insolvenzschutzes begünstigt.[188] Danach entsteht bei Erfüllung dieses Tatbestandes **kein Anspruch gegen den PSVaG.**

Der Arbeitnehmer verliert den Insolvenzschutz nach § 7 Abs. 3 S. 1 BetrAVG 155 aber nur dann, wenn er mit dem Arbeitgeber missbräuchlich zusammenwirkt und den missbilligten Zweck zumindest erkennen konnte.[189] Dies ist dann der Fall, wenn sich für ihn die Erkenntnis aufdrängen musste, wegen der wirtschaftlichen Lage des Arbeitgebers sei ernsthaft damit zu rechnen, dass die Zusage nicht erfüllt werde.[190]

Den **Nachweis** der Umstände, die die Annahme eines Missbrauchs nach § 7 156 Abs. 5 S. 1 BetrAVG rechtfertigen, hat nach Auffassung des BAG[191] der PSVaG zu erbringen. Dies führt in der Praxis zu erheblichen Beweisproblemen und im Ergebnis dazu, dass diese Vorschrift zum Schutz des PSVaG wenig geeignet ist.

III. § 7 Abs. 5 S. 2 BetrAVG

Satz 2 der Vorschrift bezieht sich auf den ersten Satz und ergänzt dessen Tat- 157 bestand. Sie findet keine Anwendung auf die Beleihung, Abtretung oder Verpfändung einer Direktversicherung mit unwiderruflichem Bezugsrecht.[192] Ein Anspruch gegen den PSVaG besteht danach nicht, soweit bei Erteilung oder Verbesserung der Versorgungszusage wegen der wirtschaftlichen Lage des Arbeitgebers zu erwarten war, dass die Zusage nicht erfüllt wird (§ 7 Abs. 5 S. 2 BetrAVG). Das Gesetz stellt damit eine **widerlegliche Vermutung des Missbrauchs** auf.[193] Wenn dem PSVaG der Nachweis der schlechten wirtschaftlichen Lage des Arbeitgebers zum Zeitpunkt der Zusage oder Verbesserung der Zusage gelingt, wird vermutet, dass die Erfüllung der Zusage nicht zu erwarten war. Damit kehrt sich die Beweislast um, und der Versorgungsberechtigte muss nachweisen, dass die Versorgungszusage zu diesem

---

188 BAG 29.11.1988, 3 AZR 184/87, EzA § 7 BetrAVG Nr. 27 = DB 1989, 786.
189 BAG 17.10.1995, 3 AZR 420/94, EzA § 7 BetrAVG Nr. 52 = DB 1995, 2176; DLW-*Dörner* Kap. 3 Rn. 4045.
190 BAG 19.2.2002, 3 AZR 137/01, EzA § 7 BetrAVG Nr. 66 = DB 2002, 2115.
191 BAG 26.6.1990, 3 AZR 641/88, EzA § 1 BetrAVG Nr. 59 = DB 1990, 2475.
192 BAG 17.10.1995, 3 AZR 420/94, EzA § 7 BetrAVG Nr. 52 = DB 1996, 1426.
193 BAG 2.6.1987, 3 AZR 764/85, EzA § 7 BetrAVG Nr. 24 = DB 1987, 2211.

Zeitpunkt nicht rechtsmissbräuchlich war.[194] Kann der PSVaG diese objektiven wirtschaftlichen Umstände darlegen, ist es also Sache des Arbeitnehmers, die sich daraus ergebende Vermutung des § 7 Abs. 5 S. 1 BetrAVG zu widerlegen.[195]

158 Ein Arbeitnehmer verliert den Insolvenzschutz jedoch nur dann, wenn er an der missbräuchlichen Maßnahme des Arbeitgebers beteiligt war oder er den missbilligten Zweck der Maßnahme zumindest **erkennen konnte**.[196] Insoweit greift dann wieder der Mechanismus des § 7 Abs. 5 S. 1 BetrAVG[197] Dadurch ist im Ergebnis auch die Beweiserleichterung des Satz 2 zum wirksamen Schutz des PSVaG vor Missbrauch wenig geeignet.

IV. § 7 Abs. 5 S. 3 BetrAVG

1. Prinzip

159 Ein Anspruch gegen den PSVaG besteht grds. nicht bei **Zusagen** oder **Verbesserungen von Zusagen die** in den beiden letzten Jahren vor dem Eintritt des Sicherungsfalls erfolgt sind (§ 7 Abs. 5 S. 3 1. Hs. BetrAVG).[198] Das Gesetz erwähnte in der bisherigen Fassung die Erteilung einer Zusage nicht. Was für die Verbesserung einer Zusage gilt, muss aber erst recht für die Erteilung gelten.[199] Der Anwendungsbereich der Ausschlussfrist erstreckte sich also auch nach früherem Recht sowohl auf Verbesserungen als auch auf die Erteilung einer Versorgungszusage. Mit der neuen Formulierung des Gesetzestextes durch das Alterseinkünftegesetz ist nunmehr eine Klarstellung durch den Gesetzgeber erfolgt, die materielle Rechtslage hat sich dadurch gegenüber der Vergangenheit nicht geändert.[200]

160 Auch eine Vereinbarung zwischen Arbeitgeber und Arbeitnehmer aus Anlass des Eintritts des Arbeitnehmers in den Ruhestand, also zu Beginn des Ruhestands, über Grund und Höhe einer Betriebsrente, ist eine Versorgungszu-

---

194 BAG 29.11.1988, 3 AZR 184/87, EzA § 7 BetrAVG Nr. 27 = DB 1988, 2567; *Andresen/Förster/Rößler/Rühmann* Teil 13 A, Rn. 1006; *Paulsdorff* Rn. 431 zu § 7.
195 BAG 19.2.2002, 3 AZR 137/01, EzA § 7 BetrAVG Nr. 66 = DB 2002, 2115.
196 BAG 19.2.2002, 3 AZR 137/01, EzA § 7 BetrAVG Nr. 66 = DB 2002, 2115.
197 Vgl. § 7 Rdn. 155.
198 Vgl. § 7 Rdn. 154 zur Definition der Verbesserung von Zusagen.
199 BAG 24.11.1998, 3 AZR 423/97, EzA § 7 BetrAVG Nr. 57 = DB 1999, 914.
200 *Höfer* BetrAVG, Rn. 4573.1 zu § 7.

sage i.S.d. BetrAVG und unterliegt damit der Kontrolle auf Missbrauch der Insolvenzversicherung nach Maßgabe des § 7 Abs. 5 BetrAVG.[201]

Unter **Verbesserung** ist jede Maßnahme des Arbeitgebers zu verstehen, die **161** den Versorgungsempfänger begünstigt.[202] Rentenerhöhungen nach **§ 16 BetrAVG** in den beiden letzten Jahren vor Eintritt des Insolvenzfalles nehmen daher am Versicherungsschutz ebenfalls nicht teil (auch nicht, wenn sie auf einem gerichtlichen Urteil beruhen).[203] Trifft der Arbeitgeber die Entscheidung, die laufende Rente an einen eingetretenen Kaufkraftverlust entsprechend der Leistungsfähigkeit des Unternehmens anzupassen, so stellt diese Entscheidung eine Verbesserung der bis dahin erteilten Versorgungszusage dar.

Im Hinblick auf die Anpassung gem. § 16 BetrAVG gab es zwischenzeitlich **162** eine missverständliche Gesetzesformulierung. Ursprünglich stellte die Vorschrift darauf ab, »..., soweit sie (die Zusagen) in dem letzten Jahr vor dem Eintritt des Sicherungsfalles größer gewesen sind als in dem diesem Jahr vorangegangenen Jahr«. Mit der Erhöhung der Ausschlussfrist von einem auf zwei Jahre durch das Einführungsgesetz zur Insolvenzordnung wurde der Wortlaut – ohne konkrete Begründung des Gesetzgebers – in »..., soweit sie (Verbesserungen der Zusagen) in den beiden letzten Jahren vor dem Eintritt des Sicherungsfalles vereinbart worden sind« geändert. Neben der Erweiterung auf zwei Jahre wurde also auch aufgenommen, dass die Verbesserung in dem betreffenden Zeitraum »vereinbart« worden sein sollte. Daraus hat das BAG geschlossen, dass es – im Gegensatz zum früheren Recht – nach neuem Recht darauf ankommt, dass die Verbesserung durch eine »Vereinbarung« zustande gekommen ist und dass diese Vereinbarung in den beiden letzten Jahren vor Eintritt des Sicherungsfalls getroffen wurde. Im entschiedenen Fall kam der Senat folgerichtig zu dem Ergebnis, dass eine Anpassung nach § 16 BetrAVG, die durch ein streitiges Gerichtsurteil erfolgt und innerhalb des Zwei-Jahres-Zeitraums rechtskräftig geworden ist und sich auf ein Anpassungsdatum außerhalb der Ausschlussfrist bezieht, einer vom Gesetz nunmehr geforderten Vereinbarung nicht gleichsteht. In der Konsequenz findet § 7 Abs. 5 S. 3 BetrAVG dann keine Anwendung und der PSVaG muss

---

201 BAG 29.11.1988, 3 AZR 184/87, EzA § 7 BetrAVG Nr. 27 = DB 1988, 2567.
202 Vgl. § 7 Rdn. 154.
203 BAG 26.4.1994, 3 AZR 981/93, EzA § 16 BetrAVG Nr. 27 = DB 1994, 1831.

auch für diese Anpassung eintreten.[204] Mit der Änderung des § 7 Abs. 5 S. 3 BetrAVG durch das Alterseinkünftegesetz ist diese missverständliche Formulierung wieder klarstellend auf den Rechtszustand zurückgeführt worden, der von 1975 bis 1998 gegeben war. Nunmehr ist im Eingangssatz des § 7 Abs. 5 S. 3 BetrAVG von »..., die in den beiden letzten Jahren vor dem Eintritt des Sicherungsfalls erfolgt sind, ...« die Rede. Damit werden auch streitige Urteile zur Anpassung nach § 16 BetrAVG erfasst, die innerhalb der Zwei-Jahres-Ausschlussfrist rechtskräftig werden, denn die dadurch bedingte Verbesserung der Zusage »erfolgt« ja im Ausschlusszeitraum.

163 Bei der Regelung des § 7 Abs. 5 S. 3 1. Hs. BetrAVG handelt es sich um eine **unwiderlegbare Vermutung**,[205] die den PSVaG von Darlegungs- und Beweislasten befreit. Die Missbrauchsvermutung des Gesetzes kann selbst dann nicht widerlegt werden, wenn der Berechtigte das Fehlen einer Missbrauchsabsicht nachweist.[206] Auf den subjektiven Tatbestand kommt es – anders als in Satz 1 der Vorschrift – nicht an.

164 Von § 7 Abs. 5 S. 3 1. Hs. BetrAVG wird nach der Rechtsprechung des BAG die **Beleihung, Verpfändung oder Abtretung einer Direktversicherung** im Zwei-Jahres-Zeitraum nicht erfasst, da sie dort nicht ausdrücklich geregelt ist.[207] Anders ist dies nur dann, wenn der PSVaG konkrete Tatsachen dafür vortragen kann, dass der Arbeitgeber etwa die Ansprüche aus dem Versicherungsvertrag missbräuchlich beliehen hat und der Arbeitnehmer daran beteiligt war. Dann liegt ein Fall des Missbrauchs nach § 7 Abs. 5 S. 1 BetrAVG vor.[208]

165 Die Zwei-Jahres-Ausschlussfrist betrifft den Zeitraum vor dem Eintritt des Sicherungsfalls. Für den **Zeitpunkt der Verbesserung der Zusage** kommt es auf die Verpflichtung des Arbeitgebers gegenüber dem Versorgungsberechtigten an.[209]

---

204 BAG 18.3.2003, 3 AZR 120/02, EzA § 7 BetrAVG Nr. 67 = DB 2004, 84.
205 BAG 24.6.1986, 3 AZR 645/84, EzA § 7 BetrAVG Nr. 20 = DB 1987, 587; *Höfer* BetrAVG, Rn. 4559 zu § 7.
206 BAG 26.4.1994, 3 AZR 981/93, EzA § 16 BetrAVG Nr. 27 = DB 1994, 1831.
207 BAG 26.6.1990, 3 AZR 641/88, EzA § 1 BetrAVG Nr. 59 (für die Beleihung) = DB 1990, 2475.
208 BAG 17.10.1995, 3 AZR 420/94, EzA § 7 BetrAVG Nr. 52 = DB 1995, 2126.
209 BAG 2.6.1987, 3 AZR 764/85, EzA § 7 BetrAVG Nr. 24 = DB 1987, 2211.

Von der Zwei-Jahres-Ausschlussfrist des § 7 Abs. 5 S. 3 BetrAVG wird nur die **166**
Verbesserung oder die Erteilung einer Zusage innerhalb der Zwei-Jahres-Frist
erfasst. Deswegen werden **planmäßige oder automatische Verbesserungen
aufgrund einer vor der Frist liegenden Zusage nicht** dem § 7 Abs. 5
S. 3 BetrAVG zugeordnet, mag deren Wirkung auch erst kurz vor der Insolvenz des Arbeitgebers eintreten.[210]

2. Ausnahmen

Zwei Ausnahmen von der Zwei-Jahres-Ausschlussfrist finden sich in § 7 **167**
Abs. 5 S. 3 Nr. 1 und Nr. 2 BetrAVG.[211]

a) § 7 Abs. 5 S. 3 Nr. 1 BetrAVG (Entgeltumwandlung)

Eine **Ausnahme** vom Leistungsausschluss gilt für Entgeltumwandlungszusa- **168**
gen. Danach findet für **ab 2002 erteilte Entgeltumwandlungszusagen** die
Zwei-Jahres-Ausschlussfrist keine Anwendung, **soweit Beträge bis 4 % der
Beitragsbemessungsgrenze in der allgemeinen Rentenversicherung** für eine
betriebliche Altersversorgung verwendet werden.[212] Auf die diese 4 %-Grenze
übersteigenden Beträge der Entgeltumwandlung findet § 7 Abs. 5 S. 3
BetrAVG folglich Anwendung.

Die Regelungen der Sätze 1 und 2 des § 7 Abs. 5 BetrAVG finden im Rah- **169**
men der Entgeltumwandlung keine Einschränkung. Bei Erfüllung ihres Tatbestandes ist also auch bei Entgeltumwandlungszusagen ein Ausschluss des
Insolvenzschutzes gegeben.

Die Anwendung dieser Ausnahmeregelung für Entgeltumwandlungszusagen **170**
setzt nicht voraus, dass der Versorgungsberechtigte auch die Voraussetzungen
eines Anspruchs auf Entgeltumwandlung bis 4 % der Beitragsbemessungsgrenze in der allgemeinen Rentenversicherung nach § 1a BetrAVG erfüllt.
Nach § 17 Abs. 1 S. 3 BetrAVG gilt § 1a BetrAVG nur für Arbeitnehmer, die
in der gesetzlichen Rentenversicherung pflichtversichert sind. Für die

---

210 BAG 2.6.1987, 3 AZR 764/85, EzA § 7 BetrAVG Nr. 24 = DB 1987, 2211; *Blo-
    meyer/Rolfs/Otto* Rn. 287 zu § 7; *Paulsdorff* Rn. 426 zu § 7.
211 Ausführlich dazu *Berenz* FS Kemper, S. 5 ff.; *ders.* BetrAV 2005, 518.
212 Eingefügt durch das Gesetz zur Einführung einer kapitalgedeckten Hütten-
    knappschaftlichen Zusatzversicherung und zur Änderung anderer Gesetze (Hüt-
    tenknappschaftliches Zusatzversicherungs-Neuregelungs-Gesetz – HZvNG)
    v. 21.6.2002, BGBl. I S. 2167 (2178); vgl. i.E. § 10 Rdn. 104–115.

Anwendung des § 7 Abs. 5 S. 3 Nr. 1 BetrAVG ist dagegen nur die 4 %-Grenze entscheidend.[213]

171 Dabei ist zwischen den **alten und neuen Ländern** zu **differenzieren**. Dies folgt aus dem Verweis in § 7 Abs. 5 S. 3 Nr. 1 BetrAVG auf die Beitragsbemessungsgrenze in der allgemeinen Rentenversicherung. Die Beitragsbemessungsgrenze für die alten Länder ergibt sich aus § 159 SGB VI und die für die neuen Länder aus § 228a SGB VI.

172 2012 beträgt die Beitragsbemessungsgrenze in der allgemeinen Rentenversicherung für die alten Länder 67.200 € p.a. und für die neuen Länder 57.600 € p.a. Nach § 7 Abs. 5 S. 3 Nr. 1 BetrAVG besteht für eine im Jahr 2012 erteilte Entgeltumwandlungszusage sofortiger Insolvenzschutz, soweit in den alten Ländern ein Betrag bis zu 2.688 € p.a. (4 % von 67.200 €) und in den neuen Ländern bis zu 2.304 € p.a. (4 % von 57.600 €) umgewandelt wird.

173 In diesen Fällen besteht also unmittelbar mit dem Eintritt der gesetzlichen Unverfallbarkeit durch das Erteilen der Entgeltumwandlungszusagen gesetzlicher Insolvenzschutz. Zu beachten ist, dass Ausgangspunkt dieser Ausnahmeregelung die Höhe des Entgelts ist, das in betriebliche Altersversorgung umgewandelt wird. Die sich aus den bis 4 % der Beitragsbemessungsgrenze in der allgemeinen Rentenversicherung ergebenden Versorgungsleistungen sind für jedes Kalenderjahr gesondert zu berechnen, der 4 % der Beitragsbemessungsgrenzen übersteigende Betrag der Entgeltumwandlung bleibt unberücksichtigt.

b) § 7 Abs. 5 S. 3 Nr. 2 BetrAVG (Portabilität)

174 Die zweite **Ausnahme** von der Anwendung der Zwei-Jahres-Ausschlussfrist bezieht sich auf für im Rahmen von Übertragungen gegebene Zusagen (Portabilität), **soweit der Übertragungswert die Beitragsbemessungsgrenze in der allgemeinen Rentenversicherung nicht übersteigt** (2012: 67.200 € p.a. alte Länder und 57.600 € p.a. neue Länder).[214] Bei einem niedrigeren oder

---

213 *Höfer* BetrAVG, Rn. 4573.2 zu § 7.
214 Eingefügt durch das Gesetz zur Neuordnung der einkommensteuerlichen Behandlung von Altersvorsorgeaufwendungen und Altersbezügen (Alterseinkünftegesetz) v. 5.7.2004, in Kraft getreten am 1.1.2005, BGBl. I S. 1427 (1444).

gleich hohen Übertragungswert besteht demnach für diesen Wert unmittelbar mit der Übertragung der Zusage auf den neuen Arbeitgeber im Fall der Insolvenz des übernehmenden Arbeitgebers innerhalb der ersten zwei Jahre Eintrittspflicht des PSVaG.[215]

Der Gesetzgeber will damit erreichen, dass die Mobilität der Arbeitnehmer nicht durch die Ausschlussfrist nach § 7 Abs. 5 S. 3 Nr. 2 BetrAVG eingeschränkt wird.[216] Die **Übertragung einer Versorgungszusage** vom ehemaligen Arbeitgeber auf den neuen Arbeitgeber ist als **Erteilung einer neuen Zusage** beim neuen Arbeitgeber einzuordnen, der sich im Hinblick auf die betriebliche Altersversorgung erstmals gegenüber dem Arbeitnehmer arbeitsrechtlich bindet. Folglich findet § 7 Abs. 5 S. 3 1. Hs. BetrAVG grundsätzlich Anwendung. 175

Wird über den in § 7 Abs. 5 S. 3 Nr. 2 BetrAVG genannten Grenzwert hinaus ein höherer Betrag vom abgebenden auf den aufnehmenden Arbeitgeber mitgenommen, so ist dieser in den ersten zwei Jahren ggf. – privat – vertraglich zu sichern; der PSVaG ist davon nicht betroffen.[217] 176

Die Regelungen der Sätze 1 und 2 des § 7 Abs. 5 S. 3 BetrAVG finden im Rahmen der Portabilität keine Einschränkung. Bei Erfüllung ihres Tatbestandes ist also auch bei Übertragungen nach § 4 BetrAVG ein Ausschluss des Insolvenzschutzes gegeben. 177

Hinzuweisen ist auf das Recht des Arbeitnehmers, innerhalb eines Jahres nach Beendigung des Arbeitsverhältnisses von seinem ehemaligen Arbeitgeber verlangen zu können, dass der Übertragungswert der Zusage auf den neuen Arbeitgeber übertragen wird, wenn die betriebliche Altersversorgung über einen Pensionsfonds, eine Pensionskasse oder eine Direktversicherung durchgeführt wird und der Übertragungswert die Beitragsbemessungsgrenze in der allgemeinen Rentenversicherung nicht übersteigt (§ 4 Abs. 3 S. 1 BetrAVG).[218] Die **Ausnahme** von der Zwei-Jahres-Ausschlussfrist in § 7 178

---

215 Zu den Auswirkungen der Übertragung einer Versorgungszusage vom ehemaligen auf den neuen Arbeitgeber auf die gesetzliche Insolvensicherung hat der PSVaG ein das Merkblatt 300/M 15 erstellt, das im Internet unter www.psvag.de zur Verfügung steht.

216 BT-Drucks. 15/2150, S. 54.

217 BT-Drucks. 15/2150, S. 54.

218 Der Übertragungsanspruch findet nur Anwendung auf Zusagen, die nach dem 31.12.2004 erteilt werden (§ 30b BetrAVG).

Abs. 5 S. 3 Nr. 2 BetrAVG bei der Insolvenzsicherung **korrespondiert mit diesen Werten** (2012: 67.200 € p.a. alte Länder und 57.600 € p.a. neue Länder).

179   Die Zwei-Jahres-Ausschlussfrist mit der **Ausnahme** für Übertragungswerte bis zur Höhe der Beitragsbemessungsgrenze in der allgemeinen Rentenversicherung findet auf **alle Alternativen** der Übertragung nach § 4 BetrAVG Anwendung.[219] In § 7 Abs. 5 S. 3 Nr. 2 BetrAVG wird nicht nach den verschiedenen Alternativen einer Übertragung nach § 4 BetrAVG differenziert. Vielmehr stellt diese Vorschrift allgemein auf »im Rahmen von Übertragungen« gegebene Zusagen ab. Der Begriff der Übertragung ist jedoch der Oberbegriff für beide Übertragungsarten, also sowohl für die Schuldübernahme als auch für die Übertragung des Übertragungswertes.[220]

G. Außergewöhnliche Risiken (§ 7 Abs. 6 BetrAVG)

180   Ist der Sicherungsfall durch kriegerische Ereignisse, innere Unruhen, Naturkatastrophen oder Kernenergie verursacht worden, kann der PSVaG mit Zustimmung der **Bundesanstalt für Finanzdienstleistungsaufsicht** die Leistungen nach billigem Ermessen abweichend von den Abs. 1 bis 5 festsetzen.

§ 8   Übertragung der Leistungspflicht und Abfindung

(1) Ein Anspruch gegen den Träger der Insolvenzsicherung auf Leistungen nach § 7 besteht nicht, wenn eine Pensionskasse oder ein Unternehmen der Lebensversicherung sich dem Träger der Insolvenzsicherung gegenüber verpflichtet, diese Leistungen zu erbringen, und die nach § 7 Berechtigten ein unmittelbares Recht erwerben, die Leistungen zu fordern.

(1a) [1]Der Träger der Insolvenzsicherung hat die gegen ihn gerichteten Ansprüche auf den Pensionsfonds, dessen Trägerunternehmen die Eintrittspflicht nach § 7 ausgelöst hat, im Sinne von Absatz 1 zu übertragen, wenn die Bundesanstalt für Finanzdienstleistungsaufsicht hierzu die Genehmigung erteilt. [2]Die Genehmigung kann nur erteilt werden, wenn durch Auflagen der Bundesanstalt für Finanzdienstleistungsaufsicht die dauernde Erfüllbarkeit der Leistungen aus dem Pensionsplan sichergestellt werden kann. [3]Die Genehmigung der Bundesanstalt für Finanzdienstleis-

---

219   *Höfer* BetrAVG, Rn. 4573.4 f. zu § 7.
220   BT-Drucks. 15/2150, S. 1444.

tungsaufsicht kann der Pensionsfonds nur innerhalb von drei Monaten nach Eintritt des Sicherungsfalles beantragen.

(2) [1]Der Träger der Insolvenzsicherung kann eine Anwartschaft ohne Zustimmung des Arbeitnehmers abfinden, wenn der Monatsbetrag der aus der Anwartschaft resultierenden laufenden Leistung bei Erreichen der vorgesehenen Altersgrenze eins vom Hundert, bei Kapitalleistungen zwölf Zehntel der monatlichen Bezugsgröße nach § 18 des Vierten Buches Sozialgesetzbuch nicht übersteigen würde oder wenn dem Arbeitnehmer die Beiträge zur gesetzlichen Rentenversicherung erstattet worden sind. [2]Dies gilt entsprechend für die Abfindung einer laufenden Leistung. [3]Die Abfindung ist darüber hinaus möglich, wenn sie an ein Unternehmen der Lebensversicherung gezahlt wird, bei dem der Versorgungsberechtigte im Rahmen einer Direktversicherung versichert ist. [4]§ 2 Abs. 2 Satz 4 bis 6 und § 3 Abs. 5 gelten entsprechend.

A. Möglichkeiten der Leistungserbringung (§ 8 Abs. 1 BetrAVG)

I. Durch den PSVaG

1   Nach § 7 BetrAVG haben die Versorgungsberechtigten einen **gesetzlichen Anspruch gegen den PSVaG** auf Zahlung der insolvenzgesicherten betrieblichen Altersversorgung. Dieser Anspruch entsteht bei **laufenden Rentenleistungen** mit dem Beginn des Kalendermonats, der auf den Eintritt des Sicherungsfalls folgt (§ 7 Abs. 1a BetrAVG).[1] Solange ein Versorgungsfall noch nicht eingetreten ist, haben die Versorgungsberechtigten eine **gesetzliche Anwartschaft** gegenüber dem PSVaG.

2   Zahlungen an die Versorgungsberechtigten erbringt der PSVaG unmittelbar regelmäßig nur bei Kapitalzusagen und im Zusammenhang mit der zeitlich befristeten Übernahme von Verpflichtungen bei einem außergerichtlichen Vergleich. Im Regelfall – bei Eröffnung des gerichtlichen Insolvenzverfahrens oder dessen Abweisung mangels Masse – überträgt der PSVaG die **Auszahlung der Leistungen auf ein Konsortium** von zurzeit 51 Unternehmen der Lebensversicherung.[2]

3   In geeigneten Fällen kann nach der Eröffnung des Insolvenzverfahrens eine baldige Rentenzahlung über den Insolvenzverwalter aufgenommen werden. Der Insolvenzverwalter zahlt dann über den »**alten Zahlungsweg**«, wie er vor Insolvenz bestand, vorübergehend die Renten mit Mitteln des PSVaG an die Versorgungsberechtigten weiter. Dies ist eine Überbrückungsmaßnahme zwischen der Eröffnung des Insolvenzverfahrens und der Zahlungsaufnahme durch das Konsortium nach der Bearbeitung der einzelnen Rentenfälle. Damit werden längere Unterbrechungen der Zahlung der Renten verhindert.

II. Durch eine Pensionskasse oder ein Unternehmen der Lebensversicherung

1. Gesetzliche Ermächtigung

4   § 8 Abs. 1 BetrAVG eröffnet für den PSVaG die Möglichkeit, den gegen ihn bestehenden gesetzlichen Anspruch mit befreiender Wirkung zu übertragen. Dies setzt zum einen voraus, dass eine Pensionskasse oder ein **Unternehmen der Lebensversicherung** sich gegenüber dem PSVaG zur **Leistungserbrin-**

---

1   Vgl. § 7 Rdn. 62–65 sowie zur Fälligkeit § 7 Rdn. 54-61.
2   Vgl. Rdn. 5–15.

gung verpflichtet. Zum anderen müssen die Versorgungsberechtigten ein unmittelbares Recht gegenüber der Pensionskasse oder dem Unternehmen der Lebensversicherung erwerben, die insolvenzgesicherte Leistung auf betriebliche Altersversorgung zu fordern. Die Möglichkeit der Übertragung der Leistungspflicht vom PSVaG auf eine Pensionskasse hat in der Praxis kaum Bedeutung.

2. Konsortium

a) Grundsatz

Der PSVaG hat seit Beginn seiner Tätigkeit von der gesetzlichen Möglichkeit 5 Gebrauch gemacht, die Auszahlung über Unternehmen der Lebensversicherung vornehmen zu lassen. Konkret überträgt er gegen Zahlung eines Einmalbetrags bei Leistungsbeginn die Leistungserbringung an den Versorgungsempfänger auf ein **Konsortium von zurzeit 51 Unternehmen der Lebensversicherung**, das sich gegenüber dem Rentner zur Zahlung verpflichtet.

Was nach § 8 Abs. 1 BetrAVG für die Übertragung vom PSVaG auf ein 6 Unternehmen der Lebensversicherung gilt, muss erst recht für einen Zusammenschluss in Form eines **Konsortiums** gelten, also mehrere Unternehmen der Lebensversicherung. Die Übertragung der Zahlungsverpflichtung auf das Konsortium anstelle eines Unternehmens der Lebensversicherung führt zur Risikoverteilung auf eine Vielzahl von Lebensversicherungsunternehmen, bei der jeder Konsorte entsprechend seiner Quote im Konsortium einsteht. Im Rahmen der Leistungsabwicklung trägt das Konsortium das Risiko der Langlebigkeit der Versorgungsempfänger sowie das Risiko, den rechnungsmäßig kalkulierten Zins auch zu erwirtschaften.

Aufgrund des Vertrages mit dem Konsortium besteht ein **eigener Abrech-** 7 **nungsverband.** Die **Überschussanteile** daraus stehen dem PSVaG zu[3] und dienen der Minderung der künftigen Beitragslast der insolvenzsicherungspflichtigen Arbeitgeber.[4]

Geschäftsführender Versicherer des Konsortiums für den PSVaG ist die Alli- 8 anz Lebensversicherungs-AG, 10850 Berlin. Dieser vertritt das Konsortium gerichtlich und außergerichtlich.

---

3 *Blomeyer/Rolfs/Otto* § 8 Rn. 16; *Höfer* BetrAVG, Rn. 4625 zu § 8.
4 Zum Finanzierungsverfahren des PSVaG vgl. § 10 Rdn. 36–73.

9 Rückständige Leistungen gem. § 7 Abs. 1a S. 3 BetrAVG werden entweder vom PSVaG direkt oder vom Konsortium zusammen mit der Auszahlung der ersten laufenden Leistung erbracht.[5] Einmalige Kapitalleistungen aus der Versorgungszusage sowie Kapitalabfindungen nach § 8 Abs. 2 BetrAVG zahlt der PSVaG unmittelbar.

10 Zu Beginn des Jahres 2012 erhalten vom Konsortium rd. 520.000 Betriebsrentner aufgrund der Insolvenz ihres früheren Arbeitgebers monatlich insgesamt rd. 75,6 Mio. €.[6] Weitere rd. 194.000 Anwärter aus diesen Insolvenzen werden im Laufe der nächsten mehr als 30 Jahre ihre beim PSVaG gesicherte Betriebsrente abrufen.[7]

b) Rechtsbeziehungen

11 Die Verpflichtung des Konsortiums gegenüber dem Versorgungsberechtigten ergibt sich aus dem Rahmenvertrag zwischen dem Konsortium und dem PSVaG, in dem der PSVaG als Versicherungsnehmer den Versorgungsberechtigten ein unwiderrufliches Bezugsrecht einräumt. Es handelt sich um einen **echten Vertrag zugunsten Dritter (der Rentner)** gem. § 328 Abs. 1 BGB.[8]

12 Die in § 8 Abs. 1 BetrAVG vorgesehene Regelungsmöglichkeit der Abwicklung der gesetzlichen Zahlungsverpflichtung des PSVaG über Unternehmen der Lebensversicherung (Konsortium) stellt eine **gesetzliche Schuldbefreiung für den PSVaG** dar, die abweichend von § 415 BGB nicht der Zustimmung der nach § 7 BetrAVG berechtigten Rentner bedarf.[9]

13 Entsprechend dem vorher Gesagten wird der PSVaG von seiner gesetzlichen Leistungspflicht jeweils im konkret beim Konsortium versicherten Versorgungsfall befreit. Der **Versorgungsempfänger** hat einen **eigenen Anspruch gegenüber dem Konsortium.** In der Folge richten sich z.B. Pfändungs- und Überweisungsbeschlüsse gegen Versorgungsberechtigte, die bereits Leistungen des Konsortiums erhalten, gegen das Konsortium und nicht gegen den

---

5 *Paulsdorff* § 8 Rn. 12.

6 www.psvag.de unter dem Stichwort »Wir über uns«, »Fakten & Zahlen«.

7 Bericht über das Geschäftsjahr 2011 des PSVaG, S. 10 ff. Zum Finanzierungsverfahren des PSVaG vgl. § 10 Rdn. 36–73.

8 *Blomeyer/Rolfs/Otto* § 8 Rn. 11; *Höfer* BetrAVG, Rn. 4626 zu § 8.

9 *Blomeyer/Rolfs/Otto* § 8 Rn. 9.

PSVaG. Lediglich bei Anwärtern merkt der PSVaG die Pfändung vor für den Fall des Eintritts des Versorgungsfalls.

Das Konsortium ist Zahlstelle gem. § 202 SGB V für die Abführung des 14 **Kranken- und Pflegeversicherungsbeitrags** der Rentner und nach § 3 Nr. 65 EStG zur Erhebung der **Lohnsteuer** verpflichtet.

15

Abb.: Rechtsbeziehungen zwischen den Beteiligten

B. Sonderfall Pensionsfonds (§ 8 Abs. 1a BetrAVG)

Der Arbeitgeber kann betriebliche Altersversorgung über **Pensionsfonds** 16 zusagen (§ 1b Abs. 3 BetrAVG). Der Eintritt des Sicherungsfalls beim Arbeitgeber als Trägerunternehmen des Pensionsfonds löst die Eintrittspflicht des PSVaG aus (§ 7 Abs. 1 S. 2 Nr. 2 und Abs. 2 S. 2 BetrAVG).

Der **Pensionsfonds kann** jedoch die gegen den PSVaG gerichteten Ansprü- 17 che der Versorgungsberechtigten **selbst erfüllen**, wenn er dies innerhalb von drei Monaten nach Eintritt des Sicherungsfalls bei der Bundesanstalt für Finanzdienstleistungsaufsicht **beantragt** und diese dies genehmigt.[10] Die Genehmigung kann nur erteilt werden, wenn durch Auflagen der Bundesanstalt für Finanzdienstleistungsaufsicht die **dauernde Erfüllbarkeit der Leistungen** in der Höhe, die sich aus dem Pensionsplan ergibt, sichergestellt werden kann (§ 8 Abs. 1a S. 2 BetrAVG).

---

10 *Blomeyer/Rolfs/Otto* § 8 Rn. 20 ff.; *Höfer* BetrAVG, Rn. 4629 ff. zu § 8.

18 Bei Erteilung der **Genehmigung** hat der PSVaG die gegen ihn gerichteten Ansprüche auf den Pensionsfonds entsprechend § 8 Abs. 1 BetrAVG zu übertragen. Ein Anspruch der Versorgungsberechtigten gegen den PSVaG auf Leistungen nach § 7 BetrAVG besteht dann nicht mehr, § 8 Abs. 1a S. 1 i.V.m. § 8 Abs. 1 BetrAVG. Das **Vermögen des Pensionsfonds** verbleibt in diesem Fall beim Pensionsfonds (vgl. § 9 Abs. 3a BetrAVG).

C. Abfindung von Renten und Anwartschaften (§ 8 Abs. 2 BetrAVG)

I. Grundsatz

19 § 8 Abs. 2 BetrAVG begründet für den **PSVaG** ein **Recht zur Abfindung** von **Anwartschaften und laufenden Leistungen**. Eine **Zustimmung des Versorgungsberechtigten ist nicht notwendig**; dies gilt für alle Abfindungsmöglichkeiten des PSVaG (§ 8 Abs. 2 S. 1 BetrAVG). Ein Versorgungsberechtigter kann demnach eine Abfindung nicht verhindern. Andererseits besteht **keine Verpflichtung zur Abfindung**; die betroffenen Versorgungsberechtigten können also nicht verlangen, dass ihre Anwartschaft oder laufende Leistung vom PSVaG abgefunden wird.[11] Dies gilt sowohl für arbeitgeberfinanzierte Zusagen als auch für Entgeltumwandlungszusagen. Die Beendigung des Arbeitsverhältnisses ist für eine Abfindung durch den PSVaG ohne Bedeutung. Das Abfindungsrecht besteht auch dann, wenn der Versorgungsberechtigte beim die Eintrittspflicht des PSVaG auslösenden Arbeitgeber weiter beschäftigt bleibt.

II. Abfindungsmöglichkeiten

1. Beachtung der Wertgrenze

20 Die Abfindungsregelung des § 8 Abs. 2 BetrAVG orientiert sich grds. an der **Höhe der laufenden monatlichen Versorgungsleistung**, die bei Erreichen der vorgesehenen Altersgrenze zu zahlen wäre.[12] Diese darf **1 % der monatlichen Bezugsgröße** nach § 18 SGB IV, bei Kapitalleistungen 12/10 dieser

---

11 *Andresen/Förster/Rößler/Rühmann* Teil 13 A, Rn. 1237, 1270; *Höfer* BetrAVG, Rn. 4638 ff. zu § 8.

12 Zur Abfindung von Entgeltumwandlungszusagen bei rückgedeckter Gruppenunterstützungskasse, *Berenz* BetrAV 2006, 514; *ders.* BetrAV 2010, 322; vgl. Merkblatt 110/M 8 des PSVaG, das im Internet unter www.psvag.de zur Verfügung steht.

Bezugsgröße, nicht übersteigen. Dies gilt sowohl für arbeitgeberfinanzierte Zusagen als auch für Entgeltumwandlungszusagen. Höhere monatliche Versorgungsleistungen können nur abgefunden werden, wenn die Beiträge zur gesetzlichen Rentenversicherung erstattet worden sind[13] oder von der Abfindungsmöglichkeit nach § 8 Abs. 2 S. 3 BetrAVG[14] Gebrauch gemacht wird (an ein Unternehmen der Lebensversicherung).

Basis für die Wertgrenze der Abfindungsmöglichkeit ist die Höhe der **21** Bezugsgröße nach § 18 SGB IV, wie sie **im Zeitpunkt der Abfindung** besteht. So ist eine Abfindungszahlung unmittelbar an den Versorgungsberechtigten im Jahr 2012 bis zu einer monatlichen Rente in Höhe von 26,25 € (alte Länder und West-Berlin) bzw. 22,40 € Beitrittsgebiet (neue Bundesländer und Ost-Berlin) möglich.[15] Für die Berechnung der Höhe der Abfindung gilt § 3 Abs. 5 BetrAVG entsprechend (§ 8 Abs. 2 S. 4 BetrAVG). § 3 Abs. 5 BetrAVG verweist wiederum auf die Vorschrift des § 4 Abs. 5 BetrAVG, der Abfindungsbetrag berechnet sich also wie der Übertragungswert im Fall der Portabilität.[16]

Jahr	monatlich	1 %	12/10	
2009	2.520,00 €	25,20 €	3.024,00 €	**22**
2010	2.555,00 €	25,55 €	3.066,00 €	
2011	2.555,00 €	25,55 €	3.066,00 €	
2012	2.625,00 €	26,25 €	3.150,00 €	

Abb.: Bezugsgröße nach § 18 SGB IV (Alte Bundesländer und West-Berlin)

---

13 Vgl. Rdn. 24.
14 Vgl. Rdn. 25.
15 Die Differenzierung zwischen den alten und neuen Ländern ergibt sich u.a. aus dem Verweis in § 8 Abs. 2 S. 1 BetrAVG auf die monatliche Bezugsgröße gem. § 18 SGB IV. Die monatliche Bezugsgröße für die alten Länder ergibt sich aus § 18 Abs. 1 SGB IV und die für die neuen Länder aus § 18 Abs. 2 SGB IV.
16 *Feldkamp* BetrAV 2006, 232.

23

Jahr	monatlich	1 %	12/10
2009	2.135,00 €	21,35 €	2.562,00 €
2010	2.170,00 €	21,70 €	2.604,40 €
2011	2.240,00 €	22,40 €	2.688,00 €
2012	2.240,00 €	22,40 €	2.688,00 €

Abb.: Bezugsgröße nach § 18 SGB IV (Neue Bundesländer und Ost-Berlin)

2. Ohne Beachtung der Wertgrenze

a) Beiträge zur gesetzlichen Rentenversicherung sind erstattet

24 **Ohne Beachtung der Wertgrenze** von 1 % der monatlichen Bezugsgröße nach § 18 SGB IV kann eine Anwartschaft vom PSVaG abgefunden werden, wenn dem Arbeitnehmer die **Beiträge zur gesetzlichen Rentenversicherung erstattet worden sind** (vor allem bei ausländischen Arbeitnehmern, die in ihr Heimatland zurückkehren).[17] Dies gilt sowohl für arbeitgeberfinanzierte Zusagen als auch für Entgeltumwandlungszusagen.

b) In eine bestehende Direktversicherung

25 Nach § 8 Abs. 2 S. 3 BetrAVG kann eine Anwartschaft oder laufende Leistung vom PSVaG abgefunden werden, wenn der Abfindungsbetrag **unmittelbar an ein Unternehmen der Lebensversicherungswirtschaft** gezahlt wird, bei dem der Versorgungsberechtigte im Rahmen einer Direktversicherung **zum Zeitpunkt des Eintritts des Sicherungsfalls bereits versichert ist.** Dies gilt sowohl für arbeitgeberfinanzierte Zusagen als auch für Entgeltumwandlungszusagen. Die im Einzelfall zu zahlende Abfindung ist der **Höhe nach nicht begrenzt.**[18]

---

17 Die Erstattung richtet sich nach § 210 SGB VI. Sozialversicherungsabkommen mit einem ausländischen Staat schließen die Erstattung aus, wenn sie ein Recht zur freiwilligen Versicherung in der deutschen Rentenversicherung vorsehen (§ 210 Abs. 1 Nr. 1 SGB VI ist dann nicht erfüllt).

18 *Höfer* BetrAVG, Rn. 4653 zu § 8.

Damit ist die Möglichkeit eröffnet, durch Vorauszahlungen, Verpfändung, 26
Beleihung oder Abtretung beschädigte Direktversicherungen zu »heilen«,
indem die Begünstigten durch Einzahlungen des PSVaG an das Versiche-
rungsunternehmen so gestellt werden, als wäre ihre Direktversicherung im
Zeitpunkt des Eintritts des Sicherungsfalles nicht beeinträchtigt gewesen
(Leistung an den Versorgungsberechtigten aus einer Hand).[19] Auch diese
Zahlung des PSVaG ist **ohne Zustimmung des Versorgungsberechtigten**
möglich, wobei es sich hierbei nicht um eine Abfindung im eigentlichen
Sinn handelt, sondern vielmehr um die Aufrechterhaltung des bisherigen
Durchführungswegs der betrieblichen Altersversorgung.

Mit dem Verweis auf § 2 Abs. 2 Sätze 4–6 in § 8 Abs. 2 S. 4 BetrAVG ist 27
klargestellt, dass Ansprüche der Versorgungsberechtigten aus der Direktversicherung schon vor Insolvenz bestanden haben müssen, also durch die
Abfindungszahlung des PSVaG **keine neue Versorgung aufgebaut wird**.
Gleichzeitig soll mit dem Verweis auf die genannten Regelungen des § 2
BetrAVG verhindert werden, dass sich der Versorgungsbegünstigte nach
der Abfindungszahlung in die Lebensversicherung durch den PSVaG und
dem Erhalt der Versicherungsnehmerstellung am Vermögen der betrieblichen Altersversorgung entgegen dem Sinn und Zweck der Versorgung vorzeitig bedient.

---

19 *Höfer* BetrAVG, Rn. 4653 zu § 8.

III. Abfindungssystematik

28

§ 9 Mitteilungspflicht; Forderungs- und Vermögensübergang

(1) ¹Der Träger der Insolvenzsicherung teilt dem Berechtigten die ihm nach § 7 oder § 8 zustehenden Ansprüche oder Anwartschaften schriftlich mit. ²Unterbleibt die Mitteilung, so ist der Anspruch oder die Anwartschaft spätestens ein Jahr nach dem Sicherungsfall bei dem Träger der Insolvenzsicherung anzumelden; erfolgt die Anmeldung später, so beginnen die Leistungen frühestens mit dem Ersten des Monats der Anmeldung, es sei denn, daß der Berechtigte an der rechtzeitigen Anmeldung ohne sein Verschulden verhindert war.

(2) [1]Ansprüche oder Anwartschaften des Berechtigten gegen den Arbeitgeber auf Leistungen der betrieblichen Altersversorgung, die den Anspruch gegen den Träger der Insolvenzsicherung begründen, gehen im Falle eines Insolvenzverfahrens mit dessen Eröffnung, in den übrigen Sicherungsfällen dann auf den Träger der Insolvenzsicherung über, wenn dieser nach Absatz 1 Satz 1 dem Berechtigten die ihm zustehenden Ansprüche oder Anwartschaften mitteilt. [2]Der Übergang kann nicht zum Nachteil des Berechtigten geltend gemacht werden. [3]Die mit der Eröffnung des Insolvenzverfahrens übergegangenen Anwartschaften werden im Insolvenzverfahren als unbedingte Forderungen nach § 45 der Insolvenzordnung geltend gemacht.

(3) [1]Ist der Träger der Insolvenzsicherung zu Leistungen verpflichtet, die ohne den Eintritt des Sicherungsfalles eine Unterstützungskasse erbringen würde, geht deren Vermögen einschließlich der Verbindlichkeiten auf ihn über; die Haftung für die Verbindlichkeiten beschränkt sich auf das übergegangene Vermögen. [2]Wenn die übergegangenen Vermögenswerte den Barwert der Ansprüche und Anwartschaften gegen den Träger der Insolvenzsicherung übersteigen, hat dieser den übersteigenden Teil entsprechend der Satzung der Unterstützungskasse zu verwenden. [3]Bei einer Unterstützungskasse mit mehreren Trägerunternehmen hat der Träger der Insolvenzsicherung einen Anspruch gegen die Unterstützungskasse auf einen Betrag, der dem Teil des Vermögens der Kasse entspricht, der auf das Unternehmen entfällt, bei dem der Sicherungsfall eingetreten ist. [4]Die Sätze 1 bis 3 gelten nicht, wenn der Sicherungsfall auf den in § 7 Abs. 1 Satz 4 Nr. 2 genannten Gründen beruht, es sei denn, daß das Trägerunternehmen seine Betriebstätigkeit nach Eintritt des Sicherungsfalls nicht fortsetzt und aufgelöst wird (Liquidationsvergleich).

(3a) Absatz 3 findet entsprechende Anwendung auf einen Pensionsfonds, wenn die Bundesanstalt für Finanzdienstleistungsaufsicht die Genehmigung für die Übertragung der Leistungspflicht durch den Träger der Insolvenzsicherung nach § 8 Abs. 1a nicht erteilt.

(4) [1]In einem Insolvenzplan, der die Fortführung des Unternehmens oder eines Betriebes vorsieht, kann für den Träger der Insolvenzsicherung eine besondere Gruppe gebildet werden. [2]Sofern im Insolvenzplan nichts anderes vorgesehen ist, kann der Träger der Insolvenzsicherung, wenn innerhalb von drei Jahren nach der Aufhebung des Insolvenzverfahrens ein Antrag auf Eröffnung eines neuen Insolvenzverfahrens über das Vermögen des Arbeit-

gebers gestellt wird, in diesem Verfahren als Insolvenzgläubiger Erstattung der von ihm erbrachten Leistungen verlangen.

(5) Dem Träger der Insolvensicherung steht gegen den Beschluß, durch den das Insolvenzverfahren eröffnet wird, die sofortige Beschwerde zu.

Übersicht

A. Mitteilungspflichten (§ 9 Abs. 1 BetrAVG)

I. Pflicht des PSVaG

1   Der **PSVaG ist verpflichtet**, die Versorgungsberechtigten (ggf. auch Hinterbliebene[1]) über die ihnen nach § 7 BetrAVG zustehenden insolvenzgeschützten Ansprüche oder Anwartschaften **schriftlich zu informieren** (Mitteilungspflicht nach § 9 Abs. 1 S. 1 BetrAVG). Dazu erhalten die Versorgungsempfänger sog. **Leistungsbescheide** und die Versorgungsanwärter sog. **Anwartschaftsausweise**

---

[1] Ein eigener Mitteilungsanspruch eines Hinterbliebenen entsteht erst mit dem Todesfall des unmittelbar Versorgungsberechtigten.

vom PSVaG. Dabei handelt es sich nicht um Verwaltungsakte, denn die Beziehungen zwischen dem PSVaG und den Versorgungsberechtigten aufgrund des Eintritts eines Sicherungsfalles sind dem privaten Recht zuzuordnen.[2] Der PSVaG ist zu dieser Mitteilung auch dann verpflichtet, wenn er die Auszahlung der Versorgungsleistung nach § 8 BetrAVG auf Dritte überträgt.

Die Mitteilungspflicht nach § 9 Abs. 1 BetrAVG dient dazu, Ansprüche und   1a
Anwartschaften nach Eintritt der Insolvenz des Arbeitgebers möglichst rasch festzustellen. Der PSVaG hat den Versorgungsberechtigten die Ansprüche und Anwartschaften dem Grunde und der Höhe nach mitzuteilen. § 9 Abs. 1 BetrAVG begründet einen Auskunftsanspruch der Versorgungsberechtigten.[3] Da der PSVaG selbst nicht über die hierfür erforderlichen Informationen verfügt, enthält § 11 BetrAVG weitreichende Auskunfts- und Mitteilungspflichten für Insolvenzverwalter, Arbeitgeber und sonstige Träger der Versorgung.

1. Laufende Leistungen

Die **Bezieher laufender Leistungen** sind vom PSVaG über die zu zahlende   2
betriebliche Altersversorgung **dem Grunde** (Alters-, Invaliditäts- oder Hinterbliebenenleistungen) **und der Höhe nach** zu informieren. Dazu erhalten die Versorgungsempfänger einen sog. Leistungsbescheid. Der Leistungsbescheid ist **nicht konstitutiv** für die Leistung, da der Anspruch des Versorgungsempfängers gegenüber dem PSVaG immer kraft Gesetzes nach § 7 Abs. 1 BetrAVG entsteht.[4]

Leistungsbescheide des PSVaG sind lediglich Mitteilungen nach § 9 Abs. 1   2a
BetrAVG. Es handelt sich insoweit um Wissen- und nicht um Willenserklärungen. Ansprüche für die Zukunft können daraus nicht hergeleitet werden. Unter dem Gesichtspunkt des Vertrauensschutzes können jedoch Ansprüche entstehen, wenn der Empfänger des Leistungsbescheids im Vertrauen auf dessen Richtigkeit Vermögensdispositionen getroffen oder zu treffen unterlassen hat, die er auch für die Zukunft nicht mehr oder nur unter unzumut-

---

2 Vgl. § 10 Rdn. 19–21.
3 BAG 28.6.2011, 3 AZR 385/09, BetrAV 2011, 662 = ZIP 2011, 1835.
4 BGH 3.2.1986, II ZR 54/85, DB 1986, 1118; *Blomeyer/Rolfs/Otto* § 9 Rn. 14; *Höfer* BetrAVG, Rn. 4666 zu § 9; *Paulsdorff* § 9 Rn. 1.

baren Nachteilen rückgängig machen bzw. nachholen kann.[5] Dies ist vom
PSVaG bei der Rückforderung von Überzahlungen und der Vereinbarung
von Zahlungsplänen zu berücksichtigen.

2. Unverfallbare Anwartschaften

3   Versorgungsberechtigte mit einer **gesetzlich unverfallbaren Anwartschaft**
sind vom PSVaG hierüber und über die **Höhe** ihrer Anwartschaft zu informieren. Dazu erhalten die Anwärter einen sog. Anwartschaftsausweis. Auch
der Anwartschaftsausweis ist – wie der Leistungsbescheid – **nicht konstitutiv**
für die spätere Leistung des PSVaG; er könnte es schon wegen der Vorläufig-
keit der darin getroffenen Feststellungen auch nicht sein.[6] Der Anspruch der
Anwärter gegenüber dem PSVaG entsteht immer kraft Gesetzes nach § 7
Abs. 2 BetrAVG.[7] Bei (späterem) Eintritt des konkreten Versorgungsfalls
erfolgt unter Berücksichtigung der dann gegebenen tatsächlichen Verhältnisse (z.B. Änderung des Familienstandes oder der gesetzlichen Vorschriften)
die Leistungsfestsetzung.[8]

II. Unterbliebene Mitteilung

4   Unterbleibt die Mitteilung des PSVaG nach § 9 Abs. 1 S. 1 BetrAVG, ist der
Versorgungsberechtigte verpflichtet, seinen Anspruch oder seine Anwartschaft beim PSVaG spätestens ein Jahr nach Eintritt des Sicherungsfalls
anzumelden (§ 9 Abs. 1 S. 2 BetrAVG).[9] Erfüllt der Versorgungsberechtigte
diese Meldepflicht, dann werden die insolvenzgeschützten Leistungen – auch
rückwirkend – erbracht.[10] Erfolgt die Anmeldung durch den Versorgungsberechtigten später als ein Jahr nach Eintritt des Sicherungsfalls, so beginnen
die Leistungen des PSVaG frühestens mit dem Ersten des Monats der
Anmeldung, es sei denn, dass der Berechtigte an der rechtzeitigen Anmeldung ohne sein Verschulden verhindert war (§ 9 Abs. 1 S. 2 BetrAVG).

---

5   BAG 29.9.2010, 3 AZR 546/08, DB 2011, 247 = BB 2011, 2623 m. Anm. *Balu-
puri-Beckmann.*

6   *Paulsdorff* § 9 Rn. 2.

7   BGH 3.2.1986, II ZR 54/85, DB 1986, 1118; *Blomeyer/Rolfs/Otto* § 9 Rn. 14;
Höfer BetrAVG, Rn. 4666 zu § 9; *Paulsdorff* § 9 Rn. 1.

8   *Blomeyer/Rolfs/Otto* § 9 Rn. 8.

9   BAG 9.12.1997, 3 AZR 429/96, EzA § 7 BetrAVG Nr. 55.

10   Zu Zahlungen von ggf. rückständigen Versorgungsleistungen für die Zeit vor Eintritt des Sicherungsfalls, vgl. § 7 Rn. 67.

Fristbeginn ist der Tag des Eintritts des Sicherungsfalls,[11] das Fristende 5
berechnet sich nach §§ 187, 188 BGB. Durch die Anmeldung entsteht der
Anspruch gegen den PSVaG nicht, dieser besteht bereits kraft Gesetzes.[12]

Bei der Jahresfrist handelt es sich um eine **Ausschlussfrist**.[13] Allerdings greift 6
diese Ausschlussfrist nicht ein, wenn den Versorgungsberechtigten kein **Verschulden** an der Verspätung der Geltendmachung seiner Ansprüche trifft
(§ 9 Abs. 1 S. 2 letzter Halbsatz BetrAVG). Ein schuldhaftes Verhalten setzt
wenigstens voraus, dass der Versorgungsberechtigte von der Insolvenz Kenntnis hatte oder hätte haben müssen.[14]

Die **Ausschlussfrist** berührt zwar nicht den Anspruch des Versorgungsbe- 7
rechtigten dem Grunde oder der Höhe nach, aber den **Beginn der Leistungspflicht des** PSVaG. Bezieher laufender Leistungen zum Zeitpunkt des
Eintritts des Sicherungsfalls sollten demnach die Jahresfrist einhalten, um
einen verspäteten Leistungsbeginn zu verhindern.

Für Inhaber einer **gesetzlich unverfallbaren Anwartschaft** ist der Beginn der 8
Leistungen des PSVaG ohnehin erst der (spätere) Eintritt des Versorgungsfalls. Konsequenterweise ist der **Beginn der Jahresfrist** des § 9 Abs. 1
S. 2 BetrAVG dann nicht der Zeitpunkt des Eintritts des Sicherungsfalls,
sondern der **Eintritt des konkreten Versorgungsfalls**.[15]

Hat der Berechtigte einen Anwartschaftsausweis erhalten, ist der PSVaG bei 9
verspäteter Anmeldung seines Versorgungsfalls nur durch die **Verjährungs-
vorschriften** vor der Geltendmachung von Ansprüchen für lange zurücklie-
gende Zeiträume geschützt.[16] Die Regelung des § 9 Abs. 1 S. 2 2. Hs.

---

11 *Blomeyer/Rolfs/Otto* § 9 Rn. 20; vgl. § 7 Rdn. 30–46.

12 Vgl. Rdn. 1–3.

13 *Blomeyer/Rolfs/Otto* § 9 Rn. 20.

14 *Blomeyer/Rolfs/Otto* § 9 Rn. 24; *Höfer* BetrAVG, Rn. 4675 zu § 9; *Paulsdorff* § 9
    Rn. 10.

15 *Andresen/Förster/Rößler/Rühmann* Teil 13 A, Rn. 1176; *Paulsdorff* § 9 Rn. 9; a.A.
    Blomeyer/Rolfs/Otto § 9 Rn. 21; *Höfer* BetrAVG, Rn. 4672 zu § 9, die es bei der
    strengen Anwendung des Gesetzes – Zeitpunkt des Eintritts des Sicherungsfalls –
    lassen wollen.

16 BAG 21.3.2000, 3 AZR 72/99, EzA § 9 BetrAVG Nr. 8, DB 2000, 1236 (im ent-
    schiedenen Fall lagen zwischen dem Eintritt des Versorgungsfalls und der Anmel-
    dung rd. neun Jahre).

BetrAVG (Beginn der Leistungen frühestens mit dem Ersten des Monats der Anmeldung der Ansprüche) findet dann keine Anwendung.

B. Gesetzlicher Forderungsübergang (§ 9 Abs. 2 BetrAVG)

I. Grundsatz

10 Aufgrund des Eintritts eines Sicherungsfalls beim Arbeitgeber erhält der Versorgungsberechtigte einen **gesetzlichen Anspruch gegen den PSVaG**.[17] Der Anspruch oder die Anwartschaft des Versorgungsberechtigten aus der Versorgungszusage – der nicht ohne Weiteres aufgrund der Insolvenz wertlos sein muss – richtet sich weiterhin gegen den insolventen Arbeitgeber. Der Eintritt des Sicherungsfalls führt nicht dazu, dass Versorgungsansprüche Kraft Gesetzes erlöschen.[18] Da der Versorgungsberechtigte vom PSVaG seine Leistungen erhält, ordnet § 9 Abs. 2 S. 1 BetrAVG einen **gesetzlichen Forderungsübergang** seines Anspruchs oder seiner Anwartschaft gegen den Arbeitgeber **auf den PSVaG** an.[19] Weil der PSVaG für die Erfüllung der Leistungen aus der betrieblichen Altersversorgung einsteht, soll er eventuell vorhandene werthaltige Ansprüche zur Schadenminderung nutzen können.[20] Der Forderungsübergang hindert nicht die gesetzliche Eintrittspflicht des **PSVaG, er kann den Versorgungsberechtigten nicht auf seine Sicherungsrechte verweisen.**[21] Der Forderungsübergang findet ohne Rücksicht darauf statt, wann der Versorgungsfall eintritt und wann bei unverfallbaren Anwartschaften ein Zahlungsanspruch gegen den Träger der Insolvenzsicherung entsteht.[22]

11 Soweit der PSVaG im Zusammenhang mit einem Insolvenzverfahren **Ansprüche** des Versorgungsberechtigten **bestreitet**, ist er auf dessen Verlangen verpflichtet, die übergegangenen Ansprüche an den Versorgungsberechtigten **abzutreten** oder diesen zu **ermächtigen**, einen Rechtsstreit gegen die Insolvenzmasse im eigenen Namen zu führen.[23] Der Versorgungsberechtigte hat also die Wahl, entweder vom PSVaG die Abtretung der umstrittenen

---

17 Vgl. § 7 Rdn. 1–4.
18 BAG 9.11.1999, 3 AZR 361/98, EzA § 7 BetrAVG Nr. 62 = DB 2001, 932.
19 Ausführlich zur Systematik des § 9 Abs. 2 BetrAVG *Berenz* DB 2004, 1098, BetrAV 2004, 455.
20 BAG 9.11.1999, 3 AZR 361/98, EzA § 7 BetrAVG Nr. 62 = DB 2001, 932.
21 *BGH* 9.3.1981, II ZR 171/79, ZIP 1981, 898, 900.
22 BAG 12.4.1983, 3 AZR 607/80, EzA § 9 BetrAVG Nr. 1 = DB 1983, 1826.
23 BAG 12.4.1983, 3 AZR 607/80, EzA § 9 BetrAVG Nr. 1 = DB 1983, 1826.

Ansprüche zu fordern und zu versuchen, auf andere Weise Befriedigung zu erlangen, oder auf seinem Standpunkt zu beharren und seine Ansprüche gegen den PSVaG weiterzuverfolgen.[24]

II. Zeitpunkt

Hinsichtlich des Zeitpunkts des Forderungsübergangs auf den PSVaG ist zu differenzieren (§ 9 Abs. 2 S. 2 BetrAVG). Im Fall eines gerichtlichen Insolvenzverfahrens gehen die Ansprüche oder Anwartschaften mit dessen Eröffnung auf den PSVaG über; der Übergang ist nicht abhängig von Vorleistungen des PSVaG.[25] In den übrigen Sicherungsfällen ist der Zeitpunkt des gesetzlichen Forderungsübergangs abhängig von der Mitteilung der den Berechtigten zustehenden Ansprüche oder Anwartschaften durch den PSVaG nach § 9 Abs. 1 BetrAVG.   **12**

III. Forderungsrechte

Der Forderungsübergang nach § 9 Abs. 2 S. 1 BetrAVG betrifft **alle insolvenzgeschützten Versorgungsansprüche aus betrieblicher Altersversorgung**, die den Versorgungsberechtigten gegenüber dem Arbeitgeber zustehen. Der PSVaG tritt insoweit an die Stelle des Versorgungsberechtigten, ohne dass sich an der Rechtsqualität der Ansprüche gegen den Arbeitgeber etwas ändert.[26]   **13**

Der Forderungsübergang erfasst auch alle mit der Forderung auf betriebliche Altersversorgung **akzessorisch verbundenen Rechte**, die der Verstärkung der Forderung dienen.[27]   **14**

Zu den Forderungen, die nach § 9 Abs. 2 S. 1 BetrAVG übergehen, gehören u.a.:   **15**
– **Pfandrechte** der Versorgungsberechtigten an Rückdeckungsversicherungen und sonstige Pfandrechte (z.B. an einem Wertpapierdepot);[28]

---

24 BAG 12.4.1983, 3 AZR 607/80, EzA § 9 BetrAVG Nr. 1 = DB 1983, 1826.
25 BAG 12.12.1989, 3 AZR 540/88, EzA § 9 BetrAVG Nr. 3.
26 BGH 23.1.1992, IX ZR 94/91, ZIP 1992, 342, 344.
27 BAG 12.12.1989, 3 AZR 540/88, EzA § 9 BetrAVG Nr. 3.
28 *Andresen/Förster/Rößler/Rühmann* Teil 13 A, Rn. 1340; *Blomeyer/Rolfs/Otto* § 9 Rn. 45; *Höfer* BetrAVG, Rn. 4685 zu § 9.

– bei sog. **Contractual Trust Arrangements** (CTA-Modellen) gehen je nach Ausgestaltung des Modells die Pfandrechte der Versorgungsberechtigten an dem Rückübertragungsanspruch der auf den »Trust« übertragenen Vermögensgegenstände auf den PSVaG über oder bei der sog. doppelseitigen Treuhand das eigenständige Forderungsrecht (Sicherungstreuhand) des Versorgungsberechtigten gegenüber dem »Trust«.[29]

– **Hypotheken** der Versorgungsberechtigten;[30]

– **Bürgschaften**, die zur Absicherung der Ansprüche aus betrieblicher Altersversorgung eingeräumt sind.[31] Der Bürge kann sich nicht auf den Wegfall der Geschäftsgrundlage berufen wegen der unvorhergesehenen Insolvenz;[32]

– **Schuldbeitritt** eines Dritten zur Absicherung der Ansprüche aus betrieblicher Altersversorgung.[33] Der Anspruch des Versorgungsberechtigten gegen den PSVaG vermindert sich nicht um die Ansprüche aus dem Schuldbeitritt. Er erhält aufgrund der Insolvenz einen gesetzlichen Anspruch gegenüber dem PSVaG.[34] Der PSVaG kann sich aufgrund des gesetzlichen Forderungsübergangs an den Schuld beitretenden Dritten halten;[35]

– Forderung gegenüber einem **früheren Einzelunternehmer** nach § 28 HGB, der sein Unternehmen in eine KG eingebracht hat;[36]

– Forderung gegen **(ausgeschiedene) persönlich haftende Gesellschafter** (§§ 128, 161 HGB) im Anwendungsbereich des Nachhaftungsbegrenzungsgesetzes während eines Zeitraums von fünf Jahren nach Eintragung des Ausscheidens im Handelsregister.[37]

---

29 Zum Verhältnis CTA zur gesetzlichen Insolvenzsicherung durch den PSVaG, *Berenz* DB 2006, 2125, *ders.* BetrAV 2010, 322. Zur Ausgestaltung der CTA-Modelle vgl. *Höfer* BetrAVG, Rn. 4599 ff. zu § 9; *Küppers/Louven* BB 2004, 337 (340 u. 342); *Langohr-Plato* Rn. 820.

30 *Andresen/Förster/Rößler/Rühmann* Teil 13 A, Rn. 1340; *Höfer* BetrAVG, Rn. 4685 zu § 9; *Paulsdorff* § 9 Rn. 19.

31 BAG 12.12.1989, 3 AZR 540/88, EzA § 9 BetrAVG Nr. 3 = DB 1990, 895.

32 BGH 13.5.1993, IX ZR 166/92, ZIP 1993, 903, 906.

33 BAG 12.12.1989, 3 AZR 540/88, EzA § 9 BetrAVG Nr. 3 = DB 1990, 895.

34 Zum Zeitpunkt des Entstehens des Anspruchs gegenüber dem PSVaG vgl. § 7 Rdn. 62–67.

35 BAG 12.12.1989, 3 AZR 540/88, EzA § 9 BetrAVG Nr. 3 = DB 1990, 895.

36 BAG 23.1.1990, 3 AZR 171/88, EzA § 28 HGB Nr. 1 = DB 1990, 1466.

37 *Paulsdorff* § 9 Rn. 61 ff. Während eines Insolvenzverfahrens ist für die Geltendmachung dieser Forderungen der Insolvenzverwalter zuständig (§ 93 InsO).

Aufgrund des Forderungsübergangs haftet der Arbeitgeber – soweit Insol- 16
venzschutz besteht – nur noch gegenüber dem PSVaG und nicht mehr dem
Versorgungsberechtigten gegenüber. Dieser kann seinen Arbeitgeber bzgl.
insolvenzgeschützter Ansprüche oder Anwartschaften auch nicht mehr ver-
klagen.[38] Einwendungen gegen die Forderung kann der Arbeitgeber auch
gegenüber dem PSVaG erheben (§§ 404, 412 BGB).[39]

Nicht akzessorische Sicherungsrechte – Grundschuld, abgetretene Forde- 17
rung – gehen nicht nach § 9 Abs. 2 BetrAVG auf den PSVaG über. Unter
dem Aspekt der Schadensminderung ist der PSVaG aber berechtigt, vom
Versorgungsberechtigten die Abtretung zu verlangen.[40] Andernfalls könnte
der PSVaG den Versorgungsberechtigten auf die Verwertung seines nicht
akzessorischen Sicherungsrechts verweisen.[41]

IV. Nicht zum Nachteil des Berechtigten

Der **Übergang eines Sicherungsrechts** auf den PSVaG kann **nicht zum** 18
Nachteil des Berechtigten geltend gemacht werden (§ 9 Abs. 2
S. 2 BetrAVG). Der gesetzliche Forderungsübergang auf den PSVaG nach § 9
Abs. 2 S. 1 BetrAVG findet demnach zunächst grds. statt bei Bestehen der
Eintrittspflicht des PSVaG.[42] Dabei ist entscheidend, ob der PSVaG »nach
objektiver Rechtslage« die Versorgungsansprüche zu befriedigen hat.[43] Der
Versorgungsberechtigte hat allerdings ein **vorrangiges Zugriffsrecht** auf das
Sicherungsrecht bzw. die Teilhabe am Erlös aus der Verwertung des Rechts.
Dies gilt jedoch nur für den Fall, dass sein Anspruch auf betriebliche Altersversorgung vom **PSVaG nicht voll befriedigt** wird.[44] Der PSVaG hat insoweit ggf. die (teilweise) Rückübertragung des Sicherungsrechts an den Versorgungsberechtigten vorzunehmen oder dem Versorgungsberechtigten den
ersten Zugriff auf den Erlös zu gestatten.

---

38 BAG 12.4.1983, 3 AZR 607/80, EzA § 9 BetrAVG Nr. 1 = DB 1983, 1826.
39 *Andresen/Förster/Rößler/Rühmann* Teil 13 A, Rn. 1445.
40 *Berenz* DB 2004, 1098 = BetrAV 2004, 455; *Paulsdorff* § 9 Rn. 19.
41 *Höfer* BetrAVG, Rn. 4685 zu § 9.
42 BAG 12.4.1983, 3 AZR 607/80, EzA § 9 BetrAVG Nr. 1 = DB 1983, 1826.
43 BAG 9.11.1999, 3 AZR 361/98, EzA § 7 BetrAVG Nr. 62 = DB 2002, 932.
44 BAG 12.12.1989, 3 AZR 540/88, EzA § 9 BetrAVG Nr. 3 = DB 1990, 895; vgl.
    auch Schreiben des PSVaG vom 14.1.1999, BetrAV 1999, 106 f.

19 Ein **Anwendungsfall** des § 9 Abs. 2 S. 2 BetrAVG ist z.B. die Leistungsbegrenzung des PSVaG der Höhe nach durch § 7 Abs. 3 BetrAVG. Bezüglich des die **Höchstgrenze übersteigenden Teils des Versorgungsanspruchs** kann der Versorgungsberechtigte sich zunächst aus dem Sicherungsrecht befriedigen. Ist der Erlös aus dem Sicherungsrecht (z.B. mtl. Leistungen aus einer verpfändeten Rückdeckungsversicherung) höher als der nicht insolvenzgeschützte Teil der Zusage, darf sich der PSVaG hieraus bis zur Höhe seiner Eintrittspflicht befriedigen. Ein danach noch vorhandener Erlös steht dem insolventen Arbeitgeber (Insolvenzmasse) zu.

20 ▶ **Beispiel:**

Leistungsbegrenzung des PSVaG und Sicherungsrechte

Der Arbeitgeber zahlte eine monatliche Betriebsrente in Höhe von 10.000 €. Nach Insolvenz leistet der PSVaG 7.875 € mtl. (Höchstgrenze nach § 7 Abs. 3 BetrAVG in 2012, alte Länder). Der Ausfall des Versorgungsberechtigten beträgt danach noch 2.125 € mtl. Der Erlös aus dem Sicherungsrecht beträgt 5.000 € mtl. Hieraus darf sich zunächst der Versorgungsberechtigte bedienen, soweit er noch einen Nachteil hat, also 2.125 € mtl. (§ 9 Abs. 2 S. 2 BetrAVG). Der überschießende Betrag steht dem PSVaG zu (§ 9 Abs. 2 S. 1 BetrAVG).

V. Forderungsanmeldung im Insolvenzverfahren

Die mit der Eröffnung des Insolvenzverfahrens auf den PSVaG übergegange- **21** nen Anwartschaften werden im Insolvenzverfahren als unbedingte Forderungen nach § 45 der Insolvenzordnung geltend gemacht. Demnach werden neben den **Ansprüchen aus Rentenzahlungen auch die Anwartschaften kapitalisiert zur Insolvenztabelle angemeldet.** Der Rechnungszins, den der PSVaG zugrunde legt, beträgt 5,5 %.[45] Zum Verhältnis der aufgrund § 9 Abs. 2 BetrAVG vom PSVaG zur Insolvenztabelle angemeldeten Forderungen zu denen aufgrund § 9 Abs. 3 BetrAVG vgl. Rn. 32.

Für die Berechnung der Forderung des PSVaG ist der Wert zugrunde zu **22** legen, der für den Zeitpunkt der **Eröffnung des Insolvenzverfahrens** ermittelt werden kann (§ 45 InsO). Die tatsächliche Entwicklung nach diesem Zeitpunkt, z.B. das Risiko aus der ungewissen künftigen Lebenserwartung (Langlebigkeitsverlust, Sterblichkeitsgewinn) hat demnach keinen Einfluss auf die Höhe der Forderung.[46]

C. Vermögensübergang bei Unterstützungskassen (§ 9 Abs. 3 BetrAVG)

I. Grundsatz

Ist der PSVaG zu Leistungen verpflichtet, die ohne den Eintritt des Siche- **23** rungsfalles eine **Unterstützungskasse** erbringen würde, geht deren **Vermögen einschließlich der Verbindlichkeiten auf den PSVaG über;** die Haftung für die Verbindlichkeiten beschränkt sich auf das übergegangene Vermögen (§ 9 Abs. 3 S. 1 BetrAVG).[47] Der Vermögensübergang tritt auch dann ein, wenn die Unterstützungskasse noch keine laufenden Leistungen erbringt, sondern bei ihr lediglich unverfallbare Anwartschaften bestehen.[48]

Die Regelungen über den Übergang des Vermögens der Unterstützungskasse **24** gelten **grds. für alle in § 7 Abs. 1 BetrAVG genannten Sicherungsfälle.** Die **einzige Ausnahme** besteht bei einem **außergerichtlichen Vergleich** nach § 7 Abs. 1 S. 4 Nr. 2 BetrAVG, sofern der **Arbeitgeber weiter existiert** (Stundungs- oder Quotenvergleich). Bei einem **Liquidationsvergleich** kommt es

---

45 BAG 11.10.1988, 3 AZR 295/87, EzA § 69 KO Nr. 1 = ZIP 1989, 319; grundlegend zur Forderungsberechnung, *Hoppenrath* BetrAV 1982, 7.

46 *Paulsdorff* § 9 Rn. 39.

47 Ausführlich zur Systematik des § 9 Abs. 3 BetrAVG *Berenz* DB 2006, 1006.

48 DLW/*Dörner* Kap. 3 Rn. 4089.

zum Vermögensübergang (§ 9 Abs. 3 S. 4 BetrAVG). Ein Vermögensübergang tritt also immer dann ein, wenn ein Sicherungsfall vorliegt, der zur Einstellung der Betriebstätigkeit des Arbeitgebers führt. Der Zeitpunkt des Vermögensübergangs ist der Tag des Eintritts des Sicherungsfalls.[49]

25   Zum Vermögen gehören auch Forderungen (z.B. **Darlehensforderungen**) der Unterstützungskasse gegenüber dem (insolventen) Trägerunternehmen.[50] Der Vermögensübergang erfasst auch **Grundvermögen** der Unterstützungskasse (z.B. Werkswohnungen). Mit dem gesetzlichen Vermögensübergang auf den PSVaG ist das **Grundbuch unrichtig**. Der PSVaG hat einen Anspruch auf Grundbuchberichtigung, der nur insoweit durch öffentliche Urkunden (§ 29 Abs. 1 GBO) nachzuweisen ist, als sich der Grund für den Vermögensübergang aus dem jeweiligen Sicherungsfall ergibt (z.B. Beschluss über die Eröffnung oder Abweisung des Insolvenzverfahrens).[51]

26   Durch den gesetzlichen Vermögensübergang wird sichergestellt, dass das **Vermögen der Unterstützungskasse** – die aufgrund der Insolvenz kein solventes Trägerunternehmen mehr hat – für den vorgesehenen **Zweck der betrieblichen Altersversorgung verwandt** wird.[52] Dies gilt auch, wenn die Unterstützungskasse selbst über ausreichendes Vermögen zur Leistungserbringung verfügt (**voll- oder überdotiert**).[53]

II. Dotierte Unterstützungskasse

27   Wenn die übergegangenen **Vermögenswerte den Barwert** – ermittelt nach § 10 Abs. 2 BetrAVG[54] – der Ansprüche und Anwartschaften gegen den Träger der Insolvenzsicherung **übersteigen**, hat dieser den übersteigenden Teil entsprechend der Satzung der Unterstützungskasse zu verwenden (§ 9 Abs. 3 S. 2 BetrAVG), was zur **Erhöhung der laufenden Leistungen und der unverfallbaren Anwartschaften** der betroffenen Versorgungsberechtigten führen kann. Denkbar ist auch, dass dann die Versorgungsberechtigten mit verfall-

---

49   Vgl. § 7 Rdn. 25–46.

50   BAG 6.10.1992, 3 AZR 41/92, EzA § 9 BetrAVG Nr. 6 = DB 1993, 987.

51   Ausführlich zum Vermögensübergang bei Grundvermögen einer Unterstützungskasse, *Schulte* Rpfleger 2007, 365 = BetrAV 2007, 527.

52   *Berenz* DB 2006, 1006; *Höfer* BetrAVG, Rn. 4718 zu § 9.

53   BAG 12.2.1991, 3 AZR 30/90, EzA § 9 BetrAVG Nr. 4 = DB 1991, 1735.

54   *Andresen/Förster/Rößler/Rühmann* Teil 13 A, Rn. 1495; *Blomeyer/Rolfs/Otto* § 9 Rn. 80; *Höfer* BetrAVG, Rn. 4727 zu § 9; *Paulsdorff* § 9 Rn. 86.

baren Anwartschaften Leistungen erhalten. Der PSVaG verwertet das übergegangene Vermögen zeitnah, um die damit verbundene Entlastungswirkung für seine zu Zwangsbeiträgen verpflichteten Mitglieder alsbald zu erzielen und – im Fall des Übersteigens – den Versorgungsberechtigten die ihnen ggf. zustehenden Leistungsverbesserungen möglichst bald zukommen zu lassen.

III. Auflösung der Unterstützungskasse

Aufgrund des gesetzlichen Vermögensübergangs auf den PSVaG tritt bei der 28 Unterstützungskasse Vermögenslosigkeit ein. Die deswegen anstehende **Auflösung der Unterstützungskasse** ist nach deren Satzungsregelung zu vollziehen. Der PSVaG ist dabei grds. nicht eingebunden. Eine Gruppenunterstützungskasse kann grds. erst aufgelöst werden, wenn das letzte Trägerunternehmen insolvent ist.

Aufgrund der eingetretenen Vermögenslosigkeit der Unterstützungskasse 29 kann dennoch **kein gerichtliches Insolvenzverfahren** über die Unterstützungskasse eröffnet werden. Es liegt kein Insolvenzgrund (Überschuldung, Zahlungsunfähigkeit oder drohende Zahlungsunfähigkeit) wegen der Verpflichtungen aus der betrieblichen Altersversorgung vor. In der Zeit vor der Eröffnung des Insolvenzverfahrens hat der Arbeitgeber (Trägerunternehmen) für die Ansprüche der Versorgungsberechtigten einzustehen (§ 1 Abs. 1 S. 3 BetrAVG). Nach Eröffnung des Insolvenzverfahrens über das Vermögen des Arbeitgebers ist der PSVaG eintrittspflichtig für die betriebliche Altersversorgung und Vermögen sowie Verbindlichkeiten der Unterstützungskasse gehen nach § 9 Abs. 3 S. 1 BetrAVG auf ihn über.[55] Im Ergebnis hat das Insolvenzgericht also den Antrag auf Eröffnung des Insolvenzverfahrens über eine Unterstützungskasse als wegen der Verpflichtungen aus der betrieblichen Altersversorgung unbegründet abzuweisen.[56]

IV. Gruppenunterstützungskasse

Bei einer Unterstützungskasse mit mehreren Trägerunternehmen (**Gruppen-** 30 **unterstützungskasse**) hat der PSVaG einen Anspruch gegen die Unterstützungskasse auf einen Betrag, der dem Teil des Vermögens der Kasse entspricht, der auf das Unternehmen entfällt, bei dem der Sicherungsfall

---

55 Weiterführend *Berenz* DB 2006, 1006.
56 AG Nürnberg – Insolvenzgericht – Beschluss v. 17.10.2006, 8011 IN 1055/ 06, n.v.

eingetreten ist (§ 9 Abs. 3 S. 3 BetrAVG). Es kommt also zunächst nicht zu einem gesetzlichen Vermögensübergang. Der PSVaG erhält einen Zahlungsanspruch gegen die Gruppenunterstützungskasse.[57]

31 Hintergrund des Zahlungsanspruchs ist die Überlegung, dass die Gruppen-Unterstützungskasse nach der Insolvenz eines Trägerunternehmens nach wie vor als Unterstützungskasse mit Trägerunternehmen existiert und weiter tätig ist. Dass dann das Vermögen der Gruppen-Unterstützungskasse den einzelnen Trägerunternehmen zugeordnet wird (segmentiertes Kassenvermögen) und nur dieses dann jeweils das Schicksal des individuellen Trägerunternehmens teilt, erscheint sinnvoll. Die Reduzierung dieses Vermögensteils auf einen Zahlungsanspruch in § 9 Abs. 3 S. 3 BetrAVG erscheint aber nicht zwingend. So heißt es in der Begründung des Gesetzgebers zur Vorschrift des § 9 Abs. 3 S. 3 BetrAVG[58] nicht, dass das entsprechende Vermögen auf den PSVaG übergeht. Vielmehr wird dort darauf abgestellt, dass ein entsprechender Teil des Vermögens auf den PSVaG zu übertragen ist. Vermögen in diesem Sinne ist aber nicht ausschließlich gleichzusetzen mit einem Zahlungsanspruch des PSVaG gegenüber der Gruppen-Unterstützungskasse. Wenn das Vermögen z.B. in Zahlungsansprüchen, also einer Forderung, besteht, so kann auch dieses Vermögen auf den PSVaG übergehen. Das Vermögen der anderen Trägerunternehmen der Gruppen-Unterstützungskasse wird dadurch nicht beeinträchtigt. Im Rahmen der teleologischen Auslegung des § 9 Abs. 3 S. 3 BetrAVG ist also festzustellen, dass auch Forderungen der Gruppen-Unterstützungskasse auf den PSVaG übergehen.[59]

V. Forderungsanmeldung im Insolvenzverfahren

32 Der Forderungsübergang nach § 9 Abs. 3 BetrAVG umfasst auch Forderungen der Unterstützungskasse gegenüber dem Arbeitgeber, z.B. Darlehensforderungen. Diese sind vom PSVaG entsprechend im Insolvenzverfahren geltend zu machen, also zur Insolvenztabelle anzumelden. Andererseits gehen die Ansprüche der Arbeitnehmer aus betrieblicher Altersversorgung nach § 9 Abs. 2 BetrAVG auf den PSVaG über.[60] Die im Insolvenzverfahren vom PSVaG anzumeldende Forderung aufgrund § 9 Abs. 2 BetrAVG ergibt sich

---

57 Vgl. § 9 Rdn. 28. zur Auflösung einer Gruppenunterstützungskasse.
58 *Berenz* Gesetzesmaterialien, S. 281f.
59 *Berenz* DB 2006, 1006, 1008.
60 Vgl. § 9 Rdn. 10–19., insbes. Rdn. 21.

letztlich daraus, dass von der Gesamtforderung derjenige Betrag abzusetzen ist, der tatsächlich aus dem Vermögen der Unterstützungskasse erzielt werden kann. Es ist also zunächst das Vermögen der Unterstützungskasse festzustellen. Dieser Betrag – bei übergegangenen Forderungen der Unterstützungskasse gegen das insolvente Unternehmen in Höhe der Insolvenzquote auf die nach § 9 Abs. 3 BetrAVG angemeldete Forderung – ist dann von der Insolvenzforderung nach § 9 Abs. 2 BetrAVG abzuziehen.[61]

D. Vermögensübergang bei Pensionsfonds (§ 9 Abs. 3a BetrAVG)

Die Vorschrift über den Vermögensübergang bei einer Unterstützungskasse   33
findet entsprechende Anwendung auf einen **Pensionsfonds,** wenn die Bundesanstalt für Finanzdienstleistungsaufsicht die **Genehmigung** für die Übertragung der Leistungspflicht des PSVaG auf den Pensionsfonds nach § 8 Abs. 1a nicht erteilt.[62] Wird die Genehmigung der Bundesanstalt für Finanzdienstleistungsaufsicht zur Rückübertragung der Leistungspflicht nach § 8 Abs. 1a BetrAVG erteilt, findet naturgemäß kein Vermögensübergang auf den PSVaG statt und der Pensionsfonds kann dann – ohne Trägerunternehmen – seine Geschäfte weiter betreiben.

Nur wenn die **Genehmigung nicht erteilt wird, geht das Vermögen des Pen-   34
sionsfonds** auf den PSVaG über (§ 9 Abs. 3a BetrAVG). Die Nichterteilung liegt vom Normzweck her auch dann vor, wenn der Pensionsfonds den nach § 8 Abs. 1a BetrAVG erforderlichen Antrag bei der Bundesanstalt für Finanzdienstleistungsaufsicht nicht oder nicht fristgerecht stellt. Nur dann ist sichergestellt, dass das Vermögen des Pensionsfonds für den vorgesehenen Zweck der betrieblichen Altersversorgung verwandt wird.

Der Vermögensübergang bei Pensionsfonds sowie die Verwertung des Ver-   34a
mögens erfolgt in entsprechender Anwendung der Vorschrift betreffend den Vermögensübergang bei Unterstützungskassen.[63] § 9 Abs. 3a BetrAVG verweist auf die Regelung in § 9 Abs. 3 BetrAVG. Zur Insolvenzsicherung bei Beitragszusagen mit Mindestleistung über einen Pensionsfonds vgl. § 7 Rdn. 48.

---

61 BAG 6.10.1992, 3 AZR 41/92, EzA § 9 BetrAVG Nr. 6 = DB 1993, 987; *Höfer* BetrAVG, Rn. 4690 zu § 9; vgl. Merkblatt 110/M 7 des PSVaG, das im Internet unter www.psvag.de zur Verfügung steht.
62 *Höfer* BetrAVG, Rn. 4739 ff. zu § 9; vgl. § 8 Rdn. 18.
63 Vgl. Rdn. 23 ff.

E. Insolvenzplan, sofortige Beschwerde (§ 9 Abs. 4, 5 BetrAVG)

35 In einem Insolvenzplan, der die Fortführung des Unternehmens oder eines Betriebes vorsieht, kann für den PSVaG eine **besondere Gruppe** gebildet werden (§ 9 Abs. 4 S. 1 BetrAVG). Dadurch kann die besondere Stellung des PSVaG im Insolvenzplanverfahren angemessen berücksichtigt werden.[64]

36 Sofern im Insolvenzplan nichts anderes vorgesehen ist, kann der PSVaG, wenn innerhalb von drei Jahren nach der Aufhebung des Insolvenzverfahrens ein Antrag auf Eröffnung eines neuen Insolvenzverfahrens über das Vermögen des Arbeitgebers gestellt wird, in diesem Verfahren als Insolvenzgläubiger Erstattung der von ihm erbrachten Leistungen verlangen (§ 9 Abs. 4 S. 2 BetrAVG). Die Sonderregelung des § 255 InsO – Wiederaufleben von gestundeten und teilweise erlassenen Forderungen bei Nichterfüllung des Insolvenzplans – passt nicht auf die langfristige Aufteilung der Verpflichtungen aus betrieblicher Altersversorgung zwischen dem PSVaG und dem Schuldner.[65] Daher kann der PSVaG die Erstattung seiner Leistungen nach § 9 Abs. 4 S. 2 BetrAVG verlangen. Dieser Rechtsgedanke gilt auch für den außergerichtlichen Vergleich, der ja eine Art außergerichtlicher Insolvenzplan ist.

37 Dem Träger der Insolvenzsicherung steht gegen den Beschluss, durch den das **Insolvenzverfahren eröffnet** wird, die **sofortige Beschwerde** zu (§ 9 Abs. 5 BetrAVG). Dadurch kann im Einzelfall vermieden werden, dass sich der Schuldner durch die an die Eröffnung des Insolvenzverfahrens geknüpfte Eintrittspflicht des PSVaG allzu leicht von seiner betrieblichen Altersversorgung befreien kann.[66]

38 Dem PSVaG steht analog § 9 Abs. 5 BetrAVG auch gegen die **Abweisung eines Eröffnungsantrags mangels Masse** die **sofortige Beschwerde** zu.[67] Bei der Abweisung mangels Masse ist die Situation für den PSVaG vergleichbar mit derjenigen bei der Eröffnung des gerichtlichen Insolvenzverfahrens. Insoweit ist von einer planwidrigen Regelungslücke in § 9 Abs. 5 BetrAVG auszugehen.

---

64 *Gareis* ZInsO 2007, 24; *Höfer* BetrAVG, Rn. 4742 ff. zu § 9. Zu praktischen Erfahrungen des PSVaG mit Insolvenzplänen vgl. *Bremer* DB 2011, 875; *Wohlleben* FS Wellensiek, S. 691 ff.
65 *Flitsch/Chardon* DZWIR 2004, 485.
66 *Höfer* BetrAVG, Rn. 4747 zu § 9.
67 LG Duisburg 27.4.2006, 7 T 116/06, NZI 2006, 535 = ZIP 2006, 1507; *Gareis* ZInsO 2007, 25 f.

§ 10   Beitragspflicht und Beitragsbemessung

(1) Die Mittel für die Durchführung der Insolvenzsicherung werden auf Grund öffentlich-rechtlicher Verpflichtung durch Beiträge aller Arbeitgeber aufgebracht, die Leistungen der betrieblichen Altersversorgung unmittelbar zugesagt haben oder eine betriebliche Altersversorgung über eine Unterstützungskasse, eine Direktversicherung der in § 7 Abs. 1 Satz 2 und Abs. 2 Satz 1 Nr. 2 bezeichneten Art oder einen Pensionsfonds durchführen.

(2) [1]Die Beiträge müssen den Barwert der im laufenden Kalenderjahr entstehenden Ansprüche auf Leistungen der Insolvenzsicherung decken zuzüglich eines Betrages für die aufgrund eingetretener Insolvenzen zu sichernden Anwartschaften, der sich aus dem Unterschied der Barwerte dieser Anwartschaften am Ende des Kalenderjahres und am Ende des Vorjahres bemisst. [2]Der Rechnungszinsfuß bei der Berechnung des Barwerts der Ansprüche auf Leistungen der Insolvenzsicherung bestimmt sich nach § 65 des Versicherungsaufsichtsgesetzes; soweit keine Übertragung nach § 8 Abs. 1 stattfindet, ist der Rechnungszinsfuß bei der Berechnung des Barwerts der Anwartschaften um ein Drittel höher. [3]Darüber hinaus müssen die Beiträge die im gleichen Zeitraum entstehenden Verwaltungskosten und sonstigen Kosten, die mit der Gewährung der Leistungen zusammenhängen, und die Zuführung zu einem von der Bundesanstalt für Finanzdienstleistungsaufsicht festgesetzten Ausgleichsfonds decken; § 37 des Versicherungsaufsichtsgesetzes bleibt unberührt. [4]Auf die am Ende des Kalenderjahres fälligen Beiträge können Vorschüsse erhoben werden. [5]Sind die nach den Sätzen 1 bis 3 erforderlichen Beiträge höher als im vorangegangenen Kalenderjahr, so kann der Unterschiedsbetrag auf das laufende und die folgenden vier Kalenderjahre verteilt werden. [6]In Jahren, in denen sich außergewöhnlich hohe Beiträge ergeben würden, kann zu deren Ermäßigung der Ausgleichsfonds in einem von der Bundesanstalt für Finanzdienstleistungsaufsicht zu genehmigenden Umfang herangezogen werden.

(3) Die nach Absatz 2 erforderlichen Beiträge werden auf die Arbeitgeber nach Maßgabe der nachfolgenden Beträge umgelegt, soweit sie sich auf die laufenden Versorgungsleistungen und die nach § 1b unverfallbaren Versorgungsanwartschaften beziehen (Beitragsbemessungsgrundlage); diese Beträge sind festzustellen auf den Schluß des Wirtschaftsjahres des Arbeitgebers, das im abgelaufenen Kalenderjahr geendet hat:

1. Bei Arbeitgebern, die Leistungen der betrieblichen Altersversorgung unmittelbar zugesagt haben, ist Beitragsbemessungsgrundlage der Teilwert der Pensionsverpflichtung (§ 6a Abs. 3 des Einkommensteuergesetzes).

2. [1]Bei Arbeitgebern, die eine betriebliche Altersversorgung über eine Direktversicherung mit widerruflichem Bezugsrecht durchführen, ist Beitragsbemessungsgrundlage das geschäftsplanmäßige Deckungskapital oder, soweit die Berechnung des Deckungskapitals nicht zum Geschäftsplan gehört, die Deckungsrückstellung. [2]Für Versicherungen, bei denen der Versicherungsfall bereits eingetreten ist, und für Versicherungsanwartschaften, für die ein unwiderrufliches Bezugsrecht eingeräumt ist, ist das Deckungskapital oder die Deckungsrückstellung nur insoweit zu berücksichtigen, als die Versicherungen abgetreten oder beliehen sind.

3. Bei Arbeitgebern, die eine betriebliche Altersversorgung über eine Unterstützungskasse durchführen, ist Beitragsbemessungsgrundlage das Deckungskapital für die laufenden Leistungen (§ 4d Abs. 1 Nr. 1 Buchstabe a des Einkommensteuergesetzes) zuzüglich des Zwanzigfachen der nach § 4d Abs. 1 Nr. 1 Buchstabe b Satz 1 des Einkommensteuergesetzes errechneten jährlichen Zuwendungen für Leistungsanwärter im Sinne des § 4d Abs. 1 Nr. 1 Buchstabe b Satz 2 des Einkommensteuergesetzes.

4. Bei Arbeitgebern, soweit sie betriebliche Altersversorgung über einen Pensionsfonds durchführen, ist Beitragsbemessungsgrundlage 20 vom Hundert des entsprechend Nummer 1 ermittelten Betrages.

(4) [1]Aus den Beitragsbescheiden des Trägers der Insolvenzsicherung findet die Zwangsvollstreckung in entsprechender Anwendung der Vorschriften der Zivilprozeßordnung statt. [2]Die vollstreckbare Ausfertigung erteilt der Träger der Insolvenzsicherung.

Übersicht

A. Beitragspflicht (§ 10 Abs. 1 BetrAVG)

I. Grundsatz

1   § 10 BetrAVG regelt die **Finanzierung der gesetzlichen Insolvenzsicherung der betrieblichen Altersversorgung**.[1] Die Mittel für die Durchführung werden aufgrund **öffentlich-rechtlicher Verpflichtung durch Beiträge aller insolvenzsicherungspflichtigen Arbeitgeber** aufgebracht. Der von der gesetzlichen Insolvenzsicherung **erfasste Personenkreis** (Arbeitnehmer) sowie die **erfassten Arbeitgeber** ergeben sich aus § 17 BetrAVG. Der Gesetzgeber hat das Rechtsverhältnis bzgl. der Melde- und Beitragspflichten zwischen dem PSVaG und seinen Mitgliedsunternehmen dem öffentlichen Recht zugeordnet.

II. Insolvenzsicherungspflichtige Durchführungswege

2   **Insolvenzsicherungspflichtig** sind von den Durchführungswegen der betrieblichen Altersversorgung diejenigen, bei denen im Fall der Insolvenz des Arbeitgebers die Erfüllung der Ansprüche der Versorgungsberechtigten gefährdet ist.[2] Dazu gehört nach § 10 Abs. 1 BetrAVG die Zusage über

---

1   Zum Finanzierungsverfahren vgl. *Hoppenrath* FS Kemper, S. 211 ff.; *Hoppenrath/ Berenz* DB 2007, 630 = BetrAV 2007, 215; *Windel/Hoppenrath* Teil 100, Rn. 63 ff.
2   Zu denkbaren Auswirkungen von Änderungen der bisherigen gesetzlichen Systematik auf das Finanzierungsverfahren des PSVaG, *Hoppenrath* BetrAV 2001, 114.

– eine **unmittelbare Versorgungszusage** des Arbeitgebers (Direktzusage),
– eine **Direktversicherung**, wenn ein widerrufliches Bezugsrecht eingeräumt ist oder bei unwiderruflichem Bezugsrecht die Ansprüche aus dem Versicherungsvertrag abgetreten, verpfändet oder beliehen sind. Zu beachten ist, dass bei **ab 2001** über eine **Direktversicherung neu** erteilte **Entgeltumwandlungszusagen** nach § 1b Abs. 5 BetrAVG dem Arbeitnehmer von Beginn an ein unwiderrufliches Bezugsrecht eingeräumt und das Recht zur Verpfändung, Abtretung oder Beleihung durch den Arbeitgeber ausgeschlossen werden muss. In diesen Fällen besteht demnach keine Insolvenzsicherungspflicht und damit auch kein Insolvenzschutz.
– eine **Unterstützungskasse**, dies gilt ohne Einschränkung auch für eine sog. kongruent rückgedeckte Unterstützungskasse und zwar unabhängig davon, ob die Rückdeckungsversicherung an den Versorgungsberechtigte verpfändet worden ist oder nicht,[3]
– einen **Pensionsfonds**.

Dies gilt auch dann, wenn dem Versorgungsberechtigten weiter gehende – **private** – **Sicherungsmittel** eingeräumt werden (z.B. die Verpfändung einer Rückdeckungsversicherung), die seinen Anspruch auf betriebliche Altersversorgung im Fall der Insolvenz des Arbeitgebers sichern.[4] Auch vertraglich gegen Insolvenz gesicherte Ansprüche unterliegen folglich der **Beitragspflicht zum PSVaG**.   3

Nicht insolvenzsicherungspflichtig, weil aus Sicht des Gesetzgebers durch 4 die Insolvenz des Arbeitgebers nicht gefährdet, ist die Zusage über
– eine **Direktversicherung**, wenn ein unwiderrufliches Bezugsrecht besteht und die Ansprüche aus dem Versicherungsvertrag nicht abgetreten, verpfändete oder beliehen sind,
– eine **Pensionskasse**.

Zur **Tätigkeit ausländischer Einrichtungen der betrieblichen Altersversor-** 5 **gung in Deutschland** sieht § 118e VAG vor, dass die BaFin feststellt, welchem Durchführungsweg i.S.d. BetrAVG die Tätigkeit der ausländischen Einrichtung zuzuordnen ist. Ihre Feststellungen übermittelt die BaFin an die Einrichtung und den PSVaG. Diese Einordnung bzgl. der Durchführungswege der betrieblichen Altersversorgung ist für den PSVaG dann bindend im Hinblick auf die Insolvenzsicherungspflicht und den Insolvenzschutz im

---

3 Vgl. § 10 Rdn. 88a.
4 Vgl. § 7 Rdn. 1; § 10 Rdn. 87 ff.

Zusammenhang mit der Tätigkeit der ausländischen Einrichtung in Deutschland.

6 Die Anteile der einzelnen Durchführungswege an der Beitragsbemessungsgrundlage des PSVaG betrugen 2011 86,9 % für unmittelbare Versorgungszusagen, 11,8 % für Unterstützungskassen, 0,1 % für Direktversicherungen und 1,2 % für Pensionsfonds.

Durchführungswege der betrieblichen Altersversorgung	
Insolvenzsicherung durch den PSVaG Die Ansprüche der Versorgungsberechtigten sind durch eine Insolvenz des Arbeitgebers gefährdet	**Keine Insolvenzsicherung durch den PSVaG** Nach Ansicht des Gesetzgebers sind die Ansprüche der Versorgungsberechtigten durch eine Insolvenz des Arbeitgebers nicht gefährdet
– **unmittelbare Versorgungszusage** (§ 1 Abs. 1 i.V.m. § 7 Abs. 1, 2 BetrAVG) – **Direktversicherung** Soweit ein widerrufliches Bezugsrecht besteht oder bei unwiderruflichem Bezugsrecht die Ansprüche abgetreten, verpfändet oder beliehen sind – Ausnahmefall (§ 1b Abs. 2 i.V.m. § 7 Abs. 1, 2 BetrAVG) – **Unterstützungskasse** (§ 1b Abs. 4 i.V.m. § 7 Abs. 1, 2 BetrAVG) – **Pensionsfonds** (§ 1b Abs. 3 i.V.m. § 7 Abs. 1, 2 BetrAVG)	– **Direktversicherung** Soweit ein unwiderrufliches Bezugsrecht besteht und die Ansprüche nicht abgetreten, verpfändet oder beliehen sind – Regelfall (§ 1b Abs. 2 BetrAVG) – **Pensionskasse** (§ 1b Abs. 3 BetrAVG)

III. Zwangsversicherung

7 Der Gesetzgeber hat die gesetzliche Insolvenzsicherung als **Zwangsversicherung** beim **PSVaG** ausgestaltet, da alle Arbeitgeber mit insolvenzsicherungspflichtiger betrieblicher Altersversorgung an der Finanzierung von Gesetzes

wegen beteiligt sind (§ 10 Abs. 1 BetrAVG). Dabei handelt es sich von der Struktur her nicht um die konkrete Versicherung des einzelnen Arbeitgebers durch Zahlung eines individuellen Beitrags für seine betriebliche Altersversorgung. Vielmehr ist **Basis** der gesetzlichen Insolvenzsicherung durch den PSVaG die **Solidargemeinschaft der Arbeitgeber**, die gemeinsam die Aufwendungen für die Sicherung der betrieblichen Altersversorgung der insolventen Arbeitgeber tragen.[5] Die von den einzelnen Mitgliedern des PSVaG zu meldende **Beitragsbemessungsgrundlage**[6] dient als Maßstab für ihren **Umlageanteil am zu finanzierenden Schadenvolumen**. Das individuelle Insolvenzrisiko des einzelnen Arbeitgebers bleibt bei der Bestimmung der Beitragspflicht unberücksichtigt.[7] Deshalb gilt für alle Arbeitgeber ein **einheitlicher Beitragssatz**; bei Pensionsfonds gilt jedoch eine ermäßigte Beitragsbemessungsgrundlage, § 10 Abs. 3 Nr. 4 BetrAVG. Wenn ein Arbeitgeber Beiträge an den PSVaG abführt, obwohl die Ansprüche/Anwartschaften auf betriebliche Altersversorgung nicht der Insolvenzsicherungspflicht unterfallen, entsteht im Sicherungsfall keine Leistungspflicht für den PSVaG.[8]

Beitragspflichtig ist der die betriebliche Altersversorgung **zusagende Arbeitgeber** und nicht eventuelle externe Versorgungsträger (Unterstützungskasse, Pensionsfonds, Direktversicherung; § 10 Abs. 1 BetrAVG). Das Gesetz sieht vor, dass der aus einer Versorgungszusage verpflichtete Arbeitgeber im Wege der **eigenverantwortlichen Selbstveranlagung** seiner Melde- und Beitragspflicht nachzukommen hat.[9]   8

IV. Beginn und Ende der Beitragspflicht

Die **Beitragspflicht beginnt** mit der Erfüllung der gesetzlichen Voraussetzungen. Dies sind grundsätzlich[10]   9
– der Eintritt der ersten gesetzlich unverfallbaren Anwartschaft oder
– die Aufnahme einer laufenden Versorgungsleistung.[11]

---

5 BVerwG 18.12.1986, 3 C 39.81, ZIP 1987, 521; ausführlich dazu *Paulsdorff* § 10 Rn. 25.
6 Vgl. § 11 Rn. 37–50.
7 *Blomeyer/Rolfs/Otto* § 10 Rn. 2.
8 BAG 23.3.1999, 3 AZR 625/97, EzA § 7 BetrAVG Nr. 58 = DB 1999, 2015.
9 Zur Rechtsberatung durch den PSVaG vgl. § 14 Rn. 13–14.
10 Vgl. zu Besonderheiten bei Entgeltumwandlungszusagen § 10 Rdn. 104–115.
11 Zur Insolvenzsicherung in den neuen Bundesländern vgl. Merkblatt 210/M 20 des PSVaG, das im Internet unter www.psvag.de zur Verfügung steht.

Trifft dies für mehrere Fälle zu verschiedenen Zeitpunkten innerhalb des gleichen Jahres zu, so bestimmt der früheste den Beginn der Insolvenzsicherungspflicht.[12]

10 **Fristbeginn und -ablauf** richten sich nach den allgemeinen Vorschriften der §§ 186 ff. BGB. Bei einem Versorgungsfall ist anhand der konkreten Umstände zu entscheiden, ob der Tag des Eintritts des Versorgungsfalls bei der Berechnung der Frist mitzählt oder nicht (§ 187 BGB). Der Eintritt der gesetzlichen Unverfallbarkeit ist abhängig davon, unter welchen Umständen die Versorgungszusage erteilt worden ist.[13]

11 Für das **erste Jahr der Insolvenzsicherungspflicht** – Beginnjahr – erhebt der PSVaG nur einen anteiligen Jahresbeitrag, der dem Verhältnis der insolvenzsicherungspflichtigen zur Gesamtzahl der Tage in diesem Jahr entspricht, falls die Mitgliedschaft erst im Laufe des Kalenderjahres begonnen hat. Dies entspricht der Regelung des § 25 Abs. 1 VAG, die auch auf den PSVaG Anwendung findet.[14]

12 Dabei kann die Beitragsbemessungsgrundlage, die für die Meldung des zweiten Jahres zu ermitteln ist, aus **Vereinfachungsgründen** auch der Meldung des ersten Jahres zugrunde gelegt werden (§ 6 Abs. 3 AIB[15]). Beide Beiträge – also der ggf. anteilige für das Erstjahr und der volle für das Zweitjahr – werden zusammen am **Ende des Zweitjahres erhoben**. Es bleibt dem betreffenden Arbeitgeber jedoch unbenommen, für das erste Jahr der Insolvenzsicherungspflicht exakte Werte nachzuweisen (§ 6 Abs. 3 AIB).

13 Die **Beitragspflicht endet** mit dem Tag, an dem der Arbeitgeber die oben angeführten gesetzlichen Voraussetzungen zur Teilnahme an der gesetzliche Insolvenzsicherung nach § 11 Abs. 1 BetrAVG nicht mehr erfüllt (z.B. der letzte Rentner stirbt oder die Anwärter werden abgefunden).[16] Endet die Insolvenzsicherungspflicht im Laufe eines Kalenderjahres, so ist der Beitrag für dieses Jahr ebenfalls nach § 25 Abs. 1 VAG zu berechnen. Der PSVaG erhebt danach nur einen anteiligen Jahresbeitrag, der dem Verhältnis der insolvenzsicherungspflichtigen zur Gesamtzahl der Tage in diesem Jahr ent-

---

12 *Paulsdorff* § 10 Rn. 63.
13 Vgl. § 1b Rdn. 35–51.
14 BVerwG 14.3.1991, 3 C 24.90, ZIP 1991, 668.
15 Die AIB sind im Internet unter www.psvag.de einsehbar.
16 BVerwG 14.3.1991, 3 C 24.90, ZIP 1991, 668.

spricht. Diese Regelung findet nur Anwendung, wenn die Insolvenzsicherungspflicht des Arbeitgebers insgesamt beendet wird. Bei fortbestehender Mitgliedschaft werden Bestandsänderungen – also Zu- und Abgänge einzelner insolvenzsicherungspflichtiger Tatbestände – nur entsprechend dem **Stichtagsprinzip** des § 10 Abs. 3 BetrAVG erfasst. Sie werden also nicht zeitanteilig erfasst.[17]

V. Auswirkungen eines Sicherungsfalls

Der **Eintritt eines Sicherungsfalls** nach § 7 Abs. 1 BetrAVG wirkt sich auf die **Beitragspflicht** wie folgt aus:　　14

– Eröffnung des gerichtlichen Insolvenzverfahrens (§ 7 Abs. 1 S. 1 BetrAVG):

Die **Beitragspflicht des insolventen Arbeitgebers endet** grundsätzlich mit dem Tag der Eröffnung des Insolvenzverfahrens. Sofern im Rahmen des Insolvenzverfahrens aufgrund eines **Insolvenzplan das frühere Unternehmen weiter existiert**, besteht unter den Voraussetzungen des § 11 Abs. 1 BetrAVG künftig die Beitragspflicht zum PSVaG, wenn insolvenzsicherungspflichtige betriebliche Altersversorgung (weiter) durchgeführt wird.

– Abweisung des Antrags auf Eröffnung eines Insolvenzverfahrens mangels Masse (§ 7 Abs. 1 S. 4 Nr. 1 BetrAVG):

Die **Beitragspflicht des insolventen Arbeitgebers endet** mit dem Tag des gerichtlichen Abweisungsbeschlusses. Eine Fortführung des Unternehmens und damit eine eventuelle weitere Beitragspflicht kommt hier nicht in Betracht.

– Außergerichtlicher Vergleich (Stundungs-, Quoten- oder Liquidationsvergleich; § 7 Abs. 1 S. 4 Nr. 2 BetrAVG):

Sowohl bei einem **Stundungs-** als auch bei einem **Quotenvergleich** existiert das Unternehmen künftig weiter. Die Beitragspflicht zum PSVaG hängt somit davon ab, ob das weiter bestehende Unternehmen insolvenzsicherungspflichtige betriebliche Altersversorgung durchführt. Beim **Liquidationsvergleich** ist entscheidend für die Beendigung der Beitragspflicht, ab welchem Zeitpunkt keine insolvenzsicherungspflichtige betriebliche Altersversorgung mehr durchgeführt wird.

---

17 *Paulsdorff* § 10 Rn. 24.

– Vollständige Beendigung der Betriebstätigkeit (§ 7 Abs. 1 S. 4 Nr. 3 BetrAVG):

Die **Beitragspflicht des insolventen Arbeitgebers endet** mit dem Tag der vollständigen Beendigung der Betriebstätigkeit. Eine Fortführung des Unternehmens und damit eine eventuelle weitere Beitragspflicht kommt hier nicht in Betracht.

15–17 *unbelegt*

18	Art des Sicherungsfalls	Melde- und Beitragspflicht bis zum Eintritt des Sicherungsfalls	Melde- und Beitragspflicht ab dem Eintritt des Sicherungsfalls
	Eröffnung des gerichtlichen Insolvenzverfahrens (ohne Insolvenzplan)	Arbeitgeber	Keine Insolvenzsicherungspflicht
	Eröffnung des gerichtlichen Insolvenzverfahrens (mit Insolvenzplan)	Arbeitgeber	Arbeitgeber (Sofern der Arbeitgeber aufgrund des Insolvenzplans weiter existiert, kann insolvenzsicherungspflichtige betriebliche Altersversorgung [weiter] durchgeführt werden)
	Abweisung des Insolvenzantrags mangels Masse	Arbeitgeber	Keine Insolvenzsicherungspflicht (Das Unternehmen besteht nicht mehr)
	Außergerichtlicher Vergleich (Stundungsvergleich)	Arbeitgeber	Arbeitgeber (Der Arbeitgeber existiert weiter, insolvenzsicherungspflichtige betriebliche Altersversorgung kann [weiter] durchgeführt werden)

Art des Sicherungs-falls	Melde- und Beitrags-pflicht bis zum Eintritt des Sicherungs-falls	Melde- und Beitrags-pflicht ab dem Eintritt des Sicherungsfalls
Außergerichtlicher Vergleich (Quoten-vergleich)	Arbeitgeber	Arbeitgeber (Der Arbeitgeber existiert weiter, insolvenzsiche-rungspflichtige betriebliche Altersversorgung besteht in Höhe der Quote)
Außergerichtlicher Vergleich (Liquidati-onsvergleich)	Arbeitgeber	Arbeitgeber (Bis zu dem Zeitpunkt, ab dem die Insolvenzsiche-rungspflicht nicht mehr gegeben ist)
Vollständige Beendi-gung der Betriebstä-tigkeit	Arbeitgeber	Keine Insolvenzsicherungs-pflicht (Das Unternehmen besteht nicht mehr)

Abb.: Melde- und Beitragspflichten bei Eintritt eines Sicherungsfalls

VI. PSVaG als beliehenes Unternehmen (öffentliches Recht)

Der **PSVaG** ist als juristische Person des Privatrechts aufgrund der öffentlich-rechtlichen Beitragspflicht der insolvenzsicherungspflichtigen Arbeitgeber ein mit Aufgaben und Befugnissen der öffentlichen Verwaltung **beliehenes Unternehmen** und insoweit Träger hoheitlicher Gewalt.[18] Das öffentlich-rechtliche Verhältnis zwischen dem beliehenen Unternehmer und den Bei-tragspflichtigen entsteht aufgrund staatlicher Beleihung und steht unter staatlicher Aufsicht. Der staatlichen **Aufsicht** durch die Bundesanstalt für Finanzdienstleistungsaufsicht unterliegt der PSVaG wegen seiner Rechtsform als Versicherungsverein auf Gegenseitigkeit.[19]   19

---

18 *Andresen/Förster/Rößler/Rühmann* Teil 13 B, Rn. 105 ff.; *Höfer* BetrAVG, Rn. 4755
     zu § 10; *Paulsdorff* § 10 Rn. 5.
19 Vgl. § 14 Rdn. 1.

20   Für das Verhalten des PSVaG gegenüber den Arbeitgebern gilt das **Verwaltungsverfahrensgesetz** (VwVfG), weil er in seiner Eigenschaft als beliehenes Unternehmen als Behörde tätig wird (§ 1 Abs. 4 VwVfG). Im Einzelnen enthält das VwVfG Regelungen über das Zustandekommen, die Form, die Bestandskraft und Aufhebung eines Verwaltungsaktes sowie sonstige allg. Grundsätze des Verwaltungsverfahrens. Diese gelten auch für den Bereich des Beitragseinzugs und den damit zusammenhängenden Regelungsbereichen in §§ 10a und 11 BetrAVG. Die **hoheitliche Tätigkeit** des PSVaG erstreckt sich folglich auf die **Beitragsfestsetzung, den Beitragseinzug nebst -vollstreckung**[20] **und die dazu erforderlichen Auskünfte.**[21] **Inhalt und Umfang der hoheitlichen Tätigkeit ergeben sich aus den einschlägigen Vorschriften.**

21   Demgegenüber sind alle anderen Bereiche der Tätigkeit des PSVaG – insbesondere die Leistungserbringung aufgrund eines Sicherungsfalls – dem **Privatrecht** zugeordnet.

VII. Feststellung der Beitragspflicht

22   Aufgrund seiner Stellung als beliehenes Unternehmen sind die Bescheide des PSVaG über die Feststellung der Insolvenzsicherungspflicht (dem Grunde und der Höhe nach) **Verwaltungsakte** i.S.d. § 35 VwVfG.

1. Erlass von Bescheiden durch den PSVaG

23   Die Erhebung des Beitrags aufgrund der Angaben des Arbeitgebers im Rahmen der Selbstveranlagung nach § 11 BetrAVG[22] erfolgt in jedem **Einzelfall** durch einen **bezifferten Beitragsbescheid** des PSVaG, der ein Verwaltungsakt i.S.d. § 35 VwVfG ist. Voraussetzung dafür ist die vollständige und rechtzeitige Meldung des Arbeitgebers.

24   Wenn die Meldung des Arbeitgebers nicht korrekt ist, kann der PSVaG einen **Auskunfts-, Vorlage- oder Meldebescheid** erlassen, der den Arbeitge-

---

20   Zur Vollstreckung, die teilweise öffentlich-rechtlich und teilweise zivilrechtlichen Regeln folgt, vgl. i.E. § 10 Rdn. 120.
21   *Andresen/Förster/Rößler/Rühmann* Teil 13 B, Rn. 276.
22   Vgl. § 14 Rdn. 13–14.

ber verpflichtet, seinen Mitteilungspflichten nach § 11 Abs. 1 oder 2 BetrAVG nachzukommen.[23]

Wenn die Insolvenzsicherungspflicht dem Grunde nach bestritten wird, kann der PSVaG einen **Beitragsgrundlagenbescheid** erlassen, mit dem er die Pflicht des Arbeitgebers zur Zahlung von Beiträgen dem Grunde nach – nicht nur der Höhe nach – festgestellt wird.[24] Mit einem Beitragsgrundlagenbescheid kann der PSVaG z.B. nach einem Betriebsübergang nach § 613a BGB gegenüber dem Erwerber verbindlich festlegen, dass betriebliche Altersversorgung in insolvenzsicherungspflichtiger Form durchgeführt wird. 25

Wenn die Grundlagen für die Festsetzung der Beitragshöhe feststehen, der Arbeitgeber also seinen Mitteilungspflichten nach § 11 BetrAVG vollständig und richtig nachgekommen ist, erlässt der PSVaG den bezifferten **Beitragsbescheid**. 26

Auch der Bescheid des PSVaG über die Feststellung des **Nichtbestehens** der Insolvenzsicherungspflicht ist ein Verwaltungsakt. 27

2. Jährliche Beitragsbescheide

Auf Basis der nach § 11 Abs. 2 BetrAVG jährlich gemeldeten Beitragsbemessungsgrundlagen durch die insolvenzsicherungspflichtigen Arbeitgeber erteilt der PSVaG grds. allen Mitgliedern **Mitte November jeden Jahres** einen bezifferten **Beitragsbescheid für das laufende Jahr**. Auf die am Ende des Kalenderjahres fälligen Beiträge können Vorschüsse erhoben werden (§ 10 Abs. 2 S. 4 BetrAVG). Davon hat der PSVaG zuletzt für das Jahr 2008 Gebrauch gemacht. 28

Außerhalb dieser regelmäßig wiederkehrenden gesetzlich geregelten Beitragsbescheidung werden nur im konkreten Einzelfall, der eine individuelle Klärung bzgl. der Insolvenzsicherungspflicht erfordert, entsprechende nachträgliche Beitrags- und Vorschussbescheide erteilt. Sobald in diesen Fällen die Grundlagen der Melde- und Beitragspflicht zur gesetzlichen Insolvenzsicherung geklärt sind, werden weitere Bescheide im dargestellten jährlichen Rhythmus erteilt, sofern die gesetzliche Insolvenzsicherungspflicht feststeht. 29

---

23 BVerwG 22.11.1994, 1 C 22.92, ZIP 1995, 403.
24 BVerwG 28.6.1994, 1 C 20.92, ZIP 1994, 1455.

3. Rechtsmittel

30 Gegen Bescheide des PSVaG über Grund und/oder Höhe der Beitragspflicht kann der Arbeitgeber zunächst **Widerspruch** einlegen und im Rahmen des Vorverfahrens nach § 68 VwGO dem PSVaG eine Überprüfung seiner Bescheidung ermöglichen. Der Widerspruch ist eine zwingende Prozessvoraussetzung, sodass eine Klage ohne vorherige Durchführung des Widerspruchverfahrens grds. unzulässig ist. Da eine nächsthöhere Behörde nicht besteht, ist der PSVaG zugleich zuständige Widerspruchsbehörde (§ 73 Abs. 1 S. 2 Nr. 1 VwGO).

31 Ein Widerspruch durch den Arbeitgeber gegen einen Beitragsbescheid hat **keine aufschiebende Wirkung** (§ 80 Abs. 2 Nr. 1 VwGO). Bei den Kraft öffentlich-rechtlicher Verpflichtung (§ 10 BetrAVG) an den PSVaG zu entrichtenden Beiträgen handelt es sich um öffentliche Abgaben i.S.d. § 80 Abs. 2 S. 1 Nr. 1 VwGO.[25] Beitragsbescheide des PSVaG sind daher sofort vollziehbar, Beitragsforderungen auf jeden Fall fristgemäß zu zahlen.

32 Der PSVaG erlässt einen **Widerspruchsbescheid**. Sofern dem Widerspruch abgeholfen wird, richtet sich die Pflichten des Arbeitgebers gegenüber dem PSVaG den konkreten Regelungsgegenstand betreffend nach dem Inhalt des Widerspruchsbescheids. Sofern der PSVaG dem Widerspruch nicht abhilft, kann der Arbeitgeber **Klage** (i.d.R. Anfechtungsklage) vor dem Verwaltungsgericht erheben. Die Erhebung der Klage hat – wie die Einlegung des Widerspruchs – keine aufschiebende Wirkung (§ 80 Abs. 2 Nr. 1 VwGO). Örtlich zuständig ist das für den Sitz des klagenden Arbeitgebers zuständige Verwaltungsgericht (§ 52 Nr. 3 S. 2 VwGO).

33 Die Erhebung einer Klage befreit den Arbeitgeber nicht von seiner Melde- und Beitragspflicht. Um seine Rechte zu wahren, müsste der Arbeitgeber ggf. für jedes folgende Jahr gegen den Beitragsbescheid des PSVaG Widerspruch einlegen und nach Erlass des Widerspruchsbescheides auch insoweit Klage erheben. Zur **Vereinfachung des Verfahrens** kann der Arbeitgeber auch seiner Melde- und Beitragspflicht – insbes. der fristgemäßen Zahlung der Beiträge – nachkommen, gegen den Beitragsbescheid des PSVaG jedoch Widerspruch erheben und unter Hinweis auf das bereits rechtshängige Gerichtsverfahren eine Aussetzung des Widerspruchsverfahrens beantragen. In geeigneten Fällen kann der PSVaG dem Antrag entsprechen. Nach Been-

---

25 BVerwG 4.10.1994, 1 C 41.92, ZIP 1995, 41 ff., 44.

digung des Rechtsstreits werden dann auch die betreffenden Beitragsjahre, für die Widerspruch eingelegt worden ist, entsprechend dem Ausgang des Rechtsstreits eingeordnet.

VIII. Fälligkeit

Die Beiträge zur gesetzlichen Insolvenzsicherung werden nach § 10 Abs. 2 S. 3 BetrAVG grds. **am Ende des Kalenderjahres fällig.** Dabei tritt die Fälligkeit erst ein, wenn der jeweils verpflichtete Arbeitgeber einen bezifferten Beitragsbescheid erhalten hat. Der Beitrag ist in einem Betrag und vollständig zu entrichten.[26] **Eine Ermäßigung oder gar einen Erlass des Beitrags – z.B. für Unternehmen in einer wirtschaftlichen Krise – sieht das Gesetz nicht vor.**
34

Ergänzend zu dieser gesetzlichen Regelung enthält § 6 Abs. 3 AIB die **konkretisierende Bestimmung**, dass der Beitrag einen Monat nach Zugang des Beitragsbescheides fällig ist. Der (Jahres-) Beitragsbescheid ergeht gegen Mitte November eines Jahres, sodass insofern die **Fälligkeit** einen Monat später, also **nach Mitte Dezember** liegt (§ 10 Abs. 2 S. 3 AIB). In Anbetracht der Ferienzeit/Feiertage Ende jeden Jahres dient es der ordentlichen Abwicklung der Finanzierung, wenn die Beiträge noch vor dem Ende des Jahres gezahlt werden. Von dieser Möglichkeit hat der PSVaG zuletzt für das Jahr 2008 Gebrauch gemacht.
35

B. Beitragsaufkommen (§ 10 Abs. 2 BetrAVG)

I. Grundsatz

Die Beiträge der Arbeitgeber müssen
36
– den Barwert der im laufenden Kalenderjahr entstehenden Ansprüche auf Leistungen der Insolvenzsicherung zuzüglich eines Betrages für die aufgrund eingetretener Insolvenzen zu sichernden Anwartschaften, der sich aus dem Unterschied der Barwerte dieser Anwartschaften am Ende des Kalenderjahres und am Ende des Vorjahres bemisst,
– die im gleichen Zeitraum entstehenden Verwaltungskosten und die sonstigen Kosten, die mit der Gewährung der Leistungen zusammenhängen,

---

26 Eventuelle Kosten des Arbeitgebers für die Überweisung des Beitrags können nicht in Abzug gebracht werden (§ 270 BGB).

- die Zuführung zu einem von der Bundesanstalt für Finanzdienstleistungsaufsicht festgesetzten Ausgleichsfonds sowie
- die Bildung einer Verlustrücklage nach § 37 des Versicherungsaufsichtsgesetzes (VAG)

decken (§ 10 Abs. 2 S. 1–3 BetrAVG).

II. Barwert der im laufenden Jahr entstehenden Ansprüche auf Leistungen und der Betrag für die zu sichernden Anwartschaften

37   Durch das »Gesetz zur Änderung des Betriebsrentengesetzes und anderer Gesetze« vom 2.12.2006 ist das Finanzierungsverfahren der gesetzlichen Insolvenzsicherung der betrieblichen Altersversorgung auf **vollständige Kapitaldeckung** umgestellt worden. Diese Umstellung ist in Kraft getreten ab dem Beitragsjahr 2006. Die Finanzierung der gesetzlichen Insolvenzsicherung erfolgte von 1975 bis 2005 im sog. Rentenwertumlageverfahren. Bei diesem System wurden die im betreffenden Jahr entstehenden Ansprüche ausfinanziert, nicht aber die unverfallbaren Anwartschaften.[27]

38   Als Effekt des Rentenwertumlageverfahrens waren aus den Insolvenzen bis zum 31.12.2005 rd. 167.000 Anwartschaften beim PSVaG registriert, bei denen der Versorgungsfall im Laufe der kommenden mehr als 30 Jahre eintreten wird und die nachzufinanzieren waren. Die Summe der Barwerte hierfür beträgt rd. 2,2 Mrd. € (berechnet mit einem Rechnungszinsfuß von 3,67 %). Dieser Betrag ist aufgrund der hohen Zahl von Insolvenzen in den Jahren vor 2006 deutlich angestiegen. Auf die den PSVaG finanzierenden Arbeitgeber kam damit ein Risiko zu, das es durch die Umstellung auf vollständige Kapitaldeckung abzufedern galt.

39   Durch die neue Regelung in § 10 Abs. 2 BetrAVG wird bestimmt, dass die Beiträge der insolvenzsicherungspflichtigen Arbeitgeber den gesamten Schaden aus den im Kalenderjahr neu eintretenden Sicherungsfällen decken müssen. Hierdurch wird die Finanzierung der gesetzlichen Insolvenzsicherung

---

27   Vgl. zum Rentenwertumlageverfahren die 2. Aufl. der Kommentierung unter § 10 Rn. 36. Zum neuen Finanzierungsverfahren des PSVaG, *Hoppenrath/ Berenz* DB 2007, 630, BetrAV 2007, 215.

der betrieblichen Altersversorgung unabhängiger von Strukturentscheidungen der Unternehmen und so insgesamt zukunftssicherer gestaltet.[28]

Die Finanzierung der bis 2005 aufgelaufenen unverfallbaren Anwartschaften, bei denen ein Versorgungsfall noch nicht eingetreten ist, ist in § 30i BetrAVG geregelt. **40**

Der Schaden eines Jahres besteht aus der **Addition zweier Elemente**, nämlich **41**
– zum einen dem Barwert der im laufenden Kalenderjahr entstehenden Ansprüche auf Leistungen und
– zum anderen dem Betrag für die zu sichernden gesetzlich unverfallbaren Anwartschaften, der sich nach dem Gesetzeswortlaut als Differenz von zwei Barwerten ergibt, nämlich aus dem Barwert – oder besser der Summe der Barwerte – für die vom PSVaG gesicherten Anwartschaften, bei denen also noch kein Versorgungsfall eingetreten ist, am Ende des jeweiligen Kalenderjahres und dem entsprechenden Barwert am Ende des Vorjahres.

1. Barwert der im laufenden Kalenderjahr entstehenden Ansprüche auf Leistungen

a) Laufende Leistungen aus neuen Insolvenzen

Mit dem **Begriff** der im laufenden Kalenderjahr entstehenden Ansprüche auf Leistungen (§ 10 Abs. 2 S. 1 1. Hs. BetrAVG) sind die Zusagen auf betriebliche Altersversorgung des insolventen Arbeitgebers erfasst, bei denen der Versorgungsfall schon vor dem Sicherungsfall eingetreten ist (**laufende Leistungen**). Diese Rentenleistung muss der PSVaG entsprechend seinem gesetzlichen Auftrag übernehmen.[29] **42**

Auch die künftige Erhöhung von Leistungen aufgrund **vertraglicher Dynamisierungsklauseln** nach Eintritt der Bedingung zählt zu den im laufenden Kalenderjahr entstehenden Ansprüchen auf Leistungen. **43**

---

28 Vgl. BT-Drucks. 16/1936 S. 6; *Gunkel* BetrAV 2006, 213. Siehe ausführlich zur Begründung der Umstellung des Finanzierungsverfahrens auf vollständige Kapitaldeckung *Hoppenrath* FS Kemper, S. 211 ff.; *ders.* FS Andresen, S. 115 ff.; *Hundt* BetrAV 2006, 209; *Murmann* BetrAV 2006, 210.

29 Vgl. zur Sicherung der Versorgungsempfänger bei Eintritt des Sicherungsfalls § 7 Rdn. 5–70.

b) Umwandler aus früheren Insolvenzen

44 Zu den im laufenden Jahr entstehenden Ansprüchen zählen auch die sog. **Umwandler** (vom Anwärter zum Versorgungsfall). Dies sind im laufenden Jahr eintretende Versorgungsleistungen von gesetzlich unverfallbaren Anwärtern aus Insolvenzen früherer Jahre.

c) Rechnungszinsfuß für laufende Leistungen

45 Der **Barwert** der im laufenden Jahr entstehenden Ansprüche ist der Betrag, der unter Berücksichtigung eines angenommenen Zinsertrags ausreicht, um dem Berechtigten, sei er bereits Rentner bei Insolvenz oder sei er Umwandler, die zugesagte Versorgungsleistung (Rente/Kapital) ggf. lebenslänglich zu zahlen. Die Berechnung erfolgt nach **versicherungsmathematischen Grundsätzen** unter Berücksichtigung der statistischen Lebenserwartung des Berechtigten.

46 Der **Rechnungszinsfuß** bei der Berechnung des Barwerts der im laufenden Jahr entstehenden Ansprüche ist in § 10 Abs. 2 S. 2 1. Hs. BetrAVG gesetzlich vorgeschrieben und bestimmt sich nach § 65 VAG, der den Zinsfuß bestimmt, der bei den Unternehmen der Lebensversicherung der Kalkulation der Tarife zugrunde gelegt wird. Im Jahr 2006 betrug dieser Zinssatz 2,75 %, ab 1. Januar 2007 2,25 % und ab 1. Januar 2012 1,75 %.

2. Betrag für die aufgrund eingetretener Insolvenzen zu sichernden Anwartschaften

a) Anwartschaften aus neuen Insolvenzen

47 Mit dem **Begriff** der aufgrund eingetretener Insolvenzen zu sichernden Anwartschaften (§ 10 Abs. 2 S. 1 2. Hs. BetrAVG) sind die Zusagen auf betriebliche Altersversorgung von insolventen Arbeitgebern erfasst, bei denen bei Eintritt des Sicherungsfalls gesetzlich unverfallbare Anwartschaften auf Leistungen der betrieblichen Altersversorgung bestehen (gesetzlich unverfallbare Anwartschaften aus neuen Insolvenzen). Diese Anwartschaften muss der PSVaG entsprechend seinem gesetzlichen Auftrag sichern.[30]

---

30 Vgl. zur Sicherung der gesetzlich unverfallbaren Anwartschaften bei Eintritt des Sicherungsfalls § 7 Rdn. 71–126.

b) Übertragung der Anwartschaft auf eine Lebensversicherung

Der PSVaG kann von der nach § 8 Abs. 1 BetrAVG vorgesehenen Möglichkeit **48**
Gebrauch machen, und sich von der Verpflichtung aus einer gesetzlich unverfallbaren Anwartschaft durch **Abschluss einer Lebensversicherung** (Rechnungszinsfuß nach § 65 VAG) gegen Einmalprämie befreien (§ 10 Abs. 2 S. 2 2. Hs.
i.V.m. § 8 Abs. 1 BetrAVG). Der Gesetzgeber geht jedoch davon aus, dass der
PSVaG im Regelfall die Anwartschaften nicht versichert, sondern als Verpflichtung passiviert und den Gegenwert als eigene Kapitalanlage führt.[31]

c) Methode der Differenzfinanzierung

Die Höhe der jedes Jahr zusätzlich zu den Ansprüchen[32] zu finanzierenden **49**
gesetzlich unverfallbaren Anwartschaften wird nach der Methode der **Differenzfinanzierung** ermittelt.[33] Ausgangspunkt ist die Überlegung, dass der
Bestand der Anwartschaften sich vom Ende des Vorjahres im laufenden
Kalenderjahr im Wesentlichen durch die Zugänge aus neuen Insolvenzen
und durch die Abgänge in Form der Umwandler verändert hat. Letztere
wechseln also von den Anwartschaften in den Bereich der im laufenden Jahr
entstehenden Ansprüche. Diese sind aber bereits durch die Finanzierung der
im laufenden Kalenderjahr entstehenden Ansprüche erfasst (§ 10 Abs. 2
S. 1 BetrAVG). Die **Bestandsveränderung der Anwartschaften** ergibt sich
insgesamt durch folgende Ab- und Zugänge:
- Abgang durch den Eintritt des Versorgungsfalls (sog. Umwandler),[34]
- Abgang durch die Abfindung der Anwartschaft,
- Abgang durch die Übertragung der Anwartschaft auf eine Lebensversiche-
  rung,[35]
- Zugang aus neuen Insolvenzen.

---

31 Vgl. BT-Drucks. 16/1936 S. 7; aus rein praktischen Überlegungen ist auch fraglich,
    ob der Weg über § 8 Abs. 1 BetrAVG in nennenswertem Umfang erfolgen kann, d.h.,
    ob von Lebensversicherungsunternehmen entsprechende Tarife für ggf. kompliziert
    zu berechnende Anwartschaften angeboten werden.
32 Vgl. Rdn. 42–44.
33 Grundlegend *Hoppenrath* FS Andresen, S. 115 ff. Die Methode der Differenzfi-
    nanzierung liegt auch der jährlichen Ermittlung der Höhe der Rückstellung bei
    Pensionszusagen nach § 6a EStG zugrunde.
34 Vgl. Rdn. 44. Zu nennen ist hier auch der Fall, dass ein Anwärter verstirbt und
    keine Hinterbliebenenleistungen gezahlt werden müssen.
35 Vgl. Rdn. 42 f.

50 Diese Bestandsänderungen werden durch die **Methode der Differenzfinanzierung** erfasst. Der Betrag, der im laufenden Jahr für die Anwartschaften
zusätzlich zu finanzieren ist, ist definiert als Unterschied der Barwerte der
Anwartschaften am Ende des Kalenderjahres und am Ende des Vorjahres
(§ 10 Abs. 2 S. 1 BetrAVG). Es wird also grundsätzlich der Barwert des
gesamten Bestandes der Anwartschaften am Ende des Kalenderjahres mit
dem am Ende des Vorjahres verglichen. In der Differenz spiegeln sich alle
o.g. Änderungen des »Altbestandes« wieder einschließlich der hinzugekom-
menen Anwartschaften aus neuen Insolvenzen. Dabei sind die Abgänge aus
dem Vorjahresbestand i.d.R. Fälle, für die der PSVaG die Leistungen aufnimmt, die also bei den im laufenden Kalenderjahr entstehenden Ansprüchen erfasst sind.[36] In der Differenz spiegeln sich aber auch andere Elemente
wieder, wie z.B. der rechnungsmäßige Zins und mögliche Bewertungsdiffe-
renzen. Letztere entstehen dadurch, dass sich der Bestand in Bezug auf den
Eintritt von Versorgungsfällen möglicherweise anders verhält, als mit den
verwendeten biometrischen Grundlagen kalkuliert.

d) Rechnungszinsfuß bei Anwartschaften

51 Der **Barwert** der gesetzlich unverfallbaren Anwartschaften ist der Betrag, der
unter Berücksichtigung eines angenommenen Zinsertrags ausreicht, um dem
Berechtigten bei künftigem Eintritt des Versorgungsfalls die zugesagte Rente
oder den zugesagten Kapitalbetrag zu zahlen. Die Berechnung erfolgt nach
versicherungsmathematischen Grundsätzen unter Berücksichtigung der statistischen Lebenserwartung des Berechtigten sowie anderer Parameter, wie
z.B. Invalidisierungs- oder Verheiratungswahrscheinlichkeit.

52 Der **Rechnungszinsfuß** bei der Berechnung des Barwertes der gesetzlich
unverfallbaren Anwartschaften ist in § 10 Abs. 2 S. 2 2. Hs. BetrAVG gesetzlich vorgeschrieben. Er ist bestimmt als der um ein Drittel höhere Wert nach
§ 65 VAG, also ebenso flexibel ausgestaltet wie bei der Berechnung der Barwerte für bereits laufende Leistungen. Im Jahr 2006 betrug der so erhöhte
Wert 3,67 %, ab 1. Januar 2007 3,0 % und ab 1. Januar 2012 2,33 %. § 65
VAG bestimmt den Zinsfuß, der bei den Unternehmen der Lebensversicherung der Kalkulation der Tarife zugrunde gelegt wird.

53 Der gegenüber der Barwertberechnung für bereits laufende Leistungen
erhöhte Rechnungszinsfuß ist gerechtfertigt, weil ansonsten unberücksichtigt

---

36 Vgl. Rdn. 44.

bliebe, dass mit dem Rechnungszinsfuß für Lebensversicherungen künftig Zinsüberschüsse erzielt würden, die nur den jeweiligen und künftigen Beitragszahlern zugutekommen, nicht aber denjenigen, die in der Zwischenzeit ihre Versorgungsverpflichtungen in einen Durchführungsweg ohne bzw. mit einer ermäßigten Insolvenzsicherungspflicht übertragen haben[37] und hierdurch künftig von der Beitragszahlungspflicht ganz oder zum weit überwiegenden Teil befreit sind.

e) Rechnungszinsfuß und Differenzfinanzierung

Die Methode der Differenzfinanzierung stellt ab auf den Unterschied der **54** Barwerte der Anwartschaften am Ende des Kalenderjahres und am Ende des Vorjahres (§ 10 Abs. 2 S. 1 BetrAVG). Bei einer **Änderung des Rechnungszinsfußes nach § 65 VAG** wie z.B. 2006 (2,75 %), 2007 (2,25 %) und 2012 (1,75 %) ist wie folgt zu verfahren:

Der Barwert   **55**
– **der Anwartschaften aus Insolvenzen, die bis 31.12.2006 eingetreten sind** ist mit dem um ein Drittel erhöhten Rechnungszinsfuß nach § 65 VAG ermittelt, also mit **3,67 %** (2,75 % nach § 65 VAG, erhöht um ein Drittel),
– **der Anwartschaften aus neuen Insolvenzen, die in den Jahren 2007 bis 2011 eingetreten sind** ist mit dem um ein Drittel erhöhten Rechnungszinsfuß in Höhe von **3,0 %** ermittelt (2,25 % nach § 65 VAG, erhöht um ein Drittel),
– **der Anwartschaften aus neuen Insolvenzen, die ab dem Jahr 2012 eintreten** ist mit dem um ein Drittel erhöhten Rechnungszinsfuß nach § 65 VAG in Höhe von **2,33 %** zu ermitteln (1,75 % nach § 65 VAG, erhöht um ein Drittel).

Hierdurch ergeben sich **Anwärter(teil)bestände** mit jeweils eigenem Rech- **56** nungszinsfuß. Die Anpassung des gesamten Anwartschaftsbestandes an spätere Änderungen des Rechnungszinsfußes (nach oben oder unten) ist nicht erforderlich. Zum Zeitpunkt dieser Änderung ist nämlich noch nicht absehbar, welcher Rechnungszinsfuß bei künftigem (ggf. viele Jahre späterem) Eintritt des Versorgungsfalls für die Finanzierung der laufenden Leistung anzuwenden ist. Bei Eintritt des Versorgungsfalls kann der Rechnungszinsfuß nach § 65 VAG gleich hoch, höher oder niedriger sein als der Rechnungs-

---

37 Vgl. BT-Drucks. 16/1936, S. 7.

zinsfuß, der in der Vergangenheit im Jahr des Eintritts der Insolvenz zur Ermittlung des Barwerts der Anwartschaften anzuwenden war.

aa) Gleich hoher Rechnungszinsfuß

57 Wenn der Rechnungszinsfuß für die Finanzierung der zu erbringenden Leistung und der für die Berechnung des Barwerts der konkreten Anwartschaft gleich hoch ist, dann ist die Versorgungsleistung ausfinanziert. Das setzt voraus, dass der Rechnungszinsfuß nach § 65 VAG zum Zeitpunkt des Eintritts des Versorgungsfalls entsprechend höher ist als zum Zeitpunkt der ersten Berechnung des Barwerts der Anwartschaft am Ende des Insolvenzjahres. Für eine Anwartschaft aus einer Insolvenz aus den Jahren 2007 bis 2011 müsste der Rechnungszinsfuß nach § 65 VAG bei Eintritt des Versorgungsfalls dann 3,0 % betragen, bei einer Anwartschaft aus 2006 dementsprechend 3,67 % und bei einer Anwartschaft ab dem Jahr 2012 2,33 %.

bb) Höherer Rechnungszinsfuß

58 Wenn der Rechnungszinsfuß für die Finanzierung der zu erbringenden Leistung höher ist als der für die Berechnung des Barwerts der konkreten Anwartschaft, ist der Barwert der Anwartschaft höher als zur Finanzierung der Leistung erforderlich. Für eine Anwartschaft aus einer Insolvenz aus den Jahren 2007 bis 2011 müsste der Rechnungszinsfuß nach § 65 VAG bei Eintritt des Versorgungsfalls dann höher als 3,0 % sein, bei einer Anwartschaft aus 2006 dementsprechend höher als 3,67 % und bei einer Anwartschaft ab dem Jahr 2012 höher als 2,33 %. Diese Barwertdifferenz kommt den insolvenzsicherungspflichtigen Arbeitgebern im Jahr des Eintritts des Versorgungsfalls zugute. Der Betrag wirkt reduzierend bei der Kalkulation des Beitragssatzes.

cc) Niedrigerer Rechnungszinsfuß

59 Wenn der Rechnungszinsfuß für die Finanzierung der zu erbringenden Leistung niedriger ist als der für die Berechnung des Barwerts der Anwartschaft, ist der Barwert der Anwartschaft niedriger als zur Finanzierung der Leistung erforderlich. Für eine Anwartschaft aus einer Insolvenz aus den Jahren 2007 bis 2011 müsste der Rechnungszinsfuß nach § 65 VAG bei Eintritt des Versorgungsfalls dann niedriger als 3,0 % sein, bei einer Anwartschaft aus 2006 dementsprechend niedriger als 3,67 % und bei einer Anwartschaft ab dem Jahr 2012 niedriger als 2,33 %. Die Barwertdifferenz ist von den zum Zeit-

punkt des Eintritts des Versorgungsfalls insolvenzsicherungspflichtigen Arbeitgebern zu finanzieren. Dies entspricht der bisherigen Systematik des Finanzierungsverfahrens und ist keine Neuerung aufgrund der Umstellung des Finanzierungsverfahrens auf vollständige Kapitaldeckung.[38]

dd) Sonstige Barwertabweichungen

Unabhängig von der Entwicklung des Rechnungszinsfußes nach § 65 VAG   **60** kann es zu einer Differenz zwischen dem Barwert der Anwartschaft und dem zu finanzierenden Barwert der laufenden Leistung im Versorgungsfall kommen. Der Barwert der Zugänge der Anwartschaften wird im Insolvenzjahr entsprechend der zugrunde liegenden Versorgungsordnung u.a. unter Berücksichtigung des dort festgelegten Endalters (z.B. Vollendung des 65. Lebensjahres) berechnet, sowie anschließend zu jedem 31.12. der Folgejahre bis zum Eintritt des Versorgungsfalles. Wenn der Versorgungsfall vorzeitig eintritt (Alter, Invalidität, Tod), richtet sich die Höhe der für die Finanzierung der nun einsetzenden laufenden Leistung nach den dafür geltenden Bedingungen entsprechend der Versorgungsordnung. Somit kommt es in diesen Fällen zu einem Unterschied zwischen dem Barwert der Anwartschaft zum 31.12. des Jahres vor Eintritt des Versorgungsfalles und dem erforderlichen Finanzierungsaufwand in Höhe des Barwertes für die laufende Leistung. Diese ist dann unter Berücksichtigung der ggf. unterschiedlichen Rechnungszinsfüße entsprechend einzuordnen.[39]

Es ist möglich, dass ein Zugang (unverfallbare Anwartschaft aus neuer Insol-   **61** venz) im selben Jahr noch zum Abgang wird (Umwandler). Auch dies wird durch die Methode einerseits die Ansprüche (Renten, Umwandler) zu kalkulieren und andererseits die Differenz der Barwerte der Anwartschaften zu ermitteln erfasst.[40]

Auch werden mit der Differenzmethode etwaige erforderliche Änderungen   **62** der **versicherungsmathematischen Rechnungsgrundlagen** (Biometrie) erfasst. Der hieraus ggf. erforderliche zusätzliche Finanzierungsbedarf wird somit dem Jahr, in dem die Veränderung wirksam wird, zugeordnet.

---

38 Vgl. § 10 Rdn. 64.
39 Vgl. Rdn. 57–64.
40 Vgl. Rdn. 49.

63 Sofern diese Methode der Differenzfinanzierung zu einem **negativen Ergebnis** führt, d.h., die Barwerte der Abgänge aus dem Bestand größer als die Barwerte der Zugänge sind, reduziert sich der von den Arbeitgebern im laufenden Jahr zu finanzierende Schaden um diesen Betrag. Insoweit erfolgt dann eine finanzielle Entlastung gegenüber dem bisherigen Finanzierungsverfahren. Dies kann z.B. eintreten, wenn viele Versorgungsfälle aus Anwartschaften (Umwandler) eintreten, der Barwert der Anwartschaften des Vorjahres also dementsprechend sinkt und aus neuen Insolvenzen nur wenige oder keine Anwartschaften hinzukommen.

64 Auch bei Anwendung der **Methode der Differenzfinanzierung** im Rahmen der Umstellung des Finanzierungsverfahrens auf vollständige Kapitaldeckung bleibt das Finanzierungsverfahren des PSVaG **ein Bedarfsdeckungsverfahren**. Der jährlich erforderliche Bedarf wird auf die insolvenzsicherungspflichtigen Arbeitgeber umgelegt.

III. Verwaltungskosten und sonstige Kosten

65 Die Beiträge der Arbeitgeber müssen auch die **im laufenden Kalenderjahr entstehenden Verwaltungskosten und die sonstigen Kosten**, die mit der Gewährung der Leistungen zusammenhängen, decken (§ 10 Abs. 2 S. 3 1. Hs.). Die Verwaltungskosten umfassen sämtliche Personal- und Sachkosten, die durch die Erfüllung der gesetzlichen Aufgabe dem PSVaG als Träger der Insolvenzsicherung der betrieblichen Altersversorgung entstehen. Zu den sonstigen Kosten, die mit der Gewährung der Leistungen der gesetzlichen Insolvenzsicherung zusammenhängen, gehören die Nebenkosten, die der Gesetzgeber nicht konkret angeben wollte oder konnte.

IV. Verlustrücklage und Ausgleichsfonds

66 Nach § 10 Abs. 2 S. 3 2. Hs. BetrAVG müssen auch die **Zuführung zur Verlustrücklage sowie zum Ausgleichsfonds** im jeweils laufenden Kalenderjahr durch die Beiträge gedeckt werden.

67 Das Gesetz bestimmt, dass § 37 VAG Anwendung findet. Danach hat die Satzung zu bestimmen, dass zur Deckung eines außergewöhnlichen Verlustes aus dem Geschäftsbetrieb eine **Verlustrücklage zu bilden** ist, welche Beträge jährlich zurückzulegen sind und welchen Mindestbetrag die Rücklage erreichen muss. Dieser Verpflichtung ist der PSVaG in § 5 Abs. 1 seiner Satzung nachgekommen. Der Verlustrücklage waren bis zur Höhe von 50 Mio. €, beginnend mit dem Geschäftsjahr 1995, jährlich mindestens 10 Mio. €

zuzuführen. Seit 2000 werden ihr jährlich 2 % der Verlustrücklage, mindestens 1 Mio. € zugeführt. Eine Zuführung kann für ein Geschäftsjahr unterbleiben, in dem sich überdurchschnittliche Schadensaufwendungen ergeben. Eine Zuführung kann auch dann unterbleiben, wenn die Verlustrücklage mehr als 20 % des Durchschnittsschadens der letzten fünf Jahre beträgt. Die Höhe der Verlustrücklage betrug zum 31.12.2011 rd. 64,8 Mio. €.

Zur Höhe der im **Ausgleichsfonds anzusammelnden Mittel** hat die Bundesanstalt für Finanzdienstleistungsaufsicht (BaFin) festgelegt, dass diese den durchschnittlichen Jahresschadenaufwand der jeweils letzten fünf Jahre (Zielgröße) abdecken muss.[41] Die jährlichen Zuführungen zum Ausgleichsfonds errechnen sich aufgrund eines von der BaFin festgesetzten Verfahrens in Abhängigkeit von der tatsächlichen Höhe des Ausgleichsfonds und der Höhe der Zielgröße. Sie beträgt 20 % der Differenz zwischen der Zielgröße und dem Stand des Ausgleichsfonds laut vorjähriger Bilanz. **68**

Der **Ausgleichsfonds kann** in einem von der BaFin zu genehmigenden Umfang **zur Ermäßigung der Beiträge herangezogen werden**, wenn sich ansonsten außergewöhnlich hohe Beiträge ergeben würden (§ 10 Abs. 2 S. 6 BetrAVG). Bei einer solchen Inanspruchnahme sind die aufsichtsrechtlichen Solvabilitätserfordernisse zu beachten. Zum Verhältnis zwischen Ausgleichsfonds und Glättungsverfahren vgl. Rdn. 78 ff. Von dieser Möglichkeit hat der PSVaG in den Jahren 1982, 1993, 1996 und 2002 Gebrauch gemacht. Die Höhe des Ausgleichsfonds betrug am 31.12.2011 rd. 1.080 Mio. €. **69**

V. Höhe des Beitrags

1. Grundsatz

Der **Beitragssatz** ergibt sich aus dem **Verhältnis des Beitragsbedarfs zur Höhe der Beitragsbemessungsgrundlage** (§ 10 Abs. 2, 3 BetrAVG). Der Beitragsbedarf ergibt sich aus dem Saldo zwischen der Aufwands- und der Ertragseite des PSVaG. **70**

Zur **Aufwandsseite** zählen: **71**
– der auf das **volle Jahr hochgerechnete Schadenaufwand**, also der **Barwert** der im laufenden Kalenderjahr entstehenden Ansprüche zuzüglich der **Betrag** für die aufgrund eingetretener Insolvenzen zu sichernden gesetz-

---

41 *Blomeyer/Rolfs/Otto* § 10 Rn. 65; *Höfer* BetrAVG, Rn. 4773 f. zu § 10.

lich unverfallbaren Anwartschaften in Form der Differenz der Barwerte dieser Anwartschaften am Ende des Kalenderjahres und am Ende des Vorjahres,[42] **vermindert um die Erträge** nach § 9 BetrAVG **aus der Abwicklung von Insolvenzverfahren** (z.B. Quotenzahlungen, Vermögensübergang bei Unterstützungskassen und Pensionsfonds),[43]

– die **Verwaltungskosten und sonstige Kosten** des PSVaG,[44]
– die Zuführung zur **Verlustrücklage und zum Ausgleichsfonds.**[45]

72 Zur **Ertragseite** zählen:
– **Netto-Erträge aus Kapitalanlagen,**
– **Überschussbeteiligung** vom Konsortium für das Vorjahr,[46]
– ggf. vorzunehmende Verrechnung der vorjährigen **Rückstellung für Beitragsrückerstattung,**
– ggf. Inanspruchnahme des **Ausgleichsfonds.**[47]

73 Die **Beitragsbemessungsgrundlage** ergibt sich aus der jährlichen Meldung der insolvenzsicherungspflichtigen Arbeitgeber nach § 10 Abs. 3 BetrAVG i.V.m. § 11 Abs. 2 BetrAVG. Auf Basis der so ermittelten Werte wird regelmäßig im November eines Jahres vom Vorstand mit Zustimmung des Aufsichtsrats des PSVaG der für alle Arbeitgeber einheitliche Beitragssatz für das laufende Jahr festgesetzt. Aus diesem Grund wird der Schadenaufwand auf das volle Jahr hochgerechnet. Auf dieser Basis werden dann die Beitragsbescheide festgesetzt. Der gewichtete durchschnittliche Beitragssatz für die Jahre 1975 bis 2011 beträgt 3,1 Promille. Der gewichtete durchschnittliche Beitragssatz über die letzten fünf Jahre (2007–2011) 4,6 Promille.

2. Glättungsverfahren

74 In § 10 Abs. 2 S. 5 BetrAVG hat der Gesetzgeber neben der schon bisher möglichen Inanspruchnahme des Ausgleichsfonds[48] ein **Verfahren zur Glättung von Beitragsspitzen** eingeführt. Der von den insolvenzsicherungspflichtigen Arbeitgebern zu finanzierende erforderliche Beitrag kann, soweit er den

---

42 Vollständige Kapitaldeckung, vgl. Rdn. 47–64.
43 Vgl. § 9 Rdn. 10–34.
44 Vgl. Rdn. 65.
45 Vgl. Rdn. 66–69.
46 Vgl. § 8 Rdn. 5–10.
47 Vgl. Rdn. 69.
48 Vgl. Rdn. 69.

des Vorjahres übersteigt, auf das laufende und die folgenden vier Jahre verteilt werden, also über maximal fünf Jahre. Das Glättungsverfahren ist geeignet, die Belastung der Arbeitgeber während der Umstellung des Finanzierungsverfahrens auf vollständige Kapitaldeckung und natürlich auch in der Zeit danach in einem vertretbaren Rahmen zu halten.[49]

Ausgangspunkt der Anwendung des Glättungsverfahrens ist der **Vergleich** 75 der erforderlichen Beiträge im **aktuellen Jahr** zu denen des **Vorjahres.** Hierzu gehören nach dem Wortlaut des Gesetzes die nach den Sätzen 1 bis 3 von § 10 Abs. 2 BetrAVG erforderlichen Beiträge.[50] Ist die auf dieser Basis festgestellte Differenz z.B. 100 Mio. €, so können diese über maximal fünf Jahre verteilt werden, belastet den Arbeitgeber also im ersten Jahr nicht mit zusätzlich zu finanzierenden 100 Mio. € sondern bei der längstmöglichen Laufzeit des Glättungsverfahrens und Gleichverteilung im laufenden und den nächsten vier Jahren mit jeweils »nur« 20 Mio. €. Durch dieses Glättungsverfahren können die **Beitragssätze** im Zeitablauf **tendenziell gleichmäßiger ausfallen** und höhere Beitragssatzsprünge vermieden werden.

Gegenüberzustellen sind nach dem Gesetzeswortlaut die nach den Sätzen 1 76 bis 3 des § 10 Abs. 2 BetrAVG erforderlichen Beiträge. Bei dem Vergleich der erforderlichen Beiträge im aktuellen Jahr zu denen des Vorjahres sind folglich ggf. bestehende **Tilgungsraten** aus der Anwendung des Glättungsverfahrens in **früheren Jahren außer Acht** zu lassen.

Hinzuweisen ist darauf, dass ein solches Glättungsverfahren, durch das die 77 Finanzierung bestimmter Teile des bereits eingetretenen Schadens in die nächsten bis zu vier Jahre verschoben wird, nur dann vertretbar ist, wenn dies nicht die **Liquidität des PSVaG** beeinträchtigt. Diese Voraussetzung ist durch die Umstellung des Finanzierungsverfahrens auf **vollständige Kapitaldeckung** erfüllt. Die Rückstellung für die zu sichernden gesetzlich unverfallbaren Anwartschaften kann hier als Puffer dienen.

Das Glättungsverfahren ist **unabhängig vom Ausgleichsfonds**, der nur mit 78 Zustimmung der BaFin– wie bisher – als Reserve zur Verfügung steht, wenn sich ansonsten außergewöhnlich hohe Beiträge ergeben würden.[51]

---

49 *Hoppenrath* FS Andresen, S. 115 ff.; *Hoppenrath/Berenz* DB 2007, 630.
50 Vgl. zur Aufwandseite der Finanzierung des PSVaG Rdn. 71.
51 Vgl. Rdn. 69.

79 Es besteht allerdings ein bedeutender **wirtschaftlicher Zusammenhang.**
Sofern das Glättungsverfahren angewendet worden ist kommt eine erneute
Anwendung im Folgejahr nur in Betracht, wenn im Folgejahr die erforderlichen Beiträge höher sind als im Vorjahr. Falls dies nicht der Fall ist, kann das
Glättungsverfahren nicht herangezogen werden, selbst dann, wenn außergewöhnlich hohe Beiträge erforderlich sein würden. In diesem Fall kann dennoch der Ausgleichsfonds zur Beitragsermäßigung herangezogen werden.
Daraus folgt, das der Ausgleichsfonds grundsätzlich nicht in Anspruch
genommen werden sollte in einem Jahr, in dem das Glättungsverfahren nach
»normalen« Jahren wieder in Anspruch genommen wird.

80 Das Glättungsverfahren ist als flexibles und wirksames zusätzliches Element
zur Verstetigung der Beiträge und zur Dämpfung von Beitragsspitzen konzipiert. Die **Flexibilität** zeigt sich darin, dass der Gesetzgeber das Glättungsverfahren als »Kann«-Regelung vorgesehen hat und auch eine strenge Verteilung
auf fünf Jahre nicht zwingend ist. Dadurch kann der PSVaG flexibel auf die
Entwicklung in der Praxis reagieren. Die Zustimmung zur Inanspruchnahme
des Glättungsverfahrens durch die BaFin ist nicht erforderlich und daher
vom Gesetzgeber nicht vorgesehen.

81 Im Jahr **2009** wurde erstmals vom **Glättungsverfahren Gebrauch** gemacht.
Die schwerste Wirtschaftskrise seit Bestehen der Bundesrepublik Deutschland hat zum bisher höchsten Schadenvolumen geführt. Der Beitragssatz für
das Jahr 2009 wurde auf **14,2 Promille** festgesetzt. Insgesamt beträgt der zu
finanzierende Aufwand 4.047 Mio. €. Die Verteilung über die Jahre 2009
bis 2013 bedeutet konkret, dass von den Arbeitgebern bis zum Jahresende
2009 2.337 Mio. € zu zahlen sind (Liquiditätsbelastung von 8,2 Promille).
Der darüber hinausgehende Teil von 1.710 Mio. € ist in vier gleichen Teilbeträgen von je 427,5 Mio. € am Ende der Jahre 2010 bis 2013 fällig, zusätzlich zu den »normalen« Beiträgen dieser Jahre. Dies entspricht jeweils 1,5
Promille Liquiditätsbelastung.[52]

3. Vorschuss

82 Der PSVaG erteilt grds. allen Mitgliedern Mitte November jeden Jahres
einen bezifferten Beitragsbescheid für das laufende Jahr, der am Ende des

---

52 Die Festsetzung des Beitragssatzes von 14,2 Promille ist verfassungs- und recht-
sprechungskonform. OVG Koblenz 18.05.2012, 7 A 11241/11. OVG u.a. nrkr.

Kalenderjahres fällig ist.[53] Zur Sicherstellung der Liquidität des PSVaG im Hinblick auf die Leistungsverpflichtung aus im Kalenderjahr neu eintretenden Insolvenzen kann der PSVaG auf die am Ende des Kalenderjahres fälligen Beiträge **Vorschüsse erheben** (§ 10 Abs. 2 S. 4 BetrAVG). Davon hat der PSVaG zuletzt für das Jahr 2008 Gebrauch gemacht.

C. Berechnung der Beitragsbemessungsgrundlage (§ 10 Abs. 3 BetrAVG)

I. Grundsatz

Der nach § 10 Abs. 2 BetrAVG ermittelte Gesamtbedarf des PSVaG wird **83** durch eine Aufteilung auf alle insolvenzsicherungspflichtigen Arbeitgeber finanziert. Das Verteilungsprinzip sieht eine Heranziehung des einzelnen Arbeitgebers entsprechend seinem relativen Anteil an der Summe des Gesamtwertes aller insolvenzsicherungspflichtigen betrieblichen Altersversorgungen vor. Der Wert der betrieblichen Altersversorgung des einzelnen Arbeitgebers ist dessen **individuelle Beitragsbemessungsgrundlage**, die Summe aller Beitragsbemessungsgrundlagen die **(Gesamt-) Beitragsbemessungsgrundlage des PSVaG**. Der für alle Arbeitgeber einheitliche Beitragssatz ergibt sich dadurch, dass der Beitragsbedarf ins Verhältnis zur (Gesamt-) Beitragsbemessungsgrundlage gesetzt wird (§ 10 Abs. 2 S. 2 BetrAVG).

Die **Beitragsbemessungsgrundlage** bezieht sich auf die **laufenden Versor-** **84** **gungsleistungen** und die nach § 1b BetrAVG – gesetzlich – **unverfallbaren Anwartschaften** (§ 10 Abs. 3 BetrAVG). Sie ist festzustellen auf den Schluss des Wirtschaftsjahres des Arbeitgebers (**Bilanzstichtag**), das im abgelaufenen Kalenderjahr geendet hat (**Stichtagsprinzip**).

Sofern eine öffentlich-rechtliche Körperschaft im Rahmen eines Betriebs- **85** übergangs zum 1. Januar eines Jahres auf eine AG übertragen wird, ist die AG auch für das Beginnjahr verpflichtet, Beiträge an den PSVaG zu entrichten. Zwar bestimmt sich die Höhe der Beiträge gem. § 10 Abs. 3 2. HS BetrAVG grundsätzlich nach den Verhältnissen zum Bilanzstichtag des Vorjahres. Zu diesem Zeitpunkt war die AG noch nicht insolvenzsicherungspflichtig und die öffentlich-rechtliche Körperschaft gem. § 17 Abs. 2 BetrAVG auch nicht. Das BVerwG sieht in diesem Effekt jedoch eine planwidrige Regelungslücke, die im Wege der Auslegung so zu schließen ist, dass

---

53 Vgl. Rdn. 28, 34.

die AG auch bei einem Betriebsübergang zum 1. Januar eines Jahres schon in diesem Jahr melde- und beitragspflichtig zum PSVaG ist.[54]

86   Das Gesetz enthält differenzierte Regelungen zur Berechnung der Beitragsbemessungsgrundlage für die einzelnen unter Insolvenzschutz stehenden Durchführungswege der betrieblichen Altersversorgung (§ 10 Abs. 3 Nr. 1 bis 4 BetrAVG). Dabei wird **kein insolvenzsicherungsspezifisches Berechnungsverfahren** entwickelt. Vielmehr orientiert sich die Ermittlung der Beitragsbemessungsgrundlage an Bewertungsregeln des Steuerrechts. Dadurch sollten gesonderte Berechnungen weitgehend vermieden werden. Die dem PSVaG im Rahmen der Meldung der Beitragsbemessungsgrundlage vorzulegenden Unterlagen ergeben sich aus § 11 Abs. 2 BetrAVG.

1. Unmittelbare Versorgungszusagen

87   Bei Arbeitgebern, die Leistungen der betrieblichen Altersversorgung unmittelbar zugesagt haben, ist Beitragsbemessungsgrundlage der **Teilwert der Pensionsverpflichtung nach § 6a Abs. 3 EStG**, der einen Rechnungszins von 6 % vorschreibt.

87a   Unmittelbare Versorgungszusagen unterfallen der Insolvenzsicherungs- und Beitragspflicht nach dem BetrAVG auch, wenn sie durch den Abschluss einer **Rückdeckungsversicherung** und durch die Verpfändung des Versicherungsanspruchs an den Versorgungsberechtigten gesichert sind. Die für Pensionsfonds geltende Regelung zur Reduzierung der Beitragsbemessungsgrundlage ist auf solche Zusagen nicht entsprechend anzuwenden. Das BetrAVG knüpft für die Frage der Beitragspflicht und -höhe allein an den gewählten Durchführungsweg an und damit an die rechtliche Konstruktion des Primäranspruches und dem sich daraus ergebenden abstrakten Insolvenzrisiko.[55] Dies gilt auch für unmittelbare Versorgungszusagen, für die ein sog. **Contractual Trust Arrangement** (CTA) gebildet wird.[56]

---

54 BVerwG 28.10.2009, 8 C 11.09, BetrAV 2010, 183.
55 BVerwG 25.08.2010, 8 C 40.09, DB 2011, 181; *Wohlleben* FS Höfer, S. 316 ff.; *ders.* BB 2010, 1659.
56 VerwG Hamburg 6.6.2011, 10 K 527/09, nrkr.

2. Unterstützungskassen

Bei Arbeitgebern, die eine betriebliche Altersversorgung über eine Unterstüt- **88**
zungskasse durchführen, ist Beitragsbemessungsgrundlage das **Deckungska-**
pital für die laufenden Leistungen (§ 4d Abs. 1 Nr. 1 Buchstabe a EStG)
zzgl. des Zwanzigfachen der nach § 4d Abs. 1 Nr. 1 Buchstabe b S. 1 EStG
errechneten jährlichen Zuwendungen für Leistungsanwärter i.S.v. § 4d
Abs. 1 Nr. 1 Buchstabe b S. 2 EStG.[57] Der Gesetzgeber hat hier ein pauscha-
les Verfahren gewählt, um den Arbeitgebern die Kosten eines versicherungsmathematischen Gutachtens entsprechend § 6a EStG zu ersparen.

Unterstützungskassenzusagen unterfallen der Insolvenzsicherungs- und Bei- **88a**
tragspflicht nach dem BetrAVG auch, wenn sie durch den Abschluss einer
Rückdeckungsversicherung und durch die Verpfändung des Versicherungsanspruchs an den Versorgungsberechtigten gesichert sind. Die für Pensionsfonds geltende Regelung zur Reduzierung der Beitragsbemessungsgrundlage
ist auf solche Zusagen nicht entsprechend anzuwenden. Das BetrAVG
knüpft für die Frage der Beitragspflicht und -höhe allein an den gewählten
Durchführungsweg an und damit an die rechtliche Konstruktion des Primäranspruches und dem sich daraus ergebenden abstrakten Insolvenzrisiko.[58]

3. Direktversicherungen

Bei Arbeitgebern, die eine betriebliche Altersversorgung über eine Direktver- **89**
sicherung zusagen ist zu **differenzieren** (§ 10 Abs. 3 Nr. 2 BetrAVG):
– Bei Direktversicherungen mit **widerruflichem Bezugsrecht** das vom Lebensversicherungsunternehmen berechnete geschäftsplanmäßige Deckungskapital oder, soweit die Berechnung des Deckungskapitals nicht zum Geschäftsplan gehört, die Deckungsrückstellung (§ 10 Abs. 3 Nr. 2 BetrAVG),
  Gewinnanteile sind jeweils mit einzubeziehen, wenn sie den Arbeitnehmern
  zustehen;
– Bei Direktversicherungen mit **unwiderruflichem Bezugsrecht**, die **abge-**
  treten oder **verpfändet** sind, das vom Lebensversicherungsunternehmen
  berechnete geschäftsplanmäßige Deckungskapital oder, soweit die Berech-

---

57 Diese Berechnungsmethode ist rechtmäßig und verletzt weder das Äquivalenzprinzip noch den allgemeinen Gleichheitssatz: BVerwG 12.10.2011, 8 C 19.10,
   BetrAV 2012, 82.
58 BVerwG 25.8.2011, 8 C 23.09, DB 2011, 184; *Wohlleben* FS Höfer, S. 316 ff.;
   ders. BB 2010, 1659.

nung des Deckungskapitals nicht zum Geschäftsplan gehört, die Deckungsrückstellung (§ 10 Abs. 3 Nr. 2 BetrAVG), Gewinnanteile sind jeweils mit einzubeziehen, wenn sie den Arbeitnehmern zustehen;

– Bei Direktversicherungen mit **unwiderruflichem Bezugsrecht**, die **beliehen** sind, der vom Lebensversicherungsunternehmen bescheinigte beliehene Betrag (§ 10 Abs. 3 Nr. 2 BetrAVG).

4. Pensionsfonds

90   Bei Arbeitgebern, die eine betriebliche Altersversorgung über einen Pensionsfonds durchführen, ist Beitragsbemessungsgrundlage 20 % des **Teilwerts der Pensionsverpflichtung nach § 6a Abs. 3 EStG** mit dem gesetzlich vorgeschriebenen Rechnungszins von 6 % entsprechend der Regelung für unmittelbare Versorgungszusagen.[59] Mit dem gegenüber einer Direktzusage des Arbeitgebers auf ein Fünftel ermäßigten Beitrag für die Insolvenzsicherung bei der Durchführung der betrieblichen Altersversorgung über einen Pensionsfonds soll nach der Begründung des Gesetzgebers dem geringeren Insolvenzrisiko Rechnung getragen werden.[60]

91

Durchführungsweg	Berechnungsvorschrift für die Ermittlung der Beitragsbemessungsgrundlage
unmittelbare Versorgungszusage	§ 10 Abs. 3 Nr. 1 BetrAVG i.V.m. **§ 6a Abs. 3 EStG**
Unterstützungskasse	§ 10 Abs. 3 Nr. 3 BetrAVG i.V.m. **§ 4d Abs. 1 Nr. 1a und § 4d Abs. 1 Nr. 1b S. 1 und 2 EStG**
Direktversicherung	widerrufliche oder (unwiderrufliche) abgetretene, beliehene oder verpfändete Direktversicherung: § 10 Abs. 3 Nr. 2 BetrAVG unwiderrufliche, die nicht abgetreten, verpfändet oder beliehen sind: keine Insolvenzsicherungspflicht

---

59 Gesetz zur Änderung des Sozialgesetzbuches und anderer Gesetze vom 24.7.2003 (BGBl. I S. 1526). Mit dem rückwirkenden Inkrafttreten ab 1.1.2002 besteht schon bei der ersten Meldung von Pensionsfondszusagen – die bis zum 30.9.2003 vorzunehmen ist – die Meldepflicht nur in Höhe der ermäßigten Beitragsbemessungsgrenze.

60 *Berenz* Gesetzesmaterialien, S. 322.

Durchführungsweg	Berechnungsvorschrift für die Ermittlung der Beitragsbemessungsgrundlage
Pensionsfonds	§ 10 Abs. 3 Nr. 4 BetrAVG i.V.m. § 10 Abs. 3 Nr. 1 BetrAVG i.V.m. § 6a Abs. 3 EStG

Abb.: Berechnung der Beitragsbemessungsgrundlage

5. Änderungen der betrieblichen Altersversorgung beim einzelnen Arbeitgeber

Änderungen in der Struktur der insolvenzsicherungspflichtigen betrieblichen Altersversorgung beim einzelnen Arbeitgeber **wirken sich auf die Berechnung der Beitragsbemessungsgrundlage aus.** Da diese jährlich vorzunehmen ist (§ 11 Abs. 2 S. 1 BetrAVG), erfolgt in diesem Zusammenhang jeweils die **Aktualisierung.**[61] Es gilt das **Stichtagsprinzip** des § 10 Abs. 3 BetrAVG, nämlich die Beurteilung der Situation am Schluss des Wirtschaftsjahres des Arbeitgebers (Bilanzstichtag), das im abgelaufenen Kalenderjahr geendet hat (regelmäßig der 31.12. dieses Jahres[62]). Änderungen in der Struktur der insolvenzsicherungspflichtigen betrieblichen Altersversorgung können sich z.B. ergeben durch Verbesserungen oder Verschlechterungen der Zusagen im rechtlich zulässigen Rahmen, durch Eintreten von Versorgungsfällen, Tod von Rentnern, Eintritt der gesetzlichen Unverfallbarkeit oder auch durch Änderung/Hinzutreten/Wegfall eines Durchführungsweges.[63] **92**

Der **Wechsel** des Durchführungswegs der betrieblichen Altersversorgung von einer **unmittelbaren Versorgungszusage** in eine Versorgung über einen **Pensionsfonds** während des laufenden Wirtschaftsjahres wirkt sich ebenso wie jede andere Änderung der Bemessungsgrundlage erst im nachfolgenden Kalenderjahr auf die Höhe des Beitrags aus.[64] **93**

---

61 *Andresen/Förster/Rößler/Rühmann* Teil 13 B, Rn. 640 ff.
62 Liegt der Bilanzstichtag z.B. am 30. 9., ist dieser Stichtag für die Berechnung der Beitragsbemessungsgrundlage des folgenden Jahres maßgeblich.
63 Vgl. zu den Auswirkungen der Änderung des Durchführungswegs der betrieblichen Altersversorgung das Merkblatt 300/M 9, das im Internet unter www.psvag.de zur Verfügung steht.
64 BVerwG 23.1.2008, 6 C 19.07, ZIP 2008, 752 = BetrAV 2008, 717.

6. Kleinstbetragsregelungen

a) Alle Durchführungswege

94 Im Jahr 1990 wurde durch Beschluss der Mitgliederversammlung des PSVaG v. 20.6.1990 und Genehmigung der Bundesanstalt für Finanzdienstleistungsaufsicht v. 1.8.1990 die sog. **Kleinstbetragsregelung**[65] **für die Mitglieder des PSVaG eingeführt (§ 9 AIB). Auf Antrag** können Mitglieder des PSVaG, die eine **Beitragsbemessungsgrundlage von bis zu 60.000 €** haben, an der Kleinstbetragsregelung teilnehmen. Danach wird die zu Beginn nachgewiesene Beitragsbemessungsgrundlage für die Dauer von fünf Jahren unverändert verwandt. Die Beiträge werden am Ende des Fünf-Jahres-Turnus mit den für die einzelnen Jahre festgelegten Beitragssätzen in einem Beitrag erhoben. Grund für die Einführung dieser Vorschrift ist der Effekt, dass bei einer Beitragsbemessungsgrundlage bis zu 60.000 € die Kosten für die Ermittlung dieser Bezugsgröße oft höher sein können, als der sich daraus ergebende Beitrag, der an den PSVaG zu zahlen ist.

95 Die Kleinstbetragsregelung findet nur Anwendung, wenn das betreffende Mitglied ausdrücklich die Teilnahme beantragt. Sofern ein teilnahmeberechtigtes Mitglied nicht mehr an der Kleinstbetragsregelung teilnehmen möchte, kann es dies dem PSVaG schriftlich mitteilen.

b) Unmittelbare Zusagen

96 Als Alternative zur jährlichen Einholung eines versicherungsmathematischen Gutachtens bietet der PSVaG für **unmittelbare Versorgungszusagen** mit einer **Beitragsbemessungsgrundlage bis 250.000 €** Sonderregelungen[66] an, die im Wesentlichen Folgendes vorsehen:
– Bei **reinen Rentnerbeständen** aus unmittelbaren Versorgungszusagen und einer **Beitragsbemessungsgrundlage von 60.000 € bis 150.000 €** kann eine einmal nachgewiesene Beitragsbemessungsgrundlage für diesen Personenkreis unverändert für die Folgejahre gemeldet werden;

---

65 Vgl. zu den Einzelheiten dieses Verfahrens das Merkblatt 210/M 21b des PSVaG und § 9 der AIB des PSVaG, die unter www.psvag.de im Internet zur Verfügung stehen.
66 Vgl. zu den Einzelheiten dieses Verfahrens §§ 10 und 11 der AIB des PSVaG, die unter www.psvag.de im Internet zur Verfügung stehen.

– Bei **reinen Rentnerbeständen von 150.000 € bis 250.000 €** kann in dem versicherungsmathematischen Gutachten neben der Ermittlung des Barwerts für das Meldejahr eine Vorausberechnung für die vier folgenden Jahre durchgeführt werden; in diesem Fall werden die auf fünf Jahre vorausberechneten Werte als Meldung für das jeweilige Jahr zugrunde gelegt;

– Bei **reinen Anwärterbeständen oder gemischten Anwärter- und Rentnerbeständen mit einer Beitragsbemessungsgrundlage von 60.000 € bis 250.000 €** erhöht der PSVaG für die vier gutachtenfreien Jahre die Beitragsbemessungsgrundlage des Vorjahres jeweils pauschal um 15 %.

II. Besonderheiten

1. Höchstgrenze nach § 7 Abs. 3 BetrAVG

Ein die **Höchstgrenze nach § 7 Abs. 3 BetrAVG (3fache der Bezugsgröße** 97
nach § 18 SGB IV)[67] **übersteigender Teil einer Zusage** auf betriebliche Altersversorgung **untersteht nicht dem** gesetzlichen Insolvenzschutz. Im Jahr 2012 beträgt die Höchstgrenze in den alten Bundesländern 7.875 € (in den neuen 6.720 €) monatlich.[68] Kapitalleistungen sind nach § 7 Abs. 3 S. 2 BetrAVG in einen Anspruch auf monatlich laufende Leistungen umzurechnen.

Höchstgrenzen der insolvenzgeschützten Leistungen nach § 7 Abs. 3 98
BetrAVG

	Alte Länder		Neue Länder	
	mtl. Leistung	Kapitalleistung	mtl. Leistung	Kapitalleistung
2007	7.350,00 €	882.000,00 €	6.300,00 €	756.000,00 €
2008	7.455,00 €	894.600,00 €	6.300,00 €	756.000,00 €
2009	7.560,00 €	907.200,00 €	6.405,00 €	768.600,00 €
2010	7.665,00 €	919.800,00 €	6.510,00 €	781.200,00 €
2011	7.665,00 €	919.800,00 €	6.720,00 €	806.400,00 €
2012	7.875,00 €	945.000,00 €	6.720,00 €	806.400,00 €

---

67 Vgl. i.E. § 7 Rdn. 127–133. Zum Versorgungsausgleich vgl. § 7 Rdn. 128a und Anh. I Rdn. 51.
68 Zur Differenzierung zwischen den alten und neuen Ländern vgl. § 7 Rdn. 129.

99   Es erscheint bei einem Überschreiten dieser Höchstgrenze unbillig, die gesamte Pensionsverpflichtung der Beitragsbemessung zu unterwerfen. Daher akzeptiert der PSVaG Meldungen, die auf Basis des insolvenzgeschützten Teils der Pensionsverpflichtungen beruhen.[69] Alternativ können die meldepflichtigen Arbeitgeber den Teilwert der gesamten Pensionsverpflichtung – also einschließlich des nicht insolvenzgeschützten Teils – melden, um gesonderte Berechnungen bezogen auf den insolvenzgeschützten Teil der Zusage zu vermeiden.[70] Diese Verfahrensweise empfiehlt sich z.B. bei nur geringer Überschreitung der Grenze.

2. Beitragszusage mit Mindestleistung

100 Die **Einstandspflicht des PSVaG** bei Beitragszusagen mit Mindestleistung (§ 1 Abs. 2 Nr. 2 BetrAVG) richtet sich nach der **arbeitsrechtlichen Verpflichtung des Arbeitgebers** aus der Versorgungszusage. Dies ergibt sich für laufende Leistungen aus § 7 Abs. 1 BetrAVG, der den Verpflichtungsumfang des PSVaG nach der Leistung bemisst, die der solvente Arbeitgeber aufgrund der Versorgungszusage zu erbringen hätte, wenn das Insolvenzverfahren nicht eröffnet worden wäre. Bei unverfallbaren Anwartschaften ergibt sich dies aufgrund der Verweisung in § 7 Abs. 2 BetrAVG auf die Berechnungsvorschrift des § 2 Abs. 5b BetrAVG.

101 Folglich ist der Berechnung der **Beitragsbemessungsgrundlage auch nur diese Mindestleistung** zugrunde zu legen. Sofern der Arbeitgeber in der Zusage eine weiter gehende Verpflichtung übernommen hat – z.B. einen **Garantiezins** – ist dies auch in die Beitragsbemessungsgrundlage aufzunehmen.

102 Als insolvenzsicherungspflichtiger Durchführungsweg kommt aus Sicht der gesetzlichen Insolvenzsicherung bei dieser Zusageform praktisch nur der **Pensionsfonds** infrage (Direktversicherungen unterliegen nur selten der Insolvenzsicherungspflicht, vgl. § 7 BetrAVG).

103 Bei einer Beitragszusage mit Mindestleistung – ohne weiter gehende arbeitsrechtliche Verpflichtung des Arbeitgebers – ist Basis für die Höhe der **Beitragsbemessungsgrundlage**:

---

69 Vgl. Merkblatt 300/M 13 des PSVaG, das im Internet unter www.psvag.de zur Verfügung steht.
70 Vgl. Merkblatt 300/M 13 des PSVaG, das im Internet unter www.psvag.de zur Verfügung steht.

– Bei **Versorgungsempfängern** grds. die Höhe der Mindestleistung, also der Leistung aus der Summe der bis zum Eintritt des Versorgungsfalls oder dem vorherigen Ausscheiden zugesagten Beiträge, soweit sie nicht rechnungsmäßig für einen biometrischen Risikoausgleich verbraucht wurden (**Mindestleistungsrente**);

– Bei gesetzlich **unverfallbaren Anwartschaften** die Summe der bis zum Eintritt des Sicherungsfalls oder dem vorherigen Ausscheiden zugesagten Beiträge, soweit sie nicht rechnungsmäßig für einen biometrischen Ausgleich verbraucht wurden (**Mindestleistung**).

3. Entgeltumwandlungszusagen (§ 7 Abs. 5 S. 3 Nr. 1 BetrAVG)

Nach § 7 Abs. 5 S. 3 1. Hs. BetrAVG werden von der gesetzlichen Insolvenz-   **104** sicherung Zusagen und Verbesserungen von Zusagen nicht berücksichtigt, soweit sie in den **letzten beiden Jahren vor Eintritt des Sicherungsfalls** erfolgt sind (**Ausschlussfrist**).[71] Aufgrund des sofortigen Eintritts der gesetzlichen Unverfallbarkeit mit Erteilung einer **Entgeltumwandlungszusage** (**Zusagen ab 2001**) bestand die Situation, dass der PSVaG in den ersten zwei Jahren nach Erteilung der Zusage im Fall einer Insolvenz des Arbeitgebers keine Leistungen gewährt, obwohl die Zusage bereits gesetzlich unverfallbar ist. Daher bestand für diesen Zeitraum von zwei Jahren auch keine Melde- und Beitragspflicht zum PSVaG.

Mit der Einfügung einer Nr. 1 in § 7 Abs. 5 S. 3 BetrAVG[72] hat der Gesetzge-   **105** ber eine **Ausnahmeregelung** von der Zwei-Jahres-Ausschlussfrist für ab **1.1.2002 gegebene Entgeltumwandlungszusagen getroffen**, die sich wie folgt auf die Melde- und Beitragspflicht zum PSVaG auswirkt.

a) Vor 2001 erteilte Entgeltumwandlungszusagen

Melde- und Beitragspflichten zur gesetzlichen Insolvenzsicherung bestehen,   **106** wenn eine Entgeltumwandlungszusage **gesetzlich unverfallbar** ist oder ein **Versorgungsfall** eintritt.

---

71 Vgl. § 7 Rdn. 159–179, i.E. *Berenz* FS Kemper, S. 5 ff.

72 Ursprünglich eingefügt durch das Gesetz zur Einführung einer kapitalgedeckten Hüttenknappschaftlichen Zusatzversicherung und zur Änderung anderer Gesetze (Hüttenknappschaftliches Zusatzversicherungs-Neuregelungs-Gesetz – HZvNG) v. 21.6.2002 BGBl. I S. 2167, 2178.

107 Bei Entgeltumwandlungszusagen, die vor 2001 erteilt wurden, müssen grds. die **bis 2000 geltenden Unverfallbarkeitsfristen** am Bilanzstichtag erfüllt sein, d.h. Vollendung des 35. Lebensjahres und die Versorgungszusage hat zu diesem Zeitpunkt
   – mindestens zehn Jahre
   – oder bei mindestens zwölfjähriger Betriebszugehörigkeit mindestens drei Jahre
   bestanden (§ 30f S. 1 1. Hs. BetrAVG).

108 Dabei gilt die nachfolgende **Ausnahmeregelung**: Sofern Anwartschaften nach den bis 2000 geltenden Regelungen nicht bis zum 1.1.2006 unverfallbar werden, ist Unverfallbarkeit ausnahmsweise (§ 30f Abs. 1 S. 1 2. Hs. BetrAVG)
   – **ab dem** 1.1.2006 gegeben, sofern der Versorgungsberechtigte dann auch das 30. Lebensjahr vollendet hat (Meldepflicht besteht ab 2006);
   – anderenfalls tritt Unverfallbarkeit erst mit der **nach dem** 1.1.2006 liegenden Vollendung des 30. Lebensjahres ein.

109 Die Zwei-Jahres-Ausschlussfrist des § 7 Abs. 5 S. 3 1. Hs. BetrAVG greift nicht, da die Unverfallbarkeitsfristen länger als zwei Jahre sind.

b) Im Jahr 2001 erteilte Entgeltumwandlungszusagen

110 Trotz der ab 2001 geltenden sofortigen gesetzlichen Unverfallbarkeit von Zusagen aufgrund Entgeltumwandlung (vgl. § 1b Abs. 5 BetrAVG) beginnen die **Melde- und Beitragspflichten erst zwei Jahre nach Erteilung der Zusage**. Die Zwei-Jahres-Ausschlussfrist des § 7 Abs. 5 S. 3 1. Hs. BetrAVG findet hier Anwendung.

111 Bei bereits aus anderen Gründen bestehender Melde- und Beitragspflicht ist diese Zusage entsprechend dem gesetzlichen Stichtagsprinzip erstmals in die Meldung des Jahres einzubeziehen, deren maßgeblicher Bilanzstichtag zwei Jahre nach der Erteilung der Zusage liegt. Bei vom Kalenderjahr abweichenden Wirtschaftsjahren ist das Stichtagsprinzip des § 10 Abs. 3 BetrAVG zu beachten. Arbeitgeber, die noch nicht Mitglied des PSVaG sind, müssen sich innerhalb von drei Monaten nach Ablauf von zwei Jahren ab Zusageerteilung beim PSVaG melden (vgl. § 11 Abs. 1 BetrAVG).

c) Ab 2002 erteilte Entgeltumwandlungszusagen

112 Nach § 7 Abs. 5 S. 3 Nr. 1 BetrAVG gilt die **Ausschlussfrist von zwei Jahren** gem. § 7 Abs. 5 S. 3 1. Hs. BetrAVG **nicht für ab 2002 erteilte Entgeltum-**

wandlungszusagen, soweit Beträge von bis zu 4 % der Beitragsbemessungsgrenze in der allgemeinen Rentenversicherung umgewandelt werden. Hier ist folglich zu **differenzieren** nach Teilen der Anwartschaften, die auf umgewandeltem Entgelt von jährlich bis zu und über 4 % dieser Grenze (2012: 2.688 € p.a. alte Länder, 2.304 € p.a. neue Länder) beruhen:

- **Bis zu 4 % BBG:** Diese Teilanwartschaft unterliegt wegen der sofortigen gesetzlichen Unverfallbarkeit **unmittelbar der Melde- und Beitragspflicht.** Die zweijährige Ausschlussfrist findet nach § 7 Abs. 5 S. 3 Nr. 1 BetrAVG insoweit keine Anwendung.
- Bei bereits aus anderen Gründen bestehender Melde- und Beitragspflicht ist dieser Teil der Zusage entsprechend dem gesetzlichen Stichtagsprinzip erstmals in die Meldung des Jahres einzubeziehen, deren maßgeblicher Bilanzstichtag nach der Erteilung der Zusage liegt.
- Bei vom Kalenderjahr abweichenden Wirtschaftsjahren ist das Stichtagsprinzip des § 10 Abs. 3 BetrAVG zu beachten. Arbeitgeber, die noch nicht Mitglied des PSVaG sind, müssen sich innerhalb von drei Monaten ab Zusageerteilung beim PSVaG melden.
- **Über 4 % BBG:** Diese Teilanwartschaft unterliegt – obwohl sofort gesetzlich unverfallbar – wegen der hierfür bestehenden zweijährigen Ausschlussfrist des § 7 Abs. 5 S. 3 1. Hs. BetrAVG der **Melde- und Beitragspflicht erst zwei Jahre nach Erteilung der Zusage.**

Bei bereits aus anderen Gründen bestehender Melde- und Beitragspflicht ist dieser Teil der Zusage entsprechend dem gesetzlichen Stichtagsprinzip erstmals in die Meldung des Jahres einzubeziehen, deren maßgeblicher Bilanzstichtag zwei Jahre nach der Erteilung der Zusage liegt. Bei vom Kalenderjahr abweichenden Wirtschaftsjahren ist das Stichtagsprinzip des § 10 Abs. 3 BetrAVG zu beachten. **113**

d) Verwaltungsvereinfachung

Bei **Entgeltumwandlungszusagen** sind für die Bestimmung des beitragspflichtigen Teils der Pensionsverpflichtungen eigentlich gesonderte Berechnungen bezogen auf den insolvenzgeschützten Teil der Zusage erforderlich, je nach dem, ob die Zusage im Jahr 2001 oder ab 2002 und in welcher Höhe erteilt wurde. Zur Vermeidung solcher Berechnungen und damit zur **Verwaltungsvereinfachung** können die meldepflichtigen Arbeitgeber die auf Entgeltumwandlung beruhenden Anwartschaften auch bereits in den ersten beiden Jahren in ihre Beitragsbemessungsgrundlage mit einbeziehen – also einschließlich des nicht insolvenzgeschützten Teils –, um auf diesem Weg besondere Berechnungen der Anwartschaften zu vermeiden. **114**

115	Erteilung der Entgeltumwandlungszusagen vor 2001	Insolvenzsicherungspflicht besteht – bei Erfüllung der bis 2001 geltenden Unverfallbarkeitsfristen (35. Lebensjahr vollendet und entweder 10 Jahre Zusagedauer oder 3 Jahre Zusagedauer und 12 Jahre Betriebszugehörigkeit; Ausnahme in § 30f Abs. 1 S. 1 2. Hs. BetrAVG) oder – bei **Eintritt eines Versorgungsfalls** (außerhalb der Zwei-Jahres-Frist des § 7 Abs. 5 S. 3 BetrAVG).
	Erteilung der Entgeltumwandlungszusagen im Jahr 2001	Die Entgeltumwandlungszusage ist zwar mit ihrer Erteilung sofort gesetzlich unverfallbar, Insolvenzsicherungspflicht besteht aber – erst **zwei Jahre nach Erteilung der Zusage** (§ 7 Abs. 5 S. 3 BetrAVG).
	Erteilung der Entgeltumwandlungszusagen ab 2002	Entgeltumwandlung **bis 4 % der BBG** in der allg. Rentenvers.: – Insolvenzsicherungspflicht besteht für diesen Teil mit Erteilung der Zusage (§ 7 Abs. 5 S. 3 Nr. 1 BetrAVG). Entgeltumwandlung **über 4 % der BBG** in der allg. Rentenvers.: – Insolvenzsicherungspflicht besteht für diesen Teil – bei Erfüllung der Unverfallbarkeitsfristen (§ 1b Abs. 1 BetrAVG i.V.m. § 30f BetrAVG) oder – bei Eintritt eines Versorgungsfalls (außerhalb der Zwei-Jahres-Frist des § 7 Abs. 5 S. 3 BetrAVG).

Abb.: Beginn der Melde- und Beitragspflicht (Insolvenzsicherungspflicht) bei Entgeltumwandlung

4. Portabilität (§ 7 Abs. 5 S. 3 Nr. 2 BetrAVG)

Durch das Alterseinkünftegesetz ist mit Wirkung ab 1.1.2005 eine weitere **116** **Ausnahme vom Leistungsausschluss** innerhalb von zwei Jahren vor der Insolvenz eingeführt worden. Danach besteht auch in den ersten beiden Jahren gesetzlicher Insolvenzschutz für im Rahmen von Übertragungen gegebenen Zusagen, soweit der **Übertragungswert die Beitragsbemessungsgrenze in der allgemeinen Rentenversicherung** (2012: 67.200 € p.a. alte Länder und 57.600 € p.a. neue Länder) **nicht übersteigt** (§ 7 Abs. 5 S. 3 Nr. 2 BetrAVG).[73]

Es erscheint bei einem Überschreiten dieser Grenze unbillig, die gesamte **117** Pensionsverpflichtung der Beitragsbemessung zu unterwerfen. Daher akzeptiert der PSVaG Meldungen, die auf Basis des insolvenzgeschützten Teils der Pensionsverpflichtungen beruhen.[74] Alternativ können die meldepflichtigen Arbeitgeber den Teilwert der gesamten Pensionsverpflichtung – also einschließlich des nicht insolvenzgeschützten Teils – melden, um gesonderte Berechnungen bezogen auf den insolvenzgeschützten Teil der Zusage zu vermeiden.[75] Diese Verfahrensweise empfiehlt sich z.B. bei nur geringer Überschreitung der Grenze.

5. Nachträgliche Korrektur der Beitragsbemessungsgrundlage

Der Beitragsbescheid des PSVaG beruht auf der vom Arbeitgeber selbstver- **118** antwortlich ermittelten Beitragsbemessungsgrundlage. Sofern diese **Beitragsbemessungsgrundlage falsch ermittelt** worden ist – zu hoch oder zu niedrig – richten sich die Möglichkeiten der nachträglichen **Änderung eines Beitragsbescheids** nach §§ 48 ff. VwVfG.[76] Der PSVaG ist nur auf Basis eines neuen Beitragsbescheides berechtigt, Nachforderungen zu erheben oder Erstattungen vorzunehmen. Dabei wird immer der Beitragssatz angewendet, der in dem von der Korrektur betroffenen Jahr galt.

---

73 Vgl. § 7 Rdn. 174; i.E. *Berenz* FS Kemper, S. 5 ff.

74 Vgl. Merkblatt 300/M 13 des PSVaG, das im Internet unter www.psvag.de zur Verfügung steht.

75 Vgl. Merkblatt 300/M 13 des PSVaG, das im Internet unter www.psvag.de zur Verfügung steht.

76 *Andresen/Förster/Rößler/Rühmann* Teil 13 B, Rn. 680; *Höfer* BetrAVG, Rn. 4924 zu § 10.

119   Die Verzinsung und Verjährung von Nachforderungsansprüchen des PSVaG sowie Erstattungsansprüchen der Arbeitgeber sind in § 10a BetrAVG geregelt.

D. Zwangsvollstreckung (§ 10 Abs. 4 BetrAVG)

120   Die Zwangsvollstreckung findet in **entsprechender Anwendung der ZPO** statt (§ 10 Abs. 4 S. 1 BetrAVG). Als sog. beliehenes Unternehmen erlässt der PSVaG Beitragsbescheide, aus denen er erforderlichenfalls unmittelbar die Vollstreckung betreiben kann (§ 10 Abs. 4 S. 2 BetrAVG). Für Rechtsstreitigkeiten ist der Rechtsweg zu den Verwaltungsgerichten eröffnet.[77]

§ 10a   Säumniszuschläge; Zinsen; Verjährung

(1) **Für Beiträge, die wegen Verstoßes des Arbeitgebers gegen die Meldepflicht erst nach Fälligkeit erhoben werden, kann der Träger der Insolvenzsicherung für jeden angefangenen Monat vom Zeitpunkt der Fälligkeit an einen Säumniszuschlag in Höhe von bis zu eins vom Hundert der nacherhobenen Beiträge erheben.**

(2) [1]**Für festgesetzte Beiträge und Vorschüsse, die der Arbeitgeber nach Fälligkeit zahlt, erhebt der Träger der Insolvenzsicherung für jeden Monat Verzugszinsen in Höhe von 0,5 vom Hundert der rückständigen Beiträge.** [2]**Angefangene Monate bleiben außer Ansatz.**

(3) [1]**Vom Träger der Insolvenzsicherung zu erstattende Beiträge werden vom Tage der Fälligkeit oder bei Feststellung des Erstattungsanspruchs durch gerichtliche Entscheidung vom Tage der Rechtshängigkeit an für jeden Monat mit 0,5 vom Hundert verzinst.** [2]**Angefangene Monate bleiben außer Ansatz.**

(4) [1]**Ansprüche auf Zahlung der Beiträge zur Insolvenzsicherung gemäß § 10 sowie Erstattungsansprüche nach Zahlung nicht geschuldeter Beiträge zur Insolvenzsicherung verjähren in sechs Jahren.** [2]**Die Verjährungsfrist beginnt mit Ablauf des Kalenderjahres, in dem die Beitragspflicht entstanden oder der Erstattungsanspruch fällig geworden ist.** [3]**Auf die Verjährung sind die Vorschriften des Bürgerlichen Gesetzbuchs anzuwenden.**

---

[77] *Blomeyer/Rolfs/Otto* § 10 Rn. 182; *Höfer* BetrAVG, Rn. 4937 zu § 10; *Paulsdorff* § 10 Rn. 130.

A. Beitragsforderung des PSVaG

I. Entstehung

Die Beitragspflicht entsteht mit der **Erfüllung der gesetzlichen Vorausset-** 1
zungen. Dies sind der Eintritt der ersten gesetzlich unverfallbaren Anwartschaft oder der Eintritt eines Versorgungsfalls.[1]

Fristbeginn und -ablauf richten sich nach den allgemeinen Vorschriften der 2
§§ 186 ff. BGB.[2]

II. Fälligkeit

Die Beiträge zur gesetzlichen Insolvenzsicherung werden nach § 10 Abs. 2 3
S. 3 BetrAVG grds. am Ende des Kalenderjahres fällig.[3] Die Fälligkeit des
zusammen mit dem Beitrag für das laufende Jahr geltend gemachten Vorschusses für das folgende Jahr (kombinierter Beitrags- und Vorschussbescheid) ergibt sich aus dem Bescheid.[4]

---

1 Vgl. i.E. § 11 Rdn. 2–9.
2 Vgl. i.E. § 11 Rdn. 5.
3 Vgl. i.E. § 10 Rdn. 34f.
4 Vgl. zur Fälligkeit i.E. § 10 Rdn. 34.

4 Vor Fälligkeit kann der PSVaG die Leistung nicht verlangen, der (Beitrags-) Schuldner kann sie aber vorher bewirken (Erfüllbarkeit, § 271 Abs. 2 BGB). Durch vorfällige Zahlung des Beitragsschuldners tritt Erfüllung ein wie bei Erfüllung der fälligen Leistung (§ 362 Abs. 1 BGB).

III. Säumniszuschlag (§ 10a Abs. 1 BetrAVG)

1. Verstoß des Arbeitgebers gegen die Meldepflichten

5 Wenn der Arbeitgeber gegen seine **Meldepflichten** nach § 11 Abs. 1 und 2 BetrAVG vorsätzlich oder fahrlässig **verstößt** und deshalb der PSVaG die Beiträge erst verspätet geltend machen kann, kann er vom meldepflichtigen Arbeitgeber für jeden angefangenen Monat vom Zeitpunkt der Fälligkeit[5] an einen **Säumniszuschlag bis zu 1 % p.M.** erheben. Die Fälligkeit bezieht sich dabei auf den Zeitpunkt, zu dem der Beitrag bei ordnungsgemäßer Meldung durch den Arbeitgeber fällig gewesen wäre.

6 Die Höhe des Säumniszuschlagssatzes berücksichtigt, dass die Meldepflicht ausschließlich in der Sphäre des Arbeitgebers liegt. Gleichzeitig kann individuellen Umständen durch das dem PSVaG eingeräumte Ermessen Rechnung getragen werden.

7 Die Säumniszuschläge werden im Allgemeinen zusammen mit dem **Beitragsbescheid** (Verwaltungsakt) des PSVaG geltend gemacht, mit dem die verspätet gemeldete Beitragsbemessungsgrundlage beschieden wird, da der PSVaG seine Tätigkeit im Rahmen der § 10a BetrAVG als beliehenes Unternehmen ausübt.[6] Sie können aber auch durch einen **gesonderten Bescheid** über Säumniszuschläge gem. § 10a Abs. 1 BetrAVG geltend gemacht werden.

8 Aus diesem Beitragsbescheid findet die Zwangsvollstreckung in entsprechender Anwendung der Vorschriften der Zivilprozessordnung statt (§ 10 Abs. 4 BetrAVG).

2. Rechtsmittel

9 Im Hinblick auf Rechtsmittel des Arbeitgebers gegen den Bescheid sowie die Zwangsvollstreckung des Bescheides durch den PSVaG gelten die allg. Regeln.[7]

---

5 Vgl. Rdn. 3.
6 *Höfer* BetrAVG, Rn. 4952 zu § 10a.
7 Vgl. § 10 Rdn. 30–33 (Rechtsmittel) und § 10 Rdn. 120 (Zwangsvollstreckung).

IV. Verzugszinsen (§ 10a Abs. 2 BetrAVG)

1. Verstoß des Arbeitgebers gegen die Zahlungspflicht

Sofern der Arbeitgeber den im Beitragsbescheid des PSVaG zu zahlenden 10 Beitrag **erst nach dessen Fälligkeit**[8] **zahlt**, muss der PSVaG Verzugszinsen erheben (§ 10a Abs. 2 BetrAVG). Aus dem eindeutigen Wortlaut des Gesetzes ergibt sich, dass der Arbeitgeber sich durch sein pflichtwidriges Verhalten ohne Weiteres in Verzug befindet. Einer besonderen Mahnung durch den PSVaG bedarf es nicht.

Aus der zwingenden gesetzlichen Regelung folgt, dass der PSVaG **Verzugs-** 11 **zinsen mit 0,5 % p.M.** geltend machen muss.[9]

Bei den Verzugszinsen bleiben **angefangene Monate** außer Ansatz. Verzugs- 12 zinsen sind daher nur für ganze Monate zu zahlen. Dabei wird auf volle Kalendermonate abgestellt.

Die Verzugszinsen werden durch einen **Bescheid** (Verwaltungsakt) über Ver- 13 zugszinsen gem. § 10a Abs. 2 BetrAVG geltend gemacht, da der PSVaG seine Tätigkeit im Rahmen der § 10a BetrAVG als beliehenes Unternehmen aus- übt.[10]

2. Rechtsmittel

Im Hinblick auf Rechtsmittel des Arbeitgebers gegen den Bescheid sowie die 14 Zwangsvollstreckung des Bescheides durch den PSVaG gelten die allg. Regeln.[11]

B. Erstattung (§ 10a Abs. 3 BetrAVG)

I. Grundsatz

Der Beitragsbescheid des PSVaG beruht auf der vom Arbeitgeber selbstver- 15 antwortlich ermittelten Beitragsbemessungsgrundlage. Sofern diese **Beitrags- bemessungsgrundlage zu hoch** ermittelt worden ist, kann der PSVaG auf Basis einer korrigierten Meldung einen neuen Beitragsbescheid erlassen und

---

8 Vgl. Rdn. 3 f.
9 *Blomeyer/Rolfs/Otto* § 10a Rn. 13.
10 *Höfer* BetrAVG, Rn. 4961 zu § 10a.
11 Vgl. § 10 Rdn. 30–33 (Rechtsmittel) und § 10 Rdn. 120 (Zwangsvollstreckung).

den vom Arbeitgeber zu viel gezahlten Beitrag erstatten. Die **Verzinsung** der Erstattungsansprüche setzt die Fälligkeit der Erstattungsansprüche voraus.

II. Fälligkeit der Erstattung

16 Grundlage für eine Erstattung ist ein Bescheid des PSVaG, mit dem der vorangegangene Beitragsbescheid ganz oder teilweise aufgehoben und der Erstattungsbetrag festgesetzt wird.

17 Fällig werden die Erstattungsansprüche mit Zustellung des Bescheides über die teilweise oder vollständige **Aufhebung des Beitragsbescheides**, im Allgemeinen also mit Ablauf des dritten Tages nach Versand des Bescheides (§ 41 Abs. 2 VwVfG).

18 Lehnt der PSVaG eine Erstattung von Beiträgen ab und wird der Erstattungsanspruch durch eine **Leistungsklage** vor den Verwaltungsgerichten erstritten, so wird der Erstattungsanspruch samt Erstattungszinsen entsprechend der Entscheidung des Gerichts fällig.[12]

III. Verzinsung des Erstattungsbetrags

19 Vom PSVaG zu erstattende Beiträge werden vom Tag der Fälligkeit oder bei Feststellung des Erstattungsanspruchs durch gerichtliche Entscheidung vom Tage der Rechtshängigkeit an mit **0,5 %** (gesetzlich zwingend vorgeschriebene Höhe)[13] **verzinst**. Angefangene Monate bleiben außer Ansatz (§ 10a Abs. 3 S. 2 BetrAVG).

IV. Rechtsmittel

20 Lehnt der PSVaG eine Erstattung von Beiträgen ab, kann der Arbeitgeber nach Durchführung des Vorverfahrens (Widerspruch und ablehnender Widerspruchsbescheid des PSVaG) seinen Erstattungsanspruch durch eine **Leistungsklage** vor den Verwaltungsgerichten geltend machen. Insoweit gelten im Hinblick auf die Rechtsmittel des Arbeitgebers die allg. Regeln entsprechend.[14]

---

12 *Langohr-Plato* Rn. 838.
13 *Blomeyer/Rolfs/Otto* § 10a Rn. 15.
14 Vgl. § 10 Rdn. 30–33 (Rechtsmittel) und § 10 Rdn. 120 (Zwangsvollstreckung).

C. Verjährung (§ 10a Abs. 4 BetrAVG)

Ansprüche auf Zahlung der Beiträge zur Insolvensicherung gem. § 10 sowie **21** Erstattungsansprüche nach Zahlung nicht geschuldeter Beiträge zur Insolvensicherung verjähren in **sechs Jahren** (§ 10a Abs. 4 S. 1 BetrAVG). Die Verjährungsfrist orientiert sich an der Aufbewahrungsfrist des § 11 Abs. 2 S. 2 BetrAVG.

Hinsichtlich der Rücknahme rechtswidriger Beitragsbescheide ist (nur) die **21a** Erstattung für diejenigen Beitragsjahre, die noch nicht länger als sechs Jahre zurückliegen (§ 11 Abs. 2 S. 2 i.V.m. § 10a Abs. 4 BetrAVG) rechtmäßig.[15]

Die **Verjährungsfrist beginnt** mit Ablauf des Kalenderjahres, in dem die Bei- **22** tragspflicht entstanden oder der Erstattungsanspruch fällig geworden ist (§ 10a Abs. 4 S. 2 BetrAVG). Auf die Verjährung sind die Vorschriften des Bürgerlichen Gesetzbuchs anzuwenden (§ 10a Abs. 4 S. 3 BetrAVG).

§ 11 Melde-, Auskunfts- und Mitteilungspflichten

(1) [1]Der Arbeitgeber hat dem Träger der Insolvensicherung eine betriebliche Altersversorgung nach § 1b Abs. 1 bis 4 für seine Arbeitnehmer innerhalb von 3 Monaten nach Erteilung der unmittelbaren Versorgungszusage, dem Abschluß einer Direktversicherung oder der Errichtung einer Unterstützungskasse oder eines Pensionsfonds mitzuteilen. [2]Der Arbeitgeber, der sonstige Träger der Versorgung, der Insolvenzverwalter und die nach § 7 Berechtigten sind verpflichtet, dem Träger der Insolvensicherung alle Auskünfte zu erteilen, die zur Durchführung der Vorschriften dieses Abschnittes erforderlich sind, sowie Unterlagen vorzulegen, aus denen die erforderlichen Angaben ersichtlich sind.

(2) [1]Ein beitragspflichtiger Arbeitgeber hat dem Träger der Insolvensicherung spätestens bis zum 30. September eines jeden Kalenderjahres die Höhe des nach § 10 Abs. 3 für die Bemessung des Beitrages maßgebenden Betrages bei unmittelbaren Versorgungszusagen und Pensionsfonds auf Grund eines versicherungsmathematischen Gutachtens, bei Direktversicherungen auf Grund einer Bescheinigung des Versicherers und bei Unterstützungskassen auf Grund einer nachprüfbaren Berechnung mitzuteilen. [2]Der Arbeitgeber hat die in Satz 1 bezeichneten Unterlagen mindestens 6 Jahre aufzubewahren.

---

15 VerwG Freiburg 18.11.2011, 3 K 392/11, BetrAV 2012, 176.

(3) [1]Der Insolvenzverwalter hat dem Träger der Insolvenzsicherung die Eröffnung des Insolvenzverfahrens, Namen und Anschriften der Versorgungsempfänger und die Höhe ihrer Versorgung nach § 7 unverzüglich mitzuteilen. [2]Er hat zugleich Namen und Anschriften der Personen, die bei Eröffnung des Insolvenzverfahrens eine nach § 1 unverfallbare Versorgungsanwartschaft haben, sowie die Höhe ihrer Anwartschaft nach § 7 mitzuteilen.

(4) Der Arbeitgeber, der sonstige Träger der Versorgung und die nach § 7 Berechtigten sind verpflichtet, dem Insolvenzverwalter Auskünfte über alle Tatsachen zu erteilen, auf die sich die Mitteilungspflicht nach Abs. 3 bezieht.

(5) [1]Der Insolvenzverwalter hat dem Träger der Insolvenzsicherung die Eröffnung des Insolvenzverfahrens, Namen und Anschriften der Versorgungsempfänger und die Höhe ihrer Versorgung nach § 7 unverzüglich mitzuteilen. [2]Er hat zugleich Namen und Anschriften der PIn den Fällen, in denen ein Insolvenzverfahren nicht eröffnet wird (§ 7 Abs. 1 Satz 4) oder nach § 207 der Insolvenzordnung eingestellt worden ist, sind die Pflichten des Insolvenzverwalters nach Absatz 3 vom Arbeitgeber oder dem sonstigen Träger der Versorgung zu erfüllen.

(6) Kammern und andere Zusammenschlüsse von Unternehmern oder anderen selbständigen Berufstätigen, die als Körperschaften des öffentlichen Rechts errichtet sind, ferner Verbände und andere Zusammenschlüsse, denen Unternehmer oder andere selbständige Berufstätige kraft Gesetzes angehören oder anzugehören haben, haben den Träger der Insolvenzsicherung bei der Ermittlung der nach § 10 beitragspflichtigen Arbeitgeber zu unterstützen.

(7) Die nach den Absätzen 1 bis 3 und 5 zu Mitteilungen und Auskünften und die nach Abs. 6 zur Unterstützung Verpflichteten haben die vom Träger der Insolvenzsicherung vorgesehenen Vordrucke zu verwenden.

(8) [1]Zur Sicherung der vollständigen Erfassung der nach § 10 beitragspflichtigen Arbeitgeber können die Finanzämter dem Träger der Insolvenzsicherung mitteilen, welche Arbeitgeber für die Beitragspflicht in Betracht kommen. [2]Die Bundesregierung wird ermächtigt, durch Rechtsverordnung mit Zustimmung des Bundesrates das Nähere zu bestimmen und Einzelheiten des Verfahrens zu regeln.

Berenz

Übersicht Rdn.

A. Grundsatz

1   Die Durchführung der gesetzlichen Insolvenzsicherung der betrieblichen
Altersversorgung setzt voraus, dass der **PSVaG** die dafür **erforderlichen
Informationen vollständig und rechtzeitig** erhält.[1] Vor diesem Hintergrund
werden in § 11 BetrAVG Mitteilungs-, Auskunfts- sowie Unterlagenvorlage-
und Aufbewahrungspflichten geregelt.[2] Dabei bezieht sich die Informations-
notwendigkeit sowohl auf die **Beitragsseite (§ 10 BetrAVG) als auch auf die
Leistungsseite (§ 7 BetrAVG).**[3]

B. Begründung der Mitgliedschaft (§ 11 Abs. 1 S. 1 BetrAVG)

I. Zeitlicher Ablauf

2   Die **Begründung der Mitgliedschaft** eines Arbeitgebers beim PSVaG
   – sog. Erstmeldung – soll innerhalb von drei Monaten,
   – nach Erteilung einer Zusage (gilt nur für ab 2002 erteilte Entgeltum-
     wandlungszusagen)[4]
oder

---

1   Zur Durchführung der Melde- und Beitragspflichten vgl. *Staier* in Schack/Tacke/
   Thau, S. 166 f.
2   Zu den Pflichten des Arbeitgebers im Zusammenhang mit der gesetzlichen Insolvenzsicherung der betrieblichen Altersversorgung – Systematik des § 11 BetrAVG,
   Berenz BetrAV 2006, 225.
3   Allgemeine Hinweise zur Meldung der insolvenzsicherungspflichtigen Arbeitgeber
   enthalten die Merkblätter 210/M 21 und 210/M 21a des PSVaG, die im Internet
   unter www.psvag.de zur Verfügung stehen.
4   Zu Besonderheiten bei Entgeltumwandlungszusagen vgl. § 10 Rdn. 104–115.

– nach Eintritt der ersten gesetzlich unverfallbaren Anwartschaft[5]
oder
– nach der Aufnahme einer laufenden Versorgungsleistung
erfolgen.

Zwar besteht die **Mitteilungspflicht** nach dem Gesetzeswortlaut innerhalb 3
von drei Monaten nach Erteilung der unmittelbaren Versorgungszusage, dem
Abschluss einer Direktversicherung oder der Errichtung einer Unterstützungskasse oder eines Pensionsfonds (§ 11 Abs. 1 S. 1 i.V.m. § 1b Abs. 1
bis 4 BetrAVG). Andererseits waren bislang nur laufende Versorgungsleistungen und gesetzlich unverfallbare Anwartschaften aufgrund eines gewissen
Fristenablaufs insolvenzgesichert. Deshalb verlangte der PSVaG eine Mitteilung i.S.d. § 11 Abs. 1 S. 1 BetrAVG erst dann, wenn die Voraussetzungen
für eine Insolvenzsicherung erfüllt waren. Ursprünglich dürfte es sich beim
Gesetzeswortlaut um ein Redaktionsversehen des Gesetzgebers gehandelt
haben.[6] Mittlerweile stehen ab 2002 erteilte **Entgeltumwandlungszusagen**
teilweise schon **mit Erteilung der Zusage** unter Insolvenzschutz.[7] Folglich
findet in diesem Fällen die gesetzliche Regelung – Mitteilungspflicht innerhalb von drei Monaten nach Erteilung der Versorgungszusage – unmittelbar
Anwendung.

Ansonsten wird eine Meldung vor Eintritt der genannten Voraussetzungen 4
vom PSVaG aus Gründen der Verwaltungsökonomie nicht registriert, sondern dem Arbeitgeber mit der Aufforderung zurückgegeben, die Meldung
spätestens drei Monate nach Beginn der Insolvenzsicherungspflicht vorzunehmen.

Fristbeginn und -ablauf richten sich nach den allg. Vorschriften der 5
§§ 186 ff. BGB. Der Eintritt eines Versorgungsfalls dürfte in der Regel um
0.00 Uhr des betreffenden Tages eintreten, sodass dieser Tag bei der Berechnung der Frist mitzählt (§ 187 Abs. 2 BGB). Der Eintritt der gesetzlichen
Unverfallbarkeit ist abhängig davon, unter welchen Umständen die Versorgungszusage erteilt worden ist.[8]

---

5 Zu den Auswirkungen der gesetzlichen Unverfallbarkeit auf die Insolvenzsicherung
   vgl. Merkblatt 300/M 12 des PSVaG, das im Internet unter www.psvag.de zur Verfügung steht.
6 *Paulsdorff* § 11 Rn. 6.
7 Zu Besonderheiten bei Entgeltumwandlungszusagen vgl. § 10 Rdn. 104–115.
8 Vgl. § 1b Rdn. 35–51.

6 Dabei ist die **Drei-Monats-Frist keine Ausschlussfrist.** Auch nach Ablauf dieser Frist können Arbeitgeber die Meldungen nachholen. Der Ablauf der Frist dokumentiert den Zeitpunkt, mit dessen Überschreiten ein meldepflichtiger Arbeitgeber eine Ordnungswidrigkeit begeht (§ 12 Abs. 1 Nr. 1 BetrAVG) und ggf. Säumniszuschläge zu entrichten hat (§ 10a Abs. 1 BetrAVG).

7 Die **Mitteilung** zur Begründung der Mitgliedschaft beim PSVaG **kann formlos** geschehen unter Angabe der vom Arbeitsamt anlässlich der Anmeldung sozialversicherungspflichtiger Arbeitnehmer vergebenen **achtstelligen Betriebsnummer (nach DEÜV[9]), jedoch bietet der PSVaG zur Vereinfachung und Beschleunigung der ersten Kontaktaufnahme ein Formular im Internet** an (www.psvag.de). Der Arbeitgeber erhält nach Meldung des Beginns der Insolvenzsicherungspflicht vom PSVaG den zur Meldung der Beitragsbemessungsgrundlage erforderlichen Erhebungsbogen mit entsprechenden Erläuterungen.

8
> **1. Voraussetzungen**
> – Erteilung einer Zusage (gilt nur für ab 2002 erteilte Entgeltumwandlungszusagen) oder
> – Eintritt der ersten gesetzlich unverfallbaren Anwartschaft oder
> – Aufnahme einer laufenden Versorgungsleistung.
>
> **2. Frist**
> – Innerhalb von drei Monaten nach Eintritt einer der Voraussetzungen nach Nr. 1.
>
> **3. Art und Weise**
> – Erste Kontaktaufnahme mit dem PSVaG entweder
> – formlos oder mittels Formular aus dem Internet (www.psvag.de)
> – unter Angabe der achtstelligen Betriebsnummer nach DEÜV.
>
> **4. Weiteres Vorgehen**
> – Informationen über die weitere Abwicklung der Melde- und Beitragspflichten erhält der Arbeitgeber vom PSVaG.

Abb.: Begründung der Mitgliedschaft beim PSVaG[10]

---

9 Verordnung über die Erfassung und Übermittlung von Daten für die Träger der Sozialversicherung (Datenerfassungs- und Übermittlungsverordnung – DEÜV) v. 10.2.1998, BGBl. I S. 343.
10 Zu Besonderheiten bei Entgeltumwandlungszusagen vgl. § 10 Rdn. 104–115.

§ 11 Abs. 1 S. 1 BetrAVG bezieht sich nur auf die erstmalige Meldung von 9
insolvenzsicherungspflichtiger betrieblicher Altersversorgung und der daraus
folgenden Mitgliedschaft beim PSVaG. Nach Begründung der Mitgliedschaft
sind künftige Änderungen – z.B. hinzukommende oder wegfallende Versorgungsempfänger oder Anwärter – nicht mehr nach § 11 Abs. 1 S. 1 BetrAVG
zu melden, sondern in die darauf folgenden jährlichen Meldungen nach § 11
Abs. 2 BetrAVG einzubeziehen.

II. Meldepflichtiger Arbeitgeber

Die **Mitteilungspflicht** nach § 11 Abs. 1 S. 1 BetrAVG **obliegt dem Arbeitge-** 10
ber, nicht etwa einem externen Versorgungsträger (Unterstützungskasse,
Direktversicherung oder Pensionsfonds). Das Gesetz sieht vor, dass der aus
einer Versorgungszusage verpflichtete Arbeitgeber im Wege der eigenverantwortlichen Selbstveranlagung seiner Melde- und Beitragspflicht nachzukommen hat.[11]

Dabei hat jeder aus der betrieblichen Altersversorgung **arbeitsrechtlich ver-** 11
pflichtete Arbeitgeber eine eigene Meldung abzugeben. »Sammelmeldun-
gen« von rechtlich verbundenen Unternehmen (z.B. Konzernen, sonstige
Unternehmensgruppen, Anlage- und Betriebsgesellschaften) erfüllen nicht
die in § 11 Abs. 1 S. 1 BetrAVG geforderten Meldepflichten und werden
daher vom PSVaG nicht akzeptiert.

Meldepflichtig ist neben einer rechtlich selbstständigen Niederlassung eines 12
ausländischen Unternehmens auch eine inländische Betriebsstätte eines ausländischen Unternehmens, die nach deutschem Recht im Inland als Rechts-
person auftritt.[12]

Meldepflichtig ist auch ein **früherer Eigenbetrieb einer Gebietskörperschaft**, 13
dessen Arbeitnehmer eine unmittelbare Versorgungszusage erhalten haben,

---

11 Zur Rechtsberatung durch den PSVaG vgl. § 14 Rdn. 13 f. Zu Vereinfachungen
    für den Arbeitgeber bei Meldungen und Beitragszahlungen an den PSVaG *Feder*
    BetrAV 2006, 224.
12 BAG 12.2.1991, 3 AZR 30/90, EzA § 9 BetrAVG Nr. 4 = DB 1991, 1735 zur
    rechtlich unselbstständigen, aber insolvenzfähigen Niederlassung eines ausländi-
    schen Unternehmens. Zum Begriff des Arbeitgebers i.S.d. Insolvenzsicherung der
    betrieblichen Altersversorgung vgl. Merkblatt 300/M 6 und zu Arbeitsverhältnis-
    sen mit Auslandsberührung vgl. Merkblatt 300/M 7 des PSVaG, die im Internet
    unter www.psvag.de zur Verfügung stehen.

wenn der Eigenbetrieb in eine privatrechtliche Gesellschaft umgewandelt wird. Ab diesem Zeitpunkt endet die Freistellung von der Insolvenzsicherungspflicht gem. § 17 Abs. 2 BetrAVG.[13] In die Meldung zum PSVaG sind dabei auch die während der Existenz des Eigenbetriebs eingetretenen laufenden Leistungen und gesetzlich unverfallbaren Versorgungsanwartschaften einzubeziehen.[14]

14 Der **Arbeitgeber kann** zur Erfüllung seiner Mitteilungspflichten auch **Dritte bevollmächtigen**. In Betracht kommen neben speziellen Dienstleistern vor allem externe Versorgungsträger wie Pensionsfonds, (Gruppen-) Unterstützungskassen. Dabei sind für jeden insolvenzsicherungspflichtigen Arbeitgeber separate Meldungen abzugeben. Ein Fehlverhalten seiner Bevollmächtigten ist aber dem Arbeitgeber – auch im Hinblick auf eine Ordnungswidrigkeit nach § 12 Abs. 1 Nr. 1 BetrAVG – zuzurechnen.[15]

15 Zur **Vereinfachung** der Melde-, Auskunfts-, Mitteilungs- und Beitragszahlungspflichten bei Pensionsfonds und Gruppen-Unterstützungskassen ist eine Abwicklung über den **externen Versorgungsträger** möglich. Dazu bedarf es der Bevollmächtigungen des externen Versorgungsträgers durch den Arbeitgeber (Trägerunternehmen), die gesetzlichen Pflichten gem. §§ 10 und 11 Abs. 1, 2 und 7 BetrAVG wahrzunehmen. Eine derartige Vereinbarung entlastet den Arbeitgeber und dient der effizienten Abwicklung. Der externe Träger braucht dem PSVaG nur eine Meldung der Beitragsbemessungsgrundlagen für alle Trägerunternehmen zu erstatten, erhält nur einen Beitrags- und Vorschussbescheid vom PSVaG und zahlt den Beitrag und den Vorschuss an den PSVaG jeweils in einer Summe. Diese Regelung gilt nur für ausdrücklich bevollmächtigte externe Versorgungsträger und erfasst nur die über ihn durchgeführte betriebliche Altersversorgung. Sofern ein Arbeitgeber noch anderweitige betriebliche Altersversorgung durchführt, muss er die Melde-, Auskunfts-, Mitteilungs- und Beitragszahlungspflichten diesbezüglich selbst gegenüber dem PSVaG erfüllen.

---

13 BVerwG 13.7.1999, 1 C 13.98, ZIP 1999, 1816.
14 BVerwG 13.7.1999, 1 C 13.98, ZIP 1999, 1816.
15 *Höfer* BetrAVG, Rn. 4986 zu § 11.

III. Mitteilungsgegenstand betriebliche Altersversorgung

1. Betriebliche Altersversorgung

Der Arbeitgeber hat dem PSVaG das Bestehen einer insolvenzsicherungs- 16
pflichtigen betrieblichen Altersversorgung mitzuteilen. Von der Insolvenzsicherungspflicht werden nur Zusagen erfasst, die der **Definition der betrieblichen Altersversorgung nach dem BetrAVG** entsprechen (§ 11 Abs. 1
S. 1 i.V.m. § 1b Abs. 1 bis 4 BetrAVG).[16] Danach umfasst die betriebliche
Altersversorgung Leistungen der Alters-, Invaliditäts- oder Hinterbliebenenversorgung, die einem Arbeitnehmer aus Anlass seines Arbeitsverhältnisses
vom Arbeitgeber zugesagt worden sind.

Die Mitteilung nach § 11 Abs. 1 S. 1 BetrAVG dient dem PSVaG lediglich 17
zur Begründung der Mitgliedschaft. **Weitere Einzelheiten** – etwa Name und
konkrete Versorgungszusage für einzelne Personen – **sind nicht mitteilungs-
pflichtig.**

2. Erfasste Durchführungswege

Die Mitteilungspflicht beschränkt sich auf die **insolvenzsicherungspflichti-** 18
gen Durchführungswege der betrieblichen Altersversorgung:[17]

– Unmittelbare Versorgungszusage (Direktzusage),
– Direktversicherung, wenn ein widerrufliches Bezugsrecht eingeräumt ist
  oder bei unwiderruflichem Bezugsrecht die Ansprüche aus dem Versicherungsvertrag abgetreten, verpfändet oder beliehen sind,[18]
– Zu beachten ist, dass bei ab 2001 über eine Direktversicherung neu erteilte
  Entgeltumwandlungszusagen nach § 1b Abs. 5 BetrAVG dem Arbeitnehmer
  von Beginn an ein unwiderrufliches Bezugsrecht eingeräumt und das Recht

---

16 Zu Arbeitsverhältnissen mit Auslandsberührung vgl. Merkblatt 300/M 7 des
    PSVaG und zur Insolvenzsicherung der betrieblichen Altersversorgung in den
    neuen Bundesländern (Zusagen ab 1992) das Merkblatt 210/M 20, die im Inter-
    net unter www.psvag.de zur Verfügung stehen, vgl. § 1 Rdn. 39–74.
17 Vgl. § 10 Abs. 3 BetrAVG und § 10 Rdn. 2–6.
18 Nicht erfasst sind Auswirkungen auf die Direktversicherung, weil der Arbeitgeber
    die Prämien nicht vertragsgemäß entrichtet hat. Die Beschädigung einer Direkt-
    versicherung durch Prämienrückstände führt das Gesetz nicht als versichertes
    Risiko auf. BAG 17.11.1992, 3 AZR 51/92, EzA § 7 BetrAVG Nr. 45 =
    DB 1993, 986; *Langohr-Plato* Rn. 730f. m.w.N.

zur Verpfändung, Abtretung oder Beleihung durch den Arbeitgeber ausgeschlossen werden muss. In diesen Fällen besteht demnach keine Insolvenzsicherungspflicht und damit auch kein Insolvenzschutz.
– Unterstützungskassen,[19]
– Zusagen über einen Pensionsfonds.[20]

Durchführungswege der betrieblichen Altersversorgung	
Insolvenzsicherung durch den PSVaG Die Ansprüche der Versorgungsberechtigten sind durch eine Insolvenz des Arbeitgebers gefährdet	**Keine Insolvenzsicherung durch den PSVaG** Nach Ansicht des Gesetzgebers sind die Ansprüche der Versorgungsberechtigten durch eine Insolvenz des Arbeitgebers nicht gefährdet
– **unmittelbare Versorgungszusage** (§ 1 Abs. 1 i.V.m. § 7 Abs. 1, 2 BetrAVG) – **Direktversicherung** Soweit ein widerrufliches Bezugsrecht besteht oder bei unwiderruflichem Bezugsrecht die Ansprüche abgetreten, verpfändet oder beliehen sind – Ausnahmefall (§ 1b Abs. 2 i.V.m. § 7 Abs. 1, 2 BetrAVG) – **Unterstützungskasse** (§ 1b Abs. 4 i.V.m. § 7 Abs. 1, 2 BetrAVG) – **Pensionsfonds** (§ 1b Abs. 3 i.V.m. § 7 Abs. 1, 2 BetrAVG)	– **Direktversicherung** Soweit ein unwiderrufliches Bezugsrecht besteht und die Ansprüche nicht abgetreten, verpfändet oder beliehen sind – Regelfall (§ 1b Abs. 2 BetrAVG) – **Pensionskasse** (§ 1b Abs. 3 BetrAVG)

---

19 Zu aktuellen Entwicklungen bei Unterstützungskassenzusagen aus Sicht des PSVaG, *Staier* BetrAV 2006, 220. Zur Insolvenzsicherung bei Unterstützungskassen, *Hoppenrath* BetrAV 2010, 220. Zu neueren Entwicklungen bei Unterstützungskassen, *Wohlleben* BetrAV 2011, 232.
20 Zu Pensionsfonds vgl. Merkblatt 300/M 14 des PSVaG, das im Internet unter www.psvag.de zur Verfügung steht.

3. Eintritt des Versorgungsfalls

Von den Mitteilungspflichten des Arbeitgebers wird auch der **Beginn einer** 19
laufenden Versorgungsleistung erfasst, sofern bis zu diesem Zeitpunkt keine
gesetzliche unverfallbare Anwartschaft vorliegt.[21]

4. Unverfallbarkeit

a) Gesetzliche Unverfallbarkeit

Erfasst werden **nur gesetzlich unverfallbare Anwartschaften**. Dies ergibt sich 20
aus der Verweisung in § 11 Abs. 1 S. 1 BetrAVG auf § 1b Abs. 1
bis 4 BetrAVG. Arbeitsrechtlich zulässige und für den Versorgungsberechtigten günstigere Regelungen (z.B. vertraglich vereinbarte Unverfallbarkeit) führen nicht zu einem Insolvenzschutz über die gesetzlichen Voraussetzungen
hinaus.[22] Der gesetzliche Insolvenzschutz kann **nicht durch vertragliche Vereinbarungen vorzeitig herbeigeführt** werden. Die nachträgliche Vereinbarung, den Versorgungsberechtigten so zu stellen, als wäre das Arbeitsverhältnis nicht unterbrochen worden, führt nur zu einer vertraglichen, nicht zu
einer gesetzlichen Unverfallbarkeit.[23]

b) Anrechnung von Vordienstzeiten

Die **Anrechnung von Vordienstzeiten** (Betriebszugehörigkeit oder Zusage- 21
dauer) kann sich für den gesetzlichen Insolvenzschutz sowohl im Hinblick
auf die **Erfüllung der gesetzlichen Unverfallbarkeit**[24] einer Versorgungszu-
**sage als auch durch die beabsichtigte Erhöhung der versorgungsfähigen
Dienstzeit auf die Berechnung der Höhe der insolvenzgeschützten Leistung
nach § 2 Abs. 1 BetrAVG auswirken.**[25] Die vom BAG entwickelten Grundsätze zur Anrechnung von Vordienstzeiten gelten sowohl für die Berechnung
der Betriebszugehörigkeit als auch für die Berechnung der Zusagedauer. Die

---

21 Vgl. Rdn. 2–9.
22 BAG 22.2.2000, 3 AZR 4/99, EzA § 1 BetrAVG Nr. 72 = DB 2000, 482.
23 BAG 21.1.2003, 3 AZR 121/02, EzA § 1b BetrAVG Nr. 1 = DB 2003, 2711.
24 Durch die Anrechnung von Vordienstzeiten, wenn die Betriebszugehörigkeit beim
    neuen Arbeitgeber allein für die gesetzliche Unverfallbarkeit nicht ausreicht.
25 Davon zu unterscheiden ist die Übernahme einer Versorgungsverpflichtung nach
    § 4 BetrAVG.

für die gesetzliche Unverfallbarkeit maßgebliche Zusagedauer beginnt nicht vor der Betriebszugehörigkeit.[26]

22 Die Anrechnung von Vordienstzeiten, die bei einem früheren Arbeitgeber zurückgelegt wurden, führt jedoch nur unter **bestimmten** von der Rechtsprechung aufgestellten **Voraussetzungen** zur gesetzlichen Unverfallbarkeit und damit zum **Insolvenzschutz** durch den PSVaG oder zur Erhöhung des Anspruchs.[27]

23 Diese können wie folgt beschrieben werden:

> ▶ **Voraussetzungen der Anrechnung von Vordienstzeiten mit Wirkung für die gesetzliche Insolvenzsicherung**
>
> 1. Die Anrechnung einer noch verfallbaren Anwartschaft bezieht sich nicht nur auf die Erfüllung von Wartezeiten und/oder die versorgungsfähige Dienstzeit für die Höhe der Versorgungszusage, sondern auch auf deren **Unverfallbarkeit**.
> 2. Angerechnet wird eine von einer **Versorgungszusage begleitete Beschäftigungszeit**, die unmittelbar und nahtlos an das Arbeitsverhältnis heranreicht, das eine neue Versorgungsanwartschaft begründet.
> 3. Die Anrechnung ist mit Wirkung für den Insolvenzschutz nur möglich, wenn die verfallbare Versorgungsanwartschaft aus dem früheren Arbeitsverhältnis noch nicht erloschen ist, also die Anrechnungsvereinbarung vor der Beendigung dieses Arbeitsverhältnisses getroffen wird.

24 Die vertragliche Anrechnung von Vordienstzeiten mit Wirkung für den Insolvenzschutz ist also **ausgeschlossen**, wenn schon allein aufgrund der Vordienstzeit eine **gesetzlich unverfallbare Anwartschaft** besteht.[28] In diesen Fällen kommt allenfalls eine Übernahme nach § 4 BetrAVG in Betracht, die im Fall ihrer Wirksamkeit ebenfalls die Insolvenzsicherungspflicht beim Übernehmer auslöst.

---

26 BAG 21.1.2003, 3 AZR 121/02, EzA § 1b BetrAVG Nr. 1 = DB 2003, 2711.
27 BAG 22.2.2000, 3 AZR 4/99, EzA § 1 BetrAVG Nr. 72 = DB 2000, 482; 26.9.1989, 3 AZR 814/87, EzA § 7 BetrAVG Nr. 31 = DB 1990, 383; DLW-*Dörner* Kap. 3 Rn. 4007 f.
28 BAG 28.3.1995, 3 AZR 496/94, EzA § 1 BetrAVG Nr. 70 = DB 1995, 1867.

c) Wechsel Arbeitnehmer-Unternehmer-Status

Der **Wechsel vom Arbeitnehmer- in den Unternehmerstatus** oder umge- 25
kehrt kann unabhängig davon, wann die Versorgungszusage erteilt wurde, zu
einem **zeitanteiligen Insolvenzschutz** führen. Ausschlaggebend dafür ist,
inwieweit die Versorgungszusage durch eine Tätigkeit als Arbeitnehmer und
inwieweit durch eine als Unternehmer erdient worden ist:[29]
– Bei **laufenden Versorgungsleistungen** besteht Insolvenzschutz für den
  Teil der Versorgung, der dem Verhältnis der Summe der Arbeitnehmerzeiten zur gesamten Tätigkeitsdauer im Unternehmen entspricht;
– Bei **Anwärtern** besteht Insolvenzschutz, wenn durch Tätigkeitszeiten als
  Arbeitnehmer die gesetzlichen Unverfallbarkeitsvoraussetzungen erfüllt
  sind, ggf. auch durch Addition von vor und nach einer Unternehmerzeit
  verbrachten Arbeitnehmerzeiten. Für die Berechnung der Unverfallbarkeitsfristen rechnen Zeiten nicht mit, in denen der Versorgungsberechtigte als Unternehmer tätig war. Liegt aufgrund der Arbeitnehmerzeiten
  eine gesetzlich unverfallbare Anwartschaft vor, besteht Insolvenzschutz für
  den Teil der zugesagten Versorgung, der dem Verhältnis der Summe der
  Arbeitnehmerzeiten zu der insgesamt bis zur festen Altersgrenze laut Versorgungsregelung möglichen Betriebszugehörigkeit entspricht.

IV. Besonderheiten im ersten Jahr

Für das **erste Jahr der Mitgliedschaft** – Beginnjahr – erhebt der PSVaG nur 26
einen **anteiligen Jahresbeitrag**, der dem Verhältnis der insolvenzsicherungspflichtigen Tage zur Gesamtzahl der Tage in diesem Jahr entspricht, falls die
Beitragspflicht erst im Laufe eines Kalenderjahres begonnen hat. Dabei kann
die Beitragsbemessungsgrundlage, die für die Meldung des zweiten Jahres zu
ermitteln ist, aus Vereinfachungsgründen auch der Meldung für das erste
Jahr zugrunde gelegt werden.[30] Zwei weitere Alternativen zur Meldung der
Beitragsbemessungsgrundlage für das Erstjahr ergeben sich aus § 6 Abs. 3 der
Allgemeinen Versicherungsbedingungen für die Insolvenzsicherung der
betrieblichen Altersversorgung (AIB) des PSVaG.[31]

---

29 Vgl. Merkblatt 300/M 1 des PSVaG, das im Internet unter www.psvag.de zur
    Verfügung steht.
30 Vgl. § 10 Rdn. 9–13.
31 Vgl. § 10 Rdn. 12.

V. Pflichtverletzung

27   Die Verletzung der Pflichten nach § 11 Abs. 1 S. 1 BetrAVG ist eine **Ordnungswidrigkeit** nach § 12 Abs. 1 Nr. 1 BetrAVG. Dabei ist dem Arbeitgeber auch ein Fehlverhalten seiner Bevollmächtigten zuzurechnen.[32]

28   Ein Verstoß gegen die Pflichten nach § 11 Abs. 1 BetrAVG kann einen Anspruch des PSVaG auf Säumniszuschläge nach § 10a Abs. 1 BetrAVG auslösen.[33]

C. Allgemeine Auskunfts- und Vorlagepflicht (§ 11 Abs. 1 S. 2 BetrAVG)

I. Generalklausel

29   Die Regelung enthält – unabhängig von der Mitteilungspflicht nach Satz 1 des § 11 Abs. 1 BetrAVG – eine **allgemeine Auskunfts- und Unterlagenvorlagepflicht**. Sie bestimmt als **Generalklausel** eine umfassende Pflicht zur Auskunft über Tatsachen und die Vorlage aller Unterlagen, die der PSVaG zur Durchführung der gesetzlichen Insolvenzsicherung nach den §§ 7–15 BetrAVG benötigt. Dies betrifft sowohl die **öffentlich-rechtliche Beitragsseite** als auch die **privatrechtliche Leistungsseite** im Zusammenhang mit einem Sicherungsfall. Die Pflichten nach § 11 Abs. 1 S. 2 BetrAVG werden erst dann ausgelöst, wenn der **PSVaG ein konkretes Informationsverlangen** im Zusammenhang mit der Durchführung der gesetzlichen Insolvenzsicherung geltend macht, in der Regel zunächst eine Auskunft verlangt.

30   Sofern durch das Auskunftsverlangen des PSVaG Kosten entstehen (z.B. notarielle Beurkundung), hat diese der Auskunftspflichtige zu tragen. Eine Kostenerstattung durch den PSVaG sieht das Gesetz nicht vor.

II. Verpflichtete Personen

31   Auskunftspflichtig bzw. zur Unterlagenvorlage **verpflichtet** sind:
   –   der Arbeitgeber,
   –   der sonstige Träger der Versorgung (Pensionsfonds, [Gruppen-] Unterstützungskassen und Lebensversicherungsunternehmen bei Direktversicherungen),

---

32   *Höfer* BetrAVG, Rn. 4986 zu § 11.

33   Im Übrigen ist die in § 11 Abs. 1 S. 1 BetrAVG formulierte Pflicht ein Schutzgesetz i.S.d. § 823 Abs. 2 BGB, wie alle Pflichten des § 11 BetrAVG: AG Stuttgart 29.4.1986, 1 C 14356/85, DB 1987, 692; *Höfer* BetrAVG, Rn. 5038 zu § 11; *Paulsdorff* § 11 Rn. 31. Der PSVaG kann demnach einen über § 10a BetrAVG hinausgehenden Schaden zivilrechtlich geltend machen.

– der Insolvenzverwalter,
– die nach § 7 BetrAVG Berechtigten, also sowohl Versorgungsempfänger
(§ 7 Abs. 1 BetrAVG) als auch insolvenzgesicherte Anwartschaftsberech-
tigte (§ 7 Abs. 2 BetrAVG) sowie deren Hinterbliebene.

III. Pflichtverletzung

Die Verletzung der Pflichten nach § 11 Abs. 1 S. 2 BetrAVG ist eine **Ord-**   32
nungswidrigkeit nach § 12 Abs. 1 Nr. 2 BetrAVG.

Eine konkrete Anfrage des PSVaG zu Themen der öffentlich-rechtlichen Bei-   33
tragsseite löst als Verwaltungsakt die öffentlich-rechtliche Auskunfts- und
Unterlagenvorlagepflicht des Befragten aus.[34] Bei pflichtwidrigem Unterlassen
der gebotenen Verpflichtung kann der PSVaG einen Bescheid (Verwaltungsakt) erlassen, der sich auf die jeweilige konkrete Verpflichtung bezieht. Der
Rechtsweg gegen diese Bescheide ist vor die Verwaltungsgerichte eröffnet.

Die allgemeine Auskunfts- und Vorlagepflicht nach § 11 Abs. 1 S. 2 BetrAVG   34
gilt auch für Gruppenunterstützungskassen im Hinblick auf die Mitteilung
der Trägerunternehmen gegenüber dem PSVaG.[35] Bedenken aus Gründen
des Datenschutzes greifen nicht. Dem PSVaG ist in § 11 Abs. 1 S. 2 BetrAVG
zur Erfüllung seiner gesetzlichen Aufgabe ausdrücklich ein Auskunftsanspruch eingeräumt. Nur auf diesem Weg ist die vollständige Erfassung der
nach § 10 BetrAVG insolvenzsicherungspflichtigen Trägerunternehmen bei
Gruppenunterstützungskassen möglich.

Eine konkrete Anfrage des PSVaG zu Themen der Leistungen im Zusam-   35
menhang mit einem Sicherungsfall löst demgegenüber als privatrechtlicher
Akt die zivilrechtliche Auskunfts- und Unterlagenvorlagepflicht des Befragten aus.[36] Diese kann vom PSVaG mittels einer Leistungsklage vor den
ordentlichen Gerichten durchgesetzt werden. Für die Durchsetzung gegenüber den nach § 7 BetrAVG berechtigten Versorgungsempfängern und
Anwärtern sind i.d.R. die Arbeitsgerichte zuständig (§ 2 Abs. 1 Nr. 5
ArbGG).

---

34 BVerwG 22.11.1994, 1 C 22.92, ZIP 1995, 403; *Blomeyer/Rolfs/Otto* § 11 Rn. 30.
35 VerwG Hamburg 1.10.2009, 9 K 24/07, DB 2009, 2604 rkr.; *Lackner*
DB 2009, 2601; *J. Uhlenbruck* BetrAV 2007, 226.
36 LG Köln 28.12.1988, 24 O 82/87, DB 1989, 1780; *Blomeyer/Rolfs/Otto* § 11
Rn. 30.

36 Im Übrigen ist § 11 Abs. 1 S. 2 BetrAVG ein Schutzgesetz i.S.d. § 823 Abs. 2 BGB, sodass der PSVaG ggf. einen durch die Pflichtverletzung entstandenen Schaden zivilrechtlich geltend machen kann.[37]

D. Meldung der Beitragsbemessungsgrundlage (§ 11 Abs. 2 S. 1 BetrAVG)

I. Grundsatz

37 Zur gesetzlichen Insolvenzsicherung beitragspflichtige **Arbeitgeber** haben dem PSVaG **spätestens bis zum 30. September jeden Kalenderjahres die Höhe der** nach § 10 Abs. 3 BetrAVG maßgeblichen **Beitragsbemessungsgrundlage mitzuteilen.** Diese jährliche Mitteilung ist festzustellen auf den Schluss des Wirtschaftsjahres des Arbeitgebers (Bilanzstichtag), das im abgelaufenen Kalenderjahr geendet hat.[38]

38 Die Erfüllung der jährlich wiederkehrenden Mitteilungspflicht obliegt dem dazu **gesetzlich verpflichteten Arbeitgeber** – sie trifft nicht den Versorgungsträger –, ohne dass es einer Aufforderung durch den PSVaG bedarf. Die Mitteilung der Beitragsbemessungsgrundlage erfolgt im Rahmen einer **eigenverantwortlichen Selbstveranlagung** des beitragspflichtigen Arbeitgebers.[39]

39 Die **Kosten** der Ermittlung und Mitteilung der Beitragsbemessungsgrundlage gegenüber dem PSVaG hat der Arbeitgeber zu tragen.[40] Eine Kostenerstattung durch den PSVaG sieht das Gesetz nicht vor.

40 Der Arbeitgeber ist verpflichtet, die jährliche Meldung der Beitragsbemessungsgrundlage auf **Formularen** (sog. **Erhebungsbögen**) abzugeben, die der **PSVaG vorgibt** (§ 11 Abs. 7 BetrAVG).[41] Soweit die insolvenzsicherungspflichtigen Arbeitgeber dem PSVaG bekannt sind, erhalten sie unaufgefordert jedes Jahr gegen Ende des I. Quartals den entsprechenden Erhebungsbogen übersandt. Sollte dieser nicht bis Anfang Juni eines Jahres vorliegen oder der Arbeitgeber einen Ersatzbogen benötigen, können diese unter Angabe

---

37 AG Stuttgart 29.4.1986, 1 C 14356/85, DB 1987, 692; *Paulsdorff* § 11 Rn. 31.
38 Für die konkrete Ermittlung der Beitragsbemessungsgrundlage vgl. § 10 Abs. 3 BetrAVG.
39 Zur Rechtsberatung durch den PSVaG vgl. § 14 Rdn. 13–14. Zur Abwicklung über externe Versorgungsträger vgl. i.E. Rdn. 15.
40 *Höfer* BetrAVG, Rn. 5009 zu § 11.
41 Vgl. Rdn. 71–87 zu den vom PSVaG vorgeschriebenen Vordrucken.

der achtstelligen Betriebsnummer (DEÜV)[42] beim PSVaG angefordert werden. Im Internet unter www.psvag.de sind Erläuterungen zum Ausfüllen des Erhebungsbogens abrufbar.

II. Sonderregelungen

Abweichend vom gesetzlich vorgeschriebenen Melde- und Beitragsverfahren 41
haben die Mitgliederversammlungen vom 20.6.1990 und 3.7.2002 **Sonder-**
regelungen beschlossen, die **Arbeitgebern mit geringen Beitragsbemes-**
sungsgrundlagen Verwaltungs- und damit auch Kostenaufwand bei der
Erfüllung ihrer jährlichen Meldepflichten ersparen (sog. Kleinstbetragsregelung).[43] Die Inanspruchnahme der Sonderregelungen muss beim PSVaG
beantragt werden.

III. Mitteilungspflichtige Daten

1. Beitragsbemessungsgrundlage (Nachweise)

Neben dem ausgefüllten Erhebungsbogen müssen dem PSVaG vom beitrags- 42
pflichtigen Arbeitgeber bestimmte Unterlagen über die Berechnung der Beitragsbemessungsgrundlage überlassen werden. Die dem **Erhebungsbogen**
beizufügenden Nachweise zur Berechnung der Höhe der Beitragsbemessungsgrundlage sind:

Nachweise zur Berechnung der Höhe der Beitragsbemessungsgrundlage	
unmittelbare Versorgungszusagen	Ein aus dem versicherungsmathematischen Gutachten abgeleitetes Kurztestat des versicherungsmathematischen Sachverständigen. Das vollständige versicherungsmathematische Gutachten muss nicht vorgelegt werden.

---

42 Vgl. Rdn. 2–9.
43 Vgl. zu den Einzelheiten § 10 Rdn. 94–96.

Unterstützungs-kassen	Eine nachprüfbare Berechnung. Berechnet der Arbeit-geber die Beitragsbemessungsgrundlage für seine Unterstützungskasse selbst, so muss er das Ergebnis in dem vom PSVaG vorgeschriebenen Kurznachweis[44] darstellen. Alternativ kann er auch den Weg über ein aus dem versicherungsmathematischen Gutachten abgeleitetes Kurztestat des versicherungsmathemati-schen Sachverständigen gehen.
Direktversiche-rungen	Eine Bescheinigung des entsprechenden Lebensversi-cherers. Es genügt, dem Erhebungsbogen das Blatt der Bescheinigung des Lebensversicherungsunternehmens beizufügen, das die Anzahl der gesetzlich unverfallba-ren Anwartschaften und den meldepflichtigen Betrag enthält.
Pensionsfonds-zusagen	Ein aus dem versicherungsmathematischen Gutachten abgeleitetes Kurztestat des versicherungsmathemati-schen Sachverständigen mit der Angabe von 20 % des nach § 6a EStG ermittelten Teilwerts. Das vollständige versicherungsmathematische Gutachten muss nicht vorgelegt werden.

43 Der PSVaG bietet zum Herunterladen im Internet unter **www. psvag.de Nachweisformulare** zum Erhebungsbogen an:

- Kurztestat des versicherungsmathematischen Sachverständigen für unmit-telbare Versorgungszusagen,
- Kurztestat des versicherungsmathematischen Sachverständigen für Pensi-onsfondszusagen,
- Kurztestat des versicherungsmathematischen Sachverständigen für Unter-stützungskassen oder einen Kurznachweis bei Berechnung durch den Arbeitgeber.

44 Vollständige versicherungsmathematische Gutachten, Bescheinigungen des Lebensversicherungsunternehmens und detaillierte Berechnungen für die Unterstützungskassen fordert der PSVaG nur bei Bedarf an und kann deren Vorlage dann nach § 11 Abs. 1 S. 2 BetrAVG verlangen. Diese **ausführlichen**

---

44 Vgl. Rdn. 78.

Berechnungsgrundlagen der Beitragsbemessungsgrundlage sind **sechs Jahre aufzubewahren.**[45]

2. Meldung und Beitragserhebung im Jahresablauf

Aus dem gesetzlich festgelegten Melde- und Beitragserhebungsverfahren   45
(§§ 10 und 11 BetrAVG) ergibt sich für die meldepflichtigen Arbeitgeber
regelmäßig folgender Zeitablauf:
- Gegen Ende des I. Quartals erhalten die Arbeitgeber vom PSVaG den
  sog. Erhebungsbogen zur Meldung ihrer Beitragsbemessungsgrundlagen;
- In den Erhebungsbogen sind für jeden konkret gegebenen Durchführungsweg die Anzahl der meldepflichtigen laufenden Leistungen und
  unverfallbaren Anwartschaften einschließlich der jeweiligen Summen der
  entsprechenden Beitragsbemessungsgrundlagen einzutragen;
- Der ausgefüllte Erhebungsbogen einschließlich der vorgeschriebenen
  Nachweisen ist bis 30. September des betreffenden Jahres an den PSVaG
  zurückzusenden;
- Etwa Mitte November erhalten die Arbeitgeber auf Basis der im Erhe-
  bungsbogen gemeldeten Beitragsbemessungsgrundlage und des festgeleg-
  ten Beitragssatzes den Beitragsbescheid. Der Beitrag ist grds. am Ende des
  Kalenderjahres fällig;[46]
- Mit dem Jahresbeitragsbescheid kann ein Vorschuss für das Folgejahr auf
  Basis der im Erhebungsbogen gemeldeten Beitragsbemessungsgrundlage
  erhoben werden, dessen Fälligkeit sich aus dem Bescheid ergibt. Von der
  Erhebung eines Vorschusses hat der PSVaG zuletzt für das Jahr 2008
  Gebrauch gemacht.

IV. Aufbewahrungspflicht (§ 11 Abs. 2 S. 2 BetrAVG)

Die für die Ermittlung der Beitragsbemessungsgrundlage erforderlichen   46
Berechnungsgrundlagen sind **mindestens sechs Jahre aufzubewahren.**
Dadurch soll es dem PSVaG ermöglicht werden, eine Vorlage der Unterlagen
nach § 11 Abs. 2 S. 1 BetrAVG zu verlangen, um die Richtigkeit der mitge-
teilten Beitragsbemessungsgrundlage überprüfen zu können.[47] Die Unterlagen sind demnach erst auf Verlangen des PSVaG vorzulegen.

---

45 Vgl. Rdn. 46–47.
46 Vgl. § 10 Rdn. 34.
47 *Höfer* BetrAVG, Rn. 5005 ff. zu § 11; *Paulsdorff* § 11 Rn. 18 ff.

47   Die **Aufbewahrungsfrist** von sechs Jahren **beginnt** mit dem 30. September eines Kalenderjahres.[48] Dies ist der Zeitpunkt, bis zu dem die Höhe der Beitragsbemessungsgrundlage dem PSVaG mitgeteilt werden muss (§ 11 Abs. 2 S. 1 BetrAVG).[49] Dementsprechend **endet** die Aufbewahrungsfrist mit Ablauf des 30. September des auf das jeweilige Kalenderjahr folgenden sechsten Jahres (§§ 187 Abs. 2 i.V.m. § 188 Abs. 2 BGB). Es **empfiehlt** sich aber, im Hinblick auf die Verjährung der Beitrags- sowie der Beitragserstattungsansprüche nach § 10a Abs. 4 BetrAVG von sechs Jahren beginnend mit dem Ablauf des Kalenderjahres, in dem die Beitragspflicht entstanden oder der Erstattungsanspruch fällig geworden ist, die Aufbewahrungsfrist nach § 11 Abs. 2 S. 2 BetrAVG mindestens bis zum Ende des sechsten Kalenderjahres nach der jeweiligen Meldung der Beitragsbemessungsgrundlage auszudehnen.

V.   Pflichtverletzung

48   Die Mitteilungs- und Unterlagenvorlagepflicht nach § 11 Abs. 2 BetrAVG gehört zum **öffentlich-rechtlichen Mitgliedschaftsverhältnis** zwischen Arbeitgeber und PSVaG und obliegt dem verpflichteten Arbeitgeber **ohne Aufforderung durch den PSVaG**. Bei pflichtwidrigem Unterlassen der Verpflichtung kann der PSVaG einen sog. **Meldebescheid** (Verwaltungsakt) erlassen.[50] Der Rechtsweg gegen den Meldebescheid ist für den Arbeitgeber vor die Verwaltungsgerichte eröffnet.

49   Ein Verstoß des Arbeitgebers gegen seine Verpflichtung nach **§ 11 Abs. 2 S. 1 BetrAVG** ist eine Ordnungswidrigkeit nach § 12 Abs. 1 Nr. 1 BetrAVG und kann einen Anspruch des PSVaG auf Säumniszuschläge nach § 10a Abs. 1 BetrAVG auslösen.[51] Die Erfüllung der Meldepflichten kann der

---

48   *Andresen/Förster/Rößler/Rühmann* Teil 13 B, Rn. 805; *Blomeyer/Rolfs/Otto* § 11 Rn. 44; a.A. *Höfer* BetrAVG, Rn. 5015 zu § 11, der ohne weitere Begründung auf den Zeitpunkt des Zugangs der Mitteilung der Beitragsbemessungsgrundlage beim PSVaG abstellt.

49   Bei verspäteter Meldung zählt die Frist ab dem Zeitpunkt des Zugangs der Meldung beim PSVaG.

50   BVerwG 22.11.1994, 1 C 22.92, ZIP 1995, 403.

51   Im Übrigen ist die in § 11 Abs. 2 S. 1 BetrAVG formulierte Pflicht ein Schutzgesetz i.S.d. § 823 Abs. 2 BGB, wie alle Pflichten des § 11 BetrAVG: AG Stuttgart 29.4.1986, 1 C 14356/85, DB 1987, 692; *Höfer* BetrAVG, 1986, Rn. 5038 f. zu § 11; *Paulsdorff* § 11 Rn. 31. Der PSVaG kann demnach einen über § 10a BetrAVG hinausgehenden Schaden zivilrechtlich geltend machen.

PSVaG – nach dem Erlass eines Bescheides – im Rahmen der Zwangsvollstreckung entsprechend den Vorschriften der ZPO (§ 888 ZPO Abs. 1) erreichen.[52]

Ein Verstoß des Arbeitgebers gegen seine Verpflichtung nach § 11 **Abs. 2** **50** **S. 2 BetrAVG** ist eine Ordnungswidrigkeit nach § 12 Abs. 1 Nr. 3 BetrAVG. Im Übrigen ist § 11 Abs. 2 S. 2 BetrAVG ein Schutzgesetz i.S.d. § 823 Abs. 2 BGB, sodass der PSVaG ggf. einen über den Bereich des § 10a BetrAVG hinausgehenden Schaden zivilrechtlich geltend machen kann.[53]

E. Auskunfts- und Mitteilungspflichten nach einem Sicherungsfall (§ 11 Abs. 3–5 BetrAVG)

I. Mitteilungspflichten bei Insolvenzverfahren (§ 11 Abs. 3 BetrAVG)

1. Voraussetzungen

§ 11 Abs. 3 BetrAVG begründet für den Insolvenzverwalter die Pflicht, dem **51** PSVaG alle für die Durchführung der gesetzlichen Insolvenzsicherung der Ansprüche der Versorgungsberechtigten erforderlichen Angaben zu machen. Der PSVaG ist demnach nicht verpflichtet, von sich aus zu ermitteln und sich die Unterlagen und Informationen selbst zu verschaffen. Darüber hinaus gilt die allgemeine Auskunfts- und Unterlagenvorlagepflicht gem. § 11 Abs. 1 S. 2 BetrAVG auch für den Insolvenzverwalter.

Die **Mitteilungspflicht** des Insolvenzverwalters **entsteht** mit der Eröffnung **52** des Insolvenzverfahrens durch das Insolvenzgericht.[54] Andererseits kann es sich in der Praxis empfehlen, dass schon der vorläufige Insolvenzverwalter Kontakt mit dem PSVaG aufnimmt. Dies kommt insbesondere dann in Betracht, wenn die Eröffnung des Insolvenzverfahrens wahrscheinlich ist. Dann gewinnen der Insolvenzverwalter und der PSVaG eine gewisse Vorlaufzeit für die Erfassung und den Transfer von Daten. Je schneller der PSVaG die zur Bearbeitung erforderlichen Informationen hat, desto schneller bekommen die Versorgungsberechtigten ihre Leistungen und desto kleiner

---

52 VG Gießen Beschl. v. 16.1.2009, 1 N 4613/08.GI, BetrAV 2009, 472 m. Anm. *Zmudzinski*.
53 AG Stuttgart 29.4.1986, 1 C 14356/85, DB 1987, 692; *Höfer* BetrAVG, Rn. 5039 zu § 11; *Paulsdorff* § 11 Rn. 31.
54 Vgl. i.E. Merkblatt 110/M 4 des PSVaG, das im Internet unter www.psvag.de zur Verfügung steht.

ist der Zeitraum, in dem die Rentenzahlungen aufgrund der Insolvenz unterbrochen sind. Das ist auch im Interesse des Insolvenzverwalters und des insolventen Unternehmens, weil diese dadurch von einer Vielzahl von Anfragen und Beschwerden verschont bleiben.

2. Inhalt der Mitteilungen

53 Der Insolvenzverwalter hat dem Träger der Insolvenzsicherung nach § 11 Abs. 3 BetrAVG
   – die Eröffnung des Insolvenzverfahrens,
   – Namen und Anschriften der Versorgungsempfänger und die Höhe ihrer Versorgung
   unverzüglich mitzuteilen.

54 Er hat zugleich Namen und Anschriften der Personen, die bei Eröffnung des Insolvenzverfahrens eine **gesetzlich unverfallbare Versorgungsanwartschaft** haben, sowie die Höhe ihrer Anwartschaft mitzuteilen.

55 Der **PSVaG verlangt im Rahmen einer ersten Mitteilung des Insolvenzverwalters** folgende Angaben und Unterlagen:
   – **Beschluss** über die Eröffnung des Insolvenzverfahrens,
   – **Anzahl** der Versorgungsempfänger und der Anwärter mit unverfallbarer Anwartschaft sowie weitere detaillierte Angaben,[55]
   – **Versorgungsregelungen** über die verschiedenen Durchführungswege der betrieblichen Altersversorgung des Betriebes und deren Verlauf in der Vergangenheit,
   – **Unmittelbare Versorgungszusage und Pensionsfonds**: Letztes vorliegendes versicherungsmathematische Gutachten,
   – **Unterstützungskasse**: Letzte vorliegende nachprüfbare Berechnung,[56]
   – **Direktversicherung**: Letzte vorliegende Bescheinigungen des Versicherers über die Höhe des Deckungskapitals, aktueller Stand der Beleihung, Verpfändung oder Abtretung.[57]

---

55 Vgl. i.E. Merkblatt 110/M 5 des PSVaG, das im Internet unter www.psvag.de zur Verfügung steht.
56 Vgl. i.E. Merkblatt 110/M 7 des PSVaG, das im Internet unter www.psvag.de zur Verfügung steht.
57 Vgl. i.E. Merkblatt 110/M 6 des PSVaG, das im Internet unter www.psvag.de zur Verfügung steht.

3. Zeitpunkt und Form der Mitteilung

Voraussetzung für eine zeitnahe Leistungsgewährung durch den PSVaG an 56
die Rentner ist die vollständige und schnelle Mitteilung der erforderlichen
Daten durch den Insolvenzverwalter an den PSVaG nach Eröffnung des
Insolvenzverfahrens. Deshalb sieht das Gesetz vor, dass der Insolvenzverwalter dem PSVaG die Eröffnung des Insolvenzverfahrens sowie Namen,
Anschriften und die Höhe der Versorgungsleistung **unverzüglich mitzuteilen**
hat, also ohne schuldhaftes Zögern (§ 11 Abs. 3 S. 1 BetrAVG i.V.m. § 121
Abs. 1 BGB). Da nach § 11 Abs. 3 S. 2 BetrAVG »zugleich« die Informationen bzgl. der unverfallbaren Anwartschaften mitzuteilen sind, sind auch
diese unverzüglich vorzunehmen.[58]

Der Insolvenzverwalter ist **verpflichtet,** zur Mitteilung der persönlichen 57
Daten der Rentner und Anwärter die **vom PSVaG vorgegebenen Vordrucke
oder vorbereitete Dateien**[59] **zu verwenden** (vgl. § 11 Abs. 7 BetrAVG).

II. Auskunftspflichten bei Insolvenzverfahren (§ 11 Abs. 4 BetrAVG)

Gegenüber dem PSVaG ist **primär der Insolvenzverwalter mitteilungspflich-** 58
tig (§ 11 Abs. 3 BetrAVG). Zu seiner Unterstützung sind ihm gegenüber
– der Arbeitgeber,
– der sonstige Träger der Versorgung (Unterstützungskasse, Pensionsfonds,
  Versicherer bei Direktversicherungen),
– und die nach § 7 BetrAVG Berechtigten (Rentner und Anwärter)
verpflichtet, Auskünfte über alle Tatsachen zu erteilen, auf die sich die Mitteilungspflicht des Insolvenzverwalters nach § 11 Abs. 3 BetrAVG bezieht
(§ 11 Abs. 4 BetrAVG). Dabei richtet sich der Inhalt der Auskunft nach der
Mitteilungspflicht des Insolvenzverwalters aus § 11 Abs. 3 BetrAVG. Die
Auskünfte müssen bei Verlangen des Insolvenzverwalters unverzüglich gegeben werden, da dieser seinerseits zur unverzüglichen Mitteilung an den
PSVaG verpflichtet ist.

Gegenüber dem PSVaG ist nur der **Insolvenzverwalter zur Auskunft verpflich-** 59
tet. Der PSVaG kann jedoch von seinem allg. Auskunftsrecht nach § 11 Abs. 1
S. 2 BetrAVG Gebrauch machen und daher von den oben genannten Personen
und Institutionen auch unmittelbar Auskünfte verlangen.

---

58 *Blomeyer/Rolfs/Otto* § 11 Rn. 53.
59 Diese stehen im Internet unter www.psvag.de zur Verfügung.

III. Mitteilungspflichten bei sonstigen Sicherungsfällen (§ 11 Abs. 5 BetrAVG)

60 In den Sicherungsfällen, in denen es nicht zur Eröffnung des Insolvenzverfahrens kommt, also
   – der Abweisung des Antrags auf Eröffnung eines Insolvenzverfahrens mangels Masse (§ 207 InsO, § 7 Abs. 1 S. 4 Nr. 1 BetrAVG);
   – dem außergerichtlichen Vergleich (Stundungs-, Quoten- oder Liquidationsvergleich) des Arbeitgebers mit seinen Gläubigern zur Abwendung eines Insolvenzverfahrens, wenn ihm der Träger der Insolvenzsicherung zustimmt (§ 7 Abs. 1 S. 4 Nr. 2 BetrAVG);
   – der vollständigen Beendigung der Betriebstätigkeit im Geltungsbereich dieses Gesetzes, wenn ein Antrag auf Eröffnung eines Insolvenzverfahrens nicht gestellt worden ist und ein Insolvenzverfahren offensichtlich mangels Masse nicht in Betracht kommt (§ 7 Abs. 1 S. 3 Nr. 1 BetrAVG)
sind die Pflichten des Insolvenzverwalters nach § 11 Abs. 3 BetrAVG vom Arbeitgeber oder dem sonstigen Träger der Versorgung zu erfüllen. Dabei richten sich Verpflichtungsumfang sowie Zeitpunkt und Form der Mitteilung an den PSVaG nach den Bestimmungen des § 11 Abs. 3 BetrAVG. Entsprechend gilt die allgemeine Auskunfts- und Unterlagenvorlagepflicht gem. § 11 Abs. 1 Satz 2 BetrAVG auch bei den sonstigen Sicherungsfällen nach § 11 Abs. 5 BetrAVG.

IV. Pflichtverletzung

61 Werden die Pflichten nicht erfüllt, ist im Hinblick auf deren **Durchsetzbarkeit** nach den einzelnen Verpflichtungen aus § 11 Abs. 3–5 BetrAVG zu **differenzieren**.

62 **Verstoß des Insolvenzverwalters** gegen seine Mitteilungspflicht nach § 11 Abs. 3 BetrAVG:
   – die Durchsetzung des Mitteilungsanspruchs kann der PSVaG im Wege der Leistungsklage vor einem ordentlichen Gericht geltend machen;[60]
   – stellt eine Ordnungswidrigkeit nach § 12 Abs. 1 Nr. 1 BetrAVG dar.

63 **Verstoß des Arbeitgebers, des sonstigen Trägers der Versorgung** (Unterstützungskasse, Pensionsfonds, Versicherer bei Direktversicherungen) oder der

---

60 *Höfer* BetrAVG, Rn. 5021 zu § 11.

nach § 7 BetrAVG Versorgungsberechtigten Rentner und Anwärter gegen die Auskunftspflicht nach § 11 Abs. 4 BetrAVG:

– die Durchsetzung des Auskunftsanspruchs kann der Insolvenzverwalter im Wege der Leistungsklage vor einem ordentlichen Gericht geltend machen. Für die Durchsetzung gegenüber den nach § 7 BetrAVG berechtigten Versorgungsempfängern und Anwärtern sind die Arbeitsgerichte zuständig (§ 2 Abs. 1 Nr. 5 ArbGG);

– stellt eine Ordnungswidrigkeit nach § 12 Abs. 1 Nr. 2 BetrAVG dar.

Verstoß des Arbeitgebers oder **des sonstigen Trägers der Versorgung** (Unter- **64** stützungskasse, Pensionsfonds, Versicherer bei Direktversicherungen) gegen die Pflichten nach **§ 11 Abs. 5 BetrAVG**:

– die Durchsetzung erfolgt wie bei § 11 Abs. 3 BetrAVG im Wege der Leistungsklage vor einem ordentlichen Gericht, da auf diese Vorschrift in § 11 Abs. 5 BetrAVG verwiesen wird;

– stellt eine Ordnungswidrigkeit nach § 12 Abs. 1 Nr. 1 BetrAVG dar.

Im Übrigen sind § 11 Abs. 3–5 BetrAVG Schutzgesetze i.S.d. § 823 Abs. 2 **65** BGB, sodass der PSVaG ggf. einen durch die Pflichtverletzung entstandenen Schaden zivilrechtlich geltend machen kann.[61]

F. Unterstützung bei der Ermittlung der beitragspflichtigen Arbeitgeber (§ 11 Abs. 6 BetrAVG)

I. Amtshilfe durch berufsständische Einrichtungen

Kammern und andere Zusammenschlüsse von Unternehmern oder anderen **66** selbstständigen Berufstätigen, die als Körperschaften des öffentlichen Rechts errichtet sind, ferner **Verbände und andere Zusammenschlüsse**, denen Unternehmer oder andere selbstständige Berufstätige kraft Gesetzes angehören oder anzugehören haben, **haben den PSVaG** bei der Ermittlung der nach § 10 BetrAVG beitragspflichtigen Arbeitgeber **zu unterstützen.**

Die Unterstützungspflicht bezieht sich nur auf die **Ermittlung der insolvenz-** **67** **sicherungspflichtigen Arbeitgeber**, also im Regelfall auf die Mitteilung dieser Kenntnis an den PSVaG.

---

61 AG Stuttgart 29.4.1986, 1 C 14356/85, DB 1987, 692; *Höfer* BetrAVG, Rn. 5038 f. zu § 11; *Paulsdorff* § 11 Rn. 31.

68 Insbesondere bei Beginn der Geschäftstätigkeit des PSVaG im Jahr 1975, und auch bei der Ausdehnung der gesetzlichen Insolvenzsicherung auf die neuen Länder ab 1992, war der PSVaG auf die Hilfe der genannten Institutionen angewiesen.

II. Pflichtverletzung

69 Die Verletzung der Pflichten nach § 11 Abs. 6 BetrAVG ist keine Ordnungswidrigkeit nach § 12 BetrAVG. Die Amtshilfe kann vom PSVaG (als auf der Beitragseite öffentlich-rechtlich tätiges »beliehenes« Unternehmen) vor den Verwaltungsgerichten durch Leistungsklage erzwungen werden.[62]

70 Im Übrigen ist § 11 Abs. 6 BetrAVG Schutzgesetz i.S.d. § 823 Abs. 2 BGB, sodass der PSVaG ggf. einen durch die Pflichtverletzung entstandenen Schaden zivilrechtlich geltend machen kann.[63]

G. Vordrucke des PSVaG (§ 11 Abs. 7 BetrAVG)

I. Gesetzliche Pflicht zur Verwendung

71 Für bestimmte Auskünfte und Mitteilungen sieht § 11 Abs. 7 BetrAVG vor, dass die Verpflichteten die **vom PSVaG vorgesehenen Vordrucke** verwenden. Im Einzelnen betrifft dies folgende Pflichten:

1. § 11 Abs. 1 S. 1 BetrAVG

72 Nach § 11 Abs. 1 S. 1 BetrAVG hat der Arbeitgeber dem PSVaG eine betriebliche Altersversorgung bei gesetzlicher Unverfallbarkeit oder Eintritt eines Versorgungsfalls innerhalb von drei Monaten mitzuteilen.

73 **Vordrucke** des PSVaG sind zu diesen Pflichten **nicht vorgeschrieben**. Die Mitteilung zur Begründung der Mitgliedschaft beim PSVaG kann formlos[64] geschehen, jedoch bietet der PSVaG als **Service** zur Vereinfachung und Beschleunigung der **ersten Kontaktaufnahme ein Formular im Internet an** (**www.psvag.de**).

---

62 *Blomeyer/Rolfs/Otto* § 11 Rn. 85.
63 AG Stuttgart 29.4.1986, 1 C 14356/85, DB 1987, 692; *Höfer* BetrAVG, Rn. 5039 zu § 11; *Paulsdorff* § 11 Rn. 31.
64 Vgl. zu den erforderlichen Angaben Rdn. 2–9.

Berenz

2. § 11 Abs. 1 S. 2 BetrAVG

Nach § 11 Abs. 1 S. 2 BetrAVG sind der Arbeitgeber, der sonstige Träger der 74
Versorgung, der Insolvenzverwalter und die nach § 7 BetrAVG Berechtigten
verpflichtet, dem PSVaG alle Auskünfte zu erteilen, die zur Durchführung
der Vorschriften über die gesetzliche Insolvenzsicherung erforderlich sind,
sowie Unterlagen vorzulegen, aus denen die erforderlichen Angaben ersichtlich sind.

Vordrucke des PSVaG sind zu diesen Pflichten **nicht vorgeschrieben.** 75

3. § 11 Abs. 2 S. 1 BetrAVG

Nach § 11 Abs. 2 S. 1 BetrAVG hat ein beitragspflichtiger Arbeitgeber dem 76
PSVaG spätestens bis zum 30. September eines jeden Kalenderjahres die
Höhe der Beitragsbemessungsgrundlage mitzuteilen.

Als **Vordruck** sind vom PSVaG die **Erhebungsbogen** für das betreffende Bei- 77
tragsjahr vorgeschrieben. Dieser wird den Arbeitgebern vom PSVaG jeweils
gegen Ende des I. Quartals zur Verfügung gestellt.

Zum Herunterladen im Internet unter www.psvag.de gibt es als **Service** 78
Nachweisformulare für:
– Kurztestat des versicherungsmathematischen Sachverständigen für unmit-
  telbare Versorgungszusagen,
– Kurztestat des versicherungsmathematischen Sachverständigen für Pensi-
  onsfondszusagen,
– Kurztestat des versicherungsmathematischen Sachverständigen für Unter-
  stützungskassen oder einen Kurznachweis bei Berechnung durch den
  Arbeitgeber.

4. § 11 Abs. 2 S. 2 BetrAVG

Die allgemeine Aufbewahrungspflicht des Arbeitgeber von sechs Jahren nach 79
§ 11 Abs. 2 S. 2 BetrAVG im Zusammenhang mit der Meldung der Beitragsbemessungsgrundlage nach § 11 Abs. 2 S. 1 BetrAVG.

Vordrucke des PSVaG sind zu diesen Pflichten **nicht vorgeschrieben.** 80

5. § 11 Abs. 3 BetrAVG

Nach § 11 Abs. 3 BetrAVG hat der Insolvenzverwalter dem PSVaG die Eröff- 81
nung des Insolvenzverfahrens, Namen und Anschriften der Versorgungsemp-

fänger und die Höhe ihrer Versorgung unverzüglich mitzuteilen. Er hat zugleich Namen und Anschriften der Personen, die bei Eröffnung des Insolvenzverfahrens eine gesetzlich unverfallbare Versorgungsanwartschaft haben, sowie die Höhe ihrer Anwartschaft mitzuteilen.

82 Folgende **Vordrucke** sind vom PSVaG **vorgeschrieben** und stehen zum Ausdrucken oder zum Herunterladen für die elektronische Bearbeitung im Internet unter **www.psvag.de** zur Verfügung:
   – für die Mitteilung von Personen, die zum Zeitpunkt der Eröffnung des Insolvenzverfahrens insolvenzgesicherte Leistungen der betrieblichen Altersversorgung bezogen haben;
   – für die Mitteilung von Personen, die zum Zeitpunkt der Eröffnung des Insolvenzverfahrens eine insolvenzgesicherte unverfallbare Anwartschaft auf Leistungen der betrieblichen Altersversorgung haben.

6. § 11 Abs. 5 BetrAVG

83 Nach § 11 Abs. 5 BetrAVG sind in den Fällen, in denen ein Insolvenzverfahren nicht eröffnet wird (§ 7 Abs. 1 S. 4 BetrAVG) oder nach § 207 InsO eingestellt worden ist, die Pflichten des Insolvenzverwalters nach § 11 Abs. 3 BetrAVG vom Arbeitgeber oder dem sonstigen Träger der Versorgung zu erfüllen.

84 **Vordrucke** des PSVaG sind zu diesen Pflichten **vorgeschrieben** wie bei § 11 Abs. 3 BetrAVG.

85

	Vordruck vorgeschrieben	Serviceangebot des PSVaG
§ 11 Abs. 1 S. 1 BetrAVG Begründung der Mitgliedschaft beim PSVaG	nein	Formular und Merkblätter im Internet.
§ 11 Abs. 1 S. 2 BetrAVG Generalklausel	nein	Merkblätter im Internet.

	Vordruck vorgeschrieben	Serviceangebot des PSVaG
§ 11 Abs. 2 S. 1 BetrAVG Jährliche Meldung der Beitragsbemessungs- grundlage	Erhebungsbogen	Nachweisformulare und Merkblätter im Internet.
§ 11 Abs. 2 S. 2 BetrAVG Allgemeine Aufbewah- rungsfrist	nein	Merkblätter im Internet.
§ 11 Abs. 3 BetrAVG Mitteilungspflichten des Insolvenzverwalters bei Insolvenzverfahren	Mitteilung der laufen- den Leistungen und unverfallbaren Anwart- schaften (Vordrucke zum Ausdrucken oder zum Herunterladen im Internet für die elektro- nische Bearbeitung)	Vordrucke und Merkblätter im Internet.
§ 11 Abs. 5 BetrAVG Mitteilungspflichten des Arbeitgebers und sonsti- gen Trägers der Versor- gung in den Sicherungs- fällen außerhalb eines Insolvenzverfahrens.	Mitteilung der laufen- den Leistungen und unverfallbaren Anwart- schaften (Vordrucke zum Ausdrucken oder zum Herunterladen im Internet für die elektro- nische Bearbeitung)	Vordrucke und Merkblätter im Internet.

Abb.: Gesetzliche Pflicht zur Verwendung von Vordrucken des PSVaG

II. Pflichtverletzung

Die Verletzung der Pflichten nach § 11 Abs. 7 BetrAVG ist für sich genom- 86 men **keine Ordnungswidrigkeit** nach § 12 BetrAVG. Der PSVaG kann aller- dings Mitteilungen, die nicht auf den von ihm vorgegebenen Vordrucken erfolgen, zurückweisen mit der Rechtsfolge, dass sie als nicht abgegeben gelten.[65] Wenn der Arbeitgeber dadurch seine Auskunfts- oder Mitteilungs-pflichten nach § 11 Abs. 2 S. 1 BetrAVG verletzt – z.B. seine korrekte Meldung auf dem vorgeschriebenen Vordruck zu spät erfolgt –, liegt darin eine Ordnungswidrigkeit nach § 12 Abs. 1 Nr. 1 BetrAVG.

87 Im Übrigen ist § 11 Abs. 7 BetrAVG Schutzgesetz i.S.d. § 823 Abs. 2 BGB, sodass der PSVaG ggf. einen durch die Pflichtverletzung entstandenen Schaden zivilrechtlich geltend machen kann.[66]

H. Beteiligung der Finanzämter (§ 11 Abs. 8 BetrAVG)

88 Zur Sicherung der vollständigen Erfassung der nach § 10 BetrAVG beitrags-pflichtigen Arbeitgeber **können die Finanzämter** dem Träger der Insolvenzsicherung mitteilen, welche Arbeitgeber für die Beitragspflicht in Betracht kommen. Zu beachten ist, dass die Finanzämter nicht verpflichtet sind, den PSVaG bei der Ermittlung der beitragspflichtigen Arbeitgeber zu unterstützen. § 11 Abs. 8 BetrAVG ermächtigt (»können«) die Finanzämter lediglich, solche Informationen an den PSVaG weiterzugeben.

89 Die Umsetzung dieser Ermächtigung kann durch Erlass einer Rechtsverordnung erfolgen, die das Nähere bestimmt und Einzelheiten des Verfahrens regelt. Da sich in der Praxis kein Bedarf für eine Mitteilung beitragspflichtiger Arbeitgeber durch die Finanzämter an den PSVaG ergeben hat, ist eine entsprechende Rechtsverordnung auch nicht ergangen. Die Bestimmung des § 11 Abs. 8 BetrAVG ist bislang nicht praktisch relevant geworden. Sie ist wohl eher im Zusammenhang mit § 14 Abs. 3 BetrAVG zu sehen, also für den Fall, dass die Aufgabe der gesetzliche Insolvenzsicherung der betrieblichen Altersversorgung statt vom PSVaG von der Kreditanstalt für Wiederaufbau wahrgenommen worden wäre.

§ 12   Ordnungswidrigkeit

(1) Ordnungswidrig handelt, wer vorsätzlich oder fahrlässig
1. entgegen § 11 Abs. 1 Satz 1, Abs. 2 Satz 1, Abs. 3 oder Abs. 5 eine Mitteilung nicht, nicht richtig, nicht vollständig oder nicht rechtzeitig vornimmt,

---

65 *Blomeyer/Rolfs/Otto* § 11 Rn. 24; *Paulsdorff* § 11 Rn. 29.
66 AG Stuttgart 29.4.1986, 1 C 14356/85, DB 1987, 692; *Höfer* BetrAVG, Rn. 5038f. zu § 11; *Paulsdorff* § 11 Rn. 31.

2. entgegen § 11 Abs. 1 Satz 2 oder Abs. 4 eine Auskunft nicht, nicht richtig, nicht vollständig oder nicht rechtzeitig erteilt oder

3. entgegen § 11 Abs. 1 Satz 2 Unterlagen nicht, nicht richtig, nicht vollständig oder nicht rechtzeitig vorlegt oder entgegen § 11 Abs. 2 Satz 2 Unterlagen nicht aufbewahrt.

(2) Die Ordnungswidrigkeit kann mit einer Geldbuße bis zu zweitausendfünfhundert Euro geahndet werden.

(3) Verwaltungsbehörde im Sinne des § 36 Abs. 1 Nr. 1 des Gesetzes über Ordnungswidrigkeiten ist die Bundesanstalt für Finanzdienstleistungsaufsicht.

A. Ordnungswidrigkeit (§ 12 Abs. 1 BetrAVG)

I. Grundsatz

Die **Melde- und Beitragspflicht** der Arbeitgeber ist **öffentlich-rechtlich** ausgestaltet (§ 10 BetrAVG). Dementsprechend wird die **Nichteinhaltung** dieser Pflichten als **Verwaltungsunrecht** eingeordnet und richtet sich nach dem **Gesetz über Ordnungswidrigkeiten** (OWiG). § 12 BetrAVG sanktioniert die Nichteinhaltung von Mitteilungs- und Auskunftspflichten sowie den nicht ordnungsgemäßen Umgang mit Unterlagen im Zusammenhang mit der Durchführung der gesetzlichen Insolvenzsicherung, die in § 11 Abs. 1– 5 BetrAVG begründet werden. **1**

Die in § 12 BetrAVG **enumerativ aufgeführten Pflichten** können von dem Arbeitgeber, dem Insolvenzverwalter, den Versorgungsberechtigten und den Versorgungsträgern (Unterstützungskasse, Pensionsfonds, Versicherer bei **2**

Direktversicherungen) verletzt werden. Darüber hinaus kommen auch Organmitglieder juristischer Personen und vom Arbeitgeber beauftragte Personen, die an sich dem Arbeitgeber obliegende Aufgaben wahrnehmen, in Betracht (§ 9 OWiG).

1. Mitteilungspflichten (§ 12 Abs. 1 Nr. 1 BetrAVG)

3 Der Tatbestand der Ordnungswidrigkeit ist erfüllt, wenn der gesetzlich zur Mitteilung Verpflichtete **eine Mitteilung nicht, nicht richtig, nicht vollständig oder nicht rechtzeitig vorgenommen hat.** Die erfassten Pflichten zur Mitteilung im Einzelnen:

– Nach **§ 11 Abs. 1 S. 1 BetrAVG** hat der Arbeitgeber dem PSVaG eine betriebliche Altersversorgung bei gesetzlicher Unverfallbarkeit oder Eintritt eines Versorgungsfalls innerhalb von drei Monaten mitzuteilen.[1]

– Nach **§ 11 Abs. 2 S. 1 BetrAVG** hat ein beitragspflichtiger Arbeitgeber dem PSVaG spätestens bis zum 30. September eines jeden Kalenderjahres die Höhe der Beitragsbemessungsgrundlage mitzuteilen.[2]

– Nach **§ 11 Abs. 3 BetrAVG** hat der Insolvenzverwalter dem PSVaG die Eröffnung des Insolvenzverfahrens, Namen und Anschriften der Versorgungsempfänger und die Höhe ihrer Versorgung unverzüglich mitzuteilen. Er hat zugleich Namen und Anschriften der Personen, die bei Eröffnung des Insolvenzverfahrens eine gesetzlich unverfallbare Versorgungsanwartschaft haben, sowie die Höhe ihrer Anwartschaft mitzuteilen.[3]

– Nach **§ 11 Abs. 5 BetrAVG** sind in den Fällen, in denen ein Insolvenzverfahren nicht eröffnet wird (§ 7 Abs. 1 S. 4 BetrAVG) oder nach § 207 InsO eingestellt worden ist, die Pflichten des Insolvenzverwalters nach § 11 Abs. 3 BetrAVG vom Arbeitgeber oder dem sonstigen Träger der Versorgung zu erfüllen.[4]

2. Auskunftspflichten (§ 12 Abs. 1 Nr. 2 BetrAVG)

4 Der Tatbestand der Ordnungswidrigkeit ist erfüllt, wenn der gesetzlich zur Auskunft Verpflichtete eine **Auskunft nicht, nicht richtig, nicht vollständig**

---

1 *Blomeyer/Rolfs/Otto* § 11 Rn. 5-24.
2 *Blomeyer/Rolfs/Otto* § 11 Rn. 33-47.
3 *Blomeyer/Rolfs/Otto* § 11 Rn. 50-54.
4 *Blomeyer/Rolfs/Otto* § 11 Rn. 60-63, 66-69.

oder nicht rechtzeitig erteilt hat. Die erfassten Pflichten zur Auskunft im Einzelnen:

– Nach **§ 11 Abs. 1 S. 2 BetrAVG** sind der Arbeitgeber, der sonstige Träger der Versorgung, der Insolvenzverwalter und die nach § 7 BetrAVG Berechtigten verpflichtet, dem PSVaG alle Auskünfte zu erteilen, die zur Durchführung der Vorschriften über die gesetzliche Insolvenzsicherung erforderlich sind.[5]

– Nach **§ 11 Abs. 4 BetrAVG** sind der Arbeitgeber, der sonstige Träger der Versorgung und die nach § 7 BetrAVG Berechtigten verpflichtet, dem Insolvenzverwalter Auskünfte über alle Tatsachen zu erteilen, auf die sich die Mitteilungspflicht nach § 11 Abs. 3 BetrAVG bezieht.[6]

Pflichten nach § 11 BetrAVG	Sanktion in § 12 BetrAVG
§ 11 Abs. 1	
– Satz 1 (Mitteilung)	§ 12 Abs. 1 Nr. 1
– Satz 2 1. Hs. (Auskunft)	§ 12 Abs. 1 Nr. 2
– Satz 2 2. Hs. (Unterlagen)	§ 12 Abs. 1 Nr. 3
§ 11 Abs. 2	
– Satz 1 (Mitteilung)	§ 12 Abs. 1 Nr. 1
– Satz 2 (Aufbewahrung)	§ 12 Abs. 1 Nr. 3
§ 11 Abs. 3 (Mitteilung)	§ 12 Abs. 1 Nr. 1
§ 11 Abs. 4 (Auskunft)	§ 12 Abs. 1 Nr. 2
§ 11 Abs. 5 (Mitteilung)	§ 12 Abs. 1 Nr. 1
§ 11 Abs. 6 (Kammern etc.)	keine Sanktion
§ 11 Abs. 7 (Vordrucke)	keine Sanktion
§ 11 Abs. 8 (Finanzamt)	keine Sanktion

5

Abb.: Schema der einzelnen Pflichten nach § 11 BetrAVG und die jeweilige Sanktion in § 12 BetrAVG

---

5 *Blomeyer/Rolfs/Otto* § 11 Rn. 25-32.
6 *Blomeyer/Rolfs/Otto* § 11 Rn. 55-65.

3. Umgang mit Unterlagen (§ 12 Abs. 1 Nr. 3 BetrAVG)

6 Der Tatbestand der Ordnungswidrigkeit ist erfüllt, wenn **Unterlagen nicht, nicht richtig, nicht vollständig oder nicht rechtzeitig vorgelegt** oder entgegen der gesetzlichen Pflicht **nicht aufbewahrt** werden. Die erfassten Pflichten zum Umgang mit Unterlagen im Einzelnen:

- Im Zusammenhang mit der Mitteilungspflicht nach § 11 Abs. 1 S. 2 BetrAVG.[7]
- Die allgemeine Aufbewahrungspflicht von Unterlagen des Arbeitgebers von sechs Jahren im Zusammenhang mit der Meldung der Beitragsbemessungsgrundlage nach **§ 11 Abs. 2 S. 2 BetrAVG**.[8]

II. Schuldhaft

7 Die Verpflichteten Personen müssen schuldhaft, also **vorsätzlich oder fahrlässig** handeln (§ 12 Abs. 1 1. Hs. BetrAVG i.V.m. § 10 OWiG). Bei einem Pflichtverstoß dürfte i.d.R. mindestens Fahrlässigkeit vorliegen, also ein schuldhaftes Verhalten i.S.d. § 12 BetrAVG.

B. Geldbuße (§ 12 Abs. 2 BetrAVG)

8 Die Ordnungswidrigkeit kann mit einer **Geldbuße bis zu 2.500 €** geahndet werden. Die Mindesthöhe beträgt 5 € (§ 17 Abs. 1 OWiG), bei Fahrlässigkeit höchstens die Hälfte des angedrohten Höchstbetrages (§ 17 Abs. 2 OWiG), also 1.250 €.

9 Grundlage für die Bemessung der Geldbuße sind die **Bedeutung der Ordnungswidrigkeit** und der Vorwurf, der den Täter trifft (§ 17 Abs. 3 OWiG).

10 Die Geldbuße soll den wirtschaftlichen Vorteil, den der Täter aus der Ordnungswidrigkeit gezogen hat, übersteigen. Reicht das gesetzliche Höchstmaß hierzu nicht aus, so kann es **überschritten** werden (§ 17 Abs. 4 OWiG). Der wirtschaftliche Vorteil liegt regelmäßig im Zinsgewinn aus nicht gezahlten Beiträgen. Diesen sanktioniert bereits die Vorschrift des § 10a BetrAVG (Säumniszuschläge, Verzugszinsen). § 17 Abs. 4 OWiG dürfte daher einen Anwendungsbereich vor allem dann haben, wenn wirtschaftliche Vorteile – nämlich die Nichtzahlung von Beiträgen an den PSVaG – aufgrund der

---

7 Vgl. Rdn. 3 und § 11 Rdn. 2–28.
8 Vgl. § 11 Rdn. 37–50.

sechsjährigen Verjährung von § 10a BetrAVG nicht mehr erfasst werden (§ 10a Abs. 4 BetrAVG).[9]

C. Verwaltungsbehörde (§ 12 Abs. 3 BetrAVG)

Zuständige Verwaltungsbehörde für die Verfolgung einer Ordnungswidrig-   11
keit ist die **Bundesanstalt für Finanzdienstleistungsaufsicht**, die nach § 14 Abs. 1 BetrAVG gleichzeitig Aufsichtsbehörde des PSVaG ist und die erforderliche Sachkunde besitzt.[10]

D. Rechtsmittel

Gegen einen Bußgeldbescheid kann der Betroffene innerhalb von zwei   12
Wochen nach Zustellung schriftlich oder zur Niederschrift bei der Bundesanstalt für Finanzdienstleistungsaufsicht **Einspruch** einlegen (§ 67 Abs. 1 OWiG). Über den Einspruch entscheidet das Amtsgericht Frankfurt/Main (§ 68 OWiG). Gegen den Beschluss des Amtsgerichts ist **Rechtsbeschwerde** zum Oberlandesgericht Frankfurt/Main (§ 79 OWiG) gegeben.

§ 13

(Aufgehoben)

Ursprünglich war hier die Änderung des ArbGG im Hinblick auf die prozessuale Zuständigkeit der Arbeitsgerichte für Streitigkeiten wegen Ansprüchen auf Leistungen der gesetzlichen Insolvenzsicherung geregelt. Diese findet sich heute in § 2 Abs. 1 Nr. 5 ArbGG.

§ 14   Träger der Insolvenzsicherung

(1) [1]**Träger der Insolvenzsicherung ist der Pensions-Sicherungs-Verein Versicherungsverein auf Gegenseitigkeit.** [2]**Er ist zugleich Träger der Insolvenzsicherung von Versorgungszusagen Luxemburger Unternehmen nach Maßgabe des Abkommens vom 22. September 2000 zwischen der Bundesrepublik Deutschland und dem Großherzogtum Luxemburg über Zusammenarbeit im Bereich der Insolvenzsicherung betrieblicher Altersversorgung.** [3]**Er unterliegt der Aufsicht durch die Bundesanstalt für Finanzdienstleistungsaufsicht.** [4]**Die Vor-**

---

9 *Blomeyer/Rolfs/Otto* § 12 Rn. 20.
10 *Höfer* BetrAVG, Rn. 5054 zu § 12; *Paulsdorff* § 11 Rn. 3.

schriften des Versicherungsaufsichtsgesetzes gelten, soweit dieses Gesetz nichts anderes bestimmt.

(2) [1]Der Bundesminister für Arbeit und Sozialordnung weist durch Rechtsverordnung mit Zustimmung des Bundesrates die Stellung des Trägers der Insolvenzsicherung der Kreditanstalt für Wiederaufbau zu, bei der ein Fonds zur Insolvenzsicherung der betrieblichen Altersversorgung gebildet wird, wenn

1. bis zum 31. Dezember 1974 nicht nachgewiesen worden ist, daß der in Absatz 1 genannte Träger die Erlaubnis der Aufsichtsbehörde zum Geschäftsbetrieb erhalten hat,
2. der in Absatz 1 genannte Träger aufgelöst worden ist oder
3. die Aufsichtsbehörde den Geschäftsbetrieb des in Absatz 1 genannten Trägers untersagt oder die Erlaubnis zum Geschäftsbetrieb widerruft.

[2]In den Fällen der Nummern 2 und 3 geht das Vermögen des in Absatz 1 genannten Trägers einschließlich der Verbindlichkeiten auf die Kreditanstalt für Wiederaufbau über, die es dem Fonds zur Insolvenzsicherung der betrieblichen Altersversorgung zuweist.

(3) Wird die Insolvenzsicherung von der Kreditanstalt für Wiederaufbau durchgeführt, gelten die Vorschriften dieses Abschnittes mit folgenden Abweichungen:

1. In § 7 Abs. 6 entfällt die Zustimmung der Bundesanstalt für Finanzdienstleistungsaufsicht
2. [1]§ 10 Abs. 2 findet keine Anwendung. [2]Die von der Kreditanstalt für Wiederaufbau zu erhebenden Beiträge müssen den Bedarf für die laufenden Leistungen der Insolvenzsicherung im laufenden Kalenderjahr und die im gleichen Zeitraum entstehenden Verwaltungskosten und sonstigen Kosten, die mit der Gewährung der Leistungen zusammenhängen, decken. [3]Bei einer Zuweisung nach Absatz 2 Nr. 1 beträgt der Beitrag für die ersten 3 Jahre mindestens 0,1 vom Hundert der Beitragsbemessungsgrundlage gemäß § 10 Abs. 3; der nicht benötigte Teil dieses Beitragsaufkommens wird einer Betriebsmittelreserve zugeführt. [4]Bei einer Zuweisung nach Absatz 2 Nr. 2 oder 3 wird in den ersten 3 Jahren zu dem Beitrag nach Nummer 2 Satz 2 ein Zuschlag von 0,08 vom Hundert der Beitragsbemessungsgrundlage gemäß § 10 Abs. 3 zur Bildung einer Betriebsmittelreserve erhoben. [5]Auf die Beiträge können Vorschüsse erhoben werden.

Berenz

3. [1]In § 12 Abs. 3 tritt an die Stelle der Bundesanstalt für Finanzdienstleistungsaufsicht die Kreditanstalt für Wiederaufbau. [2]Die Kreditanstalt für Wiederaufbau verwaltet den Fonds im eigenen Namen. [3]Für Verbindlichkeiten des Fonds haftet sie nur mit dem Vermögen des Fonds. [4]Dieser haftet nicht für die sonstigen Verbindlichkeiten der Bank. [5]§ 11 Abs. 1 Satz 1 des Gesetzes über die Kreditanstalt für Wiederaufbau in der Fassung der Bekanntmachung vom 23. Juni 1969 (BGBl. I S. 573), das zuletzt durch Art. 14 des Gesetzes vom 21. Juni 2002 (BGBl. I S. 2010) geändert worden ist, ist in der jeweils geltenden Fassung auch für den Fonds anzuwenden.

A. PSVaG als Träger der Insolvenzsicherung (§ 14 Abs. 1 BetrAVG)

I. Gründung

Der PENSIONS-SICHERUNGS-VEREIN, Versicherungsverein auf Gegen-   1
seitigkeit (PSVaG) wurde am **7.10.1974 als Selbsthilfeeinrichtung der deutschen Wirtschaft**, durch
– die Bundesvereinigung der Deutschen Arbeitgeberverbände e.V., Berlin
– den Bundesverband der Deutschen Industrie e.V., Berlin
– den Verband der Lebensversicherungs-Unternehmen e.V., Bonn[1]
gegründet und hat seine Geschäftstätigkeit am 1.1.1975 aufgenommen.
Entsprechend dem Charakter der betrieblichen Altersversorgung ist der PSVaG privatrechtlich organisiert und unterliegt als **Versicherungsverein auf**

---

1 Fusioniert zum Gesamtverband der Deutschen Versicherungswirtschaft e.V., Berlin.

Gegenseitigkeit (VVaG) der Aufsicht durch die Bundesanstalt für Finanzdienstleistungsaufsicht (§ 14 Abs. 1 S. 3 BetrAVG).

II. Aufgabe

2   Der PSVaG wurde vom Gesetzgeber zum Träger der Insolvenzsicherung der betrieblichen Altersversorgung bestimmt (§ 14 Abs. 1 BetrAVG) und steht für die Erfüllung der Leistungen aus betrieblichen Altersversorgungszusagen bei Insolvenz des Arbeitgebers – soweit diese gem. § 7 BetrAVG unter Insolvenzschutz stehen – ein.[2] **Rechtsgrundlage** seiner Tätigkeit sind die §§ 7–15 des Betriebsrentengesetzes (BetrAVG),[3] seine Satzung sowie die Allgemeinen Versicherungsbedingungen für die Insolvenzsicherung der betrieblichen Altersversorgung (AIB). Die Vorschriften des Versicherungsaufsichtsgesetzes gelten, soweit das BetrAVG nichts anderes bestimmt.

3   Sein **alleiniger Zweck** ist die Insolvenzsicherung der betrieblichen Altersversorgung in der **Bundesrepublik Deutschland** nach den Vorschriften des BetrAVG sowie seit 1.1.2002 auch im **Großherzogtum Luxemburg** aufgrund des Abkommens zwischen der Bundesrepublik Deutschland und dem Großherzogtum Luxemburg über Zusammenarbeit im Bereich der betrieblichen Altersversorgung.[4] In den **neuen Ländern** ist das BetrAVG – und damit auch die gesetzliche Insolvenzsicherung der betrieblichen Altersversorgung – am 1.1.1992 in Kraft getreten.[5] Aufgrund seiner Aufgabenstellung ist der PSVaG grds. von allen in Betracht kommenden Steuern befreit.

---

2   Allg. zur Insolvenzsicherung durch den PSVaG, *Berenz* Arbeit und Arbeitsrecht 2005, S. 488; zur Insolvenzsicherung der betrieblichen Altersversorgung nach geltendem Recht, *Hoppenrath* BetrAV 2002, 731. Zu den Möglichkeiten der Insolvenzsicherung vgl. *Hoppenrath/Wohlleben* FS für Förster, S. 285; Zur Insolvenzsicherung für Betriebsrenten als politische Aufgabe vgl. *Andresen* BetrAV 2006, 211. Zur Insolvenzsicherung nach dem Krisenjahr 2009, *Wohlleben* BetrAV 2010, 497.

3   Zu den Materialien des Gesetzgebers zum BetrAVG vgl. *Berenz* Gesetzesmaterialien.

4   Bekanntmachung über das Inkrafttreten des deutsch-luxemburgischen Abkommens über Zusammenarbeit im Bereich der Insolvenzsicherung betrieblicher Altersversorgung, BGBl. II 2002 S. 319.

5   Gesetz zu dem Vertrag v. 31.8.1990 zwischen der Bundesrepublik Deutschland und der Deutschen Demokratischen Republik über die Herstellung der Einheit Deutschlands (Einigungsvertrag), BGBl. II 1990 S. 885. §§ 1 bis 18 BetrAVG finden danach auf Zusagen Anwendung, die nach dem 31.12.1991 erteilt werden. Vgl. Merkblatt 210/M 20, das im Internet unter www.psvag.de zur Verfügung steht.

Die Mittel für die Durchführung der Insolvenzsicherung werden aufgrund 4
öffentlich-rechtlicher Verpflichtung durch Beiträge der insolvenzsicherungspflichtigen Arbeitgeber aufgebracht. Zur Erfüllung seiner gesetzlichen Einstandspflicht wurde der PSVaG mit öffentlich-rechtlicher Beitragshoheit ausgestattet (sog. beliehenes Unternehmen, vgl. § 10 Abs. 1 BetrAVG). Die
Rechtsbeziehungen zu den Versorgungsberechtigten nach Eintritt eines
Sicherungsfalls richten sich nach zivilrechtlichen Grundsätzen (vgl. § 7
BetrAVG).

III. Organisation

Der Vorstand des PSVaG besteht aus mindestens zwei Personen (§ 34 VAG 5
und § 9 der Satzung). Der Aufsichtsrat besteht aus zwölf Personen (§ 10 der
Satzung). Oberstes Organ des PSVaG ist die Mitgliederversammlung, in der
jedes Mitglied (Mitgliedsunternehmen) eine Stimme hat (§ 15 der Satzung).
Es kann ein Beirat bestellt werden, der Aufsichtsrat und Vorstand berät (§ 20
der Satzung). Die Zusammensetzung des Vorstands, des Aufsichtsrats sowie
des Beirats kann im Internet unter **www.psvag.de** eingesehen werden.

IV. Statistik 2011

Ende 2011 hatte der PSVaG   6
– 90.740 Mitgliedsunternehmen, bei denen
– rd. 4,0 Mio. Betriebsrentner und
– rd. 6,3 Mio. Anwärter
unter **Insolvenzschutz** standen. Der Kapitalwert der unter Schutz stehenden
Versorgungsverpflichtungen betrug **rd. 295 Mrd. €**.

Die **Auszahlung** der wegen Insolvenz eines Arbeitgebers vom PSVaG zu 7
übernehmenden Renten überträgt dieser nach entsprechender Prüfung grds.
einem **Konsortium** von zurzeit 51 Lebensversicherungsunternehmen (§ 8
Abs. 1 BetrAVG). Anfang 2012 erhielten auf diesem Weg rd. 520.000 Rentenempfänger **rd. 75,6 Mio. € monatlich** an Betriebsrenten ausgezahlt. Die
Durchschnittsrente der neuen Versicherungsfälle im Jahr 2011 betrug 177 €
p.M. mit einer großen Schwankungsbreite (max. das Dreifache der mtl.
Bezugsgröße nach § 18 SGB IV, vgl. § 7 Abs. 3 BetrAVG).

Die Finanzierung der Insolvenzsicherung basiert auf Beiträgen der insolvenz- 8
sicherungspflichtigen Arbeitgeber aufgrund öffentlich-rechtlicher Verpflichtung. 2006 wurde das bis dahin geltende Rentenwertumlageverfahren auf ein

Kapitaldeckungsverfahren umgestellt. Durch die Beiträge wird der Barwert der im laufenden Kalenderjahr entstehenden Ansprüche auf Leistungen und für die zu sichernden Anwartschaften der Unterschiedsbetrag der Barwerte am Ende des laufenden und des vorherigen Kalenderjahres gedeckt.[6] Der Barwert der bis zum 31.12.2005 aufgrund eingetretener Insolvenzen noch zu sichernden Anwartschaften wird einmalig auf die beitragspflichtigen Arbeitgeber auf Basis ihrer Beitragsbemessungsgrundlage 2005 umgelegt (§ 30i BetrAVG).

9 Weitere statistische Angaben finden sich unter www.psvag.de im Internet unter dem Stichwort »Fakten & Zahlen«.

V. Informationen zur Insolvenzsicherung

1. Internet

10 Unter **www.psvag.de** sind im Internet
– Informationen über das Unternehmen und seine Organe,
– die Satzung und die Allgemeinen Versicherungsbedingungen für die gesetzliche Insolvenzsicherung der betrieblichen Altersversorgung (AIB)
zu finden.

11 Darüber hinaus stehen die
– Merkblätter[7] des PSVaG sowie
– Formulare und Erläuterungen zur Abwicklung der Meldepflichten sowohl betreffend die Beitragsseite als auch die Leistungsseite
– Liste der Publikationen
zur Verfügung. Schließlich finden sich unter der Rubrik »Aktuelles« u.a. Pressemitteilungen und die letzten Geschäftsberichte (auch Kurzfassungen in Englisch).

---

6 Vgl. zum Finanzierungsverfahren § 10 Abs. 2 BetrAVG.
7 Die Merkblätter informieren in allgemeiner Form über die gesetzliche Insolvenzsicherung aufgrund des BetrAVG und geben die jeweils aktuelle Rechtsauffassung des PSVaG wieder. Sie stehen unter dem Vorbehalt, dass sich die Rechtslage – insbesondere durch die Rechtsprechung – ändert. Merkblätter haben nicht den Charakter von Verwaltungsrichtlinien und -anordnungen.

2. Kontakt

Der PSVaG hat seinen Sitz in Köln: 12

Adresse: PSVaG
Bahnstr. 6
50996 Köln
Telefon: 0221/93659–0
Telefax: 0221/93659–299
Internet: www.psvag.de
E-mail: info@psvag.de

3. Rechtsberatung

Der PSVaG darf **Rechtsberatung** zu Fragen der Mitgliedschaft **nur in einem** 13
allgemeinen Rahmen vornehmen. Aufgrund der gesetzlich und satzungsmäßig eng umrissenen Aufgabenstellung, die keine allgemeine Rechtsberatung umfasst, ist eine – den PSVaG in einem eventuellen späteren Sicherungsfall bindende – **konkrete Stellungnahme grds. nicht möglich.** Daher kann er bei über seine Aufgabenstellung hinausgehenden Fragen nur empfehlen, die Hilfe eines sachkundigen Beraters in Anspruch zu nehmen. Dies gilt auch für die Klärung und Durchsetzung von Ansprüchen. Namen und Anschriften von Beratern darf der PSVaG jedoch nicht nennen; dafür sind die einschlägigen Kammern oder Verbände bzw. berufsständischen Vereinigungen zuständig. Im Übrigen sieht das BetrAVG das **Prinzip der eigenverantwortlichen Selbstveranlagung** des Arbeitgebers vor, die zuerst ihn aufruft, selbst zu prüfen, ob bei ihm bestehende Zusagen auf Leistungen der betrieblichen Altersversorgung der Insolvenzsicherung unterliegen. Eine Verlagerung der Verantwortung im Zusammenhang mit der Erfüllung der gesetzlichen Melde- und Beitragspflichten auf den PSVaG ist im BetrAVG nicht vorgesehen.

Betriebliche Altersversorgung in insolvenzsicherungspflichtiger Form ist im 14
Rahmen des BetrAVG beim PSVaG gegen die Folgen der Insolvenz des Arbeitgebers gesichert. Daraus ergibt sich, dass sich der **PSVaG erst nach Eintritt der Insolvenz eines Arbeitgebers mit der konkret bestehenden betrieblichen Altersversorgung** unter Berücksichtigung der dann gegebenen Rechtslage im Einzelnen befasst. Erst zu diesem Zeitpunkt ordnet er den gegebenen Sachverhalt rechtlich ein und stellt ggf. bestehende Versorgungszusagen unter Beachtung der dann geltenden Sach- und Rechtslage unter Insolvenzschutz.

B. Kreditanstalt für Wiederaufbau (§ 14 Abs. 2 und 3 BetrAVG)

15 Für den Fall, dass der PSVaG sich auflöst oder die Bundesanstalt für Finanzdienstleistungsaufsicht ihm die Erlaubnis zum Geschäftsbetrieb widerruft
bzw. den Geschäftsbetrieb untersagt, würde die Kreditanstalt für Wiederaufbau durch Rechtsverordnung des zuständigen Bundesministers – mit
Zustimmung des Bundesrates – zum Träger der Insolvenzsicherung. Damit
einhergehen würde die Änderung des Finanzierungsverfahrens der gesetzlichen Insolvenzsicherung der betrieblichen Altersversorgung von der vollständigen Kapitaldeckung (PSVaG) zu einem reinen Ausgabenumlageverfahren
(KfW), § 14 Abs. 3 Nr. 2 BetrAVG.

16 Von einer Kommentierung dieser Vorschriften wird abgesehen. Der PSVaG
hat seit 1975 die gesetzliche Insolvenzsicherung der betrieblichen Altersversorgung erfolgreich durchgeführt. Von daher ist auf absehbare Zeit nicht
damit zu rechnen, dass diese Vorschriften angewendet werden müssen.

§ 15   Verschwiegenheitspflicht

[1]Personen, die bei dem Träger der Insolvenzsicherung beschäftigt oder für
ihn tätig sind, dürfen fremde Geheimnisse, insbesondere Betriebs- oder
Geschäftsgeheimnisse nicht unbefugt offenbaren oder verwerten. [2]Sie sind
nach dem Gesetz über die förmliche Verpflichtung nichtbeamteter Personen vom 2. März 1974 (Bundesgesetzbl. I S. 469, 547) von der Bundesanstalt für Finanzdienstleistungsaufsicht auf die gewissenhafte Erfüllung ihrer
Obliegenheiten zu verpflichten.

A. Verschwiegenheitspflicht (§ 15 S. 1 BetrAVG)

I. Verpflichteter Personenkreis

Alle beim PSVaG **beschäftigten Personen** – auch nach dem Ausscheiden aus 1
dem aktiven Arbeitsverhältnis – und alle Personen, die für den **PSVaG tätig
werden** (z.B. Sachverständige, Berater, freiberufliche Mitarbeiter) unterliegen
der Verschwiegenheitspflicht.[1]

II. Geschützte Daten

Der Verschwiegenheitspflicht unterliegen **fremde Geheimnisse** – Betriebs- 2
und Geschäftsgeheimnisse –, **die nicht unbefugt offenbart oder verwertet
werden dürfen.**

Zu den fremden Geheimnissen gehören insbesondere: 3
– **Daten im Zusammenhang mit der Durchführung der Melde- und Bei-
tragspflicht** (insbesondere Beitragsbemessungsgrundlage, Existenz einer
insolvenzsicherungspflichtigen betrieblichen Altersversorgung, Zahl der
gemeldeten Rentner und Anwärter, Inhalt von Versorgungszusagen, Betei-
ligungsverhältnisse der Gesellschafter);
– **Daten im Zusammenhang mit der Einleitung und Abwicklung eines
Sicherungsfalls** (insbesondere wirtschaftliche Lage eines Unternehmens,
Inhalt von Versorgungszusagen, Höhe der Zahlung durch den PSVaG,
Höhe der gesetzlichen Rente, Besteuerungsgrundlagen).

III. Förmliche Verpflichtung (§ 15 S. 2 BetrAVG)

Die beim PSVaG Beschäftigten und für ihn tätigen Personen sind von der 4
Bundesanstalt für Finanzdienstleistungsaufsicht nach dem **Gesetz über die
förmliche Verpflichtung nicht beamteter Personen** auf die gewissenhafte
Erfüllung ihrer Obliegenheiten zu verpflichten.

B. Sanktion bei Verstößen

I. Strafrechtlich

Mit der förmlichen Verpflichtung nach dem Gesetz über die förmliche Ver- 5
pflichtung nicht beamteter Personen werden diese Personen zu »**für den**

---

1 *Blomeyer/Rolfs/Otto* § 15 Rn. 2.

öffentlichen Dienst besonders Verpflichteten« i.S.d. § 203 Abs. 2 S. 1 Nr. 2 i.V.m. § 11 Abs. 1 Nr. 4 StGB. Bei Verletzung der Pflichten aus § 15 BetrAVG können sie daher nach §§ 203–205 StGB (Verletzung von Privatgeheimnissen, Verwertung fremder Geheimnisse) auf Antrag strafrechtlich verfolgt werden. Die Strafandrohung sieht Freiheitsstrafen bis zu zwei Jahren oder Geldstrafen vor.

II. Zivilrechtlich

6   Der durch die Verletzung der Pflichten des § 15 BetrAVG Geschädigte hat einen Schadensersatzanspruch gegen den Täter. § 15 S. 1 BetrAVG ist ein Schutzgesetz i.S.d. § 823 Abs. 2 BGB.

7   In der Regel liegt gleichzeitig auch eine Verletzung des Arbeits-/Dienstvertrages mit dem PSVaG vor.

Fünfter Abschnitt Anpassung

§ 16   Anpassungsprüfungspflicht

(1) Der Arbeitgeber hat alle drei Jahre eine Anpassung der laufenden Leistungen der betrieblichen Altersversorgung zu prüfen und hierüber nach billigem Ermessen zu entscheiden; dabei sind insbesondere die Belange des Versorgungsempfängers und die wirtschaftliche Lage des Arbeitgebers zu berücksichtigen.

(2) Die Verpflichtung nach Absatz 1 gilt als erfüllt, wenn die Anpassung nicht geringer ist als der Anstieg

1. des Verbraucherpreisindexes für Deutschland oder
2. der Nettolöhne vergleichbarer Arbeitnehmergruppen des Unternehmens im Prüfungszeitraum.

(3) Die Verpflichtung nach Absatz 1 entfällt, wenn

1. der Arbeitgeber sich verpflichtet, die laufenden Leistungen jährlich um wenigstens eins vom Hundert anzupassen,
2. die betriebliche Altersversorgung über eine Direktversicherung im Sinne des § 1b Abs. 2 oder über eine Pensionskasse im Sinne des § 1b Abs. 3 durchgeführt wird, ab Rentenbeginn sämtliche auf den Rentenbestand entfallende Überschussanteile zur Erhöhung der laufenden Leistungen verwendet werden und zur Berechnung der garantierten Leistung der nach § 65 Abs. 1 Nr. 1 Buchstabe a des Versicherungsaufsichtsgesetzes festgesetzte Höchstzinssatz zur Berechnung der Deckungsrückstellung nicht überschritten wird oder
3. eine Beitragszusage mit Mindestleistung erteilt wurde; Absatz 5 findet insoweit keine Anwendung.

(4) ¹Sind laufende Leistungen nach Absatz 1 nicht oder nicht in vollem Umfang anzupassen (zu Recht unterbliebene Anpassung), ist der Arbeitgeber nicht verpflichtet, die Anpassung zu einem späteren Zeitpunkt nachzuholen. ²Eine Anpassung gilt als zu Recht unterblieben, wenn der Arbeitgeber dem Versorgungsempfänger die wirtschaftliche Lage des Unternehmens schriftlich dargelegt, der Versorgungsempfänger nicht binnen drei Kalendermonaten nach Zugang der Mitteilung schriftlich widersprochen hat und

er auf die Rechtsfolgen eines nicht fristgemäßen Widerspruchs hingewiesen wurde.

(5) Soweit betriebliche Altersversorgung durch Entgeltumwandlung finanziert wird, ist der Arbeitgeber verpflichtet, die Leistungen mindestens entsprechend Absatz 3 Nr. 1 anzupassen oder im Falle der Durchführung über eine Direktversicherung oder eine Pensionskasse sämtliche Überschussanteile entsprechend Absatz 3 Nr. 2 zu verwenden.

(6) Eine Verpflichtung zur Anpassung besteht nicht für monatliche Raten im Rahmen eines Auszahlungsplans sowie für Renten ab Vollendung des 85. Lebensjahres im Anschluss an einen Auszahlungsplan.

A. Anpassungsprüfungs- und Anpassungsentscheidungspflicht (§ 16 Abs. 1 und 2 BetrAVG)

I. Normzweck

Mit § 16 BetrAVG soll der Problematik einer Entwertung der laufenden **1** Leistungen der betrieblichen Altersversorgung durch den Anstieg der Verbraucherpreise entgegengewirkt werden. Dabei hat der Gesetzgeber auf eine Indexierung bzw. eine automatische Anpassung der Rentenleistungen verzichtet. Die **Geldentwertung** soll vielmehr dadurch **ausgeglichen bzw. abgemildert** werden, dass dem Arbeitgeber (sofern er keine Anpassungsgarantie ausspricht) die Verpflichtung auferlegt wird, alle drei Jahre eine Anpassung der laufenden Renten zu prüfen und über die Höhe einer eventuellen Rentenanpassung nach billigem Ermessen zu entscheiden. In diesem Zusammenhang sind sowohl die wirtschaftliche Lage des Arbeitgebers als auch die Belange der Versorgungsempfänger zu berücksichtigen.

2 Mit dieser Anpassungsprüfungs- und -entscheidungsverpflichtung hat der Gesetzgeber das in der deutschen Wirtschaftsordnung grds. geltende Nominalwertprinzip eingeschränkt. Dieses besagt, dass eine bestimmte Währungseinheit als solche abstrakt geschuldet ist, d.h. unabhängig von ihrer Kaufkraft definiert wird und damit nominell – trotz eines Wertverlustes – unverändert bleibt.[1] Da die Betriebsrentner nach dem Ausscheiden aus dem Arbeitsleben nichts mehr einzusetzen haben, um die bereits erdiente Versorgung vor dem Kaufkraftverlust zu bewahren, tragen sie allein das mit diesem Prinzip verbundene Entwertungsrisiko, welches durch § 16 BetrAVG gemindert wird.[2]

II. Gegenstand der Anpassung

1. Laufende Leistungen der betrieblichen Altersversorgung

3 Nach dem Wortlaut des § 16 Abs. 1 BetrAVG erstreckt sich die Anpassungsprüfungs- und -entscheidungsverpflichtung des Arbeitgebers ausschließlich auf laufende Leistungen der **betrieblichen Altersversorgung**. Anpassungsgegenstand sind damit all diejenigen Leistungen der Alters-, Invaliditäts- oder Hinterbliebenenversorgung, die einem Arbeitnehmer aus Anlass seines Arbeitsverhältnisses vom Arbeitgeber zugesagt werden.[3] Andere, nicht unter den Begriff der betrieblichen Altersversorgung fallende betriebliche Leistungen, wie bspw. Übergangsgelder,[4] Vorruhestandsgelder oder auch Sterbegeldzahlungen, sind dagegen nicht nach § 16 BetrAVG zu überprüfen bzw. anzupassen.[5] Die Verpflichtung nach § 16 BetrAVG besteht bei Realleistungen ebenfalls nicht, da sich bei diesen Sach- oder Nutzungsleistungen das Problem des Kaufkraftverlustes naturgemäß nicht stellt.

4 Werden derartige nicht anpassungspflichtige Leistungen zeitlich später durch betriebliche Versorgungsleistungen abgelöst oder ersetzt, so sind Letztere an den Vorgaben des § 16 BetrAVG zu messen.[6]

---

1 *Teichmann* in: Soergel § 242 BGB Rn. 251 ff.
2 BAG 15.9.1977, 3 AZR 654/76, EzA § 16 BetrAVG Nr. 6 = DB 1977, 1353.
3 Vgl. hierzu § 1 Abs. 1 S. 1 BetrAVG.
4 Vgl. zur Abgrenzung eines Übergangsgeldes von betrieblicher Altersversorgung BAG 18.3.2003, 3 AZR 315/02, DB 2004, 1624 sowie 28.10.2008, 3 AZR 317/07, DB 2009, 1714.
5 Zur Abgrenzung der Leistungen der betrieblichen Altersversorgung s. § 1 Rdn. 39–74, insbes. § 1 Rdn. 73 f.
6 BGH 28.9.1981, II ZR 181/80, DB 1982, 126.

Weiteres Tatbestandsmerkmal des § 16 Abs. 1 BetrAVG ist das Vorliegen von 5
laufenden Leistungen. Darunter sind regelmäßig wiederkehrende Leistungen
zu verstehen und zwar unabhängig davon, ob sie lebenslänglich oder lediglich
temporär gewährt werden. Auch bei vergleichsweise kurzen Rentenlauf-
zeiten, wie etwa bei der Gewährung von Waisenrente, die nach aktuellem
Steuerrecht zeitlich auf die Vollendung des 25. Lebensjahres zu begrenzen ist,
stellt sich das Problem des inflationsbedingten Kaufkraftverlustes.

Dagegen besteht **keine Anpassungspflicht** bei einmaligen **Kapitalzahlungen.** 6
Das ergibt sich zum einen aus dem klaren Wortlaut der Vorschrift; zum
anderen ist der Versorgungsempfänger ab dem Zeitpunkt der Auszahlung des
Kapitalbetrages selbst imstande, dem Geldwertverfall vorzubeugen.

Bei Auszahlung des Kapitalbetrages in **mehreren Raten** kann die Abgren- 7
zung, ob noch die Gewährung einer Kapitalleistung im Vordergrund steht,
oder ob durch die Anzahl der zu zahlenden Raten bereits der Charakter einer
laufenden Leistung erreicht ist, schwierig sein. Die Literatur bejaht eine
Kapitalleistung bei Ratenzahlungen bis zu maximal fünf Jahren und lehnt
eine solche ab einem Zeitraum von 10 Jahren grundsätzlich ab.[7] Für zwi-
schenliegende Zeiträume soll nach den jeweiligen Umständen des Einzelfalles
die Frage der Kapitalleistung entschieden werden, was rechtsdogmatisch
nicht überzeugend ist. Untauglich ist auch das Argument, analog zu § 16
Abs. 6 BetrAVG bei allen Formen der Ratenzahlung eine Kapitalleistung
anzunehmen und die Anpassungsprüfungspflicht zu verneinen.[8] Hiermit
wird verkannt, dass § 16 Abs. 6 BetrAVG eine Sonderregelung darstellt, die
nicht analogiefähig ist.[9] Ferner müsste dem Versorgungsberechtigten auch bei
einer Ratenzahlung außerhalb von § 16 BetrAVG aufgrund der arbeitsrechtlichen Fürsorgepflicht eine angemessene Verzinsung des ausstehenden Restbe-
trages gewährt werden, welche bei schlechter wirtschaftlicher Lage des
Arbeitgebers nicht ohne Weiteres ausgesetzt werden kann.

Aus dem Wortlaut des § 16 Abs. 1 BetrAVG ergibt sich im Umkehrschluss, 8
dass **Versorgungsanwartschaften nicht anzupassen** sind, denn die Vorschrift
schreibt nur die Anpassung von laufenden Leistungen der betrieblichen
Altersversorgung vor.[10] Auch die während der Anwartschaftsphase eingetre-

---

7   *Höfer* BetrAVG, Rn. 5120f. zu § 16.
8   So *Blomeyer/Rolfs/Otto* § 16 Rn. 41.
9   *Förster/Rühmann/Cisch* 12. Aufl., § 16 Rn. 51; *Höfer* BetrAVG, Rn. 5121 zu § 16.
10 BAG 15.9.1977, 3 AZR 654/76, EzA § 16 BetrAVG Nr. 6 = DB 1977, 1353.

tene Entwertung ist bei einer späteren Anpassung des zum Anspruch erstarkten Versorgungsrechts nicht zu berücksichtigen.[11]

2. Durchführungswegunabhängige Verpflichtung

9 Die gesetzliche Anpassungsprüfungs- und -entscheidungsverpflichtung
besteht nach dem eindeutigen Wortlaut für Leistungen der betrieblichen
Altersversorgung, unabhängig davon, ob sie unmittelbar vom Arbeitgeber
erbracht werden oder ob sich der Arbeitgeber eines rechtlich selbstständigen
Versorgungsträgers bedient, mit dessen Hilfe er die Versorgungsleistungen
mittelbar erbringt. Diese durchführungswegunabhängige Verpflichtung entspricht auch dem Gesetzeszweck.[12] Wenn über die gesetzlich normierte
Anpassungsverpflichtung dem Wertverfall der betrieblichen Versorgungsleistungen vorgebeugt werden soll, ist es unerheblich, ob die betrieblichen Leistungen vom Arbeitgeber direkt oder mittelbar erbracht werden.

III. Anpassungsschuldner

1. Arbeitgeber

10 Normadressat der Anpassungsprüfungs- und -entscheidungsverpflichtung ist
nach dem Wortlaut des § 16 Abs. 1 BetrAVG **allein** der **Arbeitgeber**, also derjenige, der dem Versorgungsempfänger aus der ursprünglich erteilten Zusage
verpflichtet ist. Die Anpassungsprüfungspflicht gilt auch für Nicht-Arbeitnehmer, welche gem. § 17 Abs. 1 S. 2 BetrAVG unter den Schutz des Gesetzes fallen und denen die Gewährung von Leistungen der betrieblichen
Altersversorgung versprochen wurde. Für Arbeitgeber des öffentlichen Dienstes i.S.d. § 18 BetrAVG findet § 16 BetrAVG dagegen keine Anwendung.[13]

11 Der **Grundsatz**, wonach die Anpassungsverpflichtung für dasjenige Unternehmen Anwendung findet, welches als Arbeitgeber die entsprechende Versorgungszusage erteilt hat, **gilt auch** dann, wenn der Arbeitgeber in einen
Konzern eingebunden ist, denn der Konzern als solcher kann nicht (ehemaliger) Arbeitgeber sein; Arbeitgeber ist vielmehr das jeweilige konzerngebundene Einzelunternehmen.[14]

---

11 BAG 15.9.1977, 3 AZR 654/76, EzA § 16 BetrAVG Nr. 6 = DB 1977, 1353.
12 Vgl. Rdn. 1 f.
13 Vgl. § 18 Abs. 1 BetrAVG.
14 Zur Beurteilung der wirtschaftlichen Lage im Konzern s. Rdn. 78 ff.

2. Rechtsnachfolger

Die Anpassungsverpflichtung trifft nicht notwendigerweise den ehemaligen 12
Arbeitgeber, der dem Versorgungsberechtigten das Versorgungsversprechen
gegeben hat. Sie kann auch auf einen Rechtsnachfolger dieses Arbeitgebers
durch vertragliche Vereinbarung oder kraft Gesetzes übergehen.

Insoweit kommen als Rechtsnachfolger zunächst **Folgearbeitgeber** in 13
Betracht, welche eine gesetzlich unverfallbare Versorgungsanwartschaft bzw.
welche eine Versorgungszusage nach § 4 BetrAVG übernommen haben.

Auch in den Fällen des **Betriebsübergangs** nach § 613a BGB geht die Ver- 14
pflichtung zur Anpassungsprüfung und -entscheidung für Versorgungsverpflichtungen aus bestehenden Arbeitsverhältnissen auf den Betriebserwerber
über, sodass für ab dem Zeitpunkt des Betriebsübergangs eintretende Versorgungsfälle nunmehr der neue Arbeitgeber die Anpassung nach Maßgabe des
§ 16 BetrAVG schuldet.[15] Für die bereits vor dem Betriebsübergang unter
Aufrechterhaltung einer unverfallbaren Anwartschaft ausgeschiedenen
Arbeitnehmer bzw. bereits begünstigten Rentenempfänger bleibt allerdings
weiterhin der Betriebsveräußerer verpflichtet.

Ein Übergang der Verpflichtung auf einen Rechtsnachfolger ist auch in den 15
Fällen der **Umwandlung** nach dem Umwandlungsgesetz oder bei einer
Gesamtrechtsnachfolge möglich.[16]

Gleiches gilt im Fall des Ablebens des ursprünglichen Anpassungsverpflichte- 16
ten, denn mit dem Erbfall geht die Pflicht des Arbeitgebers aus § 16
BetrAVG auf den Erben über.[17] Diese Pflicht zur Anpassung der Betriebsrente trifft den Erben des ehemals einzelkaufmännisch tätigen früheren
Arbeitgebers selbst dann, wenn er dessen Geschäft nicht fortführt.[18]

---

15 BAG 21.2.2006, 3 AZR 216/05, EzA § 16 BetrAVG Nr. 45 = DB 2006, 2131.
16 BAG 31.7.2007, 3 AZR 810/05, EzA § 16 BetrAVG Nr. 52 = DB 2008, 135, zu
    der Frage ob im Zuge einer Verschmelzung weiterhin auf die ursprüngliche wirt-
    schaftlich schwache Gesellschaft abgestellt werden kann; dies ist gem. § 16
    BetrAVG nicht zulässig.
17 Vgl. §§ 1922, 1967 BGB.
18 BAG 9.11.1999, 3 AZR 420/98, EzA § 16 BetrAVG Nr. 33 = DB 2000, 1867.

3. Sonderproblem: Rentnergesellschaft

17 Auch ein nicht mehr auf Dauer werbend am Markt tätiges Unternehmen, das liquidiert wurde und dessen einziger verbliebener Geschäftszweck die Abwicklung seiner Versorgungsverbindlichkeiten ist (sog. **Rentnergesellschaft**), hat eine Anpassung der Betriebsrenten zu überprüfen und hierüber nach billigem Ermessen zu entscheiden.[19] Das Gleiche gilt, wenn der ehemalige Arbeitgeber als Abwicklungsgesellschaft zwar nicht mehr werbend am Markt tätig ist, jedoch über die Betriebsrentnerbetreuung hinaus im Bereich der Geschäftsabwicklung noch unternehmerisch aktiv ist.[20]

4. Keine Verpflichtung externer Versorgungsträger

18 **Auch im Fall der mittelbaren Durchführung** der betrieblichen Altersversorgung über einen rechtlich selbstständigen Versorgungsträger verbleibt die Verpflichtung zur Anpassungsprüfung nach dem eindeutigen Wortlaut des § 16 Abs. 1 BetrAVG beim **Arbeitgeber**. Lebensversicherungsunternehmen, Pensionskassen, Unterstützungskassen und Pensionsfonds sind keine Arbeitgeber; der Arbeitgeber bedient sich ihrer lediglich zur Abwicklung der betrieblichen Altersversorgung, ohne jedoch dadurch von seiner arbeitsrechtlichen Verpflichtung aus dem Grundverhältnis frei zu werden.[21]

19 Allerdings enthalten die Beitrags- und Leistungsbestimmungen der genannten Versorgungsträger regelmäßig Bestimmungen zur Anpassung der laufenden Leistungen, die den Maßgaben des § 16 BetrAVG – zumindest teilweise – Rechnung tragen. Soweit über diese Anpassungsregelungen der Anspruch des Versorgungsberechtigten erfüllt wird, ist der Arbeitgeber von seiner Verpflichtung nach § 16 BetrAVG befreit.

5. Grundsätzlich keine Verpflichtung des Pensions-Sicherungs-Vereins

20 § 16 BetrAVG verpflichtet ausweislich seines Wortlauts nur den Arbeitgeber, **nicht** jedoch den **PSVaG** als Träger der gesetzlichen Insolvenzsicherung.[22]

---

19 BAG 23.10.1996, 3 AZR 514/95, EzA § 16 BetrAVG Nr. 31 = DB 1997, 1287.

20 BAG 25.6.2002, 3 AZR 226/01, EzA § 16 BetrAVG Nr. 40 = DB 2003, 1584.

21 Vgl. § 1 Abs. 1 S. 3 BetrAVG sowie § 1 Rdn. 243 ff.; die Anpassungsverpflichtung entfällt für den Arbeitgeber bei den versicherungsförmigen Durchführungswegen aber u. a. in den Fällen, in denen eine Beitragszusage mit Mindestleistung vorliegt, vgl. § 16 Abs. 3 Nr. 3 BetrAVG.

22 BAG 22.3.1983, 3 AZR 574/81, EzA § 16 BetrAVG Nr. 14 = DB 1983, 780.

Eine andere Auffassung würde insoweit zu Wertungswidersprüchen führen, denn die Versorgungsberechtigten eines zahlungsfähigen Unternehmens mit schlechter Ertragslage müssten größere Opfer erbringen, als ihnen bei einer Insolvenz oder wirtschaftlichen Notlage des Unternehmens abverlangt werden könnten. Sie hätten im Notfall Anspruch auf eine kaufkraftgesicherte Rente, während sie bei wirtschaftlichen Schwierigkeiten, die keinen Sicherungsfall bewirken, die Entwertung ihrer Versorgung hinnehmen müssten.

Dies bedeutet jedoch nicht, dass der PSVaG in keinem Fall und unter keinen Umständen auf die Entwicklung der Kaufkraft reagieren müsste: **21**

So geht das BAG davon aus, dass **bei umfassenden Wirtschaftseinbrüchen** mit einer ungewöhnlich hohen Inflationsrate eine aus den Grundsätzen von Treu und Glauben abgeleitete **Verpflichtung** zu einem angemessenen **Teuerungsausgleich** besteht.[23]

Weiterhin hat die höchstrichterliche Rechtsprechung ausdrücklich klargestellt, **22** dass der PSVaG **die Anpassungsverpflichtung** des insolventen Arbeitgebers dann zu übernehmen hat, **wenn** die Versorgungszusage eine **vertragliche Anpassungsklausel** enthält, die zu einer Dynamisierung der Betriebsrente führt. Sofern dabei eine Ermessensentscheidung erforderlich ist, muss der PSVaG im Insolvenzfall anstelle des zahlungsunfähigen Arbeitgebers den Umfang der zu erbringenden Versorgungsleistung bestimmen.[24] Diese Übernahme der Anpassungsverpflichtung durch den PSVaG gilt uneingeschränkt, sofern der Versorgungsberechtigte bei Eintritt des Insolvenzfalles bereits laufende Versorgungsleistungen bezogen hat. Wegen § 2 Abs. 5 BetrAVG und der dort geregelten Veränderungssperre ist der PSVaG jedoch **nicht** an die vertragliche Anpassungsverpflichtung gebunden, wenn bei Eintritt des Sicherungsfalles lediglich eine **gesetzlich aufrechtzuerhaltende** Anwartschaft vorlag **und** die Anpassungsverpflichtung an **variable Bezugsgrößen** gekoppelt ist, deren künftige Veränderung bei Eintritt des Versorgungsfalles nicht bekannt ist.[25]

---

23 BAG 22.3.1983, 3 AZR 574/81, EzA § 16 BetrAVG Nr. 14 = DB 1983, 780.
24 BAG 22.3.1983, 3 AZR 574/81, EzA § 16 BetrAVG Nr. 14 = DB 1983, 780.
25 BAG 17.3.1995, 3 AZR 767/93, EzA § 7 BetrAVG Nr. 50 = DB 1995, 582; unzutreffend die Schlussfolgerung von *Höfer* BetrAVG, Rn. 3369 zu § 2, dass eine zugesagte Volldynamik auch außerhalb der Insolvenz bei vorzeitigem Ausscheiden untergehe.

23 Die **Anpassungspflicht** des Arbeitgebers muss der PSVaG **auch** dann übernehmen, **wenn** zugunsten des Arbeitnehmers eine **betriebliche Übung** gegolten hat, die inhaltlich zu Ansprüchen der Arbeitnehmer führte, die Betriebsrente in regelmäßigen Abständen nach Maßgabe feststehender, von den Vorgaben des § 16 BetrAVG unabhängigen Bezugsgrößen anzupassen.[26]

IV. Anpassungsberechtigte

24 Anpassungsberechtigt nach § 16 BetrAVG sind ausschließlich **die dem persönlichen Geltungsbereich des Betriebsrentengesetzes unterfallenden Personen**[27] sowie – sofern die Versorgungszusage auch Leistungen für den Fall des Ablebens des originär Versorgungsberechtigten vorsieht – deren Hinterbliebene.

25 Auf Versorgungsleistungen, die **Unternehmern** gewährt werden, finden die Vorschriften des § 16 BetrAVG dagegen keine Anwendung, soweit nicht ihre entsprechende Geltung in der Versorgungszusage vertraglich bestimmt ist. Allerdings kommen bei diesen Personengruppen die von der Rechtsprechung des BGH entwickelten, an **Treu und Glauben** orientierten vorgesetzlichen Anpassungsgrundsätze zum Tragen, wonach ab dem Zeitpunkt, ab dem die eingetretene Teuerung eine Stillhaltegrenze von 33 1/3 % überschreitet, eine Anpassung vorzunehmen ist.[28]

26 Versorgungsrechte, die sowohl auf Dienstzeiten beruhen, in denen der Berechtigte dem persönlichen Geltungsbereich des Betriebsrentengesetzes unterfiel, als auch auf Dienstzeiten, in denen der Berechtigte den Status eines Unternehmers hatte, sind nach den Grundsätzen des § 2 BetrAVG zeitanteilig zu quotieren. Ein Teuerungsausgleich erfolgt dann für den Anteil der Versorgungsleistung, der im Arbeitnehmerstatus erdient wurde, nach Maßgabe

---

26 LAG Köln 15.6.1988, 2 Sa 357/88, (rkr.), BB 1989, 357; nach BAG 25.4.2006, 3 AZR 50/05, EzA § 16 BetrAVG Nr. 49, stellt eine betriebliche Übung, die dem versorgungsverpflichteten Arbeitgeber keinen Entscheidungsspielraum belässt und ihn unabhängig von der Belastbarkeit des Unternehmens zum vollen Ausgleich des Geldwertverlustes verpflichtet, allerdings einen Ausnahmetatbestand dar, der nur dann als gegeben angesehen werden kann, wenn das Verhalten des Arbeitgebers deutlich auf einen entsprechenden Verpflichtungswillen hinweist.

27 Vgl. § 17 Abs. 1 S. 1 und 2 BetrAVG.

28 BGH 6.4.1981, II ZR 252/79, DB 1981, 1454.

des § 16 BetrAVG. Für den komplementären Leistungsanteil gelten die Grundsätze der vorgesetzlichen Anpassungsrechtsprechung des BGH.

Ausnahmsweise kann aus Vereinfachungsgründen aber eine Anpassung insge- 27 samt nach § 16 BetrAVG oder ausschließlich nach den Grundsätzen von Treu und Glauben erfolgen, soweit entweder der Arbeitnehmerstatus oder die Unternehmereigenschaft völlig überwiegt.[29]

V. Prüfungszeitpunkt und Prüfungszeitraum

1. Individuelle Ermittlung der Prüfungszeitpunkte

Nach § 16 Abs. 1 BetrAVG ist der Arbeitgeber verpflichtet, alle drei Jahre 28 eine Anpassung der laufenden Leistungen zu prüfen. Dies bedeutet, dass der Arbeitgeber grds. **für jeden einzelnen Versorgungsberechtigten** getrennt in zeitlichen Abschnitten von jeweils drei Jahren nach dem **individuellen Leistungsbeginn** eine Anpassungsprüfung vorzunehmen und hierbei die exakte Inflationsrate im maßgeblichen Prüfungszeitraum zu ermitteln hat.

Die Drei-Jahres-Frist beginnt somit grds. jeweils mit der **erstmaligen Inan-** 29 **spruchnahme** der laufenden Leistung. Dies gilt unabhängig davon, ob eine gem. § 6 BetrAVG beanspruchbare vorzeitige Altersrente nicht beantragt wird, eine laufende Leistung von Anfang an ruht oder eine Versorgungsleistung nach anfänglicher Gewährung zwischenzeitlich ruht. Eine Ausnahme von diesem Grundsatz besteht nur im Fall von vom Versorgungsberechtigten nicht verschuldeten Verzögerungen, welche zur Nachzahlung von Versorgungsleistungen führen. Hier gilt als Fristbeginn der jeweilige Zeitpunkt, ab dem der Versorgungsberechtigte seine Leistungen erstmalig erhalten hätte, wenn die von ihm nicht zu vertretende Verzögerung nicht eingetreten wäre.

Ein Wechsel der Leistungshöhe oder des Versorgungsträgers der betrieblichen 30 Versorgungsleistungen lässt die Drei-Jahres-Frist unberührt. Das Gleiche gilt im Fall des Wechsels der Leistungsart: Wenn der ursprüngliche Rentenbezieher verstirbt und die bisher gewährte Rente durch eine Hinterbliebenenleistung ersetzt wird, ist zur Ermittlung des Drei-Jahres-Zeitraums weiterhin auf den Beginnzeitpunkt der ursprünglichen Rente abzustellen. Verstirbt der Arbeitnehmer dagegen, ohne vorher selbst eine Rente bezogen zu haben, so ist wiederum auf den erstmaligen Bezug dieser abgeleiteten Versorgungsleistung abzustellen.

---

29 BGH 6.4.1981, II ZR 252/79, DB 1981, 1454.

2. Bündelung des Prüfungstermins

31 Anstelle der starren, individuellen Ermittlung der jeweiligen Prüfungster-
mine kann sich der Arbeitgeber dafür entscheiden, die in einem Jahr fälligen
Anpassungsprüfungen der Betriebsrenten zusammenzufassen und zu einem
bestimmten Zeitpunkt innerhalb oder am Ende des Jahres vorzunehmen.[30]
Diese **Bündelung der Prüfungsstichtage** wird von der Rechtsprechung –
auch unter Hinweis auf die ebenfalls einheitlich zur Mitte des Jahres stattfin-
dende Anpassung der Leistungen in der gesetzlichen Rentenversicherung –
vor allem deshalb als zulässig erachtet, da sie einerseits dem Arbeitgeber
erheblichen Verwaltungsaufwand erspart und andererseits der Rentner im
Extremfall allenfalls drei Jahre und sechs Monate auf die erste Anpassung seiner Betriebsrente warten muss.[31] Diese durch die verspätete Anpassung entstehenden Nachteile sind für den Rentenempfänger hinnehmbar, zumal ein
entsprechend angewachsener höherer Teuerungsausgleich zu berücksichtigen
ist.

32 Bei dieser verzögerten erstmaligen Rentenfestsetzung handelt es sich um
einen einmaligen Vorgang. In der Folgezeit muss der Drei-Jahres-Zeitraum
eingehalten werden.[32]

33 Von dem gesetzlich vorgegeben dreijährigen **Pflichtprüfungsturnus kann
nicht** durch vorgezogene Anpassungsprüfungen **abgewichen werden.**[33] Allerdings ist der Arbeitgeber in diesen Fällen der **freiwilligen** vorgezogenen
Anpassung ebenso wie in Fällen der **überobligatorischen Anpassung** anlässlich früherer Pflichtprüfungsstichtage berechtigt, die vorgenommenen
Anpassungen **gegenzurechnen.** Bei der Ermittlung des Anpassungsbedarfs
steht daher die bereits vorzeitig erbrachte Erhöhung der Versorgungsleistungen nicht mehr zusätzlich zum Teuerungsausgleich an, da der Arbeitgeber
insoweit den Anspruch bereits erfüllt hat.

34 Auch eine **Verkürzung des Prüfungszeitraums** im Zusammenhang mit der
ersten Anpassungsprüfung, um einen festen Drei-Jahres-Turnus im Hinblick

---

30 BAG 28.4.1992, 3 AZR 142/91, EzA § 16 BetrAVG Nr. 22 = DB 1992, 2401.
31 BAG 30.11.2010, 3 AZR 754/08, EzA BetrAVG § 16 Nr. 57 = DB 2011, 1002;
     11.10.2011, 3 AZR 527/09, NZA 2012, 454.
32 BAG 30.8.2005, 3 AZR 395/04, EzA § 16 BetrAVG Nr. 43 = DB 2006, 732;
     28.4.1992, 3 AZR 142/91, EzA § 16 BetrAVG Nr. 22 = DB 1992, 2401.
33 BAG 1.7.1976, 3 AZR 791/75, EzA § 16 BetrAVG Nr. 1 = DB 1976, 885.

auf die Anpassungsprüfungen nach § 16 BetrAVG für sämtliche Versorgungsverpflichteten zu erreichen, ist nicht zu beanstanden.[34] Mithin kann der
Arbeitgeber die Rentenanpassung für sämtliche Rentenempfänger auf **einen
Termin innerhalb eines Drei-Jahres-Zeitraums** bündeln. Begründet wird
dies damit, dass dem Versorgungsempfänger bei Vorverlegung der ersten
Anpassung und daran anschließender Einhaltung der Drei-Jahres-Frist auf
die gesamte Laufzeit der Betriebsrente gesehen mehr Vor- als Nachteile entstehen. Neben dieser Begünstigung der Betriebsrentner dient die beschrie-
bene Vorgehensweise auch der Verwaltungsvereinfachung beim anpassungs-
verpflichteten Arbeitgeber. Auch bei dieser Sonderform der Bündelung von
Anpassungsterminen kann es zu einer Verzögerung der ersten Anpassungs-
überprüfung kommen, wenn nicht alle Neurentner bei der ersten auf den
Rentenbeginn folgenden Anpassungsprüfung mit einbezogen werden, weil
z.B. der Rentenbeginn nur wenige Monate vor dem Prüfungstermin liegt.
Sofern sich diese Verzögerung aber in den Grenzen des bislang von der
Rechtsprechung als zulässig anerkannten Rahmens bewegt – also nicht zu
einem sechs Monate überschreitenden ersten Prüfungszeitraum führt – ist sie
nicht zu beanstanden.[35] Auch eine **Verkürzung des Prüfungszeitraums für
bereits laufende Renten** sollte rechtlich anerkannt werden, da die damit
einhergehenden verwaltungstechnischen Gründe die Vorverlegung i.d.R.
sachlich rechtfertigen werden. Allerdings hat das BAG die einheitliche
Anpassungsentscheidung im dreijährigen Rhythmus für den gesamten Rentnerbestand bisher **nur bei Fällen bejaht**, bei denen die **erste** Anpassungsprüfung vorverlegt oder verzögert wurde. Die Zulässigkeit einer entsprechenden
Umstellung der Anpassungsprüfung für laufende Rentenbezieher, deren
Betriebsrente wenigstens bereits einmal angepasst wurde, unterlag bisher
noch nicht der gerichtlichen Überprüfung. Eine Verzögerung der Anpassungsprüfung anlässlich der Umstellung auf die neue Anpassungssystematik
ist hierbei rechtlich wohl nicht zulässig, denn das BAG hat in seinen bisherigen Entscheidungen zur Zulässigkeit einer Bündelung von Prüfungsstichtagen stets betont, dass Verzögerungen nur bei der Erstanpassung tolerierbar
seien und in der Folgezeit stets der dreijährige Prüfungszeitraum einzuhalten
sei.

---

34 BAG 30.8.2005, 3 AZR 395/04, EzA § 16 BetrAVG Nr. 43, DB 2006, 732.
35 BAG 30.8.2005, 3 AZR 395/04, EzA § 16 BetrAVG Nr. 43 = DB 2006, 732;
    30.11.2010, 3 AZR 754/08, EzA BetrAVG § 16 Nr. 57 = DB 2011, 1002.

35 Für sog. **Altrenten**, das sind Renten, die bereits vor dem 1.1.1972 erstmalig gewährt wurden, hat die Rechtsprechung als ersten Prüfungsstichtag einheitlich den 1.1.1975 festgesetzt.[36] Damit ergibt sich eine **starre Anpassungsregelung** für diese Versorgungsleistungen. Für die zum 1.1.1975 vorzunehmende Erstanpassung der Altrenten wurde den Anforderungen des § 16 BetrAVG genügt, wenn der Kaufkraftverlust der Leistungen der betrieblichen Altersversorgung zur Hälfte ausgeglichen wurde (sog. **Hälftelungsanpassung**).[37] Für die in der Folgezeit vorzunehmenden Anpassungen wurde diese Ausnahme von der Rechtsprechung allerdings nicht mehr toleriert, sodass grds. der volle Kaufkraftverlust zum Ausgleich anstand.

3. Maßgeblicher Prüfungszeitraum

36 § 16 Abs. 1 BetrAVG legt mit dem dreijährigen Turnus für die Anpassungsprüfung des Arbeitgebers lediglich den Prüfungstermin fest. Eine eindeutige Aussage dazu, wie der in § 16 Abs. 2 BetrAVG genannte Prüfungszeitraum abzugrenzen ist, innerhalb dessen die jeweiligen Anpassungsmaßstäbe auszuwerten sind, enthält das Gesetz dagegen nicht. In Übereinstimmung mit der zur Vorfassung des § 16 BetrAVG hierzu ergangenen Rechtsprechung[38] hat das BAG[39] klargestellt, dass der für die Ermittlung des Anpassungsbedarfs maßgebliche Prüfungszeitraum – trotz Neufassung des § 16 BetrAVG – weiterhin **vom Rentenbeginn**[40] **bis zum jeweiligen Anpassungsstichtag** reiche, denn nur so könne eine Auszehrung der Betriebsrenten durch Beibehaltung bzw. Wiederherstellung des ursprünglich vorausgesetzten Verhältnisses von Leistung und Gegenleistung vermieden werden. Sowohl für die reallohnbezogene Obergrenze als auch für den Teuerungsanstieg müsse aus diesem Grunde jeweils auch derselbe Prüfungszeitraum gelten (»**Gleichlauf der Prüfungszeiträume**«). Dabei sei im Hinblick auf die Ermittlung des Kaufkraftverlusts jeweils auf die Indexwerte der Monate abzustellen, die dem erstmaligen Rentenbezug und den jeweiligen Anpassungsstichtagen unmittelbar

---

36 BAG 1.7.1976, 3 AZR 791/75, EzA § 16 BetrAVG Nr. 1 = DB 1976, 885.

37 BAG 15.9.1977, 3 AZR 654/76, EzA § 16 BetrAVG Nr. 6 = DB 1977, 1353.

38 BAG 21.8.2001, 3 AZR 589/00, EzA § 16 BetrAVG Nr. 39 = DB 2001, 1331.

39 BAG 30.8.2005, 3 AZR 395/04, EzA § 16 BetrAVG Nr. 43 = DB 2006, 732.

40 Nach BAG 25.4.2006, 3 AZR 159/05, DB 2006, 2639 ist dies anders im Konditionenkartell des Bochumer Verbandes: Anstelle des Rentenbeginns ist hier – jedenfalls für die bis zum Versorgungsfall betriebstreuen Arbeitnehmer – der letzte vor Rentenbeginn festgelegte Anpassungsstichtag maßgeblich.

vorausgehen. Die Zahlung der erhöhten Rente müsse sich schließlich unmittelbar an den Prüfungszeitraum anschließen. Dieser von § 16 BetrAVG für den Anpassungsbedarf vorgegebene Prüfungszeitraum sei zwingend und stehe nicht zur Disposition des Arbeitgebers.[41]

Im Ergebnis müssen – insbesondere bei einem in der Vergangenheit erfolgten Wechsel des Beurteilungsmaßstabs zur Ermittlung des Anpassungsbedarfs – sowohl der Teuerungsanstieg als auch die Nettolohnentwicklung jeweils vom Rentenbeginn bis zum (ggf. für den gesamten Rentnerbestand einheitlichen) aktuellen Prüfungsstichtag ermittelt, einander gegenübergestellt und der neue Rentenbetrag – gemessen an der Ausgangsrente – mindestens auf den niedrigeren der beiden Referenzbeträge angehoben werden. Gesellschaftsrechtliche Veränderungen, wie beispielsweise eine Verschmelzung zweier Unternehmen, führen nicht zu einer Unterbrechung des Prüfungszeitraums mit der Folge eines Neubeginns, d.h. das neue Unternehmen haftet grds. für den gesamten Prüfungszeitraum ab Rentenbeginn.[42] **37**

VI. Ermittlung des Anpassungsbedarfs/Anpassungsmaßstab

1. Belange der Versorgungsempfänger

Der Gesetzgeber regelt mit § 16 Abs. 2 BetrAVG im Wege einer gesetzlichen Fiktion, unter welchen Voraussetzungen er die Anpassungsprüfungsverpflichtung als erfüllt ansieht. Nach § 16 Abs. 2 Nr. 1 BetrAVG ist der Anpassungsbedarf des Rentenempfängers nach dem **seit dem individuellen Rentenbeginn eingetretenen Kaufkraftverlust** der Rente zu bestimmen. Dieser wurde – für Prüfungsstichtage bis einschließlich 1.1.2003 – noch gemessen am »Preisindex für die Gesamtlebenshaltung von Vier-Personen-Haushalten von Arbeitern und Angestellten mit mittleren Einkommen«. Nach § 16 Abs. 2 Nr. 2 BetrAVG kann **anstelle des Teuerungsausgleichs** auch eine **geringere Anpassungsrate** gewährt werden, **wenn** innerhalb des zur Überprüfung anstehenden Zeitraums die »Nettolöhne vergleichbarer Arbeitnehmergruppen des Unternehmens« **geringer gestiegen** sind als die Verbraucherpreise. Der Vergleichsmaßstab von Inflations- und Nettoeinkommensanstieg **38**

41 BAG 25.4.2006, 3 AZR 159/05, EzA § 16 BetrAVG Nr. 47 = DB 2006, 2639.
42 BAG 31.7.2007, 3 AZR 810/05, EzA § 16 BetrAVG Nr. 52 = DB 2008, 135.

war in Anlehnung an die ständige Rechtsprechung des BAG[43] im Zuge des Rentenreformgesetzes 1999 als arbeitsrechtlich maßgeblicher Überprüfungs- und Anpassungsmaßstab im Betriebsrentengesetz festgeschrieben worden.

39 Die Regelung des § 16 Abs. 2 BetrAVG hat das nach Abs. 1 der Vorschrift grds. bestehende Ermessen des Arbeitgebers nicht beseitigt. Nach der erstgenannten Bestimmung gilt die Verpflichtung zu einer ermessensfehlerfreien Anpassungsentscheidung allerdings als erfüllt, wenn die Anpassung nicht geringer ausfällt als der Anstieg der Teuerung bzw. derjenige der Nettolöhne vergleichbarer Arbeitnehmergruppen des Unternehmens. § 16 Abs. 2 BetrAVG erhöht dadurch die Rechtssicherheit, dass eine bestimmte Berechnung der Geldentwertung und der reallohnbezogenen Obergrenze ausdrücklich gebilligt wird. Die Formulierung »gilt als erfüllt« bringt zum Ausdruck, dass es keiner weiteren Prüfung mehr bedarf, wenn der Arbeitgeber diesen Weg beschreitet. Das heißt aber nicht, dass andere Berechnungsmethoden ermessensfehlerhaft sind. Wenn der Arbeitgeber sich daher für eine andere Berechnungsart entscheidet, ist zusätzlich noch eine Billigkeitskontrolle erforderlich. Diese ist mit Prozessrisiken verbunden.[44]

a) Teuerungsausgleich

40 Ausgangspunkt der Anpassungsentscheidung ist der Anpassungsbedarf der Versorgungsempfänger. Dieser richtet sich nach dem zwischenzeitlich eingetretenen Kaufkraftverlust. Dabei war die Teuerungsrate für Anpassungsstichtage **bis** einschließlich **1.1.2003** auf Grundlage des bis dahin maßgeblichen »**Preisindex für die Gesamtlebenshaltung von Vier-Personen-Haushalten von Arbeitern und Angestellten mit mittlerem Einkommen**« zu ermitteln. Hierzu ist bspw. für den Anpassungsstichtag 1.1.2003 der Kaufkraftverlust nach folgender Formel zu ermitteln:

$$(Index_{Dez2008} / Index_{Vormonat\ Rentenbeginn} - 1) \times 100\% = Teuerungsanstieg$$

41 Die Veröffentlichung der getrennten Preisindizes für das frühere Bundesgebiet sowie die neuen Länder und Berlin (Ost) sowie der unterschiedlichen Haushaltstypen wurde mit der Veröffentlichung der Dezemberindizes 2002

---

43 BAG 16.12.1976, 3 AZR 795/75, EzA § 242 BGB Ruhegeld Nr. 60 = DB 1977, 96; 11.8.1981, 3 AZR 395/80, EzA § 16 BetrAVG Nr. 12 = DB 1981, 1783.

44 BAG 9.11.1999, 3 AZR 432/98, EzA § 1 BetrAVG Ablösung Nr. 23 = DB 2001, 876.

eingestellt. Für Prüfungsstichtage **nach dem 1.1.**2003 ist dann der für Deutschland einheitliche Preisindex auf Grundlage eines neu zusammengestellten Warenkorbes, welcher nur noch für alle privaten Haushalte ermittelt wird, heranzuziehen.

In diesem Zusammenhang hat der Gesetzgeber § 16 Abs. 2 Nr. 1 BetrAVG   **42** geändert[45] und den bisher maßgeblichen »Preisindex für die Lebenshaltung von Vier-Personen-Haushalten von Arbeitern und Angestellten mit mittlerem Einkommen« ab diesem Jahr durch den alleinig berechneten »**Verbraucherpreisindex für Deutschland**« mit der Basis »2000 = 100« ersetzt. Zudem wurde in der **Übergangsregelung des § 30c Abs. 4 BetrAVG** bestimmt, dass für die Erfüllung der Anpassungsprüfungspflicht für Zeiträume vor dem 1.1.2003 § 16 Abs. 2 Nr. 1 BetrAVG mit der Maßgabe gilt, dass an die Stelle des Verbraucherindexes für Deutschland der Preisindex für die Lebenshaltung von Vier-Personen-Haushalten von Arbeitern und Angestellten mit mittlerem Einkommen tritt. Aus dieser Gesetzesänderung ergeben sich nunmehr grds. zwei unterschiedliche Verfahrensansätze zur Ermittlung des Preisanstiegs für Prüfungszeiträume, die sowohl Zeiten vor dem 1.1.2003 als auch nach dem 31.12.2002 umfassen:

– Einerseits könnte die Teuerungsrate für den Drei-Jahres-Zeitraum aus den seit 2003 maßgeblichen Indizes berechnet werden, wobei als Ausgangswert der aus den gem. dem Verbraucherindex für Deutschland zurückentwickelten Werten bestimmte Index zugrunde gelegt würde (Rückrechnungsmethode).

– Andererseits könnte der Preisanstieg für den Prüfungszeitraum aber auch für den Zeitraum ab 2003 aus den seit 2003 maßgeblichen Indizes ermittelt werden. Für den Zeitraum bis Ende 2002 wäre die Preissteigerung aus den dem bisherigen Preisindex entnommenen Werten zu ermitteln (Splittingmethode).

Das BAG hat sich für die Anwendung der Rückrechnungsmethode ausge-   **43** sprochen, wobei der 3. Senat andere Verfahren nicht grds. ausgeschlossen hat.[46] Als maßgeblicher Ansatzpunkt ist der Verbraucherpreisindex heranzuziehen, der zum Anpassungsstichtag aktuell vom Statistischen Bundes-

---

45 Vgl. Art. 3 des Gesetzes zur Änderung von Fristen und Bezeichnungen im Neunten Buch Sozialgesetzbuch und zur Änderung anderer Gesetze, BGBl. 2003 I S. 462.

46 BAG 11.10.2011, 3 AZR 527/09, NZA 2012, 454.

amt veröffentlicht worden war; spätere Veröffentlichungen bleiben unberücksichtigt.[47]

44   Grundsätzlich konnte bislang die Ermittlung der für die Anpassungsprüfung maßgeblichen Teuerungsrate sowohl auf Basis der Monats- als auch auf Basis der Jahreswerte erfolgen.[48] Da bei der erstmaligen Anpassungsprüfung nach Rentenbeginn jedoch generell auch unterjährige Preissteigerungen zu berücksichtigen sind, gibt das BAG allerdings in seiner neueren Rechtsprechung[49] die **Verwendung von Monatsindexwerten zwingend** vor.

45   Auf die entsprechend der oben dargestellten Formel ermittelte Teuerungsrate sind **weder Abschläge** wegen normaler, vom Rentenempfänger hinzunehmender Teuerung vorzunehmen,[50] **noch** ist die Berücksichtigung einer **Obergrenze** sachlich gerechtfertigt. Das BAG hat die Annahme, dass die Betriebsrenten zusammen mit den Sozialversicherungsrenten nicht mehr als einen bestimmten Prozentsatz der Bezüge vergleichbarer aktiver Arbeitnehmer betragen dürfen (sog. **absolute Obergrenze**) ebenso abgelehnt, wie auch einen Vergleich der Entwicklung der Gesamtversorgung des Rentenempfängers zur Nettoeinkommensentwicklung vergleichbarer aktiver Arbeitnehmer im Prüfungszeitraum (sog. **relative Obergrenze**).[51]

46   Die nach der oben dargestellten Formel ermittelte Teuerungsrate wird darüber hinaus auch **nicht durch** andere **externe Einflussgrößen modifiziert**. So ist die Dynamisierung der Renten aus der Sozialversicherung ebenso außer Acht zu lassen,[52] wie die individuelle Belastung des Rentenempfängers mit gesetzlichen Abgaben.[53] Damit ergibt sich der grundsätzliche Anpassungsbedarf für den aktuellen Prüfungszeitraum ausschließlich aus dem durch

---

47   BAG 28.6.2011, 3 AZR 859/09, FA 2011, 376 = NZA 2011, 1285; 11.10.2011, 3 AZR 527/09, NZA 2012, 454.
48   LAG Hamburg 28.1.2002, 4 Sa 20/01, n.v.
49   BAG 30.8.2005, 3 AZR 395/04, EzA § 16 BetrAVG Nr. 43 = DB 2006, 732.
50   BAG 16.12.1976, 3 AZR 795/75, EzA § 242 BGB Ruhegeld Nr. 60 = DB 1977, 96.
51   BAG 15.9.1977, 3 AZR 654/76, EzA § 16 BetrAVG Nr. 6 = DB 1977, 1353 zur absoluten Obergrenze sowie BAG 11.8.1981, 3 AZR 395/80, EzA § 16 BetrAVG Nr. 12 = DB 1981, 1783.
52   BAG 15.9.1977, 3 AZR 654/76, EzA § 16 BetrAVG Nr. 6 = DB 1977, 1353.
53   BAG 14.2.1989, 3 AZR 313/87, EzA § 16 BetrAVG Nr. 20 = DB 1989, 1422; 23.5.2000, 3 AZR 103/99, EzA § 16 BetrAVG Nr. 36 = DB 2001, 2506.

Betrachtung der maßgeblichen Preisindizes ermittelten Prozentsatz. Um diesen Steigerungssatz muss der aktuelle Rentenzahlbetrag grds. erhöht werden.

b) Zulässige Schlechterstellung vorzeitig ausgeschiedener Versorgungsberechtigter

Im Einzelfall kann der Arbeitgeber den Mitarbeitern, welche betriebstreu **46a** sind, eine vorteilhaftere Anpassungsregelung gewähren als den Mitarbeitern, welche vorzeitig, vor Eintritt des Versorgungsfalles aus dem Unternehmen ausscheiden. Eine Diskriminierung wegen Alters nach AGG liegt in derartigen Fällen nicht vor, wenn die jeweiligen Bestimmungen nicht an ein bestimmtes Lebensalter anknüpfen. Im Übrigen ist die Ungleichbehandlung sachlich gerechtfertigt. Wenn aufgrund eines Konditionenkartells (Essener Verband) die unmittelbaren Konkurrenten eines Arbeitgebers dieselbe Altersversorgung anbieten, hat der Arbeitgeber ein besonderes Interesse daran, Betriebstreue auch bei der betrieblichen Altersversorgung besonders zu belohnen.[54]

c) Reallohnbezogene Obergrenze

Die am Preisindex für die Lebenshaltung orientierte Kaufkrafterhaltung der **47** betrieblichen Versorgungsleistungen kann jedoch unterbleiben, soweit sie über diejenigen nettolohnbezogenen Einkommenssteigerungen hinausgeht, welche sich für vergleichbare Mitarbeiter des Unternehmens während des maßgeblichen Prüfungszeitraums ergeben haben. Diesen vom BAG entwickelten Maßstab[55] hat der Gesetzgeber in § 16 Abs. 2 Nr. 2 BetrAVG nunmehr bestätigt und für verbindlich erklärt.[56] Es ist nach Auffassung des BAG durchaus sachgerecht, die **Wertentwicklung der Betriebsrenten mit** der **Reallohnentwicklung** zu **vergleichen**, die sich für die aktive Belegschaft in dem Unternehmen ergibt, das die Versorgung aufbringt. Wenn sogar die aktive Belegschaft, auf deren Arbeitskraft das Unternehmen dringend angewiesen ist, keinen vollen Teuerungsausgleich erhalten kann, wenn also die Nettoverdienste im Durchschnitt weniger ansteigen als der Verbraucherpreisindex für Deutschland, müssen sich auch die Betriebsrentner mit einer ent-

---

54 BAG 30.11.2010, 3 AZR 754/08, EzA BetrAVG § 16 Nr. 57 = DB 2011, 1002.
55 BAG 11.8.1981, 3 AZR 395/80, EzA § 16 BetrAVG Nr. 12 = DB 1981, 1783; 14.2.1989, 3 AZR 313/87, EzA § 16 BetrAVG Nr. 20 = DB 1989, 1422.
56 *Berenz* Gesetzesmaterialien BetrAVG § 16, S. 403.

sprechend geringeren Anpassungsrate begnügen. Eine Bevorzugung der Versorgungsberechtigten würde auf Unverständnis der aktiven Belegschaft stoßen und wäre i.d.R. mit der wirtschaftlichen Lage des Unternehmens schwer vereinbar.

48 Will der Arbeitgeber bei der Anpassungsprüfung den Kaufkraftverlust der Betriebsrenten daher nicht voll ausgleichen, muss er eine **Vergleichsberechnung** vornehmen. Dabei kommt es bei der Ermittlung der Nettolöhne innerhalb eines typischen Teils der Belegschaft **nicht** auf die **individuellen Steuer- und Beitragssätze** einzelner Arbeitnehmer an, **sondern** nur auf **Durchschnittsbeträge**, wie sie in der Fachpresse veröffentlicht werden.[57]

49 Das BAG räumt dem Arbeitgeber bzgl. der im Gesetz vorgesehenen **Bildung von Arbeitnehmergruppen** einen weitgehenden **Entscheidungsspielraum** ein.[58] Es bleibt dem Arbeitgeber überlassen, ob er eine gröbere oder eine differenziertere Einteilung vornimmt. Der Entscheidungsspielraum ist nicht überschritten, wenn klare, verdienstbezogene Abgrenzungskriterien die Gruppenbildung als sachgerecht erscheinen lassen.[59] Die Gerichte haben nicht zu prüfen, ob eine andere Einteilung in ihren Augen gerechter oder zweckmäßiger wäre. Daher hält es das BAG für zulässig, beispielsweise alle außertariflichen Angestellten zu einer Arbeitnehmergruppe zusammenzufassen.

50 Allerdings ist nach Ansicht des BAG eine bestimmte Gruppenbildung nicht zwingend geboten.[60] Es verschafft den Arbeitgebern aber eine erhöhte Rechtssicherheit, wenn sie den vom Gesetzgeber ausdrücklich gebilligten Weg beschreiten. Entscheidet sich der Arbeitgeber für eine andere Berechnungsart, so ist noch eine Billigkeitskontrolle erforderlich, welche mit Prozessrisiken verbunden ist. Eine Abweichung von der im Gesetz vorgesehenen und für interessengerecht erachteten Berechnungsmethode ist daher zwar möglich, sie bedarf aber einer tragfähigen Begründung. An sie dürfen wegen des weiten Ermessensspielraums des Arbeitgebers keine zu hohen Anforderungen gestellt werden. Bei der Bewertung eines von § 16 Abs. 2 Nr. 2 BetrAVG abweichenden Anpassungsmodells ist von wesentlicher Bedeutung, inwieweit es sich in die Gesamtkonzeption des Versorgungswerks einfügt und den Interessen der Versorgungsempfänger Rechnung trägt. Die

---

57 BAG 11.8.1981, 3 AZR 395/80, EzA § 16 BetrAVG Nr. 12 = DB 1981, 1783.
58 BAG 23.5.2000, 3 AZR 103/99, EzA § 16 BetrAVG Nr. 36 = DB 2001, 2506.
59 LAG Niedersachsen 16.2.2012, 4 Sa 1001/11 B.
60 BAG 30.8.2005, 3 AZR 395/04, EzA § 16 BetrAVG Nr. 43 = DB 2006, 732.

Vorteile und Nachteile sind nicht punktuell zu einem einzelnen Anpassungsstichtag, sondern langfristig und generalisierend festzustellen.[61] Da bei einer unternehmensübergreifenden reallohnbezogenen Obergrenze sowohl Risiken wie Chancen sinken, wird es sich häufig um eine ausgewogene interessengerechte Lösung handeln.[62]

d) Nachholende Anpassung

Nach einer Grundsatzentscheidung des BAG ist zur Ermittlung des Anpassungsbedarfs der Betriebsrenten grundsätzlich auf die **seit Rentenbeginn eingetretene Verteuerung der Lebenshaltungskosten**[63] bzw. die im gleichen Zeitraum zu verzeichnende **Entwicklung der reallohnbezogenen Obergrenze**[64] abzustellen. Hat ein Arbeitgeber daher die Betriebsrenten in der Vergangenheit **wegen schlechter wirtschaftlicher Lage** nicht oder nicht in vollem Umfang angepasst, dann steht das insgesamt angesammelte Anpassungsdefizit zusätzlich zum Ausgleich des Wertverlustes aus dem aktuellen dreijährigen Prüfungszeitraum zur Anpassungsprüfung an (sog. **nachholende Anpassung**). Hierbei ist zu beachten, dass für Anpassungszeiträume vom Rentenbeginn bis zum 1.1.1975 nur der halbe Teuerungsausgleich (»Hälftelungsprinzip«) gewährt werden muss.[65] Sofern zwischenzeitlich auch höhere Anpassungsraten als geschuldet gewährt wurden (»überobligatorische Anpassungen«), können diese bei späteren Anpassungsprüfungen wieder verrechnet werden und führen demzufolge zu einer Minderung des insgesamt nachzuholenden Anpassungsbedarfs.   **51**

Sofern der Arbeitgeber eine Anpassung allerdings **zu Recht ganz oder teilweise unterlassen** hat, ist er nach § 16 Abs. 4 BetrAVG nicht verpflichtet, diese Anpassung in der Zukunft nachzuholen. Diese Regelung gilt nach § 30c Abs. 2 BetrAVG allerdings nur für **ab dem 1.1.1999** unterbliebene Anpassungen.[66] Dies bedeutet, dass insoweit, als eine Anpassung wegen der wirtschaftlichen Lage des Arbeitgebers zu Recht unterblieben ist und nach   **52**

---

61 Vorschläge zu einer alternativen Berechnung finden sich bei *Reichenbach/Dreger* BB 2012, 2306 (2308).

62 BAG 30.8.2005, 3 AZR 395/04, EzA § 16 BetrAVG Nr. 43 = DB 2006, 732; ähnlich gelagert LAG Niedersachsen 16.2.2012, 4 Sa 1001/11 B.

63 BAG 28.4.1992, 3 AZR 142/91, EzA § 16 BetrAVG Nr. 22 = DB 1992, 2401.

64 BAG 30.8.2005, 3 AZR 395/04, EzA § 16 BetrAVG Nr. 43 = DB 2006, 732.

65 BAG 15.9.1977, 3 AZR 654/76, EzA § 16 BetrAVG Nr. 6 = DB 1977, 1903.

66 Vgl. Rdn. 106 ff.

§ 16 Abs. 4 BetrAVG i.V.m. § 30c Abs. 2 BetrAVG bei späteren Anpassungsentscheidungen nicht mehr nachgeholt werden muss, sowohl der im maßgeblichen dreijährigen Prüfungszeitraum verzeichnete Anstieg des Verbraucherpreisindexes als auch die damals zu verzeichnenden Reallohnerhöhungen bei nachfolgenden Anpassungsentscheidungen **dauerhaft unberücksichtigt** bleiben dürfen.[67] Für die Praxis bedeutet dies, dass Arbeitgeber, die eine Anpassung zu Recht unterlassen wollen, den im Zeitraum seit der letzten Anpassungsprüfung entstandenen Anstieg der Teuerung und der vergleichbaren Nettolöhne ermitteln und vorhalten müssen.

53 Für bei Prüfungsstichtagen vor dem 1.1.1999 zu Recht unterlassene Anpassungen bleibt es aus Gründen des Vertrauensschutzes bei der Verpflichtung zur nachholenden Anpassung folgend den Grundsätzen der bislang ergangenen BAG-Rechtsprechung.[68] Die in der Literatur vertretene Auffassung, der Gesetzgeber habe mit § 16 Abs. 4 BetrAVG die nachholende Anpassung unter den dort genannten Bedingungen auch für Bezugszeiten vom Rentenbeginn bis zum 31.12.1998 außer Kraft gesetzt,[69] findet im Gesetz selbst keine Stütze.

54 Die **nachholende Anpassung** berücksichtigt lediglich bei der aktuell anstehenden Entscheidung den bestehenden, bislang noch nicht ausgeglichenen Anpassungsbedarf. Sie **berührt** aber **frühere Anpassungsentscheidungen nicht** und führt daher auch nicht zu einer Nachzahlungsverpflichtung des Arbeitgebers, sondern bewirkt lediglich, dass die zukünftigen Rentenzahlungen auch den bislang noch nicht erfüllten Anpassungsbedarf berücksichtigen.

55 Der Arbeitgeber darf auch im Fall der nachholenden Anpassung seine wirtschaftliche Lage berücksichtigen.[70] Er kann die Anpassung der Betriebsrenten insoweit ablehnen, als dadurch das Unternehmen übermäßig belastet würde. Insbesondere in den Fällen, in denen in der Vergangenheit – bspw. mangels wirtschaftlicher Leistungsfähigkeit des Arbeitgebers – kein voller Geldwertausgleich gewährt wurde, ist besonders sorgfältig zu prüfen, ob die volle nachholende Anpassung eine übermäßige Belastung verursachen würde. Ein voller Ausgleich des Anpassungsstaus kann einen wirtschaftlich gerade wieder erstarkten Arbeitgeber überfordern. Im Einzelfall kann dies dazu führen, dass

---

67 BAG 30.8.2005, 3 AZR 395/04, EzA § 16 BetrAVG Nr. 43 = DB 2006, 732.
68 LAG Düsseldorf 11.6.2004, 18 Sa 1605/03, DB 2005, 59.
69 *Feudner* DB 2005, 2.
70 Vgl. hierzu auch Rdn. 66 ff.

einem Arbeitgeber, der seine Leistungsfähigkeit nach wirtschaftlichen Schwierigkeiten zurückgewonnen hat, zwar eine beschränkte Anpassung, nicht aber eine volle nachholende Anpassung zumutbar ist.

Die nachholende Anpassung kann jedenfalls dann unterbleiben, wenn schon   56
eine Anpassung im aktuellen dreijährigen Prüfungszeitraum infolge schlechter wirtschaftlicher Situation des Unternehmens zu Recht unterlassen oder nicht im vollen Umfang gewährt wird. Eine nachholende Anpassung kommt somit erst dann wieder infrage, wenn sich die wirtschaftliche Situation des Arbeitgebers neben einem Ausgleich des vollen Kaufkraftverlusts in den letzten drei Jahren zusätzlich als belastungsfähig erweist.

e) Nachträgliche Anpassung

Von der nachholenden Anpassung ist die sog. **nachträgliche Anpassung** zu   57
unterscheiden. Durch eine nachträgliche Anpassung soll die Betriebsrente bezogen auf einen früheren Anpassungsstichtag unter Berücksichtigung der damaligen wirtschaftlichen Lage des Unternehmens erhöht werden.[71] Die nachträgliche Anpassung und die von der Rechtsprechung hierzu entwickelten Grundsätze der nachträglichen Anpassung kommen **seit dem 1.1.1999** immer dann zur Anwendung, wenn die **Voraussetzungen des § 16 Abs. 4 BetrAVG nicht erfüllt** sind. Mithin ist eine nachträgliche Anpassung dann grds. gegeben,
– wenn der anpassungspflichtige Arbeitgeber überhaupt keine Anpassungsprüfung vorgenommen hat und eine Anpassung tatsächlich vorzunehmen gewesen wäre oder
– wenn der Arbeitgeber sich nach Vornahme der Prüfung gegen eine volle oder teilweise Anpassung entscheidet, diese Entscheidung nicht den Maßgaben des § 16 BetrAVG entspricht und die Fiktion des § 16 Abs. 4 S. 2 BetrAVG nicht eingreift.

§ 16 Abs. 4 S. 2 BetrAVG sieht vor, dass eine Anpassung **als zu Recht unter-**   58
blieben gilt, wenn der Arbeitgeber den Versorgungsempfänger schriftlich über die wirtschaftliche Lage des Unternehmens unterrichtet, ihn hierbei darauf hinweist, dass er der Mitteilung binnen drei Kalendermonaten zu widersprechen hat, wenn er mit ihr nicht einverstanden ist und der Versorgungsempfänger daraufhin innerhalb der Drei-Monats-Frist tatsächlich nicht widerspricht.

---

71 BAG 17.4.1996, 3 AZR 56/95, EzA § 16 BetrAVG Nr. 30 = DB 1996, 2496.

59   Im Hinblick auf die **Rechtslage vor dem 1.1.1999** galten ähnliche Grundsätze, welche durch die Rechtsprechung entwickelt wurden. Insbesondere hat
die Rechtsprechung zu der Rügepflicht des Versorgungsempfängers grundlegende, auch heute noch gültige Aussagen[72] getroffen, welche die Rechtzeitig-
keit einer solchen Rüge betreffen:

60   Hat der Arbeitgeber **ausdrücklich** eine **Anpassungsentscheidung** getroffen
oder gibt er durch die vorgenommene Leistungserhöhung **konkludent** zu
verstehen, dass es mit dieser Anhebung sein Bewenden haben soll, so muss
der Versorgungsempfänger für den Fall, dass er die getroffene Entscheidung
für unrichtig hält, **vor dem nächsten Anpassungsstichtag** dem Arbeitgeber
gegenüber wenigstens außergerichtlich geltend machen, dass er die getroffene
Entscheidung für nicht rechtmäßig erachtet. Eine ausdrückliche Anpassungsentscheidung des Arbeitgebers liegt insoweit auch vor, wenn der Arbeitgeber
erklärt, dass zum aktuellen Prüfungsstichtag keine Anpassung erfolgen kann
(sog. Null-Anpassung).

61   Macht der Versorgungsberechtigte seine Rüge nicht im genannten Zeitraum,
also innerhalb von drei Jahren nach dem Anpassungsstichtag geltend, so
erlischt sein Anspruch auf Korrektur der früheren Anpassungsentscheidung,
denn mit dem nächsten Anpassungsstichtag entsteht ein neuer Anspruch auf
Anpassungsprüfung und -entscheidung.

62   War der **Arbeitgeber** dagegen **vollkommen untätig**, hat er also die Betriebsrenten bis zum nächsten Anpassungsstichtag weder erhöht, noch sich zur
Anpassung ausdrücklich geäußert, so hat er damit stillschweigend erklärt,
dass er zum zurückliegenden Anpassungsstichtag keine Anpassung vornimmt. Die Erklärung des Versorgungsschuldners, nicht anpassen zu wollen,
gilt nach Ablauf von drei Jahren ab dem Anpassungstermin als abgegeben.
Der Rentenempfänger kann die stillschweigend abgelehnte Anpassungsentscheidung in diesem Fall **bis zum übernächsten Anpassungstermin rügen**.
Insgesamt hat der Versorgungsempfänger bei dieser Fallkonstellation daher
sechs Jahre ab dem Zeitpunkt der unterlassenen Anpassungsentscheidung
Zeit, seine Beanstandung gegenüber dem Arbeitgeber wenigstens außergerichtlich geltend zu machen.

63   Hat der Versorgungsempfänger die Anpassungsentscheidung nach § 16
BetrAVG rechtzeitig gerügt, so muss er grundsätzlich bis zum Ablauf des

---

72   BAG 25.4.2006, 3 AZR 372/05, EzA § 16 BetrAVG Nr. 48 = DB 2006, 2527.

nächsten auf die Rügefrist folgenden Anpassungszeitraums Klage erheben. Andernfalls ist das Klagerecht verwirkt.[73]

Bei einer infolge rechtzeitiger Rüge vorzunehm#nden Prüfung einer nachträg- 64 lichen Anpassung ist jeweils auf diejenige **wirtschaftliche Lage des Arbeitge-bers** abzustellen, die zum **Zeitpunkt der nicht ordnungsgemäßen Anpas-sungsentscheidung** vorgelegen hat. Eine nachträgliche Anpassung setzt voraus, dass die Anpassung den Arbeitgeber nach seiner damaligen wirtschaft-lichen Lage nicht überfordert hätte. Die Beurteilungsgrundlage ist dabei die wirtschaftliche Entwicklung des Unternehmens in der Zeit vor dem Anpassungsstichtag, soweit daraus Schlüsse für die weitere Entwicklung des Unternehmens gezogen werden können. In diesem Zusammenhang kann die tatsächliche wirtschaftliche Entwicklung in der Zeit nach dem Anpassungs-stichtag die frühere Prognose entweder bestätigen oder entkräften. Nur inso-weit sind die wirtschaftlichen Daten bis zur letzten Tatsachenverhandlung zu berücksichtigen.[74] Insbesondere nicht vorhersehbare, neue Rahmenbedingun-gen spielen bei der Beurteilung der wirtschaftlichen Lage keine Rolle, denn ansonsten könnte sich der Arbeitgeber durch die pflichtwidrige Verzögerung der gebotenen Anpassungsentscheidung einen Rechtsvorteil verschaffen, wel-chen er bei ordnungsgemäßer Vornahme der Anpassungsentscheidung nicht gehabt hätte. Derartige Veränderungen wirken sich erst auf die nächste Anpassungsprüfung aus oder können ausnahmsweise zu einem Widerruf der Versorgungszusage wegen wirtschaftlicher Notlage berechtigen.[75]

Weiterhin ist zu beachten, dass ein Rentenempfänger, der das Rügerecht 65 nach den vorstehenden Grundsätzen ausübt, sich ggf. die Einrede der Verjäh-rung entgegenhalten lassen muss.

▶ **Beispiel:**

Beispiel für eine nachholende Anpassung: Arbeitgeber A hat die laufen-den Renten zum 1.1.2005 nicht angepasst, weil die wirtschaftliche Lage des Unternehmens dies nicht erlaubte. Gemäß § 16 Abs. 4 S. 1 BetrAVG ist A nicht verpflichtet, diese zu Recht unterbliebene Anpassung bei einer späteren wirtschaftlichen Erholung des Unternehmens, beispielsweise zum Anpassungsprüfungsstichtag 1.1.2011 nachzuholen. Sowohl der im

---

73 BAG 25.4.2006, 3 AZR 372/05, EzA § 16 BetrAVG Nr. 48 = DB 2006, 2527.
74 BAG 17.4.1996, 3 AZR 56/95, EzA § 16 BetrAVG Nr. 30 = DB 1996, 2496.
75 BAG 17.4.1996, 3 AZR 56/95, EzA § 16 BetrAVG Nr. 30 = DB 1996, 2496.

maßgeblichen, vor dem 1.1.2002 liegenden dreijährigen Prüfungszeitraum verzeichnete Anstieg des Verbraucherpreisindexes als auch die im selben Zeitraum zu verzeichnenden Reallohnerhöhungen dürfen bei nachfolgenden Anpassungsentscheidungen dauerhaft unberücksichtigt bleiben. Hätte A hingegen bereits im Jahr 1996 die laufenden Leistungen wegen der schlechten wirtschaftlichen Lage des Unternehmens nicht angepasst, und hätte sich das Unternehmen zum übernächsten Anpassungsstichtag 1.1.2005 wieder völlig erholt, müsste es den zum 1.1.2005 aktuell anstehenden, seit Rentenbeginn eingetretenen Anpassungsbedarf – also unter Berücksichtigung der für den Stichtag 1.1.1996 noch ausstehenden Anpassung –, letztere jedoch erst mit Wirkung ab dem 1.1.2005, ausgleichen.

Beispiel für eine nachträgliche Anpassung: Arbeitgeber A hat die Anpassung der laufenden Leistungen zum 1.1.2005 unterlassen, weil er die Anpassungsprüfung überhaupt nicht vorgenommen hat. Tatsächlich hätte das Unternehmen eine Anpassung der laufenden Leistungen durchaus vornehmen können. Die Rentenempfänger wurden nicht informiert. Rentner R rügt die fehlende Entscheidung im Mai 2007, ohne eine Antwort zu erhalten. Er verklagt den A im November 2009 auf eine Anpassung ab dem 1.1.2007.

Dieser Fall betrifft eine nachträgliche Anpassung, da die Anhebung der laufenden Rentenleistungen überhaupt nicht geprüft wurde. Hier ist die Rüge rechtzeitig ausgeübt worden, da unterstellt wird, dass A die Erklärung gegenüber R, nicht anpassen zu wollen, zum 31.12.2007 abgibt. Auch die Klage wurde rechtzeitig, nämlich vor Ablauf des nächsten auf die Rügefrist folgenden Anpassungszeitraums (hier ist das der 31.12.2010), erhoben. Stellt sich nun im Rahmen des Gerichtsverfahrens heraus, dass A am 1.1.2005 tatsächlich zur Anpassung verpflichtet gewesen wäre, muss er die unterlassene Rentensteigerung grundsätzlich für den Bezugszeitraum bereits ab dem 1.1.2005 nachzahlen und zukünftig die entsprechend höhere Rente leisten.

Vorliegend kommt allerdings hinzu, dass die Ansprüche auf eine nachträgliche Rentenanpassung für das Jahr 2005 zum 31.12.2008 gem. § 195 BGB verjährt sind. R kann nur noch Ansprüche auf eine nachträgliche Anpassung ab dem 1.1.2006 verlangen.

2. Wirtschaftliche Lage des Arbeitgebers

Wie sich aus dem Wortlaut des § 16 Abs. 1 BetrAVG ergibt, darf der Arbeit- 66
geber bei der Anpassungsprüfung und -entscheidung seine wirtschaftliche
Lage berücksichtigen. Der jeweils ermittelte Anpassungsbedarf darf also insoweit unbefriedigt bleiben, als eine verminderte Anpassung gem. der wirtschaftlichen Lage des Arbeitgebers als vertretbar erscheint.

Dabei ist die **wirtschaftliche Lage** des Arbeitgebers **nicht** gleichzusetzen mit 67
der **wirtschaftlichen Notlage**.[76]

Bei der Beurteilung der wirtschaftlichen Lage müssen **vorrangig** der **Betrieb** 68
und seine **Arbeitsplätze erhalten** bleiben.[77] Die Betriebspensionäre müssen
insoweit auf ihren früheren Betrieb und seine Arbeitnehmer Rücksicht nehmen, zumal dieser Betrieb und seine aktiven Arbeitnehmer die Erträge
erwirtschaften, die notwendig sind, um unter anderem auch die Leistungen
der betrieblichen Altersversorgung erbringen zu können. Dies gilt auch
dann, wenn es um die Frage der Anhebung der Versorgungsleistungen geht.

Im Gegensatz zu den vergangenheitsbezogen zu ermittelnden Belangen der 69
Rentenempfänger müssen die **voraussichtliche Entwicklung der wirtschaftlichen Lage** des Unternehmens und die Auswirkungen eines Teuerungsausgleichs – **ausgehend von den Verhältnissen am Anpassungsstichtag** – abgeschätzt werden, denn die Erhöhung der Renten wirkt erst nach dem Stichtag
als Geldabfluss aus dem Unternehmen.[78] Beurteilungsgrundlage für die langfristig zu erstellende Prognose ist die bisherige wirtschaftliche Entwicklung
des Unternehmens in der Zeit vor dem Anpassungsstichtag, soweit daraus
Schlüsse für die weitere Entwicklung des Unternehmens gezogen werden
können.[79] Insoweit steht dem Arbeitgeber zwar ein Beurteilungsspielraum zu;

---

76 Vgl. zur Situation nach früher geltendem Recht BAG 15.9.1977, 3 AZR 654/76,
   EzA § 16 BetrAVG Nr. 16 = DB 1977, 1804.
77 BAG 15.9.1977, 3 AZR 654/76, EzA § 16 BetrAVG Nr. 16 = DB 1977, 1804.
78 BAG 17.10.1995, 3 AZR 881/94, EzA § 16 BetrAVG Nr. 29 = DB 1996, 1425;
   23.4.1985, 3 AZR 156/83, EzA § 16 BetrAVG Nr. 16 = DB 1985, 1030.
79 Nach BAG 25.5.2006, 3 AZR 50/05, EzA § 16 BetrAVG Nr. 49, gilt im Hinblick
   auf die Frage, über wie viele Jahre hinweg die bisherige wirtschaftliche Entwicklung des Unternehmens auszuwerten ist, ein Zeitraum von drei Jahren als Min-
   destzeitraum, der nicht stets und unter allen Umständen als ausreichend anzusehen ist. Auf längere Zeiträume ist insbesondere dann zurückzugreifen, wenn die
   spätere Entwicklung zu berechtigten Zweifeln an der Vertretbarkeit der Prognose
   des Arbeitgebers führt.

für seine Einschätzung der künftigen Entwicklung muss aber eine durch Tatsachen gestützte Wahrscheinlichkeit sprechen. Die Prognose muss realitätsgerecht und vertretbar sein.[80] **Auf die Zukunft bezogen** bedeutet die Frage nach der wirtschaftlichen Lage des Arbeitgebers, dass die durch den Teuerungsausgleich verursachten Belastungen ermittelt und in ihren Auswirkungen für die wirtschaftliche Entwicklung des Unternehmens abgeschätzt werden müssen. Das Gesetz verlangt daher eine Prognose, wie sie der Betriebswirtschaftslehre nicht fremd ist und auch in anderen Zusammenhängen gefordert wird.[81] Bei der Erstellung der Prognose muss nach Berücksichtigung aller aussagekräftigen Kriterien feststehen, dass das Unternehmen die Kraft hat, die Anpassungsbelastung zu tragen. Eine Prüfung kann sich nicht darauf beschränken, einzelne positive Positionen zu bewerten und das isolierte Einzelergebnis mit der Anpassungslast zu vergleichen. Eine billige Entscheidung verlangt vielmehr die **Beurteilung der wirtschaftlichen Lage des Unternehmens im Ganzen**, darf also nicht die negativen Positionen außer Betracht lassen.[82]

70   Die **Substanz des Unternehmens muss erhalten bleiben**, seine gesunde wirtschaftliche Entwicklung darf nicht verhindert und die Arbeitsplätze dürfen nicht durch eine langfristige Auszehrung in Gefahr gebracht werden.[83] Dementsprechend ist der am Anpassungsstichtag absehbare Investitionsbedarf zu berücksichtigen, denn auch Erneuerungs- und Rationalisierungsinvestitionen sichern die Wettbewerbsfähigkeit und damit letztlich Arbeitsplätze. Insoweit kann für die Beurteilung der wirtschaftlichen Lage auf die Grundsätze zurückgegriffen werden, die das BAG zu Eingriffen in die erdiente Dynamik aufgestellt hat.[84] Liegen infolge der wirtschaftlichen Lage Gründe vor, die solche Eingriffe rechtfertigen, so kann der Arbeitgeber auch die Anpassung laufender Betriebsrenten ablehnen.[85]

71   Der Arbeitgeber kann die Anpassung der Betriebsrenten an die Kaufkraftentwicklung auch dann ganz oder teilweise ablehnen, wenn und soweit dadurch das Unternehmen **übermäßig belastet** würde. Übermäßig ist die Belastung

---

80 BAG 25.4.2006, 3 AZR 50/05, EzA § 16 BetrAVG Nr. 49.
81 BAG 23.4.1985, 3 AZR 156/83, EzA § 16 BetrAVG Nr. 16 = DB 1985, 1030.
82 BAG 14.2.1989, 3 AZR 191/87, EzA § 16 BetrAVG Nr. 21 = DB 1989, 1471.
83 BAG 14.2.1989, 3 AZR 191/87, EzA § 16 BetrAVG Nr. 21 = DB 1989, 1471.
84 Vgl. hierzu § 1 Rdn. 292 ff., Rdn. 309 ff.
85 BAG 13.12.2005, 3 AZR 217/05, EzA § 16 BetrAVG Nr. 44 = DB 2006, 1687.

dann, wenn es dem Unternehmen mit einiger Wahrscheinlichkeit nicht möglich sein wird, den Teuerungsausgleich aus dem Wertzuwachs des Unternehmens und dessen Erträgen in der Zeit nach dem Anpassungsstichtag aufzubringen.[86] Bei der insoweit anzustellenden Prognose muss auf die Unternehmensentwicklung in der Zeit vor dem Anpassungsstichtag abgestellt werden.

Um nicht die Wettbewerbsfähigkeit des Unternehmens zu gefährden, muss   72 eine **angemessene Eigenkapitalverzinsung zugebilligt** werden.[87] Bei der Berechnung der Eigenkapitalverzinsung ist einerseits auf die Höhe des Eigenkapitals, andererseits auf das erzielte Betriebsergebnis abzustellen. Beide Bemessungsgrundlagen sind ausgehend von den handelsrechtlichen Jahresabschlüssen nach betriebswirtschaftlichen Grundsätzen zu bestimmen. Die in den handelsrechtlichen Jahresabschlüssen ausgewiesenen Überschüsse oder Fehlbeträge bilden einen geeigneten Einstieg zur Feststellung des erzielten Betriebsergebnisses, wobei betriebswirtschaftlich gebotene Korrekturen vorzunehmen sind.[88] Bei der Berechnung der Eigenkapitalverzinsung ist der handelsrechtliche Eigenkapitalbegriff gem. § 266 Abs. 3 Buchst. A HGB zugrunde zu legen. Dabei sind i.d.R. bei der im Rahmen des § 16 BetrAVG zu prüfenden Eigenkapitalverzinsung auch Gewinnrücklagen und Gewinnvorträge zum Eigenkapital zu zählen. Die durch die Verhältnisbildung von Gewinn vor Steuern und dem Eigenkapital ermittelte **Eigenkapitalrendite wird** sodann **mit der Umlaufrendite öffentlicher Anleihen zuzüglich eines 2 %igen Risikozuschlages verglichen.**[89]

Wenn die um diesen Risikozuschlag **erhöhte Rendite** der festverzinsbaren   73 Wertpapiere **nicht erreicht** wird, ist **keine Anpassung** vorzunehmen, da das Unternehmen dann die nötige Rentabilität nicht erzielt und die Anpassungslasten somit nicht aus dem Wertzuwachs finanzieren kann.

Erreicht indessen das **Unternehmen** prospektiv die angegebene **Mindestverzinsung**, muss weiterhin geprüft werden, ob der überschießende Gewinn zur Befriedigung des Anpassungsbedarfs ausreicht. Sofern die Anpassungslast   74

---

86 BAG 28.4.1992, 3 AZR 142/91, EzA § 16 BetrAVG Nr. 22 = DB 1992, 2401.
87 Zuletzt BAG 23.5.2000, 3 AZR 146/99, EzA § 16 BetrAVG Nr. 37 = DB 2000, 1126.
88 BAG 23.5.2000, 3 AZR 146/99, EzA § 16 BetrAVG Nr. 37 = DB 2000, 1126; *Döring/Weppler* BB 2009, 1403.
89 BAG 23.5.2000, 3 AZR 146/99, EzA § 16 BetrAVG Nr. 37 = DB 2000, 1126.

geringer ist als der überschießende Gewinn, muss eine Vollanpassung vorgenommen werden, da in diesem Fall hinreichendes Anpassungspotenzial besteht. Kann die Anpassungslast dagegen nicht aus dem überschießenden Gewinn gedeckt werden, muss noch eine zukunftsorientierte Liquiditätsprüfung angestellt werden. Wenn danach die Liquidität des Unternehmens die Anpassungslasten nicht verträgt und damit die fortdauernde Zahlungsfähigkeit des Unternehmens nicht dauerhaft gewährleistet werden kann, kann ggf. eine an sich gebotene Anpassung so lange aufgeschoben werden, wie der Liquiditätsengpass andauert.[90]

75 Eine unzureichende Eigenkapitalverzinsung ist aber nicht der einzige Grund, der nach § 16 BetrAVG eine Nichterhöhung der Betriebsrente rechtfertigen kann. Die **fehlende Belastbarkeit des Unternehmens** kann sich **auch aus** einer **Eigenkapitalauszehrung** ergeben. Verlustvorträge sind dabei zu berücksichtigen.[91] Auch bei einer durch verlorenes Eigenkapital entstandenen ungenügenden Eigenkapitalausstattung muss zunächst verlorene Vermögenssubstanz wieder aufgebaut werden, bevor eine Anpassung in Betracht kommt.[92]

76 Von einer **fehlenden Belastbarkeit** des Unternehmens ist auch dann auszugehen, wenn das Eigenkapital unter das Stammkapital der Gesellschaft sank, daraufhin die Gesellschaft durch zusätzliche Einlagen eine Kapitalrücklage bildete, die anschließend erzielten Gewinne nicht ausgeschüttet, sondern zur Verbesserung der Eigenkapitalausstattung verwandt wurden und trotzdem das Stammkapital bis zum nächsten Anpassungsstichtag ohne die Kapitalrücklage voraussichtlich nicht wieder erreicht wird.[93]

77 Wird eine Anpassung von Betriebsrenten mit der Begründung abgelehnt, sie würde zu einer übermäßigen wirtschaftlichen Belastung führen, so trägt der Arbeitgeber insoweit die **Darlegungs- und Beweislast**. Die Mitteilung von Verlusten, mit denen einzelne Handelsbilanzen oder Betriebsergebnisberechnungen abgeschlossen haben, reicht als Vortrag insoweit nicht aus. Solche Ergebnisse erlauben i.d.R. nur i.V.m. den übrigen Bilanzdaten, also ihren Berechnungsgrundlagen, Rückschlüsse auf die wirtschaftliche Lage eines Unternehmens. Sofern der Arbeitgeber seiner Darlegungslast nur genügen kann, indem er Betriebs- oder Geschäftsgeheimnisse preisgibt, muss ihn das

---

90 Vgl. hierzu *Höfer* BetrAVG, Rn. 5306 zu § 16.
91 BAG 23.5.2000, 3 AZR 83/99, EzA § 16 BetrAVG Nr. 35 = DB 2002, 155.
92 BAG 18.2.2003, 3 AZR 172/02, EzA § 16 BetrAVG Nr. 42 = DB 2003, 2606.
93 BAG 23.1.2001, 3 AZR 287/00, EzA § 16 BetrAVG Nr. 38 = DB 2001, 2507.

Gericht mit den Mitteln des Prozessrechts schützen. Insoweit kommen der zeitweise Ausschluss der Öffentlichkeit nach § 52 ArbGG, § 172 GVG ebenso in Betracht wie strafbewehrte Schweigegebote nach § 174 Abs. 2 GVG.[94]

3. Sonderproblem: Wirtschaftliche Lage im Konzern

Grundsätzlich trifft die Anpassungsverpflichtung dasjenige Unternehmen, **78** welches als Arbeitgeber die entsprechende Versorgungszusage erteilt bzw. im Wege der Rechtsnachfolge übernommen hat. Dieser Grundsatz gilt auch dann, wenn der Arbeitgeber in einen Konzern eingebunden ist, denn der Konzern als solcher kann nicht (ehemaliger) Arbeitgeber sein; der **Arbeitgeber** ist vielmehr **das jeweilige, konzerngebundene Einzelunternehmen.**

Ganz **ausnahmsweise** kann es bei der Ermittlung des Anpassungsschuldners **79** im Konzern jedoch zu dem Ergebnis kommen, dass ein **anderes Konzernunternehmen**, das nicht Arbeitgeber des ehemaligen Arbeitnehmers ist, zur Anpassungsprüfung verpflichtet ist. Dies kann dann in Betracht kommen, wenn die Versorgungszusage oder ihre Begleitumstände ergeben, dass hinter der erteilten Zusage der ganze Konzern stehen soll und für deren Erfüllung eintreten wird. In einem solchen Fall darf das Vertrauen des Versorgungsberechtigten nicht enttäuscht werden, dass die Rente auch bei ungünstiger Lage des Arbeitgebers angepasst wird, wenn jedenfalls die wirtschaftliche Lage der Konzernmutter eine Anpassung gestattet.[95] Wenn daher durch Erklärungen oder entsprechendes Verhalten des im Konzernverbund herrschenden Unternehmens bei den Versorgungsberechtigten ein **schutzwürdiges Vertrauen** daraus entsteht, dass das herrschende Unternehmen sicherstellen werde, dass die Versorgungspflichten des beherrschten Unternehmens ebenso erfüllt werden wie die Versorgungsansprüche der eigenen Betriebsrentner, besteht die Anpassungsverpflichtung zusätzlich für die Konzernobergesellschaft.[96]

Für die Beurteilung des Kriteriums der wirtschaftlichen Lage des Arbeitge- **80** bers ist **grds.** auf die jeweilige **wirtschaftliche Lage des versorgungsverpflichteten Unternehmens** abzustellen. Gehört der Arbeitgeber **allerdings** einem

---

94 BAG 23.4.1985, 3 AZR 548/82, EzA § 16 BetrAVG Nr. 17 = DB 1985, 1030.
95 BAG 19.5.1981, 3 AZR 308/80, EzA § 16 BetrAVG Nr. 11 = DB 1981, 2333.
96 BAG 17.4.1996, 3 AZR 56/95, EzA § 16 BetrAVG Nr. 30 = DB 1996, 2496; zuletzt bestätigt durch BAG 18.2.2003, 3 AZR 172/02, EzA § 16 BetrAVG Nr. 42 = DB 2003, 2606.

Konzern an, so hängt es von den Umständen des Falles ab, inwieweit bei der Würdigung der wirtschaftlichen Lage auch die Lage anderer Konzerngesellschaften zu berücksichtigen ist. Zurechnungstatbestände können sich u.a. aus der Versorgungszusage, der Konzernform und der Konzernpolitik ergeben.[97] Daher ist bei Konzernunternehmen jeweils das **Vorliegen spezieller konzernrechtlicher Besonderheiten** sorgfältig zu **prüfen**, welche dazu führen können, dass hinsichtlich der wirtschaftlichen Lage ausnahmsweise nicht auf die eigene Konzerntochter abzustellen ist, sondern auf die wirtschaftliche Lage eines anderen Konzernunternehmens.

81 Das BAG ist zunächst davon ausgegangen, dass hierfür eine **enge wirtschaftliche Verknüpfung der Unternehmen** Voraussetzung ist.[98] Diese Voraussetzung sah das BAG **bei Bestehen eines Beherrschungs- oder Gewinnabführungsvertrages** zwischen der Konzernobergesellschaft und dem in Anspruch genommenen Unternehmen als erfüllt an, mit der Konsequenz, dass es **dann** in aller Regel auf **die wirtschaftliche Lage der Konzernobergesellschaft** abstellte. Ausnahmsweise sah das BAG das Vorliegen einer engen wirtschaftlichen Verknüpfung dann nicht als gegeben an, wenn das in Anspruch genommene Unternehmen entweder **wirtschaftlich unbeeinflusst** handeln konnte **oder** trotz der wirtschaftlichen Einbindung in den Konzern **so gehandelt** hat, wie es unter Wahrung der eigenen Interessen als **selbstständige Gesellschaft** gehandelt hätte.[99] Dieselben Grundsätze wandte das BAG auch ohne Abschluss eines Beherrschungs- oder Gewinnabführungsvertrages **bei** einem **qualifiziert faktischen Konzern** an, sofern das herrschende Unternehmen die Geschäfte des beherrschten Unternehmens dauernd und umfassend geführt hat, denn in diesem Fall ist die wirtschaftliche Abhängigkeit des beherrschten Unternehmens vom herrschenden Unternehmen dieselbe wie bei einem Vertragskonzern.[100]

82 Diese **Rechtsprechung wurde** in einer grundlegenden Entscheidung wesentlich **modifiziert**.[101] Ein sog. **Berechnungsdurchgriff** – also eine Berücksichtigung der wirtschaftlichen Lage des beherrschenden Konzernunternehmens –

---

97 BAG 19.5.1981, 3 AZR 308/80, EzA § 16 BetrAVG Nr. 11 = DB 1981, 2333.
98 BAG 14.2.1989, 3 AZR 191/87, EzA § 16 BetrAVG Nr. 21 = DB 1989, 1471.
99 BAG 14.2.1989, 3 AZR 191/87, EzA § 16 BetrAVG Nr. 21 = DB 1989, 1471.
100 BAG 28.4.1992, 3 AZR 244/91, EzA § 16 BetrAVG Nr. 23 = DB 1992, 2402.
101 BAG 4.10.1994, 3 AZR 910/93, EzA § 16 BetrAVG Nr. 28 = DB 1994, 2095; zuletzt bestätigt durch BAG 18.2.2003, 3 AZR 172/02, EzA § 16 BetrAVG Nr. 42 = DB 2003, 2606.

kommt danach nur noch dann in Betracht, wenn zu dem bloßen Konzernsachverhalt weitere Umstände hinzutreten. Ein Berechnungsdurchgriff und damit das Abstellen auf die wirtschaftliche Lage der Konzernobergesellschaft ist nach der Entscheidung nur mehr dann zulässig, wenn die nachfolgenden **Voraussetzungen kumulativ** erfüllt sind:[102]

Es bedarf zunächst einer **wesentlich verdichteten Konzernverbindung** zwischen dem Unternehmen, das Versorgungsschuldner ist, und dem Mutterunternehmen, auf dessen wirtschaftliche Lage es bei der Anpassungsprüfung ankommen soll. Diese Voraussetzung ist erfüllt, wenn zwischen Mutter- und Tochterunternehmen ein Beherrschungs- oder Ergebnisabführungsvertrag besteht. Es kann aber auch ausreichen, dass die Obergesellschaft die Geschäfte des Tochterunternehmens tatsächlich dauernd und umfassend geführt hat (sog. qualifiziert faktischer Konzern). Allein eine Patronatserklärung der Konzernmutter reicht hierfür nicht aus.[103]

Daneben ist für einen Berechnungsdurchgriff erforderlich, dass die **Leitungsmacht** vom herrschenden Unternehmen in einer Weise **ausgeübt** worden ist, die **keine angemessene Rücksicht auf die Belange der abhängigen Gesellschaft** genommen, sondern stattdessen Interessen anderer dem Konzern angehörender Unternehmen oder der Konzernobergesellschaft in den Vordergrund gestellt hat. Ist es dadurch zu einer wirtschaftlichen Lage des Tochterunternehmens gekommen, die dessen Leistungsfähigkeit ausschließt, ist die wirtschaftliche Lage des herrschenden Unternehmens in die Anpassungsprüfung mit einzubeziehen. **83**

Zur Begründung des zusätzlichen Tatbestandsmerkmals der nachteiligen Einflussnahme verweist das BAG darauf, dass ein Berechnungsdurchgriff nur dann infrage kommen kann, wenn sich eine konzerntypische Gefahr für das Tochterunternehmen und damit für den Begünstigten verwirklicht hat. **84**

In jüngster Zeit scheint der Ruhegeldsenat jedoch von dieser Auffassung abzuweichen. In einem Urteil vom 26.5.2009 bejaht das BAG den Berech- **85**

---

102 Beachte insoweit aber die Ankündigung des BAG 25.4.2006, 3 AZR 50/05, EzA § 16 BetrAVG Nr. 49, wonach es bei gegebenem Anlass wegen der neueren Rechtsprechung des BGH zur Durchgriffshaftung bei existenzgefährdendem Eingriff die Voraussetzungen des Berechnungsdurchgriffs überprüfen werde.
103 BAG 29.9.2010, 3 AZR 427/08, EzA § 16 BetrAVG Nr. 55 = DB 2011, 362.

nungsdurchgriff allein aufgrund eines bestehenden Beherrschungsvertrags. Weitere Voraussetzungen zur Haftungsbegründung seien nicht notwendig.[104]

86   Das BAG hat sich auch mit dem Fall eines »negativen« Berechnungsdurchgriffs befasst. Wenn am Anpassungsstichtag konkrete Anhaltspunkte dafür vorliegen, dass die wirtschaftlich schwierige Lage einer Obergesellschaft auf das Tochterunternehmen durchschlägt, kann die Tochter grundsätzlich eine Verweigerung der Rentenanpassung rechtfertigen.[105]

87   Im Rahmen der Verteilung der **Darlegungs- und Beweislast** greift die Rechtsprechung auf allg. Rechtsgrundsätze zurück. Danach muss der Versorgungsempfänger die für ihn günstigen Tatsachen, also die Voraussetzungen für den Berechnungsdurchgriff, darlegen und beweisen. Dabei ist allerdings eine lediglich beispielhafte Darstellung der Ausübung der Leitungsmacht im Konzerninteresse und eine nachvollziehbare Erklärung, weshalb hierdurch eine Verschlechterung der wirtschaftlichen Lage der Untergesellschaft eingetreten ist, für einen den Berechnungsdurchgriff rechtfertigenden Vortrag ausreichend.[106]

4. Rentnergesellschaft

88   Eine Anpassung der Betriebsrenten ist auch von sog. **Rentnergesellschaften** zu prüfen.[107] Für die Bewertung der Leistungsfähigkeit der Rentnergesellschaft kommt es grds. **nur auf die Erträge und Wertzuwächse** des für die Erfüllung der Versorgungsverbindlichkeiten im Zeitpunkt der Liquidation vorgesehenen Vermögens an. Ein **Eingriff in** die **Substanz** des **Vermögens kann** vom Versorgungsschuldner **nicht verlangt werden.** Die Vermögenssubstanz dient vielmehr dazu, die laufenden Renten in ihrer bisherigen Höhe aufzubringen.

89   Der Umfang der Anpassungspflicht ergibt sich daraus, in welchem Maß Betriebsrentenerhöhungen unter Berücksichtigung der sonstigen Rentenverbindlichkeiten aus den Erträgen des Unternehmensvermögens finanziert wer-

---

104 BAG 26.5.2009, 3 AZR 369/07, DB 2009, 2384; anders BGH 16.7.2007, II ZR 3/04, DB 2007, 1802; hierzu ausführlich *Schipp* DB 2010, 112 f.

105 BAG 10.2.2009, 3 AZR 727/07, FA 2009, 117.

106 BAG 14.12.1993, 3 AZR 519/93, EzA § 16 BetrAVG Nr. 26 = DB 1994, 1147; 18.2.2003, 3 AZR 172/02, EzA § 16 BetrAVG Nr. 42 = DB 2003, 2606.

107 Vgl. zum Begriff der Rentnergesellschaft und deren grundsätzlicher Stellung als Anpassungsschuldner Rdn. 17; ferner *Simon Stark* Rentnergesellschaften, Diss. 2011, Baden-Baden.

den können. Dabei ist **auch** von den hiernach zu erwartenden Erträgen vor ihrer Heranziehung zur Finanzierung der Anpassungslasten eine **angemessene Eigenkapitalverzinsung** abzusetzen. Als angemessene Eigenkapitalverzinsung ist in diesem Fall **allerdings nur der Prozentsatz anzusetzen, der bei** einer **langfristigen Anlage in festverzinsliche Wertpapiere** durchschnittlich **zu erzielen ist.** Für einen Zuschlag, wie er bei aktiven Arbeitgebern angemessen ist, deren in das Unternehmen investiertes Eigenkapital einem erhöhten Risiko ausgesetzt ist, **besteht** bei einer Rentnergesellschaft **kein Anlass.**[108]

Gliedert der Arbeitgeber laufende Rentenzahlungsverbindlichkeiten auf eine   **90** Rentnergesellschaft aus, unterliegt dies **nicht der Zustimmung der Betriebsrentner** nach §§ 414, 415 BGB oder § 4 BetrAVG. Ihnen steht auch kein Widerspruchsrecht gem. § 324 UmwG oder nach § 613a BGB zu. Den versorgungspflichtigen Arbeitgeber trifft allerdings die **arbeitsvertragliche Nebenpflicht**, die Gesellschaft, auf die Versorgungsverbindlichkeiten ausgegliedert werden, so auszustatten, dass sie nicht nur die laufenden Betriebsrenten zahlen kann, sondern auch zu den gesetzlich vorgesehenen Anpassungen in der Lage ist. Die **hinreichende Ausstattung** ist betriebswirtschaftlich zu ermitteln; hierbei sind die Sterbetafeln der Versicherungswirtschaft und ein auf vernünftiger kaufmännischer Bandbreite beruhender Rechnungszinsfuß zu verwenden (im entschiedenen Fall waren dies 3 %). Wegen der gebotenen Vorsicht ist die Untergrenze der Bandbreite zu verwenden. Die künftig zu erwartenden Kaufkraftverluste sind auf Basis der letzten 20 Jahre zu ermitteln. Eine unzureichende Ausstattung der Rentnergesellschaft führt zwar **nicht zur Unwirksamkeit** der partiellen Gesamtrechtsnachfolge, kann aber Schadensersatzansprüche gegen die Rentnergesellschaft und den übertragenden Rechtsträger auslösen.[109]

VII. Ermessensentscheidung des Arbeitgebers

Nach Feststellung der für die Anpassungsprüfung maßgeblichen Faktoren –   **91** im Prüfungszeitraum eingetretene Teuerung, im gleichen Zeitraum beobachtete Entwicklung der Nettolöhne vergleichbarer Arbeitnehmergruppen sowie Beurteilung der wirtschaftlichen Lage – muss der Arbeitgeber unter Abwägung sämtlicher Umstände eine dem **billigen Ermessen genügende Entscheidung** bzgl. der Anpassung der laufenden Leistungen treffen. Im Rah-

---

108   BAG 9.11.1999, 3 AZR 420/98, EzA § 16 BetrAVG Nr. 33 = DB 2000, 1867.
109   BAG 11.3.2008, 3 AZR 358/06, EzA § 4 BetrAVG Nr. 7.

men der Abwägung kann der Arbeitgeber zusätzlich weitere Belange für seine Entscheidungsfindung heranziehen, denn die in § 16 Abs. 1 BetrAVG genannten Belange sind nach dessen Wortlaut (»insbesondere«) nicht abschließend. Dem Arbeitgeber steht bei seiner Entscheidung daher ein gewisser **Entscheidungsspielraum** zu.

92 Dabei ist grds. der objektiv festgestellte, volle Anpassungsbedarf, der sich nach einem Vergleich von Teuerungsanstieg und Nettolohnentwicklung aus dem jeweils niedrigeren Wert ergibt, zu erfüllen, sofern nicht die Anpassung wegen schlechter wirtschaftlicher Lage unterbleiben darf. Aber selbst bei Bejahung einer schlechten wirtschaftlichen Lage und damit einhergehend einer Verneinung der Vollanpassung ist zu prüfen, ob nicht eine zumindest teilweise Anhebung der Versorgungsleistungen billigem Ermessen entspricht.

93 Insoweit ist dann auch der allgemein geltende **Grundsatz der arbeitsrechtlichen Gleichbehandlung** ebenso zu beachten wie eine ggf. bestehende **betriebliche Übung**.

VIII. Mitbestimmungsfreiheit der Anpassungsentscheidung

94 Die Anpassungsprüfung und -entscheidung ist **mitbestimmungsfrei**, denn der Betriebsrat ist nicht zur Vertretung der Rentenempfänger legitimiert. Es fehlt ihm an einer Regelungsbefugnis für bereits beendete Arbeitsverhältnisse.[110]

IX. Überprüfung und Durchsetzung der Anpassungsentscheidung

95 Der Versorgungsempfänger kann eine nicht den Maßgaben des § 16 BetrAVG entsprechende Entscheidung des Arbeitgebers gerichtlich überprüfen lassen. Dies ergibt sich aus einer **entsprechenden Anwendung** der Vorschrift des **§ 315 Abs. 3 S. 2 BGB**.[111]

96 Statthafte Klageart ist dabei in aller Regel die **Leistungsklage**, da einer Feststellungsklage, mit dem Antrag, einen dem billigen Ermessen entsprechenden Erhöhungsbetrag festzustellen, die besondere Prozessvoraussetzung des Feststellungsinteresses fehlen wird. Der Klageantrag ist auch dann bestimmt,

---

110 BAG 25.10.1988, 3 AZR 483/86, EzA § 77 BetrVG 1972 Nr. 26 = DB 1988, 2312.
111 Vgl. *Höfer* BetrAVG, Rn. 5354 zu § 16; *Blomeyer/Rolfs/Otto* § 16 Rn. 267.

wenn von einer genauen Bezifferung abgesehen wird.[112] Die allg. Prozessvoraussetzung des Rechtsschutzbedürfnisses kann auch für Prüfungsstichtage nach dem 31.12.1998 nicht unter Hinweis darauf verneint werden, dass dem Versorgungsberechtigten die Einlegung eines Widerspruchs offen gestanden hätte, denn bei dem in § 16 Abs. 4 S. 2 BetrAVG vorgesehenen Widerspruch handelt es sich nicht um eine Prozessvoraussetzung oder um ein Rechtsmittel;[113] die nicht fristgemäße Beanstandung der Beurteilung der wirtschaftlichen Lage des Arbeitgebers durch den Versorgungsempfänger führt lediglich dazu, dass im Rahmen der materiellen Überprüfung der Anpassungsentscheidung **unwiderleglich vermutet** wird, dass die Anpassung zu Recht unterblieben ist.

Der **Arbeitgeber** ist im Hinblick darauf, dass seine Entscheidung billigem Ermessen entspricht, **darlegungs- und beweispflichtig**, denn nur er wird darlegen können, welchen Maßstab er zur Entscheidungsfindung angelegt hat.[114] Dabei sind im Hinblick auf die Offenlegung von Betriebs- bzw. Geschäftsgeheimnissen die von der Rechtsprechung entwickelten Grundsätze zu beachten.[115]   97

Verzugs- oder Prozesszinsen fallen im Rahmen einer Anpassungsentscheidung nach § 16 Abs. 1 oder Abs. 2 BetrAVG frühestens ab der Rechtskraft der gerichtlichen Entscheidung an, da die Anpassungsentscheidung eine Ermessensentscheidung des Arbeitgebers ist und erst mit Rechtskraft des gestaltenden Urteils die entsprechende Anpassungsforderung des Betriebsrentners fällig wird.[116]   97a

B. Ausschluss der Anpassungsprüfungs- und Anpassungsentscheidungsverpflichtung (§ 16 Abs. 3 BetrAVG)

I. Anpassungsgarantie

Nach § 16 Abs. 3 Nr. 1 i.V.m. **§ 30c Abs. 1 BetrAVG** besteht die Möglichkeit, die in § 16 Abs. 1 BetrAVG festgeschriebene Verpflichtung auf eine Erhö-   98

---

112 Vgl. *Zöller* ZPO, 22. Aufl., § 253 Rn. 14; BAG 17.10.1995, 3 AZR 881/94, EzA § 16 BetrAVG Nr. 29.

113 So aber *Ahrend/Förster/Rößler/Rühmann* Teil 11 B, Rn. 1686.

114 *Palandt* 66. Aufl., § 315 BGB Rn. 19.

115 BAG 23.4.1985, 3 AZR 548/82, EzA § 16 BetrAVG Nr. 17 = DB 1985, 1030; vgl. auch Rdn. 77.

116 BAG 28.6.2011, 3 AZR 859/09, FA 2011, 376 = NZA 2011, 1285.

hung von **1 %** **jährlich** zu begrenzen (Anpassungsgarantie), sofern eine solche Rentendynamik **vertraglich zugesagt** wird. Diese Möglichkeit der Abwahl besteht bei **sämtlichen Durchführungswegen** der betrieblichen Altersversorgung. Sie wird aber hauptsächlich bei der Direktzusage herangezogen. Das BAG hat festgestellt, dass die Anpassungsgarantie die Anpassungsprüfungspflicht nach § 16 Abs. 1 BetrAVG nur dann wirksam verdrängen kann, wenn sie für eine Neuzusage ab dem 1.1.1999 vereinbart wird. Ausschlaggebend ist hierbei das Datum der Erteilung einer Versorgungszusage. Mithin ist weder das Datum zugrunde liegenden Betriebsvereinbarung noch das Bezugsdatum der laufenden Rentenleistung maßgeblich.[117]

99 **Vorteil** dieser Möglichkeit ist zum einen, dass der künftige, durch die Rentenanpassung veranlasste Versorgungsaufwand für die Neuzusagen kalkulierbar wird. Zum anderen ist der Zusatzaufwand im Rahmen der Direktzusage bei entsprechender schriftlicher Verpflichtung des Arbeitgebers über die Pensionsrückstellungen nach § 6a EStG steuerlich vorfinanzierbar.[118] Darüber hinaus entfällt der mit der Anpassungsprüfungspflicht nach § 16 Abs. 1 BetrAVG einhergehende Verwaltungsaufwand zur Ermittlung der Anpassungsrate. Außerdem führt die automatische Rentenanpassung für den Versorgungsberechtigten dazu, dass sein Anspruch auch im Fall der Insolvenz vom PSVaG jährlich angepasst wird.[119]

100 Die 1 %ige Anpassungsgarantie kann allerdings auch zu **Nachteilen** für den Arbeitgeber führen. Dies ist dann der Fall, wenn entweder die Teuerung im zu beurteilenden Jahr weniger als 1 % beträgt, oder wenn aufgrund der schlechten wirtschaftlichen Lage des Arbeitgebers bzw. des geringen Anstiegs der Nettolöhne vergleichbarer Arbeitnehmergruppen eine Anpassung nicht in Höhe von 1 % bzw. gar nicht zu erfolgen hätte. Der Arbeitgeber muss infolge der Rentenanpassungsgarantie nämlich auch in diesen Fällen die laufenden Rentenleistungen jeweils um 1 % erhöhen.

II. Überschussverwendung zugunsten der Leistungsempfänger

101 Nach § 16 Abs. 3 Nr. 2 BetrAVG ist auch im Fall der Durchführungswege **Direktversicherung** oder **Pensionskasse** eine Überprüfung entbehrlich, wenn die auf den Rentenbestand entfallenden **Überschussanteile** ab Rentenbeginn

---

117 BAG 28.6.2011, 3 AZR 282/09, FA 2009, 375 = ZIP 2011, 2164.
118 BFH 25.10.1995, I R 34/95, BStBl. 1996 II S. 403.
119 Vgl. Rdn. 22.

ausschließlich **zur Erhöhung der laufenden Leistungen verwendet werden** und zur Berechnung der garantierten Leistung der nach § 65 Abs. 1 Nr. 1a VAG festgesetzte Höchstzinssatz zur Berechnung der Deckungsrückstellung nicht überschritten wird.

Eine Besonderheit besteht hier für gem. § 118b Abs. 3 bzw. 4 VAG **regulierte**   102
Pensionskassen. Dies sind Pensionskassen, welche einer umfangreichen Kontrolle durch die Bundesanstalt für Finanzdienstleistungsaufsicht unterliegen und dieser u.a. ihre Versicherungstarife zur Genehmigung vorzulegen haben. Solche Kassen verfügen teilweise über Versicherungstarife, bei denen die Leistungen nicht nach dem Höchstzinssatz gem. § 65 Abs. 1 Nr. 1a VAG, sondern nach einem geschäftsplanmäßigen, den Höchstzinssatz ggf. auch übersteigenden Zins berechnet werden, wobei der zugrunde liegende Geschäftsplan durch die Bundesanstalt für Finanzdienstleistungsaufsicht genehmigt ist. Diese besondere Fallgestaltung wird von § 16 Abs. 3 Nr. 2 BetrAVG formal nicht erfasst. Allerdings ist hier eine entsprechende Anwendung mit der Folge geboten, den Höchstzinssatz bei diesen Kassen durch den jeweiligen geschäftsplanmäßigen Zins zu ersetzen. Dies ist für den Rentenempfänger nicht nachteilig, da die Genehmigung und Überwachung des Geschäftsplans der jeweiligen Pensionskasse durch die Bundesanstalt für Finanzdienstleistungsaufsicht die langfristige Finanzierbarkeit derartiger Tarife und eine angemessene Überschussbeteiligung sicherstellt.[120]

Die genannte Vorschrift findet – anders als § 16 Abs. 3 Nr. 1 BetrAVG –   103
auch für vor dem 1.1.1999 erteilte Zusagen Anwendung.

III. Ausschluss bei Beitragszusage mit Mindestleistung

Gemäß § 16 Abs. 3 Nr. 3 BetrAVG entfällt die Anpassungsverpflichtung nach   104
§ 16 Abs. 1 BetrAVG bei laufenden Leistungen auf Grundlage einer Beitragszusage mit Mindestleistung gem. § 1 Abs. 2 Nr. 2 BetrAVG.

Dies gilt **auch** in den Fällen, in denen die Beitragszusage mit Mindestleis-   105
tung im Wege der **Entgeltumwandlung** finanziert wird. Der insoweit auf den ersten Blick bestehende Widerspruch zur Regelung des § 1b Abs. 5 Nr. 1 BetrAVG, welcher für den Fall des vorzeitigen Ausscheidens die Verwendung der anfallenden Überschüsse bei Direktversicherungen, Pensionskassen und Pensionsfonds zur Leistungserhöhung vorschreibt, ist nicht gege-

---

120   So auch *Höfer* BetrAVG, Rn. 5464 ff. zu § 16.

ben, denn der Arbeitnehmer hat bei diesem besonderen Zusagetyp ohnehin einen Anspruch auf das gesamte Versorgungskapital einschließlich der Erträge.[121]

C. Fortfall der nachholenden Anpassung bei zu Recht unterbliebener Anpassung (§§ 16 Abs. 4 BetrAVG und 30c Abs. 2 BetrAVG)

106   § 16 Abs. 4 BetrAVG **schränkt** die von der Rechtsprechung entwickelten **Grundsätze zur nachholenden Anpassung ein.**[122] Die Vorschrift regelt, dass im Fall einer zu Recht unterbliebenen Anpassung keine Verpflichtung des Arbeitgebers besteht, die Anpassung in der Zukunft nachzuholen. Diese Regelung gilt nach **§ 30c Abs. 2 BetrAVG** allerdings nur **für ab dem 1.1.1999 unterbliebene Anpassungen**. Für bei Prüfungsstichtagen vor dem 1.1.1999 zu Recht unterlassenen Anpassungen bleibt es aus Gründen des Vertrauensschutzes bei der Verpflichtung zur nachholenden Anpassung folgend den Grundsätzen der bislang ergangenen BAG-Rechtsprechung.[123]

107   Nach § 16 Abs. 4 S. 2 BetrAVG gilt eine Anpassung als zu Recht unterblieben, wenn der Arbeitgeber dem Versorgungsempfänger die wirtschaftliche Lage des Unternehmens schriftlich darlegt, der Versorgungsempfänger nicht binnen drei Kalendermonaten nach Zugang der Mitteilung schriftlich widersprochen hat und er auf die Rechtsfolgen eines nicht fristgemäßen Widerspruchs hingewiesen wurde. Sofern sämtliche genannten Voraussetzungen vorliegen, wird **unwiderleglich vermutet**, dass die Anpassung zu Recht unterblieben ist.

108   Widerspricht der Versorgungsempfänger der vom Arbeitgeber getroffenen Entscheidung und hilft der Arbeitgeber dieser Entscheidung daraufhin nicht ab, so kann der Rentenempfänger die Anpassungsentscheidung gerichtlich überprüfen lassen.

109   Die Anforderungen an die schriftliche Darlegung der wirtschaftlichen Lage des Unternehmens sind gesetzlich nicht geregelt. Insoweit steht dem Arbeitgeber ein Beurteilungsspielraum im Hinblick darauf zu, in welchem Umfang dem Versorgungsberechtigten Informationen erteilt werden müssen. Das BAG hat hierzu entschieden, dass die in § 16 Abs. 4 Satz 2 BetrAVG gere-

---

121   Vgl. *Blomeyer* DB 2001, 1413; *Höfer* BetrAVG, Rn. 5475f zu § 16.
122   Vgl. Rdn. 51 ff.
123   Vgl. Rdn. 52.

gelte »Darlegungsverpflichtung« i.S. einer ausführlichen Erläuterung zu sehen sei. Diese geht zwar nicht so weit wie die gerichtliche Darlegungs- und Beweislast, sodass keine Bilanzen an den Versorgungsberechtigten verschickt werden müssen. Jedoch muss die wirtschaftliche Belastbarkeit des Unternehmens im Rahmen einer zuverlässigen Prognose erläutert werden. Stützt der Arbeitgeber die Ablehnung der Anpassung auf eine geringe Eigenkapitalverzinsung, muss er seine diesbezüglichen Überlegungen unter Angabe der sich aus den Bilanzen der letzten drei Jahre vor dem Anpassungsprüfungsstichtag ergebenden Daten zum Eigenkapital und zur Eigenkapitalverzinsung mitteilen. Der Betriebsrentner muss auf Basis des Unterrichtungsschreibens in die Lage versetzt werden, die Entscheidung des Arbeitgebers nachzuvollziehen.[124]

Die Fiktion in Satz 2 betrifft nur einen Fall der zu Recht unterbliebenen **110** Anpassung. In der Praxis wird die Anpassung in der Mehrzahl der Fälle aus Tatsachengründen (wirtschaftliche Lage etc.) zu Recht unterbleiben.[125]

D. Anpassung bei ab dem 1.1.2001 erteilten Entgeltumwandlungszusagen (§ 16 Abs. 5 und § 30c Abs. 3 BetrAVG)

Soweit betriebliche Altersversorgung durch Entgeltumwandlung finanziert **111** wird, besteht für den Arbeitgeber eine Verpflichtung, die **Anpassung nach den Maßgaben des § 16 Abs. 3 BetrAVG** vorzunehmen. Der Arbeitgeber muss sich also dazu verpflichten, die laufenden Leistungen mindestens mit jährlich 1 % anzupassen. Bei Durchführung der betrieblichen Altersversorgung über eine Direktversicherung oder eine Pensionskasse kann der Arbeitgeber anstelle dieser 1 %igen Erhöhungsgarantie aber auch sämtliche auf den Rentenbestand entfallenden Überschussanteile ab Rentenbeginn zur Erhöhung der laufenden Leistungen verwenden. Die in Abs. 5 getroffene Regelung gilt gem. **§ 30c Abs. 3 BetrAVG** allerdings **nur für nach dem 31.12.2000 erteilte Versorgungszusagen**.

Für vor dem 1.1.2001 erteilte, über Entgeltumwandlung finanzierte Versor- **112** gungszusagen bleibt es dagegen grds. bei der Anpassungsprüfungsverpflichtung gem. § 16 Abs. 1 und 2 BetrAVG. Der Arbeitgeber kann sich von dieser Verpflichtung allerdings freizeichnen, wenn er die Voraussetzungen des § 16 Abs. 3 Nr. 1 (nur bei Zusagen, die ab dem 1.1.1999 erteilt wurden) bzw. Nr. 2 BetrAVG erfüllt.

---

124 BAG 11.10.2011, 3 AZR 732/09, NZA 2012, 337.
125 So auch *Höfer* BetrAVG, Rn. 5481 ff.; *Blomeyer/Rolfs/Otto* § 16 Rn. 101.

E. Keine Anpassung bei Auszahlungsplänen (§ 16 Abs. 6 BetrAVG)

113 Gemäß § 16 Abs. 6 BetrAVG besteht keine Anpassungsverpflichtung für monatliche Raten im Rahmen eines Auszahlungsplans sowie für Renten ab Vollendung des 85. Lebensjahres im Anschluss an einen Auszahlungsplan.

114 Gemäß § 1 Abs. 1 S. 1 Nr. 4 AltZertG werden bei einem Auszahlungsplan ab dem Beginn der Auszahlungsphase gleichbleibende oder steigende monatliche Zahlungen bis zum vollendeten 85. Lebensjahr gewährt. Diese Mindestleistungsgarantie gilt auch dann, wenn der Versorgungsberechtigte zuvor versterben sollte. Ab dem 85. Lebensjahr muss sich an den Auszahlungsplan eine lebenslange obligatorische Altersrente anschließen, deren Höhe die letzte feste monatliche Auszahlungsrate vor diesem Zeitpunkt mindestens erreicht.

115 Die durch das HZvNG geänderte Vorschrift regelt zum einen, dass eine Anpassungsprüfungsverpflichtung für die nach dem Auszahlungsplan zu gewährenden monatlichen Raten entbehrlich ist;[126] sie stellt zum anderen klar, dass für die im Anschluss ggf. zu zahlenden Rentenleistungen eine Anhebung ebenfalls ausgeschlossen ist. Damit **entfällt** die **Anpassungsverpflichtung für sämtliche in Zusammenhang mit Auszahlungsplänen stehende Leistungen.**

F. Bilanzierungsfragen

I. Bilanzierung der Rentenerhöhung zum Anpassungszeitpunkt

116 Da die Verpflichtung nach § 16 BetrAVG auf die Erhöhung der laufenden Leistungen gerichtet ist, werden die **Erhöhungen** im Zeitpunkt der Anpassung Teil der Rente und stellen **keine eigenständigen Verpflichtungen** des Unternehmens dar. Somit können die Erhöhungsbeträge bei einer unmittelbaren Versorgungszusage nicht gesondert ausgewiesen werden; sie sind vielmehr in die Bewertung der Pensionsverpflichtung mit einzubeziehen. Dementsprechend gilt ein Passivierungswahlrecht nach Art. 28 Abs. 1 EGHGB einheitlich, soweit die Versorgungszusage bereits zum 31.12.1986 bestanden hat. Die Erhöhungsverpflichtung ist damit ebenso zu behandeln wie die Pen-

---

126 Diesen alleinigen Regelungsinhalt hatte noch die nach dem Altersvermögensgesetz geltende Fassung des § 16 Abs. 6 BetrAVG, welche bis einschließlich 30.6.2002 Geltung hatte.

sionsverpflichtung selbst.[127] Für nach dem 31.12.1986 erteilte Versorgungszusagen besteht dagegen eine – ebenfalls einheitlich für Erhöhungsverpflichtung und Verpflichtung zur Gewährung der laufenden Leistungen geltende –
Passivierungspflicht.

II. Bilanzierung zwischen den Anpassungszeitpunkten

In den Jahren zwischen zwei Anpassungsprüfungsstichtagen liegt hinsichtlich 117
der bereits eingetretenen Teuerung weder eine rechtliche – insoweit ist der
Wortlaut des § 16 Abs. 1 BetrAVG eindeutig – noch eine wirtschaftliche Verpflichtung des Arbeitgebers vor.

Eine wirtschaftliche Verpflichtung besteht vor dem Anpassungsstichtag 118
nicht, da in den Zwischenjahren die wirtschaftliche Lage zum Anpassungsstichtag noch nicht hinreichend konkretisiert ist. Dies bedeutet, dass eine
Bilanzierung von Verpflichtungen im Umfang der zwischenzeitlich eingetretenen Verteuerung in den Jahren zwischen zwei Prüfungsstichtagen ausscheidet. Insoweit kommt auch keine Pflicht zur Angabe einer Verpflichtung im
Anhang zur Bilanz nach Art. 28 Abs. 2 EGHGB in Betracht.[128]

III. Bilanzierung bei unterbliebener Anpassung

1. Rechtmäßig unterbliebene Anpassung

Die unter Ziff. I und II dargelegten Grundsätze gelten auch für die Bilanzie- 119
rung unterbliebener Anpassungen, die zu Recht unter Hinweis auf eine
ungenügende wirtschaftliche Lage des Arbeitgebers abgelehnt wurden.[129]

2. Rechtswidrig unterbliebene Anpassung

Bei einer rechtswidrig unterlassenen Anpassung haben die Rentenempfänger 120
nach den von der Rechtsprechung des BAG entwickelten Grundsätzen zur
nachträglichen Anpassung nicht nur für die Zukunft einen Anspruch auf
erhöhte Rentenzahlungen, der in die Bemessung der Pensionsverpflichtung
einzubeziehen ist, sondern auch einen Anspruch auf Auszahlung der rück-

---

127 Stellungnahme des HFA 3/1993 zur Bilanzierung und Prüfung der Anpassungs-
     pflicht von Betriebsrenten, WP 1994, 24.
128 Stellungnahme des HFA WP 1994, 24.
129 Stellungnahme des HFA WP 1994, 24.

ständigen Erhöhungsbeträge.[130] Der in die Zukunft gerichtete Anspruch auf
erhöhte Rentenzahlungen ist dabei bilanziell in der Weise zu berücksichtigen, dass im Rahmen der Ermittlung der Pensionsrückstellungen von fiktiv
erhöhten Rentenzahlungen auszugehen ist. Dieser Erhöhungsanteil muss ggf.
mit einem geschätzten Grad der Inanspruchnahme gewichtet werden. Auch
insoweit gilt wiederum der Grundsatz, dass die Erhöhung der Pensionsverpflichtung nicht von der übrigen Pensionsverpflichtung getrennt werden
kann, sodass auch insoweit eine Passivierungspflicht für Altzusagen besteht,
soweit bereits bisher Rückstellungen gebildet worden sind.[131]

121   Die vorstehenden **Grundsätze gelten ausschließlich für die handelsbilanzi-
elle Behandlung** von rechtswidrig unterbliebenen Anpassungen und haben
daher keine Gültigkeit in ertragsteuerlicher Hinsicht.

122   Hinsichtlich der bereits angesprochenen Nachzahlungspflicht besteht insoweit eine Ungewissheit, als nicht vorhersehbar ist, welche und wie viele Rentner vor Ablauf der Verjährungsfrist von ihrem Anspruch Gebrauch machen
werden. Aus diesem Grunde ist die Nachzahlungsverpflichtung aus einer
nachträglichen Rentenanpassung nicht eindeutig quantifizierbar. Die Rückstellung für diese Nachzahlungspflicht muss daher unter Berücksichtigung
des sog. **Bestandsrisikos**, also der Wahrscheinlichkeit der Inanspruchnahme,
und des sog. **Betragsrisikos** – also der Begrenzung durch die Verjährungsfristen nach § 18a S. 2 BetrAVG, § 195 BGB ermittelt werden.

123   Da es sich bei der Rückstellung für die Nachzahlungspflicht nicht um eine
von Leib und Leben abhängige Pensionsrückstellung handelt, sondern vielmehr um eine sonstige Rückstellung, besteht aufgrund der Nichtanwendbar-
keit der Vorschrift des Art. 28 EGHGB Passivierungspflicht.

---

130   Vgl. zur nachträglichen Anpassung Rdn. 57 ff.
131   Vgl. hierzu die Ausführungen unter Rdn. 116.

G. Checkliste zur Anpassung der laufenden Leistungen

	Direkt-zusage	Unterstüt-zungskasse	Pensions-kasse	Direktversiche-rung	Pensions-fonds
Kapital-leistungen	I.d.R. keine Anpassungsprüfungspflicht des Arbeitgebers bei Bezug einer Kapitalleistung; einzelfallabhängige Betrachtung bei Vereinbarung von Ratenzahlung				
Auszahlungsplan	nicht anwendbar	keine Anpassungsprüfungspflicht			
Rentenleistun-gen § 16 Abs. 1 BetrAVG	Bei laufenden Leistungen grds. Anpassungsprüfung und -ent-scheidung im Abstand von drei Jahren (billiges Ermessen, Abwägung wirtschaftlicher Belange mit Interessen der Leis-tungsempfänger)				
Umfang der Anpassungs-pflicht § 16 Abs. 2 BetrAVG	§ 16 Abs. 2 Nr. 1 BetrAVG: Anpassung gilt als erfüllt, wenn nicht geringer als Anstieg des Verbraucherpreisindexes für Deutschland § 16 Abs. 2 Nr. 2 BetrAVG: Anpassungspflicht nur insoweit, als die Nettolöhne vergleichbarer Arbeitnehmergruppen im Unter-nehmen angestiegen sind				
Mindestanpas-sung § 16 Abs. 3 Nr. 1 BetrAVG	Anpassungsprüfungsverpflichtung entfällt, wenn Zusageerteilung nach dem 31.12.1998 erfolgt und sich der Arbeitgeber zur Anpassung der laufenden Leistungen um jährlich mindestens 1 % verpflichtet hat				
Überschussan-teile § 16 Abs. 3 Nr. 2 BetrAVG	nicht anwendbar		Keine Anpassungsprüfungs-verpflichtung, wenn ab Ren-tenbeginn sämtliche auf den Rentenbestand entfallenden Überschussanteile zur Erhö-hung der laufenden Leistun-gen verwendet werden und der vom VAG vorgegebene Höchstzinssatz zur Ermitt-lung der Deckungsrückstel-lung bei Berechnung der garantierten Leistung nicht überschritten wird		nicht anwendbar
Beitragszusage mit Mindestleis-tung § 16 Abs. 3 Nr. 3 BetrAVG	nicht anwendbar		Keine Anpassungsprüfungspflicht		

124

Sechster Abschnitt Geltungsbereich

§ 17 Persönlicher Geltungsbereich und Tariföffnungsklausel

(1) [1]Arbeitnehmer im Sinne der §§ 1 bis 16 sind Arbeiter und Angestellte einschließlich der zu ihrer Berufsausbildung Beschäftigten; ein Berufsausbildungsverhältnis steht einem Arbeitsverhältnis gleich. [2]Die §§ 1 bis 16 gelten entsprechend für Personen, die nicht Arbeitnehmer sind, wenn ihnen Leistungen der Alters-, Invaliditäts- oder Hinterbliebenenversorgung aus Anlass ihrer Tätigkeit für ein Unternehmen zugesagt worden sind. [3]Arbeitnehmer im Sinne von § 1a Abs. 1 sind nur Personen nach den Sätzen 1 und 2, soweit sie aufgrund der Beschäftigung oder Tätigkeit bei dem Arbeitgeber, gegen den sich der Anspruch nach § 1a richten würde, in der gesetzlichen Rentenversicherung pflichtversichert sind.

(2) Die §§ 7 bis 15 gelten nicht für den Bund, die Länder, die Gemeinden sowie die Körperschaften, Stiftungen und Anstalten des öffentlichen Rechts, bei denen das Insolvenzverfahren nicht zulässig ist, und solche juristische Personen des öffentlichen Rechts, bei denen der Bund, ein Land oder eine Gemeinde kraft Gesetzes die Zahlungsfähigkeit sichert.

(3) [1]Von den §§ 1a, 2 bis 5, 16, 18a Satz 1, §§ 27 und 28 kann in Tarifverträgen abgewichen werden. [2]Die abweichenden Bestimmungen haben zwischen nichttarifgebundenen Arbeitgebern und Arbeitnehmern Geltung, wenn zwischen diesen die Anwendung der einschlägigen tariflichen Regelung vereinbart ist. [3]Im übrigen kann von den Bestimmungen dieses Gesetzes nicht zuungunsten des Arbeitnehmers abgewichen werden.

(4) Gesetzliche Regelungen über Leistungen der betrieblichen Altersversorgung werden unbeschadet des § 18 durch die §§ 1 bis 16 und 26 bis 30 nicht berührt.

(5) Soweit Entgeltansprüche auf einem Tarifvertrag beruhen, kann für diese eine Entgeltumwandlung nur vorgenommen werden, soweit dies durch Tarifvertrag vorgesehen oder durch Tarifvertrag zugelassen ist.

A. Regelungsgegenstand des § 17 BetrAVG

1   § 17 BetrAVG befasst sich in den Abs. 1 und 2 grundlegend mit dem persön-
lichen und sachlichen Anwendungsbereich des Gesetzes (zum zeitlichen
Anwendungsbereich vgl. § 32 BetrAVG). Weiterhin definiert § 17 Abs. 3
BetrAVG den Charakter des BetrAVG als Arbeitnehmerschutzgesetz und die
Voraussetzungen, unter denen Abweichungen von den Schutzbestimmungen
des Gesetzes zulässig sind. § 17 Abs. 4 BetrAVG enthält Aussagen über den

Umgang mit einer Gesetzeskonkurrenz. § 17 Abs. 5 BetrAVG schließlich stellt besondere Anforderungen für die Entgeltumwandlung im Tarifbereich auf.

B. Persönlicher Geltungsbereich (§ 17 Abs. 1 BetrAVG)

I. Der Begriff des Arbeitnehmers (§ 17 Abs. 1 S. 1 BetrAVG)

§ 17 Abs. 1 BetrAVG regelt den persönlichen Anwendungsbereich des **2** Betriebsrentengesetzes und erklärt Arbeiter und Angestellte sowie Auszubildende zu Normadressaten. Die Begriffsterminologie »Arbeiter und Angestellte« beinhaltet heute keine realistische Differenzierung mehr, da diese Gruppen im modernen Arbeitsrecht durch den Begriff des **Arbeitnehmers**[1] ersetzt werden. Nach herrschender Meinung ist Arbeitnehmer, wer nach den Weisungen des Arbeitgebers in persönlicher Abhängigkeit tätig ist, mithin eine nach Ort, Zeit und Art vom Arbeitgeber bestimmte Tätigkeit durchführt.[2] Insbesondere das Kriterium der Fremdbestimmung ist im Einzelfall für die konkrete Erwerbstätigkeit sorgfältig zu prüfen, um eine Person als Arbeitnehmer qualifizieren zu können. Wer eine Ausbildung nach dem Berufsbildungsgesetz vornimmt, wird durch das Gesetz dem Arbeitnehmer gleichgestellt und unterfällt dessen Schutzbestimmungen. Arbeitnehmer sind nicht nur die traditionell, im Betrieb des Arbeitgebers auf Vollzeitbasis tätigen Arbeitnehmer, sondern auch Teilzeitbeschäftigte und Heimarbeiter. Familiäre Bindungen zum Arbeitgeber schließen die Arbeitnehmereigenschaft nicht grds. aus. Eine Ausnahme kann sich nur dann ergeben, wenn der Bestand des Arbeitsverhältnisses nicht ernsthaft dem Unternehmensinteresse dient, sondern missbräuchlich Insolvenzschutz herstellen soll.[3]

---

1 *Blomeyer/Rolfs/Otto* § 17 Rn. 4 ff.; *Goldbach/Obenberger* Betriebsrentengesetz 2005, Rn. 2.

2 BAG 9.7.2003, 5 AZR 595/02, EzA § 256 ZPO Nr. 3; 12.9.1996, 5 AZR 1066/94, EzA § 611 BGB Arbeitnehmerbegriff Nr. 58 = DB 1996, 2083; 12.9.1996, 5 AZR 104/95, EzA § 611 BGB Arbeitnehmerbegriff Nr. 60 = DB 1997, 1037; 6.5.1998, 5 AZR 347/97, EzA § 611 BGB Arbeitnehmerbegriff Nr. 66 = DB 1998, 2275.

3 *Blomeyer/Rolfs/Otto* § 17 Rn. 10 ff.

II. Arbeitnehmerähnliche Personen (§ 17 Abs. 1 S. 2 BetrAVG)

3   Darüber hinaus erweitert § 17 Abs. 1 S. 2 BetrAVG den persönlichen Anwendungsbereich des Gesetzes. So gilt das BetrAVG auch für andere Personen als Arbeitnehmer entsprechend, solange ihnen Leistungen der Alters-, Invaliditäts- oder Hinterbliebenenversorgung aus Anlass ihrer Tätigkeit für ein Unternehmen zugesagt sind. Diese Definition erfasst selbstständig Tätige wie die Vertreter der freien Berufe und gewerbliche Handelsvertreter. Auch Organpersonen wie GmbH-Geschäftsführer, Vorstandsmitglieder eines Vereins oder einer Aktiengesellschaft sind **arbeitnehmerähnliche Personen**, solange sie nicht gesellschaftsrechtlich an dem Unternehmen beteiligt sind.[4] Ist dies der Fall, hängt die Anwendung des Betriebsrentengesetzes davon ab, ob die jeweilige Person als Unternehmer auftritt.

4   Erforderlich ist jedoch in jedem Fall, dass ein privatrechtlicher Vertrag zwischen den Parteien besteht, auf dessen Grundlage die Tätigkeit für das Unternehmen ausgeführt wird. Dies kann beispielsweise im Fall eines Rechtsanwalts ein Dienstvertrag oder im Fall eines Handwerkers ein Werkvertrag sein. Versorgungszusagen in derartigen Rechtsbeziehungen sind in der Praxis eher selten anzutreffen. Dagegen ist es nicht ausreichend, wenn die erbrachte Tätigkeit dem Unternehmen lediglich wirtschaftlich zugutekommt.[5]

III. Abgrenzung zum Unternehmer

1. Einzelkaufleute, Personengesellschaften

5   Nicht vom Schutzbereich des Gesetzes erfasst sind **Unternehmer**, da diese für sich selbst und nicht i.S.v. § 17 Abs. 1 S. 2 BetrAVG für ein anderes Unternehmen tätig sind. Unternehmer sind nach der Rechtsprechung des BGH grds. die persönlich (d.h. unbeschränkt) haftenden Gesellschafter eines Unternehmens.[6] Mithin können Einzelkaufleute und persönlich haftende Gesellschafter von Personengesellschaften sich nicht auf den Schutz des BetrAVG berufen. Von diesem Grundsatz bestehen Ausnahmen, beispielsweise wenn der persönlich haftende Gesellschafter seine Gesellschafterrechte im Innenverhältnis gegenüber den anderen Gesellschaftern nicht ausübt,

---

4   *Höfer* BetrAVG, Rn. 5581 zu § 17.
5   BAG 20.4.2004, 3 AZR 297/03, EzA § 17 BetrAVG Nr. 10 = DB 2004, 2432.
6   BGH 9.6.1980, II ZR 255/78, DB 1980, 1588.

sondern an deren Entscheidungen gebunden ist. Auch wird der Kommanditist einer KG, als ein auf den Betrag seiner Vermögenseinlage beschränkt haftender Gesellschafter, nicht per se vom Anwendungsbereich des Betriebsrentengesetzes erfasst, sondern kann – in Abhängigkeit von der konkreten Beteiligungsquote und der Ausführung des Anstellungsverhältnisses – bei entsprechender Leitungsmacht nicht als arbeitnehmerähnliche Person, sondern als Unternehmer angesehen werden.[7]

2. Kapitalgesellschaften, Mehrheitsgesellschafter

Bei **Kapitalgesellschaften** ist stets zu prüfen, ob die Person, die für die 6 Gesellschaft tätig ist, aufgrund ihrer **zusätzlichen** Gesellschafterstellung die Entscheidungsprozesse des Unternehmens lenkt bzw. maßgeblich beeinflussen kann. So steht der Alleingesellschafter einer Kapitalgesellschaft ebenso wie der Einzelkaufmann stets außerhalb des BetrAVG. Typischer Fall eines Unternehmers ist weiterhin der **Mehrheitsgesellschafter** einer GmbH, der **gleichzeitig Geschäftsführer** ist.[8] Als Mehrheit in diesem Sinne ist wohl auch bereits eine Beteiligung von 50% anzusehen, da diese dem Gesellschafter die Möglichkeit verleiht, Mehrheitsbeschlüsse effizient zu verhindern und somit maßgeblichen Einfluss auszuüben.[9] Es ist jedoch nicht auszuschließen, dass im Einzelfall die Mehrheitsbeteiligung des Gesellschafters und die tatsächliche Leitungsmacht innerhalb des Unternehmens in einem Maß divergieren, dass sich ein arbeitnehmerähnliches Verhältnis aufdrängt.

3. Kapitalgesellschaften, Minderheitsgesellschafter

Abgesehen von dem Mehrheitsgesellschafter können auch Organpersonen, 7 die **Minderheitsgesellschafter** mit einer geringeren Beteiligung als 50% sind, Unternehmer i.S.d. § 17 Abs. 1 S. 2 BetrAVG sein. Die Rechtsprechung hat eine Mindestquote von 10% aufgestellt, unterhalb der eine unternehmeri-

---

7 BGH 1.2.1999, II ZR 276/97, DB 1999, 630.
8 OLG Köln 21.2.1986, 6 U 141/85, DB 1986, 1063, lässt eine Unternehmerstellung auch dann zu, wenn die betreffende Person keine formale Organfunktion wahrnimmt, aber aufgrund ihrer besonderen wirtschaftlichen und tatsächlichen Bedeutung eine Funktion ausübt, die mit derjenigen eines Geschäftsführers vergleichbar ist.
9 *Höfer* BetrAVG, Rn. 5593 zu § 17.

sche Leitungsmacht nicht begründet werden kann.[10] Verfügt ein Gesellschafter jedoch über eine Beteiligung von mehr als 10 % und kann er gemeinsam mit anderen Minderheitsgesellschaftern eine Stimmenmehrheit erreichen, liegt grds. eine ausreichende Leitungsmacht vor. Sofern eine Addition von Minderheitsbeteiligungen zu einer Stimmenmehrheit von exakt 50 % führt, geht eine Auffassung in der Literatur weiterhin von einer ausreichenden Leitungsmacht der Minderheitengesellschafter aus.[11] Die höchstrichterliche Rechtsprechung und ihr folgend der PSVaG lehnen demgegenüber eine Unternehmerstellung in diesen Fällen in der Regel ab.[12] Nicht ausreichend geklärt ist, ob die unbedeutende Minderheitsbeteiligung auch dann unberücksichtigt bleibt, wenn die Beteiligungsquote sonstiger Gesellschafter-Geschäftsführer untersucht wird. Hieraus können sich für die Praxis im Einzelfall Probleme ergeben. Geringe Differenzen in der Beteiligungsquote können dann über die Unternehmerstellung eines Gesellschafter-Geschäftsführers und die Anwendung des BetrAVG entscheiden.

▶ **Beispiel:**

Verfügt der Gesellschafter-Geschäftsführer G über 42 % der GmbH-Anteile, während der Gesellschafter-Geschäftsführer F nur über 8 % der Anteile verfügt, so ist G bei einer Berücksichtigung der Anteile von F als Unternehmer anzusehen, da er gemeinsam mit F einen Stimmenanteil von 50 % erreichen kann. Würde G nur über 41 % der Anteile verfügen, wäre er hingegen nicht als Unternehmer zu qualifizieren. Bei Außerachtlassung des 8 %igen Gesellschafteranteils von F hingegen wäre G in beiden Fällen Minderheitsgesellschafter und unterfiele dem Anwendungsbereich des BetrAVG.

4. Mittelbare Beteiligungen

8   Sog. **mittelbare Beteiligungsformen** können ebenfalls eine Unternehmerposition begründen. In der Praxis hat sich der BGH insbesondere mit der

---

10   BAG 25.1.2000, 3 AZR 769/98, EzA § 17 BetrAVG Nr. 9 = DB 2001, 959; BGH 14.7.1980, II ZR 224/79, DB 1980, 1993.

11   *Höfer* BetrAVG, Rn. 5601 zu § 17; neuerdings auch das LG Köln 16.8.2001– 24 O 21/01 – ZIP 2001, 1649, das schon bei 47 % der Anteile die Anwendbarkeit des BetrAVG verneint.

12   BGH 25.9.1989, II ZR 259/88, DB 1989, 2425; 28.4.1980, II ZR 254/78, BB 1980, 1046; PSVaG-Merkblatt 300/M 1, Ziff. 3.3.1.3.

GmbH & Co. KG befasst, bei der die keinen eigenen Geschäftsbetrieb unterhaltende GmbH Komplementärin und Gesellschafterin der KG und die GmbH-Gesellschafter als Gesellschafter-Geschäftsführer für die KG tätig sind. Zu prüfen ist hierbei, in welchem Umfang der Gesellschafter-Geschäftsführer an der Komplementär-GmbH und an der KG beteiligt ist. Der BGH rechnet hier dem Gesellschafter die mittelbare Beteiligung an der KG (über die Beteiligung der GmbH) anteilig und eine Beteiligung des Gesellschafters an der KG unmittelbar zu.[13]

▶ **Beispiel:**

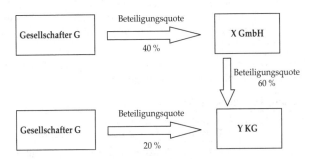

Die Beteiligung der X GmbH an der Y KG in Höhe von 60 % begründet für   **9**
G, der zu 40 % an der GmbH beteiligt ist, eine mittelbare Quote von 24 %. Hinzu kommt seine unmittelbare Beteiligungsquote von 20 %, sodass ihm nach der Rechtsprechung des BGH eine Quotenbeteiligung von 44 % zuzurechnen ist.

Wäre G zu mindestens 50 % an der GmbH beteiligt, wäre zu überlegen, ob   **10**
ihm wegen der mehrheitlichen Beherrschung der Gesellschaft nicht deren gesamte Beteiligung an der KG zuzurechnen wäre. Dies führt allerdings zu Schwierigkeiten, wenn ein weiterer Gesellschafter ebenfalls zu 50 % an der GmbH beteiligt wäre. Dann wäre weiterhin gleichmäßig aufzuteilen.

Das Beispiel zeigt, dass die Ermittlung der Beherrschungsquote nicht immer   **11**
zu eindeutigen Ergebnissen führt, sodass die Umstände im konkreten Fall stets gesondert gewürdigt werden müssen.

---

13 BGH 28.4.1980, II ZR 254/78, DB 1980, 1434.

12 Bei Fallgestaltungen, in denen die keinen eigenen Geschäftsbetrieb unterhaltende Komplementär-GmbH nicht an der KG beteiligt ist, sind die Beteili-
gungsverhältnisse in der Komplementär-GmbH unerheblich. Damit unterfallen in dieser Konstellation sogar Gesellschafter-Geschäftsführer einer
Einmann-GmbH dem persönlichen Geltungsbereich des Betriebsrentengesetzes, solange sie an der KG mit weniger als 50 % beteiligt sind.[14]

5. Prüfungsschema des PSVaG für den Unternehmer

13 Die Anwendung des BetrAVG auf Unternehmer hat seine praktische Relevanz im gesetzlichen **Insolvenzschutz**. Der PSVaG tritt gem. §§ 7 ff.
BetrAVG bei Eintritt eines Sicherungsfalles nur für diejenigen Versorgungsrechte ein, welche dem Schutz bzw. dem persönlichen Anwendungsbereich
des BetrAVG unterfallen.

14 Der PSVaG verwendet gem. Merkblatt 300/M 1 folgendes Schema für die
Beurteilung des persönlichen Anwendungsbereichs:

Gesellschaftsform	Insolvenzsicherung
Einzelunternehmen	– Keine Sicherung des Inhabers – Grds. keine Sicherung des stillen Gesellschafters **Ausnahme:** Insolvenzschutz, wenn zusätzlich zu stiller Beteili-gung auch ernsthaftes Arbeitsverhältnis
Personengesell-schaft – BGB-Gesell-schaft – OHG – KG, KGaA	– Keine Sicherung der Gesellschafter – Keine Sicherung der Komplementäre – Grds. keine Sicherung für Komplementär **Ausnahme:** Insolvenzschutz für Komplementär, wenn dieser bei wirtschaftlicher Betrachtung nur angestellter Komplementär ist (d.h. Auftritt als Gesellschafter im Außenverhältnis; Bindung gegenüber beherrschendem Kommanditist im Innenverhältnis) – Grds. keine Sicherung für Kommanditist **Ausnahme:** Insolvenzschutz für Kommanditist, wenn zusätz-lich ernsthaftes Arbeitsverhältnis aber: Kein Insolvenzschutz für Kommanditist, wenn ausnahms-weise geschäftsführungsähnliche Leitungsmacht und entspre-chende Kapitalbeteiligung

---

14 *Paulsdorff* § 7 Rn. 487.

Gesellschaftsform	Insolvenzsicherung
– GmbH & Co. KG	– Sicherung abhängig von der jeweiligen Gesellschaftskonstruktion: – Bei einheitlichem Geschäftsbetrieb zwischen KG und GmbH bestimmt sich Insolvenzsicherung nach unmittelbarer und ggf. mittelbarer Beteiligung an der KG – Wenn GmbH eigenen Geschäftsbetrieb über Geschäftsführung der KG hinaus hat, bestimmt sich Insolvenzsicherung bei Zusage der GmbH nach der Beteiligung an der GmbH
Kapitalgesellschaften/vergleichbare Zusammenschlüsse (Genossenschaft, Verein etc.) – GmbH	– Sicherung abhängig von dem Kapitaleinsatz und der tatsächlichen Möglichkeit zur Einflussnahme – Sicherung, wenn Leitungsmacht ohne Kapitalbeteiligung – Sicherung, wenn nur ein Geschäftsführer mit Kapitalbeteiligung oder Stimmrecht unter 50 %; keine Sicherung ab 50 % – Keine Sicherung, wenn mehrere Geschäftsführer mit Kapitalbeteiligung oder Stimmrecht von insgesamt mehr als 50 % Sicherung, wenn 50 % insgesamt nicht überschritten wird **Ausnahme:** wenn ein Geschäftsführer mehr als 50 % Kapitalbeteiligung oder Stimmrecht hält, Sicherung für verbleibenden Geschäftsführer **Ausnahme:** Sicherung für einzelnen Geschäftsführer, wenn Kapitalbeteiligung oder Stimmrecht des einzelnen Geschäftsführers unter 10 % liegt
– AG, sonstige Zusammenschlüsse – Sonderfall Beteiligung des Ehegatten des Gesellschafter-Geschäftsführers oder Geschäftsführers am Kapital und/oder Stimmrecht	– wie GmbH, Besonderheiten des jeweiligen Statuts (Gesellschaftsvertrag bzw. -satzung) sind zu beachten – Zurechnung von Kapitalbeteiligung oder Stimmrechten des Ehegatten: – Zurechnung bei Gütergemeinschaft oder Stimmrechtsbindung – **Keine Zurechnung bei Zugewinngemeinschaft oder Gütertrennung**

15 Wer als Unternehmer keine arbeitnehmerähnliche Person i.S.d. § 17 Abs. 1
S. 2 BetrAVG ist, kann mithin vom PSVaG bei Eintritt eines Sicherungsfalls
keine Leistungen erwarten. Er ist ggf. darauf verwiesen, beizeiten eigene privatrechtliche Sicherungsmaßnahmen zu ergreifen[15] oder einen Durchführungsweg zu wählen, welcher unabhängig von der Insolvenz des Unternehmens die Leistung sicherstellt (Direktversicherung, Pensionskasse).

6. Wechsel zwischen Unternehmer- und Arbeitnehmerstatus

16 Soweit ein Unternehmer von der Position des Unternehmers in den Status
eines vom Schutzbereich des Gesetzes erfassten Arbeitnehmers oder einer
arbeitnehmerähnlichen Person **wechselt**, sind die jeweiligen, im Arbeitnehmerstatus verbrachten Zeiten vom Anwendungsbereich des Gesetzes erfasst.[16]

7. Anwendung des § 17 Abs. 1 BetrAVG auf Niederlassungen

17 Die Anwendung des Betriebsrentengesetzes setzt schließlich auch voraus,
dass der jeweilige Arbeitgeber in Deutschland eine eigene Rechtspersönlich-
keit darstellt, welche auch Träger von Rechten und Pflichten nach deutschem
Recht sein kann. Diese Frage stellt sich insbesondere bei Niederlassungen
ausländischer Arbeitgeber im Bereich der deutschen Insolvenzsicherung.
Sofern derartige Niederlassungen als eigene Rechtspersönlichkeiten Träger
von Rechten und Pflichten sein können, unterfallen sie grds. als Arbeitgeber
auch dem Anwendungsbereich des BetrAVG, insbesondere dem Insolvenzschutz.[17] Es können jedoch durchaus auch Fallgestaltungen auftreten, in
denen die Arbeitgebereigenschaft fehlt, beispielsweise wenn eine unselbst-
ständige Niederlassung eines internationalen Rechtsträgers Arbeitnehmer in
Deutschland beschäftigt und die Arbeitsverhältnisse (nur) dem internationalen Rechtsträger zuzuordnen sind. Hier ist es nicht auszuschließen, dass derartige Niederlassungen (teilweise), beispielsweise wegen fehlendem deutschen

---

15 In Betracht kommt beispielsweise eine zivilrechtlich wirksame und insolvenzfeste
Verpfändung entsprechender Vermögenswerte, wie der Anspruch des Arbeitgebers
aus einer Rückdeckungsversicherung, aus einem Wertpapierdepot etc. Privatrechtliche Sicherungsmaßnahmen sind jeweils nach den konkreten Anforderungen des
Einzelfalls auszuwählen und sorgfältig vertraglich zu gestalten.

16 PSVaG-Merkblatt 300/M 1, Ziff. 3.5.

17 BAG 12.2.1991, 3 AZR 30/90, EzA § 9 BetrAVG Nr. 4 = DB 1991, 1735.

Huber

Arbeitsverhältnis und/oder fehlender Insolvenzfähigkeit, nicht dem Anwendungsbereich des BetrAVG unterliegen.[18]

IV. Persönlicher Anwendungsbereich für den Anspruch aus Entgeltumwandlung (§ 17 Abs. 1 S. 3 BetrAVG)

Ein eingeschränkter persönlicher Anwendungsbereich des Betriebsrentengesetzes gilt für den **Anspruch aus Entgeltumwandlung** gem. § 1a BetrAVG. Nur diejenigen Personen, welche unter § 17 Abs. 1 S. 1 und 2 BetrAVG fallen, sind gem. § 17 Abs. 1 S. 3 BetrAVG als Arbeitnehmer für den Anspruch auf Entgeltumwandlung anzusehen, wenn sie in der gesetzlichen Rentenversicherung pflichtversichert sind. Hiermit fallen solche Arbeitnehmer aus dem Anwendungsbereich des § 1a BetrAVG heraus, welche wegen mangelnder Pflichtversicherung in der gesetzlichen Rentenversicherung von den durch das AVmEG eingeführten Kürzungen der Versorgungsrechte im Rahmen der gesetzlichen Rentenversicherung nicht betroffen sind, beispielsweise die in der gesetzlichen Rentenversicherung freiwillig Versicherten, die Vertreter der freien Berufe oder auch Personen, die in einer berufsständischen Versorgungseinrichtung versichert sind, wie Ärzte, Apotheker, Wirtschaftsprüfer, Rechtsanwälte etc.[19] Des Weiteren sind auch Vorstände von Aktiengesellschaften – allerdings beschränkt auf diese Vorstandstätigkeit – kraft § 1 S. 4 SGB VI von der Rentenversicherungspflicht befreit.[20]   **18**

Es bestehen einige Verbindungen zwischen dem Anwendungsbereich des Anspruchs auf Entgeltumwandlung im Rahmen der betrieblichen Altersversorgung und der steuerlichen sog. »Riester«-Förderung gem. §§ 10a, 79 ff. EStG. Diese Förderung ist (neben der Erfüllung anderer Voraussetzungen) grds. auch nur für diejenigen möglich, welche in der gesetzlichen Rentenversicherung pflichtversichert sind. Allerdings geht der Anwendungsbereich der Riester-Förderung weiter und erfasst beispielsweise auch nicht pflichtversicherte Ehegatten und Beamte.[21] Eine völlige Übereinstimmung besteht daher nicht.   **19**

---

18 FK-InsO/*Wimmer* 3. Aufl., Anh. I Rn. 4.; *Höfer* BetrAVG, 4433 zu § 7.
19 *Sasdrich/Wirth* BetrAV 2001, 401.
20 Vgl. hierzu auch die Erörterungen unter § 1a Rdn. 6 f.
21 *Bode/Grabner* S. 102.

C. Kein Insolvenzschutz für Bereiche des öffentlichen Dienstes (§ 17 Abs. 2 BetrAVG)

20 Eine Einschränkung des **sachlichen Anwendungsbereichs** des BetrAVG enthält § 17 Abs. 2 BetrAVG. Dieser schließt Bund, Länder und Gemeinden (Gebietskörperschaften) und bestimmte juristische Personen des öffentlichen Rechts von der gesetzlichen Insolvenzsicherung durch den PSVaG gem. §§ 7 bis 15 BetrAVG aus. Öffentlich-rechtliche Organisationen unterfallen dieser Insolvenzsicherungspflicht nach dem Willen des Gesetzgebers nicht, sofern sie nicht insolvent werden können (Gebietskörperschaften) oder wenn die Insolvenz aufgrund Landesrechtes unzulässig ist. Ferner sollen auch diejenigen Körperschaften nicht der Insolvenzsicherungspflicht unterliegen, für welche der Bund oder das Land die Zahlungsfähigkeit kraft Gesetzes sicherstellt.

I. Fehlende Insolvenzfähigkeit

21 **Nicht fähig zur Insolvenz** sind öffentlich-rechtliche Gebietskörperschaften, zu denen der Bund, die Länder und die Gemeinden zählen. Eine Unzulässigkeit der Insolvenz kann ferner gesetzlich für Körperschaften, Stiftungen und Anstalten des öffentlichen Rechts angeordnet werden. § 12 Abs. 1 Nr. 2 InsO sieht hierzu vor, dass das Bundesland per Landesgesetz die Eröffnung des Insolvenzverfahrens über eine juristische Person des öffentlichen Rechtes, die seiner Aufsicht unterliegt, für unzulässig erklären kann. Dies bedeutet, dass das jeweilige Bundesland die Entscheidung treffen kann, eine juristische Person des öffentlichen Rechts der Insolvenzsicherungspflicht durch den PSVaG zu unterwerfen oder im Fall der Zahlungsunfähigkeit oder Überschuldung dieser juristischen Person selbst für die Leistungen einzustehen, welche andernfalls vom PSVaG erbracht würden.[22]

II. Sicherstellung der Zahlungsfähigkeit

22 Schließlich sind auch solche Personen des öffentlichen Rechts nicht insolvenzsicherungspflichtig, für die der Bund, ein Land oder eine Gemeinde **kraft Gesetzes** die **Zahlungsfähigkeit sichert**. Zu dieser Gruppe gehören beispielsweise die Ortskrankenkassen (§ 146a SGB V), Pflegekassen (§ 46 Abs. 5 SGB XI), Berufsgenossenschaften (§ 120 SGB VII), Bundesknappschaften (§ 215 SGB VI), kommunalen Sparkassen und Landesbanken.

---

22 *Höfer* BetrAVG, Rn. 5637 ff. zu § 17.

Zu beachten ist allerdings, dass die Gewährträgerschaft für die Sparkassen   23
und Landesbanken wegen Konflikts mit Europäischem Gemeinschaftsrecht
nicht unbegrenzt fortbesteht, sondern aufgrund einer Einigung zwischen der
Bundesregierung und der Europäischen Kommission vom 17.7.2001 wesentlich abgeändert wurde. Nach einem Übergangszeitraum von vier Jahren lief
die Gewährträgerhaftung zum Juli 2005 nach einem gestaffelten Zeitplan
aus: Für Verbindlichkeiten, die bis zum 18.7.2001 begründet wurden,
besteht die Gewährträgerhaftung unbegrenzt fort. Für diejenigen Verbindlichkeiten, die in der Zeit vom 19.7.2001 bis zum 18 7.2005 vereinbart wurden, besteht weiterhin Gewährträgerhaftung, wenn deren Laufzeit nicht über
den 31.12.2015 hinausgeht. Für ab dem 19.7.2005 begründete Verbindlichkeiten besteht keine Gewährträgerhaftung mehr.[23]

Zu beachten ist schließlich, dass privatrechtlich organisierte Einrichtungen des   24
öffentlichen Rechts, wie Gesellschaften mit beschränkter Haftung oder Aktiengesellschaften nicht von § 17 Abs. 2 BetrAVG erfasst werden, sondern immer
der gesetzlichen Pflicht zur Insolvenzsicherung beim PSVaG unterfallen.

D. Tarifdispositivität des BetrAVG (§ 17 Abs. 3 BetrAVG)

§ 17 Abs. 3 BetrAVG regelt die **Tarifdisposivität** des Betriebsrentengesetzes.   25
Die gesetzlichen Bestimmungen der §§ 1a, 2 bis 5, 16, 18a S. 1, 27 und 28
BetrAVG über den Anspruch auf Entgeltumwandlung (§ 1a BetrAVG), die
gesetzliche Unverfallbarkeit von Versorgungsanwartschaften (§ 2 BetrAVG)
und deren Abfindung (§ 3 BetrAVG), die Übertragung von Versorgungsanwartschaften (§ 4 BetrAVG), den Auskunftsanspruch (§ 4a BetrAVG) und die
Anrechnung von sonstigen Ansprüchen auf Versorgungsrechte (§ 5
BetrAVG) sowie die Bestimmungen zur Rentenanpassung (§ 16 BetrAVG),
zur 30-jährigen Verjährungsfrist (§ 18a S. 1 BetrAVG) und zu Übergangsregelungen (§§ 27, 28 BetrAVG) können tarifvertraglich abgeändert werden.
Dies beinhaltet auch eine Abweichung zuungunsten des Arbeitnehmers.
Allerdings sind die Tarifparteien hierbei an zwingendes Recht, wie den allgemeinen Gleichheitssatz gebunden, der beispielsweise den Ausschluss von in

---

23 *Arne Pautsch* Privatisierung des öffentlichen Bankensektors, Diss. Göttin-
    gen 2002, S. 103. Deutscher Sparkassen- und Giroverband, Fakten, Analysen,
    Positionen/16: Für die Kunden der Sparkasse ändert sich nichts – Informationen
    zu Anstaltslast und Gewährträgerhaftung (www.dsgv.de, Presseforum, Faktenpa-
    piere). Für die Bayerische Landesbank vgl. BayLBG Art. 4 Abs. 1.

Teilzeit beschäftigten Arbeitnehmern von Leistungen der betrieblichen Altersversorgung nicht ohne sachlichen Grund zulässt.[24]

I. Anspruch auf Entgeltumwandlung

26 Wichtigster Anwendungsbereich in diesem Zusammenhang sind derzeit tarifvertragliche Regelungen zur steuerlichen Förderung gem. §§ 10a, 79 ff. EStG, konkret deren Ausschluss, im Bereich des **Anspruchs auf Entgeltumwandlung**.[25]

27 Die Reichweite des § 17 Abs. 3 BetrAVG ist zum Teil umstritten. So wird hierzu vertreten, der Anspruch auf Entgeltumwandlung dürfe durch die Tarifvertragsparteien nicht völlig ausgeschlossen werden.[26] Dies scheint auch grds. sachgerecht zu sein, da der Gesetzgeber mit der Schaffung der neuen gesetzlichen Bestimmung die Verbreitung der Entgeltumwandlung und den damit verbundenen Aufbau einer zusätzlichen Versorgung aus betrieblicher Altersversorgung fördern wollte.

28 Allerdings erwartet der Gesetzgeber von den Tarifparteien auch, dass diese betriebs- bzw. unternehmensübergreifende Standards erarbeiten, welche den Betrieben unnötigen Verwaltungsaufwand ersparen. Dies mag auch beinhalten, einzelnen Gruppen von Mitarbeitern den Anspruch auf Entgeltumwandlung zu versagen, wie beispielsweise neu eingestellten Mitarbeitern bis zum Ablauf der Probezeit. Weiterhin kann es angemessen sein, den Anspruch auf Entgeltumwandlung für Mitarbeiter von neu gegründeten Unternehmen bzw. für Kleinunternehmen auszuschließen, um diese von dem mit der Entgeltumwandlung verbundenen Verwaltungsaufwand – wie beispielsweise den weitgehenden Informations- und Aufklärungspflichten, ggf. auch der Abwicklung der Versorgungsansprüche selbst – zu entlasten.[27]

29 Ferner steht den Tarifparteien die Kompetenz zu, wesentliche Aspekte der Entgeltumwandlung abweichend vom Gesetz zu regeln. So kann der Arbeit-

---

24 Beispielhaft BAG 15.10.2003, 4 AZR 606/02, EzA § 4 TzBfG Nr. 7 = DB 2004, 1154; 9.3.1994, 4 AZR 301/93, DB 1994, 2138 zu einer unzulässigen tarifvertraglichen Ungleichbehandlung Teilzeitbeschäftigter.

25 Zur einzelvertraglichen Verweisung auf einen Tarifvertrag vgl. § 1a Rdn. 35.

26 *Bode/Grabner* S. 82; *Höfer* Das neue Betriebsrentenrecht, Rn. 280 ff.; *Schliemann* DB 2001, 2554.

27 *Sasdrich/Wirth* BetrAV 2001, 401; *Blomeyer* DB 2001, 1413; *Steinmeyer* BetrAV 2001, 727.

nehmer, welcher einen Anspruch auf Entgeltumwandlung über einen Pensionsfonds, eine Pensionskasse oder eine Direktversicherung hat, nach § 1a Abs. 3 BetrAVG grds. fordern, dass die jeweilige Durchführung die Voraussetzungen für eine steuerliche Förderung gem. § 10a, Abschn. XI EStG erfüllt. Eine Auffassung vertritt hierzu, dass es den Tarifparteien verwehrt sei, diesen Anspruch des Mitarbeiters einzuschränken.[28] Dies erscheint jedoch zu weitgehend. Der Gesetzgeber wollte den Tarifparteien mit der Neuregelung des § 17 Abs. 3 BetrAVG einen weiten Ermessensspielraum einräumen. Daher muss es den Tarifparteien gestattet sein, die Pflicht des Arbeitgebers zur Gewährung einer nach § 10a, Abschn. XI EStG steuerlich geförderten Entgeltumwandlung auszuschließen. Ein wesentlicher Rechtsverlust des Mitarbeiters ist hiermit nicht verbunden, da diesem weiterhin die Möglichkeit verbleibt, diese steuerliche Förderung über den Weg der privaten Eigenvorsorge in Anspruch zu nehmen.[29]

Zahlreiche Tarifvertragsparteien haben sich dazu entschlossen, die Altersvorsorge durch Entgeltumwandlung tarifvertraglich zu regeln. Diese Entwicklung begann im Jahr 2000 und setzte sich in den folgenden Jahren verstärkt fort. Insgesamt waren nach einer Erhebung des vormaligen Bundesministeriums für Arbeit und Wirtschaft bis zum Jahresende 2004 in nahezu 400 Tarifbereichen (bis zum Jahresende 2003 rund 370) Tarifverträge zur Altersvorsorge abgeschlossen worden. In den Bereichen mit zusätzlicher Altersvorsorge bzw. Entgeltumwandlung sind etwa 20 Millionen Arbeitnehmerinnen und Arbeitnehmer beschäftigt. Das sind rund 81 % der Arbeitnehmer, für die in Deutschland insgesamt Tarifverträge bestehen.[30] **30**

II. Ermittlung einer vorzeitigen Altersrente aus unverfallbarer Versorgungsanwartschaft

Auch tarifvertragliche Regelungen über die Ermittlung des **unverfallbaren Versorgungsrechtes** gehen der gesetzlichen Regelung des § 2 BetrAVG vor. So hat das BAG den Tarifparteien für die Ermittlung der vorgezogenen Altersrente aus **31**

---

28 *Ahrend/Förster/Rühmann* 10. Aufl., § 17 Rn. 8, sowie *Heither* NZA 2001, 1275.

29 *Höfer* Das neue Betriebsrentenrecht, Rn. 280 ff.; *Schliemann* DB 2001, 2554; *Sasdrich/Wirth* BetrAV 2001, 401.

30 Bericht des vormaligen Bundesministeriums für Arbeit und Wirtschaft »Tarifvertragliche Arbeitsbedingungen im Jahr 2004« vom Februar 2005; dieser Bericht findet sich im Internet bei »www.bmas.bund.de« mittels Suche-Funktion.

einer unverfallbaren Versorgungsanwartschaft aufgrund der tarifvertraglichen Regelungsbefugnis eine Berechnungsmethode zugestanden, welche die Richter im nichttariflichen Bereich nur eingeschränkt akzeptieren.[31]

III. Kürzung laufender Rentenzahlungen

32   Die Tarifparteien können ferner in laufende Rentenzahlungen eingreifen und diese bei Wahrung der Grundsätze des Vertrauensschutzes und der Verhältnismäßigkeit begrenzen. Für die Regelungsbefugnis der Tarifvertragsparteien behandelt der Gesetzgeber das betriebsrentenrechtliche Versorgungsverhältnis wie ein Arbeitsverhältnis.[32]

IV. Tariffeste Bestimmungen

33   Das Gesetz lässt **keine tarifvertragliche Abweichung** von einigen Bestimmungen des BetrAVG zu. So können die Tarifparteien nicht abweichend von den Regelungen des Betriebsrentengesetzes festlegen, unter welchen Umständen von einer Zusage auf Leistungen der betrieblichen Altersversorgung auszugehen (§ 1 Abs. 1 BetrAVG) ist oder wann eine Altersversorgung aus Entgeltumwandlung vorliegt (§ 1 Abs. 2 Nr. 3 BetrAVG). Auch fällt die gesetzliche Festlegung der Unverfallbarkeitsvoraussetzungen (§ 1b BetrAVG) nicht unter die Regelungsbefugnis der Tarifparteien. Dies gilt schließlich auch für die Festlegung der Voraussetzungen und Bedingungen der unterschiedlichen Durchführungswege der betrieblichen Altersversorgung. Des Weiteren sind die Bestimmungen zur vorzeitigen Altersleistung (§ 6 BetrAVG) und zur gesetzlichen Insolvenzsicherung (§§ 7 bis 15 BetrAVG) nicht tarifdispositiv. Die Tarifvertragsparteien können auch nicht über den Geltungsbereich des Gesetzes selbst (§ 17 BetrAVG) und über die Sonderregelungen für den öffentlichen Dienst (§ 18 BetrAVG) verfügen.

34   Zu beachten ist, dass abweichende Tarifvertragsbedingungen gem. § 4 Abs. 1 TVG grds. nur zwischen den beiderseits tarifgebundenen Vertragsparteien gelten. Sie können jedoch auch zwischen **nicht tarifgebundenen** Arbeitge-

---

31   BAG 23.1.2001, 3 AZR 164/00, EzA § 6 BetrAVG Nr. 23 = DB 2001, 1887; 24.7.2001, 3 AZR 567/00, EzA § 6 BetrAVG Nr. 25 = DB 2002, 588; 24.7.2001, 3 AZR 681/00, EzA § 2 BetrAVG Nr. 18 = DB 2002, 590 m. Anm. *Grabner/May*; *Grabner/Bode* BB 2001, 2425.

32   BAG 27.2.2007, 3 AZR 734/05, EzA Art. 9 GG Nr. 90 = DB 2007, 1763.

bern und Arbeitnehmern Geltung haben, wenn die Anwendung der Tarifvertragsbestimmungen zwischen diesen im Arbeitsvertrag vereinbart ist.

V. Abweichungen vom Betriebsrentengesetz bei Organmitgliedern

In einer neueren Entscheidung hat das BAG den Grundsatz aufgestellt, dass   35
die Abweichung von Vorschriften des Betriebsrentengesetzes für Organmitglieder **individual-rechtlich** wirksam vereinbart werden kann. Das Gericht begründet diese Auffassung damit, dass – ähnlich wie bei den Verhandlungen von Tarifparteien – Organmitglieder ihre Arbeitsbedingungen paritätisch aushandeln. Die Abdingbarkeit des Betriebsrentengesetzes ist aus diesem Grunde allerdings für Vereinbarungen mit Organmitgliedern in derselben Weise begrenzt wie für Tarifvertragsregelungen.[33]

E. Geltung des § 17 BetrAVG in den neuen Bundesländern

Mit der Wiedervereinigung war unter anderem die Frage zu klären, ob und   36
ab wann das Betriebsrentengesetz auch für die neuen Bundesländer gelten sollte. Diese Frage wurde im Einigungsvertrag dahin gehend entschieden, dass das BetrAVG zum 1.1.1992 in Kraft trat.[34] Das Betriebsrentengesetz ist mithin später als die meisten arbeitsrechtlichen Bestimmungen für die neuen Bundesländer in Kraft getreten. Für den Großteil des deutschen Arbeitsrechtes galt der 3.10.1990 als maßgebliches Datum. Hintergrund für diese verspätete Geltung war der Wunsch des Gesetzgebers, den PSVaG vor Risiken zu schützen, welche zum Zeitpunkt des Abschlusses des Einigungsvertrages nicht absehbar waren. Es war nicht klar, ob und in welchem Umfang Versorgungsrechte in den neuen Bundesländern bestehen würden und in welchem Umfang mit Insolvenzen im Beitrittsgebiet zu rechnen war.

Mithin nehmen Versorgungszusagen, die **vor dem 1.1.1992** in den neuen   37
Bundesländern **erteilt** und auch **ab dem 1.1.1992 nicht erneuert** wurden, nicht am Schutz des Betriebsrentengesetzes teil.[35] Besondere Relevanz entfaltet dieser Umstand im Hinblick auf die Frage der Unverfallbarkeit und der Rentenanpassung. Hierbei sind folgende zwei Zeiträume zu unterscheiden:

---

33 BAG 21.4.2009, 3 AZR 285/07, FA 2009, 389 = DB 2010, 2004.
34 Einigungsvertrag, Anl. I, Kap. VIII, Sachgebiet A, Abschn. II Nr. 16.
35 BAG 24.3.1998, 3 AZR 778/96, EzA § 16 BetrAVG Nr. 3 = DB 1998, 1641.

– Für Versorgungszusagen, die **vor dem 3.10.1990 erteilt** wurden und ab **dem 1.1.1992 nicht erneuert** wurden, gilt allenfalls das allgemeine Recht der betrieblichen Altersversorgung, das nicht im Betriebsrentengesetz seinen Niederschlag gefunden hat, und dies auch nur sehr eingeschränkt.[36] Die vorgesetzliche Rechtsprechung des BAG zur Unverfallbarkeit und zur Anpassung von Betriebsrenten ist grundsätzlich nicht anwendbar. Lediglich in außergewöhnlichen Ausnahmefällen lässt sich zumindest eine Anpassung aus Treu und Glauben ableiten.[37]

– Versorgungszusagen, welche ab dem 3.10.1990, aber vor dem 1.1.1992 erteilt und ab dem 1.1.1992 nicht erneuert worden sind, können ebenfalls nicht nach den Regelungen des BetrAVG, jedoch nach der Rechtsprechung über die vorgesetzliche Unverfallbarkeit des BAG unverfallbar werden.[38] Auch im Hinblick auf die Rentenanpassung findet für die im genannten Zeitraum erteilten Zusagen zwar nicht die Regelung des § 16 BetrAVG Anwendung; es gelten aber auch insoweit die vorgesetzlichen höchstrichterlichen Grundsätze zur Betriebsrentenanpassung.[39]

38 Eine Zusage, welche **ab dem 1.1.1992 erteilt** bzw. vorher erteilt, aber nach diesem Zeitpunkt **erneuert** worden ist, unterfällt grds. den Bestimmungen des BetrAVG. Im Hinblick auf die gesetzlichen Unverfallbarkeitsfristen ist dabei zu berücksichtigen, dass Zeiten der Betriebszugehörigkeit, welche vor dem 1.1.1992 zurückgelegt wurden, im Rahmen der sog. alternativen Unverfallbarkeitsvoraussetzung berücksichtigt werden können. Dieser Fall ist insbesondere bei ausdrücklicher Anrechnung derartiger vorgesetzlicher Dienstzeiten oder auch im Rahmen eines Betriebsübergangs gegeben.[40]

39 Wie sich herausstellte, spielte die betriebliche Altersversorgung in den neuen Bundesländern nur eine sehr untergeordnete Rolle. In mehreren Entscheidungen musste sich das BAG mit der bekanntesten Form einer betrieblichen Altersversorgung in den neuen Bundesländern befassen, welche auf der sog. Anordnung zur Einführung einer Zusatzversorgung für die Arbeiter und Angestellten in den wichtigsten volkseigenen Betrieben beruhte. Diese

36 BAG 27.2.1996, 3 AZR 242/95, DB 1996, 2343.
37 BAG 24.3.1998, 3 AZR 778/96, EzA § 16 BetrAVG Nr. 3 = DB 1998, 1641.
38 BAG 10.3.1972, 3 AZR 278/71, EzA § 242 BGB Ruhegeld Nr. 11 = DB 1972, 1486.
39 *Höfer* BetrAVG, Rn. 1492f zu ART.
40 BAG 19.12.2000, 3 AZR 451/99, EzA § 613a BGB Nr. 197 = DB 2001, 2407.

Huber

Anordnung erfolgte auf Grundlage einer Verordnung des Ministerrats der DDR vom 10.12.1953[41] und datiert vom 9.3.1954 (sog. AO 1954).[42] Die Urteile des BAG befassten sich mit der Frage, ob Rechte auf Grundlage der AO 1954 betriebliche Altersversorgung darstellen, was das BAG bejahte. Des Weiteren wurde eine Zusatzversorgung nach der AO 1954 nur dann gewährt, wenn diese spätestens am 31.12.1991 bereits als laufende Leistung gezahlt wurde. Andernfalls verfalle die entsprechende Anwartschaft.[43] Diese Rechtsfolge wird darauf gestützt, dass der Einigungsvertrag ausdrücklich vorsieht, die AO 1954 nur bis zum 31.12.1991 anzuwenden.

Das BAG hat hier einen Kompromiss zwischen der Auffassung des Bundes-   40
ministeriums der Finanzen, welches sämtliche Leistungen und Anwartschaften ab dem 1.1.1992 verfallen lassen wollte[44] und einer vermittelnden Auffassung gezogen, welche laufende Leistungen weiter erhalten und erdiente Anwartschaften zeitanteilig bis zum 31.12. 1991 aufrechterhalten wollte.[45]

F. Verhältnis des BetrAVG zu vorgesetzlichen Regelungen (§ 17 Abs. 4 BetrAVG)

§ 17 Abs. 4 BetrAVG kann als eine **Konkurrenzklausel** zwischen dem   41
BetrAVG und Gesetzesregelungen, die vor dem Inkrafttreten des Betriebsrentengesetzes mit dem Bereich der betrieblichen Altersversorgung befasst waren, verstanden werden. Derartige gesetzliche Regelungen gelten weiter und werden durch das BetrAVG, als späteres und möglicherweise spezielleres Gesetz, nicht abgelöst. Hierzu gehören das Gesetz zur hüttenknappschaftlichen Pensionsversicherung im Saarland vom 22.12.1971 (heute abgelöst durch das HZvNG) und andere einzelne Gesetzesregelungen. Allerdings war auch eine Ausnahmeregelung von diesem Grundsatz erforderlich, da durch § 18 BetrAVG in bestehende Gesetzesregelungen für den öffentlichen Dienst eingegriffen wurde. Dies erklärt den Vorbehalt im Hinblick auf § 18 BetrAVG.

---

41 GBl. DDR S. 1219.
42 GBl. DDR S. 301 – AO 1954.
43 BAG 27.2.1996, 3 AZR 242/95, DB 1996, 2343.
44 BMF-Schreiben v. 21.6.1991, IV B 2/S 2176 – 23/91, DB 1991, 1417.
45 *Griebeling* BAV, Rn. 914 f.

G. Umwandlung von auf Tarifvertrag beruhenden Entgeltansprüchen (§ 17 Abs. 5 BetrAVG)

42   Mit der Regelung des § 17 Abs. 5 BetrAVG hat der Gesetzgeber eine ausdrückliche Normierung zur **Umwandlung tarifvertraglicher Entgeltansprüche** vorgenommen. Die Norm gilt gem. § 30h BetrAVG für Zusagen aus Entgeltumwandlung, die nach dem 29.6.2001 erteilt wurden. Ansprüche, welche in einem Tarifvertrag geregelt sind, sind einer Entgeltumwandlung nur zugänglich, wenn die Tarifvertragsparteien dies entweder selbst ausdrücklich regeln oder wenn sie im Wege einer Öffnungsklausel eine entsprechende Regelung (Betriebsvereinbarung, Einzelarbeitsvertrag) ausdrücklich zulassen.

43   Derartige Bestimmungen sind bereits in einer Vielzahl von Variationen vorhanden. So existieren detaillierte Regelungen im Tarifvertrag der Chemischen Industrie, welcher die Umwandlung von Entgeltansprüchen aus der tariflichen Sonderzahlung, des Anspruchs auf Urlaubsgeld und anderen tariflich geregelten Entgeltansprüchen behandelt. Ebenso bestehen in anderen Tarifbereichen, wie dem der Metall verarbeitenden Industrie, umfangreiche Vorschriften zu den Voraussetzungen einer Entgeltumwandlung von tarifvertraglichen Ansprüchen.

44   Diese Ergänzung des Gesetzes gibt Anlass zu der Frage, wie mit Entgeltumwandlungsvereinbarungen früheren Datums, insbesondere sog. Gehaltsumwandlungsdirektversicherungen, zu verfahren ist, welche eine Umwandlung tarifgebundener Entgeltansprüche ohne entsprechende tarifvertragliche Erlaubnis regelten. Grundsätzlich ließe sich argumentieren, dass derartige Vereinbarungen angesichts der Festlegung des Gesetzgebers wegen Verstoßes gegen § 4 Abs. 1 TVG **unwirksam** sind und nicht über das tarifvertragliche Günstigkeitsprinzip des § 4 Abs. 3 TVG »geheilt« werden können. Als Folge stünde dem Mitarbeiter grds. noch ein Anspruch auf Barvergütung der unwirksam umgewandelten tariflichen Entgeltbestandteile zu. In der Vielzahl der Fälle wird dieser Anspruch jedoch bereits verjährt bzw. verfallen sein. Andererseits haben mehrere Untersuchungen gezeigt, dass die Verlagerung der Barvergütung von der aktiven Erwerbsphase in die Ruhestandsphase erhebliche Vorteile für den Arbeitnehmer beinhalten kann.[46]

---

46   *Bode* DB 1997, 1769; *Bode/Grabner* S. 219 f.; *Bode/Grabner/Stein* DB 2001, 1893.

Ein Tarifvertrag über Ausmaß und Umfang der Entgeltumwandlung entfaltet wie auch sonst im allgemeinen Tarifrecht gem. § 4 Abs. 1 TVG seine normative Wirkung grds. nur dann, wenn sowohl der Arbeitgeber als auch der Arbeitnehmer **tarifgebunden** sind. Ein tarifgebundener Arbeitgeber wird in der Praxis die Regelungen eines Tarifvertrages auch für die nicht gebundenen Arbeitnehmer umsetzen, beispielsweise im Zuge einer Betriebsvereinbarung. Sollte ein Tarifvertrag über Entgeltumwandlung gem. § 5 TVG für allgemein verbindlich erklärt werden, entfaltet er für sämtliche Unternehmen und deren Beschäftigte im Geltungsbereich der Allgemeinverbindlicherklärung bindende Wirkung.   45

§ 18   Sonderregelungen für den öffentlichen Dienst

(1) Für Personen, die

1. bei der Versorgungsanstalt des Bundes und der Länder (VBL) oder einer kommunalen oder kirchlichen Zusatzversorgungseinrichtung pflichtversichert sind, oder
2. bei einer anderen Zusatzversorgungseinrichtung pflichtversichert sind, die mit einer der Zusatzversorgungseinrichtungen nach Nummer 1 ein Überleitungsabkommen abgeschlossen hat oder aufgrund satzungsrechtlicher Vorschriften der Zusatzversorgungseinrichtungen nach Nummer 1 ein solches Abkommen abschließen kann, oder
3. unter das Gesetz über die zusätzliche Alters- und Hinterbliebenenversorgung für Angestellte und Arbeiter der Freien und Hansestadt Hamburg (Erstes Ruhegeldgesetz – 1. RGG), das Gesetz zur Neuregelung der zusätzlichen Alters- und Hinterbliebenenversorgung für Angestellte und Arbeiter der Freien und Hansestadt Hamburg (Zweites Ruhegeldgesetz – 2. RGG) oder unter das Bremische Ruhelohngesetz in ihren jeweiligen Fassungen fallen oder auf die diese Gesetze sonst Anwendung finden,

gelten die §§ 2, 5, 16, 27 und 28 nicht, soweit sich aus den nachfolgenden Regelungen nichts Abweichendes ergibt; § 4 gilt nicht, wenn die Anwartschaft oder die laufende Leistung ganz oder teilweise umlage- oder haushaltsfinanziert ist.

(2) Bei Eintritt des Versorgungsfalles erhalten die in Absatz 1 Nr. 1 und 2 bezeichneten Personen, deren Anwartschaft nach § 1b fortbesteht und deren Arbeitsverhältnis vor Eintritt des Versorgungsfalles geendet hat, von der Zusatzversorgungseinrichtung eine Zusatzrente nach folgenden Maßgaben:

1. Der monatliche Betrag der Zusatzrente beträgt für jedes Jahr der aufgrund des Arbeitsverhältnisses bestehenden Pflichtversicherung bei einer Zusatzversorgungseinrichtung 2,25 vom Hundert, höchstens jedoch 100 vom Hundert der Leistung, die bei dem höchstmöglichen Versorgungssatz zugestanden hätte (Voll-Leistung). Für die Berechnung der Voll-Leistung
   a) ist der Versicherungsfall der Regelaltersrente maßgebend,
   b) ist das Arbeitsentgelt maßgebend, das nach der Versorgungsregelung für die Leistungsbemessung maßgebend wäre, wenn im Zeitpunkt des Ausscheidens der Versicherungsfall im Sinne der Versorgungsregelung eingetreten wäre,

c) finden § 2 Abs. 5 Satz 1 und § 2 Abs. 6 entsprechende Anwendung,

d) ist im Rahmen einer Gesamtversorgung der im Falle einer Teilzeitbeschäftigung oder Beurlaubung nach der Versorgungsregelung für die gesamte Dauer des Arbeitsverhältnisses maßgebliche Beschäftigungsquotient nach der Versorgungsregelung als Beschäftigungsquotient auch für die übrige Zeit maßgebend,

e) finden die Vorschriften der Versorgungsregelung über eine Mindestleistung keine Anwendung und

f) ist eine anzurechnende Grundversorgung nach dem bei der Berechnung von Pensionsrückstellungen für die Berücksichtigung von Renten aus der gesetzlichen Rentenversicherung allgemein zulässigen Verfahren zu ermitteln. Hierbei ist das Arbeitsentgelt nach Buchstabe b zugrunde zu legen und – soweit während der Pflichtversicherung Teilzeitbeschäftigung bestand – diese nach Maßgabe der Versorgungsregelung zu berücksichtigen.

2. Die Zusatzrente vermindert sich um 0,3 vom Hundert für jeden vollen Kalendermonat, den der Versorgungsfall vor Vollendung des 65. Lebensjahres eintritt, höchstens jedoch um den in der Versorgungsregelung für die Voll-Leistung vorgesehenen Vomhundertsatz.

3. Übersteigt die Summe der Vomhundertsätze nach Nummer 1 aus unterschiedlichen Arbeitsverhältnissen 100, sind die einzelnen Leistungen im gleichen Verhältnis zu kürzen.

4. Die Zusatzrente muss monatlich mindestens den Betrag erreichen, der sich aufgrund des Arbeitsverhältnisses nach der Versorgungsregelung als Versicherungsrente aus den jeweils maßgeblichen Vomhundertsätzen der zusatzversorgungspflichtigen Entgelte oder der gezahlten Beiträge und Erhöhungsbeträge ergibt.

5. Die Vorschriften der Versorgungsregelung über das Erlöschen, das Ruhen und die Nichtleistung der Versorgungsrente gelten entsprechend. Soweit die Versorgungsregelung eine Mindestleistung in Ruhensfällen vorsieht, gilt dies nur, wenn die Mindestleistung der Leistung im Sinne der Nummer 4 entspricht.

6. Verstirbt die in Absatz 1 genannte Person, erhält eine Witwe oder ein Witwer 60 vom Hundert, eine Witwe oder ein Witwer im Sinne des § 46 Abs. 1 des Sechsten Buches Sozialgesetzbuch 42 vom Hundert, eine Halbwaise 12 vom Hundert und eine Vollwaise 20 vom Hundert der unter Berücksichtigung der in diesem Absatz genannten Maßgaben zu berechnenden Zusatzrente; die §§ 46, 48, 103 bis 105 des Sechsten Buches Sozialgesetzbuch sind entsprechend anzuwenden. Die Leistun-

gen an mehrere Hinterbliebene dürfen den Betrag der Zusatzrente nicht übersteigen; gegebenenfalls sind die Leistungen im gleichen Verhältnis zu kürzen.

7. Versorgungsfall ist der Versicherungsfall im Sinne der Versorgungsregelung.

(3) Personen, auf die bis zur Beendigung ihres Arbeitsverhältnisses die Regelungen des Ersten Ruhegeldgesetzes, des Zweiten Ruhegeldgesetzes oder des Bremischen Ruhelohngesetzes in ihren jeweiligen Fassungen Anwendung gefunden haben, haben Anspruch gegenüber ihrem ehemaligen Arbeitgeber auf Leistungen in sinngemäßer Anwendung des Absatzes 2 mit Ausnahme von Absatz 2 Nr. 3 und 4 sowie Nr. 5 Satz 2; bei Anwendung des Zweiten Ruhegeldgesetzes bestimmt sich der monatliche Betrag der Zusatzrente abweichend von Absatz 2 nach der nach dem Zweiten Ruhegeldgesetz maßgebenden Berechnungsweise.

(4) Die Leistungen nach den Absätzen 2 und 3 werden, mit Ausnahme der Leistungen nach Absatz 2 Nr. 4, jährlich zum 1. 7. um 1 vom Hundert erhöht, soweit in diesem Jahr eine allgemeine Erhöhung der Versorgungsrenten erfolgt.

(5) Besteht bei Eintritt des Versorgungsfalles neben dem Anspruch auf Zusatzrente oder auf die in Absatz 3 oder Absatz 7 bezeichneten Leistungen auch Anspruch auf eine Versorgungsrente oder Versicherungsrente der in Absatz 1 Satz 1 Nr. 1 und 2 bezeichneten Zusatzversorgungseinrichtungen oder Anspruch auf entsprechende Versorgungsleistungen der Versorgungsanstalt der deutschen Kulturorchester oder der Versorgungsanstalt der deutschen Bühnen oder nach den Regelungen des Ersten Ruhegeldgesetzes, des Zweiten Ruhegeldgesetzes oder des Bremischen Ruhelohngesetzes, in deren Berechnung auch die der Zusatzrente zugrunde liegenden Zeiten berücksichtigt sind, ist nur die im Zahlbetrag höhere Rente zu leisten.

(6) Eine Anwartschaft auf Zusatzrente nach Absatz 2 oder auf Leistungen nach Absatz 3 kann bei Übertritt der anwartschaftsberechtigten Person in ein Versorgungssystem einer überstaatlichen Einrichtung in das Versorgungssystem dieser Einrichtung übertragen werden, wenn ein entsprechendes Abkommen zwischen der Zusatzversorgungseinrichtung oder der Freien und Hansestadt Hamburg oder der Freien Hansestadt Bremen und der überstaatlichen Einrichtung besteht.

(7) [1]Für Personen, die bei der Versorgungsanstalt der deutschen Kulturorchester oder der Versorgungsanstalt der deutschen Bühnen pflichtversichert sind, gelten die §§ 2 bis 5, 16, 27 und 28 nicht. [2]Bei Eintritt des Versorgungsfalles treten an die Stelle der Zusatzrente und der Leistungen an Hinterbliebene nach Absatz 2 und an die Stelle der Regelung in Absatz 4 die satzungsgemäß vorgesehenen Leistungen; Absatz 2 Nr. 5 findet entsprechend Anwendung. [3]Die Höhe der Leistungen kann nach dem Ausscheiden aus dem Beschäftigungsverhältnis nicht mehr geändert werden. [4]Als pflichtversichert gelten auch die freiwillig Versicherten der Versorgungsanstalt der deutschen Kulturorchester und der Versorgungsanstalt der deutschen Bühnen.

(8) Gegen Entscheidungen der Zusatzversorgungseinrichtungen über Ansprüche nach diesem Gesetz ist der Rechtsweg gegeben, der für Versicherte der Einrichtung gilt.

(9) Bei Personen, die aus einem Arbeitsverhältnis ausscheiden, in dem sie nach § 5 Abs. 1 Satz 1 Nr. 2 des Sechsten Buches Sozialgesetzbuch versicherungsfrei waren, dürfen die Ansprüche nach § 2 Abs. 1 Satz 1 und 2 nicht hinter dem Rentenanspruch zurückbleiben, der sich ergeben hätte, wenn der Arbeitnehmer für die Zeit der versicherungsfreien Beschäftigung in der gesetzlichen Rentenversicherung nachversichert worden wäre; die Vergleichsberechnung ist im Versorgungsfall aufgrund einer Auskunft der Deutschen Rentenversicherung Bund vorzunehmen.

Hier nicht kommentiert, da gegenstandslos, siehe Vorwort der 4. Auflage.

§ 18a   Verjährung

[1]Der Anspruch auf Leistungen aus der betrieblichen Altersversorgung verjährt in 30 Jahren. [2]Ansprüche auf regelmäßig wiederkehrenden Leistungen unterliegen der regelmäßigen Verjährungsfrist nach den Vorschriften des Bürgerlichen Gesetzbuchs.

1   § 18a BetrAVG ist im Rahmen der Schuldrechtsreform in das BetrAVG eingefügt worden.[1]

2   § 18a BetrAVG ist die umfassende Verjährungsregel für die betriebliche Altersversorgung.[2]

3   Der Anspruch des Versorgungsempfängers auf Leistungen aus der betrieblichen Altersversorgung, d.h. das Rentenstammrecht, verjährt gem. § 18a S. 1 BetrAVG wie bisher in 30 Jahren. Auch ein vom Arbeitnehmer gewählter Anspruch auf eine einmalige Kapitalzahlung unterliegt der Verjährung von 30 Jahren nach § 18a S. 1 BetrAVG.[3] Die laufenden Rentenzahlungen und auch die einzelnen Anpassungsraten gem. § 16 BetrAVG unterliegen nunmehr gem. § 18a S. 2 BetrAVG der neuen regelmäßigen dreijährigen Verjährungsfrist gem. § 195 BGB. Soweit Leistungen zwar als regelmäßig wiederkehrend zu erbringen sind, nicht aber dem Versorgungsberechtigten selbst unmittelbar zugutekommen (insbesondere Beitragszahlungen), stehen sie dem Rentenstammrecht nahe und unterliegen folglich der dreißigjährigen Verjährungsfrist.[4]

4   Die Frist beginnt immer erst am Anfang des Folgejahres, in dem der Anspruch entstanden ist.[5] Das ist der Fall, wenn der Versorgungsberechtigte seine Ansprüche geltend machen kann. Für Anpassungen gem. § 16

---

1   Art. 5 Abs. 35 Nr. 3 des Gesetzes zur Modernisierung des Schuldrechts v. 26.11.2001, BGBl. I S. 3138.
2   BAG 12.6.2007, 3 AZR 186/06, EzA § 1 BetrAVG Nr. 90; 19.8.2008, 3 AZR 194/07, EzA § 1 BetrAVG Gleichbehandlung Nr. 32 = DB 2009, 463.
3   BAG 28.3.1968, 3 AZR 54/67, DB 1968, 1406.
4   BAG 12.6.2007, 3 AZR 186/06, EzA § 1 BetrAVG Nr. 90. Der Versorgungsberechtigte bemerkt die Auswirkungen unterbliebener Zahlungen u.U. gar nicht und ist daher stärker schutzwürdig, wenn eine wiederkehrende Leistung der Ermöglichung einer erst später fällig werdenden laufenden Rentenleistung dient.
5   Zu den Einzelheiten BAG 17.8.2004, 3 AZR 367/03, FA 2005, 153.

BetrAVG bedeutet dies, dass der Versorgungsempfänger unmittelbar aus § 16 BetrAVG entnehmen kann, wann der Arbeitgeber eine Prüfung und Entscheidung über die Anpassung der Betriebsrente nach § 315 BGB vorzunehmen hat. Die Verjährungsfrist beginnt also immer am gesetzlichen Prüfungszeitpunkt gem. § 16 BetrAVG ab Ende des betreffenden Kalenderjahrs.[6] Für Richtlinienverbände (Bochumer und Essener Verband) gilt möglicherweise etwas anderes. Hier soll der Anspruch auf höhere Betriebsrente erst mit einer entsprechenden Anpassungsentscheidung des Verbandes oder einer entsprechenden gerichtlichen Leistungsbestimmung entstehen und erst dann die Verjährungsfrist beginnen.[7]

Für monatliche Renten/Raten, die am 31.12.2001 bereits fällig und noch 5
nicht verjährt waren, gilt eine zweijährige Verjährungsfrist gem. § 196 BGB a.F. ausnahmsweise kann in einer Übergangszeit eine vierjährige Verjährungsfrist gem. § 197 BGB a.F. bei Organpersonen und Handelsvertretern zu berücksichtigen sein, wenn die neue Drei-Jahres-Frist, gerechnet ab dem 1.1.2002, günstiger ist.

▶ **Beispiel:** 6

Ein Rentenanspruch besteht seit dem 1.7.1999. Die Zwei-Jahres-Frist für die Verjährung der Renten, die für Juli bis Dezember 1999 zu zahlen waren, beginnt am 1.1.2000 und endete am 31.12.2001. Diese Rentenraten sind verjährt.

Für die Renten von Januar bis Dezember 2000 beginnt die Frist am 1.1.2001 und endet am 31.12.2002.

Die in 2001 zu zahlenden Renten sind mit Ablauf des 31.12.2003 verjährt. Ab 2002 gilt die dreijährige Verjährungsfrist.

In Tarifverträgen kann gem. § 17 Abs. 3 S. 1 BetrAVG von § 18a 7
S. 1 BetrAVG abgewichen werden. Es kann folglich vereinbart werden, dass statt der 30-Jahres-Frist eine kürzere oder längere Frist gilt. Sinnvoll wäre es, wenn die Tarifdispositivität auch den Satz 2 erfasst hätte, da sich immer wieder zeigt, dass gerade die kurzen Verjährungsfristen zum Wegfall von Ansprüchen für einzelne Zahlungszeiträume führen.

---

6 So BAG 28.4.1992, 3 AZR 333/91, n.v. mit Hinweis auf BGH 17.2.1971, VIII ZR 4/70, BGHZ 55, 340, 341; zweifelnd daran BAG 17.8.2004, 3AZR 367/03, FA 2005, 153.
7 So BAG 17.8.2004, 3 AZR 367/03, FA 2005, 153.

8 Verjährung ist von **Verwirkung** zu unterscheiden. Verwirkung ist ein Sonderfall der unzulässigen Rechtsausübung (§ 242 BGB). Hierzu genügt nicht ein Zeitablauf, der nicht einer Verjährungsfrist entspricht – also ein Zeitmoment, sondern auch ein Umstandsmoment, die späte Geltendmachung des Rechts muss als mit Treu und Glauben unvereinbar und für den Verpflichten als unzumutbar anzusehen sein.[8]

---

8 BAG 20.4.2010, 3 AZR 225/08, AP Nr. 63 zu § 1 BetrAVG = DB 2010, 1589; 28.6.2011, 3 AZR 448/09.

Zweiter Teil Steuerrechtliche Vorschriften

§§ 19–25

Auf einen Abdruck und eine Kommentierung wurde verzichtet.

Dritter Teil Übergangs- und Schlussvorschriften

§ 26 [Ausschluss der Rückwirkung]

Die §§ 1 bis 4 und 18 gelten nicht, wenn das Arbeitsverhältnis oder Dienstverhältnis vor dem Inkrafttreten des Gesetzes beendet worden ist.

Die Bestimmungen über die **gesetzliche** Unverfallbarkeit gelten nur, wenn das Arbeitsverhältnis nach dem 21. Dezember 1974 beendet worden ist. Das BetrAVG ist insoweit am 22. Dezember 1974 in Kraft getreten (§ 32 BetrAVG).

§ 27 [Direktversicherung und Pensionskassen]

§ 2 Abs. 2 Satz 2 Nr. 2 und 3 und Abs. 3 Satz 2 Nr. 1 und 2 gelten in Fällen, in denen vor dem Inkrafttreten des Gesetzes die Direktversicherung abgeschlossen worden ist oder die Versicherung des Arbeitnehmers bei einer Pensionskasse begonnen hat, mit der Maßgabe, daß die in diesen Vorschriften genannten Voraussetzungen spätestens für die Zeit nach Ablauf eines Jahres seit dem Inkrafttreten des Gesetzes erfüllt sein müssen.

Diese Vorschrift hat durch Zeitablauf ihre Bedeutung verloren.

§ 28 [Auszehrungs- und Anrechnungsverbot]

§ 5 gilt für Fälle, in denen der Versorgungsfall vor dem Inkrafttreten des Gesetzes eingetreten ist, mit der Maßgabe, daß diese Vorschrift bei der Berechnung der nach dem Inkrafttreten des Gesetzes fällig werdenden Versorgungsleistungen anzuwenden ist.

Diese Vorschrift hat durch Zeitablauf ihre Bedeutung verloren.

§ 29   [Vorzeitige Altersleistungen]

§ 6 gilt für die Fälle, in denen das Altersruhegeld der gesetzlichen Rentenversicherung bereits vor dem Inkrafttreten des Gesetzes in Anspruch genommen worden ist, mit der Maßgabe, dass die Leistungen der betrieblichen Altersversorgung vom Inkrafttreten des Gesetzes an zu gewähren sind.

1   Die Bedeutung dieser Vorschrift ist überholt. Das Gesetz ist am 22.12.1974 in Kraft getreten. Für die ehemaligen Arbeitnehmer, die zum damaligen Zeitpunkt bereits eine vorzeitige Altersrente aus der gesetzlichen Rentenversicherung erhielten, regelte diese Vorschrift den Anwendungsbereich mit der Folge, dass die damals schon vorhandenen Rentner auch in den Genuss der vorzeitigen betrieblichen Versorgungsleistungen kamen.

2   Für Arbeitnehmer, die nach dem Inkrafttreten des Gesetzes in den Ruhestand getreten sind, hatte diese Vorschrift keine Bedeutung mehr. Für sie war § 6 BetrAVG unmittelbar anzuwenden.

Kisters-Kölkes

§ 30   [Erstmalige Beitrags- und Leistungspflicht bei Insolvenzsicherung]

[1]Ein Anspruch gegen den Träger der Insolvenzsicherung nach § 7 besteht nur, wenn der Sicherungsfall nach dem Inkrafttreten der §§ 7 bis 15 eingetreten ist; er kann erstmals nach dem Ablauf von sechs Monaten nach diesem Zeitpunkt geltend gemacht werden. [2]Die Beitragspflicht des Arbeitgebers beginnt mit dem Inkrafttreten der §§ 7 bis 15.

§ 30 BetrAVG bestimmt, dass Sicherungsfälle den PSVaG nur dann betreffen, wenn sie nach dem Inkrafttreten der Vorschriften über die gesetzliche Insolvenzsicherung eintreten. Die Vorschriften zur gesetzlichen Insolvenzsicherung sind am 1.1.1975 in Kraft getreten.[1] Damit werden von der gesetzlichen Insolvenzsicherung der §§ 7–15 BetrAVG alle Sicherungsfalle erfasst, die ab 1975 eingetreten sind.   1

Im ersten Halbjahr nach dem Inkrafttreten der Vorschriften über die gesetzliche Insolvenzsicherung am 1.1.1975 – also bis zum 30.6.1975 – waren die Leistungsverpflichtungen des PSVaG gestundet. Nach diesem Zeitpunkt wurden jedoch auch die Leistungsansprüche aus dem ersten Halbjahr 1975 fällig. Begründet wurde die Stundung mit der Notwendigkeit, in der Zeit des Aufbaus zunächst die erforderlichen organisatorischen und technischen Voraussetzungen für das Funktionieren der Insolvenzsicherung zu schaffen.   2

Die Beitragspflicht der insolvenzsicherungspflichtigen Arbeitgeber begann nach § 30 Satz 2 BetrAVG mit dem Inkrafttreten der Insolvenzsicherung am 1.1.1975; die Stundung der Leistungsverpflichtung nach § 30 Satz 1 BetrAVG wirkte sich darauf nicht aus.   3

In den neuen Ländern ist das BetrAVG – und damit auch die gesetzliche Insolvenzsicherung der betrieblichen Altersversorgung – am 1.1.1992 in Kraft getreten. §§ 1 bis 18 BetrAVG finden auf Zusagen Anwendung, die nach dem 31.12.1991 erteilt werden.[2]   4

---

1   § 32 S. 2 BetrAVG.
2   Gesetz zu dem Vertrag vom 31.8.1990 zwischen der Bundesrepublik Deutschland und der Deutschen Demokratischen Republik über die Herstellung der Einheit Deutschlands (Einigungsvertrag), BGBl. II 1990 S. 885.3.

5 Aufgrund des Abkommens zwischen der Bundesrepublik Deutschland und dem Großherzogtum Luxemburg über Zusammenarbeit im Bereich der betrieblichen Altersversorgung[3] ist der PSVaG seit 1.1.2002 auch Träger der Insolvenzsicherung der betrieblichen Altersversorgung im Großherzogtum Luxemburg.[4]

---

3 BGBl. II 2002 S. 319.
4 Vgl. § 14 Rdn. 3.

§ 30a [Leistungen der betrieblichen Altersversorgung]

(1) Männlichen Arbeitnehmern,

1. die vor dem 1. Januar 1952 geboren sind,
2. die das 60. Lebensjahr vollendet haben,
3. die nach Vollendung des 40. Lebensjahres mehr als 10 Jahre Pflichtbeiträge für eine in der gesetzlichen Rentenversicherung versicherte Beschäftigung oder Tätigkeit nach den Vorschriften des Sechsten Buches Sozialgesetzbuch haben,
4. die die Wartezeit von 15 Jahren in der gesetzlichen Rentenversicherung erfüllt haben und
5. deren Arbeitsentgelt oder Arbeitseinkommen die Hinzuverdienstgrenze nach § 34 Abs. 3 Nr. 1 des Sechsten Buches Sozialgesetzbuch nicht überschreitet,

sind auf deren Verlangen nach Erfüllung der Wartezeit und sonstiger Leistungsvoraussetzungen der Versorgungsregelung für nach dem 17. Mai 1990 zurückgelegte Beschäftigungszeiten Leistungen der betrieblichen Altersversorgung zu gewähren. § 6 Satz 3 gilt entsprechend.

(2) Haben der Arbeitnehmer oder seine anspruchsberechtigten Angehörigen vor dem 17. Mai 1990 gegen die Versagung der Leistungen der betrieblichen Altersversorgung Rechtsmittel eingelegt, ist Absatz 1 für Beschäftigungszeiten nach dem 8. April 1976 anzuwenden.

(3) Die Vorschriften des Bürgerlichen Gesetzbuchs über die Verjährung von Ansprüchen aus dem Arbeitsverhältnis bleiben unberührt.

A. Allgemeines

1 Diese Vorschrift ist zurückzuführen auf die Entscheidung des EuGH vom 17.5.1990[1] in Sachen Barber. Aufgrund dieser Entscheidung ist zwischen der sog. **Vor-Barber-Zeit** und der **Nach-Barber-Zeit** zu unterscheiden. Die **Vor-Barber-Zeit** ist die Zeit vor dem 18.5.1990, die Nach-Barber-Zeit ist die Zeit ab dem 18.5.1990.

2 Diese Differenzierung beruht auf dem Umstand, dass in der Nach-Barber-Zeit Männer und Frauen nach denselben Regeln betriebliche Versorgungs-leistungen erhalten müssen. Eine **Benachteiligung der Männer** beim Pensi-onsalter, bei der Leistungshöhe oder bei den sonstigen Leistungsvoraussetzungen ist ab diesem Stichtag nicht mehr zulässig.[2]

3 Ziel der Regelung in § 30a BetrAVG ist es, für die männlichen Arbeitnehmer für die Versorgungsleistungen, die in der Nach-Barber-Zeit erdient werden, einen **Anspruch auf vorzeitige betriebliche Altersleistungen** zu schaffen. Dies geschieht, in dem in § 30a BetrAVG die Voraussetzungen fingiert wer-den, die eine Frau erfüllen muss, um aus der gesetzlichen Rentenversiche-rung eine vorzeitige Altersrente zu erhalten. Hierzu wird auf § 237a SGB VI verwiesen.

4 § 30a BetrAVG ist nur noch von Bedeutung für Männer, die vor dem 1.1.1952 geboren sind. Dies hat zur Folge, dass diese Vorschrift in absehba-rer Zeit ihren Anwendungsbereich verlieren wird.

---

1 EuGH 17.5.1990, C – 262/88, EzA Art. 119 EWG-Vertrag Nr. 4 = DB 1990, 1824; hierzu auch *Berenz* BB 1996, 530.
2 BAG 17.9.2008, 3 AZR 1061/06, EzA § 2 BetrAVG Nr. 31 = DB 2009, 296; 29.4.2008, 3 AZR 266/06, EzA § 2 BetrAVG Nr. 30 = DB 2009, 224; 7.9.2004, 3 AZR 550/03, EzA Art. 141 EG-Vertrag 1999 Nr. 16 = DB 2002, 1510.

Kisters-Kölkes

§ 30a BetrAVG ist durch das Rentenreformgesetz 1999[3] in das BetrAVG ein- 5
gefügt worden. Diese Vorschrift ist **rückwirkend** in Kraft getreten.

Ebenso wenig wie in § 6 BetrAVG wird in § 30a BetrAVG die Höhe der Leis- 6
tungen geregelt. Insoweit gelten dieselben Grundsätze, wie sie für die
Anwendung von § 6 BetrAVG entwickelt wurden.[4]

B. Anspruchsvoraussetzungen

I. Männliche Arbeitnehmer

Der **persönliche Geltungsbereich** dieser Vorschrift ist auf **männliche Arbeit-** 7
nehmer beschränkt. Hierdurch wird nicht der Gleichberechtigungsgrundsatz
verletzt, denn für Frauen gilt § 237a SGB VI unmittelbar. Dort sind dieselben Voraussetzungen für den Bezug einer gesetzlichen Altersrente genannt,
wie sie § 30a BetrAVG für männliche Arbeitnehmer fingiert. Ebenso wenig
liegt ein Verstoß gegen § 1 AGG vor.

§ 30a BetrAVG gilt auch für männliche Arbeitnehmer, die vor Eintritt des 8
Versorgungsfalles mit einer **kraft Gesetzes unverfallbaren Anwartschaft** aus
dem Arbeitsverhältnis ausgeschieden sind. Voraussetzung ist allerdings, dass
das Ausscheiden nach dem 17.5.1990 erfolgte. Wurde das Arbeitsverhältnis
vor dem 18.5.1990 beendet, kann diese Vorschrift nicht zur Anwendung
kommen, da die gesamte im Unternehmen abgeleistete Dienstzeit in die Vor-
Barber-Zeit fällt. Da diese Vorschrift nur Ansprüche einräumt, die die Nach-
Barber-Zeit betreffen, muss die Beendigung des Arbeitsverhältnisses auch in
der Nach-Barber-Zeit erfolgt sein, da ansonsten keine Dienstzeiten aus der
Nach-Barber-Zeit zu berücksichtigen sind.

Diese Vorschrift ist auch anzuwenden auf **Versorgungsempfänger**, die aus 9
dem aktiven Arbeitsverhältnis in den Ruhestand getreten sind. Voraussetzung
ist auch hier, dass während des aktiven Arbeitsverhältnisses Dienstzeiten nach
dem 18.5.1990 abgeleistet wurden.

Bei arbeitnehmerähnlichen Personen ist diese Vorschrift nur anzuwenden, 10
wenn sie in der gesetzlichen Rentenversicherung pflichtversichert sind.

---

3 Vom 16.12.1997 BGBl. I S. 2998.
4 S. dazu § 6 Rdn. 53 ff.

II. Vor dem 1.1.1952 geboren

11 Nach § 237a SGB VI haben nur Frauen, die vor dem 1.1.1952 geboren worden sind, einen Anspruch auf eine vorzeitige Altersrente aus der gesetzlichen Rentenversicherung. Zur Gleichstellung der männlichen Arbeitnehmer musste daher auch auf diesen Stichtag abgestellt werden.

III. Vollendung des 60. Lebensjahres

12 Männliche Arbeitnehmer haben nur dann einen Anspruch auf eine vorzeitige betriebliche Altersleistung, wenn sie das 60. Lebensjahr vollendet haben. Dies bedeutet nicht, dass ab Vollendung des 60. Lebensjahres bereits der Anspruch besteht. Vielmehr müssen sämtliche, in § 30a BetrAVG genannten Voraussetzungen erfüllt sein. Der Anspruch nach dieser Vorschrift kann also auch erst nach Vollendung des 60. Lebensjahres entstehen.

13 Wenn in der Zeitspanne zwischen der Vollendung des 60. Lebensjahres und der Vollendung des 65. Lebensjahres (ggf. Regelaltersgrenze) nicht die in § 30a BetrAVG genannten Anspruchsvoraussetzungen kumulativ erfüllt werden, hat der männliche Arbeitnehmer keinen Anspruch gegenüber dem Arbeitgeber bzw. gegenüber dem externen Versorgungsträger.

13a Nach Auffassung des LAG Baden-Württemberg fallen angestellte Geschäftsführer nicht unter den Anwendungsbereich dieser Vorschrift, da in § 17 Abs. 1 Satz 2 BetrAVG nur auf die §§ 1 bis 16 BetrAVG verwiesen wird, nicht aber auf § 30a BetrAVG.[5]

IV. Pflichtbeiträge

14 § 237a SGB VI sieht für weibliche Versicherte vor, dass sie nur dann einen Anspruch auf eine vorzeitige Altersrente aus der gesetzlichen Rentenversicherung haben, wenn nach Vollendung des 40. Lebensjahres mehr als **10 Jahre Pflichtbeiträge** in die gesetzliche Rentenversicherung eingezahlt wurden. Zur Gleichstellung von Männern und Frauen ist es daher erforderlich, dass auch männliche Arbeitnehmer diese Voraussetzung erfüllen.

15 Da die männlichen Arbeitnehmer, die einen Anspruch nach § 30a BetrAVG haben, tatsächlich keine vorzeitige Altersrente aus der gesetzlichen Rentenversicherung erhalten, kann **nicht** anhand des **Bescheides des Rentenversi-**

---

5 Urteil vom 24.11.2011, 11 Sa 68/11, n.rkr.

cherungsträgers geprüft werden, ob diese Voraussetzung erfüllt ist. Der Arbeitnehmer hat aber die Möglichkeit, sich vom Rentenversicherungsträger eine **Auskunft** über seine Anwartschaft auf eine gesetzliche Rente geben zu lassen. In dieser Auskunft sind die Zeiten, in denen Pflichtbeiträge geleistet wurden, aufgeführt. Folglich kann und muss aufgrund dieser Auskunft seitens des Arbeitgebers beurteilt werden, ob die im Gesetz genannte Voraussetzung erfüllt ist.

V. Wartezeit

Der männliche Arbeitnehmer muss die Wartezeit von 15 Jahren in der 16 gesetzlichen Rentenversicherung erfüllt haben. Diese Zeiten können auch vor dem 18.5.1990 liegen. Da auch insoweit kein Rentenbescheid vorgelegt werden kann, aus dem die Wartezeit abgeleitet werden kann, muss auch insoweit eine Auskunft des Rentenversicherungsträgers genügen.

VI. Vorlage des Rentenbescheides

Ist in einer betrieblichen Versorgungszusage geregelt, dass durch die **Vorlage** 17 **des gesetzlichen Rentenbescheides** der Nachweis zu führen ist, dass aus der gesetzlichen Rentenversicherung Leistungen bezogen werden, wird diese vertragliche Regelung durch § 30a BetrAVG verdrängt. Denn der männliche Arbeitnehmer kann einen solchen Nachweis nicht führen. Folglich muss der Arbeitgeber selbst prüfen, ob ein Anspruch besteht.

VII. Hinzuverdienstgrenze

Renten aus der gesetzlichen Rentenversicherung können nur bezogen werden, wenn die in § 34 Abs. 3 Nr. 1 SGB VI genannte Hinzuverdienstgrenze nicht überschritten wird (zurzeit 400 € monatlich).

Diese Vorschrift verhindert es, dass männliche Arbeitnehmer überhaupt Leistungen nach § 30a BetrAVG in Anspruch nehmen können. Dies gilt zumindest für die Mehrzahl der männlichen Arbeitnehmer. Denn diese Personen sind darauf angewiesen, **Arbeitseinkommen** zu beziehen, weil sie keine Ansprüche auf eine gesetzliche Rente haben. Um den Lebensunterhalt zu bestreiten, müssen sie in aller Regel mehr verdienen als es die Hinzuverdienstgrenze erlaubt. Folglich scheitert der Anspruch nach § 30a BetrAVG daran, dass Arbeitseinkommen bezogen wird, welches **oberhalb der Hinzuverdienstgrenze** liegt.

20 In diesem Zusammenhang ist auch zu berücksichtigen, dass für den Anspruch auf die vorzeitige Altersleistung, der sich nach § 30a BetrAVG gegen den Arbeitgeber oder gegen den externen Versorgungsträger richtet, nur die **Beschäftigungszeiten** maßgeblich sind, **die ab dem 17.5.1990 zurückgelegt wurden**. Dies bedeutet, dass der männliche Arbeitnehmer auch nur eine **betriebliche Teilrente** beanspruchen kann. Hat er ein Arbeitseinkommen unterhalb der Hinzuverdienstgrenze und hat er nur einen Teilanspruch auf vorzeitige betriebliche Versorgungsleistungen, so dürfte er nicht in der Lage sein, den Lebensunterhalt zu bestreiten. Damit gibt diese Vorschrift zwar rechtlich einen Anspruch, führt aber faktisch nicht zu Ansprüchen, weil es sich kein männlicher Arbeitnehmer erlauben kann, von dieser Vorschrift Gebrauch zu machen.

VIII. Verlangen

21 § 6 BetrAVG sieht vor, dass der Arbeitnehmer, der aus der gesetzlichen Rentenversicherung eine vorzeitige Altersrente bezieht, auf sein Verlangen hin auch vom Arbeitgeber oder sonstigen Versorgungsträger eine vorzeitige Altersleistung erhalten kann. Dieses Verlangen setzt ein **Tätigwerden** voraus. Dieses ist weder an eine Form noch an eine Frist gebunden.[6] Da § 6 BetrAVG in den Fällen, die § 30a BetrAVG regelt, nicht anwendbar ist, enthält diese Vorschrift selbst die Vorgabe, dass der Arbeitnehmer tätig wird. Auch für dieses Verlangen ist weder eine Form noch eine Frist vorgegeben.

IX. Erfüllung der Wartezeit und der sonstigen Leistungsvoraussetzungen

22 Gemeint ist die Wartezeit, die in der betrieblichen Versorgungsregelung enthalten ist. Diese Wartezeit muss erfüllt sein.[7]

23 Mit den sonstigen Leistungsvoraussetzungen ist häufig das **Ausscheiden aus dem Erwerbsleben**, zumindest aber aus dem Arbeitsverhältnis, gemeint. Anhand der konkreten Versorgungsregelung ist zu prüfen, welche sonstigen Leistungsvoraussetzungen für den Bezug einer vorzeitigen Altersleistung vorgesehen sind. Diese Voraussetzungen müssen erfüllt sein, wenn der männliche Arbeitnehmer nach § 30a BetrAVG eine vorzeitige Altersleistung begehrt.

---

6 Wegen der Einzelheiten vgl. § 6 Rdn. 22 ff.
7 Vgl. § 6 Rdn. 20 f.

Kisters-Kölkes

X. Leistungshöhe

§ 30a BetrAVG räumt dem männlichen Arbeitnehmer nur einen Anspruch 24
auf die Leistung ein, die nach Maßgabe des betrieblichen Versorgungsversprechens auf die Zeit entfällt, die **ab dem 17.5.1990** abgeleistet wurde.
Folglich ist zunächst die Leistung zu ermitteln, die dem Arbeitnehmer insgesamt zustehen würde. Im zweiten Schritt ist dann die Leistung zu berechnen,
die auf die Zeit nach dem 17.5.1990 entfällt. Diese Leistung ist auf Verlangen des männlichen Arbeitnehmers als vorzeitige Altersleistung zu zahlen.[8]

XI. Wegfall der Leistung

In § 30a BetrAVG wird auf § 6 S. 3 BetrAVG verwiesen. Dies bedeutet, dass 25
der Arbeitnehmer, der eine vorzeitige Altersleistung in Anspruch nimmt, verpflichtet ist, die **Aufnahme oder Ausübung einer Beschäftigung** oder
Erwerbstätigkeit dem Arbeitgeber **unverzüglich anzuzeigen.** Ist ein externer
Versorgungsträger eingeschaltet, ist der externe Versorgungsträger unverzüglich zu informieren.

Die Aufnahme bzw. Ausübung einer Beschäftigung oder Erwerbstätigkeit 26
führt dazu, dass der Anspruch auf die betriebliche Altersleistung entfällt. Der
Anspruch entfällt für den Zeitraum, in dem die Erwerbstätigkeit ausgeübt
wird.[9]

Soweit in § 6 S. 3 BetrAVG davon die Rede ist, dass die **Altersrente aus der** 27
gesetzlichen Rentenversicherung beschränkt wird, kann dieser Umstand bei
der Anwendung von § 30a BetrAVG keine Rolle spielen, weil die männlichen
Arbeitnehmer, die einen Anspruch aus § 30a BetrAVG ableiten, tatsächlich
keine Rente aus der gesetzlichen Rentenversicherung beziehen. Folglich kann
diese Rente auch nicht beschränkt werden.

C. Beschäftigungszeiten vor dem 17.5.1990

§ 30a Abs. 2 BetrAVG enthält eine **Übergangsvorschrift**. Diese dient dem 28
Vertrauensschutz. Wer vor dem 17.5.1990 bereits ein Rechtsmittel eingelegt
hatte, mit dem er die Ungleichbehandlung von Männern und Frauen geltend gemacht hat, ist auch für Zeiten vor dem 17.5.1990 eine betriebliche
Altersleistung zu zahlen. Die Rückwirkung reicht bis zum 8.4.1976. Ab die-

---

8 Zur Berechnung vgl. § 6 Rdn. 44 ff.
9 Vgl. auch § 6 Rdn. 30 ff.

sem Zeitpunkt ist die unmittelbare Wirkung des Art. 141 EU-Vertrag (früher: Art. 119 EU-Vertrag) anerkannt worden.[10]

29 Diese Vorschrift hat keine praktische Bedeutung. Es sind keine Fälle bekannt, in denen vor dem 17.5.1990 ein Rechtsmittel eingelegt wurde.

D. Verjährung

30 Es gelten die Vorschriften des Bürgerlichen Gesetzbuchs.[11] Mit der Regelung im § 30a Abs. 3 BetrAVG wird verdeutlicht, dass zwar rückwirkend ein Anspruch besteht, dieser Anspruch aber durch die Einrede der Verjährung beschränkt werden kann.

E. Praktische Bedeutung

31 § 30a BetrAVG hat **keine große praktische Bedeutung**. Die männlichen Arbeitnehmer, die durch diese Vorschrift begünstigt werden, können es sich nicht erlauben, von dieser Vorschrift Gebrauch zu machen, da sie keine Rente aus der gesetzlichen Rentenversicherung beziehen und auf ihr Arbeitseinkommen angewiesen sind.

---

10 EuGH 8.4.1976 – Defrenne II – 43/75 – BB 1976, 841.
11 Zur Verjährung vgl. § 18a Rdn. 1 ff.

§ 30b   [Übergangsvorschrift zu § 4]

§ 4 Abs. 3 gilt nur für Zusagen, die nach dem 31.12.2004 erteilt wurden.

Die Kommentierung dieser Vorschrift erfolgt im Rahmen von § 4 BetrAVG.

§ 30c [Übergangsregelung für Ausnahmen von der Anpassungsprüfungspflicht]

(1) § 16 Abs. 3 Nr. 1 gilt nur für laufende Leistungen, die auf Zusagen beruhen, die nach dem 31. Dezember 1998 erteilt werden.

(2) § 16 Abs. 4 gilt nicht für vor dem 1. Januar 1999 zu Recht unterbliebene Anpassungen.

(3) § 16 Abs. 5 gilt nur für laufende Leistungen, die auf Zusagen beruhen, die nach dem 31. Dezember 2000 erteilt werden.

(4) Für die Erfüllung der Anpassungsprüfungspflicht für Zeiträume vor dem 1. Januar 2003 gilt § 16 Abs. 2 Nr. 1 mit der Maßgabe, dass an die Stelle des Verbraucherpreisindexes für Deutschland der Preisindex für die Lebenshaltung von 4-Personen-Haushalten von Arbeitern und Angestellten mit mittlerem Einkommen tritt.

Die Übergangsregelung ist im Detail unter § 16 kommentiert.[1]

---

1 Vgl. § 16 Rdn. 42, 52, 98, 106, 111.

§ 30d   [Übergangsregelung zu § 18]

(1) [1]Ist der Versorgungsfall vor dem 1. Januar 2001 eingetreten oder ist der Arbeitnehmer vor dem 1. Januar 2001 aus dem Beschäftigungsverhältnis bei einem öffentlichen Arbeitgeber ausgeschieden und der Versorgungsfall nach dem 31. Dezember 2000 eingetreten, sind für die Berechnung der Voll-Leistung die Regelungen der Zusatzversorgungseinrichtungen nach § 18 Abs. 1 Satz 1 Nr. 1 und 2 oder die Gesetze im Sinne des § 18 Abs. 1 Satz 1 Nr. 3 sowie die weiteren Berechnungsfaktoren jeweils in der am 31. Dezember 2000 geltenden Fassung maßgebend; § 18 Abs. 2 Nr. 1 Buchstabe b bleibt unberührt. [2]Die Steuerklasse III/O ist zugrunde zu legen. [3]Ist der Versorgungsfall vor dem 1. Januar 2001 eingetreten, besteht der Anspruch auf Zusatzrente mindestens in der Höhe, wie er sich aus § 18 in der Fassung vom 16. Dezember 1997 (BGBl. I S. 2998) ergibt.

(2) Die Anwendung des § 18 ist in den Fällen des Absatzes 1 ausgeschlossen, soweit eine Versorgungsrente der in § 18 Abs. 1 Satz 1 Nr. 1 und 2 bezeichneten Zusatzversorgungseinrichtungen oder eine entsprechende Leistung aufgrund der Regelungen des Ersten Ruhegeldgesetzes, des Zweiten Ruhegeldgesetzes oder des Bremischen Ruhelohngesetzes bezogen wird, oder eine Versicherungsrente abgefunden wurde.

(3) [1]Für Arbeitnehmer im Sinne des § 18 Abs. 1 Satz 1 Nr. 4, 5 und 6 in der bis zum 31. Dezember 1998 geltenden Fassung, für die bis zum 31. Dezember 1998 ein Anspruch auf Nachversicherung nach § 18 Abs. 6 entstanden ist, gilt Absatz 1 Satz 1 für die aufgrund der Nachversicherung zu ermittelnde Voll-Leistung entsprechend mit der Maßgabe, dass sich der nach § 2 zu ermittelnde Anspruch gegen den ehemaligen Arbeitgeber richtet. [2]Für den nach § 2 zu ermittelnden Anspruch gilt § 18 Abs. 2 Nr. 1 Buchstabe b entsprechend; für die übrigen Bemessungsfaktoren ist auf die Rechtslage am 31. Dezember 2000 abzustellen. [3]Leistungen der gesetzlichen Rentenversicherung, die auf einer Nachversicherung wegen Ausscheidens aus einem Dienstverhältnis beruhen, und Leistungen, die die zuständige Versorgungseinrichtung aufgrund von Nachversicherungen im Sinne des § 18 Abs. 6 in der am 31. Dezember 1998 geltenden Fassung gewährt, werden auf den Anspruch nach § 2 angerechnet. [4]Hat das Arbeitsverhältnis im Sinne des § 18 Abs. 9 bereits am 31. Dezember 1998 bestanden, ist in die Vergleichsberechnung nach § 18 Abs. 9 auch die Zusatzrente nach § 18 in der bis zum 31. Dezember 1998 geltenden Fassung einzubeziehen.

Hier nicht kommentiert, da gegenstandslos, siehe Vorwort.

§ 30e   [Übergangsregelung zu § 1 Abs. 2 Nr. 4]

(1) § 1 Abs. 2 Nr. 4 zweiter Halbsatz gilt für Zusagen, die nach dem 31. Dezember 2002 erteilt werden.

(2) [1]§ 1 Abs. 2 Nr. 4 zweiter Halbsatz findet auf Pensionskassen, deren Leistungen der betrieblichen Altersversorgung durch Beiträge der Arbeitnehmer und Arbeitgeber gemeinsam finanziert und die als beitragsorientierte Leistungszusage oder als Leistungszusage durchgeführt werden, mit der Maßgabe Anwendung, dass dem ausgeschiedenen Arbeitnehmer das Recht zur Fortführung mit eigenen Beiträgen nicht eingeräumt werden und eine Überschussverwendung gemäß § 1b Abs. 5 Nr. 1 nicht erfolgen muss. [2]Wird dem ausgeschiedenen Arbeitnehmer ein Recht zur Fortführung nicht eingeräumt, gilt für die Höhe der unverfallbaren Anwartschaft § 2 Abs. 5a entsprechend. [3]Für die Anpassung laufender Leistungen gelten die Regelungen nach § 16 Abs. 1 bis 4. [4]Die Regelung in Absatz 1 bleibt unberührt.

Die Übergangsregelung ist im Einzelnen unter § 1 kommentiert.[1]

---

1 Vgl. § 1 Rdn. 526 f.

Huber

§ 30f[1]   [Übergangsregelung zu § 1b]

(1) [1]Wenn Leistungen der betrieblichen Altersversorgung vor dem 1. Januar 2001 zugesagt worden sind, ist § 1b Abs. 1 mit der Maßgabe anzuwenden, dass die Anwartschaft erhalten bleibt, wenn das Arbeitsverhältnis vor Eintritt des Versorgungsfalles, jedoch nach Vollendung des 35. Lebensjahres endet und die Versorgungszusage zu diesem Zeitpunkt

1. mindestens zehn Jahre oder
2. bei mindestens zwölfjähriger Betriebszugehörigkeit mindestens drei Jahre

bestanden hat; in diesen Fällen bleibt die Anwartschaft auch erhalten, wenn die Zusage ab dem 1. Januar 2001 fünf Jahre bestanden hat und bei Beendigung des Arbeitsverhältnisses das 30. Lebensjahr vollendet ist. [2]§ 1b Abs. 5 findet für Anwartschaften aus diesen Zusagen keine Anwendung.

(2) Wenn Leistungen der betrieblichen Altersversorgung vor dem 1. Januar 2009 und nach dem 31. Dezember 2000 zugesagt worden sind, ist § 1b Abs. 1 Satz 1 mit der Maßgabe anzuwenden, dass die Anwartschaft erhalten bleibt, wenn das Arbeitsverhältnis vor Eintritt des Versorgungsfalls, jedoch nach Vollendung des 30. Lebensjahres endet und die Versorgungszusage zu diesem Zeitpunkt fünf Jahre bestanden hat; in diesen Fällen bleibt die Anwartschaft auch erhalten, wenn die Zusage ab dem 1. Januar 2009 fünf Jahre bestanden hat und bei Beendigung des Arbeitsverhältnisses das 25. Lebensjahr vollendet ist.

Die Übergangsregelung wird gemeinsam mit § 1b kommentiert.

---

1   § 30f i.d.F. ab 1.1.2009 durch Gesetz zur Förderung der zusätzlichen betrieblichen Altersvorsorge und zur Änderung des Dritten Buches Sozialgesetzbuch v. 10.12.2007 BGBl. I S. 2838.

§ 30g   [Übergangsregelung zu § 2 Abs. 5a]

(1) [1]§ 2 Abs. 5a gilt nur für Anwartschaften, die auf Zusagen beruhen, die nach dem 31. Dezember 2000 erteilt worden sind. [2]Im Einvernehmen zwischen Arbeitgeber und Arbeitnehmer kann § 2 Abs. 5a auch auf Anwartschaften angewendet werden, die auf Zusagen beruhen, die vor dem 1. Januar 2001 erteilt worden sind.

(2) § 3 findet keine Anwendung auf laufende Leistungen, die vor dem 1. Januar 2005 erstmals gezahlt worden sind.

Die Übergangsregelung wird gemeinsam mit § 2 Abs. 5a BetrAVG kommentiert. Abs. 2 wird bei § 3 BetrAVG erläutert.

§ 30h   [Übergangsregelung zu § 17 Abs. 5]

§ 17 Abs. 5 gilt für Entgeltumwandlungen, die auf Zusagen beruhen, die nach dem 29. Juni 2001 erteilt werden.

Die Übergangsregelung wird gemeinsam mit § 17 kommentiert.[1]

---

1   Vgl. § 17 Rdn. 42 ff.

§ 30i   [Barwert zu sichernder Anwartschaften]

(1) [1]Der Barwert, der bis zum 31. Dezember 2005 aufgrund eingetretener Insolvenzen zu sichernden Anwartschaften, wird einmalig auf die beitragspflichtigen Arbeitgeber entsprechend § 10 Abs. 3 umgelegt und vom Träger der Insolvenzsicherung nach Maßgabe der Beträge zum Schluss des Wirtschaftsjahres, das im Jahr 2004 geendet hat, erhoben. [2]Der Rechnungszinsfuß bei der Berechnung des Barwerts beträgt 3,67 vom Hundert.

(2) [1]Der Betrag ist in 15 gleichen Raten fällig. [2]Die erste Rate wird am 31. März 2007 fällig, die weiteren zum 31. März der folgenden Kalenderjahre. [3]Bei vorfälliger Zahlung erfolgt eine Diskontierung der einzelnen Jahresraten mit dem zum Zeitpunkt der Zahlung um ein Drittel erhöhten Rechnungszinsfuß nach § 65 des Versicherungsaufsichtsgesetzes, wobei nur volle Monate berücksichtigt werden.

(3) Der abgezinste Gesamtbetrag ist gemäß Absatz 2 am 31. März 2007 fällig, wenn die sich ergebende Jahresrate nicht höher als 50 Euro ist.

(4) Insolvenzbedingte Zahlungsausfälle von ausstehenden Raten werden im Jahr der Insolvenz in die erforderlichen jährlichen Beiträge gemäß § 10 Abs. 2 eingerechnet.

A. Nachfinanzierung der in der Vergangenheit aufgelaufenen gesetzlich unverfallbaren Anwartschaften

I. Allgemeines

Durch das »Gesetz zur Änderung des Betriebsrentengesetzes und anderer 1 Gesetze« vom 2.12.2006 ist das Finanzierungsverfahren der gesetzlichen Insolvenzsicherung der betrieblichen Altersversorgung auf **vollständige Kapitaldeckung umgestellt** worden. Diese Umstellung tritt in Kraft ab dem **Beitragsjahr 2006** und ist im neuen § 10 Abs. 2 BetrAVG geregelt. Die Nachfinanzierung der bis zum Umstellungszeitpunkt (1975–2005) aufgelaufenen gesetzlich unverfallbaren Anwartschaften ist im neuen § 30i BetrAVG geregelt.

II. Vom Rentenwertumlageverfahren zur vollständigen Kapitaldeckung

Für die Finanzierung der gesetzlichen Insolvenzsicherung galt **von 1975** 2 **bis 2005** das sog. **Rentenwertumlageverfahren.** Bei diesem System wurden die im betreffenden Jahr entstehenden Ansprüche ausfinanziert, d.h., der versicherungsmathematisch ermittelte Barwert wurde im Rahmen der jährlichen Beitragsumlage erhoben. Dies galt aber nicht für die unverfallbaren Anwartschaften, die der PSVaG aufgrund der Insolvenz des Arbeitgebers zu sichern hat. Der gesamte Barwert der im laufenden Kalenderjahr entstehenden Ansprüche ergab sich danach grds. aus der **Addition zweier Elemente.** Das eine war die Summe der Barwerte für die bei Insolvenzeröffnung in dem betreffenden Jahr bereits laufenden Leistungen, die damit für die gesamte restliche Laufzeit ausfinanziert wurden (Kapitaldeckung). Das zweite Element war die Summe der Barwerte für die laufenden Leistungen aus unverfallbaren Anwartschaften früherer Jahre, bei denen in dem betreffenden Jahr der individuelle Versorgungsfall eingetreten war, die damit erst dann für die gesamte restliche Laufzeit ausfinanziert wurden, sog. Umwandler (vom Anwärter zum Leistungsempfänger). Das Finanzierungsverfahren des PSVaG nach dem sog. Rentenwertumlageverfahren war also ein Bedarfsdeckungsverfahren; der jährlich erforderliche Bedarf wurde auf die insolvenzsicherungspflichtigen Arbeitgeber umgelegt.

Aus Insolvenzen die bis zum 31.12.2005 eingetreten waren, hatte der PSVaG 3 rd. 167.000 Anwartschaften registriert, bei denen der Versorgungsfall im Laufe der kommenden mehr als 30 Jahre eintreten wird und die dann im betreffenden Jahr zu finanzieren sind. Die Summe der Barwerte hierfür betrug rd. **2,2 Mrd. €** berechnet mit einem **Rechnungszinsfuß von 3,67 %.** Dieser Betrag ist aufgrund der hohen Zahl von Insolvenzen in den letzten

Jahren deutlich angestiegen. Auf die den PSVaG finanzierenden Arbeitgeber kam damit ein Risiko zu, das es durch die Umstellung auf vollständige Kapitaldeckung abzufedern galt. Hierdurch wurde die Finanzierung der gesetzlichen Insolvenzsicherung der betrieblichen Altersversorgung unabhängiger von Strukturentscheidungen der Unternehmen und so insgesamt zukunftssicherer gestaltet.[1]

4   Die Umstellung des Finanzierungssystems des PSVaG auf vollständige Kapitaldeckung betrifft zum einen die künftige Finanzierung bei Eintritt neuer Sicherungsfälle, die in § 10 Abs. 2 BetrAVG für Beitragsjahre ab 2006 geregelt ist. Die bis zum Umstellungszeitpunkt aus den Jahren 1975–2005 aufgelaufenen gesetzlich unverfallbaren Anwartschaften sollen nachfinanziert werden. Dies hat der Gesetzgeber in § 30i BetrAVG geregelt. Danach müssen die im Jahr 2005 beitragspflichtigen Arbeitgeber dies gemeinsam leisten.

B. Nachfinanzierung gemäß § 30i BetrAVG

I. Barwert der nachzufinanzierenden Anwartschaften

5   Nachfinanziert werden muss der Barwert der bis zum 31.12.2005 aufgrund eingetretener Insolvenzen zu sichernden gesetzlich unverfallbaren Anwartschaften (§ 30i Abs. 1 S. 1 1. Hs. BetrAVG). Der **Barwert** der gesetzlich unverfallbaren Anwartschaften ist der Betrag, der unter Berücksichtigung eines angenommenen Zinsertrags ausreicht, um dem Berechtigten bei künftigem Eintritt des Versorgungsfalls die zugesagte Rente ggf. lebenslänglich oder den zugesagten Kapitalbetrag zu zahlen. Die Berechnung erfolgt nach **versicherungsmathematischen Grundsätzen** unter Berücksichtigung der statistischen Lebenserwartung des Berechtigten.

6   Der **Rechnungszinsfuß** bei der Berechnung des Barwertes der nachzufinanzierenden gesetzlich unverfallbaren Anwartschaften ist in § 30i Abs. 1 S. 2 BetrAVG gesetzlich vorgeschrieben in Höhe von 3,67 % und führt zu einem Barwert von rd. 2,2 Mrd. €. Damit wird gewährleistet, dass die beitragspflichtigen Arbeitgeber keine zu hohe Vorausfinanzierung leisten. Im Ergebnis ist ein zusätzlicher Beitrag in Höhe von 8,66 Promille bezogen auf

---

1 Vgl. BT-Drucks. 16/1936, S. 6; s. ausführlich zur Begründung der Umstellung des Finanzierungsverfahrens auf vollständige Kapitaldeckung *Hoppenrath* FS Kemper, S. 211ff., *ders.* FS Andresen, S. 115ff.; zum neuen Finanzierungsverfahren des PSVaG *Hoppenrath/Berenz* DB 2007, 630 = BetrAV 2007, 215.

die in 2005 gemeldete Beitragsbemessungsgrundlage (31.12.2005: 251 Mrd. €) erforderlich.

Der gegenüber der Barwertberechnung für bereits laufende Leistungen 7 (2006: 2,75 % ab 2007: 2,25 % und ab 2012: 1,75 % nach § 65 VAG) erhöhte Rechnungszinsfuß ist gerechtfertigt, weil ansonsten unberücksichtigt bliebe, dass mit dem Rechnungszinsfuß für Lebensversicherungen künftig Zinsüberschüsse erzielt würden, die nur den jeweiligen und künftigen Beitragszahlern zugutekommen, nicht aber denjenigen, die in der Zwischenzeit ihre Versorgungsverpflichtungen in einen Durchführungsweg ohne bzw. mit einer ermäßigten Insolvenzsicherungspflicht übertragen haben.[2] Die Differenz der Barwerte der bis zum 31.12.2005 aufgrund eingetretener Insolvenzen zu sichernden Anwartschaften berechnet mit 3,0 % (bei Anwartschaften ab 2007 gem. § 10 Abs. 2 S. 2 BetrAVG) und 3,67 % beträgt 265 Mio. €. Durch die Festschreibung des Rechnungszinses in § 30i Abs. 1 S. 2 BetrAVG wird verhindert, dass die Arbeitgeber bei der separat angelegten Finanzierung der »Altlast« mit diesem Betrag zusätzlich belastet werden.[3]

Der Rechnungszinsfuß von **3,67 %** findet **Anwendung** auf die **einmalige** 8 **Berechnung** des nachzufinanzierenden Barwerts zum 31.12.2005. Diese Berechnung ist unabhängig von der Berechnung des Barwerts der **Anwartschaften aus neuen Insolvenzen**.

II. Verpflichtete Arbeitgeber

Zur Nachfinanzierung der bis zum 31.12.2005 aufgelaufenen gesetzlich 9 unverfallbaren Anwartschaften sind diejenigen **Arbeitgeber verpflichtet**, die im Jahr **2005 und zum Zeitpunkt des Inkrafttretens des § 30i BetrAVG** am 12.12.2006 **beitragspflichtig** zum PSVaG sind.[4] Diese Beitragspflicht ergibt sich aus § 30i Abs. 1 S. 1 BetrAVG. Ausschlaggebend für die Verteilung auf die einzelnen Arbeitgeber ist der **Umlageschlüssel**, der sich nach Maßgabe der Bilanzstichtage zum Schluss des Wirtschaftsjahres, das im Jahr 2004

---

2 Vgl. BT-Drucks. 16/1936, S. 7.
3 Zu den Auswirkungen der unterschiedlichen Rechnungszinsfüsse im Fall des Eintritts des Versorgungsfalls vgl. § 10 Rdn. 54–64.
4 BVerwG 15.9.2010, 8 C 32.09, DB 2011, 121; 15.9.2010, 8 C 35.09, ZIP 2011, 94.

geendet hat, ergibt.[5] Dies entspricht der Systematik der Finanzierung des PSVaG, der bis zum 30. September eines jeden Kalenderjahres die entsprechenden Daten (Beitragsbemessungsgrundlage) der insolvenzsicherungspflichtigen Arbeitgeber aus dem Vorjahr erhält, um auf dieser Basis den Beitragssatz für das aktuelle Jahr festzusetzen (§ 10 Abs. 3 BetrAVG).[6] Auf diese Weise wird sichergestellt, dass die Deckungslücke von den Arbeitgebern ausgeglichen wird, die in der Zeit des Entstehens der Deckungslücke insolvenzsicherungspflichtig waren und so auch von Liquiditätsvorteilen profitieren konnten.[7]

10   Das BVerwG hat entschieden, dass der in § 30i BetrAVG vorgesehene Einmalbeitrag zur Umstellung der Finanzierung von Versorgungsanwartschaften rechtmäßig ist. Die Erhebung des Einmalbeitrags verletzt weder den Gleichheitssatz noch das rechtstaatliche Rückwirkungsverbot.[8]

III. Einmalige Beitragserhebung

11   Der von den zur Nachfinanzierung verpflichteten Arbeitgebern jeweils zu zahlende Betrag wird vom PSVaG einmalig erhoben (§ 30i Abs. 1 S. 1 BetrAVG). Das bedeutet, dass diese Beträge mit einem einmaligen Bescheid geltend gemacht werden (**Einmalbeitragsbescheid**).[9]

1. Fälligkeit in 15 Raten

12   Um die Belastung der beitragspflichtigen Arbeitgeber abzumildern legt § 30i Abs. 2 S. 1 BetrAVG fest, dass die Nachfinanzierung auf 15 Jahre verteilt wird. Dabei ist die erste Jahresrate am 31. März 2007 fällig, die weiteren zum 31. März der folgenden Kalenderjahre (§ 30i Abs. 2 S. 2 BetrAVG). Der **Einmalbeitragsbescheid** des PSVaG legt also mit seinem Erlass die insoweit an den PSVaG zu zahlende Verbindlichkeit in **15 Jahresraten** (2007 bis 2021) fest. Durch diesen Zahlungsmodus wird die Zahllast auf eine überschaubare

---

5 Zu Besonderheiten bei Beginn der Insolvenzsicherungspflicht im Lauf des Jahres 2005 vgl. Rdn. 11 i.V.m. § 6 Abs. 3 AIB.
6 Vgl. § 10 Rdn. 84, § 11 Rdn. 37.
7 BT-Drucks. 16/1936 S. 7.
8 BVerwG 15.9.2010, 8 C 32.09, DB 2011, 121; 15.9.2010, 8 C 35.09, ZIP 2011, 94; *Wohlleben* FS Höfer S. 315 f.
9 Vgl. zum Erlass von Bescheiden durch den PSVaG § 10 Rdn. 23 ff.

Zeitspanne ausgedehnt und so die Liquiditätsbelastung der Arbeitgeber in einem moderaten Rahmen gehalten.

2. Anspruch auf vorfällige Zahlung

Neben der grundsätzlichen Verteilung der Zahlungsverbindlichkeit auf 15 Jahresraten sieht § 30i Abs. 2 S. 3 BetrAVG einen **Anspruch der Arbeitgeber** auf **vorfällige Zahlung** der Raten mit einer entsprechenden **Diskontierung** gemäß § 30i Abs. 1 S. 2 BetrAVG vor (ein Drittel erhöhte Rechnungszinsfuß nach § 65 VAG). Maßgebend ist der Rechnungszinsfuß zum Zeitpunkt der Zahlung.[10] Dabei kann ein zahlungsverpflichteter Arbeitgeber jederzeit im Rahmen der gesamten Laufzeit für den Rest vorfällig (diskontiert) zahlen. Ist der diskontierte Betrag vom Arbeitgeber an den PSVaG gezahlt worden, tritt insoweit Erfüllung seiner Verpflichtung zur Nachfinanzierung ein (§ 362 BGB). Eine Rückabwicklung, etwa um sich wieder Liquidität im Unternehmen zu verschaffen, ist ausgeschlossen. Aus Praktikabilitätsgründen werden bei der Diskontierung einzelner Jahresraten nur volle Monate berücksichtigt (§ 30i Abs. 2 S. 3 2. Hs. BetrAVG). **13**

3. Kleinbetragsregelung

Zur Verwaltungsvereinfachung sieht § 30i Abs. 3 BetrAVG eine Kleinbetragsregelung vor. Ist die sich nach § 30i Abs. 1 BetrAVG ergebende Jahresrate nicht höher als 50 €, so ist der gemäß § 30i Abs. 2 BetrAVG abgezinste Gesamtbetrag am 31. März 2007 fällig. **14**

IV. Insolvenzbedingte Zahlungsausfälle

Insolvenzbedingte Zahlungsausfälle aus dem Kreis der zur Nachfinanzierung verpflichteten Arbeitgeber werden im Jahr der Insolvenz in die erforderlichen Beiträge eingerechnet, die der PSVaG zur aktuellen Finanzierung der Insolvenzsicherung der betrieblichen Altersversorgung benötigt (§ 30i Abs. 4 BetrAVG). Diese Regelung ist zur Sicherstellung einer ordnungsgemäßen Nachfinanzierung der gesetzlich unverfallbaren Anwartschaften nach § 30i Abs. 1 BetrAVG erforderlich. **15**

---

10 Unter www.psvag.de/Service/Arbeitgeber/Mitglieder steht ein sog. Diskontrechner zur Verfügung, mit dem der jeweilige Diskont individuell ermittelt werden kann.

§ 31   [Übergangsregelung für den Insolvenzschutz]

Auf Sicherungsfälle, die vor dem 1. Januar 1999 eingetreten sind, ist dieses Gesetz in der bis zu diesem Zeitpunkt geltenden Fassung anzuwenden.

1   Zum 1.1.1999 sind verschiedene Änderungen des BetrAVG in Kraft getreten, die die Eintrittspflicht des PSVaG nach § 7 BetrAVG betreffen. Die Insolvenzordnung[1] (InsO) hat die bis dahin geltende Konkursordnung[2] (KO), die Vergleichsordnung[3] (VerglO) sowie die für die neuen Länder geltende Gesamtvollstreckungsordnung[4] (GesO) abgelöst. Durch das Rentenreformgesetz 1999[5] wurde ua der Sicherungsfall der wirtschaftlichen Notlage[6] gestrichen und die Höchstleistung der gesetzlichen Insolvenzsicherung reduziert auf das Dreifache der Bezugsgröße nach § 18 SGB IV.

2   § 31 BetrAVG bestimmt im Rahmen einer **Übergangsregelung**, dass auf Sicherungsfälle, die vor dem 1.1.1999 eingetreten sind, das BetrAVG in der bis zu diesem Zeitpunkt geltenden Fassung anzuwenden ist.[7]

---

1   Vom 5.10.1994, BGBl. I S. 2866 (InsO) bzw. S. 2911 (EGInsO).
2   Vom 10.2.1877, RGBl. S. 351.
3   Vom 26.2.1935, RGBl. I S. 321.
4   Vom 23.5.1991, BGBl. S. 1191.
5   Vom 16.12.1997, BGBl. I S. 2998, 3025.
6   Vgl. dazu *Höfer* BetrAVG, Rn. 4381 ff. zu § 7; *Paulsdorff* § 7 Rn. 169 ff.; vgl. § 7 Rdn. 22.
7   Zur Anwendung der Höchstgrenzen vgl. § 7 Rdn. 127 ff.

§ 32 [Inkrafttreten]

[1]Dieses Gesetz tritt vorbehaltlich des Satzes 2 am Tage nach seiner Verkündung in Kraft. [2]Die §§ 7 bis 15 treten am 1. Januar 1975 in Kraft.

Das Gesetz ist am 21.12.1974 im Bundesgesetzblatt verkündet worden, also am 22.12.1974 in Kraft getreten.

Die Insolvenzsicherungsbestimmungen sind gem. Satz 2 am 1.1.1975 in Kraft getreten.

Anhang I
Der Versorgungsausgleich im Betriebsrentengesetz

A. Gesetzeslage vor dem 1.9.2009 und Neuregelung

Das Scheidungsrecht hat mit der Neuregelung des Versorgungsausgleichs **1**
durch das Gesetz über den Versorgungsausgleich, kurz Versorgungsaus-

gleichsgesetz (VersAusglG), zum 1.9.2009[1] eine grundlegende Neuausrichtung erfahren. Der bisher maßgebliche Ausgleich aller Versorgungsrechte über die gesetzliche Rentenversicherung wurde durch das Halbteilungsprinzip abgelöst, wonach jedes in der Ehezeit erworbene Versorgungsrecht in seinem eigenen System zwischen den Ehegatten geteilt wird. Dieser Grundsatz gilt für sämtliche Versorgungsformen in den sog. drei Säulen, d.h. im Rahmen der gesetzlichen Rentenversicherung und den ersetzenden Systemen (Beamtenversorgung, berufsständische Versorgung), der betrieblichen Altersversorgung und bei der privaten Altersvorsorge.

I. Grundprinzipien des alten Rechts – Ausgleich des Versorgungsüberschusses aller Versorgungsformen

2 Nach dem bis zum 1.9.2009 geltenden Recht erfolgte in aller Regel bei der Scheidung ein sog. Einmalausgleich aller in der Ehezeit erworbenen unverfallbaren Anrechte über die gesetzliche Rentenversicherung. Zu diesem Zweck waren alle Anrechte miteinander vergleichbar zu machen und in ein Anrecht der gesetzlichen Rentenversicherung umzurechnen. Die Vergleichbarmachung erforderte bei sog. nichtdynamischen oder teildynamischen Anrechten, welche bei der betrieblichen Altersversorgung häufig auftreten, eine Prognose über die künftige Entwicklung und eine Umrechnung in volldynamische Anrechte der gesetzlichen Rentenversicherung über die sog. Barwertverordnung.

II. Mängel des Versorgungsausgleichs nach altem Recht

3 Die Prognoseberechnung führte in der Praxis immer wieder zu Fehlern. Die Barwertverordnung wurde mehrfach gerichtlich beanstandet, da sie gegen den Halbteilungsgrundsatz verstieß, und überarbeitet, ohne dass sämtliche Bedenken damit beseitigt werden konnten.[2] Soweit der Ausgleich über die gesetzliche Rentenversicherung nicht erfolgen konnte, kam in der Regel der schuldrechtliche Versorgungsausgleich zur Anwendung. Dieser kommt in der Regel erst einige Zeit nach der Scheidung zum Tragen und wird dann häufig nicht geltend gemacht. Mithin erfolgte wiederholt keine gerechte Teilung aller in der Ehezeit erworbenen Anrechte bei späterem Eintritt des Versorgungsfalls. Zudem hatte sich der Versorgungsausgleich zu einer hochkomple-

---

1 BGBl. I 2009, S. 700.
2 Vgl. zuletzt BGH 29.10.2008, XII ZB 69/08, BGHR 2009, 174.

xen Spezialmaterie entwickelt, die aufgrund der Aufsplitterung auf mehrere Gesetze wenig anwenderfreundlich war und kaum Spielraum für Parteivereinbarungen zuließ.[3]

III. Strukturreform des Versorgungsausgleichs

Bereits im September 2003 hatte das Bundesjustizministerium eine Kommis- 4 sion eingesetzt, welche ihren Abschlussbericht zur Neuregelung des Versorgungsausgleichs im Oktober 2004 fertigstellte. Das Bundesjustizministerium stellte anschließend fest, dass eine Strukturreform des geltenden Rechts erforderlich sei, welche per Gesetz erfolgen müsse und bis zum 1.7.2008 umgesetzt werden solle.[4] Das ursprünglich zum 1.7.2008 geplante Inkrafttreten der Neuregelung hat sich um mehr als zwölf Monate auf den 1.9.2009 verzögert.[5]

B. Funktionsweise des Versorgungsausgleichsgesetzes

I. Halbteilung zwischen den geschiedenen Ehegatten

Gemäß § 1 VersAusglG sind die in der Ehezeit erworbenen Anteile von 5 Anrechten, die sog. **Ehezeitanteile**, jeweils zur Hälfte zwischen den Ehegatten zu teilen. Diese Halbteilung wird auch als **Realteilung** bezeichnet. Der Ausgleich muss hierbei gem. § 1 Abs. 2 VersAusglG von dem Ehegatten, der einen Ehezeitanteil erworben hat, dem **ausgleichspflichtigen Ehegatten**, an den **ausgleichsberechtigten Ehegatten** geleistet werden.

II. Der Halbteilung unterliegende Anrechte

Gemäß § 2 Abs. 1 VersAusglG unterliegen der Halbteilung im In- oder Aus- 6 land bestehende Anwartschaften auf Versorgungen und Ansprüche auf laufende Versorgungen, wobei das Gesetz ausdrücklich Anrechte auf betriebliche Altersversorgung mit aufzählt.

---

3 Vgl. zur Historie die Gesetzesbegründung S. 29 ff., Entwurf eines Gesetzes zur Strukturreform des Versorgungsausgleichs (VAStrRefG) v. 20.8.2008, BT-Drucks. 16/10144; *Friederici* Forum-Familienrecht 2005, 140.

4 Mitteilung des Bundesministerium der Justiz v. 2.9.2005, Forum-Familienrecht 2005, 211.

5 Vgl. zur Auseinandersetzung mit den jeweiligen Reformvorschlägen die Gesetzesbegründung, S. 39f., Entwurf eines Gesetzes zur Strukturreform des Versorgungsausgleichs (VAStrRefG) v. 20.8.2008, BT-Drucks. 16/10144.

7   Derartige Anrechte sind auszugleichen, wenn sie durch Arbeit oder Vermögen geschaffen wurden, der Absicherung im Alter oder bei Invalidität dienen
und wenn sie auf eine Rente gerichtet sind. **Kapitalleistungen** fallen daher
grundsätzlich nicht unter den Versorgungsausgleich. Eine Ausnahme gilt hier
jedoch für die betriebliche Altersversorgung; ebenso wie Leistungen nach
dem Altersvorsorge-Zertifizierungsgesetz sind Anrechte auf betriebliche
Altersversorgung **unabhängig von ihrer Leistungsform** auszugleichen, d.h.
auch dann, wenn sie in Form von Kapitalzahlungen oder Auszahlungsplänen
gem. § 112 Abs. 1 Satz 2 VAG erbracht werden. Auch Sachleistungen, welche
als betriebliche Versorgungsleistungen anzusehen sind, wie Hausbrand oder
Stromdeputate, unterfallen dem Versorgungsausgleich.[6]

8   Eine Anwartschaft i.S.d. VersAusglG liegt gem. § 2 Abs. 3 VersAusglG auch
dann vor, wenn zum Ende der Ehezeit eine maßgebliche Wartezeit, Mindest-
beschäftigungszeit oder andere zeitliche Voraussetzung nicht gegeben ist.

III. Interne und externe Teilung

1. Interne Teilung

9   § 9 Abs. 2 VersAusglG führt die interne Realteilung als **Regelfall des Versorgungsausgleichs** ein. Dies bedeutet, dass das Familiengericht gem. § 10
Abs. 1 VersAusglG zulasten des Anrechts des ausgleichspflichtigen Ehegatten
ein Anrecht für den ausgleichsberechtigten Ehegatten bei dem Versorgungsträger überträgt, bei dem das Anrecht des ausgleichspflichtigen Ehegatten
besteht. Für betriebliche Versorgungswerke heißt das konkret, dass mit der
Scheidung ein **neuer Versorgungsberechtigter** kraft Entscheidung an dem
Versorgungswerk teilnimmt und unmittelbare Ansprüche aus dem übertragenen Anrecht geltend machen kann.

10 Dem Ausgleichsberechtigten ist hierbei eine **gleichwertige Teilhabe** gem.
§ 11 Abs. 1 VersAusglG zu gewähren, eine Anforderung, die das Gesetz als
erfüllt unterstellt, wenn der ausgleichsberechtigten Person ein eigenständiges
und entsprechend gesichertes Anrecht übertragen wird, dieses Anrecht in
Höhe des Ausgleichswertes mit vergleichbarer Wertentwicklung entsteht und
der gleiche Risikoschutz gewährt bzw. bei Begrenzung auf das Altersrisiko ein
Ausgleich für den entfallenden Schutz gegen andere Risiken (Invalidität,
Tod) gegeben wird.

---

6 *Wick* BetrAV 2011, 131.

2. Externe Teilung

Als Ausnahme zu dem Prinzip der internen Teilung ist in den §§ 14 ff. Vers- **11**
AusglG die externe Teilung vorgesehen. Hierbei wird der Ausgleichswert an
einen anderen als den gegenwärtigen, also einen externen Versorgungsträger
übertragen, der hieraus eine angemessene Versorgung zu gewähren hat.

IV. Ermittlung von Ehezeitanteil und Ausgleichswert

Der betriebliche Versorgungsträger ist gem. § 5 Abs. 1 VersAusglG verpflich- **12**
tet, den Ehezeitanteil des auszugleichenden Versorgungsrechts zu ermitteln
und dem Familiengericht gem. § 5 Abs. 3 VersAusglG den hieraus resultierenden Ausgleichswert mitzuteilen. Die Ermittlung des Ehezeitanteils hängt
im Detail von der jeweiligen Gestaltung des betreffenden Versorgungssystems ab. Anders als die gesetzliche Rentenversicherung, welche die Anrechte
für ihre Versicherten auf der Basis von Entgeltpunkten ermittelt, sind im
Bereich der betrieblichen Altersversorgung mit ihren fünf Durchführungswegen,[7] unterschiedlichen Zusagetypen[8] und vielfältigen Ausgestaltungen
nahezu unbegrenzt viele Varianten der Anwartschaftsgestaltung möglich,
sodass der Gesetzgeber keine allgemeingültige Regelung für alle Systeme
schaffen konnte.

C. Ermittlung des Ehezeitanteils

Der Ehezeitanteil bezeichnet den Teil des betroffenen Anrechts, der während **13**
der Ehezeit erworben wurde bzw. der der Ehezeit zuzuordnen ist.

I. Beginn und Ende der Ehezeit

§ 3 Abs. 1 VersAusglG definiert Beginn und Ende der Ehezeit. Sie beginnt **14**
mit dem ersten des Monats, in dem die Ehe geschlossen wurde und endet am
letzten Tag des Monats, welcher der Zustellung des Scheidungsantrags
vorausgeht.[9]

---

7 Vgl. § 1 Rdn. 75 ff.
8 Vgl. § 1 Rdn. 444 ff.
9 Bei einer Ehezeit von bis zu drei Jahren findet der Versorgungsausgleich nur auf
   Antrag einer der beiden Ehegatten statt, § 3 Abs. 3 VersAusglG, vgl. Rdn. 143 ff.
   Der BGH stellt jedoch darauf ab, wann die Arbeit tatsächlich aufgenommen
   wurde, der Zeitpunkt des Vertragsschlusses ist nicht maßgeblich, BGH 1.6.2011 –
   XII ZB 186/08.

15 ▶ **Beispiel:**

Arbeitnehmer M und seine Frau F heiraten am 25. Juni 1990. Sie trennen sich am 30. November 2001. Am 15. März 2010 reicht F den Scheidungsantrag ein. Dieser wird M am 5. April 2010 zugestellt.
Die Ehezeit beginnt am 1. Juni 1990 und endet am 31. März 2010.

16 Der Gesetzgeber hat sich bewusst dafür entschieden, auf das Datum der Zustellung des Scheidungsantrags abzustellen, das problemlos nachweisbar ist. Eine lange Trennungszeit der Ehegatten ohne Scheidungsantrag verringert daher nicht die maßgebliche Ehezeit. Vielmehr fällt auch ein Anrecht auf betriebliche Altersversorgung, das während einer solchen Trennungszeit erworben wurde, in den Versorgungsausgleich.

II. Bewertung des Ehezeitanteils

17 Die Bestimmungen zur Bewertung des Ehezeitanteils finden sich in den §§ 39 f. VersAusglG. § 45 Abs. 1 Satz 1 VersAusglG legt als Sonderregelung für die betriebliche Altersversorgung fest, dass das Anrecht entweder als **Rentenbetrag gem. § 2 BetrAVG** oder als **Kapitalwert gem. § 4 Abs. 5 BetrAVG** festgesetzt werden kann. Die Bewertung hat grundsätzlich vorrangig nach der unmittelbaren Bewertungsmethode zu erfolgen.[10] Nur wo eine solche aus systembedingten Gründen nicht möglich ist, kommt die zeitratierliche Bewertung zum Tragen.[11]

1. Unmittelbare Bewertung, § 39 VersAusglG

18 Die unmittelbare Bewertung ist anzuwenden, wenn das Versorgungssystem den Wert des Versorgungsanrechtes über eine Bezugsgröße definiert, die **bestimmten Zeitabschnitten zugeordnet** werden kann. Der Bewertungsmaßstab kann sich beispielsweise danach richten, ob der jeweilige Beitrag in der Ehezeit erbracht oder ob die jeweilige Arbeitsleistung in diesem Zeitraum geleistet wurde. In § 39 Abs. 2 VersAusglG hat der Gesetzgeber zur Veranschaulichung die wesentlichen Fallgruppen aufgezählt. Die unmittelbare Bewertung ist bei einigen Gestaltungsformen der betrieblichen Altersversorgung anwendbar.

---

10 § 45 Abs. 2 Satz 1 VersAusglG.
11 § 45 Abs. 2 Satz 2 VersAusglG.

2. Zeitratierliche Bewertung, §§ 40, 45 VersAusglG

Die zeitratierliche Bewertung gem. § 40 VersAusglG stellt eine »Auffang- **19** norm« dar, da sie nur dann zur Anwendung kommt, wenn kein direkter Zusammenhang zwischen der Ehezeit und der Bemessung des jeweiligen Versorgungsanrechtes besteht. Die betriebliche Altersversorgung kennt in der Praxis einige Planregelungen, die eine Versorgungsleistung zeitunabhängig definieren. Der Ehezeitanteil wird in diesen Fällen entsprechend der Spezial-regelung des § 45 Abs. 2 VersAusglG berechnet, indem der Wert der im Endalter erreichbaren betrieblichen Versorgungsanwartschaft mit dem Quotienten aus der ehezeitlichen Betriebszugehörigkeit (die durch Teilzeit nicht beeinflusst wird)[12] und der gesamten Betriebszugehörigkeit bis zur jeweils maßgeblichen festen Altersgrenze multipliziert wird.[13] Mithin sind drei Bewertungsgrößen erheblich:

– Die Zeit der Betriebszugehörigkeit[14] bis zur Vollendung der für das jeweilige Versorgungssystem maßgeblichen Altersgrenze.
– Die Ehezeit, soweit sie parallel zu der Betriebszugehörigkeit verläuft.
– Die Höhe der bis zur Erreichung der festen Altergrenze erreichbaren Versorgungsanwartschaft.

$$\text{Ehezeitanteil} = \frac{\text{bis zur festen Altersgrenze erreichbarer Versorgungsanspruch}}{} \times \frac{\text{ehezeitliche Betriebszugehörigkeit}}{\text{gesamte Betriebszugehörigkeit bis Altersgrenze}}$$

Gemäß § 40 Abs. 3 Satz 1 VersAusglG sind für die Höhe der erreichbaren **20** Anwartschaft nach dem Stichtagsprinzip die **zum Ende der Ehezeit maßgeb-lichen Bemessungsgrundlagen** (bspw. das maßgebliche versorgungsfähige Entgelt) zugrunde zu legen.

---

12 BGH 26.4.2009, XII ZB 160/07, FamRZ 2009, 1738; 22.7.2009, XII ZB 176/06, FamRZ 2009, 1986.
13 Vgl. §§ 40 Abs. 4, 45 Abs. 2 Satz 3 VersAusglG. Folgt man dem Gesetzestext, ist zunächst die unverfallbare Anwartschaft zum Ehezeitende zu berechnen und anschließend mit dem Verhältnis der Ehezeit, die auf die Betriebszugehörigkeit entfällt, zu kürzen. Dies führt jedoch im Ergebnis zur dargestellten Berechnung.
14 Im Rahmen der betrieblichen Altersversorgung ist gem. § 45 Abs. 2 Satz 2 Vers-AusglG die Betriebszugehörigkeit die vorrangige Messgröße gegenüber der Zuge-hörigkeit zu dem betroffenen Versorgungssystem nach § 40 VersAusglG.

III. Berechnung des Ehezeitanteils für einzelne Gestaltungsvarianten der betrieblichen Altersversorgung

21 Die Berechnung des Ehezeitanteils hängt von der Ausgestaltung des jeweiligen Versorgungswerkes ab. Je nach Durchführungsweg bieten sich unterschiedliche Leistungstypen an. In Betracht kommen die traditionelle Leistungszusage und die beitragsorientierte Leistungszusage sowie die Beitragszusage mit Mindestleistung. Letztere ist nur in den Durchführungswegen Direktversicherung, Pensionsfonds und Pensionskasse zugelassen.

1. Leistungszusage

22 Die Leistungszusage zeichnet sich gem. § 1 Abs. 1 Satz 1 BetrAVG dadurch aus, dass der Arbeitgeber dem versorgungsberechtigten Arbeitnehmer eine Zusage auf eine definierte (Alters-, Invaliden- oder Hinterbliebenen-) Leistung erteilt. Die Definition der Leistung erfolgt entweder in Form einer dienstzeit- und/oder gehaltsabhängigen Berechnungsformel oder als Festbetrag.[15] Dabei kann sowohl eine Renten- als auch eine Kapitalleistung zugesagt sein.

a) Endgehaltsplan

23 Endgehaltspläne bzw. Final Pay Pläne definieren die zugesagte Leistung in Abhängigkeit des letzten Einkommens vor Eintritt des Versorgungsfalls. Üblicherweise wird dabei ein Versorgungsniveau in Höhe eines dienstzeitabhängigen Prozentsatzes des letzten Einkommens oder eines durchschnittlichen Einkommens der letzten Jahre zugesagt. Da in diesen Fällen das Endgehalt die Leistung bestimmt, ist eine unmittelbare Zuordnung der Leistung zu bestimmten Zeitperioden ungeachtet der jährlichen prozentualen Steigerung der Anwartschaft nicht möglich. Bei derartigen Plangestaltungen ist der Ehezeitanteil mit der **zeitratierlichen Methode** zu berechnen.[16] Für den erreichbaren Anspruch ist das Entgelt bei Ehezeitende maßgeblich.[17]

24 **Steigerungen des Einkommens nach Ende der Ehezeit** sind nicht mehr über die interne Teilung auszugleichen. In Betracht käme daher allenfalls ein

---

15 Vgl. im Detail zur Leistungszusage § 1 Rdn. 191 ff.
16 Vgl. die Darstellung unter Rdn. 19.
17 Vgl. § 40 Abs. 3 VersAusglG. Beispielsberechnungen zum Ehezeitanteil finden sich bei *Huber/Burg* BB 2009, 2534 ff.

schuldrechtlicher Versorgungsausgleich, den das neue Recht in Einzelfällen noch vorsieht. Die Gesetzesbegründung scheint einen solchen Ausgleich zu befürworten, da die nach Ende der Ehezeit anfallende Einkommensdynamik wie ein verfallbares Betriebsrentenanrecht i.S.d. § 19 VersAusglG dann auszugleichen sei, wenn es endgültig feststünde.[18] Allerdings profitiert der ausgleichsberechtigte Ehegatte so von einer weiteren Betriebstreue des ausgleichspflichtigen Ehegatten, während die Dynamik bei vorzeitigem Arbeitgeberwechsel final abgeschnitten würde. Der betriebstreue Arbeitnehmer wird daher schlechtergestellt als der nicht betriebstreue Arbeitnehmer.

b) Karriere-Durchschnitts-Plan

Ein Karriere-Durchschnitts-Plan, in der Praxis auch Career-Average Plan 25 genannt, zeichnet sich dadurch aus, dass für die Berechnung der Leistung nicht das Einkommen bei Eintritt des Versorgungsfalls herangezogen wird, sondern das Einkommen jedes einzelnen Dienstjahres. Da in jedem Dienstjahr ein fest definierter Teil der Rentenanwartschaft erdient wird, lässt sich in diesem Fall das während der Ehezeit erdiente Versorgungsanrecht unmittelbar bewerten.

▶ **Beispiel:** 26

Dem Arbeitnehmer M ist eine Rente zum Zeitpunkt des Versorgungsfalls in Höhe von 0,4 % des in jedem Dienstjahr gezahlten Einkommens zugesagt. Der Ehezeitbeginn ist der 1.1.2006, das Ehezeitende der 31.12.2009. Im Jahr 2006 lag das Einkommen bei monatlich 3.700 €, im Jahr 2007 bei 3.900 €, in den Jahren 2008 und 2009 bei 4.000 €. Der Ehezeitanteil des Rentenanrechts beträgt 62,40 € (0,4 % × [3.700 € + 3.900 € + 4.000 € + 4.000 €]).

---

18 Vgl. Gesetzesbegründung zu § 20 Abs. 1, S. 63, Entwurf eines Gesetzes zur Strukturreform des Versorgungsausgleichs (VAStrRefG) v. 20.8.2008, BT-Drucks. 16/10144. Diese Auffassung entspricht im Ergebnis der bisherigen höchstrichterlichen Rechtsprechung, welche nacheheezeitliche Veränderungen, die der Versorgungsordnung latent innewohnen, in den schuldrechtlichen Versorgungsausgleich einfließen lässt. Der Bundesgerichtshof sieht Versorgungsverbesserungen als Folge einer generellen Einkommenserhöhung als ausgleichsfähig an, verweigert jedoch den Ausgleich eines Versorgungsanstiegs aufgrund einer individuellen Karriere, vgl. BGH 11.6.2008, XII ZB 154/07, FamRZ 2008, 1512; vgl. Rdn. 145 ff.

c) Festbetragszusage

27 Bei einer Festbetragszusage wird dem Arbeitnehmer ein Versorgungsversprechen auf einen festgelegten Betrag bei Erreichung der maßgeblichen Altersgrenze erteilt.[19] Der Ehezeitanteil kann in diesem Fall nicht unmittelbar bestimmt werden, da vom ersten Tag an bereits die Anwartschaft auf den definierten Festbetrag besteht. Daher kommt in derartigen Fällen die zeitratierliche Berechnungsmethode zum Einsatz. Abweichend hiervon käme bei einer Versorgungszusage, die feste Euro-Beträge pro Dienstjahr zusagt, die unmittelbare Bewertung zur Anwendung.

2. Beitragsorientierte Leistungszusage

28 Die beitragsorientierte Leistungszusage orientiert sich, anders als die traditionelle Leistungszusage, nicht an der zugesagten Leistung, sondern an dem Versorgungsaufwand, aus dem sich die Leistung bestimmt. Das Gesetz geht von dem Vorliegen einer beitragsorientierten Leistungszusage aus, wenn der Arbeitgeber sich verpflichtet, bestimmte Beiträge in eine Anwartschaft auf Alters-, Invaliditäts- oder Hinterbliebenenleistung umzuwandeln.[20]

a) Renten-/Kapitalbausteinplan

29 Ein Renten-/Kapitalbausteinplan ist im weiteren Sinne vergleichbar mit einem Karriere-Durchschnitts-Plan. Auf Basis eines jährlichen Beitrags wird anhand einer Umrechnungstabelle, die üblicherweise vom Alter und zuweilen auch vom Geschlecht abhängt, ein Rentenbaustein ermittelt. Die Höhe der Rentenleistung im Versorgungsfall entspricht der Summe der angesammelten Rentenbausteine.[21] Da die Rentenbausteine unmittelbar den Dienstjahren zugeordnet werden können, kommt in diesem Fall die unmittelbare Methode zum Einsatz. Der Ehezeitanteil entspricht den während der Ehezeit angesammelten Rentenbausteinen, wobei bei unterjährigem Beginn oder

---

19 Die Praxis kennt Gestaltungen, bei denen der zugesagte Beitrag auch bei vorzeitiger Inanspruchnahme vor Erfüllung der maßgeblichen Altersgrenze geleistet wird oder bei denen eine versicherungsmathematische Kürzung des zugesagten Festbetrags zum Ausgleich für die längere Rentenzahldauer vorgeschrieben ist.
20 § 1 Abs. 2 Nr. 1 BetrAVG, vgl. hierzu § 1 Rdn. 444 ff.
21 Vgl. hierzu beispielhaft die Tabelle in § 1 Rdn. 455.

Ende der Ehezeit der für das jeweilige Jahr fällige Baustein anteilig berechnet werden würde.[22]

b) Beitragsorientiertes System mit variabler Wertentwicklung

aa) Gestaltung

Bei einem beitragsorientierten System mit variabler Wertentwicklung wird **30** für den Arbeitnehmer in der Regel ein (jährlicher) Versorgungsbeitrag definiert und einem (fiktiven) Konto gutgeschrieben. Die auf dem Konto angesammelten Beiträge werden je nach Versorgungsgestaltung nominal garantiert oder mit einem definierten Zinssatz verzinst.[23] Darüber hinaus werden Zuwächse in Anlehnung an interne oder externe Referenzgrößen gewährt, beispielsweise die Unternehmensrendite oder die Umlaufsrendite festverzinslicher Wertpapiere. Die Praxis kennt auch Zuwächse durch die tatsächliche Wertentwicklung der angesammelten Beiträge, wenn diese extern am Kapitalmarkt angelegt werden.[24]

▶ **Beispiel:**   **31**

Dem Arbeitnehmer M wird jedes Jahr ein Beitrag von 2.500 € gewährt. Der Arbeitgeber erwirbt mit den Beiträgen (z.B. über den Weg eines CTA) Anteile an Publikumfonds. Der durch die Fonds erwirtschaftete Ertrag wird den angesammelten Beiträgen jährlich anteilig gutgeschrieben. Alternativ unterliegen die Beiträge den jeweiligen Ertragsschwankungen der Publikumsfonds und die anfallenden Erträge werden erst bei Eintritt des Versorgungsfalles festgeschrieben.

Zu beachten ist, dass nachehezeitliche Wertveränderungen einer externen **31a** Kapitalanlage nur dann auf den Ehezeitanteil zurückwirken, wenn ein tat-

---

22 Hierzu *Huber/Burg* BB 2009, 2536.
23 In der Praxis wird des Öfteren der jeweilige Höchstgarantiezinssatz für die Versicherungswirtschaft (in 2010 2,25 % p.a.) verwendet; es finden sich jedoch auch abweichende Zinssätze.
24 In der Praxis zu finden sind beispielsweise der Erwerb von Fondsanteilen an Publikums- oder Spezialfonds unmittelbar durch den Arbeitgeber oder durch einen Treuhänder, sog. CTA-Modell.

sächlich nachgewiesener Verlust eintritt. Wertsteigerungen bleiben unberücksichtigt.[25]

bb) Berechnung des Ehezeitanteils

32 Grundsätzlich lassen sich die zugesagten Beiträge unmittelbar einer bestimmten Zeitperiode und damit auch der Ehezeit zuordnen, sodass die unmittelbare Bewertung insofern anzuwenden ist. Ist für derartige Beiträge eine garantierte Mindestverzinsung zugesagt, fällt der Zinsertrag in den Ehezeitanteil, der auf die während der Ehezeit geleisteten Beiträge erwirtschaftet wurde. Erträge auf vor Beginn der Ehezeit angefallene Beiträge sind der Ehezeit grundsätzlich nicht zuzurechnen, da ihre wirtschaftliche Veranlassung vor Beginn der Ehe erfolgt ist. Je nach Zusagegestaltung kann allerdings die Ermittlung des in die Ehezeit fallenden flexiblen Wertzuwachses Schwierigkeiten bereiten und alternative Lösungsansätze erfordern.[26]

c) Beitragsorientierte Leistungszusage mit kongruenter Rückdeckungsversicherung

aa) Struktur der Versorgungszusage

33 Die beitragsorientierte Leistungszusage mit kongruenter Rückdeckungsversicherung ist ein Sonderfall der Beitragszusage mit variabler Verzinsung. Anstelle einer Anlage der Beiträge direkt am Kapitalmarkt erfolgt eine Einzahlung in eine Rückdeckungsversicherung. Die Höhe der Leistung wird durch den Tarif des Versicherers definiert.

bb) Berechnung des Ehezeitanteils

34 Die Berechnung des Ehezeitanteils richtet sich nach der unmittelbaren Methode. Als Besonderheit ist zu beachten, dass bei der kongruent rückgedeckten Zusagegestaltung nicht so sehr die Beiträge im Vordergrund stehen als der Rückkaufswert oder das Deckungskapital der Rückdeckungsversicherung, welches aus den Beiträgen gebildet wird, und maßgeblich für die spätere Leistung ist. Sachlich richtig erscheint es daher, alternativ zu einer ggf.

---

25 Vgl. BGH 29.2.2012, XII ZB 609/10, NJW 2012, 1287; das Urteil erging zu einer privaten Rentenversicherung, kann jedoch auch auf fondsbasierte Produkte der betrieblichen Altersversorgung angewendet werden.

26 Vgl. hierzu im Detail *Huber/Burg* BB 2009, 2536.

möglichen unmittelbaren Bewertung von Versorgungsbausteinen den Rückkaufswert oder das bei der Versicherung vorhandene Deckungskapital als
Ansatzpunkt für die Berechnung des Ehezeitanteils heranzuziehen.[27]

3. Beitragszusage mit Mindestleistung

a) Gestaltung der Versorgungszusage

Die Beitragszusage mit Mindestleistung ist in § 1 Abs. 2 Nr. 2 BetrAVG geregelt und zeichnet sich dadurch aus, dass der Arbeitgeber eine Versorgungszusage erteilt, wonach er sich verpflichtet, bestimmte Versorgungsbeiträge an
eine Direktversicherung, eine Pensionskasse oder einen Pensionsfonds zu
zahlen. Der jeweils ausgewählte externe Versorgungsträger investiert die Versorgungsbeiträge am Kapitalmarkt. Das hieraus erwirtschaftete Versorgungskapital steht im Versorgungsfall für die Versorgungsleistungen zur Verfügung. Da die Investition der Versorgungsbeiträge am Kapitalmarkt bei
Marktverlusten auch dazu führen kann, dass die Summe der investierten Beiträge unterschritten wird, hat der Gesetzgeber zum Schutz des Arbeitnehmers als Untergrenze die sog. Mindestleistung eingeführt. Hiernach hat der
Arbeitgeber dem Arbeitnehmer mindestens die Summe der zugesagten Beiträge (abzüglich der Beiträge, welche zur Finanzierung von Risikoleistungen
verbraucht wurden) als Mindestleistung zur Verfügung zu stellen.[28]

b) Berechnung des Ehezeitanteils

Im Rahmen einer Beitragszusage mit Mindestleistung kann der Arbeitgeber
in der Regel die auf die Ehezeit entfallende Mindestleistung über die unmittelbare Bewertung ermitteln, wenn die im Ehezeitraum geleisteten Beiträge
nachgewiesen werden können. Da diese Beiträge jedoch am Kapitalmarkt
investiert sind und der Anlageerfolg das für die späteren Leistungen maßgebliche Versorgungskapital bestimmt, ist es nicht damit getan, nur die
Mindestleistung als Versorgungsanrecht festzustellen. Vielmehr muss der ausgleichsberechtigte Ehegatte an einem evtl. bereits bei Ende der Ehezeit eingetretenen Wertzuwachs der auf die Ehezeit entfallenden Beiträge partizipieren
und ggf. auch nach Rechtskraft des Versorgungsausgleichs daran beteiligt
werden.

35

36

---

27 Vgl. hierzu auch *Engbroks/Heubeck* BetrAV 2009, 16.
28 Vgl. hierzu § 1 Rdn. 458.

37 Allerdings handelt es sich in der Regel nicht um einen kontinuierlichen Wertanstieg der auf die Ehezeit entfallenden Beiträge. Vielmehr unterliegt die Wertentwicklung der Beiträge je nach der vom Versorgungsträger verfolgten Anlage während der Anwartschaftsphase Wertschwankungen. Mithin ist es kaum sachgerecht, den Stand der nominalen Wertentwicklung zum Ende der Ehezeit als verbindlichen Wert für die Ermittlung des Ehezeitanteils heranzuziehen und zu fixieren. Vielmehr sollten Ermittlungswege gefunden werden, welche der dynamischen Entwicklung des Ehezeitanteils bzw. des Ausgleichswertes auch nach der Rechtskraft der Scheidung Rechnung tragen. In Betracht kommt eine Ermittlung und Aufteilung der in die Ehezeit jeweils finanzierten Anteile an der jeweiligen Kapitalanlage, oder auch ein Ausgleich über den schuldrechtlichen Versorgungsausgleich.

4. Berechnung des Ehezeitanteils von Besitzstandsregelungen

38 Maßgebend für die Ermittlung des Ehezeitanteils bei Besitzstandsregelungen sind die ursprünglichen Planbestimmungen. Dies bedeutet, dass je nach Zusageart die unmittelbare bzw. die zeitratierliche Methode zur Anwendung kommt. Schwierigkeiten bei der Berechnung des Ehezeitanteils können dann entstehen, wenn ein Besitzstand aus Versorgungsanrechten besteht, die nach der unmittelbaren Methode zu bewerten wären, zu denen aber detaillierte Informationen über den betreffenden Zeitraum und die einzelnen maßgeblichen Anwartschaftselemente nicht mehr verfügbar sind. Der Gesetzgeber hat für derartige Fälle ausdrücklich die zeitratierliche Methode als anzuwendendes Verfahren in der Begründung aufgeführt.[29] Zusätzlich können Fallkonstellationen auftreten, in denen Teile des Anrechts nach der unmittelbaren und andere Teile nach der zeitratierlichen Bewertungsmethode zu bewerten sind.[30]

5. Ermittlung des Ehezeitanteils einer laufenden Versorgung

39 Bei einer bereits laufenden Rente wird gem. § 41 VersAusglG für die Berechnung des Ehezeitanteils die Methode angewandt, die auf die entsprechende Versorgungszusage in der Anwartschaftsphase verwendet worden wäre. Im Fall einer zeitratierlichen Bewertung sind die Werte für die höchstens

---

29 Vgl. Gesetzesbegründung (Fn. 14) zu § 45 Abs. 2 Satz 2, S. 82.
30 Vgl. *Huber/Burg* BB 2009, 2537.

erreichbare Zeitdauer und die zu erwartende Versorgung durch die tatsächlichen Werte zu ersetzen.[31]

6. Rückkaufswert bzw. Deckungskapital bei Direktversicherung, Pensionskasse oder Pensionsfonds

Wenn die betriebliche Altersversorgung versicherungsförmig, in der Regel **40** über eine Direktversicherung oder Pensionskasse durchgeführt wird, ist es für die unmittelbare Bewertung gem. § 39 VersAusglG sachgerecht, entweder den auf die Ehezeit entfallenden Rückkaufswert der Versicherung oder das in diesem Zeitraum gebildete Deckungskapital inklusive zugeteilter Überschüsse zu ermitteln. Hinzu kommen ggf. die für den jeweiligen Versicherungsvertrag maßgeblichen Bezugsgrößen noch nicht zugeteilter Bewertungsreserven und Schlussüberschussanteile zu Beginn und Ende der Ehezeit. Der Ehezeitanteil ergibt sich aus dem Differenzbetrag. Beim Pensionsfonds sind allerdings Fallgestaltungen denkbar, in dem aufgrund der besonderen Tarifgestaltung, die in der Regel nicht versicherungsförmig ausgestaltet ist, noch kein ausreichender Rückkaufswert oder kein ausreichendes Deckungskapital gebildet worden ist. So kann insbesondere im Rahmen einer Beitragszusage mit Mindestleistung während der Anwartschaftsphase die Fallkonstellation auftreten, dass mit den jeweils eingezahlten Beiträgen noch kein ausreichendes Deckungskapital aufgebaut worden ist.[32]

D. Berechnung des Ausgleichswertes

I. Kapitalwert bzw. korrespondierender Kapitalwert

Gemäß § 1 Abs. 2 Satz 2 VersAusglG steht der ausgleichspflichtigen Person **41** die Hälfte des Wertes des Ehezeitanteils als Ausgleichswert zu. Auf dieser Basis ist für sie ein eigenständiges Versorgungsrecht zu begründen. Aus der Gesetzesformulierung ergibt sich nicht eindeutig, was unter dem »Wert des Ehezeitanteils« zu verstehen ist. Der Versorgungsträger hat dem Gericht gem. § 5 Abs. 3 VersAusglG einen Vorschlag für die Bestimmung des Ausgleichswertes zu unterbreiten und muss hierbei auch Angaben über den Ehezeitanteil des Anrechtes machen.

---

31 Vgl. *Huber/Burg* BB 2009, 2537.
32 Vgl. hierzu Rdn. 36 ff.

42 Für den Bereich der betrieblichen Altersversorgung steht dem Versorgungs-träger gem. § 45 Abs. 1 VersAusglG die Option zu, das Anrecht (den Ehezeit-anteil) von Versorgungsanwartschaften als Rentenbetrag gem. § 2 BetrAVG oder als Kapitalwert gem. § 4 Abs. 5 BetrAVG zu bestimmen. Der Gesetzge-ber geht hierbei davon aus, dass die meisten Versorgungsträger in der Praxis einen Kapitalwert bestimmen werden, da damit die Ermittlung eines korre-spondierenden Kapitalwertes gem. § 47 Abs. 3 VersAusglG hinfällig ist. Sollte der Versorgungsträger jedoch für den Ehezeitanteil einen Rentenbetrag ange-ben, ist dem Familiengericht gleichzeitig ein korrespondierender Kapitalwert gem. § 47 Abs. 3 VersAusglG mitzuteilen.[33] Im Ergebnis führen beide Wege zu dem Ausweis eines versicherungsmathematischen Barwertes, da § 47 Abs. 3 VersAusglG für den korrespondierenden Kapitalwert ebenfalls den Übertragungswert gem. § 4 Abs. 5 BetrAVG heranzieht.

II. Halbteilungsprinzip – die drei Möglichkeiten

43 Das Gesetz bietet dem Versorgungsträger drei Möglichkeiten zur Ermittlung des Ausgleichswertes an:

- Legt der Versorgungsträger den versicherungsmathematischen Barwert bzw. das Deckungskapital als Kapitalwert oder korrespondierenden Kapi-talwert zugrunde und halbiert diesen anschließend »wortgerecht« (Option 1), würde dies im Fall einer Rentenzusage eine Aufteilung der Rente in der Form bewirken, dass der Barwert insgesamt unverändert bleibt. Dies führt aufgrund der versicherungsmathematischen Umrechnung zu unter-schiedlichen Rentenhöhen der Ehegatten. Obwohl durch eine unter-schiedliche Lebenserwartung begründet und versicherungsmathematisch nachvollziehbar, sollte der Ausweis ungleicher Renten vorsichtig erwogen werden.
- Als weitere Option 2 sieht die Gesetzesbegründung eine numerische Halb-teilung des Anspruchs vor. Dies würde eine Veränderung des versicherungs-mathematischen Barwertes bzw. des Deckungskapitals der Versorgung mit sich bringen und sich auf die Höhe der Pensionsrückstellung auswirken. Hieraus kann ggf. eine Belastung des Versorgungsträgers resultieren.

---

33 Vgl. Gesetzesbegründung zu § 45 Abs. 1 Satz 1, S. 82; Entwurf eines Gesetzes zur Strukturreform des Versorgungsausgleichs (VAStrRefG) vom 20.8.2008, BT-Drucks. 16/10144; *Merten/Baumeister* BB 2009, 957.

– Um eine solche Belastung zu vermeiden, hat der Gesetzgeber als dritte Möglichkeit (Option 3) ein Verfahren zugelassen, wonach der versicherungsmathematische Barwert bzw. das vorhandene Deckungskapital so zwischen beiden Ehegatten aufgeteilt wird, dass gleich hohe Rentenbeträge entstehen, die in Summe nicht dem Ehezeitanteil entsprechen.[34]

▶ **Beispiel:** 44

Bei Ehezeitende zum 31.12.2009 beläuft sich der versicherungsmathematische Barwert für einen Ehezeitanteil in Höhe von 1.000 € auf 5.798 € für den am 1.1.1970 geborenen ausgleichspflichtigen Mann. Bei hälftiger Aufteilung dieses Barwertes erhält die Frau (geboren am 1.1.1975) eine Rente in Höhe von 635 €, der Mann in Höhe von 500 €. Bei hälftiger Aufteilung der Rente auf beide Ehegatten zu jeweils 500 € sinkt der Gesamtbarwert auf 5.180 €. Wird der versicherungsmathematische Barwert so verteilt, dass beide Ehegatten dieselbe Rente erhalten, ergibt dies bei gleich bleibendem Barwert eine Rente von 560 € für jeden Ehegatten.

III. Versicherungsmathematische Prämissen zur Berechnung des Kapitalwertes

Für die Berechnung des Kapitalwertes verweisen die Sonderregelungen der §§ 45 Abs. 1, 47 Abs. 3 VersAusglG zur betrieblichen Altersversorgung auf den Übertragungswert gem. § 4 Abs. 5 BetrAVG. Diese Vorschrift bestimmt, dass der Übertragungswert bei einer unmittelbaren Versorgungszusage und einer Unterstützungskassenzusage dem Barwert der nach § 2 BetrAVG bemessenen, künftigen Leistung entspricht; für die Berechnung sind die Rechnungsgrundlagen und die anerkannten Regeln der Versicherungsmathematik maßgebend. Grundsätzlich kann der Versorgungsträger die maßgebenden Rechnungsgrundlagen nach seiner Wahl festsetzen. Jedoch muss er die Berechnung gegenüber dem Familiengericht darlegen und erläutern. 45

Hierbei ist es für Direktzusagen sachgerecht, auf die jeweiligen Rechnungsgrundlagen zurückzugreifen, die bereits zur Berechnung der Pensionsrück- 46

---

34 Vgl. Gesetzesbegründung zu § 11, S. 56. Entwurf eines Gesetzes zur Strukturreform des Versorgungsausgleichs (VAStrRefG) vom 20.8.2008, BT-Drucks. 16/ 10144.

stellungen in der letzten Handelsbilanz herangezogen wurden.[35] Dies betrifft die Festlegungen zur Biometrie (Pensionierungsalter, ggf. Berücksichtigung von Risikoleistungen, d.h. Invalidisierungs- und Sterbewahrscheinlichkeiten).[36] Von erheblicher Bedeutung ist die Festsetzung des Rechnungszinses, der zur Diskontierung herangezogen wird. Nach der Gesetzesbegründung soll dem Versorgungsträger die Wahl des Rechnungszinses zwar überlassen werden. Jedoch verweisen die Bundesregierung und nachfolgend der Rechtsausschuss des Bundestages auf die Neuregelung des § 253 Abs. 2 HGB-RegE, wonach ein marktkonformer monatlicher Rechnungszins zur Bewertung von Pensionsrückstellungen von der Deutschen Bundesbank ermittelt wird. Abweichungen von diesem Zins wird der Versorgungsträger dem Familiengericht wohl erklären müssen. Nicht zulässig ist der steuerliche Rechnungszins gem. § 6a EStG in Höhe von 6 % p.a.[37]

IV. Abzug der Teilungskosten

47 Durch die interne Teilung entsteht dem Versorgungsträger ein zusätzlicher Administrationsaufwand in nicht unerheblichem Umfang.[38] Der Gesetzgeber hat daher in § 13 VersAusglG für die interne Teilung vorgesehen, dass die entstehenden Kosten mit den Anrechten der Ehegatten jeweils hälftig verrechnet werden können. Allerdings fallen die Kosten der Berechnung des Ehezeitanteils nicht unter den Begriff der »Teilungskosten«, da diese Berechnung nach Auffassung des Gesetzgebers bisher schon angefallen ist und der

---

35 Vgl. Gesetzesbegründung zu § 47, S. 85. Entwurf eines Gesetzes zur Strukturreform des Versorgungsausgleichs (VAStrRefG) vom 20.8.2008, BT-Drucks. 16/10144.

36 Vgl. zu der Frage der Anwendung von Unisextarifen *Borth* Versorgungsausgleich, 6. Aufl., Rn. 519 f.

37 Die Ermittlung erfolgt nach Maßgabe der Rückstellungsabzinsungsverordnung, RückAbzinsV, BGBl. 2009 I S. 3790, die nähere Angaben zur Ermittlungsmethodik und deren Grundlagen festlegt. Vgl. Gesetzesbegründung zu § 47, S. 85 Entwurf eines Gesetzes zur Strukturreform des Versorgungsausgleichs (VAStrRefG) vom 20.8.2008, BT-Drucks. 16/10144. Beschlussempfehlung und Bericht des Rechtsausschusses zu dem Gesetz der Bundesregierung (Drucks. 16/10144), BT-Drucks. 16/11903 v. 11.2.2009, S. 112.

38 Vgl. beispielhaft die Aufstellung bei *Niehaus* BetrAV 2011, 141.

Erfüllung der Auskunftspflichten vor Gericht dient.[39] Mithin können Kosten abgezogen werden, soweit sie auf Tätigkeiten wie die Auszahlung von Rentenleistungen etc. anfallen und soweit sie angemessen sind. Die Gesetzesbegründung sieht in diesem Zusammenhang die Möglichkeit vor, einen pauschalen Kostenansatz anzusetzen und verweist hierzu auf die Rechtsprechung zu § 1 Abs. 2 VAHRG, welche bei der Realteilung einen Kostenabzug von 2 % bis 3 % des Deckungskapitals zulässt. Für Fälle, in denen kein Deckungskapital vorhanden ist, bietet es sich an, den Übertragungswert gem. § 4 Abs. 5 BetrAVG, der ohnehin als (korrespondierender) Kapitalwert zu ermitteln ist, zugrunde zu legen. Diskutiert wird ferner die Definition von Mindest- oder Höchstgrenzen, da andernfalls der Versorgungsausgleich bei hohen Anrechten unverhältnismäßig teuer wäre und die Trennung niedrigerer Werte »subventionieren« würde.[40] Auch Stückkosten können in diesem Zusammenhang in Betracht kommen, wobei derartige Kosten auf sachlichen Gründen und Erfahrungswerten fußen sollten. Die Frage, welche Teilungskosten angerechnet werden dürfen und in welchem Umfang, wurde in den vergangenen 2 Jahren kontrovers durch die Gerichte diskutiert.[41] Der BGH hat am 1.2.2012 nun eine Grundsatzentscheidung erlassen, welche sich differenziert mit der Problematik auseinandersetzt. Hiernach werden von § 13 VersAusglG alle durch die interne Teilung entstehenden Kosten erfasst. Dazu zählen auch die im Rahmen der Kontenverwaltung für den Versorgungsberechtigten erwachsenden Mehrkosten.[42]

---

39 Vgl. Gesetzesbegründung zu § 13, S. 57 Entwurf eines Gesetzes zur Strukturreform des Versorgungsausgleichs (VAStrRefG) vom 20.8.2008, BT-Drucks. 16/10144. Die Aussage des Gesetzgebers ist sachlich für die betriebliche Altersversorgung nicht ganz korrekt, da der Arbeitgeber in bisherigen Ausgleichsverfahren lediglich die erreichbare Versorgungsanwartschaft und die Betriebszugehörigkeit des Mitarbeiters angeben musste, während die Berechnung der auf die Ehezeit entfallenden betrieblichen Versorgungsanwartschaft von den Familiengerichten vorzunehmen war.

40 Vgl. *Merten/Baumeister* DB 2009, 959; Johannsen/Henrich/*Holzwarth* Familienrecht, 5. Aufl., § 13 VersAusglG Rn. 2. In der Rechtsprechung kristallisiert sich allmählich eine Höchstgrenze um die € 500 heraus, sofern nicht eine detaillierte Kostenrechnung vorgelegt wird, die höher ist, vgl. BGH 1.2.2012, XII ZB 172/11, NJW 2012, 1281.

41 Vgl. die Darstellung bei *Wick* BetrAV 2011, 135.

42 Vgl. BGH 1.2.2012, XII ZB 172/11, NJW 2012, 1281; *Niehaus* BetrAV 2011, 141.

47a In jedem Fall hat der Versorgungsträger den Kostenabzug gegenüber dem
Familiengericht darzulegen, welches die Angemessenheit der Kosten zu prüfen hat. Da der Kostenabzug hälftig jedem Ehegatten anzulasten ist, sind bei
beiden die Kosten jeweils zu 50 % nach Berechnung des Ausgleichswertes
von diesem abzuziehen.[43]

E. Interne Teilung

I. Begründung eines eigenen Anrechts des ausgleichsberechtigten Ehegatten

1. Gleichwertige Teilhabe an dem in der Ehezeit erworbenen Anrecht

48 Gemäß § 11 Abs. 1 VersAusglG muss die interne Teilung die gleichwertige
Teilhabe der Ehegatten an den in der Ehezeit erworbenen Anrechten sicherstellen. Dies ist gewährleistet, wenn im Vergleich zum Anrecht der ausgleichspflichtigen Person:
- gem. § 11 Abs. 1 Nr. 1 VersAusglG für die ausgleichsberechtigte Person
ein eigenständiges und entsprechend gesichertes Anrecht übertragen wird,
- ein Anrecht in Höhe des Ausgleichswerts mit vergleichbarer Wertentwicklung entsteht (§ 11 Abs. 1 Nr. 2 VersAusglG) und
- der gleiche Risikoschutz gewährt wird, § 11 Abs. 1 Nr. 3 VersAusglG.

49 Diese Leistung wie auch z.B. Invaliditätsleistungen kann der Arbeitgeber
allerdings aus der Zusage ausschließen, wenn er die Anwartschaft des Ausgleichsberechtigten auf Altersleistung entsprechend erhöht. In einem solchen Fall muss nach Auffassung des OLG Koblenz die Teilungsordnung des
Arbeitgebers die Berechnungsparameter ausweisen, welche für die Berechnung der kompensierenden Erhöhung der Altersrente verwendet werden.[44]
Der ausgleichsberechtigte Ehegatte erhält den Status eines mit unverfallbarer
Anwartschaft ausgeschiedenen Arbeitnehmers.

50 ▶ **Beispiel:**

Möchte der Arbeitgeber in obigem Beispiel die Risikoleistungen für den
Ausgleichsberechtigten ausschließen, so erhöht sich die Anwartschaft auf
Altersleistung der Frau von 623 € auf 782 €.

---

43 Vgl. *Huber/Burg* BB 2009, 2538.
44 OLG Koblenz 11.5.2011, 13 UF 221/11.

2. Gesetzlicher Insolvenzschutz

Der Versorgungsanspruch des Ausgleichsberechtigten beruht auf dem Ren- **51** tenrecht des Ausgleichsverpflichteten. Das gilt auch für den gesetzlichen Insolvenzschutz. Daraus folgt, dass sich die Höchstgrenze der insolvenzgeschützten Leistungen gem. § 7 Abs. 3 BetrAVG[45] nach der Summe der beiden Einzelleistungen richtet. Sofern die Summe der Versorgungsleistung an den Ausgleichsberechtigten und die Versorgungsleistung an den Ausgleichsverpflichteten die Höchstgrenze übersteigt, werden beide Versorgungsleistungen entsprechend gekürzt. Eine andere Einordnung wäre systemwidrig.

Der »Status« eines mit einer unverfallbaren Versorgungsanwartschaft ausge- **51a** schiedenen Mitarbeiters beinhaltet für den ausgleichsberechtigten Ehegatten, dass dieser auch die Schutzrechte des Betriebsrentengesetzes geltend machen kann. Hierzu zählt unter anderem die Anpassungsprüfungspflicht des Arbeitgebers gem. § 16 BetrAVG ebenso wie die Regelungen zur Abfindung und Übertragung von Versorgungsanwartschaften und die Geltendmachung einer vorgezogenen Altersrente. Sollte das geteilte Versorgungsrecht auf Entgeltumwandlung beruhen, wird auch vertreten, dass der Ausgleichsberechtigte das Recht zur Fortsetzung mit eigenen Beiträgen wahrnehmen kann.[46]

II. Kürzung des Anrechts des ausgleichspflichtigen Ehegatten

Im Gegenzug zu der Begründung eines eigenen Anrechtes für den ausgleichs- **52** berechtigten Ehegatten ist das Anrecht des ausgleichspflichtigen Ehegatten zu kürzen. Diese Kürzung ist weitgehend unproblematisch, wenn die jeweilige Versorgungszusage auf Versorgungsbeträgen aufbaut, die problemlos teilbar sind.

▶ **Beispiel:** **53**

Im Rahmen einer beitragsorientierten Leistungszusage hat Arbeitnehmer M auf seinem Versorgungskonto einen Betrag im Umfang von 145.000 € erworben. Hiervon werden 56.000 € für den Ausgleichswert und die Teilungskostenpauschale abgezogen, sodass M ein Betrag von 89.000 € verbleibt, der durch weitere Zuwächse wieder vergrößert werden kann.

---

45 Vgl. § 7 Rdn. 127–142.
46 Vgl. *Wick* BetrAV 2011, 137; *Blomeyer/Rolfs/Otto* Anh. § 1 Rn. 368.

54 Anders gestaltet sich die Sachlage, wenn eine Versorgungszusage zeitunabhängig und ohne Referenz zu bestimmten Beitragsperioden gestaltet ist.
Diese Fälle treten insbesondere bei einer klassischen Leistungszusage auf.[47]
Im Regelfall ist die noch vorzunehmende Kürzung des Anrechtes des ausgleichspflichtigen Ehegatten um den Ausgleichswert durch den Versorgungsträger zu dokumentieren und bei Eintritt des Versorgungsfalles in geeigneter
Weise zu berücksichtigen.

III. Steuerliche Behandlung

55 Die Strukturreform des Versorgungsausgleichs wird zum Teil steuerlich
begleitet, indem für die interne und externe Teilung Rahmenbedingungen
geschaffen werden, die den Versorgungsausgleich erleichtern. Diese steuerlichen Regelungen berücksichtigen allerdings nur das Interesse der zu scheidenden Ehegatten, nicht die Interessen aller Versorgungsträger.

1. Steuerliche Behandlung beim Ausgleichspflichtigen und Ausgleichsbe-
rechtigten

56 Durch die interne Teilung sollen weder beim Ausgleichspflichtigen noch
beim Ausgleichsberechtigten nachteilige steuerliche Folgen eintreten. Dies
gilt sowohl für den Zeitpunkt der Teilung wie auch für die spätere Versorgungsphase.

57 Deshalb ist in § 3 Nr. 55a EStG vorgesehen, dass die im Wege der internen
Teilung »durchgeführte Übertragung von Anrechten für die ausgleichsberechtigte Person zulasten von Anrechten der ausgleichspflichtigen Person«
steuerfrei ist. Dies gilt sowohl für die Teilung einer Anwartschaft als auch für
die Teilung einer bereits laufenden Versorgungsleistung.

58 Die (späteren) Auszahlungen werden so besteuert, wie sie besteuert worden
wären, hätte keine Teilung stattgefunden. Der ausgleichspflichtige Ehegatte
versteuert die Versorgungsleistungen aus seinem verbliebenen Anrecht. Der
Ausgleichsberechtigte versteuert die Versorgungsleistungen aus dem ihm
übertragenen Anrecht nach den jeweils für das Anrecht geltenden Besteuerungsregeln.

---

47 Vgl. *Huber/Burg* BB 2009, 2538.

a) Direktzusage und Unterstützungskasse

Wurde bei einer Direktzusage (unmittelbaren Versorgungszusage) eine Tei- 59
lung vorgenommen, besteuern beide geschiedenen Ehegatten die zufließende
Versorgungsleistung (§ 11 EStG) gem. § 19 EStG. Entsteht der Versorgungsanspruch vor dem Jahr 2040, kommt für jeden Ehegatten gem. § 19 Abs. 2
EStG der Versorgungsfreibetrag zur Anwendung. Für die Höhe des Versor-
gungsfreibetrages dürfte es auf den jeweiligen Versorgungsbeginn des ausgleichsberechtigten und des ausgleichspflichtigen Ehegatten ankommen.

Um die Anwendbarkeit des § 19 EStG auf den ausgleichsberechtigten Ehe- 60
gatten zu verdeutlichen, wurde § 19 Abs. 1 EStG ausdrücklich dahin gehend
ergänzt, dass zu den steuerpflichtigen Einkünften aus nicht selbstständiger
Arbeit auch solche gehören, die infolge einer internen Teilung an die ausgleichsberechtigte Person geleistet werden.

Gleiches gilt bei Versorgungsleistungen, die von einer Unterstützungskasse 61
gezahlt werden.

b) Direktversicherung

Bei einer Direktversicherung wird durch den gerichtlichen Gestaltungsakt 62
bei der internen Teilung bei dem gleichen Versicherungsunternehmen, bei
dem die auszugleichende Direktversicherung besteht, eine neue »Direktversicherung« für den ausgleichsberechtigten Ehegatten begründet. Es wird der
Ausgleichswert als Einmalbeitrag auf einen anderen »Direktversicherungsvertrag« übertragen.

Da bei Direktversicherungen zwischen Alt- und Neuzusagen[48] zu unterschei- 63
den ist, bedurfte es für die ausgleichsberechtigte Person einer gesetzlichen
Regelung, welche Besteuerungsregeln für den neu abgeschlossenen Vertrag zu
gelten haben.

Mit § 52 Abs. 36 EStG wird für den neuen Vertrag des ausgleichsberechtig- 64
ten Ehegatten fingiert, dass er zu dem gleichen Zeitpunkt als abgeschlossen
gilt, zu dem der Versicherungsvertrag des ausgleichspflichtigen Ehegatten
abgeschlossen wurde. Daraus ergibt sich, dass für eine Direktversicherung,
die **vor dem 1.1.2005** abgeschlossen wurde,[49] die später ausgezahlten Versor-

---

48 Vgl. § 1 Rdn. 95 ff.
49 § 40b EStG a.F.

gungsleistungen in der Regel auch für den ausgleichsberechtigten Ehegatten steuerfrei bleiben, wenn es sich um eine Kapitalleistung handelt (§ 22 Nr. 5 Satz 2 Buchst. b EStG). Bei einer Rentenleistung ist nur der Ertragsanteil zu versteuern (§ 22 Nr. 5 Satz 2 Buchst. a EStG). Damit wird vermieden, dass die ausgleichsberechtigte Person schlechtergestellt wird als die ausgleichspflichtige Person. Dies war angesichts des Zwecks des Gesetzes, die Verbesserung der Altersversorgung zu erreichen, erforderlich.

65   Mit der Fiktion wird auch erreicht, dass für den ausgleichsberechtigten Ehegatten keine neue Frist i.S.v. § 20 Abs. 1 Nr. 6 Satz 2 EStG zu laufen beginnt, also keine Novation eintritt.

66   Da der ausgleichsberechtigte Ehegatte einem mit unverfallbarer Anwartschaft ausgeschiedenen Arbeitnehmer gleichgestellt wird, hat er grundsätzlich auch die Möglichkeit, den Vertrag mit eigenen Beiträgen fortzuführen. Diese Beiträge dürften aus versteuertem und verbeitragtem Einkommen zu leisten sein, da § 40b EStG a.F. auf diesen Vertrag nicht anwendbar ist. Schließlich steht der ausgleichsberechtigte Ehegatte nicht in einem ersten Dienstverhältnis i.S.v. § 40b Abs. 2 EStG a.F. zum Arbeitgeber der ausgleichspflichtigen Person.

67   Soweit die Direktversicherung des ausgleichspflichtigen Ehegatten **nach dem 31.12.2004** abgeschlossen wurde, erfolgte die Einzahlung der Beiträge im Rahmen von § 3 Nr. 63 EStG steuerfrei. Die aus dieser Direktversicherung später gezahlten Renten sind gem. § 22 Nr. 5 EStG bei Zufluss zu versteuern. Dies bedeutet, dass auch der ausgleichsberechtigte Ehegatte die laufenden Leistungen nach § 22 Nr. 5 EStG zu versteuern hat. Ebenso wie dem ausgleichsberechtigten Ehegatten steht ihm gem. § 24a EStG der Altersentlastungsbetrag nach Maßgabe des Rentenbeginns zu, soweit die Leistungen vor 2040 einsetzen.

68   Nicht ausdrücklich geregelt ist, ob auch die ausgleichsberechtigte Person hinsichtlich ihrer Versorgung ein im ursprünglichen Versicherungsvertrag eingeräumtes Kapitalwahlrecht ausüben kann. Da sie der ausgleichspflichtigen Person gleichgestellt wird, ist auch ihr ein Wahlrecht einzuräumen. Wird die Einmalzahlung geleistet, ist § 34 EStG nicht anzuwenden.[50]

---

50   BMF-Schreiben v. 31.3.2010,BStBl. I, S. 420 ff., Rn. 272 (s. Anh. III).

c) Pensionskasse

Bei Pensionskassen ist ebenfalls zwischen Versorgungszusagen, die vor dem **69** 1.1.2003 erteilt wurden und solchen, die ab dem 1.1.2003 erteilt wurden, zu unterscheiden. Auch hier ist § 52 Abs. 36 EStG anzuwenden. Insoweit kann auf die vorstehenden Ausführungen verwiesen werden, mit der Besonderheit, dass Pensionskassenzusagen fast immer Rentenzusagen sind und waren, sodass bei Altzusagen die Besteuerung in der Leistungsphase mit dem Ertragsanteil vorzunehmen ist.

d) Pensionsfonds

Beim Pensionsfonds wird kein Versicherungsvertrag abgeschlossen, sodass **70** § 52 Nr. 36 EStG nicht zur Anwendung kommt. Für den Pensionsfonds waren immer nur Beiträge gem. § 3 Nr. 63 und/oder § 3 Nr. 66 EStG möglich, sodass eine zu teilende Pensionsfondsversorgung steuerfrei finanziert wurde. Folglich sind die später ausgezahlten Versorgungsleistungen von jedem geschiedenen Ehegatten seinem Anteil entsprechend voll gem. § 22 Nr. 5 EStG bei Zufluss zu versteuern. Der Altersentlastungsbetrag ergibt sich aus § 24a EStG nach dem jeweiligen Rentenbeginn.

Beim Pensionsfonds ist zu berücksichtigen, dass eine Altersleistung immer als **71** Rente zu erbringen ist.[51] Folglich kann für keinen der Ex-Ehegatten ein Wahlrecht bestehen.

2. Steuerliche Behandlung beim Versorgungsträger

Die interne Teilung hat auch Konsequenzen für den Versorgungsträger. Inso- **72** weit ist auch für die steuerliche Behandlung von Bedeutung, dass der ausgleichsberechtigte Ehegatte einem ausgeschiedenen Arbeitnehmer gleichgestellt wird.

a) Direktzusage

Der Arbeitgeber der ausgleichspflichtigen Person hat für die geteilte Versor- **73** gung statt für eine Anwartschaft künftig für zwei Anwartschaften Pensionsrückstellungen gem. § 6a EStG zu bilden. In der Versorgungsphase gilt dies entsprechend. Dabei ist jede Anwartschaft/jede Rente für sich zu behandeln. Dabei ist die Versorgungsanwartschaft des ausgleichspflichtigen Ehegatten –

---

51 Vgl. § 1 Rdn. 110.

auf reduziertem Niveau – mit dem Teilwert zu passivieren, die Anwartschaft der ausgleichsberechtigten Person mit dem Barwert. Ohne Bedeutung ist bei der steuerlichen Bewertung, ob die ausgleichsberechtigte Person unter den Anwendungsbereich des Betriebsrentengesetzes fällt oder nicht. Wegen des Schriftformerfordernisses kann die aufgeteilte Passivierung erst ab Rechtskraft des Beschlusses des Familiengerichts erfolgen.[52]

74 Werden später Versorgungszahlungen erbracht, stellen diese Betriebsausgaben dar.

b) Unterstützungskasse

75 Der Arbeitgeber des ausgleichspflichtigen Ehegatten kann sowohl bei der reservepolsterfinanzierten Unterstützungskasse als auch bei der rückgedeckten Unterstützungskasse[53] für den ausgleichsberechtigten Ehegatten Zuwendungen nach § 4d EStG leisten, weil der ausgleichsberechtigte Ehegatte nach § 12 VersAusglG dem unverfallbar ausgeschiedenen Arbeitnehmer gleichgestellt wird. Damit ist er Leistungsanwärter i.S.v. § 4d Buchst. b Satz 2 EStG, was sich auch mit den Ausführungen in R 4d Abs. 5 Satz 4 EStR deckt. Dies gilt nicht nur für Personen, die unter den Geltungsbereich des Betriebsrentengesetzes fallen.[54]

76 *unbelegt*

76a Bei einer rückgedeckten Unterstützungskasse kann der Betrag, der zur vollständigen Abdeckung des Anrechts der ausgleichsberechtigten Person erforderlich ist, steuerunschädlich dem Deckungskapital entnommen werden, welches für die ausgleichspflichtige Person angesammelt wurde. Dieser Betrag wird als Einmalbeitrag beim gleichen Versicherungsunternehmen für den Abschluss der Rückdeckungsversicherung auf das Leben der ausgleichsberechtigten Person verwendet. Entsteht durch die Entnahme des Einmalbeitrags eine Finanzierungslücke beim ausgleichspflichtigen Arbeitnehmer, kann diese nur durch gleich bleibende oder steigende Beiträge geschlossen werden, die der Arbeitgeber der Unterstützungskasse zuwendet.[55]

77 *unbelegt*

---

52 BMF-Schreiben v. 12.11.2010, unter II.
53 Vgl. § 1 Rdn. 121 f.
54 BMF-Schreiben v. 12.11.2010, unter I 1.
55 BMF-Schreiben v. 12.11.2010, unter I 3 b) bb).

c) Direktversicherung, Pensionskasse, Pensionsfonds

Während der Anwartschaftszeit ergeben sich keine steuerlichen Auswirkun- 78
gen. Die später ausgezahlten Versorgungsleistungen sind beim jeweiligen
Versorgungsträger Betriebsausgaben.

F. Externe Teilung

Auch wenn die interne Teilung der Regelfall ist, hat der Gesetzgeber in ein- 79
geschränktem Umfang die Möglichkeit geschaffen, eine externe Teilung vorzunehmen. Bei der externen Teilung wird für den ausgleichsberechtigten
Ehegatten durch das Familiengericht bei einem anderen Versorgungsträger
ein Versorgungsanrecht in Höhe des Ausgleichswerts begründet. Mit dem
Gestaltungsakt des Familiengerichts wird gleichzeitig das Versorgungsanrecht
der ausgleichspflichtigen Person um den Ausgleichswert vermindert. Diese
Gestaltungsakte werden begleitet von einem Zahlungsvorgang. Der Versorgungsträger, bei dem das Anrecht gemindert wird, zahlt unmittelbar den
Ausgleichswert an den Versorgungsträger, bei dem ein Anrecht begründet
oder ein bestehendes Anrecht aufgestockt wird.[56]

Wenn der Versorgungsträger der ausgleichsberechtigten Person den vom 80
Gericht festgesetzten Betrag an den Versorgungsträger der ausgleichsberechtigten Person gezahlt hat, wird er insoweit von seinen Rechten und Pflichten
befreit. Gleichzeitig erlischt die Zusage des Arbeitgebers der ausgleichspflichtigen Person im Umfang der Übertragung.[57]

I. Schuldbefreiende Übertragung des Ausgleichswertes an den externen Versorgungsträger

1. Einseitiges Recht zur Durchführung des externen Versorgungsausgleichs

Nach § 14 Abs. 2 Nr. 2 VersAusglG hat der Versorgungsträger der ausgleichs- 81
pflichtigen Person das Recht, die externe Teilung zu verlangen, wenn der
Ausgleichswert am Ende der Ehezeit bei einem Rentenbetrag als maßgebliche
Bezugsgröße höchstens 2 %, in allen anderen Fällen als Kapitalwert höchstens 240 % der monatlichen Bezugsgröße nach § 18 Abs. 1 SGB IV beträgt.

---

56 § 14 Abs. 4 VersAusglG.
57 BT-Drucks. 16/10144 S. 59.

Damit können kleinere Ausgleichswerte extern geteilt werden, ohne dass sich die ausgleichsberechtigte Person der Teilung widersetzen kann.

82   Für den Versorgungsträger des ausgleichspflichtigen Ehegatten besteht damit die Möglichkeit zu verhindern, dass »Betriebsfremde« in sein Versorgungssystem aufgenommen werden und damit neue, zusätzliche Pflichten entstehen. Es werden auch Kosten vermieden, z.B. für die Versendung der Informationsschreiben gem. § 10a VAG.

a) Schwellenwerte

83   Bei den in § 14 Abs. 2 Nr. 2 VersAusglG genannten Schwellenwerten von 2 % bzw. 240 % handelt es sich um eine dynamische Größe, die entsprechend § 18 SGB IV angepasst wird. Die Regelung lehnt sich an § 3 BetrAVG an. Sie entspricht zugleich den Wertgrenzen im bislang geltenden § 3b Abs. 1 Nr. 1 VAHRG.

84   Im Jahr 2012 kann damit ein Ausgleichswert bei einem Rentenbetrag von 52,50 € oder bei einem Kapitalwert in Höhe von 6.300 € extern geteilt werden. Diese Schwellenwerte gelten für alle Durchführungswege der betrieblichen Altersversorgung. Es ist nicht zwischen den alten und den neuen Bundesländern zu unterscheiden.

b) Besonderheiten bei Direktzusage und Unterstützungskasse

85   Für diese beiden sog. »internen Durchführungswege« ist in § 17 VersAusglG das einseitige Recht, die externe Teilung zu verlangen, erweitert worden. Danach darf der Ausgleichswert als Kapitalwert am Ende der Ehezeit höchstens die Beitragsbemessungsgrenze in der allgemeinen Rentenversicherung nach den §§ 159 und 160 SGB VI erreichen. Damit ist auch dies eine dynamische Größe (2012: 67.200 €).

86   Diese besondere Regelung wurde geschaffen, weil der Arbeitgeber insbesondere bei einer unmittelbaren Versorgungszusage mit den Folgen einer internen Teilung unmittelbar konfrontiert ist, er selbst die Verwaltung der Ansprüche betriebsfremder Personen übernehmen müsste. Diese besondere Belastung dieser Versorgungsträger rechtfertigt es, die ausgleichsberechtigte Person von der systeminternen Teilhabe auszuschließen, zumal die ausgleichsberechtigte Person die Zielversorgung bestimmt.

Übersteigt der Ausgleichswert die Beitragsbemessungsgrenze, kann nur eine 87
interne Teilung auch in diesen beiden Durchführungswegen vorgenommen
werden, wenn keine Vereinbarung möglich ist.

2. Vereinbarung der externen Teilung

Nach § 14 Abs. 2 Nr. 1 VersAusglG kann die externe Teilung auch einver- 88
nehmlich vereinbart werden. An dieser Vereinbarung ist die ausgleichsberechtigte Person und der Versorgungsträger der ausgleichspflichtigen Person
beteiligt. Kommt eine solche Vereinbarung zustande, können die in 1a) und
b) genannten Schwellenwerte in unbegrenzter Höhe überschritten werden.

Mit der Vereinbarung wird die externe Teilung nicht vollzogen. Vielmehr 89
entscheidet auch in diesen Fällen das Familiengericht nach Abs. 1, d.h. das
Gericht begründet zulasten des Anrechts der ausgleichspflichtigen Person ein
Anrecht zugunsten der ausgleichsberechtigten Person bei einem von ihr
benannten Versorgungsträger.

3. Verzinsung

Der Ausgleichswert, der bei der externen Teilung an den Versorgungsträger 89a
der ausgleichsberechtigten Person zu zahlen ist, ist ab Ende der Ehezeit bis
zur Rechtskraftentscheidung zu verzinsen. Maßgeblich ist der Rechnungszins
der auszugleichenden Versorgung.[58]

4. Zahlungsvorgang

In § 14 Abs. 4 VersAusglG wird ausdrücklich bestimmt, dass der Versor- 90
gungsträger der ausgleichspflichtigen Person den Ausgleichswert als Kapitalbetrag unmittelbar an den Versorgungsträger der ausgleichsberechtigten Person zu zahlen hat. Damit wird vermieden, dass der ausgleichsberechtigten
Person Geldmittel zufließen. Das angestrebte Ziel, Versorgungskapital zum
Zweck der Altersversorgung zu erhalten, wird damit erreicht.[59]

Mit dem Abschluss des Zahlungsvorgangs geht die Verpflichtung des Versor- 91
gungsträgers der ausgleichsberechtigten Person unter. Der Versorgungsträger
ist von seinen Leistungspflichten insoweit befreit. Ein Versorgungsverschaf-

---

58 BGH 7.9.2011, XII ZB 546/10, NJW 2011, 3358.
59 *Merten/Baumeister* DB 2009, 957.

fungsanspruch besteht für die ausgleichsberechtigte Person nur noch gegenüber ihrem eigenen Versorgungsträger.

II. Zielversorgung bei der externen Teilung

1. Wahlrecht der ausgleichsberechtigten Person

92 Die ausgleichsberechtigte Person gibt nach § 15 VersAusglG die Zielversorgung vor. Für die Ausübung des Wahlrechts wird der ausgleichsberechtigten Person vom Familiengericht eine Frist gesetzt.[60] Innerhalb der Frist ist dann von der ausgleichsberechtigten Person zu bestimmen, ob ein für sie schon bestehendes Anrecht ausgebaut wird oder ob ein neues Anrecht bei einem Versorgungsträger begründet werden soll. Der Ausbau eines bestehenden Anrechts ist insbesondere dann angezeigt, wenn die ausgleichsberechtigte Person bei einem Arbeitgeber oder bei einem Versorgungsträger des Arbeitgebers Versorgungsanwartschaften bereits erworben hat. Die Versorgung kann dort dann gebündelt fortgeführt werden.

93 Das Wahlrecht besteht sowohl bei einer Vereinbarung über die externe Teilung wie auch bei einem Verlangen des Versorgungsträgers.

94 Der Versorgungsträger, bei dem die Zielversorgung ausgebaut oder eingerichtet werden soll, muss einverstanden sein. Dies hat die ausgleichsberechtigte Person dem Familiengericht gem. § 222 Abs. 2 FamFG nachzuweisen.

95 § 15 Abs. 2 VersAusglG gibt vor, dass die gewählte Zielversorgung eine angemessene Versorgung gewährleisten muss. § 15 Abs. 4 VersAusglG fingiert, dass ein Anrecht in der gesetzlichen Rentenversicherung, i.S.d. Betriebsrentengesetzes oder i.S. eines zertifizierten Altersvorsorgevertrages immer angemessen ist.

a) Instrumente der betrieblichen Altersversorgung

96 Die Zielversorgung kann in jedem Durchführungsweg der betrieblichen Altersversorgung umgesetzt werden. Sie dürfte insbesondere interessant sein, wenn schon eine Direktversicherung, Pensionskassen- oder Pensionsfondsversorgung für den ausgleichsberechtigten Ehegatten besteht.

---

60 § 222 Abs. 1 FamFG.

Soweit in der Literatur[61] die Auffassung vertreten wird, bei Pensionskassen **97** sei die Anwendung des BetrAVG davon abhängig, dass der Arbeitgeber des aufnehmenden Versorgungsträgers eine Umfassungszusage[62] erteilt habe, kann dem nicht gefolgt werden. Nach dieser Auffassung soll eine besondere Form der privaten Altersvorsorge vorliegen, wenn keine Umfassungszusage vorliegt. Richtig ist, dass eine Pensionskasse betriebliche Altersversorgung und private Vorsorge umsetzen kann, private Vorsorge aber nur unter Einbindung in ein Arbeitsverhältnis, was sich auch aus der Definition in § 118a VAG ergibt. Dem Anliegen des Gesetzgebers, dass der ausgleichsberechtigte Ehegatte »ein bestehendes Rechtsverhältnis« ausbaut, wird auch genüge getan, wenn keine Umfassungszusage des eigenen Arbeitgebers vorliegt, denn die »übertragene« betriebliche Altersversorgung wird zur »übernommenen« betrieblichen Altersversorgung, bleibt also betriebliche Altersversorgung. Würde man das Erschwernis der Umfassungszusage verlangen, würde es dem ausgleichsberechtigten Ehegatten unmöglich gemacht, eine bestehende Versorgung auszubauen, wenn der Arbeitgeber »seiner« Pensionskasse nicht bereit ist, über eine Umfassungszusage eine zusätzliche Haftung zu übernehmen. Damit würde der Sinn und Zweck des Gesetzes vereitelt.

Bei solchen ausgleichspflichtigen Personen, die nicht unter den persönlichen **98** Geltungsbereich des Betriebsrentengesetzes fallen (insbesondere beherrschende Gesellschafter-Geschäftsführer) kann vom ausgleichsberechtigten Ehegatten auch eine betriebliche Altersversorgung als Zielversorgung gewählt werden, wenn z.B. bei seinem Arbeitgeber eine Direktversicherung »aufgestockt« wird.

b) Private Versorgungseinrichtungen

Als Zielversorgung kann auch ein Rürup- oder Riestervertrag gewählt wer- **99** den. Eine solche Versorgung ist immer angemessen.

Erfüllt der private Lebensversicherungsvertrag nicht die Voraussetzungen für **100** die Riester- oder Rürupförderung, hat das Familiengericht zu prüfen, ob eine angemessene Versorgung vorliegt.

Zu den steuerlichen Konsequenzen bei Wahl einer privaten Versorgung wird **101** auf Rdn. 109, 116 verwiesen.

---

61 *Merten/Baumeister* DB 2009, 957.
62 Vgl. § 1 Rdn. 528.

2. Begründung einer angemessenen Versorgung

102 Das Gesetz gibt zwingend vor, dass die gewählte Zielversorgung eine angemessene Versorgung gewährleisten muss. Diese ist bei der betrieblichen Altersversorgung immer gegeben. Bei privaten Versicherungen ist durch das Gericht die Angemessenheit zu prüfen. Insoweit kommt es auf die Umstände des Einzelfalles an. Bei der Angemessenheitsprüfung sind die Zielvorgaben des § 11 VersAusglG zu berücksichtigen.

3. Auffanglösung: Versorgungsausgleichskasse

103 In § 15 Abs. 5 Satz 1 des VersAusglG ist vorgesehen, dass immer dann, wenn die ausgleichsberechtigte Person ihr Wahlrecht nicht oder nicht rechtzeitig ausübt, die externe Teilung in der Form vorgenommen wird, dass ein Anrecht in der gesetzlichen Rentenversicherung begründet wird. Bereits im Gesetzgebungsverfahren wurde erkannt, dass eine kapitalgedeckte Versorgung bei einem Auffangversorgungsträger vorzugswürdig wäre, der der betrieblichen Altersversorgung angenähert ist. Deshalb ist der Rechtsausschuss des Deutschen Bundestages davon ausgegangen,[63] dass entsprechende Regelungen noch bis zum Inkrafttreten der Strukturreform des Versorgungsausgleichs am 1.9.2009 geschaffen werden können.

104 Mit dem Gesetz über die Versorgungsausgleichskasse, das am 22.7.2009 in Kraft getreten ist,[64] wurde der Weg für die Versorgungsausgleichskasse freigemacht. Die Kasse wurde am 4.11.2009 gegründet und hat ihre Arbeit am 24.3.2010 aufgenommen. Damit wurde den Familiengerichten die Möglichkeit eröffnet, in den Fällen, in denen die ausgleichsberechtigte Person ihr Wahlrecht nicht ausübt, die Versorgungsausgleichskasse als Zielversorgung zu bestimmen.

105 Die Versorgungsausgleichskasse ist eine **Pensionskasse** in der Rechtsform eines Versicherungsvereins auf Gegenseitigkeit.[65] Hinter der Versorgungsausgleichskasse steht ein Versicherungskonsortium. Die Versorgungsausgleichskasse untersteht der Aufsicht durch die BaFin. Sie gehört einem Sicherungsfonds nach § 124 VAG an.

---

63 BT-Drucks. 16/11903 S. 100.
64 Art. 9d des Gesetzes zur Änderung des Vierten Buches Sozialgesetzbuch, zur Einrichtung der Versorgungsausgleichskasse und anderer Gesetze, BGBl. I 2009, S. 1939.
65 § 2 VersAusglKassG.

Die Versorgungsausgleichskasse arbeitet ohne Gewinnerzielungsabsicht. Sie **106** verfolgt vorrangig sozialpolitische Zwecke. Für die dort umzusetzende Versorgung ist vom Gesetzgeber vorgegeben, dass eine lebenslange Altersrente zu versichern ist, die nicht vor dem Alter 60 fällig werden kann. Es muss ein Unisex-Tarif verwendet werden. Des Weiteren muss der Garantiezins von z.Zt. 1,75 % eingehalten werden. Zuzahlungen, d.h. Aufstockung durch Prämienzahlungen, der ausgleichsberechtigten Person sind nicht möglich. Dies bedeutet, dass sich die Versorgung über die Versorgungsausgleichskasse nur über Überschussanteile erhöht, die dem Vertrag zugewiesen werden. Alle Überschüsse ab Rentenbeginn, die auf den Rentenbestand entfallen, sind zur Erhöhung der laufenden Leistungen zu verwenden.

Die Versorgungsausgleichskasse kann Verwaltungskosten in Abzug bringen, **107** wenn diese angemessen sind. Abschluss- und Vertriebskosten werden nicht erhoben.

Die ausgleichsberechtigte Person darf über den Versicherungsvertrag nicht **108** verfügen. Das Anrecht ist nicht übertragbar, nicht beleihbar und auch nicht veräußerbar. Um die Versorgung sicherzustellen, kann es auch nicht vorzeitig verwertet werden.

Da sich zwischenzeitlich in der Praxis gezeigt hat, dass viele Familiengerichte **108a** der Versorgungsausgleichskasse Minianwartschaften übertragen, hat diese das Recht, gem. § 3 BetrAVG eine Abfindung vorzunehmen.

4. Steuerliche Konsequenzen

Die externe Teilung wird durch § 3 Nr. 55b EStG lohnsteuerlich flankiert. **109** Ob die Teilung steuerneutral umgesetzt werden kann oder nicht, hängt entscheidend davon ab, welche Zielversorgung gewählt wird. Wird eine Zielversorgung gewählt, die eine Steuerpflicht im Zeitpunkt der Teilung auslöst, muss nach § 15 Abs. 3 VersAusglG das **Einverständnis** der ausgleichspflichtigen Person vorliegen, da sie die Steuerlast zu tragen hat. Liegt die Zustimmung vor, hat das Familiengericht die Begründung des Anrechts bei der von der ausgleichsberechtigten Person gewählten Zielversorgung anzuordnen. Liegt keine Zustimmung vor, ist die Wahl unwirksam.[66] Wird keine neue Zielversorgung bestimmt, ist die Zielversorgung bei der Versorgungsausgleichskasse umzusetzen.

---

66 BT-Drucks. 16/11903 S. 105.

110   Für die Zustimmung nach § 15 Abs. 3 VersAusglG besteht kein Anwaltszwang.[67]

111   Die Regelung in § 3 Nr. 55b EStG soll eine gerechte Verteilung der Steuerlast bewirken. Ohne die Steuerbefreiung würde es bei der Übertragung der Anrechte infolge der Zahlung des Ausgleichswertes an den Versorgungsträger der ausgleichsberechtigten Person zu einer Besteuerung wegen des Zuflusses kommen (§ 11 EStG).

112   Da bei der externen Teilung ebenso wie bei der internen Teilung grundsätzlich keine belastenden steuerlichen Konsequenzen für den Ausgleichspflichtigen eintreten sollen, wird die Zahlung des Ausgleichswertes grundsätzlich steuerfrei gestellt, wenn die Voraussetzungen des Satzes 1 vorliegen. Dabei handelt es sich nicht um eine endgültige Steuerfreistellung, sondern lediglich um eine Steuerstundung. Die Besteuerung wird auf die spätere Auszahlungsphase verschoben. Damit wird sichergestellt, dass auch bei der ausgleichsberechtigten Person später die Leistungen der vollständigen Besteuerung unterliegen, so wie sie auch der Besteuerung unterlegen hätten, wäre keine Teilung vorgenommen worden.

113   Nach Satz 1 wird der Teil des Ausgleichswertes steuerfrei gestellt, der beim Ausgleichspflichtigen zu steuerpflichtigen Einkünften führen würde. Soweit keine steuerpflichtigen Einkünfte vorliegen würden, ist keine Steuerfreistellung erforderlich.

114   Die Steuerfreistellung nach Satz 1 tritt ein, wenn es sich bei der Zielversorgung um eine betriebliche Altersversorgung handelt oder als Zielversorgung die Versorgungsausgleichskasse bestimmt wird. Durch § 52 Abs. 36 EStG wird darüber hinaus sichergestellt, dass auch die ausgleichsberechtigte Person hinsichtlich des Versicherungsbeginns so behandelt wird wie die ausgleichspflichtige Person. Dies bedeutet, dass trotz des neu abgeschlossenen Versicherungsvertrages für die ausgleichsberechtigte Person fingiert wird, dass dieser zu dem Zeitpunkt als abgeschlossen gilt, zu dem der »geteilte« Versicherungsvertrag abgeschlossen wurde. Damit werden bei der Besteuerung der Erträge die geschiedenen Ehegatten gleichbehandelt. Zu beachten ist, dass die Steuerfreiheit nur erfolgt, soweit Versorgungsanrechte übertragen werden. Leistet die ausgleichsberechtigte Person nach Teilung eigene Beiträge in diesen Versicherungsvertrag, sind diese nicht freigestellt. Das ist von besonderer Bedeu-

---

67   § 114 Abs. 4 Nr. 7 FamFG.

tung für die Auszahlungsphase bei Direktversicherungen, die vor dem 1.1.2005 als Kapitalversicherungen abgeschlossen wurden. Denn bei diesen erfolgt die Auszahlung i.d.R. steuerfrei. Werden Zahlungen geleistet, führt dies zur Novation mit den entsprechenden steuerlichen Konsequenzen.[68] Deshalb ist von solchen Zuzahlungen abzuraten.

Die Steuerfreistellung wird jedoch nach § 3 Nr. 55d Satz 2 EStG für **115** bestimmte Fallgestaltungen ausgeschlossen, weil ohne diese Regelung Besteuerungslücken eintreten würden.

Nach Satz 2 ist keine Steuerfreistellung gegeben, wenn Mittel aus einer **116** betrieblichen Altersversorgung an einen Versorgungsträger fließen, dessen Leistungen nach § 20 Abs. 1 Nr. 6 oder § 22 Nr. 1 Satz 3 Buchst. a Doppelbuchst. bb EStG besteuert werden. Die Steuerfreistellung unterbleibt, weil bei einer solchen Zielversorgung ein Wechsel des Besteuerungssystems stattfindet. Deshalb wird in diesen Fällen bereits im Zeitpunkt der Teilung die Besteuerung vorgenommen. Die Steuerlast trägt die ausgleichspflichtige Person, weil es bei ihr zu einer Quasi-Teilabfindung kommt. Eine solche Teilabfindung verstößt nicht gegen das § 3 BetrAVG, weil insoweit die externe Teilung lex specialis im Verhältnis zu § 3 BetrAVG ist.[69]

unbelegt **117**

Der Betrag, den eine Unterstützungskasse bei der externen Teilung an den **117a** Versorgungsträger der ausgleichsberechtigten Person zahlt, kann der Unterstützungskasse vom Arbeitgeber der ausgleichspflichtigen Person zugewendet werden. Es handelt sich um eine Betriebsausgabe gem. § 4d EStG. Dabei sind jedoch die Regelungen zum zulässigen Kassenvermögen zu beachten.[70]

G. Ausnahmen vom Versorgungsausgleich

Der Gestaltungsfreiraum für die Ehegatten soll erweitert werden. Zudem soll **118** Verwaltungsaufwand vermieden werden.

---

68 *Meißner* PBA 2009, 339.
69 Zum Abfindungsverbot § 3 BetrAVG.
70 BMF-Schreiben v. 12.11.2010, unter I 3 a).

I. Abweichende Vereinbarungen der Ehegatten

1. Regelungsbefugnisse der Eheleute

119 Um den zu Scheidenden mehr Gestaltungsspielräume zu verschaffen, als sie nach altem Recht bestanden haben, hat der Gesetzgeber mit § 6 VersAusglG die Möglichkeit geschaffen, Vereinbarungen zu treffen. Diese Vereinbarungen können vor Eingehung der Ehe, nach Eingehung der Ehe, vor Einleitung eines Scheidungsverfahrens, aber auch im Scheidungsverfahren selbst geschlossen werden.

120 Im Rahmen einer solchen Vereinbarung können die Ehegatten einen Versorgungsausgleich ganz ausschließen, ihn teilweise ausschließen oder in die Regelung der ehelichen Vermögensverhältnisse einbeziehen. Damit können sie z.B. vereinbaren, dass Vermögensgegenstände, die in den Zugewinn fallen würden, dem ausgleichsberechtigten Ehegatten zugeschrieben werden, wobei es nicht erforderlich ist, dass aus dem Wirtschaftsgut später tatsächlich Versorgungsleistungen fließen. Die Ehegatten haben in einer solchen Vereinbarung auch die Möglichkeit, den Versorgungsausgleich schuldrechtlich zu regeln, also in die Zukunft zu verlagern. Dies kann sinnvoll sein, wenn die Ausgleichsreife fehlt.[71]

121 Vereinbarungen nach § 6 VersAusglG sind grundsätzlich erwünscht.[72] Die eingeräumten Handlungsspielräume ermöglichen eine an den konkreten Lebensverhältnissen ausgerichtete Einigung. Dabei sind die vom Gesetz angesprochenen Gestaltungsmöglichkeiten nur Regelbeispiele, keine abschließende Aufzählung. Eine gewisse Kontrolle wird durch das FamG ausgeübt.

2. Formelle und materielle Wirksamkeitsvoraussetzungen

122 Eine Vereinbarung nach § 6 VersAusglG bedarf der notariellen Form. Auf diese wird verzichtet, wenn die Vereinbarung gerichtlich protokolliert wird.

123 Neben dieser formellen Wirksamkeitsvoraussetzung sind vom FamG materielle Wirksamkeitsvoraussetzungen zu prüfen. Liegen keine Wirksamkeits- und Durchsetzungshindernisse vor, ist das FamG an die Vereinbarung der Ehegatten gebunden.

---

71 Hierzu s. Rdn. 137 ff.
72 BT-Drucks. 16/10144 S. 52.

Kisters-Kölkes

§ 8 VersAusglG ordnet für die materielle Wirksamkeit an, dass die Vereinba- 124
rung einer Inhalts- und Ausübungskontrolle standhalten muss. Mit dieser
Rechtskontrolle wird die frühere Rechtsprechung des BGH fortgeführt.[73]
Ziel dieser Rechtskontrolle ist es sicherzustellen, dass der Schutzzweck der
gesetzlichen Regelung nicht durch vertragliche Vereinbarungen beliebig
unterlaufen wird.

Der Schutzzweck wird verfehlt, wenn eine evident einseitige und nicht 125
gerechtfertigte Lastenverteilung zulasten eines Ehegatten entsteht. Dies ist
der Fall, wenn auch unter Berücksichtigung der Interessen der Ehegatten
eine Vereinbarung getroffen wird, die bei verständiger Würdigung des
Wesens der Ehe als unzumutbar erscheint.

Die Inhalts- und Ausübungskontrolle haben unterschiedliche zeitliche 126
Ansätze für die Prüfung durch das Gericht. Die Inhaltskontrolle bezieht sich
auf den Zeitpunkt der Vereinbarung, während die Ausübungskontrolle den
Zeitpunkt der Scheidung beleuchtet. Bezogen auf den Zeitpunkt des
Abschlusses der Vereinbarung hat das Gericht zu prüfen, »ob die Vereinbarung schon im Zeitpunkt ihres Zustandekommens offenkundig zu einer der-
artig einseitigen Lastenverteilung für den Scheidungsfall führt, dass ihr – und
zwar losgelöst von der künftigen Entwicklung der Ehegatten und ihrer
Lebensverhältnisse – wegen Verstoßes gegen die guten Sitten die Anerkennung der Rechtsordnung ganz oder teilweise mit der Folge zu versagen ist,
dass an ihre Stelle die gesetzlichen Regelungen treten (§ 138 Abs. 1 BGB).
Erforderlich ist dabei eine Gesamtwürdigung, die auf die individuellen Verhältnisse beim Vertragsschluss abstellt, insbesondere also auf die Einkom-
mens- und Vermögensverhältnisse, den geplanten oder bereits verwirklichten
Zuschnitt der Ehe sowie auf die Auswirkungen auf die Ehegatten und auf die
Kinder. Subjektiv sind die von den Ehegatten mit der Abrede verfolgten
Zwecke sowie die sonstigen Beweggründe zu berücksichtigen, die den
begünstigten Ehegatten zu seinem Verlangen nach der ehevertraglichen
Gestaltung veranlasst und den benachteiligten Ehegatten bewogen haben,
diesem Verlangen zu entsprechen.«[74]

Bezogen auf den Zeitpunkt des Abschlusses der Vereinbarung liegen keine 127
Wirksamkeitshindernisse vor, wenn beide Ehegatten berufstätig sind, eigene
Versorgungsanwartschaften aufbauen können und keine konkreten Pläne

---

73 BGH Beschl.v. 6.10.2004, XII ZB 57/03, FamRZ 2005, 185.
74 BGH Beschl.v. 6.10.2004, XII ZB 57/03, FamRZ 2005, 185.

bestehen, diese Lebenssituation zu verändern, insbesondere keine konkreten Pläne vorliegen, gemeinsame Kinder zu bekommen. In einer solchen Situation bauen beide Ehegatten ihre Versorgung nach Eheschließung in dem Umfang weiter auf, wie sie dies auch getan hätten, ohne dass die Ehe eingegangen worden wäre. Es ändert sich an der Versorgungssituation durch die Eheschließung nichts. Dies gilt nicht nur für Anwartschaften aus der gesetzlichen Rentenversicherung oder einem berufsständischen Versorgungswerk, sondern auch für Anwartschaften aus betrieblichen Versorgungszusagen, und zwar unabhängig vom Durchführungsweg. Auch insoweit kann jeder Ehegatte seine Versorgung fortsetzen, ohne dass die Eheschließung hierauf Einfluss nimmt.

128 Diese originäre Inhaltskontrolle wird ergänzt durch eine Ausübungskontrolle. Bei ihr prüft das FamG, »ob und in wieweit ein Ehegatte die ihm durch den Vertrag eingeräumte Rechtsmacht missbraucht, wenn er sich im Scheidungsfall gegenüber einer vom anderen Ehegatten begehrten gesetzlichen Scheidungsfolge darauf beruft, dass diese durch den Vertrag wirksam abbedungen sei (§ 242 BGB).«[75] Bei dieser Prüfung kommt es nicht auf den Zeitpunkt der Eheschließung an, sondern auf die Umstände, die nach der Eheschließung eingetreten sind. So kann der ursprüngliche Plan der Zwei-Verdiener-Ehe dadurch geändert worden sein, dass doch gemeinsame Kinder geboren wurden und dadurch einer der Ehegatten seine berufliche Tätigkeit nicht oder nicht im vollen Umfang fortsetzt. Dabei ist nicht jede Abweichung von Bedeutung, wohl aber eine Abweichung, die die Versorgungssituation das ausgleichsberechtigten Ehegatten so verändert, dass keine hinreichende Alterssicherung mehr gegeben ist und dieses Ergebnis mit dem Gebot ehelicher Solidarität schlechthin unvereinbar ist. In einem solchen Fall ist der Vertrag anzupassen, und zwar in der Form, dass die ehebedingten Versorgungsnachteile des ausgleichsberechtigten Ehegatten durch den Ausbau seiner eigenständigen Altersversorgung ausgeglichen wird.

129 Bei der Würdigung sind die Umstände des Einzelfalles zugrunde zu legen. Es liegt auf der Hand, dass sich die Lebensumstände umso mehr verändern können, je länger die Ehe bestanden hat. Dies schließt nicht aus, dass auch nach kurzer Ehedauer ehebedingte Nachteile bei einem Ehegatten eintreten können. Dies kann es ratsam erscheinen lassen, eine bei Ehebeginn geschlossene Vereinbarung zu überprüfen, wenn sich die Lebensumstände verändern.

---

75 BGH Beschl.v. 6.10.2004, XII ZB 57/03, FamRZ 2005, 185.

Bezogen auf die betriebliche Altersversorgung wäre z.B. zu prüfen, ob bei dem Ehegatten, der eine **Elternzeit** nimmt, die Versorgung während der Elternzeit fortgeführt wird oder nicht.[76] Erfolgt eine Fortführung, sind keine Nachteile entstanden. Auskunft zur Fortführung gibt die Versorgungszusage, weil in ihr beitragslose Zeiten oder nicht zu berücksichtigende Dienstzeiten geregelt sein müssen. Ggf. ist der Versorgungsträger auskunftspflichtig. Ähnliche Auswirkungen sind zu prüfen, wenn ein Wechsel von einer Vollzeit- in eine Teilzeitbeschäftigung erfolgt ist[77] oder wenn ein Ehegatte ganz aus dem Arbeitsverhältnis ausgeschieden ist. Ist in diesem Fall die Anwartschaft verfallen, weil die Unverfallbarkeitsvoraussetzungen nicht erfüllt waren,[78] ist zu berücksichtigen, dass nach den Wertungen des Gesetzgebers keine bedeutende Anwartschaft aufgebaut wurde.

Werden im Rahmen einer Vereinbarung Versorgungsanrechte begründet **130** oder übertragen, ist die Zustimmung des jeweiligen Versorgungsträgers erforderlich.

II. Geringfügige Differenz der Ausgleichswerte

Gem. § 18 Abs. 1 VersAusglG soll das FamG Anrechte nicht ausgleichen, **131** wenn bei Anrechten gleicher Art die Differenz der Ausgleichswerte gering ist. Nach § 18 Abs. 2 VersAusglG sollen einzelne Anrechte mit einem geringen Ausgleichswert nicht ausgeglichen werden.

1. Definition der Geringfügigkeit

Nach § 18 Abs. 3 VersAusglG ist Geringfügigkeit gegeben, wenn am Ende **132** der Ehezeit bei einem Rentenbetrag als maßgebliche Bezugsgröße der Wertunterschied höchstens 1 %, bei allen anderen Fällen als Kapitalwert höchstens 120 % der monatlichen Bezugsgröße gem. § 18 Abs. 1 SGB IV nicht übersteigt.

---

76 BAG 15.2.1994, 3 AZR 708/93, EzA § 1 BetrAVG Gleichberechtigung Nr. 9 = DB 1994, 1479; 20.4.2010, 3 AZR 370/88, EzA Art. 3 GG Nr. 109 = DB 2010, 2734.
77 BAG 3.11.1998, 3 AZR 432/97, EzA § 1 TVG Auslegung Nr. 31 = DB 1999, 1809.
78 Vgl. § 1b Rdn. 12 ff.

133 Dies sind in 2012 bei einem Rentenbetrag 26,25 €, bei einem Kapitalwert 3.150 €.

2. Anrechte gleicher Art

134 Nach § 18 Abs. 1 VersAusglG soll das FamG beiderseitige Anrechte gleicher Art nicht ausgleichen, wenn die Differenz ihrer Ausgleichswerte gering ist. Gleicher Art bedeutet, dass diese Vorschrift auf jeden Fall anzuwenden ist, wenn der Ausgleichsberechtigte und der Ausgleichspflichtige ein Versorgungsversprechen nach ein und demselben Regelwerk haben (z.B. beide arbeiten bei demselben Arbeitgeber und haben Versorgungszusagen nach demselben Leistungsplan). Da nicht von derselben Zusage die Rede ist, sondern nur von den beiderseitigen Anrechten »gleicher Art«, müsste diese Regelung auch anzuwenden sein, wenn nicht dieselbe Zusage vorliegt, sondern gleichwertige Zusagen. Wann Gleichwertigkeit gegeben ist, kann nur im Einzelfall entschieden werden. In der Gesetzesbegründung wird als Beispiel der Fall genannt, dass beide Ehegatten während der Ehezeit jeweils eine private Lebensversicherung kurz hintereinander abgeschlossen haben bei derselben Versicherung über dieselbe Versicherungssumme mit einer Differenz der Ausgleichswerte von 200 €. Dies könnte man auch auf Direktversicherungen übertragen, selbst wenn die eine Versicherung beim Versicherer A und die andere Versicherung beim Versicherer B abgeschlossen wurde. Ist das Leistungsspektrum identisch und haben beide Versicherungen denselben Garantiezins und ist der Wertunterschied gering, macht es keinen Sinn, hin und her auszugleichen.

134a Sinn und Zweck des § 18 Abs. 1 VersAusglG ist, dass ein Hin- und Herausgleich von beiderseitigen Anrechten vermieden wird. Ein solcher kann sich nur auf Anrechte beziehen, die in den wesentlichen Fragen wie im Leistungsspektrum, im Finanzierungsverfahren, bei den Anpassungen an die wirtschaftliche Entwicklung und bei den weiteren wertbildenden Faktoren (etwa dem Insolvenzschutz) strukturell übereinstimmen, wobei Wertidentität nicht erforderlich ist.[79] Entscheidend für die Gleichartigkeit ist also, dass den Anrechten beider Ehegatten nicht nur annähernd vergleichbare kapitalisierte

---

79 BT-Drucks. 16/11903, S. 54; 16/10144, S. 55.

Stichtagswerte zuzuordnen sind, sondern dass diese Werte zu einer vergleichbaren Absicherung und zu ähnlich hohen Versorgungsleistungen führen.[80]

Anrechte in der gesetzlichen Rentenversicherung sind Anrechte gleicher Art, **134b** soweit es sich um Anrechte handelt, die in den alten Bundesländern erworben wurden. Dies ergibt sich aus § 120f Abs. 1 SGB VI. Anrechte, die in den neuen Bundesländer erworben wurden, sind – bezogen auf Anrechte, die in den alten Bundesländern erworben wurden – nicht Anrechte gleicher Art.[81]

Die Differenz der Ausgleichswerte ist dann gering, wenn die Bagatellgrenze **134c** gem. § 18 Abs. 3 VersAusglG nicht überschritten wird. Maßgeblich ist das Ende der Ehezeit. Dabei ist – wenn es sich um Werte aus der gesetzlichen Rentenversicherung handelt – nicht auf Rentenwerte abzustellen, sondern auf den Kapitalwert. Beträgt der Kapitalwert des einen Ehegatten rd. 14.000 €, derjenige des anderen Ehegatten rd. 2.000 €, beträgt die Differenz der Ausgleichswerte 12.000 € und liegt damit deutlich über dem Wert der Bagatellgrenze zum Ehezeitende. Dies waren im Jahr 2009 3.024 €.[82] Folglich ist ein Ausgleich vorzunehmen.

Neben § 18 Abs. 1 ist § 18 Abs. 2 VersAusglG nicht anzuwenden.[83] Dies **134d** ergibt sich bereits aus dem Wortlaut, der zwischen Anrechten »gleicher Art« und »einzelnen« Anrechten differenziert. Auch verfolgen beide Regelungen unterschiedliche Ziele. Bei § 18 Abs. 1 VersAusglG ist der Wertunterschied gering, sodass sich ein Hin- und Herausgleich nicht lohnt. Sinn und Zweck des § 18 Abs. 2 VersAusglG ist es im Wesentlichen, den Versorgungsträger zu entlasten, um einen unverhältnismäßig hohen Verwaltungsaufwand zu vermeiden.[84]

3. Geringer Ausgleichswert

Besteht eine betriebliche Altersversorgung aus verschiedenen Bausteinen, die **135** aus unterschiedlichen Quellen finanziert werden, ist jeder Baustein wie ein einzelnes Anrecht im Versorgungsausgleich zu behandeln und gesondert aus-

---

80 BGH 30.11.2011, XII ZB 328/10, FamRZ 2010, 1805; 30.11.2011, XII ZB 344/10, FamRZ 2012, 192.

81 BGH 30.11.2011, XII ZB 328/10, FamRZ 2010, 1805; 30.11.2011, XII ZB 344/10, FamRZ 2012, 192.

82 BGH 30.11.2011, XII ZB 328/10, FamRZ 2010, 1805.

83 BGH 18.1.2012, XII ZB 501/11, NJW 2012, 927.

84 BGH 18.1.2012, XII ZB 501/11, NJW 2012, 927.

zugleichen.[85] Wird für einen Baustein ein Ausgleichskapitalwert festgestellt, der unter der Bagatellgrenze zum Ende der Ehezeit liegt, kann dieser Baustein trotz des geringen Ausgleichwertes in den Ausgleich einbezogen werden, wenn die einzelnen Teile der betrieblichen Versorgung eine wirtschaftliche Einheit bilden. Eine solche Einheit ist anzunehmen, wenn im Versorgungsfall die Bestandteile aus den jeweiligen Bausteinen zu einem Betrag zusammengefasst und ausgezahlt werden. Dies ist jedenfalls dann der Fall, wenn alle Bausteine im Rahmen einer unmittelbaren Versorgungszusage erteilt werden und einheitlich als Rente ausgezahlt werden. Für eine Gesamtbetrachtung spreche auch, einen Ausgleich jedenfalls teilweise zu verhindern, in dem die Einzelbausteine jeweils so gering gehalten werden, dass sie die Bagatellgrenze nicht überschreiten.[86]

135a   Besteht eine Versorgung aus verschiedenen Bausteinen, die nach unterschiedlichen Regeln erworben werden, die aber in der Auszahlungsphase vom Versorgungsträger einheitlich als Rente geleistet werden, ist nach der Rechtsprechung des BGH nicht jedes Anrecht für sich zu betrachten, sondern eine Gesamtbetrachtung vorzunehmen, weil – jedenfalls wenn alle Leistungen unmittelbar vom Arbeitgeber zugesagt sind – kein erhöhter Verwaltungsaufwand entsteht. Es würde sonst zu einer unverhältnismäßigen Beeinträchtigung des Halbteilungsgrundsatzes kommen. Es entstehe auch keine Splitterversorgung.[87]

4. Ermessen des Gerichts

136   Es handelt sich um eine Soll-Vorschrift, nicht um eine Muss-Vorschrift. Deshalb wird das FamG die Umstände des Einzelfalles berücksichtigen. Dem FamG ist ein Gestaltungsspielraum gegeben, um sachgerecht entscheiden zu können. Das Gericht soll die Sachlage mit den Ehegatten erörtern und versuchen, eine einvernehmliche Regelung zu finden.[88]

---

85 BGH 30.11.2011, XII ZB 79/11, FamRZ 2012, 189; 1.2.2012, XII ZB 172/11, NJW 2012, 1281.
86 BGH 1.2.2012, XII ZB 172/11, NJW 2012, 1281.
87 BGH 1.2.2012, XII ZB 172/11, NJW 2012, 1281.
88 BT-Drucks. 16/10144 S. 61.

III. Fehlende Ausgleichsreife

Die fehlende Ausgleichsreife ist in § 19 VersAusglG geregelt. Danach ist ein 137
Anrecht dann nicht ausgleichsreif, »wenn es dem Grunde oder der Höhe
nach nicht hinreichend verfestigt ist, insbesondere ein noch verfallbares
Anrecht i.S.d. Betriebsrentengesetzes« ist. Dabei ist das Ende der Ehezeit
maßgeblich.

1. Fallgruppen

a) Verfallbarkeit des Anspruchs

Für die Verfallbarkeit des Anrechts ist auf die gesetzliche Unverfallbarkeit 138
nach § 1b BetrAVG abzustellen.[89] Besteht eine vertraglich unverfallbare
Anwartschaft, ist Ausgleichsreife gegeben. Nicht ausgleichsreif ist dagegen
eine noch verfallbare Anwartschaft. Wird sie während des Scheidungsverfahrens voraussichtlich unverfallbar werden, ist dies dem FamG mitzuteilen.

Die Verfallbarkeit ist nur ein Beispiel für die fehlende Ausgleichsreife. Offen- 139
bar geht der Gesetzgeber davon aus, dass es weitere Kriterien für die Verfestigung eines Anrechts geben kann. In diesem Zusammenhang stellt sich die
Frage, ob bei einer endgehaltsabhängigen Versorgungszusage eine ausreichende Verfestigung deshalb nicht vorliegt, weil in der Betriebszugehörig-
keitszeit nach der Scheidung die Versorgungsanwartschaft mit jeder Gehalts-
erhöhung steigt. Diese Frage ist zu verneinen. Bezogen auf den Stichtag
(Ende der Ehezeit) lässt sich die Anwartschaft wie bei einem ausscheidenden
Arbeitnehmer exakt berechnen, sodass eine Verfestigung vorliegt. Die künftigen Erhöhungen werden bei der Scheidung nicht berücksichtigt. Insoweit
gilt das Stichtagsprinzip. Sollten nach Scheidung Erhöhungen der Anwartschaft beim ausgleichspflichtigen Ehegatten eingetreten sein, sind diese über
den schuldrechtlichen Versorgungsausgleich vom ausgleichsberechtigten Ehegatten geltend zu machen.

b) Abschmelzende Versorgung

Keine Ausgleichsreife liegt auch vor, wenn das Versorgungsanrecht auf eine 140
abzuschmelzende Leistung gerichtet ist. Was genau hiermit gemeint ist,
erschließt sich nicht aus dem Wortlaut. In der Gesetzesbegründung wird bei-

---

89 Vgl. § 1b Rdn. 12 ff.

spielhaft auf die Beamtenversorgung[90] hingewiesen. Für die betriebliche Altersversorgung könnte es zu einer abschmelzenden Versorgung bei einer Gesamtversorgung[91] kommen, was jedoch im Einzelfall zu prüfen ist.

c) Unwirtschaftlicher Ausgleich

141   Der Gesetzgeber geht auch von einer fehlenden Ausgleichsreife aus, wenn die Durchführung eines Versorgungsausgleichs für die ausgleichsberechtigte Person unwirtschaftlich wäre. Dies ist der Fall, wenn z.B. der Ausgleichsberechtigte Anwartschaften in der gesetzlichen Rentenversicherung erhalten würde, ohne die Wartezeit für den Leistungsbezug erfüllen zu können.

2. Ausgleichssperre bei im Ausland erworbenen Anrechten

142   Keine Ausgleichsreife ist auch dann gegeben, wenn das Versorgungsanrecht bei einem ausländischen, zwischenstaatlichen oder überstaatlichen Versorgungsträger besteht. In diesen Fällen muss der Versorgungsausgleich unterbleiben, weil die FamG keine Teilungsanordnung zulasten eines nicht-deutschen Versorgungsträgers treffen können. In diesem Fall unterbleibt insgesamt der Ausgleich, wenn dies für den anderen Ehegatten unbillig wäre.

H. Kurze Ehedauer

143   Bei einer Ehezeit von bis zu drei Jahren findet grundsätzlich kein Versorgungsausgleich statt. Dies ist damit zu begründen, dass in diesem Zeitraum in aller Regel keine bedeutenden Versorgungsanrechte von den Ehegatten aufgebaut werden. Folglich werden Kosten und Verwaltungsaufwand vermieden, wenn bei kurzer Ehedauer gar nicht geprüft werden muss, welche Versorgungsanwartschaften mit welchem Wert erworben wurden.

144   Allerdings haben beide Ehegatten das Recht, einen Antrag zu stellen und damit auch bei kurzer Ehedauer einen Versorgungsausgleich durchzuführen. Vor Antragstellung sollte jedoch geprüft werden, ob während der kurzen Ehedauer tatsächliche – nicht nur gefühlte – Versorgungsanrechte von einiger Größenordnung erworben wurden. Dies ist i.d.R. nicht der Fall, auch nicht in der betrieblichen Altersversorgung. Eine Ausnahme könnte aller-

---

90 BGH 14.3.2007, XII ZB 85/03, FamRZ 2007, 995.
91 Vgl. § 1 Rdn. 197.

dings dann bestehen, wenn bei einer endgehaltsabhängigen Versorgungszusage in der Ehezeit ein Karrieresprung stattgefunden hat.

I. Schuldrechtlicher Ausgleich

Soweit im Scheidungsverfahren kein Versorgungsausgleich durchgeführt 145
wird, werden die Versorgungsanrechte in den schuldrechtlichen Versorgungsausgleich verwiesen. In diesem Fall erfolgt der Ausgleich erst bei Eintritt des Versorgungsfalles.

1. Voraussetzungen für den schuldrechtlichen Versorgungsausgleich

Die Voraussetzungen für den schuldrechtlichen Versorgungsausgleich sind in 146
§ 20 VersAusglG geregelt.

a) Bezug einer laufenden Rente aus dem ausgleichspflichtigen Anrecht

Erste Voraussetzung ist, dass der Ausgleichspflichtige aus einem nicht ausge- 147
glichenen Versorgungsanrecht eine tatsächliche Versorgungsleistung bezieht.
Dies bedeutet, dass bei ihm ein Versorgungsfall eingetreten sein muss.

b) Erfüllung der Voraussetzungen des § 20 Abs. 2 VersAusglG durch die ausgleichsberechtigte Person

Weitere Voraussetzung ist, dass auch die ausgleichsberechtigte Person die 148
Voraussetzungen erfüllt, um Versorgungsleistungen zu erhalten. Sie muss also
entweder eine Altersrente beziehen oder eine Versorgung wegen Invalidität.
Bezieht sie keine eigene Versorgung, hat sie aber die Regelaltersgrenze[92]
erreicht, hat sie einen Anspruch auf die Ausgleichsrente. Gleiches gilt, wenn
sie die gesundheitlichen Voraussetzungen für eine Invaliditätsversorgung
erfüllt.

c) Ermittlung der Ausgleichsrente

Für die Bemessung der Ausgleichsrente verweist § 20 Abs. 1 VersAusglG auf 149
den Ausgleichswert im Zeitpunkt der Scheidung. Dieser ist nach den allgemeinen Regeln zu ermitteln.

---

92 In der gesetzlichen Rentenversicherung, hierzu auch § 2 Rdn. 29 ff.

150   Für Kapitalleistung enthält § 22 VersAusglG eine eigenständige Regelung, nach der die Zahlung des Ausgleichswertes verlangt werden kann, wenn die allgemeinen Voraussetzungen für den schuldrechtlichen Versorgungsausgleich erfüllt sind.

2. Abtretung des Versorgungsrechtes in Höhe der Ausgleichsrente

151   Um den Zahlungsvorgang zu verkürzen, kann der Ausgleichspflichtige verpflichtet sein, in Höhe der Ausgleichsrente eine Abtretung vorzunehmen. Diese wirkt gegen den Versorgungsträger. Der Versorgungsträger muss dann die Leistung unmittelbar an den Ausgleichsberechtigten erbringen. Damit wird sichergestellt, dass auch tatsächlich Zahlungen erfolgen und der ausgleichsberechtigte Ehegatte nicht auf »good will« des ausgleichspflichtigen Ehegatten angewiesen ist.

152   Ist eine Abtretung erfolgt und verstirbt anschließend die ausgleichsberechtigte Person, geht der Anspruch wieder auf die ausgleichspflichtige Person über.

153   Eine Abtretung kann auch vorgenommen werden, wenn die Versorgungsregelung Abtretungen ausschließen will. Insoweit ist § 21 VersAusglG lex specialis im Verhältnis zur betrieblichen Regelung.

3. Anspruch der ausgleichsberechtigten Person auf Abfindung

154   In Ausnahmefällen kommt ein Abfindungsrecht des ausgleichsberechtigten Ehegatten in Betracht (§ 23 VersAusglG). In diesem Fall kann der ausgleichsberechtigte Ehegatte vom ausgleichspflichtigen Ehegatten die Zahlung eines einmaligen Betrages verlangen. Eine solche Abfindungszahlung ist an bestimmte Voraussetzungen gebunden.

155   Erste Voraussetzung ist, dass nur eine zweckgebundene Abfindung verlangt werden kann, also eine Abfindung, die bei einem Versorgungträger eine Versorgung ausbaut oder verschafft. Zweckgebunden bedeutet also versorgungsgebunden.

156   Weitere Voraussetzung ist, dass die Abfindungszahlung zumutbar ist. Ist eine Einmalzahlung unzumutbar, kommt ggf. eine Ratenzahlung in Betracht.

157   Eine solche Abfindung verstößt nicht gegen § 3 BetrAVG, da § 23 VersAusglG lex specialis ist. Allerdings ist im Rahmen der Zumutbarkeit zu berücksichtigen, dass der Ausgleichspflichtige im Verhältnis zum betriebli-

chen Versorgungsträger kein Abfindungsrecht hat, also auch keine Teilkapitalisierung verlangen kann.

4. Teilhabe an der Hinterbliebenenversorgung

Der schuldrechtliche Versorgungsausgleich verlangt, dass auch eine adäquate **158** Teilhabe an der Hinterbliebenenversorgung vorgesehen ist. Damit wird das bisherige Recht des »verlängerten schuldrechtlichen Versorgungsausgleichs« abgelöst und durch ein eigenständiges Verfahren ersetzt.

Der verlängerte schuldrechtliche Versorgungsausgleich führte dazu, dass **159** beim Tod des Ausgleichspflichtigen unter bestimmten Voraussetzungen der Ausgleichsberechtigte unmittelbar vom Versorgungsträger Versorgungsleistungen verlangen konnte. Voraussetzung hierfür war, dass eine Witwen-/ Witwer-/Lebenspartnerversorgung für den ausgleichspflichtigen Ehegatten vorgesehen war. Nach neuem Recht kommt eine solche Teilhabe an der Hinterbliebenenversorgung auch nur in den genannten Fällen in Betracht. Die weitere Voraussetzung ist, dass der Ausgleichsberechtigte versorgungsbedürftig ist. Insoweit verweist § 25 VersAusglG auf § 20 Abs. 2 VersAusglG, d.h. die ausgleichsberechtigte Person muss die Regelaltersgrenze erreicht haben oder invalide sein.

Die Höhe des Anspruchs ist gem. § 25 Abs. 2 VersAusglG beschränkt auf die **160** Ausgleichsrente.

I. Verfahren zum Versorgungsausgleich vor dem Familiengericht

I. Verfahrensbeteiligte nach § 219 FamVG

Verfahrensbeteiligte sind die beiden zu scheidenden Ehegatten, der oder die **161** Versorgungsträger, was nicht immer bedeutet, dass der Arbeitgeber Verfahrensbeteiligter ist. Ist ein mittelbarer Durchführungsweg für die betriebliche Altersversorgung gewählt worden, ist der Versorgungsträger und nicht der Arbeitgeber Verfahrensbeteiligter.

Das Auseinanderfallen von Verfahrensbeteiligung und Einbindung des **162** Arbeitgebers in das Versorgungsverhältnis wirft vielfältige Fragen auf, die zum einen den Geschäftsbesorgungsvertrag des Arbeitgebers mit dem Versorgungsträger betreffen, aber auch das Verhältnis des nicht am Verfahren beteiligten Arbeitgebers zu dem ausgleichsberechtigten Ehegatten, für den z.B. bei der internen Teilung ein Versorgungsverhältnis zum »Arbeitgeber« begründet wird, ohne dass dieser dies vielleicht will (z.B. Unterstützungskasse als Versorgungsträger nimmt interne Teilung vor). Ist der Geschäftsführungsvertrag darauf ausgelegt, dass der Versorgungsträger dem Arbeitgeber zusätzliche Verwaltungskosten auferlegen kann, kann der Versorgungsträger dem Arbeitgeber einen »neuen« Versorgungsberechtigten aufdrängen, der z.B. später eine Anpassung unmittelbar vom Arbeitgeber begehrt.

163   Die Frage ist allerdings, ob nicht der Versorgungsträger gut beraten ist, wenn er ohne Rücksprache mit dem Arbeitgeber als Trägerunternehmen die interne Teilung vornimmt. Auch bei der Wahl der externen Teilung ist eine Abstimmung angezeigt, wenn nicht gar geboten. Denn diese externe Teilung könnte beim Arbeitgeber haftungsrechtliche[93] und steuerliche Konsequenzen[94] haben, die dem Arbeitgeber nicht aufgedrängt werden können.

II. Mitwirkungspflichten und Auskünfte

164   Der Verfahrensbeteiligte hat die nach § 18 VersAusglG vorgesehenen Berechnungen zum Ehezeitanteil und zum Versorgungswert (Ausgleichswert) vorzunehmen und die Grundlagen der Berechnung dem FamG mitzuteilen. Diese Mitteilung muss nachvollziehbar gestaltet sein. Des Weiteren sind die maßgeblichen Versorgungsregelungen, die Satzung, Leistungsplan, Betriebsvereinbarung etc. vorzulegen.

165   Das FamG kann Nachfragen stellen und weiter gehende Auskünfte einfordern, die nicht denjenigen des § 4a BetrAVG entsprechen, weil scheidungsbezogene Auskünfte zu erteilen sind. Insbesondere kann das FamG auch den Versorgungsträger zur mündlichen Verhandlung laden und dort Auskünfte einholen.

166   Eine solche Auskunftserteilung vor Ort dürfte nur in Ausnahmefällen in Betracht kommen, z.B. bei komplexen Versorgungssystemen. Insoweit ist der Verhältnismäßigkeitsgrundsatz zu berücksichtigen, insbesondere auch unter dem Gesichtspunkt der Kostenverursachung beim Versorgungsträger.

167   Hat der Versorgungsträger mit dem Arbeitgeber keine Kostenerstattung vereinbart, muss er sie selbst tragen, soweit die Kosten nicht auf die zu scheidenden Ehegatten abgewälzt werden können.

---

93   Nicht ausreichende Bedeckung führt zur Haftung nach § 1 Abs. 1 Satz 3 BetrAVG und kann z.B. einen Ausweis im Anhang zur Bilanz auslösen.
94   Nichtanerkennung von Betriebsausgaben gem. § 4d EStG.

III. Tenorierungsfragen

Die Tenorierung des Versorgungsausgleichs ist Sache des Gerichts.[95]

168

Aus der Sicht der Versorgungsträger ist zwingend darauf zu achten, dass das, was das Gericht in seinem Beschluss anordnet, auch richtig und umsetzbar ist. Dies bedeutet z.B. bei der Teilung einer Direktversicherung, dass auch die richtige Versicherungsnummer angesprochen wird, denn nur diese ist Teilungsgegenstand. Bei Betriebsvereinbarungen muss die richtige Bezeichnung gewählt werden. So ist z.B. bei der internen Teilung das Datum oder die Fassung der Versorgungsregelung so präzise anzugeben, dass kein Streit darüber entstehen kann, welches Anrecht geteilt wird.[96] Mit der genauen Bezeichnung ist kein Festschreibeeffekt verbunden. Gem. § 5 Abs. 2 Satz 2 VersAusglG sind rechtliche oder tatsächliche Änderungen zu berücksichtigen, sodass es auch im Rechtsmittelverfahren noch zu Änderungen kommen kann.[97]

169

Ist der Beschluss des FamG unrichtig, muss der Versorgungsträger ins Rechtsmittel gehen, um eine Korrektur zu erreichen. Rechtsmittel sind fristgebunden.[98] Dies bedeutet für den Versorgungsträger eine Fristenkontrolle.

170

J. Mitbestimmung des Betriebsrates

Der Gesetzgeber hat dem Versorgungsträger in § 12 Abs. 2 VersAusglG ein eigenständiges Anpassungsrecht eingeräumt. Macht der Versorgungsträger von diesem Recht Gebrauch, indem er eine Teilungsordnung vorgibt, bestehen keine Mitbestimmungsrechte des Betriebsrates.[99] Denn die Teilungsordnung hat nicht die Leistungsplangestaltung für die Arbeitnehmer zum Gegenstand.[100] Grundlage für die Teilungsordnung ist der bestehende Leistungsplan, der unter Wahrung der Mitbestimmungsrechte des Betriebsrates ausgehandelt bzw. vereinbart wurde. Nach Maßgabe dieses Leistungsplanes wird die Versorgung für den Ausgleichspflichtigen ermittelt. Gegenstand der Teilungsordnung ist lediglich in dem konkreten Einzelfall die Regel zur

171

---

95 Zu den verschiedenen Alternativen *Eulering/Viefhues* FamRZ 2009, 1368.
96 BGH 26.1.2011, XII ZB 504/10, FamRZ 2011, 547.
97 *Hahne* BetrAV 2012, 189, 190.
98 1 Monat.
99 Bedenken bei *Cisch/Hufer* BetrAV 2009, 500; *Reichenbach/Cramer* BetrAV 2010, 621.
100 Zu den Mitbestimmungsrechten § 1 Rdn. 375 ff.

Bestimmung des Ausgleichswertes und die Entscheidung, ob die interne oder externe Teilung gewählt wird. Es ist mit anderen Worten nur ein einzelner Arbeitnehmer betroffen, nicht eine Vielzahl von Arbeitnehmern. Folglich können keine Mitbestimmungsrechte des Betriebsrates bestehen.

172 Auf freiwilliger Basis kann allerdings mit dem Betriebsrat die Teilungsordnung abgestimmt und verabschiedet werden. Dies kann ein Indiz dafür sein, dass der Betriebsrat die gewählten Bemessungsgrundlagen für billig und gerecht hält, also nach seiner Einschätzung eine gerechte Teilung vorliegt.

173 Gibt es keine Mitbestimmungsrechte des Betriebsrates, ist auch die Einigungsstelle nicht zuständig.

Anhang II
Einkommensteuergesetz

In der Fassung der Bekanntmachung vom 8. Oktober 2009 (BGBl. I S. 3366); zuletzt geändert durch Artikel 3 des Gesetzes vom 8. Mai 2012 (BGBl. I S. 1030)

– Auszug –

…

§ 3 [Steuerfreie Einnahmen]

Steuerfrei sind
…

55. der in den Fällen des § 4 Absatz 2 Nummer 2 und Absatz 3 des Betriebsrentengesetzes vom 19. Dezember 1974 (BGBl. I S. 3610), das zuletzt durch Artikel 8 des Gesetzes vom 5. Juli 2004 (BGBl. I S. 1427) geändert worden ist, in der jeweils geltenden Fassung geleistete Übertragungswert nach § 4 Absatz 5 des Betriebsrentengesetzes, wenn die betriebliche Altersversorgung beim ehemaligen und neuen Arbeitgeber über einen Pensionsfonds, eine Pensionskasse oder ein Unternehmen der Lebensversicherung durchgeführt wird. ²Satz 1 gilt auch, wenn der Übertragungswert vom ehemaligen Arbeitgeber oder von einer Unterstützungskasse an den neuen Arbeitgeber oder eine andere Unterstützungskasse geleistet wird. ³Die Leistungen des neuen Arbeitgebers, der Unterstützungskasse, des Pensionsfonds, der Pensionskasse oder des Unternehmens der Lebensversicherung auf Grund des Betrags nach Satz 1 und 2 gehören zu den Einkünften, zu denen die Leistungen gehören würden, wenn die Übertragung nach § 4 Absatz 2 Nummer 2 und Absatz 3 des Betriebsrentengesetzes nicht stattgefunden hätte;

55a. die nach § 10 des Versorgungsausgleichsgesetzes vom 3. April 2009 (BGBl. I S. 700) in der jeweils geltenden Fassung (interne Teilung) durchgeführte Übertragung von Anrechten für die ausgleichsberechtigte Person zu Lasten von Anrechten der ausgleichspflichtigen Person. ²Die Leistungen aus diesen Anrechten gehören bei der ausgleichsberechtigten Person zu den Einkünften, zu denen die Leistungen bei der ausgleichspflichtigen Person gehören würden, wenn die interne Teilung nicht stattgefunden hätte;

55b. der nach § 14 des Versorgungsausgleichsgesetzes (externe Teilung) geleistete Ausgleichswert zur Begründung von Anrechten für die ausgleichsberechtigte Person zu Lasten von Anrechten der ausgleichspflichtigen Person, soweit Leistungen aus diesen Anrechten zu steuerpflichtigen Einkünften nach den §§ 19, 20 und 22 führen würden. ²Satz 1 gilt nicht, soweit Leistungen, die auf dem begründeten Anrecht beruhen, bei der ausgleichsberechtigten Person zu Einkünften nach § 20 Absatz 1 Nummer 6 oder § 22 Nummer 1 Satz 3 Buchstabe a Doppelbuchstabe bb führen würden. ³Der Versorgungsträger der ausgleichspflichtigen Person hat den Versorgungsträger der ausgleichsberechtigten Person über die für die Besteuerung der Leistungen erforderlichen Grundlagen zu informieren. ⁴Dies gilt nicht, wenn der Versorgungsträger der ausgleichsberechtigten Person die Grundlagen bereits kennt oder aus den bei ihm vorhandenen Daten feststellen kann und dieser Umstand dem Versorgungsträger der ausgleichspflichtigen Person mitgeteilt worden ist;

...

63. Beiträge des Arbeitgebers aus dem ersten Dienstverhältnis an einen Pensionsfonds, eine Pensionskasse oder für eine Direktversicherung zum Aufbau einer kapitalgedeckten betrieblichen Altersversorgung, bei der eine Auszahlung der zugesagten Alters-, Invaliditäts- oder Hinterbliebenenversorgungsleistungen in Form einer Rente oder eines Auszahlungsplans (§ 1 Absatz 1 Satz 1 Nummer 4 des Altersvorsorgeverträge-Zertifizierungsgesetzes vom 26. Juni 2001 (BGBl. I S. 1310, 1322), das zuletzt durch Artikel 7 des Gesetzes vom 5. Juli 2004 (BGBl. I S. 1427) geändert worden ist, in der jeweils geltenden Fassung) vorgesehen ist, soweit die Beiträge im Kalenderjahr 4 Prozent der Beitragsbemessungsgrenze in der allgemeinen Rentenversicherung nicht übersteigen. ²Dies gilt nicht, soweit der Arbeitnehmer nach § 1a Absatz 3 des Betriebsrentengesetzes verlangt hat, dass die Voraussetzungen für eine Förderung nach § 10a oder Abschnitt XI erfüllt werden. ³Der Höchstbetrag nach Satz 1 erhöht sich um 1 800 Euro, wenn die Beiträge im Sinne des Satzes 1 auf Grund einer Versorgungszusage geleistet werden, die nach dem 31. Dezember 2004 erteilt wurde. ⁴Aus Anlass der Beendigung des Dienstverhältnisses geleistete Beiträge im Sinne des Satzes 1 sind steuerfrei, soweit sie 1 800 Euro vervielfältigt mit der Anzahl der Kalenderjahre, in denen das Dienstverhältnis des Arbeitnehmers zu dem Arbeitgeber bestanden hat, nicht übersteigen; der vervielfältigte Betrag vermindert sich um die nach den Sätzen 1 und 3 steuerfreien Beiträge, die der Arbeitgeber in dem Kalenderjahr, in dem das Dienstverhältnis beendet wird, und in den sechs vorangegangenen Kalenderjahren erbracht hat; Kalenderjahre vor 2005 sind dabei jeweils nicht zu berücksichtigen;

...

65.

a) Beiträge des Trägers der Insolvenzsicherung (§ 14 des Betriebsrentengesetzes) zugunsten eines Versorgungsberechtigten und seiner Hinterbliebenen an eine Pensionskasse oder ein Unternehmen der Lebensversicherung zur Ablösung von Verpflichtungen, die der Träger der Insolvenzsicherung im Sicherungsfall gegenüber dem Versorgungsberechtigten und seinen Hinterbliebenen hat,

b) Leistungen zur Übernahme von Versorgungsleistungen oder unverfallbaren Versorgungsanwartschaften durch eine Pensionskasse oder ein Unternehmen der Lebensversicherung in den in § 4 Absatz 4 des Betriebsrentengesetzes bezeichneten Fällen und

c) der Erwerb von Ansprüchen durch den Arbeitnehmer gegenüber einem Dritten im Fall der Eröffnung des Insolvenzverfahrens oder in den Fällen des § 7 Absatz 1 Satz 4 des Betriebsrentengesetzes, soweit der Dritte neben dem Arbeitgeber für die Erfüllung von Ansprüchen auf Grund bestehender Versorgungsverpflichtungen oder Versorgungsanwartschaften gegenüber dem Arbeitnehmer und dessen Hinterbliebenen einsteht; dies gilt entsprechend, wenn der Dritte für Wertguthaben aus einer Vereinbarung über die Altersteilzeit nach dem Altersteilzeitgesetz vom 23. Juli 1996 (BGBl. I S. 1078), zuletzt geändert durch Artikel 234 der Verordnung vom 31. Oktober 2006 (BGBl. I S. 2407), in der jeweils geltenden Fassung oder auf Grund von Wertguthaben aus einem Arbeitszeitkonto in den im ersten Halbsatz genannten Fällen für den Arbeitgeber einsteht.

²In den Fällen nach Buchstabe a, b und c gehören die Leistungen der Pensionskasse, des Unternehmens der Lebensversicherung oder des Dritten zu den Einkünften, zu denen jene Leistungen gehören würden, die ohne Eintritt eines Falles nach Buchstabe a, b und c zu erbringen wären. ³Soweit sie zu den Einkünften aus nichtselbständiger Arbeit im Sinne des § 19 gehören, ist von ihnen Lohnsteuer einzubehalten. ⁴Für die Erhebung der Lohnsteuer gelten die Pensionskasse, das Unternehmen der Lebensversicherung oder der Dritte als Arbeitgeber und der Leistungsempfänger als Arbeitnehmer;

66. Leistungen eines Arbeitgebers oder einer Unterstützungskasse an einen Pensionsfonds zur Übernahme bestehender Versorgungsverpflichtungen oder Versorgungsanwartschaften durch den Pensionsfonds, wenn ein Antrag nach § 4d Absatz 3 oder § 4e Absatz 3 gestellt worden ist;

...

§ 4b Direktversicherung

¹Der Versicherungsanspruch aus einer Direktversicherung, die von einem Steuerpflichtigen aus betrieblichem Anlass abgeschlossen wird, ist dem Betriebsvermögen des Steuerpflichtigen nicht zuzurechnen, soweit am Schluss des Wirtschaftsjahres hinsichtlich der Leistungen des Versicherers die Person, auf deren Leben die Lebensversicherung abgeschlossen ist, oder ihre Hinterbliebenen bezugsberechtigt sind. ²Das gilt auch, wenn der Steuerpflichtige die Ansprüche aus dem Versicherungsvertrag abgetreten oder beliehen hat, sofern er sich der bezugsberechtigten Person gegenüber schriftlich verpflichtet, sie bei Eintritt des Versicherungsfalls so zu stellen, als ob die Abtretung oder Beleihung nicht erfolgt wäre.

§ 4c Zuwendungen an Pensionskassen

(1) ¹Zuwendungen an eine Pensionskasse dürfen von dem Unternehmen, das die Zuwendungen leistet (Trägerunternehmen), als Betriebsausgaben abgezogen werden, soweit sie auf einer in der Satzung oder im Geschäftsplan der Kasse festgelegten Verpflichtung oder auf einer Anordnung der Versicherungsaufsichtsbehörde beruhen oder der Abdeckung von Fehlbeträgen bei der Kasse dienen. ²Soweit die allgemeinen Versicherungsbedingungen und die fachlichen Geschäftsunterlagen im Sinne des § 5 Absatz 3 Nummer 2 Halbsatz 2 des Versicherungsaufsichtsgesetzes nicht zum Geschäftsplan gehören, gelten diese als Teil des Geschäftsplans.

(2) Zuwendungen im Sinne des Absatzes 1 dürfen als Betriebsausgaben nicht abgezogen werden, soweit die Leistungen der Kasse, wenn sie vom Trägerunternehmen unmittelbar erbracht würden, bei diesem nicht betrieblich veranlasst wären.

§ 4d Zuwendungen an Unterstützungskassen

(1) ¹Zuwendungen an eine Unterstützungskasse dürfen von dem Unternehmen, das die Zuwendungen leistet (Trägerunternehmen), als Betriebsausgaben abgezogen werden, soweit die Leistungen der Kasse, wenn sie vom Trägerunternehmen unmittelbar erbracht würden, bei diesem betrieblich veranlasst wären und sie die folgenden Beträge nicht übersteigen:

1. bei Unterstützungskassen, die lebenslänglich laufende Leistungen gewähren:

   a) das Deckungskapital für die laufenden Leistungen nach der dem Gesetz als Anlage 1 beigefügten Tabelle. ²Leistungsempfänger ist jeder ehemalige Arbeitnehmer des Trägerunternehmens, der von der Unterstützungskasse Leistungen erhält; soweit die Kasse Hinterbliebenenversorgung gewährt, ist Leistungsempfänger der Hinterbliebene eines ehemaligen Arbeitnehmers des Trägerunternehmens, der von der Kasse Leistungen erhält. [3]Dem ehemaligen Arbeitnehmer stehen andere Personen gleich, denen Leistungen der Alters-, Invaliditäts- oder Hinterbliebenenversorgung aus Anlass ihrer ehemaligen Tätigkeit für das Trägerunternehmen zugesagt worden sind;

b) in jedem Wirtschaftsjahr für jeden Leistungsanwärter,

aa) wenn die Kasse nur Invaliditätsversorgung oder nur Hinterbliebenenversorgung gewährt, jeweils 6 Prozent,

bb) wenn die Kasse Altersversorgung mit oder ohne Einschluss von Invaliditätsversorgung oder Hinterbliebenenversorgung gewährt, 25 Prozent

der jährlichen Versorgungsleistungen, die der Leistungsanwärter oder, wenn nur Hinterbliebenenversorgung gewährt wird, dessen Hinterbliebene nach den Verhältnissen am Schluss des Wirtschaftsjahres der Zuwendung im letzten Zeitpunkt der Anwartschaft, spätestens zum Zeitpunkt des Erreichens der Regelaltersgrenze der gesetzlichen Rentenversicherung erhalten können. [2]Leistungsanwärter ist jeder Arbeitnehmer oder ehemalige Arbeitnehmer des Trägerunternehmens, der von der Unterstützungskasse schriftlich zugesagte Leistungen erhalten kann und am Schluss des Wirtschaftsjahres, in dem die Zuwendung erfolgt, das 27. Lebensjahr vollendet hat; soweit die Kasse nur Hinterbliebenenversorgung gewährt, gilt als Leistungsanwärter jeder Arbeitnehmer oder ehemalige Arbeitnehmer des Trägerunternehmens, der am Schluss des Wirtschaftsjahres, in dem die Zuwendung erfolgt, das 27. Lebensjahr vollendet hat und dessen Hinterbliebene die Hinterbliebenenversorgung erhalten können. [3]Das Trägerunternehmen kann bei der Berechnung nach Satz 1 statt des dort maßgebenden Betrags den Durchschnittsbetrag der von der Kasse im Wirtschaftsjahr an Leistungsempfänger im Sinne des Buchstabens a Satz 2 gewährten Leistungen zugrunde legen. [4]In diesem Fall sind Leistungsanwärter im Sinne des Satzes 2 nur die Arbeitnehmer oder ehemaligen Arbeitnehmer des Trägerunternehmens, die am Schluss des Wirtschaftsjahres, in dem die Zuwendung erfolgt, das 50. Lebensjahr vollendet haben. [5]Dem Arbeitnehmer oder ehemaligen Arbeitnehmer als Leistungsanwärter stehen andere Personen gleich, denen schriftlich Leistungen der Alters-, Invaliditäts- oder Hinterbliebenenversorgung aus Anlass ihrer Tätigkeit für das Trägerunternehmen zugesagt worden sind;

c) den Betrag des Beitrages, den die Kasse an einen Versicherer zahlt, soweit sie sich die Mittel für ihre Versorgungsleistungen, die der Leistungsanwärter oder Leistungsempfänger nach den Verhältnissen am Schluss des Wirtschaftsjahres der Zuwendung erhalten kann, durch Abschluss einer Versicherung verschafft. ^{2}Bei Versicherungen für einen Leistungsanwärter ist der Abzug des Beitrages nur zulässig, wenn der Leistungsanwärter die in Buchstabe b Satz 2 und 5 genannten Voraussetzungen erfüllt, die Versicherung für die Dauer bis zu dem Zeitpunkt abgeschlossen ist, für den erstmals Leistungen der Altersversorgung vorgesehen sind, mindestens jedoch bis zu dem Zeitpunkt, an dem der Leistungsanwärter das 55. Lebensjahr vollendet hat, und während dieser Zeit jährlich Beiträge gezahlt werden, die der Höhe nach gleich bleiben oder steigen. ^{3}Das Gleiche gilt für Leistungsanwärter, die das 27. Lebensjahr noch nicht vollendet haben, für Leistungen der Invaliditäts- oder Hinterbliebenenversorgung, für Leistungen der Altersversorgung unter der Voraussetzung, dass die Leistungsanwartschaft bereits unverfallbar ist. ^{4}Ein Abzug ist ausgeschlossen, wenn die Ansprüche aus der Versicherung der Sicherung eines Darlehens dienen. ^{5}Liegen die Voraussetzungen der Sätze 1 bis 4 vor, sind die Zuwendungen nach den Buchstaben a und b in dem Verhältnis zu vermindern, in dem die Leistungen der Kasse durch die Versicherung gedeckt sind;

d) den Betrag, den die Kasse einem Leistungsanwärter im Sinne des Buchstabens b Satz 2 und 5 vor Eintritt des Versorgungsfalls als Abfindung für künftige Versorgungsleistungen gewährt, den Übertragungswert nach § 4 Absatz 5 des Betriebsrentengesetzes oder den Betrag, den sie an einen anderen Versorgungsträger zahlt, der eine ihr obliegende Versorgungsverpflichtung übernommen hat.

^{2}Zuwendungen dürfen nicht als Betriebsausgaben abgezogen werden, wenn das Vermögen der Kasse ohne Berücksichtigung künftiger Versorgungsleistungen am Schluss des Wirtschaftsjahres das zulässige Kassenvermögen übersteigt. ^{3}Bei der Ermittlung des Vermögens der Kasse ist am Schluss des Wirtschaftsjahres vorhandener Grundbesitz mit 200 Prozent der Einheitswerte anzusetzen, die zu dem Feststellungszeitpunkt maßgebend sind, der dem Schluss des Wirtschaftsjahres folgt; Ansprüche aus einer Versicherung sind mit dem Wert des geschäftsplanmäßigen Deckungskapitals zuzüglich der Guthaben aus Beitragsrückerstattung am Schluss des Wirtschaftsjahres anzusetzen, und das übrige Vermögen ist mit dem gemeinen Wert am Schluss des Wirtschaftsjahres zu bewerten.

[4]Zulässiges Kassenvermögen ist die Summe aus dem Deckungskapital für alle am Schluss des Wirtschaftsjahres laufenden Leistungen nach der dem Gesetz als Anlage 1 beigefügten Tabelle für Leistungsempfänger im Sinne des Satzes 1 Buchstabe a und dem Achtfachen der nach Satz 1 Buchstabe b abzugsfähigen Zuwendungen. [5]Soweit sich die Kasse die Mittel für ihre Leistungen durch Abschluss einer Versicherung verschafft, ist, wenn die Voraussetzungen für den Abzug des Beitrages nach Satz 1 Buchstabe c erfüllt sind, zulässiges Kassenvermögen der Wert des geschäftsplanmäßigen Deckungskapitals aus der Versicherung am Schluss des Wirtschaftsjahres; in diesem Fall ist das zulässige Kassenvermögen nach Satz 4 in dem Verhältnis zu vermindern, in dem die Leistungen der Kasse durch die Versicherung gedeckt sind. [6]Soweit die Berechnung des Deckungskapitals nicht zum Geschäftsplan gehört, tritt an die Stelle des geschäftsplanmäßigen Deckungskapitals der nach § 176 Absatz 3 des Gesetzes über den Versicherungsvertrag berechnete Zeitwert, beim zulässigen Kassenvermögen ohne Berücksichtigung des Guthabens aus Beitragsrückerstattung. [7]Gewährt eine Unterstützungskasse anstelle von lebenslänglich laufenden Leistungen eine einmalige Kapitalleistung, so gelten 10 Prozent der Kapitalleistung als Jahresbetrag einer lebenslänglich laufenden Leistung;

2. bei Kassen, die keine lebenslänglich laufenden Leistungen gewähren, für jedes Wirtschaftsjahr 0,2 Prozent der Lohn- und Gehaltssumme des Trägerunternehmens, mindestens jedoch den Betrag der von der Kasse in einem Wirtschaftsjahr erbrachten Leistungen, soweit dieser Betrag höher ist als die in den vorangegangenen fünf Wirtschaftsjahren vorgenommenen Zuwendungen abzüglich der in dem gleichen Zeitraum erbrachten Leistungen. [2]Diese Zuwendungen dürfen nicht als Betriebsausgaben abgezogen werden, wenn das Vermögen der Kasse am Schluss des Wirtschaftsjahres das zulässige Kassenvermögen übersteigt. [3]Als zulässiges Kassenvermögen kann 1 Prozent der durchschnittlichen Lohn- und Gehaltssumme der letzten drei Jahre angesetzt werden. [4]Hat die Kasse bereits 10 Wirtschaftsjahre bestanden, darf das zulässige Kassenvermögen zusätzlich die Summe der in den letzten zehn Wirtschaftsjahren gewährten Leistungen nicht übersteigen. [5]Für die Bewertung des Vermögens der Kasse gilt Nummer 1 Satz 3 entsprechend. [6]Bei der Berechnung der Lohn- und Gehaltssumme des Trägerunternehmens sind Löhne und Gehälter von Personen, die von der Kasse keine nicht lebenslänglich laufenden Leistungen erhalten können, auszuscheiden.

[2]Gewährt eine Kasse lebenslänglich laufende und nicht lebenslänglich laufende Leistungen, so gilt Satz 1 Nummer 1 und 2 nebeneinander. [3]Leistet ein Trägerunternehmen Zuwendungen an mehrere Unterstützungskassen, so sind diese Kassen bei der Anwendung der Nummern 1 und 2 als Einheit zu behandeln.

(2) [1]Zuwendungen im Sinne des Absatzes 1 sind von dem Trägerunternehmen in dem Wirtschaftsjahr als Betriebsausgaben abzuziehen, in dem sie geleistet werden. [2]Zuwendungen, die bis zum Ablauf eines Monats nach Aufstellung oder Feststellung der Bilanz des Trägerunternehmens für den Schluss eines Wirtschaftsjahres geleistet werden, können von dem Trägerunternehmen noch für das abgelaufene Wirtschaftsjahr durch eine Rückstellung gewinnmindernd berücksichtigt werden. [3]Übersteigen die in einem Wirtschaftsjahr geleisteten Zuwendungen die nach Absatz 1 abzugsfähigen Beträge, so können die übersteigenden Beträge im Wege der Rechnungsabgrenzung auf die folgenden drei Wirtschaftsjahre vorgetragen und im Rahmen der für diese Wirtschaftsjahre abzugsfähigen Beträge als Betriebsausgaben behandelt werden. [4]§ 5 Absatz 1 Satz 2 ist nicht anzuwenden.

(3) [1]Abweichend von Absatz 1 Satz 1 Nummer 1 Satz 1 Buchstabe d und Absatz 2 können auf Antrag die insgesamt erforderlichen Zuwendungen an die Unterstützungskasse für den Betrag, den die Kasse an einen Pensionsfonds zahlt, der eine ihr obliegende Versorgungsverpflichtung ganz oder teilweise übernommen hat, nicht im Wirtschaftsjahr der Zuwendung, sondern erst in den dem Wirtschaftsjahr der Zuwendung folgenden zehn Wirtschaftsjahren gleichmäßig verteilt als Betriebsausgaben abgezogen werden. [2]Der Antrag ist unwiderruflich; der jeweilige Rechtsnachfolger ist an den Antrag gebunden.

§ 4e Beiträge an Pensionsfonds

(1) Beiträge an einen Pensionsfonds im Sinne des § 112 des Versicherungsaufsichtsgesetzes dürfen von dem Unternehmen, das die Beiträge leistet (Trägerunternehmen), als Betriebsausgaben abgezogen werden, soweit sie auf einer festgelegten Verpflichtung beruhen oder der Abdeckung von Fehlbeträgen bei dem Fonds dienen.

(2) Beiträge im Sinne des Absatzes 1 dürfen als Betriebsausgaben nicht abgezogen werden, soweit die Leistungen des Fonds, wenn sie vom Trägerunternehmen unmittelbar erbracht würden, bei diesem nicht betrieblich veranlasst wären.

(3) [1]Der Steuerpflichtige kann auf Antrag die insgesamt erforderlichen Leistungen an einen Pensionsfonds zur teilweisen oder vollständigen Übernahme einer bestehenden Versorgungsverpflichtung oder Versorgungsanwartschaft durch den Pensionsfonds erst in den dem Wirtschaftsjahr der Übertragung folgenden zehn Wirtschaftsjahren gleichmäßig verteilt als Betriebsausgaben abziehen. [2]Der Antrag ist unwiderruflich; der jeweilige Rechtsnachfolger ist an den Antrag gebunden. [3]Ist eine Pensionsrückstellung nach § 6a gewinnerhöhend aufzulösen, ist Satz 1 mit der Maßgabe anzuwenden, dass die Leistungen an den Pensionsfonds im Wirtschaftsjahr der Übertragung in Höhe der aufgelösten Rückstellung als Betriebsausgaben abgezogen werden können; der die aufgelöste Rückstellung übersteigende Betrag ist in den dem Wirtschaftsjahr der Übertragung folgenden zehn Wirtschaftsjahren gleichmäßig verteilt als Betriebsausgaben abzuziehen. [4]Satz 3 gilt entsprechend, wenn es im Zuge der Leistungen des Arbeitgebers an den Pensionsfonds zu Vermögensübertragungen einer Unterstützungskasse an den Arbeitgeber kommt.

...

§ 6a Pensionsrückstellung

(1) Für eine Pensionsverpflichtung darf eine Rückstellung (Pensionsrückstellung) nur gebildet werden, wenn und soweit

1. der Pensionsberechtigte einen Rechtsanspruch auf einmalige oder laufende Pensionsleistungen hat,

2. die Pensionszusage keine Pensionsleistungen in Abhängigkeit von künftigen gewinnabhängigen Bezügen vorsieht und keinen Vorbehalt enthält, dass die Pensionsanwartschaft oder die Pensionsleistung gemindert oder entzogen werden kann, oder ein solcher Vorbehalt sich nur auf Tatbestände erstreckt, bei deren Vorliegen nach allgemeinen Rechtsgrundsätzen unter Beachtung billigen Ermessens eine Minderung oder ein Entzug der Pensionsanwartschaft oder der Pensionsleistung zulässig ist, und

3. die Pensionszusage schriftlich erteilt ist; die Pensionszusage muss eindeutige Angaben zu Art, Form, Voraussetzungen und Höhe der in Aussicht gestellten künftigen Leistungen enthalten.

(2) Eine Pensionsrückstellung darf erstmals gebildet werden

1. vor Eintritt des Versorgungsfalls für das Wirtschaftsjahr, in dem die Pensionszusage erteilt wird, frühestens jedoch für das Wirtschaftsjahr, bis zu dessen Mitte der Pensionsberechtigte das 27. Lebensjahr vollendet oder für das Wirtschaftsjahr, in dessen Verlauf die Pensionsanwartschaft gemäß den Vorschriften des Betriebsrentengesetzes unverfallbar wird,

2. nach Eintritt des Versorgungsfalls für das Wirtschaftsjahr, in dem der Versorgungsfall eintritt.

(3) [1]Eine Pensionsrückstellung darf höchstens mit dem Teilwert der Pensionsverpflichtung angesetzt werden. [2]Als Teilwert einer Pensionsverpflichtung gilt

1. vor Beendigung des Dienstverhältnisses des Pensionsberechtigten der Barwert der künftigen Pensionsleistungen am Schluss des Wirtschaftsjahres abzüglich des sich auf denselben Zeitpunkt ergebenden Barwerts betragsmäßig gleich bleibender Jahresbeträge, bei einer Entgeltumwandlung im Sinne von § 1 Absatz 2 des Betriebsrentengesetzes mindestens jedoch der Barwert der gemäß den Vorschriften des Betriebsrentengesetzes unverfallbaren künftigen Pensionsleistungen am Schluss des Wirtschaftsjahres. [2]Die Jahresbeträge sind so zu bemessen, dass am Beginn des Wirtschaftsjahres, in dem das Dienstverhältnis begonnen hat, ihr Barwert gleich dem Barwert der künftigen Pensionsleistungen ist; die künftigen Pensionsleistungen sind dabei mit dem Betrag anzusetzen, der sich nach den Verhältnissen am Bilanzstichtag ergibt. [3]Es sind die Jahresbeträge zugrunde zu legen, die vom Beginn des Wirtschaftsjahres, in dem das Dienstverhältnis begonnen hat, bis zu dem in der Pensionszusage vorgesehenen Zeitpunkt des Eintritts des Versorgungsfalls rechnungsmäßig aufzubringen sind. [4]Erhöhungen oder Verminderungen der Pensionsleistungen nach dem Schluss des Wirtschaftsjahres, die hinsichtlich des Zeitpunktes ihres Wirksamwerdens oder ihres Umfangs ungewiss sind, sind bei der Berechnung des Barwerts der künftigen Pensionsleistungen und der Jahresbeträge erst zu berücksichtigen, wenn sie eingetreten sind. [5]Wird die Pensionszusage erst nach dem Beginn des Dienstverhältnisses erteilt, so ist die Zwischenzeit für die Berechnung der Jahresbeträge nur insoweit als Wartezeit zu behandeln, als sie in der Pensionszusage als solche bestimmt ist. [6]Hat das Dienstverhältnis schon vor der Vollendung des 27. Lebensjahres des Pensionsberechtigten bestanden, so gilt es als zu Beginn des Wirtschaftsjahres begonnen, bis zu dessen Mitte der Pensionsberechtigte das 27. Lebensjahr vollendet; in diesem Fall gilt für davor liegende Wirtschaftsjahre als Teilwert der Barwert der gemäß den Vorschriften des Betriebsrentengesetzes unverfallbaren künftigen Pensionsleistungen am Schluss des Wirtschaftsjahres;

2. nach Beendigung des Dienstverhältnisses des Pensionsberechtigten unter Aufrechterhaltung seiner Pensionsanwartschaft oder nach Eintritt des Versorgungsfalls der Barwert der künftigen Pensionsleistungen am Schluss des Wirtschaftsjahres; Nummer 1 Satz 4 gilt sinngemäß.

[3]Bei der Berechnung des Teilwerts der Pensionsverpflichtung sind ein Rechnungszinsfuß von 6 Prozent und die anerkannten Regeln der Versicherungsmathematik anzuwenden.

(4) [1]Eine Pensionsrückstellung darf in einem Wirtschaftsjahr höchstens um den Unterschied zwischen dem Teilwert der Pensionsverpflichtung am Schluss des Wirtschaftsjahres und am Schluss des vorangegangenen Wirtschaftsjahres erhöht werden. [2]Soweit der Unterschiedsbetrag auf der erstmaligen Anwendung neuer oder geänderter biometrischer Rechnungsgrundlagen beruht, kann er nur auf mindestens drei Wirtschaftsjahre gleichmäßig verteilt der Pensionsrückstellung zugeführt werden; Entsprechendes gilt beim Wechsel auf andere biometrische Rechnungsgrundlagen. [3]In dem Wirtschaftsjahr, in dem mit der Bildung einer Pensionsrückstellung frühestens begonnen werden darf (Erstjahr), darf die Rückstellung bis zur Höhe des Teilwerts der Pensionsverpflichtung am Schluss des Wirtschaftsjahres gebildet werden; diese Rückstellung kann auf das Erstjahr und die beiden folgenden Wirtschaftsjahre gleichmäßig verteilt werden. [4]Erhöht sich in einem Wirtschaftsjahr gegenüber dem vorangegangenen Wirtschaftsjahr der Barwert der künftigen Pensionsleistungen um mehr als 25 Prozent, so kann die für dieses Wirtschaftsjahr zulässige Erhöhung der Pensionsrückstellung auf dieses Wirtschaftsjahr und die beiden folgenden Wirtschaftsjahre gleichmäßig verteilt werden. [5]Am Schluss des Wirtschaftsjahres, in dem das Dienstverhältnis des Pensionsberechtigten unter Aufrechterhaltung seiner Pensionsanwartschaft endet oder der Versorgungsfall eintritt, darf die Pensionsrückstellung stets bis zur Höhe des Teilwerts der Pensionsverpflichtung gebildet werden; die für dieses Wirtschaftsjahr zulässige Erhöhung der Pensionsrückstellung kann auf dieses Wirtschaftsjahr und die beiden folgenden Wirtschaftsjahre gleichmäßig verteilt werden. [6]Satz 2 gilt in den Fällen der Sätze 3 bis 5 entsprechend.

(5) Die Absätze 3 und 4 gelten entsprechend, wenn der Pensionsberechtigte zu dem Pensionsverpflichteten in einem anderen Rechtsverhältnis als einem Dienstverhältnis steht.

...

§ 19 [Nichtselbständige Arbeit]

(1) [1]Zu den Einkünften aus nichtselbständiger Arbeit gehören
1. Gehälter, Löhne, Gratifikationen, Tantiemen und andere Bezüge und Vorteile für eine Beschäftigung im öffentlichen oder privaten Dienst;

2. Wartegelder, Ruhegelder, Witwen- und Waisengelder und andere Bezüge und Vorteile aus früheren Dienstleistungen, auch soweit sie von Arbeitgebern ausgleichspflichtiger Personen an ausgleichsberechtigte Personen infolge einer nach § 10 oder § 14 des Versorgungsausgleichsgesetzes durchgeführten Teilung geleistet werden;

3. laufende Beiträge und laufende Zuwendungen des Arbeitgebers aus einem bestehenden Dienstverhältnis an einen Pensionsfonds, eine Pensionskasse oder für eine Direktversicherung für eine betriebliche Altersversorgung. [2]Zu den Einkünften aus nichtselbständiger Arbeit gehören auch Sonderzahlungen, die der Arbeitgeber neben den laufenden Beiträgen und Zuwendungen an eine solche Versorgungseinrichtung leistet, mit Ausnahme der Zahlungen des Arbeitgebers zur Erfüllung der Solvabilitätsvorschriften nach den §§ 53c und 114 des Versicherungsaufsichtsgesetzes, Zahlungen des Arbeitgebers in der Rentenbezugszeit nach § 112 Absatz 1a des Versicherungsaufsichtsgesetzes oder Sanierungsgelder; Sonderzahlungen des Arbeitgebers sind insbesondere Zahlungen an eine Pensionskasse anlässlich

   a) seines Ausscheidens aus einer nicht im Wege der Kapitaldeckung finanzierten betrieblichen Altersversorgung oder

   b) des Wechsels von einer nicht im Wege der Kapitaldeckung zu einer anderen nicht im Wege der Kapitaldeckung finanzierten betrieblichen Altersversorgung.

[3]Von Sonderzahlungen im Sinne des Satzes 2 Buchstabe b ist bei laufenden und wiederkehrenden Zahlungen entsprechend dem periodischen Bedarf nur auszugehen, soweit die Bemessung der Zahlungsverpflichtungen des Arbeitgebers in das Versorgungssystem nach dem Wechsel die Bemessung der Zahlungsverpflichtung zum Zeitpunkt des Wechsels übersteigt. [4]Sanierungsgelder sind Sonderzahlungen des Arbeitgebers an eine Pensionskasse anlässlich der Systemumstellung einer nicht im Wege der Kapitaldeckung finanzierten betrieblichen Altersversorgung auf der Finanzierungs- oder Leistungsseite, die der Finanzierung der zum Zeitpunkt der Umstellung bestehenden Versorgungsverpflichtungen oder Versorgungsanwartschaften dienen; bei laufenden und wiederkehrenden Zahlungen entsprechend dem periodischen Bedarf ist nur von Sanierungsgeldern auszugehen, soweit die Bemessung der Zahlungsverpflichtungen des Arbeitgebers in das Versorgungssystem nach der Systemumstellung die Bemessung der Zahlungsverpflichtung zum Zeitpunkt der Systemumstellung übersteigt.

[2]Es ist gleichgültig, ob es sich um laufende oder um einmalige Bezüge handelt und ob ein Rechtsanspruch auf sie besteht.

(2) [1]Von Versorgungsbezügen bleiben ein nach einem Prozentsatz ermittelter, auf einen Höchstbetrag begrenzter Betrag (Versorgungsfreibetrag) und ein Zuschlag zum Versorgungsfreibetrag steuerfrei. [2]Versorgungsbezüge sind
1. das Ruhegehalt, Witwen- oder Waisengeld, der Unterhaltsbeitrag oder ein gleichartiger Bezug
   a) auf Grund beamtenrechtlicher oder entsprechender gesetzlicher Vorschriften,
   b) nach beamtenrechtlichen Grundsätzen von Körperschaften, Anstalten oder Stiftungen des öffentlichen Rechts oder öffentlich-rechtlichen Verbänden von Körperschaften
   oder
2. in anderen Fällen Bezüge und Vorteile aus früheren Dienstleistungen wegen Erreichens einer Altersgrenze, verminderter Erwerbsfähigkeit oder Hinterbliebenenbezüge; Bezüge wegen Erreichens einer Altersgrenze gelten erst dann als Versorgungsbezüge, wenn der Steuerpflichtige das 63. Lebensjahr oder, wenn er schwerbehindert ist, das 60. Lebensjahr vollendet hat.

[3]Der maßgebende Prozentsatz, der Höchstbetrag des Versorgungsfreibetrags und der Zuschlag zum Versorgungsfreibetrag sind der nachstehenden Tabelle zu entnehmen:

Jahr des Versor- gungsbeginns	Versorgungsfreibetrag		Zuschlag zum Versorgungsfrei- betrag in Euro
	in % der Versor- gungsbezüge	Höchstbetrag in Euro	
bis 2005	40,0	3 000	900
ab 2006	38,4	2 880	864
2007	36,8	2 760	828
2008	35,2	2 640	792
2009	33,6	2 520	756
2010	32,0	2 400	720

Jahr des Versor- gungsbeginns	Versorgungsfreibetrag		Zuschlag zum Versorgungsfrei- betrag in Euro
	in % der Versor- gungsbezüge	Höchstbetrag in Euro	
2011	30,4	2 280	684
2012	28,8	2 160	648
2013	27,2	2 040	612
2014	25,6	1 920	576
2015	24,0	1 800	540
2016	22,4	1 680	504
2017	20,8	1 560	468
2018	19,2	1 440	432
2019	17,6	1 320	396
2020	16,0	1 200	360
2021	15,2	1 140	342
2022	14,4	1 080	324
2023	13,6	1 020	306
2024	12,8	960	288
2025	12,0	900	270
2026	11,2	840	252
2027	10,4	780	234
2028	9,6	720	216
2029	8,8	660	198
2030	8,0	600	180
2031	7,2	540	162
2032	6,4	480	144
2033	5,6	420	126

Jahr des Versorgungsbeginns	Versorgungsfreibetrag		Zuschlag zum Versorgungsfreibetrag in Euro
	in % der Versorgungsbezüge	Höchstbetrag in Euro	
2034	4,8	360	108
2035	4,0	300	90
2036	3,2	240	72
2037	2,4	180	54
2038	1,6	120	36
2039	0,8	60	18
2040	0,0	0	0

[4]Bemessungsgrundlage für den Versorgungsfreibetrag ist
a) bei Versorgungsbeginn vor 2005
   das Zwölffache des Versorgungsbezugs für Januar 2005,
b) bei Versorgungsbeginn ab 2005
   das Zwölffache des Versorgungsbezugs für den ersten vollen Monat,

jeweils zuzüglich voraussichtlicher Sonderzahlungen im Kalenderjahr, auf die zu diesem Zeitpunkt ein Rechtsanspruch besteht. [5]Der Zuschlag zum Versorgungsfreibetrag darf nur bis zur Höhe der um den Versorgungsfreibetrag geminderten Bemessungsgrundlage berücksichtigt werden. [6]Bei mehreren Versorgungsbezügen mit unterschiedlichem Bezugsbeginn bestimmen sich der insgesamt berücksichtigungsfähige Höchstbetrag des Versorgungsfreibetrags und der Zuschlag zum Versorgungsfreibetrag nach dem Jahr des Beginns des ersten Versorgungsbezugs. [7]Folgt ein Hinterbliebenenbezug einem Versorgungsbezug, bestimmen sich der Prozentsatz, der Höchstbetrag des Versorgungsfreibetrags und der Zuschlag zum Versorgungsfreibetrag für den Hinterbliebenenbezug nach dem Jahr des Beginns des Versorgungsbezugs. [8]Der nach den Sätzen 3 bis 7 berechnete Versorgungsfreibetrag und Zuschlag zum Versorgungsfreibetrag gelten für die gesamte Laufzeit des Versorgungsbezugs. [9]Regelmäßige Anpassungen des Versorgungsbezugs führen nicht zu einer Neuberechnung. [10]Abweichend hiervon sind der Versorgungsfreibetrag und der Zuschlag zum Versorgungsfreibetrag neu zu berechnen, wenn sich der Versorgungsbezug wegen Anwendung von Anrechnungs-,

Ruhens-, Erhöhungs- oder Kürzungsregelungen erhöht oder vermindert. [11]In diesen Fällen sind die Sätze 3 bis 7 mit dem geänderten Versorgungsbezug als Bemessungsgrundlage im Sinne des Satzes 4 anzuwenden; im Kalenderjahr der Änderung sind der höchste Versorgungsfreibetrag und Zuschlag zum Versorgungsfreibetrag maßgebend. [12]Für jeden vollen Kalendermonat, für den keine Versorgungsbezüge gezahlt werden, ermäßigen sich der Versorgungsfreibetrag und der Zuschlag zum Versorgungsfreibetrag in diesem Kalenderjahr um je ein Zwölftel.

...

§ 22   Arten der sonstigen Einkünfte

Sonstige Einkünfte sind
1. Einkünfte aus wiederkehrenden Bezügen, soweit sie nicht zu den in § 2 Absatz 1 Nummer 1 bis 6 bezeichneten Einkunftsarten gehören; § 15b ist sinngemäß anzuwenden. [2]Werden die Bezüge freiwillig oder auf Grund einer freiwillig begründeten Rechtspflicht oder einer gesetzlich unterhaltsberechtigten Person gewährt, so sind sie nicht dem Empfänger zuzurechnen; dem Empfänger sind dagegen zuzurechnen
   a) Bezüge, die von einer Körperschaft, Personenvereinigung oder Vermögensmasse außerhalb der Erfüllung steuerbegünstigter Zwecke im Sinne der §§ 52 bis 54 der Abgabenordnung gewährt werden, und
   b) Bezüge im Sinne des § 1 der Verordnung über die Steuerbegünstigung von Stiftungen, die an die Stelle von Familienfideikommissen getreten sind, in der im Bundesgesetzblatt Teil III, Gliederungsnummer 611-4-3, veröffentlichten bereinigten Fassung.
   [3]Zu den in Satz 1 bezeichneten Einkünften gehören auch
   a) Leibrenten und andere Leistungen,
      aa) die aus den gesetzlichen Rentenversicherungen, den landwirtschaftlichen Alterskassen, den berufsständischen Versorgungseinrichtungen und aus Rentenversicherungen im Sinne des § 10 Absatz 1 Nummer 2 Buchstabe b erbracht werden, soweit sie jeweils der Besteuerung unterliegen. [2]Bemessungsgrundlage für den der Besteuerung unterliegenden Anteil ist der Jahresbetrag der Rente. [3]Der der Besteuerung unterliegende Anteil ist nach dem Jahr des Rentenbeginns und dem in diesem Jahr maßgebenden Prozentsatz aus der nachstehenden Tabelle zu entnehmen:

Jahr des Rentenbeginns	Besteuerungsanteil in %
bis 2005	50
ab 2006	52
2007	54
2008	56
2009	58
2010	60
2011	62
2012	64
2013	66
2014	68
2015	70
2016	72
2017	74
2018	76
2019	78
2020	80
2021	81
2022	82
2023	83
2024	84
2025	85
2026	86
2027	87
2028	88
2029	89
2030	90

Jahr des Rentenbeginns	Besteuerungsanteil in %
2031	91
2032	92
2033	93
2034	94
2035	95
2036	96
2037	97
2038	98
2039	99
2040	100

[4]Der Unterschiedsbetrag zwischen dem Jahresbetrag der Rente und dem der Besteuerung unterliegenden Anteil der Rente ist der steuerfreie Teil der Rente. [5]Dieser gilt ab dem Jahr, das dem Jahr des Rentenbeginns folgt, für die gesamte Laufzeit des Rentenbezugs. [6]Abweichend hiervon ist der steuerfreie Teil der Rente bei einer Veränderung des Jahresbetrags der Rente in dem Verhältnis anzupassen, in dem der veränderte Jahresbetrag der Rente zum Jahresbetrag der Rente steht, der der Ermittlung des steuerfreien Teils der Rente zugrunde liegt. [7]Regelmäßige Anpassungen des Jahresbetrags der Rente führen nicht zu einer Neuberechnung und bleiben bei einer Neuberechnung außer Betracht. [8]Folgen nach dem 31. Dezember 2004 Renten aus derselben Versicherung einander nach, gilt für die spätere Rente Satz 3 mit der Maßgabe, dass sich der Prozentsatz nach dem Jahr richtet, das sich ergibt, wenn die Laufzeit der vorhergehenden Renten von dem Jahr des Beginns der späteren Rente abgezogen wird; der Prozentsatz kann jedoch nicht niedriger bemessen werden als der für das Jahr 2005;

bb) die nicht solche im Sinne des Doppelbuchstaben aa sind und bei denen in den einzelnen Bezügen Einkünfte aus Erträgen des Rentenrechts enthalten sind. [2]Dies gilt auf Antrag auch für Leibrenten und andere Leistungen, soweit diese auf bis zum 31. Dezember 2004 geleisteten Beiträgen beruhen, welche oberhalb des

Betrags des Höchstbeitrags zur gesetzlichen Rentenversicherung gezahlt wurden; der Steuerpflichtige muss nachweisen, dass der Betrag des Höchstbeitrags mindestens zehn Jahre überschritten wurde; soweit hiervon im Versorgungsausgleich übertragene Rentenanwartschaften betroffen sind, gilt § 4 Absatz 1 und 2 des Versorgungsausgleichsgesetzes entsprechend. [3]Als Ertrag des Rentenrechts gilt für die gesamte Dauer des Rentenbezugs der Unterschiedsbetrag zwischen dem Jahresbetrag der Rente und dem Betrag, der sich bei gleichmäßiger Verteilung des Kapitalwerts der Rente auf ihre voraussichtliche Laufzeit ergibt; dabei ist der Kapitalwert nach dieser Laufzeit zu berechnen. [4]Der Ertrag des Rentenrechts (Ertragsanteil) ist aus der nachstehenden Tabelle zu entnehmen:

Bei Beginn der Rente vollendetes Lebensjahr des Rentenberechtigten	Ertragsanteil in %
0 bis 1	59
2 bis 3	58
4 bis 5	57
6 bis 8	56
9 bis 10	55
11 bis 12	54
13 bis 14	53
15 bis 16	52
17 bis 18	51
19 bis 20	50
21 bis 22	49
23 bis 24	48
25 bis 26	47
27	46
28 bis 29	45
30 bis 31	44

Bei Beginn der Rente vollendetes Lebensjahr des Rentenberechtigten	Ertragsanteil in %
32	43
33 bis 34	42
35	41
36 bis 37	40
38	39
39 bis 40	38
41	37
42	36
43 bis 44	35
45	34
46 bis 47	33
48	32
49	31
50	30
51 bis 52	29
53	28
54	27
55 bis 56	26
57	25
58	24
59	23
60 bis 61	22
62	21
63	20
64	19

Bei Beginn der Rente vollendetes Lebensjahr des Rentenberechtigten	Ertragsanteil in %
65 bis 66	18
67	17
68	16
69 bis 70	15
71	14
72 bis 73	13
74	12
75	11
76 bis 77	10
78 bis 79	9
80	8
81 bis 82	7
83 bis 84	6
85 bis 87	5
88 bis 91	4
92 bis 93	3
94 bis 96	2
ab 97	1

[5]Die Ermittlung des Ertrags aus Leibrenten, die vor dem 1. Januar 1955 zu laufen begonnen haben, und aus Renten, deren Dauer von der Lebenszeit mehrerer Personen oder einer anderen Person als des Rentenberechtigten abhängt, sowie aus Leibrenten, die auf eine bestimmte Zeit beschränkt sind, wird durch eine Rechtsverordnung bestimmt;

b) Einkünfte aus Zuschüssen und sonstigen Vorteilen, die als wiederkehrende Bezüge gewährt werden;

1a. Einkünfte aus Unterhaltsleistungen, soweit sie nach § 10 Absatz 1 Nummer 1 vom Geber abgezogen werden können;

1b. Einkünfte aus Versorgungsleistungen, soweit beim Zahlungsverpflichteten die Voraussetzungen für den Sonderausgabenabzug nach § 10 Absatz 1 Nummer 1a erfüllt sind;

1c. Einkünfte aus Ausgleichszahlungen im Rahmen des Versorgungsausgleichs nach den §§ 20, 21, 22 und 26 des Versorgungsausgleichsgesetzes, §§ 1587f, 1587g, 1587i des Bürgerlichen Gesetzbuchs und § 3a des Gesetzes zur Regelung von Härten im Versorgungsausgleich, soweit bei der ausgleichspflichtigen Person die Voraussetzungen für den Sonderausgabenabzug nach § 10 Absatz 1 Nummer 1b erfüllt sind;

2. Einkünfte aus privaten Veräußerungsgeschäften im Sinne des § 23;

3. Einkünfte aus Leistungen, soweit sie weder zu anderen Einkunftsarten (§ 2 Absatz 1 Satz 1 Nummer 1 bis 6) noch zu den Einkünften im Sinne der Nummern 1, 1a, 2 oder 4 gehören, z. B. Einkünfte aus gelegentlichen Vermittlungen und aus der Vermietung beweglicher Gegenstände. [2]Solche Einkünfte sind nicht einkommensteuerpflichtig, wenn sie weniger als 256 Euro im Kalenderjahr betragen haben. [3]Übersteigen die Werbungskosten die Einnahmen, so darf der übersteigende Betrag bei Ermittlung des Einkommens nicht ausgeglichen werden; er darf auch nicht nach § 10d abgezogen werden. [4]Die Verluste mindern jedoch nach Maßgabe des § 10d die Einkünfte, die der Steuerpflichtige in dem unmittelbar vorangegangenen Veranlagungszeitraum oder in den folgenden Veranlagungszeiträumen aus Leistungen im Sinne des Satzes 1 erzielt hat oder erzielt; § 10d Absatz 4 gilt entsprechend. [5]Verluste aus Leistungen im Sinne des § 22 Nummer 3 in der bis zum 31. Dezember 2008 anzuwendenden Fassung können abweichend von Satz 3 auch mit Einkünften aus Kapitalvermögen im Sinne des § 20 Absatz 1 Nummer 11 ausgeglichen werden. [6]Sie mindern abweichend von Satz 4 nach Maßgabe des § 10d auch die Einkünfte, die der Steuerpflichtige in den folgenden Veranlagungszeiträumen aus § 20 Absatz 1 Nummer 11 erzielt;

4. Entschädigungen, Amtszulagen, Zuschüsse zu Kranken- und Pflegeversicherungsbeiträgen, Übergangsgelder, Überbrückungsgelder, Sterbegelder, Versorgungsabfindungen, Versorgungsbezüge, die auf Grund des Abgeordnetengesetzes oder des Europaabgeordnetengesetzes, sowie vergleichbare Bezüge, die auf Grund der entsprechenden Gesetze der Länder gezahlt werden, und die Entschädigungen, das Übergangsgeld, das Ruhegehalt und die Hinterbliebenenversorgung, die auf Grund des Abgeordnetenstatuts des Europäischen Parlaments von der Europäischen Union gezahlt werden. [2]Werden zur Abgeltung des durch das Mandat veranlassten Aufwandes Aufwandsentschädigungen gezahlt, so dürfen die durch

das Mandat veranlassten Aufwendungen nicht als Werbungskosten abgezogen werden. [3]Wahlkampfkosten zur Erlangung eines Mandats im Bundestag, im Europäischen Parlament oder im Parlament eines Landes dürfen nicht als Werbungskosten abgezogen werden. [4]Es gelten entsprechend

a) für Nachversicherungsbeiträge auf Grund gesetzlicher Verpflichtung nach den Abgeordnetengesetzen im Sinne des Satzes 1 und für Zuschüsse zu Kranken- und Pflegeversicherungsbeiträgen § 3 Nummer 62,

b) für Versorgungsbezüge § 19 Absatz 2 nur bezüglich des Versorgungsfreibetrags; beim Zusammentreffen mit Versorgungsbezügen im Sinne des § 19 Absatz 2 Satz 2 bleibt jedoch insgesamt höchstens ein Betrag in Höhe des Versorgungsfreibetrags nach § 19 Absatz 2 Satz 3 im Veranlagungszeitraum steuerfrei,

c) für das Übergangsgeld, das in einer Summe gezahlt wird, und für die Versorgungsabfindung § 34 Absatz 1,

d) für die Gemeinschaftssteuer, die auf die Entschädigungen, das Übergangsgeld, das Ruhegehalt und die Hinterbliebenenversorgung auf Grund des Abgeordnetenstatuts des Europäischen Parlaments von der Europäischen Union erhoben wird, § 34c Absatz 1; dabei sind die im ersten Halbsatz genannten Einkünfte für die entsprechende Anwendung des § 34c Absatz 1 wie ausländische Einkünfte und die Gemeinschaftssteuer wie eine der deutschen Einkommensteuer entsprechende ausländische Steuer zu behandeln;

5. Leistungen aus Altersvorsorgeverträgen, Pensionsfonds, Pensionskassen und Direktversicherungen. [2]Soweit die Leistungen nicht auf Beiträgen, auf die § 3 Nummer 63, § 10a oder Abschnitt XI angewendet wurde, nicht auf Zulagen im Sinne des Abschnitts XI, nicht auf Zahlungen im Sinne des § 92a Absatz 2 Satz 4 Nummer 1 und des § 92a Absatz 3 Satz 9 Nummer 2, nicht auf steuerfreien Leistungen nach § 3 Nummer 66 und nicht auf Ansprüchen beruhen, die durch steuerfreie Zuwendungen nach § 3 Nummer 56 oder die durch die nach § 3 Nummer 55b Satz 1 oder § 3 Nummer 55c steuerfreie Leistung aus einem neu begründeten Anrecht erworben wurden,

a) ist bei lebenslangen Renten sowie bei Berufsunfähigkeits-, Erwerbsminderungs- und Hinterbliebenenrenten Nummer 1 Satz 3 Buchstabe a entsprechend anzuwenden,

b) ist bei Leistungen aus Versicherungsverträgen, Pensionsfonds, Pensionskassen und Direktversicherungen, die nicht solche nach Buchstabe a sind, § 20 Absatz 1 Nummer 6 in der jeweils für den Vertrag geltenden Fassung entsprechend anzuwenden,

c) unterliegt bei anderen Leistungen der Unterschiedsbetrag zwischen der Leistung und der Summe der auf sie entrichteten Beiträge der Besteuerung; § 20 Absatz 1 Nummer 6 Satz 2 gilt entsprechend.

[3]In den Fällen des § 93 Absatz 1 Satz 1 und 2 gilt das ausgezahlte geförderte Altersvorsorgevermögen nach Abzug der Zulagen im Sinne des Abschnitts XI als Leistung im Sinne des Satzes 2. [4]Als Leistung im Sinne des Satzes 1 gilt auch der Verminderungsbetrag nach § 92a Absatz 2 Satz 5 und der Auflösungsbetrag nach § 92a Absatz 3 Satz 5. [5]Der Auflösungsbetrag nach § 92a Absatz 2 Satz 6 wird zu 70 Prozent als Leistung nach Satz 1 erfasst. [6]Tritt nach dem Beginn der Auszahlungsphase zu Lebzeiten des Zulageberechtigten der Fall des § 92a Absatz 3 Satz 1 ein, dann ist

a) innerhalb eines Zeitraums bis zum zehnten Jahr nach dem Beginn der Auszahlungsphase das Eineinhalbfache,

b) innerhalb eines Zeitraums zwischen dem zehnten und 20. Jahr nach dem Beginn der Auszahlungsphase das Einfache

des nach Satz 5 noch nicht erfassten Auflösungsbetrags als Leistung nach Satz 1 zu erfassen; § 92a Absatz 3 Satz 9 gilt entsprechend mit der Maßgabe, dass als noch nicht zurückgeführter Betrag im Wohnförderkonto der noch nicht erfasste Auflösungsbetrag gilt. [7]Bei erstmaligem Bezug von Leistungen, in den Fällen des § 93 Absatz 1 sowie bei Änderung der im Kalenderjahr auszuzahlenden Leistung hat der Anbieter (§ 80) nach Ablauf des Kalenderjahres dem Steuerpflichtigen nach amtlich vorgeschriebenem Vordruck den Betrag der im abgelaufenen Kalenderjahr zugeflossenen Leistungen im Sinne der Sätze 1 bis 6 je gesondert mitzuteilen. [8]In den Fällen des § 92a Absatz 2 Satz 10 erster Halbsatz erhält der Steuerpflichtige die Angaben nach Satz 7 von der zentralen Stelle (§ 81). [9]Werden dem Steuerpflichtigen Abschluss- und Vertriebskosten eines Altersvorsorgevertrages erstattet, gilt der Erstattungsbetrag als Leistung im Sinne des Satzes 1. [10]In den Fällen des § 3 Nummer 55a richtet sich die Zuordnung zu Satz 1 oder Satz 2 bei der ausgleichsberechtigten Person danach, wie eine nur auf die Ehezeit bezogene Zuordnung der sich aus dem übertragenen Anrecht ergebenden Leistung zu Satz 1 oder Satz 2 bei der ausgleichspflichtigen Person im Zeitpunkt der Übertragung ohne die Teilung vorzunehmen gewesen wäre. [11]Dies gilt sinngemäß in den Fällen des § 3 Nummer 55 und 55e.

...

§ 52 Anwendungsvorschriften

...

(6) [1]§ 3 Nummer 63 ist bei Beiträgen für eine Direktversicherung nicht anzuwenden, wenn die entsprechende Versorgungszusage vor dem 1. Januar 2005 erteilt wurde und der Arbeitnehmer gegenüber dem Arbeitgeber für diese Beiträge auf die Anwendung des § 3 Nummer 63 verzichtet hat. [2]Der Verzicht gilt für die Dauer des Dienstverhältnisses; er ist bis zum 30. Juni 2005 oder bei einem späteren Arbeitgeberwechsel bis zur ersten Beitragsleistung zu erklären. [3]§ 3 Nummer 63 Satz 3 und 4 ist nicht anzuwenden, wenn § 40b Absatz 1 und 2 in der am 31. Dezember 2004 geltenden Fassung angewendet wird.

...

(36) [1]§ 20 Absatz 1 Nummer 1 bis 3 in der Fassung des Gesetzes vom 24. März 1999 (BGBl. I S. 402) ist letztmals anzuwenden für Ausschüttungen, für die der Vierte Teil des Körperschaftsteuergesetzes nach § 34 Absatz 10a des Körperschaftsteuergesetzes in der Fassung des Artikels 3 des Gesetzes vom 23. Oktober 2000 (BGBl. I S. 1433) letztmals anzuwenden ist. [2]§ 20 Absatz 1 Nummer 1 in der Fassung des Gesetzes vom 23. Oktober 2000 (BGBl. I S. 1433) und § 20 Absatz 1 Nummer 2 in der Fassung des Artikels 1 des Gesetzes vom 20. Dezember 2001 (BGBl. I S. 3858) sind erstmals für Erträge anzuwenden, für die Satz 1 nicht gilt. [3]§ 20 Absatz 1 Nummer 6 in der Fassung des Gesetzes vom 7. September 1990 (BGBl. I S. 1898) ist erstmals auf nach dem 31. Dezember 1974 zugeflossene Zinsen aus Versicherungsverträgen anzuwenden, die nach dem 31. Dezember 1973 abgeschlossen worden sind. [4]§ 20 Absatz 1 Nummer 6 in der Fassung des Gesetzes vom 20. Dezember 1996 (BGBl. I S. 2049) ist erstmals auf Zinsen aus Versicherungsverträgen anzuwenden, bei denen die Ansprüche nach dem 31. Dezember 1996 entgeltlich erworben worden sind. [5]Für Kapitalerträge aus Versicherungsverträgen, die vor dem 1. Januar 2005 abgeschlossen werden, ist § 20 Absatz 1 Nummer 6 in der am 31. Dezember 2004 geltenden Fassung mit der Maßgabe weiterhin anzuwenden, dass in Satz 3 die Angabe »§ 10 Absatz 1 Nummer 2 Buchstabe b Satz 5« durch die Angabe »§ 10 Absatz 1 Nummer 2 Buchstabe b Satz 6« ersetzt wird. [6]§ 20 Absatz 1 Nummer 1 Satz 4, § 43 Absatz 3, § 44 Absatz 1, 2 und 5 und § 45a Absatz 1 und 3 in der Fassung des Artikels 1 des Gesetzes vom 13. Dezember 2006 (BGBl. I S. 2878) sind erstmals auf Verkäufe anzuwenden, die nach dem 31. Dezember 2006 getätigt werden. [7]§ 20 Absatz 1 Nummer 6 Satz 1 in der Fassung des Artikels 1 des Gesetzes vom 13. Dezember 2006 (BGBl. I

S. 2878) ist auf Erträge aus Versicherungsverträgen, die nach dem 31. Dezember 2004 abgeschlossen werden, anzuwenden. [8]§ 20 Absatz 1 Nummer 6 Satz 3 in der Fassung des Artikels 1 des Gesetzes vom 13. Dezember 2006 (BGBl. I S. 2878) ist erstmals anzuwenden auf Versicherungsleistungen im Erlebensfall bei Versicherungsverträgen, die nach dem 31. Dezember 2006 abgeschlossen werden, und auf Versicherungsleistungen bei Rückkauf eines Vertrages nach dem 31. Dezember 2006. [9]§ 20 Absatz 1 Nummer 6 Satz 2 ist für Vertragsabschlüsse nach dem 31. Dezember 2011 mit der Maßgabe anzuwenden, dass die Versicherungsleistung nach Vollendung des 62. Lebensjahres des Steuerpflichtigen ausgezahlt wird. [10]§ 20 Absatz 1 Nummer 6 Satz 5 in der Fassung des Artikels 1 des Gesetzes vom 19. Dezember 2008 (BGBl. I S. 2794) ist für alle Kapitalerträge anzuwenden, die dem Versicherungsunternehmen nach dem 31. Dezember 2008 zufließen. [11]§ 20 Absatz 1 Nummer 6 Satz 6 in der Fassung des Artikels 1 des Gesetzes vom 19. Dezember 2008 (BGBl. I S. 2794) ist für alle Versicherungsverträge anzuwenden, die nach dem 31. März 2009 abgeschlossen werden oder bei denen die erstmalige Beitragsleistung nach dem 31. März 2009 erfolgt. [12]Wird auf Grund einer internen Teilung nach § 10 des Versorgungsausgleichsgesetzes oder einer externen Teilung nach § 14 des Versorgungsausgleichsgesetzes ein Anrecht in Form eines Versicherungsvertrags zugunsten der ausgleichsberechtigten Person begründet, gilt dieser Vertrag insoweit zu dem gleichen Zeitpunkt als abgeschlossen wie derjenige der ausgleichspflichtigen Person.

(36a) Für die Anwendung des § 20 Absatz 1 Nummer 4 Satz 2 in der Fassung des Artikels 1 des Gesetzes vom 22. Dezember 2005 (BGBl. I S. 3683) gilt Absatz 33a entsprechend.

...

(52b) [1]§ 40b Absatz 1 und 2 in der am 31. Dezember 2004 geltenden Fassung ist weiter anzuwenden auf Beiträge für eine Direktversicherung des Arbeitnehmers und Zuwendungen an eine Pensionskasse, die auf Grund einer Versorgungszusage geleistet werden, die vor dem 1. Januar 2005 erteilt wurde. [2]Sofern die Beiträge für eine Direktversicherung die Voraussetzungen des § 3 Nummer 63 erfüllen, gilt dies nur, wenn der Arbeitnehmer nach Absatz 6 gegenüber dem Arbeitgeber für diese Beiträge auf die Anwendung des § 3 Nummer 63 verzichtet hat. [3]§ 40b Absatz 4 in der Fassung des Artikels 1 des Gesetzes vom 13. Dezember 2006 (BGBl. I S. 2878) ist erstmals anzuwenden auf Sonderzahlungen, die nach dem 23. August 2006 gezahlt werden.

Anhang III
Steuerliche Förderung der privaten Altersvorsorge und betrieblichen Altersversorgung

BMF-Schreiben vom 31.3.2010[1]

– Auszug –

...

---

1 Dieses BMF-Schreiben wird zurzeit überarbeitet. Die Randnummern werden nicht geändert. Wann das geänderte BMF-Schreiben im Bundessteuerblatt veröffentlicht wird, ist nicht absehbar. Das geänderte BMF-Schreiben wird rückwirkend zum 1.1.2012 in Kraft treten und dieses BMF-Schreiben ersetzen.

B. Betriebliche Altersversorgung

I. Allgemeines

247 Betriebliche Altersversorgung liegt vor, wenn dem Arbeitnehmer aus Anlass seines Arbeitsverhältnisses vom Arbeitgeber Leistungen zur Absicherung mindestens eines biometrischen Risikos (Alter, Tod, Invalidität) zugesagt werden und Ansprüche auf diese Leistungen erst mit dem Eintritt des biologischen Ereignisses fällig werden (§ 1 BetrAVG). Werden mehrere biometrische Risiken abgesichert, ist aus steuerrechtlicher Sicht die gesamte Vereinbarung/Zusage nur dann als betriebliche Altersversorgung anzuerkennen, wenn für alle Risiken die Vorgaben der Rz. 247 bis 252 beachtet werden. Keine betriebliche Altersversorgung in diesem Sinne liegt vor, wenn vereinbart ist, dass ohne Eintritt eines biometrischen Risikos die Auszahlung an beliebige Dritte (z. B. die Erben) erfolgt. Dies gilt für alle Auszahlungsformen (z. B. lebenslange Rente, Auszahlungsplan mit Restkapitalverrentung, Einmalkapitalauszahlung und ratenweise Auszahlung). Als Durchführungswege der betrieblichen Altersversorgung kommen die Direktzusage (§ 1 Abs. 1 Satz 2 BetrAVG), die Unterstützungskasse (§ 1b Abs. 4 BetrAVG), die Direktversicherung (§ 1b Abs. 2 BetrAVG), die Pensionskasse (§ 1b Abs. 3 BetrAVG) oder der Pensionsfonds (§ 1b Abs. 3 BetrAVG, § 112 VAG) in Betracht.

Nicht um betriebliche Altersversorgung handelt es sich, wenn der Arbeitge- 248
ber oder eine Versorgungseinrichtung dem nicht bei ihm beschäftigten Ehegatten eines Arbeitnehmers eigene Versorgungsleistungen zur Absicherung
seiner biometrischen Risiken (Alter, Tod, Invalidität) verspricht, da hier
keine Versorgungszusage aus Anlass eines Arbeitsverhältnisses zwischen dem
Arbeitgeber und dem Ehegatten vorliegt (§ 1 BetrAVG).

Das biologische Ereignis ist bei der Altersversorgung das altersbedingte Aus- 249
scheiden aus dem Erwerbsleben, bei der Hinterbliebenenversorgung der Tod
des Arbeitnehmers und bei der Invaliditätsversorgung der Invaliditätseintritt.
Als Untergrenze für betriebliche Altersversorgungsleistungen bei altersbe-
dingtem Ausscheiden aus dem Erwerbsleben gilt im Regelfall das 60. Lebensjahr. In Ausnahmefällen können betriebliche Altersversorgungsleistungen
auch schon vor dem 60. Lebensjahr gewährt werden, so z. B. bei Berufsgruppen wie Piloten, bei denen schon vor dem 60. Lebensjahr Versorgungsleistungen üblich sind. Ob solche Ausnahmefälle vorliegen, ergibt sich aus
Gesetz, Tarifvertrag oder Betriebsvereinbarung. Erreicht der Arbeitnehmer
im Zeitpunkt der Auszahlung das 60. Lebensjahr, hat aber seine berufliche
Tätigkeit noch nicht beendet, so ist dies in der Regel (insbesondere bei
Direktversicherung, Pensionskasse und Pensionsfonds) unschädlich; die
bilanzielle Behandlung beim Arbeitgeber bleibt davon unberührt. Für Versorgungszusagen, die nach dem 31. Dezember 2011 erteilt werden, tritt an
die Stelle des 60. Lebensjahres regelmäßig das 62. Lebensjahr (siehe auch BT-
Drucksache 16/3794 vom 12. Dezember 2006, S. 31 unter »IV. Zusätzliche
Altersvorsorge« zum RV-Altersgrenzenanpassungsgesetz vom 20. April 2007,
BGBl. I 2007 S. 554). Bei der Invaliditätsversorgung kommt es auf den Inva-
liditätsgrad nicht an.

Eine Hinterbliebenenversorgung im steuerlichen Sinne darf nur Leistungen 250
an die Witwe des Arbeitnehmers oder den Witwer der Arbeitnehmerin, die
Kinder im Sinne des § 32 Abs. 3, 4 Satz 1 Nr. 1 bis 3 und Abs. 5 EStG, den
früheren Ehegatten oder die Lebensgefährtin/den Lebensgefährten vorsehen.
Der Arbeitgeber hat bei Erteilung oder Änderung der Versorgungszusage zu
prüfen, ob die Versorgungsvereinbarung insoweit generell diese Voraussetzungen erfüllt; ob im Einzelfall Hinterbliebene in diesem Sinne vorhanden
sind, ist letztlich vom Arbeitgeber/Versorgungsträger erst im Zeitpunkt der
Auszahlung der Hinterbliebenenleistung zu prüfen. Als Kind kann auch ein
im Haushalt des Arbeitnehmers auf Dauer aufgenommenes Kind begünstigt
werden, welches in einem Obhuts- und Pflegeverhältnis zu ihm steht und
nicht die Voraussetzungen des § 32 EStG zu ihm erfüllt (Pflegekind/Stief-

kind und faktisches Stiefkind). Dabei ist es – anders als bei der Gewährung von staatlichen Leistungen – unerheblich, ob noch ein Obhuts- und Pflegeverhältnis zu einem leiblichen Elternteil des Kindes besteht, der ggf. ebenfalls im Haushalt des Arbeitnehmers lebt. Es muss jedoch spätestens zu Beginn der Auszahlungsphase der Hinterbliebenenleistung eine schriftliche Versicherung des Arbeitnehmers vorliegen, in der, neben der geforderten namentlichen Benennung des Pflegekindes/Stiefkindes und faktischen Stiefkindes, bestätigt wird, dass ein entsprechendes Kindschaftsverhältnis besteht. Entsprechendes gilt, wenn ein Enkelkind auf Dauer im Haushalt der Großeltern aufgenommen und versorgt wird. Bei Versorgungszusagen, die vor dem 1. Januar 2007 erteilt wurden, sind für das Vorliegen einer begünstigten Hinterbliebenenversorgung die Altersgrenzen des § 32 EStG in der bis zum 31. Dezember 2006 geltenden Fassung (27. Lebensjahr) maßgebend. Der Begriff des/der Lebensgefährten/in ist als Oberbegriff zu verstehen, der auch die gleichgeschlechtliche Lebenspartnerschaft mit erfasst. Ob eine gleichgeschlechtliche Lebenspartnerschaft eingetragen wurde oder nicht, ist dabei zunächst unerheblich. Für Partner einer eingetragenen Lebenspartnerschaft besteht allerdings die Besonderheit, dass sie einander nach § 5 Lebenspartnerschaftsgesetz zum Unterhalt verpflichtet sind. Insoweit liegt eine mit der zivilrechtlichen Ehe vergleichbare Partnerschaft vor. Handelt es sich dagegen um eine andere Form der nicht ehelichen Lebensgemeinschaft, muss anhand der im BMF-Schreiben vom 25. Juli 2002, BStBl I S. 706 genannten Voraussetzungen geprüft werden, ob diese als Hinterbliebenenversorgung anerkannt werden kann. Ausreichend ist dabei regelmäßig, dass spätestens zu Beginn der Auszahlungsphase der Hinterbliebenenleistung eine schriftliche Versicherung des Arbeitnehmers vorliegt, in der neben der geforderten namentlichen Benennung des/der Lebensgefährten/in bestätigt wird, dass eine gemeinsame Haushaltsführung besteht.

251   Die Möglichkeit, andere als die in Rz. 250 genannten Personen als Begünstigte für den Fall des Todes des Arbeitnehmers zu benennen, führt steuerrechtlich dazu, dass es sich nicht mehr um eine Hinterbliebenenversorgung handelt, sondern von einer Vererblichkeit der Anwartschaften auszugehen ist. Gleiches gilt, wenn z. B. bei einer vereinbarten Rentengarantiezeit die Auszahlung auch an andere als die in Rz. 250 genannten Personen möglich ist. Ist die Auszahlung der garantierten Leistungen nach dem Tod des Berechtigten hingegen ausschließlich an Hinterbliebene im engeren Sinne (Rz. 250) möglich, ist eine vereinbarte Rentengarantiezeit ausnahmsweise unschädlich. Ein Wahlrecht des Arbeitnehmers zur Einmal- oder Teilkapitalauszahlung ist

in diesem Fall nicht zulässig. Es handelt sich vielmehr nur dann um unschädliche Zahlungen nach dem Tod des Berechtigten, wenn die garantierte Rente in unveränderter Höhe (einschließlich Dynamisierungen) an die versorgungsberechtigten Hinterbliebenen im engeren Sinne weiter gezahlt wird. Dabei ist zu beachten, dass die Zahlungen einerseits durch die garantierte Zeit und andererseits durch das Vorhandensein von entsprechenden Hinterbliebenen begrenzt werden. Die Zusammenfassung von bis zu 12 Monatsleistungen in einer Auszahlung sowie die gesonderte Auszahlung der zukünftig in der Auszahlungsphase anfallenden Zinsen und Erträge sind dabei unschädlich. Im Fall der(s) Witwe(rs) oder der Lebensgefährtin/des Lebensgefährten wird dabei nicht beanstandet, wenn anstelle der Zahlung der garantierten Rentenleistung in unveränderter Höhe das im Zeitpunkt des Todes des Berechtigten noch vorhandene »Restkapital« ausnahmsweise lebenslang verrentet wird. Die Möglichkeit, ein einmaliges angemessenes Sterbegeld an andere Personen als die in Rz. 250 genannten Hinterbliebenen auszuzahlen, führt nicht zur Versagung der Anerkennung als betriebliche Altersversorgung; bei Auszahlung ist das Sterbegeld gem. § 19 EStG oder § 22 Nr. 5 EStG zu besteuern (vgl. Rz. 326 ff.). Im Fall der Pauschalbesteuerung von Beiträgen für eine Direktversicherung nach § 40b EStG in der am 31. Dezember 2004 geltenden Fassung (§ 40b EStG a. F.) ist es ebenfalls unschädlich, wenn eine beliebige Person als Bezugsberechtigte für den Fall des Todes des Arbeitnehmers benannt wird.

Keine betriebliche Altersversorgung liegt vor, wenn zwischen Arbeitnehmer 252 und Arbeitgeber die Vererblichkeit von Anwartschaften vereinbart ist. Auch Vereinbarungen, nach denen Arbeitslohn gutgeschrieben und ohne Abdeckung eines biometrischen Risikos zu einem späteren Zeitpunkt (z. B. bei Ausscheiden aus dem Dienstverhältnis) ggf. mit Wertsteigerung ausgezahlt wird, sind nicht dem Bereich der betrieblichen Altersversorgung zuzuordnen. Gleiches gilt, wenn von vornherein eine Abfindung der Versorgungsanwartschaft, z. B. zu einem bestimmten Zeitpunkt oder bei Vorliegen bestimmter Voraussetzungen, vereinbart ist und dadurch nicht mehr von der Absicherung eines biometrischen Risikos ausgegangen werden kann. Demgegenüber führt allein die Möglichkeit einer Beitragserstattung einschließlich der gutgeschriebenen Erträge bzw. einer entsprechenden Abfindung für den Fall des Ausscheidens aus dem Dienstverhältnis vor Erreichen der gesetzlichen Unverfallbarkeit und/oder für den Fall des Todes vor Ablauf einer arbeitsrechtlich vereinbarten Wartezeit sowie der Abfindung einer Witwenrente/ Witwerrente für den Fall der Wiederheirat noch nicht zur Versagung der

Anerkennung als betriebliche Altersversorgung. Ebenfalls unschädlich für das Vorliegen von betrieblicher Altersversorgung ist die Abfindung vertraglich unverfallbarer Anwartschaften; dies gilt sowohl bei Beendigung als auch während des bestehenden Arbeitsverhältnisses. Zu den steuerlichen Folgen im Auszahlungsfall siehe Rz. 326 ff.

II. Lohnsteuerliche Behandlung von Zusagen auf Leistungen der betrieblichen Altersversorgung

1. Allgemeines

253 Der Zeitpunkt des Zuflusses von Arbeitslohn richtet sich bei einer arbeitgeberfinanzierten und einer steuerlich anzuerkennenden durch Entgeltumwandlung finanzierten betrieblichen Altersversorgung nach dem Durchführungsweg der betrieblichen Altersversorgung (vgl. auch R 40b.1 LStR zur Abgrenzung). Bei der Versorgung über eine Direktversicherung, eine Pensionskasse oder einen Pensionsfonds liegt Zufluss von Arbeitslohn im Zeitpunkt der Zahlung der Beiträge durch den Arbeitgeber an die entsprechende Versorgungseinrichtung vor. Erfolgt die Beitragszahlung durch den Arbeitgeber vor »Versicherungsbeginn«, liegt ein Zufluss von Arbeitslohn jedoch erst im Zeitpunkt des »Versicherungsbeginns« vor. Die Einbehaltung der Lohnsteuer richtet sich nach § 38a Abs. 1 und 3 EStG (vgl. auch R 39b.2, 39b.5 und 39b.6 LStR). Bei der Versorgung über eine Direktzusage oder Unterstützungskasse fließt der Arbeitslohn erst im Zeitpunkt der Zahlung der Altersversorgungsleistungen an den Arbeitnehmer zu.

2. Entgeltumwandlung zugunsten betrieblicher Altersversorgung

254 Um durch Entgeltumwandlung finanzierte betriebliche Altersversorgung handelt es sich, wenn Arbeitgeber und Arbeitnehmer vereinbaren, künftige Arbeitslohnansprüche zugunsten einer betrieblichen Altersversorgung herabzusetzen (Umwandlung in eine wertgleiche Anwartschaft auf Versorgungsleistungen – Entgeltumwandlung – § 1 Abs. 2 Nr. 3 BetrAVG). Davon zu unterscheiden sind die sog. Eigenbeiträge des Arbeitnehmers (§ 1 Abs. 2 Nr. 4 BetrAVG), bei denen der Arbeitnehmer aus seinem bereits zugeflossenen und versteuerten Arbeitsentgelt Beiträge zur Finanzierung der betrieblichen Altersversorgung leistet.

255 Eine Herabsetzung von Arbeitslohnansprüchen zugunsten betrieblicher Altersversorgung ist steuerlich als Entgeltumwandlung auch dann anzuerkennen, wenn die in § 1 Abs. 2 Nr. 3 BetrAVG geforderte Wertgleichheit außer-

halb versicherungsmathematischer Grundsätze berechnet wird. Entscheidend ist allein, dass die Versorgungsleistung zur Absicherung mindestens eines biometrischen Risikos (Alter, Tod, Invalidität) zugesagt und erst bei Eintritt des biologischen Ereignisses fällig wird.

Die Herabsetzung von Arbeitslohn (laufender Arbeitslohn, Einmal- und **256** Sonderzahlungen) zugunsten der betrieblichen Altersversorgung wird aus Vereinfachungsgründen grundsätzlich auch dann als Entgeltumwandlung steuerlich anerkannt, wenn die Gehaltsänderungsvereinbarung bereits erdiente, aber noch nicht fällig gewordene Anteile umfasst. Dies gilt auch, wenn eine Einmal- oder Sonderzahlung einen Zeitraum von mehr als einem Jahr betrifft.

Bei einer Herabsetzung laufenden Arbeitslohns zugunsten einer betrieblichen **257** Altersversorgung hindert es die Annahme einer Entgeltumwandlung nicht, wenn der bisherige ungekürzte Arbeitslohn weiterhin Bemessungsgrundlage für künftige Erhöhungen des Arbeitslohns oder andere Arbeitgeberleistungen (wie z. B. Weihnachtsgeld, Tantieme, Jubiläumszuwendungen, betriebliche Altersversorgung) bleibt, die Gehaltsminderung zeitlich begrenzt oder vereinbart wird, dass der Arbeitnehmer oder der Arbeitgeber sie für künftigen Arbeitslohn einseitig ändern können.

3. Behandlung laufender Zuwendungen des Arbeitgebers und Sonderzahlungen an umlagefinanzierte Pensionskassen (§ 19 Abs. 1 Satz 1 Nr. 3 EStG)

Laufende Zuwendungen sind regelmäßig fortlaufend geleistete Zahlungen **258** des Arbeitgebers für eine betriebliche Altersversorgung an eine Pensionskasse, die nicht im Kapitaldeckungsverfahren, sondern im Umlageverfahren finanziert wird. Hierzu gehören insbesondere Umlagen an die Versorgungsanstalt des Bundes und der Länder – VBL – bzw. an eine kommunale Zusatzversorgungskasse.

Sonderzahlungen des Arbeitgebers sind insbesondere Zahlungen, die an die **259** Stelle der bei regulärem Verlauf zu entrichtenden laufenden Zuwendungen treten oder neben laufenden Beiträgen oder Zuwendungen entrichtet werden und zur Finanzierung des nicht kapitalgedeckten Versorgungssystems dienen. Hierzu gehören beispielsweise Zahlungen, die der Arbeitgeber anlässlich seines Ausscheidens aus einem umlagefinanzierten Versorgungssystem, des Wechsels von einem umlagefinanzierten zu einem anderen umlagefinanzier-

ten Versorgungssystem oder der Zusammenlegung zweier nicht kapitalge-
deckter Versorgungssysteme zu leisten hat.

260 Beispiel zum Wechsel der Zusatzversorgungskasse (ZVK):

Die ZVK A wird auf die ZVK B überführt. Der Umlagesatz der ZVK A
betrug bis zur Überführung 6 % vom zusatzversorgungspflichtigen Entgelt.
Die ZVK B erhebt nur 4 % vom zusatzversorgungspflichtigen Entgelt. Der
Arbeitgeber zahlt nach der Überführung auf die ZVK B für seine Arbeitnehmer zusätzlich zu den 4 % Umlage einen festgelegten Betrag, durch den die
Differenz bei der Umlagenhöhe (6 % zu 4 % vom zusatzversorgungspflichtigen Entgelt) ausgeglichen wird.

Bei dem Differenzbetrag, den der Arbeitgeber nach der Überführung auf die
ZVK B zusätzlich leisten muss, handelt es sich um eine steuerpflichtige Sonderzahlung gem. § 19 Abs. 1 Satz 1 Nr. 3 Satz 2 Buchstabe b EStG, die mit
15 % gem. § 40b Abs. 4 EStG pauschal zu besteuern ist.

261 Zu den nicht zu besteuernden Sanierungsgeldern gehören die Sonderzahlungen des Arbeitgebers, die er anlässlich der Umstellung der Finanzierung des
Versorgungssystems von der Umlagefinanzierung auf die Kapitaldeckung für
die bis zur Umstellung bereits entstandenen Versorgungsverpflichtungen
oder -anwartschaften noch zu leisten hat. Gleiches gilt für die Zahlungen,
die der Arbeitgeber im Fall der Umstellung auf der Leistungsseite für diese
vor Umstellung bereits entstandenen Versorgungsverpflichtungen und -an-
wartschaften in das Versorgungssystem leistet. Davon ist z. B. auszugehen
wenn,
– eine deutliche Trennung zwischen bereits entstandenen und neu entstehenden Versorgungsverpflichtungen sowie -anwartschaften sichtbar wird,
– der finanzielle Fehlbedarf zum Zeitpunkt der Umstellung hinsichtlich der
 bereits entstandenen Versorgungsverpflichtungen sowie -anwartschaften
 ermittelt wird und
– dieser Betrag ausschließlich vom Arbeitgeber als Zuschuss geleistet wird.

262 Beispiel zum Sanierungsgeld:

Die ZVK A stellt ihre betriebliche Altersversorgung auf der Finanzierungs-
und Leistungsseite um. Bis zur Systemumstellung betrug die Umlage 6,2 %
vom zusatzversorgungspflichtigen Entgelt. Nach der Systemumstellung
beträgt die Zahlung insgesamt 7,7 % vom zusatzversorgungspflichtigen Entgelt. Davon werden 4 % zugunsten der nun im Kapitaldeckungsverfahren
finanzierten Neuanwartschaften und 3,7 % für die weiterhin im Umlagever-

fahren finanzierten Anwartschaften einschließlich eines Sanierungsgeldes geleistet.

Die Ermittlung des nicht zu besteuernden Sanierungsgeldes erfolgt nach § 19 Abs. 1 Satz 1 Nr. 3 Satz 4 2. Halbsatz EStG. Ein solches nicht zu besteuerndes Sanierungsgeld liegt nur vor, soweit der bisherige Umlagesatz überstiegen wird.

Zahlungen nach der Systemumstellung insgesamt	7,7 %
Zahlungen vor der Systemumstellung	6,2 %
Nicht zu besteuerndes Sanierungsgeld	1,5 %

Ermittlung der weiterhin nach § 19 Abs. 1 Satz 1 Nr. 3 Satz 1 EStG grundsätzlich zu besteuernden Umlagezahlung:

Nach der Systemumstellung geleistete Zahlung für das Umlageverfahren einschließlich des Sanierungsgeldes	3,7 %
Nicht zu besteuerndes Sanierungsgeld	1,5 %
grundsätzlich zu besteuernde Umlagezahlung	2,2 %

Eine Differenzrechnung nach § 19 Abs. 1 Satz 1 Nr. 3 Satz 4 zweiter Halbsatz EStG entfällt, wenn es an laufenden und wiederkehrenden Zahlungen entsprechend dem periodischen Bedarf fehlt, also das zu erbringende Sanierungsgeld als Gesamtfehlbetrag feststeht und lediglich ratierlich getilgt wird.

4. Steuerfreiheit nach § 3 Nr. 63 EStG

a) Steuerfreiheit nach § 3 Nr. 63 Satz 1 und 3 EStG

aa) Begünstigter Personenkreis

Zu dem durch § 3 Nr. 63 EStG begünstigten Personenkreis gehören alle **263** Arbeitnehmer (§ 1 LStDV), unabhängig davon, ob sie in der gesetzlichen Rentenversicherung pflichtversichert sind oder nicht (z. B. beherrschende Gesellschafter-Geschäftsführer, geringfügig Beschäftigte, in einem berufsständischen Versorgungswerk Versicherte).

Die Steuerfreiheit setzt lediglich ein bestehendes erstes Dienstverhältnis **264** voraus. Diese Voraussetzung kann auch erfüllt sein, wenn es sich um ein geringfügiges Beschäftigungsverhältnis oder eine Aushilfstätigkeit handelt. Die Steuerfreiheit ist jedoch nicht bei Arbeitnehmern zulässig, die dem Arbeitgeber eine Lohnsteuerkarte mit der Steuerklasse VI vorgelegt haben.

bb) Begünstigte Aufwendungen

265   Zu den nach § 3 Nr. 63 EStG begünstigten Aufwendungen gehören nur Beiträge an Pensionsfonds, Pensionskassen und Direktversicherungen, die zum Aufbau einer betrieblichen Altersversorgung im Kapitaldeckungsverfahren erhoben werden. Für Umlagen, die vom Arbeitgeber an eine Versorgungseinrichtung entrichtet werden, kommt die Steuerfreiheit nach § 3 Nr. 63 EStG dagegen nicht in Betracht (siehe aber § 3 Nr. 56 EStG, Rz. 297 ff.). Werden sowohl Umlagen als auch Beiträge im Kapitaldeckungsverfahren erhoben, gehören letztere nur dann zu den begünstigten Aufwendungen, wenn eine getrennte Verwaltung und Abrechnung beider Vermögensmassen erfolgt (Trennungsprinzip).

266   Steuerfrei sind sowohl die Beiträge des Arbeitgebers, die zusätzlich zum ohnehin geschuldeten Arbeitslohn erbracht werden (rein arbeitgeberfinanzierte Beiträge) als auch die Beiträge des Arbeitgebers, die durch Entgeltumwandlung finanziert werden (vgl. Rz. 254 ff.). Im Fall der Finanzierung der Beiträge durch eine Entgeltumwandlung ist die Beachtung des Mindestbetrages gem. § 1a BetrAVG für die Inanspruchnahme der Steuerfreiheit nicht erforderlich. Eigenbeiträge des Arbeitnehmers (§ 1 Abs. 2 Nr. 4 BetrAVG) sind dagegen vom Anwendungsbereich des § 3 Nr. 63 EStG ausgeschlossen, auch wenn sie vom Arbeitgeber an die Versorgungseinrichtung abgeführt werden.

267   Die Steuerfreiheit nach § 3 Nr. 63 EStG kann nur dann in Anspruch genommen werden, wenn der vom Arbeitgeber zur Finanzierung der zugesagten Versorgungsleistung gezahlte Beitrag nach bestimmten individuellen Kriterien dem einzelnen Arbeitnehmer zugeordnet wird. Allein die Verteilung eines vom Arbeitgeber gezahlten Gesamtbeitrags nach der Anzahl der begünstigten Arbeitnehmer genügt hingegen für die Anwendung des § 3 Nr. 63 EStG nicht. Für die Anwendung des § 3 Nr. 63 EStG ist nicht Voraussetzung, dass sich die Höhe der zugesagten Versorgungsleistung an der Höhe des eingezahlten Beitrags des Arbeitgebers orientiert, da der Arbeitgeber nach § 1 BetrAVG nicht nur eine Beitragszusage mit Mindestleistung oder eine beitragsorientierte Leistungszusage, sondern auch eine Leistungszusage erteilen kann.

268   Maßgeblich für die betragsmäßige Begrenzung der Steuerfreiheit auf 4 % der Beitragsbemessungsgrenze in der allgemeinen Rentenversicherung ist auch bei einer Beschäftigung in den neuen Ländern oder Berlin (Ost) die in dem Kalenderjahr gültige Beitragsbemessungsgrenze (West). Zusätzlich zu diesem

Höchstbetrag können Beiträge, die vom Arbeitgeber aufgrund einer nach dem 31. Dezember 2004 erteilten Versorgungszusage (Neuzusage, vgl. Rz. 306 ff.) geleistet werden, bis zur Höhe von 1.800 € steuerfrei bleiben. Dieser zusätzliche Höchstbetrag kann jedoch nicht in Anspruch genommen werden, wenn für den Arbeitnehmer in dem Kalenderjahr Beiträge nach § 40b Abs. 1 und 2 EStG a. F. pauschal besteuert werden (vgl. Rz. 320). Bei den Höchstbeträgen des § 3 Nr. 63 EStG handelt es sich jeweils um Jahresbeträge. Eine zeitanteilige Kürzung der Höchstbeträge ist daher nicht vorzunehmen, wenn das Arbeitsverhältnis nicht während des ganzen Jahres besteht oder nicht für das ganze Jahr Beiträge gezahlt werden. Die Höchstbeträge können erneut in Anspruch genommen werden, wenn der Arbeitnehmer sie in einem vorangegangenen Dienstverhältnis bereits ausgeschöpft hat. Im Fall der Gesamtrechtsnachfolge und des Betriebsübergangs nach § 613a BGB kommt dies dagegen nicht in Betracht.

Soweit die Beiträge die Höchstbeträge übersteigen, sind sie individuell zu 269 besteuern. Für die individuell besteuerten Beiträge kann eine Förderung durch Sonderausgabenabzug nach § 10a und Zulage nach Abschnitt XI EStG in Betracht kommen (vgl. Rz. 289 ff.). Zur Übergangsregelung des § 52 Abs. 52b EStG siehe Rz. 316 ff.

Bei monatlicher Zahlung der Beiträge bestehen keine Bedenken, wenn die 270 Höchstbeträge in gleichmäßige monatliche Teilbeträge aufgeteilt werden. Stellt der Arbeitgeber vor Ablauf des Kalenderjahres, z. B. bei Beendigung des Dienstverhältnisses fest, dass die Steuerfreiheit im Rahmen der monatlichen Teilbeträge nicht in vollem Umfang ausgeschöpft worden ist oder werden kann, muss eine ggf. vorgenommene Besteuerung der Beiträge rückgängig gemacht (spätester Zeitpunkt hierfür ist die Übermittlung oder Erteilung der Lohnsteuerbescheinigung) oder der monatliche Teilbetrag künftig so geändert werden, dass die Höchstbeträge ausgeschöpft werden.

Rein arbeitgeberfinanzierte Beiträge sind steuerfrei, soweit sie die Höchstbe- 271 träge (4 % der Beitragsbemessungsgrenze in der allgemeinen Rentenversicherung sowie 1.800 €) nicht übersteigen. Die Höchstbeträge werden zunächst durch diese Beiträge ausgefüllt. Sofern die Höchstbeträge dadurch nicht ausgeschöpft worden sind, sind die auf Entgeltumwandlung beruhenden Beiträge zu berücksichtigen.

cc) Begünstigte Auszahlungsformen

272 Voraussetzung für die Steuerfreiheit ist, dass die Auszahlung der zugesagten Alters-, Invaliditäts- oder Hinterbliebenenversorgungsleistungen in Form einer lebenslangen Rente oder eines Auszahlungsplans mit anschließender lebenslanger Teilkapitalverrentung (§ 1 Abs. 1 Satz 1 Nr. 4 Buchstabe a Alt-ZertG) vorgesehen ist. Im Hinblick auf die entfallende Versorgungsbedürftigkeit z. B. für den Fall der Vollendung des 25. Lebensjahres der Kinder (siehe auch Rz. 250; bei Versorgungszusagen, die vor dem 1. Januar 2007 erteilt wurden, ist grundsätzlich das 27. Lebensjahr maßgebend), der Wiederheirat der Witwe/des Witwers, dem Ende der Erwerbsminderung durch Wegfall der Voraussetzungen für den Bezug (insbesondere bei Verbesserung der Gesundheitssituation oder Erreichen der Altersgrenze) ist es nicht zu beanstanden, wenn eine Rente oder ein Auszahlungsplan zeitlich befristet ist. Von einer Rente oder einem Auszahlungsplan ist auch noch auszugehen, wenn bis zu 30 % des zu Beginn der Auszahlungsphase zur Verfügung stehenden Kapitals außerhalb der monatlichen Leistungen ausgezahlt werden. Die zu Beginn der Auszahlungsphase zu treffende Entscheidung und Entnahme des Teilkapitalbetrags aus diesem Vertrag (Rz. 170) führt zur Besteuerung nach § 22 Nr. 5 EStG. Allein die Möglichkeit, anstelle dieser Auszahlungsformen eine Einmalkapitalauszahlung (100 % des zu Beginn der Auszahlungsphase zur Verfügung stehenden Kapitals) zu wählen, steht der Steuerfreiheit noch nicht entgegen. Die Möglichkeit, eine Einmalkapitalauszahlung anstelle einer Rente oder eines Auszahlungsplans zu wählen, gilt nicht nur für Altersversorgungsleistungen, sondern auch für Invaliditäts- oder Hinterbliebenenversorgungsleistungen. Entscheidet sich der Arbeitnehmer zugunsten einer Einmalkapitalauszahlung, so sind von diesem Zeitpunkt an die Voraussetzungen des § 3 Nr. 63 EStG nicht mehr erfüllt und die Beitragsleistungen zu besteuern. Erfolgt die Ausübung des Wahlrechtes innerhalb des letzten Jahres vor dem altersbedingten Ausscheiden aus dem Erwerbsleben, so ist es aus Vereinfachungsgründen nicht zu beanstanden, wenn die Beitragsleistungen weiterhin nach § 3 Nr. 63 EStG steuerfrei belassen werden. Für die Berechnung der Jahresfrist ist dabei auf das im Zeitpunkt der Ausübung des Wahlrechts vertraglich vorgesehene Ausscheiden aus dem Erwerbsleben (vertraglich vorgesehener Beginn der Altersversorgungsleistung) abzustellen. Da die Auszahlungsphase bei der Hinterbliebenenleistung erst mit dem Zeitpunkt des Todes des ursprünglich Berechtigten beginnt, ist es in diesem Fall aus steuerlicher Sicht nicht zu beanstanden, wenn das Wahlrecht im zeitlichen Zusammenhang mit dem Tod des

ursprünglich Berechtigten ausgeübt wird. Bei Auszahlung oder anderweitiger wirtschaftlicher Verfügung ist der Einmalkapitalbetrag gem. § 22 Nr. 5 EStG zu besteuern (siehe dazu Rz. 329 ff.)

dd) Sonstiges

Eine Steuerfreiheit der Beiträge kommt nicht in Betracht, soweit es sich hier- 273
bei nicht um Arbeitslohn im Rahmen eines Dienstverhältnisses, sondern um eine verdeckte Gewinnausschüttung im Sinne des § 8 Abs. 3 Satz 2 KStG handelt. Die allgemeinen Grundsätze zur Abgrenzung zwischen verdeckter Gewinnausschüttung und Arbeitslohn sind hierbei zu beachten.

Beiträge an Pensionsfonds, Pensionskassen und – bei Direktversicherungen – 274
an Versicherungsunternehmen in der EU sowie in Drittstaaten, mit denen besondere Abkommen abgeschlossen worden sind (z. B. DBA USA), können nach § 3 Nr. 63 EStG begünstigt sein, wenn der ausländische Pensionsfonds, die ausländische Pensionskasse oder das ausländische Versicherungsunternehmen versicherungsaufsichtsrechtlich zur Ausübung ihrer Tätigkeit zugunsten von Arbeitnehmern in inländischen Betriebsstätten befugt sind.

Unter den vorgenannten Voraussetzungen sind auch die Beiträge des Arbeit- 275
gebers an eine Zusatzversorgungskasse (wie z. B. zur Versorgungsanstalt der deutschen Bühnen – VddB –, zur Versorgungsanstalt der deutschen Kultur-orchester – VddKO – oder zum Zusatzversorgungswerk für Arbeitnehmer in der Land- und Forstwirtschaft – ZLF -), die er nach der jeweiligen Satzung der Versorgungseinrichtung als Pflichtbeiträge für die Altersversorgung seiner Arbeitnehmer zusätzlich zu den nach § 3 Nr. 62 EStG steuerfreien Beiträgen zur gesetzlichen Rentenversicherung zu erbringen hat, ebenfalls im Rahmen des § 3 Nr. 63 EStG steuerfrei. Die Steuerfreiheit nach § 3 Nr. 62 Satz 1 EStG kommt für diese Beiträge nicht in Betracht. Die Steuerbefreiung des § 3 Nr. 63 (und auch Nr. 56) EStG ist nicht nur der Höhe, sondern dem Grunde nach vorrangig anzuwenden; die Steuerbefreiung nach § 3 Nr. 62 EStG ist bei Vorliegen von Zukunftssicherungsleistungen i. S. d. § 3 Nr. 63 (und auch Nr. 56) EStG daher auch dann ausgeschlossen, wenn die Höchstbeträge des § 3 Nr. 63 (und Nr. 56) EStG bereits voll ausgeschöpft werden.

b) Ausschluss der Steuerfreiheit nach § 3 Nr. 63 Satz 2 EStG

aa) Personenkreis

276 Auf die Steuerfreiheit können grundsätzlich nur Arbeitnehmer verzichten, die in der gesetzlichen Rentenversicherung pflichtversichert sind (§§ 1a, 17 Abs. 1 Satz 3 BetrAVG). Alle anderen Arbeitnehmer können von dieser Möglichkeit nur dann Gebrauch machen, wenn der Arbeitgeber zustimmt.

bb) Höhe und Zeitpunkt der Ausübung des Wahlrechts

277 Soweit der Arbeitnehmer einen Anspruch auf Entgeltumwandlung nach § 1a BetrAVG hat, ist eine individuelle Besteuerung dieser Beiträge bereits auf Verlangen des Arbeitnehmers durchzuführen. In allen anderen Fällen der Entgeltumwandlung (z. B. Entgeltumwandlungsvereinbarung aus dem Jahr 2001 oder früher) ist die individuelle Besteuerung der Beiträge hingegen nur aufgrund einvernehmlicher Vereinbarung zwischen Arbeitgeber und Arbeitnehmer möglich. Bei rein arbeitgeberfinanzierten Beiträgen kann auf die Steuerfreiheit nicht verzichtet werden (vgl. Rz. 271).

278 Die Ausübung des Wahlrechts nach § 3 Nr. 63 Satz 2 EStG muss bis zu dem Zeitpunkt erfolgen, zu dem die entsprechende Gehaltsänderungsvereinbarung steuerlich noch anzuerkennen ist (vgl. Rz. 256).

279 Eine nachträgliche Änderung der steuerlichen Behandlung der im Wege der Entgeltumwandlung finanzierten Beiträge ist nicht zulässig.

c) Vervielfältigungsregelung nach § 3 Nr. 63 Satz 4 EStG

280 Beiträge an einen Pensionsfonds, eine Pensionskasse oder für eine Direktversicherung, die der Arbeitgeber aus Anlass der Beendigung des Dienstverhältnisses leistet, können im Rahmen des § 3 Nr. 63 Satz 4 EStG steuerfrei belassen werden. Die Höhe der Steuerfreiheit ist dabei begrenzt auf den Betrag, der sich ergibt aus 1.800 € vervielfältigt mit der Anzahl der Kalenderjahre, in denen das Dienstverhältnis des Arbeitnehmers zu dem Arbeitgeber bestanden hat; der vervielfältigte Betrag vermindert sich um die nach § 3 Nr. 63 EStG steuerfreien Beiträge, die der Arbeitgeber in dem Kalenderjahr, in dem das Dienstverhältnis beendet wird, und in den sechs vorangegangenen Jahren erbracht hat. Sowohl bei der Ermittlung der zu vervielfältigenden als auch der zu kürzenden Jahre sind nur die Kalenderjahre ab 2005 zu berücksichtigen. Dies gilt unabhängig davon, wie lange das Dienstverhältnis zu dem Arbeitgeber tatsächlich bestanden hat. Die Vervielfältigungsregelung

steht jedem Arbeitnehmer aus demselben Dienstverhältnis insgesamt nur einmal zu. Werden die Beiträge statt als Einmalbeitrag in Teilbeträgen geleistet, sind diese so lange steuerfrei, bis der für den Arbeitnehmer maßgebende Höchstbetrag ausgeschöpft ist. Eine Anwendung der Vervielfältigungsregelung des § 3 Nr. 63 Satz 4 EStG ist nicht möglich, wenn gleichzeitig die Vervielfältigungsregelung des § 40b Abs. 2 Satz 3 und 4 EStG a. F. auf die Beiträge, die der Arbeitgeber aus Anlass der Beendigung des Dienstverhältnisses leistet, angewendet wird (vgl. Rz. 322). Eine Anwendung ist ferner nicht möglich, wenn der Arbeitnehmer bei Beiträgen für eine Direktversicherung auf die Steuerfreiheit der Beiträge zu dieser Direktversicherung zugunsten der Weiteranwendung des § 40b EStG a. F. verzichtet hatte (vgl. Rz. 316 ff.).

5. Steuerfreiheit nach § 3 Nr. 66 EStG

Voraussetzung für die Steuerfreiheit ist, dass vom Arbeitgeber ein Antrag 281 nach § 4d Abs. 3 EStG oder § 4e Abs. 3 EStG gestellt worden ist. Die Steuerfreiheit nach § 3 Nr. 66 EStG gilt auch dann, wenn beim übertragenden Unternehmen keine Zuwendungen i.S.v. § 4d Abs. 3 EStG oder Leistungen i.S.v. § 4e Abs. 3 EStG im Zusammenhang mit der Übernahme einer Versorgungsverpflichtung durch einen Pensionsfonds anfallen. Bei einer entgeltlichen Übertragung von Versorgungsanwartschaften aktiver Beschäftigter kommt die Anwendung von § 3 Nr. 66 EStG nur für Zahlungen an den Pensionsfonds in Betracht, die für die bis zum Zeitpunkt der Übertragung bereits erdienten Versorgungsanwartschaften geleistet werden (sog. »Past-Service«); Zahlungen an den Pensionsfonds für zukünftig noch zu erdienende Anwartschaften (sog. »Future-Service«) sind ausschließlich in dem begrenzten Rahmen des § 3 Nr. 63 EStG lohnsteuerfrei; zu weiteren Einzelheiten, insbesondere zur Abgrenzung von »Past-« und »Future-Service«, siehe BMF-Schreiben vom 26. Oktober 2006, BStBl I S. 709.

6. Steuerfreiheit nach § 3 Nr. 55 EStG

Gem. § 4 Abs. 2 Nr. 2 BetrAVG kann nach Beendigung des Arbeitsverhält- 282 nisses im Einvernehmen des ehemaligen mit dem neuen Arbeitgeber sowie dem Arbeitnehmer der Wert der vom Arbeitnehmer erworbenen Altersversorgung (Übertragungswert nach § 4 Abs. 5 BetrAVG) auf den neuen Arbeitgeber übertragen werden, wenn dieser eine wertgleiche Zusage erteilt. § 4 Abs. 3 BetrAVG gibt dem Arbeitnehmer für Versorgungszusagen, die nach dem 31. Dezember 2004 erteilt werden, das Recht, innerhalb eines Jahres nach Beendigung des Arbeitsverhältnisses von seinem ehemaligen Arbeitgeber zu verlangen, dass der Übertragungswert auf den neuen Arbeitgeber übertragen wird, wenn die betriebliche Altersversorgung beim ehemaligen Arbeitgeber über einen Pensionsfonds, eine Pensionskasse oder eine Direktversicherung durchgeführt worden ist und der Übertragungswert die im Zeitpunkt der Übertragung maßgebliche Beitragsbemessungsgrenze in der allgemeinen Rentenversicherung nicht übersteigt.

283   Die Anwendung der Steuerbefreiungsvorschrift des § 3 Nr. 55 EStG setzt aufgrund des Verweises auf die Vorschriften des Betriebsrentengesetzes die Beendigung des bisherigen Dienstverhältnisses und ein anderes Dienstverhältnis voraus. Die Übernahme der Versorgungszusage durch einen Arbeitgeber, bei dem der Arbeitnehmer bereits beschäftigt ist, ist betriebsrentenrechtlich unschädlich und steht daher der Anwendung der Steuerbefreiungsvorschrift nicht entgegen. § 3 Nr. 55 EStG und Rz. 282 gelten entsprechend für Arbeitnehmer, die nicht in der gesetzlichen Rentenversicherung pflichtversichert sind (z. B. beherrschende Gesellschafter-Geschäftsführer oder geringfügig Beschäftigte).

284   Der geleistete Übertragungswert ist nach § 3 Nr. 55 Satz 1 EStG steuerfrei, wenn die betriebliche Altersversorgung sowohl beim ehemaligen Arbeitgeber als auch beim neuen Arbeitgeber über einen Pensionsfonds, eine Pensionskasse oder eine Direktversicherung durchgeführt wird. Es ist nicht Voraussetzung, dass beide Arbeitgeber auch den gleichen Durchführungsweg gewählt haben. Um eine Rückabwicklung der steuerlichen Behandlung der Beitragsleistungen an einen Pensionsfonds, eine Pensionskasse oder eine Direktversicherung vor der Übertragung (Steuerfreiheit nach § 3 Nr. 63, 66 EStG, individuelle Besteuerung, Besteuerung nach § 40b EStG) zu verhindern, bestimmt § 3 Nr. 55 Satz 3 EStG, dass die auf dem Übertragungsbetrag beruhenden Versorgungsleistungen weiterhin zu den Einkünften gehören, zu denen sie gehört hätten, wenn eine Übertragung nach § 4 BetrAVG nicht stattgefunden hätte.

285   Der Übertragungswert ist gem. § 3 Nr. 55 Satz 2 EStG auch steuerfrei, wenn er vom ehemaligen Arbeitgeber oder von einer Unterstützungskasse an den neuen Arbeitgeber oder an eine andere Unterstützungskasse geleistet wird.

286   Die Steuerfreiheit des § 3 Nr. 55 EStG kommt jedoch nicht in Betracht, wenn die betriebliche Altersversorgung beim ehemaligen Arbeitgeber als Direktzusage oder mittels einer Unterstützungskasse ausgestaltet war, während sie beim neuen Arbeitgeber über einen Pensionsfonds, eine Pensionskasse oder eine Direktversicherung abgewickelt wird. Dies gilt auch für den

umgekehrten Fall. Ebenso kommt die Steuerfreiheit nach § 3 Nr. 55 EStG bei einem Betriebsübergang nach § 613a BGB nicht in Betracht, da in einem solchen Fall die Regelung des § 4 BetrAVG keine Anwendung findet.

Wird die betriebliche Altersversorgung sowohl beim alten als auch beim **287** neuen Arbeitgeber über einen Pensionsfonds, eine Pensionskasse oder eine Direktversicherung abgewickelt, liegt im Fall der Übernahme der Versorgungszusage nach § 4 Abs. 2 Nr. 1 BetrAVG lediglich ein Schuldnerwechsel und damit für den Arbeitnehmer kein lohnsteuerlich relevanter Vorgang vor. Entsprechendes gilt im Fall der Übernahme der Versorgungszusage nach § 4 Abs. 2 Nr. 1 BetrAVG, wenn die betriebliche Altersversorgung sowohl beim alten als auch beim neuen Arbeitgeber über eine Direktzusage oder Unterstützungskasse durchgeführt wird. Zufluss von Arbeitslohn liegt hingegen vor im Fall der Ablösung einer gegenüber einem beherrschenden Gesellschafter-Geschäftsführer erteilten Pensionszusage, bei der nach der Ausübung eines zuvor eingeräumten Wahlrechtes auf Verlangen des Gesellschafter-Geschäftsführers der Ablösungsbetrag zur Übernahme der Pensionsverpflichtung an einen Dritten gezahlt wird (BFH-Urteil vom 12. April 2007 – VI R 6/02 –, BStBl II S. 581).

7. Übernahme von Pensionsverpflichtungen gegen Entgelt durch Beitritt eines Dritten in eine Pensionsverpflichtung (Schuldbeitritt) oder Ausgliederung von Pensionsverpflichtungen

Bei der Übernahme von Pensionsverpflichtungen gegen Entgelt durch Bei- **288** tritt eines Dritten in eine Pensionsverpflichtung (Schuldbeitritt) oder durch Ausgliederung von Pensionsverpflichtungen – ohne inhaltliche Veränderung der Zusage – handelt es sich weiterhin um eine Direktzusage des Arbeitgebers (siehe dazu auch BMF-Schreiben vom 16. Dezember 2005, BStBl I S. 1052). Aus lohnsteuerlicher Sicht bleibt es folglich bei den für eine Direktzusage geltenden steuerlichen Regelungen, d. h. es liegen erst bei Auszahlung der Versorgungsleistungen – durch den Dritten bzw. durch die Pensionsgesellschaft anstelle des Arbeitgebers – Einkünfte im Sinne des § 19 EStG vor. Der Lohnsteuerabzug kann in diesem Fall mit Zustimmung des Finanzamts anstelle vom Arbeitgeber auch von dem Dritten bzw. der Pensionsgesellschaft vorgenommen werden (§ 38 Abs. 3a Satz 2 EStG).

8. Förderung durch Sonderausgabenabzug nach § 10a EStG und Zulage nach Abschnitt XI EStG

289 Zahlungen im Rahmen der betrieblichen Altersversorgung an einen Pensionsfonds, eine Pensionskasse oder eine Direktversicherung können als Altersvorsorgebeiträge durch Sonderausgabenabzug nach § 10a EStG und Zulage nach Abschnitt XI EStG gefördert werden (§ 82 Abs. 2 EStG). Die zeitliche Zuordnung der Altersvorsorgebeiträge im Sinne des § 82 Abs. 2 EStG richtet sich grundsätzlich nach den für die Zuordnung des Arbeitslohns geltenden Vorschriften (§ 38a Abs. 3 EStG; R 39b.2, 39b.5 und 39b.6 LStR).

290 Um Beiträge im Rahmen der betrieblichen Altersversorgung handelt es sich nur, wenn die Beiträge für eine vom Arbeitgeber aus Anlass des Arbeitsverhältnisses zugesagte Versorgungsleistung erbracht werden (§ 1 BetrAVG). Dies gilt unabhängig davon, ob die Beiträge ausschließlich vom Arbeitgeber finanziert werden, auf einer Entgeltumwandlung beruhen oder es sich um Eigenbeiträge des Arbeitnehmers handelt (§ 1 Abs. 1 und 2 BetrAVG). Im Übrigen sind Rz. 248 ff. zu beachten.

291 Voraussetzung für die steuerliche Förderung ist neben der individuellen Besteuerung der Beiträge, dass die Auszahlung der zugesagten Altersversorgungsleistung in Form einer lebenslangen Rente oder eines Auszahlungsplans mit anschließender lebenslanger Teilkapitalverrentung (§ 1 Abs. 1 Satz 1 Nr. 4 Buchstabe a AltZertG) vorgesehen ist. Die steuerliche Förderung von Beitragsteilen, die zur Absicherung einer Invaliditäts- oder Hinterbliebenenversorgung verwendet werden, kommt nur dann in Betracht, wenn die Auszahlung in Form einer Rente (§ 1 Abs. 1 Satz 1 Nr. 4 Buchstabe a AltZertG; vgl. Rz. 272) vorgesehen ist. Rente oder Auszahlungsplan in diesem Sinne liegt auch dann vor, wenn bis zu 30 % des zu Beginn der Auszahlungsphase zur Verfügung stehenden Kapitals außerhalb der monatlichen Leistungen ausgezahlt werden. Die zu Beginn der Auszahlungsphase zu treffende Entscheidung und Entnahme des Teilkapitalbetrags aus diesem Vertrag (Rz. 170) führt zur Besteuerung nach § 22 Nr. 5 EStG. Allein die Möglichkeit, anstelle dieser Auszahlungsformen eine Einmalkapitalauszahlung (100 % des zu Beginn der Auszahlungsphase zur Verfügung stehenden Kapitals) zu wählen, steht der Förderung noch nicht entgegen. Die Möglichkeit, eine Einmalkapitalauszahlung anstelle einer Rente oder eines Auszahlungsplans zu wählen, gilt nicht nur für Altersversorgungsleistungen, sondern auch für Invaliditäts- oder Hinterbliebenenversorgungsleistungen. Entscheidet sich der Arbeitnehmer zugunsten einer Einmalkapitalauszahlung, so sind von diesem Zeitpunkt

an die Voraussetzungen des § 10a und Abschnitt XI EStG nicht mehr erfüllt und die Beitragsleistungen können nicht mehr gefördert werden. Erfolgt die Ausübung des Wahlrechtes innerhalb des letzten Jahres vor dem altersbedingten Ausscheiden aus dem Erwerbsleben, so ist es aus Vereinfachungsgründen nicht zu beanstanden, wenn die Beitragsleistungen weiterhin nach § 10a/ Abschnitt XI EStG gefördert werden. Für die Berechnung der Jahresfrist ist dabei auf das im Zeitpunkt der Ausübung des Wahlrechts vertraglich vorgesehene Ausscheiden aus dem Erwerbsleben (vertraglich vorgesehener Beginn der Altersversorgungsleistung) abzustellen. Da die Auszahlungsphase bei der Hinterbliebenenleistung erst mit dem Zeitpunkt des Todes des ursprünglich Berechtigten beginnt, ist es in diesem Fall aus steuerlicher Sicht nicht zu beanstanden, wenn das Wahlrecht zu diesem Zeitpunkt ausgeübt wird. Bei Auszahlung des Einmalkapitalbetrags handelt es sich um eine schädliche Verwendung im Sinne des § 93 EStG (vgl. Rz. 347 f.), soweit sie auf steuerlich gefördertem Altersvorsorgevermögen beruht. Da es sich bei der Teil- bzw. Einmalkapitalauszahlung nicht um außerordentliche Einkünfte im Sinne des § 34 Abs. 2 EStG (weder eine Entschädigung noch eine Vergütung für eine mehrjährige Tätigkeit) handelt, kommt eine Anwendung der Fünftelungsregelung des § 34 EStG auf diese Zahlungen nicht in Betracht.

Altersvorsorgebeiträge im Sinne des § 82 Abs. 2 EStG sind auch die Beiträge **292** des ehemaligen Arbeitnehmers, die dieser im Fall einer zunächst ganz oder teilweise durch Entgeltumwandlung finanzierten und nach § 3 Nr. 63 oder § 10a/Abschnitt XI EStG geförderten betrieblichen Altersversorgung nach der Beendigung des Arbeitsverhältnisses nach Maßgabe des § 1b Abs. 5 Nr. 2 BetrAVG selbst erbringt. Dies gilt entsprechend in den Fällen der Finanzierung durch Eigenbeiträge des Arbeitnehmers.

Die vom Steuerpflichtigen nach Maßgabe des § 1b Abs. 5 Satz 1 **293** Nr. 2 BetrAVG selbst zu erbringenden Beiträge müssen nicht aus individuell versteuertem Arbeitslohn stammen (z. B. Finanzierung aus steuerfreiem Arbeitslosengeld). Gleiches gilt, soweit der Arbeitnehmer trotz eines weiter bestehenden Arbeitsverhältnisses keinen Anspruch auf Arbeitslohn mehr hat und anstelle der Beiträge aus einer Entgeltumwandlung die Beiträge selbst erbringt (z. B. während der Schutzfristen des § 3 Abs. 2 und § 6 Abs. 1 des Mutterschutzgesetzes, der Elternzeit, des Bezugs von Krankengeld oder auch § 1a Abs. 4 BetrAVG) oder aufgrund einer gesetzlichen Verpflichtung Beiträge zur betrieblichen Altersversorgung entrichtet werden (z. B. nach §§ 14a und 14b des Arbeitsplatzschutzgesetzes).

294 Voraussetzung für die Förderung durch Sonderausgabenabzug nach § 10a EStG und Zulage nach Abschnitt XI EStG ist in den Fällen der Rz. 292 f., dass der Steuerpflichtige zum begünstigten Personenkreis gehört. Die zeitliche Zuordnung dieser Altersvorsorgebeiträge richtet sich grundsätzlich nach § 11 Abs. 2 EStG.

295 Zu den begünstigten Altersvorsorgebeiträgen gehören nur Beiträge, die zum Aufbau einer betrieblichen Altersversorgung im Kapitaldeckungsverfahren erhoben werden. Für Umlagen, die an eine Versorgungseinrichtung gezahlt werden, kommt die Förderung dagegen nicht in Betracht. Werden sowohl Umlagen als auch Beiträge im Kapitaldeckungsverfahren erhoben, gehören letztere nur dann zu den begünstigten Aufwendungen, wenn eine getrennte Verwaltung und Abrechnung beider Vermögensmassen erfolgt (Trennungsprinzip).

296 Die Versorgungseinrichtung hat dem Zulageberechtigten jährlich eine Bescheinigung zu erteilen (§ 92 EStG). Diese Bescheinigung muss u. a. den Stand des Altersvorsorgevermögens ausweisen (§ 92 Nr. 5 EStG). Bei einer Leistungszusage (§ 1 Abs. 1 Satz 2 Halbsatz 2 BetrAVG) und einer beitragsorientierten Leistungszusage (§ 1 Abs. 2 Nr. 1 BetrAVG) kann stattdessen der Barwert der erdienten Anwartschaft bescheinigt werden.

9. Steuerfreiheit nach § 3 Nr. 56 EStG

a) Begünstigter Personenkreis

297 Rz. 263 f. gelten entsprechend.

b) Begünstigte Aufwendungen

298 Zu den nach § 3 Nr. 56 EStG begünstigten Aufwendungen gehören nur laufende Zuwendungen des Arbeitgebers für eine betriebliche Altersversorgung an eine Pensionskasse, die nicht im Kapitaldeckungsverfahren, sondern im Umlageverfahren finanziert wird (wie z. B. Umlagen an die Versorgungsanstalt des Bundes und der Länder – VBL – bzw. an eine kommunale oder kirchliche Zusatzversorgungskasse). Soweit diese Zuwendungen nicht nach § 3 Nr. 56 EStG steuerfrei bleiben, können sie individuell oder nach § 40b Abs. 1 und 2 EStG pauschal besteuert werden. Im Übrigen gelten Rz. 266 bis 268 Satz 1 und 4 ff., Rz. 270 bis 272 entsprechend. Danach ist z. B. der Arbeitnehmereigenanteil an einer Umlage nicht steuerfrei nach § 3 Nr. 56 EStG.

Werden von der Versorgungseinrichtung sowohl Zuwendungen/Umlagen als 299
auch Beiträge im Kapitaldeckungsverfahren erhoben, ist § 3 Nr. 56 EStG
auch auf die im Kapitaldeckungsverfahren erhobenen Beiträge anwendbar,
wenn eine getrennte Verwaltung und Abrechnung beider Vermögensmassen
(Trennungsprinzip, Rz. 265) nicht erfolgt.

Erfolgt eine getrennte Verwaltung und Abrechnung beider Vermögensmas- 300
sen, ist die Steuerfreiheit nach § 3 Nr. 63 EStG für die im Kapitaldeckungsverfahren erhobenen Beiträge vorrangig zu berücksichtigen. Dies gilt unabhängig davon, ob diese Beiträge rein arbeitgeberfinanziert sind oder auf einer
Entgeltumwandlung beruhen. Die nach § 3 Nr. 63 EStG steuerfreien Beträge
mindern den Höchstbetrag des § 3 Nr. 56 EStG (§ 3 Nr. 56 Satz 3 EStG).
Zuwendungen nach § 3 Nr. 56 EStG sind daher nur steuerfrei, soweit die
nach § 3 Nr. 63 EStG steuerfreien Beiträge den Höchstbetrag des § 3
Nr. 56 EStG unterschreiten. Eine Minderung nach § 3 Nr. 56 Satz 3 EStG ist
immer nur in dem jeweiligen Dienstverhältnis vorzunehmen; die Steuerfreistellung nach § 3 Nr. 56 EStG bleibt somit unberührt, wenn z. B. erst in
einem späteren ersten Dienstverhältnis Beiträge nach § 3 Nr. 63 EStG steuerfrei bleiben.

▶ **Beispiel:** 301

Arbeitgeber A zahlt in 2008 an seine Zusatzversorgungskasse einen Betrag
i.H.v.:
- 240 € (12 x 20 €) zugunsten einer getrennt verwalteten und abgerech-
  neten kapitalgedeckten betrieblichen Altersversorgung und
- 1.680 € (12 x 140 €) zugunsten einer umlagefinanzierten betrieblichen Altersversorgung.

Der Beitrag i. H. v. 240 € ist steuerfrei gem. § 3 Nr. 63 EStG, denn der
entsprechende Höchstbetrag wird nicht überschritten.
Von der Umlage sind 396 € steuerfrei gem. § 3 Nr. 56 Satz 1 und 3 EStG
(grundsätzlich 1.680 €, aber maximal 1 % der Beitragsbemessungsgrenze
2008 in der allgemeinen Rentenversicherung i. H. v. 636 € abzüglich
240 €). Die verbleibende Umlage i. H. v. 1.284 € (1.680 € abzüglich
396 €) ist individuell oder gem. § 40b Abs. 1 und 2 EStG pauschal zu
besteuern.

Es bestehen keine Bedenken gegen eine Kalenderjahr bezogene Betrachtung 302
hinsichtlich der gem. § 3 Nr. 56 Satz 3 EStG vorzunehmenden Verrechnung,
wenn sowohl nach § 3 Nr. 63 EStG steuerfreie Beiträge als auch nach § 3

Nr. 56 EStG steuerfreie Zuwendungen erbracht werden sollen. Stellt der Arbeitgeber vor Übermittlung der elektronischen Lohnsteuerbescheinigung fest (z. B. wegen einer erst im Laufe des Kalenderjahres vereinbarten nach § 3 Nr. 63 EStG steuerfreien Entgeltumwandlung aus einer Sonderzuwendung), dass die ursprüngliche Betrachtung nicht mehr zutreffend ist, hat er eine Korrektur vorzunehmen.

303 ▶ **Beispiel:**

Arbeitgeber A zahlt ab dem 1. Januar 2008 monatlich an eine Zusatzversorgungskasse 140 € zugunsten einer umlagefinanzierten betrieblichen Altersversorgung; nach § 3 Nr. 63 EStG steuerfreie Beiträge werden nicht entrichtet. Aus dem Dezembergehalt (Gehaltszahlung 15. Dezember 2008) wandelt der Arbeitnehmer einen Betrag i. H. v. 240 € zugunsten einer kapitalgedeckten betrieblichen Altersversorgung um (wobei die Mitteilung an den Arbeitgeber am 5. Dezember 2008 erfolgt).
Der Beitrag i. H. v. 240 € ist vorrangig steuerfrei nach § 3 Nr. 63 EStG. Von der Umlage wurde bisher ein Betrag i. H. v. 583 € (= 11 x 53 € [1 % der Beitragsbemessungsgrenze 2008 in der allgemeinen Rentenversicherung i. H. v. 636 €, verteilt auf 12 Monate]) nach § 3 Nr. 56 EStG steuerfrei belassen.
Im Monat Dezember 2008 ist die steuerliche Behandlung der Umlagezahlung zu korrigieren, denn nur ein Betrag i. H. v. 396 € (636 € abzüglich 240 €) kann steuerfrei gezahlt werden. Ein Betrag i. H. v. 187 € (583 € abzüglich 396 €) ist noch individuell oder pauschal zu besteuern. Der Arbeitgeber kann wahlweise den Lohnsteuerabzug der Monate 01/ 2008 bis 11/2008 korrigieren oder im Dezember 2008 den Betrag als sonstigen Bezug behandeln. Der Betrag für den Monat Dezember 2008 i. H. v. 140 € ist individuell oder pauschal zu besteuern.

10. Anwendung des § 40b EStG in der ab 1. Januar 2005 geltenden Fassung

304 § 40b EStG erfasst nur noch Zuwendungen des Arbeitgebers für eine betriebliche Altersversorgung an eine Pensionskasse, die nicht im Kapitaldeckungsverfahren, sondern im Umlageverfahren finanziert wird (wie z. B. Umlagen an die Versorgungsanstalt des Bundes und der Länder – VBL – bzw. an eine kommunale oder kirchliche Zusatzversorgungskasse). Werden für den Arbeitnehmer solche Zuwendungen laufend geleistet, bleiben diese ab 1. Januar 2008 zunächst im Rahmen des § 3 Nr. 56 EStG steuerfrei. Die den Rahmen des § 3 Nr. 56 EStG übersteigenden Zuwendungen können

dann nach § 40b Abs. 1 und 2 EStG pauschal besteuert werden. Dies gilt unabhängig davon, ob die Zuwendungen aufgrund einer Alt- oder Neuzusage geleistet werden. Lediglich für den Bereich der kapitalgedeckten betrieblichen Altersversorgung wurde die Möglichkeit der Pauschalbesteuerung nach § 40b EStG grundsätzlich zum 1. Januar 2005 aufgehoben. Werden von einer Versorgungseinrichtung sowohl Umlagen als auch Beiträge im Kapitaldeckungsverfahren erhoben, ist dann § 40b EStG auch auf die im Kapitaldeckungsverfahren erhobenen Beiträge anwendbar, wenn eine getrennte Verwaltung und Abrechnung beider Vermögensmassen (Trennungsprinzip, Rz. 265) nicht erfolgt.

Zuwendungen des Arbeitgebers im Sinne des § 19 Abs. 1 Satz 1 Nr. 3 Satz 2 **305** EStG an eine Pensionskasse sind in voller Höhe pauschal nach § 40b Abs. 4 EStG i. d. F. des Jahressteuergesetzes 2007 mit 15 % zu besteuern. Dazu gehören z. B. Gegenwertzahlungen nach § 23 Abs. 2 der Satzung der Versorgungsanstalt des Bundes und der Länder – VBL -. Für die Anwendung des § 40b Abs. 4 EStG ist es unerheblich, wenn an die Versorgungseinrichtung keine weiteren laufenden Beiträge oder Zuwendungen geleistet werden.

11. Übergangsregelungen § 52 Abs. 6 und 52b EStG zur Anwendung der §§ 3 Nr. 63 EStG und 40b EStG a. F

a) Abgrenzung von Alt- und Neuzusage

Für die Anwendung von § 3 Nr. 63 Satz 3 EStG sowie § 40b Abs. 1 **306** und 2 EStG a. F. kommt es darauf an, ob die entsprechenden Beiträge aufgrund einer Versorgungszusage geleistet werden, die vor dem 1. Januar 2005 (Altzusage) oder nach dem 31. Dezember 2004 (Neuzusage) erteilt wurde.

Für die Frage, zu welchem Zeitpunkt eine Versorgungszusage erstmalig **307** erteilt wurde, ist grundsätzlich die zu einem Rechtsanspruch führende arbeitsrechtliche bzw. betriebsrentenrechtliche Verpflichtungserklärung des Arbeitgebers maßgebend (z. B. Einzelvertrag, Betriebsvereinbarung oder Tarifvertrag). Entscheidend ist danach nicht, wann Mittel an die Versorgungseinrichtung fließen. Bei kollektiven, rein arbeitgeberfinanzierten Versorgungsregelungen ist die Zusage daher in der Regel mit Abschluss der Versorgungsregelung bzw. mit Beginn des Dienstverhältnisses des Arbeitnehmers erteilt. Ist die erste Dotierung durch den Arbeitgeber erst nach Ablauf einer von vornherein arbeitsrechtlich festgelegten Wartezeit vorgesehen, so wird der Zusagezeitpunkt dadurch nicht verändert. Im Fall der ganz oder teilweise durch Entgeltumwandlung finanzierten Zusage gilt diese regelmäßig mit

Abschluss der erstmaligen Gehaltsänderungsvereinbarung (vgl. auch Rz. 254 ff.) als erteilt. Liegen zwischen der Gehaltsänderungsvereinbarung und der erstmaligen Herabsetzung des Arbeitslohns mehr als 12 Monate, gilt die Versorgungszusage erst im Zeitpunkt der erstmaligen Herabsetzung als erteilt.

308 Die Änderung einer solchen Versorgungszusage stellt aus steuerrechtlicher Sicht unter dem Grundsatz der Einheit der Versorgung insbesondere dann keine Neuzusage dar, wenn bei ansonsten unveränderter Versorgungszusage:
– die Beiträge und/oder die Leistungen erhöht oder vermindert werden,
– die Finanzierungsform ersetzt oder ergänzt wird (rein arbeitgeberfinanziert, Entgeltumwandlung oder Eigenbeiträge im Sinne des § 1 Abs. 1 und 2 BetrAVG)
– der Versorgungsträger/Durchführungsweg gewechselt wird,
– die zu Grunde liegende Rechtsgrundlage gewechselt wird (z. B. bisher tarifvertraglich jetzt einzelvertraglich),
– eine befristete Entgeltumwandlung erneut befristet oder unbefristet fortgesetzt wird.

309 Eine Altzusage liegt auch im Fall der Übernahme der Zusage (Schuldübernahme) nach § 4 Abs. 2 Nr. 1 BetrAVG durch den neuen Arbeitgeber und bei Betriebsübergang nach § 613a BGB vor.

310 Um eine Neuzusage handelt es sich neben den in Rz. 307 aufgeführten Fällen insbesondere, soweit die bereits erteilte Versorgungszusage um zusätzliche biometrische Risiken erweitert wird und dies mit einer Beitragserhöhung verbunden ist, im Fall der Übertragung der Zusage beim Arbeitgeberwechsel nach § 4 Abs. 2 Nr. 2 und Abs. 3 BetrAVG.

311 Werden einzelne Leistungskomponenten der Versorgungszusage im Rahmen einer von vornherein vereinbarten Wahloption verringert, erhöht oder erstmals aufgenommen (z. B. Einbeziehung der Hinterbliebenenabsicherung nach Heirat) und kommt es infolge dessen nicht zu einer Beitragsanpassung, liegt keine Neuzusage vor; es handelt sich weiterhin um eine Altzusage.

312 Aus steuerlicher Sicht ist es möglich, mehrere Versorgungszusagen nebeneinander, also neben einer Altzusage auch eine Neuzusage zu erteilen (z. B. »alte« Direktversicherung und »neuer« Pensionsfonds).

313 Wurde vom Arbeitgeber vor dem 1. Januar 2005 eine Versorgungszusage erteilt (Altzusage) und im Rahmen eines Pensionsfonds, einer Pensionskasse oder Direktversicherung durchgeführt, bestehen aus steuerlicher Sicht keine

Bedenken, wenn auch nach einer Übertragung auf einen neuen Arbeitgeber unter Anwendung des »Abkommens zur Übertragung von Direktversicherungen oder Versicherungen in einer Pensionskasse« oder vergleichbaren Regelungen zur Übertragung von Versicherungen in Pensionskassen oder Pensionsfonds weiterhin von einer Altzusage ausgegangen wird. Dies gilt auch, wenn sich dabei die bisher abgesicherten biometrischen Risiken ändern, ohne dass damit eine Beitragsänderung verbunden ist. Die Höhe des Rechnungszinses spielt dabei für die lohnsteuerliche Beurteilung keine Rolle. Es wird in diesen Fällen nicht beanstandet, wenn die Beiträge für die Direktversicherung oder an eine Pensionskasse vom neuen Arbeitgeber weiter pauschal besteuert werden (§ 52 Abs. 6 und 52b EStG i. V. m. § 40b EStG a. F.). Zu der Frage der Novation und des Zuflusses von Zinsen siehe Rz. 35 des BMF-Schreibens vom 22. August 2002, BStBl I S. 827 und Rz. 88 ff. des BMF-Schreibens vom 1. Oktober 2009, BStBl I S. 1172.

Entsprechendes gilt, wenn der (Alt-)Vertrag unmittelbar vom neuen Arbeit- 314 geber fortgeführt wird. Auch insoweit bestehen keine Bedenken, wenn weiterhin von einer Altzusage ausgegangen wird und die Beiträge nach § 40b EStG a. F. pauschal besteuert werden.

Wird eine vor dem 1. Januar 2005 abgeschlossene Direktversicherung (Altzu- 315 sage) oder Versicherung in einer Pensionskasse nach § 2 Abs. 2 oder 3 BetrAVG infolge der Beendigung des Dienstverhältnisses auf den Arbeitnehmer übertragen (versicherungsvertragliche Lösung), dann von diesem zwischenzeitlich privat (z. B. während der Zeit einer Arbeitslosigkeit) und später von einem neuen Arbeitgeber wieder als Direktversicherung oder Pensionskasse fortgeführt, bestehen ebenfalls keine Bedenken, wenn unter Berücksichtigung der übrigen Voraussetzungen bei dem neuen Arbeitgeber weiterhin von einer Altzusage ausgegangen wird. Das bedeutet insbesondere, dass der Versicherungsvertrag trotz der privaten Fortführung und der Übernahme durch den neuen Arbeitgeber – abgesehen von den in Rz. 308 f. genannten Fällen – keine wesentlichen Änderungen erfahren darf. Der Zeitraum der privaten Fortführung sowie die Tatsache, ob in dieser Zeit Beiträge geleistet oder der Vertrag beitragsfrei gestellt wurde, ist insoweit unmaßgeblich. Es wird in diesen Fällen nicht beanstandet, wenn die Beiträge für die Direktversicherung oder Pensionskasse vom neuen Arbeitgeber weiter pauschal besteuert werden (§ 52 Abs. 6 und 52b EStG i. V. m. § 40b EStG a. F.).

b) Weiteranwendung des § 40b Abs. 1 und 2 EStG a. F

316   Auf Beiträge zugunsten einer kapitalgedeckten betrieblichen Altersversorgung, die aufgrund von Altzusagen geleistet werden, kann § 40b Abs. 1 und 2 EStG a. F. unter folgenden Voraussetzungen weiter angewendet werden:

317   Beiträge für eine Direktversicherung, die die Voraussetzungen des § 3 Nr. 63 EStG nicht erfüllen, können weiterhin vom Arbeitgeber nach § 40b Abs. 1 und 2 EStG a. F. pauschal besteuert werden, ohne dass es hierfür einer Verzichtserklärung des Arbeitnehmers bedarf.

318   Beiträge für eine Direktversicherung, die die Voraussetzungen des § 3 Nr. 63 EStG erfüllen, können nur dann nach § 40b Abs. 1 und 2 EStG a. F. pauschal besteuert werden, wenn der Arbeitnehmer zuvor gegenüber dem Arbeitgeber für diese Beiträge auf die Anwendung des § 3 Nr. 63 EStG verzichtet hat; dies gilt auch dann, wenn der Höchstbetrag nach § 3 Nr. 63 Satz 1 EStG bereits durch anderweitige Beitragsleistungen vollständig ausgeschöpft wird. Handelt es sich um rein arbeitgeberfinanzierte Beiträge und wird die Pauschalsteuer nicht auf den Arbeitnehmer abgewälzt, kann von einer solchen Verzichtserklärung bereits dann ausgegangen werden, wenn der Arbeitnehmer der Weiteranwendung des § 40b EStG a. F. bis zum Zeitpunkt der ersten Beitragsleistung in 2005 nicht ausdrücklich widersprochen hat. In allen anderen Fällen ist eine Weiteranwendung des § 40b EStG a. F. möglich, wenn der Arbeitnehmer dem Angebot des Arbeitgebers, die Beiträge weiterhin nach § 40b EStG a. F. pauschal zu versteuern, spätestens bis zum 30. Juni 2005 zugestimmt hat. Erfolgte die Verzichtserklärung erst nach Beitragszahlung, kann § 40b EStG a. F. für diese Beitragszahlung/en nur dann weiter angewendet und die Steuerfreiheit nach § 3 Nr. 63 EStG rückgängig gemacht werden, wenn die Lohnsteuerbescheinigung im Zeitpunkt der Verzichtserklärung noch nicht übermittelt oder ausgeschrieben worden war. Im Fall eines späteren Arbeitgeberwechsels ist in den Fällen des § 4 Abs. 2 Nr. 1 BetrAVG die Weiteranwendung des § 40b EStG a. F. möglich, wenn der Arbeitnehmer dem Angebot des Arbeitgebers, die Beiträge weiterhin nach § 40b EStG a. F. pauschal zu versteuern, spätestens bis zur ersten Beitragsleistung zustimmt.

319   Beiträge an Pensionskassen können nach § 40b EStG a. F. insbesondere dann weiterhin pauschal besteuert werden, wenn die Summe der nach § 3 Nr. 63 EStG steuerfreien Beiträge und der Beiträge, die wegen der Ausübung des Wahlrechts nach § 3 Nr. 63 Satz 2 EStG individuell versteuert werden, 4 % der Beitragsbemessungsgrenze in der allgemeinen Rentenversicherung

übersteigt. Wurde im Fall einer Altzusage bisher lediglich § 3 Nr. 63 EStG angewendet und wird der Höchstbetrag von 4 % der Beitragsbemessungsgrenze in der allgemeinen Rentenversicherung erst nach dem 31. Dezember 2004 durch eine Beitragserhöhung überschritten, ist eine Pauschalbesteuerung nach § 40b EStG a. F. für die übersteigenden Beiträge möglich. Der zusätzliche Höchstbetrag von 1.800 € bleibt in diesen Fällen unberücksichtigt, da er nur dann zur Anwendung gelangt, wenn es sich um eine Neuzusage handelt.

c) Verhältnis von § 3 Nr. 63 Satz 3 EStG und § 40b Abs. 1 und 2 Satz 1 und 2 EStG a. F

Der zusätzliche Höchstbetrag von 1.800 € nach § 3 Nr. 63 Satz 3 EStG für   **320** eine Neuzusage kann dann nicht in Anspruch genommen werden, wenn die für den Arbeitnehmer aufgrund einer Altzusage geleisteten Beiträge bereits nach § 40b Abs. 1 und 2 Satz 1 und 2 EStG a. F. pauschal besteuert werden. Dies gilt unabhängig von der Höhe der pauschal besteuerten Beiträge und somit auch unabhängig davon, ob der Dotierungsrahmen des § 40b Abs. 2 Satz 1 EStG a. F. (1.752 €) voll ausgeschöpft wird oder nicht. Eine Anwendung des zusätzlichen Höchstbetrags von 1.800 € kommt aber dann in Betracht, wenn z. B. bei einem Beitrag zugunsten der Altzusage statt der Weiteranwendung des § 40b Abs. 1 und 2 Satz 1 und 2 EStG a. F. dieser Beitrag individuell besteuert wird.

Werden für den Arbeitnehmer im Rahmen einer umlagefinanzierten betrieb- **321** lichen Altersversorgung Zuwendungen an eine Pensionskasse geleistet und werden diese – soweit sie nicht nach § 3 Nr. 56 EStG steuerfrei bleiben (vgl. Rz. 297 ff.) – pauschal besteuert, ist § 40b Abs. 1 und 2 EStG anzuwenden. Dies gilt unabhängig davon, ob die umlagefinanzierten Zuwendungen aufgrund einer Alt- oder Neuzusage geleistet werden. Lediglich für den Bereich der kapitalgedeckten betrieblichen Altersversorgung wurde die Möglichkeit der Pauschalbesteuerung nach § 40b EStG grundsätzlich zum 1. Januar 2005 aufgehoben. Werden von einer Versorgungseinrichtung sowohl Umlagen als auch Beiträge im Kapitaldeckungsverfahren erhoben, wird die Inanspruchnahme des zusätzlichen Höchstbetrags von 1.800 € nach § 3 Nr. 63 Satz 3 EStG für getrennt im Kapitaldeckungsverfahren erhobene Beiträge (Rz. 265) somit durch nach § 40b EStG pauschal besteuerte Zuwendungen zugunsten der umlagefinanzierten betrieblichen Altersversorgung nicht ausgeschlossen.

d) Verhältnis von § 3 Nr. 63 Satz 4 EStG und § 40b Abs. 1 und 2 Satz 3 und 4 EStG a. F

322 Begünstigte Aufwendungen (Rz. 265 ff.), die der Arbeitgeber aus Anlass der Beendigung des Dienstverhältnisses nach dem 31. Dezember 2004 leistet, können entweder nach § 3 Nr. 63 Satz 4 EStG steuerfrei belassen oder nach § 40b Abs. 2 Satz 3 und 4 EStG a. F. pauschal besteuert werden. Für die Anwendung der Vervielfältigungsregelung des § 3 Nr. 63 Satz 4 EStG kommt es nicht darauf an, ob die Zusage vor oder nach dem 1. Januar 2005 erteilt wurde; sie muss allerdings die Voraussetzungen des § 3 Nr. 63 EStG erfüllen (vgl. insbesondere Rz. 272 und 392). Die Anwendung von § 3 Nr. 63 Satz 4 EStG ist allerdings ausgeschlossen, wenn gleichzeitig § 40b Abs. 2 Satz 3 und 4 EStG a. F. auf die Beiträge, die der Arbeitgeber aus Anlass der Beendigung des Dienstverhältnisses leistet, angewendet wird. Eine Anwendung ist ferner nicht möglich, wenn der Arbeitnehmer bei Beiträgen für eine Direktversicherung auf die Steuerfreiheit der Beiträge zu dieser Direktversicherung zugunsten der Weiteranwendung des § 40b EStG a. F. verzichtet hatte (vgl. Rz. 316 ff.). Bei einer Pensionskasse hindert die Pauschalbesteuerung nach § 40b Abs. 1 und 2 Satz 1 und 2 EStG a. F. die Inanspruchnahme des § 3 Nr. 63 Satz 4 EStG nicht. Für die Anwendung der Vervielfältigungsregelung nach § 40b Abs. 2 Satz 3 und 4 EStG a. F. ist allerdings Voraussetzung, dass die begünstigten Aufwendungen zugunsten einer Altzusage geleistet werden. Da allein die Erhöhung der Beiträge und/oder Leistungen bei einer ansonsten unveränderten Versorgungszusage nach Rz. 308 noch nicht zu einer Neuzusage führt, kann die Vervielfältigungsregelung des § 40b EStG a. F. auch dann genutzt werden, wenn der Arbeitnehmer erst nach dem 1. Januar 2005 aus dem Dienstverhältnis ausscheidet. Die Höhe der begünstigten Beiträge muss dabei nicht bereits bei Erteilung dieser Zusage bestimmt worden sein. Entsprechendes gilt in den Fällen, in denen bei einer Altzusage bisher lediglich § 3 Nr. 63 EStG angewendet wurde und der Höchstbetrag von 4 % der Beitragsbemessungsgrenze in der allgemeinen Rentenversicherung erst durch die Beiträge, die der Arbeitgeber aus Anlass der Beendigung des Dienstverhältnisses nach dem 31. Dezember 2004 leistet, überschritten wird.

e) Keine weitere Anwendung von § 40b Abs. 1 und 2 EStG a. F. auf Neuzusagen

323 Auf Beiträge, die aufgrund von Neuzusagen geleistet werden, kann § 40b Abs. 1 und 2 EStG a. F. nicht mehr angewendet werden. Die Beiträge bleiben bis zur Höhe von 4 % der Beitragsbemessungsgrenze in der allgemeinen

Rentenversicherung zuzüglich 1.800 € grundsätzlich nach § 3 Nr. 63 EStG steuerfrei.

f) Verhältnis von § 3 Nr. 63 EStG und § 40b EStG a. F., wenn die betriebliche Altersversorgung nebeneinander bei verschiedenen Versorgungseinrichtungen durchgeführt wird

Leistet der Arbeitgeber nach § 3 Nr. 63 Satz 1 EStG begünstigte Beiträge an   324
verschiedene Versorgungseinrichtungen, kann er § 40b EStG a. F. auf Beiträge an Pensionskassen unabhängig von der zeitlichen Reihenfolge der Beitragszahlung anwenden, wenn die Voraussetzungen für die weitere Anwendung der Pauschalbesteuerung dem Grunde nach vorliegen. Allerdings muss zum Zeitpunkt der Anwendung des § 40b EStG a. F. bereits feststehen oder zumindest konkret beabsichtigt sein, die nach § 3 Nr. 63 Satz 1 EStG steuerfreien Beiträge in voller Höhe zu zahlen. Stellt der Arbeitgeber fest, dass die Steuerfreiheit noch nicht oder nicht in vollem Umfang ausgeschöpft worden ist oder werden kann, muss die Pauschalbesteuerung nach § 40b EStG a. F. – ggf. teilweise – rückgängig gemacht werden; spätester Zeitpunkt hierfür ist die Übermittlung oder Erteilung der Lohnsteuerbescheinigung.

Im Jahr der Errichtung kann der Arbeitgeber für einen neu eingerichteten   325
Durchführungsweg die Steuerfreiheit in Anspruch nehmen, wenn er die für den bestehenden Durchführungsweg bereits in Anspruch genommene Steuerfreiheit rückgängig gemacht und die Beiträge nachträglich bis zum Dotierungsrahmen des § 40b EStG a. F. (1.752 €) pauschal besteuert hat.

III. Steuerliche Behandlung der Versorgungsleistungen

1. Allgemeines

Die Leistungen aus einer Versorgungszusage des Arbeitgebers können Ein-   326
künfte aus nichtselbständiger Arbeit oder sonstige Einkünfte sein oder nicht der Besteuerung unterliegen.

2. Direktzusage und Unterstützungskasse

Versorgungsleistungen des Arbeitgebers aufgrund einer Direktzusage und   327
Versorgungsleistungen einer Unterstützungskasse führen zu Einkünften aus nichtselbständiger Arbeit (§ 19 EStG).

Werden solche Versorgungsleistungen nicht fortlaufend, sondern in einer   328
Summe gezahlt, handelt es sich um Vergütungen (Arbeitslohn) für mehrjäh-

rige Tätigkeiten im Sinne des § 34 Abs. 2 Nr. 4 EStG (vgl. BFH-Urteil vom 12. April 2007, BStBl II S. 581), die bei Zusammenballung als außerordentliche Einkünfte nach § 34 Abs. 1 EStG zu besteuern sind. Die Gründe für eine Kapitalisierung von Versorgungsbezügen sind dabei unerheblich. Im Fall von Teilkapitalauszahlungen ist dagegen der Tatbestand der Zusammenballung nicht erfüllt; eine Anwendung des § 34 EStG kommt daher für diese Zahlungen nicht in Betracht.

3. Direktversicherung, Pensionskasse und Pensionsfonds

329   Die steuerliche Behandlung der Leistungen aus einer Direktversicherung, Pensionskasse und Pensionsfonds in der Auszahlungsphase erfolgt nach § 22 Nr. 5 EStG (lex spezialis, vgl. Rz. 114 ff.). Der Umfang der Besteuerung hängt davon ab, inwieweit die Beiträge in der Ansparphase durch die Steuerfreiheit nach § 3 Nr. 63 EStG (vgl. Rz. 263 ff.), nach § 3 Nr. 66 EStG (vgl. Rz. 281) oder durch Sonderausgabenabzug nach § 10a EStG und Zulage nach Abschnitt XI EStG (vgl. Rz. 289 ff.) gefördert wurden oder die Leistungen auf steuerfreien Zuwendungen nach § 3 Nr. 56 EStG basieren. Dies gilt auch für Leistungen aus einer ergänzenden Absicherung der Invalidität oder von Hinterbliebenen. Dabei ist grundsätzlich von einer einheitlichen Versorgungszusage und somit für den Aufteilungsmaßstab von einer einheitlichen Behandlung der Beitragskomponenten für Alter und Zusatzrisiken auszugehen. Ist nur die Absicherung von Zusatzrisiken Gegenstand einer Versorgungszusage, ist für den Aufteilungsmaßstab auf die gesamte Beitragsphase und nicht allein auf den letzten geleisteten Beitrag abzustellen. Zu den nicht geförderten Beiträgen gehören insbesondere die nach § 40b EStG a. F. pauschal besteuerten sowie die vor dem 1. Januar 2002 erbrachten Beiträge an eine Pensionskasse oder für eine Direktversicherung. Die Besteuerung erfolgt auch dann nach § 22 Nr. 5 EStG, wenn ein Direktversicherungsvertrag ganz oder teilweise privat fortgeführt wird.

330   Im Fall von Teil- bzw. Einmalkapitalauszahlungen handelt es sich nicht um außerordentliche Einkünfte im Sinne des § 34 Abs. 2 EStG. Es liegt weder eine Entschädigung noch eine Vergütung für eine mehrjährige Tätigkeit vor. Daher kommt eine Anwendung der Fünftelungsregelung des § 34 EStG auf diese Zahlungen nicht in Betracht.

a) Leistungen, die ausschließlich auf nicht geförderten Beiträgen beruhen

Leistungen aus Altzusagen (vgl. Rz. 306 ff.), die ausschließlich auf nicht 331 geförderten Beiträgen beruhen, sind, wenn es sich um eine lebenslange Rente, eine Berufsunfähigkeits-, Erwerbsminderungs- oder um eine Hinterbliebenenrente handelt, als sonstige Einkünfte gem. § 22 Nr. 5 Satz 2 Buchstabe a i. V. m. § 22 Nr. 1 Satz 3 Buchstabe a Doppelbuchstabe bb EStG mit dem Ertragsanteil zu besteuern.

Handelt es sich um Renten im Sinne der Rz. 331 aus Neuzusagen (vgl. 332 Rz. 306 ff.), die die Voraussetzungen des § 10 Abs. 1 Nr. 2 Satz 1 Buchstabe b EStG erfüllen, sind diese als sonstige Einkünfte gem. § 22 Nr. 5 Satz 2 Buchstabe a i. V. m. § 22 Nr. 1 Satz 3 Buchstabe a Doppelbuchstabe aa EStG zu besteuern. Liegen die Voraussetzungen des § 10 Abs. 1 Nr. 2 Satz 1 Buchstabe b EStG nicht vor, erfolgt die Besteuerung gem. § 22 Nr. 5 Satz 2 Buchstabe a i. V. m. § 22 Nr. 1 Satz 3 Buchstabe a Doppelbuchstabe bb EStG mit dem Ertragsanteil.

Auf andere als die in Rz. 331 f. genannten Leistungen (z. B. Kapitalauszah- 333 lungen, Teilraten aus Auszahlungsplänen, Abfindungen) sind die Regelungen in Rz. 131 entsprechend anzuwenden. Zu Leistungen aus einer reinen Risikoversicherung vgl. insoweit Rz. 7 des BMF-Schreibens vom 1. Oktober 2009, BStBl I S. 1172.

b) Leistungen, die ausschließlich auf geförderten Beiträgen beruhen

Leistungen, die ausschließlich auf geförderten Beiträgen beruhen, unterliegen 334 als sonstige Einkünfte nach § 22 Nr. 5 Satz 1 EStG in vollem Umfang der Besteuerung (vgl. auch Rz. 124 f.).

c) Leistungen, die auf geförderten und nicht geförderten Beiträgen beruhen

Beruhen die Leistungen sowohl auf geförderten als auch auf nicht geförder- 335 ten Beiträgen, müssen die Leistungen in der Auszahlungsphase aufgeteilt werden (vgl. Rz. 126 ff.). Für die Frage des Aufteilungsmaßstabs ist das BMF-Schreiben vom 11. November 2004, BStBl I S. 1061 anzuwenden.

Soweit die Leistungen auf geförderten Beiträgen beruhen, unterliegen sie als 336 sonstige Einkünfte nach § 22 Nr. 5 Satz 1 EStG in vollem Umfang der Besteuerung. Dies gilt unabhängig davon, ob sie in Form der Rente oder als Kapitalauszahlung geleistet werden.

337 Soweit die Leistungen auf nicht geförderten Beiträgen beruhen, gelten die Regelungen in Rz. 331 bis 333 entsprechend.

d) Sonderzahlungen des Arbeitgebers nach § 19 Abs. 1 Satz 1 Nr. 3 EStG

338 Sonderzahlungen des Arbeitgebers im Sinne des § 19 Abs. 1 Satz 1 Nr. 3 Satz 2 EStG einschließlich der Zahlungen des Arbeitgebers zur Erfüllung der Solvabilitätsvorschriften nach den §§ 53c und 114 des Versicherungsaufsichtsgesetzes (VAG), der Zahlungen des Arbeitgebers in der Rentenbezugszeit nach § 112 Abs. 1a VAG und der Sanierungsgelder sind bei der Ermittlung des Aufteilungsmaßstabs nicht zu berücksichtigen.

e) Bescheinigungspflicht

339 Nach § 22 Nr. 5 Satz 7 EStG hat der Anbieter beim erstmaligen Bezug von Leistungen sowie bei Änderung der im Kalenderjahr auszuzahlenden Leistungen dem Steuerpflichtigen nach amtlich vorgeschriebenem Vordruck den Betrag der im abgelaufenen Kalenderjahr zugeflossenen Leistungen zu bescheinigen. In dieser Bescheinigung sind die Leistungen entsprechend den Grundsätzen in Rz. 124 ff. gesondert auszuweisen.

f) Sonderregelungen

aa) Leistungen aus einem Pensionsfonds aufgrund der Übergangsregelung nach § 52 Abs. 34c EStG

340 Haben Arbeitnehmer schon von ihrem Arbeitgeber aufgrund einer Direktzusage oder von einer Unterstützungskasse laufende Versorgungsleistungen erhalten und ist diese Versorgungsverpflichtung nach § 3 Nr. 66 EStG auf einen Pensionsfonds übertragen worden, werden bei den Leistungsempfängern nach § 52 Abs. 34c EStG weiterhin der Arbeitnehmer-Pauschbetrag (§ 9a Satz 1 Nr. 1 Buchstabe a EStG) bzw. der Pauschbetrag für Werbungskosten nach § 9a Satz 1 Nr. 1 Buchstabe b EStG und der Versorgungsfreibetrag sowie der Zuschlag zum Versorgungsfreibetrag (§ 19 Abs. 2 EStG) berücksichtigt. Dies gilt auch, wenn der Zeitpunkt des erstmaligen Leistungsbezugs und der Zeitpunkt der Übertragung der Versorgungsverpflichtung auf den Pensionsfonds in denselben Monat fallen. Die Leistungen unterliegen unabhängig davon als sonstige Einkünfte nach § 22 Nr. 5 Satz 1 EStG der Besteuerung.

Handelt es sich bereits beim erstmaligen Bezug der Versorgungsleistungen 341
um Versorgungsbezüge im Sinne des § 19 Abs. 2 EStG, wird der Pauschbetrag nach § 9a Satz 1 Nr. 1 Buchstabe b EStG abgezogen; zusätzlich werden
der Versorgungsfreibetrag und der Zuschlag zum Versorgungsfreibetrag mit
dem für das Jahr des Versorgungsbeginns maßgebenden Vomhundertsatz
und Beträgen berücksichtigt. Handelt es sich beim erstmaligen Bezug der
Versorgungsleistungen nicht um Versorgungsbezüge im Sinne des § 19 Abs. 2
EStG, weil z. B. keine der Altersgrenzen in § 19 Abs. 2 EStG erreicht sind, ist
lediglich der Arbeitnehmer-Pauschbetrag (§ 9a Satz 1 Nr. 1 Buchstabe a
EStG) abzuziehen. Wird eine der Altersgrenzen in § 19 Abs. 2 EStG erst zu
einem späteren Zeitpunkt erreicht, sind ab diesem Zeitpunkt der für dieses
Jahr maßgebende Versorgungsfreibetrag und der Zuschlag zum Versorgungsfreibetrag abzuziehen sowie anstelle des Arbeitnehmer-Pauschbetrags der
Pauschbetrag nach § 9a Satz 1 Nr. 1 Buchstabe b EStG. Ein Abzug des Versorgungsfreibetrags nach § 19 Abs. 2 EStG in der bis zum 31. Dezember 2004 geltenden Fassung kommt nach dem 31. Dezember 2004 nicht
mehr in Betracht. Dies gilt unabhängig vom Zeitpunkt der Übertragung der
Versorgungsverpflichtung auf den Pensionsfonds.

bb) Arbeitgeberzahlungen infolge der Anpassungsprüfungspflicht nach § 16 BetrAVG

Leistungen des Arbeitgebers aufgrund der Anpassungsprüfungspflicht nach § 16 342
Abs. 1 BetrAVG, mit der die Leistungen einer Versorgungseinrichtung ergänzt
werden, gehören zu den Einkünften nach § 19 Abs. 1 Satz 1 Nr. 2 EStG. Rz. 341
gilt entsprechend. Als Versorgungsbeginn im Sinne des § 19 Abs. 2 EStG ist der
Beginn der Zahlung durch den Arbeitgeber anzusehen.

Erhöhen sich die Zahlungen des Arbeitgebers infolge der Anpassungsprü- 343
fungspflicht nach § 16 BetrAVG, liegt eine regelmäßige Anpassung vor, die
nicht zu einer Neuberechnung des Versorgungsfreibetrags und des Zuschlags
zum Versorgungsfreibetrag führen.

Ändert sich die Höhe der Arbeitgeberzahlung unabhängig von der Anpas- 344
sungsprüfungspflicht, gilt Folgendes:

Übernimmt die Versorgungseinrichtung die Arbeitgeberzahlung nur zum
Teil, ist dies als Anrechnungs-/Ruhensregelung im Sinne des § 19 Abs. 2
Satz 10 EStG anzusehen und führt zu einer Neuberechnung. Gleiches gilt
für den Fall, dass die Versorgungseinrichtung die Zahlungen nicht mehr
erbringen kann und sich die Arbeitgeberzahlung wieder erhöht.

345 Kann die Versorgungseinrichtung die Arbeitgeberzahlungen zunächst vollständig übernehmen und stellt diese später (z. B. wegen Liquiditätsproble-
men) wieder ein, so dass der Arbeitgeber die Zahlungsverpflichtung wieder
vollständig erfüllen muss, lebt der Anspruch wieder auf. Dies führt nicht zu
einem neuen Versorgungsbeginn, so dass für die (Neu-)Berechnung des Versorgungsfreibetrags und des Zuschlags zum Versorgungsfreibetrag die »alte«
Kohorte maßgebend ist.

cc) **Beendigung einer betrieblichen Altersversorgung**

346 Bei Beendigung einer nach § 3 Nr. 63 EStG geförderten betrieblichen Altersversorgung gilt Folgendes:

Liegt eine betriebliche Altersversorgung im Sinne des BetrAVG vor und wird
diese lediglich mit Wirkung für die Zukunft beendet, z. B. durch eine Abfindung (ggf. auch in Form der Beitragsrückerstattung), dann handelt es sich
bei der Zahlung der Versorgungseinrichtung an den Arbeitnehmer um sonstige Einkünfte im Sinne des § 22 Nr. 5 EStG und nicht um Einkünfte nach
§ 19 EStG.

Im Fall einer kompletten Rückabwicklung des Vertragsverhältnisses mit Wirkung für die Vergangenheit handelt es sich bei der Zahlung der Versorgungseinrichtung an den Arbeitnehmer um eine Arbeitslohnzahlung im Sinne des
§ 19 Abs. 1 EStG, die im Zeitpunkt des Zuflusses nach den allgemeinen
lohnsteuerlichen Grundsätzen behandelt wird.

IV. **Schädliche Auszahlung von gefördertem Altersvorsorgevermögen**

1. **Allgemeines**

347 Wird das nach § 10a/Abschnitt XI EStG steuerlich geförderte Altersvorsorgevermögen an den Arbeitnehmer nicht als Rente oder im Rahmen eines Auszahlungsplans ausgezahlt, handelt es sich grundsätzlich um eine schädliche
Verwendung (§ 93 Abs. 1 EStG; Rz. 159 ff.). Im Bereich der betrieblichen
Altersversorgung kann eine solche schädliche Verwendung dann gegeben
sein, wenn Versorgungsanwartschaften abgefunden oder übertragen werden.
Entsprechendes gilt, wenn der Arbeitnehmer im Versorgungsfall ein bestehendes Wahlrecht auf Einmalkapitalauszahlung ausübt (vgl. Rz. 291).

348 Liegt eine schädliche Verwendung von gefördertem Altersvorsorgevermögen
vor, gelten Rz. 163 ff. sowie 177 bis 199.

2. Abfindungen von Anwartschaften, die auf nach § 10a/Abschnitt XI EStG geförderten Beiträgen beruhen

Im Fall der Abfindung von Anwartschaften der betrieblichen Altersversorgung gem. § 3 BetrAVG handelt es sich gem. § 93 Abs. 2 Satz 3 EStG um keine schädliche Verwendung, soweit das nach § 10a/Abschnitt XI EStG geförderte Altersvorsorgevermögen zugunsten eines auf den Namen des Zulageberechtigten lautenden zertifizierten privaten Altersvorsorgevertrags geleistet wird. Der Begriff der Abfindung umfasst außerdem auch Abfindungen, die in arbeitsrechtlich zulässiger Weise außerhalb des Regelungsbereiches des § 3 BetrAVG erfolgen, wie z. B. den Fall der Abfindung ohne Ausscheiden aus dem Arbeitsverhältnis. Liegen die übrigen Voraussetzungen des § 93 Abs. 2 Satz 3 EStG vor, kann somit auch in anderen Abfindungsfällen als denen des § 3 BetrAVG gefördertes Altersvorsorgevermögen aus der betrieblichen Altersversorgung auf einen zertifizierten privaten Altersvorsorgevertrag übertragen werden, ohne dass eine schädliche Verwendung vorliegt. **349**

3. Abfindungen von Anwartschaften, die auf steuerfreien und nicht geförderten Beiträgen beruhen

Wird eine Anwartschaft der betrieblichen Altersversorgung abgefunden, die ganz oder teilweise auf nach § 3 Nr. 63 EStG, § 3 Nr. 66 EStG steuerfreien oder nicht geförderten Beiträgen beruht und zugunsten eines auf den Namen des Steuerpflichtigen lautenden zertifizierten Altersvorsorgevertrags geleistet, unterliegt der Abfindungsbetrag im Zeitpunkt der Abfindung nicht der Besteuerung. **350**

Wird der Abfindungsbetrag nicht entsprechend der Rz. 350 verwendet, erfolgt eine Besteuerung des Abfindungsbetrags im Zeitpunkt der Abfindung entsprechend den Grundsätzen der Rz. 331 bis 337. **351**

4. Portabilität

Bei einem Wechsel des Arbeitgebers kann der Arbeitnehmer für Versorgungszusagen, die nach dem 31. Dezember 2004 erteilt werden, gem. § 4 Abs. 3 BetrAVG verlangen, dass der bisherige Arbeitgeber den Übertragungswert (§ 4 Abs. 5 BetrAVG) auf eine Versorgungseinrichtung des neuen Arbeitgebers überträgt. Die Übertragung ist gem. § 93 Abs. 2 Satz 2 EStG dann keine schädliche Verwendung, wenn auch nach der Übertragung eine lebenslange Altersversorgung des Arbeitnehmers im Sinne des § 1 Abs. 1 Satz 1 Nr. 4 Buchstabe a AltZertG gewährleistet wird. Dies gilt auch, wenn der alte und **352** neue Arbeitgeber sowie der Arbeitnehmer sich gem. § 4 Abs. 2 Nr. 2 BetrAVG freiwillig auf eine Übertragung der Versorgungsanwartschaften mittels Übertragungswert von einer Versorgungseinrichtung im Sinne des § 82 Abs. 2 EStG auf eine andere Versorgungseinrichtung im Sinne des § 82 Abs. 2 EStG verständigen.

353 Erfüllt die Versorgungseinrichtung des neuen Arbeitgebers nicht die Voraussetzungen des § 1 Abs. 1 Satz 1 Nr. 4 Buchstabe a AltZertG, gelten Rz. 331 bis 337 entsprechend.

5. Entschädigungsloser Widerruf eines noch verfallbaren Bezugsrechts

354 Hat der Arbeitnehmer für arbeitgeberfinanzierte Beiträge an eine Direktversicherung, eine Pensionskasse oder einen Pensionsfonds die Förderung durch Sonderausgabenabzug nach § 10a EStG und Zulage nach Abschnitt XI EStG erhalten und verliert er vor Eintritt der Unverfallbarkeit sein Bezugsrecht durch einen entschädigungslosen Widerruf des Arbeitgebers, handelt es sich um eine schädliche Verwendung im Sinne des § 93 Abs. 1 EStG. Das Versicherungsunternehmen oder die Pensionskasse hat der ZfA die schädliche Verwendung nach § 94 Abs. 1 EStG anzuzeigen. Die gutgeschriebenen Zulagen sind vom Anbieter einzubehalten. Darüber hinaus hat die ZfA den steuerlichen Vorteil aus dem Sonderausgabenabzug nach § 10a EStG beim Arbeitnehmer nach § 94 Abs. 2 EStG zurückzufordern. Der maßgebliche Zeitpunkt für die Rückforderung der Zulagen und des steuerlichen Vorteils ist der Zeitpunkt, in dem die den Verlust des Bezugsrechts begründenden Willenserklärungen (z. B. Kündigung oder Widerruf) wirksam geworden sind. Im Übrigen gilt R 40b.1 Abs. 13 ff. LStR.

355 Zahlungen, die das Versicherungsunternehmen, die Pensionskasse oder der Pensionsfonds an den Arbeitgeber leistet, weil der Arbeitnehmer für eine arbeitgeberfinanzierte betriebliche Altersversorgung vor Eintritt der Unverfallbarkeit sein Bezugsrecht verloren hat (z. B. bei vorzeitigem Ausscheiden aus dem Dienstverhältnis), stellen Betriebseinnahmen dar. § 43 EStG ff. ist in diesem Fall zu beachten.

C. Besonderheiten beim Versorgungsausgleich

I. Allgemeines

1. Gesetzliche Neuregelung des Versorgungsausgleichs

Mit dem VersAusglG vom 3. April 2009 wurden die Vorschriften zum Versorgungsausgleich grundlegend geändert. Es gilt künftig für alle ausgleichsreifen Anrechte auf Altersversorgung der Grundsatz der internen Teilung, der bisher schon bei der gesetzlichen Rentenversicherung zur Anwendung kam. Bisher wurden alle von den Ehegatten während der Ehe erworbenen Anrechte auf eine Versorgung wegen Alter und Invalidität bewertet und im Wege eines Einmalausgleichs ausgeglichen, vorrangig über die gesetzliche Rentenversicherung. **356**

Das neue VersAusglG sieht dagegen die interne Teilung als Grundsatz des Versorgungsausgleichs auch für alle Systeme der betrieblichen Altersversorgung und privaten Altersvorsorge vor. Hierbei werden die von den Ehegatten in den unterschiedlichen Altersversorgungssystemen erworbenen Anrechte zum Zeitpunkt der Scheidung innerhalb des jeweiligen Systems geteilt und für den ausgleichsberechtigten Ehegatten eigenständige Versorgungsanrechte geschaffen, die unabhängig von den Versorgungsanrechten des ausgleichspflichtigen Ehegatten im jeweiligen System gesondert weitergeführt werden. **357**

Zu einem Ausgleich über ein anderes Versorgungssystem (externe Teilung) kommt es nur noch in den in §§ 14 bis 17 VersAusglG geregelten Ausnahmefällen. Bei einer externen Teilung entscheidet die ausgleichsberechtigte Person über die Zielversorgung. Sie bestimmt also, in welches Versorgungssystem der Ausgleichswert zu transferieren ist (ggf. Aufstockung einer bestehenden Anwartschaft, ggf. Neubegründung einer Anwartschaft). Dabei darf die Zahlung des Kapitalbetrags an die gewählte Zielversorgung nicht zu nachteiligen steuerlichen Folgen bei der ausgleichspflichtigen Person führen, es sei denn, sie stimmt der Wahl der Zielversorgung zu. **358**

Die gesetzliche Rentenversicherung ist Auffang-Zielversorgung, wenn die ausgleichsberechtigte Person ihr Wahlrecht nicht ausübt und es sich nicht um eine betriebliche Altersversorgung handelt. Bei einer betrieblichen Altersversorgung wird bei fehlender Ausübung des Wahlrechts ein Anspruch in der Versorgungsausgleichskasse begründet. **359**

Verbunden ist die externe Teilung mit der Leistung eines Kapitalbetrags in Höhe des Ausgleichswerts, der vom Versorgungsträger der ausgleichspflichti- **360** gen Person an den Versorgungträger der ausgleichsberechtigten Person gezahlt wird. (Ausnahme: Externe Teilung von Beamtenversorgungen nach § 16 VersAusglG; hier findet wie nach dem bisherigen Quasi-Splitting zwischen der gesetzlichen Rentenversicherung und dem Träger der Beamtenversorgung ein Erstattungsverfahren im Leistungsfall statt.)

361 Kommt in Einzelfällen weder die interne Teilung noch die externe Teilung in Betracht, etwa weil ein Anrecht zum Zeitpunkt des Versorgungsausgleichs nicht ausgleichsreif ist (§ 19 VersAusglG), z. B. ein Anrecht bei einem ausländischen, zwischenstaatlichen oder überstaatlichen Versorgungsträger oder ein Anrecht im Sinne des BetrAVG, das noch verfallbar ist, kommt es zu Ausgleichsansprüchen nach der Scheidung (§ 20 ff. VersAusglG). Zur steuerlichen Behandlung der Ausgleichsansprüche nach der Scheidung vgl. BMF-Schreiben vom 30. Januar 2008, BStBl I S. 390.

362 Nach § 20 des Lebenspartnerschaftsgesetzes – LPartG – (BGBl. I 2001 S. 266) findet, wenn eine Lebenspartnerschaft aufgehoben wird, in entsprechender Anwendung des VersAusglG mit Ausnahme der §§ 32 bis 38 VersAusglG ein Ausgleich von im In- oder Ausland bestehenden Anrechten (§ 2 Abs. 1 VersAusglG) statt, soweit sie in der Lebenspartnerschaftszeit begründet oder aufrechterhalten worden sind. Schließen die Lebenspartner in einem Lebenspartnerschaftsvertrag (§ 7 LPartG) Vereinbarungen über den Versorgungsausgleich, so sind die §§ 6 bis 8 VersAusglG entsprechend anzuwenden. Die Ausführungen zum VersAusglG gelten dementsprechend auch in diesen Fällen.

363 Von den nachfolgenden Ausführungen unberührt bleiben steuerliche Auswirkungen, die sich in Zusammenhang mit Pensionszusagen ergeben, die durch Körperschaften an ihre Gesellschafter erteilt wurden und die ganz oder teilweise gesellschaftsrechtlich veranlasst sind.

2. Besteuerungszeitpunkte

364 Bei der steuerlichen Beurteilung des Versorgungsausgleichs ist zwischen dem Zeitpunkt der Teilung eines Anrechts im Versorgungsausgleich durch gerichtliche Entscheidung und dem späteren Zufluss der Leistungen aus den unterschiedlichen Versorgungssystemen zu unterscheiden.

365 Bei der internen Teilung wird die Übertragung der Anrechte auf die ausgleichsberechtigte Person zum Zeitpunkt des Versorgungsausgleichs für beide Ehegatten nach § 3 Nr. 55a EStG steuerfrei gestellt, weil auch bei den im Rahmen eines Versorgungsausgleichs übertragenen Anrechten auf eine

Alters- und Invaliditätsversorgung das Prinzip der nachgelagerten Besteuerung eingehalten wird. Die Besteuerung erfolgt erst während der Auszahlungsphase. Die später zufließenden Leistungen gehören dabei bei beiden Ehegatten zur gleichen Einkunftsart, da die Versorgungsanrechte innerhalb des jeweiligen Systems geteilt wurden. Ein Wechsel des Versorgungssystems und ein damit möglicherweise verbundener Wechsel der Besteuerung weg von der nachgelagerten Besteuerung hat nicht stattgefunden. Lediglich die individuellen Merkmale für die Besteuerung sind bei jedem Ehegatten gesondert zu ermitteln.

Bei einer externen Teilung kann dagegen die Übertragung der Anrechte zu **366** einer Besteuerung führen, da sie mit einem Wechsel des Versorgungsträgers und damit regelmäßig mit einem Wechsel des Versorgungssystems verbunden ist. § 3 Nr. 55b Satz 1 EStG stellt deshalb die Leistung des Ausgleichswerts in den Fällen der externen Teilung für beide Ehegatten steuerfrei, soweit das Prinzip der nachgelagerten Besteuerung insgesamt eingehalten wird. Soweit die späteren Leistungen bei der ausgleichsberechtigten Person jedoch nicht der nachgelagerten Besteuerung unterliegen werden (z. B. Besteuerung nach § 20 Abs. 1 Nr. 6 EStG oder nach § 22 Nr. 1 Satz 3 Buchstabe a Doppelbuchstabe bb EStG mit dem Ertragsanteil), greift die Steuerbefreiung gem. § 3 Nr. 55b Satz 2 EStG nicht, und die Leistung des Ausgleichswerts ist bereits im Zeitpunkt der Übertragung beim ausgleichspflichtigen Ehegatten zu besteuern. Die Besteuerung der später zufließenden Leistungen erfolgt bei jedem Ehegatten unabhängig davon, zu welchen Einkünften die Leistungen beim jeweils anderen Ehegatten führen, und richtet sich danach, aus welchem Versorgungssystem sie jeweils geleistet werden.

II. Interne Teilung (§ 10 VersAusglG)

1. Steuerfreiheit nach § 3 Nr. 55a EStG

§ 3 Nr. 55a EStG stellt klar, dass die aufgrund einer internen Teilung durch- **367** geführte Übertragung von Anrechten steuerfrei ist; dies gilt sowohl für die ausgleichspflichtige als auch für die ausgleichsberechtigte Person.

2. Besteuerung

Die Leistungen aus den übertragenen Anrechten gehören bei der ausgleichs- **368** berechtigten Person zu den Einkünften, zu denen die Leistungen bei der ausgleichspflichtigen Person gehören würden, wenn die interne Teilung nicht stattgefunden hätte. Die (späteren) Versorgungsleistungen sind daher (weiterhin) Einkünfte aus nichtselbständiger Arbeit (§ 19 EStG) oder aus Kapitalvermögen (§ 20 EStG) oder sonstige Einkünfte (§ 22 EStG). Ausgleichspflichtige Person und ausgleichsberechtigte Person versteuern beide die ihnen jeweils zufließenden Leistungen. Liegen Einkünfte aus nichtselbständiger Arbeit vor, gilt Rz. 328 auch für die ausgleichberechtigte Person.

369 Für die Ermittlung des Versorgungsfreibetrags und des Zuschlags zum Versorgungsfreibetrag nach § 19 Abs. 2 EStG, des Besteuerungsanteils nach § 22 Nr. 1 Satz 3 Buchstabe a Doppelbuchstabe aa EStG sowie des Ertragsanteils nach § 22 Nr. 1 Satz 3 Buchstabe a Doppelbuchstabe bb EStG bei der ausgleichsberechtigten Person ist auf deren Versorgungsbeginn, deren Rentenbeginn bzw. deren Lebensalter abzustellen. Die Art einer Versorgungszusage (Alt-/Neuzusage) bei der ausgleichsberechtigten Person entspricht grundsätzlich der Art der Versorgungszusage der ausgleichspflichtigen Person. Dies gilt auch bei einer Änderung des Leistungsspektrums nach § 11 Abs. 1 Nr. 3 VersAusglG. Bei einer Hinterbliebenenversorgung zugunsten von Kindern ändert sich die bisher maßgebende Altersgrenze (Rz. 250) nicht. Die Aufstockung eines zugesagten Sterbegeldes (vgl. Rz. 251) ist möglich. Sofern die Leistungen bei der ausgleichsberechtigten Person nach § 22 Nr. 5 EStG zu besteuern sind, ist für die Besteuerung auf die der ausgleichspflichtigen Person gewährten Förderung abzustellen, soweit diese auf die übertragene Anwartschaft entfällt (vgl. Rz. 117).

370 Wird das Anrecht aus einem Altersvorsorgevertrag oder einem Direktversicherungsvertrag intern geteilt und somit ein eigenes Anrecht der ausgleichsberechtigten Person begründet, gilt der Altersvorsorge- oder Direktversicherungsvertrag der ausgleichsberechtigten Person insoweit zu dem gleichen Zeitpunkt als abgeschlossen wie derjenige der ausgleichspflichtigen Person (§ 52 Abs. 36 Satz 12 EStG). Dies gilt entsprechend, wenn die Leistungen bei der ausgleichsberechtigten Person nach § 22 Nr. 5 Satz 2 Buchstabe c i. V. m. § 20 Abs. 1 Nr. 6 EStG zu besteuern sind.

III. Externe Teilung (§ 14 VersAusglG)

1. Steuerfreiheit nach § 3 Nr. 55b EStG

371 Nach § 3 Nr. 55b Satz 1 EStG ist der aufgrund einer externen Teilung an den Träger der Zielversorgung geleistete Ausgleichswert grundsätzlich steuerfrei, soweit die späteren Leistungen aus den dort begründeten Anrechten zu steuerpflichtigen Einkünften bei der ausgleichsberechtigten Person führen würden. Soweit die Übertragung von Anrechten im Rahmen des Versorgungs-

ausgleichs zu keinen Einkünften im Sinne des EStG führt, bedarf es keiner Steuerfreistellung nach § 3 Nr. 55b EStG. Die Steuerfreiheit nach § 3 Nr. 55b Satz 1 EStG greift gemäß § 3 Nr. 55b Satz 2 EStG nicht, soweit Leistungen, die auf dem begründeten Anrecht beruhen, bei der ausgleichsberechtigten Person zu Einkünften nach § 20 Abs. 1 Nr. 6 EStG oder § 22 Nr. 1 Satz 3 Buchstabe a Doppelbuchstabe bb EStG führen würden.

Wird bei der externen Teilung einer betrieblichen Altersversorgung für die ausgleichsberechtigte Person ein Anrecht in einer betrieblichen Altersversorgung begründet, richtet sich die Art der Versorgungszusage (Alt-/Neuzusage) bei der ausgleichsberechtigten Person grundsätzlich nach der Art der Versorgungszusage der ausgleichspflichtigen Person. Dies gilt auch bei einer Änderung des Leistungsspektrums nach § 11 Abs. 1 Satz 2 Nr. 3 VersAusglG. Bei einer Hinterbliebenenversorgung zugunsten von Kindern ändert sich die bisher maßgebende Altersgrenze (Rz. 250) nicht. Die Aufstockung eines zugesagten Sterbegeldes (vgl. Rz. 251) ist möglich. Wird im Rahmen der externen Teilung eine bestehende Versorgungszusage der ausgleichsberechtigten Person aufgestockt, richtet sich die Art der Versorgungszusage nach den Rz. 306 ff. 372

2. Besteuerung bei der ausgleichsberechtigten Person

Für die Besteuerung bei der ausgleichsberechtigten Person ist unerheblich, zu welchen Einkünften die Leistungen aus dem übertragenen Anrecht bei der ausgleichspflichtigen Person geführt hätten, da mit der externen Teilung ein neues Anrecht begründet wird. Bei der ausgleichsberechtigten Person unterliegen Leistungen aus Altersvorsorgeverträgen, Pensionsfonds, Pensionskassen oder Direktversicherungen, die auf dem nach § 3 Nr. 55b Satz 1 EStG steuerfrei geleisteten Ausgleichswert beruhen, insoweit in vollem Umfang der nachgelagerten Besteuerung nach § 22 Nr. 5 Satz 1 EStG. 373

3. Beispiele

▶ **Beispiel 1:** 374

Im Rahmen einer externen Teilung zahlt das Versicherungsunternehmen X, bei dem der Arbeitnehmerehegatte A eine betriebliche Altersversorgung über eine Direktversicherung (Kapitalversicherung mit Sparanteil) aufgebaut hat, den vom Familiengericht festgesetzten Ausgleichswert an das Versicherungsunternehmen Y zugunsten von Ehegatte B in einen zertifizierten Altersvorsorgevertrag in Form einer Rentenversicherung. Die Beiträge an das Versicherungsunternehmen X wurden in der Vergangenheit ausschließlich pauschal besteuert (§ 40b Abs. 1 und 2 EStG in der am 31. Dezember 2004 geltenden Fassung i. V. m. § 52 Abs. 52b EStG).

Der Ausgleichswert führt nicht zu steuerbaren Einkünften, da kein Erlebensfall oder Rückkauf vorliegt (§ 22 Nr. 5 Satz 2 Buchstabe b i. V. m. § 20 Abs. 1 Nr. 6 EStG). Der Steuerbefreiung nach § 3 Nr. 55b EStG bedarf es daher nicht. Die spätere durch die externe Teilung gekürzte Kapitalleistung unterliegt bei A der Besteuerung nach § 22 Nr. 5 Satz 2 Buchstabe b i. V. m. § 20 Abs. 1 Nr. 6 EStG (ggf. steuerfrei wenn die Direktversicherung vor dem 1. Januar 2005 abgeschlossen wurde, § 52 Abs. 36 Satz 5 EStG i. V. m. § 20 Abs. 1 Nr. 6 Satz 2 EStG a. F.). Die Leistungen aus dem zertifizierten Altersvorsorgevertrag, die auf dem eingezahlten Ausgleichswert beruhen, unterliegen bei B der Besteuerung nach § 22 Nr. 5 Satz 2 EStG (vgl. Rz. 129 bis 134).

375 ▶ **Beispiel 2:**

Im Rahmen einer externen Teilung zahlt ein Versicherungsunternehmen X, bei der der Arbeitnehmerehegatte A eine betriebliche Altersversorgung über eine Direktversicherung (Rentenversicherung) aufgebaut hat, einen Ausgleichswert an das Versicherungsunternehmen Y zugunsten von Ehegatte B in einen zertifizierten Altersvorsorgevertrag. Die Beiträge an das Versicherungsunternehmen X waren steuerfrei (§ 3 Nr. 63 EStG).

Der Ausgleichswert ist steuerfrei nach § 3 Nr. 55b EStG. Die spätere geminderte Leistung unterliegt bei A der Besteuerung nach § 22 Nr. 5 Satz 1 EStG. Die Leistung bei B unterliegt – soweit diese auf dem eingezahlten Ausgleichswert beruht – ebenfalls der Besteuerung nach § 22 Nr. 5 Satz 1 EStG (vgl. Rz. 124 ff.).

376 ▶ **Beispiel 3:**

Im Rahmen einer externen Teilung zahlt der Arbeitgeber des Arbeitnehmerehegatten A mit dessen Zustimmung (§§ 14 Abs. 4 i. V. m. 15 Abs. 3 VersAusglG) den hälftigen

Kapitalwert aus einer Direktzusage in einen privaten Rentenversicherungsvertrag mit Kapitalwahlrecht des Ehegatten B ein.

Der Ausgleichswert ist steuerpflichtig, da die späteren Leistungen aus dem Rentenversicherungsvertrag zu lediglich mit dem Ertragsanteil steuerpflichtigen Einkünften beim Ehegatten B führen (§ 3 Nr. 55b Satz 2 EStG). Beim Ausgleichswert handelt es sich um steuerpflichtigen – ggf. nach der Fünftelregelung ermäßigt zu besteuernden – Arbeitslohn des Arbeitnehmerehegatten A.

4. Verfahren

Der Versorgungsträger der ausgleichspflichtigen Person hat grundsätzlich den 377
Versorgungsträger der ausgleichsberechtigten Person über die für die Besteuerung der Leistungen erforderlichen Grundlagen zu informieren. Andere Mit-
teilungs-, Informations- und Aufzeichnungspflichten bleiben hiervon unberührt.

IV. Steuerunschädliche Übertragung im Sinne des § 93 Absatz 1a EStG

Eine steuerunschädliche Übertragung im Sinne des § 93 Abs. 1a Satz 1 EStG 378
liegt vor, wenn auf Grund einer Entscheidung des Familiengerichts im Wege
der internen Teilung nach § 10 VersAusglG oder externen Teilung nach § 14
VersAusglG während der Ehezeit (§ 3 Abs. 1 VersAusglG) gebildetes gefördertes Altersvorsorgevermögen auf einen zertifizierten Altersvorsorgevertrag oder
in eine nach § 82 Abs. 2 EStG begünstigte betriebliche Altersversorgung (einschließlich der Versorgungsausgleichskasse) übertragen wird. Dies ist bei der
internen Teilung immer der Fall. Es ist unerheblich, ob die ausgleichsberechtigte Person selbst zulageberechtigt ist. Werden die bei einer internen Teilung
entstehenden Kosten mit dem Altersvorsorgevermögen verrechnet (§ 13 Vers-
AusglG), liegt insoweit keine schädliche Verwendung vor. Im Falle der Verrechnung reduziert sich die Beitragszusage (§ 1 Abs. 1 Satz 1 Nr. 3 AltZertG)
des Anbieters entsprechend dem Verhältnis von Verrechnungsbetrag zu dem
unmittelbar vor der Verrechnung vorhandenen Altersvorsorgekapital.

Die Übertragung auf Grund einer internen Teilung nach § 10 VersAusglG 379
oder einer externen Teilung nach § 14 VersAusglG auf einen Altersvorsorgevertrag oder eine nach § 82 Abs. 2 EStG begünstigte betriebliche Altersversorgung (einschließlich Versorgungsausgleichskasse) der ausgleichsberechtigten Person führt nicht zu steuerpflichtigen Einnahmen.

Beruht das auf die Ehezeit entfallende, aufzuteilende Altersvorsorgevermögen 380
auf geförderten und ungeförderten Beiträgen, ist das zu übertragende Altersvorsorgevermögen entsprechend dem Verhältnis der hierin enthaltenen geförderten und ungeförderten Beiträge aufzuteilen und anteilig zu übertragen.

Im Fall der Übertragung im Sinne des § 93 Abs. 1a Satz 1 EStG erfolgt die 381
Mitteilung über die Durchführung der Kapitalübertragung nach dem Verfahren gemäß § 11 AltvDV. Bei der internen Teilung entfällt der Datenaus-
tausch zwischen den Anbietern nach § 11 Abs. 1 bis 3 AltvDV. Der Anbieter
der ausgleichspflichtigen Person teilt der ZfA in seiner Meldung zur Kapital-

übertragung (§ 11 Abs. 4 AltvDV) neben dem Prozentsatz des geförderten Altersvorsorgekapitals, das übertragen wird, auch die vom Familiengericht angegebene Ehezeit im Sinne des § 3 Abs. 1 VersAusglG mit.

382 Erfolgt die interne Teilung und damit verbunden die Übertragung eines Anrechts im Bereich der betrieblichen Altersversorgung, erlangt die ausgleichsberechtigte Person die versorgungsrechtliche Stellung eines ausgeschiedenen Arbeitnehmers im Sinne des BetrAVG (§ 12 VersAusglG). Damit erlangt sie bei einem Pensionsfonds, einer Pensionskasse oder einer Direktversicherung auch das Recht zur Fortsetzung der betrieblichen Versorgung mit eigenen Beiträgen, die nach § 82 Abs. 2 Buchstabe b EStG zu den Altersvorsorgebeiträgen gehören können, wenn ein Fortsetzungsrecht bei der ausgleichspflichtigen Person für die Versorgung bestanden hätte. Rz. 292 ff. gelten entsprechend.

383 Die ZfA teilt der ausgleichspflichtigen Person den Umfang der auf die Ehezeit entfallenden steuerlichen Förderung nach § 10a/Abschnitt XI EStG mit. Diese Mitteilung beinhaltet die beitragsjahrbezogene Auflistung der ermittelten Zulagen sowie die nach § 10a Abs. 4 EStG gesondert festgestellten Beträge, soweit der ZfA diese bekannt sind, für die innerhalb der Ehezeit liegenden Beitragsjahre. Für die Beitragsjahre, in die der Beginn oder das Ende der Ehezeit fällt, wird die Förderung monatsweise zugeordnet, indem jeweils ein Zwölftel der für das betreffende Beitragsjahr gewährten Förderung den zu der Ehezeit zählenden Monaten zugerechnet wird. Die monatsweise Zuordnung erfolgt unabhängig davon, ob die für diese Beitragsjahre gezahlten Beiträge vor, nach oder während der Ehezeit auf den Altersvorsorgevertrag eingezahlt wurden. Die Mitteilung der Höhe der für den Vertrag insgesamt gewährten Förderung ist kein Verwaltungsakt.

384 Soweit das während der Ehezeit gebildete geförderte Altersvorsorgevermögen im Rahmen des § 93 Abs. 1a Satz 1 EStG übertragen wird, geht die steuerliche Förderung mit allen Rechten und Pflichten auf die ausgleichsberechtigte Person über. Dies hat zur Folge, dass im Falle einer schädlichen Verwendung des geförderten Altersvorsorgevermögens derjenige Ehegatte die Förderung zurückzahlen muss, der über das ihm zugerechnete geförderte Altersvorsorgevermögen schädlich verfügt. Leistungen aus dem geförderten Altersvorsorgevermögen sind beim Leistungsempfänger nachgelagert zu besteuern. Die Feststellung der geänderten Zuordnung der steuerlichen Förderung erfolgt beitragsjahrbezogen durch die ZfA. Sie erteilt sowohl der ausgleichspflichtigen als auch der ausgleichsberechtigten Person einen Feststellungsbescheid über die Zuordnung der nach § 10a

Abs. 4 EStG gesondert festgestellten Beträge sowie der ermittelten Zulagen. Einwände gegen diese Bescheide können nur erhoben werden, soweit sie sich gegen die geänderte Zuordnung der steuerlichen Förderung richten. Nach Eintritt der Unanfechtbarkeit dieser Feststellungsbescheide werden auch die Anbieter durch einen Datensatz nach § 90 Abs. 2 Satz 6 EStG von der ZfA über die geänderte Zuordnung informiert.

Die ZfA kann die Mitteilung über den Umfang der auf die Ehezeit entfallen- **385** den steuerlichen Förderung (§ 93 Abs. 1a Satz 2 EStG, vgl. Rz. 383) und den Feststellungsbescheid über die geänderte Zuordnung der steuerlichen Förde- rung (§ 93 Abs. 1a Satz 5 EStG, vgl. Rz. 384) an die ausgleichspflichtige Per- son in einem Schreiben zusammenfassen, sofern deutlich wird, dass ein Ein- spruch nur zulässig ist, soweit er sich gegen die Zuordnung der steuerlichen Förderung richtet.

Stellt die ausgleichspflichtige Person nach der Übertragung im Sinne des § 93 **386** Abs. 1a Satz 1 EStG einen Antrag auf Altersvorsorgezulage für ein Beitrags- jahr in der Ehezeit, sind bei der Ermittlung des Zulageanspruchs die gesam- ten von der ausgleichspflichtigen Person gezahlten Altersvorsorgebeiträge des Beitragsjahrs – also auch der übertragene Teil der Altersvorsorgebeiträge – zugrunde zu legen. Die Zulage wird vollständig dem Vertrag der ausgleichs- pflichtigen Person gutgeschrieben. Die Zuordnung der Steuerverstrickung auf die ausgleichspflichtige und die ausgleichsberechtigte Person erfolgt, als wenn die Zulage bereits vor der Übertragung dem Vertrag gutgeschrieben worden wäre.

Werden nach Erteilung der Mitteilung über den Umfang der auf die Ehezeit **387** entfallenden steuerlichen Förderung und der Feststellungsbescheide über die geänderte Zuordnung der steuerlichen Förderung für die Ehezeit Ermitt- lungsergebnisse getroffen, aufgehoben oder geändert, so hat die ZfA eine geänderte Mitteilung über den Umfang der auf die Ehezeit entfallenden steu- erlichen Förderung zu erteilen und die Feststellungsbescheide über die geän- derte Zuordnung der steuerlichen Förderung nach § 175 AO zu ändern. Nach Eintritt der Unanfechtbarkeit dieser geänderten Feststellungsbescheide werden auch die Anbieter durch einen Datensatz nach § 90 Abs. 2 Satz 6 EStG von der ZfA über die geänderte Zuordnung informiert.

V. Leistungen an die ausgleichsberechtigte Person als Arbeitslohn

Nach § 19 Abs. 1 Nr. 2 EStG sind Leistungen, die die ausgleichsberechtigte **388** Person auf Grund der internen oder externen Teilung später aus einer

Direktzusage oder von einer Unterstützungskasse erhält, Einkünfte aus nicht-selbständiger Arbeit; Rz. 328 gilt entsprechend. Sie unterliegen der Lohn-steuererhebung nach den allgemeinen Regelungen. Bei der ausgleichspflichti-gen Person liegen Einkünfte aus nichtselbständiger Arbeit nur hinsichtlich der durch die Teilung gekürzten Leistungen vor.

389 Sowohl bei der ausgleichspflichtigen Person als auch bei der ausgleichsberech-tigten Person werden der Arbeitnehmer-Pauschbetrag (§ 9a Satz 1 Nr. 1 Buch-stabe a EStG) oder, soweit die Voraussetzungen dafür jeweils vorliegen, der Pauschbetrag für Werbungskosten (§ 9a Satz 1 Nr. 1 Buchstabe b EStG), der Versorgungsfreibetrag und der Zuschlag zum Versorgungsfreibetrag (§ 19 Abs. 2 EStG) berücksichtigt. Die steuerlichen Abzugsbeträge sind nicht auf die aus-gleichspflichtige Person und die ausgleichsberechtigte Person aufzuteilen.

390 Zur Neuberechnung des Versorgungsfreibetrags und des Zuschlags zum Ver-sorgungsfreibetrag vgl. Rz. 369.

D. Anwendungsregelung

391 Dieses Schreiben ist mit Wirkung ab 1. Januar 2010 anzuwenden. Soweit die Regelungen den ab dem 1. September 2009 geltenden Versorgungsausgleich betreffen, sind die entsprechenden Rz. bereits ab diesem Zeitpunkt anzuwenden.

392 Bei Versorgungszusagen, die vor dem 1. Januar 2005 erteilt wurden (Altzusa-gen, vgl. Rz. 306 ff.), ist es nicht zu beanstanden, wenn in den Versorgungs-ordnungen in Abweichung von Rz. 247 ff. die Möglichkeit einer Elternrente oder der Beitragserstattung einschließlich der gutgeschriebenen Erträge an die in Rz. 250 genannten Personen im Fall des Versterbens vor Erreichen der Altersgrenze und in Abweichung von Rz. 272 lediglich für die zugesagte Altersversorgung, nicht aber für die Hinterbliebenen- oder Invaliditätsversor-gung die Auszahlung in Form einer Rente oder eines Auszahlungsplans vor-gesehen ist. Dagegen sind Versorgungszusagen, die nach dem 31. Dezem-ber 2004 (Neuzusagen, vgl. Rz. 306 ff.) aufgrund von Versorgungsordnungen erteilt werden, die die Voraussetzungen dieses Schreibens nicht erfüllen, aus steuerlicher Sicht nicht mehr als betriebliche Altersversorgung anzuerkennen und eine steuerliche Förderung ist hierfür nicht mehr möglich. Im Fall der nach § 40b EStG a. F. pauschal besteuerten (Alt-)Direktversicherungen gilt nach Rz. 251 weiterhin keine Begrenzung bezüglich des Kreises der Bezugs-berechtigten.

Das BMF-Schreiben vom 20. Januar 2009 -IV C 3 – S 2496/08/10011/IV C   **393**
5 – S 2333/07/0003 –, BStBl I S. 273 wird mit Wirkung ab 1. Januar 2010
aufgehoben. Dieses Schreiben wird im Bundessteuerblatt Teil I veröffentlicht
(Zuordnung ESt-Kartei: § 10a EStG).

Anhang IV
Allgemeines Gleichbehandlungsgesetz (AGG)

Vom 14. August 2006 (BGBl. I S. 1897); zuletzt geändert durch Artikel 15 Absatz 66 des Gesetzes vom 5. Februar 2009 (BGBl. I S. 160)

– Auszug –

Abschnitt 1   Allgemeiner Teil

§ 1   Ziel des Gesetzes

Ziel des Gesetzes ist, Benachteiligungen aus Gründen der Rasse oder wegen der ethnischen Herkunft, des Geschlechts, der Religion oder Weltanschauung, einer Behinderung, des Alters oder der sexuellen Identität zu verhindern oder zu beseitigen.

§ 2   Anwendungsbereich

(1) Benachteiligungen aus einem in § 1 genannten Grund sind nach Maßgabe dieses Gesetzes unzulässig in Bezug auf:
1. die Bedingungen, einschließlich Auswahlkriterien und Einstellungsbedingungen, für den Zugang zu unselbstständiger und selbstständiger Erwerbstätigkeit, unabhängig von Tätigkeitsfeld und beruflicher Position, sowie für den beruflichen Aufstieg,
2. die Beschäftigungs- und Arbeitsbedingungen einschließlich Arbeitsentgelt und Entlassungsbedingungen, insbesondere in individual- und kollektivrechtlichen Vereinbarungen und Maßnahmen bei der Durchführung und Beendigung eines Beschäftigungsverhältnisses sowie beim beruflichen Aufstieg,

...

6. die sozialen Vergünstigungen,

...

(2) Für Leistungen nach dem Sozialgesetzbuch gelten § 33c des Ersten Buches Sozialgesetzbuch und § 19a des Vierten Buches Sozialgesetzbuch. Für die betriebliche Altersvorsorge gilt das Betriebsrentengesetz.

(3) Die Geltung sonstiger Benachteiligungsverbote oder Gebote der Gleichbehandlung wird durch dieses Gesetz nicht berührt. Dies gilt auch für öffentlichrechtliche Vorschriften, die dem Schutz bestimmter Personengruppen dienen.
...

§ 10   Zulässige unterschiedliche Behandlung wegen des Alters

Ungeachtet des § 8 ist eine unterschiedliche Behandlung wegen des Alters auch zulässig, wenn sie objektiv und angemessen und durch ein legitimes Ziel gerechtfertigt ist. Die Mittel zur Erreichung dieses Ziels müssen angemessen und erforderlich sein. Derartige unterschiedliche Behandlungen können insbesondere Folgendes einschließen:
...

2. die Festlegung von Mindestanforderungen an das Alter, die Berufserfahrung oder das Dienstalter für den Zugang zur Beschäftigung oder für bestimmte mit der Beschäftigung verbundene Vorteile,

...

4. die Festsetzung von Altersgrenzen bei den betrieblichen Systemen der sozialen Sicherheit als Voraussetzung für die Mitgliedschaft oder den Bezug von Altersrente oder von Leistungen bei Invalidität einschließlich der Festsetzung unterschiedlicher Altersgrenzen im Rahmen dieser Systeme für bestimmte Beschäftigte oder Gruppen von Beschäftigten und die Verwendung von Alterskriterien im Rahmen dieser Systeme für versicherungsmathematische Berechnungen,

...

Unterabschnitt 2   Organisationspflichten des Arbeitgebers

§ 12   Maßnahmen und Pflichten des Arbeitgebers

(1) Der Arbeitgeber ist verpflichtet, die erforderlichen Maßnahmen zum Schutz vor Benachteiligungen wegen eines in § 1 genannten Grundes zu treffen. Dieser Schutz umfasst auch vorbeugende Maßnahmen.
...

Unterabschnitt 3   Rechte der Beschäftigten

§ 15   Entschädigung und Schadensersatz

(1) Bei einem Verstoß gegen das Benachteiligungsverbot ist der Arbeitgeber verpflichtet, den hierdurch entstandenen Schaden zu ersetzen. Dies gilt nicht, wenn der Arbeitgeber die Pflichtverletzung nicht zu vertreten hat.

(2) Wegen eines Schadens, der nicht Vermögensschaden ist, kann der oder die Beschäftigte eine angemessene Entschädigung in Geld verlangen. Die Entschädigung darf bei einer Nichteinstellung drei Monatsgehälter nicht übersteigen, wenn der oder die Beschäftigte auch bei benachteiligungsfreier Auswahl nicht eingestellt worden wäre.

(3) Der Arbeitgeber ist bei der Anwendung kollektivrechtlicher Vereinbarungen nur dann zur Entschädigung verpflichtet, wenn er vorsätzlich oder grob fahrlässig handelt.

(4) Ein Anspruch nach Absatz 1 oder 2 muss innerhalb einer Frist von zwei Monaten schriftlich geltend gemacht werden, es sei denn, die Tarifvertragsparteien haben etwas anderes vereinbart. Die Frist beginnt im Falle einer Bewerbung oder eines beruflichen Aufstiegs mit dem Zugang der Ablehnung und in den sonstigen Fällen einer Benachteiligung zu dem Zeitpunkt, in dem der oder die Beschäftigte von der Benachteiligung Kenntnis erlangt.

(5) Im Übrigen bleiben Ansprüche gegen den Arbeitgeber, die sich aus anderen Rechtsvorschriften ergeben, unberührt.

...

Unterabschnitt 4   Ergänzende Vorschriften

§ 17   Soziale Verantwortung der Beteiligten

(1) Tarifvertragsparteien, Arbeitgeber, Beschäftigte und deren Vertretungen sind aufgefordert, im Rahmen ihrer Aufgaben und Handlungsmöglichkeiten an der Verwirklichung des in § 1 genannten Ziels mitzuwirken.

...

Anhang V
Rechengrößen

ALTE LÄNDER

Jahr	Bezugs-größe § 18 SGB IV mtl. in €	PSVaG-Rente ab 1999 mtl. Höchst-grenze	Abfindung 1 % Bezugs-größe	BBG gesRV mtl. in €	BBG gesRV jährlich in €	Entgel-tumw. BBG gesRV 4 % p.A.
2012	2.625	7.865,00	26,25	5.600,00	67.200,00	2.688
2011	2.555	7.665,00	25,55	5.500,00	66.000,00	2.640
2010	2.555	7.665,00	25,55	5.500,00	66.000,00	2.640
2009	2.520	7.560,00	25,20	5.400,00	64.800,00	2.592
2008	2.485	7.455,00	24,85	5.300,00	63.600,00	2.544
2007	2.450	7.350,00	24,50	5.250,00	63.000,00	2.520
2006	2.450	7.350,00	24,50	5.250,00	63.000,00	2.520
2005	2.415	7.245,00	24,15	5.200,00	62.400,00	2.496
2004	2.415	7.245,00		5.150,00	61.800,00	2.472
2003	2.380	7.140,00		5.100,00	61.200,00	2.448
2002	2.345	7.035,00		4.500,00	54.000,00	2.160
2001	2.290,59	6.871,77		4.448,24	53.378,88	
2000	2.290,59	6.871,77		4.397,11	52.765,32	
1999	2.254,80	6.764,40		4.345,98	52.151,76	

NEUE LÄNDER

Jahr	Bezugs-größe § 18 SGB IV mtl. in €	PSVaG-Rente ab 1999 mtl. Höchst-grenze	Abfindung 1 % Bezugs-größe	BBG gesRV mtl. in €	BBG gesRV jährlich in €	Entgelt-umw. BBG gesRV 4 % p.A.
2012	2.240,00	6.720,00	22,40	4.800,00	57.600,00	2.304
2011	2.240,00	6.720,00	22,40	4.800,00	57.600,00	2.304
2010	2.170,00	6.510,00	21,70	4.650,00	55.800,00	2.232
2009	2.135,00	6.405,00	21,35	4.550,00	54.600,00	2.184
2008	2.100,00	6.300,00	21,00	4.500,00	54.000,00	2.160
2007	2.100,00	6.300,00	21,00	4.550,00	54.600,00	2.184
2006	2.065,00	6.195,00	20,65	4.400,00	52.800,00	2.112
2005	2.030,00	6.090,00	20,30	4.400,00	52.800,00	2.112
2004	2.030,00	6.090,00		4.350,00	52.200,00	2.088
2003	1.995,00	5.985,00		4.250,00	51.000,00	2.040
2002	1.960,00	5.880,00		3.750,00	45.000,00	1.800
2001	1.932,68	5.798,04		3.732,43	44.789,16	
2000	1.861,10	5.583,30		3.630,17	43.562,04	
1999	1.896,89	5.690,67		3.681,30	44.175,60	

Stichwortverzeichnis

Zu den Autoren

Dr. jur. **Kurt Kemper**, Geburtsjahrgang 1940. 1960 bis 1964 Studium der Rechtswissenschaften an den Universitäten Freiburg i. Br. und Bonn. 1967 zweites juristisches Staatsexamen. Promotion an der Universität zu Köln bei Professor Dr. Dres. hc. Peter Hanau zum Thema: »Die Unverfallbarkeit betrieblicher Versorgungsanwartschaften von Arbeitnehmern«. Von 1967 bis 1970 Richter im Landgerichtsbezirk Duisburg. Von 1970 bis 1998 Tätigkeit bei einem Fachinstitut für betriebliche Altersversorgung. Seit 1971 als Rechtsanwalt zugelassen und als solcher speziell auf dem Gebiet des Arbeitsrechts der betrieblichen Altersversorgung tätig. Von 1985 bis 2010 Mitglied der Prüfungskommission des Instituts der versicherungsmathematischen Sachverständigen für Altersversorgung (IVS). Von 1988 bis 2005 Leiter des Fachausschusses Arbeitsrecht der Arbeitsgemeinschaft für betriebliche Altersversorgung e.V. (aba). Von 1993 bis 2008 Vorstandsmitglied der aba. Seit 2008 Of Councel bei Clifford Chance in Düsseldorf.

Herr Dr. Kemper bedankt sich bei Rechtsanwalt *Dr. Simon Stark*, Clifford Chance in Düsseldorf, für die engagierte Mitarbeit bei den von ihm kommentierten Abschnitten.

Margret Kisters-Kölkes ist Rechtsanwältin und Steuerberaterin in Mülheim an der Ruhr. Sie war von 1981 bis 2001 bei einem namhaften Fachinstitut für betriebliche Altersversorgung tätig, davon viele Jahre als Leiterin der Rechts- und Steuerabteilung. Frau Kisters-Kölkes ist seit 1982 als Rechtsanwältin zugelassen und als solche speziell auf dem Gebiet des Arbeits- und Steuerrechts der betrieblichen Altersversorgung tätig. Sie ist bekannt als Referentin und als Autorin von Fachveröffentlichungen.

Dr. jur. Claus Berenz studierte Rechtswissenschaften in Köln. Von 1991 bis Mitte 1995 Tätigkeit als wissenschaftlicher Mitarbeiter in der Abteilung Soziale Sicherung der Bundesvereinigung der Deutschen Arbeitgeberverbände. Seitdem Tätigkeit beim Pensions-Sicherungs-Verein VVaG, dem gesetzlich bestimmten Träger der Insolvenzsicherung der betrieblichen Altersversorgung. Seit mehr als 14 Jahren ist Dr. Berenz Prokurist des PSVaG und leitet dort die Abteilung Recht und Personal. Veröffentlichung von Fachpublikationen sowie Vorträgen zur betrieblichen Altersversorgung. Mitglied im Fachausschuss Arbeitsrecht der Arbeitsgemeinschaft für betriebliche Altersversorgung e.V.

Dr. jur. Brigitte Huber LL.M. ist Rechtsanwältin in München. Nachdem sie in einer internationalen Wirtschaftskanzlei als Anwältin im allgemeinen Arbeitsrecht tätig war, berät sie seit 1996 mittelständische Unternehmen und große Konzerne deutscher und internationaler Herkunft im Bereich der betrieblichen Altersversorgung. Der Schwerpunkt ihrer Spezialisierung liegt im Arbeitsrecht, wobei Dr. Huber unter anderem auch Steuer- und Sozialversicherungsrecht sowie das Aufsichtsrecht abdeckt. Ihre Tätigkeit umfasst sowohl die gestalterische und strategische Beratung von Arbeitgebern zu betrieblichen Versorgungssystemen im Rahmen des Betriebsrentengesetzes als auch die Prozessvertretung. Dr. Huber hat diverse Fachpublikationen veröffentlich und ist als Referentin tätig.